MEYERS
GROSSES
TASCHEN-
LEXIKON

Band 7

MEYERS GROSSES TASCHEN-LEXIKON

in 24 Bänden

Herausgegeben und bearbeitet von
Meyers Lexikonredaktion
2., neu bearbeitete Auflage

Band 7:
Fe – Gars

B.I.-TASCHENBUCHVERLAG
Mannheim/Wien/Zürich

Chefredaktion:
Werner Digel und Gerhard Kwiatkowski

Redaktionelle Leitung der 2. Auflage:
Klaus Thome

Redaktion:
Eberhard Anger M. A., Dipl.-Geogr. Ellen Astor,
Dipl.-Math. Hermann Engesser, Reinhard Fresow, Ines Groh,
Bernd Hartmann, Jutta Hassemer-Jersch, Waltrud Heinemann,
Heinrich Kordecki M. A., Ellen Kromphardt, Wolf Kugler,
Klaus M. Lange, Dipl.-Biol. Franziska Liebisch, Mathias Münter,
Dr. Rudolf Ohlig, Ingo Platz, Joachim Pöhls, Dr. Erika Retzlaff,
Hans-Peter Scherer, Ulrike Schollmeier, Elmar Schreck,
Kurt Dieter Solf, Jutta Wedemeyer, Dr. Hans Wißmann,
Dr. Hans-Werner Wittenberg

CIP-Kurztitelaufnahme der Deutschen Bibliothek
Meyers Großes Taschenlexikon: in 24 Bd./hrsg. u. bearb. von
Meyers Lexikonred. [Chefred.: Werner Digel u. Gerhard
Kwiatkowski]. – Mannheim; Wien; Zürich: BI-Taschenbuchverlag
ISBN 3-411-02900-5
NE: Digel, Werner [Red.]
Bd. 7. Fe–Gars. – 2., neubearb. Aufl. – 1987
ISBN 3-411-02907-2

Fe

Fe, chem. Symbol für ↑ Eisen (lat. ferrum).

Fearnley, Thomas [norweg. 'fæɐnli], * Frederikshald (= Halden) 27. Dez. 1802, † München 16. Jan. 1842, norweg. Maler und Radierer. - F. begr. mit seinem Freund und Lehrer J. C. Dahl die norweg. Landschaftsmalerei.

Feature ['fi:tʃə; engl. „Aufmachung" (zu lat. factura „das Machen")], Bez. für einen auf bestimmte Art gestalteten Bericht, der die wesentl. Punkte eines Sachverhaltes skizziert; arbeitet im *Zeitungswesen* mit den Stilmitteln der Reportage, über die es durch Erläuterung und Aufhellung der Hintergründe und Zusammenhänge hinausgeht; im *Hörfunk* Sendetyp, der auf eine geschlossene Spielhandlung verzichtet und meist aktuelle Ereignisse oder Sachverhalte aus Zeitgeschehen oder Politik mit mediengerechten Ausdrucksmitteln publikumswirksam aufbereitet und gegen das Hörspiel nicht immer leicht abzugrenzen ist; gestaltet bei *Film* und *Fernsehen* undramat. Stoffe, Tatbestände und Sachverhalte, hat primär dokumentar. Charakter; gewinnt jedoch durch jeweils dem Stoff angepaßte Elemente und dramaturg. Mittel Lebendigkeit und Eindringlichkeit und unterscheidet sich so von der reinen Dokumentation.

Febricula [lat.], allg. Bez. für leichtes Fieber.

febril [lat.], fieberhaft, fiebrig, mit Fieber einhergehend (auf Krankheiten bezogen).

Febris [lat.], svw. Fieber; **Febris quintana,** svw. ↑ Fünftagefieber; **Febris recurrens,** svw. ↑ Rückfallfieber.

Febronianismus [nlat.], nach dem Pseud. J. N. von Hontheim (Justinus Febronius) ben., im 18. Jh. entstandene kirchenpolit. Richtung: Betonung der Rechte und Freiheiten der dt. Reichskirche; diese gegen die päpstl. Primatansprüche zurückzudrängen, um günstigere Voraussetzungen für die Wiedervereinigung der christl. Kirchen zu schaffen. Der F. anerkannte zwar grundsätzl. die Unabhängigkeit der Kirche, führte aber in der Praxis zu einer Oberhoheit des Staates über die Kirche. Hauptvertreter des F. waren die Erzbischöfe von Köln, Mainz, Trier und Salzburg. Seine Wirkung auf die Kirchen- und Geistesgeschichte des 18. und 19. Jh. war beträchtlich. Der F. fand nicht die Unterstützung der Bischöfe, die die Macht der Metro-

politen entschiedener ablehnten als die des Papstes.

Febronius, Justinus ↑ Hontheim, Johann Nikolaus von.

Februar (lat. Februarius [mensis] „Reinigungsmonat"), 2. Monat des Jahres mit 28, in Schaltjahren mit 29 Tagen; alter dt. Name: *Hornung.* - Im alten Rom mit 28 Tagen letzter Monat des bürgerl. Jahres; durch die Kalenderreform Cäsars 46 v. Chr. wurde der F. der 2. Monat des Jahres.

Februarpatent, im Febr. 1861 von Kaiser Franz Josef erlassene östr. Gesamtverfassung, die ein zentralist. System schuf und das Fundament des Konstitutionalismus von 1867 legte; teilte die Legislative zw. Krone und die 2 Kammern des Reichsrats; durch kaiserl. Manifest 1865 aufgehoben.

Februarrevolution, polit. Umwälzung in Rußland am 12. März 1917 (nach dem in Rußland damals gültigen Kalender 27. Febr. deshalb F.); erzwang die Abdankung der Dynastie Romanow, beendete damit die jahrhundertelange Zarenherrschaft und machte Rußland zur Republik; ausgelöst durch den für Rußland katastrophalen Verlauf des 1. Weltkriegs; die durch das Nebeneinanderbestehen von Provisor. Regierung als Repräsentanz der bürgerl. und von Räteorganen als Vertretung der revolutionären Demokratie resultierende Dauerkrise führte schließl. zur Oktoberrevolution.
◆ am 24. Febr. 1848 in Paris ausgebrochene Revolution; führte zum Sturz der Julimonarchie, zur Errichtung der 2. Republik und, in europ. Ausweitung, zur Märzrevolution.

Februarunruhen (Februarputsch), Bez. für die im Febr. 1934 in Österreich zw. dem (1933 verbotenen) sozialdemokrat. Schutzbund einerseits und den Heimwehren sowie der Regierung Dollfuß andererseits ausgebrochenen polit. Unruhen, die zeitweilig bürgerkriegsähnl. Ausmaße annahmen und zur Zerschlagung der östr. Sozialdemokratie führten.

fec., Abk. für: *fecit* [lat. „hat (es) gemacht"], häufig hinter dem Namen des Künstlers aus Bildwerken.

Fécamp [frz. fe'kã], frz. Hafenstadt in der Normandie, Dep. Seine-Maritime, 21 400 E. Fischereihafen; Fischkonservenind., Likördestillerie der Benediktiner; Seebad und Segelsportzentrum. - Die Benediktinerabtei, um 600 gegr., war seit 1001 Zentrum monast.

Fechner

Reform. - Frühgot. Kirche der ehem. Abtei (12. Jh.).

Fechner, Gustav Theodor, * Groß-Särchen bei Muskau (Lausitz) 19. April 1801, † Leipzig 18. Nov. 1887, dt. Physiker, Psychologe und Philosoph. - 1834–39 Prof. für Physik, ab 1843 für Naturphilosophie und Anthropologie in Leipzig. Wandte sich unter dem Einfluß der romant. Naturphilosophie bes. physikal. Forschungen zu. Seinen Bemühungen, für das Psychische ein physikal. Maß zu finden und die Beziehung von Leib und Seele mathemat. zu formulieren, entspringt die Erweiterung des von E. H. Weber aufgestellten Gesetzes zum ↑Weber-Fechnerschen Gesetz (1860). Begr. der experimentellen Psychologie. Seine Versuche, die Lehre vom Schönen empir. zu untermauern, wurden zu einem Grundstein der psycholog. Ästhetik.

F., Max, * Rixdorf (= Berlin) 27. Juli 1892, † Berlin (Ost) 13. Sept. 1973, dt. Politiker. - Ab 1911 Mgl. der SPD (1917–22 der USPD), 1928–33 preuß. MdL; 1933/34 und 1944 im KZ; 1945 Vors. des Zentralausschusses der SPD, befürwortete den Zusammenschluß von KPD und SPD; ab 1946 Mgl. der SED, ab 1950 Mgl. des ZK der SED; 1949–53 Justizmin. der DDR; 1953 als Staatsfeind inhaftiert und aus der Partei ausgeschlossen; 1956 aus der Haft entlassen; seit 1958 wieder SED-Mitglied.

Fechnersches Gesetz, svw. ↑Weber-Fechnersches Gesetz.

Fechser [zu althochdt. fahs „Haar"], unterird. Abschnitte vorjähriger Triebe, aus deren Knospen sich im Frühjahr die neuen Laubsprosse bilden; werden zur vegetativen Vermehrung von Hopfen, Wein, Meerrettich u. a. verwendet.

Fechten, Zweikampf mit Sportwaffen, deren Spitzen bzw. Schneiden abgestumpft sind und Fechtkleidung bzw. -masken nicht durchdringen. Man unterscheidet **Florettfechten** (auch für Damen), bei dem mit dem Florett, einer leichten Stoßwaffe mit vierkantiger Klinge, ausschließl. der Rumpf zu treffen ist, **Degenfechten,** bei dem mit dem Degen, einer dreikantigen Stoßwaffe, der ganze Körper getroffen werden kann und **Säbelfechten,** bei dem mit einem leichten (italien.) Säbel auf Hieb und Stich nur Oberkörper, Kopf und Arme Trefffläche sind. Fünf Treffer (bei Damen vier) auf einer Seite beenden das Gefecht; fünf Treffer auf jeder Seite (dies ist nur beim Degenfechten, nicht jedoch bei den anderen Waffen möglich, weil dort Doppeltreffer annulliert werden) werden beiden Fechtern als Niederlage gebucht. - Abb. S. 8.

Fechter, Paul, * Elbing 14. Sept. 1880, † Berlin 9. Jan. 1958, dt. Journalist, Schriftsteller und Literarhistoriker. - Kritiker führender Berliner Blätter („Voss. Zeitung", „Berliner Tageblatt", „Dt. Allg. Zeitung" u. a.); schrieb neben Monographien als Literarhistoriker „Der Expressionismus" (1914), „Geschichte der dt. Literatur" (3., umgearbeitete Auflage 1952), „Das europ. Drama" (3 Bde., 1956–58); Verf. humorvoller Berlin- und Ostpreußenromane; Erinnerungen.

Fechterflanke, ↑Flanke über ein Turngerät in den Stand, bei der sich der Turner nur auf einen Arm stützt.

Fechtersprung, schräg ausgeführter Sprung über ein Turngerät, bei dem sich der Turner nur mit einer Hand abstützt.

Fedajin (arab. Fidaijjun „die sich Opfernden"; Einz. Fidai), Angehörige einer polit.-religiösen Geheimorganisation im Orient; urspr. Mgl. der Sekte der Assassinen, die mit Mordaufträgen ausgeschickt wurden; im 20. Jh. als Name von Geheimbündlern wiederaufgegriffen; heute Selbstbez. arab. Freischärler.

Feddersen, Bernd Wilhelm, * Schleswig 26. März 1832, † Leipzig 1. Juli 1918, dt. Physiker. - Führte den Nachweis, daß in einem aus Induktivität, Kapazität und ohmschem Widerstand bestehenden Stromkreis elektr. Schwingungen entstehen und schuf damit eine der Grundlagen für die drahtlose elektr. Nachrichtentechnik.

Feddersen Wierde, im Marschgebiet nördl. von Bremerhaven gelegene vorgeschichtl. Wurt (200 m breit, bis zu 4 m ü. d. M. hoch, Fläche von fast 4 ha). Die Ausgrabung 1955–61 ergab eine mehrphasige Besiedlung vom 1. Jh. v. Chr. bis Anfang des 5. Jh. n. Chr.

Feder, Gottfried, * Würzburg 27. Jan. 1883, † Murnau 24. Sept. 1941, dt. Politiker (NSDAP). - Partei-Mgl. noch vor Hitler; seine finanzpolit. Gedanken wurden ins NS-Programm aufgenommen („Brechung der Zinsknechtschaft"); MdR 1924–36; verlor an Einfluß, als Hitler die Unterstützung der Unternehmer zu gewinnen suchte; 1933/34 Staatssekretär im Reichswirtschaftsministerium, 1934 Reichskommissar für das Siedlungswesen.

Feder, svw. ↑Vogelfeder.
◆ ↑Schreibfeder.
◆ Maschinenelement, das sich bei Belastung elast. verformt. F. können mechan. Arbeit als Verformungsarbeit speichern und wieder abgeben. Verwendet werden F. als reine Arbeitsspeicher (z. B. Uhrwerk), zur Milderung von Stößen (z. B. Fahrzeugfederung) und zur Kraftmessung (z. B. F.waage). Benannt werden F. nach ihrem Verwendungszweck (Uhr-F., Fahrzeug-F. usw.), ihrer Beanspruchung (Zug-, Druck-, Biege-, Torsions- bzw. Verdreh-F.) und/oder Gestalt (Rechteck-, Blatt-, Dreieck-, Trapez-, Spiral-, Schrauben-, Kegel-, Kegelstumpf-, Ring-, Teller-F., Drehstab). Die **Federkennlinie (Federcharakteristik)** stellt den Zusammenhang zw. Federkraft und Federweg (bei Verdreh-F. zw. einwirkendem Drehmoment und dem hervorge-

rufenen Verdrehwinkel) dar. Die F.kennlinie kann linear (konstante Steigung), progressiv (zunehmende Steigung) oder degressiv (abnehmende Steigung) verlaufen.

◆ ↑ Nut.

Federal Bureau of Investigation [engl. ˈfɛdərəl bjʊˈroʊ əv ɪnvɛstɪˈgeɪʃən „bundesstaatl. Ermittlungsabteilung"], Abk. FBI, Bundeskriminalpolizei der USA, Sitz der Zentrale: Washington, D. C. (Nebenstellen in zahlr. Städten). Gegr. 1908 als **Bureau of Investigation,** heutige Bez. seit 1. Juli 1935. Es untersteht dem Bundesjustizminister und wird geleitet durch einen Director. Aufgaben: u. a. Aufklärung von Verstößen gegen Bundesstrafrecht, Sammlung von erkennungsdienstl. Unterlagen und Beweismaterial, Spionage- und Sabotageabwehr, Staatsschutz und Schutz des Präsidenten.

Federalist Party [engl. ˈfɛdərəlɪst ˈpɑːtɪ „föderalist. Partei"], Bez. für eine kleinere Gruppe, die für die Belange der Handwerker und Kaufleute gegen die der Landw. für eine starke amerikan. Nationalregierung kämpfte; formierte sich prakt. seit 1791 unter Führung G. Washingtons, A. Hamiltons und J. Adams als Vorläufer der Republikan. Partei; löste sich 1817 auf.

Federal Reserve System [engl. ˈfɛdərəl rɪˈzəːv ˈsɪstɪm], Abk. FRS, das zweistufige Notenbanksystem in den USA; es besteht aus dem *Board of Governors* (BOG), der für die Geld- und Kreditpolitik zuständig ist (vom Präsidenten der USA mit Zustimmung des Senats ernannte Mgl.), und den 12 *Federal Reserve Banks* (FRB), die wichtigste Funktionen die Geld- und Kapitalversorgung (Notenausgaberecht) der ihnen angeschlossenen Mitgliedsbanken *(Member banks)* und deren Überwachung sind. Die FRB sind gemeinwirtschaftl. organisierte Aktiengesellschaften, deren Grundkapital von den Mitgliedsbanken (National banks und ein Teil der State banks) aufgebracht wird.

Federal style [engl. ˈfɛdərəl ˈstaɪl], Bez. einer frühen Phase in der amerikan. Architektur (1790–1820), entstanden aus dem engl. „Georgian style". Die Ziegelsteinhäuser sind weiß gestrichen mit hohen weiße Türen und Fensterrahmen. Der F. s. ging in den Neoklassizismus über.

Fédération de la Gauche Démocrate et Socialiste [frz. federaˈsjõ dəlaˈgoʃ demoˈkratesɔsjaˈlist], Abk. FGDS, Vereinigung der demokrat. und sozialist. Linken in Frankr.; 1965 gegr. als Dachverband der nichtkommunist. sozialist. Parteien SFIO (Section Française de l'Internationale Ouvrière), der CIR (Convention des Institutions Républicaines), von Teilen der Radikalsozialist. Partei und verschiedenen Linksklubs; 1. Vors. und gemeinsamer Präsidentschaftskandidat war F. Mitterrand, der jedoch 1965 de Gaulle unterlag; gewann in den Wahlen

zur Nationalversammlung 1967 118 von 487 Sitzen; zerfiel 1968.

Fédération Nationale des Républicains Indépendants [frz. federaˈsjõ nasjɔˈnal derepybliˈkɛz ɛdepɑˈdɑ̃], Abk. FNRI, Partei der Unabhängigen Republikaner, 1966 gegr. von V. Giscard d'Estaing, erhielt 1967 42, 1968 61 und 1973 im Rahmen der URP (Union des Républicains de Progrès) 54 Mandate; 1977 umbenannt in **„Parti Républicain",** trat bei den Wahlen 1978 und 1981 im Verbund der ↑ Union pour la Démocratie Française auf.

Federball ↑ Badminton.

Federboa, aus Straußenfedern gefertigter wärmender Halsschmuck.

Federborstengras (Pennisetum), Gatt. der Süßgräser mit etwa 150 Arten, v. a. in Afrika; Ährchen am Grund von einem Kranz langer Borsten umgeben; Blütenstand eine oder mehrere walzenförmige Ähren oder Ährenrispen. Nutzpflanzen sind das bis 7 m hohe **Elefantengras** (Pennisetum purpureum) und die formenreiche Art **Negerhirse** (*Perl-, Pinsel-, Rohrkolbenhirse,* Pennisetum spicatum; zur Bereitung von Brei und Bier).

Federbrett, federndes Sprungbrett, das den Sprung über Pferd, Bock, Kasten usw. erleichert.

Federbusch, Helmverzierung, schon bei den Griechen und Römern zur Ritterzeit als Kennzeichen der Anführer bes. prächtig entwickelt; gehörte im dt. Kaiserreich zur Paradeuniform der Generale.

Federgewicht ↑ Sport (Gewichtsklassen, Übersicht).

Federgras (Pfriemengras, Stipa), Gatt. der Süßgräser mit etwa 250 Arten in Steppen und Wüsten der ganzen Welt; meist hohe, rasenbildende Gräser mit schmalen Rispen und langen, pfriemförmigen oder federig behaarten Grannen. Im M-Europa vorkommenden Arten, u. a. **Echtes Federgras** (Stipa pennata) mit bis über 30 cm langen, federigen Grannen und **Haarfedergras** (Stipa capillata) mit 10–25 cm langen, kahlen Grannen, sind geschützt.

Federgrassteppe, Form der Steppe, die sich an die Grassteppe anschließt und in die Wermutsteppe übergeht, gekennzeichnet durch zahlr. Federgrasarten.

Fédéric [frz. fedeˈrik] ↑ Friedrich.

Federico ↑ Friedrich.

Federighi, Antonio [italien. fedeˈriːgi] (A. di Federigo dei Tolomei), * Siena um 1420, † ebd. um 1490, italien. Baumeister und Bildhauer. - 1451 übernahm er die Bauleitung der Domfassade in Orvieto, für die er u. a. die Statuennischen entwarf und einige Apostel ausführte. Ab 1456 war er Leiter der Dombauhütte in Siena, wo er die Statuen der Loggia della Mercanzia (1456–63) und die beiden Weihwasserbecken für den Dom (Einfluß Iacopo della Quercias) schuf.

Federkennlinie ↑Feder.

Federkiel ↑Vogelfeder.

Federkiemenschnecken (Valvatidae), Fam. der Vorderkiemer mit zahlr. Arten, v. a. in den Süßgewässern der Nordhalbkugel; sehr kleine Schnecken mit etwa 7 mm hohem, kugeligem bis scheibenförmigem Gehäuse, aus dem (beim Umherkriechen) eine lange, zweiseitig gefiederte Kieme hervorragt.

Federkleid, svw. ↑Gefieder.

federlesen, in der urspr. Bed.: Federn vom Kleid vornehmer Personen ablesen; übertragen: sich einschmeicheln, liebedienern; **nicht viel Federlesens machen,** keine Umstände machen.

Federlinge (Haarlinge, Läuslinge, Kieferläuse, Mallophaga), mit etwa 3 000 Arten weltweit verbreitete Ordnung flachgedrückter, 0,8–11 mm großer, flügelloser Insekten, die ektoparasitisch im Federkleid der Vögel und im Fell der Säugetiere leben; Beine mit 1 oder 2 Krallen; Mundwerkzeuge beißendkauend. Die F. fressen Keratin der Hautschuppen, Feder- und Haarteile.

Federmann, Nikolaus, *Ulm um 1505, †in Spanien Febr. 1542, dt. Handelsbeauftragter und Konquistador. - Kam 1530, erneut 1534/35 (als Generalkapitän) im Dienste der Welser nach Venezuela; unternahm eigenmächtig einen Zug zum nördl. Stromgebiet des Orinoko bzw. 1536/37 auf die Hochfläche des Chibchareiches, wo er mit seinen span. Rivalen das heutige Bogotá gründete.

F., Reinhard, *Wien 12. Febr. 1923, †ebd. 29. Jan. 1976, östr. Schriftsteller. - Erzähler und Dramatiker, oft in Zusammenarbeit mit Milo Dor. Schrieb u. a. „Das Himmelreich der Lügner" (R., 1959).

Federmoos, (Ptilium crista-castrensis) hell- bis gelbgrünes, kalkmeidendes Laubmoos mit bis 20 cm langen Stengeln, die dicht zweizeilig gefiedert sind; Blättchen spiralig angeordnet, lanzenförmig, an den straußenfederartig ausgebreiteten Ästchen sichelförmig.

◆ (Amblystegium riparium) Art der Gatt. Stumpfdeckelmoos; hellgrünes, zierlich gefiedertes Moos, das in und an Gewässern zu finden ist; beliebte Aquarienpflanze.

Federmosaik, ein aus eingeknüpften oder aufgeklebten Federn verschiedener Farben gefertigtes Mosaik. Im vorkolumb. Ame-

Fechten. Links: Formen und Maße der Sportwaffen (von oben: Florett, Degen, Säbel); rechts (von oben): Trefflächen beim Florett-, Degen- und Säbelfechten; unten: Schema einer Fechtbahn (WF Warnlinie Florett, WDS Warnlinie, an der Degen- und Säbelfechter nach einmaligem Überschreiten der Grenzlinie aufgestellt werden)

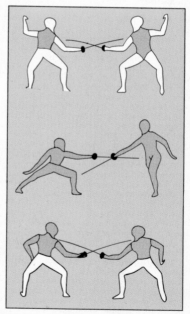

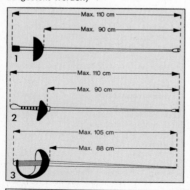

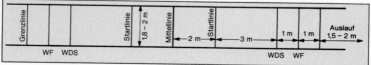

rika weit verbreitet, v. a. bei den Azteken (Schilde, Kopfschmuck).

Federmotten, (Federgeistchen, Pterophoridae) mit etwa 600 Arten weltweit verbreitete Fam. 1–2 cm spannender Kleinschmetterlinge, bei denen meist die Vorderflügel in zwei, die Hinterflügel in drei durch tiefe Einschnitte getrennte Zipfel mit Fransen („Federn") gespalten sind.
◆ (Geistchen, Orneodidae) mit etwa 100 Arten weltweit verbreitete Fam. 1–2 cm spannender Kleinschmetterlinge, bei denen Vorder- und Hinterflügel in je 6 Federn gespalten sind.

Federn, Josef, * Prag 20. Nov. 1831, † Wien 9. Nov. 1920, östr. Mediziner. - Arzt in Wien; führte Messung und Wertung des Blutdrucks in die medizin. Diagnostik ein.

Federn (F. und Teeren) ↑Teeren und Federn.

Federnelke ↑Nelke.

Federpapille ↑Vogelfeder.

Federring, Schraubensicherung in Form eines geschlitzten Rings, dessen Enden in axialer Richtung aufgebogen sind. Beim Anziehen der Schraube verspannt sich der federnde Ring und verhindert so ein unbeabsichtigtes Lösen der Schraube bzw. Mutter.

Federschaft ↑Vogelfeder.

Federsee, See in Oberschwaben, Bad.-Württ., 1,4 km², bis 3,15 m tief; 1939 samt Röhrichtgürtel unter Naturschutz gestellt, um die einzigartige Flora und Fauna zu erhalten.
Vorgeschichte: Das Gebiet des F. gehört seit der Entdeckung des ersten Freilandwohnplatzes von Rentierjägern der Magdalénien an

der Schussenquelle 1866 und der ersten Ausgrabung neolith. Hausgrundrisse 1875 im Steinhauser Ried zu den archäolog. am besten erforschten in M-Europa, von überregionaler Bed.: spätmesolith. Wohnplatz Tannstock, Fundplätze der mittelneolith. Aichbühler Gruppe und der jungneolith. (1. Hälfte 3. Jt. v. Chr.) Schussenrieder Gruppe (bes. durch eine verzierte Henkelkrugform gekennzeichnet) u. a., die fälschl. als „Wasserburg Buchau" bezeichnete spätbronzezeitl. Moorsiedlung und der Depotfund von Kappel aus der späten La-Tène-Zeit.

Federseele ↑Vogelfeder.

Federspiel, Jürg, * Zürich 28. Juni 1931. schweizer. Schriftsteller. - Schreibt v. a. kurze Prosastücke (Erzählungen, Essays), u. a. „Orangen und Tode" (En., 1961), „Der Mann, der Glück brachte" (En., 1966), „Museum des Hasses. Tage in Manhattan" (Bericht, 1969), „Partuga kehrt zurück" (En., 1973), „Die Liebe ist eine Himmelsmacht. 12 Fabeln" (1985).

Federspiel, wm. Bez. für einen an einer langen Schnur befestigten, befiederten Köder, der den zur Beizjagd verwendeten Greifvogel zur Faust des Falkners zurücklockt.

Federspule ↑Vogelfeder.

Federspulmilbe (Syringophilus bipectinatus), etwa 0,7–0,9 mm große, sehr langgestreckte Milbenart; lebt parasitisch in den Federspulen v. a. der Schwanz- und Schwungfedern bei Tauben, Enten, Haushühnern.

Federstahl, bes. kohlenstoffarmer Stahl (geringer Zusatz von Mangan, Chrom und Vanadium), der wegen seiner Elastizität zur Herstellung von Federn geeignet ist.

Federstrahlen ↑Vogelfeder.

Federung, Element der Rad- bzw. Achsaufhängung bei Fahrzeugen, insbes. bei Kfz.; federt die Räder bzw. die Achsen gegenüber der Karosserie ab. Sie ist notwendig zur Erhö-

Federung. Kreislauf einer hydropneumatischen Federung (links) und Längsschnitt durch einen Federzylinder mit Federkugel

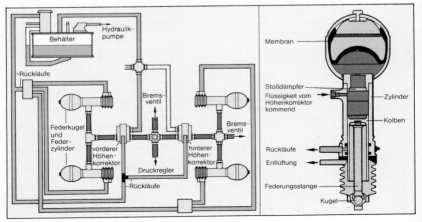

Federwaage

hung des Fahrkomforts, zur Verbesserung des Fahrverhaltens (Lenkung, Bremsen, Kraftübertragung) und zum Schutz der transportierten Menschen und Güter. Die F. soll ständigen Bodenkontakt der Räder gewährleisten, Fahrbahnstöße auffangen und in kontrollierte, gedämpfte Schwingungen ableiten. In der Kfz.-Technik finden Verwendung: [geschichtete] Blattfedern, Drehstäbe, Schraubenfedern, Federbeine, Gummiblöcke u. a. Bei der **Luftfederung** wird Luft in einem Gummibalg, bei der **hydropneumat. Federung** Gas in einem ansonsten mit Hydrauliköl gefüllten Druckgefäß komprimiert; gleichbleibende Bodenfreiheit durch zusätzl. Einpumpen von Luft bzw. Öl.

Federwaage ↑ Waagen.

Federwechsel, svw. ↑ Mauser.

Federweißer (Bremser, Krätzer, Rauscher, Sauser, Suser), bei der alkohol. Gärung des Traubenmosts entstehender milchtrüber, moussierender, alkohol-, hefe- und vitaminreicher (B₆), stoffwechselfördernder Saft. **Bitzler** (bitzeln = [am Gaumen] prickeln) ist im Gärprozeß die Vorstufe, der unruhige **neue Wein** die Folgestufe des Federweißen.

Federwild, svw. ↑ Flugwild.

Federwolken, svw. Zirrus (↑ Wolken).

Federzeichnung, mit Feder (Stahl-, Rohr- oder Vogelfeder) und Tusche oder Tinte (auch farbig, z. B. Sepia) ausgeführte Zeichnung auf (früher oft grundiertem) Papier, z. T. ein- oder mehrfarbig getönt (laviert) oder weiß gehöht.

Federzinkenegge ↑ Egge.

Federzoni, Luigi [italien. feder'tso:ni], * Bologna 27. Sept. 1878, † Rom 24. Jan. 1967, italien. Journalist und Politiker. - Mitbegr. der nationalist. Bewegung 1910; seit 1913 Abg., 1922 als Ratgeber Viktor Emanuels III. beteiligt an der Machtergreifung Mussolinis; Kolonialmin. 1922–24 und 1926–28, sorgte 1923 für die Verschmelzung von nationalist. und faschist. Partei; Innenmin. 1924–26, Senatspräs. 1929–39; stimmte 1943 im faschist. Großrat gegen Mussolini.

Fedin, Konstantin Alexandrowitsch, * Saratow 24. Febr. 1892, † Moskau 15. Juli 1977, russ. Schriftsteller. - In seinem ersten Roman, „Städte und Jahre" (1924), ist der Einfluß der dt. Expressionisten spürbar. Die Romane „Frühe Freuden" (1945), „Ein ungewöhnl. Sommer" (1947/48) und „Die Flamme" (1961) bilden eine Trilogie über die Zeit des vorrevolutionären Rußlands bis in die ersten Jahre des 2. Weltkriegs.

Fedor (Feodor), eingedeutschte Form des männl. russ. Vornamens Fjodor (griech. Theodoros).

Fedossejew, Pjotr Nikolajewitsch, * Starinskoje (Gebiet Gorki) 22. Aug. 1908, russ. Philosoph. - 1967–71 Direktor des Instituts für Marxismus-Leninismus. Mgl. des ZK der KPdSU (seit 1961). Seine Arbeiten haben

v. a. Fragen des histor. Materialismus und Probleme der wiss. Begründung des Kommunismus zum Gegenstand. - *Werke:* Sozialismus und Humanismus (1958), Kommunismus und Philosophie (1962), Demokratischer Sozialismus (1980).

Fedtschenkogletscher, mit rd. 77 km längster Gletscher der UdSSR, im Pamir, vom Pik Revolution ausgehend, mit 30 Seitengletschern; Eismächtigkeit bis 1 000 m.

Fee, Kurzform von Felizitas.

Feedback [engl. 'fi:dbæk, eigtl. „Rückfütterung"], svw. ↑ Rückkopplung.

Feelie [engl. 'fi:lɪ; zu to feel „fühlen"], Kunstobjekt, das der Betrachter sehen, hören, betasten und schmecken kann.

Feeling [engl. 'fi:lɪŋ], Verständnis durch Einfühlung; Einfühlungsvermögen, Gefühl.

Feen [zu lat. fatum „Schicksal"], meist als gütig gedachte weibl. Geister, die in das menschl. Schicksal eingreifen. Die Vorstellung von F. geht zurück auf antike Schicksalsgöttinnen und auf die kelt. Mythologie. F. spielen im Volksglauben, in der altfrz. Dichtung und im Märchen eine bed. Rolle.

Feerie [feə'ri:; lat.-frz.], szen. Aufführung einer Feengeschichte (auch als Singspiel, Oper, Ballett, Pantomime) mit großem Kostüm- u. a. Ausstattungsaufwand; seit dem 18. Jh. beliebt, u. a. die Zauberstücke F. Raimunds.

Feet [engl. fi:t], Mrz. von ↑ Foot.

Fegefeuer [zu mittelhochdt. vegen „reinigen"] (Fegfeuer, Reinigungszustand, lat. Purgatorium), in der kath. Kirche Zustand der Läuterung des Menschen nach dem Tod. Die Lehre vom F. geht davon aus, daß im Tode endgültig über das Schicksal des Menschen entschieden wird. Sie löst die Spannung zw. einer mögl. Vollendung und der tatsächl. Unfertigkeit des Menschen durch den Glauben, daß diejenigen, die in der Gnade Gottes sterben, durch die Sühnetat Christi und die Fürbitte der Kirche gereinigt und vollendet werden. - Die bedeutendste dichter. Darstellung des F. findet sich im „Purgatorio" in Dantes „Divina Commedia".

fegen, wm. für: den ↑ Bast abscheuern.

Feh (Grauwerk), Handelsbez. für den Pelz aus den oberseits einfarbig grauen, unterseits weißen Fellen nordosteurop. und sibir. Unterarten unseres einheim. Eichhörnchens; Rükken und Unterseite werden getrennt zu Pelzen verarbeitet.

Fehde, im MA tätl. Feindseligkeit bzw. Privatkrieg zw. Einzelpersonen, Sippen oder Familien zur Durchsetzung von Rechtsansprüchen bis zur Blutrache (Totschlags-F.); seit german.-fränk. Zeit neben dem ordentl. Rechtsweg im Rahmen des Widerstandsrechts als legitimes Mittel grundsätzl. anerkannt; durch das Waffenverbot für Bürger und Bauern und durch verschiedene Vorschriften eingeschränkt, v. a. die Forderung nach vorheriger Erschöpfung des Rechtsweges, nach förml. Ankündigung (**Fehdebrief**) und den Sühnezwang (↑ Urfehde); schon vor den Auswüchsen der Ritter-F. im Spät-MA Bestrebungen zur Eindämmung des F.wesens seit dem 11.Jh. in verschiedenen Gottes- und Landfrieden; im Ewigen Landfrieden von 1495 absolutes Verbot und Kriminalisierung der Fehde.

Fehdehandschuh, bei der ritterl. Fehde der Handschuh, der dem zum Zweikampf Herausgeforderten zugeworfen wurde.

Fehér, Lajos [ungar. ˈfɛheːr], *Szeghalom 1917, † Budapest 1. Nov. 1981, ungar. Politiker. - Seit 1942 Mgl. der ungar. KP bzw. der Ungar. Sozialist. Arbeiterpartei; nach 1945 stellv. Leiter der polit. Polizei; seit 1956 Mgl. des ZK und (bis 1975) des Politbüros; 1959–62 Sekretär des ZK, 1962–74 stellv. Min.präsident.

Fehldruck, mangelhafter, mit textl. und techn. Fehlern behafteter Auflagendruck. Die F. von Kleindrucken (Briefmarken, Banknoten) sind beliebte Sammelgegenstände.

Fehlerrechnung, (Fehlertheorie), Teilgebiet der angewandten Mathematik, das sich mit den Methoden zur Erfassung der bei der Messung einer Größe auftretenden Fehler befaßt. Diese Fehler teilt man ein in systemat. und in zufällige Fehler. **Systemat. Fehler** sind die durch Unvollkommenheiten der Meßvorrichtungen, durch Umwelt (z. B. Temperatur) oder durch den Beobachter selbst verursachten Fehler. Sie lassen sich weitgehend beseitigen oder doch hinreichend genau berücksichtigen; Methoden dafür liefert die **Ausgleichsrechnung,** mit deren Hilfe aus einer Reihe von streuenden Meßwerten der wahrscheinlichste Wert ermittelt wird. **Zufällige Fehler** werden durch nicht unmittelbar erfaßbare Einflüsse bewirkt. Sie lassen sich nur im Mittel mit statist. Methoden bestimmen. Im allg. wird dabei vorausgesetzt, daß die zufälligen Fehler bei einer Meßreihe von hinreichend vielen Einzelmessungen einer ↑ Normalverteilung unterliegen *(Gaußsches Fehlergesetz)*.

Fehlersuchprogramme, zur Lokalisierung von Programmierungsfehlern dienende Hilfsprogramme für elektron. Rechenanlagen.

Fehlfarbe, im Kartenspiel die Farbe, die nicht Trumpf ist bzw. die der Spieler nicht hat.

◆ Zigarre mit Schönheitsfehlern (fleckig, marmoriert) auf dem Deckblatt, meist durch Witterungseinflüsse; i. d. R. ohne Qualitätsverlust.

Fehlfracht (Fautfracht, Forfeit, Reugeld), Abstandssumme, die ein Befrachter an eine Speditionsfirma bzw. Reederei zahlen muß, wenn er vom Vertrag zurücktritt.

Fehlgeburt (Abort), vorzeitiger Abbruch einer Schwangerschaft (während der ersten 28 Wochen), i. d. R. mit Ausstoßung der toten Leibesfrucht. - F. sind häufig die Folge eines Schwangerschaftsabbruchs. Die Ursachen der übrigen (sogenannte **spontane Fehlgeburt,** spontaner Abort) liegen entweder bei der Mutter (z. B. Unterentwicklung, Muskelgeschwülste, Verwachsung oder Mißbildung der Gebärmutter, Mangel an Vitaminen oder Gelbkörperhormon, hochfieberhafte Erkrankungen, Toxoplasmose, in den späteren Schwangerschaftsmonaten Syphilis, Blutgruppenunverträglichkeit), oder sie sind in einer frühen Schädigung des Keimlings (z. B. Sauerstoffmangel, Vergiftungen, Strahlenschäden) bzw. in erbbedingten Schädigungen (Letalfaktoren) zu suchen. - Die **drohende Fehlgeburt** (Abortus imminens) zeigt sich durch leichte Blutungen, Kreuz- oder Unterleibsschmerzen, in späteren Monaten auch durch Wehen an. - Im Anschluß an die F. muß oft eine Ausschabung (Entfernung von Resten der Nachgeburt zur Vermeidung von Blutungen und aufsteigenden Infektionen) vorgenommen werden.

Fehlhandlung, svw. ↑ Fehlleistung.

Fehling, Hermann von (seit 1854), *Lübeck 9. Juni 1811, † Stuttgart 1. Juli 1885, dt. Chemiker. - Schüler von J. Liebig; Prof. in Stuttgart. F. befaßte sich u. a. mit den Aldehydsynthesen und führte die **Fehlingsche Lösung** (Kupfersulfat- oder -tartratlösung) als Nachweismittel für reduzierend wirkende Stoffe (z. B. Traubenzucker) in die analyt. Chemie ein.

F., Jürgen, *Lübeck 1. März 1885, † Hamburg 14. Juni 1968, dt. Regisseur. - 1922–44 (mit Unterbrechungen) Spielleiter am Berliner Staatstheater, 1949–52 in München. Seine Regiekonzeption zielte auf die Darstellung der Doppelbödigkeit und hintergründigen Dämonie der Realität. Ausgefeilte Sprachregie, Einfallsreichtum, abgründige Komik charakterisieren seine Inszenierungen.

Fehlleistung (Fehlhandlung), Handlung, bei der auf Grund unterschiedl. Störungen das erstrebte Handlungsziel nicht erreicht wird. Typ. F. sind das Sichversprechen und das Sichverschreiben.

Fehlordnung, Abweichungen realer Kristalle in ihrem strukturellen Aufbau sowie in ihrer chem. Zusammensetzung von den sog. Idealkristallen. **Kristallbaufehler** sind dadurch charakterisiert, daß sie entweder beim Kristallwachstum selbst oder durch intensive Bestrahlung mit geladenen oder neutralen Teilchen entstehen. Auch Diffusionsprozesse können zu den Kristallbaufehlern Anlaß geben. **Eigenfehlstellen** sind therm. Ursprungs, da mit erhöhter Temperatur mehr Gitteratome die zum Verlassen ihres Gitterplatzes notwendige Energie besitzen.

Fehlschluß (Paralogie, Paralogismus), in der Logik der Schluß, der bei irrtüml. logisch nicht gültige Schlußweisen angewendet werden. Auch bei Anwendung gültiger Schluß-

Fehlsichtigkeit

weisen können F. entstehen, wenn die verwendeten Wörter oder Satzteile eine vom Kontext abhängige Bedeutung haben.

Fehlsichtigkeit, auf Refraktionsanomalien (↑ Brechungsfehler) des Auges beruhende Verminderung der Sehleistung bei bestimmten Augeneinstellungen, z. B. Kurzsichtigkeit, Weitsichtigkeit, Alterssichtigkeit.

Fehlstellen (Fehlbaustellen), Unregelmäßigkeiten im Kristallgitterbau.

Fehlweisung, Differenz zw. Magnetkompaßanzeige und der auf geograph. Nord bezogenen Richtung.

Fehlzündung ↑ Zündung.

Fehmarn, mit 185,1 km² größte Insel der BR Deutschland, in der Ostsee, durch den 18 km breiten **Fehmarnbelt** von der dän. Insel Lolland, durch den 1 km breiten, seit 1963 von einer Hochbrücke (Straßen- und Eisenbahnverkehr) überspannten **Fehmarnsund** von der Halbinsel Wagrien getrennt. Getreide- und Feldgemüsebau; Fremdenverkehr. Fährhafen Puttgarden (Vogelfluglinie nach Skandinavien). Einzige Stadt ist Burg auf Fehmarn. - F. (lat. vemorie vemore „im Meere“) wird um 1075 erstmals erwähnt. Bei der Kolonisation des slaw. Wagriens seit Mitte 12. Jh. von dt. Bauern besiedelt. Gehörte schon 1231 zum Hzgt. Schleswig. Die Landschaft F. besaß bis ins 19. Jh. die Selbstverwaltung. 1866 fiel F. mit Schleswig an Preußen.

Fehn (Venn) [niederdt.; zu niederl. veen „Morast“], sumpfiges, mooriges Gelände, oft in Hochmoor übergehend; bes. in den Niederlanden und in NW-Deutschland.

Fehnkultur, Ende des 16. Jh. aufgekommene Methode zur Gewinnung landw. Nutzflächen auf Moorböden; die oberste Weißtorfschicht wird nach Abtorfung der restl. Moorschichten zur Gewinnung des Kulturbodens mit dem sandigen, mineral. Untergrund vermischt. Mit der F. sind in NW-Deutschland und den Niederlanden die Siedlungstypen der **Fehnkolonie** (linear. entlang einem Kanal angelegt, mit hofanschließenden Streifeneinöden) und der **Moorhufenflur** verbunden.

Fehrbellin, Stadt im Bez. Potsdam, DDR, 35-40 m ü. d. M., 3 000 E. Textilind., Bastfaser- und Preßplattenwerke. - Das seit 1217 belegte Bellin erhielt im 17. Jh. den Namen F.; v. a. bekannt geworden durch den entscheidenden Sieg Kurfürst Friedrich Wilhelms von Brandenburg über die Schweden (28. Juni 1675) unter Feldmarschall W. Wrangel.

Fehrenbach, Konstantin, * Wellendingen (= Bonndorf im Schwarzwald) 11. Jan. 1852, † Freiburg im Breisgau 26. März 1926, dt. Politiker (Zentrum). - Namhafter Strafverteidiger; 1885–87 und 1901–13 bad. MdL (2. Kammer; Präs. 1907–09), seit 1903 MdR; letzter Reichstagspräs. des kaiserl. Deutschland 1918 und Präs. der Weimarer Nat.versammlung; 1920/21 Reichskanzler; seit 1924 Vors. der Reichstagsfraktion.

Feichtmair ↑ Feuchtmayer.

feien [zu mittelhochdt. veinen „wie Feen durch Zauber schützen“], schützen (durch vermeintl. Zaubermittel); gebräuchl. ist v. a. das Partizip „gefeit“.

feierliches Gelöbnis, durch § 9 SoldatenG festgelegtes Gelöbnis der auf Grund der Wehrpflicht ihren Wehrdienst ableistenden Soldaten in der BR Deutschland, mit dem sie ein Bekenntnis zu ihren Pflichten ablegen.

Feiertage, Tage, die einen bes. rechtl. Schutz genießen. Die i. d. R. durch Landesrecht festgelegten **gesetzl. Feiertage** sind Tage allg. Arbeitsruhe, z. B. Sonntage. Einige F. (wie z. B. je nach Landesrecht Karfreitag, Allerheiligen, Buß- und Bettag sowie der 1. Weihnachtstag) sind durch das Verbot bzw. die Einschränkung von öffentl. Tanzveranstaltungen, öffentl. sportl. Veranstaltungen und öffentl. Versammlungen, Veranstaltungen und Umzügen, soweit sie nicht mit dem Charakter des F. vereinbar sind, bes. geschützt. Die **kirchl. Feiertage,** die nicht gesetzl. F. sind und deshalb nicht der allg. Arbeitsruhe unterliegen, können landesrechtl. als **staatl. geschützte Feiertage** ausgestaltet sein (Freistellung von Arbeitnehmern für die Zeit des Gottesdienstes). - In *Österreich* gilt das FeiertagsruheG von 1957; an F. ist Arbeitsruhe einzuhalten. - In der *Schweiz* ist die Bestimmung der F. Sache der Kantone; einheitl. F. sind der sog. Bundesfeiertag (1. Aug.), der Eidgenöss. Buß- und Bettag (stets ein Sonntag) und der 1. Mai.

Feiertagsvergütung, der für Arbeitszeit, die infolge eines gesetzl. nicht auf einen Sonntag fallenden Feiertages ausfällt, vom Arbeitgeber den Arbeitnehmern zu zahlende Arbeitsverdienst, den sie ohne den Arbeitsausfall erhalten hätten.

Feiertagszuschlag, eine zusätzl. Vergütung zum vollen Lohn, die der Arbeitnehmer für seine Arbeit an einem gesetzl. Feiertag erhält; i. d. R. durch Tarifvertrag oder betriebl. Regelung vereinbart.

Feige [lat.], (Ficus) Gatt. der Maulbeergewächse mit etwa 1 000, hauptsächl. trop. Arten; Holzpflanzen mit sommer- oder immergrünen Blättern und krug- bis hohlkugelförmigen Blütenständen, in deren Innerem die sehr kleinen, getrenntgeschlechtigen Blüten stehen. Bekannte Arten sind ↑ Feigenbaum, ↑ Gummibaum, ↑ Maulbeerfeigenbaum.

◆ Frucht des ↑ Feigenbaums.

Feigenbaum (Ficus carica), kultivierte Art der Gatt. Ficus; Feige; wild wachsend vom Mittelmeergebiet bis NW-Indien, kultiviert und eingebürgert in vielen trop. und subtrop. Ländern; Milchsaft führende Sträucher oder kleine Bäume mit großen, derben, fingerförmig gelappten Blättern. - Der wildwachsende F. bildet 3 Feigengenerationen mit unter-

GESETZLICHE FEIERTAGE

	BR Deutschland	Baden-Württemberg	Bayern	Berlin (West)	Bremen	Hamburg	Hessen	Niedersachsen	Nordrhein-Westfalen	Rheinland-Pfalz	Saarland	Schleswig-Holstein	Österreich	Schweiz
Neujahr (1.1.)	×	×	×	×	×	×	×	×	×	×	×	×	×	×
Hl. Drei Könige (6.1.)	×	×											×	×[1]
Karfreitag	×	×	×	×	×	×	×	×	×	×	×	×	−	×[1]
Ostermontag	×	×	×	×	×	×	×	×	×	×	×	×	×	×[1]
1. Mai	×	×	×	×	×	×	×	×	×	×	×	×	×	×
Christi Himmelfahrt	×	×	×	×	×	×	×	×	×	×	×	×	×	×[2]
Pfingstmontag	×	×	×	×	×	×	×	×	×	×	×	×	×	×[1]
Fronleichnam	×	+					×		×	×	×		×	×[1]
Tag der dt. Einheit (17.6.)	×	×	×	×	×	×	×	×	×	×	×	×		
Bundesfeier (1.8.)														×
Mariä Himmelfahrt (15.8.)											+		×	×[1]
Nationalfeiertag (26.10.)													×	
Allerheiligen (1.11.)	×	+[3]							×	×	×		×	×[1]
Buß- und Bettag	×	×	×	×	×	×	×	×	×	×	×	×		×[4]
Mariä Empfängnis (8.12.)													×	×[1]
1. Weihnachtstag (25.12.)	×	×	×	×	×	×	×	×	×	×	×	×	×	×
2. Weihnachtstag (26.12.)	×	×	×	×	×	×	×	×	×	×	×	×	×	×[1]

× in allen Gemeinden bzw. Kantonen; + nur in Gemeinden mit überwiegend kath. Bev.; − nur in Gemeinden mit überwiegend ev. Bev.; [1]nicht in allen Kantonen; [2]in der Schweiz „Auffahrt" genannt; [3]auch in Gemeinden mit überwiegend ev. Bev., wenn dieser Tag herkömmlich gefeiert wird; [4]in der Schweiz als Eidgenöss. Buß- und Bettag am 3. Sonntag im September.

schiedl. Früchten pro Jahr, davon eßbare im Sept. (**Fichi**) und ungenießbare im April/Mai (**Mamme**) und Juli (**Profichi**). - Die aus dem wilden F. entwickelte Kulturform tritt in zwei Varietäten auf, wovon die **Bocksfeige** (Holzfeige, Caprificus) nur männl. Blüten hat und keine eßbaren Früchte hervorbringt. Die **Kulturfeige** (Eßfeige) hat nur weibl. Blüten und bildet 3 Generationen (**Fiori di fico** [April bis Juni], **Pedagnuoli** [Juni bis Nov., Haupternte] und **Cimaruoli** [Sept. bis Jan.]). Die Früchte entstehen meist parthenogenet. oder es werden Zweige der Bocksfeige zur Befruchtung in die Kulturen gehängt. - Die **Feige** genannte Frucht des F. ist ein grüner oder violetter Steinfruchtstand. Eßbar (mit fleischigem, zuckerhaltigem Fruchtfleisch) sind nur Feigen, deren weibl. Blüten von der Feigenwespe bestäubt wurden. Feigen werden frisch oder getrocknet gegessen und zur Herstellung von Alkohol, Wein und Kaffee-Ersatz verwendet. **Geschichte:** Im 1. Jh. n. Chr. kultivierte man rund 29 Feigensorten. Die Frucht wurde ein so wichtiges Nahrungsmittel, daß der F. in allen alten Mittelmeerkulturen als Symbol der Fruchtbarkeit und des Wohlbefindens galt. In Griechenland war der F. dem Dionysos heilig; vielfach in der Volksmedizin verwendet.

Feigenkaffee, bes. in Österreich geschätzter Kaffee-Ersatz aus gerösteten und zerkleinerten Feigen; auch als Kaffeezusatz.

Feigenkaktus ↑Opuntie.

Feigenwespen (Agaontidae), Fam. der Erzwespen mit etwa 500 Arten, v. a. in den Tropen und Subtropen; entwickeln sich in Feigenblüten, in denen sie Gallen erzeugen. Einzige europ. Art ist die **Gemeine Feigenwespe** (Blastophaga psenes), knapp 1 mm groß, ♂ hellgelb, flügellos; ♀ schwarz mit gelbbraunem Kopf, geflügelt.

Feigenwinter, Ernst, * Reinach (BL) 16. März 1853, † Bern 15. Sept. 1919, schweizer. Sozialpolitiker. - Im schweizer. Kulturkampf Führer der Basler Katholiken (1917 Nationalrat); 1887 Mitbegr. des Schweizer. Arbeiterbundes.

Feigheit vor dem Feind, als vorsätzl. Verletzung der Dienstpflicht aus Furcht vor persönl. Gefahr im Militärstrafrecht neben Fahnenflucht bis Mitte des 19. Jh. genereller Straftatbestand; mit der Todesstrafe bedroht.

SPALENTOR. BASEL.

Emerik Feješ, Spalentor in Basel (undatiert). Privatbesitz

Im geltenden *dt.* und *östr. Militärstrafrecht* besteht dieser Tatbestand nicht; im *schweizer. Militärstrafgesetz* eine mit der Todesstrafe oder Zuchthaus bedrohte Dienstverletzung.

Feijoo y Montenegro, Benito Jerónimo [span. fɛj'xoo i mɔnte'neyro], * Casdemiro (Orense) 8. Okt. 1676, † Oviedo 26. Sept.

Feilenmuschel. Lima scraba

1764, span. Gelehrter. - Hauptvertreter der span. Aufklärung; setzte sich in seinem breiten publizist. Werk für den Anschluß an die naturwiss.-techn. Errungenschaften W-Europas und die Verwendung experimenteller Methoden ein, ohne nat. Eigenart und kath. Glauben preisgeben zu wollen.

feilbieten, svw. ↑feilhalten.

Feile, gezähntes oder gerieftes Werkzeug aus gehärtetem Stahl zur spanenden Bearbeitung von Metall, Holz, Kunststoff u. a. Materialien; **Grobfeilen (Schruppfeilen)** dienen der Grobbearbeitung, **Schlichtfeilen** der Nachbearbeitung und dem Glätten, **Präzisionsfeilen** der Feinbearbeitung. Man unterscheidet **Einhieb-** und **Doppelhieb-** oder **Kreuzhiebfeilen** (Ober- und Unterhieb bilden einen bestimmten Winkel miteinander).

Feilenfische (Monacanthidae), Fam. bis 1 m langer Knochenfische in allen trop. Meeren; Körper langgestreckt, mit meist feilenartig rauher Haut.

Feilenmuscheln (Limidae), Fam. meeresbewohnender Muscheln v. a. der wärmeren Regionen; Schalen häufig gerippt, Mantelrand in zahlr., meist leuchtendrote Tentakel ausgezogen.

feilhalten (feilbieten) [zu althochdt. feili „käuflich"], zum Verkauf anbieten, ausstellen; auch übertragen: **Maulaffen feilhalten,** zusehen, angaffen.

Feime [niederdt.], svw. ↑Schober.

Feinbrennen (Feinen), in der *Hüttentechnik* svw. Reinigen, Raffinieren von Metallen.

Feinchemikalien ↑Chemikalien.

Feindbegriff, im Völkerrecht Bez. für die Definition jener Personen, die nach den innerstaatl. Rechtsnormen als Feinde im Sinne des Kriegsrechts anzusehen sind; nach neuerer Gesetzgebung sind Feinde alle jene Personen, die im Gebiet des Feindes ihren Sitz haben und somit an der feindl. Wirtschaft teilnehmen.

Feindpflanzen, Pflanzen, die zur Bekämpfung von Schädlingen angebaut werden (v. a. Roggen und Luzerne gegen Rübennematoden).

Feindschaft, zw. Individuen bzw. Gruppen bestehende (z. T. einseitig gerichtete) Beziehung, die durch Ablehnung des bzw. der anderen bestimmt ist und auf einem Widerstreit materieller und/oder idealer Interessen beruht. Im Spät-MA und in der Frühneuzeit Bez. für den Streit vor Gericht, die Fehde bzw. den Krieg, dann auch den Absage- bzw. Fehdebrief.

Feindstaatenklausel (Feindstaatenartikel), Bez. für die zur Friedenssicherung in bezug auf sog. Feindstaaten erlassenen Bestimmungen der UN-Charta. Hiernach wurden diejenigen Maßnahmen, die infolge des 2. Weltkriegs in bezug auf einen Staat getroffen wurden, der während des 2. Weltkriegs Feind (**Feindstaat**) eines Unterzeichnerstaats der Charta war, 1945 weder außer Kraft gesetzt noch untersagt (Art. 107). Darüber hinaus wurde in dem Art. 53 Abs. 1 Satz 3 auf Art. 107 verwiesen und bestimmt, daß [bis zum Eingreifen der UN] Zwangsmaßnahmen gegen Feindstaaten auf Grund regionaler Abmachungen oder seitens regionaler Einrichtungen nicht der an sich erforderl. Ermächtigung durch den Sicherheitsrat unterlägen, wenn sie in Art. 107 oder in regionalen, gegen die Wiederaufnahme der Angriffspolitik eines Feindstaates gerichteten Abmachungen vorgesehen seien. Die F. wurde durch die Aufnahme der BR Deutschland und der DDR in die UN hinfällig.

Feineisen, Handelsbez. für Stahlstäbe kleinen Querschnitts.

Feinen, svw. ↑Feinbrennen.

Feingehalt (Feine), Anteil eines Edelmetalls in Legierungen; früher bei Goldlegierung in Karat, heute in Promille ausgedrückt (18 Karat entspricht „750er" Gold).

Feingewicht, das Gewicht des in einer Münze enthaltenen Edelmetallanteils.

Feinheit, Bez. für die Dicke von Garnen und Zwirnen (↑Garnnumerierung).

Feininger [engl. 'faining], Andreas, * Paris 27. Dez. 1906, amerikan. Photograph. - Sohn von Lyonel F.; 1943–62 Bildjournalist des „Life"-Magazins; veröffentlichte Bildbände und Fachbücher.

F., Lyonel, * New York 17. Juli 1871, † ebd. 13. Jan. 1956, dt.-amerikan. Maler und Graphiker. - 1906–12 tätig als Karikaturist. Seit 1913 stand F. dem ↑Blauen Reiter nahe, 1919–33 am Bauhaus. 1936 Rückkehr in die USA. Die prismat. Struktur seiner Bilder wird in den Gemälden durch eine nuancierte, transparente Farbgebung erreicht, im Holzschnitt durch Kontrastierung von positiven und negativen Flächen.

Feinmechanik, Teilgebiet der Feinwerktechnik, das sich mit der Herstellung mechan. arbeitender Geräte hoher Präzision befaßt, z. B. mechan. Meßgeräte, opt. Geräte, Büromaschinen.

Feinputz, äußere Schicht eines Wand- oder Deckenputzes.

Feinschnitt, Rauchtabak, der eine Schnittbreite von höchstens 1,5 mm hat.

Feinstrahl, svw. ↑Berufkraut.

Feinstruktur, geometr. Aufbau der Materie im Bereich submikroskop. Dimension. ◆ in der *Atom-* und *Kernspektroskopie* allg. die in einem Spektrum bei Messung mit hoher Auflösung auftretende Aufspaltung einer zunächst einheitl. erscheinenden Spektrallinie in mehrere Komponenten. Das bekannteste Beispiel bildet die gelbe Natrium-D-Linie mit den beiden Komponenten D_1 und D_2 (Natriumdublett) bei 589,0 und 589,6 nm.

Feinwaage ↑Waagen.

Feira de Santana [brasilian. 'fejra di sɐn'tɐna], brasilian. Stadt 90 km nw. von

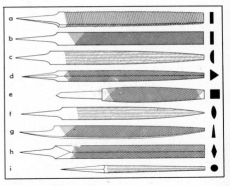

Feile. a einhiebige Flachfeile,
b doppelhiebige Flachfeile,
c Halbrundfeile, d Dreikantfeile,
e Vierkantfeile, f Vogelzungenfeile,
g Messerfeile, h Schwertfeile,
i Rundfeile

Salvador, 250 m ü. d. M., 289 500 E. Kath. Bischofssitz; Viehhandelsplatz, Tabakanbaugebiet; Eisenbahnendpunkt, ⚒.

Feirefiz [altfrz.], schwarzweiß gefleckter Halbbruder Parzifals, Sohn der Mohrenkönigin Belakane und des Gahmuret von Anjou.

Feisal, Name arab. Könige, ↑Faisal.

Feist, wm. Bez. für das außen dem Fleisch aufgelagerte Fett des Schalenwildes (mit Ausnahme des Schwarzwilds). Das innere Fett wird **Unschlitt (Inselt, Inslicht)** genannt.

Feiung, unbeabsichtigte, natürl. (aktive) Immunisierung durch Krankheitserreger. Als **stille Feiung** bezeichnet man eine natürl. Immunisierung ohne Auftreten äußerer Krankheitszeichen.

Feješ, Emerik [serbokroat. 'fɛjɛʃ], * Osijek 3. Nov. 1904, † Novi Sad 9. Juli 1969, jugoslaw. naiver Maler. - Begann mit 45 Jahren mit großer Detailfreude farbenfrohe Städtebilder zu malen.

Fel [lat.], svw. ↑Galle.

Felbiger, Johann Ignaz von, * Glogau 6. Jan. 1724, † Preßburg 17. Mai 1788, östr. Schulreformer. - Abt in Sagan (seit 1758); reformierte die Schulverhältnisse im (preuß.) Hzgt. Schlesien und in der Gft. Glatz (1765) sowie das östr. Volksschulwesen im Sinne der kath. Aufklärung (Allg. Schulordnung für die dt. Normal-, Haupt- und Trivialschule, 1774).

Felchen (Maränen, Renken, Coregonus), Gatt. bis 75 cm langer, meist heringsartig schlanker Lachsfische mit 7 Arten, v. a. in küstennahen Meeresteilen des N-Atlantiks und des nördl. Ozeans sowie in den Süß- und Brackgewässern N-Amerikas und der nördl. und gemäßigten Regionen Eurasiens; Körper häufig silberglänzend mit relativ kleinen Schuppen und Fettflosse; z. T. Wanderfische. Man unterscheidet die beiden Gruppen Boden- und Schwebrenken. Die **Bodenrenken** leben in Grund- und Ufernähe der Gewässer. Bekannt sind: **Kilch** (Kleine Bodenrenke, Coregonus acronius), 15–30 cm lang, schlank; Rücken bläulichgrün bis olivfarben, Körperseiten und Bauch silbrigweiß; im Bodensee, Ammersee, Chiemsee und Thuner See. **Sandfelchen** (Große Bodenrenke, Coregonus fera), bis 80 cm lang, mit Ausnahme der schwärzl. Brustflossen silbrig; v. a. in Seen des Alpen- und Voralpengebietes. Beide sind gute Speisefische. Die **Schwebrenken** leben vorwiegend in den oberen Wasserschichten. Sie unterteilen sich in zwei Formenkreise: 1. **Große Schwebrenken** (Große Maränen) mit den bekannten Arten ↑Blaufelchen und **Schnäpel** (Strommaräne, Coregonus oxyrhynchus); bis 50 cm lang, in der sö. Nordsee *(Nordseeschnäpel)* und in der westl. Ostsee *(Ostseeschnäpel);* Rücken blaugrün bis blaugrau, Seiten und Bauch weiß; mit spitzer, nasenartig verlängerter Schnauze. 2. **Kleine Schwebrenken**, u. a. mit **Gangfisch** (Silber-F., Form des Schnäpels), bis etwa 30 cm lang, v. a. in den Uferzonen der Alpenseen und des Bodensees; **Kleine Maräne** (Coregonus albula), etwa 20 cm lang, v. a. in N- und O-Europa sowie in N-Amerika; Rücken dunkel blaugrün, Seiten und Bauch silberweiß; guter Speisefisch.

Feld, agrar. genutztes Stück Land.

◆ svw. Schlachtfeld; v. a. in Wendungen wie *im Feld* (an der Front, im Krieg) und in Komposita, z. B. Feldpost.

◆ in der *Physik* Bez. für eine mit einem bes. physikal. Zustand des Raumes verbundene Erscheinung, die durch eine oder mehrere Funktionen der Ortskoordinaten und im allg. auch der Zeit - den sog. **Feldgrößen** oder **Feldfunktionen** - beschrieben wird. I. e. S. versteht man unter diesem Begriff ein **Kraftfeld**, d. h. ein durch die an jeder Stelle des Raumes auf einen Probekörper ausgeübten Kraftwirkungen gekennzeichnetes F. (z. B. das Gravitations- oder Schwerefeld, das elektr. F. und das Magnetfeld). Wird allen Punkten des Raumes eine vektorielle physikal. Größe derart zugeordnet, daß in jedem Raumpunkt und zu jedem Zeitpunkt die Vektoren eine bestimmte Richtung und einen bestimmten Betrag haben, dann spricht man von einem **Vektorfeld**. Vektor-F. sind u. a. alle Arten von Kraft-F. und die elektromagnet. F. Bei Vektor-F. werden die zugehörigen F.größen (F.vektoren) als **Feldstärken** bez. Jedes Vektor-F. kann durch eine Schar von **Feldlinien**, deren Tangentenvektoren in jedem Punkt die gleiche Richtung wie die Feldvektoren haben, in seinem Verlauf und seiner Stärke kenntl. gemacht werden (am bekanntesten sind die mit Eisenfeilspänen sichtbar gemach-

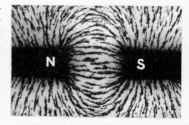

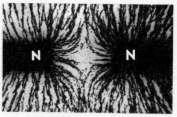

Feld. Magnetische Feldlinien zwischen einem Nordpol und einem Südpol (oben) sowie in der Nähe zweier Nordpole

ten magnet. F.linien). Ein **homogenes Feld** liegt vor, wenn die F.größe an allen Stellen des Raumes gleichen Betrag und gleiche Richtung hat (z. B. das Schwerefeld der Erde in kleinen Bereichen an der Erdoberfläche, das elektr. F. zw. den Elektroden eines Plattenkondensators). Anderenfalls spricht man von einem **inhomogenen Feld**.

📖 *Weyh, U.: Die Grundll. der Lehre vom elektr. u. magnet. F. Mchn.* ²*1984. - Jodl, H.: Felder. Hg. v. D. Burkhardt u. a. Wsb. 1976.*

◆ in der *Mathematik* 1. die Vereinigungsmenge von Definitionsbereich und Wertebereich einer Relation (F. einer Relation); 2. die Zuordnung einer mathemat. Größe (z. B. Skalar, Vektor, Tensor) zu jedem Punkt eines Raumes (F. von Größen, z. B. Skalar-F., Vektor-F., Tensor-F.).

◆ in der *Sprachwissenschaft* ein System, in dem ein Wort oder eine größere sprachl. Einheit seinen bestimmten Platz hat und aus dem heraus die Bed. dieses Wortes oder dieser sprachl. Einheit herausgearbeitet werden kann. Die Wörter eines sprachl. F. stehen in Wechselbeziehung; die Bed. eines Wortes wird durch die Bedeutung der F.nachbarn festgelegt. Im **paratakt. Feld** werden die Wörter eines Sinnbezirks meist analog zu entsprechenden Sachgruppen in einem „Begriffsfeld" zusammengestellt. Vom Gesamtgefüge des F. erhält das Einzelwort seine genaue Bedeutung. Z. B. in der Zensurenskala:
1. *sehr gut, gut, genügend, mangelhaft;*
2. *sehr gut, gut, genügend, mangelhaft, ungenügend;*

3. *sehr gut, gut, befriedigend, ausreichend, mangelhaft, ungenügend.*)
Der Wert (die Bed.) der einzelnen Noten hängt von dem Umfang des F. ab: das „gut" der Sechserreihe ist besser als das der Viererreihe. Beim **antonym.** Feld werden die Wörter nicht durch bedeutungsmäßig ähnl. Wörter, sondern durch Gegensätze, die sich in genau einem Merkmal unterscheiden, bestimmt, z. B. groß–klein, Leben–Tod, schlafen–wachen. Das **semant.** Feld bezeichnet - nicht klar abgegrenzt - Wörter, die bestimmte Kombinationen von semant. Merkmalen gemeinsam haben, z. B. haben „Vater" und „Schwager" gemeinsam, daß sie die Merkmale *Lebewesen, Mensch, Verwandte, männlich* aufweisen. Sprachl. Felder entstehen auch dadurch, daß bestimmte Wörter mit anderen im Satz gekoppelt sind: *beißen* gehört zu *Zähne, krähen* zu *Hahn, fällen* zu *Baum, blond* zu *Haar* usw. Solche Beziehungen nennt man **lexikal. Solidaritäten, feste Sinnkopplungen** oder **syntakt. Felder.**
📖 *Strukturelle Semantik u. Wortfeldtheorie. Mchn.* ³1982. *- Perspektiven der lexikal. Semantik. Hg. v. D. Kastorsky. Bonn 1980.*
◆ im *Sport* abgegrenzte und nach bestimmten Regeln eingeteilte und gekennzeichnete Bodenfläche [zum Austragen von Ballspielen]; auch Bez. für eine geschlossene Gruppe in einem Lauf bzw. für die Gesamtheit der Teilnehmer an einem Wettkampf.

Feldahorn (Maßholder, Acer campestre), europ. Ahornart in Laubwäldern, Feldgehölzen und an Waldrändern; bis 20 m hoher Baum mit kurzem Stamm und unregelmäßiger Krone oder 1–3 m hoher Strauch; Blätter grob fünflappig, gegenständig, langgestielt, Blüten gelbgrün, zweihäusig, in aufrechten Doldenrispen; Früchte geflügelte Nüßchen.

Feldartillerie, in motorisiertem Zug durch Rad- oder Kettenfahrzeuge bewegte Geschütze (Haubitzen oder Kanonen) auf Brigade-, Divisions- und Korpsebene; im Unterschied zur Raketen-, Panzer- und aufklärenden Artillerie, früher im Unterschied zur „schweren" (Belagerungs-, Festungs-) Artillerie.

Feldbahn, Schmalspurbahn (meist 600 mm Spurweite); Zugeinheit bestehend aus Diesellok und Muldenkippern (Loren); v. a. in Steinbrüchen, urspr. in Verteidigungsanlagen.

Feldberg, mit 1 493 m höchster Gipfel des Schwarzwaldes, Bad.-Württ., von dem sich in der Eiszeit Talgletscher radial in die vom F. ausstrahlenden Täler ergossen. An seinem NO-Abhang liegt der **Feldsee,** ein 10 ha großer, 32 m tiefer Karsee.
Feldberg, Großer ↑Großer Feldberg.
Feldbett, zusammenklappbares Bett.
Feldbinde, militär. Abzeichen: urspr. vor dem Aufkommen einer einheitl. Uniform Erkennungszeichen, später (in Form eines Leibgurts) anstelle der Offiziersschärpe Teil des Dienst- und Paradeanzugs.

Felddienst, früher Bez. für den gesamten Dienst der Truppe im Gelände (Felde) und für den Gefechtsdienst im Kriege.

Feldeffekttransistor, Abk. FET, ↑Transistor.

Feldelektronenemission (Feldemission, Kaltemission, Autoemission), Austritt von Elektronen aus kalten Metallen bei Einwirkung eines äußeren Feldes von genügend hoher Feldstärke.

Feldelektronenmikroskop ↑Elektronenmikroskop.

Felderbse, svw. ↑Ackererbse.

Felderwirtschaft, Fruchtfolgesystem, bei dem weniger als 25 % der Ackerfläche für den Anbau von Futterpflanzen verwendet werden; am bekanntesten die ↑Dreifelderwirtschaft.

Feldexperiment ↑Experiment.

Feldforschung (Feldstudie; engl. Fieldresearch, Field-work, Field-study), in der empir. Soziologie, v. a. auch in der Ethnologie und Anthropologie verwendetes Erhebungs- und Experimentierverfahren, das unter nichtmanipulierten Bedingungen der sozialen Wirklichkeit angewendet wird.
◆ Richtung der Gegenwartskunst (seit etwa 1975). Angeregt von der F. der Ethnologie erfaßt der Künstler, oft ein Team, durch Beobachtung Lebensformen sozialer Randgruppen der Industriebevölkerung. Hauptvertreter sind die Gruppen Alternativ Television und Telewissen. Darstellungsmedien sind Videobänder, Photos, Briefe.

Feldfrüchte, Ernteerzeugnisse des Ackerbaus (z. B. Getreide, Futterpflanzen, Kartoffeln, Mais) im Unterschied zu Garten- und Waldfrüchten.

Feldgemeinschaft, Agrarverfassung, in der die von Einzelpersonen oder Familien genutzten Grundstücke im Kollektiveigentum einer Siedlungsgemeinschaft stehen und/ oder kollektiv bewirtschaftet werden. Die im 19. Jh. entwickelte Lehre von F. und Urkommunismus hat sich auf Grund neuerer agrarhistor. Untersuchungen als unhaltbar erwiesen; Dorfbildung, Erbteilungen und Stand der Agrartechnik (Feldwechsel) zwangen teils zu sekundären Formen der F., die sich seit dem 18. Jh. wieder auflösten. - ↑auch Mir.

Feldgendarmerie, aus Gendarmen und aktiven Unteroffizieren gebildete Truppe (seit 1866) mit militärpolizeil. Aufgaben.

Feldgeschrei, früher Bez. für den Erkennungsruf im Felde.

Feld-Gras-Wirtschaft, Art der landw. Bodennutzung, bei der auf derselben Bodenfläche turnusmäßig die Nutzung als Ackerland und als Grünland abwechseln.

Feldgrille ↑Grillen.
Feldgröße ↑Feld (Physik).
Feldhamster ↑Hamster.

Feldhase

Feldhase ↑ Hasen.

Feldhaubitze ↑ Geschütze.

Feldhauptmann, Truppenführer im Heer der Landsknechte.

Feldhausmaus. ↑ Hausmaus.

Feldheer, bei der Bundeswehr der Teil der Landstreitkräfte, der im Ggs. zum Territorialheer im Verteidigungsfall der operativen Führung der NATO unterstellt ist; umfaßt 3 Korps mit 12 Divisionen und den ihnen unterstellten Großverbänden, Verbänden und Einheiten.

Feldherrnhalle, Bauwerk in München, errichtet 1841–44 von F. Gärtner; hier endete Hitlers „Marsch zur F." am 9. Nov. 1923.

Feldheuschrecken (Acrididae), heute mit über 5000 Arten (davon etwa 40 in Deutschland) weltweit verbreitete Fam. 1–10 cm große Insekten; mit kräftig entwickelten hinteren Sprungbeinen und (im Unterschied zu den ↑ Laubheuschrecken) kurzen, fadenförmigen Fühlern; ♂♂ zirpen, indem sie die Hinterschenkel mit gezähnter Leiste über vorspringende Adern der Flügeldecke streichen. Zu den F. gehören u. a. ↑ Wanderheuschrecken, ↑ Schnarrheuschrecke, ↑ Grashüpfer, ↑ Sumpfschrecke, ↑ Sandschrecke und ↑ Sandheuschrecken.

Feldhühner (Perdicinae), weltweit verbreitete Unterfam. der ↑ Hühnervögel mit etwa 130 Arten; Schnabel kurz, Schwanz meist kurz, Gefieder in der Regel tarnfarben. Zu den F. gehören z. B.: **Steinhuhn** (Alectoris graeca), mit Schwanz über 30 cm lang, in felsigen Gebirgslandschaften der subtrop. Regionen Eurasiens; unterscheidet sich von dem sehr ähnl. Rothuhn durch ein (von der gelblichweißen Kehle) scharf abgesetztes, schwarzes Kehlband. Die bekannteste Unterart ist das **Alpensteinhuhn** (Alectoris graeca saxatilis) im Alpengebiet; **Rothuhn** (Alectoris rufa), mit Schwanz etwa 35 cm lang, oberseits graubraun, auf Feldern, Wiesen und Heiden NW- und SW-Europas; **Rebhuhn** (Perdix perdix), etwa 30 cm lang, v. a. auf Feldern und Wiesen großer Teile Europas; mit dunkelbrauner Oberseite, rotbraunem Schwanz, rostfarbenem Gesicht, grauem Hals, ebenso gefärbter Brust und großem, braunem, hufeisenförmigem Bauchfleck. Die Gatt. **Frankoline** (Francolinus) hat etwa 40 Arten in den Wäldern, Steppen und Savannen Afrikas sowie Vorder- und S-Asiens; bis 45 cm lang, rebhuhnartig; ♂ mit 1 oder 2 Spornen; ♂ und ♀ häufig gleich gefärbt. Vier altweltl. verbreitete Arten hat die Gatt. **Wachteln;** kleine bodenbewohnende Hühnervögel mit sehr kurzem, durch die Oberschwanzdeckfedern verborgenen Schwanz. Die bekannteste, mit zahlr. Unterarten fast in der gesamten Alten Welt auf Gras- und Brachland vorkommende Art ist die bis 18 cm lange **Wachtel** (Coturnix coturnix), mit braunem, oberseits gelbl. und schwarz gestreiftem Gefieder; Scheitel mit gelbl. Mittelstreif. Zu den F. gehört außerdem die Gattungsgruppe ↑ Zahnwachteln.

Feldhummel ↑ Hummeln.

Feldhüter ↑ Feldpolizei.

Feldjäger, Angehöriger des in Preußen 1740 gebildeten berittenen F.korps, das sich u. a. aus Jägern und Forstbeamten rekrutierte; v. a. für Kurierdienste eingesetzt.
◆ in der *Bundeswehr* Truppengattung innerhalb der Führungstruppen; den F. obliegt der militär. Verkehrsdienst und der militär. Ordnungsdienst.

Feldkirch, östr. Bez.hauptstadt in Vorarlberg, an der Ill, 458 m ü. d. M., 23 700 E. Kath. Bischofssitz; Mus.-Pädagog. Akademie, Konservatorium; Heimatmuseum in der Schattenburg (13./14. Jh.). Textil-, Holz- und Nahrungsmittelind.; Fremdenverkehr. - F. wurde vor 1200 planmäßig angelegt, erhielt 1208 Stadtrechte und kam 1375 in den Besitz der Habsburger. - Spätgot. Domkirche (1478 vollendet), Rathaus (1493), Patrizierhäuser (15./16. Jh.) mit Wappen, Erkern, Treppengiebeln und Laubengängen.
F., Bistum, 1968 für das östr. Bundesland Vorarlberg gegr.; Suffraganbistum von Salzburg. - ↑ auch katholische Kirche (Übersicht).

Feldkirchen in Kärnten, östr. Stadt 25 km nw. von Klagenfurt, 550 m ü. d. M., 13 000 E. U. a. Textil- und lederverarbeitende Ind. - 888 erstmals genannt; seit 1930 Stadt. - Roman.-got. Pfarrkirche mit Fresken (12. Jh.).

Feldkonstante, (elektr. Feldkonstante) ↑ Dielektrikum.
◆ (magnet. Feldkonstante) ↑ Permeabilität.

Feldküche, Küchenfahrzeug (volkstüml. **Gulaschkanone**) zur Zubereitung warmer Verpflegung für die Streitkräfte bei Übungen und im Einsatz; auch zur Einrichtung des Roten Kreuzes und des zivilen Bev.schutzes bei Katastrophenfällen.

Feldlazarett, verlegbare Einrichtung der Sanitätstruppe auf Korpsebene zur fachärztl. Behandlung und Pflege Verwundeter, Verletzter und Kranker im Einsatz.

Feldlerche ↑ Lerchen.

Feldlinien ↑ Feld.

Feldman, Marty [engl. ˈfɛldmən], * London 1933, † Mexiko 2. Dez. 1982, brit. Komiker. - Ab 1962 Fernsehauftritte; seit 1968 Autor und Darsteller skurril-kom. Fernsehserien; auch erfolgreiche, der Vorlage karikierende Remakes, z. B. „Frankenstein Junior" (1975); „Silent Movie" (1977) ist eine bissig-witzige Persiflage auf den Stummfilm.

Feldmarschall, in den Streitkräften vieler Länder höchster militär. Dienstgrad; vom Hofamt des Marschalls abgeleitet; im 16. Jh. oberster Befehlshaber der Reiterei eines Heeres, im Dreißigjährigen Krieg Befehlshaber selbständiger Korps; seit dem 17. Jh. war der **Reichsgeneralfeldmarschall** Oberkommandierender der Reichsarmee; der **Generalfeldmarschall** wurde (abgesehen vom Reichsmarschall) zur höchsten Dienststellung in allen dt. Heeren.

Feldmarschalleutnant, Abk. FML, Dienstgrad im ehem. östr. bzw. östr.-ungar. Heer; entsprach dem dt. Generalleutnant.

Feldmaße (Ackermaße), Flächeneinheiten zur Bemessung landw. benutzter Flächen. Gesetzl. Einheit ist das **Quadratmeter** (Einheitenzeichen m^2); für 100 m^2 ist die Bez. **Ar** (Einheitenzeichen a) zulässig, für 100 Ar die Bez. **Hektar** (Einheitenzeichen ha).

Feldmaus ↑Wühlmäuse.

Feldmühle AG, bed. Papierhersteller, Sitz: Düsseldorf, gegr. 1885 als Schles. Sulfit-Cellulose-Fabrik Feldmühle, Liebau (Schlesien); AG ab 1962. Geschäftssparten: Rollendruckpapiere, graph. Papiere, Büropapiere und Spezialprodukte, Verpackung, Hygienepapiere, techn. Produkte; zahlr. Beteiligungen. Seit 1986 zur **Feldmühle Nobel AG** (↑Flick-Gruppe).

Feldoberst, im 16./17.Jh. der Höchstkommandierende eines im Felde stehenden Heeres; später **General-Feldoberst.**

Feldplatte (Fluxistor), Halbleiterbauelement, bei dem die Abhängigkeit des elektr. Widerstands der verwendeten Halbleitermaterialien vom [äußeren] Magnetfeld ausgenutzt wird.

Feldpolizei, im Krieg gebildeter eigener polizeil. Vollzugsdienst zur Aufrechterhaltung der öffentl. Sicherheit und Ordnung im Kriegsgebiet.
♦ (Feld- und Forstpolizei) Gesamtheit der staatl. Vollzugsorgane (**Feldhüter, Forsthüter**) zum Schutz von Feld und Forst.

Feldpost, Bez. für das (tariffreie) militär. Postwesen während eines Krieges; stellt die Postverbindungen innerhalb der Truppe und zw. Truppe und Zivilbev. her; erstmals um 1500 eingerichtet; unterstand im 1. Weltkrieg dem Reichspostamt, im 2. Weltkrieg direkt der Wehrmacht.

Feldposten, Teil der Gefechtssicherung; soll die Truppe sichern, rechtzeitig alarmieren, um die Gefechtsbereitschaft herzustellen, feindl. Aufklärung erschweren sowie Anlagen und Einrichtungen schützen.

Feldquanten, die kleinsten, einem ↑Feld zugeordneten Einheiten (Energiemengen) von korpuskularem Charakter. Beispiele sind die Photonen als F. des elektromagnet. Strahlungsfeldes, die Elektronen als F. des Diracschen Materiewellenfeldes, die Gravitonen als F. des Gravitationsfeldes.

Feldrose ↑Rose.

Feldrüster, svw. Feldulme (↑Ulme).

Feldsalat (Ackersalat, Valerianella), Gatt. der Baldriangewächse mit etwa 60 Arten auf der Nordhalbkugel; einjährige Kräuter mit grundständiger Blattrosette und gabelig verzweigten Stengeln; Blüten klein, meist bläulich in kleinen, köpfchenartigen Trugdolden; Früchte einsamige Nüßchen. Die

bekannteste Art ist der **Gemeine Feldsalat** (Rapunzel, Valerianella locusta), ein Unkraut auf Äckern und Wiesen, das in seiner Kulturform als Blattsalat gern gegessen wird.

Feldscher [verkürzt aus frühneuhochdt. Feldscherer (zu scheren „schneiden, rasieren")], veraltete Bez. für einen militär. Wundarzt.

Feldschlange (Schlangenbüchse, Kolubrine), spätma. Geschütz mit relativ langem Rohr (Kaliber 5–14 cm) zum Verschießen eiserner Vollkugeln (bis 10 kg).

Feldschwirl ↑Schwirle.

Feldspäte, in vielen Gesteinen sehr verbreitet vorkommende Gruppe von gesteinsbildenden Mineralen (mengenmäßig 50 bis 60 % aller Silicatminerale) mit mehreren gemeinsamen Eigenschaften; Mohshärte 6 bis 6,5; Dichte 2,53 bis 2,77 g/cm^3; spaltbar in zwei senkrecht zueinander stehenden Spaltebenen. Chem. sind die F. Alumosilicate v. a. von Natrium (**Natronfeldspat,** Na[AlSi$_3$O$_8$]), Kalium (**Kalifeldspat,** K[AlSi$_3$O$_8$]) und Calcium (**Kalkfeldspat,** Ca[Al$_2$Si$_2$O$_8$]). Die F. bilden zwei Reihen von Mischkristallen, die *Kalknatron-F.* (**Plagioklase**) und *Alkali-F.* (Kalinatron-F., **Orthoklase**). Die triklin kristallisierenden Kalknatron-F. haben die Grenzzusammensetzungen *Albit,* Na[AlSi$_3$O$_8$] und *Anorthit,* Ca[Al$_2$Si$_2$O$_8$]; als Zwischenglieder unterscheidet man mit steigendem Anorthitgehalt Oligoklas, Andesin, Labradorit, Bytownit. Grenzzusammensetzungen der monoklin oder triklin kristallisierten Alkali-F. sind der Natronfeldspat (Albit) und der Kalifeldspat K[AlSi$_3$O$_8$] in den Formen *Orthoklas* (monoklin), *Sanidin* (monoklin) und *Mikroklin* (triklin); Zwischenglieder (Na, K) [AlSi$_3$O$_8$], sind Natronorthoklas (monoklin), Natronsanidin (monoklin) und Anorthoklas (triklin). Die F. sind meist weiße bis grauweiße oder auch unscheinbar gefärbte Minerale. **Gemeiner Feldspat** besteht v. a. aus Orthoklasen, die durch Entmischung milchig bis durchscheinend getrübt sind. Einige Varietäten der F. mit bes. opt. Effekten eignen sich als Schmuckstein, z. B. der **Aventurinfeldspat** (*Sonnenstein;* Varietät des Oligoklas mit metall. Schimmer), der *Labrador* (*Labradorit;* mit blaugrünem Farbenspiel), der **Mondstein** (*Adular;* Varietät des Orthoklas mit bläul. Schimmer), der **Amazonit** (blaugrün gefärbte Varietät des Mikroklins).

Feldspatvertreter (Feldspatoide, Foide), meist farblose oder weiße, glasglänzende, gesteinsbildende Minerale, die aus magmat. Schmelzen entstehen, deren Kieselsäuregehalt nicht zur Bildung von Feldspäten ausreicht.

Feldsperling ↑Sperlinge.

Feldspitzmaus ↑Weißzahnspitzmäuse.

Feldstärke, Maß für die von einem ↑Feld ausgehende Kraftwirkung.

Feldstecher ↑Fernrohr.

Feldstudie ↑ Feldforschung.
Feldtauben ↑ Haustauben.
Feldtheorie, (allg. F.) Bez. für einen mathemat.-physikal. Formalismus, der es gestattet, jede durch ein beliebiges ↑ Feld bzw. seine Feldgrößen beschreibbare physikal. Erscheinung in gleichartiger Weise sowie nach einheitl. Gesichtspunkten zu behandeln und dabei zu konkreten Aussagen hinsichtl. der physikal. Zustandsgrößen dieses Feldes zu gelangen.
◆ (Nahewirkungstheorie) die auf M. Faraday zurückgehende und an die Stelle der früheren Fernwirkungstheorie gesetzte Vorstellung, nach der die Kraftwirkungen zw. Körpern (Gravitation, elektromagnet. Kräfte) durch Kraftfelder (↑ Feld) vermittelt werden, die die Körper selbst um sich herum aufbauen; die Kraftwirkungen werden also durch einen gewissen Erregungszustand des Raumes von Ort zu Ort getragen, es gibt somit keine unvermittelte Fernwirkung zw. den Körpern.
◆ (einheitl. F.) Bez. für die v. a. von A. Einstein unternommenen Versuche, aus dem Schema der an sich nur das Gravitationsfeld liefernden allg. Relativitätstheorie auch das elektromagnet. Feld [und die Materiewellenfelder] als Folge der geometr. Struktur der Raum-Zeit-Welt zu gewinnen.
◆ (einheitl. F. der Elementarteilchen) die von W. Heisenberg u. a. entwickelte nichtlineare ↑ Spinortheorie der Elementarteilchen.
◆ in der *Psychologie* die histor. auf die Gestaltpsychologie zurückgehende (umstrittene) Auffassung, nach der das Verhalten eines Lebewesens durch die Bedingung des Feldes oder Lebensraums, in dem es erfolgt, bestimmt wird.
Feldthymian ↑ Thymian.
Feldulme ↑ Ulme.
Feldverweis, Ausschließung eines Spielers vom weiteren Spiel wegen eines groben Verstoßes gegen die sportl. Regeln.
Feldwache, früher Bez. für eine als Feldposten und Spähtrupps eingesetzte Einheit.
Feldwachtmeister, früher Titel des Majors.

Feldzeichen. Römisches „vexillum" mit Adler

Feldwaldmaus (Waldmaus, Apodemus sylvaticus), Art der Echtmäuse in Eurasien; Körperlänge etwa 8–11 cm, Schwanz meist ebenso lang; Oberseite grau- bis gelblichbraun, Bauchseite grauweiß, in der Brustregion meist ein gelber bis rötlich-gelber Längsfleck.
Feldwebel [zu althochdt. weibil „Gerichtsbote"], militär. Dienstgrad (vom Feldweibel der Landsknechte abgeleitet); im Dt. Reich bis 1918 höchster Unteroffiziersdienstgrad; bei Kavallerie und Artillerie **Wachtmeister** gen.; in der Bundeswehr unterster Dienstgrad, in dem ein Soldat zum Berufssoldaten ernannt werden kann. - ↑ auch Übersicht Dienstgradbezeichnungen.
Feldwebelleutnant, im Dt. Reich 1877–1918 gebräuchl. Dienstgrad zw. Feldwebel und Leutnant.
Feldweibel, Bez. des Feldwebels bei den Landsknechten; heute schweizer. Dienstgrad. - ↑ auch Übersicht Dienstgradbezeichnungen.
Feldwespen (Polistinae), mit etwa 100 Arten weltweit verbreitete Unterfam.: sozial lebender, schlanker Insekten; Hinterleib spindelförmig, von der Wespentaille sich nur allmähl. nach hinten erweiternd; bauen Papiernester.

Feldwespen. Polistes gallicus auf einem Papiernest

Feldzeichen, takt. Hilfsmittel zur Kennzeichnung von Truppenverbänden und Einzelkriegern sowie zur Befehlsgebung; bei den Römern unter verschiedenen, schwer abzugrenzenden Bez. (z. B. „vexillum", „signum") bekannt; Embleme waren v. a. Tierzeichen; daneben traten im MA seit den Kreuzzügen Fahnen; im Ritterheer dienten Schild des Wappens und Helmzier, bei den Söldnerheeren des späten MA an den Kopfputz gesteckte Federn, Zweige, Laub und Stroh als F.; Feldbinden, Kokarden, Uniformen waren F. i. e. S.; seit dem 19. Jh. zugleich für Fahnen und Standarten verwendet.
Feldzeitungen, vorwiegend für die

Truppe hergestellte, z. T. period. erscheinende Informationsblätter; entstanden in bed. Ausmaß erst seit Napoleon I.

Feldzeugmeister, in den Landsknechtsheeren und bis in die neuere Zeit der Befehlshaber der Artillerie; in *Österreich* bis 1908 (Abk. FZM) der zweithöchste Generalsrang. In *Deutschland* ab Ende 19. Jh. bis 1919 Titel eines Generals als Chef der für Beschaffung und Verwaltung von Waffen, Munition und Gerät zuständigen Feldzeugmeisterei, in der Wehrmacht **Heeresfeldzeugmeister** und entsprechend **Luftzeugmeister.**

Feldzug, Gesamtheit der militär. Kampfhandlungen und Operationen, örtl. und zeitl. bezogen auf einen bestimmten Kriegsschauplatz, z. B. Polenfeldzug 1939.

f-Elektronen, Atomelektronen mit der Bahndrehimpulsquantenzahl $l = 3$; die zugehörigen Energiezustände im Atom heißen *f-Zustände.*

Felge, Teil des Rades zur Aufnahme der Bereifung; **Holzfelge** mit aufgezogenem Eisenreifen bei Fuhrwerken und Kutschen, **Metallfelge** aus gepreßtem Stahlblech und [leichte] **Alufelge** aus Aluminiumguß für Kfz. mit Gummibereifung. Nach der Form des F.profils bzw. der Tiefe des F.betts unterscheidet man: *Flachbett-F., Tiefbett-F., Kasten-F.;* Angabe der F.größe: Maulweite a × Durchmesser d (auch a–d); Maße in Zoll bzw. Inch (1 Zoll = 2,54 cm).

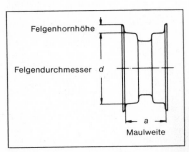

Felge. Schema einer Kraftfahrzeugfelge

◆ turner. Übung an Reck, Barren, Stufenbarren und an den Ringen, bei der der Turner eine ganze Drehung aus dem Stand oder Hang zum Stütz ausführt. Beim **Felgumschwung** beginnt und endet der Turner im Stütz. Bei der **freien Felge** darf die Stange mit dem Körper nicht berührt werden. Felgumschwünge im Streckhang nennt man **Riesenfelgen. Felgabschwung,** Abschwung vom Gerät mit einer halben Drehung um die Querachse des Körpers. **Felgaufschwung,** Aufschwung auf das Gerät mit einer ganzen Drehung um die Querachse des Körpers.

Félibres [frz. fe'libr], Gruppe provenzal.

Schriftsteller (F. Mistral, T. Aubanel u. a.); gründeten 1854 auf Schloß Fontségugne bei Avignon den Bund „Félibrige".

Felice [italien. fe'li:tʃe], italien. Form des männl. Vornamens Felix.

Felicia, weibl. Vorname, ↑ Felizia.

Feliciano, José Monserate [span. feli'θja:no], * Larez (Puerto Rico) 10. Sept. 1945, puertorican. Popmusiker. - Blind; als Gitarrist von der span. Folklore und vom Jazz, als Sänger von R. Charles beeinflußt.

Félicie [frz. feli'si], frz. Form von ↑ Felizia.

Felicitas, weibl. Vorname, ↑ Felizitas.

Felicitas, bei den Römern Personifikation und Göttin des Glücks.

Felicitas, hl., † Karthago 7. März 202 oder 203, Märtyrerin. - Als christl. Sklavin wurde F. mit der vornehmen Frau Perpetua u. a. Christen aus Karthago verurteilt. Fest (zus. mit dem der hl. Perpetua): 7. März.

Felidae [lat.], svw. ↑ Katzen.

Felipe, span. Form des männl. Vornamens Philipp.

Felix, männl. Vorname lat. Ursprungs, eigtl. „der Glückliche".

Felix, Name von Päpsten:

F. II. (III.), hl., † Rom 1. März 492, Papst (seit 13. März 483). - Da F. die Absetzung des Patriarchen von Alexandria verlangte und über den Patriarchen Akakios von Konstantinopel Bann und Absetzung aussprach, kam es zum ersten Schisma zw. lat. und östl. Kirche.

F. V., * Chambéry 1383, † Genf 7. Jan. 1451, Gegenpapst (5. Nov. 1439 bis 7. April 1449). - Graf, seit 1416 Hzg. Amadeus VIII. von Savoyen; das Basler Konzil wählte ihn nach Absetzung Eugens IV. zum Papst. F. konnte nur einen Teil der Christenheit gewinnen, ge-

Conrad Felixmüller, Kinderbewahranstalt (1924). Bielefeld, Städtische Kunsthalle

riet in Konflikt mit der Basler Restsynode; er war der letzte Gegenpapst.

Felix von Valois [frz. va'lwa], hl., * in der Île de France 1127, † Paris 1212, frz. Ordensstifter. - Zuverlässige Nachrichten fehlen; gilt als Mitbegr. des Ordens der Trinitarier. Nie offiziell heiliggesprochen, als Hl. verehrt.

Félix Aguilar [span. 'feliks aɣi'lar], südlichste astronom. Dauerstation der Erde, in Patagonien, Argentinien.

Felixmüller, Conrad, * Dresden 21. Mai 1897, † Berlin (West) 24. März 1977, dt. Maler und Graphiker. - Sein Werk ist wesentlich vom dt. Expressionismus (Brücke) bestimmt, bes. in Holzschnitt und Illustration; im Mittelpunkt seiner Kunst steht, v. a. in den 20er Jahren, sozialkrit. Milieuschilderung; auch zahlr. [Holzschnitt]porträts. - Abb. S. 21.

Felix und Regula, nach legendärer Überlieferung ein Geschwisterpaar, das während der Diokletian. Verfolgung in Zürich das Matryrium erlitten haben soll. Über ihrem angebl. Grab wurde später das Großmünster errichtet.

Felizia (Felicia), weibl. Form von Felix.

Felizitas (Felicitas), weibl. Vorname lat. Ursprungs, eigtl. „Glück, Glückseligkeit".

Felke, Emanuel, * Kläden bei Stendal 7. Febr. 1856, † Sobernheim 16. Aug. 1926, dt. ev. Geistlicher und Naturheilkundiger. - Wurde bekannt wegen seiner Augendiagnostik und seiner naturheilkundl. Behandlungsmethoden mit Lehmbädern und -packungen.

Fell, Haarkleid der Säugetiere, auch die abgezogene behaarte Haut vor der Verarbeitung.

Fellachen [arab. „Pflüger"], Bez. für die ackerbautreibende Landbev. in den arab. Ländern. Ihr sozialer Status ist vergleichsweise niedrig, da sie als Pächter wirtsch. von Großgrundbesitzern abhängig sind.

Fellatio [zu lat. fellare „saugen"] (Penilinctio), Form des oral-genitalen sexuellen Kontaktes, bei der der Penis mit Lippen, Zähnen und Zunge gereizt wird. - ↑ auch Cunnilingus.

Fellbach, Stadt im östl. Bereich des Großraums Stuttgart, Bad.-Württ., 287 m ü. d. M., 40 000 E. Volkskundl. Museum; mit der Ind.zone des Neckartales eng verknüpfte Ind.; Weinbau. - Schon in röm. Zeit besiedelt, 1121 erstmals erwähnt, wurde 1191 staufisch, fiel spätestens 1291 an Württemberg. Seit 1933 Stadt. - Got. Lutherkirche (14./15. Jh.), Schwabenlandhalle (1976).

Felleisen [zu italien.-frz. valise „Koffer"], veraltet für: Rucksack, Reisesack der wandernden Handwerksgesellen.

Fellenberg, Philipp Emanuel von, * Bern 15. Juni 1771, † Gut Hofwil bei Münchenbuchsee 21. Nov. 1844, schweizer. Sozialpädagoge. - Erwarb 1799 das Gut Hofwil, das als landw. Musterbetrieb Träger mehrerer schul. Einrichtungen wurde. Sein „Erziehungsstaat" war Vorbild für Goethes „pädagog. Provinz" in „Wilhelm Meisters Wanderjahren".

Fellerer, Karl Gustav, * Freising 7. Juli 1902, † Köln 7. Jan. 1984, dt. Musikforscher. - 1939-70 Prof. in Köln. Schrieb u. a. „Geschichte der kath. Kirchenmusik" (1939), „Soziologie der Kirchenmusik" (1963).

Fellgiebel, Erich, * Pöpelwitz bei Breslau 4. Okt. 1886, † Berlin 4. Sept. 1944 (hingerichtet), dt. General. - Seit 1939 Chef des Wehrmacht-Nachrichtenverbindungswesens und gleichzeitg Chef des Heeresnachrichtenwesens. Maßgebl. an den Vorbereitungen des Attentats vom 20. Juli 1944 gegen Hitler beteiligt.

Fellini, Federico, * Rimini 20. Jan. 1920, italien. Filmregisseur. - Zunächst Journalist, Karikaturist und Schauspieler; als Drehbuchautor und Regieassistent maßgebl. an der Entwicklung des Neorealismus beteiligt. ∞ seit 1943 mit G. Masina, Hauptdarstellerin in „La Strada - Das Lied der Straße" (1954), der F. internat. Ruhm begründete. Viele seiner Filme tragen autobiograph. Züge, z. B. „Die Müßiggänger" (1953), „Il bidone" (1955), „Die Nächte der Cabiria" (1957), „8 $\frac{1}{2}$" (1963), „Amarcord" (1974). Kritik an der Äußerlichkeit des Glaubens und an der Dekadenz der italien. Oberschicht übte er in „Das süße Leben" (1960); „Julia und die Geister" (1965) beschreibt die Geschichte der Selbstbefreiung einer Frau. - Weitere Filme: „Satyricon" (1969), „Roma" (1972), „Casanova" (1976), „Ginger und Fred" (1986).

Fellow [engl. 'fɛlou; eigtl. „Geselle"], in Großbrit. mit Pflichten (Verwaltung) und Rechten (Bezüge, Lehrberechtigung, Forschungsauftrag) ausgestattetes Mgl. eines College (bes. in Oxford oder Cambridge); auch Mgl. einer wiss. Gesellschaft.

◆ in den USA Student höherer Semesters, der ein Stipendium (**Fellowship**) erhält, meist verbunden mit Lehraufgaben.

Felmayer, Rudolf, * Wien 24. Dez. 1897, † Wien 27. Jan. 1970, östr. Lyriker. - Z. T. umgangssprachl. Gedichte, u. a. die Bände „Die stillen Götter" (1936), „Gesicht des Menschen" (1948), „Der Spielzeughändler aus dem Osten" (1958), „Eine wiener. Passion" (1964) sowie „Barocker Kondukt" (1968).

Felmy, Hansjörg [...mi], * Berlin 31. Jan. 1931, dt. Schauspieler. - Bühnenengagements in Braunschweig, Aachen und Köln; seine Filmkarriere begründete F. als Typ des jugendl. Helden u. a. in „Der Stern von Afrika" (1956), „Das Herz von St. Pauli" (1958), „Wir Wunderkinder" (1958), „Die Buddenbrooks" (1959). Seit 1973 auch Rollen in Fernsehfilmen: „Unternehmen Köpenick" (1986), „Die Wilsheimer" (1987).

Felonie [mittellat.-frz.], verräter. Treuebruch, im Lehnswesen vorsätzl. Bruch des Treueverhältnisses zw. Lehnsherrn und Lehnsträger.

Felsbilder.
Von links: Lanzenschwingender Reiter
(Saudi-Arabien), Bogenschützen
(Libysche Wüste)

Felsbilder, in allen Erdteilen vorkommende, in Höhlen und Nischen oder freilie-
genden Felsflächen und Blöcken (v. a. mit mineral. Stoffen) gemalte oder gravierte bild-
hafte Darstellungen. Die jungpaläolith. F.
(frankokantabr. Kunst) sind nur aus Höhlen
bekannt. Die dem Mesolithikum zugehörigen
Felsmalereien (O-Spanien, N-Afrika [↑ Tassili
der Adjer], Australien) finden sich dagegen
in offenen Nischen und unter Überhängen,
während die Gravierungen in Skandinavien,
Karelien, Italien oder S-Afrika völlig unge-
schützt im Freien auf Felsflächen und Blök-
ken angebracht sind.

Techniken: Bei den Malereien sind 3 Techniken des Farbauftrags bekannt: 1. Zeichen-
technik mit Verwischen nach Art der Pastellmalerei, 2. Pulverisierung des Farbstoffes und
Mischung mit Bindemitteln, wobei die Malerei mit Pinseln aus Tierhaaren (in Röhrenknochen gefaßt) nach Art der Öl- bzw. Tempera-
technik aufgetragen wurde, 3. Pulverisieren
der Farbe und Aufstäuben mittels dünner
Röhrenknochen. Bei den Gravierungen treten
neben dünnen Ritzzeichnungen breit und tief
ausgeschliffene Darstellungen linearer Art auf
(Skandinavien) oder eine flächenhafte Bearbeitung in sog. „Picktechnik" (Lombardei).
Die **stilist. Unterscheidungsmerkmale** lassen
meist eine relative Datierung zu (bei der Al-
tersbestimmung berücksichtigt man neben archäolog. Kriterien auch naturwiss. Methoden). So läßt sich von der naturnahen, manch-

Felsendom

mal geradezu impressionist. anmutenden eiszeitl. Höhlenkunst über die in der Form verfestigten, eher expressiv wirkenden Darstellungen der ostspan. Gruppe ein Wandel zur Stilisierung und Abstraktion in den F. des Neolithikums und der Bronzezeit feststellen. Oft bilden die dargestellten Gegenstände Hilfen für die Einteilung in [Stil]epochen. Daneben lassen sich an verschiedenen Fundorten stilist. Eigenheiten nach der Art von Kunstschulen erkennen (z. B. Altamira, Lascaux, Font-de-Gaume und Niaux).

Deutung: Für die eiszeitl. Höhlenmalerei besteht kaum Zweifel darüber, daß Vorstellungen von Bildmagie zugrunde liegen, die durch das Abbild zauber. Gewalt über das dargestellte Objekt verleihen sollte (Fruchtbarkeits-, Jagdmagie, Vernichtungs-, Abwehrzauber). Mit dem Wandel der Wirtschafts- und Gesellschaftsform durch Ackerbau und Viehzucht im Neolithikum und in der Bronzezeit und mit dem Wunsch nach Beeinflussung höherer Mächte (Sonnenkult, Verehrung der Fruchtbarkeit der Erde usw.) kommt es zur abstrakten, symbolhaften Darstellung. In der Eisenzeit treten dann Götterdarstellungen selbst auf. Dazu kommen in anderen Bereichen schamanist. Vorstellungen oder solche eines myth. Urzeitgeschehens.
📖 *Strieder, K. H.: F. der Sahara. Kat. Mchn. 1984. - Adam, K./Kurz, R.: Eiszeitkunst im südd. Raum. Stg. 1980. - Kühn, H.: Höhlenmalerei der Eiszeit. 30000–10000 v. Chr. Mchn. 1975.*

Felsecker, Nürnberger Buchhändler-, Drucker- und Verlegerfamilie, ↑ Felsecker.

Felsenbein (Os petrosum), die das Innenohr (Labyrinth) der Säugetiere umgebende knöcherne Kapsel; verschmilzt häufig mit dem ↑ Paukenbein zum ↑ Schläfenbein.

Felsenbirne (Felsenmispel, Amelanchier), Gatt. der Rosengewächse mit etwa 25 Arten in N-Amerika, Eurasien und N-Afrika; Sträucher oder kleine Bäume mit ungeteilten Blättern und weißen Blüten in Trauben. In M-Europa heim. ist die **Gemeine Felsenbirne** (Amelanchier ovalis) mit weißen, an der Spitze oft rötl. Blüten und kugeligen, bläulich-schwarzen Früchten.

Felsenblümchen (Draba), Gatt. der Kreuzblütler mit etwa 270 Arten, v. a. in Hochgebirgen und Polargebieten; meist kleine, Rasen oder Polster bildende, behaarte Kräuter oder Stauden mit grundständiger Blattrosette und kleinen, weißen oder gelben Blüten in Trauben. In Felsspalten und auf Gesteinsschutt wächst das 5–10 cm hohe **Immergrüne Felsenblümchen** (Draba aizoides).

Felsendom, Moschee im Tempelbezirk von Jerusalem, irrtüml. oft **Omar-Moschee** genannt. 688–691 von dem Kalifen Abd Al Malik über dem hl. Felsen, auf dem Abraham das Isaak-Opfer vorbereitet haben soll, erbaut, Hauptheiligtum des Islams (seit dem

16. Jh. mehrfach restauriert). Reicher Mosaikschmuck. - Abb. S. 23.

Felsengarnele ↑ Garnelen.

Felsengräber, natürl. oder künstl. ausgehauene Felshöhlen, die zu allen Zeiten von verschiedenen Völkern als Begräbnisplatz genutzt wurden; am bekanntesten die ägypt. F.; meist ein offen zugängl. Teil (Gang oder mehrere Kammern), mit Reliefs und Wandgemälden geschmückt, und ein unzugängl. Teil mit einer oder mehreren Grabkammern. Die ältesten F. stammen aus dem 3. Jt. v. Chr. (↑ Gise, ↑ Bani Hasan, ↑ Assuan u. a.), die bekanntesten liegen in Theben-West (Beamtengräber) und im Königsgräbertal sowie im Tal der Königinnen. Repräsentative F. kannten insbes. auch die Achämenidenherrscher (Naghsch e Rostam bei Persepolis) und die Nabatäer (Petra).

Felsenheide ↑ Garigue.

Felsenkamm ↑ Kaukasus.

Felsenkänguruhs ↑ Felskänguruhs.

Felsenkirchen, in Felshöhlen oder -nischen angelegte Kirchen, v. a. in Äthiopien (z. B. in Lalibäla), 5./7.–14. Jh. (?).

Felsenkirsche (Steinweichsel, Weichselkirsche, Prunus mahaleb), Art der Rosengewächse in Europa und W-Asien, in lichten Wäldern und Gebüschen; sperriger Strauch oder bis 6 m hoher Baum mit weißen Blüten in aufrechten Doldentrauben und kugeligen, schwarzen, bitteren Früchten; Pfropfunterlage für Sauerkirschen.

Felsenmeer ↑ Blockmeer.

Felsennelke, svw. ↑ Nelkenköpfchen.

Felsenpython ↑ Pythonschlangen.

Felsenrebe (Vitis rupestris), amerikan. Art der Gatt. Weinrebe; Pfropfunterlage für europ. Rebsorten.

Felsenreitschule, Freilichtbühne in Salzburg, die in einen alten Steinbruch 1694 als Arena für Reiterspiele eingebaut wurde. Erstmals von M. Reinhardt 1926 für Inszenierungen der Salzburger Festspiele verwendet.

Felsenröschen, svw. ↑ Alpenheide.

Felsenschwalbe ↑ Schwalben.

Felsenspringer (Machilidae), Fam. der Urinsekten mit etwa 120, meist bräunl., z. T. metall. schillernden Arten in N-Amerika, Eurasien und Afrika; können bei Flucht bis zu 10 cm weit springen.

Felsenstein, Walter, * Wien 30. Mai 1901, † Berlin (Ost) 8. Okt. 1975, östr. Regisseur. - Begann als Schauspielregisseur. Seit 1947 Intendant der Kom. Oper in Berlin (Ost), auch zahlr. internat. Gastinszenierungen. Realist. Musiktheater mit text- und partiturtreuer Darstellung, bes. erfolgreich „Das schlaue Füchslein" (L. Janáček), „Othello", „La Traviata" (G. Verdi), „Ein Sommernachtstraum" (B. Britten), Opern von Offenbach und Mozart.

Felsentaube ↑ Tauben.

Felsentempel, in Felshöhlen bzw. in den

Fels geschlagene oder in Felshöfe eingebaute Tempel, auch aus dem Fels gehauene freistehende F.; verbreitete als buddhist. und hinduist. Heiligtümer in Indien (↑Ajanta, ↑Elephanta, ↑Ellora) und China, auch als Teil größerer Anlagen. Auch ägypt. (↑Abu Simbel) und hethit. (Yazılıkaya bei ↑Boğazkale) sowie altamerikan. F. (↑Malinalco) sind bekannt.

Felsina, antike Stadt, ↑Bologna.

felsisch, bei magmat. Gesteinen werden die *hellen Minerale* (Quarz, Feldspat, Feldspatvertreter) f. genannt, die *dunklen* (Glimmer, Pyroxen, Amphibol, Olivin) **mafisch.**

Felskänguruhs (Felsenkänguruhs, Petrogale), Gatt. der Känguruhs mit acht Arten in felsigem Gelände Australiens und auf einigen vorgelagerten Inseln; Körperlänge etwa 50–80 cm mit rd. 40–70 cm langem Schwanz, der nicht als Sitzstütze dient; Färbung meist bräunl., oft mit dunkler und heller Zeichnung. Bekannte Arten sind **Pinselschwanzkänguruh** (Petrogale penicillata) mit fast körperlangem, schwach buschig behaartem Schwanz; Färbung meist rötlichbraun, Schwanz und Füße schwarz. **Gelbfußkänguruh** (Ringelschwanz-F., Petrogale xanthopus), etwa 65 cm lang, mit fast körperlangem, gelb und schwarzbraun geringeltem Schwanz; Fell oberseits meist rötlichbraun mit dunklerem Rückenstreif und weißer Querbinde an den Hinterschenkeln, Unterseite weiß, Fußwurzelregion gelb.

Felsreliefs (Felsenreliefs), Reliefdarstellungen auf Felswänden, v. a. im alten Vorderasien; dargestellt sind meist siegreiche Könige, später auch Götterweihungen, häufig mit Inschriften. Älteste F. befinden sich im Sagrosgebirge (Ende 3. Jt. v. Chr.), F. ägypt., assyr. und babylon. Könige am Nahr Al Kalb nördl. von Beirut, assyr. Götterreliefs nördl. von Ninive (um 720 v. Chr.), neuelam. (7. Jh. v. Chr.) in SW-Iran, achämenid. in ↑Behistan und in ↑Naghsh e Rostam (wo auch die Sassanidenkönige Ardaschir I. und Schapur I. F. aushauen ließen), wie auch mittelelam. F. des 2. Jt. v. Chr. Um Schami finden sich parth. F. (110 v. Chr. bis 2. Jh. n. Chr.); in Kleinasien entstanden hethit. Reliefs (z. B. in Yazılıkaya bei ↑Boğazkale).

Felssecker (Felsecker), Nürnberger Buchhändler-, Drucker- und Verlegerfamilie. *Wolfgang Eberhard F.* (* 1626, † 1680) druckte Gebet- und Erbauungsbücher, Kalender, Zeitungen und Flugblätter sowie Grimmelshausens „Simplicissimus" (1669) unter der Verlagsfiktion: „Mompelgart bei Johann Fillion". Die Firma bestand bis 1847.

Felssturz, ↑Bergsturz mit geringerer Massenverlagerung.

Felswüste, svw. ↑Hammada.

Feltre, italien. Stadt in Venetien, 30 km sw. von Belluno, 325 m ü. d. M., 20 900 E. Kath. Bischofssitz; Museum; Seidenspinnereien. - In der Antike **Feltria;** wurde vom 10. bis 13. Jh. von seinen Bischöfen regiert, 1404 fiel es an Venedig, 1797–1866 gehörte es zu Österreich. - Aus dem 16. Jh. stammen z. T. freskenverzierte Renaissancepaläste, die Kathedrale San Pietro und die Kirche San Rocco.

Feltrinẹlli, Giangiacomo, * Mailand 19. Juni 1926, † bei Segrate nahe Mailand 14. März 1972, italien. Verleger. - Besitzer bed. Handelsfirmen, gründete 1954 in Mailand den Verlag Giangiacomo Feltrinelli Editore, nachdem er 1949 ein Forschungsinstitut (Sozialwiss. u. a.) gegr. hatte. Sympathisierte insbes. mit den südamerikan. Befreiungsbewegungen sowie den student. Protestbewegungen. Seit 1969 im Untergrund tätig; starb dem Anschein nach bei dem Versuch, einen Hochspannungsleitungsmast bei Segrate zu sprengen. Neben Belletristik (darunter viele Übers.) und wiss. Literatur erschienen in seinem Verlag marxist. und sozialist. Werke.

Femelbetrieb (Femelschlagbetrieb), forstwirtschaftl. Form des Hochwaldbetriebes, bei der Ernte und Verjüngung des Baumbestandes so erfolgen, daß nur Einzelstämme oder kleine Baumgruppen entnommen werden, um auf einer Fläche möglichst viele Altersstufen im Baumbestand zu erhalten.

Fememorde, Bez. für polit., von Geheimgesellschaften in illegaler Privatjustiz durchgeführte Morde, in Deutschland v. a. seit 1920, als rechtsradikale Organisationen und sog. Schwarze Reichswehr gegen den Verrat von Waffenlagern, Desertion aus den eigenen Reihen und Spitzeltätigkeit für linke Gruppierungen (v. a. Kommunisten) durch Morddrohungen und Exekutionen vorgingen („Verräter verfallen der F."); ähnl. Erscheinungen finden sich z. B. im Ku-Klux-Klan und in den radikalen Organisationen der Palästinenser.

Femgerichte [Herkunft ungeklärt, wohl ident. mit niederl. veem „Genossenschaft, Zunft"], seit dem 13. Jh. nachweisbare Bez. für Gerichte in Westfalen u. a. niederdt. Landschaften (auch Schlesien), die Kompetenzen zur Aburteilung schwerer Verbrechen beanspruchten (v. a. 14./15. Jh.). Während in den ost- und mitteldt. Gebieten Territorialgewalten im Zuge der Landfriedensbestrebungen F. errichteten, gingen die westfäl. F. (auch **Freiding, Freigericht, Freistuhl** gen., da sie nur für die persönl. freie Bev. zuständig waren; wegen der geheimbünd. Organisation spätere Bez. meist **heimliches Gericht**) aus alten Grafschafts- und Vogteigerichten hervor. Wegen ihres (aus dem Königsbann hergeleiteten) Anspruchs auf Zuständigkeit im ganzen Reich wurden sie von König Sigismund als Instrument zur Stärkung der Reichsgerichtsbarkeit begünstigt, verloren aber gegen ihren Einfluß. Sie wurden jedoch erst am Ende des 18. Jh. aufgelöst.

Feminierung (Feminisierung, Feminisa-

feminin

tion) [zu lat. femina „Frau"], Verweiblichung; mit Beeinträchtigung der geschlechtl. Leistungsfähigkeit und des typ. männl. Geschlechtsverhaltens, Rückbildungen an den primären und sekundären ♂ Geschlechtsmerkmalen und dem Auftreten sekundärer ♀ Geschlechtsmerkmale einhergehende körperl. und psych. Veränderungen beim Mann bzw. ♂ Tieren; bedingt durch Krankheiten (z. B. Nebennierenrindentumoren), Kastration oder Übertragung weibl. Hormone.

feminin [lat.], weiblich, abwertend auch: weibisch.

Femininum [lat.], Abk. f., weibl. Geschlecht eines Substantivs; weibl. Substantiv, z. B. *die Uhr, eine Frau.*

Feminismus [lat.], Richtung der Frauenbewegung, die die Befreiung der Frau von gesellschaftl. Diskriminierung und Unterdrückung durch Veränderung der gesellschaftl. Verhältnisse und damit der geschlechtsspezif. Rollen erstrebt. **Feministin, Feminist,** Anhängerin (Anhänger) des F. ♦ das Auftreten weibl. Eigenschaften bei einem männl. Tier oder beim Mann.

Femme fatale [frz. famfa'tal „verhängnisvolle Frau"], verführer. Frau mit Charme und Intellekt, exzessivem Lebenswandel und betörendem Wesen, die ihren Partnern oft zum Verhängnis wird.

Femto... [zu schwed. femton „fünfzehn"], Vorsatz vor physikal. Einheiten, Vorsatzzeichen f; bezeichnet das 10^{-15}fache (den 10^{15}ten Teil) der betreffenden Einheit, z. B. Femtometer.

Femundsee, See in N-Norwegen, 663 m ü. d. M., 62 km lang und bis 6,3 km breit.

Femur [lat.], svw. Oberschenkelknochen (↑ Bein). ♦ drittes Glied der Extremitäten von Spinnentieren und Insekten.

Fenchel [zu lat. feniculum (mit gleicher Bed.); von fenum „Heu" (wegen des Duftes)] (Foeniculum), Gatt. der Doldenblütler mit 3 Arten im Mittelmeergebiet und Orient; gelbblühende, würzig riechende, bis 1,5 m hohe Stauden mit mehrfach fein-fiederschnittigen Blättern. Bekannteste Art ist der **Gartenfenchel** (Foeniculum vulgare), eine seit dem Altertum v. a. in SO-Europa kultivierte Gewürzpflanze mit bis 8 mm langen, gefurchten Spaltfrüchten, die zum Würzen und zur Herstellung von F.öl und F.tee verwendet werden. Die Sorte *Foeniculum officinale var. azoricum* mit zwiebelförmig verdickten Blattscheiden wird als Gemüse angebaut.

Fenchelöl (Oleum foeniculi), durch Wasserdampfdestillation aus den Früchten des Gartenfenchels gewonnenes äther. Öl mit den Hauptbestandteilen Anethol, Fenchon, Kamphen und Anissäure. F. wird als Aromastoff in der Süßwaren- und Spirituosenind. und medizin. bei Husten und Blähungen angewendet.

Fendant [frz. fã'dã] ↑ Gutedel.

Fender [engl., zu lat. defendere „abwehren"], aus Tauen geflochtenes, tonnenförmiges Kissen *(Kissen-F., Tau-F.)* oder luftgefüllte Polyäthylenkörper zum Auffangen von Stößen auf die Bordwand von Schiffen z. B. beim Anlegen; häufig auch abgefahrene Autoreifen oder Rundhölzer *(Rundholz-F.).*

Fendi, Peter, * Wien 4. Sept. 1796, † ebd. 28. Aug. 1842, östr. Maler. - F. war mit seinen anmutigen Genrebildern ein beliebter Künstler des Wiener Biedermeiers.

Fenek, svw. Fennek (↑ Füchse).

Fénelon, eigtl. François de Salignac de La Mothe-F. [frz. fen'lõ], * auf Schloß Fénelon (Dordogne) 6. Aug. 1651, † Cambrai 7. Jan. 1715, frz.Schriftsteller. - Schüler des Seminars Saint-Sulpice in Paris; um 1675 Priester; enge Beziehungen zu Bossuet. 1689 mit der Erziehung des Thronfolgers, des Enkels von Ludwig XIV., beauftragt; danach Erzbischof von Cambrai; wurde Anhänger des Quietismus und fiel deshalb in Ungnade. Als Hauptwerk gilt der staatspolit.-pädagog. Bildungsroman „Die Abenteuer des Telemach", 1699 ohne F. Wissen gedruckt, bis 1717 verboten (dt. 1734–39). Gilt als Wegbereiter der Aufklärung. - *Weitere Werke:* Totengespräche (1700), Lettre sur les occupations de l'Académie française (hg. 1716), Fables (hg. 1734), L'examen de conscience d'un roi (1734).

Fenestella [lat.], vom unteren Silur bis Perm weltweit verbreitete Gatt. riffbildender Moostierchen, die netz- oder fächerartige Stöcke bildete; bes. häufig im mitteleurop. Zechstein.

Fenestraria [lat.] (Oberlichtpflanze), Gatt. der Eiskrautgewächse in S-Afrika mit zwei Arten; Polsterpflanzen mit grundständigen, langen, zylindr. oder keulenförmigen, verdickten Blättern, von denen nur der blattgrünfreie, fensterartig lichtdurchlässige Spitzenteil aus dem Sandboden herausragt; Blüten groß, weiß oder orangefarben.

Feng Yu-Lan [chin. fəŋjoɣlan] (Fung Yu-lan), * 1895, chin. Philosoph und Philosophiehistoriker. - Entwickelte ein System in neokonfuzianist. Tradition mit taoist. und westl. Elementen. Näherte sich später marxist. Positionen. Sein bekanntestes Werk ist eine mehrfach umgearbeitete und ins Engl. übertragene Geschichte der chin. Philosophie bis etwa 1920.

Fenho, linker Nebenfluß des Hwangho, VR China, entspringt im Bergland von N-Schansi, mündet bei Hancheng, rd. 700 km lang; im Oberlauf gestaut.

Fenier (engl. Fenians ['fi:njənz]) [nach Fionu (Finn), einem Helden der ir. Sage], Mgl. eines 1858 in den USA gegr. ir. Geheimbunds; wirkten seit 1861 in Irland mit dem Irish Republican Brotherhood für die gewaltsame Trennung von Großbrit. und die Errichtung einer Republik Irland; erfolglos, da der

Klerus abwiegelte und die brit. Regierung seit 1865 Ausnahmegesetze anwandte und viele F. verhaftete; zerfiel nach mißglückten Anschlägen in Liverpool und Manchester und Unterdrückung örtl. Aufstände (↑ auch Sinn Féin); erlangte im frühen 20. Jh. erneut Bed., u. a. für den ir. Aufstand von 1916 mitverantwortlich.

Fenken (Fengge), Wald- und Felsgeister („wilde Leute") der Alpen, bes. in Vorarlberg und Tirol, auch in der Schweiz.

Fennek [arab.] ↑ Füchse.

Fennosarmatia [nach Finnland und lat. Sarmatia „poln.-russ. Tiefland"], nordeurop. Urkontinent, umfaßt Skandinavien (außer Norwegen), die russ. Tafel und die Barentssee.

Fennoskandia (Fennoskandien) [nach Finnland und lat. Scandia (wohl „Schweden")], zusammenfassende Bez. für Dänemark, Norwegen, Schweden (ohne Inseln im Nordatlantik) und Finnland.

Fenrir (Fenriswolf), in der nord. Mythologie gefährlichster aller Dämonen in Wolfsgestalt. Von den Asen aus Furcht gefesselt, befreit er sich bei der Götterdämmerung, tötet Odin und wird selbst durch dessen Sohn getötet.

Fens, The [engl. ðə 'fɛnz], rd. 3 300 km² große ostengl. Marschlandschaft an der Nordseeküste. Bereits in der Bronzezeit besiedelt, von den Römern z. T. kultiviert, seit 1637 Trockenlegung; Anbau von Weizen, Kartoffeln; Obstbau und Blumenzucht.

Fenster [lat.], aus einer verglasten Rahmenkonstruktion bestehender Abschluß einer F.öffnung. Nach der Konstruktion unterscheidet man v. a. *Einfach-, Doppel-, Verbund-* und *Blendrahmenfenster.* Nach dem Anschlag der Flügel und deren Funktion unterscheidet man *Dreh-, Kipp-, Klapp-, Wende-, Falt-* und *Schwingflügelfenster* sowie *Hebe-befenster,* außerdem *Dreh-Kippflügelfenster.* Material für F.rahmen: Holz, Kunststoff, Leichtmetall (eloxiertes Aluminium). Zur besseren Wärmeisolierung werden beschichtete F.scheiben verwendet (gute Lichtdurchlässigkeit und hohes Reflexionsvermögen für Wärme- bzw. Infrarot-Strahlung), häufig auch Doppel- oder Isolierverglasung bei gleichzeitigem guten Lärmschutz.

Geschichte: In prähistor. Zeit gab es lediglich Licht- und Abzugsöffnungen, wie sie auch noch durch frühgriech. und altital. (bes. etrusk.) Zeugnisse belegt sind. In der minoischen Kultur auf Kreta gab es Aussichts-F., F. zu den Innenhöfen sind bes. aus der hellenist. Zeit, v. a. aus Delos und von Priene, bekannt, wie der Straße wie zum Garten hinaus in Herculaneum und Pompeji. Die Römer verwendeten als F.füllung seit dem 1. Jh. n. Chr. als erste Glas. - War in der altchristl. und frühma. kirchl. Architektur i. d. R. das F. rundbogig geschlossen und aus einer senkrecht in die Mauer eingeschnittenen Lai-

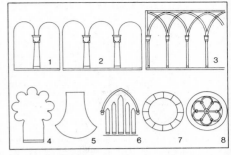

Historische Fensterformen. 1 gekuppeltes Fenster (Zwillingsfenster), 2 Drillingsfenster, 3 Fensterband, 4 Fächerfenster, 5 Schlüssellochfenster, 6 Lanzettfenster, 7 Rundfenster, 8 Radfenster

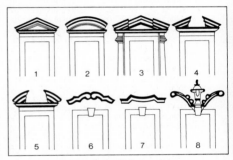

Fenster (architektonische Rahmung). 1 Dreiecksgiebel, 2 Segmentgiebel, 3 verkröpfter Dreiecksgiebel, 4/5 gesprengte Giebel, 6/7 Wellengiebel, 8 umgekehrter gesprengter Segmentgiebel

bung entstanden, so kam in der Romanik das schräg zur Mauerstärke eingeschnittene F.gewände auf, um den Einfall des Lichts zu erhöhen. Es wurde z. T. bereits als wandgliederndes Element eingesetzt. Der Verschluß der F.öffnung erfolgte v. a. in Kirchen mit Glas (Glasmalerei), das in Bleistege gefaßt war und meist in einem in die Mauer eingelassenen Holzrahmen saß. Auf das roman. Rundbogen-F. folgte das spitzbogige der Gotik, es löste, größer werdend, die Wand zunehmend auf. Am Außenbau konnte ein Ziergiebel (Wimperg) den Eindruck der Fensterhöhe noch steigern. In der Renaissance wurde das F. für die Fassade bestimmendes Element, neben dem Rundbogen wurde der gerade F.sturz gleichberechtigt verwendet, und die F. erhielten häufig eine Umrahmung bzw.

Fensterblatt

Verdachung, welche im Barock Giebel- oder Segmentbogenformen annahm, während der Klassizismus wieder gerade Formen bevorzugte.

📖 *Pracht, K.: F. Planung, Gestaltung u. Konstruktion. Stg. 1982. - Kräftner, J./Fussenegger, G.: F. Elemente der Architektur. St. Pölten 1979.*

◆ (Fenestra) in der *Anatomie* Bez. für eine fensterartige Durchbrechung von Knochen; z. B. *ovales F.* (Vorhoffenster, Fenestra ovalis, Fenestra vestibuli), Öffnung in der knöchernen Trennwand zw. Innenohr und Paukenhöhle.

◆ in der *Geologie* Bez. für die Erscheinung, daß innerhalb einer Überschiebungsdecke der Untergrund sichtbar wird, verursacht durch Abtragung.

Fensterblatt (Monstera deliciosa), Art der Aronstabgewächse aus Mexiko; Kletterstrauch mit zahlr. Luftwurzeln, herzförmigen, ganzrandigen Jugendblättern und ovalen, fensterartig durchlöcherten oder fingerig gelappten, bis 100 cm langen und etwa 70 cm breiten Altersblättern; Blüten mit etwa 25 cm langem, cremeweißem Hüllblatt; Früchte violett, beerenartig, eßbar und wohlschmeckend; beliebte Zimmerpflanze.

Fensterfliegen (Omphralidae), mit etwa 50 Arten (vier Arten in M-Europa) fast weltweit verbreitete Fam. kleiner, bis 4 mm langer, meist schwarzer, metall. glänzender, häufig an Fenstern vorkommender Fliegen; Larven leben räuber. von anderen Insekten.

Fenstergewände, die senkrechten, seitl. Teile von äußeren Fensterumrahmungen aus Natur- oder Betonwerkstein. Die Umrahmung besteht aus Sohlbank, Gewändeteilen und Sturz.

Fensterrose vom südlichen Querschiff der Kathedrale Notre-Dame de Paris (1260)

Fensterln (Fenstern), bayr. Bez. für den früher in ländl. Gegenden weit verbreiteten Brauch nächtl. Besuche bzw. Treffen junger Männer an den Fenstern der Mädchen; das F. hat eine gesellige und - beim ernsthaften Bewerber, der u. U. in das Zimmer eingelassen wurde - einzelgänger. Form. Der Brauch ist landschaftl. unter verschiedenen Bez. bekannt, z. B. **Gasseln** (Österreich), **Kiltgang** (Schweiz), **Fugen** (Schwaben).

Fensterrose, Form des Rundfensters, v. a. der Gotik, mit radial angeordnetem Maßwerk. Seit der Mitte des 12. Jh. ist die F. zunächst in der Mitte der Westfassade got. Kirchen, später auch an den Querhausfassaden eingefügt. Sie bildet nicht nur häufig den Fassadenmittelpunkt, sie stellt auch symbol. die Sonne und damit nach ma. Vorstellung Christus bzw. Maria dar.

Fenstersturz, (Defenestration) Gewaltakt zur Liquidierung des polit. Gegners, v. a. in Böhmen geübt, z. B. Prager F. (1419, 1618).
◆ oberer, waagerechter Abschluß der Fensteröffnung.

Feodor ↑ Fedor.

Feodora, weibl. Form des russ. männl. Vornamens Fedor.

Feodossija, sowjet. Stadt am Schwarzen Meer, Gebiet Krim, Ukrain. SSR, 75 000 E. Gemäldegalerie; Herstellung von Bohr- und Hafenausrüstungen, Strumpf-, Tabak-, Wodkafabrik; Badestrand, Schlammheilbad, Trinkkuren (Mineralquellen); Hafen, Endstation einer Stichbahn. - Das griech. **Theodosia** wurde im 6. Jh. v. Chr. von Siedlern aus Milet gegr.; Anfang des 4. Jh. v. Chr. Anschluß an das Bosporan. Reich, große militär. und wirtsch. Bed. bis ins 4. Jh. n. Chr.; im 13. Jh. von den Tataren erobert; im 13.–15. Jh. Verwaltungszentrum der Genueser Kolonie am Schwarzen Meer (**Kafa**); 1475 Eroberung durch die Osmanen (**Kefe**); seit 1783 F.

Feofan (Theophanes) **der Klausner,** eigtl. Georgi Goworow, Beiname Satwornik, * Tschernawa (Gouv. Orel) 10. Jan. 1815, † Kloster Wyscha bei Tambow 6. Jan. 1894, russ. orth. Theologe. - 1859 Bischof von Tambow, 1863 von Wladimir; bed. Prediger, seit 1866 in strenger Klausur.

Feofan Grek (Theophanes der Grieche), * wohl um 1330, † um 1410, griech. Maler. - F. G. kam um 1370 nach Rußland und führte dort den spätbyzantin. Stil ein (bewegte Komposition); u. a. Ikonostase der Verkündigungskathedrale im Kreml (1405).

Feraoun, Mouloud [frz. fera'un], * Tizi-Hibel (Kabylei) 8. März 1913, † Algier 15. März 1962, alger. Schriftsteller. - Befreundet u. a. mit A. Camus; stand auf der Seite der Befreiungsfront, von der OAS ermordet. Schrieb Romane („Die Heimkehr des Ameru-Karci", 1953; „Die Wege hügelan", 1955) und hinterließ ein Tagebuch der Jahre 1955–62 („Journal", hg. 1963).

Ferber, Edna [engl. 'fəːbə], * Kalamazoo (Mich.) 15. Aug. 1887, † New York 16. April 1968, amerikan. Schriftstellerin ungar. Herkunft. - [Familien]romane und Bühnenstükke, u. a. „Das Komödiantenschiff" (R., 1926), „Giganten" (R., 1952).

Ferberit [nach dem dt. Mineralogen R. Ferber, 19. Jh.] ↑Wolframit.

Ferdausi, Abol Ghasem Mansur [pers. ferdoṷ'siː] (Firdausi), * Was bei Tus (NO-Iran) um 940, † Tus 1020 oder 1026, pers. Dichter. - Schrieb etwa 975 bis 1010 das pers. Nationalepos „Schahnamah" („Königsbuch"), eine legendenhafte Versdichtung über die Geschichte Persiens bis zur Eroberung durch die Araber (651).

Ferdinand, aus dem Span. übernommener männl. Vorname; span. **Fernando** (jüngere Form: **Hernando**) ist german. Ursprungs und bedeutet etwa „kühner Schützer"; italien. Form **Fernando,** frz. Form **Ferrand.**

Ferdinand, Name von Herrschern:
Hl. Röm. Reich:
F. I., * Alcalá de Henares (Spanien) 10. März 1503, † Wien 25. Juli 1564, Kaiser (seit 1556). - Enkel Maximilians I. und Bruder Karls V.; erhielt 1521 die fünf östr. Hzgt., 1522 Tirol, die östr. Vorlande und Württemberg (bis 1534); in Abwesenheit des Kaisers Statthalter; gewann 1526 Böhmen und Ungarn; 1531 zum Röm. König gewählt; vermittelte während der Fürstenverschwörung zw. Kaiser und Fürsten (Passauer Vertrag 1552), leitete den Reichstag zu Augsburg 1555 und ermöglichte den Augsburger Religionsfrieden; 1556 Kaiser, zuletzt um Überwindung der Glaubensspaltung bemüht; arbeitete an der Zentralisierung seiner Erblande. - Abb. S. 20.
F. II., * Graz 9. Juli 1578, † Wien 15. Febr. 1637, Kaiser (seit 1619). - Enkel F. I.; von Jesuiten erzogen, rekatholisierte er als entschiedener Vertreter der Gegenreformation rücksichtslos die östr. Länder und leitete nach seinem Regierungsantritt in Böhmen (1617) und Ungarn (1618) auch dort gegenreformator. Maßnahmen ein; sein unduldsames Vorgehen trug zum Böhm. Aufstand bei, der zum Dreißigjährigen Krieg führte.
F. III., * Graz 13. Juli 1608, † Wien 2. April 1657, Kaiser (seit 1637). - Sohn Kaiser F. II.; 1625 König von Ungarn, 1627 König von Böhmen; 1634 Oberbefehlshaber des kaiserl. Heeres (Sieg bei Nördlingen); suchte - in Religionsfragen gemäßigter als sein Vater - seit 1641 den Frieden anzubahnen, im Ausgleich mit den Kurfürsten die kaiserl. Machtstellung zu stärken und die Reichseinheit zu erhalten, konnte jedoch die Zersplitterung durch den Westfäl. Frieden nicht verhindern; kunstliebend und kulturfördernd.
Aragonien:
F. II., der Katholische, * Sos (Aragonien) 10. März 1452, † Madrigalejo 23. Jan. 1516, König von Aragonien (seit 1479), von Sizilien

(seit 1468), von Kastilien-León (seit 1474 als F. V.), von Neapel (seit 1504 als F. III.). - Sohn Johanns II. von Aragonien, ∞ 1469 mit Isabella von Kastilien (Verbindung ihrer Länder in „Matrimonialunion"); bahnte die Krone Spanien an; schuf durch die Eroberungen Granadas (1492), Neapels (1504) und Navarras (1512) Grundlagen des zukünftigen Weltreiches; erregte v. a. durch Errichtung der Inquisition, Vertreibung der Juden und Bekämpfung der Mauren in Kastilien starke Abneigung.
Bayern:
F. Maria, * München 31. Okt. 1636, † Schleißheim 26. Mai 1679, Kurfürst (seit 1651). - Sohn Maximilians I.; allmähl. Abwendung von Habsburg und die Anlehnung an Frankr. (Bündnis von 1670); sanierte die Staatsfinanzen und zeigte erste Ansätze zu einem fürstl. Absolutismus.
Bulgarien:
F. I., * Wien 26. Febr. 1861, † Coburg 10. Sept. 1948, König (Zar). - Sohn des östr. Generals August von Sachsen-Coburg-Koháry; 1887 zum Fürsten gewählt; proklamierte 1908 Bulgarien zum unabhängigen Kgr., nannte sich seitdem „Zar von Bulgarien"; trat im 1. Weltkrieg auf die Seite der Mittelmächte; dankte 1918 ab.
Kastilien und León:
F. I., der Große, * 1016 oder 1018, † León 27. Dez. 1065, König (seit 1035). - Sohn Sanchos III. von Navarra; eroberte León, Astu-

Feofan Grek, Verklärung Jesu (Ausschnitt; 14. Jh.). Moskau, Tretjakow-Galerie

Ferdinand III.

rien, Galicien und einen Teil Navarras, entriß den Mauren N-Portugal bis Coimbra; als Oberherr des christl. Spaniens seit etwa 1054 Kaiser genannt.

F. III., der Heilige, * 1201 (?), † Sevilla 30. Mai 1252, König von Kastilien (seit 1217) und León (seit 1230). - Sohn Alfons' IX. von León und Enkel Alfons' VIII. von Kastilien; vereinigte endgültig beide Kgr.; führte die Reconquista auf ihren Höhepunkt; begr. die Univ. Salamanca.

F. V. ↑Ferdinand II., König von Aragonien.

Mexiko:

F. Maximilian ↑Maximilian, Kaiser von Mexiko.

Neapel:

F. I. (Ferrante), * Spanien 1423, † Genua 25. Jan. 1494, König (seit 1458). - Sohn Alfons' V. von Aragonien, mußte sich seinen Thronfolgeanspruch in Neapel gegen das Haus Anjou erkämpfen; seither entwickelte sich sein Hof zu einem Zentrum von Renaissance und Humanismus.

F. III. ↑Ferdinand II., König von Aragonien.

F. IV., * Neapel 12. Jan. 1751, † ebd. 4. Jan. 1825, König (seit 1759), als König beider Sizilien F. I. - Sohn des span. Königs Karl III. Regierte unter der Leitung eines Regentschaftsrats; nahm an allen Koalitionskriegen gegen das revolutionäre und Napoleon. Frankr. teil; verlor dabei Neapel 1798/99 und 1805-14; vereinigte 1816 seine Staaten diesseits und jenseits der Meerenge zum Kgr. beider Sizilien.

Österreich:

F. I., * Wien 19. April 1793, † Prag 29. Juni 1875, Kaiser (1835-48), als König von Böhmen und Ungarn F. V. - Folgte trotz körperl. Gebrechen seinem Vater, Franz I., um den Grundsatz der Legitimität zu wahren; die Regierungsgeschäfte übernahm die sog. Staatskonferenz (v. a. Staatskanzler Metternich und Min. Graf Kolowrat-Liebsteinsky); dankte 1848 zugunsten seines Neffen Franz Joseph ab.

F. Maximilian, Erzherzog, ↑Maximilian, Kaiser von Mexiko.

Portugal:

F. I., der Schöne, auch: **der Unbeständige,** * Coimbra 31. Okt. 1345, † Lissabon 22. Okt. 1383, König (seit 1367). - Sohn Peters I. und letzter Herrscher dem portugies. Haus Burgund; führte Portugal in der Absicht, es mit Kastilien zu vereinen, in eine schwere Wirtschaftskrise.

Rumänien:

F. I., * Sigmaringen 24. Aug. 1865, † Sinaia 20. Juli 1927, König (seit 1914). - Sohn Leopolds von Hohenzollern-Sigmaringen; von seinem kinderlosen Onkel König Karl I. von Rumänien 1889 als Thronerbe adoptiert; trat unter starkem außenpolit. Druck 1916 in den 1. Weltkrieg ein; 1922 zum „ersten König aller Rumänen" gekrönt.

Sizilien:

F. I. ↑Ferdinand IV., König von Neapel.

F. II., * Palermo 12. Jan. 1810, † Caserta 22. Mai 1859, König (seit 1830). - Sohn von Franz Xaver I.; strebte zunächst eine Reform des Verwaltungs-, Finanz- und Heereswesens an, fiel aber bald in einen antiliberalen Absolutismus zurück; unterdrückte die Revolution von 1848 mit grausamen Vergeltungs- und Säuberungsmaßnahmen; starb an den Folgen eines Attentats.

Spanien:

F. VII., * San Ildefonso 14. Okt. 1784, † Madrid 29. Sept. 1833, König (1808 und ab 1814). - Sohn Karls IV. und Maria Luises von Parma; die Besetzung Spaniens durch Napoleon I. führte zur sog. Revolution von Aranjuez, bei der F. zum König ausgerufen wurde, zur Entthronung der Bourbonen im Mai 1808 in Bayonne und zum span. Unabhängigkeitskrieg; restaurierte nach der Rückkehr 1814 unter Aufhebung der Verfassung von Cádiz das absolutist. Königtum; überwand die liberale Revolution des Jahres 1820 mit Einführung der konstitutionellen Monarchie bis 1823 mit Hilfe frz. militär. Intervention; öffnete seiner Tochter Isabella II. durch die Pragmat. Sanktion von 1830 die Thronfolge, veranlaßte damit die Karlistenkriege.

Tirol:

F. II., * Linz 14. Juni 1529, † Innsbruck 24. Jan. 1595, Erzherzog von Österreich, Landesfürst in Tirol und den östr. Vorlanden (seit 1564). - Sohn Kaiser Ferdinands I.; 1548-67 Statthalter in Böhmen; gegenüber Kunst und Wissenschaften sehr aufgeschlossen, begr. die Sammlungen auf Schloß Ambras; heiml. Ehe mit Philippine Welser.

Toskana:

F. III., * Florenz 6. Mai 1769, † ebd. 18. Juni 1824, Großherzog (seit 1790). - Mußte 1801 auf sein Land verzichten. 1803-05 Kurfürst von Salzburg; 1806-14 Großherzog von Würzburg, nach Napoleons I. Sturz wieder Großherzog von Toskana.

Ferdinand (**F. der Standhafte,** in Portugal **F. der Heilige**), * Santarém 29. Sept. 1402, † Fes 5. Juni 1443, Infant. - Sohn Johanns I., mußte sich nach mißlungener Expedition gegen Tanger 1437 als Geisel in maur. Gewalt begeben; starb nach Scheitern einer Auslösung; Vorbild für Calderóns Drama „Der standhafte Prinz". 1470 wurde F. seliggesprochen.

Ferenc, ungar. Form des männl. Vornamens Franz.

Fergana [russ. fırga'na], sowjet. Gebietshauptstadt im O der Usbek. SSR, 191 000 E. PH, Heimatmuseum, Theater; Seidenfabrik, Textilkombinat, Stickstoffdüngerwerk, Erdölraffinerie, Bahnstation, ☒. - 1876 gegründet.

Ferganabecken [russ. fırga'na], etwa 300 km langes, bis 150 km breites Becken innerhalb der mittelasiat. Hochgebirge

(UdSSR). Im N vom Tienschan, im S vom Alaigebirge und der Turkestankette, im O von der **Ferganakette** (etwa 200 km lang, bis 4 692 m hoch) begrenzt; nur im W zw. Bekabad und Leninabad besteht eine etwa 9 km breite Öffnung zum Tiefland von Turan. Der nördl. Teil wird vom Syr-Darja durchflossen, der zentrale Teil ist Wüste. Das Klima ist kontinental und sehr trocken. Mit Hilfe künstl. Bewässerung entwickelte sich eine bed. Oasenwirtschaft (Baumwollanbau, Garten- und Weinbau), am Gebirgsrand Weidewirtschaft; Erdöl- und Erdgasförderung.

Ferge [zu althochdt. far „Überfahrtstelle"], dichter. für Fährmann, Schiffer.

Ferguson [engl. 'fəːgəsn], Adam, * Logierait bei Perth 20. Juni 1723, † Saint Andrews 22. Febr. 1816, schott. Geschichtsschreiber und Philosoph. - 1759 Prof. für Naturphilosophie, 1764 für Moralphilosophie in Edinburgh; gilt als Mitbegr. der Soziologie, leitete die Klassenunterschiede der „bürgerl. Gesellschaft" aus den Eigentumsverhältnissen ab; schrieb u. a. „An essay on the history of civil society" (1766), „Institutes of moral philosophy" (1769), „Darstellung der Gründer der Moral und Politik" (1792).

F., Maynard, * Montreal 4. Mai 1928, kanad. Jazzmusiker (Trompeter und Orchesterleiter). - Gilt als einer der brillantesten Techniker des ↑ Modern Jazz.

F., Sir (seit 1878) Samuel, * Belfast 10. März 1810, † Howth bei Dublin 9. Aug. 1886, ir. Gelehrter und Dichter schott. Herkunft. - Bed. sind seine Übers. und Paraphrasen ir. Gedichte; schrieb auch Kurzgeschichten über ir. Stoffe und begründete eine bed. Sammlung alter keltischer Inschriften.

Fergusson, Robert [engl. 'fəːgəsn], * Edinburgh 5. Sept. 1750, † ebd. 16. Okt. 1774, schott. Dichter. - Seine humorist. Dialektgedichte beeinflußten R. Burns.

Feriae [lat.], altröm. Feiertage.

Feriana, tunes. Ort 60 km nnw. von Gafsa, 754 m ü. d. M., 6 700 E. Handel mit Vieh und Alfagras; Bahnstation. - 7 km nö. die Ruinen des antiken **Telepte.**

Ferienkurse [lat.], drei- bis vierwöchige Veranstaltungen europ. Hochschulen in der vorlesungsfreien Zeit. Sie sollen ausländ. Studenten mit Land, Sprache und Kultur des Gastlandes bekannt machen.

Ferkel, Bez. für das junge Schwein von der Geburt bis zum Alter von 14–16 Wochen.

Ferkelkraut (Hypochoeris), Gatt. der Korbblütler mit etwa 70 Arten in Eurasien, im Mittelmeergebiet und S-Amerika; Rosettenpflanzen mit gabelig verzweigten Stengeln, gelben Zungenblüten und langgestreckten Früchten mit federigem Haarkelch; in M-Europa vier Arten auf Wiesen, Äckern und in Wäldern.

Ferlinghetti, Lawrence [engl. fəːlɪŋˈgɛtɪ], * Yonkers (N. Y.) 24. März 1919, amerikan.

Schriftsteller und Verleger. - Seine Buchhandlung in San Francisco wurde zum Treffpunkt der ↑ Beat generation und der ↑ San Francisco Renaissance in Poetry; machte seine gesellschaftskrit., polit. engagierte Lyrik, u. a. „Ein Coney Island des inneren Karussells" (1958), für Lesungen mit Jazzbegleitung in Cafes geeignet. Verlegt Prosa und Lyrik avantgardist. Autoren. Schrieb auch „Seven days in Nicaragua" (Reisebericht, 1984).

Ferman [pers.], Erlaß islam. Herrscher.

Fermanagh [engl. fəˈmænə], heute Distrikt, ehem. Gft. im sw. Nordirland.

Fermat, Pierre de [frz. fɛrˈma], * Beaumont-de-Lomagne (Tarn-et-Garonne) 17. (?) Aug. 1601, † Castres bei Toulouse 12. Jan. 1665, frz. Mathematiker. - Stellte u. a. wichtige Sätze auf dem Gebiet der Zahlentheorie und der Infinitesimalrechnung auf. Die **Fermatsche Vermutung**, ein noch nicht bewiesener Satz, besagt, daß die diophant. Gleichung $x^n + y^n = z^n$ (n natürl. Zahl > 2) keine positiven ganzzahligen Lösungen besitzt; das **Fermatsche Prinzip** der Optik sagt aus, daß Licht zw. zwei Punkten den Weg zurücklegt, für den es die kürzeste Zeit braucht.

Fermate [italien., zu lat. firmare „festmachen"], Zeichen der musikal. Notation (𝄐) über einer Note oder Pause, die dadurch auf eine nicht genau festgelegte Zeit, oft bis zum doppelten Wert, verlängert wird; der Gebrauch der F. geht bis ins 15. Jh. zurück.

Fermentation, svw. ↑ Fermentierung.

Fermente [lat.], veraltet für ↑ Enzyme.

Fermentierung (Fermentation) [lat.], in der Lebensmitteltechnik biochem. Verarbeitungsverfahren zum Zwecke der Aromaentwicklung in Lebens- und Genußmitteln unter Mithilfe von Enzymen spezieller Mikroorganismen, z. B. bei der Tabak-, Tee-, Kaffee-, Kakao- und Gewürzverarbeitung. - ↑ auch Gärung.

Fermi, Enrico, * Rom 29. Sept. 1901, † Chicago (Ill.) 28. Nov. 1954, italien. Physiker. - Prof. für theoret. Physik in Rom, New York und Chicago; lieferte entscheidende Beiträge zur Entwicklung der modernen Physik; begründete 1926 (etwa gleichzeitig mit P. A. M. Dirac) eine Quantenstatistik für Teilchen mit halbzahligem Spin, Fermionen (↑ Elementarteilchen), die dem Pauli-Prinzip gehorchen (**Fermi-Dirac-Statistik**); entwickelte 1934 in einer grundlegenden Arbeit die Theorie des ↑ Betazerfalls, in der er eine ganz neue Art von Kräften, die schwache Wechselwirkung, einführte. Nach der Entdeckung der Uranspaltung (1938) untersuchte F. die Möglichkeit zur Erzeugung einer nuklearen Kettenreaktion. Die Versuche gipfelten im Bau des ersten Kernreaktors in Chicago, mit dem am 2. Dez. 1942 erstmals eine kontrollierte und sich selbst erhaltende Kernkettenreaktion gelang. Nobelpreis für Physik 1938.

Fermi [nach E. Fermi], nicht gesetzl. Län-

Fermi-Dirac-Statistik

geneinheit in der *Kernphysik;* Einheitenzeichen f; $1 f = 10^{-15}$ m. - ↑auch Femto...

Fermi-Dirac-Statistik ↑Fermi, Enrico.

Fermionen ↑Elementarteilchen.

Fermische Alterstheorie (Alterstheorie), in der Neutronenphysik eine von E. Fermi aufgestellte, näherungsweise gültige Theorie zur Beschreibung der Diffusion und Abbremsung schneller Neutronen. Der Bremsprozeß (Zusammenstöße mit den Atomkernen) wird als zeitl. kontinuierl. Vorgang (mit kontinuierl. Energieverlust) betrachtet, auf den die Theorie der Diffusion angewendet wird.

Fermi-Statistik, svw. Fermi-Dirac-Statistik (↑Fermi, Enrico).

Fermi-Teilchen, svw. Fermionen (↑Elementarteilchen).

Fermium [nach E. Fermi], chem. Symbol Fm; künstl. dargestelltes, radioaktives Metall aus der Gruppe der Actinoide (III. Nebengruppe des Periodensystems der chem. Elemente), Ordnungszahl 100. In seinem chem. Verhalten ist F. dem Erbium sehr ähnlich.

Fermo, italien. Stadt in den südl. Marken, 319 m ü. d. M., 35 100 E. Kath. Bischofssitz; Museum, Gemäldegalerie, Bibliothek; Handel mit Getreide und Wein. - F. ist das antike **Firmum Picenum,** das 264 v. Chr. röm. Kolonie wurde; fiel durch die Pippinsche Schenkung an den Papst. - In der ma. Altstadt u. a. Rathaus (1446), Palazzo degli Studi (16. Jh.), auf dem Rocca roman.-got. Dom (13./14. Jh.) mit röm.-byzantin. Fußbodenmosaik.

Fernambukholz, svw. Pernambukholz; ↑Hölzer (Übersicht).

Fernamt ↑Fernvermittlungsstelle.

Fernandel [frz. fɛrnãˈdɛl], eigtl. Fernand Joseph Désiré Contandin, * Marseille 8. Mai 1903, † Paris 26. Febr. 1971, frz. Filmschauspieler. - Zuerst grotesk-kom. Rollen, dann große Erfolge als Charakterkomiker in Filmen wie „Der Bäcker von Valorgue" (1953) und v. a. in den „Don-Camillo-und-Peppone"-Filmen der 50er Jahre, die ihn weltberühmt machten.

Fernández, Macedonio [span. fɛrˈnandes], * Buenos Aires 1. Juni 1874, † ebd. 10. Febr. 1952, argentin. Schriftsteller. - Bed. Vertreter der avantgardist. Tendenzen der 20er Jahre in Argentinien (Ultraismo); verfaßte Gedichte und lyr.-philosoph. Prosa.

Fernández de Córdoba y Aguilar, Gonzalo [span. fɛrˈnandeð ðe ˈkɔrðoβa i aɣiˈlar], gen. El Gran Capitán, * Montilla bei Córdoba 1. Sept. 1453, † Granada 2. Dez. 1515, span. Feldherr. - Schuf als Reorganisator des Heeres die Grundlagen der span. Militärmacht im 16. Jh; kämpfte gegen die Mauren; gewann 1503 das Kgr. Neapel für die Krone Aragonien; Vizekönig von Neapel bis 1506.

Fernández de Lizardi, José Joaquín [span. fɛrˈnandez ðe liˈsarði], * Mexiko 15.

Nov. 1776, † ebd. 21. Juni 1827, mex. Schriftsteller. - Schuf mit „El Periquillo Sarniento" (1816) den ersten hispano-amerikan. Roman (ein bed. Schelmenroman mit satir. Zügen).

Fernández de Navarrete, Juan [span. fɛrˈnandeð ðe naβaˈrrɛte], gen. el Mudo („der Stumme"), * Logroño um 1526, † Toledo 28. März 1579, span. Maler. - V. a. für König Philipp II. im Escorial tätig; sein monumentaler, maler. Stil ist v. a. von Tizian beeinflußt.

Fernández Retamar, Roberto [span. fɛrˈnandeð rrɛtaˈmar], * Havanna 9. Juni 1930, kuban. Schriftsteller. - Schreibt direkte, metaphernlose polit. engagierte Lyrik.

Fernando ↑Ferdinand.

Fernando de Noronha [brasilian. fɛrˈnɐndu do noˈrɔɲa], brasilian. Inselgruppe und Bundesterritorium im Atlantik, 550 km nö. von Recife, 26 km^2, rd. 1 200 E, Hauptort Vila dos Remédios. Bewohnt ist nur die Hauptinsel F. de N. von Militär und [entlassenen] Strafgefangenen. - Entdeckt zu Beginn des 16. Jh. durch den Seefahrer Fernando de Noronha; seit dem 18. Jh. Strafkolonie.

Fernando Póo ↑Bioko.

Fernau, Joachim, * Bromberg 11. Sept. 1909, dt. Schriftsteller. - Verf. erfolgreicher feuilletonist.-unterhaltsamer Geschichtsdarstellungen, u. a. „Rosen für Apoll. Die Geschichte der Griechen" (1961), „Halleluja. Die Geschichte der USA" (1977), „Guten Abend, Herr Fernau" (1984).

Fernaufklärung, Gewinnung zuverlässiger Nachrichten über Absichten eines militär. Gegners in seinem Hinterland mit Hilfe weitreichender Luftaufklärung, Fernspähtrupps und techn. Mittel (Funkaufklärung, Beobachtungssatelliten).

Fernbedienung, Bez. für Zusatzgerät zur Bedienung z. B. von Rundfunk- und Fernsehgeräten „vom Sessel aus". Arbeitsweise: heute meist drahtlos auf der Grundlage von *Ultraschall.* Ultraschallquelle im Zusatzgerät: je eine Frequenz pro Bedienungsfunktion (Lautstärke, Bildhelligkeit, Ein-Aus usw.); entsprechendes Mikrophon im [fernbedienten] Gerät.

Fernbestrahlung ↑Strahlentherapie.

Ferner ↑Gletscher.

Ferner Osten, (Far East) Bez. für die östl. Randländer und Inseln Asiens.

◆ in der UdSSR Bez. für ihre östl. Randgebiete, v. a. für die zum Pazifik entwässernden Gebiete.

Ferngas, Erdgas, das über ein landesweites Rohrleitungsnetz direkt zum Verbraucher geliefert wird; Betriebsdruck 45 bis 60 bar, stufenweise Entspannung auf 20 mbar (über Außendruck) z. B. im Haushalt.

Fernglas ↑Fernrohr.

Fernhandel ↑Handel.

Fernheizung ↑Heizung.

Fernkopierer (Faksimilegerät), Zusatzgerät zum Fernsprecher zum Übertragen von

Schriftstücken über Fernsprechleitung. Die Vorlage wird von einem Lichtstrahl abgetastet, die Helligkeitswerte in Frequenzen (im Hörbereich) einer Wechselspannung umgesetzt; umgekehrter Vorgang auf der Empfängerseite und Aufzeichnung im Schreibteil. Die F. sind internat. genormt und können bei Einhaltung dieser Normen weltweit miteinander kommunizieren. Nach der für die Übertragung einer DIN-A4-Seite erforderl. Übermittlungsdauer unterscheidet man drei Gruppen: Gruppe 1 (sechs Minuten), Gruppe 2 (drei Minuten) und Gruppe 3 (etwa eine Minute). Für den TELEFAX-Dienst der Dt. Bundespost (Anschluß an das öffentl. Telefonnetz) sind Kopierer der Gruppen 2 und 3 zugelassen.

Fernkorn, Anton Dominik Ritter von (seit 1860), *Erfurt 17. März 1813, †Wien 15. Nov. 1878, dt. Bildhauer. - Schuf u.a. die Denkmäler auf dem Wiener Heldenplatz „Erzherzog Carl" (1853–59) und „Prinz Eugen" (1860–65).

Fernlenkung (Fernsteuerung), Steuerung eines [unbemannten] Land-, Luft- oder Wasserfahrzeugs durch Signale, die meist auf dem Funkwege, seltener auf mechan., akust. oder opt. Wege übertragen werden.

Fernlenkwaffen, Lenkflugkörper (Raketen, unbemannte Flugkörper) und Torpedos, deren Flug- oder Laufbahn durch Fernlenkung beeinflußt werden kann.

Fernlicht ↑Kraftfahrzeugbeleuchtung.

Fernling ↑Restberg.

Fernmeldeanlagen, im Gesetz über F. vom 14. 1. 1928 i.d.F. der Bekanntmachung vom 17. 3. 1977 (zuletzt geändert durch das Gesetz zur Verhinderung des Mißbrauchs von Sendeanlagen vom 27. 6. 1986) zusammenfassende Bezeichnung für Telegrafen-, Fernsprech- und Funkanlagen. Das Recht zur Errichtung und zum Betrieb von F. steht ausschließl. dem Bund zu. Genehmigungsfrei sind z. B. Telegrafen- und Fernsprechanlagen für behördeninterne Zwecke oder innerhalb eines Grundstücks. Als Ausgleich für das staatl. Fernmeldemonopol gewährt das Gesetz jedermann gegen Zahlung der Gebühren das Recht auf Teilnahme am Fernmelde- und Telegrammverkehr. Das Errichten oder Betreiben von F. ohne Genehmigung durch die Dt. Bundespost ist strafbar.

Fernmeldeaufklärung, Erfassung des Fernmeldeverkehrs des militär. Gegners mit dem Ziel einer techn. und betriebl. Auswertung sowie deren takt. Verwendung.

Fernmeldegebühren, ↑Fernsprechgebühren.

Fernmeldegeheimnis, Grundrecht aus Art. 10 GG, das sich auf alle durch die Post beförderten Mitteilungen außer solchen bezieht, die schriftl. von Person zu Person gehen und damit unter das ↑Briefgeheimnis fallen, also auf Telefongespräche, Telegramme oder Fernschreiben. Das F. umfaßt auch die näheren Umstände des Fernmeldeverkehrs, insbes. ob und zw. welchen Personen ein Fernmeldeverkehr stattgefunden hat. Das F. wird geschützt durch §§ 201, 354 StGB (Abhörverbot) und § 10 des Gesetzes über Fernmeldeanlagen vom 14. 1. 1928 i.d.F. vom 17. 3. 1977. - Zu den Einschränkungen ↑Abhörgesetz.

Fernmeldeordnung ↑Telekommunikationsordnung.

Fernmeldesatellit ↑Kommunikationssatelliten.

Fernmeldetechnisches Zentralamt (FTZ), mittlere, dem Bundesministerium für das Post- und Fernmeldewesen nachgeordnete Bundesbehörde, Sitz: Darmstadt. Aufgabenbereich u.a.: Verbesserung der Fernmeldetechnik durch Forschung und Entwicklung neuer techn. Einrichtungen und Betriebsverfahren, zentrale Beschaffung.

Fernmeldetruppe, in der Bundeswehr Truppengattung der Führungstruppen; sie unterstützt die Truppenführung mit Fernmeldeverbindungen, ihr obliegt die der elektron. Kampfführung mit, ihr obliegt die Versorgung aller Truppen mit Fernmeldematerial.

Fernmeldeverkehr, Sammelbez. für Telegrafen-, Fernsprech- und Funkverkehr.

Fernmeldewesen ↑Post- und Fernmeldewesen.

Fernpaß ↑Alpenpässe (Übersicht).

Fernrohr ↑Sternbilder (Übersicht).

Fernrohr (Teleskop), opt. Instrument, mit dem man entfernt liegende Gegenstände unter einem vergrößerten Sehwinkel sieht, wodurch sie scheinbar näher gerückt sind. Die wichtigsten Angaben (Kenngrößen) für F. sind Vergrößerung, wirksamer Objektivdurchmesser und Sehfeldgröße. Die *F.vergrößerung* ist das Verhältnis der Winkel, unter dem das Objekt dem Beobachterauge mit bzw. ohne F. erscheint. Der *Objektivdurchmesser* bestimmt die Menge des Lichtes, die in das F. eintreten kann und, im Zusammenhang mit der Vergrößerung, die Beleuchtungsstärke des Bildes auf der Augennetzhaut. Vergrößerung und Objektivdurchmesser (in mm) werden meist auf dem F. angegeben (z. B. 8×30). Das *Sehfeld* (Gesichtsfeld) ist das durch das F. abgebildete und mit diesem übersehbare Feld; Angabe im Winkelmaß (z. B. 8,5°) oder als Strecke in 1 000 m Entfernung (z. B. 150 m auf 1 000 m).

Die wesentl. opt. Baugruppen eines F. sind Objektiv, Okular und Umkehrsystem. Für große astronom. F. verwendet man als Spiegelsysteme mit Durchmessern bis zu mehreren Metern. Das *Objektiv* entwirft ein Bild eines weit entfernten Objektes in seiner Brennebene. Dieses Bild wird mit dem Okular wie mit einer Lupe vergrößert betrachtet. Für einfache, schwach vergrößernde F. kann man als Okular auch eine Streulinse verwenden und erhält dann das sog. **holländische Fernrohr** oder **Galileische Fernrohr.** Die Vergröße-

Fernrohr

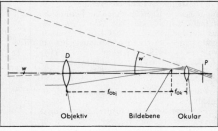

Objektiv   Bildebene   Okular

Fernrohr. Die Anordnung der Linsen in einem Fernrohr (Objektivsystem langer Brennweite $[f_{Obj}]$ und Okularsystem kurzer Brennweite $[f_{Ok}]$ im Abstand der Summe der Brennweiten) ergibt eine Vergrößerung des Winkels w auf w' entsprechend dem Brennweitenverhältnis. Diese Winkelvergrößerung ist die Fernrohrvergrößerung (V). Im gleichen Verhältnis zueinander stehen die Durchmesser des Objektivs (D) und der Austrittspupille (P). Es gilt also:

$$\frac{w'}{w} = \frac{f_{Obj}}{f_{Ok}} = V = \frac{D}{P} \quad (f \text{ Brennweite})$$

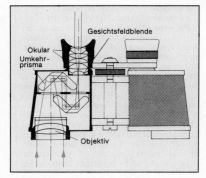

Fernrohr.
Schema des Strahlengangs beim Prismenfeldstecher mit zwei Umkehrprismen

Fernrohre von Galileo Galilei (1609). Florenz, Museo di Storia della Scienza

rung ergibt sich stets aus dem Verhältnis der Brennweite des Objektivs zur Brennweite des Okulars. Das Galileische F. liefert ohne Umkehrsystem bereits ein aufrechtes Bild. Das einfachste F. mit sammelndem Okular, das sog. **astronomische Fernrohr** oder **Keplersche Fernrohr** liefert ein kopfstehendes, seitenverkehrtes Bild, das mit einem Linsensystem aufgerichtet wird. Ordnet man in einer Zwischenbildebene eine Marke an (Strichplatte, Fadenkreuz), so wird durch das Objektiv und diese Marke eine Ziellinie bestimmt, z. B. im **Ziel-**
fernrohr. Das **Terrestrische Fernrohr** oder **Erdfernrohr** stellt im Prinzip ein Keplersches F. dar, bei dem das reelle, umgekehrte Zwischenbild durch eine Sammellinse zw. Objektiv und Okular aufgerichtet wird.
Wichtige Fernrohrarten: Opernglas, kleines Doppel-F. mit Prismenumkehrsystem (2,5- bis 4fache Vergrößerung); **Taschenferngläser** oder **Kleinfeldstecher,** monokulare oder binokulare F. mit Prismenumkehrsystem und 4- bis 8facher Vergrößerung; **Feldstecher** (Ferngläser, Prismengläser) sind **Doppel-F.** mit meist 8- bis 10facher, gelegentl. bis 20facher Vergrößerung; meist um eine mittlere Gelenkachse, mit der die beiden F.gehäuse verbunden sind, auf die Pupillendistanz (Augenabstand) des Beobachters einstellbar. Die Bildschärfe ist häufig mit Mitteltrieb für beide F. gemeinsam einstellbar; Bildumkehrung durch Prismensysteme, Objektivdurchmesser zw. 24 und 60 mm. **Jagd-** oder **Nachtgläser** sind Feldstecher mit mindestens 7facher Vergrößerung und 50 mm Objektivdurchmesser. Für geodät. und militär. Zwecke wurden zahlr. verschiedene Bauformen entwickelt: *Nivellier, Theodolit, Tachymeter, Scherenfernrohr, Luftbeobachtungsfernrohr, Periskope.* Die opt. Entfernungsmeßgeräte sind im wesentl. Doppel-F. mit sehr stark erweitertem Abstand der Objektive und Winkelmeßein-

richtungen (Entfernungsmessung mit Basis beim Beobachter).

Sonderformen sind die mit elektronenopt. Bildwandlern und Lichtverstärkern ausgestatteten *Infrarotfernrohre* sowie *Nachtsehgeräte.* Eine bes. Gruppe bilden die meist mit Spiegelobjektiven verschiedenster Bauart versehenen F. für astronom. Beobachtungen (Astrograph, Refraktor, Spiegelteleskop). **Geschichte:** Erfindung des dioptr. F. (Refraktor) um 1608 wahrscheinl. von dem niederl. Brillenmacher J. Lipperhey. Galilei baute 1609 sein F. nach ihm zugegangenen Informationen aus den Niederlanden selbst und war vermutl. der erste, der damit astronom. Beobachtungen durchführte. Theorie des F. 1610/11 durch J. Kepler; 1611 Bau des nach ihm ben. astronom. F. von C. Scheiner. Im 17. Jh. Konstruktion riesiger Luftfernrohre ohne Tubus (J. Hevelius, die Cassinis, C. Huygens) und Entwicklung des Spiegelteleskops (N. Zucchi, 1616; I. Newton, 1671; N. Cassegrain, 1672). Der Refraktor wurde seit 1660 durch Meßkreis und Fadenkreuz zum astronom. Meßgerät. Seit 1766 Bau der ersten größeren Reflektoren (mit Spiegeln bis 122 cm Durchmesser) durch W. Herschel. Seit 1931 Entwicklung großer Reflektoren durch B. Schmidt (Schmidt-Spiegel); 1968 Start eines Ballonteleskops (Auflösungsvermögen etwa 0,1″).

📖 *Herrmann, J.: Der Amateurastronom. Stg.* [5]*1985. - Rohr, H.: Das F. f. jedermann. Zürich* [5]*1972.*

Fernrohrbrille ↑ Brille.

Fernschach (Korrespondenzschach), Form des Schachspiels, bei der die Übermittlung der Züge postal. (seltener telefon. oder telegraf.) erfolgt.

Fernschreiber, heute übl. Bez. für die schreibmaschinenähnl. Telegrafieeinrichtungen, die sowohl auf der Sende- als auch auf der Empfangsseite die Nachrichten auf Streifen *(Streifenschreiber)* oder Papierrolle *(Blattschreiber)* aufzeichnen. Grundbestandteile des F. sind Motor, Übersetzer, Drucker, Empfänger und Sender; hinzu treten im allg. noch Locher und Lochstreifenleser. Damit können Texte, die als Lochstreifen vorliegen, mit der im öffentl. Telexnetz höchstmögl. Übertragungsgeschwindigkeit von 400 Zeichen/min. übertragen werden. Die zum Betreiben im öffentl. Telexnetz notwendigen Einrichtungen (z. B. Vermittlungen, Stör- und Wartungsdienst) werden von der Dt. Bundespost gestellt. Der F. arbeitet nach dem *Start-Stopp-Prinzip,* d. h. nach der Übertragung eines Zeichens schaltet der Sende- und Empfangsteil immer wieder ab, der Motor läuft jedoch weiter. Jeder Buchstabe besteht aus einer Kombination von Rechteckimpulsen; gemäß dem *Internat. Telegrafenalphabet* 2 sind es 5 Impulse, hinzu kommen ein *Anlauf-* und *Sperrschritt* (Start und Stopp). Die Schrittgeschwindigkeit beträgt 50 Baud, d. h. 400 Zeichen pro Minute. In Fernschreibsondernetzen (z. B. Dt. Bundesbahn, Polizei, Banken) werden z. T. F. mit Schrittgeschwindigkeiten von 75 Baud (600 Zeichen/min) und 100 Baud (800 Zeichen/min.) benutzt. Für die Dateldienste der Dt. Bundespost sind noch höhere Schrittgeschwindigkeiten möglich.

Bes. Bedeutung hat neben dem drahtgebundenen F. der **Funkfernschreiber,** v. a. für militär. Zwecke erlangt. Hierbei wird das als Stromstoß oder Strompause vorliegende Fernschreibzeichen über Zusatzgeräte in ein Funksignal umgewandelt und über eine Antenne abgestrahlt.

Fernschreibnetz, die Gesamtheit der Vermittlungs- und Übertragungseinrichtungen, die den Teilnehmern ermöglichen, beliebig miteinander fernschriftl. zu verkehren. Neben den F. für die Abwicklung des Telegrammdienstes (**Gentexnetz**) und für den öff. Teilnehmer-Fernschreibverkehr (**Telexnetz**) entstanden zahlr. private und Behördennetze (Dt. Bundesbahn, Bundeswehr).

Fernsehen (Television, TV), die Aufnahme, Übertragung und Wiedergabe sichtbarer, bewegter Vorgänge oder ruhender Vorlagen (eines „Bildfeldes") mit Hilfe elektromagnet. Wellen (drahtlos) oder über Kabel.

Grundprinzip: 1. Umwandlung der Helligkeitswerte (beim Schwarzweiß-F.) oder der Farbtöne und deren Sättigung (beim Farb-F.) innerhalb eines Bildfeldes in elektr. Signale; 2. Weiterleitung dieser Signale (Videosignale) an bestimmte Stellen (z. B. Ind.-F., Verkehrsüberwachung) oder Ausstrahlung über Sendeanlagen zum allg. Empfang; 3. Rückwandlung der elektr. Signale in entsprechende Helligkeits- oder Farbwerte. - Beim Schwarzweiß-F. wird nur *ein* Helligkeitsauszug des Bildfeldes zur Signalumwandlung benötigt gegenüber mindestens *drei* Farbauszügen beim Farb-F. Ein Bildfeld enthält eine Vielzahl örtl. und zeitl. wechselnder Helligkeits- oder Farbinformationen, die auf Millionen von Stäbchen- und Zapfenzellen des menschl. Auges gleichzeitig abgebildet im Großhirn ausgewertet werden. Da die elektr. Nachrichtentechnik nur mit unvorstellbarem Aufwand eine entsprechende Anzahl von Kanälen gleichzeitig zur Verfügung stellen könnte, müssen die einzelnen Helligkeits- oder Farbwerte eines Bildfeldes nacheinander übermittelt werden. Im Ggs. zum Punktraster der Drucktechnik wird das Bildfeld in Zeilen zerlegt. Ihre Anzahl ist durch das Verhältnis des Sehwinkels des Auges (rd. 10 Bogengrad bei mittlerer Sehschärfe) zur maximalen Sehschärfe (rd. 1 Bogenminute) gegeben. Dies ergibt 600 Zeilen (Betrachtungsabstand etwa 6fache Bildhöhe). In M-Europa gilt seit 1952 die Normzahl von 625 Zeilen auf Beschluß des Comité Consultatif International de

Fernsehen

Radiodiffusion (CCIR). Bei gleichem Auflösungsvermögen in Zeilen- und Bildrichtung (senkrecht zur Zeilenrichtung) können bei einem Format von 4:3 (Breite: Höhe) $^4/_3 \cdot 625 \cdot 625 \approx 500\,000$ Einzelheiten („Bildpunkte") wahrgenommen werden. Zur Darstellung bewegter Vorgänge sind mindestens 12 Einzelbilder/s erforderlich. Wegen des dabei noch auftretenden Flimmerns erhöht man die Zahl jedoch auf 50 und mehr Bilder/s, insbes. bei hellem Bildschirm. Besteht das Bildfeld schachbrettartig aus Bildpunkten von Zeilenhöhe und gleicher Breite, so ergibt jedes schwarzweiße Bildpunktpaar eine volle Wechselspannungsperiode als Sinuswelle nach der elektr. Umwandlung. Bei 50 Bildern dieser Art in 1 s entsteht eine Frequenz von 12,5 MHz. Dieses breite Frequenzband ist nur mit Unwirtschaft. Aufwand übertragbar, daher wird heute allg. das *Zeilensprungverfahren* angewendet: Je Sekunde werden nur 50 Halbbilder abgetastet, und zwar zuerst alle ungeraden Zeilen 1, 3, 5, ... und dann alle geraden Zeilen 2, 4, 6, ..., so daß zwei ineinandergeschachtelte Zeilenraster entstehen. Das Frequenzband wird dadurch halbiert und im prakt. Betrieb nochmals um den Faktor 0,8 auf 5 MHz herabgesetzt. Eine Zeile dauert 64 µs, ein Halbbild 20 ms und ein Vollbild 40 ms. Die Bildzerlegung und die Bildzusammensetzung erfordern einen sehr genauen Gleichlauf zw. Sender und Empfänger, der durch mitübertragene Bild- und Zeilensynchronimpulse zu Beginn jedes Halbbildes und jeder Zeile erreicht wird.

Signalumwandlung: Zur Umwandlung der Helligkeits- bzw. Farbwerte des Bildfeldes in elektr. Signale dient die **Fernsehkamera.** Über ein photograph. Objektiv wird das Bildfeld auf die Photokathode der Aufnahmeröhre (Bildspeicherröhre, z. B. Superorthikon) abgebildet und mittels eines Elektronenstrahles zeilen- und bildweise abgetastet (Strahlführung durch die Magnetfelder zweier senkrecht zueinander stehender Spulenpaare). Während der Zeilen- und Bildrückläufe wird das Kamerasignal „ausgetastet", d. h., die Rückläufe bleiben unsichtbar.

Das Fernsehsignal wird im Bildkontrollraum auf seine techn. Qualität überprüft. Die Bildgüte ist abhängig von der richtigen Wiedergabe der Helligkeitsstufen (Gradation; Kontrastumfang bis 1 : 100) und vom Auflösungsvermögen. Das Signal wird einem Sender zugeführt oder auf Film bzw. Magnetband gespeichert *(magnet. Bildaufzeichnung)*, z. B. auf der Ampex-Maschine ⓐ. Zur Übertragung eines [Spiel-]Films dient ein **Filmgeber** mit einer sehr leistungsfähigen Kathodenstrahlröhre als Lichtquelle, deren Bildschirmraster jedes Filmbildchen in zwei Halbbildern durchleuchtet, so daß in einer Photozelle hinter dem Film das elektr. Fernsehsignal entsteht. Zur Sendung von Standbildern, Testbildern, Störungsmeldungen dient ein **Diapositivgeber,** dessen elektr. Fernsehsignal in ähnl. Weise wie beim Filmabtaster erzeugt wird. Das *Testbild* wird in elektron. Schaltungen erzeugt, seine Streifenmuster und Kreise dienen Ind. und Fachhandel zur Justierung der Fernsehempfänger.

Übertragung der Fernsehsignale: Die Verbindung zw. Fernsehstudios und Sendern erfolgt über Richtfunkstrecken im 2- oder 4-GHz-Band, vereinzelt über Kabelstrecken. Die Knotenpunkte dieses Netzes, meist Fernmeldetürme im Abstand von 50–200 km, sind Relaisstationen, die das Richtfunksignal mit Parabolspiegelantennen empfangen und verstärkt über gleichartige Antennen weitergeben. Das Netz besitzt einen Sternpunkt auf dem Großen Feldberg im Taunus. Für weltweites F. müssen Kontinente und Ozeane mit (geostationären) *Kommunikationssatelliten* überbrückt werden *(Satellitenfernsehen)*. Die allg. Fernsehversorgung erfolgt über *Fernsehsender* mit Rundstrahlung. Ein erhöhter Standort ist wichtig wegen der opt. Gesetzen gehorchenden Ausbreitung der Trägerfrequenzen *(VHF-Bereich:* Band I mit 48–62 MHz sowie Band III mit 175 bis 217 MHz; *UHF-Bereich:* Band IV/V mit 471–783 MHz). Ein Videosignal mit 5 MHz Bandbreite bedeckt nach Amplitudenmodulation der Trägerfrequenz ein Frequenzband von 2×5 MHz, zuzügl. 0,75 MHz für den Tonkanal. Da in den festgelegten Fernsehbändern viel zu wenig Sender Platz finden würden, führte man das *Restseitenbandverfahren* ein, durch das fast 40 % des Frequenzbedarfs der Bildsenders eingespart werden, so daß ein Fernsehkanal nur 7 MHz bedeckt. Der Fernsehtonsender gleicht einem frequenzmodulierten UKW-Sender. Seine Trägerfrequenz liegt bei der westeurop. Norm 5,5 MHz oberhalb des Bildsenders. Über eine Weiche speisen Bild- und Tonsender eine gemeinsame Antenne. - ↑ auch Kabelfernsehen.

Die *Fernsehsendeantennen* bestehen aus Gruppen von Dipolen von je $2 \cdot ^1/_4$ Wellenlänge und strahlen entweder horizontal (waagrechte Stäbe) oder vertikal polarisiert; dadurch verringert sich eine Störung zweier Sender im gleichen Kanal. Die *Empfangsantennen* bestehen aus Dipolgruppen in senkrechter oder waagrechter Lage mit bis zu 10fachem Leistungsgewinn in einer bestimmten Richtung (Sender). Der **Fernsehempfänger** arbeitet nach dem *Überlagerungsprinzip*, sowohl im Bildals auch im Tonteil. Die Frequenzen des gewünschten Bild-Ton-Senderpaares werden mit einem Kanalwähler ausgewählt und mittels eines Oszillators auf feste Zwischenfrequenzen (ZF; 38,9 MHz für den Bildträger, 33,4 MHz für den Tonträger) umgesetzt. Nach Gleichrichtung (Demodulation) des ZF-Signals entsteht das Videosignal mit Bild- und Synchronanteil. Nach der Verstärkung wird das Videosignal der Steuerelektrode der Bildröhre zugeführt, die Synchronzeichen werden in einem Amplitudensieb zur Steuerung des Ablenkteiles abgetrennt. Die 5,5-MHz-Ton-ZF wird durch einen Verhältnisgleichrichter in Tonfrequenz umgewandelt (demoduliert) und über den Niederfrequenzverstärker dem Lautsprecher zugeführt. Das sichtbare Bild entsteht auf dem Leuchtschirm der Bildröhre bei Abbremsung eines schnellen Elektronenstrahls, der von einer Kathode erzeugt, mittels elektr. oder magnet. Linsen fokussiert und durch eine Hochspannung (12 bis 18 kV) beschleunigt wird und der zeilenweise das Bildfeld überstreicht. Der sehr feine, aber intensive Elektronenstrahl wird in der evakuierten Bildröhre durch zwei Ablenkspulenpaare *(Ablenkeinheit)* in waagerechter (Zeilen-) und senkrechter (Bild-)Richtung im Gleichlauf (Synchronismus) zum Abtastvorgang in der Kameraröhre in zwei ineinandergeschachtelten Halbbildern nach dem *Zeilensprungverfahren* über das Bildfeld geführt und gleichzeitig in seiner Stärke gesteuert. Die Ablenkströme haben sägezahnförmigen Verlauf und werden in Kippschaltungen erzeugt. Der Takt der Horizontalablenkung wird im Empfänger selbst erzeugt und laufend mit den ankommenden Zeilensynchronimpulsen verglichen.

Farbfernsehen: Jede Farbe ist durch Mischung der drei Primärfarben Rot (R), Grün (G) und Blau (B) darstellbar. Die Umformung des Spektralfarbenzuges von B über G nach R zu einem „Farbkreis" oder einer „Farbuhr" erlaubt die Zuordnung von Farbsättigung und Farbton zu zwei voneinander unabhängigen Größen, wie z. B. Betrag und Phase einer Schwingung. Hierauf beruhen die beiden Farbfernsehübertragungssysteme NTSC und PAL.

Grundprinzip: 1. Umwandlung der Farbtöne („Farben") und der Farbsättigung („Farbstärke") in elektr. Signale; 2. elektr. Übertragung (über Leitungen oder drahtlos) an den Empfangsort; 3. Rückwandlung in ein farbiges Bild. Zur Umwandlung werden mindestens drei Farbauszüge - wie z. B. beim Farbdruck - in den Grundfarben Rot (R), Grün (G) und Blau (B) mit drei Aufnahmeröhren unter Verwendung von Farbfiltern bzw. dichroitischen Spiegeln hergestellt. Die einzelne Aufnahmeröhre gleicht der in einer Schwarzweißfernsehkamera. Die Größe der elektr. Farbsignale E_R, E_G, E_B ist ein Maß für die Farbsättigung der drei Farbauszüge.

Während die Probleme der Aufnahmetechnik relativ leicht zu lösen waren, wurden an das Übertragungssystem und an den *Rückwandler* (Empfänger) höchste Anforderungen gestellt: das vorhandene Fernsehverbindungsnetz (Richtfunkstrecken) mit den angeschlossenen Sendern für das Schwarzweiß-F. mußte auch Farbsendungen mit dem gleichen Frequenzbandbedarf von 5 MHz nach der europ. CCIR-Norm übernehmen können. Die vorhandenen Schwarzweißempfänger müssen Farbsendungen als normale Schwarzweißbilder wiedergeben können und umgekehrt Farbempfänger die Schwarzweißsendungen als Schwarzweißbilder (Grundsatz der „Verträglichkeit" [engl. compatibility]).

NTSC-System: Der in etwa fünfjähriger Arbeit vom „Nat. Fernsehsystem-Ausschuß" der USA (National Television System Committee, Abk. NTSC) ausgearbeitete Kompromißvorschlag setzte sich seit 1953 als NTSC-System in Nordamerika und in Japan durch. Beim NTSC-System wird aus den $E_R - E_G - E_B$-Signalen nach einem Schlüssel (Code) entsprechend der Augenempfindlichkeitskurve in einem „Coder" ein Helligkeitssignal (**Luminanzsignal**) E_Y gebildet, das mit voller Bandbreite von 5 MHz übertragen wird und am normalen Fernsehempfänger als Schwarzweißbild einer farbigen Vorlage erscheint. Dieses Frequenzband ist jedoch nicht durchgehend vom Fernsehsignal besetzt, sondern zeigt gleichmäßig verteilte Lükken im Abstand der Zeilenfrequenz, in die die Farbinformation (**Chrominanzsignal**) eingeschaltet wird. Hierzu dient ein *Farbhilfsträger*, dessen Frequenz ein ungeradzahliges Vielfaches (567) der halben Zeilenfrequenz ist. Sie liegt am oberen Ende des Übertragungsbereiches, im CCIR-System die 4,4296875 ($\approx$ 4,43) MHz. Dadurch wird die feine Perlschnurstörung des Farbhilfsträgers im Schwarzweißbild infolge der Trägheit des Auges nahezu ausgelöscht, weil in aufeinanderfolgenden Zeilen eines Halbbildes die Stellen größter und kleinster Helligkeit der Perlschnur übereinander liegen. Das NTSC-System ist für Schwarzweißempfänger vollverträglich *(kompatibel)*. Zur Farbinformation genügt es, im Coder zwei **Farbdifferenzsignale** (z. B. $E_R - E_Y$ und $E_B - E_Y$) zu bilden und diese über den in Amplitude *(Farbsättigung)* und Phase *(Farbton)* doppelt modulierten Farbhilfsträger zu übertragen. Das fehlende grüne Differenzsignal $E_G - E_Y$ läßt sich am Empfangsort aus den beiden anderen leicht wieder gewinnen. In der Praxis des NTSC-Systems werden statt $E_R - E_Y$ und $E_B - E_Y$ zwei neue Kombinationen $E_I - E_Q$ wegen ihrer besseren Übertragungseigenschaften benutzt. Dabei genügt für E_I eine Bandbreite von 1,5 MHz und für E_Q von 0,6 MHz, weil das Auge Farbübergänge Orange → Blaugrün (E_I) etwas schlechter und solche von Grün → Purpur (E_Q) wesentl. schlechter als Helligkeitsübergänge auflösen kann. E_Y, E_I u. E_Q modulieren die Bildträgerfrequenz eines Fernsehsenders. Am Empfangsort entsteht das Helligkeitssignal E_Y unmittelbar nach der ersten Demodulation, während E_I und E_Q in einer zweiten Demodulation mittels des im Empfänger phasenrichtig zugesetzten Farbhilfs-

Fernsehen

trägers gewonnen werden. Ein „Entschlüssler" *(Decoder)* bildet aus E_I und E_Q die Farbdifferenzsignale E_R-E_Y, E_G-E_Y und E_B-E_Y, von denen jeweils das Helligkeitssignal E_Y abgezogen wird, so daß die urspr. drei *Farbauszugssignale* E_R, E_G und E_B wieder zur Verfügung stehen. Nachteile des NTSC-Verfahrens im prakt. Betrieb: 1. hohe Empfindlichkeit gegen amplitudenabhängige Phasenfehler, verursacht Farbtonänderungen, 2. Schwierigkeiten bei Magnetbandaufzeichnung, Gleichlaufschwankungen rufen Farbtonänderungen hervor. Daher sind zwei europ. Systeme entwickelt und eingeführt worden:

Fernsehen. Schema eines Fernsehstudios (FAZ Filmaufzeichnung, MAZ magnetische Bildaufzeichnung)

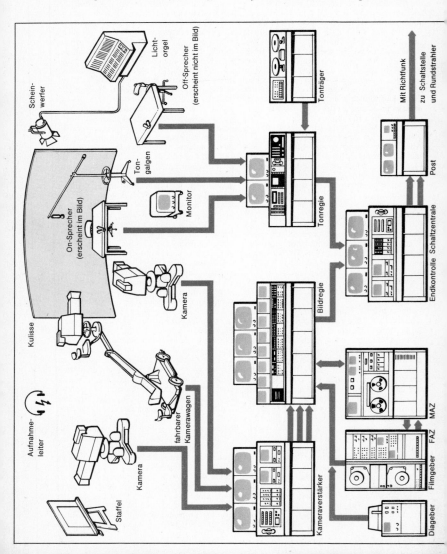

das PAL-System von Bruch/Telefunken (1961) und das SECAM-System von H. de France/CSF-Paris (1958).

PAL-System: PAL (Abk. für engl. „Phase Alternating Line") bedeutet, daß die Phase des Farbhilfsträgers im I- oder Q-Kanal des Farbmodulators beim NTSC-System von Zeile zu Zeile mittels eines einfachen Schalters umgepolt wird. Im Empfänger wird die Umpolung rückgängig gemacht. Das in der urspr. Polung und das in der umgekehrten Polung übertragene Farbbild werden im Auge oder in einer Schaltung über eine Verzögerungsleitung von 64 µs (Zeilendauer) addiert, wobei sich prakt. alle Übertragungsfehler gegenseitig aufheben. Transcodierung (Umwandlung) von NTSC in PAL und umgekehrt ist ohne Güteverlust möglich wegen der Ähnlichkeit beider Systeme (das PAL-System benutzt die gleichen Signale wie das NTSC-System).

SECAM-System: SECAM (aus frz. séquentiel à mémoire) bedeutet, daß die beiden Farbsignale E_I und E_Q zu NTSC/PAL nicht dauernd (simultan), sondern abwechselnd von Zeile zu Zeile (sequentiell) übertragen werden. Die Doppelmodulation (in Betrag und Phase) des Farbhilfsträgers wird durch eine Einfachmodulation (in der Frequenz) ersetzt. Zur gleichzeitigen (simultanen) Darstellung aller drei Farben muß ein Speicher für das jeweils nicht übertragene zweite Farbsignal vorhanden sein (Ultraschallspeicher über 64 µs). Nachteil: Störempfindlichkeit ab einer bestimmten Entfernung vom Fernsehsender und Qualitätsverlust bei Transcodierung von NTSC/PAL. Zweinormengeräte NTSC/PAL und SECAM werden nötig. Das SECAM-System wird in Frankr., der DDR, in Griechenland, den osteurop. Staaten einschließl. der Sowjetunion sowie in einigen afrikan. und asiat. Staaten verwendet. Im Zusammenhang mit dem zunehmenden Einsatz von Fernsehsatelliten und der damit gegebenen Möglichkeit, weiträumig grenzüberschreitend Fernsehsendungen auszustrahlen und [direkt] zu empfangen, wurden Systeme entwickelt, die im Ggs. zu PAL und SECAM einen direkten europ. Statellitenempfang ohne techn. Hürden ermöglichen sollen und überdies die Möglichkeit bieten, mehrere Tonkanäle gleichzeitig zu übertragen (z. B. Fernsehton in mehreren Sprachen). Die Dt. Bundespost hat sich 1985 entschieden, von den unter der Bez. **MAC-Systeme** (Abk. für engl. „Multiplex Analog Components") bekannten Verfahren für Programmausstrahlungen über Fernsehsatelliten das Verfahren **D2 MAC** einzuführen, dessen Einsatz als europaeinheitl. künftige Farbfernsehnorm auch die Techn. Kommission der Europ. Union für das Rundfunkwesen (UER) zugestimmt hatte. Hierbei werden die Helligkeits- und Farbinformationen sowie der Fernsehbegleitton nacheinander, d. h. im Zeitmultiplexverfah-

ren, gesendet, und zwar derart, daß der Fernsehempfänger innerhalb von 64 µs (Zeilendauer) für jede Zeile die jeweiligen Helligkeits- und Farbwerte erhält sowie die (digitalen) Toninformationen, die (zusammengefaßt) den Fernsehbegleitton ergeben. Dieses Verfahren, das mögl. Störungen zw. Farb- und Helligkeitssignal praktisch ausschließt, erlaubt auch die gleichzeitige Verwendung von 4 Tonkanälen, so daß z. B. sowie 2 Stereokanäle für Stereoempfang oder 4 Kanäle für Monoempfang (z. B. in verschiedenen Sprachen) zur Verfügung stehen.

Farbbildröhren: Man unterscheidet hauptsächl. 2 Typen von Bildröhren. **Deltaröhre:** Sie enthält 3 Elektronenstrahlquellen, die in Form eines gleichseitigen Dreiecks angeordnet sind (ähnl. dem griech. Buchstaben Delta = Δ). Ihre Strahlen gehen gemeinsam durch jedes der 357 000 Löcher (∅ 0,35 mm) der Schatten- bzw. Lochmaske und treffen auf je eine Dreiergruppe von rot, grün und blau aufleuchtenden Farbleuchtpunkten (∅ 0,43 mm) der Phosphorbeschichtung des Leuchtschirms; Abstand Leuchtschirm–Lochmaske ca. 1 cm. **In-Line-Röhre:** Die Elektronenstrahlquellen sind in einer Linie, d. h. nebeneinander angeordnet. Die Schattenmaske ist eine Schlitzmaske, bestehend aus Dreiergruppen von senkrechten Schlitzen. Vorteil: höhere Lichtausbeute.

Geschichte: Auf die Notwendigkeit, elektr. zu übertragende Bilder punkt- und zeilenweise abzutasten, wies 1843 A. Bain hin. Eine Lösung fand 1884 P. Nipkow mit dem ersten brauchbaren mechan. Bildfeldzerleger, der *Nipkow-Scheibe*. Bereits 1906 benutzten M. Dieckmann und G. Glage die Braunsche Röhre zur Wiedergabe von 20zeiligen Schwarzweißbildern. Die ersten Sendungen wurden 1928 mit einem von der Firma General Electric entwickelten System ausgestrahlt. 1929 begann die British Broadcasting Corporation (BBC) mit regelmäßigen Übertragungen. Den ersten brauchbaren elektron. Bildabtaster schuf 1923/24 W. K. Zworykin. Seine „Ikonoskop-Röhre" wurde seit 1934 serienmäßig hergestellt. In Berlin konstruierte M. von Ardenne einen Leuchtschirmabtaster und führte 1930 das erste vollelektron. Fernsehbild vor. Das Reichspostzentralamt in Berlin begann 1929 mit der Ausstrahlung von Versuchssendungen. Die ersten großen Übertragungen galten 1936 den Olymp. Spielen („Fernsehsender Paul Nipkow", Berlin). 1952 konnte das öffentl. F. in der BR Deutschland aufgenommen werden (1955 in der DDR). Die Geschichte des Farbfernsehens beginnt mit einem 1902 an O. von Bronk erteilten Patent. J. L. Baird und die Bell Company stellten 1928 prakt. Versuche an. In Deutschland unternahmen W. Bruch und O. von Bronk 1936 bei Telefunken erste Versuche. Von 1956 an beschäftigte man sich in Europa mit dem

Fernsehen

Farb-F., nachdem in Amerika 1954 die NTSC-Norm eingeführt worden war. Gewisse Mängel dieses Systems waren in dem von H. de France entwickelten System SECAM überwunden worden. 1963 schlug W. Bruch sein bei Telefunken erarbeitetes Verfahren PAL vor. Es wurde 1966/67 von den meisten westeurop. Ländern übernommen, während Frankr., die UdSSR und die übrigen Ostblockstaaten am SECAM-System festhielten. 1967 offizieller Beginn des Farb-F. in der BR Deutschland.

Recht: Die Hörfunk- und Fernsehfreiheit (Rundfunkfreiheit) als institutionelle Garantie (Art. 5, Abs. 1 GG) ist ein Wesenselement der freiheitl. demokrat. Staatsordnung und unerläßl. Voraussetzung für eine freie Bildung der öffentl. Meinung. Die Verfassung verlangt deshalb, daß Hörfunk und F. weder dem Staat noch einer gesellschaftl. Gruppe ausgeliefert werden. Die hiernach theoret. in Betracht kommenden Organisationsmodelle für Hörfunk und F. wären zum einen der freie Wettbewerb privater, miteinander konkurrierender Veranstalter (so in den USA), zum anderen die Monopolisierung von Hörfunk- und Fernsehveranstaltungen bei einem oder mehreren (wenigen) Trägern, die dann so organisiert sein müssen, daß alle gesellschaftl. relevanten Kräfte zu Worte kommen. In der BR Deutschland war die Veranstaltung von Hörfunk- und Fernsehsendungen bis vor wenigen Jahren ausschließl. eine öffentl. Aufgabe, die dem privatwirtsch. Wettbewerb entzogen war und von öffentl.-rechtl. Anstalten betrieben wurde. Im Zuge des Ausbaus von Kabelnetzen (↑ Kabelfernsehen) traten in den letzten Jahren zunehmend auch private Programmanbieter auf, deren Zulassung durch die unterschiedl. Landesmediengesetze der einzelnen Bundesländer geregelt wird. Nach Art. 73 Nr. 7 GG (Post- und Fernmeldewesen) ist der Bund nur für die sendetechn. Bereich des Hörfunks und F. zuständig (Zuteilung von Wellenbereichen, Festlegung von Standort und Sendestärke der Sender, Einrichtung eines Stördienstes u. a.), nicht aber für die Regelung der Organisation von Fernseh- und Hörfunkveranstaltungen.

Das *1. Fernsehprogramm* wird von den 9 in der ARD zusammengeschlossenen *Landesrundfunkanstalten* als Gemeinschaftsprogramm *Erstes Dt. F.* veranstaltet. Daneben veranstalten die einzelnen Rundfunkanstalten eigene Fernsehprogramme *(Regionalprogramme* und sog. *Dritten Fernsehprogramme)*. Seit dem 29. März 1986 strahlt die ARD (unter Beteiligung der Schweizer. Radio- und Fernsehgesellschaft [SRG]) über einen Kommunikationssatelliten ein zusätzl. Programm *„Eins Plus"* aus, das in die Kabelnetze (↑ Kabelfernsehen) eingespeist wird. Die Zusammenarbeit der Landesrundfunkanstalten auf dem Gebiet des 1. Fernsehprogramms beruht auf einer am 27. März 1953 geschlossenen Verwaltungsvereinbarung, dem sog. *Fernsehvertrag,* dem durch Länderabkommen über die Koordinierung des 1. Fernsehprogramms von 17. April 1959 eine gesetzl. Grundlage gegeben wurde.

Die *Zusammenarbeit der Anstalten* ist wie folgt geregelt: Aus den Intendanten der Rundfunkanstalten oder ihren Beauftragten sowie einem von den Rundfunkanstalten auf mindestens 2 Jahre zu wählenden Vorsitzenden (Programmdirektor Dt. F., München) wird eine *Ständige Programmkonferenz* gebildet, die das Gemeinschaftsprogramm unter Beachtung der den einzelnen Rundfunkanstalten nach dem Fernsehvertrag obliegenden prozentualen Pflichtanteile am Gemeinschaftsprogramm erarbeitet. Die Ständige Programmkonferenz wird durch einen *Programmbeirat* beraten. Dieser setzt sich aus je einem Vertreter der Rundfunkanstalten zusammen, der von den Aufsichtsgremien entsandt wird und dem Rundfunkrat, dem Verwaltungsrat oder dem Programmbeirat der Rundfunkanstalt angehören muß. Das *2. Fernsehprogramm* wird vom *Zweiten Dt. Fernsehen (ZDF)* in Mainz ausgestrahlt, das seit dem 1. Dez. 1984 zus. mit dem Östr. Rundfunk (ORF) und der Schweizer. Radio- und Fernsehgesellschaft (SRG) auch ein in die Kabelnetze eingespeistes Satellitenfernsehprogramm *(„3SAT")* sendet. - Das ZDF ist ebenfalls eine Anstalt des öffentl. Rechts mit dem Recht der Selbstverwaltung. Sie ist durch Staatsvertrag sämtl. Bundesländer vom 6. 6. 1961 errichtet worden. Die Landesrundfunkanstalten und das ZDF sind dem staatl. Einfluß entzogen und unterstehen nur einer beschränkten staatl. Rechtsaufsicht. Ihre kollegialen Organe sind in einem angemessenen Verhältnis aus Repräsentanten aller bedeutsamen polit., weltanschaul. und gesellschaftl. Gruppen zusammengesetzt. Das Bundesverfassungsgericht hat im sog. Fernsehurteil vom 28. 2. 1961 das bisher bestehende Oligopol der öffentl.-rechtl. Rundfunk- und Fernsehanstalten als verfassungsgemäß bestätigt; gleichzeitig hat es aber betont, daß auch eine rechtsfähige Gesellschaft des privaten Rechts Träger von Fernseh- und Hörfunkveranstaltungen sein könnte, wenn ihre Organisationsform gewährleiste, daß in ihr in ähnl. Weise wie in den öffentl.-rechtl. Anstalten die gesellschaftl. relevanten Kräfte zu Wort kämen und die Freiheit der Berichterstattung unangetastet bliebe; diese Regelung aber voraus, daß der Landesgesetzgeber ein entsprechendes Gesetz erläßt, in dem diese für die Hörfunk- und Fernsehfreiheit wesentl. Grundsätze verbindlich festgelegt werden.

In *Österreich* bildet die Rechtsgrundlage für den Betrieb des F. das Rundfunkgesetz 1966. Danach obliegen dem „Österreichischen Rundfunk" (ORF) die [alleinige] Herstellung und Sendung von Fernsehprogrammen. Gemäß § 3 ist für mindestens 2 Programme zu sorgen, wobei eines frei von Werbesendungen bleiben muß (§ 4 Abs. 4). Die Festlegung der Richtlinien für die Programmgestaltung obliegt gemäß § 9 Abs. 1 lit. a dem Generalintendanten; für die Programmangelegenheiten ist ein Direktor bestellt (§ 12 Abs. 2 lit. b). Die *schweizer. BV* kennt bislang keinen Fernsehartikel. Der Bundesrat hat eine Fernsehkonzession allein der als privatrechtl. Verein organisierten Schweizer. Radio- und Fernsehgesellschaft (SRG) erteilt. Die SRG ist hiernach verpflichtet, die verschiedenen gesellschaftl. und polit. Kräfte in der Schweiz angemessen zu berücksichtigen. Die SRG betreibt je ein Fernsehprogramm für die dt., die rätoroman., die frz. und die italien. Schweiz.

Wirtschaftl. Grundlagen: Das F. ist ein Massenkommunikationsmittel, dem in der BR Deutschland rd. 90 % der Haushalte angeschlossen sind; diese haben den Betrieb von 22,7 Mill. Fernsehgeräten bei der Dt. Bundespost angemeldet (1985). Die Kosten des F. werden in der BR Deutschland aus Gebühren und Werbeeinnahmen gedeckt. Die seit 1976 durch die Gebühreneinzugszentrale in Köln eingezogenen Gebühren für den Betrieb eines Fernsehgerätes betragen z. Z. monatl. 11,20 DM. Da die Sendegebiete der ARD-Anstalten und damit das Gebührenaufkommen für die Sender unterschiedl. groß sind, führen die Anstalten untereinander einen Finanzausgleich durch. 1985 erhielten die ARD-Anstalten aus den Fernsehgebühren rd. 2 820,6 Mill. DM, das ZDF rd. 846,2 Mill. DM. Das Werbefernsehen, das von den ARD-Anstalten im jeweiligen Regionalprogramm (montags-freitags 18–20 Uhr, samstags 18.30–20 Uhr) und im ZDF als Vorprogramm (17.30–19.30 Uhr) ausgestrahlt wird, besteht aus 20 Min. Werbespots, eingebettet in ein Rahmenprogramm, das Unterhaltung sowie regionale bzw. lokale polit. Information bietet. Zur Abwicklung der Fernsehwerbung haben die Anstalten 100 %ige Tochtergesellschaften in der Rechtsform der GmbH gegr. Die Werbeeinnahmen dienen bei den ARD-Anstalten bislang v. a. dem Ausgleich von Finanzierungslücken, seit beim ZDF hingegen eine tragende Säule des Haushalts (Erträge der ARD-Anstalten 1985: 862,9 Mill. DM, des ZDF 1984: 527,7 Mill. DM). Die seit 1984 in der BR Deutschland arbeitenden privaten Programmanbieter finanzieren ihre (über Kabel verbreiteten) Programme im wesentl. durch Werbeeinnahmen.

Programme: Die Rundfunk- und Fernsehanstalten der BR Deutschland bieten tägl. 3 Fernsehprogramme. Das 1. Programm (1. Dt. F.) wird von den ARD-Anstalten ausgestrahlt. Dabei werden die Nachmittagsprogramme und die Werbeprogramme von den jeweiligen Sendeanstalten bzw. deren Werbetöchtern bestritten, während das Abendprogramm, be-

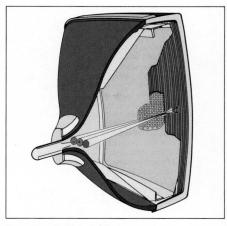

Fernsehen. Teilschematische Darstellung einer Farbfernsehröhre mit Schlitzmaske und Farbstreifen

ginnend mit der Tagesschau, auf die Anstalten nach einem prozentualen Schlüssel verteilt ist. Das Gemeinschaftsprogramm wird durch die Programmdirektion Dt. F. (Sitz München) koordiniert. Das 2. Programm wird vom ZDF (Mainz) produziert und ausgestrahlt. Die Dritten Programme gestalten die ARD-Anstalten noch überwiegend als Minderheitenprogramme (z. T. in Kooperation), ungeachtet der Bemühungen insbes. des Bayerischen Rundfunks, sein Drittes Programm zu einem Vollprogramm auszubauen. Über die Fernsehsender, deren Einzugsgebiet bis in die DDR reicht, wird zusätzl. ein von ARD und ZDF gemeinsam gestaltetes Vormittagsprogramm ausgestrahlt, das im wesentl. Wiederholungen der voraufgegangenen Nachmittags- und Abendprogramme bringt. In die Kabelnetze werden von der ARD ferner das Satellitenprogramm „Eins Plus" eingespeist, vom ZDF (gemeinsam mit ORF und SRG) das Satellitenprogramm „3SAT". ARD und ZDF gehören der Eurovision an. Über Weltraumsatelliten sind Übertragungen aus allen Weltregionen mögl. Trotz des erhebl. Aufwands für redaktionelles und techn. Personal können die Anstalten nicht alle Sendungen selbst planen und produzieren. Die Anteile fremdproduzierten Materials (Auftragsproduktion) betrugen z. B. 1985 beim ZDF 17,5 % der Gesamtsendezeit (ohne Werbespots und Programmverbindungen). Zur Programmabstimmung, die bei den Dritten Programmen im allg. unproblemat. ist, haben 1. und 2. Programm seit 1963 mehrfach erneuerte Koordinierungsabkommen geschlossen (zuletzt 18./20. Dez. 1985), die die Auswahlfreiheit des Zu-

Fernsehnormwandler

schauers sichern sollen, indem Kontraste von Sendeinhalten und -formen realisiert werden. **Wirkungen:** Zu den Folgen der sozialen Institution F. gehören v. a.: Wandel des Freizeithaushalts, weil F. andere Tätigkeiten zeitl. verschiebt oder verdrängt; F. verändert das Zusammenspiel der Massenkommunikationsmittel, indem es Zeitung, Zeitschrift, Hörfunk und Film andere, speziellere Aufgaben zuweist; F. bietet die Chance, in der BR Deutschland fast alle Haushalte zur Teilnahme an den Problemen und Lösungsmöglichkeiten gesellschaftl. und polit. Fragen im In- und Ausland zu ermutigen. Zugleich kann die weite Verbreitung des F. die Chancen der Erwachsenenbildung (Aus- und Weiterbildungsprogramme, z. B. Telekolleg) erhebl. vergrößern. Die mittels Teleskopie festgestellten Teilnehmerzahlen allein können aber keinen Aufschluß über die Folgen geben, die die Aussagen der Fernsehsendungen auf Wissen, Verhalten, Meinungen und Emotionen des Publikums ausüben. Die Wirkungsforschung steht hier vor bislang ungelösten Fragen. Die Schwierigkeit beruht darin, daß 1. Fernsehwirkungen in engem Zusammenhang mit den Wirkungen der Massenmedien überhaupt stehen; 2. das Publikum keineswegs als einheitl. Gruppe beschrieben werden kann, weil erhebl. Unterschiede im Vorwissen und im Kritikvermögen vorhanden sind, die durch selektive Wahrnehmung bestimmter Programmteile (unter Ausblendung der anderen) dazu führen, daß dieselbe Sendung durch verschiedene Zuschauer beinahe aufhebende Deutungen erfährt; 3. die Verarbeitung der Ein-Weg-Kommunikation des F. in hohem Maße mitbestimmt wird durch die wechselseitige zwischenmenschl. Kommunikation, in die die Fernsehzuschauer integriert sind. - Zur Kritik ↑ Massenmedien.

📖 *ARD-Jb. 86 (18. Jg.) Hg. v. der Arbeitsgemeinschaft der öffentl.-rechtl. Rundfunkanstalten der BR Deutschland (ARD). Hamb. 1986. - Bernath, K. W.: Technik des F. Bln. u. a. 1986. - ZDF Jb. 1985. Hg. als 22. Bd. v. der Hauptabteilung Information u. Presse des ZDF. Mainz 1986. - Keppler, A.: Präsentation u. Information. Zur polit. Berichterstattung im F. Tübingen 1985. - TV Produktions-Hdb. 85/86. Hg. v. R. Kellerer. Ffm. 1985. - Zastrow, P.: Fernsehempfangstechnik. Ffm. ⁵1985. - Limann, O./Pelka, H.: Fernsehtechnik ohne Ballast. Mchn. ¹⁴1983. - Morgenstern, B.: Farbfernsehtechnik. Stg. ²1983. - Jordan, P.: Das F. u. seine Zuschauer. Einflüsse auf Meinungen u. Vorurteile. Ffm. 1982. - Sachwörterb. des F. Hg. v. H. Kreuzer. Gött. 1982. - Mäusl, R.: Fernsehtechnik. Von der Kamera bis zum Bildschirm. Mchn. 1981. - Prokop, D.: Medien-Wirkungen. Ffm. 1981.*

Fernsehnormwandler, im Programmaustausch zw. Ländern mit unterschiedl. Fernsehnormen (insbes. zw. Ländern mit der CCIR-Norm von 625 Zeilen und 50 Halbbildern und den USA mit der Norm von 525 Zeilen und 60 Halbbildern) eingesetzte Umwandlungsgeräte. Beim **elektroopt. Verfahren** wird das ankommende Signal auf dem Bildschirm eines Monitors in bestmöglicher Qualität wiedergegeben, von dem es durch eine Fernsehkamera in der geänderten Norm aufgenommen wird. Das **vollelektron. Verfahren** mit Zeilen- und Halbbildspeicherung fügt z. B. beim Übergang USA-Westeuropa jedem Halbbild (625–525) : 2 = 50 Zeilen hinzu und läßt jedes 6. Halbbild ausfallen, so daß nur 50 Halbbilder übertragen werden; auch auf Farbfernsehsysteme anwendbar.

Fernsehoper, für das Fernsehen bearbeitete oder eigens geschriebene Oper, die den besonderen künstler. und techn. Bedingungen von Studioinszenierungen angepaßt ist. F. komponierten u. a. E. Křenek, H. Poser, B. Britten, H. Sutermeister.

Fernsehsatellit ↑ Kommunikationssatelliten.

Fernsprechansagedienst, Serviceleistung der Post; durch Ansagegeräte werden z. B. Uhrzeit, Veranstaltungsprogramme, Lotto- und Totozahlen, Wetter- und Sportnachrichten mitgeteilt.

Fernsprechauftragsdienst, Einrichtung der Dt. Bundespost, die Anrufe für abwesende Fernsprechteilnehmer entgegennimmt oder den Auftraggeber fernmündl. weckt.

Fernsprechauskunftsdienst, Auskunftsstelle der Dt. Bundespost; erteilt Auskünfte über Rufnummern, Gesprächsgebühren und sonstige Angelegenheiten des Fernsprechdienstes.

Fernsprechen, die auf elektr. Wege erfolgende Übermittlung von Sprache. Prinzip: 1. *Signalumwandlung* der vom Sprecher erzeugten Schallwellen über die Membranbewegungen eines Mikrophon in ein elektr. Signal, 2. *elektr. Übertragung* dieses Signals über eine Vermittlungseinrichtung zum zweiten Teilnehmer, 3. *Rückwandlung* des elektr. Signals durch die Membranbewegungen in der Hörkapsel in Schallwellen. **Grundschaltung** zur Signalumwandlung und Signalrückwandlung: Mikrophon (mit Kohlekörnern und Kohlemembran), „Hörer" (Spule mit Eisenkern und Stahlmembran) und Gleichspannungsquelle sind in Reihe geschaltet. Es fließt zunächst ein (Ruhe)gleichstrom. Treffen Schallschwingungen auf die Membran des Mikrophons, so ändert sich der Übergangswiderstand zw. Membran und Körnern, es entsteht ein Wechselstrom (Sprechstrom), der im Hörer das Feld eines Permanentmagneten im gleichen Takt verstärkt oder schwächt. Die auf die mechanisch und magnetisch vorgespannte Membran ausgeübte magnet. Wechselkraft versetzt diese in Schwingungen, die als Schallwellen das Ohr erreichen.

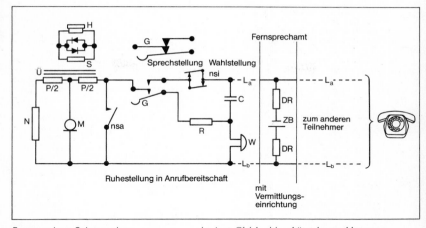

Fernsprechen. Schema einer
Zentralbatterieschaltung mit
Nummernscheibe

In Fernsprechnetzen mit Selbstwählbetrieb
speist die *Zentralbatterie* ZB im Vermittlungsamt den Mikrophonstromkreis und die
Wähleinrichtungen über Drosselspulen DR,
die die Speisegleichströme durchlassen, aber
einen Kurzschluß der (hochfrequenten)
Sprechströme über ZB verhindern. Nach Aufbau der Verbindung in der Vermittlungsrichtung des Amtes wird ein Rufstrom von
25 Hz aus einer *Rufmaschine* (Wechselstromgenerator) gesendet, der im Apparat des angewählten Teilnehmers über den Kondensator
C unmittelbar zum Wecker W fließt. Nach
Abheben des Handapparates schließt der
Gabel- oder Hakenumschalter G den Sprechkreis L_a -nsi- G - P/2 - M - L_b; die im
Mikrophon M erzeugten Sprechströme fließen über P/2 in die Fernsprechleitung L_a/L_b,
während die ankommenden Hörströme,
durch beide Wicklungsteile P/2 des Übertragers Ü fließend, auf die Sekundärwicklung
S übertragen werden und den Hörer H speisen. Das Netzwerk N, mit gleichen elektr.
Eigenschaften wie die Leitung („Leitungsnachbildung"), dient zur Rückhördämpfung
und vervollständigt die Brückenschaltung.
Die antiparallel geschalteten Dioden D im
Hörerkreis schließen Spannungsspitzen von
Störimpulsen kurz, während sie die niedrigen
Sprechspannungen prakt. nicht beeinflussen.
Beim Drehen der Wählscheibe wird der Kontakt nsa geschlossen, so daß ein Strom von
ZB über die Drosselspulen DR durch L_a -
nsi - nsa - L_b fließt, der beim Rücklauf der
Scheibe period. durch den Kontakt nsi unterbrochen wird. Die so erzeugten Wählstromstöße steuern die Vermittlungseinrichtungen

im Amt. Gleichzeitig schützt der geschlossene
Kontakt nsa den Sprech-Hör-Kreis vor den
Wählimpulsen. Zur Funkenlöschung schaltet
G außerdem den Widerstand R und den Kondensator C parallel zum Kontakt nsi.
Fernsprecher, die anstelle der Wählscheibe
zehn oder zwölf *Drucktasten* haben, unterscheiden sich grundsätzl. von der *Nummernscheibenwahl.* Beim Drücken einer Taste sendet ein Transistorgenerator von acht möglichen jeweils zwei Tonfrequenzen über die
Leitung zur Vermittlungsstelle; Auswahl
durch Umschalten der Schwingkreiskondensatoren der Transistorgeneratoren. Die
Rückwandlung der Tonfrequenzwählsignale
in Schaltimpulse findet in der Vermittlungsstelle statt. Vorteil: Verkürzung des Wählablaufs und damit Ausnutzung der hohen
Schaltgeschwindigkeit moderner Vermittlungseinrichtungen; Sprech- und Weckerschaltung sind unverändert.
Teilnehmervermittlung: Aufgabe einer *Fernsprechvermittlung* ist es, Teilnehmer miteinander zu verbinden. Erfahrungsgemäß möchten
nie alle Teilnehmer gleichzeitg sprechen, sondern im statist. Mittel 5 % bis 12 %; entsprechend ist die Zahl der Leitungen und
Schaltmöglichkeiten einer Vermittlung. Im
handvermittelten Dienst werden diese Schaltungen von Hand ausgeführt. 1906 wurde in
Deutschland der *Selbstwählferndienst* eingeführt. Zunächst benutzte man Schrittschalter,
z. B. den *Hebdrehwähler.* Die Steuerung erfolgt mit Hilfe von Stromstößen von 40 ms
Dauer, dazwischen Pause von 60 ms. Die
Impulsfolge löst der Teilnehmer durch Drehen der Nummernscheibe selbst aus, die beim
Rücklauf einen Unterbrecherkontakt betätigt. Weiterentwicklungen stellen *Motorwähler* und *EMD-Wähler* (Edelmetall-Motor-Wähler) dar. Beim 1977 bei der Dt. Bundes-

Fernsprechen

post (DBP) eingeführten *Elektron. Wähl-System* (EWS) werden mechan. Kontakte durch Halbleiterbauteile ersetzt. Das Vermittlungsnetz der DBP ist sternförmig aufgebaut. In der obersten Netzebene gibt es 8 *Zentralvermittlungsstellen* (ZVS). An jeder ZVS sind sternförmig 8 *Hauptvermittlungsstellen* (HVS) angeschlossen, an diese 8 *Knotenvermittlungsstellen* (KVS) mit maximal je 8 *Endvermittlungsstellen* (EVSt); acht deshalb, weil von den 10 Kennziffern (0 bis 9) die 0 für die Wahl von Ferngesprächen und die 1 für die Fernsprechsonderdienste (Auskunft u. a.) im Ort erforderl. sind. *Fernwahl* ist die unmittelbare automat. Anwahl eines Teilnehmers aus einem anderen Ortsnetz über eine Fernverbindung. Die *Überseefernwahl* ist in der BR Deutschland im Ausbau. Die Gesprächsgebühren werden durch sog. *Zeitzonenzähler* erfaßt. Im Selbstwählferndienst werden Zählimpulse während des Gespräches auf den Gebührenzähler gegeben, die um so rascher

aufeinander folgen, je weiter die Gesprächspartner voneinander entfernt sind. *Freizeichen* und *Besetztzeichen* werden in den Endvermittlungsstellen durch Tonfrequenzgeneratoren erzeugt.

Übertragung des Fernsprechsignals: Die Fernsprechleitungen stellen den teuersten Teil der Fernmeldeanlagen dar: früher oberird. als Freileitung, heute meist unterird. als Kabel. Zur besseren Ausnutzung der Leitungen überträgt man heute mehrere Gespräche gleichzeitig. Das Verfahren heißt **Trägerfrequenztechnik.** Hierbei werden die Sprachfrequenzen (zw. 300 Hz und 3400 Hz) einer höheren Frequenz (Trägerfrequenz TF) aufmoduliert. Über Sendefilter (Einseitenbandfilter) werden die Gespräche auf ein *Koaxialkabel* geschaltet und am anderen Ende durch Empfangsfilter getrennt und wieder demoduliert. Für den Sprechverkehr in Gegenrichtung muß ein zweites System bereitgestellt werden. *Trägerfrequente Vielkanalsysteme* (z. B. V 10 800 mit 10 800 Kanälen von 4 322–59 684 kHz für 5 400 Gegengespräche von einer Koaxialleitung) werden im Inlandsverkehr über *Richtfunkstrecken* und im Überseeverkehr über *Kommunikationssatelliten* (Nachrichtensatelliten) im Frequenzbereich zw. 2 und 12 GHz übertragen. Die Relaisstationen der Richt-

Fernsprechen. Schematische Darstellung des Verbundsystems von Bedienungsrechner, Ortsvermittlungsstellen und Betriebsdienststellen beim Elektronischen Wähl-System (EWS);

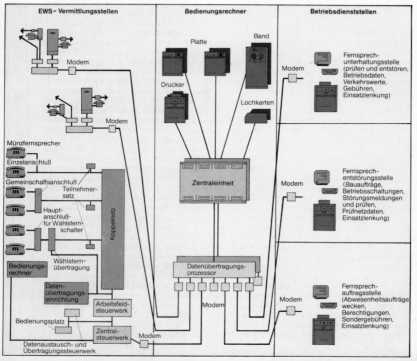

funksysteme werden auf Fernmeldetürmen oder Fernsehtürmen in Abständen von 50 bis 200 km errichtet; kennzeichnend sind Parabolantennen von ca. 3 m Durchmesser. In der Weiterentwicklung der Fernsprechtechnik zeichnet sich die Tendenz ab, die Fernsprechsignale bereits in der Nähe der Teilnehmerapparate in schnelle Folgen von Stromimpulsen, in sog. *digitale Signale,* umzuwandeln. Ihre Verwendung würde die Technik der Fernsprechvermittlungsämter merklich vereinfachen. Digitale Signale sind auch Voraussetzung für den mögl. Ersatz der Kupferleiter in den Nachrichtenkabeln durch Glasfaserleitungen.

Bei der **Funktelefonie** (drahtloses Fernsprechen, **Funkfernsprecher**) werden die Ferngespräche drahtlos, d. h. durch elektromagnet. Wellen übertragen. In der BR Deutschland ermöglicht ein *öffentl. bewegl. Landfunkdienst* (**öbL**) der DBP das F. zw. *Funkfernsprechschlüssen,* d. h. zw. Sprechfunkstellen in Land-und Wasserfahrzeugen, z. B. in Kraftfahrzeugen (**Autotelefon**), wichtigen Fernzügen der Dt. Bundesbahn, Schiffen und ortsfesten Sprechstellen des öffentl. Fernsprechnetzes.

Geschichte: 1861 Apparat zur Tonübertragung („Telephon"), vorgestellt von P. Reis. 1872 Bau eines elektromagnet. Telefons durch A. G. Bell in Boston, USA; 1876 Patent und 8,5 km lange Versuchsstrecke. Ab 1877 Versuche der Dt. Reichspost mit dem Bellschen Apparat; Telefonie als Ergänzung zur Telegrafie. Erste Ortsnetze 1881 in Mülhausen (Elsaß) und Berlin. 1883 Leitung Berlin–Hamburg. 1928 Fernsprechdienst (über Funk) Deutschland–USA. 1956 erstes Transatlantikkabel (TAT 1) Europa–Nordamerika. Ab 1960 Fernmeldesatelliten.

📖 *Bergmann: Lehrb. der Fernmeldetechnik. Hg. v. R. W. Slabon. Bln. ⁵1986. 2 Bde. - Horn, U., u. a.: Analoge Übertragungstechnik. Hdbg. ³1984. - Kompendium der Fernmeldepraxis. Hg. v. H. Pooch. Bln. 1981 ff. (bisher 4 Bde. in 10 Teilen).*

Fernsprecher ↑ Fernsprechen.

Fernsprechgeheimnis, Unterform des ↑ Fernmeldegeheimnisses.

Fernsteuerung, Überwachung, Bedienung und Steuerung von Anlagen von einer entfernt liegenden Stelle aus. – ↑ auch Fernbedienung, ↑ Fernlenkung.

Fernstraßen (Fernverkehrsstraßen), Straßen, die über größere Entfernungen hinweg Städte, Ind.zentren oder Ballungsgebiete miteinander verbinden. F. sind in der BR Deutschland die Bundesstraßen und die Bundesautobahnen, in Europa die Europastraßen, in angelsächs. Ländern die Highways.

Fernstudium, jedes durch Medien vermittelte Studium, meist mittels Studienbriefen, bei weiteren Medien und v. a. zusätzl. personaler Betreuung spricht man von F. im Medienverbund. In der BR Deutschland wird das (Voll)studium an der Fernuniversität Hagen erst vereinzelt in Studienzentren betreut, ↑ Funkkollegs werden vielfach in Volkshochschulkursen begleitet, pädagog. Weiterbildung in Lehrerfortbildungseinrichtungen, auf Studienbriefen aufbauende Anfangsstudien (1. und 2. Semester) an wiss. und pädagog. Hochschulen in Proseminaren. Studienbriefe erarbeitet neben Hagen u. a. das *Dt. Institut für Fernstudien* an der Univ. Tübingen, gegr. 1967. ↑ auch Fernunterricht, ↑ Telekolleg.

Fernuniversität, Bez. für eine Univ., an der das Studium ausschließl. als ↑ Fernstudium möglich ist. Beispiele sind die Correspondence University in Itahaca, N. Y. (seit 1883), die University of South Africa in Pretoria (F. seit 1951), die Open University in Bletchley/Großbrit. (seit 1969) sowie die F. Hagen (1975 eröffnet). Bes. in den USA wie in der UdSSR u. a. Ostblockstaaten bieten reguläre Univ. häufig auch Fernstudien an.

Fernunterricht, von privaten Fernlehrinstituten angebotener, meist berufl. Unterricht (auch Abiturlehrgänge), der mittels Studienbriefen erfolgt, die auch Tests zur Selbstkontrolle (mit Lösungen im Anhang) enthalten. Am Ende des Kurses kann der Lernende eine Schlußprüfung ablegen. Jeder Lernende kann selbst bestimmen, wann, wie oft, wie lange und in welchem Tempo er welche und wie viele Lektionen studieren will. Die Staatl. Zentralstelle für F. (Köln) und das Bundesinstitut für Berufsbildungsforschung (Berlin [West]) überprüfen und bewerten die Fernlehrgänge und Fernlehrinstitute.

Fernvergletscherung, Vergletscherung eines unterhalb der klimat. Schneegrenze gelegenen größeren Gebiets.

Fernverkehrsstraßen, svw. ↑ Fernstraßen.

Fernvermittlungsstelle (früher Fernamt), Vermittlungsstelle für Ferngespräche zw. verschiedenen Ortsnetzen, für Auslandsgespräche oder für Gespräche zw. ortsfesten Sprechstellen des öffentl. Netzes und bewegl. Sprechfunkstellen.

Fernwärme, in einer zentralen Anlage (z. B. einem Kraftwerk, speziell einem Heizkraftwerk) erzeugte, in einem Rohrleitungsnetz (**F.netz**) einer Vielzahl von Wärmeverbrauchern zur Heizung (**Fernheizung**) und Warmwasserbereitung zugeleitete Wärme (in Form von Dampf oder Heißwasser).

Fernwirkanlagen, 1. elektr. Einrichtungen zur Übertragung von Steuerbefehlen und Betriebszuständen über große Entfernungen; 2. die Fernübertragung elektr. und anderer Meßwerte über große Entfernungen auf dem Funk- oder Drahtweg.

feroce [italien. fe'ro:tʃe], musikal. Vortragsbez.: wild, ungestüm, stürmisch.

Ferrand [frz. fɛˈrã], frz. Form des männl. Vornamens Ferdinand.

Ferrara

Ferrara, italien. Stadt in der Emilia-Romagna, 10 m ü. d. M., 146 100 E. Hauptstadt der Prov. F.; Erzbischofssitz; Univ. (gegr. 1391); Museen und Bibliotheken; Nahrungsmittelind., petrochem. und chem. Werke; Obstmesse „eurofrut". - Sitz eines langobard. Hzg., fiel nach 774 an die Päpste, Ende 10. Jh. an die Markgrafen von Tuszien. Gehörte im 12. Jh. dem Lombardenbund an, fiel 1240 endgültig an die Familie Este (seit 1471 Herzöge von F.); 1598 vom Papst dem Kirchenstaat einverleibt; 1796 von den Franzosen eingenommen, gehörte seit 1797 zur Zisalpin. Republik, dann bis 1814 zum Napoleon. Kgr. Italien; nach 1815 wieder zum Kirchenstaat, 1860 zum Kgr. Italien. - In der von einer Mauer umschlossenen Altstadt das Castello Estense mit Wassergräben (14. und 16. Jh.), die roman.-got. Kathedrale (begonnen 1135; unvollendeter Kampanile) und Adelspaläste, v. a. aus der Renaissance.

Ferrara, Konzil von (Konzil Basel, F.-Florenz) ↑ Basler Konzil.

Ferrari, Enzo, * Modena 20. Febr. 1898, italien. Automobilfabrikant. - Entwickelte erfolgreiche Renn- und Sportwagen, die seit 1943 seinen Namen tragen.

F., Gaudenzio, * Valduggia (Piemont) um 1475, † Mailand 31. Jan. 1546, italien. Maler und Bildhauer. - Verband die ausklingende got. Tradition mit Stilelementen des Manierismus.

Ferras, Christian, * Le Touquet-Paris-Plage (Pas-de-Calais) 17. Juni 1933, † Paris 15. Sept. 1982, frz. Violinist. - Bed. Interpret v. a. klass. Violinkonzerte.

Ferrassie, La [frz. lafɛra'si], Felsüberhang (Abri) bei Le Bugue (Dordogne, Frankr.) mit einer für die Chronologie des frz. Paläolithikums aufschlußreichen Schichtenabfolge.

Ferrata, Domenico, * Gradoli (Prov. Viterbo) 4. März 1847, † Rom 10. Okt. 1914, päpstl. Diplomat. - 1889 Sekretär der Kongregation für außerordentl. kirchl. Angelegenheiten; Nuntius in Paris 1891–96; 1896 Kardinal, 1914 Staatssekretär.

Ferrate [lat.], anion. Koordinationsverbindungen mit Eisen als Zentralion: Ferrate(III), $[FeO_2]^-$, Ferrate (IV), $[FeO_4]^{4-}$, und die stark oxidierenden Ferrate (VI), $[FeO_4]^{2-}$.

Ferreira, António [portugies. fə'rrɐjrɐ], * Lissabon 1528, † ebd. 29. Nov. 1569, portugies. Dichter. - Neben seinem Lehrer Sá de Miranda wurde F. zum Begründer der klass. portugies. Literatur; schrieb neben Oden, Epigrammen und Sonetten u. a. die erste portugies. Tragödie nach klass. Muster, „Inês de Castro" (1587).

Ferreira de Castro, José Maria [portugies. fə'rrɐjrɐðɐ 'kaʃtru] ↑ Castro, José Maria Ferreira de.

Ferrer, José [engl. fə'rɛɐ], * Santurce (Puerto Rico) 8. Jan. 1912, amerikan. Schauspieler und Regisseur. - Differenzierter Charakterschauspieler in Filmen wie „Cyrano von Bergerac" (1951), „Moulin Rouge" (1953), „Die Caine war ihr Schicksal" (1954) und „Das Narrenschiff" (1964), „Dune" (1984).

F., Mel [engl. fə'rɛə], eigtl. Melchior F., * Elberon (N. J.) 25. Aug. 1917, amerikan. Filmschauspieler, Regisseur. - 1954–68 ∞ mit A. Hepburn, die in „Krieg und Frieden" (1956), „Geschichte einer Nonne" (1959), „Warte bis es dunkel ist" (1967) seine Partnerin war. Spielte u. a. in „Lili Marleen" (1980).

F., Vinzenz [span. fɛ'rrɛr] ↑ Vinzenz Ferrer.

Ferreri, Marco, * Mailand 11. Mai 1928, italien. Filmregisseur. - Gelangt durch makabre bzw. satir. Übersteigerung des Alltäglichen zu teilweise scharfen gesellschaftskrit. Aussagen, z. B. in „Der Rollstuhl" (1960), „Dillinger ist tot" (1968), „Die Audienz" (1971), „Das große Fressen" (1973), „Laß die weiße Frau in Ruh" (1976), „Die Geschichte der Piera" (1983), „I love you" (1986).

Ferrero, Guglielmo, * Portici (bei Neapel) 21. Juli 1871, † Mont-Pèlerin (Waadt) 3. Aug. 1942, italien. Historiker und Soziologe. - Journalist, Verfasser histor. Werke (in der Fachwelt z. T. sehr umstritten; u. a. „Größe und Niedergang Roms", 1902–07); aktiver Gegner des Faschismus; nach Emigration in die Schweiz (1930) Prof. in Genf.

Ferri, Enrico, * San Benedetto Po (bei Mantua) 25. Febr. 1856, † Rom 12. April 1929, italien. Jurist und Politiker. - Prof. in Bologna, Siena, Pisa und Rom; Mitbegr. der modernen Kriminalsoziologie; einflußreich durch einen Entwurf zur Reform des italien. Strafrechts.

Ferri- [zu lat. ferrum „Eisen"], veralteter Namensbestandteil in der chem. Nomenklatur für Eisen(III)-Verbindungen.

Ferrier, Kathleen [engl. 'fɛrɪə], * Higher Walton (Lancashire) 22. April 1912, † London 8. Okt. 1953, brit. Sängerin (Alt.). - V. a. Oratorien- (Bach, Händel) und Liedsängerin.

Ferrière, Adolphe [frz. fɛ'rjɛːr], * Genf 30. Aug. 1879, † ebd. 16. Juni 1960, schweizer. Pädagoge. - Gründete 1921 mit E. Rotten die New Education Fellowship, seit 1927 Weltbund für Erneuerung der Erziehung.

Ferrimagnetismus, magnet. Verhalten bestimmter kristalliner, auch amorpher Stoffe, bei denen die magnet. Momente der Elektronen (im Ggs. zum ↑ Antiferromagnetismus) nicht alle antiparallel ausgerichtet sind, sich in ihrer Wirkung also nur teilweise aufheben. Bei ihnen treten deshalb ähnl. Erscheinungen auf wie bei ferromagnet. Stoffen, jedoch zeigen sie eine viel geringere Sättigungsmagnetisierung. Ferrimagnete finden techn. Verwendung als Permanentmagnete.

Ferritantenne (Ferritstabantenne), Rahmenantenne mit stabförmigem Ferritkern; in Heimrundfunkempfängern (Lang- und Mittelwellenbereich) meist drehbar, in Kofferempfängern fest eingebaut.

Ferrite [lat.], reine, magnet., kohlenstofffreie Eisenkriställchen (α-Eisen).
◆ Verbindungen von Eisen(III)-oxid mit Mangan-, Nickel-, Zinkoxiden u. a.; hochwertige Magnetwerkstoffe.
◆ veraltete Bez. der chem. Nomenklatur für Ferrate(III).

Ferritin [lat.], Eisenproteid, das bis zu 25 % Eisen enthält; kommt in der Dünndarmschleimhaut (Eisenresorption) und v. a. in der Leber vor und dient als Eisenspeicher.

Ferritkern, aus Ferriten hergestellter magnetisierbarer Kern für Hochfrequenzspulen; früher auch für Ferritkernspeicher (in der Datenverarbeitung) verwendet.

Ferro- [zu lat. ferrum „Eisen"], Bez. in Legierungsnamen, die Eisen als überwiegenden Bestandteil enthalten (Ferromangan, Ferrosilicium).
◆ veralteter Namensbestandteil der chem. Nomenklatur für Eisen(II)-Verbindungen.

Ferrochrom [...'kro:m], Material zur Beschichtung von Tonbändern, bes. für Kassettenrekorder (↑Tonband).

Ferroelektrizität (Seignetteelektrizität), Sammelbez. für alle elektr. Erscheinungen und Verhaltensweisen, die für eine relativ kleine Gruppe von Stoffen, die sog. Ferroelektrika, charakterist. sind. **Ferroelektrika** sind kristalline Stoffe mit bes. hoher Polarisierbarkeit, die auch nach Abschalten des die Polarisation bewirkenden Feldes eine permanente Polarisation beibehalten (**dielektr. Remanenz**). F. ist somit das elektr. Analogon zum ↑Ferromagnetismus.

Ferrol, El [span. εl fε'rrɔl], span. Hafenstadt an der Küste NW-Galiciens, 91 800 E. Kriegshafen mit Arsenal und Werften; Badestrände.

Ferrolegierung, Eisenlegierung mit Begleitelementen. F. werden Stahl und Gußeisen zugesetzt, um bes. Materialeigenschaften zu erzielen, z. B. Ferromangan, Ferrosilicium, Ferrovanadium.

Ferromagnetismus, Eigenschaft kristalliner Modifikationen von Eisen, Kobalt, Nickel und manchen Legierungen (Ferromagnetika, z. B. Heuslersche Legierung). Bei diesen Stoffen sind Permeabilität und Suszeptibilität keine Konstanten, sondern von einem äußeren Magnetfeld abhängig. Die Elementarmagnete der Ferromagnetika sind keine Atome oder Moleküle, sondern die *Weißschen Bezirke* (Größenordnung 10^{-8} cm³), die sich bei wachsender Feldstärke immer mehr in Richtung des Feldes einstellen bis zum Erreichen eines Sättigungswertes. Durch irreversible Wandverschiebungen zw. den Weißschen Bezirken, deren Orientierung urspr. keine Vorzugsrichtung hat, wird die *Remanenz* verursacht, d. h. es bleibt eine (permanente) Magnetisierung zurück, die nur durch starke mechan. Erschütterungen oder durch Ausglühen zerstört werden kann.

Ferrum [lat.], lat. Bez. für ↑Eisen.

Ferry, Jules [frz. fε'ri], *Saint-Dié (Vosges) 5. April 1832, †Paris 17. März 1893, frz. Politiker. - Journalist und Kritiker der bonapartist. Diktatur; seit 1869 Parlamentsmgl. (Linksrepublikaner); setzte als Unterrichtsmin. 1879–83 (mit kurzen Unterbrechungen) in weltl.-republikan. Sinn Schulreformen durch; bemühte sich als Min.präs. (1880/81 und 1883–85) durch koloniale Expansion die Zerrissenheit der frz. Innenpolitik zu überwinden.

Ferryville [frz. fεri'vil] ↑Menzel-Bourguiba.

Ferse (Hacke, Calx), Bez. für die durch einen Fortsatz (Tuber calcanei) des Fersenbeins (↑Fuß) gebildete, nach hinten gerichtete Vorwölbung des Fußes der Sohlengänger unter der Säugetieren (einschließl. Mensch).

Fersenbein ↑Fuß.

Fersengeld geben [zu mittelhochdt. versengelt „Abgabe" (vielleicht Bußgeld eines Flüchtigen)], umgangssprachl. für: weglaufen, vor etwas fliehen.

Ferstel, Johann Heinrich Freiherr von (seit 1879), *Wien 7. Juli 1828, †Grinzing (= Wien) 14. Juli 1883, östr. Baumeister. - V. a. neogot. Bauten, u. a. Votivkirche in Wien (1856–79).

Fertigbauweise, svw. ↑Fertigteilbau.

Fertiggerichte, in Dosen oder tiefgekühlt erhältl., komplette Mahlzeiten, die nur erhitzt werden müssen.

Fertighäuser, im Fertigteilbau erstellte Häuser.

Fertigteilbau (Fertigbauweise), die Errichtung von Bauten unter Verwendung serienmäßig hergestellter, typisierter größerer Bauteile (**Fertigbauteile**) aus Beton, Holz, Kunststoff u. a. Fundament und Keller werden in herkömml. Bauweise erstellt. In der BR Deutschland wurden 1978 9,4 % aller Wohngebäude als Fertigteilbauten errichtet.

Fertigung, svw. ↑Produktion.

Fertilität [lat.] (Fruchtbarkeit), die Fähigkeit von Organismen, Nachkommen hervorzubringen. - Ggs. ↑Sterilität.

Fertő, ungar. für Neusiedler See.

Fertőd (bis 1945 Eszterháza), ungar. Ort sö. des Neusiedler Sees, 2 800 E. Barockschloß, Residenz des Fürsten Esterházy (1766–69; heute landw. Versuchsanstalt).

Ferula [lat.], im MA gebräuchl., heute nur noch bes. liturg. Handlungen vorgeschriebener Hirtenstab der Päpste; am oberen Ende kreuzförmig.

Fes (Fez), marokkan. Provinzhauptstadt im nördl. Vorland des Mittleren Atlas, 370 m ü. d. M., 448 800 E. Wichtigstes religiöses Zentrum des Landes, zeitweise Residenz; zwei Univ. (gegr. im 9.Jh. bzw. 1973); Museen; Metall-, Textil- und Nahrungsmittelind., Teppichweberei u. a. traditionelle Handwerke; Bahnstation, ✈. - Gegr. 789. - Qarawiyyin-Mo-

Fes

schee (859 gegr., v. a. 12. Jh.), Große Moschee (1276–79), Palast Dar Batha (19. Jh.; heute Museum für marokkan. Kunst).

Fes [türk., wohl nach der Stadt Fes], rote Filzkappe in Form eines Kegelstumpfs mit dunkelblauer Quaste. Der F. war in allen arab. Mittelmeerländern verbreitet, in der Türkei 1925 verboten; auch Bestandteil der Nationaltrachten der Balkanländer und Italiens (wo er, schwarz, Teil der Parteiuniform im Faschismus war).

Fesch, Joseph, * Ajaccio 3. Jan. 1763, † Rom 13. Mai 1839, frz. Kardinal. - Onkel Napoleons I.; von ihm 1795 zum Kriegskommissar der italien. Armee ernannt; 1802 Erzbischof von Lyon, 1803 Kardinal, 1804 frz. Gesandter beim Hl. Stuhl; fiel 1811 wegen seiner unabhängigen Leitung des Pariser Nationalkonzils in Ungnade; zog sich 1814 nach Rom zurück.

Fessan, vollaride Landschaft in der nördl. Sahara, Libyen; vulkan. Gebirgsmassive mit Felsschutt- und Sandwüsten. - Das Garamantenland **Phazania,** 19 v. Chr. röm., wurde 660 n. Chr. von Arabern erobert. Bis 1951 unter Fremdherrschaft; seit 1951 Bestandteil Libyens.

Fessel, bei Huftieren der die beiden ersten Zehenglieder umfassende Teil des Fußes zw. ↑ Fesselgelenk und Huf.

◆ beim Menschen der Übergang von der Wade zur Knöchelregion.

Fesselballon, Ballon, der an einem Drahtseil oder Kabel mit einer Winde hochgelassen wird; Stabilisierwülste am Heck halten den F. gegen die Windrichtung; bes. zu Beobachtungszwecken.

Fesselgelenk, in der Anatomie Bez. für das Scharniergelenk zw. dem distalen Ende der Mittelfußknochen und dem ersten (proximalen) Zehenglied (Fesselbein) bei Huftieren.

Fesselung, stärkster Eingriff in die Bewegungsfreiheit im Rahmen eines Strafverfahrens. Eine F. ist nur zulässig, wenn der Betroffene Gewalt anwendet, Widerstand leistet, zu fliehen oder sich zu befreien droht, bei Selbstmord- oder Selbstbeschädigungsgefahr. F. während der Hauptverhandlung soll möglichst vermieden werden (§ 119 Abs. 5 StPO).

Fessenheim, frz. Ort 20 km sö. von Colmar, 2000 E. Wasserkraftwerk am Rheinseitenkanal, nahebei Kernkraftwerk.

Fest [zu lat. festus „feierlich"], seiner Sinngebung nach eine religiöse Feier, die weitgehender Säkularisierung unterliegen kann, aber auch in urspr. Form, wie die häufige Verbindung von Märkten mit religiösen F.en zeigt, bereits profane Elemente an sich zog. Anlaß *religiöser F.* sind zunächst die großen Einschnitte des menschl. Lebens: die Geburt, die mit Übergangsriten (Rites de passage) verbundene Pubertät, die Hochzeit und der Tod. In *Jägerkulturen* veranlassen Beginn und Abschluß der Jagd große F.; bekannt ist v. a.

das arkt. Bärenfest. Die Haupt-F. *bäuerl. Kulturen* richten sich nach dem Vegetationsrhythmus und haben damit als Termine Aussaat und Ernte. Diejenigen Religionen, die der Geschichte eine religiöse Wertung beimessen, sehen den Sinn des F. in einem meist jährlich wiederholten Gedenken an ein Datum ihrer Heilsgeschichte. Das *höfische F.,* v. a. im Barock, war eine Staatsaktion und wurde als Abbild der Welt verstanden. Es wurde zu einer Demonstration der Größe des Veranstalters, zu seiner Selbstbestätigung in allegor. und mytholog. Maske.

Feste (Veste), 1. befestigte Burg, Festung; 2. Befestigung.

feste Funkdienste, über ortsfeste Funkstellen betriebene Funkdienste (im Ggs. zu den ↑ beweglichen Funkdiensten; z. B. Überseefunkdienst.

feste Körper (Festkörper), Körper oder Stoffe, die einer Formveränderung von außen einen gewissen Widerstand entgegensetzen, wobei im allg. benachbarte Elementarbausteine benachbart bleiben (im Unterschied zu den Flüssigkeiten). - ↑ auch Festkörperphysik.

feste Lösungen, kristalline Körper, deren Bestandteile in einem gewissen Bereich (Homogenitätsbereich) in jedem Mengenverhältnis miteinander mischbar sind, z. B. die meisten Legierungen und Mischkristalle.

Festgeld (feste Gelder), Einlagen, die den Kreditinstituten von ihren Kunden für einen von vornherein bestimmten Zeitraum (mindestens für 1 Monat) überlassen werden.

Festigkeit, in der *Mechanik* Widerstandsfähigkeit eines Werkstoffs bzw. eines Bauteils gegen Bruch. Die F. ist vom Werkstoff, von der Form des beanspruchten Körpers, von der Beanspruchungsart (Zug, Druck, Schub, Biegung, Verdrehung) als auch von Temperatur und Verlauf der Beanspruchung abhängig. Die F. oder **Bruchfestigkeit** ist die Spannung, die den Bruch bewirkt; Angabe in N/mm^2 (früher in kp/mm^2; 1 kp $= 10 N$), wobei nach der Art der Beanspruchung zw. *Zug-, Druck-* (Sonderfall *Knick-F.*), *Biege-, Schub-* (*Scher-*) und *Verdreh-* (*Torsions-*)*F.* unterschieden wird.

Festigkeitslehre, Teilgebiet der techn. Mechanik, das sich mit der Aufgabe befaßt, für Körper gegebener Gestalt die bei Belastung auftretenden Verformungen und inneren elast. Spannungen zu bestimmen; dies erfolgt entweder rechner., durch Messungen am fertigen Bauteil oder am Modell (mit Hilfe von Dehnungsmeßstreifen oder spannungsopt. Verfahren).

Festigungsgewebe (Stützgewebe), Dauergewebe der Sproßpflanzen aus Zellen mit verdickten Wänden zur Erhaltung der Form, Tragfähigkeit und Elastizität; in noch wachsenden Pflanzenteilen als lebendes ↑ Kollenchym, in ausgewachsenen als totes ↑ Sklerenchym ausgebildet.

Festina lente [lat.], nach Sueton häufiger Ausspruch des röm. Kaisers Augustus; etwa „Eile mit Weile".

Festival ['fɛstɪvəl, engl. 'fɛstɪvəl; zu lat. festivus „festlich"], kulturelle Großveranstaltung (Filmfestspiele, Jazz-, Pop-, Musik-, Sportveranstaltung). - ↑auch Festspiel.

Festival Strings Lucerne [engl. 'fɛstɪvəl 'strɪŋz luː'səːn], 1955 von R. Baumgartner und W. Schneiderhan in Luzern gegr. Kammermusikensemble, das barocke und klass., aber auch zeitgenöss. Musik pflegt.

Festkommazahlen, in der Datenverarbeitung Bez. für numer. Daten mit fester Ziffernanzahl und fester Position des Kommas in der Ziffernfolge.

Festkonto ↑Währungsreform.

Festkörper, svw. ↑feste Körper.

Festkörperphysik, Teilgebiet der Physik, das sich mit den physikal. Eigenschaften ↑fester Körper, insbes. der Kristalle, sowie mit der theoret. Deutung dieser Eigenschaften beschäftigt. Es lassen sich zwei verschiedene, aber zusammengehörende und ineinander übergehende Stufen der F. unterscheiden: 1. eine mehr elementare, phänomenolog. Stufe, die die Stoffe nach bestimmten physikal. Parametern ordnet (z. B. Kristallstruktur, elektr. Leitfähigkeit und opt. Absorption); 2. eine darauf aufbauende, fortgeschrittene Stufe, die eine mikrophysikal. Deutung der Parameter mit Hilfe anspruchsvoller mathemat. Methoden und aufwendiger Experimente versucht (z. B. bei der Supraleitung).

Festlandsockel ↑Schelf.

Festmeter, Einheitenzeichen fm, Raummaß für Holz: 1 m³ feste Holzmasse (ohne Schichtungszwischenräume), im Ggs. zu Raummeter (Ster).

Festnahme ↑vorläufige Festnahme.

Feston [fɛs'tõ:; italien.-frz.], Schmuckmotiv von bogenförmig durchhängenden Gewinden aus Früchten, Blättern oder Blumen.

Festpreis, staatl. oder vertragl. festgelegter Preis, der über oder unter dem sich bei funktionierendem Wettbewerb ergebenden Marktpreis liegen (**echte Taxe**) bzw. diesem entsprechen kann (**Ordnungstaxe**). Ist ein F. vereinbart, so geht das Risiko von Kostenerhöhungen zu Lasten des Unternehmers.

Festpunkt, markierter Bezugspunkt für Messungen im Gelände.
◆ Bezugspunkt für eine Temperaturskala (z. B. Siedepunkt und Gefrierpunkt des Wassers).

Festrechnung ↑Zeitrechnung.

Festschrift, Schrift mit Beiträgen verschiedener Autoren zu einem Jubiläum, z. B. einer Firma, eines Vereins, einer Stadt, einer Univ. oder einer Persönlichkeit.

Festspeicher (ROM, Festwertspeicher, Totspeicher, Permanentspeicher, Read-only-Speicher), in Rechenanlagen zur Speicherung von Standardprogrammen verwendete Speichereinheit; ihr Inhalt kann nur abgerufen,

nicht aber verändert werden.

Festspiel, meist period. wiederkehrende Veranstaltung von festl. Tagen oder Wochen zur Pflege von Musik, Oper, Tanz, Theater, Film u. a. (auch **Festival** genannt). Durch Verpflichtung bed. Interpreten („Starbesetzungen") wird versucht, exemplar. Aufführungen von hoher künstler. Qualität darzubieten und internat. Publikum anzulocken. Vorläufer der heutigen F. sind ma. Aufführungen anläßl. kirchl. Feiertage und höf. Feste v. a. des Barockzeitalters.
◆ ein eigens für eine F.aufführung verfaßtes Bühnenwerk.

Feststellungsbescheid, Bescheid des Finanzamtes, durch den bestimmte Besteuerungsgrundlagen, nicht aber die Steuerschuld festgelegt werden.

Feststellungsgesetz ↑Lastenausgleich.

Feststellungsklage, eine der Klagearten. 1. Im *Zivil-* und *Arbeitsgerichtsverfahren* kann der Kläger mit der F. die Feststellung begehren, daß ein Rechtsverhältnis besteht (**positive Feststellungsklage**) oder nicht besteht (**negative Feststellungsklage**) oder daß eine Urkunde echt oder unecht ist. Ferner kann auf Feststellung des Bestehens oder Nichtbestehens einer Ehe, des Eltern- oder Kindesverhältnisses oder der elterl. Sorge geklagt werden. 2. Im *Verwaltungs-* und *Finanzgerichtsverfahren* kann der Kläger v. a. die Feststellung begehren, daß ein Rechtsverhältnis besteht oder nicht besteht oder daß ein Verwaltungsakt nichtig ist. Die Entscheidung ergeht durch Feststellungsurteil. - Im österr. und *schweizer. Recht* gilt für den Bereich des Zivilprozeßrechts eine entsprechende Regelung.

Feststellungsurteil, ein Urteil, das eine Feststellungsklage bescheidet; i. w. S. auch solche Urteile, die eine Klage (gleich welcher Art, z. B. auf Leistung) abweisen.

Feststoffrakete ↑Raketen.

Festung, sehr starke, früher aus Erde, Steinen, Ziegeln, jetzt aus Beton oder Panzerplatten und dergleichen errichtete Ortsbefestigung an strateg. wichtiger Stelle; aus den befestigten Städten und Burgen des Altertums und des MA im Laufe der Entwicklung der Feuerwaffen, insbes. der mauerbrechenden Belagerungsgeschütze, entstanden. An die Stelle der senkrechten Mauer trat nun der gebőschte Wall; mit der zunehmenden Reichweite und Sprengwirkung der Belagerungsartillerie wurde der Böschungswinkel der Wälle immer flacher, die F.anlage wurde tiefer in den Boden gebaut, um möglichst geringe Angriffsflächen zu bieten. A. Dürer entwickelte ein F.system mit polygonalem Hauptwall, flankiert durch kasemattierte Bastionen. Die „niederl. Manier" begnügte sich mit Wällen, die aus Erde aufgeschüttet und mit zusammengeschnürten Reisigbündeln (Faschinen)

Festungshaft

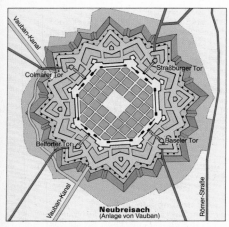

Festung. Plan der Festungsanlage Neubreisach von Sébastien le Prestre de Vauban (1699–1708)

befestigt wurden. Breite, tiefe Wassergräben zw. vorgelagerter Erdaufschüttung (Glacis) und Hauptwall erschwerten den Angriff. Der niederl. Feldzeugmeister Coehoorn wurde zum Vollender dieses Systems. Mit dem Franzosen Vauban, dem ersten Ingenieuroffizier, erreichte die F.baukunst in Europa ihren Höhepunkt. Eine seiner berühmtesten Schöpfungen - Neubreisach - bietet heute noch den unverfälschten Eindruck einer barocken Festungsanlage. In Preußen wurden seit 1748 von Oberst Wallrawe Werke mit flankierten Gräben, Reversgalerien und Wohnkasematten angelegt. Ihr Grundriß bestand aus wechselweise aus- und einspringenden Winkeln. Friedrich d. Gr. ließ beim Ausbau von Neisse, Glatz und Graudenz detachierte (vorgeschobene) Forts, kasemattierte Batterien im Vor-

Festung. Querschnitt des Hauptwalls einer Festungsanlage

feld und ebensolche Grabenflankierungen anlegen. Unter dem Glacis wurde ein Minensystem als Annäherungshindernis vorbereitet. Die Fortschritte der Kriegstechnik im 19. Jh. führten zu einer bes. stürm. Entwicklung im F.bau. Außenforts, bis zu 10 km weit vorgeschoben, sollten den Festungskern (Reduit, Zitadelle) dem Feuer des Angreifers entziehen. Drehtürme mit Panzerkuppeln sowie betonierte, stahlarmierte Kasematten sollten Waffen und Besatzungen schützen. Die **Festungskämpfe** in der 2. Hälfte des 19. Jh. (1855 Sewastopol, 1864 Düppel, 1870/71 Metz und Paris), bes. aber im 1. Weltkrieg (Antwerpen 1914) zeigten, daß selbst stark armierte moderne F. mit der gesteigerten Feuerkraft der Artillerie nicht mehr Schritt zu halten vermochten. Im 2. Weltkrieg wurden durch massierte Luftangriffe, panzerbrechende Artillerie und neuartige Pionierkampfmittel selbst stärkste F.anlagen (Maginotlinie 1940, Sewastopol 1942, Atlantikwall 1944) in kurzer Zeit niedergerungen. Wenn F. erfolgreich verteidigt wurden (u. a. Verdun 1916, Stalingrad 1942/43), war dies weniger der Abwehrkraft ihrer Anlagen zu verdanken, als vielmehr der Stärke der Deckungstruppen. Die Geländegängigkeit moderner mechanisierter Streitkräfte erlaubt heute die weiträumige Umgehung von F.systemen durch Großverbände und setzt deren Sperrwirkung weiter herab. Atomare Flächenvernichtungsmittel ermöglichen es, ausgedehnte, befestigte Zonen in kürzester Zeit zu vernichten oder über lange Zeiträume durch radioaktive Strahlung zu lähmen. Auf den Neubau von F. herkömml. Art wird deshalb heute allg. verzichtet.

📖 *Dt. Burgen, Schlösser u. F. Hg. v. Werner Meyer. Ffm. 1979. - Die Befestigungsweisen der Vorzeit u. des MA. Hg. v. A. v. Cohausen. Wsb. 1898. Nachdr. Ffm. 1979.*

Festungshaft (Festungsarrest), früher oft in Festungen vollstreckte, nicht entehrende Freiheitsstrafe nach § 17 StGB alter Fassung und § 16 MilitärStGB (beide außer Kraft).

Festzahl ↑ Zeitrechnung.

Fet, Afanassi Afanassjewitsch [russ. fjɛt],

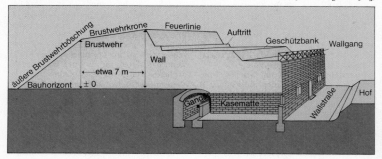

eigtl. A. A. Schenschin, *Nowossjolki bei Mzensk (Gouv. Orel) Okt. oder Nov. 1820, † Moskau 3. Dez. 1892, russ. Lyriker. - Musikal. impressionist. und symbolist. Lyrik. Auch hervorragender Übersetzer (u. a. Horaz, Ovid, Vergil, Goethes „Faust").

FET, Abk. für: Feldeffekttransistor († Transistor).

fetal [lat.], zum Fetus gehörend, den Fetus betreffend.

Fete [frz. 'fe:tə, 'fɛ:tə; zu lat. festivus „festlich"], fröhl. Feier in kleinerem Rahmen.

Feti, Domenico † Fetti, Domenico.

Fetialen (lat. Fetiales), im alten Rom ein aus 20 Mgl. bestehendes Priesterkollegium, das die für den völkerrechtl. Verkehr bestehenden Normen zu überwachen hatte.

Fétis, François Joseph [frz. fe'tis], *Mons 25. März 1784, † Brüssel 26. März 1871, belg. Musikforscher. - Einer der bedeutendsten Vertreter der Musikwiss. im 19. Jh.; veröffentlichte „Biographie universelle des musiciens et bibliographie de la musique" (8 Bde., 1837-44; Nachdr. 1963).

Fetisch [portugies.-frz.; zu lat. facticius „nachgemacht"], Bez. für einen beliebigen Gegenstand, der, im Ggs. zum Amulett, nicht aus sich heraus, sondern erst durch einen in ihn gelegten Zauber schützend oder helfend wirken soll.

Fetischismus, von † Fetisch abgeleiteter, von den Portugiesen gebrauchter Ausdruck zunächst speziell für westafrikan. Götterbilder, dann generell zur abwertenden Kennzeichnung der nichtchristl. Religionen, die künstl. hergestellte Dinge verehrt hätten. Der frz. Historiker und Geograph C. de Brosses (*1709, †1777), der im F. die Urform aller Religion zu erkennen glaubte, führte den Begriff in den wiss. Sprachgebrauch ein und verlieh ihm zugleich einen spezif., bis heute gültigen Sinn. Danach ist der F., dessen klass. Verbreitungsgebiete sich in Westafrika finden, der Glaube an einen machtgeladenen Gegenstand, der als Fetisch bezeichnet wird. Wenn es sich dabei um einzelne Objekte (wie Hölzer, Knochen oder aus Lehm geformte Figuren) handelt, in die Geister gebannt worden sind, so spricht man von einem „animist." Fetischismus. Demgegenüber liegt „dynamist." F. vor, wenn in ein sog. „hl. Bündel" machthaltige Integredienzien eingeführt wurden; zu diesen zählen vornehmlich Zähne, Haare, Felle und Steine.

📖 *Marquardsen, K.: Fetische als Negation der Wirklichkeit. Prolegomena zu einer Theorie des F. Ffm. 1984.*

◆ in der *klin. Psychologie* sexuelle Perversion, bei der Gegenstände (z. B. Schuhe, Taschen, Wäschestücke, Haare) als einzige oder bevorzugte Objekte sexueller Erregung und schließl. Befriedigung dienen. Meist gehören diese Gegenstände einem Menschen, den der **Fetischist** verehrt oder begehrt.

Fetopathie [lat./griech.], angeborene, jedoch nicht erbbedingte Schädigung der Leibesfrucht nach abgeschlossener Organentwicklung im zweiten und dritten Schwangerschaftsdrittel.

Fetscher, Iring, *Marbach am Neckar 4. März 1922, dt. Politikwissenschaftler. - Seit 1963 Prof. in Frankfurt am Main; Hauptarbeitsgebiet: polit. Theorie und Philosophie, insbes. Marxismus-Leninismus.

Fettalkohole, von höheren Fettsäuren abgeleitete, einwertige Alkohole, zu denen im allg. Alkohole mit 8 bis 20 Kohlenstoffatomen gerechnet werden; dienen v. a. zur Herstellung von Waschmitteln, z. B. die säurebeständigen **Fettalkoholsulfate,** die im Ggs. zu den gewöhnl. Seifen in kalkhaltigem Wasser ihre Löslichkeit nicht verlieren.

Fettdepot (Fettspeicher), Ort der Fettspeicherung im Körper; auf Grund des relativ hohen Brennwertes der † Depotfette stellen die F. ideale Energiespeicher z. B. für Notzeiten dar.

Fette, Christian, *Bremen 1. Febr. 1895, † Much-Bennrath (Rhein-Sieg-Kreis) 26. Okt. 1972, dt. Gewerkschaftsführer. - 1948-51 1. Vors. der I. G. Druck und Papier, 1951/52 1. Vors. des DGB.

Fette, Sammelbez. für die Ester des dreiwertigen Alkohols † Glycerin mit meist verschiedenen Fettsäuren; Kettenlänge von 16 oder 18 C-Atomen. In den üter. F. überwiegen *Palmitin-, Stearin-* und *Ölsäure,* pflanzl. F. enthalten zudem noch mehrfach ungesättigte und damit leichter verdaul. Fettsäuren, die tier. Zelle nicht zu synthetisieren vermag. Ein hoher Anteil an ungesättigten Fettsäuren erniedrigt den Schmelzpunkt; bei Zimmertemperatur flüssige F. bezeichnet man als *fette Öle.* Die verschiedenen F. haben eine Dichte zw. 0,90 und 0,97 g/cm^3, lösen sich nicht in Wasser, aber gut in organ. Lösungsmitteln. Beim Kochen mit Lauge tritt † Verseifung ein. Fette als kalorienreichste Grundnahrungsstoffe sind von großer Bed. für die menschl. Ernährung. Ernährung: 1 g entspricht 39 kJ (9,3 kcal). Sie nehmen in jeder Pflanzen- und Tierzelle als ideales Nähr- und Reservematerial vorhanden (z. B. in pflanzl. Samen wie Raps, Erdnuß, Walnuß, Rizinus, Kakao). Der Fettgehalt beträgt zw. 30 und 60 %. Im Tierkörper finden sich F. gehäuft im † Fettgewebe. F. haben auch als Träger der fettlösl. Vitamine große Bedeutung. Bei völlig fettfreier Ernährung kommt es zu Mangelerscheinungen. Der Minimalbedarf an F. ist äußerst gering und vom Gehalt an essentiellen, d. h. für den Organismus unentbehrl. Fettsäuren abhängig.

📖 *Baltes, J.: Gewinnung u. Verarbeitung v. Nahrungs-F. Bln. 1975. - Gulinsky, E.: Pflanzl. u. tier. F. u. Öle. Hannover 1963.*

fette Gase † Brenngase.

fette Öle † Fette.

Fettflosse (Adipose), zw. Rückenflosse

und Schwanzflosse gelegene, fleischige Flosse, v. a. bei Lachsfischen, vielen Salmlern und Welsen.

Fettgeschwulst, svw. ↑ Lipom.

Fettgewebe, lockeres, an verschiedenen Stellen des Wirbeltierkörpers auftretendes umgewandeltes Bindegewebe, dessen Zellen z. T. von großen Fettkugeln erfüllt sind. In der Unterhaut und an den Eingeweiden dient das F. v. a. der Bereitstellung energiereicher Reserven (↑ Depotfett), um die Organe herum als lagestabilisierende Umhüllung (z. B. als Nierenfett), ferner als mechan. Schutz in Form eines druckelast. Posters (Fettpolster, Panniculus adiposus), bes. an Gelenken, Gesäß und Füßen.

Fetthärtung, wichtiges lebensmitteltechn. Verfahren zur Herstellung von Fetten mit höherem Schmelzpunkt (d. h. festerer Konsistenz) durch Anlagerung von Wasserstoff an ungesättigte ↑ Fettsäuren (z. B. Herstellung von Margarine aus Öl).

Fetthenne (Sedum), Gatt. der Dickblattgewächse mit etwa 500 Arten auf der Nordhalbkugel, von diesen etwa 25 Arten in M-Europa; meist ausdauernde Stauden oder Halbsträucher mit fleischigen Blättern und gelben, weißen bis roten oder blauen Blüten, meist in Trugdolden. Bekannte einheim. Arten sind u. a. die bis 80 cm hohe, breitblättrige **Große Fetthenne** (Sedum maximum) mit gelblichgrünen Blüten; ferner die niedrigen, z. T. polsterwüchsigen Arten, wie z. B. **Weiße Fetthenne** (Sedum album) mit weißen Blüten, auf Felsen, Mauern und steinigen Böden, **Rosenwurz** (Sedum rosea) mit gelbl., rot überlaufenen Blüten, auf Wiesen und im Gebüsch und **Mauerpfeffer** (Scharfe F., Sedum acre) mit goldgelben Blüten, an trockenen, sonnigen Standorten.

Fettherz, zusammenfassende Bez. für die verschiedenen Formen einer krankhaften Vermehrung von Fettgewebe im Herzen, sowie für die durch Fettleibigkeit bedingten Herzbeschwerden. Als **Herzverfettung** (Adipositas cordis) bezeichnet man eine starke Vermehrung des sonst nur spärl. Fettgewebes des Herzens, das bei hochgradiger allg. Fettsucht auch zw. die Herzmuskelfasern eindringt.

Feti (Feti), Domenico, * Rom um 1589, † Venedig 16. April 1623, italien. Maler. - Einer der Hauptmeister des venezian. Hochbarock. Studium in Rom, Hofmaler in Mantua, seit 1622 in Venedig. Schuf neben großformatigen Figurenbildern v. a. kleine mytholog. und bibl. Bilder (u. a. acht bibl. „Gleichnisse", Dresden, Gemäldegalerie) in einer reichen Helldunkelmalerei.

Fettkohle ↑ Steinkohle.

Fettkraut (Pinguicula), Gatt. der Wasserschlauchgewächse mit etwa 35 Arten auf der nördl. Erdhalbkugel; insektenfressende Pflanzen auf moorigen Stellen. - In M-Europa 4 Arten, darunter das **Gemeine Fettkraut** (Pinguicula vulgaris) mit blauvioletten Blüten und das **Alpenfettkraut** (Pinguicula alpina) mit weißen, gelbgestreiften Blüten.

Fettleber (Leberverfettung, Hepar adiposum), krankhaft erhöhter Fettgehalt des Lebergewebes infolge vermehrten Fettangebotes bei Überernährung oder Beeinträchtigung der Fettverwertung durch Stoffwechselstörungen (Diabetes, Schilddrüsenüberfunktion, chron. Infektionskrankheiten) und bei chron. Alkoholismus.

Fettmännchen, geringhaltige niederrhein. Silbermünze des 16.–18. Jahrhunderts.

Fettmark, svw. gelbes Knochenmark (↑ Knochenmark).

Fettpflanzen, svw. ↑ Sukkulenten.

Fettsäuren, einbasische Carbonsäuren, die in der Natur hauptsächl. an Glycerin gebunden in Form tier. und pflanzl. Fette vorkommen. Einige höher ungesättigte Fettsäuren haben für den tier. Organismus bes. Bed., z. B. Linol-, Linolen- und Arachidonsäure (**essentielle,** d. h. für den Organismus unentbehrl. F.). Die techn. Herstellung von F. erfolgt hauptsächl. durch Fettspaltung (↑ Verseifung) natürl. vorkommender Fette und Öle; techn. sind sie wichtig für die Herstellung von Kunststoffen, Seifen, Lacken, Firnissen u. a.

Fettschwalm ↑ Nachtschwalben.

Fettspalter, svw. ↑ Lipasen.

Fettspaltung, die Aufspaltung (↑ Verseifung) der Fette und fetten Öle in freie Fettsäuren und Glycerin, z. B. im menschl. und tier. Stoffwechsel (bewirkt durch Lipasen). Bei der techn. F. unterscheidet man Autoklavenspaltung, Säurespaltung, Reaktivspaltung, Enzymspaltung und Verseifung mit Alkalilaugen.

Fettspeicher, svw. ↑ Fettdepot.

Fettsteiß (Steatopygie), verstärkte Fettablagerung im Bereich des Steißbeins; bei den Hottentottenfrauen gilt der F. als Schönheitsmerkmal (**Hottentottensteiß**).

Fettstoffwechsel ↑ Stoffwechsel.

Fettsucht (Adipositas, Steatosis, Polypionie), [krankhafte] Neigung zur übermäßigen Fettanhäufung im Körper, erkennbar an Übergewicht. F. entsteht durch zuviel aufgenommene Nahrung oder allzu geringen Energieverbrauch bei normaler Ernährung. Faßbare Krankheitsursachen finden sich in weniger als 10 % der F.fälle. Dazu gehören z. B. Schädigungen bestimmter Zwischenhirnzentren, die sonst die Sättigungsempfindung vermitteln. Auch Drüsenstörungen sind nur selten die Ursache von F. Für die restl. 90 % der F.fälle fehlen faßbare körperl. Ursachen; es liegt die Annahme leibl.-seel. Entstehungsbedingungen nahe (so beim sprichwörtl. „Kummerspeck"). - In Anbetracht der verminderten Lebenserwartung muß die F. als Krankheit angesehen werden. Lebensverkürzend wirken v. a. die Komplikationen der F.;

Arteriosklerose und Bluthochdruck stellen sich bei Übergewichtigen rascher und in schwererer Form ein, Gicht und Nierensteinleiden sind häufiger. - Die Behandlung Fettsüchtiger besteht v. a. in einer deutl. Reduzierung der Nahrungsmenge, die auf die Dauer mit der körperl. Leistung abgestimmt werden muß.

Fettwiese ↑ Wiese.

Fettzellen, der Speicherung von Fetttröpfchen dienende, runde, etwa 50–120 μm große umgewandelte Bindegewebszellen; bilden zus. das Fettdepot des Körpers.

Fetus (Fötus) [lat.], mit der Geburt abschließendes Entwicklungsstadium; beim Menschen etwa vom 5. Schwangerschaftsmonat an.

Fetzenfische (Phyllopteryx), Gatt. meeresbewohnender Seenadeln mit zwei Arten in Australien. Die Art **Großer Fetzenfisch** (Phyllopteryx eques) ist bis 22 cm lang, meist rotbraun, mit verzweigten, lappigen Anhängen.

Feuchtböden, Böden des humiden Klimabereichs, bei denen die im Boden vorhandenen Mineralsalze durch Sickerwasser ausgewaschen werden, so daß oft Bleicherden entstehen.

Feuchtersleben, Ernst Freiherr von, * Wien 29. April 1806, † ebd. 3. Sept. 1849, östr. Schriftsteller. - Studierte Medizin; 1844 Dozent für Psychiatrie. F. verfaßte popularphilosoph. und ästhet. Schriften, Aphorismen und didakt. bestimmte Lyrik; am bekanntesten „Zur Diätetik der Seele" (1838).

Feuchtigkeit (Feuchte), Gehalt an Wasserdampf in einem Gas, z. B. in Luft (↑Luftfeuchtigkeit). *Absolute F.:* Wasserdampf (in Gramm) in 1 m³ Gas. *Relative F.:* Prozentsatz des bei der herrschenden Temperatur maximal mögl. Wasserdampfgehalts (100 % entspricht Sättigung).

Feuchtigkeitsmesser ↑Hygrometer.

Feuchtmayer (Feichtmair), Künstlerfamilie aus Wessobrunn (Oberbayern), deren zahlr. Mgl. im 17. und 18. Jh. als Stukkatoren, Bildhauer, Maler und Baumeister in Süddeutschland, Tirol und der Schweiz arbeiteten.

F., Franz Xaver, * Haid bei Wessobrunn 10. Dez. 1705, † Augsburg vor dem 28. April 1764. - Bruder von Johann Michael F.; Stuckarbeiten im späten Rokokostil, u. a. Dießen am Ammersee (1738/39), Rott am Inn (1759–63).

F., Johann Michael, * Haid bei Wessobrunn, ≈ 5. Aug. 1709 oder 25. Sept. 1710, † Augsburg 4. Juni 1772. - Bruder von Franz Xaver F.; süddt. Rokokostukkaturen, u. a. für die ehem. Abteikirchen Amorbach (1744–47) und Zwiefalten (1747–58), die Wallfahrtskirche Vierzehnheiligen (1760er Jahre) und die Klosterkirche in Ottobeuren (um 1760 ff.).

F., Joseph Anton, * Linz 1696, † Mimmen-

Joseph Anton Feuchtmayer, Engel (1737/38). Insel Mainau, Schloßkapelle

hausen bei Überlingen 2. Jan. 1770, Schnitzer und Stukkator. - Schüler von D. F. Carlone. Bewegter Rokokostil. Sein Meisterwerk ist die Gesamtausstattung der Wallfahrtskirche Birnau (1748 ff.), letztes Werk sind Chorgestühl und Beichtstühle der Stiftskirche in Sankt Gallen (v. a. 1762/63 und 1768/69).

Feuchtsavanne, Vegetationstyp der Savannen in Gebieten mit nahezu einfacher Regenzeit. Der geschlossene Graswuchs erreicht 2–4 m Höhe, die Bäume werden bis 10 m hoch. V. a. in Afrika südl. und nördl. des trop. Regenwaldes anzutreffen.

Feuchtwald, Bez. für einen Wald, der eine Zwischenstellung zw. dem trop. Regenwald und dem Trockenwald einnimmt.

Feuchtwangen, Stadt in Bayern, 23 km sw. von Ansbach, 449 m ü. d. M., 10 500 E. Kunststoffherstellung und -verarbeitung, Textil- und Papierindustrie. - Das wahrscheinl. im 8. Jh. gegr. Benediktinerkloster F. wird 817 erstmals erwähnt, wurde zur Reichsabtei und erscheint seit 1197 nur noch als ein Kollegiatstift (1563 aufgelöst). Der um 1000 enstandene Ort F. wurde 1285 Reichsstadt, kam aber 1376 mit dem Stift durch Verpfändung an die Burggrafen von Nürnberg. - Got. ehem. Stiftskirche mit spätroman. Kreuzgang (13. Jh., nur z. T. erhalten), spätgot. Johanniskirche; Marktplatz mit Fachwerkhäusern und Röhrenbrunnen (1727).

Feuchtwanger, Lion, Pseud. J. L. Wetcheek, * München 7. Juli 1884, † Los Angeles 21. Dez. 1958, dt. Schriftsteller. - Nahm 1918/19 an der Revolution teil; 1933 Ausbürgerung, 1933–40 in S-Frankr., 1940 Flucht in die USA. Seine histor. Romane, auch Dramen, von Brecht, H. Mann u. Döblin beeinflußt, bringen seine pazifist.-sozialist., gesellschaftskrit. Einstellung zum Ausdruck. *Werke:* Die häßl. Herzogin Margarete Maultasch (R., 1923), Jud Süß (R., 1925), Die Brüder Lautensack (R., 1944), Goya (R., 1951), Josephus-Trilogie (drei Romane, 1932, 1935, 1945), Jefta und seine Tochter (R., 1957).

feudal [mittellat. (zu ↑Feudum)], den Feudalismus, das Lehnswesen betreffend.

◆ vornehm, herrenmäßig, herrschaftl., reichhaltig ausgestattet (erst seit Ende des 19. Jh.).

Feudalburg ↑Burg.

Feudalismus [mittellat.], im 17. Jh. in Frankr. entstandener Begriff (frz. féodalité), der zunächst den Gesamtkomplex lehnsrechtl. Normen bezeichnete, Ende des 18. Jh. krit. als die den Staat des Ancien régime entsprechende Gesellschaft aufgefaßt wurde, die durch adligen Grundbesitz und damit verbundene Herrschaftsrechte und Standesprivilegien gekennzeichnet war. Im 19. Jh. wurde F. - als Gegenbegriff zu Kapitalismus - zum Typenbegriff erweitert und so auch auf außereurop. Gebiete (Asien, Altamerika) anwendbar. In ähnl. Weise wird im Marxismus-Leninismus F. als histor. notwendige sozioökonom. Formation zw. Sklavenhaltergesellschaft und Kapitalismus gesetzt (dauerte demnach in W-Europa bis ins 18. Jh., in Rußland vom 9. Jh. bis zur Bauernbefreiung 1861, in China bis ins 20. Jh.). Die nichtmarxist. Verfassungs- und Sozialgeschichte schränkt F. auf die durch das Lehnswesen strukturierten Gemeinwesen im fränk.-abendländ. Raum ein (10.–13. Jh.). Grundlage des F. war die Ausstattung des Adels als herrschender Schicht mit nichterbl., dem Herrscher zu Dienst und Treue verpflichtendem Landbesitz (neben präfeudalem Allodialbesitz) und Ämtern und damit verbundenen polit., militär. und gerichtshoheitl. Vorrechten.

⊞ *Anderson, P.:* Von der Antike zum F. Dt. Übers. Ffm. 1978. - *Sweezy, P., u. a.:* Der Übergang vom F. zum Kapitalismus. Dt. Übers. Ffm. 1978. - F. Hg. v. L. Kuchenbuch. Bln. 1977.

Feudel, niederdt. für Scheuerlappen.

Feudum [mittellat., letztl. zu althochdt. fihu „Vieh"], Bez. für Lehngut (↑Lehnswesen).

Feuer, Verbrennung (Brennstoffoxidation) mit gleichzeitiger Flammenbildung, Licht- und Wärmeentwicklung. - Das F. kam erst spät in der stammesgeschichtl. Entwicklung des Menschen (Pekingmensch) in Gebrauch. Die kontrollierte Verwendung und Erzeugung des F. (urspr. aus Bränden als

Folge von Blitzeinschlägen) bildeten einen der entscheidendsten Schritte der kulturellen Entwicklung des Menschen (↑Feuererzeugung). In der *antiken Wiss.* wurde das F. als materiell gedacht; Empedokles, Aristoteles u.a. zählten es zu den vier Elementen. - Im *religiösen Verständnis* wird F. vielfach als eine göttl. Macht angesehen, die, wie in der griech. Sage von Prometheus, nur durch Raub zu den Menschen gelangen kann. Das F. besitzt ambivalenten Charakter: es ist eine zerstörende, aber auch eine reinigende Größe. Beide Aspekte treten in Vorstellungen zutage, die einen Weltbrand am Ende der Zeiten erwarten. - Der *Kult des F.* als wärmender und erhaltender Kraft wird mit dem häusl. Herd-F. wie mit dem Stammes- und Staats-F. gepflegt. F.kulte haben auch den Zweck, den Lauf der Sonne mag. zu beeinflussen, die Sonnwend-F. gehören in diesen Zusammenhang. Eine Form des F.kultes ist auch das Entzünden von Ampeln und Kerzen.

◆ *militär.:* Hauptelement des bewaffneten Kampfes neben der Bewegung; die Einwirkung durch konventionelle Waffen, Kernwaffen oder chem. Kampfstoffe auf den Gegner, um dessen Material u. Personal zu bekämpfen, niederzuhalten, abzuriegeln, zu stören, auszuschalten oder zu vernichten; erlaubt eigene Bewegungen trotz feindl. Widerstandes. Wichtigste Erscheinungsform des F. ist der F.schlag: schlagartig einsetzendes, 20 Sekunden andauerndes, mit höchster Geschwindigkeit abgegebenes nichtatomares F. einer oder mehrerer Batterien nach einem festgelegten F.plan auf ein Ziel.

◆ Bez. für das Farbenspiel bei manchen Kristallen (insbes. bei Schmucksteinen); beruht auf bes. starker Dispersion bei der Brechung des Lichts sowie auf Totalreflexion, Beugung und Streuung des Lichts an feinsten Hohlräumen und Einlagerungen.

Feuerameisen, Bez. für zwei Arten 3–4 mm langer ↑Knotenameisen aus der Gatt. **Solenopsis** (Solenopsis geminata, Solenopsis saevissima), hauptsächl. in S-Amerika; Schädlinge an Zitrus- und Kaffeepflanzen; ihr Stich ist für den Menschen brennend und sehr schmerzhaft.

Feuerbach, Anselm, * Speyer 12. Sept. 1829, † Venedig 4. Jan. 1880, dt. Maler. - Enkel von Paul Johann Anselm Ritter von F.; orientierte sich an einem idealisierten Bild der Antike (statuar. Figurenkompositionen). Seine bedeutendsten Werke entstanden in Rom, 1863 die „Pieta" (München, Schack-Galerie), 1862 und 1871 die Iphigenienbilder (Darmstadt, Hess. Landesmuseum; Stuttgart, Staatsgalerie), 1869 und 1873 „Das Gastmahl des Plato" in zwei Fassungen (Karlsruhe, Kunsthalle; Berlin, Museumsinsel); weitere Arbeiten: Fassungen der „Medea", Nana-Porträts, Selbstbildnisse, Porträt seiner Stiefmutter Henriette F. (1878).

F., Ludwig, * Landshut 28. Juli 1804, † auf dem Rechenberg bei Nürnberg 13. Sept. 1872, dt. Philosoph. - Sohn von Paul Johann Anselm Ritter von F.; 1828 Privatdozent in Erlangen; seine Theologie- und Religionskritik verhinderte eine akadem. Laufbahn; lebte seit 1836 als Privatgelehrter auf Schloß Bruckberg bei Ansbach, seit 1860 auf dem Rechenberg in ärmsten Verhältnissen. Der Beginn seiner Theologie- und Religionskritik steht in engem Zusammenhang mit der Kritik an Hegels Philosophie, insbes. an dessen Konzeption vom „absoluten Geist", in der F. eine verkappte Form tradierter Theologie erkennt. Das sinnl. Einzelwesen sei die wahre Wirklichkeit; die Wahrheit werde nicht durch Denken erkannt, sondern durch sinnl. Erfahrung, Anschauung und v. a. durch Liebe; aus ihr, dem dialog. Verhältnis von „Ich und Du" resultiere Sinn und Objektivität; die Religion sei die Selbstanbetung des Menschen, der seine Wünsche auf Gott projiziere. F. will Religion und Theologie nicht negieren, sondern in Anthropologie auflösen, um die Zerrissenheit des Menschen in seinem Verhalten zur Welt und seinen Wünschen zu überwinden. F.s Anthropologie wirkte auf K. Marx und F. Engels, den dt. Realismus, M. Buber und K. Löwith.
Werke: Das Wesen des Christentums (1841), Grundsätze der Philosophie der Zukunft (1843), Das Wesen der Religion (1845).
Ⅲ *Winiger, J.: Feuerbachs Weg zum Humanismus. Mchn. 1979. - Saß, H. M.: L. F. Rbk. 1978. - Braun, H.-J.: Die Religionsphilosophie L. Feuerbachs. Stg. 1972.*

F., Paul Johann Anselm Ritter von (seit 1808), * Hainichen bei Jena 14. Nov. 1775, † Frankfurt am Main 29. Mai 1833, dt. Jurist. - Großvater von Anselm F. und Vater von Ludwig F.; Prof. in Jena (1800), Kiel (1802) und Landshut (1804); seit 1806 Ministerialbeamter in München, 1814 Vizepräsident des Appellationsgerichts in Bamberg, seit 1817 Präs. des Appellationsgerichts Ansbach. Unter dem Einfluß der Philosophie I. Kants begründete er die Straftheorie des psycholog. Zwanges: Nicht erst die Strafvollstreckung, sondern bereits die Strafdrohung des Gesetzes soll die Bürger von der Begehung von Verbrechen abschrecken (Präventionswirkung). Daraus folgt, daß die Gesetze allg. bekannt, die Tatbestände klar sein und die Unrechtsfolgen von vornherein feststehen müssen, eine dem Ermessen des Richters stehen dürfen: „Nullum crimen, nulla poena sine lege" (Kein Verbrechen, keine Strafe ohne Gesetz). F. formulierte damit einen der wichtigsten rechtsstaatl. Grundsätze (in: „Über die Strafe als Sicherungsmittel vor künftigen Beleidigungen des Verbrechers ..." 1800). Das bayr. Strafgesetzbuch von 1813 wurde von ihm entworfen.
Weitere Werke: Lehrbuch des gemeinen in Deutschland gültigen peinl. Rechts (1801), Actenmäßige Darstellung neuer merkwürdiger Criminal-Rechtsfälle (1827), Kaspar Hauser. Beispiel eines Verbrechens am Seelenleben des Menschen (1832).

Feuerbeschau ↑Brandschau.

feuerbeständige Bauteile, Bauteile aus nicht brennbaren Stoffen, die bei Brandversuchen von 90 min (Bauteile F 90) bzw. 180 min (Bauteile F 180, **hochfeuerbeständig**) den Durchgang des Feuers verhindern, keine entzündbaren Gase entwickeln sowie ihre Stand- und Tragfähigkeit bewahren u. a.

Feuerbestattung ↑Bestattung.

Feuerbeton, aus feuerfesten Zuschlagstoffen (Schamotte u. a.) hergestellter Beton zum Bau von Öfen für hohe Temperaturen.

Feuerbock (Feuerhund, Feuerroß), zweifüßiges Gestell, das vor einem Kamin zum Auflegen v. a. von Holz und Feuerzangen dient, bereits aus dem Neolithikum bekannt, aber in M-Europa erst in der Urnenfelder- und Hallstattzeit geläufig; ben. nach den oft als plast. Tierköpfe gestalteten Enden.

Feuerbohne (Türkenbohne, Prunkbohne, Phaseolus coccineus), wahrscheinl. aus M-Amerika stammende Bohnenart; mit windenden Sprossen, scharlachroten oder weißen Blüten in achselständigen Trauben und langen, rauhen Fruchthülsen.

Feuerbruchskessel ↑Dampfkessel.

Feuerdorn (Pyracantha), Gatt. der Rosengewächse mit etwa 8 Arten in Eurasien. Ein beliebter Zierstrauch aus S-Europa ist die Art **Pyracantha coccinea,** ein 1 bis 2 m hoher Strauch, der im Herbst und Winter leuchtend hell- bis scharlachrote Früchte trägt.

Feuererzeugung, Entfachen von leicht brennbarem Material durch Einwirkung von Reibungswärme; beim *Feuerbohren* wird ein härterer Holzstab auf einer weicheren Unterlage gedreht, bis sich das Bohrmehl entzündet. Durch Schlagen eines Steins *(Feuerstein)* oder Stahls *(Feuerstahl)* einen Stein entsteht ein Funke, der Zundermaterial (z. B. *Feuerschwamm)* entzündet.

Feuerfalter, Gattungsgruppe der ↑Bläulinge mit 7 Arten, v. a. aus den Gatt. Heodes und Lycaena in Eurasien und N-Afrika (bis Äthiopien).

feuerfestes Glas ↑Glas.

feuerfeste Stoffe, Materialien aus schwer schmelzbaren Oxiden, Carbiden, Siliciden, Boriden oder Nitriden; v. a. zur Auskleidung von [Industrie]öfen (z. B. Schamottesteine).

Feuerflunder, volkstüml. Bez. für den Gewöhnl. Stechrochen (↑Rochen).

Feuerfuchs, svw. Kamtschatkafuchs (↑Füchse).

feuerhemmend, Eigenschaft von Stoffen, die bei Normbrandversuchen von 30 min

Dauer nicht entflammen und Feuerdurchgang verhindern.

Feuerhund, svw. ↑Feuerbock.

Feuerkäfer (Pyrochroidae), etwa 150 Arten umfassende Fam. 1–2 cm großer, schwarzer Käfer mit meist blut- bis orangeroten Flügeldecken; in Deutschland 3 Arten, darunter am häufigsten der bis 15 mm lange **Scharlachrote Feuerkäfer** (Pyrochroa coccinea).

Feuerkraut (Chamaenerion), Gatt. der Nachtkerzengewächse mit 4 Arten, davon 3 auch in M-Europa; bekannteste Art ist das **Schmalblättrige Feuerkraut** (Chamaenerion angustifolium), eine bis über 1,2 m hohe Staude auf Kahlschlägen und Lichtungen in Wäldern, mit purpurfarbenen Blütentrauben.

Feuerkreuzler, Bez. für die Mgl. des ↑Croix de feu.

Feuerland, 47 000 km² große, stark vergletscherte Insel vor dem S-Ende des südamerikan. Kontinents, von diesem durch die Magalhãesstraße getrennt; bildet mit zahlr. kleineren Inseln den **Feuerlandarchipel** (73 750 km²). Der argentin. Anteil ist im Nationalterritorium Tierra del Fuego zusammengefaßt, der chilen. gehört zur Region Magallanes. - Auf der Hauptinsel setzen sich die landschaftl. Einheiten Patagoniens fort: Im N Tafelland, gegen S folgen die am Rand gelegenen Kordilleren (bis 600 m ü. d. M.), die durch eine tiefe Längstalzone von den Hauptkordilleren (Cerro Luis de Savoya, 2 467 m ü. d. M.) getrennt sind. Das Klima ist ozean., kühl-gemäßigt, reich an Niederschlägen. - Wirtsch. bed. ist v. a. Schafzucht sowie Erdöl- und Erdgasförderung. - 1520 erstmals von Magalhães gesichtet und nach den immer brennenden Feuern der indian. Bev. benannt. Diese bestand aus mehreren Stämmen (Alakaluf, Ona, Yahgan) und wurde nach 1869, als die erste europ. Niederlassung gegr. wurde, von Schafzüchtern und Goldgräbern verdrängt, durch Krankheit und Alkohol dezimiert bzw. ausgerottet. Um Territorien am Beaglekanal kam es 1978/79 zu größeren Differenzen zw. Argentinien und Chile (da im Festlandsockel um Kap Hoorn Erdöl vermutet wird). Im Jan. 1979 einigten sich jedoch beide Staaten auf eine Vermittlung in dieser Frage durch Papst Johannes Paul II. und eine friedl. Beilegung des Konflikts.

Feuerleiter, 1. außen an einem Haus fest montierte eiserne Leiter, über die die Hausbewohner im Fall eines Brandes das Haus verlassen können; 2. Leiter, über die höher gelegene Brandstellen erreicht und gelöscht werden können.

Feuerlilie ↑Lilie.

Feuerlöschanlagen, ortsfeste Einrichtungen zur Feuerbekämpfung; Auslösung von Hand oder automat. (durch Flammenmelder, Ionisationsfeuermelder u. a. [↑Alarmanlagen]). Man unterscheidet 1. Wasserlöschanlagen (Wandhydranten, Regenanlagen, Sprinkleranlagen u. a.), 2. Sonderlöschanlagen (Schaum-, Kohlendioxid- und Pulverlöschanlagen).

Feuerlöschboot, Boot mit Wasserwerfern zur Bekämpfung von Bränden im Hafengebiet, insbes. auf Schiffen; Pumpenleistung 6 000 bis 12 000 l/min (Druck 5 bis 12 bar).

Feuerlöscher (Handfeuerlöscher), tragbares Feuerlöschgerät, das seinen Inhalt durch gespeicherten und beim Einsatz freigesetzten oder auch erst erzeugten [Gas]druck (z. B. CO_2 als Treibmittel) selbsttätig ausstößt. Die Art des verwendeten Löschmittels richtet sich nach der wahrscheinlichsten ↑Brandklasse, zu deren Bekämpfung der F. herangezogen wird.

Feuerlöschgeräte ↑Feuerwehr.

Feuerlöschmittel, Sammelbez. für alle festen, flüssigen oder gasförmigen Stoffe, die zum Löschen von Bränden geeignet sind. Um zusätzl. Gefährdungen zu vermeiden, müssen sie den jeweiligen ↑Brandklassen angepaßt sein. Das gebräuchlichste F. ist **Wasser**. Es ist v. a. für die Brandklasse A geeignet. Seine Löschwirkung beruht sowohl auf der Abkühlung des brennenden Objekts unter die Entzündungstemperatur als auch auf der Verdrängung des zur Verbrennung notwendigen Luftsauerstoffs durch Dampfbildung. Durch

Anselm Feuerbach, Francesca da Rimini und Paolo Malatesta. München, Schack-Galerie

Zusatz von **Schaummitteln** (z. B. auf der Basis von Fettalkoholsulfaten) wird die weitere Sauerstoffzufuhr zum Brandobjekt wirksamer und schneller verhindert. Für die Brandklassen B, C, E, z. T. auch für A und D, werden **Pulverlöschmittel** (Trockenlöschmittel) verwendet. Sie enthalten v. a. Kaliumsulfat, Natriumhydrogencarbonat oder Ammoniumphosphate, die durch spezielle Zusatzstoffe rieselfähig bleiben. Sie werden mit einer Treibgasanlage als Pulverstrahl gezielt auf den Brandherd geblasen und löschen durch den Stickeffekt. Ebenfalls für die Brandklassen B, C, E werden **Halogenkohlenwasserstoffe** (z. B. Tetrachlorkohlenstoff im „Tetralöscher") benutzt. Die sich bei der Verdampfung bildenden unbrennbaren Dämpfe verhindern die weitere Luftzufuhr. - **Kohlendioxid** wird, da es rückstandslos verdampft, v. a. zur Bekämpfung von Bränden in elektr., feinmechan. u. a. Anlagen verwendet. Es ist in Gasform etwa $1\frac{1}{2}$ mal schwerer als Luft, verdrängt diese u. kann so den Verbrennungsprozeß beenden, sobald etwa $\frac{1}{4}$ der Luft verdrängt ist.

Feuermal ↑ Hämangiom.

Feuermelder (Feuermeldeanlagen) ↑ Alarmanlagen.

Feuermohn, svw. Klatschmohn (↑ Mohn).

Feuerordal ↑ Gottesurteil.

Feuerpolizei, Gesamtheit aller staatl. Maßnahmen zur Verhütung von Gefahren für Leben, Gesundheit, Eigentum oder Besitz durch Brand; geregelt durch Landesrecht, durch bau- und gewerberechtl. Vorschriften.

Feuerprobe (Feuerordal) ↑ Gottesurteil.

Feuerroß, svw. ↑ Feuerbock.

Feuersalamander (Salamandra salamandra), bis 20 cm lange, zieml. plumpe Salamanderart mit zahlr., in Färbung und Lebensweise z. T. stark voneinander abweichenden Unterarten, v. a. in feuchten Wäldern Europas (mit Ausnahme des N), des westl. N-Afrikas und des westl. Kleinasiens; Oberseite glänzend schwarz mit sehr variabler, zitronen- bis orangegelber, unregelmäßiger oder in Längsreihen angeordneter Fleckenzeichnung; steht in der BR Deutschland unter Naturschutz.

Feuerschiff, mit Leuchtfeuer und anderen Seezeichen ausgerüstetes Schiff, das an Seewasserstraßen in Küstennähe ankert und der Schiffahrt zur Standortbestimmung dient.

Feuerschiff „Elbe 1"

Feuerschutz, Vorkehrungen zum Schutz von Gebäuden oder Bauteilen gegen Feuer: Stahl wird mit Mörtel, Beton oder gebrannten Steinen verkleidet, Holz mit Putz versehen oder mit Flammschutzmittel imprägniert.

Feuerschwamm (Phellinus igniarius), zur Fam. der Porlinge gehörender Ständerpilz mit hartem, holzigem, huf- bis konsolenförmigem Fruchtkörper; Oberfläche schwarzbraun, rissig, konzentrisch gefurcht; gefährl. Parasit an Pappeln und Weiden, Erreger der ↑ Weißfäule.

Feuerstein, (Flint) zur Quarzgruppe gehörende blaugraue, oft bräunl. verfärbte, dichte Abart des Jaspis; v. a. zur Herstellung von Steinwerkzeugen und Steinwaffen sowie zum Feuerschlagen verwendet.

◆ (Zündstein) metall. Legierungen aus Cer, Lanthan, Yttrium, Eisen und Spuren anderer Metalle, die beim Reiben mit einer Stahlfeile oder einem Stahlrädchen Funken bilden.

Feuerstellung, nach takt. Gesichtspunkten für einzelne Geschütze, Geschützstaffeln oder Teile davon ausgewählter und

Handfeuerlöscher. 1 Manometer, 2 Betätigungshebel, 3 Betätigungsventil, 4 Tragegriff, 5 Kettchen mit Sicherungsstift, 6 Lösch- und Treibmittelbehälter, 7 Steigrohr, 8 Schlauch mit Spritzdüse

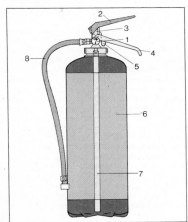

vermessener Geländeraum, aus dem heraus der Feuerkampf geführt wird.

Feuertaufe, verharmlosende Bez. für die erste Teilnahme des Soldaten an einem Gefecht.

Feuerton, keram. Werkstoff zur Herstellung sanitärer Erzeugnisse.

Feuerüberfall, schlagartig beginnender, den Feind überraschender Beschuß aus Gewehren, Geschützen u. a.

Feuerung (Feuerungsanlage), Verbrennungsanlage für feste, flüssige oder gasförmige Brennstoffe zur Energiegewinnung.

Feuervergoldung, [histor.] Verfahren zur Veredelung von Metallgegenständen; eine Legierung von Quecksilber und Gold wird auf den Gegenstand aufgetragen und stark erhitzt, so daß das Quecksilber verdampft; Reinigung im Schwefelsäurebad.

Feuerversicherung, bedeutendster Zweig der Sachversicherung; gehört zur Schadenversicherung; die F. dient der Vorsorge des Versicherungsnehmers gegen Brand-, Explosions- und Blitzschlagschäden, aber auch der Sicherung des Realkredits (bes. der Absicherung von Hypotheken). Der Umfang der F. ergibt sich aus den Allg. F.bedingungen (AFB) und dem Gesetz über den Versicherungsvertrag (VVG). Brand im Sinne des Gesetzes ist ein Feuer, das ohne einen bestimmungsmäßigen Herd entstanden ist und sich aus eigener Kraft auszubreiten vermag (Schadenfeuer). Der Versicherer muß Ersatz für den Schaden zu leisten, der durch Zerstörung oder Beschädigung der versicherten Gegenstände verursacht wurde, aber nur, wenn der Schaden eine unvermeidl. Folge eines der genannten Ereignisse ist. Der Versicherer hat außerdem Ersatz für den durch Löschen, Niederreißen, Ausräumen oder durch das Abhandenkommen versicherter Sachen entstandenen Schaden zu leisten. Die Entschädigungssumme wird im allg. nach dem Zeitwert (= Neuwert abzüglich Abnutzung) berechnet. Die Höhe der Versicherungsprämie hängt von der Schadenswahrscheinlichkeit und dem Wert des Versicherungsgegenstandes ab. - Die F.unternehmen lassen sich nach ihrer Rechtsform einteilen in öffentl.-rechtl. Anstalten, Versicherungsvereine auf Gegenseitigkeit und Aktiengesellschaften. Sonderformen der F.: Waldbrandversicherung, Betriebsunterbrechungsversicherung und Maschinenversicherung.

Geschichte: Erste Ansätze einer F. stellen seit 1442 die schleswig-holstein. **Brandgilden** dar, deren Mgl. bei Brandfällen zu umfassender gegenseitiger Hilfe verpflichtet waren. Ausschließlich auf finanzielle Unterstützung im Brandschadensfall hin angelegt waren die seit dem 16. Jh. in Hamburg erscheinenden „Feuerkontrakte", in denen sich etwa 100 Eigentümer nicht benachbarter Häuser verpflichteten, einem brandgeschädigten Partner

je 10 Taler für den Wiederaufbau zu zahlen. Im 16. Jh. entwickelten sich diese „Feuerkontrakte" zu jurist. Personen des Privatrechts mit körperschaftl. Verfassung. 1676 wurden sie zur hamburg. „Generalfeuerkasse" vereinigt. Dieses hamburg. System der F. auf Gegenseitigkeit ist die Wurzel der modernen dt. F. geworden.

Feuerwaffen, Sammelbez. für alle Waffen, die chem. Energie des Schießpulvers und andere Treibmittel zum Verschießen von Geschossen ausnutzen.

Feuerwalzen (Pyrosomatida), mit 10 Arten weltweit verbreitete Ordnung der ↑Salpen; die farblosen F. (in Kolonien) enthalten Leuchtbakterien, die ein intensives, meist gelbl. bis blaugrünes Leuchten („Meeresleuchten") erzeugen können.

Feuerwanzen (Pyrrhocoridae), etwa 400 Arten umfassende, weltweit verbreitete Fam. der ↑Wanzen; in Deutschland am häufigsten die schwarzrote, 9–11 mm große **Flügellose Feuerwanze** (Pyrrhocoris apterus).

Feuerwehr, Einrichtung zur Abwehr von Gefahren, die der Allgemeinheit oder dem einzelnen durch Schadenfeuer drohen, und zur Hilfeleistung bei anderen öffentl. Notständen bzw. bei Unfällen. Die F. gliedern sich in Berufs-, freiwillige, Pflicht-, Werks- und Betriebs-F., von denen die drei ersten Einrichtungen der Gemeinden sind. Gemeinden über 100 000 E müssen, Gemeinden unter 100 000 E und Landkreise können **Berufsfeuerwehren** aufstellen. Die Angehörigen der Berufs-F. sind Beamte im staatsrechtl. Sinne oder Angestellte. Gemeinden ohne Berufs-F. müssen eine **freiwillige Feuerwehr** aufstellen. Die Mitgliedschaft in ihr ist freiwillig, der Dienst ehrenamtlich. Eine **Pflichtfeuerwehr** ist aufzustellen, wenn in einer Gemeinde eine freiwillige F. nicht zustande kommt oder nicht die erforderl. Mindeststärke erreicht. Zum Dienst in der Pflicht-F. sind die männl. Gemeindeeinwohner im Alter von 18 bis 60 Jahren verpflichtet. Größere Betriebe können oder müssen zur Sicherstellung ihres Feuerschutzes haupt- oder nebenberufl. **Werksfeuerwehren** aufstellen (von staatl. Seite nicht geforderte private F. werden als **Betriebsfeuerwehren** bezeichnet).

In *Österreich* ist das F.recht landesgesetzl. geregelt. Die einzelnen Landesgesetze unterscheiden dabei zw. öffentl. und freiwilligen F.; die Organisation der F. obliegt meist der Gemeinde. In der *Schweiz* bestehen dem dt. Recht weitgehend entsprechende Regelungen.

Geschichte: Im antiken Rom gab es auf kaiserl. Anordnung seit Augustus eine Nacht- und Feuerpolizei („cohortes vigilum"). Die frühesten ma. F.ordnungen sind aus Meran (1086) und London (1189) erhalten. - Erste Berufs-F. wurden in Wien (1689), London (1698) und Paris (1701) aufgestellt.

Feuerwehrausrüstung: Die dem Schutz des

F.mannes dienende persönl. Ausrüstung besteht aus einheitl. Schutzkleidung, Helm mit Nackenschutz, Hakengurt mit Karabinerhaken (Schiebhaken) und Beil, Fangleine, Atemschutzgerät mit Filtereinsatz und Signalpfeife. Die techn. Ausrüstung besteht

Feuerwehr. Erste
Automobil-Drehleiter (1904, oben);
Löschgruppenfahrzeug (unten)

aus den Angriffs- oder Löschgeräten, das sind [Groß]geräte für die Brandbekämpfung (Feuerlöschgeräte, Kübelspritze, F.schläuche samt Armaturen), den Rettungsgeräten (tragbare Leitern, Fangleinen, Sprungtuch oder -kissen) und Geräten zur Ersten Hilfe (Wiederbelebungsgeräte, Sanitätskästen, Krankentragen), den Geräten für techn. Hilfeleistungen (Hebezeuge, Winden u. a.) und Hilfsgeräten (Beleuchtungsgeräte, Werkzeuge).

C.D.Magirus
Ulm a. D.

Feuerwerk

Außerdem gehören dazu die verschiedenen F.fahrzeuge, bes. ausgerüstete Kfz. (u. a. mit Funksprechgeräten) zum Transport von F.männern und techn. Einsatzmitteln: 1. Löschfahrzeuge, darunter v. a. das Löschgruppenfahrzeug mit Kreiselpumpe (Wasserförderung 1 600 bis 2 400 l/min., Wasserdruck bis 12 bar); außerdem Tragkraftspritzen (200 bis 800 l/min), Tanklöschfahrzeuge und Trockenlöschfahrzeuge mit Pulverwerfern; 2. fahrbare Drehleitern, die mit Seilzügen oder hydraul. aufgerichtet werden (maximal 60 m). Daneben gibt es zahlr. Spezialfahrzeuge für bes. Schadens- und Unfälle (z. B. ausgelaufene Mineralöle u. a.), Unfallrettungswagen, Seuchenwagen, Strahlenschutzfahrzeuge, Kommandowagen. Die von Berufs-, Werks-, Flughafen- u. a. F. verwendeten Löschfahrzeuge sind in steigendem Maße Großlöschfahrzeuge zum kombinierten Einsatz von Löschpulvern und Luftschaum (bis 12 t Pulver, 20 000 l Wasser und Schaumextrakt). In Häfen kommen die Feuerlöschboote zum Einsatz. *Löschzüge* der Berufs-F. bestehen heute meist aus einem Löschgruppenfahrzeug (Wassertank 1 600 l; Besatzung: 9 Mann), einem Tanklöschfahrzeug (Wassertank 2 400 l; besetzt mit 6 Mann) sowie einer Drehleiter. Wichtiger Bestandteil der F.ausrüstung sind *F.schläuche* und wasserführende Armaturen. Bei den F.schläuchen unterscheidet man *Saugschläuche* (zur Wasserentnahme aus offenen Gewässern) und *Druckschläuche* zur Beförderung des Wassers zur Brandstelle; normierte Durchmesser 110, 75, 52 (bzw. 42) und 25 mm (A-, B-, C-, D-Schlauch).

📖 *Hornung, W.: F.gesch. Stg. ²1985. - Schütz, J.: F.fahrzeuge. Stg. ⁹1984/85. 2 Tle. - Begriffe, Kurzzeichen u. graph. Symbole im dt. F.wesen. Hg. v. K. W. Seidel u. a. Stg. 1983.*

Feuerwerk, das Abbrennen von ↑Feuerwerkskörpern bei bes. festl. Veranstaltungen. - Die Sitte entwickelte sich bei höf. Spielen im späten MA. Die Briten lernten 1757 in Ostindien die weißen und bunten F. kennen, die zu Signalzwecken abgebrannt wurden (sog. bengal. Feuer).

Feuerwerker (Pyrotechniker), jemand der Feuerwerkskörper herstellt und Feuerwerke zusammenstellt; auch der Sachverständige für Sprengstoff.

Feuerwerkskörper, pyrotechn. Körper aus Pulversätzen mit starkwandigen Papphülsen. Grundbestandteil aller F. ist meist Schwarzpulver mit Zusätzen für Leucht-, Knall- und Raucheffekte; intensive, karminrote Färbung durch Strontiumsalze, Grünfärbung durch Bariumsalze, Gelbfärbung durch Natriumsalze.

Feuerzangenbowle, heißes, aus Rotwein, hochprozentigem Rum und Fruchtsaft hergestelltes Getränk, bei dessen Zubereitung ein in eine Art Feuerzange geklemmter Zuckerhut über dem Bowlengefäß mit Rum übergossen und dann angezündet wird, so daß der flüssig gewordene Zucker in das Bowlengefäß mit dem Rotwein und dem Fruchtsaft tropft.

Feuerzeug, Vorrichtung zur Erzeugung einer Flamme, heute v. a. in Form des handl. Taschen-F. Enthält Brennstoffbehälter, der beim Benzin-F. mit benzingetränkter Watte gefüllt ist und aus dem ein Docht herausragt. Das Gas-F. enthält einen Tank mit Flüssiggas (Butan- oder Propangas), aus dem Gas durch eine feine, regulierbare Düse ausströmen kann. Der Zündfunke entsteht durch Reiben eines geriffelten Stahlrädchens an einem Zündstein oder auf elektr. Weg unter Ausnutzung des piezoelektr. Effekts.

Feuillade, Louis [frz. fœ'jad], *Lunel (Hérault) 19. Febr. 1873, †Paris 26. Febr. 1925, frz. Regisseur. - F., der zu den Filmpionieren zählt, drehte mehr als 800 Filme. Am erfolgreichsten waren seine Serienfilme „La vie telle qu'elle est" (kurze, realist. Szenen aus dem Kleinbürgermilieu, 1911–13), „Fantomas" (5 Episoden, 1913/14) und „Les vampires" (12 Episoden, 1915).

Feuillants [frz. fœ'jã], nach dem Versammlungsort im Kloster der **Feuillanten** (reformierte Zisterzienser) in Paris ben. revolutionärer frz. Klub; 1791 durch die Mehrheit der Jakobiner gegr.; Sammelpunkt des liberalen früheren Adels und des Großbürgertums; wollten die Frz. Revolution mit der Verfassung von 1791 beenden.

Feuilleton [fœj(ə)'tõ; frz., eigtl. „Beiblättchen" (einer Zeitung), zu feuille (vulgärlat. folia) „Blatt"], kultureller Teil einer Zeitung; enthält Kritiken über kulturelle Ereignisse (Theater, Filme, Konzerte, Ausstellungen, Bücher usw.), Betrachtungen, Kurzgeschichten, Auszüge aus literar. Werken, Gedichte und häufig einen Fortsetzungsroman.
♦ kleine literar. Form, der einzelne kulturelle u. a. Fragen behandelnde, anregend geschriebene Beitrag des F.teils der Zeitung, dessen Ausgangspunkt oft ein aktueller Anlaß ist.

feuilletonistisch [fœj(ə)...; frz.], das ↑Feuilleton betreffend; im Stil eines Feuilletons, im Plauderton geschrieben (auch im Sinne von: oberflächlich).

Feulgen, Robert, *Werden (= Essen) 2. Sept. 1884, †Gießen 24. Okt. 1955, dt. Chemiker und Physiologe. - Prof. für physiolog. Chemie in Gießen; arbeitete hauptsächl. über die Chemie und Physiologie der Zelle; entwickelte ein Verfahren zum Nachweis von Zellkernen in Gewebsschnitten *(Feulgen-Färbung).*

Feure, Georges de [frz. fœ:r], *Paris 6. Sept. 1868, †ebd. 1928, frz. Kunstgewerbler und Illustrator. - Das sehr umfangreiche kunstgewerbl. Schaffen der F.s reicht von Plakaten u. a. graph. Werken über Möbel, Gerät, Schmuck bis zu Statuetten und zeigt einen reinen, ornamentalen Jugendstil.

Fey, Emil, *Wien 23. März 1886, †ebd.

16. März 1938 (Selbstmord), östr. Offizier und Politiker. - Einer der bekanntesten Männer der Heimwehren; 1933 Sicherheitsmin., 1933/34 Vizekanzler, danach wieder Sicherheitsmin., an der Auslösung und Niederwerfung der Februarunruhen (1934) beteiligt; 1934/35 Innenmin.; ungeklärt ist seine Rolle beim Juliputsch gegen Dollfuß (1934).

Feydeau, Georges [frz. fɛ'do], * Paris 8. Dez. 1862, † Rueil (= Rueil-Malmaison, Hauts-de-Seine) 5. Juni 1921, frz. Schriftsteller. - Herausragender Vertreter des Boulevardstückes („comédie légère"), u. a. „Le tailleur pour dames" (1887), „La dame de chez Maxim" (1899), „On purge bébé" (1910).

Feyder, Jacques [frz. fɛ'dɛːr], eigtl. J. Frédérix, * Ixelles (Brabant) 21. Juli 1888, † Rives-de-Prangins (Schweiz) 25. Mai 1948, belg. Filmregisseur. - Hauptvertreter der „realist. frz. Schule". Drehte in Berlin „Thérèse Raquin" (1928), in Hollywood „Der Kuß" (1929), in Frankr. „Das große Spiel" (1934), „Spiel in Monte Carlo" (1935) und „Die klugen Frauen" (1935).

Feyerabend, Paul Karl, * Wien 13. Jan. 1924, östr. Philosoph. - 1958–79 Prof. in Berkeley (Calif.), seitdem in Zürich; für F. ist wiss. Denken nur ein Weg unter vielen anderen zur Erkenntnis. Dem Rationalismus seines einstigen Lehrers K. R. Popper setzt er einen Methodenpluralismus entgegen, wonach alle mögl. Denkmuster zugelassen und miteinander konfrontiert werden müssen. Verfaßte u. a. „Wissenschaft als Kunst" (1984), „Wider den Methodenzwang" (revidierte Fassung 1985).

F., Sig[is]mund (Feierabendt), * Heidelberg 1528, † Frankfurt am Main 22. April 1590, dt. Verleger. - Seit 1559 in Frankfurt am Main; baute ein Verlagsgeschäft auf, das zu einem der bedeutendsten 16. Jh. wurde. V. Solis, J. Amman u. a. Künstler arbeiteten für seine hervorragenden Holzschnittwerke.

Feynman, Richard Phillips [engl. 'feɪnmən], * New York 11. Mai 1918, amerikan. Physiker. - Prof. an der Cornell University in Ithaka (N. Y.), seit 1950 am California Institute of Technology in Pasadena (Calif.), leistete grundlegende Beiträge zur Quantenelektrodynamik; weitere Arbeiten zur Theorie der Suprafluidität und des flüssigen Heliums II sowie des Betazerfalls; Nobelpreis für Physik 1965 (gemeinsam mit S. Tomonaga und J. Schwinger).

Feynman-Graphen (Feynman-Diagramme) [engl. 'feɪnmən; nach R. P. Feynman], Diagramme zur anschaul. Darstellung und Berechnung des Ablaufs von Wechselwirkungsprozessen zw. [Elementar]teilchen.

Fez [frz. fɛːz] ↑ Fes.

Fez [vermutl. zu lat.-frz. fête „Fest"], svw. lustiger Streich, Unfug.

ff, Abk. für: fortissimo (↑ forte).

◆ Handelsbez. für „beste Qualität", svw. „sehr fein", „hochfein".

ff., Abk. für: folgende, z. B. Seiten (beim Buch).

fff, Abk. für: forte fortissimo (↑ forte).

FFFF, Zeichen für den Wahlspruch der Dt. Turnerschaft (1860–1934) und des Dt. Turner-Bundes (seit 1950): Frisch - Fromm - Fröhlich - Frei.

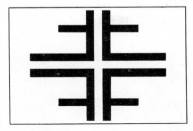

FGG, Abk. für: Gesetz über die Angelegenheiten der freiwilligen Gerichtsbarkeit.

FIAF [frz. ɛfia'ɛf, fjaf], Abk. für: Fédération Internationale des Archives du Film; internat. Vereinigung der Filmarchive; Sitz Paris, 1939 gegründet.

Fiaker [frz.], bes. in Österreich Bez. für eine [zweispännige] Pferdedroschke, auch für ihren Kutscher.

Fiale [griech.-italien.], architekton. Zierglied der Gotik in Form eines schlanken Türmchens. Sein Schaft ist auf jeder Seite mit einem Giebel versehen. Darüber steigt der mit Krabben besetzte, pyramidenförmige und mit einer Kreuzblume abgeschlossene Helm oder Riese auf.

Sigmund Feyerabend. Signet seines Verlages mit der Figur der Fama

Fialho de Almeida

Fialho de Almeida, José Valentim [portugies. 'fjaʎu ðə al'mɐjðɐ], * Vila-de-Frades (Alentejo) 7. Mai 1857, † Cuba bei Vila-de-Frades 4. März 1911, portugies. Schriftsteller. - Schrieb v. a. sozialkrit. Erzählungen; seine satir. Pamphlete trugen maßgebl. zum Sturz der portugies. Monarchie bei.

Fianarantsoa [madagass. fianaran-'tsuə], Prov.hauptstadt im Z-Hochland von Madagaskar, 1200 m ü. d. M., 72 900 E. Kath. Erzbischofssitz; Nahrungsmittelind.; Bahnlinie zum Hafen Manakara; ⚒.

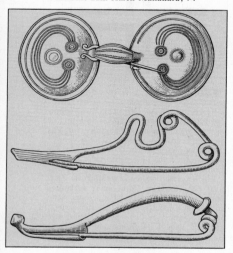

Fibel. Oben: Platten-, Schlangen- und Certosafibel; unten: Adlerfibel (10. Jh.). Mainz, Mittelrheinisches Landesmuseum

Fianna Fáil [engl. 'fɪənə 'fɔɪl; ir. „Schicksalskämpfer"], ir. polit. Partei; seit 1926 Name der Partei E. de Valeras, die sich 1922 im Kampf gegen den brit.-ir. Vertrag aus der republikan. Mehrheit der ↑Sinn Féin bildete; bis 1932 größte Oppositionspartei; stellte 1932–48, 1951–54, 1957–73, 1977–81 und 1982 den Premiermin.; Parteiführer ist seit 1979 C. J. Haughey.

Fiasko [italien.], Reinfall, Mißerfolg, Zusammenbruch.

Fiat justitia et pereat mundus [lat. „Gerechtigkeit muß sein, auch wenn die Welt zugrunde ginge"], angebl. Wahlspruch Kaiser Ferdinands I.

Fiat Spa [italien. 'fi:at ɛssepi'a], italien. Konzern der Metall-, insbes. der Automobilind., Sitz Turin, gegr. 1899 als F. I. A. T. (Abk. für: **F**abbrica **I**taliana **A**utomobili **T**orino). Produktionsprogramm: alle Stufen vom Erzbergbau bis zur Fertigproduktion (Kraftwagen, Schiffs- und Eisenbahntriebwerke, Lokomotiven, Schienenfahrzeuge, Flugzeuge, Kernkraftwerke); zahlr. Beteiligungen und Auslandsgesellschaften.

Fibel [zu lat. fibula (mit gleicher Bed.), verkürzt aus figibula (zu figere „heften")], Bez. für eine vor- und frühgeschichtl. metallene Nadelkonstruktion (Nadel, Bügel und Feder) zum Zusammenheften der Kleidung (meist zugleich Schmuckstück); wegen ihrer Zuordnung zur Tracht, ihrer Modeabhängigkeit und ihres Formenreichtums eines der wichtigsten Hilfsmittel zur Unterscheidung chronolog. Stufen und regionaler Gruppen. Die F.typen werden häufig nach ihrer Form (z. B. Adlerfibel, Armbrustfibel, Augenfibel, Bogenfibel, Brillenfibel, Bügelfibel), ihrem Verbreitungsgebiet oder einem Fundort benannt. Als älteste F. gilt die zweigliedrige goldene Platten-F. aus dem anatol. Fürstengrab von Alaca Hüyük (Ende des 3. Jt. v. Chr.). In Europa kommen gegen Ende der älteren Bronzezeit (etwa 14./13. Jh.) eingliedrige (S- und SO-Europa) und zweigliedrige F. in Gebrauch (N-Deutschland, Skandinavien). Letzter künstler. Höhepunkt im Früh-MA.

Fibel [kindersprachl. entstellt aus ↑Bibel (da der Inhalt der F. früher der Bibel entnommen war)], das Lesebuch für den Anfangsunterricht in der Schule (ABC-Buch, Abecedarium), dann auch Lehrbuch, das in die Anfangsgründe eines bestimmten Fachgebiets einführt (z. B. Rechen-F., Gesundheits-F., Verkehrs-F.). Die heutige F. ist auf die Lautiermethode oder Ganzheitsmethoden eingestellt, ihre Inhalte entstammen der Alltagswelt des Kindes (oft einer überholten Wirklichkeit).

Fiber [lat.], allg. svw. Faser.

Fibich, Zdeněk, * Všebořice bei Čáslav 21. Dez. 1850, † Prag 15. Okt. 1900, tschech. Komponist. - Einer der bed. tschech. Komponisten des 19. Jh.; von Wagner beeinflußt, komponierte Opern, Orchester-, Kammer- und Klaviermusik.

Fibiger, Johannes, *Silkeborg (Jütland) 23. April 1867, † Kopenhagen 30. Jan. 1928, dän. Pathologe. - Prof. in Kopenhagen; war hauptsächl. in der Krebsforschung tätig. 1912 gelang ihm die erste experimentelle Krebserzeugung aus gesunden Zellen (sog. Spiropterakrebs). Hierfür erhielt er 1926 den Nobelpreis für Physiologie oder Medizin.

Fibonacci, Leonardo [italien. fibo'nattʃi] (Leonardo von Pisa, Leonardo Pisano), *Pisa um 1170, † ebd. nach 1240, italien. Mathematiker. - Erster bedeutender Mathematiker des Abendlandes, dem er seine im Orient gesammelten mathemat. Kenntnisse vermittelte.

Fibrille [lat.], feine, v. a. aus Eiweißen oder Polysacchariden bestehende, nur mikroskop. erkennbare, langgestreckte Struktur in pflanzl. und tier. Zellen; wesentl. Bestandteile der pflanzl. Zellwände, der Muskeln und der Grundsubstanz des Bindegewebes.

Fibrin [lat.] (Blutfaserstoff, Plasmafaserstoff), Eiweißkörper, der bei der ↑ Blutgerinnung (durch die Einwirkung von Thrombin) aus ↑ Fibrinogen entsteht.

Fibrinogen [lat./griech.], als Vorstufe des ↑ Fibrins im Blutplasma vorkommendes Globulin, das (nach seiner Umwandlung durch Thrombin) an der Blutgerinnung beteiligt ist.

Fibrinolyse [lat./griech.] ↑ Fibrinolysin.

Fibrinolysin [lat./griech.] (Plasmin), im Blut vorkommendes Enzym, das Fibrin, bei krankhaften Zuständen auch dessen Vorstufen, zu lösl. bzw. gerinnungsunwirksamen Bruchstücken abbaut (**Fibrinolyse**). F. wird therapeut. zur Auflösung von frischen Blutgerinnseln (↑ Fibrinolytika) angewandt.

Fibrinolytika [lat./griech.] (Thrombolytika), Arzneimittel, die direkt oder indirekt fibrinauflösend wirken und deswegen zur Auflösung von v. a. frischen, höchstens vier Stunden alten Blutgerinnseln (z. B. beim Herzinfarkt, bei Thrombose oder Embolie) verwendet werden.

fibrinös [lat.], fibrinhaltig, fibrinreich; z. B. von krankhaften Ausscheidungen gesagt.

Fibroin [lat.] ↑ Seide.

Fibrom [lat.] (Fibroma, Fasergeschwulst, Bindegewebsgeschwulst), gutartiger, gewöhnl. nur langsam wachsender Tumor aus gefäßreichem Bindegewebe. F. kommen an den verschiedensten Stellen des Körpers vor und sind von unterschiedl. Größe; operative Entfernung ist nur bei Beschwerden erforderlich.

Fibromyom [lat./griech.], gutartige Geschwulst aus Binde- und Muskelgewebe.

fibrös [lat.], aus derbem Bindegewebe bestehend.

Fibrosarkom [lat./griech.], bösartige Form des ↑ Fibroms.

Fibrose [lat.], Vermehrung des Bindegewebes in einem Organ; im patholog. Sinn die abnorme Vermehrung von Bindegewebe, die die Funktionsuntüchtigkeit des betreffenden Organs zur Folge hat.

Fibroskop [lat./griech.] ↑ Endoskope.

Fibula [lat.], svw. Wadenbein (↑ Bein).

FICE [frz. ɛfise'ɔ, fi'se], Abk. für: Fédération Internationale des Communautés d'Enfants (Internat. Verband der Kinder- und Jugenddörfer); eine der UNESCO angeschlossene Organisation; gegr. 1948 in Paris.

Fiche [fiːʃ; lat.-frz.], Spielmarke.

Fichte, Hubert, *Perleberg 21. Mai 1935, † Hamburg 8. März 1986, dt. Schriftsteller. - Schrieb bevorzugt aus der Sicht von Menschen, die am Rand der Gesellschaft stehen; u. a. „Der Aufbruch nach Turku" (En., 1963), „Das Waisenhaus" (R., 1965), „Die Palette" (R., 1968), „Interviews aus dem Palais d'Amour" (1972), „Versuch über die Pubertät" (R., 1974), „Xango" (1976), „Wolli Indienfahrer" (Interviews, 1978), „Lazarus und die Waschmaschine" (1985).

F., Immanuel Hartmann von (seit 1867), *Jena 18. Juli 1796, † Stuttgart 8. Aug. 1879, dt. Philosoph. - Sohn von Johann Gottlieb F.; 1836 Prof. in Bonn, 1842–63 in Tübingen; vertrat einen „spekulativen" bzw. „ethn. Theismus". In Auseinandersetzung mit Hegel entwarf F. eine Erkenntnislehre ausgehend von Bewußtsein als dem „allein schlechthin Gewissen" und „Nichtabstrahierbaren". Auch seine Ethik, Anthropologie und sog. Seelenlehre sind durch seine spekulative Theologie bestimmt; Ergebnisse empir. Wiss. dienten ihm zur Absicherung seiner Vorstellungen. *Werke:* Grundzüge zum System der Philosophie (1833–46), System der Ethik (1850–53), Psychologie (1864–73), Vermischte Schriften zur Philosophie, Theologie und Ethik (1869).

F., Johann Gottlieb, *Rammenau (Oberlausitz) 19. Mai 1762, † Berlin 29. Jan. 1814, dt. Philosoph. - Sohn eines Bandwirkers; studierte seit 1780 Theologie in Jena; 1791 Bekanntschaft mit der Philosophie Kants. 1792 erschien anonym sein „Versuch einer Kritik aller Offenbarung", der zunächst für die allg. erwartete (1793 u. d. T. „Die Religion innerhalb der Grenzen der bloßen Vernunft" erschienene) Religionskritik Kants gehalten wurde u. F. seinen ersten literar. Ruhm brachte. 1794 Prof. in Jena, das er v. a. im Zusammenhang mit dem ↑ Atheismusstreit verlassen mußte; 1805 in Erlangen, 1806/07 in Königsberg. In seinen „Reden an die dt. Nation" im Winter 1807/08 forderte F. die geistige Erneuerung durch eine allg. Nationalerziehung. 1811/12 Rektor der neu gegr. Universität Berlin. Bedeutendster Vertr. des dt. Idealismus vor und neben Schelling und Hegel. Seine als „Wissenschaftslehre" bezeichnete Philosophie soll als „pragmat. Geschichte des menschl. Geistes", das „allg. und absolute Wissen" in seiner Entstehung aufzeigen; im

Fichte

Mittelpunkt steht dabei der Gedanke von der zentralen Bed. des Ichs, das schöpfer. sich selbst setzt und der Vervollkommnung durch Pflichterfüllung fähig ist. F. erhob als erster den dialekt. Dreischritt (These - Antithese - Synthese) zur grundlegenden Methode philosoph. Denkens. In seiner Sitten- und Rechtslehre forderte er die Festlegung von Recht, um die Freiheit des einzelnen und der Gesellschaft zu ermöglichen. Ausgehend von den Urrechten der freien Person, dem Recht auf leibl. Freiheit und Eigentum, zeigte F., daß diese Urrechte nur durch ein Zwangsrecht gegen Unrechttäter garantiert werden können, das seinerseits zu seiner Legitimation einen freien Vertrag der freien Bürger erfordert, der in einer bürgerl. Gesetzgebung verbindl. formuliert und durch eine dazu befähigte und befugte Staatsgewalt durchgesetzt wird. Eine eigene Konzeption von einem sozialist. Staat legte F. zudem in seiner Schrift „Der geschlossene Handelsstaat" (1800) vor. Auch seine religions- und geschichtsphilosoph. Schriften haben Auslegungen der Vernunftautonomie zum Gegenstand. Für den religiösen Menschen gilt, daß er moralisch ist, d. h. die vernünftige Freiheit zu erreichen versucht und sich in diesem Versuch in einer „moral. Weltordnung", für die man den Namen „Gott" setzen kann, geborgen fühlt. Die Geschichte teilte F. in fünf „Grundepochen" ein, in denen die Vernunft sich immer mehr zunächst von dem sie beherrschenden Naturinstinkt löst und sich dann von den verschiedenen Formen der Autorität befreit. *Werke:* Über den Begriff der Wissenschaftslehre (1794), Grundlage der gesamten Wissenschaftslehre (1794), Grundriß des Eigentüml. der Wissenschaftslehre (1795), Grundlage des Naturrechts nach Prinzipien der Wissenschaftslehre (1796), Die Grundzüge des gegenwärtigen Zeitalters (1800), Rechtslehre (1812). ⬚ *Hochenbleicher-Schwarz, A.: Das Existenzproblem bei J. G. F. und S. Kierkegaard. Königstein i. Ts. 1984. – Wundt, M.: J. G. F. Stg. ²1976. - Schulte, G.: Die Wiss.lehre des späten F. Ffm. 1971. - Radermacher, H.: Fichtes Begriff des Absoluten. Ffm. 1970.*

Fichte (Picea), Gatt. der Kieferngewächse mit über 40 Arten auf der nördl. Erdhalbkugel; immergrüne Nadelhölzer mit einzelnstehenden, spiralig um den Zweig gestellten Nadeln und hängenden Zapfen. Die F. i. e. S. ist die **Rottanne** (Picea abies), der wichtigste Waldbaum N- und M-Europas; wird bis 60 m hoch und 1 000 Jahre alt; mit spitzer Krone und flacher, weitreichender Bewurzelung; Borke des bis 1,50 m starken Stammes rötl. bis graubraun, in runden Schuppen abblätternd; Nadeln vierkantig, glänzend grün, stachelspitzig; männl. Blüten in erdbeerförmigen, roten, später gelben Kätzchen, weibl. Blüten in purpurroten bis grünen, aufrechten Zapfen; reife Zapfen braun, hängend. Die F.nadeln liefern den ↑Fichtennadelextrakt. Das aus natürl. oder künstl. Rindenwunden austretende Harz ist Rohmaterial für ↑Terpentinöl und ↑Kolophonium. Im nw. N-Amerika heim. ist die **Sitkafichte** (Picea sitchensis), ein raschwüchsiger, starkstämmiger anspruchsloser Baum mit 1–2 cm langen, etwa 1 mm breiten Nadeln mit bläulichweißen Längsstreifen auf der Oberseite; Zapfen 6–10 cm lang, matt- bis ockergelb. Die bis 40 m hohe, zypressenähnl. aussehende **Omorikafichte** (Picea omorika) wächst in Bosnien und Serbien; Nadeln flach, lang und breit mit einem weißen Streifen auf der Oberseite. Hellgraugrüne, v. a. auf der Oberseite der Zweige stehende Nadeln hat die bis 20 m hohe, im nördl. N-Amerika heim. **Weißfichte** (Picea glauca); Zapfen rötl. und zylindr. Außerdem bekannt ist die ↑Stechfichte. - ↑auch Hölzer (Übersicht).

Fichtelberg, mit 1 214 m ü. d. M. höchster Berg der DDR und, nach dem Keilberg, zweithöchste Erhebung des Erzgebirges; Wintersportgebiet, Wetterwarte.

Fichtelgebirge, Mittelgebirge in Bayern, im Schneeberg 1 051 m hoch; zentraler Gebirgsknoten der mitteldt. Gebirgsschwelle, von dem Frankenwald, Oberpfälzer Wald und Erzgebirge ausgehen; nach SW fällt das F. entlang einer Bruchzone zum 300 m tiefer gelegenen obermain. Hügel- und Schollenland ab. Hufeisenförmig umschließen Granitzüge die durchschnittl. 600 m hohe Selb-Wunsiedler Hochfläche mit charakterist. Teichwirtschaft. Eger, Weißer Main, Fichtelnaab und Saale entspringen im F. - Rauhes Gebirgsklima, nur 4–5 Monate sind frostfrei. Der Anbau, v. a. von Futterpflanzen, Roggen, Hafer und Kartoffeln, reicht bis etwa 700 m ü. d. M.; darüber anschließende Wälder (v. a. Fichte) und Hochmoorgebiete. - Der seit dem 11. Jh. betriebene Bergbau auf Gold, Silber und Zinn ist im 17. Jh. erloschen; vom 14.–18. Jh. Eisenerzabbau und -verarbeitung. Glaserzeugung, Textilgewerbe, Natursteine- (Granit, Basalt) und Holzverarbeitung sowie die Porzellanind. (Zentrum Selb) sind frühe, heute zu hochspezialisierten Ind.zweigen entwickelte, z. T. auf ausländ. Rohstoffe angewiesene Nachfolgegewerbe des Bergbaus; ganzjähriger Fremdenverkehr.

Fichtel & Sachs AG, Hersteller von Fahrradteilen (bes. Freilaufnaben), Automobilteilen und Motoren, Sitz Schweinfurt, gegr. 1895 als Schweinfurter Präcisions-Kugel-Lager-Werke Fichtel & Sachs, seit 1923 AG, seit 1929 jetzige Firma.

Fichtenblattwespe (Pristiphora abietina), bis 6 mm große, schwarzbraune, hell gefleckte Blattwespenart, deren Larven durch Fraß an den Jungtrieben der Fichte schädl. werden.

Fichtengespinstblattwespe (Cephaleia abietis), 11–14 mm große Art der ↑Gespinstblattwespen; Kopf und Brust schwarz mit gelben Flecken; Hinterleib hauptsächl. rotgelb; die grünl. Larven fressen v. a. an älteren Nadeln.

Fichtenkreuzschnabel (Loxia curvirostra), etwa 15 cm großer Finkenvogel mit gekreuztem Schnabel in den gemäßigten und kalten Gebieten der Nordhalbkugel; ♀ olivfarben, Unterseite und Bürzel gelbl.; ♂ ziegelrot, Schwanz und Flügel dunkel.

Fichtenmarder (Amerikan. Marder, Martes americana), Marderart im nördl. und westl. N-Amerika; Körperlänge etwa 35 (♀)–45 cm (♂), Schwanz buschig, von etwa halber Körperlänge: Fell sehr dicht und weich, gelbl. bis dunkelbraun, mit blaß ockergelbem Brustlatz; liefert geschätztes Pelzwerk (**amerikan. Zobel**), daher durch übermäßige Bejagung gebietsweise selten geworden.

Fichtennadelextrakt, aus jungen Trieben von Fichten (auch von anderen Nadelbäumen) gewonnener, eingedickter, wäßriger Extrakt, der wegen seines würzigen Geruchs als Badezusatz verwendet wird.

Fichtennadelöle, Sammelbez. für die durch Destillation aus den Nadeln, Zweigspitzen und Fruchtzapfen von Nadelhölzern gewonnenen äther. Öle, die als Badezusätze, zur Inhalation und als Seifenöle verwendet werden.

Fichtenspargel (Monotropa), Gatt. der Wintergrüngewächse mit vier Arten, davon zwei in M-Europa: der mehr oder weniger behaarte **Echte Fichtenspargel** (Monotropa hypopitys) in Nadelwäldern und der kahle **Buchenspargel** (Monotropa hypophegea) in Laubwäldern; bleiche, blattgrünlose, spargelähnl. Schmarotzerpflanzen mit eiförmigen Schuppenblättern und röhrenförmigen Blüten.

Fichu [fiˈʃy:; lat.-frz.], großes dreieckiges Tuch, dessen Enden über der Brust gekreuzt und im Rücken verknotet werden.

Ficino, Marsilio [italien. fiˈtʃi:no], * Figline Valdarno (Toskana) 19. Okt. 1433, † Careggi (= Fiesole-Careggi) 1. Okt. 1499, italien. Arzt und Philosoph. - Lehrte in der von Cosimo de' Medici gegr. Platon. Akademie in Florenz; bemühte sich um die Harmonisierung

von christl. Theologie und antiker Philosophie.

Fick, Adolf, * Kassel 3. Nov. 1829, † Blankenberge (Belgien) 21. Aug. 1901, dt. Physiologe. - Prof. in Zürich und Würzburg; schuf 1872 die als **Ficksches Prinzip** bezeichnete erste exakte Methode der Herzminutenvolumenbestimmung durch Messung des Sauerstoffverbrauchs des Organismus und der arteriovenösen Sauerstoffdifferenz.

F., August, * Petershagen 5. Mai 1833, † Hildesheim 24. März 1916, dt. Indogermanist. - 1876–88 Prof. in Göttingen, seit 1888 in Breslau. Bed. sein „Wörterbuch der indogerman. Grundsprache ..." (1868, später u. d. T. „Vergleichendes Wörterbuch der indogerman. Sprachen", [4]1890–1908).

Ficker, Julius von (seit 1885), * Paderborn 30. April 1826, † Innsbruck 10. Juli 1902, dt. Historiker. - 1852–79 Prof. in Innsbruck; Arbeiten v. a. zum Verfassungsleben des MA und zur Urkundenlehre; vertrat im Streit mit dem kleindt. orientierten H. von Sybel (1861/62) über die Beurteilung der ma. Kaiserpolitik den großdt. Standpunkt.

Ficoronische Ziste, nach dem früheren Besitzer F. Ficoroni (* 1664, † 1747) ben. etrusk. Behälter aus Bronzeblech, bei Palestrina gefunden (Rom, Museo di Villa ʼGiulia), wohl um 300 v. Chr. Die Ritzzeichnung stellt eine Episode der Argonautensage dar.

Fiction [engl. ˈfɪkʃən; lat.], engl. Sammelbez. für fiktive Erzählliteratur; Ggs.: Nonfiction; im dt. Sprachraum eingebürgert ↑Science-fiction.

Ficus [lat.], svw. ↑Feige.

Fidanza, Johannes ↑Bonaventura.

Fideikommiß [fide-i...; zu lat. fideicomissum „zu treuen Händen überlassen"], Vermögen, bestehend aus einem einzelnen Gegenstand oder einer Mehrzahl von Sachen und/oder Rechten, das einer Familie dauernd erhalten bleiben soll und daher ungeteilt einer (männl.) Einzelperson zugewandt wird (selten zur gesamten Hand mehrerer), die Nutzungsrechte, aber keine Verfügungsrechte (Veräußerung, Belastung) hat. Die Rechtsfigur des F. entstand im Hoch-MA, als zunächst der Adel durch Familienverträge MA. Hausgesetze Erbteilungen ausschloß. Später auch dem Bürgertum zugängl., wurde der F. seit der

Fidel (13. Jh.)

fidel

Frz. Revolution bekämpft; endgültige Auflösung in Deutschland erst 1919.

fidel [lat.], lustig, heiter, gutgelaunt.

Fidel (Fiedel), wichtigste Gruppe bogengestrichener Saiteninstrumente des MA, nachweisbar seit Ende des 8. Jh., wahrscheinl. Abkömmling eines vorderasiat. Instruments. Die nach Größe, Form (Spaten-, Flaschen-, Birnenform) und Saitenzahl verschiedenen Arten wurden im 13. Jh. abgelöst durch einen 5saitigen Typus mit ovalem, oft eingebuchtetem Körper, Zargen, geradem, abgesetztem Hals, scheibenförmigem Wirbelkasten und zwei Schallschlitzen. Gehalten wurde sie vor der Brust, am Knie, im Schoß oder an der linken Schulter. - Abb. S. 65.

Fidelismo [span.] (Castroismo, Castrismus), polit. Bewegung, die sich aus der Anhängerschaft F. ↑Castros gebildet und seit 1959 eine eigene kommunist. Doktrin (Kern: die Idee der „permanenten Revolution") entwickelt hat.

Fidenza, italien. Stadt in der Emilia-Romagna, 23 km nw. von Parma, 75 m ü. d. M., 23 700 E. Bischofssitz; Ind.-und Handelszentrum. - F. liegt etwa an der Stelle des antiken **Fidentia Julia,** das seit dem 1. Jh. v. Chr. röm. Munizipium war. Seit dem Früh-MA (bis 1927) hieß der Ort **Borgo San Donnino;** gehörte 1545–1859 zum Hzgt. Parma. - Lombard.-roman. Kathedrale San Donnino (12. Jh.).

Fides [lat. „Treue, Glaube"], im alten Rom Treueverhältnis zw. Patron und Klient; auch Prinzip des internat. völkerrechtl. Verkehrs der Römer. Personifiziert im röm. Staatskult als Göttin des Eides. Weibl. Vorname.

Fidibus, Holzspan oder gefalteter Papierstreifen zum Feuer- oder Pfeifeanzünden.

Fidschi

(amtl. Fiji; Viti), parlamentar. Monarchie im sw. Pazifik, zw. 15° und 22° s. Br. sowie 177° w. L. und 175° ö. L. **Staatsgebiet:** die östl. von Australien gelegenen, zu Polynesien gehörenden Fidschiinseln sowie als Außengebiet die Insel Rotuma (47 km²); insgesamt 320 Inseln, davon etwa 100 bewohnt. **Fläche:** 18 272 km². **Bevölkerung:** 690 000 E (1984), 38 E/km². **Hauptstadt:** Suva (auf Viti Levu). **Verwaltungsgliederung:** 14 Prov. **Amtssprache:** Englisch (Verkehrssprachen Hindi und Bauan). **Währung:** Fidschi-Dollar ($F) = 100 Cents (c). **Internat. Mitgliedschaften:** UN, Commonwealth, SPC. **Zeitzone:** Neuseelandzeit, d. i. MEZ + 11 Std.

Landesnatur: Die größeren Inseln sind vulkan. Ursprungs und gebirgig, im Mount Victoria auf Viti Levu bis 1 324 m ü. d. M., die übrigen sind Koralleninseln.
Klima: Das Klima ist trop.-maritim mit geringen jahreszeitl. Schwankungen.

Vegetation: Die Luvseiten sind mit trop. Regenwald bestanden, an den Leeseiten finden sich Savannen, an den Küsten Mangroven.
Bevölkerung: Die urspr. Bev. sind Fidschileute; die zahlenmäßig größte Gruppe ist die der Inder, die großen Einfluß auf das Wirtschaftsleben ausüben. Unter den Christen sind Methodisten (rd. 38 %) und Katholiken (9 %) die stärksten Gruppen; 40 % sind Hindus, rd. 8 % Muslime. Die Grundschulzeit beträgt 8 Jahre (keine allg. Schulpflicht). F. verfügt über vier Lehrerbildungsanstalten sowie die University of the South Pacific (gegr. 1968) in Suva.
Wirtschaft: Wichtigster Zweig ist die Landw. Zum Eigenverbrauch werden v. a. Maniok, Reis, Taro und Jams angebaut. Die Ind. verarbeitet v. a. landw. Produkte. Gefördert werden Gold, Silber und Manganerze. Der Fremdenverkehr wird ausgebaut.
Außenhandel: Ausgeführt werden v. a. Rohrzucker, Kokosnußerzeugnisse, Bananen, Gold, Ingwer, eingeführt Nahrungsmittel, Brennstoffe, elektr. und nichtelektr. Maschinen, Apparate und Geräte, Transportmittel u. a. Die wichtigsten Handelspartner sind Australien, Großbrit., Japan, Neuseeland, die USA, Singapur u. a.
Verkehr: Die Zuckergesellschaft auf Viti Levu verfügt über 595 km Eisenbahn (Schmalspur). Das Straßennetz hat eine Gesamtlänge von 4 288 km. Wichtigster Verkehrsträger ist die Schiffahrt, interinsular v. a. mit Kuttern und Schonern. Der internat. ✈ Nadi auf Viti Levu wird von acht Gesellschaften angeflogen.
Geschichte: 1643 von A. J. Tasman entdeckt; seit 1874 brit. Kronkolonie; seit 1879 Einwanderung ind. Zuckerrohrarbeiter; zw. ind. und einheim. Bev.teilen 1959 schwere Unruhen. F. erhielt 1966 die Selbstverwaltung, wurde 1970 unabhängiges Mgl. des Commonwealth.
Polit. System: Nach der Verfassung von 1970 ist F. eine parlamentar. Monarchie im Rahmen des Commonwealth. Staatsoberhaupt ist die brit. Königin, vertreten durch den Generalgouverneur. An der Spitze der Regierung steht der vom Repräsentantenhaus gewählte Premiermin. (seit 1970 Sir Kamisese K. T. Mara) Das Parlament besteht aus dem Senat (22 für 6 Jahre ernannte Mgl.) und dem Repräsentantenhaus (52 auf 5 Jahre gewählte Mgl.). Die beiden großen Parteien des Landes sind die National Federation Party, die die Inder repräsentiert (sie spaltete sich 1977 in 2 Gruppierungen), und die Alliance Party der Fischi.
📖 *Kerr, G. J./ Donnelly, T.: Fiji in the Pacific. A history and geography of Fiji. San Francisco (Calif.)* ³1976.

Fidschiinseln, Inselgruppe im sw. Pazifik. Hauptinseln sind **Viti Levu** (10 388 km²), **Vanua Levu** (5 535 km²), **Taveuni** (435 km²) und **Kandavu** (407 km²). - Karte S. 68. - ↑auch Fidschi.

Fidschileute, Bewohner der Fidschiinseln; Melanesier nach Rasse und Sprache, jedoch mit polynes. Kultur.

Fieber [von lat. febris (in gleicher Bed.)] (Febris, Pyrexie), erhöhte Körpertemperatur (beim Menschen über 38 °C, im After [rektal] gemessen) bei krankhaft verändertem Allgemeinzustand. **Ursachen** des Fiebers sind (von 1–4 mit zunehmender Häufigkeit): 1. direkte oder indirekte mechan. Schädigungen und chem. bzw. tox. Reizungen des Temperaturzentrums im Hypothalamus, u. a. bedingt durch Verletzung, Blutung, Tumoren, Wasserverluste (sog. Durstfieber), übermäßige Salzzufuhr oder Salzretention (sog. Salzfieber); 2. körpereigene Abbau- bzw. Eiweißzerfallsprodukte und deren Resorption aus Blutergüssen und nekrot. bzw. krebsig entartetem Gewebe (asept. F., Resorptions-F.), u. a. bei Erfrierungen, Verbrennungen, Bestrahlungen (auch bei Sonnenbrand), Knochenbrüchen, Tumorzerfall oder Infarkt; 3. immunbiolog.-allerg.-anaphylakt. Reaktionen nach Bluttransfusionen, als Impfreaktion, auch als Arzneimittel-F. (Drug-fever); 4. örtl. oder allg. Infektionen, bes. Infektionskrankheiten, bei denen fiebererzeugende Stoffe (Krankheitserreger, deren Zerfallsprodukte, auch Bakterientoxine) den Sollwert des Temperaturzentrums verstellen. Das Zwischenhirnzentrum regelt· durch Steuerung der Wärmebildung und -abgabe die Körpertemperatur auf annähernd konstante Werte um 37 °C ein. Bei F. erfolgt eine Sollwert-Verstellung, etwa durch Bakterientoxine von 37 °C auf 40 °C, wodurch die Empfindlichkeit des zentralen Reglers gegen Wärme herabgesetzt wird. Die normale Temperatur wirkt jetzt wie Kälte. Daher kommt es mit subjektivem Frieren zu Aufheizungsreaktionen durch verminderte Wärmeabgabe (Hautblässe, „Gänsehaut") und vermehrte Wärmebildung (Kältezittern, „Schüttelfrost"). Dadurch steigt die Innentemperatur an, bis der Sollwert von 40 °C erreicht ist; von da wird sie auf dem höheren Niveau wieder konstant gehalten (biolog. „eingeregelt"). Fallen die Toxine weg, werden die Regelzentren wieder auf tiefere Temperaturen eingestellt. Der Körper ist nun im Vergleich zum neuen (alten) Sollwert von 37 °C zu warm. Daher kommt es unter subjektivem Hitzegefühl zu Entwärmungsreaktionen mit Hautröte und Schweißausbruch.
Verlauf: Infektionskrankheiten gehen häufig mit einem typ. Verlauf der Fieberkurve einher, z. B.: gleichbleibendes F. (Febris continua) bei Typhus, intervallartig schwankendes, nachlassendes F. (remittierendes F.) bei Tuberkulose, ansetzendes F. (intermittierendes F.) mit normalen Morgentemperaturen bei Nierenbeckenentzündung, unregelmäßig wellenförmiges, „undulierendes" F. (Febris undulans) bei Brucellose, regelmäßige period. Temperatursteigerungen bei Malaria, Fünfta-

ge-F. und Rückfall-F. - Plötzl. F. beginnt mit Schüttelfrost, der meist $\frac{1}{2}$ Stunde anhält. Wenn dann der erhöhte Sollwert des Temperaturzentrums erreicht ist, nimmt die Hautdurchblutung (bes. im Gesicht) wieder zu, es entsteht ein deutl., oft als angenehm empfundenes Hitzegefühl. In der Folge kommt es je nach der Höhe des F. zu einem Schwächegefühl, Hinfälligkeit und Schwere mit Benommenheit, Kopfdruck und Kopfschmerzen. Der Schlaf ist meist unruhig, von lebhaften Träumen, u. U. von Angst- und Wahnvorstellungen unterbrochen (**Fieberphantasien, Fieberdelirien**). Die erhöhte Körpertemperatur ist mit einer Steigerung des Stoffwechsels verbunden. Daher müssen auch die Atemtätigkeit und das Herzminutenvolumen (v. a. die Pulsfrequenz) zunehmen.
Behandlung: Da das F. keine Krankheit, sondern ein Symptom ist, wird zuerst die Ursache des F. behandelt. Eine medikamentöse Senkung ist mit fiebersenkenden Mitteln möglich. ◫ *Schmidt, K. L.: Hyperthermie u. F. Stg. 1975.*

Fieberklee (Menyanthes), Gatt. der **Fieberkleegewächse** (Menyanthaceae, 5 Gatt. und etwa 40 Arten) auf der nördl. Erdhalbkugel mit der einzigen Art Menyanthes trifoliata; auf Sumpfwiesen und an Ufersäumen wachsende, kriechende Staude mit dreizählig gefiederten Blättern und hellrosa bis weißen Blüten in aufrechten Trauben.

Fieberkraut, volkstüml. Bez. für verschiedene Heilpflanzen gegen Fieber.

Fiebermücken, svw. ↑Malariamücken.

Fieberrinde, svw. ↑Chinarinde.

Fieberrindenbaum, svw. ↑Chinarindenbaum.

fiebersenkende Mittel (antifebrile Mittel, Antipyretika), Arzneimittel (z. B. Pyrazolon und -derivate, Salicylsäure und -derivate, Phenacetin), die den bei Fieber erhöhten Sollwert des Temperaturzentrums und über eine Entwärmungsreaktion schließl. auch die erhöhte Körpertemperatur senken.

Fieberthermometer, geeichtes ↑Maximumthermometer zur Messung der Körpertemperatur (Meßbereich 35–42 °C).

Fiedel ↑Fidel.

Fiederblatt, Laubblatt, dessen Blattfläche aus mehreren voneinander getrennten Fiedern (Fiederblättchen) besteht.

Fiedler, Conrad, * Oederan 23. Sept. 1841, † München 3. Juni 1895, dt. Kunsttheoretiker. - Vertreter des ästhet. Idealismus, befreundet mit A. von Hildebrand und M. von Marées; betonte in seinen Schriften den autonomen Charakter des Kunstwerks und legte die Grundlage für die formale Kunstbetrachtung.

Field [engl. fi:ld], John, * Dublin 26. Juli 1782, † Moskau 23. Jan. 1837, ir. Pianist und Komponist. - Schüler M. Clementis; seine Nocturnes beeinflußten Chopin.

FIDSCHIINSELN

0 100 200 300 km

F., Rachel, * New York 19. Sept. 1894, † Beverly Hills (Calif.) 15. März 1942, amerikan. Schriftstellerin. - Schrieb vielgelesene Unterhaltungsromane ("Hölle, wo ist dein Sieg", 1938), Einakter und Kinderbücher.

Fielding, Henry [engl. 'fi:ldɪŋ], * Sharpham Park bei Glastonbury (Somerset) 22. April 1707, † Lissabon 8. Okt. 1754, engl. Schriftsteller. - Unbegüterter Adliger; erfolgloser Theaterleiter, dann Richter. Schrieb nach Cervantes Vorbild seinen ersten Roman "Geschichte der Abenteuer Joseph Andrews" (1742) als Parodie auf den empfindsamen Roman von S. Richardson. Gestaltet in der Struktur des Schelmen- und Reiseromans, trägt das Werk auch Züge des Entwicklungsromans und ist der erste große humorist. Roman der engl. Literatur. Weiterbildung der stilist. und formalen Elemente in seinem Hauptwerk "Tom Jones oder die Geschichte eines Findelkindes" (1749), das von stärkerer Lebensnähe, nuancenreicher Charakterisierung und viel Situationskomik erfüllt ist.
Weitere Werke: Die Lebensgeschichte des Jo-

nathan Wild, des Großen (satir. Biogr., 1743), Amelia (R., 1752), Tagebuch einer Reise nach Lissabon (1755).

Fields, W. C. [engl. fi:ldz], eigtl. Claude William Claude Dukenfield, * Philadelphia 29. Jan. 1880, † Pasadena 25. Dez. 1946, amerikan. Filmschauspieler. - Einer der beliebtesten Komiker des amerikan. Films. Schrieb seine Drehbücher oft selbst; spielte unterdrückte Ehemänner, Trinker und Aufschneider, deren Skepsis und hypochondr. Mißtrauen sich v. a. gegen vergötterte Objekte der amerikan. Gesellschaft wie Frauen, Kinder, Tiere wandte. - *Filme:* Alice im Wunderland (1934), David Copperfield (1934), Der Bankdetektiv (1940).

Field-research [engl. 'fi:ld-rɪˌsəːtʃ], svw. ↑ Feldforschung.

Field-work [engl. 'fi:ldwəːk], svw. ↑ Feldforschung.

Fiemme, Val di ↑ Fleimstal.

Fieravanti, Aristotele (A. Fioravanti), gen. Aristotele da Bologna, * Bologna um 1415, † Moskau 1485/86, italien. Baumeister. - Tätig v. a. in Bologna und Mailand; seit 1474 in Moskau, wo F. den Kreml umbaute und die Uspenski-Kathedrale (1479 vollendet) mit einem weiten Innenraum errichtete.

Fieren [niederl.], das Herablassen eines Segels, eines Boots u. a. mit einem Tau.

Fierlinger, Zdeněk, * Olmütz 11. Juli 1891, † Prag 2. Mai 1976, tschechoslowak. Politiker. - Seit 1918 als enger Mitarbeiter von Beneš auf wichtigen diplomat. Posten; 1945/46 Vors. der Sozialdemokrat. Partei und Min.präs., 1946/47 stellv. Min.präs.; beteiligte sich aktiv am Prager Umsturz 1948 und betrieb die Fusion der Sozialdemokrat. mit der Kommunist. Partei; 1948–53 erneut stellv. Min.präs., 1950–53 zugleich Min. für Kirchenangelegenheiten; 1953–64 Vors. der Nat.versammlung; 1948–66 Mgl. des Präsidiums des Politbüros und des ZK der KPČ.

Fiescher Gletscher, mit einer Länge von 16 km zweitlängster schweizer. Gletscher, in den Berner Alpen.

Fieschi [italien. 'fjeski], altes italien. Adelsgeschlecht; führten in Genua als entschiedene Guelfen neben den Grimaldi und Fregosi die frz. orientierte Partei an; bedeu-

Gerhard Fieseler (1934) und Fieseler-Storch

tendster Vertreter war **Giovanni Luigi de Fieschi**, Graf von Lavagna, gen. Fiesco (* 1522, † 1547), der, gestützt auf Frankr., Papst Paul III. und dessen Familie (Farnese), eine Verschwörung gegen die kaisertreuen Doria leitete, die scheiterte und bei der er umkam; Trauerspiel von Schiller: „Die Verschwörung des Fiesko zu Genua" (1783).

Fieseler, Gerhard, * Glesch bei Köln 15. April 1896, dt. Flugzeugkonstrukteur. - 1934 Weltmeister im Kunstflug; 1930 gründete er in Kassel die spätere F.-Flugzeugbau-GmbH, die 1936 unter seiner Leitung das erste Langsamflugzeug der Welt, den **Fieseler-Storch** (Fi 156, Landegeschwindigkeit 38 km/h), baute, später das Tragflügel-Ferngeschoß Fi 103, das als V 1 bekannt wurde.

Fieser, Louis [Frederick] [engl. 'fiːzə], * Columbus (Ohio) 7. April 1899, † Cambridge (Mass.) 25. Juli 1977, amerikan. Chemiker. - Prof. an der Harvard University; synthetisierte das Vitamin K₁ und erfand den Kampfstoff Napalm.

Fiesole, italien. Stadt in der Toskana, 5 km nö. von Florenz, 295 m ü. d. M., 14 800 E. Kath. Bischofssitz; Priesterseminar, europ. Univ. (gegr. 1976), Museum; Fremdenverkehr. - F., das antike **Faesulae**, war bereits in voretrusk. Zeit eine städt. Siedlung; unter Sulla Militärkolonie. 405 schlug hier Stilicho das Heer der Goten unter Radagais; seit dem 5. Jh. Bischofssitz. In langobard. Zeit begann F. zu verfallen. - Innerhalb der z. T. erhaltenen etrusk. Stadtmauer Reste des röm. Theaters (80 v. Chr.), der Thermen und eines Tempels, der roman. Dom (1028–32, im 13. Jh. erweitert), die got. Kirche San Francesco (15. Jh.).

Fiesta [lat.-span.], Fest, Feiertag.

Fiesta de la Raza [span. 'fjesta ðela 'rraθa „Fest der Rasse"] (Día de la Hispanidad), Jahrestag der Entdeckung Amerikas durch Kolumbus (12. Okt. 1492); seit 1911 in den lateinamerikan. Republiken sowie in Spanien und Portugal nat. Feiertag.

FIFA, Abk. für: Fédération Internationale de Football Association, Internat. Fußballverband, gegr. 1904 in Paris, Sitz Zürich.

Fifth Dimension, The [engl. ðɛ fifθ dɪ'mɛnʃən „Die fünfte Dimension"], 1965 gegr. amerikan. Gesangsquintett (M. McCoo, F. LaRue Gordon, B. Davis jr., L. McLemore, R. Townson); seit 1967 mit zahlr. Hits, v. a. Soulsongs, erfolgreich.

fifty-fifty [engl. „fünfzig-fünfzig"], umgangssprachl. für: halbe-halbe (halbpart), zu gleichen Teilen.

Figaro, Dienerfigur in Komödien von P. A. Caron de Beaumarchais, auf die sich die Libretti für Mozarts Oper „Figaros Hochzeit" und Rossinis „Barbier von Sevilla" stützen. Danach auch scherzhafte Bez. für den Herrenfriseur.

Figaro, Le, frz. Zeitung, ↑Zeitungen (Übersicht).

Fight [engl. fait], verbissen geführter Kampf (in einem sportl. Wettbewerb).

Figl, Leopold, * Rust 2. Okt. 1902, † Wien 9. Mai 1965, östr. Politiker. - Als Gegner des Anschlusses Österreichs an das Dt. Reich 1938–43 und 1944/45 in verschiedenen KZ; 1945 Mitbegr. der ÖVP, 1945–51 deren Obmann; 1945 Vizekanzler und Landeshauptmann von Niederösterreich; 1945–53 Bundeskanzler; unterzeichnete als Außenmin. (1953–59) 1955 den östr. Staatsvertrag; 1959–62 Präs. des östr. Nationalrats; 1962–65 erneut Landeshauptmann von Niederösterreich.

Figner, Wera Nikolajewna, * im Gouvernement Kasan (= Tatar. ASSR) 7. Juli 1852, † Moskau 15. Juni 1942, russ. Revolutionärin. - 1881 an der Ermordung Zar Alexanders II. beteiligt; 1883 zum Tode, dann zu lebenslängl. Haft verurteilt, 1904 amnestiert.

Figueres Ferrer, José (Pepe) [span. fi'yeres fɛ'rrɛr], * San Ramón (Prov. Alajuela) 25. Sept. 1906, costarican. Politiker. - Vereitelte 1948 den Versuch der Regierung, trotz der Wahlniederlage im Amt zu bleiben; führte 1948/49 die Regierungsgeschäfte mit umfassendem Reformprogramm; 1953–58 und 1970–74 Präs. der Republik.

Figueroa, Francisco de [span. fiye'roa], gen. „El Divino", * Alcalá de Henares 1536, † ebd. um 1620, span. Dichter. - Schrieb u. a. sprachl. meisterhafte (span. und italien.) petrarkist. Lyrik.

Figur [lat., zu fingere „formen, bilden"], die äußere Gestalt eines Körpers oder einer Fläche, z. B. die Erscheinung eines Menschen in Hinblick auf ihre Proportioniertheit, die einzelne Person in ihrer Wirkung auf die Umgebung, die handelnde Person in einem Werke der Dichtung, auch die künstler. Darstellung eines Körpers; in der Musik ist F. eine melod. oder rhythm. zusammengehörende Notengruppe, in der Stilistik eine von der normalen Sprechweise abweichende sprachl. Form, die als Stilmittel eingesetzt wird (rhetor., grammat. F.), auch geschlossene Bewegungsabläufe (z. B. beim Tanz, Eiskunstlauf) und geometr. Gebilde werden als F. bezeichnet.

Figura etymologica [lat.] (Akkusativ des Inhalts), Redefigur, bei der sich ein intransitives Verb mit einem Substantiv gleichen Stammes oder verwandter Bedeutung als Objekt verbindet, z. B. einen Schlaf schlafen.

Figuralmusik [lat./griech.], svw. Cantus figuratus (↑Cantus).

Figuration [lat.], die Auflösung einer Melodie oder eines Akkords in rhythm., meist auch melod. untereinander gleichartige Notengruppen.

◆ im Ggs. zu Abstraktion Gegenständlichkeit (Malerei, Graphik, auch Plastik).

figurativ [lat.], in Malerei und Graphik im Ggs. zu abstrakt gegenständl., meist, aber nicht unbedingt ist Menschendarstellung gemeint.

Figurenachse

Figurenachse, Symmetrieachse eines Rotationskörpers.

Figurengedicht (Bildgedicht), Gedicht, das durch entsprechende metr. Anlage im Schrift- oder Druckbild einen Gegenstand im Umriß nachbildet, der zum Inhalt (meist) in direkter oder symbol. Beziehung steht. Früheste Ausbildung als Kunstform im Hellenismus (3. Jh. v. Chr.), Blüte in karoling. Zeit (Alkuin, Hrabanus Maurus), erneut im Barock verbreitet (v. a. in Spanien und Deutschland), auch in der Moderne („visuelle Dichtung").

Figurenlehre, in der Musik die auf die Wechselbeziehung von Musik und Rhetorik zurückgehende Lehre von der Anwendung musikal. Figuren im Sinne der Rhetorik, die den Affektgehalt eines vertonten Textes zum Ausdruck bringen sollten; v. a. im 16. und 17. Jh. benutzt; seit dem 17. Jh. auch in der Instrumentalmusik, v. a. bei J. S. Bach.

Figur-Grund-Verhältnis, grundlegendes Prinzip der Wahrnehmungsorganisation, nach dem im Verlauf eines jeden Wahrnehmungsprozesses eine räuml. Gliederung des Wahrnehmungsfeldes derart stattfindet, daß sich ein Teil des Feldes als „Figur" vom restl. Teil des Feldes als „Grund" abhebt. Das F.-G.-V. ist von entscheidender Bed. dafür, daß der Mensch keine chaot. Anhäufung einzelner unzusammenhängender Reizelemente (z. B. Farbflecke, Helligkeitsabstufungen) wahrnimmt, sondern strukturierte und sinnvolle, sich räumlich voneinander abhebende Formen (visuelle Objekte, Melodien

Filarete. Idealstadt „Sforzinda" (1457):
1 zentraler Platz, 2 Radialstraßen,
3 innere Ringstraße,
4 Straßenkreuzungen mit kleinen Plätzen und Kirchen, 5 Stadttore,
6 befestigte Stadtmauer

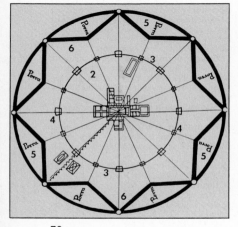

usw.). Die Unterscheidung im F.-G.-V. scheint schon in den ersten Lebenstagen möglich zu sein.

Figurine [lat.-frz.], kleine Statue; Staffagefigur auf Gemälden (v. a. bei Landschaften); Kostümzeichnung oder Modellbild für Theateraufführungen.

Fiji [engl. ˈfiːdʒiː] ↑ Fidschi.

Fikh [arab. „Kenntnis, Gelehrsamkeit"], die Rechtswiss. des Islams, bestehend aus der Lehre von der Methodik der Gesetzesfindung und von den gesetzl. Einzelbestimmungen.

Fiktion [lat., zu fingere „formen, bilden"], allg. eine Annahme, für die (im Ggs. zur Hypothese) kein Wahrheits- oder Wahrscheinlichkeitsbeweis angetreten wird, oder bei der (noch) nicht gesagt werden kann, ob die sie darstellende Aussage wahr oder falsch ist. In der *Literatur* das Grundelement der mimet. (erzählenden u. dramat.) Dichtungsarten, die reale oder nichtreale (erfundene) Sachverhalte als wirklich darstellen, aber keine feste Beziehung zw. dieser Darstellung und einer verifizierbaren Wirklichkeit behaupten. Im *Recht* versteht man unter F. eine Vorschrift, auf Grund deren ein anderer als der in Wirklichkeit gegebene Tatbestand zu unterstellen ist (z. B. gilt der beim Erbfall Erzeugte als bereits geboren, so daß auf ihn die erbrechtl. Vorschriften anwendbar sind). Von ihr zu unterscheiden ist die Vermutung.

fiktiv [lat.], angenommen, erdichtet, nur in der Phantasie existierend.

Filament (Filamentum) [lat.], in der Botanik svw. Staubfaden (↑ Staubblatt).
◆ morpholog. Bez. für dünne, fadenförmige Organteile oder Zellstrukturen, z. B. Muskelfilamente.

Filaret, eigtl. Fjodor Nikititsch Romanow, * um 1553, † 11. Okt. 1633, Patriarch von Moskau (seit 1619). - Wurde als Romanow 1601 von Zar Boris Godunow gezwungen, Mönch zu werden und in ein Kloster zu gehen. 1605 zum Metropoliten von Rostow ernannt, war er polit. tätig (z. B. Unterstützung des 1. und 2. falschen Demetrius [↑ Dmitri Iwanowitsch]). Übte als Patriarch von Moskau nicht nur die geistl. Macht, sondern für seinen 1613 zum Zaren gewählten Sohn Michael auch die Selbstherrschaft über den Staat aus.

Filarete, eigtl. Antonio di Pietro Averlino (Averulino), * Florenz um 1400, † Rom 1469, italien. Bildhauer, Baumeister und Kunsttheoretiker. - Schuf die Bronzetür von Sankt Peter in Rom (1433–45) und das Ospedale Maggiore (1457–65) in Mailand. Sein berühmter „Trattato d'architettura" (1464 vollendet) enthält Pläne einer Idealstadt „Sforzinda" über sternförmigem Grundriß.

Filarien (Filariidae) [lat.], Fam. der Fadenwürmer, die v. a. im Bindegewebe und Lymphsystem von Säugetieren (einschließl. Mensch) schmarotzen, wo sie verschiedene

Krankheiten hervorrufen können. Für den Menschen sind bes. gefährlich die Art **Wucheria bancrofti,** die die Elefantiasis hervorruft, und die 3–7 cm lange **Wanderfilarie** (Loa loa) in W-Afrika. Letztere wird durch Blindbremsen übertragen und lebt im Unterhautbindegewebe, wo sie gutartige Schwellungen **(Kalabarbeulen)** hervorruft.

Filariose [lat.], auf das Gebiet der Tropen und Subtropen beschränkte, durch Filarien hervorgerufene Bindegewebs- oder Lymphgefäßsystemerkrankung des Menschen; u. a. die ↑ Drakunkulose.

Filbinger, Hans, * Mannheim 15. Sept. 1913, dt. Politiker (CDU). - Jurist; in Baden-Württemberg seit 1960 MdL, 1960–66 Innenmin., seit 1966 Min.präs.; Rücktritt 1978 v. a. wegen seiner umstrittenen Tätigkeit als Marinerichter während des Nationalsozialismus; 1971–79 Landesvors. der CDU in Baden-Württemberg.

Filchner, Wilhelm, * München 13. Sept. 1877, † Zürich 7. Mai 1957, dt. Forschungsreisender. - Geodät; 1903–06 mit A. Tafel (* 1877, † 1935) Forschungsreise nach NO-Tibet und China; leitete 1911/12 die Zweite Dt. Südpolarexpedition; 3 Expeditionen dienten erdmagnet. Messungen: China und Tibet 1926–28, Tibet 1934–38, Nepal 1939/40; Veröffentlichungen, darunter zahlr. populär gewordene Erlebnisberichte.

Filchnerschelfeis, Schelfeistafel mit eingeschlossenen Inseln, im S des Weddellmeeres, Antarktis. Der ursprüngl. Plan, auf dem F. die ständige Forschungsstation der BR Deutschland zu errichten, mußte wegen einer Packeisbarriere aufgegeben werden.

Filder, südl. von Stuttgart gelegene, im O und SO vom Neckartal begrenzte und im W durch den Schönbuch abgeschlossene, reliefschwache, größtenteils lößbedeckte Schichtstufenfläche (Lias). Überwiegend Akkerbau; im nördl. Teil Verstädterung und Industrialisierung (Großraum Stuttgart).

Filderkraut, Weißkohlsorte mit spitz zulaufendem, längl. Kopf.

Filderstadt, Stadt auf den Fildern, Bad.-Württ., 357–472 m ü. d. M., 36 800 E. Elektron. und Nahrungsmittelind., Wohngebiet im Großraum Stuttgart. - 1975 aus 5 Gemeinden gebildet, seit 1976 Stadt.

Filet [fi'le:; lat.-frz., eigtl. „kleiner Faden"], zartes, mageres, saftiges Fleisch aus dem Rücken oberhalb der Nieren von Schlachttieren oder Wild. Wird geschmort oder als **Filetsteak** zubereitet. **Fischfilet:** von der Hauptgräte abgetrennte [enthäutete] Fischschnitte; **Geflügelfilet:** entbeintes Bruststück vom Geflügel.

Filetarbeit [fi'le:], Handarbeit, die aus dem Knüpfen eines Filetgrundes (die Technik gleicht dem Knüpfen von Netzen) und Besticken desselben Grundes besteht.

Filethäkelei [fi'le:], Handarbeit, mit der Filetarbeit nachzuahmen versucht wird. In nur einem Arbeitsgang werden die offene Gittergrund und die gefüllten Kästchen, die die Muster bilden, gehäkelt.

Filetiermaschine [lat.-frz./dt.], Maschine zur Abtrennung der Filets von Fisch mit Messerscheiben längs der Hauptgräte. Moderne F. können Fische verschiedener Größe verarbeiten. F. werden mit Köpf-, Entweide- und Enthäutungsmaschinen zu einer kompletten Anlage zusammengestellt.

Filetspitze [fi'le:], ungenaue Bez. für Filetarbeit.

Fil-fil [afrikan.], Wuchsform des Kopfhaares bei Khoisaniden: Die kurzen, stark gewundenen Haare wachsen in kleinen Büscheln und lassen Teile der Kopfhaut frei.

Filia hospitalis [lat.], student. für: Tochter der Wirtsleute des Studenten.

Filialbetrieb [zu kirchenlat. filialis „kindlich (abhängig)"] (Zweigniederlassung), im Einzelhandel eines aus einer Gruppe gleichartiger Geschäfte, die zentral geführt und zwecks Absatzvergrößerung an verschiedenen Orten betrieben werden. F. beschränken sich auf festumrissene Warengruppen.

Filialgeneration [lat.] (Tochtergeneration), Abk. F (bzw. F_1, F_2, F_3 usw.), in der Genetik Bez. für die direkten Nachkommen (F_1) eines Elternpaars (Elterngeneration) und

Filigran. Vorderseite eines karolingischen Bursenreliquiars (9. Jh.; um 1680 restauriert) aus Gold, Filigran, Steinen und Perlen. Monza, Schatzkammer der Kathedrale

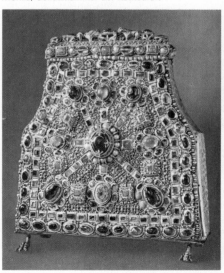

Filiation

für die weiteren, auf diese folgenden Generationen (F_2 usw.).

Filiation [lat.], in der Genealogie die Abstammung einer Person von den beiden Eltern (doppelte F.), wobei legitime und illegitime unterschieden werden.

Filibuster [engl. 'fɪlɪbʌstə; engl.-amerikan.], Art der Verschleppungstaktik im Senat der USA: Eine Minderheit versucht die Mehrheit daran zu hindern, ihren Willen durch Gesetze auszudrücken, v. a. durch lange Debatten und langatmige Reden.
◆ ↑ Flibustier.

Filicinae [lat.], svw. ↑ Farne.

filieren [lat.-frz.], Karten beim Kartenspiel unterschlagen.

filiform [lat.], fadenförmig.

Filigran [italien., eigtl. „Faden" (lat. filum) und „Korn" (lat. granum)], eine Goldschmiedearbeit, die aus gezwirnten Metallfäden (Gold, Silber) allein besteht oder aus Metalldraht mit aufgelöteten Körnern. Auf Goldschmiedearbeiten aufgelötetes F. ist bezeugt in Troja, Mykene, in der german. Goldschmiedekunst der Völkerwanderungszeit (Spangen, Fibeln), in der byzantin. wie in der roman. Kunst (Bucheinbände; Arbeiten des Roger von Helmarshausen). Eine eigene Entwicklung und Technik hat das F. im Orient genommen (bes. in Indien und China). Als durchbrochenes Geflecht wird F. zu Schmuckstücken verarbeitet, bes. auch als Volkskunst (auch aus Kupfer- und Eisendraht). - Abb. S. 71.

Filioque [lat. „und vom Sohn"], durch die Theologie des Kirchenvaters Augustinus angeregter Zusatz der abendländ. Kirche zum christl. Glaubensbekenntnis, wonach der Hl. Geist vom Vater „und vom Sohn" ausgeht. Von der Ostkirche abgelehnt, war das F. seit 589 in der span., seit 767 in der fränk. Kirche in Geltung; Karl d. Gr. ließ es 809 auf einer Synode in Aachen anerkennen. In Rom wurde es 1014 offiziell eingeführt.

Filip, Ota, * Ostrau 9. März 1930, tschech. Schriftsteller. - 1974 (nach mehrfachen Haftstrafen) ausgebürgert, lebt in der BR Deutschland. Gesellschaftskrit., oft burleskes Erzählwerk, das in der Gegenwart oder jüngeren Vergangenheit spielt. - *Romane:* Das Café an der Straße zum Friedhof (1968), Ein Narr für jede Stadt (1969), Die Himmelfahrt des Lojzek Lapacek aus Schlesisch-Ostrau (1973), Maiandacht (1977), Wallenstein und Lukretia (1978), Café Slavia (1985).

Filipino, nach der philippin. Verfassung von 1973 Name der aus den etwa 180 einheim. Regionalsprachen neu zu schaffenden Nationalsprache der Philippinen. - ↑ auch Tagalog.

Filipinos [span.], Bez. für die eingeborene Bev. der Philippinen.

Filipowicz, Kornel [poln. fili'pɔvitʃ], * Tarnopol 27. Okt. 1913, poln. Schriftsteller. - 1944/45 im KZ; schrieb v. a. Romane,

Erzählungen, Impressionen u. a. über die Kriegs- und Okkupationszeit; dt. erschienen „Tagebuch eines Antihelden" (Kurzroman, 1961), „Männer sind wie Kinder" (3 Kurzromane, 1960–66), „Der Garten des Herrn Nietschke" (R., 1965), „Meine geliebte stolze Provinz" (1976).

Filippo, italien. Form des männl. Vornamens Philipp.

Filius [lat.], Sohn (umgangssprachl. und scherzhaft gebraucht).

Fillefjell, plateauartiger Gebirgsstock im zentralen südl. Norwegen, im Søndre Sul 1 811 m hoch. I. w. S. Bez. für das Gebirgsgebiet zw. Jotunheim und Hemsedalsfjell.

Fillér [ungar. 'fille:r], die ungar. Bez. für Heller; 1 F = $^1/_{100}$ Forint.

Fillmore, Millard [engl. 'fɪlmɔː], * bei Locke (N. Y.) 7. Jan. 1800, † Buffalo (N. Y.) 8. März 1874, 13. Präs. der USA (1850–53). - Anwalt; 1833 in den Kongreß gewählt; 1847/48 Gouverneur des Staates New York, 1848 zum Vizepräs. gewählt; trat nach Taylors Tod die Präsidentschaft an.

Film [engl., von altengl. filmen „Häutchen" (urverwandt mit neuhochdt. Fell)], allg. svw. dünne Schicht (z. B. Ölfilm auf Wasser). Im heutigen Sprachgebrauch hat F. die überwiegende Bedeutung von lichtempfindl. Aufnahmematerial (in der *Photographie*) bzw. von Aufnahme- und Wiedergabematerial (in der *Filmtechnik*) in allen Bearbeitungsstadien, d. h. projizierbare, teils vertonte, farbige bzw. schwarzweiße Bewegungsbilder; auch Bez. für eine Gattung der Massenmedien.

Filmtechnik: Der Eindruck einer Bewegung beruht einerseits auf der *stroboskop. Bewegungstäuschung* (erscheint ein Objekt in unmittelbar aufeinanderfolgenden Bildern an verschiedenen Orten A und B, so erblickt das Auge eine Bewegung dieses Objekts von A nach B), andererseits auf der *Nachbildwirkung* infolge der Trägheit des Auges; während für den stroboskop. Effekt ein Bildwechsel innerhalb von $^1/_{16}$–$^1/_{18}$ s reicht, erfordert eine flimmerfreie Bildverschmelzung infolge der Nachbildwirkung eine Bildfrequenz von mindestens 48 Bildern/s (*Flimmerverschmelzungsfrequenz*). Aufnahme und Wiedergabe erfolgen zwar mit der niedrigeren Frequenz (Stummfilm z. B. 16 Bilder/s; Tonfilm wird mit Rücksicht auf die Frequenzumfang der Randtonaufzeichnung mit 24 Bildern/s aufgenommen und abgespielt, Fernsehfilm wegen der Abtastnorm mit 25 Bildern/s), bei der Projektion unterbricht jedoch die *Flügelblende* des Filmprojektors das stehende Bild so oft, daß die Flimmerverschmelzungsfrequenz erreicht wird.

Aufnahmeformate und Filmarten: *Normalfilm* (35 mm breit, beidseitig perforiert, Bildbreite 16 × 22 mm; v. a. für Spielfilme), *16-mm-Film* (ein- oder beidseitig perforiert, Bildgröße 7,5 × 10,3 mm; für Fernsehfilme, Lehrfilme

u. a. für Schulen, Filmbildstellen, Archive), für den Amateurgebrauch *8-mm-Film* (*Super-8-Film* bzw. *Single-eight-Film,* einseitig perforiert 4,22 × 5,69 mm; der *Normal-8-Film,* 3,6 × 4,9 mm, ist veraltet); für verschiedene Breitbildverfahren *(Todd-AO)* wird 70-mm-*Film* verwendet. Während Amateure und Fernsehanstalten den nach der Umkehrentwicklung sofort vorführbereiten *Umkehrfilm* bevorzugen, verwenden Filmgesellschaften *Negativfilm,* der die Herstellung (Ziehen) von *Massenkopien* gestattet, wobei die Arbeitsgänge im Kopierwerk nicht an den Originalnegativen, sondern an Arbeitskopien erfolgen, die bei Schwarzweißfilmen von einem „*Master*" oder „*Lavendel*" (wegen der blauen Anfärbung) genannten *Dup-Positiv,* bei Farbfilmen vom sog. *Zwischenpositiv* gezogen werden. Nach der vom *Cutter* am Schneidetisch fertiggeschnittenen Arbeitskopie werden im Kopierwerk die Dup-Negative für die zur Kinovorführung bestimmten *Theaterkopien* hergestellt: Titel, Blenden, Überblendungen u. ä. Tricks werden vom Trickfilmatelier aufgenommen bzw. durch Kopiereffekte hergestellt und an den vorgesehenen Stellen in den F. eingefügt.

Prinzip des **Tonfilms:** Der Begleitton wird in (für Breitwandfilm mehrkanaligen) opt. oder magnet. Randspuraufzeichnungen festgehalten, die wegen des nicht kontinuierl., ruckhaften Filmtransports am Bildfenster dem Bild voraus- (Lichtton) oder nachlaufen (Magnetton) müssen. Während das *Magnettonverfahren* (Spurbreiten 5 und 2 mm, bei Super-8-Film 0,7–0,8 mm) mit dem des normalen Tonbandgeräts ident. ist, beruhen die *Lichttonverfahren* auf der Umwandlung der Tonfrequenzen in period. photograph. Schwärzungen auf einer Filmrandspur, die von einer lichtempfindl. Zelle abgegriffen und elektroakust. in Tonschwingungen rückverwandelt werden. Die heute veraltete *Sprossenschrift* (Intensitätsschrift) zeigt unterschiedl. geschwärzte Zonen, die von einer Glimmlampe erzeugt werden, deren Helligkeit sich im Rhythmus der Tonfrequenzen ändert. Bei der *Zackenschrift* (Transversal-, Amplitudenschrift) werden der Randspur zackenförmige Schwärzungen gleicher Dichte, aber unterschiedl. Größe mit einem Lichtspalt und einer im Rhythmus der Tonfrequenzen schwingenden Zackenblende aufbelichtet (Ein-, Doppel-, Mehrfachzackenschrift). Lichtton kopiert bei der Herstellung der Theaterkopien auf einfache Weise mit und muß nicht, wie Magnetton, eigens auf die Randspur überspielt werden.

Film. Von oben: „Die Reise zum Mond" (1902; Regie Georges Méliès), „Das Kabinett des Dr. Caligari" (1919; Robert Wiene), „Panzerkreuzer Potemkin" (1925; Sergej Eisenstein)

Film

Der Ton wird vom Tonaufnahmegerät (im Studio die sog. Tonkamera) zunächst auf perforierten Magnetfilm aufgenommen; die Magnetfilme werden am Schneidetisch parallel zum Bild bearbeitet; der *Tonmeister* stellt sowohl ein Geräusch- und Musikband ohne Sprache (*IT-Band* für Fremdsprachensynchronisierungen) als auch ein Sprachband her und überspielt beide auf das Lichttonnegativ oder die Magnetrandspur der Theaterkopien. Ein opt. und akust. Zeichen für den *Synchronstart* wird mit der **„Klappe"** gegeben: Eine Tafel mit Filmtitel, Nummer der Einstellung und der Wiederholung wird vor die Kamera gehalten, dann wird mit einer Latte gegen die Tafel geschlagen. Bei Außenaufnahmen muß der synchrone Lauf von Tonaufnahmegerät und Filmkamera z.B. durch einen 50-Hz-Pilotton, durch elektron. Steuerimpulse u.a. hergestellt werden. Vielfach werden Außenaufnahmen auch im Studio nachsynchronisiert. V.a. bei Musikaufnahmen wird der Ton ohne Bild im Studio aufgenommen und während des Filmens der Handlung als *„Playback"* hörbar gemacht; bei Orchesteraufnahmen o.ä. sind auch mehrere Filmkameras im Einsatz, die mit Fernseheinrichtungen gekoppelt sind und deren Einstellungswechsel von einem Monitorraum aus geschaltet wird; diese *Electronic-Cam-Aufnahmegeräte* laufen während der Musikaufführung.

Spezielle Aufnahmeverfahren: Animation: Zeichentrickfilme werden auf dem Tricktisch im *Einergang* (Einzelbildschaltung) aufgenommen, wobei für jede Bewegungsphase eine Einzelzeichnung auf transparentem Grund vorhanden sein muß. **Rückprojektion:** Ausblicke aus fahrenden Fahrzeugen u.ä. werden von einem zweiten Filmstreifen bildsynchron von hinten auf einen hinter der Fahrzeugattrappe befindl. großen Bildschirm projiziert. **Begleitfahraufnahmen:** Kamerakräne, -wagen *(Dollys)* werden auf Betonfahrbahnen oder Schienen längs des zu filmenden Bewegungsvorgangs bewegt; einen eingeschränkten Fahreffekt ergibt die kontinuierl. Brennweitenverstellung des Zoomobjektivs. **Zeitraffer, Zeitlupe:** durch „Unterdrehen" oder „Überdrehen", d.h. Verminderung oder Erhöhung der Aufnahmefrequenz bei normaler Wiedergabefrequenz, ergibt sich eine zeitl. Verkürzung bzw. eine Verlängerung (größere Phasenauflösung) von Bewegungen; zu geringe Bildfrequenzen mit zu großen Differenzen zw. den Einzelbildern stören allerdings den stroboskop. Bewegungseindruck *(Shutter-Effekt)*. **Breitbildverfahren:** Breitwandfilme mit [pseudo]stereoskop. Bild- und Raumtoneffekt haben an Bedeutung verloren, soweit sie aufwendige Aufnahme- und Wiedergabesy-

Film. Von oben: „Der General" (1926; Buster Keaton), „Der blaue Engel" (1930; J. von Sternberg), „M" (1931; Fritz Lang)

Film

steme erfordern (mehrere Kameras bzw. Projektoren für das breite Bild); geblieben sind die mit nur einer Wiedergabeeinheit arbeitenden *Cinemascope* (anamorphotische Optik) und *Todd-AO* (überbreiter Film). Das Seitenverhältnis beträgt 1 : 2,55 gegenüber 1 : 1,37 beim Normalfilm (1 : 1,33 beim Fernsehbildschirm). **Amateurfilmtechnik:** Der v. a. in Frankr. und Großbrit. seit 1921 z. T. bis heute beliebte 9,5-mm-Film mit der Perforation in der Mitte des Filmstreifens zw. den Bildern hatte in Deutschland keine Verbreitung gefunden; das hier früher fast ausschließl. verwendete *Doppel-8-Format* (Normal-8-Format) - ein 16 mm breiter Film läuft zweimal durch die Kamera, wird dabei hälftig belichtet und nach dem Entwickeln auseinandergeschnitten - ist fast vollständig von zwei trotz des gleichen Bildformats nicht kompatiblen Filmkassetten- und Kamerasystemen verdrängt worden: Super-8-Film von Kodak, Single-eight-Film von Fuji. Die heutige *Normfrequenz* beträgt 18 Bilder/s im Ggs. zu 16 Bilder/s beim Doppelachtsystem. **Tonaufnahme:** Neben dem Einbandverfahren (Bild und Ton auf demselben Träger) ist auch die Originaltonaufnahme mit separatem Tonbandgerät oder Kassettenrecorder (Zweibandverfahren) gebräuchl. (Synchronität durch elektron. Impulse der Kamera; z. B. *Casy-System, Einheitstonsystem*). Bei der Nachvertonung über den Tonprojektor kann der Film mit einer zweiten Randspur (für Stereoton) versehen werden. **Geschichte der Filmtechnik:** Um 1645 verbesserte der Jesuit A. Kircher die Laterna magica und erfand einen Guckkasten mit rotierenden Bildern. 1829–32 entstanden gleichzeitig das „Phaenakistiskop" des Belgiers J. Plateau und das „Stroboskop" des östr. Physikers S. Stampfer: eine Scheibe mit Bewegungsdarstellungen, die durch Sehschlitze in der Scheibe in einem Spiegel sichtbar werden (**Lebensrad**). Um 1845 kombinierte der östr. Ingenieur F. von Uchatius die Laterna magica mit dem verbesserten Stampferschen Lebensrad. Der brit. Ingenieur Beale entwickelte 1866 mit dem „Choreutoskop" ein an jede Laterna magica ansetzbares Gerät, das Bilder auf Glasscheiben u. -streifen ruckhaft transportierte. Der amerikan. Photograph E. Muybridge machte 1878 erstmals echte Serienphotos, die er 1879 im „Zoopraxiskop" (eine Art Projektor) vorführte. 1887 legte T. A. Edison die Maße des „Normalfilms" fest; er baute eine 35-mm-Aufnahmekamera („Kinetograph") u. führte 1892 ein Wiedergabegerät („Kinetoskop") nach dem Guckkastenprinzip vor. 1893 kombinierte er das Kinetoskop mit dem Phonographen zum „Kinetophon". M. Skladanowsky baute 1892–94 eine schrittweise transportierende Kamera für Rollfilm, kopierte die Aufnahmen auf Zelloidinpapier und führte sie mit seinem Projektor „Bioskop"

(8 Bilder/s) vor (1. Nov. 1895 im Berliner „Wintergarten"). 1895 stellten A. und L. J. Lumière den „Cinématographe" vor. Das Gerät war Kamera, Kopiereinrichtung und Projektor in einem; es vereinigte erstmals alle kinematograph. Forderungen: Bildfrequenz 16 Bilder/s, ruckhafter Filmlauf mit Stillstand während der Projektion und verdunkelter Transportphase, Transport des Edison-Films durch Greifer. Dieses Gerät bauten O. Meßter und T. Pätzold weiter aus. 1898 ließ sich A. Baron ein Tonfilmaufnahmegerät patentieren, gleichzeitig setzte sich - bis zum Aufkommen des Stummfilms mit Musikbegleitung - die bildsynchrone Schallplattenwiedergabe (sog. „Nadelton") durch. Am Beginn der Farbfilmepoche stehen „Gaumontcolor", ein additives Dreifarbenverfahren, und „Cinemacolor" von Kodak (Zweifarbenfilm, 1915). 1921 erscheint der 9,5-mm-Amateurfilm (Pathé Baby) mit Mittelperforation zw. den Bildern; 1922 kam ein angereiftes Lichttonverfahren („Triergon", V. H. Vogt, J. Masolle und J. Engl) auf den Markt, das u. a. für „Fox tönende Wochenschau" verwendet wurde. Der doppelt perforierte 16-mm-Film setzte sich 1923, der 8-mm-Amateurfilm (Doppel-8-Film) seit 1932 durch. Das erste neuzeitl., bis in die jüngste Zeit angewandte Farbverfahren war das *Technicolor-Verfahren* von H. Kalmus, D. F. Comstock und W. B. Westcott (1922 Zweifarbenfilm, 1932 Dreifarbenfilm), ein subtraktives Verfahren, bei dem getrennt aufgenommene (später um Dreischichtennegativfarbfilm gewonnene) Teilfarbauszüge auf Gelatine umgedruckt wurden. Daneben erlangten die Entwicklungsfarbfilme „Kodachrome" (1935) und „Agfacolor" (1936) Weltgeltung. Seit 1952 wurden Breitbildverfahren verwendet. Die Amateurfilmformate sind seit 1965 Super-8 und Single-eight.
Eine bundesrechtl. Regelung des **Filmrechts** besteht bis jetzt nicht. Von bes. filmrechtl. Bed. sind v. a. das Filmförderungsgesetz (↑Filmförderung) und das Filmurheberrecht (↑Urheberrecht).
Die **Filmwirtschaft** (als um 1900 entstandener Wirtschaftszweig) befaßt sich mit der Produktion, dem Vertrieb bzw. Verleih und der Aufführung von F.; als Sparten werden insbes. Produktion, Verleih und Filmtheaterbetrieb sowie - als Sonderform im Import- und Exportgeschäft - Vertrieb, gelegentl. als bes. Sparte auch die Technik genannt. Die wirtsch. Hauptbedeutung liegt beim Spiel-F. Der Verleih schließt mit Produktions- oder Vertriebsfirmen Lizenzverträge, mit den F.theatern Mietverträge ab, nach denen meist etwa 40 % der Nettoeinnahmen an den Verleih bezahlt werden. Das große Risiko in der F.wirtschaft trägt meist der Verleih, der durch die sog. Staffelvermietung das Risiko des einzelnen F. zu vermindern trachtet.

3*

Film

1983 gab es in der BR Deutschland 326 Ur- bzw. Erstaufführungen von abendfüllenden Spielfilmen. Der Verleihumsatz in den 3045 ortsfesten F.betrieben, 37 Wanderfilm-Betrieben und 11 Autokinos betrug insgesamt 357,8 Mill. DM. Die 117,4 Mill. F.besucher bedeuten einen Durchschnitt von 1,9 (1956: 15,6) F.besuchen pro E im Jahr.

Die Interessen der einzelnen Sparten der F.wirtschaft werden von Verbänden wahrgenommen, die sich in der Spitzenorganisation der Filmwirtschaft (Abk. SPIO, mit der Freiwilligen Selbstkontrolle der Filmwirtschaft, Abk. FSK, als einer Abteilung; Sitz Wiesbaden) zusammengeschlossen haben. Auf Antrag von der Filmbewertungsstelle Wiesbaden (Abk. FBW) begutachtete und mit Prädikat versehene Filme (Prädikate: „wertvoll“ und „bes. wertvoll“) haben Ansprüche auf Steuervergünstigungen und Vorteile bei der Inanspruchnahme von finanziellen Hilfen nach dem Filmförderungsgesetz, neben dem es allerdings weitere Maßnahmen der Filmförderung gibt.

Als **Hauptarten** des F. lassen sich unterscheiden: Der *Spielfilm* (je nach Länge abendfüllender Spielfilm oder Kurzspielfilm), der eine gewisse Nähe zum Drama (dramat. Konflikt) aufweist, steht den literar.-theatral. Kunstarten am nächsten. Der *Dokumentarfilm* (weitgehend ident. mit der veralteten Bez. *Kulturfilm*) wird i. d. R. durch Montage dokumentar. Aufnahmen geschaffen, er wird durch gesprochenen Text kommentiert. In den 1950er und 1960er Jahren bahnte sich eine Annäherung des Spiel-F. an den Dokumentar-F. an, u. a. durch Versetzung der Handlung in ein nichtinszeniertes Milieu und Aufnahmen mit versteckter Kamera. Die *Wochenschau* als period. aktuelle Filmberichterstattung ist ein Kurzfilm aus teils dokumentar., teils unterhaltenden Beiträgen. Starke Unterschiede zu diesen F.arten weist der *Animationsfilm* auf, der den Zeichentrick-F. und den Puppentrick-F. verbindet. Nach inhaltl.-themat. Gesichtspunkten untergliedert man v. a. die Spielfilme u. a. in Abenteuer-, Ausstattungs-, Heimat-, „Hongkong“-, Horror-, Kriminal-, Kriegs-, Liebes-, Märchen-, Musik- und Revue-, Sex- und Porno-F., Western (Italowestern); nach der Funktion werden z. B. Unterhaltungs-, Propaganda-, Werbe-, Wirtschafts-, wiss. F. unterschieden, nach dem primär angestrebten Publikum v. a. Frauen- sowie Kinder- und Jugendfilme.

Kunstwerk (Filmdramaturgie): Eine F.produktion umfaßt ineinandergehende Prozesse; den schöpfer. und den der Realisation. Eine F.idee wird durch einen Schriftsteller bzw. Dramaturgen in Zusammenarbeit mit einem Regisseur zu einem Drehbuch ausgearbeitet und dem Produzenten vorgelegt, der zur Realisierung den techn. Stab engagiert. Die Beiträge von Künstlern verschiedener Sparten

vereinigen sich im F. zu einem kollektiven Produkt neuer künstler. Dimension. Aus der photograph. Natur des F. ergibt sich die Möglichkeit, den Ort der Handlung unbegrenzt oft zu wechseln, die verschiedensten Kameraeinstellungen zu wählen und die Vorstellungswelt mittels Licht und Farbe in Bilder umzusetzen. Die kinematograph. Komposition unterscheidet sich von der photograph. durch Dynamik sowohl des Bildes selbst (Fahrtaufnahmen, Zoomeffekte usw.) als auch innerhalb des Bildes. Durch Verbreiterung bzw. Verengung des Sichtfeldes kann der Regisseur die Aufmerksamkeit des Zuschauers auf die Handlungsmomente so konzentrieren, daß der Ablauf optimal gestaltet wird. Der F. besteht aus einer Menge von einzelnen Handlungsfragmenten in verschiedenen Aufnahmen (z. B. Totale: Darstellung von Landschaften, Massenbewegungen usw., Halbtotale: kleine Gruppen usw., Großaufnahme: Gesicht, Details usw.). Die Einzelaufnahmen werden durch *Montage* (F.schnitt) in eine konsequente Aufeinanderfolge gebracht. Mit Hilfe der F.montage wählt der Regisseur das F.material aus, schafft die Illusion der Kontinuität des Handlungsablaufs, setzt durch Ausnutzung der gleichzeitigen Entwicklung mehrerer Handlungslinien (Parallelmontage, Rückblende) Akzente und kann außerdem den Sinn des Dargestellten durch Bildmetaphern verdeutlichen. Mit der techn. Entwicklung (Ton-F., bewegl. Kamera, verbesserte Optik usw.) entdeckte man neue künstler. Möglichkeiten, die größere Wirklichkeitsnähe vermitteln: Anstatt die Handlung durch F.montage aus Einzelbildern zusammenzusetzen, wird der gesamte Aufnahmeraum (mit Hilfe der Tiefenschärfe) ausgenutzt, mehrere Handlungsmomente werden in einer Einstellung simultan gestaltet.

Geschichte: 1895 begr. die Brüder Lumière den **Dokumentarfilm**, in dem alle oder ein Großteil der Bilder ungestellt sind. G. Méliès, einer der ersten F.regisseure, schuf den **Spielfilm** u. a. mit phantast. Sujets („Die Reise zum Mond“, 1902; nach J. Verne), F. Zecca, Chefregisseur der Produktionsgesellschaft Pathé Frères (1896–1939) mit dem F. „Die Opfer des Alkoholismus“ (1902) den *sozialkrit. Film*. Zunächst als Jahrmarktsvergnügen abgetan, wurden nach 1900 die techn. und themat. Möglichkeiten des F. zunehmend erweitert: J. Durand und M. Linder schufen die frz. **Filmburleske**, E. Cohl entwickelte den **Animations-** oder **Trickfilm** (Zeichen-, Puppen-, Silhouetten-F.). L. Feuillade wurde durch seine **Fortsetzungsfilme** mit nicht in sich abgeschlossenen Teilen (z. B. „Fantomas“, 1913/14), zum Publikumsmagneten. Zw. 1899 und 1903 experimentierte im Großbrit. die „Schule von Brighton“ mit Einstellungsformen, Kamerafahrten und Montage. Mit „Der große Zugraub“ (1903) schuf E. S. Porter die für die amerikan. F.geschichte wichtige Gattung des **Western.** Bed. erlangten zu dieser Zeit Italien mit monumentalen histor. **Ausstattungsfilmen** wie „Die letzten Tage von Pompeji" (L. Maggi, 1908) und „Cabiria" (G. Pastrone, 1912) sowie Dänemark, das bis 1917 mit **Abenteuer-** und **Liebesfilmen** den europ. Markt beherrschte; A. Nielsen wurde der erste Filmstar des dän., später des dt. Films; dessen wichtigster Produzent der Anfangsjahre, O. Meßter, drehte nachgestellte histor. Szenen, Burlesken und **Wochenschauen** und stellte die ersten dt. F.stars heraus (z. B. H. Porten). P. Wegener, einer der ersten Bühnenschauspieler, die sich mit dem F. auseinandersetzten, drehte zus. mit S. Rye bzw. H. Galeen „Der Student von Prag" (1913) und „Der Golem" (1915). Um 1914 begann H. Piel als Regisseur und Darsteller seine bis 1950 während Serie von **Sensationsfilmen.** Weltweite Aufmerksamkeit erregten die myth. beeinflußten F. V. Sjöströms, z. B. „Berg-Eyvind und seine Frau" (1917), „Der Fuhrmann des Todes" (1920) und **Historienfilme** („Gösta Berling", 1924) M. Stillers, der den Weltstar G. Garbo entdeckte.

Nach dem Zusammenbruch der dän. und italien. F.industrie 1914 wurden die USA marktbeherrschende F.nation. D. W. Griffith begr. den amerikan. **Geschichtsfilm** mit „Die Geburt einer Nation" (1915) sowie „Intoleranz" (1916) und das lyr. **Filmmelodrama** „Gebrochene Blüten" (1919); von ihm sind alle amerikan. Regisseure der ersten Generation beeinflußt: C. B. De Mille, E. von Stroheim, R. Flaherty, J. von Sternberg, H. Hawks, F. Capra, J. Ford und K. Vidor. Eine weitere Besonderheit ist die von M. Sennett begr. **Slapstick-Comedy,** deren bekanntestes Zeichen die von C. Chaplin erfundene und gespielte Figur des Vagabunden mit Melonenhut, Spazierstock und ausgetretenen Schuhen ist. Mit Beginn der Tonfilmzeit (1927) entstanden neue F.-genres: **Filmmusical** („Broadway-Melodie", 1929), **Screwball-Comedy,** z. B. „Mr. Deeds geht in die Stadt" (F. Capra, 1936), und **Gangsterfilm,** u. a. „Kleiner Cäsar" (M. Le Roy, 1930). Höhepunkte der amerikan. **Horrorfilms** waren „King-Kong" (M. C. Cooper, E. L. Schoedsack, 1933) und „Frankensteins Braut" (J. Wahle, 1935). Anfang der 1930er Jahre begann in Hollywood die Ära des Starkults; die berühmtesten Stars waren die „Vamps" M. Dietrich und Mae West. Mit „Jesse James" (H. King, 1939) und „Vom Winde verweht" (V. Fleming, 1939) setzte sich der **Farbfilm** durch. Ton und Farbe verwandte W. Disney für die Animationsfilme mit den gezeichneten Tieren Mickey Mouse (seit 1926) und Donald Duck (seit 1937). Zunächst unbeachtet blieben die **sozialkrit. Dokumentarfilme** v. a. W. van Dykes und R. Flahertys („Nanook aus dem Norden", 1922). Die Serien des **schwarzen Films** v. a. der 1940er Jahre

Film. Von oben: „King Kong" (1933; Ernest B. Schoedsack und Merian C. Cooper), „Die Kinder des Olymp" (1943–45; Marcel Carné), „Die Mörder sind unter uns" (1946; W. Staudte)

Film

kennzeichnet ein extremer Pessimismus; ihre Stars sind u.a. H. Bogart, z. B. in „Die Spur des Falken" (J. Huston, 1941), und R. Hayworth in „Die Lady von Shanghai" (O. Welles, 1948). Ab 1950 versuchte die amerikan. F.industrie, auf Grund der zunehmenden Konkurrenz des Fernsehens mit aufwendigen Ausstattungsfilmen wie „Ben Hur" (W. Wyler, 1959) und techn. Effekten Zuschauer zu gewinnen. Künstler. erfolgreiche Regisseure waren E. Kazan mit „Die Faust im Nacken" (1954) und J. Losey, der vor der antikommunist. „Hexenjagd" des J. R. McCarthy nach Europa emigrierte, mit „Der Diener" (1963) und „Accident - Zwischenfall in Oxford" (1967). **Actionfilme** drehten S. Fuller, R. Aldrich, D. Siegel, z. B. „Coogans großer Bluff" (1968). Amerikan. Stars in den 1950er Jahren waren M. Monroe, E. Taylor und S. Loren. Nach Vorläufern und Wegbereitern wie M. Derens „Netze des Nachmittags" (1943) und M. Menkens „Ein Blick in den Garten" (1957) gründeten unabhängige Filmemacher die „New American Cinema Group", die avantgardist., z. T. verbotene **Undergroundfilme** herstellte; wichtigste Vertreter sind O. Markopoulos und A. Warhol. Als Kompensation für die enttäuschten Hoffnungen vieler Amerikaner, die sie in polit. Bewegungen Ende der 1960er Jahre gesetzt hatten, erwiesen sich verschiedene marktbeherrschende F.serien, die Brutalität und Gewalt thematisieren: **Polizei-** und **Law-and-order-Filme** wie „Dirty Harry" (D. Siegel, 1971), **Katastrophenfilme** („Erdbeben", 1971), **Horrorfilme** wie „Der Exorzist" (1974) und „Der weiße Hai" (S. Spielberg, 1975), in denen sich Unzufriedenheit mit der Gegenwart und Angst vor der Zukunft spiegelt. Unterhaltenden Charakter hatten in der Einbeziehung von Zeitgeschichte und der raffinierten Verwendung ineinandergreifender Rückblenden „Der Pate, 2. Teil" (F. Coppola, 1975) und verschiedene Filmkomödien, z. B. „Die letzte Nacht des Boris Gruschenko" (W. Allen) und „Frankenstein Junior" (M. Brooks) sowie **Gangsterfilme** („Hundstage", S. Lumet), die die amerikan. Gesellschaft realist. und krit. darstellten; hierzu zählen auch „Alice lebt hier nicht mehr" (M. Scorsese), die Geschichte einer Frau zw. Jugendtraum und Anpassung. 1976 wurde das „klass." Hollywood durch das „New Hollywood" abgelöst: S. Kubricks „Barry Lyndon", A. P. Pakulas Watergatefilm „Die Unbestechlichen" und M. Scorseses „Taxi Driver" beschäftigten sich mit gesellschaftl. Wirklichkeit. Eine teils böse, teils iron. Beschreibung der gegenwärtigen USA ist „Der Stadtneurotiker" (engl. Titel „Annie Hall"; W. Allen, 1977); dagegen scheinen die **Filmlegende** „Rocky", der **Science-fiction-Film** „Krieg der Sterne" (1977) u. die Verfilmung des Comic-Mythos „Superman" (1978) den Rückzug in das Traumkino anzudeuten. Mit

dem **Musikfilm** „Amadeus" errang M. Forman 1984 einen Welterfolg.
Der deutsche Film erlebte 1917 mit der Gründung des Produktions-Verleih-Theater-Konzerns Universum-Film AG (UFA) große Erfolge. Eine künstler. Sensation war „Das Kabinett des Dr. Caligari" (R. Wiene, 1919), mit dem der *film. Expressionismus* begr. wurde, zu dem auch „Von Morgens bis Mitternacht" (K. H. Martin, 1920), „Der müde Tod" (F. Lang, 1921), „Das Wachsfigurenkabinett" (P. Leni, 1923) gehören. Die zumeist in der Welt des Kleinbürgertums spielenden **Kammerspielfilme** wie „Die Hintertreppe" (L. Jessner, 1921), „Scherben" (L. Pick, 1921) streben die Psychologisierung der Figuren an. Zur Avantgarde der dt. F. in den 1920er Jahren gehörte u. a. L. Reiniger mit **Silhouettenfilmen.** Weitere wichtige Regisseure des dt. Stumm-F. sind F. W. Murnau („Nosferatu", 1922), der 1926 in die USA ging und der 1923 in die USA verpflichtete E. Lubitsch („Die Austernprinzessin", 1915). Die Vertreter der *film. neuen Sachlichkeit* strebten nüchterne Darstellungen an. A. Fanck beschwört in seinen **Naturfilmen** „Das Wunder des Schneeschuhs" (1921) und „Der heilige Berg" (1926) Reiz und Gefahr des Hochgebirges ebenso wie seine Schüler L. Trenker und L. Riefenstahl; G. W. Pabst will in „Die freudlose Gasse" (1925) soziale Verhältnisse und menschl. Emotionen analysieren; R. Siodmaks „Menschen am Sonntag" (1929) schildert den Berliner Ausflugsbetrieb. Eine Sonderrichtung sind die *proletar. Filme*, die sich mit einer sozialist. Tendenz dem Leben der Arbeiterschaft zuwandten, z. B. P. Jutzis „Mutter Krauses Fahrt ins Glück" (1929), ein Versuch, der nach Einführung des Tonfilms fortgesetzt wurde, u. a. von G. W. Pabst mit „Kameradschaft" (1931), P. Jutzi mit „Berlin Alexanderplatz" (1931, nach A. Döblin). W. Basse mit dem **Reportagefilm** „Deutschland zw. gestern und morgen" (1932). Bed. auch J. von Sternbergs suggestive Bild- und Tonsymbiose in „Der blaue Engel" (1930) mit dem späteren Weltstar M. Dietrich. F. Langs „M" (1931) und „Das Testament des Dr. Mabuse"-(1932) sind überzeugende Sittenbilder aus dem Deutschland um 1930. Nach einer Vorlage von E. Ottwalt und B. Brecht drehte S. Dudow „Kuhle Wampe" (1932), den einzigen kommunist. F. der Weimarer Republik. Ein bed. **Opernfilm** gelang dem 1933 nach Frankr. emigrierten M. Ophüls mit „Die verkaufte Braut" (1932). Film. Vorboten der Machtergreifung Hitlers waren u. a. die nat.-soz. F. G. Ucickys „Das Flötenkonzert von Sanssouci" (1930) und „York" (1932). Nach 1933 emigrierten viele Filmkünstler (u. a. F. Lang und R. Siodmak). Hauptvertreter des faschist. *Tendenzfilms* waren H. Steinhoff („Hitlerjunge Quex", 1933; „Ohm Krüger", 1941), V. Harlan („Jud Süß", 1940; „Kolberg", 1945). W.

Liebeneiner drehte neben „Der Mustergatte" (1937) auch den die Euthanasie propagierenden F. „Ich klage an" (1941). Hauptvertreterin des tendenziösen **Dokumentarfilms** war L. Riefenstahl. Daneben Produktion zahlr. unpolit., publikumswirksamer **Unterhaltungsfilme.** Als Regisseure der Nachkriegszeit setzten sich W. Staudte mit „Die Mörder sind unter uns" (1946) und H. Käutner „In jenen Tagen" (1947) mit NS und Krieg auseinander.

Nach Gründung der B R D e u t s c h l a n d waren jedoch zunächst **Revue**- und **Heimatfilme** mit den Stars der 1950er Jahre gefragt: R. Leuwerik, L. Pulver, M. Schell, S. Ziemann, D. Borsche, O. W. Fischer, R. Prack, H. Rühmann. Neben zahlr. mittelmäßigen F. traten F. von neuen Regisseuren wie H. Vesely („Nicht mehr fliehen", 1955), G. Tressler „Endstation Liebe", 1958), B. Wicki („Die Brücke", 1959) und die F. von heimgekehrten Emigranten wie P. Lorre („Der Verlorene", 1950), R. Siodmak („Nachts, wenn der Teufel kam", 1956), F. Lang („Die tausend Augen des Dr. Mabuse", 1960) bes. hervor. Abkehr vom konventionellen F. signalisierten 1966 „Der junge Törless" (V. Schlöndorff) und „Abschied von gestern" (A. Kluge), in denen mit Laien und Umgangssprache gearbeitet wurde. E. Reitz' „Mahlzeiten" (1967), die unkonventionelle Analyse einer Ehe, ist ein weiteres Produkt des *Jungen Dt. Films,* der jedoch nicht den offiziellen, weiterhin von belangloser Unterhaltung beherrschten F.markt erreichte. Dokumentar. interessierte *Filmemacher* des Jungen Dt. F. waren E. Runge, U. Stöckl; zur „Münchner Schule" gehörten R. W. Fassbinder und W. Wenders; keiner Schule zuzurechnen sind J. M. Straub („Chronik der Anna Magdalena Bach", 1968) und W. Herzog („Lebenszeichen", 1968). Polit. argumentierende Spielfilme waren „Liebe Mutter, mir geht es gut" (C. Ziewer, 1972) und „Die Wollands" (M. Lüdcke/I. Kratisch, 1972). Die wichtigsten 1973 entstandenen F. kamen entweder gar nicht in den Verleih oder aber nur in kommunale Kinos wie H. Bohms **Kinderfilm** „Tschetan, der Indianerjunge", M. Willutzkis „Der lange Jammer", bzw. ins Fernsehen wie W. Herzogs südamerikan. Tyrannenparabel „Aguirre, der Zorn Gottes"; ledigl. „Traumstadt" von J. Schaaf und „Der Fußgänger" von M. Schell fanden einen regulären Verleih. Im ganzen gesehen wurde der dt. Filmmarkt bis Anfang der 1970er Jahre - abgesehen von ausländ. Produktionen - von Unterhaltungsfilmen (Edgar-Wallace- und Lümmelfilme, Simmelverfilmungen, Lustspielen) und **Sexfilmen** beherrscht. Während ein junger Regisseur häufig mit dem Fernsehen zusammenarbeiten, konnte sich R. W. Fassbinder 1974 v. a. mit „Fontane Effi Briest" auch kommerziell durchsetzen. Die ersten mit Mitteln der Filmförderungsanstalt 1975 unterstützten Filme waren M. von Trottas/V.

Schlöndorffs „Die verlorene Ehre der Katharina Blum" (nach H. Böll) und „Berlinger" (B. Sinkel/A. Brustellin); weitere erfolgreiche F. waren B. Sinkels „Lina Braake" (1975), W. Herzogs Kaspar-Hauser-Film „Jeder für sich und Gott gegen alle", W. Wenders' „Falsche Bewegung", U. Miehes „John Glückstadt", eine aus der Novelle T. Storms „Ein Doppelgänger" übernommene Geschichte (alle 1975), „Im Lauf der Zeit" (W. Wenders, 1976), A. Kluges „Die Macht der Gefühle", R. van Ackerens „Die flambierte Frau" (alle 1983), I. Szabós „Oberst Redl" (1985), W. Wenders' „Paris, Texas" (1985).

Frauenfilme drehten M. von Trotta und V. Schlöndorff („Der Fangschuß", 1976) sowie H. Sanders („Shirins Hochzeit", 1975). Gesellschaftl. Engagement zeigten v. a. der 1976 gedrehte **Heimatfilm** „Sternsteinhof" (H. W. Geissendörfer) und die F. „Der starke Ferdinand" (A. Kluge) und „Vera Romeyke ist nicht tragbar" (M. Willutzki). Internat. Bed. erreichte der dt. Film 1977 mit W. Herzogs „Stroszek", R. Hauffs „Der Hauptdarsteller" und mit Literaturverfilmungen wie A. Brustellins/B. Sinkels „Der Mädchenkrieg" (nach M. Bieler), W. Wenders „Der amerikan. Freund" und H. W. Geissendörfers „Die gläserne Zelle" (beide nach P. Highsmith). „Deutschland im Herbst" (1978) ist der erste Versuch kollektiver Arbeit von Autorenfilmern wie A. Brustellin, A. P. Cloos, R. W. Fassbinder, A. Kluge, M. Mainka, E. Reitz, K. Rupe, V. Schlöndorff, B. Sinkel unter Mitarbeit von H. Böll.

In der D D R führte - nach stark beachteten F. wie „Affäre Blum" (E. Engel, 1948) und „Das kalte Herz" (P. Verhoeven, 1950) - der geforderte sozialist. Realismus ledigl. zu einseitiger Agitation wie in den F. von K. Maetzig „Der Rat der Götter" (1950) oder „Ernst Thälmann - Sohn seiner Klasse" (1953), weshalb auch einige der bed. Regisseure wie W. Staudte, E. Engel und P. Verhoeven in die BR Deutschland gingen. Ende der 1950er, Anfang der 1960er Jahre traten neue Regisseure hervor: K. Wolf mit antifaschist. F. - u. a. „Lissy" (1957), „Professor Mamlock" (1961), - J. Kunert, G. Klein, F. Beyer und E. Günther; daneben wurden insbes. auf dem Gebiet des Dokumentar-F., Animations-F. und Kompilations-F. sowie Kinder-F. gedreht, später auch Western und Lustspiele. Bed. F. der 1970er Jahre sind „Der Dritte" (E. Günther, 1971), „Die Legende von Paul und Paula" (H. Carow, 1973), „Der nackte Mann auf dem Sportplatz" (K. Wolf, 1974), „Die Schlüssel" (E. Günther, 1972), „Beethoven-Tage aus einem Leben" (H. Seemann, 1976). Beachtung fand R. Simons „Die Frau und der Fremde" (1985).

Der künstler. F. in F r a n k r e i c h zw. 1919 und 1930 war bestimmt von der sog. Avantgarde, bestehend aus Anhängern des *film.* Impressionismus, des *„Cinéma pur"* und des *film.*

Film

Surrealismus, z. B. L. Buñuels „Ein andalus. Hund" (1928) oder „Das goldene Zeitalter" (1930). Vertreter des sich anschließenden, von einer dialekt. Spannung zw. Wirklichkeit und Poesie geprägten *poet. Realismus* waren J. Renoir („Das Leben gehört uns", 1936), J. Vigo, M. Carné („Hafen im Nebel", 1938), J. Duvivier („Lebensabend", 1934), R. Clair, J. Feyder, M. Ophüls, J. Cocteau, S. Guitry, M. Pagnol. Nach 1940 setzten sich zahlr. F. mit dem Krieg („Schienenschlacht"; R. Clément, 1945) bzw. der Nachkriegszeit („Verbotene Spiele"; R. Clément, 1952) auseinander. M. Carnés „Die Kinder des Olymp" (1943–45) leitete eine neue Epoche des frz. F. ein, der von Regisseuren verschiedener Richtungen geprägt wurde: R. Bresson, J. Tati, A. Resnais, A. Varda. Die Ende der 1950er Jahre als Gegenbewegung zum *Kommerzfilm* entstandene „*Neue Welle*" („*nouvelle vague*") strebte den unkonventionellen „*Autorenfilm*" an; wichtigste Vertreter sind F. Truffauts „Sie küßten und sie schlugen ihn" (1958), C. Chabrols „Der schöne Serge" (1958), J.-L. Godards „Außer Atem" (1960) und E. Rohmers „Die

Sammlerin" (1966). Verschiedene Tendenzen gab es auch seit 1972: Neben nostalg. Filmen wie „Die Mutter und die Hure" (J. Eustache, 1973), A. Resnais' „Stavisky" (1974), R. Bressons „Lancelot - Ritter der Königin" (1974) standen die aktionsgeladenen **Hongkongfilme**. Eine Attacke auf die Konsumgesellschaft, zugleich der Versuch, Methoden der Videotechnik auf das Medium Film zu übertragen, ist J.-L. Godards „Numéro Deux" (1975); in L. Malles Horror-Märchen „Black Moon" (1975) sah man T. Giehse in ihrer letzten Rolle. Den Ruf als führende europ. F.nation büßte Frankr. zunehmend ein, als die frz. F.industrie entschied, anspruchsvolle F. nur so zu realisieren, daß sie zu einem sicheren Kinoerfolg werden können, z. B. F. Truffauts „Der Mann, der die Frauen liebte" (1977). Während sich J.-L. Godard fast gänzl. vom Film zurückzog, gelangen R. Bresson mit „Der Teufel möglicherweise" (1977), „Das Geld" (1983), L. Buñuel („Dieses obskure Objekt der Begierde", 1978), C. Zidi „Les Ripoux" (1984) interessante Filme.
In der S o w j e t u n i o n wurde der F. nach 1917 als bedeutendes Ausdrucks- und Propagandamittel angesehen. Wichtige Vertreter der Anfangszeit sind D. Wertow und L. Kuleschow. In den F. von S. M. Eisenstein entsteht die Wirkung durch verschiedene Formen der Montage („Panzerkreuzer Potemkin", 1925). Auch in den F. von W. I. Pudowkin ist die Montage wesentl. künstler. Ausdrucksmittel, z. B. „Die Mutter" (1926), „Sturm über Asien" (1928). A. P. Dowschenko ist der Poet der russ. Landschaft („Erde", 1930). Bed. auch G. Kosinzew, L. Trauberg. Das Aufkommen des Ton-F. sowie die Forderungen der jüngeren Generation (S. Jutkewitsch, F. Ermler) veränderten die Dramaturgie des russ. F. Gefordert wurde der sog. positive Held, der psycholog. motiviert und in einer realist. Handlung erscheinen soll, wie z. B. in den F. von B. Barnet „Okraina" (1933), M. Romm „Fettklößchen" (1934), S. Jutkewitsch „Der Mann mit dem Gewehr" (1938), M. Donskoi „Gorki-Trilogie" (1938–40). Für die 1960er Jahre sind 3 Gruppen von Regisseuren zu unterscheiden: die v. a. histor.-literar. Stoffe verarbeitetenden „Altmeister", von denen M. Romm mit seinem „Der gewöhnl. Faschismus" (1965) bes. Bed. zukommt, die sog. „Generation des 20. Parteitags" wie M. K. Kalatosow („Wenn die Kraniche ziehn", 1957), S. F. Bondarschuk („Ein Menschenschicksal", 1959), „Das rote Zelt" (1968) und G. Tschuchrai („Klarer Himmel", 1961) sowie eine Gruppe junger Filmemacher, v. a. A. Tarkowski („Andrej Rubljow", 1966–69, „Serkalo",

Film. Von oben: „Die Faust im Nacken" (1954; Elia Kazan), „Wenn die Kraniche ziehn" (1957; Michail Konstantinowitsch Kalatosow)

1975, und „Nostalghia", 1983), deren Filme oftmals jahrelang zurückgehalten wurden oder Exportbeschränkungen erhielten. 1985 wurde J. Klimows „Geh und Schau" ausgezeichnet.

In Italien trat nach dem Zusammenbruch der F.industrie 1914 und der Zeit des Faschismus eine Reihe von Regisseuren hervor, deren *Neoverismus (Neorealismus)* weltweite Aufmerksamkeit erregte. Die wichtigsten Vertreter sind V. De Sica („Kinder sehen dich an", 1943 und „Fahrraddiebe", 1948), L. Visconti („Von Liebe besessen", 1942 und „Die Erde bebt", 1948), A. Blasetti („Vier Schritte in den Wolken", 1942), R. Rossellini („Rom - offene Stadt", 1945). Nach 1950 trat das polit. Engagement in den Hintergrund, betont wurden die persönl. Probleme des Individuums, z. B. in „Die Müßiggänger" (Fellini, 1953), „Der Schrei" (M. Antonioni, 1957). Zur jüngeren Generation der italien. Regisseure gehören F. Rosi, P. P. Pasolini, B. Bertolucci, L. Wertmüller, E. Petri, G. und V. Taviani. Neben dem Autoren-F. und den verschiedenen Tendenzen des realist.-sozialist. Kinos ist in Italien der publikumsnahe Kommerz-F. von Bed.: die F.komödie, z. B. „Scheidung auf italienisch" (P. Germi, 1961), das F.melodrama, z. B. „Bel Antonio" (M. Bolognini, 1960) und der sog. **Italowestern**, z. B. „Für eine Handvoll Dollar" (S. Leone, 1964) sowie Horror- und Science-fiction-F. wie „Planet der Vampire" (1965). Mitte der 1970er Jahre konnte der italien. Spiel-F. wieder an große realist. Traditionen anknüpfen („Gewalt u. Leidenschaft" (L. Visconti, 1974), „Die 120 Tage von Sodom" (P. P. Pasolini, 1975). Ausstattungs-F. drehte E. Scola („Le Bal", 1984).

Film. Bed. erlangte Großbrit. in den 1930er und 1940er Jahren. Bedeutendste Beispiele des brit. Dokumentar-F. sind die poet. F. über Großbrit. im 2. Weltkrieg („Brände sind ausgebrochen", 1943; „Ein Tagebuch für Timothy", 1945, von H. Jennings). Internat. Beachtung verschaffte dem brit. Spiel-F. A. Korda mit histor. Ausstattungs-F. („Das Privatleben Heinrichs VIII.", 1933, und „Rembrandt", 1936). Wichtigster brit. Regisseur in den 1930er Jahren war A. Hitchcock. Um 1960 erregte für kurze Zeit die Bewegung des *„Free Cinema"* um die Regisseure K. Reisz („Samstagnacht bis Sonntagmorgen", 1960), T. Richardson („Bitterer Honig", 1962), L. Anderson („If", 1967) Aufmerksamkeit, die jedoch bald zum kommerziellen F. übergingen, der schon Ende der 1950er, Anfang der 1960er Jahre großen Erfolg hatte, wie die Horrorfilme T. Fishers, „Frankensteins Fluch" (1957), „Dracula" (1958), oder **Spionagethriller**, z. B. die mehr als 10 Jahre dauernde

Film. Von oben: „Das Schweigen" (1963; Ingmar Bergman), „Belle de jour" (1967; Luis Buñuel), „Flesh" (1968; Andy Warhol)

Film

„James-Bond"-Serie. Beachtung erlangte D. Haves „Wetherby" (1985) und R. Joffés „The Mission (1986).

Die Thematik der bedeutendsten Regisseure Schwedens nach 1945 reicht von I. Bergmans Darstellung der individuellen menschl. Psyche, der Einsamkeit der Menschen und ihrer Unfähigkeit zum Kontakt, z. B. in „Wilde Erdbeeren" (1957), „Das Schweigen" (1963), „Persona" (1966), „Szenen einer Ehe" (1974), „Herbstsonate" (1978), „Fanny und Alexander" (1983), bis zu ep.-dokumentar., offen polit. oder feminist. Aussagen, v. a. B. Widerberg, J. Troell und M. Zetterling.

In der Tschechoslowakei entwickelte sich aus dem *Cinéma vérité* Mitte der 1960er Jahre eine sozialkrit. Strömung mit V. Chytilová („Über etwas anderes", 1963), M. Forman („Die Liebe einer Blondine", 1966), V. Jasný („Wenn der Kater kommt", 1963) und „Alle meine guten Landsleute" (1968) sowie J. Menzel („Liebe nach Fahrplan", 1966). Wichtige Anregungen für den Animations-F. kamen v. a. von J. Trnka. Nach 1969 wurde im Zuge der „Normalisierung" der progressive tschechoslowak. F. einer mehr oder weniger starken Zensur unterzogen; bed. Regisseure gingen daraufhin in die Emigration: J. Kadár nach Kanada, wo er „Geliebte Lüge" (1975) drehte, M. Forman nach Hollywood („Einer flog über das Kuckucksnest", 1976), V. Jasný in die BR Deutschland, wo er H. Bölls „Ansichten eines Clowns" (1976) verfilmte.

In Polen rechnete die „poln. F.schule" (1957–63) mit der Kriegsromantik ab, z. B. A. Wajdas „Kanal", (1956) „Asche und Diamant" (1958), J. Kawalerowiczs „Nachtzug" (1959), während die jüngere Generation groteske F.parabeln über das menschl. Verhalten drehte, z. B. R. Polanski („Das Messer im Wasser", 1962) und J. Skolimowski („Walkover", 1964). Ein stärkerer Zug zur Wirklichkeitsbeobachtung ist v. a. in A. Trzos-Rastawiecks „Chronik eines Verbrechens" (1974) sowie in A. Wajdas „Das gelobte Land" (1975) und „Mensch aus Marmor" (1976) festzustellen. 1986 drehte R. Polanski den Ausstattungsfilm „Piraten".

Jugoslawien: Die Hauptvertreter des jugoslaw. F. sind D. Makavejev („Ein Liebesfall", 1957), A. Petrović („Ich traf sogar glückl. Zigeuner", 1967) und „Meister und Margarita" 1971) sowie der Dokumentarist K. Skantana („Krieger, weggetreten", 1966). Anfang der 1970er Jahre wurden die staatl. Zensurmaßnahmen gegenüber dem krit.-satir. F. verschärft und Filmemacher und Produktionsfirmen einer zunehmenden Disziplinierung unterworfen. Bed. Regisseure drehten deshalb im Ausland, u. a. D. Makavejev („Sweet Movie", 1974) und A. Petrović („Gruppenbild mit Dame", 1976; nach H. Böll).

Japan errang erst mit A. Kurosawas „Rashomon" (1951), „Dersu Usala" (1975) die Auf-

merksamkeit der westl. Welt. Die F. des bedeutendsten Regisseurs K. Misogutschi, sind häufig der jap. Geschichte entnommen („Das Leben der Okaru" (1952); ähnl. arbeiten Y. Osu und M. Naruse. N. Oschimas aufklärer.-analyt. F. („Tagebuch eines Diebes aus Shinjuku", 1969) haben zuweilen eine makabre Thematik. Aufsehen erregte sein zunächst als Pornographie verbotener Film „Im Reich der Sinne" (1975), der die tödliche Kompromißlosigkeit einer Liebesbeziehung thematisiert. 1985 drehte J. Itami „Bestattung".

Indien: Bekanntester ind. F.regisseur ist S. Ray, dessen gesellschaftl. Veränderungen reflektierende F. („Apu"-Trilogie, 1952–59) einen menachol.-lyr. Zug haben.

In Brasilien entstand nach 1960 mit den Regisseuren G. Rocha, R. Guerra u. a. die Bewegung des „Cinema Novo"; mit Hilfe neuer Stilmittel u. a. aus der indian. Folklore wurden polit.-soziale Probleme Brasiliens in betonter Opposition zum herrschenden Regime erfaßt.

Die **empir.-sozialwiss.** ausgerichtete **Filmforschung** wurde erst im frühen 1930er Jahren fester Bestandteil der empir. Sozialforschung. Als Gegenstand der Soziologie der Massenkommunikation bzw. einer speziellen F.soziologie im Rahmen einer allg. Kunst- bzw. Kultursoziologie wird der F. auf die sozioökonom. Bedingtheiten des film. Kunstprozesses (Produktionssoziologie), auf den Rezeptions- und Reaktionsbereich (Publikumssoziologie bzw. Rezipientenforschung) und auf die Wechselwirkungen von Produktion und Rezeption hin untersucht. Viele Studien zur Wirkungsforschung versuchen, zw. der kulturellen Reflexionsfunktion (Hypothese: Kulturprodukte spiegeln in einem gewissen Maße die Wertvorstellungen der Kultur wider, aus der sie hervorgehen) und der sozialen Kontrollfunktion (Hypothese: Die Aussagen der F. beeinflussen und kontrollieren das Weltbild des Zuschauers) des F. zu unterscheiden. Die Problematik der F.wirkungsforschung entspricht weitgehend derjenigen der Fernsehwirkungsforschung (↑auch Fernsehen, Wirkungen).

📖 *Larousse, Dictionnaire du Cinema, Paris 1986. - Fischer F.-Almanach 1986. Hg. v. W. Schobert u. W. Schäfer. Ffm. 1986. - Kurowski, U.: Sachlex. F. Ffm. 1985. - Rabenalt, A. M.: Goebbels und der „Grossdt.". F. Mchn. 1985. - Cinegraph. Lex. zum dt.sprachigen F. Hg. v. H.-M. Bock. Mchn. 1984 ff. - Buchers Enzyklopädie des F. Hg. v. L. Bawden u. a. Mchn. u. Luzern ²1983. 2 Bde. - Ney, U.: Schmalfilmen. Niedernhausen. Neuaufl. 1982. - Faulstich, W.: Einf. in die F.analyse. Tüb. ³1980. - Arnheim, R.: F. als Kunst. Ffm. ²1979. - Richter, H.: Der Kampf um den F. Ffm. 1979. - Rehbinder, M.: Internat. Bibliogr. des F. u. Fernsehrechts. Bern 1979. - rororo F.lex. Rbk. 1978. 6 Bde. - Lotmann, J. M.: Probleme der Kinoästhetik. Einf. in die Semiotik des F. Dt. Übers.*

Ffm. 1977. - Blitz G.: Filmen in Farbe. Stg.
⁷1977. - Toeplitz, J.: Gesch. des F. Mchn.
¹⁻⁴1977–83. 4 Bde.

Filmarchiv, nach bestimmten Gesichtspunkten geordnete Sammlung von Filmen
sowie filmhistorisch bed. Dokumenten: insbes. Cinémathèque Française (Paris), British
Film Institute (London), Museum of Modern
Art (New York), Film Library (New York),
Gosfilmofond (Moskau), Staatl. Filmarchiv
der DDR (Berlin [Ost]), Dt. Institut für Film-
kunde (Wiesbaden), Dt. Kinemathek (Berlin
[West]), Bundesarchiv (Koblenz), Institut für
den Wiss. Film (Göttingen).

Filmbewertungsstelle Wiesbaden,
Abk. FBW, 1951 in Wiesbaden gegr.
Länderbehörde zur Beurteilung der von Verleih und Herstellung eingereichten Kultur-,
Dokumentar- und Spielfilme. Der Bewer-
tungsausschuß, dem von den Ländern der
BR Deutschland benannte unabhängige Gut-
achter angehören, vergibt die Prädikate
„wertvoll" und „bes. wertvoll", durch die die
jeweils prämiierten Filme steuerl. Vergünsti-
gungen erhalten.

Filmcutter ↑Cutter.

Filmdosimeter (Filmplakette) ↑Dosime-
ter.

Filmdruck, Siebdruck mit photograph.
hergestellten Schablonen (Photoschablonen).

Filmemacher, jemand, der als Regisseur
[und zugleich als Drehbuchautor] Filme in eigener Verantwortung macht; die Bez. betont
einerseits mehr den Warencharakter des
Films, andererseits das Engagement (Autoren-
filme).

Filmförderung, Förderung der Filmwirtschaft durch staatl. Subventionen,
Schutzbestimmungen sowie durch Selbsthil-
femaßnahmen. Rechtl. Grundlage ist in der
men zur Förderung des dt. Films vom 25. 6.
1979. Die Förderungsaufgaben wurden der
Filmförderungsanstalt in Berlin (West) übertragen, deren Aufgabe es ist, die Qualität des
dt. Filmes zu steigern und die Struktur der
Filmwirtschaft zu verbessern, dt.-ausländ. Ge-
meinschaftsproduktionen und die wirtschaftl.
Belange der Filmwirtschaft zu unterstützen,
die Zusammenarbeit zw. Film und Fernsehen
zu pflegen sowie Förderungshilfen zu gewähren. Die Anstalt finanziert sich über die sog.
Filmabgabe, die von Veranstaltern entgeltli-
cher Filmvorführungen erhoben wird (bis zum
31. Dez. 1986 befristet).

Filmkamera, photograph. Kamera zur
Aufnahme kinematograph. Bilder von bewegten Objekten. Von der Stehbildkamera unterscheidet sie sich konstruktiv in der Ver-
schluß-, der Filmtransport- und der Filmspu-
leneinrichtung, die es ermöglichen, eine bestimmte Anzahl Bilder in einer Sekunde zu
belichten und weiterzuschalten. Erforderl. ist,
daß das einzelne Bild bei der Belichtung still-
steht; der Filmtransport muß also ruckweise

Film. Von oben: „Spiel mir das Lied vom
Tod" (1968; Sergio Leone), „Die verlorene
Ehre der Katharina Blum" (1975; Volker
Schlöndorff und Margarethe von Trotta),
„Amadeus (1984; Milos Forman)

Filmkassette

geschehen, oder das vom Objektiv erzeugte Bild muß bei kontinuierl. Filmlauf (z. B. in der Hochgeschwindigkeitskinematographie für extreme Zeitlupeneffekte) durch ein Drehspiegel- oder Prismensystem dem Film nachgeführt werden. Ruckweiser Filmtransport *(Bildschrittschaltung)* i. d. R. durch Greifergetriebe, dessen Klaue in die Perforation des Films eingreift und diesen nach jeder Belichtung um eine Bildhöhe weiterschaltet. Der *Verschluß* ist eine synchron mit der Greiferbewegung umlaufende Sektorenscheibe *(Umlaufblende, Sektorenblende)*. Die Belichtungszeit wird einerseits durch die Bildfrequenz, andererseits durch die Breite des (veränderl.) Hellsektors bestimmt, der zum Ausblenden des Bildes (vor Szenenübergängen) ganz geschlossen werden kann. Schmalfilmkameras haben häufig eine unveränderl. Sektorenblende mit auf ca. 230° vergrößertem Hellsektor für Aufnahmen unter ungünstigem Licht (sog. **XL-Kameras**; engl. existing light). Bei einem Hellsektor von 180° ist die Belichtungszeit dadurch gegeben, daß man das Doppelte der Gangzahl als Sekundenbruchteil nimmt, d. h., sie beträgt bei einer Frequenz von 16 Bildern $\frac{1}{32}$ s. Durch Erniedrigen oder Erhöhen der Bildfrequenz bei beibehaltener Wiedergabefrequenz ergeben sich *Zeitraffer-* und *Zeitlupeneffekte.* Extreme Zeitraffereffekte sind mit der Einzelbildschaltung möglich. Filmkameras haben heute überwiegend elektromotor. Antrieb. Da der Greifer den Filmtransport ruckweise vornimmt, die Filmspulen den Film aber kontinuierl. ab- bzw. aufwickeln, müssen zwei zw. den beiden Bewegungsarten vermittelnde Filmschleifen vor und hinter der Bildbühne gebildet und der Film über kontinuierl. umlaufende Zahntrommeln geführt werden. Auch die Aufwickelspule muß angetrieben werden, und zwar, da ihre Drehzahl mit wachsender Zahl der Filmwindungen immer geringer werden muß, über eine Friktionskupplung. Auf Filmschleifen und Transportrolle[n] können 8-mm-Schmalfilmkameras (Superacht, Single-eight) mit ihrer geringen Bildschritthöhe von etwa 4 mm verzichten. Bes. bei Fernsehfilm- u. Schmalfilmkameras ist das Zoomobjektiv an die Stelle der Wechselobjektive getreten (Verstellung manuell oder durch Elektromotor; oft als Makrozoomobjektiv für Nahaufnahmen geeignet). Für Außenaufnahmen werden bes. in der Fernsehproduktion 16-mm-Kameras eingesetzt, die Film in Tageslichtspulen oder -kassetten (60–365 m) verwenden. Einige Systeme lassen sich durch Platinenwechsel für Magnettonaufnahmen auf vorbespurten Film umrüsten. Studiokameras benötigen für Tonfilmaufnahmen ein Schallschutzgehäuse *(Blimp).* Schmalfilmkameras sind meist **automat. Kameras** mit Blendenautomatik, wobei die photoelektr. Belichtungsmessung durch das Objektiv erfolgt. – Abb. S. 86.

📖 *Lange, H.: Schmalfilm mit allen Schikanen.* Bln. ^{5}1984. - Unbehaun, K.: Filmen. Derendingen/Solothurn ^{3}1981.

Filmkassette ↑ Kassette.

Filmlet [engl.], kurzer Werbefilm von etwa 10–30 m Länge.

Filmmusik, von Beginn der Stummfilmzeit an wurde versucht, die Wirkung der stummen Bilder durch Musik zu erhöhen und wohl auch die Abspulgeräusche zu übertönen. Zunächst blieb es Klavierspielern, kleinen Ensembles oder Salonorchestern überlassen, die Vorführung mit Arrangements bekannter Melodien und realist. Geräuscheffekten zu begleiten. Originale F. schufen später z. B. C. Saint-Saens („L'assassinat du Duc de Guise", 1908), D. Milhaud („Le bœuf sur le toit", 1913), A. Honegger („La roue", 1922), E. Meisel („Panzerkreuzer Potemkin", 1925), P. Hindemith („Kater Felix", 1927). - Der erste dt. Tonfilm mit Musik war „Melodie der Welt" (1929, Musik W. Zeller). Wertvolle Tonfilmmusik, die Handlung und Dialog untermalt, kommentiert und psycholog. vertieft, wurde vereinzelt von namhaften Komponisten geschrieben, so von G. Auric, A. I. Chatschaturjan, A. Copland, P. Dessau, W. Egk, H. Eisler, W. Fortner, H. W. Henze, J. Ibert, S. S. Prokofjew, D. D. Schostakowitsch, M. Theodorakis, W. Zillig. Zur Werbung und Finanzierung der Filmprojekte werden F. seit 1950 auch auf Schallplatten, als sog. „Soundtracks" verkauft, insbes. die Titelmelodien.

Filmographie [engl./griech.], chronolog. Verzeichnis von Filmen eines Regisseurs bzw. Schauspielers mit genauen Titel- und Jahresangaben.

Filmothek [engl./griech.] ↑ Kinemathek.

Filmplakette ↑ Dosimeter.

Filmprojektor ↑ Projektionsapparate.

Filmtechnik ↑ Film.

Filmwerbung, Werbung mit Mitteln des Films, v. a. in Filmtheatern; die Bedeutung der Werbung in Filmtheatern ist im Vergleich zu anderen Werbemitteln zurückgegangen. Vorteile dieser Form der Werbung liegen in der erzwungenen Aufmerksamkeit und in der Verteilung der Filmtheater. Der Gedanke der Verwendung von Filmen für Werbezwecke wurde schon 1910 patentamtlich geschützt. 1912 wurde in Berlin die erste Filmwerbegesellschaft gegründet.

Filmwirtschaft ↑ Film.

Filopodien [lat./griech.] ↑ Scheinfüßchen.

Filou [fi'lu:; frz.], raffinierte oder leichtfertige Person, Spitzbube.

Filow, Bogdan Dimitrov [bulgar. 'filɔf], * Stara Sagora 10. April 1883, † Sofia 1. Febr. 1945, bulgar. Archäologe und Politiker. - Prof. in Sofia; 1940–43 Min.präs., nach dem Tode Zar Boris' III. (1943) Mgl. des Regentschaftsrats; steuerte einen deutschfreundl. Kurs; nach dem Einmarsch der Roten Armee hingerichtet.

Fils, rechter Nebenfluß des Neckars, Bad.-Württ., entspringt in der Schwäb. Alb, mündet bei Plochingen, 63 km lang.

Fils [arab., zu lat. follis „Geldbeutel"] (arab. Fals; Mrz. Fulus; Fels), 1. arab. Bez. für Kupfermünzen; 2. arab. Bez. für Geld; 3. verschiedentl. auch arab. Münzeinheit wechselnder Wertstellung, heute noch im Irak = $^1/_{1000}$ Irak-Dinar.

Filter [mittellat., eigtl. „Durchseihgerät aus Filz"], poröser netzartiger Körper oder ebensolche Schicht zum Ausscheiden bestimmter Gemischanteile, zum Abtrennen fester, ungelöster Teilchen von Gasen oder Flüssigkeiten. Als F.material eignen sich poröses Papier, Glas (F.glas, Fritte), Ton, Bimsstein, Sandschichten (F.stein) u. ä.; durch **Filtrieren** erhält man die festen oder ungelösten Teilchen (Niederschlag, F.rückstand) getrennt vom Gas oder der nun wieder klaren, schwebstofffreien Flüssigkeit (**Filtrat**).

◆ elektron. Schaltung mit stark frequenzabhängigen Eigenschaften; F. bestehen aus *Induktivitäten* (Spulen; induktiver Widerstand steigt mit der Frequenz) und *Kapazitäten* (Kondensatoren; kapazitiver Widerstand nimmt ab mit wachsender Frequenz). Der **Tiefpaß** läßt alle Frequenzen unterhalb einer Grenzfrequenz durch und dämpft alle höheren Frequenzen. Der **Hochpaß** läßt alle Frequenzen oberhalb einer Grenzfrequenz durch und dämpft alle niedrigeren Frequenzen. Der **Bandpaß** hat einen Durchlaßbereich für das Frequenzband zw. zwei Grenzfrequenzen. Die **Bandsperre** sperrt einen Frequenzbereich und läßt tiefere oder höhere Frequenzen passieren. Der **Allpaß** überträgt alle Frequenzen, dreht jedoch den Phasenwinkel zw. Eingangs- und Ausgangsspannung in Abhängigkeit von der Frequenz.

◆ (akust. F.) Vorrichtung zur Schallanalyse oder zum Aussieben bestimmter Schallfrequenzbereiche.

◆ in der *Photographie* werden in der Masse gefärbte, planparallel geschliffene und vergütete Glasscheiben oder [zw. Glasplatten gekittete] Gelatinefolien verwendet, die vor der Frontlinse des Objektivs, bei Fernbildlinsen auch innerhalb des Objektivs angebracht werden (**Aufnahmefilter**). Bei Schwarzweißaufnahmen dienen **Kontrastfilter** (Gelb-, Grün-, Orange-, Blaufilter) dazu, Helligkeitskontraste zw. Farben zu erzielen, die mit demselben oder ähnl. Grauwert wiedergegeben würden. Bei Farbaufnahmen wird zur Umkehrfilm sind **Farbtemperatur-Korrekturfilter** (**Colorfilter**) erforderl., um die Farbtemperatur der Beleuchtung an die Abstimmung des Films anzupassen (z. B. **Skylightfilter** zur Erniedrigung der hohen Farbtemperatur um die sommerl. Mittagszeit, **Konversionsfilter** zur Anpassung von Tageslicht an Kunstlichtfilm oder Kunstlicht an Tageslichtfilm). **Sperrfilter** schließen bestimmte Wellenlängenbereiche (und die mit

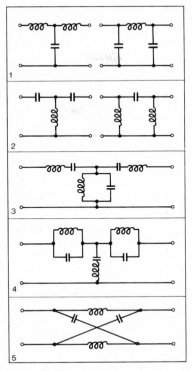

Filter. 1 Tiefpaß, 2 Hochpaß, 3 Bandpaß, 4 Bandsperre, 5 Allpaß

ihnen gegebenen Sichthindernisse) aus, z. B. **Ultraviolett-Sperrfilter** (*UVa-Filter, Hazefilter*) die bes. im Hochgebirge herrschende UV-Strahlung, **Dunkelrot-** bzw. **Schwarzfilter** das sichtbare Licht bei Infrarotaufnahmen (beide Typen wirken auch gegen Dunst und atmosphär. Trübungen). **Graufilter** (**Neutralfilter**) verringern allg. die Beleuchtungsstärke bei der Aufnahme (z. B. für Aufnahmen mit geringer Schärfentiefe bei offener Blende). **Graufilter** mit Zonen abgestufter Dichte (*Verlauffilter*) beeinflussen dabei nur bestimmte Bildpartien (z. B. den Himmel). **Polarisationsfilter** (*Polfilter*) lassen nur polarisiertes Licht hindurch; sie löschen Reflexe auf glänzenden Oberflächen (nicht Metall), Fensterscheiben u. a.

Für die Herstellung von Farbkopien bzw. -vergrößerungen sind **Kopierfilter** mit sehr engem Durchlaßbereich in den additiven oder subtraktiven Grundfarben notwendig, die häufig als *dichroit*. F. mit mehreren dünnen aufgedampften Schichten versehen sind, die

Filterentstaubung

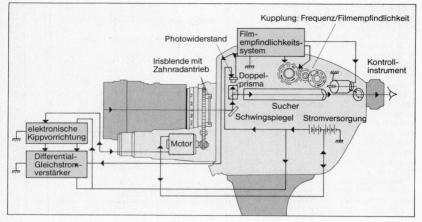

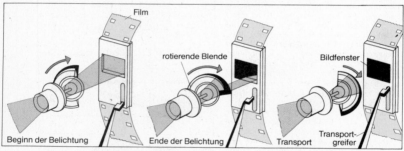

Filmkamera. Schema einer automatischen Blendeneinstellung (oben) sowie der Belichtung und des Transports des Films (unten)

bestimmte Farbbereiche durch Interferenz ausfiltern (*Interferenzfilter*).

Kontrast-filter	gibt heller wieder	gibt dunkler wieder
Gelb	Gelb, Rot	Blau
Orange	Rot	Blau, Grün
Rot	Rot, Gelb	Blau, Grün, Violett
Gelbgrün	Gelbgrün, Gelb	Blau, Rot
Grün	Grün, Gelb	Blau, Rot
Blau	Blau	Gelb, Rot

Filterentstaubung ↑Entstaubung.

Filterpapier (Filtrierpapier), weißes, ungeleimtes Papier, meist Kreisformat, geringer Aschegehalt; „aschefreies" F. für quantitative chem. Analysen; Poren etwa 0,005 mm; für Spezialzwecke werden F. auch präpariert oder beschichtet.

Filterzigaretten ↑Zigaretten.

Filtrationsenzyme, Enzympräparat aus Schimmelpilzen, das Pektine zu lösl. Verbindungen abbaut; erleichtert das Abpressen von Obst- bzw. Beerenmaischen.

Filum [lat.], in der Anatomie Bez. für fadenförmige Gebilde.

Filz [eigtl. „gestampfte Masse"], Faserverband aus losen, nicht gesponnenen [Tier]haaren (**Haarfilz**) oder Wollen (**Wollfilz**), die zusammengepreßt oder gewalkt werden.
◆ umgangssprachl. für grober, geiziger Bauer.

filzen, umgangssprachl. für: jemanden [auf Ungeziefer oder versteckte Gegenstände] durchsuchen, untersuchen.

Filzen, Fähigkeit der Wollhaare, sich unter der Einwirkung von Druck, Feuchtigkeit, Wärme oder beim Reiben zu einer unentwirrbaren Fasermasse formen zu lassen. Dies wird beim *Walken* von Wollstoffen ausgenutzt, wodurch diese höhere Reißfestigkeit, Scheuerfestigkeit und Wärmehaltigkeit erlangen.

Filzkraut (Fadenkraut, Filago), Gatt. der Korbblütler mit etwa 20 Arten; kleine Kräuter mit filzig behaarten Stengeln und Blättern und sehr kleinen, wenigblütigen Köpfchen in Knäueln; in M-Europa 7 Arten, meist Ackerunkräuter, u. a. **Zwergfilzkraut** (Filago minima, gelbblühend, auf Sandböden) und **Franzöʼs. Filzkraut** (Filago gallica, gelbl. Blütenköpfchen, auf trockenen, warmen Brachfeldern, Heiden oder Grasplätzen).

Filzlaus (Schamlaus, Phthirius pubis), etwa 1–3 mm lange Art der Läuse, v. a. in der Schambehaarung des Menschen; wird bes. durch Geschlechtsverkehr übertragen.

Filzokratie, verfilzte, ineinander auf nicht durchschaubare Weise verflochtene Machtverhältnisse, die durch Begünstigung (z. B. von Parteifreunden) bei der Ämterverteilung o. ä. zustande kommen.

Filzpappe, textilfaserhaltige Pappe mit lockerem und weichem Gefüge; v. a. als Unterlage von Bodenbelägen, zur Wärme- und Schalldämmung.

Filzschreiber, Schreibgerät (sog. Dochtschreiber) zum Schreiben auch auf glatten oder porösen Oberflächen; besteht aus einem Speicher mit Schreibflüssigkeit (Tinte) und einer Schreibspitze aus einem relativ breiten, hartgepreßten Filzdocht; der **Faserschreiber** enthält eine Schreibspitze aus Glasfasern.

Fimbrien [lat.], (Fimbriae) fransenförmige Bildungen des Gewebes; z. B. **Fimbriae ovaricae,** die vom Ende des Eileiters zum Eierstock ziehenden Gewebsfransen.
◆ bei Bakterien svw. ↑ Pili.

FINA [frz. fiʼna], Abk. für: Fédération Internationale de Natation Amateur, Internationaler Schwimm-Verband; gegr. 1908 in London; Sitz Sidney.

final [lat.], die Absicht, den Zweck angebend; **finale Konjunktion,** eine Konjunktion (Bindewort), die die Absicht, den Zweck angibt, im Dt. z. B. damit, daß.

Finale [italien., zu lat. finalis „das Ende betreffend"], der Schlußsatz mehrsätziger Kompositionen wie Sinfonien, Sonaten und Konzerte, dem Charakter nach ein schneller, heiterer Kehraus (z. B. Sinfonien von Haydn, Mozart) oder ein gehaltl.-expressiver Höhepunkt des Zyklus (Sinfonien von Beethoven, Brahms, Bruckner, Mahler). In der Oper die einen Akt abschließende Szene.
◆ Endkampf, eines [Sport]wettkampfes.

Finale Ligure, italien. Seebad in Ligurien, an der Riviera di Ponente, 13 800 E. Fischfang und -verarbeitung, Werften; Fremdenverkehr. - Im MA war das Land Reichslehen. Seit 1598 in span. Besitz, wurde F. L. 1713 an Genua verkauft. - In der Umgebung zahlr. Höhlen (prähistor. Funde).

Finalismus [lat.], naturphilosoph. Lehre, nach der alles von Zwecken bestimmt ist bzw. zielstrebig verläuft.

Finalität [lat.], im Ggs. zur Kausalität die Bestimmung eines Geschehens und einer Handlung nicht durch ihre Ursachen, sondern ihre Zwecke.

Finalsatz, Nebensatz, der angibt, zu welchem Zweck oder aus welcher Absicht heraus sich das Geschehen oder Sein im übergeordneten Satz vollzieht, z. B.: Gib acht, *daß du dich nicht verletzt.*

Financial Times [engl. faɪʼnænʃəl ʼtaɪmz], brit. Zeitung, ↑ Zeitungen (Übersicht).

Finanzamt, unterste Behörde der Finanzverwaltung, zuständig für die Verwaltung der Steuern mit Ausnahme der Zölle und der bundesgesetzlich geregelten Verbrauchsteuern, soweit die Verwaltung nicht den Gemeinden übertragen worden ist.
In *Österreich* sind F. in den Bundesländern eingerichtete erstinstanzl. Bundesbehörden, die mit der Bemessung und Erhebung bundesgesetzl. Abgaben und Gebühren betraut sind.

Finanzausgleich, i. w. S. die Regelungen der finanziellen Beziehungen zw. mehreren Gemeinwesen; i. e. S. die Verteilung der gesamten öffentl. Einnahmen auf verschiedene Gebietskörperschaften. Dabei wird die **Aufgabenverteilung** auf die verschiedenen Gebietskörperschaften als passiver, die Verteilung der Einnahmen als aktiver F. bezeichnet. Die **Ausgleichszuweisungen** können grundsätzl. sowohl von übergeordneten zu nachgeordneten als auch von nachgeordneten zu übergeordneten Körperschaften fließen. Erfolgt der F. zw. gleichgeordneten Körperschaften, so spricht man von **horizontalem Finanzausgleich;** erfolgt der F. zw. über- und untergeordneten Körperschaften, so spricht man von **vertikalem Finanzausgleich.** Beim vertikalen F. zw. Land und Gemeinden fließen rd. 97 % der F.masse als Schlüsselzuweisungen an die Gemeinden, rd. 3 % werden für einen **Ausgleichsstock** reserviert, aus dem Bedarfszuweisungen in Härtefällen gegeben werden. Entsprechend dem Grad der Finanzautonomie der untergeordneten Körperschaft ergeben sich verschiedene Systeme des F.: Beim *freien Trennsystem* ist jede Körperschaft frei in der Wahl ihrer Steuerquellen und in der Art der Ausgestaltung der Steuern. Beim *gebundenen Trennsystem* werden jeder Körperschaft nur bestimmte Steuerquellen zugewiesen, auf deren Ausnutzung sie beschränkt ist. Beim *totalen Verbundsystem* fließen alle Einnahmen einer Körperschaft zu, wovon dann ein bestimmter Anteil den anderen Körperschaften zugewiesen wird. In der Praxis werden v. a. Mischsysteme verwendet. Den verschiedenen Körperschaften werden teils eigene Quellen überlassen, teils Finanzierungsmittel zugewiesen. In der BR Deutschland wird ein solches Mischsystem praktiziert. Bund, Ländern und Gemeinden sind bestimmte Steuern ganz zur eigenen Verwaltung überlassen, andere werden vom Bund und von den Ländern gemeinsam verwaltet. Das Aufkommen aus der Lohn- und veranlagten Einkommensteuer wird auf Bund, Länder und Gemeinden verteilt, das

Finanzbuchhaltung

Aufkommen aus der Körperschaftsteuer und Kapitalertragsteuer auf Bund und Länder. Von der Umsatzsteuer erhält der Bund 1983 66,5 %. Die Gemeinden erhalten von den Ländern einen Anteil an den Gemeinschaftsteuern. Der horizontale F. zw. den Ländern wird nach dem Verhältnis zw. der Steuerkraftmeßzahl und der Ausgleichsmeßzahl geregelt. Die **Steuerkraftmeßzahl** eines Landes ergibt sich aus der Summe seiner Steuereinnahmen, die **Ausgleichsmeßzahl** aus der Multiplikation der Anzahl der E des Landes mit dem Verhältnis von Steuereinnahmen zu E im Bundesdurchschnitt. Ausgleichszahlungen müssen solche Länder leisten, deren Steuerkraftmeßzahl größer ist als die Ausgleichsmeßzahl.
☐ *Kesselring, H. C.: Kommunaler F. u. Regionalpolitik. Diessenhofen 1979.*

Finanzbuchhaltung ↑Buchführung.

Finanzen [frz., zu mittellat. finantia „fällige Zahlung", eigtl. „was zu Termin steht"], urspr. nur auf die Tätigkeit des Leistens und Zahlens bezogene Bez. für das Geld- und Vermögenswesen der öffentl. Hand.

Finanzgerichtsbarkeit, Gerichtsbarkeit zur Entscheidung von Streitigkeiten über Abgaben-, insbes. Steuer- und verwandte Angelegenheiten. Im Gegensatz zu den anderen Gerichtsbarkeiten ist die F. zweistufig. In den Ländern bestehen Finanzgerichte, im Bund der Bundesfinanzhof. Die **Finanzgerichte** bestehen aus dem Präsidenten, den Vorsitzenden Richtern und weiteren Richtern; sie entscheiden durch Senate in der Besetzung mit 3 Berufs- und 2 ehrenamtl. Richtern. Der **Bundesfinanzhof** (BFH) besteht aus dem Präsidenten, den Vorsitzenden Richtern und weiteren Richtern. Er entscheidet durch Senate in der Besetzung mit 5 Richtern, bei Beschlüssen außerhalb der mündl. Verhandlung in der Besetzung von 3 Richtern; ehrenamtl. Richter wirken nicht mit. Die *Dienstaufsicht* über die Finanzgerichte üben die nach Landesrecht zuständigen Landesorgane, über den BFH

der Bundesjustizmin. aus.
Eine F., wie sie das dt. Recht kennt, existiert in *Österreich* nicht. In der *Schweiz* ist die F. durch bes. Erlasse des Bundes, der Kt. und der Gemeinden geregelt.

Finanzgerichtsverfahren, Verfahren der Gerichte der Finanzgerichtsbarkeit. Örtl. zuständig ist i. d. R. das Finanzgericht, in dessen Bezirk die Behörde ihren Sitz hat, die den urspr. Verwaltungsakt erlassen hat oder von der ein Verwaltungsakt begehrt wird. Das Gericht entscheidet im Rahmen der von den Beteiligten gestellten Anträge i. d. R. auf Grund mündl. Verhandlung durch Urteil. Gegen das Urteil steht den Beteiligten unter bestimmten Voraussetzungen die Revision an den Bundesfinanzhof (BFH) zu.

Finanzierung [mittellat.-frz.], Bereitstellung oder Beschaffung von Finanzierungsmitteln zur Deckung des Finanzbedarfs eines Unternehmens oder Haushalts. Nach der Herkunft der Mittel unterscheidet man Außen- und Innenfinanzierung.

Finanzkapital, nach R. Hilferding Bez. für das bei wenigen Großbanken angesammelte Geldkapital, das seinen Besitzern auf Grund ihrer ökonom. Macht auch großen polit. Einfluß verleiht.

Finanzmonopol, das Recht des Staates auf alleinige Herstellung und Vertrieb bestimmter Güter unter Ausschluß des Wettbewerbs. In der *BR Deutschland* gibt es das Branntweinmonopol und das Zündwarenmonopol, in *Österreich* das Branntwein-, Glücksspiel-, Salz- und Tabakmonopol, in der *Schweiz* sowohl F. des Bundes (Alkohol u. a.) als auch der Kantone (Salz u. a.).

Finanzplan, 1. *ordentl. F.:* die Gegenüberstellung der zu erwartenden Einnahmen und Ausgaben sowie deren zeitl. Abstimmung untereinander; 2. *außerordentl. F.:* umfaßt die in einer bestimmten Periode beabsichtigten Investitionen und die Mittel zu deren Finanzierung.

FINANZAUSGLEICH

Anteile der ausgleichspflichtigen und ausgleichsberechtigten Länder 1982 bis 1986 (in Mill. DM)

	1982	1983	1984	1985*	1986*
Ausgleichspflichtige Länder					
Baden-Württemberg	1 788,7	1 428,5	1 461,0	1 431,4	1 696,0
Hessen	279,9	331,7	574,8	747,1	884,0
Hamburg	430,9	386,0	294,4	402,1	246,0
Ausgleichsberechtigte Länder					
Nordrhein-Westfalen	–	–	–	93,4	121,0
Bayern	162,6	134,5	41,3	29,3	54,0
Niedersachsen	1 128,6	704,2	835,8	825,8	816,0
Rheinland-Pfalz	278,3	255,5	284,1	376,8	445,0
Schleswig-Holstein	428,1	486,1	524,1	563,6	596,0
Saarland	262,7	304,6	333,0	358,8	377,0
Bremen	239,2	261,3	311,5	333,3	417,0

* vorläufige Abrechnung.

Finanzplanung, Planung der Größen, die eine Haushaltswirtschaft ausmachen, für einen bestimmten Zeitraum in der Zukunft. In der BR Deutschland wurde die F. 1967 durch das Stabilitätsgesetz für die Haushaltswirtschaft des Bundes vorgeschrieben. In ihr sind Umfang und Zusammensetzung der voraussichtl. Ausgaben und der Deckungsmöglichkeiten entsprechend der mutmaßl. Entwicklung des gesamtwirtschaftl. Leistungsvermögens darzustellen. Im Mittelpunkt der *mittelfristigen* F. stehen die Investitionsprogramme der einzelnen Ressorts.

Finanzplanungsrat, 1968 eingerichtetes, aus dem Bundesmin. der Finanzen sowie Vertretern der Länder und Gemeinden bestehendes Gremium zur Koordinierung der Finanzplanung von Bund, Ländern und Gemeinden.

Finanzpolitik (öffentl. F.), Gesamtheit aller staatl. Maßnahmen, die gewollt und direkt auf die Finanzwirtschaft einwirken. Die Theorie der F. ist ein Teilgebiet der Finanzwissenschaft. Ziele der F. sind neben der Beschaffung öffentl. [nichtfiskal.] Ziele des Wohlstands, der Gerechtigkeit und der sozialen Sicherheit. Die staatl. Interventionen richten sich dabei auf die Höhe des Volkseinkommens, auf seine Verteilung und auf die Stabilität des Einkommens, der Preise und der Beschäftigung. Die Mittel des Staates sind die öffentl. Einnahmen und Ausgaben sowie deren Kombination im öffentl. Haushalt. Die staatl. Politik der Umverteilung des personellen Einkommens (*Einkommensverteilung*) und Vermögens (*Vermögensverteilung*) mit Hilfe der Steuern steht vor dem Problem der grundsätzl. Überwälzbarkeit jeder Steuer (↑ Steuerüberwälzung). Wenn die Marktlage es den Unternehmen gestattet, die ihnen auferlegte Steuerlast zu überwälzen, z. B. in den Preisen weiterzugeben, wird das Ziel der Umverteilung nicht erreicht. Auf der Ausgabenseite können v. a. Transferausgaben und Subventionen als ein Mittel der Umverteilung angesehen werden. Der verteilungspolit. Erfolg von Subventionen ist davon abhängig, ob die Unternehmer tatsächlich die Subventionen über Preissenkungen an die Verbraucher weitergeben. Wirksamer sind direkte Transferzahlungen des Staates an die Wirtschaftssubjekte, deren Einkommenslage verbessert werden soll. Dazu gehören Zahlungen an Kranke, Arbeitslose und Rentner oder an Hilfsbedürftige. In der Praxis werden beide Instrumente gemeinsam eingesetzt.

Bei der F. als Mittel der Stabilisierung des Volkseinkommens, der Beschäftigung und des Preisniveaus (↑ Konjunkturpolitik) sollte der Staat nach der klass. Lehre nur einen Haushaltsausgleich anstreben; die moderne Haushaltspolitik nimmt Defizite und Überschüsse bewußt in Kauf, um durch **antizykl. Finanzpolitik** die Konjunkturausschläge zu verringern. Sie stellt sich in drei Versionen dar: 1. Die zykl. Haushaltspolitik strebt einen Ausgleich in einem Konjunkturzyklus an. 2. Die kompensator. Haushaltspolitik hält einen Ausgleich für unerwünscht und nicht erreich-

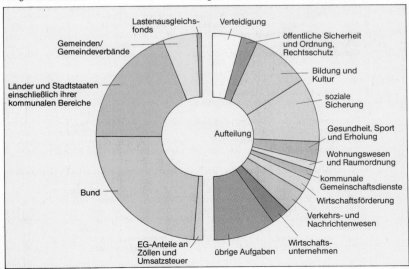

Finanzwirtschaft. Anteil der Steuereinnahmen nach empfangenden Gebietskörperschaften (links) und Aufteilung der Ausgaben nach Aufgabenbereichen

Lastenausgleichsfonds

Verteidigung

Gemeinden/Gemeindeverbände

öffentliche Sicherheit und Ordnung, Rechtsschutz

Länder und Stadtstaaten einschließlich ihrer kommunalen Bereiche

Bildung und Kultur

soziale Sicherung

Aufteilung

Gesundheit, Sport und Erholung

Wohnungswesen und Raumordnung

kommunale Gemeinschaftsdienste

Wirtschaftsförderung

Bund

Verkehrs- und Nachrichtenwesen

Wirtschaftsunternehmen

EG-Anteile an Zöllen und Umsatzsteuer

übrige Aufgaben

Finanzreform

bar, da der Staat nur durch anhaltendes Deficit-spending die Tendenz zu Unterbeschäftigung und Stagnation kompensieren kann. 3. Die stabilisierende Haushaltspolitik befürwortet antizykl. Maßnahmen des Staates durch den Einbau automat. Stabilisatoren in den Haushalt. Bei einer antizykl. F. kommt in einer Phase der Depression, die durch Unterbeschäftigung und zu geringe Gesamtnachfrage gekennzeichnet ist, die entscheidende Rolle den staatl. Ausgaben zu. Gleichzeitig sollte der Staat durch eine Steuersenkung die private Wirtschaftstätigkeit anzuregen versuchen. In einer Phase der Prosperität, die durch hohe Beschäftigung und steigendes Preisniveau gekennzeichnet ist, fällt den Steuern und öffentl. Ausgaben gemeinsam die Rolle zu, die Gesamtnachfrage zu reduzieren. Dabei steht die Steuer als Instrument der Stabilisierung den öffentl. Ausgaben nicht nach. Erzielte Einnahmenüberschüsse des Staates müssen bei der Zentralbank stillgelegt und dem wirtschaftl. Kreislauf entzogen werden. Voraussetzung für den zweckmäßigen Einsatz der staatl. Maßnahmen ist eine zutreffende Diagnose der jeweiligen Situation und der weiteren Entwicklung. Voraussetzung für eine zielgerechte F. ist eine klare Rangordnung der Ziele. Unumgängl. für den Erfolg der F. ist weiterhin eine Koordination mit den Entscheidungsträgern der Geldpolitik, wo diese, wie in der BR Deutschland die Dt. Bundesbank, bei der Ausübung ihrer Befugnisse von Weisungen der Regierung unabhängig sind. ⌘ *Mann, D.: Einf. in die Fiskalpolitik. Gött. 1984. - Haller, H.: F. Zürich* [5]*1972. - Schmölders, G.: F. Bln. u.a.* [3]*1970.*

Finanzreform, Bestrebungen, durch eine Umgestaltung der Finanzverfassung ein einheitl. und übersichtl. Steuersystem zu erreichen sowie eine Neuverteilung der Steuereinnahmen zw. den Gebietskörperschaften zu schaffen (↑ Steuerreform).

Finanzreformgesetz, Kurzbez. für das 21. Gesetz zur Änderung des GG vom 12. 5. 1969. Es führte das Insitut des ↑ Gemeinschaftsaufgaben ein (Art. 91 a, 91 b GG) und änderte durchgreifend die Finanzverfassung, v. a. bezüglich der Verteilung des Steueraufkommens.

Finanzsoziologie ↑ Finanzwissenschaft.

Finanzstatistik ↑ Finanzwissenschaft.

Finanztheorie ↑ Finanzwissenschaft.

Finanzverfassung, die Gesamtheit der Bestimmungen, die das öffentl. Finanzwesen in einem Staate regeln, insbes. das Recht, Steuern zu erheben (**Finanzhoheit**), die Verteilung der Einnahmen und der Haushaltswirtschaft. In der BR Deutschland ist die Finanzhoheit zw. Bund, Ländern und Gemeinden aufgeteilt. Der *Bund* hat die Gesetzgebungskompetenz über die Zölle, Finanzmonopole und die meisten Steuern, die *Länder* über die örtl. Verbrauchsteuern und Aufwand-

steuern, solange und soweit sie nicht bundesgesetzl. geregelten Steuern gleichartig sind. Dem Bund steht der Ertrag der Finanzmonopole, der Zölle, gewisser Verbrauchsteuern, der Kapitalverkehrsteuern und anderer Steuern und Abgaben zu. Den Ländern steht der Ertrag zu aus Vermögensteuer, Erbschaftsteuer, Kraftfahrzeugsteuer und gewissen Verkehrsteuern. Das Aufkommen der Einkommensteuer, der Körperschaftsteuer und der Umsatzsteuer steht Bund, Ländern und Gemeinden gemeinsam zu (sog. **Gemeinschaftsteuern**). Den *Gemeinden* steht darüber hinaus das Aufkommen der Realsteuern und der örtl. Verbrauch- und Aufwandsteuern zu. Die unterschiedl. Finanzkraft der Länder wird durch den Finanzausgleich ausgeglichen. Die Rechnungsprüfung obliegt Bundesrechnungshof und Landesrechnungshof. Nach *östr. Verfassungsrecht* ist zu unterscheiden zw. Finanzausgleich und der Einteilung der Abgaben in ausschließl. Bundesabgaben, zw. Bund und Ländern geteilte Abgaben, ausschließl. Landesabgaben, zw. Ländern und Gemeinden geteilte Abgaben und ausschließl. Gemeindeabgaben. Im *schweizer Recht* gilt hinsichtlich des Inhalts des Begriffs F. das gleiche wie im dt. Recht. Die Finanzhoheit ist zw. Bund, Kantonen und Gemeinden aufgeteilt.

Finanzvermögen, Vermögen im Eigentum öffentl. Planträger. Zum F. gehören u. a.: die Domänen und Staatsforsten, das Erwerbsvermögen und Beteiligungen.

Finanzverwaltung, der Teil des öffentl. Verwaltung, der sich insbes. mit der Festsetzung und Erhebung von Steuern (**Steuerverwaltung**), der Vermögensverwaltung der öffentl. Hand und der Einziehung von Strafen, Beiträgen und Gebühren befaßt. Die Steuerverwaltung ist zw. Bund und Ländern aufgeteilt. Im Rahmen der Gesetzgebungskompetenz des Bundes regelt das Gesetz über die F. i. d. F. vom 30. 8. 1971 den Aufbau der F. des Bundes und der Länder. Danach sind Bundesfinanzbehörden das Bundesministerium der Finanzen als oberste Behörde, die Bundesschuldenverwaltung, die Bundesmonopolverwaltung für Branntwein, das Bundesamt für Finanzen und die Bundesbaudirektion als Oberbehörden. Landesfinanzbehörden sind das Landesfinanzministerium als oberste Behörde, die Oberfinanzdirektionen als Mittelbehörden und die Finanzämter als örtl. Behörden.

Für *Österreich* gilt bezügl. der Organisation der F. das Abgabenorganisationsgesetz von 1954, wonach in erster Instanz Finanz- und Zollämter, in zweiter Instanz die Finanzlandesdirektionen tätig werden. In der *Schweiz* ist die Steuerverwaltung zw. Bund, Kantonen und Gemeinden aufgeteilt.

Finanzwechsel ↑ Wechsel.

Finanzwirtschaft, die Wirtschaft der

öffentl. Körperschaften: alle Einrichtungen und Tätigkeiten, die auf die Beschaffung und Verwendung von Mitteln für öffentl. Zwecke gerichtet sind. Träger sind Gebietskörperschaften sowie Hilfs- oder Nebenfisken wie die Sozialversicherungen und Landschaftsverbände. Die Aufgaben umfassen die Schaffung und Sicherung der Rahmenbedingungen für das gesellschaftl. Zusammenleben sowie die Garantie wirtschaftl. Stabilität, eines stetigen Wachstums und einer gerechten Vermögens- und Einkommensverteilung. Die F. ist eine Bedarfsdeckungswirtschaft: sie verfolgt nicht den Zweck, einen Gewinn zu erzielen; alle Maßnahmen unterliegen aber dem ökonom. Prinzip, den gegebenen Bedarf mit dem kleinsten Aufwand zu befriedigen, über dessen Einhaltung Bundesrechnungshof, Landesrechnungshöfe und Parlamente als Organe der **Finanzkontrolle** zu wachen haben. Die volkswirtschaftl. Bedeutung der öffentl. F. läßt sich am Anteil der öffentl. Ausgaben am Bruttosozialprodukt ablesen, der seit Mitte des 19. Jh. in allen Industrieländern steigt. - Abb. S. 89.

Finanzwissenschaft, Gebiet der Wirtschaftswissenschaften, dessen Gegenstand die Wirtschaft der öffentl. Körperschaften und deren Beziehungen zu den anderen Bereichen der Volkswirtschaft ist. Die F. analysiert v. a. die Wirkungen der finanzpolit. Maßnahmen auf das Einkommen, die Beschäftigung, die Preise und die Einkommensverteilung. Teilgebiete der F.: Die **Finanzgeschichte** befaßt sich mit der Sammlung und systemat. Darstellung des finanzwirtschaftl. Geschehens der verschiedenen Zeiten, Völker und Länder. Die **Finanzstatistik** besorgt die zahlenmäßige Darstellung der Ausgaben, Einnahmen und Schulden der öffentl. Körperschaften. Die **Finanzsoziologie** untersucht die Einflüsse der Gesellschaft auf die öffentl. Finanzwirtschaft und umgekehrt. Die **Finanzpsychologie** sammelt die finanzpolit. Erfahrungen verschiedener Völker, Länder und Zeiten, ordnet sie systematisch unter psycholog. Gesichtspunkten und untersucht die typ. Einstellungen und Verhaltensmotive der Bürger zur öffentl. Finanzwirtschaft, so daß die Finanzpolitik die zu erwartenden Verhaltensweisen und Reaktionen auf finanzwirtschaftl. Maßnahmen berücksichtigen kann. Die **Finanztheorie** behandelt die Arten und ökonom. Wirkungen finanzwirtschaftl. Maßnahmen, der öffentl. Einnahmen und Ausgaben und des öffentl. Haushalts. Die **Finanzpolitik** befaßt sich mit der Frage, welche Maßnahmen der Staat einsetzen soll, wenn er unter gewissen Voraussetzungen bestimmte Ziele erreichen will.

Finca, span. für Grundstück, Landhaus mit Garten; in Mittelamerika kleiner Pflanzungsbetrieb.

Finch, Peter (eigtl. Peter Ingle-F.) [engl. 'fintʃ], * London 28. Sept. 1916, † Los Angeles 14. Jan. 1977, austral. Schauspieler. - Bühnendebüt 1949 in London; spielte Charakterrollen auch am Old Vic; seit 1936 beim Film. Bekannt durch Kriegsfilme wie „Marsch durch die Hölle" (1956); bed. durch seine Darstellung erfolgreicher Persönlichkeiten mit widersprüchl. Gefühlsleben wie in „Das Mädchen mit den grünen Augen" (1963), „Sunday, bloody Sunday" (1971), „Network" (1976).

Finck, Heinrich, * Bamberg um 1444/45, † Wien 9. Juni 1527, dt. Komponist. - Tätig in Stuttgart, Augsburg, Innsbruck, seit 1527 Hofkapellmeister Ferdinands I. in Wien; eine der ersten großen dt. Musikerpersönlichkeiten; komponierte Messen, Motetten, Hymnen und dt. Lieder.

F., Werner [Walter], * Görlitz 2. Mai 1902, † München 31. Juli 1978, dt. Schauspieler und Kabarettist. - Leitete 1929–35 das Berliner Kabarett „Die Katakombe" (dann zeitweilig inhaftiert), 1948–51 in Stuttgart „Die Mausefalle"; schrieb u. a. „Das Kautschbrevier" (1938), „Fin(c)kenschläge" (1963), „Alter Narr, was nun" (1972).

Finckh, Ludwig, * Reutlingen 21. März 1876, † Gaienhofen bei Radolfzell 8. März 1964, dt. Schriftsteller. - Gestaltete in volkstüml. Erzählwerken Themen aus schwäb. Landschaft und Geschichte.

Findelkind, meist als Säugling ausgesetztes Kind, dessen Angehörige unbekannt sind.

Finderlohn ↑ Fund.

Fin de siècle [frz. fɛd'sjɛkl „Ende des Jh."], Epochenbegriff nach Lustspieltitel von F. de Jouvenot und H. Micard (1888), in dem sich das Selbstgefühl der Décadence des ausgehenden 19. Jh. ausgedrückt fand. - ↑ auch Dekadenz.

Findlinge ↑ Geschiebe.

Fine [italien.], Ende eines Musikstückes; steht bes. bei Sätzen mit Da-capo-Form, wenn die Wiederholung des ersten Teiles nicht ausgeschrieben ist.

Fine Champagne [frz. finʃã'paɲ], echter Cognac, aus Weinen fest umgrenzter Gebiete in der Charente um die Stadt Cognac.

Fine Gael [engl. 'fin 'gɛil; ir. „Stamm der Gälen"] (engl. United Ireland Party), ir. polit. Partei, die sich aus den Befürwortern des anglo-ir. Vertrags von 1922 innerhalb der ↑ Sinn Féin bildete und ihre Anhängerschaft v. a. in den Kreisen der Besitzenden und der Geschäftswelt hat; konstituierte sich 1923 unter W. Th. Cosgrave als eigene Partei **(Cumann na nGaedheal),** fusionierte 1933 mit der profaschist. National Guard und der Centre Party zur F. G.; konservativ-demokrat. Grundorientierung. 1948–51, 1954–57, 1973–77, 1981–März 1982 und seit Dez. 1982 an der Reg. beteiligt; Parteiführer: G. FitzGerald.

Finesse [lat.-frz.], Feinheit, Trick, Kunstgriff.

Fingalshöhle [engl. 'fiŋgəl], Basaltgrotte in Meereshöhe an der SW-Küste der unbe-

Finger

wohnten schott. Insel Staffa, 70 m lang, bei Ebbe bis 36 m hoch.

Finger (Digitus, Dactylus), der urspr. in Fünfzahl ausgebildete, häufig zahlenmäßig reduzierte, bewegl., distale Teil der Vorderextremität bzw. der Hand v. a. bei Affen und Mensch; wird durch ein Skelett, die **Fingerknochen** (Phalangen), gestützt. Jeder F. besteht mit Ausnahme des Daumens urspr. aus drei F.gliedern. Beim Menschen sind die Gelenke zw. den einzelnen Fingerknochen Scharniergelenke, zw. den F.knochen und den Mittelhandknochen (mit Ausnahme des Daumens) Kugelgelenke. Das letzte F.glied trägt auf der Oberseite den F.nagel, auf der Unterseite die **Fingerbeere** (Fingerballen, Torulus tactilis), deren Hautleistennetz in Form von Schlaufen, Wellen und Wirbeln bei jedem Menschen charakterist. angeordnet ist und zahlr. Tastkörperchen enthält („Fingerspitzengefühl").

Fingerabdruck (Daktylogramm), der Abdruck der Fingerbeere (↑Finger) auf Gegenständen. Im Bereich der Kriminalistik ist die ↑Daktyloskopie das wichtigste Hilfsmittel zur Personenfeststellung und zur Aufklärung von Straftaten. Da in den Hautleisten der Fingerbeere ständig Schweiß abgesondert wird, können die auf den berührten Flächen zurückbleibenden Schweißspuren durch Einsprühen mit Magnesiumpulver oder Einstauben mit Rußpulver sichtbar gemacht werden und mit den F. von Straftätern oder Verdächtigen, die in den Karteien der Kriminalpolizei gespeichert sind, verglichen werden; mit Hilfe des Computers ist eine schnelle Auswertung möglich. Die Abnahme von F. ist bei dt. Staatsangehörigen gegen den Willen des Betroffenen nur beim Beschuldigten zulässig (§ 81 b StPO).

Fingerbeere ↑Finger.

Fingerhakeln, Wettkampf (v. a. in Alpenländern), bei dem sich zwei Männer mit eingehaktem Mittelfinger über einen zw. ihnen stehenden Tisch zu ziehen versuchen.

Fingerhirse (Digitaria), Gatt. der Süßgräser mit etwa 90 Arten in den Tropen und Subtropen, davon zwei in M-Europa als Unkräuter eingebürgert: die weltweit verbreitete, oft blutrot gefärbte **Blutfingerhirse** (Bluthirse, Digitaria sanguinalis) und die **Fadenfingerhirse** (Digitaria ischaemum).

Fingerhut (Digitalis), Gatt. der Rachenblütler mit etwa 25 Arten in Eurasien und im Mittelmeergebiet; oft hohe Stauden mit zweilippigen, langröhrigen, meist nickenden, roten, weißen oder gelben Blüten in langen Trauben. In M-Europa kommen 3 Arten (alle giftig und geschützt) vor: **Großblütiger Fingerhut** (Digitalis grandiflora), bis 1 m hoch, in lichten Wäldern und auf Kahlschlägen der Gebirge, Blüten groß, gelb, innen netzförmig braun geadert, außen behaart; **Gelber Fingerhut** (Digitalis lutea), in Wäldern und auf steini-

gen Hängen, Blüten bis 2 cm groß, gelb, auf der Innenseite purpurfarben geadert; **Roter Fingerhut** (Digitalis purpurea), auf Kahlschlägen und an Hängen, filzig-behaarte Pflanze mit bis 6 cm langen, meist pupurroten, auf der Innenseite behaarten Blüten. Als Zierpflanze kultiviert wird der **Wollige Fingerhut** (Digitalis lanata), Stengel im oberen Teil filzig behaart, Blüten bräunl., innen braun oder violett geadert. Aus den beiden letzten Arten werden die Digitalisglykoside gewonnen.

Fingerhut, Fingerschutz meist aus Metall oder Kunststoff in Form eines stumpfen Kegels; beim Nähen zum Durchschieben der Nadel durch den Stoff gebraucht. Seit der Antike bekannt, seit dem MA in der heutigen Form; bes. in der Renaissance reich verziert.

Fingerkraut (Potentilla), Gatt. der Rosengewächse mit über 300 Arten, hauptsächl. auf der nördl. Erdhalbkugel; meist Kräuter mit fingerförmig gefiederten Blättern und gelben oder weißen Blüten; in M-Europa etwa 30 Arten, u. a.: ↑Blutwurz; **Kriechendes Fingerkraut** (Potentilla reptans), auf Schuttplätzen, an Wegrändern und auf feuchten Wiesen, mit bis zu 1 m langen Ausläufern und gelben, einzelnstehenden Blüten; **Goldfingerkraut** (Potentilla aurea), in Gebirgen, mit am Rand glänzend seidenhaarigen Blättern, Blüte goldgelb mit silbrig behaarten Kelchblättern; **Frühlingsfingerkraut** (Potentilla tabernaemontani), auf Wiesen und Böschungen, mit bis 1,5 cm breiten, gelben Blüten im Blütenstand; **Silberfingerkraut** (Potentilla argentea), auf trockenen, sandigen Böden, mit weißfilzigen Stengeln, unterseits weißfilzigen Blättern und gelben Blüten.

Fingerlutschen, Angewohnheit von Kleinkindern, an den Fingern, bes. am Daumen (**Daumenlutschen**) zu saugen: wird häufig über das Kleinkindalter hinaus beibehalten. Psychoanalytisch wird F. als ein Symptom der Fixierung oder auch Regression auf die ↑orale Phase frühkindl. Entwicklung gedeutet.

Fingernagel ↑Nagel.

Fingersatz (Applikatur), durch Zahlen meist über den Noten angegebene Anweisung zum zweckmäßigen Einsatz der einzelnen Finger beim Spielen eines Streich- oder Tasteninstrumentes.

Fingersprache ↑Zeichensprache.

Fingertang ↑Laminaria.

Fingertier (Aye-Aye, Daubentonia madagascariensis), etwa 45 cm körperlanger, schlanker Halbaffe in den Küstenwäldern O-Madagaskars; mit etwa 55 cm langem, stark buschigem Schwanz, dichtem, langhaarigem, überwiegend schwarzem, rötlich schimmerndem Fell, blaßgelb. Gesicht und ebensolcher Brust; Kopf breit, mit stumpfer Schnauze, sehr großen, seitl. abstehenden Ohren und großen Augen; Finger und Zehen stark verlängert (bes. der extrem dünne Mittelfinger).

Das F. ernährt sich von Bambusmark und von holzbohrenden Käferlarven.

Fingervereiterung (Umlauf, Panaritium), durch Infektion, v. a. mit Staphylokokken, entstehende Entzündung der Finger und der Hand. Im Ggs. zu anderen eitrigen Entzündungen wird die F. nicht „reif" und bricht nicht nach außen durch, sondern breitet sich in die Tiefe der Handbeugeseite aus. Die **oberflächl. Fingervereiterung** (Panaritium subcutaneum) sitzt im Unterhautfettgewebe und erzeugt dort örtl. Rötung, Wärme, Schwellung und Schmerzen. Die Entzündung unter dem Nagel bzw. im Nagelbett heißt **Paronychie.** In der Tiefe kann die Entzündung die Sehnenscheiden erfassen (**Panaritium tendinosum,** „Fingerwurm") und zum Absterben und Ablösen von Sehnenteilen führen. Bricht die Eiterung in das Knochengewebe oder in ein Gelenk ein, spricht man von **Panaritium ossale** bzw. **Panaritium articulare.** Dabei können die Finger in Beugestellung versteifen oder verlorengehen. Breitet sich die Entzündung von einem Finger in den Bereich der Hohlhand aus, kann es zur Hohlhandphlegmone, anschließend zur Armphlegmone mit Blutvergiftung kommen. - **Behandlung:** Ruhigstellung mit Schienenverbänden, feuchte Umschläge, warme Seifenlaugenbäder, Eröffnung des Eiterherdes und Verabreichung von Antibiotika.

Fingerzittern (Fingertremor), rhythm., unwillkürl. Hin- und Herbewegen der Finger, u. a. durch Einwirkung zentralerregender Substanzen (Koffein, Nikotin), bei Schilddrüsenüberfunktion, bei Gehirnsklerose.

fingieren [lat.], erdichten, ersinnen, vortäuschen.

Finis [lat.], Ende, Schluß; früher Schlußvermerk in Büchern; in der Mathematik svw. ↑Grenze.
♦ in der *scholast. Philosophie* und *Theologie* der Zweck, das Ziel.

Finish ['fɪnɪʃ; engl., zu lat. finire „enden"], Endkampf, Endspurt (Sport).
♦ letzter Arbeitsvorgang, der einem Produkt die endgültige Form gibt; auch svw. letzter Schliff, Vollendung.

Finistère [frz. finis'tɛːr], Dep. in Frankr.

Finisterre, Kap, Landspitze an der span. NW-Küste, sw. von La Coruña.

finite Form [lat.], Verbform, die Person und Numerus angibt und die grammat. Merkmale von Person, Numerus, Tempus und Modus trägt, z. B. ich *lebe,* du *lebst,* er *lebt.*

Finke, Heinrich, * Krechting bei Borken 13. Juni 1855, † Freiburg im Breisgau 19. Dez. 1938, dt. Historiker. - 1891 Prof. in Münster, 1899–1928 in Freiburg im Breisgau; änderte auf Grund neu aufgefundener Quellen in Edition und Darstellung das Bild des 14. und 15. Jh. entscheidend; überwand die konfessionelle Geschichtsschreibung.

Finken, svw. ↑Finkenvögel.

Finkensame (Neslia), Gatt. der Kreuzblütler mit 2 Arten in Europa und Kleinasien; Kräuter mit kugeligen, verholzten Schötchen; in M-Europa als Unkraut häufig der **Rispige Finkensame** (Neslia paniculata) mit kleinen, goldgelben Blüten.

Finkenvögel (Finken, Fringillidae), mit Ausnahme der austral. Region und Madagaskars weltweit verbreitete, etwa 440 Arten umfassende Fam. 9–23 cm langer Singvögel, davon etwa 30 Arten in M-Europa; vorwiegend Körnerfresser mit kurzem, kräftigem, kegelförmigem Schnabel und Kropf; ♂ und ♀ meist unterschiedlich befiedert. Zu den F. gehören u. a. Ammern, Buchfink, Bergfink, Grünfink, Stieglitz, Dompfaff, Zeisige, Girlitz, Hänfling, Kreuzschnäbel, Kirschkernbeißer, Darwin-Finken. F. sind z. T. beliebte Stubenvögel, v. a. der Kanarienvogel.

Finkenwerder Prinzenapfel ↑Äpfel (Übersicht).

Finkenzeller, Heli, * München 17. Nov. 1914, dt. Schauspielerin. - Seit den 30er Jahren große Erfolge in heiteren, volkstüml. Filmen, z. B. in „Der Mustergatte" (1937), „Opernball" (1939), „Das Bad auf der Tenne" (1942).

Finkler, Beiname des Röm. Königs Heinrich I. Daß die Fürsten, die Heinrich die Reichsinsignien brachten, ihn beim Vogelfang antrafen, was ihm seit dem 12. Jh. den Beinamen der F. oder den **Vogeler** eintrug, ist eine Sage.

Finn, zentrale Figur des südir. Sagenzyklus (F.zyklus oder nach seinem Sohn Oisín [Ossian] Ossian. Zyklus genannt), Anführer einer Schar von Männern („fianna"; Fenier), die nach ihren eigenen Gesetzen lebten. Das MA sah in ihm einen Heerführer des 3. Jh. Die Sage wurde v. a. im 16. Jh. ausgesponnen. In den Werken J. Macphersons erscheint F. unter dem Namen Fingal.

Finnair O/Y ['fineːr] ↑Luftverkehrsgesellschaften (Übersicht).

Finnbogadóttir, Vigdís, * Reykjavík 15. April 1930, isländ. Philologin und Politikerin. - Im Juni 1980 zur Staatspräsidentin gewählt.

Finn-Dingi (Finn-Dinghi) [„finn. Dingi"], Einheitsjolle für den Rennsegelsport; mit einem Mann Besatzung, Länge 4,50 m, Breite 1,51 m, Tiefgang 0,85 m (mit Schwert); Gewicht 145 kg, Segelfläche $10\,m^2$, Kennzeichen: zwei übereinanderliegende blaue Wellenlinien im Segel.

Finne [zu mittelhochdt. vinne „fauler Geruch"], Bez. für meist mikroskopisch kleine, seltener kindskopfgroße, häufig kapsel- oder blasenförmige Larven von Bandwürmern; fast stets in Wirbeltieren. Häufig gelangt die F. durch Genuß rohen (oder nicht durchgebratenen) Fleisches in einen Endwirt, bevor sie zum fertigen Bandwurm heranwächst.
♦ [niederdt.] (Rücken-F.) Bez. für die Rückenflossen der Haie und analoge Bildungen der Wale.

Finnen

◆ die keilförmige Seite eines Hammers.
Finnen (Selbstbez. Suomalaiset), das finn.
Staatsvolk.

Finnenausschlag, svw. ↑ Akne.

Finnenschweinswal ↑ Schweinswale.

Finnenspitz, kleiner (bis 48 cm
Schulterhöhe), fuchsroter, dicht behaarter
Spitz mit kleinen Stehohren und seitl. über
den Rücken gerolltem Schwanz; anspruchsloser Jagd-, Haus- und Wachhund.

Finney, Albert [engl. ˈfɪnɪ], * Salford
(Lancashire) 9. Mai 1936, engl. Schauspieler. -
In klass., bes. in Shakespeare-Rollen ebenso
erfolgreich wie in modernen Dramen. Bed.
Filmrollen in „Samstagnacht bis Sonntag-
morgen" (1960) und „Tom Jones" (1963),
„Mord im Orient Express" (1974), „Unter dem
Vulkan" (1984).

finnische Kunst, Finnland hat seine
künstlerisch relevanten Einflüsse aus N- und
M-Europa erhalten. Die frühesten Kirchen
wurden im 12. Jh. auf den Ålandinseln erbaut;
schon im 13. Jh. zeigen sich an ihnen got.
Elemente (Gewölbebau). Schwed. Einfluß
zeigt sich in den hohen Satteldächern der
Feldsteinkirchen. Ende des 13. Jh. wurden die
im Kern spätroman. Domkirche in Turku,
die als Backsteinbau auf norddt. oder balt.
Einfluß verweist, die Burgen von Turku (Umbau 17. Jh.), Häme und Viipuri (heute Wyborg) errichtet, im 15. Jh. die Burg Olavinlinna in Savonlinna. Heiligenstatuen und Altäre
(z. B. der Barbaraaltar des Meisters Francke)
kamen aus Deutschland ins Land. Volks-
kunstcharakter hat die Wand- und Gewölbe-
malerei der Kirchen im späten MA. Zur Zeit
Gustavs I. Wasa wurden zahlr. Burgbauten
erneuert und durch Rondelle ergänzt. Mittelpunkt wurde der Renaissancehof des Herzogs
Johann am Turkuer Schloß, wo sich u. a. eine
reiche Textilkunst entfaltete. Im 17. Jh. wurden stattl. Gutshöfe erbaut sowie prot. Pre-
digerkirchen; neben die Langkirche aus Holz
tritt die Kreuzkirche. Beachtlich sind die
Grabdenkmäler in Holzornamentik. In der
2. Hälfte des 18. Jh. begann man die Städte
auszubauen, ab 1778 wurde die Helsinkier
Hafenfestung Suomenlinna errichtet. Die Malerei blühte im 18. Jh., bes. die Kirchenmalerei
mit M. Toppelius (* 1734, † 1821) sowie das
Porträt. Der Ausbau Helsinkis erfolgte 1816ff.
nach klassizist. Plänen von C. L. Engel. Die
Malerei blieb im 19. Jh. zunächst an Schweden orientiert, Mitte des Jh. wurde Düsseldorf
und schließl. Paris für die finn. Landschaftsmalerei wichtig, wie A. Edelfelt (* 1854, † 1905)
studierte (Freilichtmalerei), sowie der
bekannteste Maler des finn. Jugendstils und
Symbolismus bzw. der finn. Nationalroman-
tik, A. Gallen-Kallela. Neben ihm arbeitete
v. a. H. Simberg (* 1873, † 1917). Um 1910
entstanden einflußreiche impressionist. und
expressionist. (T. K. Sallinen, * 1879, † 1955)
Gruppen. Die Jugendstilarchitektur ist durch

den Hauptbahnhof in Helsinki von Eliel Saa-
rinen repräsentiert, der internat. Stil fand u. a.
in E. Bryggman (* 1891, † 1955) einen wichtigen Vertreter. Weltruhm erlangte die finn.
Architektur durch A. Aalto. Als Nestor der
finn. Bildhauerei dieses Jh. gilt W. Aaltonen
(* 1894, † 1966). Den Anschluß an die internat.
moderne bildhauer. Entwicklung fanden in
den 60er Jahren A. Tukiainen (* 1917), E.
Hiltunen (* 1922), M. Hartman (* 1930) oder
K. Tappar (* 1930). Bereits seit den 50er Jahren hat das moderne finn. Kunstgewerbe eine
internat. führende Rolle; Kunstglas schufen
u. a. T. Wirkkala (* 1915) und T. Sarpaneva
(* 1926), Textilien u. a. D. Jung (* 1906), U.
Simberg (* 1914) und K. Ilvessalo (* 1920).
Die Malerei öffnete sich in den 60er Jahren
der abstrakten Kunst (u. a. A. Lavonen,
* 1928, K. Kaivanto, * 1932).

📖 *Reclams Kunstführer Finnland. Dietzingen*
1985. - Boulton-Smith, J.: Finn. Malerei. Dt.
Übers. Ffm. u. a. 1970. - Salokorpi, A.: Finn.
Architektur. Dt. Übers. Ffm. u. a. 1970.

finnische Literatur, bed. Anteil an der
f. L. (d. h. hier der finnischsprachigen Literatur) hat die Literatur der mündl. Überlieferung, die sich z. T. über ein Jt. erstreckende
Tradition der Lieder, Balladen, Zaubersprü-
che, Legenden, Sagen und Märchen, die z. T.
bis ins 20. Jh. lebendig geblieben sind. Weltli-
terar. Geltung erringt das Epos ↑ „Kalevala".
Die schriftl. fixierte finnischsprachige Literatur spielt bis zum 20. Jh. eine geringe Rolle.
Noch die sog. Turkuer und Helsinkier
Romantik (1810 bis etwa 1860), die in der
schwed. überlagerten Kultur den Selbstbe-
wußtsein weckt, artikuliert sich schwed., bis
unvermittelt A. Kivi mit seinem bed. dramat.,
lyr. und episch. Werk hervortritt. Mit der
Wende zum 20. Jh. wird der Anschluß an die
gesamteurop. Bewegungen gewonnen, wobei
die f. L. v. a. in der Lyrik bed. Namen aufzu-
weisen hat: M. Lassila (* 1868, † 1918), der
erst spät in seiner Bedeutung erkannt wird,
O. Manninen (* 1872, † 1950), V. A. Kosken-
niemi (* 1885, † 1962), E. Leino (* 1878,
† 1926). In der Erzählliteratur ragt das Werk
von F. E. Sillanpää hervor. Eine internat. Le-
serschaft fand auch M. Waltari (* 1908) mit
seinen histor. Romanen. Eine starke autodidakt. Erzählerbegabung ist V. Linna (* 1920),
der bedeutendste moderne finn. Prosaist dürfte aber V. Meri mit seiner grotesk-absurden
Darstellung des Krieges sein. Als Lyriker sind
u. a. V. Kirstinä (* 1936) und L. Numi (* 1928)
zu nennen.

📖 *Kunze, E.: F.L. in dt. Übers. 1675–1975.*
Helsinki 1982. - Laitinen, K.: Die f. L. In: Mo-
derne Weltlit. Hg. v. G. v. Wilpert u. I. Ivask.
Stg. 1978.

finnische Musik, früheste Zeugnisse
hielten sich in mündl. Überlieferung bis in
das 20. Jh. lebendig, v. a. in den Runenliedern,
die u. a. im ↑ „Kalevala" gesammelt sind, viel-

fach mit pentaton. Melodik u. tetrachord. Gliederung. Allg. verbreitetes National-instrument ist die früher 5-, heute bis 30saiti-ge Kantele. Die finn. Kunstmusik stand in ihren Anfängen unter starkem Einfluß aus Schweden und Norddeutschland. Eigene Strömungen verstärkten sich nach der Tren-nung Finnlands von Schweden (1809), aber noch in der Jh.mitte beherrschte ein Deut-scher, F. Pacius, das Musikleben in Helsinki. Nach ihm traten bes. hervor: A. G. Ingelius, M. Wegelius und R. Kajanus. Der größte Vertreter der f. M., J. Sibelius, beeinflußte mit seinem auf nationalen Grundlagen ent-wickelten eigenen Stil die gesamte Musik sei-nes Landes bis in die Gegenwart, u. a. auch I. Krohn, O. Merikanto, A. Järnefelt (* 1869, † 1958), E. Melartin, S. Palmgren, T. Kuula, L. Madetoja, Y. Kilpinen, A. Merikanto, K. Tuukkanen und T. Pylkkänen. Die jüngste Stilrichtung vertritt E. Rautavaara.
🕮 *Richards, D.: The music of Finland. London 1968.*

finnische Religion ↑ finnisch-ugrische Religion.

Finnischer Meerbusen, östl. Seiten-arm der Ostsee zw. Finnland und der UdSSR, etwa 430 km lang, zw. 60 und 120 km breit. Die inneren Teile sind 4–6, die äußeren etwa 2 Monate im Winter vereist.

finnische Sprache, sie gehört zur Fami-lie der finnisch-ugrischen Sprachen und letztl. zu den ural. Sprachen. Heute wird sie von etwa 5 Mill. Menschen gesprochen, von denen über 4,5 Mill. in der Republik Finnland woh-nen. Der Rest verteilt sich auf Auswanderer-gruppen oder auf Sprachinseln in der UdSSR, die auf ein urspr. größeres Sprachgebiet ver-weisen. Die schriftl. Überlieferung beginnt mit dem 16. Jh. (altes Schriftfinnisch 1540–1820). Die Entwicklung bis zum 19. Jh. ist gekenn-zeichnet durch den Ausbau zur Schriftsprache durch Vereinheitlichung, Präzisierung, dia-lektalen Ausgleich, Vergrößerung des Wort-schatzes sowie Behauptung struktureller Ei-genart gegenüber dem von der Oberschicht gesprochenen Schwedischen. Für das 20. Jh. sind kennzeichnend die Entlehnung internat. Verkehrswörter und die Anreicherung des ab-strakten Wortgutes. Die f. S. gehört zur Grup-pe der agglutinierenden Sprachen, hat aber starke Merkmale des flektierenden Sprachty-pus. Das lautl. System zeigt weit entwickelte Quantitätsopposition, Vokalreichtum (18 verschiedene Diphthonge), Vokalharmonie und Stufenwechsel; die Formenlehre zeigt Kasusreichtum (15 Kasus), Reichtum an Ver-balnomina und prinzipielle Identität oder strukturelle Gleichheit nominaler und verba-ler Stämme.
🕮 *Groenke, U.: Grundzüge der Struktur des Finn. Hamb. ²1983.*

Finnisches Schärenmeer, Teil der Ostsee (und des Bottn. Meerbusens) vor der SW-Küste Finnlands einschließl. der Ålandinseln.

Finnisch-Sowjetischer Winter-krieg, Verteidigungskrieg Finnlands gegen die Sowjetunion (1939/40) als Folge der Zuer-kennung Finnlands zur sowjet. Interessen-sphäre im Dt.-Sowjet. Nichtangriffspakt 1939; begann 1939, nachdem sich Finnland den ulti-mativen Forderungen Moskaus widersetzt hatte. Im Frieden von Moskau (1940) mußte Finnland u. a. die Karel. Landenge und das Gebiet an der N-Bucht des Ladogasees an die Sowjetunion abtreten, ihr Hangö und die anliegenden Inseln auf 30 Jahre verpachten sowie durch Verzicht auf militär. Potential in der Ostsee und im Nördl. Eismeer Sicher-heitsgarantien für Leningrad und Murmansk erfüllen; von Finnland im Juni 1941 annulliert.

Finnische Kunst. Burg Olavinlinna in Savolinna (15. Jh.; oben); Tyko Konstantin Sallinen, Waschfrauen (Ausschnitt; 1911). Helsinki, Konstmuseet i Ateneum (unten)

finnisch-ugrische Religionen, die alten Religionen der finnisch-ugrischen Völker sind gekennzeichnet durch die Verehrung eines Hochgottes, der als Herr des Himmels galt. Er hieß bei den Finnen Ukko („der alte Mann"); die Wotjaken verehrten ihn unter dem Namen Inmar („der Himmlische"). Die Mordwinen nannten ihren Himmelsgott Schkaj („Schöpfer"). Im estn. Bereich fanden sich verschiedene Bez., u. a. Pikne („Blitz"). Nach ungar. Vorstellung trieb Magyar Isten („Gott der Ungarn") mittels der Flügelschläge großer Adler sein Volk an, die Karpaten zu überschreiten, um ihre heutigen Wohngebiete zu erreichen. - Eine weitere religiöse Gemeinsamkeit der finn.-ugr. Völker bestand wahrscheinl. in einem Priestertum, das Züge des Schamanismus trug. Über die vorchristl. Religion der Finnen orientiert am ausführlichsten das 1551 veröffentlichte Götterverzeichnis des Missionars Finnlands, M. Agricola (* um 1509, † 1557). Als Gattin des Hochgottes Ukko galt Rauni, eine Göttin des Donners, die zugleich als Erdmutter verehrt wurde. Ilmarinen war Herr des Windes und Beschützer der Reisenden. Väinämöinen, eine Zentralgestalt des finn. Nationalepos „Kalevala", trug Züge eines Kulturheros. Im Kult dominierte die Feier des Bärenfestes (Bärenkult). Geisterglaube war weit verbreitet. Die Jenseitsvorstellungen waren uneinheitlich. Neben dem Glauben an ein Fortleben im Grabe stand die Vorstellung von einem unterird. Totenreich.

finnisch-ugrische Sprachen, Sprachfamilie, deren etwa 20 Mill. Sprecher heute weit gestreut auf Gebieten zw. der finn. Halbinsel im W, dem nordwestl. Sibirien im O und der ungar. Steppe im S beheimatet sind. Mit den samojed. Sprachen bilden die ·f.-u. S. die Gruppe der ural. Sprachen. Die weitere Verwandtschaft mit den Jukagirischen und den altaischen Sprachen ist wahrscheinlich, ein Verwandtschaftsverhältnis mit dem Indogerman. wurde öfter erwogen, ist aber unbewiesen.
Nach überwiegender Meinung hat es eine finn.-ugr. Grundsprache gegeben, und die finnisch-ugr. Einzelsprachen sind durch Abwanderung der Völker und Stämme und der damit verbundenen sprachl. Ausgliederung und Sonderentwicklung entstanden. Die mundartl. Untergliederungen sind nahezu überall sehr reich.
Am frühesten gliederten sich die ugr. Sprachen aus (die obgur. Sprachen Ostjakisch und Wogulisch, heute gesprochen östl. des Urals am unteren und mittleren Ob, sowie, später, Ungarisch), danach das Permische (dazu heute Syrjänisch und Wotjakisch westl. des nördl. Urals) und die wolgaischen Sprachen (Tscheremissisch und Mordwinisch in verschiedenen Siedlungsinseln an der mittleren Wolga), schließlich das sog. Frühurfinn. (dazu das heutige Lappische im norweg., schwed., finn. und russ. Lappland) und das Ostseefinn. (dazu das Finnische, Estnische, Wotische [Sprachinsel südwestl. von Leningrad, fast ausgestorben], Livische [Küstenstreifen an der Rigaer Bucht, im Aussterben], Wepsische [Sprachinseln südl. des Ladogasees, im starken Rückgang] und Karelische [in der Karel. ASSR und, durch Zwangsaussiedlung, im Bezirk Kalinin]).
Zu den spezif. Merkmalen der f.-u. S., die sich jeweils in verschiedenen Einzelsprachen, aber keineswegs durchgängig finden, gehören Vorherrschen eines zweisilbigen Grundworttypus mit fester Betonung auf der ersten Silbe, nominales Prädikat (im Nominalsatz), Artikellosigkeit und kein nominales Genus, gegenüber den indogerman. Sprachen zentralere Stellung der lokalen Kasus im System, Bez. possessiver Verhältnisse durch Suffixe. Die f.-u. S. gehören typolog. zu den agglutinierenden Sprachen.

⏻ Décsy, G.: Einf. in die finn.-ugr. Sprachwiss. Wsb. 1965.

Finnland

(amtl. Vollform: Suomen Tasavalta, Republik Finland), parlamentar. Republik in N-Europa, zw. 59° 48' und 70° 05' n. Br. sowie 20° 33' und 31° 35' ö. L. **Staatsgebiet:** F. besitzt gemeinsame Landgrenzen mit der UdSSR im O sowie mit Norwegen und Schweden im NW; im W grenzt es an den Bottn. Meerbusen und im S an den Finn. Meerbusen der Ostsee. Zum Staatsgebiet gehören die Ålandinseln. **Fläche:** 337 032 km², davon Wasserfläche: 31 557 km². **Bevölkerung:** 4,9 Mill. E (1984), 16,0 E/km². **Hauptstadt:** Helsinki. **Verwaltungsgliederung:** 12 Prov. **Amtssprachen:** Finnisch und Schwedisch. **Staatskirche:** Ev.-luth. Staatskirche. **Nationalfeiertag:** 6. Dez. **Währung:** Finnmark (Fmk) = 100 Penniä (p). **Internationale Mitgliedschaften:** UN, OECD, Nord. Rat, GATT; der EFTA assoziiert. **Zeitzone:** Osteuropäische Zeit, d. i. MEZ + 1 Stunde.

Landesnatur: F., das mit seiner Fläche zu einem Viertel nördl. des Polarkreises liegt, erstreckt sich über fast 1 200 km in N–S- und über 500 km in W–O-Richtung. Das Landschaftsbild ist von der Eiszeit und ihren Rückzugsstadien geprägt. Den Küsten sind rd. 30 000 Inseln und Schären vorgelagert. Der für die Besiedlung wichtigste Teil ist die finn.-karel. Seenplatte in M- und S-F. mit rd. 55 000 Seen. Das durchweg niedrige Land (um 150 m durchschnittl. Höhe) steigt im N bis 700 m Höhe an; die größte Höhe wird im äußersten NW am Haltiantunturi mit 1 324 m Höhe erreicht.
Das **Klima** ist kontinental mit subpolaren Zügen, die sich in der Mitternachtssonne des

Sommers, in der langen Dunkelheit des Winters, in seiner Verlängerung durch Polarlufteinfälle bis in den nur kurzen Frühling, in sommerl. Schadenfrösten und in der bes. im N geringen Niederschlagsergiebigkeit zeigen. Die gegen Jahresende beginnende Vereisung der Küstengewässer schreitet im Hochwinter meist rasch fort, so daß von Ende Jan.–Mitte März eine Festeisbrücke die Ålandinseln mit SW-F. verbindet.

Vegetation: F. gehört dem borealen Nadelwaldgürtel an mit Ausnahme des über die Waldgrenze ab 300–400 m Höhe hinausragenden Berglandes in Lappland, wo die Wälder von Zwergstrauchheide mit Vertretern des arktoalpinen Florenelementes abgelöst werden. 61 % des Landes sind bewaldet, große Landstrecken sind versumpft.

Die **Tierwelt** ist relativ artenarm. Es finden sich u. a. Elch, Halsbandlemming, Polarfuchs und Schneehase. Selten sind Wolf, Braunbär, Luchs und Vielfraß.

Bevölkerung: Neben Finnen leben Schweden und Lappen im Land. Am dichtesten besiedelt sind die Ebenen im SW, hier leben 110 E/km², dagegen in Lappland nur 1–3 E/10 km². Fast 90 % der Bev. gehören der Staatskirche an. Schulpflicht besteht von 7–16 Jahren. F. verfügt über 20 Univ. und Hochschulen.

Wirtschaft: Ackerbaul. genutzt werden 8,1% der Landfläche; Kleinbetriebe überwiegen. Wichtigster Zweig der Landw. ist die Milchwirtschaft; im N wird Rentierzucht betrieben. Bei Fleisch, Eiern, Molkereiprodukten und Futtergetreide deckt F. den Eigenbedarf. Forstwirtschaftl. genutzt werden die ausgedehnten Wälder. Abgebaut werden Eisen-, Kupfer-, Nickel-, Zink-, Chrom-, Titan-, Blei-, Vanadium-, Kobalterze sowie Pyrit, Selen, Asbest und Torf. Führend ist die holzverarbeitende Ind. (Papierherstellung), gefolgt von Metall-, chem. Textilind. u. a. Auch der Fremdenverkehr spielt wirtsch. eine Rolle.

Außenhandel: Ausgeführt werden Papier und Pappe, Schnittholz und Hobelware, Schiffe und Boote, Maschinen, Zellstoff, Holzwaren u. a., eingeführt Erdöl und -produkte, Kohle, Maschinen, Fahrzeuge, Nahrungsmittel, Eisen und Stahl. Die wichtigsten Handelspartner sind die EG- und EFTA-Länder, gefolgt von der UdSSR und den USA.

Verkehr: Das Schienennetz (russ. Breitspur) hat eine Länge von 5 883 km, das Straßennetz von 75 848 km, rd. 39 000 km mit fester Decke; über 80 % des grenzüberschreitenden Güterverkehrs werden per Schiff abgewickelt; Fährverkehr u. a. mit Lübeck und Travemünde. Die staatl. Fluggesellschaft FINNAIR O/Y fliegt 23 inländ. und 25 ausländ. ⚓ an. Internat. ⚓ in Helsinki.

Geschichte: Zur *Vor- und Frühgeschichte* ↑ Europa (Vorgeschichte).
Nachdem christl. Missionare seit dem 11. Jh. von Schweden aus im sw. F. tätig gewesen

waren, wurde Tavastland (das heutige Häme) 1238/49 von Birger Jarl zum Teil des schwed. Reiches erklärt. 1323 wurde Karelien zw. Schweden und Nowgorod aufgeteilt und erstmals die finn. O-Grenze theoret. festgelegt; in der Praxis wurde sie jedoch durch schwed. Kolonisten immer weiter nach O und N vorgeschoben. Unter König Gustav I. (⚭ 1523–60) führte M. Agricola die Reformation in F. ein. 1713–21 war F. von Rußland besetzt, das 1721 das sw. Karelien mit Viborg (= Wyborg) erhielt. 1808 brachen russ. Truppen in F. ein und besetzten das Land bis zum Jahresende. Noch bevor Schweden 1809 auf ganz F. verzichtete, hatte Zar Alexander I. als Großfürst die Huldigung der finn. Stände entgegengenommen. Die zugunsten F. erlassenen schwed. Grundgesetze von 1772 und 1789 wurden bestätigt. 1812 wurde die Hauptstadt von Turku nach Helsinki verlegt. Der autonome Status von F. förderte im Rahmen der zeitgenöss. nat.-romant. Ideen die Entstehung eines kräftigen Nationalgefühls. Ende 19. Jh. wurde F. von der inzwischen allg. Russifizierungspolitik gegenüber der nichtruss. Bev. im Zarenreich erfaßt; 1899 wurde durch das Februarmanifest Nikolaus' II. die Autonomie des Großfürstentums beseitigt. Als die Revolution von 1905 auch auf F. übergriff, gestand Nikolaus II. durch Aufhebung des Februarmanifests und aller auf ihm basierenden Dekrete F. die Autonomie jedoch wieder zu. 1906 wurde der Vierständelandtag durch ein Einkammerparlament abgelöst, zugleich das allg. und gleiche Wahlrecht festgesetzt. Nachdem die Bolschewiki in der Oktoberrevolution 1917 die Macht in Rußland erobert hatten, beschloß der finn. Landtag am 15. Nov. 1917, die höchste Gewalt selbst auszuüben. F. hatte sich damit de facto als selbständig erklärt. Zur Vertreibung der russ. Truppen und zur Niederwerfung der sie unterstützenden Roten Garde wurde ein bürgerl. Schutzkorps, die Weiße Garde, organisiert und dem Befehl des Frhr. von Mannerheim unterstellt. Am 28. Jan. 1918 brach der finn. Bürgerkrieg aus. Nach dem Sieg der „Weißen", die durch ein dt. Expeditionskorps unter General R. Graf von der Goltz unterstützt worden waren, wurde am 21. Juni 1919 eine republikan. Verfassung angenommen. Sowjetrußland erkannte 1920 die Selbständigkeit F. an und gestand ihm zu seinem histor. Besitz einen schmalen Korridor zum Eismeer mit Petsamo (= Petschenga) als eisfreiem Hafen zu. Mit den ihm 1921 vom Völkerbund zugesprochenen Ålandinseln besaß F. nun die größte territoriale Ausdehnung seiner Geschichte.
Die Bürgerkriegssituation bzw. ihre Nachwirkungen wie der Gegensatz zw. der finn. und schwed. Volksgruppe prägten die finn. Innenpolitik (23 Kabinette 1917–39). Durch den Finn.-Sowjet. Winterkrieg 1939/40 verlor F.

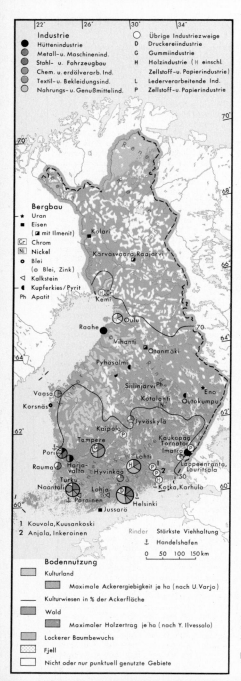

Finnland. Wirtschaftskarte

etwa ein Zehntel seiner Ind., seines Acker- und Waldareals. Nach dem dt. Überfall auf die UdSSR 1941 nahm F. bis 1944 auf dt. Seite am 2. Weltkrieg teil. Danach hatte es außer den 1940 verlorenen Gebieten den Korridor zur Eismeerküste mit Petschenga an die UdSSR abzutreten, ihr die Halbinsel Porkkala auf 50 Jahre als Flottenstützpunkt zu überlassen (die F. jedoch schon 1956 zurückerhielt) und innerhalb von 6 Jahren Reparationen in Höhe von 300 Mill. Dollar zu leisten. Angesichts der machtpolit. Lage entschloß sich F. nach dem 2. Weltkrieg, zwar unnachgiebig an seiner Selbständigkeit festzuhalten, die auswärtigen Beziehungen aber so zu gestalten, daß in erster Linie ein gutnachbarl. Verhältnis zur UdSSR besteht, indem jeder Konflikt mit den russ. Interessen vermieden wird. Diese sog. Paasikivi-Linie (nach Staatspräs. Paasikivi) wurde 1948 untermauert durch einen Freundschafts- und Beistandspakt mit der UdSSR auf 10 Jahre (1955 um 20, 1970 um weitere 20 Jahre verlängert) und war maßgebend für die Politik des langjährigen Staatspräs. U. Kekkonen (1956–82), die auch von dessen Nachfolger M. Koivisto fortgeführt wird. 1955 wurde F. Mgl. der UN. Seine Gemeinsamkeit mit den übrigen nord. Staaten bekundete F. 1955 durch den Beitritt zum Nord. Rat, seine westeurop. Interessen, indem es sich 1961 der EFTA assoziierte. 1974 trat der Handelsvertrag mit der EWG in Kraft. Seit 1977 regierte eine Volksfrontreg. unter Min.präs. K. Sorsa (Sozialdemokrat), nach den Wahlen 1979 wurde das Bündnis unter M. Koivisto (Sozialdemokrat) fortgesetzt. Koivisto wurde im Jan. 1982 zum Nachfolger Kekkonens als Staatspräs. gewählt und ernannte K. Sorsa zum neuen Min.präs. Im Okt. 1982 brach das Volksfrontbündnis über die wirtschaftl. Problemen auseinander. Seit den Wahlen vom März 1983 regiert eine Koalition aus Sozialdemokraten, Zentrumspartei, Schwed. Volkspartei und Kleinbauernpartei. Im Dez. 1985 spaltete sich die kommunist. Partei.

Politisches System: Nach der Verfassung vom 17. Juli 1919 ist das polit. System F. eine Kombination von Elementen des parlamentar. und des Präsidialsystems. Oberster Träger der *Exekutive* ist der Staatspräs. (seit 1982 M. Koivisto), der auf 6 Jahre durch ein Kollegium von 300 Wahlmännern (mit mehr als der Hälfte der abgegebenen Stimmen) bestimmt wird, das von den wahlberechtigten Bürgern nach dem Verhältniswahlrecht gewählt wird. Die starke Stellung des Präs. ist nicht nur in seiner Unabhängigkeit vom Reichstag begründet, sondern fußt auch auf seinen verfassungsmäßigen Rechten der Gesetzesinitiative, zur Auflösung des Reichstags, zur Anordnung von Neuwahlen und zur Einberufung von außerordentl. Reichstagssitzungen; er kann ein Veto gegen vom Reichstag beschlossene Gesetze einlegen, das nur ein neugewählter Reichstag annulieren kann; er beruft die Mgl. des Staatsrats (Reg. mit dem Staatsmin. [= Min.präs.] an der Spitze), dessen Vorsitz er führt. Er hat tiefgreifende Kontrollrechte gegenüber der Verwaltung und den Oberbefehl über die Streitkräfte. Der Staatsrat ist dem Reichstag verantwortl. und von dessen Vertrauen abhängig. Die *Legislative* liegt beim Reichstag („Eduskunta"; 200 Abg., die alle 4 Jahre nach dem Verhältniswahlrecht bestimmt werden).

Parteien: Im Reichstag sind drei Parteigruppierungen vertreten. Zur konservativen gehören die Nat. Sammlungspartei (1983: 44 Sitze im Parlament), die Schwed. Volkspartei (10 Sitze), die Christl. Union (3 Sitze), zur Mitte die Liberale Volkspartei, die Zentrumspartei (bis 1965: Agrarunion; zusammen 38 Sitze) und die Finn. Landwirtepartei (17 Sitze); zum „linken" Flügel zählen die Sozialdemokrat. Partei (57 Sitze) und die Finn. Volksdemokrat. Union unter Führung der Kommunist. Partei (26 Sitze).

Zu den einflußreichsten *Interessenorganisationen* in F. zählt die Zentralorganisation der finn. Gewerkschaften e.V. (SAK) mit über 1 Mill. Mitgliedern.

Verwaltung: An der Spitze der 12 Prov. steht jeweils ein vom Präs. auf Vorschlag des Staatsrats ernannter Landeshauptmann. Die Prov. sind weiter eingeteilt in Landkreise und Gemeinden. Die Ålandinseln haben einen weitgehend autonomen Status mit eigenem Landtag und Schwedisch als Amtssprache.

Recht: Die finn. Rechtsordnung ist nach schwed. Vorbild aufgebaut. Die Gerichtsbarkeit wird von Stadt- und Dorfgerichten, Berufungsgerichten und dem Obersten Gerichtshof sowie dem Obersten Verwaltungsgericht ausgeübt (die beiden letztgenannten sind auch für die Prüfung von Gesetzen auf ihre Verfassungskonformität zuständig). Der Justizkanzler ist oberstes Aufsichtsorgan über Behörden und Beamte, ihm obliegt die Prüfung von Regierungsvorlagen auf ihre Vereinbarkeit mit der Verfassung; der vom Reichstag ernannte Justizsachwalter sorgt für die Gesetzmäßigkeit der Rechtsprechung und der Behördenaktivitäten.

Streitkräfte: Durch den Friedensvertrag von 1947 und den Freundschafts- und Beistandspakt mit der UdSSR wurde die finn. Landesverteidigung auf die Sicherung des Landes nach innen und außen beschränkt. Die Streitkräfte umfassen insgesamt rd. 36 500 Mann (Heer 30 900, Marine 2 700, Luftwaffe 2 900). Daneben gibt es eine Grenzschutztruppe in Stärke von rd. 3 500 Mann.

📖 *Klinge, M.: A brief history of Finland.* Helsinki 1984. - *Butzin, B.: Die Entwicklung Finn.-Lapplands.* Paderborn 1978. - *Kekonnen, U.:*

Finnlands Weg zur Neutralität. Dt. Übers. Düss. 1975. - Wiesner, J.: v., u.a.: Die Kulturen der euras. Völker. Wsb. 1970. - Jutikkala, E./Pirinen, K.: Geschichte Finnlands. Dt. Übers. Stg. 1964.

Finnlandisierung, von F. J. Strauß im Hinblick auf das Abhängigkeitsverhältnis, in dem Finnland zur UdSSR steht, geprägte polem. Bez. für die sowjet. Einflußnahme auf Außen- und Innenpolitik eines nur nach außen hin von der UdSSR unabhängigen, scheinbar selbständig Politik treibenden Landes.

Finnmark, nördlichstes Verwaltungsgebiet Norwegens, grenzt im S an Finnland, im O an die UdSSR.

Finnmark, Abk.: Fmk, Währungseinheit in Finnland; 1 Fmk = 100 Penniä (p).

Finnmarksvidda, weite, schwach wellige und kuppige Fastebene in 300–600 m Meereshöhe mit vielen Seen und ausgedehnten Mooren in NO-Norwegen.

Finnougristik [...o-u...], die Wiss. von der Erforschung der finnisch-ugrischen Sprachen; Alterstumskunde und Volksüberlieferung treten gewöhnlich hinzu. Die F. ging von Forschungen zur sprachl. Verwandtschaft im 17. Jh. aus. Im 19. Jh., als die Wiss. im strengen Sinne sich konstituierte, wurde die Indogermanistik das method. Vorbild.

Finnwal ↑ Furchenwale.

Finow ['fi:no] ↑ Eberswalde-Finow.

Finsch, Otto, * Bad Warmbrunn 8. Aug. 1839, † Braunschweig 31. Jan. 1917, dt. Völkerkundler und Vogelforscher. - Bereiste den Balkan (1858/59), Nordamerika (1872), Lappland (1873) und mit A. Brehm Westsibirien (1876); zwei Forschungsfahrten in die Südsee, nach Neuguinea und in den Bismarckarchipel (1879–82 und 1884/85) führten zur Gründung der dt. Kolonie Kaiser-Wilhelms-Land; gründete 1885 **Finschhafen** (bis 1918 Sitz der dortigen dt. Verwaltung).

Finsen, Niels Ryberg [dän. 'fen'sən], * Tórshavn (Färöer) 15. Dez. 1860, † Kopenhagen 24. Sept. 1904, dän. Mediziner. - Entwickelte Methoden der Lichtbehandlung bei Hauttuberkulose sowie bei Pocken; 1903 Nobelpreis für Physiologie oder Medizin.

FINSIDER, Kurzwort für italien. Società Finanziaria Siderurgica per Azioni; Holdinggesellschaft, die große Teile der italien. Eisenund Stahlind. umfaßt; Sitz Rom, gegr. 1937.

Finsteraarhorngruppe, Gebirgsstock in den zentralen Berner Alpen, sö. von Grindelwald, mit Finsteraarhorn (4 274 m hoch), Eiger (3 970 m), Mönch (4 099 m), Jungfrau (4 158 m); bildet die Wasserscheide zw. Aare und Rhone; stark vergletschert, u. a. Großer Aletschgletscher.

Finsternis, in der Astronomie ein rein geometr.-opt. Phänomen, eine Folge der Bedeckung eines Himmelskörpers durch einen anderen. Stehen für einen Beobachtungsort

Finsterwalde

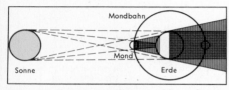

Finsternis. Sonnen- und Mondfinsternis (nicht maßstäblich)

Mond und Sonne in einer Visierlinie, so tritt für diesen Ort eine **Sonnenfinsternis** ein. Eine im Sinne der gegebenen Definition nicht echte Finsternis ist dann **Mondfinsternis**, denn dann tritt die Erde zw. die Verbindungslinie Sonne-Mond; der Mond geht durch den Schattenkegel der Erdkugel, es tritt keine Bedeckung des Mondes durch einen anderen Himmelskörper ein.

Finsterwalde, Krst. im Bez. Cottbus, DDR, 106 m ü.d. M., 24 000 E. Metallwaren-, elektrotechn., Textil-, chem. sowie Holzind. - Entstand vor 1282 und erhielt wohl noch im 13. Jh. Stadtrecht. - Spätgot. Dreifaltigkeitskirche (1578 ff.); Renaissanceschloß (Hauptbauzeit 1553–97) und Kurtsburg (16. Jh.).

F., Landkr. im Bez. Cottbus, DDR.

Finsterwalder, Sebastian, * Rosenheim 4. Okt. 1862, † München 4. Dez. 1951, dt. Mathematiker. - Prof. für Geometrie in München; wandte die Photogrammetrie auf die Hochgebirgstopographie an und schuf die neuzeitl. Luftbildmessung.

Finte [italien., zu lat. fingere „ersinnen"], Ausflucht, Vorwand.

◆ beim *Fechten* und *Boxen* Scheinbewegung, vorgetäuschter Stoß, bei dem die Reaktion des Gegners erwartet und für eigene Zwecke ausgenutzt wird; beim *Ringen* ein angedeuteter Griff, der den Gegner täuschen soll.

Fioravanti, Valentino, * Rom 11. Sept. 1764, † Capua 16. Juni 1837, italien. Komponist. - Einer der führenden Meister der neapolitan. Opera buffa; u. a. „Le cantatrici villane" (Die Dorfsängerinnen; 1799).

Fiore, Joachim von ↑Joachim von Fiore.

Fioretten ↑Fiorituren.

Fiorino [lat.-italien.], italien. Bez. des Guldens; hieß urspr. (auch *F. d'oro*; Goldgulden) Floren; *F. d'argento* (Silbergulden), zuerst 1296 in Florenz als Groschenmünze geprägt, hieß ab 1305 Popolino.

Fiorituren (Fioretten) [lat.-italien.], Bez. für Gesangsverzierungen, die v. a. in den Opernarien des 18. Jh. beliebt waren.

Firbas, Franz, * Prag 4. Juni 1902, † Göttingen 19. Febr. 1964, dt. Botaniker. - Prof. in Göttingen; Arbeiten v. a. auf dem Gebiet der Vegetationsgeschichte, der Pollenanalyse und der Pflanzenökologie.

Firdausi ↑Ferdausi.

Fireclay [engl. ˈfaɪəkleɪ „Feuerton(erde)"] (Flintclay), Tonmineral der Kaolinitgruppe, $Al_2O_3 \cdot SiO_2 \cdot 2H_2O$; Hauptbestandteil feuerfester Tone.

Firenze ↑Florenz.

Firenzuola, Agnolo, eigtl. Michelangelo Girolamo Giovannini, * Florenz 28. Sept. 1493, † Prato 27. Juni 1548, italien. Dichter. - Schönheit und Lebensgenuß verherrlichend, schrieb er in volkstüml. und lebendiger Sprache Lustspiele, Gedichte, von Boccaccio beeinflußte Novellen und „Gespräche über die Schönheit der Frauen" (hg. 1548, dt. 1903).

Firestone Tire & Rubber Co. [engl. ˈfaɪəstoʊn ˈtaɪə ənd ˈrʌbə ˈkʌmpənɪ], zweitgrößter Reifenhersteller der Welt, Sitz Akron (Ohio), gegr. 1900. Produktionsprogramm: Reifen, Gummi-, Plastik-, Textil- und Metallprodukte, Chemikalien; zahlr. Tochtergesellschaften.

Firlefanz [zu mittelhochdt. firli-fanz (Bez. für einen lustigen Springtanz)], Flitterkram; Torheit, Possen.

firm [lat.], sicher, geübt, erfahren, beschlagen.

Firma [italien., urspr. „bindende, rechtskräftige Unterschrift" (eines Geschäftsinhabers); zu lat.-italien. firmare „befestigen, bekräftigen"], 1. im allg. Sprachgebrauch svw. kaufmänn. Betrieb, geschäftl. Unternehmen; 2. der Handelsname des Vollkaufmanns, d. h. derjenige Name, unter dem ein Vollkaufmann seine Handelsgeschäfte betreibt sowie klagen und verklagt werden kann (§ 17 HGB). Die F. kann sein: **Personalfirma** (in der ein Familienname enthalten ist), **Sachfirma** (die auf den Gegenstand des Unternehmens hinweist), **gemischte Firma** (die sowohl einen Familiennamen als auch einen Hinweis auf den Gegenstand des Unternehmens enthält, z. B. Möbelhaus Hans Maier). Wie der bürgerl. Name bezeichnet sie eine [natürl. oder jurist.] Person, näml. den Inhaber des Handelsunternehmens. Dieser (nicht etwa die F.) ist Träger der unter der F. erworbenen Rechte und Pflichten. Sein Recht an der F. stellt nach herrschender Auffassung ein Personenrecht mit vermögensrechtl. Gehalt dar. Es entsteht mit der Kaufmannseigenschaft, kann mit dem Handelsunternehmen übertragen werden und erlischt, wenn der Handelsbetrieb eingestellt wird. Ähnl. dem Namensrecht genießt es absoluten Schutz (**Firmenschutz**). Jeder Vollkaufmann ist verpflichtet, eine F. zu führen. Dabei sind folgende Grundsätze zu beachten: **Firmenwahrheit:** Die F. muß bezeichnen: bei einem Einzelkaufmann den Familiennamen mit mindestens einem ausgeschriebenen Vornamen, bei einer OHG den Namen wenigstens eines Gesellschafters mit einem das Gesellschaftsverhältnis andeutenden Zusatz, bei einer KG den Namen wenigstens eines persönl. haftenden Gesellschafters mit einem das Gesellschaftsverhältnis andeutenden Zusatz, bei einer Kapitalgesellschaft i. d. R. den Gegenstand des Unternehmens und die Gesellschaftsform. Lediglich die mit einem Handelsunternehmen übernommene (abgeleitete) F. braucht - im Interesse der **Firmenbeständigkeit** - diesen Regeln nicht zu entsprechen. Ebenso kann bei einer Namensänderung des Geschäftsinhabers oder bei einem teilweisen Inhaberwechsel die bisherige F. unverändert fortgeführt werden. **Firmeneinheit:** Für dasselbe Unternehmen darf nur eine F. geführt werden, auch wenn mehrere Niederlassungen bestehen. **Firmenausschließlichkeit:** Jede neue F. muß sich von allen an demselben Ort bereits bestehenden Firmen derart unterscheiden, daß nach allg. Verkehrsauffassung Verwechslungen ausgeschlossen sind. **Firmenöffentlichkeit:** Die F., ihre Änderung, die Änderung ihrer Inhaber und ihr Erlöschen sind beim zuständigen Amtsgericht (Registergericht) zur Eintragung in das Handelsregister anzumelden.

Im *östr.* und im *schweizer. Recht* gilt eine dem dt. Recht im wesentl. entsprechende Regelung.

Firmament [lat.] ↑ Himmel.

Firmin-Didot & Cie [frz. fir'mɛ̃ di'do e kõpa'ɲi] ↑ Didot.

Firmung [zu lat. (con)firmare „festmachen, bestätigen"], mit Aussagen aus dem N. T. (Apg. 8, 14–17) begr. Sakrament der kath. Kirche, das Jugendlichen im Alter von 7–12 Jahren vom Bischof, Weihbischof, einem beauftragten Abt, in außerordentl. Fällen auch vom Gemeindepfarrer durch Handauflegung, Salbung, Gebet und einem leichten Backenstreich gespendet wird.

Firn [zu althochdt. firni „alt"], alter, mehrjähriger Schnee des Hochgebirges, der durch vielfaches Auftauen und Wiedergefrieren körnig geworden ist; wird zu wasserundurchlässigem Firneis, das unter zunehmendem Druck in **Gletschereis** übergeht.

Firnberg, Hertha, * Niederrußbach (Bez. Korneuburg) 18. Sept. 1909, östr. Politikerin (SPÖ). - Mgl. des Bundesrats 1959–62, des Nationalrats seit 1963; führte als Min. für Wiss. und Forschung seit Juli 1970 die östr. Hochschulreform durch.

Firne [↑ Firn], Altersstadium des Weins, bei dem eine Dunkelfärbung (Hochfarbigkeit) eintritt, später auch eine Beeinträchtigung des Geschmacks.

Firnis [frz.], nicht pigmentiertes Anstrichmittel auf der Grundlage oxidativ trocknender Öle, z. B. Leinöl; Trockenstoffe (Sikkative) bedingen die gute Trocknungsfähigkeit.

Firnisbaum (Melanorrhoea usitata), Anakardiengewächs in Hinterindien; Baum mit verkehrt eiförmigen Blättern und großen Blüten; aus dem Rindensaft wird Firnis gewonnen.

Firnlinie, die Schneegrenze auf dem Gletscher, bis zu der der Schnee des letzten Win-

ters im Sommer wegschmilzt.

First, svw. ↑ Dachfirst.

First-day-Cover [engl. 'fəːst 'dɛɪ 'kʌvə], Abk. FDC, svw. ↑ Ersttagsbrief.

First Lady ['fəːst 'lɛɪdɪ; engl. „erste Dame"], die Frau eines Staatsoberhauptes.

First Lord of the Admiralty [engl. 'fəːst 'lɔːd əv ðɪ 'ædmərəltɪ], bis 1964 der brit. Marineminister.

First National City Bank [engl. 'fəːst 'næʃənəl 'sɪtɪ 'bæŋk], eine der größten Banken der Welt, Sitz New York, gegr. 1812 als **City Bank of New York;** 1955 Fusion mit der 1863 gegr. **First National Bank of New York,** seit 1962 jetzige Firma.

Firstpfette, Teil des Dachstuhls; trägt die Sparren am Dachfirst.

Firstziegel ↑ Dachziegel.

Firth [engl. fəːθ (vgl. Fjord)], engl. Bez. für ↑ Fjord; ↑ entsprechende Eigennamen.

Firusabad, Ort in S-Iran, im Sagrosgebirge, 90 km südl. von Schiras, 8 500 E. Nw. von F. die Ruinen einer von Ardaschir I. (✉ 224–241) gegr. kreisförmig angelegten Stadt, in deren Zentrum ein Feuertempel stand, sowie eines Palastes mit riesigen, überwölbten Empfangsräumen. Nahebei Felsrelief mit dem Sieg Ardaschirs über den Partherkönig Artabanos V.

FIS, Abk. für: Fédération Internationale de Ski, Internat. Skiverband; gegr. 1924 in Chamonix-Mont-Blanc; Sitz Bern.

Fisch ↑ Fische.

Fischadler (Pandion haliaetus), fast weltweit verbreiteter, v. a. an Seen, Flüssen und Meeresküsten vorkommender, etwa bussardgroßer Greifvogel; Oberseite schwärzlich, Bauchseite schneeweiß mit dunklem Brustband; Kopf und Kehle weiß, brauner Streif vom Auge zur Schulter; Flügel (Spannweite etwa 1,10 m) lang, schmal, gewinkelt, mit schwarzem Handgelenkfleck. Ernährt sich hauptsächl. von Fischen.

Fischart, Johann, eigtl. J. Fischer, genannt Mentzer, * Straßburg um 1546, † Forbach bei Saarbrücken um 1590, dt. Satiriker und Publizist. - Als Moralsatiriker, derbhumorvoller Volksschriftsteller aus humanist. Geist mit pädagog. Absicht kämpfte er gegen Sittenverfall und Modetorheiten, gegen das Papsttum und die Jesuiten. Berühmt wurde das Lobgedicht auf bürgerl. und polit. Tüchtigkeit „Das Glückhafft Schiff von Zürich" (1576); in „Floeh Haz, Weiber Traz" (1573) gibt er in Form eines Tierepos ein satir. Zeitbild; sein Hauptwerk, „Affentheurlich Ungeheurliche Geschichtsschrift ..." (1575, 1582 u. d. T. „Affentheurlich Naupengeheurlich Geschichtklitterung ...") ist eine freie Bearbeitung von Rabelais' „Gargantua".

Fischau, Bad ↑ Bad Fischau-Brunn.

Fischau ↑ photographische Objektive.

Fischbacher Alpen, Teil der östr. Zentralalpen zw. Bruck an der Mur und Semme-

Fischbandwurm

ring; Mittelgebirgscharakter, im Stuhleck 1782 m hoch.

Fischbandwurm (Breiter Bandwurm, Grubenkopf, Diphyllobothrium latum), mit 10–15 m Länge größte im Menschen (nach dem Genuß von rohem, finnigem Fisch) vorkommende Bandwurmart; hat bis über 4 000 Glieder, die sich in Gruppen ablösen.

Fischbeck (Weser), Ortsteil von Hessisch Oldendorf, Nds. - Ehem. Kanonissenstift (gegr. 955) mit roman. Kirche (12. Jh.), Stiftsgebäude (13. - 18. Jh.).

Fischbein, hornartige, sehr elast., leichte, widerstandsfähige Substanz aus den Barten der Bartenwale; früher zur Herstellung von Schirmgestellen, Korsettstäben verwendet.

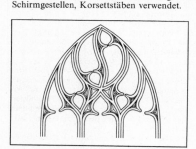

Fischblase

Fischblase, Schwimmblase der Fische. ◆ (Schneuß) spätgot. Maßwerkform mit fischblasenartigem Umriß (in Frankr. mehr flammenartig), etwa seit 1530; ähnl. Form schon in der kelt. Kunst und in der ir. Buchmalerei.

Fischchen (Lepismatidae), mit etwa 250 Arten fast weltweit verbreitete Fam. bis 2 cm langer Borstenschwänze mit flachem, meist blaß abgefärbtem, von silbrigen Schuppen bedecktem Körper; in Häusern häufig **Silberfischchen** (Lepisma saccharina), etwa 1 cm lang und **Ofenfischchen** (Thermobia domestica), bis 12 mm lang, schwarz beschuppt.

Fische ↑ Sternbilder (Übersicht).

Fische (Pisces), mit etwa 25000 Arten in Süß- und Meeresgewässern weltweit verbreitete Überklasse 0,01 bis 15 m langer Wirbeltiere; wechselwarme, fast stets durch (innere) Kiemen atmende Tiere mit meist langgestrecktem Körper, dessen Oberfläche im allg. von Schuppen oder Knochenplatten bedeckt ist; [flossenförmige] Extremitäten sind die paarigen Flossen (Brustflossen, Bauchflossen), daneben kommen unpaarige Flossen ohne Extremitätennatur vor (Rückenflossen, Afterflosse, Fettflosse, Schwanzflosse); Körperfärbung bisweilen (bes. bei ♂♂) sehr bunt, Farbwechsel oft stark ausgeprägt; Silberglanz wird durch Reflexion an den Schuppen abgelagerten ↑Guanins hervorgerufen. Mit Ausnahme aller Knorpel- und Plattfische haben die meisten F. eine Schwimmblase, durch deren verschieden starke Gasfüllung das spezif. Gewicht verändert werden kann, wodurch ein Schweben in verschiedenen Wassertiefen ohne Energieaufwand ermöglicht wird. F. besitzen einen Strömungs- und Erschütterungssinn durch die Seitenlinie. - Die meisten F. sind eierlegend, selten lebendgebärend. Die Entwicklung der F. erfolgt meist direkt, manchmal über vom Erwachsenenstadium stark abweichende Larvenformen (z. B. Aale, Plattfische) mit anschließender Metamorphose. - Die F. gliedern sich in die beiden Klassen ↑Knorpelfische und ↑Knochenfische.

In vielen alten *Religionen* waren F. Symbole sowohl des Todes als auch der Fruchtbarkeit. Der semit. Gott Dagan ist bisweilen als Fisch dargestellt. Nach dem Wischnuglauben wurde Manu von einem Fisch aus der Sintflut gerettet. Als Glückszeichen sind F. in Indien schon im 5. Jh. v. Chr. nachweisbar. Auf Grund der Symbolik des Menschenfischens im N. T. (Matth. 4, 19) ist der Fisch ein altchristl. Symbol; außerdem ist er Symbol für Christus, dessen griech. Bez. mit Iēsoūs Christòs Theoū Hyiòs Sotḗr (Jesus Christus, Gottes Sohn, Erlöser) das aus den Anfangsbuchstaben gebildete Wort ICHTHYS (griech. „Fisch") ergibt. - Abb. S. 104.

📖 Terofal, F.: F. Mchn. ³1984. - Wheeler, A.: *Das große Buch der F.* Dt. Übers. Stg. 1977.

Fischechsen (Fischsaurier, Ichthyosaurier, Ichthyosauria), weltweit verbreitete Ordnung ausgestorbener, fischförmiger, bis 15 m langer Kriechtiere in den Meeren der Trias und Kreidezeit.

Fischegel (Gemeiner F., Piscicola geometra), bis etwa 5 cm langer Blutegel v. a. in Süß-, aber auch in Brack- und Meeresgewässern Europas und N-Amerikas; schmarotzt an Fischen.

Fischer, Aloys, * Furth im Wald 10. April 1880, † München 23. Nov. 1937, dt. Pädagoge. - Prof. in München. Zog die Husserlsche Phänomenologie ebenso wie die Webersche Soziologie und die empir. Psychologie zur Lösung erziehungswiss. Probleme heran.
Werke: Deskriptive Pädagogik (1914), Theorie der emotionalen Bildung (1923), Pädagog. Soziologie (1933).

F., Edwin, * Basel 6. Okt. 1886, † Zürich 24. Jan. 1960, schweizer. Pianist und Dirigent. - Feinsinniger, werkgetreuer Interpret der Klavierwerke Bachs, Mozarts und Beethovens; Hg. von Bachs Klavierwerken.

F., Emil, * Euskirchen 9. Okt. 1852, † Berlin 15. Juli 1919, dt. Chemiker. - Prof. in München, Erlangen, Würzburg und Berlin; gehört zu den bedeutendsten Naturstoffchemikern des 19./20. Jh. F. ermittelte Konstitution und Konfiguration der wichtigsten Zucker und erforschte und synthetisierte zahlreiche Glieder der Puringruppe. Erhielt 1902 den Nobelpreis für Chemie.

F., Ernst Otto, * München 10. Nov. 1918, dt. Chemiker. - Prof. in München; arbeitete hauptsächl. über metallorgan. Verbindungen; entwickelte bei Untersuchungen über Ferrocen (FeC$_{10}$H$_{10}$) die - von G. Wilkinson unabhängig bestätigte - Vorstellung, daß bestimmte Verbindungen zw. Metallen und organ. Stoffen „sandwichartigen" Molekülaufbau besitzen; erhielt 1973 (zus. mit Wilkinson) den Nobelpreis für Chemie. - Abb. S. 105.

F., Eugen, * Karlsruhe 5. Juni 1874, † Freiburg im Breisgau 9. Juli 1967, dt. Anthropologe. - Prof. in Würzburg, Freiburg im Breisgau und Berlin; begr. mit H. Muckermann das Kaiser-Wilhelm-Institut für Anthropologie, menschl. Erblehre und Eugenik in Berlin; bestätigte die Gültigkeit der Mendelschen Vererbungsregeln für menschl. Rassenmerkmale.

F., Franz, * Freiburg im Breisgau 19. März 1877, † München 1. Dez. 1947, dt. Chemiker. - Prof. in Berlin, Direktor des Kaiser-Wilhelm-Instituts für Kohleforschung in Mülheim a.d. Ruhr; entwickelte die ↑ Fischer-Tropsch-Synthese (gemeinsam mit H. Tropsch, 1926).

F., Fritz, * Ludwigsstadt 5. März 1908, dt. Historiker. - Seit 1942 Prof. in Hamburg; gab durch seine Publikationen zur Geschichte des 1. Weltkrieges den Diskussionen um das Problem von Kontinuität und Diskontinuität in der Politik der preuß.-dt. Großmacht wesentl. Impulse.

F., Hans, * Höchst (= Frankfurt am Main) 27. Juli 1881, † München 31. März 1945, dt. Chemiker. - Prof. in Innsbruck, Wien und München. F. erhielt für Konstitutionsaufklärung und Synthese der Porphinfarbstoffe Hämin und Chlorophyll 1930 den Nobelpreis für Chemie.

F., Johann Caspar Ferdinand, * bei Ostrov (Westböhm. Gebiet) um 1665, † Rastatt 27. Aug. 1746, dt. Komponist. - Mit seinen Orchester- und Cembalowerken bed. Vermittler frz. Musik in Deutschland; Einfluß auf J. S. Bach.

F., Johann Martin, * Bebele bei Hopfen (Allgäu) 2. Nov. 1740, † Wien 27. April 1820, östr. Bildhauer. - 1815 Direktor der Wiener Akad. der bildenden Künste; Schüler von G. R. Donner, leitete den östr. Klassizismus ein.

F., Johann Michael, * Burglengenfeld (Oberpfalz) 18. Febr. 1692, † München 6. Mai 1766, dt. Baumeister. - Verband bei seinen Kirchenbauten Langhaus- und Zentralbaugedanken: axial gereihte Einzelräume mit einem beherrschenden Mittelraum. Schuf Hauptwerke (meist Umbauten) des Rokoko in Bayern: Sankt Anna am Lehel, München (1727–37), ehem. Stiftskirche in Dießen am Ammersee (1732ff.), Hofkirche in Berg am Laim, München (1737ff.), ehem. Abteikirche in Zwiefalten (1744ff.), Abteikirche in Ottobeuren (1748ff.), ehem. Benediktinerkirche in Rott am Inn (1759ff.; vollständiger Neubau).

F., Joseph („Joschka"), * Langenburg 12. April 1948, dt. Politiker. Schloß sich der Partei der Grünen an, für die er im März 1983 in den Bundestag einzog, den er bei der Rotation der Grünen-Abgeordneten im März 1985 wieder verließ. War an der Annäherung der Grünen an die SPD in Hessen beteiligt, die in eine Koalitionsvereinbarung mündete und F. im Dez. 1985 den Posten eines Min. für Umwelt und Energie einbrachte (bis Febr. 1987).

F., Kuno, * Sandewalde bei Guhrau 23. Juli 1824, † Heidelberg 5. Juli 1907, dt. Philosoph. - 1856 Prof. in Jena, 1872 in Heidelberg. Bed. Philosophiehistoriker („Geschichte der neueren Philosophie", 8 Bde., 1852–93); versuchte in seiner Schrift „System der Logik und Metaphysik oder Wissenschaftslehre" (1852) eine Verbindung der Dialektik Hegels mit Elementen des modernen Evolutionismus. Vermittelte dem Neukantianismus wichtige Impulse.

F., Marie Louise, * Düsseldorf 28. Okt. 1922, dt. Schriftstellerin. - Verfaßte etwa 90 erfolgreiche Unterhaltungs- und Kriminalromane und etwa 50 Jugendbücher.

F., Oskar, * Asch (tschech. Aš) 19. März 1923, dt. Politiker. - Mgl. der SED seit 1946; 1965–73 stellv. Min. für Auswärtige Angelegenheiten; seit Juni 1971 Mgl. des ZK der SED; 1974 amtierender Außenmin. der DDR, übernahm dieses Amt endgültig 1975.

F., O[tto] W[ilhelm], * Klosterneuburg bei Wien 1. April 1915, östr. Theater- und Filmschauspieler. - Bekannt durch Filme „Ein Herz spielt falsch" (1953), „Solange du da bist" (1953), „Ludwig II." (1955), „Herrscher ohne Krone" (1957) sowie „Helden" (1958), „Peter Voß, der Millionendieb" (1958), in denen er kom. Rollen spielte. - Abb. S. 105.

F., Robert James, gen. „Bobby", * Chicago 9. März 1943, amerikan. Schachspieler. - Wurde mit 16 Jahren Internat. Großmeister (der jüngste der Schachgeschichte), 1972–75 Weltmeister.

F., Ruth, eigtl. Elfriede Golke, geb. Eisler, * Leipzig 11. Dez. 1895, † Paris 13. März 1961, dt. Politikerin und Publizistin. - Schwester

Johann Michael Fischer, Abteikirche in Ottobeuren

Fischer

von Gerhart und Hanns Eisler; 1918 Mitbegr. der KPÖ; übersiedelte 1919 nach Berlin; führte die KPD seit 1924 auf ultralinken Kurs; 1925 von Thälmann abgelöst, 1926 aus der KPD ausgeschlossen; 1924–28 MdR; flüchtete 1933 nach Paris, 1940 in die USA; lebte nach 1945 als polit. Publizistin in Paris.

F., Samuel, * Liptovský Mikuláš 24. Dez. 1859, † Berlin 15. Okt. 1934, dt. Verleger. - Gründete 1886 den S. Fischer Verlag in Berlin, förderte den Naturalismus (H. Ibsen, É. Zola, G. Hauptmann u. a.), H. von Hofmannsthal, A. Schnitzler, T. Mann, H. Hesse, G. B. Shaw, O. Wilde. Verlegte (als Nachfolgerin der „Freien Bühne") seit 1894 die „Neue Dt. Rundschau" (seit 1903 „Die Neue Rundschau"). - ↑ auch Verlage (Übersicht).

F., Theodor, * Schweinfurt 28. Mai 1862, † München 25. Dez. 1938, dt. Architekt. - Schuf Monumentalbauten, deren Raumgliederung klar im Außenbau erscheint (z. B. Elisabethschule in München, 1901–03; Pfullinger Hallen, 1904–05; Garnisonkirche in Ulm, 1906–12; Universität Jena, 1905–08).

Fischer-Dieskau, Dietrich, * Berlin 28.

Fische. Anatomie eines Knochenfisches (1 Barteln, 2 Kiemen, 3 Bulbus arteriosus, 4 Herzkammer, 5 Herzvorkammer, 6 Schlund, 7 Leber, 8 Milz, 9 Bauchflosse, 10 Darm, 11 Eierstock, 12 After, 13 Eileiter, 14 Harnleiter, 15 Afterflosse, 16 Schwanzflosse, 17 Nasenöffnung, 18 Kopfniere, 19 Niere, 20 Rückenflosse, 21 Schwimmblasengang, 22 Schwimmblase)

Mai 1925, dt. Sänger (Bariton). - Wurde 1948 Mgl. der Städt. Oper Berlin, gastiert an fast allen großen Opernhäusern der Welt sowie bei Festspielen. Bes. erfolgreich ist er als Lieder- (bes. Schubert, H. Wolf) und Oratoriensänger. Er schrieb „Wagner und Nietzsche" (1974), „Robert Schumann. Das Vokalwerk" (1985).

Fischerei, der gewerbsmäßige Fang von Fischen u. a. Wassertieren. Man unterscheidet die küstenferne **große Hochseefischerei,** die mehr oder weniger weit von der Küste entfernt (bis in die Flußmündungen hinein) ausgeübte **kleine Hochseefischerei** und **Küstenfischerei** sowie die **Binnenfischerei.**

Die **große Hochseefischerei** verwendet Logger und Trawler sowie Fischfabrikschiffe. *Logger* sind meist Seitenfänger von etwa 300 BRT (speziell zum Heringsfang mit Schleppnetz). *Trawler* arbeiten stets mit Grundschleppnetz *(Trawl)* oder Schwimmschleppnetz. Der *Seitentrawler* (400–800 BRT) ist der Trawler ältesten Typs mit seitl. Fischgalgen. Der Fang wird mit Frischeis bis zu 12 Tage lang konserviert. Durch die Verlagerung der Fangzonen in entferntere Gebiete ergab sich der Zwang zu hochwertigeren Konservierungsverfahren; daher wuchs die Bed. des Tiefgefrierens von vorverarbeitetem Fang. Die erforderl. Fabrikationseinrichtungen eines solchen *Gefriertrawlers* ließen sich nur in einem Zweideckschiff unterbringen, was zur Einführung der Heckaufschleppe und des Heck-Fischgalgens führte. Der so entstandene *Hecktrawler* (800–3 000 BRT) ist also stets ein Fang- und Verarbeitungsschiff *(Fabriktrawler).* - Die UdSSR

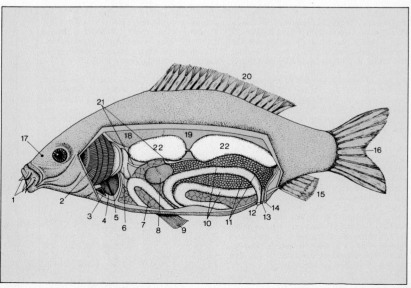

und andere Länder haben in größerem Umfang *Fangflotten* eingesetzt, deren Fabrikschiffe (**Fischfabrikschiffe**) gleichzeitig Mutterschiff für 8–16 Fangboote sind.

In der **kleinen Hochseefischerei** (Nord- und Ostsee) und der **Küstenfischerei** werden Kutter verwendet. Gebräuchlichste Arbeitsgeräte der Kutter sind *Scherbrettnetze* und *Schwimmschleppnetze*, die meistens im Gespann gezogen werden. Die Fanggebiete der Küsten-F. sind die Prielsysteme des Wattenmeeres und der Küstenstreifen (an der Nordsee bis 20 km breit). Fanggeräte sind Stell- und Treibnetze, Strand- und Bootswaden, Körbe, Garnelen- und Aalreusen, Fischzäune, Angeln sowie Fangleinen. Der Ertrag der Küsten-F. sind v. a. Krabben, Krebse, Aale, Garnelen, Heringe und Schollen.

Fischereigrenze, im Völkerrecht jene im Meer verlaufende Grenzlinie, die die hohe See und den Teil des Küstenmeeres voneinander trennt, in dem die Ausübung des Fischereirechts den Staatsangehörigen des Uferstaates vorbehalten ist (Küstenfischerei). In neuester Zeit wurde die F. von einigen Staaten in Richtung hohe See erhebl. verschoben, u. a. um den Fischbestand zu schützen.

Fischereirecht, als *nationales F.* 1. im subjektiven Sinn (privatrechtlich) das absolute Recht, in einem Gewässer Fische und andere nutzbare Wassertiere (soweit sie nicht dem Jagdrecht unterliegen) zu hegen und sich anzueignen. Das F. steht dem Eigentümer (Staat oder Anlieger) zu, kann aber je nach Landesrecht auch ein selbständiges Recht eines Dritten an einem fremden Gewässer sein und

Ernst Otto Fischer (1973)

O. W. Fischer (1962)

Dietrich Fischer-Dieskau (1979)

Die **Binnenfischerei** deckt den Bedarf an Edelfischen (Aal, Hecht, Zander, Karpfen, Schlei, verschiedene Salmoniden- und Felchenarten, sowie Weißfischarten). Die Fanggeräte sind dieselben wie bei der Küsten-F., dazu kommen Elektrofanggeräte. Den Hauptanteil stellen die Aalfischereien. V. a. Karpfen und Forellen werden auch in künstl. angelegten Teichen gezüchtet.

Geschichte: F.geräte sind bereits aus dem Paläolithikum bekannt. Angelhaken, Speere und Harpunen waren aus Knochen, Horn, Holz, später aus Metall gefertigt; Angeln mit Widerhaken und Dreizack zum Stechen der Fische kamen in Europa in der Bronzezeit (etwa ab 1900 v. Chr.) auf. Die ältesten erhaltenen Reusen sind 8 000 bis 9 000 Jahre alt, kon. geflochtene Weidenkörbe (etwa 4 m lang, 90 cm Durchmesser). In Ägypten wie in Griechenland war im Altertum neben der Reuse auch das Netz in Gebrauch.

📖 *Das große ABC des Fischens.* Hg. v. C. Willock. *Hamb. u. Bln.* [5]*1982. - Tesch, F.-W.: Die Pflege der Fischbestände u. Fischgewässer. Hamb. u. Bln.* [2]*1982. - Moderne Fischwirtschaft. Hg. v. W. Steffens. Melsungen 1981.*

übertragen werden. Die jedem Deutschen als „freier Fischfang" offenstehende Küstenfischerei beruht auf öffentl. Recht. 2. im objektiven Sinn die Gesamtheit der öffentl.-rechtl. Normen, die Umfang und Ausübung der Fischerei regeln. Die Hochsee- und die Küstenfischerei sind bundesgesetzlich (Art. 74 Nr. 17 GG), die Binnenfischerei ist landesrechtlich geregelt. Fischereiausübung bedarf polizeil. Erlaubnis (**Fischereischein**).

Das *östr.* (Binnen-)*F.* ist in Gesetzgebung und Vollziehung Landessache. Nach den einschlägigen Landesgesetzen steht das F. gewöhnl. dem Grundeigentümer zu. - Im *schweizer.* (Binnen-)*F.* gilt eine dem dt. Recht entsprechende Regelung. Insbes. ist in der Schweiz die sog.

Fischenz (als das [meist in einer früheren Rechtsordnung entstandene] ausschließl. zeitlich und inhaltlich unbeschränkte Recht, sich die Fische in einem örtlich begrenzten Teil eines Gewässers anzueignen) bekannt. Im *Völkerrecht* steht auf der hohen See die Ausübung des F. jedem zu: Im Küstenmeer (innerhalb der Fischereigrenze) regelt der Uferstaat die Ausübung des F. (Küstenfischerei); ausländ. Staatsbürger können davon aus-

105

geschlossen werden. Die Genfer Seerechtskonferenz von 1958 bestätigte das Recht der Küstenstaaten, für ihre Gewässer einseitige Regelungen zu treffen; für die hohe See besteht die Pflicht zur Erhaltung der Fischbestände.

Fischereischein ↑ Fischereirecht.

Fischerhalbinsel, Halbinsel an der Murmanküste, in der Barentssee, UdSSR, bis 299 m ü. d. M.; Tundrenvegetation.

Fischerring (Anulus piscatoris [piscatorius]), Amtsring des Papstes, im 13. Jh. erstmals erwähnt, seit dem 15. Jh. regelmäßig getragen. Der F. trägt das Bild des Apostels Petrus (mit Fischernetz) und den Namen des jeweiligen Papstes.

Fischerstechen (Schifferstechen), Geschicklichkeitsübung, bei der von einem leichten Boot aus mit Lanzen oder langen Stangen gegen ein Ziel gestochen oder versucht wird, sich gegenseitig ins Wasser zu stoßen.

Fischer-Tropsch-Synthese, von Franz Fischer und H. Tropsch 1923–25 entwickeltes großtechn. Verfahren zur Synthese von Kohlenwasserstoffen aus Kohlenmonoxid und Wasserstoff; v. a. für die Benzin-, aber auch für die Paraffin- und Motorenölherstellung bedeutsam; heute im Schatten der Petrochemie.

Fischer-Verlag, S. (S. F. V. GmbH) ↑ Verlage (Übersicht).

Fischer von Erlach, Johann Bernhard (geadelt 1696), * Graz 20. Juli 1656, † Wien 5. April 1723, östr. Baumeister. - Begründer

Johann Bernhard Fischer von Erlach, Kollegienkirche (1696–1707). Salzburg

der spätbarocken dt. Baukunst, des sog. Reichsstils, der von Wien ausging. 1693ff. Architekt des Erzbischofs von Salzburg; 1705 Oberaufsicht über alle kaiserl. Bauten. Die Salzburger Kollegienkirche (1696 bis 1707) zeigt den für F. von E. charakterist. raumhaften Baukörper, dessen Raumkonzeption vielfach vom Oval ausgeht. Das gilt auch schon von der etwas älteren ersten Konzeption für Schloß Schönbrunn (1690/91; nach 2. Entwurf 1695/96 begonnen, später, v. a. 1744–46, weitgehend umgestaltet). Die strenge Geschlossenheit des Palais Trautson in Wien (um 1710–12) leitet zu den letzten glanzvollen Werken über, zu der 1716 begonnenen Karlskirche mit ihren Triumpfsäulen und der Hofbibliothek (begonnen 1723). - ↑ auch Abb. Bd. 3, S. 57.

Fischfabrikschiff ↑ Fischerei.

Fischgrätenverband, Mauerziegelverband altröm. Herkunft mit Steinlagen in der Sichtfläche, die abwechselnd schräg nach links und rechts gerichtet sind.

Fischinger, Oskar, * Gelnhausen 22. Juli 1900, † Hollywood (Calif.) 31. Jan. 1967, amerikan. Filmregisseur dt. Herkunft. - Bedeutendster Vertreter des abstrakten Zeichentrickfilms; zeichnete v. a. auf Positiv- oder Negativ- bzw. Blankfilme. Seine Filme, u. a. „Komposition in Blau" (1933) und „Motion painting No. 1" (1947), sind Versuche, Musik durch Bilder zu interpretieren.

Fischkutter ↑ Kutter.

Fischleder, Bez. für die von der Lederwarenind. verarbeiteten Häute v. a. von Rochen und Haien.

Fischlupe ↑ Echolot.

Fischmehl, Handelsbez. für eiweißreiche Futtermittel aus getrockneten, zermahlenen Fischabfällen; enthält etwa 8 % Stickstoff und 12–14 % Phosphorsäure; bes. zur Schweine- und Geflügelfütterung.

Fischmilch ↑ Milch.

Fischotter ↑ Otter.

Fischpaß (Fischtreppe), künstl. angelegter Fischweg zur Erhaltung der natürl. Fischwanderungen; an Schleusen, Wehren und Kraftwerken wird ein kleiner Wasserlauf mit kleinen Staubecken vorbeigeleitet, in dem die Fische das Hindernis überwinden können.

Fischreiher ↑ Reiher.

Fischrogen ↑ Rogen.

Fischsaurier, svw. ↑ Fischechsen.

Fischteich, für die Vermehrung und Haltung von bestimmten Speisefischen (v. a. Karpfen, Forellen) meist künstl. angelegte oder ausgebaute Teiche.

Fischtreppe, svw. ↑ Fischpaß.

Fischvergiftung (Ichthyismus), meist schwere, akute Erkrankung nach dem Genuß verdorbener, infizierter oder giftiger Fische (↑ auch Botulismus).

Fischwanderungen, meist in großen Schwärmen erfolgende, ausgedehnte Wanderungen von Fischen (z. B. Heringe, Sardinen, Thunfische) bes. zum Aufsuchen der Laichplätze *(Laichwanderungen)*, vielfach auch als *Nahrungswanderungen*. Fische, die Laichwanderungen vom Meer ins Süßwasser unternehmen, nennt man **anadrome** [**Wander**]**fische** (Lachs, Stör); als **katadrome** [**Wander**]**fische** bez. man diejenigen Fische (z. B. Aale), deren Laichwanderungen vom Süßwasser ins Meer erfolgen.

Fischwilderei, das Fischen unter Verletzung fremden Fischereirechts oder die Zueignung, Beschädigung oder Zerstörung einer Sache, die dem Fischereirecht unterliegt; wird mit Freiheitsstrafe bis zu zwei Jahren bzw. in bes. schweren Fällen (z. B. in der Schonzeit) bis zu fünf Jahren oder mit Geldstrafe bestraft.

Fischwirtschaft, Wirtschaftszweig, der den Fang und die Verarbeitung von Fisch und anderem Wassergetier betreibt; eingeteilt in Seefischerei (Hochsee- und Küstenfischerei), Binnenfischerei und Fischverarbeitung. Die wichtigsten Häfen und Märkte in der BR Deutschland sind Bremerhaven, Cuxhaven, Hamburg und Kiel.

Fischzucht, die vom Menschen gelenkte kommerzielle Erzeugung von Fischbrut, Setzlingen und Speisefischen. F. wird v. a. mit Lachsen, Forellen, Huchen, Felchen, Hechten und Karpfen betrieben. Die durch **Abstreifen** (d. h. die Hand wird unter leichtem Druck von vorn nach hinten über den Bauch geführt) der Laichfische gewonnenen Eier (Rogen) und Samen (Milch) werden „trocken" miteinander vermischt **(trockene Befruchtung).** Dann erst wird Wasser zugegeben. Die auf diese Weise „künstlich" befruchteten Eier werden in schwach durchströmten Kästen oder Gläsern erbrütet. Die Brut wird entweder zur Bestandsvermehrung in offenen Gewässern ausgesetzt oder in Becken, Teichen (Bruttteichen) oder Anlagen der Aquakultur zu Setzlingen und weiter zu marktfähigen Speisefischen herangezogen. Unter **Aquakultur** wird die in Europa neuartige Intensivhaltung von Fischen auf engstem Raum verstanden. Die ausschließl. durch Fütterung ernährten Fische werden in großer Zahl in Netzkäfigen, die an Schwimmrahmen in Seen, Flüssen oder Küstengewässern hängen, oder in überdachten, beleuchteten und durchströmten Becken (Kreislaufanlagen) gehalten.

Fisher [engl. 'fiʃə], Geoffrey Francis, Lord F. of Lambeth, * Higham-on-the-Hill bei Nuneaton 5. Mai 1887, † Sherbone 15. Sept. 1972, anglikan. Theologe. - 1932–39 Bischof von Chester, 1939–45 Bischof von London, 1945–61 Erzbischof von Canterbury. Einer der ersten Präsidenten des Ökumen. Rates der Kirchen.

F., Irving, * Saugertiers (N. Y.) 27. Febr. 1867, † New York 29. April 1947, amerikan. Nationalökonom. - 1898–1935 Prof. an der Yale University; F. vertrat die Quantitäts-

theorie des Geldes; von ihm stammt die bekannteste Formulierung der sog. Verkehrsgleichung. Die moderne Investitionstheorie basiert auf seinem klass. Beitrag zur Zinstheorie; schrieb u. a. „Die Zinstheorie" (1907), „Die Kaufkraft des Geldes" (1911).

F., John, hl., * Beverley (York) um 1459, † London 22. Juni 1535, engl. Humanist. - Bischof von Rochester, Kanzler der Cambridge University, einer der schärfsten Gegner Luthers in England; widersprach der Ehescheidung Heinrichs VIII. von Katharina von Aragonien und lehnte es 1534 ab, den Suprematseid vollständig zu leisten. Von Papst Paul III. am 20. Mai 1535 zum Kardinal ernannt, wurde F. am 22. Juni desselben Jahres im Tower enthauptet; 1935 heiliggesprochen; Fest: 22. Juni.

F., John Arbuthnot, Baron F. of Kilverstone (seit 1909), * Rambodde (Sri Lanka) 25. Jan. 1841, † London 10. Juli 1920, brit. Admiral. - Prägte durch energ. Reform- und Modernisierungsmaßnahmen als 3. (1892–97), 2. (1902/03) und 1. Seelord (1904–10 und 1914/15) die brit. Marine mehr als irgend jemand vor ihm (u. a. Bau der Dreadnoughts).

F., Sir (seit 1952) Ronald Aylmer, * East Finchley (Middlesex) 17. Febr. 1890, † Adelaide 29. Juli 1962, brit. Statistiker und Genetiker. - Prof. in London und Cambridge; gilt als Begr. der modernen, mathemat. orientierten Statistik, die er auch auf Biologie und Medizin anwandte.

Fish-eye [engl. 'fiʃ-ai „Fischauge"] ↑ photographische Objektive.

fishing for compliments ['fiʃiŋ fə 'kʌmplimənts; engl. „Fischen nach Komplimenten"], abwertende Bez. für ein Verhalten, mit dem jemand durch geheuchelte Äußerungen eigenen Unwerts Widerspruch in Form von Komplimenten herausfordert.

Fishta, Gjergj [alban. 'fiʃta], * Fishta bei Skutari 23. Okt. 1871, † Skutari 30. Dez. 1940, alban. Dichter. - Steht am Beginn der alban. Schriftsprache und gilt als bedeutendster alban. Dichter; Hauptwerk ist das Versepos „Die Laute des Hochlandes" (3 Tle., 1905–30) über den alban. Befreiungskampf.

Fisimatenten [Herkunft unsicher], leere Flausen, Ausflüchte, Winkelzüge.

Fiskal [lat.], Amtsträger, der vor Gerichten die (vermögensweiten) Rechte des Kaisers oder eines Landesherrn zu vertreten hatte (13./14.–19. Jh.).

Fiskalismus [lat.], Bez. für die (extreme) Richtung in der Finanzwissenschaft, die dafür plädiert, finanzpolit., v. a. steuerpolit. Maßnahmen allein an ihrem Ertrag (Höhe der Steuereinnahmen) zu messen und sie an der Deckung des öffentl. Bedarfs auszurichten.

Fisker, Kay [dän. 'fisgər], * Kopenhagen 14. Febr. 1893, † ebd. 21. Juni 1965, dän. Architekt. - Führte die alban. Architektur aus dem internat. Stil in ihre spezif. dän. Eigenart zurück (v. a. Backsteinbauten); u. a. Univ. in Århus (1932ff.).

Fiskus [zu lat. fiscus, eigtl. „Geldkorb, Kasse"], nach verbreiteter Anschauung: der Staat als Privatrechtssubjekt (Ggs.: der Staat als Träger hoheitl. Gewalt); nach W. Jellinek: der Staat als Vermögenssubjekt (der u. U. auch hoheitl. Wesenszüge zeigt, z. B. als sog. Steuer-F., Zoll-F.). - Die Anfänge des F.begriffs liegen im Staatsrecht des röm. Prinzipats, wo unterschieden wurde zw. dem „fiscus Caesaris" (Vermögen, das dem Herrscher persönl. kraft Amts zustand und über das er privatrechtl. verfügte), dem „aerarium" (sonstiges Staatsvermögen) und dem „patrimonium" (Privatvermögen des Herrschers). Seit der Ausbildung des Rechtsstaates und der Verwaltungsgerichtsbarkeit von der 2. Hälfte des 19. Jh. an wird der Staat als einheitl. jurist. Person verstanden.

Fisole [roman.], svw. ↑Gartenbohne.

Fission, [fɪˈsjon; lat.] in der *Biologie* die Teilung von Zellen oder Zellkernen in zwei gleiche Teile.

◆ [engl. ˈfiʃən; lat.-engl.] engl. Bez. für Kernspaltung.

Fissionsantriebe, Kernenergieantrieb für Raketen und Raumfahrzeuge.

Fissur (Fissura) [lat.], in der *Medizin:* 1. Einriß, Schrunde, bes. der unelast. gewordenen, spröden Haut oder Schleimhaut, z. B. ↑Analfissur 2. Knochenriß, Spaltbruch eines Knochens.

Fistel [lat.], (Fistula) angeborener, durch entzündl. Prozesse oder Verletzungen entstandener oder operativ angelegter röhrenförmiger Gang, der Körperorgane oder -hohlräume entweder untereinander (*innere F.)* oder mit der äußeren Körperoberfläche (*äußere F.)* verbindet. Künstl. angelegte F. dienen zur Umgehung eines Abfluß- oder Entleerungshindernisses (z. B. bei Harnleiter- oder Darmverschluß), als Magen-F. auch zur Zufuhr von Nahrung im Endstadium eines Magen- oder Speiseröhrenkrebses.

◆ ↑Fistelstimme.

Fistelstimme (Fistel), die männl. hauchige Kopfstimme, im Ggs. zum ↑Falsett.

fit [engl.-amerikan.], in guter körperl. Verfassung, leistungsfähig, sportl. durchtrainiert.

Fitch, Val Logsdon [engl. fɪtʃ], * Merriman (Nebr.) 10. März 1923, amerikan. Physiker. - Prof. in Princeton; Arbeiten zur experimentellen Kern- und Elementarteilchenphysik, u. a. über Myonatome und Kernradien; erhielt 1980 den Nobelpreis für Physik (zus. mit J. W. Cronin).

Fitis ↑Laubsänger.

Fitness (Fitneß) [ˈfɪtnɛs], durch planmäßiges sportl. Training erreichte gute körperl. Verfassung bzw. Leistungsfähigkeit. Im **Fitnesscenter** kann an bestimmten Geräten die F. verbessert oder auf einem guten Stand gehalten werden.

Fittig, Rudolf, * Hamburg 6. Dez. 1835, † Straßburg 19. Nov. 1910, dt. Chemiker. - Prof. in Göttingen, Tübingen und Straßburg; untersuchte die Lactone; 1864 wandte er die Wurtzsche Synthese zur Synthese aromat. Kohlenwasserstoffe an (**Fittigsche Synthese**).

Fittings [engl.], Sammelbez. für Verbindungsstücke zum Verschrauben oder Verlöten z. B. von Wasserleitungsrohren (Muffen, T-Stücke, 90°-Bögen u. a.).

Fitz, anglonormann. Schreibung von altfrz. fiz (zu lat. filius „Sohn"); in anglonormann. Namen erhalten, die aus F. und dem ungebeugten Genitiv des Namens des Vaters entstanden sind (z. B. Fitzgerald, Fitzwilliam).

Fitzgerald [engl. fɪtsˈdʒɛrəld], Ella, * Newport News (Va.) 25. April 1918, amerikan. Jazzsängerin. - Begann ihre Laufbahn 1934 im Orchester Chick Webb; bedeutendste Sängerin des Swing („the first lady of Jazz"). Ihr Repertoire umfaßt sowohl Blues-Balladen als auch die rhythm.-prägnanten „scat-vocals" des Bebop, in denen ihre Musikalität, Gesangstechnik und Improvisationskunst bes. zum Ausdruck kommen.

F., F[rancis] Scott [Key], * Saint Paul (Minn.) 24. Sept. 1896, † Los Angeles 21. Dez. 1940, amerikan. Schriftsteller. - Einer der Hauptvertreter der „verlorenen Generation", gibt F. in Romanen (u. a. „Der große Gatsby", 1925; „Zärtlich ist die Nacht", 1934) und Short stories (in dt. Übers.: „Die besten Stories", 1954) eine Darstellung des hekt. Lebens der 20er Jahre.

FitzGerald, Garret [engl. fɪtsˈdʒɛrəld], * Dublin 9. Febr. 1926, ir. Politiker (Fine Gael). - 1965–69 Mgl. des Senats, seit 1969 Unterhausabg. und einer der Führer seiner Fraktion und Partei; Außenmin. 1973–77; danach Oppositionsführer; Premiermin. Juni 1981 bis März 1982 und seit Dez. 1982.

Fiumara (Fiumare) [italien.], im Mittelmeergebiet, bes. im Karst, nur während und nach der winterl. Regenzeit reichl. Wasser führender Fluß.

Fiume ↑Rijeka.

Five o'clock tea [engl. ˈfaɪvəˈklɔktiː], Fünfuhrtee, Nachmittagstee.

fix [lat.], fest, feststehend; z. B. fixe Kosten. ◆ umgangssprachl. für: schnell, gewandt, flink (entstanden durch Bedeutungsentwicklung von „fest, verläßlich" zu „geschickt" und durch Herauslösung aus der Formel „fix und fertig").

Fixage [fɪˈksaːʒə; lat.-frz.] (Fixierprozeß), abschließender Arbeitsgang bei der Entwicklung photograph. Materialien, bei dem das Bild im Fixierbad durch Herauslösen des unbelichteten und nicht entwickelten Silberhalogenids aus der Schicht lichtbeständig gemacht wird. Als **Fixierbad** oder die wäßrige Lösung eines **Fixiersalzes,** meist Natriumthiosulfat, $Na_2S_2O_3$.

Fixativ [lat.], Lösung, mit der man Bleistift-, Kohle-, Kreide- und Pastellzeichnungen besprüht, damit sie wischfest werden (z. B. Schellack, Zaponlack); auch Präparat zum Festlegen einer Frisur usw.

fixe Idee (überwertige Idee), Vorstellung oder Meinung, die das Bewußtsein und Verhalten einer Person beherrscht; i. d. R. ohne reale Grundlage und daher durch rationale Argumente kaum zu beeinflussen. Die f. I. tritt als *Zwangsvorstellung* (z. B. Waschzwang) oder als *Wahnidee* (z. B. Eifersuchtswahn) auf.

fixe Kosten (feste Kosten) ↑ Kosten.

fixen [lat.], im *Börsenwesen:* Leerverkäufe tätigen; der **Fixer** verkauft Wertpapiere, die er erst zu einem späteren Termin kaufen will, in der Erwartung, sich bis zum Erfüllungstag billiger als abgeschlossen eindecken zu können.

◆ umgangssprachl. für: dem Körper Rauschmittel, insbes. Heroin, durch Injektion zuführen; **Fixer**, Drogenabhängiger, der sich Rauschmittel einspritzt.

Fixfokusobjektiv, photograph. Objektiv mit unveränderl. Entfernungseinstellung.

Fixgeschäft, 1. das **absolute (uneigentl.) Fixgeschäfc**, ein schuldrechtl. Rechtsgeschäft, bei dem die Nichteinhaltung der vereinbarten Leistungszeit zur Unmöglichkeit der Leistung führt, so z. B., wenn der für den Umzug bestellte Packer den Umzug versäumt; 2. beim **eigentl. (relativen, einfachen) Fixgeschäft** ist die nicht rechtzeitig erbrachte Leistung zwar nachholbar, jedoch soll das Geschäft nach dem Willen der Vertragschließenden mit der Einhaltung oder Versäumung der Leistungszeit stehen oder fallen. Versäumung der Leistungszeit begründet deshalb im Zweifel - auch ohne [verschuldeten] Verzug des Schuldners - ein Recht des Gläubigers zum Rücktritt vom Vertrag. - Für das *östr.* und *schweizer. Recht* gilt Entsprechendes.

Fixierbad ↑ Fixage.

fixieren [lat.], widerstandsfähig, beständig, unveränderl. machen; festlegen, festsetzen.

Fixiersalz ↑ Fixage.

Fixierung [lat.], (Fixation) in der *biolog. Technik* die Haltbarmachung von tier. oder pflanzl. Material (ganze Organismen, Körper-oder Gewebeteile u. a.) durch Behandlung mit *F.mitteln* (z. B. Alkohol, Formalin, Sublimat, Osmiumsäure) für spätere mikroskop. Untersuchungen.

◆ in der *Sinnesphysiologie* die Einstellung des Auges auf ein bestimmtes Wahrnehmungsobjekt (F.punkt) derart, daß dieses an der Stelle des schärfsten Sehens (dem gelben Fleck) auf der Netzhaut abgebildet wird.

◆ in der *Medizin:* 1. Ruhigstellung der Bruchenden eines gebrochenen Knochens auf mechan. Weise (durch Gipsverband, Schienen, Schrauben).

◆ in der *Psychologie* das mit einem Verlust an Flexibilität des Denkens, Fühlens und

Handelns verbundene Festhalten an bestimmten Einstellungen, Denkstilen und Verhaltensweisen; in der *Psychoanalyse* nach S. Freud das Stehenbleiben auf bestimmten frühkindl. psych. Entwicklungsstufen (Phasen).

Fixing [zu engl. to fix „festmachen", „bestimmen"], die an der Börse (dreimal tägl.) erfolgende Feststellung der Devisenkurse.

Fixpunkt (thermometrischer F.), fester Bezugspunkt bei Messungen der Temperatur, z. B. der Tripelpunkt des Wassers (0,0100 °C).

Fixsterne [zu lat. fixa stella „feststehender Stern"], Bez. für die von den Astronomen des Altertums als an der Himmelskugel befestigt (als fixiert) angenommenen Sterne im Ggs. zu den Wandelsternen (Planeten).

Fixum [lat.], festes Entgelt im Ggs. zum variablen, nach Leistung oder Arbeitszeit bemessenen Entgelt; auch Bez. für ein garantiertes Mindesteinkommen, meist auf ein erfolgsabhängiges Einkommen angerechnet.

Fixzeit, bei gleitender Arbeitszeit die Zeitspanne im Verlauf eines Arbeitstages, während der der Arbeitnehmer anwesend sein müssen.

Fizeau, Hippolyte [frz. fi'zo], *Paris 23. Sept. 1819, †Venteuil 18. Sept. 1896, frz. Physiker. - Führte 1849 die erste Messung der Lichtgeschwindigkeit durch; fand 1850, daß die Lichtgeschwindigkeit in Wasser kleiner ist als in Luft (eine weitere Bestätigung der Wellentheorie des Lichtes).

Fizz [fɪs, engl. fɪz; zu to fizz „zischen", „sprühen"], Drink aus Spirituosen, Fruchtsirup, Soda oder Sekt, z. B. *Gin Fizz.*

Fjärd [schwed.], Bez. für einen meist schmalen, weit in das Land eingreifenden, aber nicht sehr tiefen Meeresarm.

Fjell (Fjäll) [skand.], die Region oberhalb des borealen Nadelwaldgürtels auf der skand. Halbinsel, etwa 300–700 m ü. d. M., bestimmt durch eine Vegetationsformation aus Moosen, Flechten, Stauden und Zwergsträuchern.

Fjodor, Name von Herrschern:
Rußland:
F. I. Iwanowitsch, *9. Juni 1557, †16. Jan. 1598, Zar (seit 1584). - Folgte seinem Vater Iwan IV., dem Schrecklichen; zu selbständiger Regierung unfähig; sein Schwager Boris Godunow übte die Macht aus, der seit 1587 offiziell als Regent des Landes galt.
F. III. Alexejewitsch, *9. Juni 1661, †7. Mai 1682, Zar (seit 1676). - Halbbruder Peters d. Gr.; kämpfte besg. gegen Polen und Türken; eroberte die Ukraine.

Fjord [skand.] (engl. Firth), infolge Meeresspiegelanstieges überflutetes, glazial überformtes Trogtal, mit übersteilen Hängen und typ. Schwelle vor der Mündung.

FK, Abk. für: Flugkörper.

FKK, Abk. für: ↑ Freikörperkultur.

Fl. (fl.), Abk. für: ↑ Floren und ↑ Florin.

Fla, Abk. für: Flugabwehr.

Flaccus, Gajus Valerius ↑Valerius Flaccus, Gajus.

Flachbauweise, Bez. für die Bebauung eines Gebietes mit ein- bis zweistöckigen Häusern (insbes. Einfamilienhäusern als Reihen-, Doppel- oder Einzelhäuser) im Ggs. zur mehrgeschossigen **Hochbauweise.**

Flachdach, Dach mit Neigung unter 25°.

Flachdruck ↑Drucken.

Fläche, allg. ebenes Gebiet; in der *Elementargeometrie* ein beliebig gekrümmtes oder ebenes Gebilde im Raum, insbes. jede Begrenzung (Oberfläche) einer räuml. Figur. Die einfachsten F. sind die Ebene und die Kugel.

Flacheisen, bandförmig gewalztes Eisen mit rechteckigem Querschnitt.

Flächeninhalt, die Größe eines von einem geschlossenen Linienzug begrenzten Teiles einer ebenen oder gekrümmten Fläche. Einheit des F. ist der Quadratmeter (m^2) und seine dezimalen Vielfachen und Teile. Die rechner. Bestimmung des F. einfacher Flächenstücke (z. B. Dreieck, Kreis) erfolgt aus einzelnen Bestimmungsstücken dieser Figuren (z. B. Seiten, Höhen beim Dreieck) mit Hilfe bekannter Formeln oder durch Zerlegung der Flächenstücke in derart berechenbare Flächenstücke. Den F. beliebig begrenzter Flächenstücke berechnet man mit Methoden der Integralrechnung.

Flächennutzungsplan, sog. vorbereitender Bauleitplan nach dem BundesbauG. Im F. ist für das ganze Gemeindegebiet die beabsichtigte Art der Bodennutzung den voraussehbaren Bedürfnissen der Gemeinde in den Grundzügen darzustellen - insbes. die für die Bebauung vorgesehenen Flächen nach Art ihrer Nutzung -, die Flächen für baul. Anlagen, die der Allgemeinheit dienen (z. B.

Kirchen, Schulen), Verkehrsflächen, Flächen für Versorgungsanlagen und Grünflächen. Aus dem F. ist der Bebauungsplan zu entwickeln.

Flächensatz ↑Keplersche Gesetze.

Flachglas, durch Gießen, Walzen oder Ziehen erzeugtes plattenförmiges Glas.

Flachkäfer (Jagdkäfer, Ostomidae), Fam. bis 3 cm langer, meist flach gebauter Käfer mit über 600 Arten, v. a. in den Tropen.

Flachland, ausgedehnte Landoberfläche mit geringen, jedoch größeren Höhenunterschieden als bei der Ebene. Nach der Lage über dem Meeresspiegel unterscheidet man **Tiefland** (bis etwa 200 m ü. d. M.) und **Hochland.**

Flachrelief (Basrelief) ↑Relief.

Flachrennen, Pferderennen auf flacher Rundbahn ohne Hindernisse.

Flachs, (Echter Lein, Linum usitatissimum) vorwiegend in der nördl. gemäßigten Zone verbreitete Leinart; einjähriges, 30–120 cm hohes Kraut mit lanzenförmigen Blättern und himmelblauen oder weißen, selten rosafarbenen Blüten in Wickeln; fünffächerige Kapselfrüchte mit 5–10 öl- und eiweißhaltigen Samen mit quellbarer, brauner Schale. Nach Wuchs und Verwendung unterscheidet man zw. **Gespinstlein** (Faserlein) und **Öllein.** Ersterer wird v. a. in O- und W-Europa angebaut; mit 60–120 cm langen, nicht oder kaum verzweigten Stengeln, die zur Gewinnung von F.fasern verwendet werden. Der Öllein wird 40–80 cm hoch, ist stark verzweigt und hat große Samen, aus denen Leinöl gewonnen wird.

◆ (Flachsfasern, Lein[en]fasern) Bastfasern aus dem Stengel von Gespinstlein. Gewinnung: Durch Riffeln werden die Blätter und Samenkapseln von den Stengeln entfernt. Durch ↑Rotten wird der Bast durch Zerstörung des Pflanzenleimes von Rinde und Holzkern gelöst; der getrocknete Röststrohflachs

Flagellantenzug (1349). Zeitgenössische Miniatur

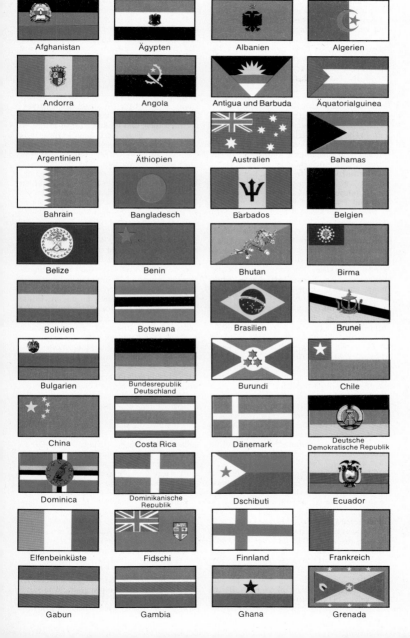

Afghanistan	Ägypten	Albanien	Algerien
Andorra	Angola	Antigua und Barbuda	Äquatorialguinea
Argentinien	Äthiopien	Australien	Bahamas
Bahrain	Bangladesch	Barbados	Belgien
Belize	Benin	Bhutan	Birma
Bolivien	Botswana	Brasilien	Brunei
Bulgarien	Bundesrepublik Deutschland	Burundi	Chile
China	Costa Rica	Dänemark	Deutsche Demokratische Republik
Dominica	Dominikanische Republik	Dschibuti	Ecuador
Elfenbeinküste	Fidschi	Finnland	Frankreich
Gabun	Gambia	Ghana	Grenada

Flachsblasenfuß

wird gebrochen oder geknickt, die Holzteile des Stengels werden dabei zerstört und fallen als Schäben heraus. Das erhaltene Fasermaterial wird als Brechflachs bezeichnet. Durch das Schwingen werden die restl. Schäben entfernt, es bleibt der Schwingflachs. Beim Hecheln werden die groben Fasern in Längsrichtung aufgeteilt und ergeben die techn. verwendbare Langfaser, den Hechelflachs, der zu Flachsgarnen (Leinengarnen) versponnen wird. Kurzes Fasermaterial wird als Werg bezeichnet und als Dichtungsmaterial verwendet oder zu Werggarnen versponnen. Eigenschaften: Länge der Langfaser 40 bis 70 cm; Farbe grau bis gelblich; F. können rein weiß gebleicht werden; Reißfestigkeit und Wasseraufnahmefähigkeit sind hoch; Indanthrenfärbung möglich.

Flachsblasenfuß (Flachsfliege, Thrips linarius), 1–2 mm langes, dunkel gefärbtes Insekt (Ordnung ↑ Blasenfüße), das an Blättern und Trieben von Flachs schmarotzt.

Flachsee, Meeresbereich bis zu 200 m Tiefe. - ↑ auch Schelf.

Flachsfliege, svw. ↑ Flachsblasenfuß.

Flachslilie (Phormium), Gatt. der Liliengewächse; ausdauernde Rosettenpflanzen mit langen, harten, schwertförmigen Blättern und großen, glockigen Blüten in einer Rispe; bekannteste Art **Neuseeländer Flachs** (Phormium tenax; mit rotem bis gelbem Blütenstand).

Flachsproß (Platykladium), Bez. für eine abgeflachte bis blattähnl. Sproßachse, z. B. beim Feigenkaktus und Mäusedornarten.

Flacius, Matthias, eigtl. Matija Vlačić (auch M. Franković), gen. Illyricus, * Labin (Istrien) 3. März 1520, † Frankfurt am Main 11. März 1575, dt. ev. Theologe kroat. Herkunft. - 1544 Prof. für Hebräisch in Wittenberg; ausgedehnte publizist. Tätigkeit, seine Kompromißlosigkeit brachte dem Luthertum schwere innere Kämpfe und ihm selbst Verfolgung. 1561 verlor er seine 1557 übernommene Professur in Jena; auch bed. Kirchenhistoriker (Quellenforschungen, Planung und Organisation der ↑ Magdeburger Zenturien) und Bibelwissenschaftler („Clavis scripturae sacrae", 1567).

Flack, Roberta [engl. flæk], * Ashville (N. C.) 10. Febr. 1937, amerikan. Popmusikerin (Gesang und Klavier). - Seit 1972 erfolgreich mit einem Gesangstil, der Einflüsse aus Jazz, Klassik, Folklore sowie Rhythm and Blues vereint.

Flacourtie [flaˈkurtsiə; nach dem frz. Kolonisator É. de Flacourt, * 1607, † 1660] (Flacourtia), Gatt. der Fam. **Flacourtiengewächse** (Flacourtiaceae; 86 Gatt. mit über 1 300 Arten in den Tropen und Subtropen) mit etwa 20 Arten in den altweltl. Tropen; Sträucher oder Bäume mit kleinen Blüten und gelben bis purpurroten, kirschenartigen, eßbaren Steinfrüchten; mehrere Arten, darunter die der Gatt. **Madagaskarpflaume** (Flacourtia), werden kultiviert.

Fladen [zu althochdt. flado „Opferkuchen"], flaches, brotartiges Gebäck aus Gersten- oder Hafermehl ohne Treibmittel; auch Bez. für Pfannkuchen, flaches rundes Brot.

Flagellanten [lat.] (Flegler, Geißler, Kreuzbrüder), Angehörige schwärmer.-frommer Laienbewegungen des 13.–15. Jh., die morgens und abends zur Buße Selbstgeißelung (↑ Flagellation) übten. Die Bewegung entstand im Herbst 1260 in Mittelitalien, hervorgerufen v. a. durch chiliast. Endzeiterwartung (↑ Chiliasmus), und breitete sich in mehreren Wellen über ganz West- und Mitteleuropa aus. Im Zusammenhang mit dem Ausbruch der Pest kam es 1348/49, wahrscheinl. von Österreich ausgehend (Steiermark Sept. 1348), zu neuen Geißlerzügen bis nach England. Zur Hochburg der F. bewegung wurden die Niederlande. Klemens VI. versuchte, die F. zu unterdrücken; endgültig verschwanden sie nach dem Verbot durch das Konstanzer Konzil (1417). - Abb. S. 110.

Flagellaten [lat.] (Geißelträger, Geißelinfusorien, Flagellata, Mastigophora), Sammelbez. für eine nicht systematische Gruppe von Einzellern, rd. 10 Ordnungen, von denen die Hälfte auf Grund des Vorkommens von Plastiden und der dadurch bedingten Fähigkeit zur Assimilation als *pflanzl. F.* (Phytoflagellaten, Geißelalgen), die andere Hälfte wegen des Fehlens von Plastiden und der heterotrophen Ernährung als *tier. F.* (Zooflagellaten, Geißeltierchen) zusammengefaßt werden. Der Zellkörper der F. ist langgestreckt bis rundl., mit einer Geißel oder mehreren als Fortbewegungsorganelle. F. besiedeln Gewässer, feuchte Orte, auch Schnee. Einige befallen als Parasiten Mensch und Tier und rufen gefährl. Erkrankungen hervor .

Flagellation [lat.], Selbstgeißelung oder Auspeitschung des menschl. Körpers. Im MA war die F. eine weitverbreitete Form der religiösen Buße, die sich in Europa vom 13. bis 15. Jh. bis zur psych. Epidemie, dem **Flagellantismus,** steigerte (↑ Flagellanten). Die F. dient auch in aktiver und passiver Form der sexuellen Erregung. In ihrer abnormen, masochist. Ausprägung (**Flagellomanie**) zählt F. zu den sexuellen Perversionen.

Flagellum [lat.], svw. ↑ Geißel.

Flageolett [flaʒoˈlɛt; frz.; zu lat. flare „blasen"], kleine Blockflöte mit schmalem Schnabel, 4 (später 6) vorderständigen Grifflöchern und 2 Daumenlöchern (später 1), auch mit Klappen.

♦ ein hohes, engmensuriertes Flötenregister der Orgel vom Zweifuß oder Einfuß.

♦ flötenähnl. Ton bei Saiten-, bes. Streichinstrumenten, der durch leichtes Aufsetzen des Fingers (auf die vom Bogen gestrichene Saite) an den ganzzahligen Teilungspunkten der Saitenlänge erzeugt wird.

FLAGGEN II

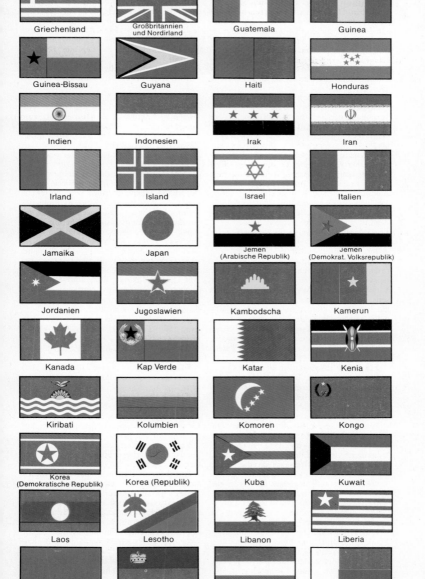

Griechenland	Großbritannien und Nordirland	Guatemala	Guinea
Guinea-Bissau	Guyana	Haiti	Honduras
Indien	Indonesien	Irak	Iran
Irland	Island	Israel	Italien
Jamaika	Japan	Jemen (Arabische Republik)	Jemen (Demokrat. Volksrepublik)
Jordanien	Jugoslawien	Kambodscha	Kamerun
Kanada	Kap Verde	Katar	Kenia
Kiribati	Kolumbien	Komoren	Kongo
Korea (Demokratische Republik)	Korea (Republik)	Kuba	Kuwait
Laos	Lesotho	Libanon	Liberia
Libyen	Liechtenstein	Luxemburg	Madagaskar

Flageolett-Clusters [flaʒoˈlɛt ˈklʌstəz] ↑Cluster.

Flaggen [engl.-niederdt.], drei- oder viereckige, im allg. mit herald. Farben bzw. Bildern bedruckte Tücher; können im Unterschied zu Fahnen mit einer Leine an F.masten oder -stöcken gehißt werden und sind Erkennungszeichen. **Nationalflaggen** bzw. **Staatsflaggen** sind Hoheits- und Ehrenzeichen eines Staates; ihre Beschreibung ist meist durch Gesetz oder in der Verfassung festgelegt; teils mit der Handels- oder der Kriegsflagge eines Staates identisch. Entstanden aus den „Windfahnen" der Schiffe seit dem 13. Jh.; Nationalflagge als Kriegs- und Handelsflagge im Seewesen seit dem 17. Jh.; seit dem 19. Jh. auch als Dienstflagge. Das F.wesen wurde als F.recht internat. 1958 im Genfer Übereinkommen über die hohe See geregelt. Zur Führung einer F. (Ausweis für die Nationalität) ist jedes Schiff verpflichtet, das die hohe See befährt (nicht jedoch zum ständigen Zeigen). Jede F. muß sich deutl. von anderen F. unterscheiden. Eine Verpflichtung zum Zeigen der F. besteht nur gegenüber einem Kriegsschiff. - Zum dt. Flaggenrecht ↑Hoheitszeichen. Das allg. anerkannte internat. Protokoll beim Hissen von National- bzw. Staatsflaggen regelt u. a.: Flaggen werden bei Sonnenaufgang gehißt, bei Sonnenuntergang niedergeholt, rasch aufgezogen, aber langsam eingeholt; beim gleichzeitigen Hissen der F. mehrerer Staaten müssen Maße und Höhe der F. gleich sein, sie werden meist nach dem Alphabet plaziert; die F. werden bei Trauer auf halbmast gesetzt. Nach den Regelungen vieler Staaten müssen Soldaten der National- bzw. Staatsflagge die Ehrenbezeugung erweisen, Zivilisten vor ihr das Haupt entblößen. - Tafeln S. 111, 113, 116 und 117.

Flaggenalphabet ↑Signalflaggen.

Flaggenparade, das feierl. Hissen der Dienst- oder Nationalflagge bei bzw. gegen Sonnenaufgang und das Niederholen bei bzw. gegen Sonnenuntergang.

Flaggensignale ↑Signalflaggen.

Flaggoffiziere, Bez. für höhere Seeoffiziere, denen ein Verband von Kriegsschiffen unterstellt ist und die eine Flagge als Kommandozeichen führen.

Flaggschiff, Kriegsschiff, das die Flagge eines an Bord befindl. Flaggoffiziers gehißt hat (Admiralsschiff); auch Bez. für das jeweils größte Schiff einer Flotte oder Reederei.

flagrant [frz., zu lat. flagrans „brennend"], offenkundig, ins Auge fallend; **in flagranti,** auf frischer Tat [ertappen].

Flagstad, Kirsten [norweg. ˈflagsta], *Hamar 12. Juli 1895, †Oslo 7. Dez. 1962, norweg. Sängerin (hochdramat. Sopran). - V. a. Wagner-Interpretin (auch in Bayreuth), auch Oratorien- und Liedersängerin (E. Grieg, H. Wolf, R. Strauss).

Flaherty, Robert [engl. ˈflɛəti], *Iron

Mountain (Mich.) 16. Febr. 1884, †Dummerston (Vt.) 23. Juli 1951, amerikan. Filmregisseur. - Schöpfer des künstler. Dokumentarfilms; drehte seinen ersten Film „Nanuk, der Eskimo" (1922) auf einer seiner zahlr. Expeditionen. Es folgten „Moana" (1926), „Tabu" (1931; mit F. W. Murnau), „Die Männer von Aran" (1934), „Louisiana-Legende" (1948).

Flair [flɛːr; lat.-frz.], Fluidum, Atmosphäre, gewisses Etwas; selten für: feiner Instinkt.

Flaischlen, Cäsar, *Stuttgart 12. Mai 1864, †Gundelsheim 16. Okt. 1920, dt. Schriftsteller. - 1895–1900 Redakteur der Kunstzeitschrift „Pan"; anfangs vom Naturalismus beeinflußt, später Hinwendung zum Impressionismus. - *Werke:* Martin Lehnhardt (Dr., 1895), Von Alltag und Sonne (Ged., 1898), Jost Seyfried (R., 1905).

Flak, Abk. für: Flugabwehrkanone.

Flake, Otto, Pseud. Leo F. Kotta, *Metz 29. Okt. 1880, †Baden-Baden 10. Nov. 1963, dt. Schriftsteller. - Aus seinem Werk, das in der frühen Schaffensperiode von den jeweils herrschenden literar. Strömungen (Impressionismus, Expressionismus) beeinflußt war, ragen die großen Bildungsromane heraus: „Fortunat" (1946) mit der Fortsetzung „Ein Mann von Welt" (1947), „Die Sanduhr" (1950), „Die Monthivermädchen" (urspr. 2 Romane, 1904/35, zusammengefaßt 1952). Klarer Erzählstil. In F.s Vorliebe für die Gestaltung von Themen aus dem Bereich dt.-frz. Beziehungen und Gegensätze wird sein Streben nach einem neuen geistig-polit. Verhältnis zw. den beiden Völkern deutlich.

Weitere Werke: Die Romane um Ruland (5 Bde., 1926–28), Hortense (R., 1933), Schloß Ortenau (R., 1955).

Flakon [flaˈkõː; frz.], [Parfüm]fläschchen.

Flakstadøy [norweg. ˈflakstaœj], 110 km² große Insel der Lofotinseln in N-Norwegen.

Flåmbahn [norweg. flɔm], Seitenstrecke der Bergenbahn in W-Norwegen, führt von der Station Myrdal auf der Hardangervidda hinunter nach Flåm am Aurlandsfjord; 20,4 km lang; 1942 eröffnet.

Flamberg [frz.], beidhändig geführtes Landsknechtschwert mit welliger (flammenförmiger) Klinge.

flambieren [lat.-frz.], Speisen mit Spirituosen übergießen und anzünden, um den Geschmack zu verfeinern.

Flamboyant [flamboaˈjãː; lat.-frz. „flammend"] (Delonix regia), bis 12 m hohes Caesalpiniengewächs auf Madagaskar mit zierl., doppeltgefiederten Laubblättern und scharlachroten, gelb gestreiften Blüten in Blütenständen; als prächtig blühender Zierbaum in den Tropen und Subtropen häufig angepflanzt (z. B. in Spanien).

Flamboyantstil [flãboaˈjãː] (flammender Stil), Stilform der engl. und frz. Spätgotik zw. 1350 und 1500, ben. nach dem flammenartigen Maßwerk, dessen Grundform die ↑Fischblase bildet.

Flamen (Mz. Flamines) [lat. „Anbläser"], Titel röm. Opferpriester bestimmter Götter.

Flamen, Name des niederl. Mundarten sprechenden Bev.teils in Belgien, rd. 5,55 Mill. F.: ansässig v. a. in den Prov. Antwerpen, Brabant, Limburg, O- und W-Flandern.

Flamenco [span., eigtl. „flämisch; (andalus.) Zigeuner" (zu niederl. vlaminc „Flame")] (span. cante flamenco), Gattung volkstüml. andalus. Tanzlieder eleg. Inhalts, freie, bestimmte Wendungen variiert wiederholende Melodie, gesungen mit oder ohne Gitarrenbegleitung zu einem Solo- oder Paartanz, dessen schnell wechselnder Rhythmus durch Stampfen, Klatschen oder auch Kastagnetten akzentuiert wird.

Flamines ↑Flamen.

Fläming, Landrücken nördl. und östl. der mittleren Elbe, DDR, erstreckt sich über 100 km lang von SO nach NW, im Hagelberg 201 m hoch; eiszeitl. geformt. Überwiegend mit Kiefernwald bestanden, Anbau von Roggen und Kartoffeln. Benannt nach fläm. Kolonisten der 12. Jahrhunderts.

Flamingoblume (Anthurium), Gatt. der Aronstabgewächse mit über 500 Arten im trop. Amerika; mehrjährige, stammlose oder stammbildende Pflanzen mit kolbenförmigen, von einer offenen, oft lebhaft gefärbten Blütenhülle umhüllten Blütenständen und langgestielten, herzförmigen Blättern.

Flamingos [span.] (Phoenicopteridae), seit dem Oligozän bekannte, nur 5 Arten umfassende Fam. stelzbeiniger, bis 1,4 m hoher Wasservögel, v. a. an Salzseen und Brackgewässern S-Europas (Camargue, S-Spanien), S-Asiens, Afrikas sowie M- und S-Amerikas; grazile, gesellig lebende, im wesentl. (bei ♂ und ♀) weiß, oft oder rosafarben befiederte Vögel mit ungewöhnl. langen Beinen, sehr langem Hals und einem vorn abgebogenen Schnabel, mit dem sie Krebschen, Algen, Protozoen aus dem Wasser filtern. - Abb. S. 119.

Flamininus, Titus Quinctius, * um 228, † 174, röm. Feldherr und Politiker aus patriz. Geschlecht. - Vor 199 Quästor, 198 Konsul, 197–194 Prokonsul in Griechenland, 189 Zensor; besiegte Philipp V. von Makedonien 197 bei Kynoskephalai und erklärte 196 alle griech. Städte, die unter makedon. Oberhoheit gestanden hatten, für frei.

Flaminische Straße ↑Römerstraßen.

Flaminius, Gajus, ✕ am Trasimen. See (Toskana) 217 v. Chr., röm. Politiker plebej. Herkunft. - Volkstribun 232, Konsul 223 und 217, Zensor 220. Setzte 232 in Ggs. zur Nobilität ein Gesetz zur Aufteilung des eroberten gall. und picen. Landes an röm. Bürger durch; besiegte 223 die kelt. Insubrer und triumphierte gegen den Willen des Senats; legte als Zensor die Via Flaminia an und erbaute den Circus Flaminius auf dem Marsfeld; fiel im Kampf gegen Hannibal.

Flämische Bewegung, nach der belg. Staatsgründung 1830 in Reaktion auf das (auch wirtsch.) Übergewicht der frz. sprechenden Wallonen entstandene Bestrebungen, die sprachl.-kulturelle, wirtsch.-soziale und polit. Position der Flamen zu sichern bzw. auszubauen. Nach romant.-literar. Anfängen erkämpfte die F. B. bis 1900 die Anerkennung des Niederl. als Amtssprache. Weitere im 1. Weltkrieg durch die dt. Besatzung erreichte Maßnahmen wurden nach 1918 wieder aufgehoben. 1930 setzte die F. B. die Flamisierung der Univ. Gent und 1932 ein Sprachengesetz durch. Ein Teil der F. B. vertrat auch im 2. Weltkrieg eine großniederl. Zielsetzung, ein anderer Teil den Anschluß ans Dt. Reich. 1962/63 wurden in Belgien zwei homogene Sprachgebiete festgelegt (bei Zweisprachigkeit Brüssels). Radikale Vertreterin der F. B. ist jetzt die „Volksunie" mit 14 von 212 Mandaten im Abg.haus (1980). Eine Lösung des durch die veraltete wallon. Wirtschaftsstruktur verschärften wallon.-fläm. Gegensatzes wird heute durch die Regionalisierung Belgiens angestrebt. - ↑auch Belgien (polit. System).

flämische Kunst ↑niederländische Kunst.

flämische Literatur ↑niederländische Literatur.

flämische Musik ↑niederländische Musik.

flämische Sprache ↑niederländische Sprache.

Flamme [lat.], unter Leuchterscheinungen und Hitzeentwicklung brennendes Gas; entsteht erst durch Hitzezersetzung fester Stoffe (z. B. Holz, Kohle, Papier u. a.) in Kohlenmonoxid, Kohlenwasserstoffe und Wasserstoff, die dann mit Luftsauerstoff zu Kohlendioxid und Wasser verbrennen. Die auftretenden Temperaturen hängen von der Verbrennungswärme und den verschiedenen spezif. Wärmen der Reaktionsprodukte ab; z. B. $CO + \frac{1}{2}O_2 \rightarrow CO_2$ ergibt 1 821 °C. Entsprechend der Sauerstoffverteilung gibt in der F. verschiedene Temperaturzonen (↑Kerze).

Flammenblume, svw. ↑Phlox.

Flammendes Herz ↑Tränendes Herz.

Flammenfärbung, durch charakterist. Emissionslinien bestimmter Elemente beim Hineinhalten einer Substanz in die Flamme [eines Bunsenbrenners] sich ergebende Färbung; liefert bei der **Flammenspektroskopie** Hinweise auf die qualitative Zusammensetzung der betreffenden Substanz (so z. B. Natrium: gelb, Lithium: rot, Barium: grün).

Flammenmelder ↑Alarmanlagen.

Flammenphotometrie, Intensitätsbestimmung von Spektrallinien, die von zum Leuchten angeregten Atomen einer Flamme emittiert werden; ermöglicht quantitative

FLAGGEN III

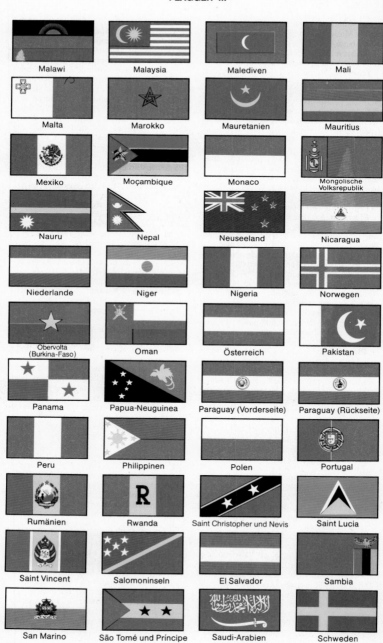

Malawi

Malaysia

Malediven

Mali

Malta

Marokko

Mauretanien

Mauritius

Mexiko

Moçambique

Monaco

Mongolische Volksrepublik

Nauru

Nepal

Neuseeland

Nicaragua

Niederlande

Niger

Nigeria

Norwegen

Obervolta (Burkina-Faso)

Oman

Österreich

Pakistan

Panama

Papua-Neuguinea

Paraguay (Vorderseite)

Paraguay (Rückseite)

Peru

Philippinen

Polen

Portugal

Rumänien

Rwanda

Saint Christopher und Nevis

Saint Lucia

Saint Vincent

Salomoninseln

El Salvador

Sambia

San Marino

São Tomé und Príncipe

Saudi-Arabien

Schweden

FLAGGEN IV

Schweiz	Senegal	Seychellen	Sierra Leone
Simbabwe	Singapur	Somalia	Sowjetunion
Spanien	Sri Lanka	Südafrika	Sudan
Surinam	Swasiland	Syrien	Taiwan (Republik China)
Tansania	Thailand	Togo	Tonga
Trinidad und Tobago	Tschad	Tschechoslowakei	Tunesien
Türkei	Tuvalu	Uganda	Ungarn
Uruguay	USA	Vanuatu	Vatikanstadt
Venezuela	Vereinigte Arabische Emirate	Vietnam	Westsamoa
Zaïre	Zentralafrikanische Republik	Zypern	Europarat
Europäische Bewegung. Europaflagge	NATO	UN	Rotes Kreuz

Flammenspektroskopie

chem. Analyse. Zur Messung dienen **Flammenphotometer.**

Flammenspektroskopie ↑ Flammenfärbung.

Flammenwerfer, militär. Einsatzmittel zum Versprühen (bis 70 m) von dünnflüssigem Flammöl oder zum Verschleudern (bis 200 m) von zähflüssigen (hochviskosen) Stoffen (z. B. Napalm; Verbrennungstemperatur über 2 000 °C). Verwendung von F. seit dem 1. Weltkrieg.

Flammeri [engl.] ↑ Pudding.

Flammpunkt, Abk. FP, Entzündungstemperatur von Dämpfen brennbarer Flüssigkeiten durch eine herangeführte Flamme; Maß für die Feuergefährlichkeit eines Stoffes.

Flammrohrkessel ↑ Dampfkessel.

Flammspritzen, das Aufbringen von metall. (Spritzmetallisieren) oder nichtmetall. Spritzgut in geschmolzenem oder plast. Zustand auf Metalloberflächen mittels einer preßluftbetriebenen Spritzpistole; das Spritzgut wird in Drahtform oder auch pulverförmig zugeführt und in der Spritzpistole durch Acetylen-Sauerstoff-Gemisch oder elektr. erhitzt.

Flamsteed, John [engl. 'flæmsti:d], * Denby (Derbyshire) 19. Aug. 1646, † Greenwich 31. Dez. 1719, engl. Astronom. - Leiter der Sternwarte von Greenwich; erstellte einen Sternenkatalog, mit dessen Nummern (**Flamsteed-Nummern**) noch heute Sterne bezeichnet werden.

Flanagan, Edward Joseph [engl. 'flænəgən], * Roscommon (Irland) 13. Juli 1886, † Berlin 15. Mai 1948, amerikan. kath. Priester und Sozialpädagoge. - Gründete die Jungenstadt ↑ Boys Town und schrieb pädagog. Schriften.

Flandern (niederl. Vlaanderen, frz. Flandre), histor. Landschaft in den sw. Niederlanden, NW-Belgien und N-Frankr.; erstreckt sich von der Küste bis etwa zur Schelde bzw. den Ardennenvorbergen, im Kemmelberg (sw. von Ypern) 156 m ü. d. M. - Bed. Viehwirtsch., Anbau von Getreide, Kartoffeln und Gemüse. An der Dünenküste zahlr. Seebäder und Hafenstädte. Die heutige Textilind. entwickelte sich aus der traditionellen fläm. Tuchmacherei.

Geschichte: Der im 7. Jh. erstmals belegte Name F. („Flachland") bezeichnete vom 9. Jh. an eine Gft. zw. Schelde, Canche und Nordseeküste (frz. Lehen, daher „Kron-F."), zu der zeitweise auch das Artois, die Hennegau und die Gft. Aalst (R.lehen, daher „Reichs-F.") gehörten. Das einheim. Grafenhaus der Balduine regierte (mit Unterbrechung 1119–91) vom 9. Jh. bis 1280. Die seit dem Früh-MA blühende Tuchherstellung machte F. im Hoch-MA durch den Export nach England zu einem der Zentren der europ. Wirtschaft. Die flandr. Städte verteidigten 1302 in der „Sporenschlacht" von Kortrijk (= Courtrai)

durch die Vernichtung eines frz. Ritterheers ihre ständ. Rechte, die sie auch bei der Anerkennung der frz. Oberhoheit (1304) behielten. 1384/85 fiel F. an Burgund, 1477 an die Habsburger, 1556 an deren span. Linie. Der N („Staats-F.") kam 1648 als Teil der Prov. Seeland an die Generalstaaten, die südl. Grenzgebiete wurden 1659–79 frz., der Hauptteil wurde 1714 östr., 1794 frz., 1814/15 niederl.; 1830/31 zu Belgien.

📖 *Domke, H.:* F. Mchn. ²1972.

Flandes, Juan de ↑ Juan de Flandes.

Flandin, Pierre Étienne [frz. flã'dɛ̃], * Paris 12. April 1889, † Saint-Jean-Cap-Ferrat (Alpes Maritimes) 13. Juni 1958, frz. Politiker. - Einer der Führer der Demokrat. Allianz; 1924–34 mehrmals Min., 1934/35 Min.-präs., 1936 Außenmin.; Vizepräs. und Außenmin. der Vichy-Regierung 1940/41; 1946 wegen Kollaboration verurteilt, jedoch 1948 rehabilitiert.

Flandre [frz. flã:dr], frz. für ↑ Flandern.

Flandrin, Hippolyte [frz. flã'drɛ̃], * Lyon 23. März 1809, † Rom 21. März 1864, frz. Maler. - Schuf zahlr. Wandgemälde, u. a. in Saint-Vincent-de-Paul, Paris (1849–53), sowie Porträts.

flandrische Transgression ↑ Holozän (Übersicht).

Flanell [engl.-frz., zu kelt. gwlan „Wolle"], leinwandbindige oder köperbindige Gewebe aus Baumwolle, Zellwolle oder Wolle für Hemden, Blusen, sportl. Kleidung und Anzüge.

flanieren [frz.], müßig umherschlendern; Flaneur, Müßiggänger.

Flanke [german.-frz.], Bez. für die seitl. Teile des Tierkörpers, bes. bei Säugetieren.
◆ *turner.* Übung, Übersprung oder Absprung vom Gerät mit gestrecktem Körper, bei dem die linke oder rechte Körperseite dem Gerät zugekehrt ist.
◆ bei *Ballspielen* 1. rechter oder linker Sturmteil einer Mannschaft; 2. [halb]hohe Ballabgabe vor das gegner. Tor.
◆ *militär.:* von der Front her gesehen die seitl.-räuml. Ausdehnung hinter dem linken oder rechten Flügel einer Truppe oder Gefechtsformation.

flankieren [frz.], von der Seite her decken bzw. schützen, seitl. begleiten bzw. stützen; wird im militär., aber auch wirtschaftspolit., insbes. im finanzpolit. Bereich (**flankierende Maßnahmen**) verwendet.

Flansch [eigtl. „Zipfel"], runde oder ovale Ringscheibe am Ende von Rohren zum Verbinden (**Anflanschen**) ebenfalls mit F. versehener Rohre, Absperrventile u. a. Frei endende Rohre werden mit **Blindflansch** verschlossen. Auch zwei Wellen können durch F. starr verbunden werden.

Fla-Raketen, Flugkörper (Raketen) zur Bekämpfung feindl. Luftziele (Flugzeuge, Raketen).

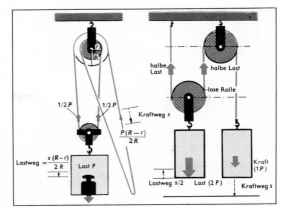

Flaschenzug.
Prinzip eines
Differentialflaschen-
zuges (links) und
eines einfachen
Flaschenzuges mit
loser und fester
Rolle

Flasche [eigtl. „umflochtenes Gefäß"], Gefäß mit enger Öffnung zur Aufnahme von Flüssigkeiten, Gasen oder pulverförmigen Materialien. Die häufigste Form ist die *Glas-F.;* ursprüngl. mundgeblasen, heute meist vollautomat. hergestellt.

Flaschenbaum, Bez. für einen Baum mit flaschenförmigem, wasserspeicherndem Stamm; ist typ. für die Gatt. Flaschenbaum (Brachychiton) mit 11 Arten in Australien.

Flaschenbofist (Lycoperdon gemmatum), Art der Bauchpilze auf Wiesen, Weiden und in lichten Baumbeständen; Fruchtkörper

Flamingo

etwa 6 cm hoch und 3–7 cm dick, in der Jugend weiß, im Alter gelbl. bis gelbbraun, dicht besetzt mit Stacheln und Warzen; Fruchtmasse anfangs weiß, bei Sporenreife gelb bis olivbraun; jung ein wertvoller Speisepilz.

Flaschenfrucht, Gatt. der Kürbisgewächse mit der einzigen Art Flaschenkürbis.

Flaschengärung ↑Schaumwein.

Flaschenkürbis (Kalebasse, Calabasse, Lagenaria vulgaris), Kürbisgewächs der Tropen Afrikas und Asiens; einjährige, krautige Windepflanze mit rundl. bis herzförmigen Blättern, zweispaltigen Ranken und weißen Blüten; Früchte bis kopfgroß und flaschenförmig, mit holziger Schale und schwammigem Fruchtfleisch. Die Früchte werden zur Anfertigung von Gefäßen (↑Kalebasse) verwendet.

Flaschenpost, Nachricht in wasserfest verschlossener Flasche, die in Hoffnung auf Auffinden in Gewässer geworfen wird. 1802

Flammspritzen mit einer Spritzpistole (Schema)

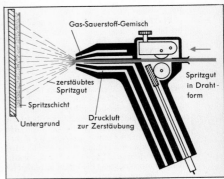

erstmals auch zur Erforschung von Meeresströmungen (Golfstrom) verwendet.

Flaschenzug, Lastenhebegerät, bei dem ein Seil oder eine Kette über Rollengruppen (zu „Flaschen" vereinigt) geführt wird. Die aufzuwendende Kraft ist gleich dem n-ten Teil der Last, wobei n die Anzahl der Rollen ist, wenn die obere Flasche fest, die untere bewegl. ist; der häufig verwendete **Differentialflaschenzug** besteht aus zwei festen oberen Rollen mit verschiedenem Durchmesser, einer bewegl. unteren Rolle und endlosem Seil (bzw. Kette). Keine Arbeitsersparnis durch den F., da bei kleinerer Kraft ein entsprechend größerer Weg zurückgelegt werden muß. - Abb. S. 119.

Flaserschichtung, für Ablagerungen im Watt bes. typ., unstetige Schichtung zw. Ton und Sand.

Flash [flæʃ; engl. „Blitz"], im Film svw. kurze Einblendung in eine Szene; Rückblende. In der Drogenszene Bez. für die Empfindung in dem Moment, in dem das [gespritzte] Rauschgift zu wirken beginnt.

Flashbar [engl. flæʃ] ↑Blitzlicht.

flat [engl. flæt], engl. Bez. für das ↑Erniedrigungszeichen ♭; als Zusatz bei Tonnamen bezeichnet f. die Erniedrigung um einen chromat. Halbton (z. B. E f. = Es)

Flatterbinse (Juncus effusus), in allen gemäßigten Zonen der Erde verbreitete 30–80 cm hohe Binsenart mit langen, grundständigen Rundblättern und kleinen, trockenhäutigen Blüten in einer Rispe.

Flattergras (Waldhirse, Milium effusum), in Laubwäldern verbreitetes, mit kurzen Ausläufern kriechendes, etwa 1 m hohes Süßgras; Ährchen 1 mm lang, grannenlos, meist hellgrün; in großen Rispen; zeigt guten Bodenzustand an.

Flattermarke (Falzlinie), ein auf dem Rücken des gefalzten Druckbogens (Falzbogen) aufgedrucktes Zeichen, dessen Lage sich von Bogen zu Bogen verschiebt, so daß sich vor dem Binden des Buches Vollständigkeit und richtige Reihenfolge der Bogen mit einem Blick prüfen läßt.

Flattersatz, Schriftsatz mit ungleichmäßig langen Zeilen.

Flattertiere (Fledertiere, Handflügler, Chiroptera), mit rd. 900 Arten weltweit (bes. in den Tropen und Subtropen) verbreitete Ordnung der Säugetiere; Körperlänge etwa 3–40 cm, Schwanz meist kurz, Flügelspannweite etwa 18–150 cm; Ober- und Unterarm sowie bes. Mittelhandknochen und Finger (mit Ausnahme des bekrallten Daumens) sehr stark verlängert. Eine dünne, wenig behaarte Flughaut (Patagium) spannt sich von den Halsseiten bis zur Spitze des zweiten Fingers, von dort über die Hinterextremität bis meist zur Schwanzspitze. Die F. werden in die beiden Unterordnungen ↑Flederhunde und ↑Fledermäuse unterteilt.

Flatterulme ↑Ulme.

Flatulenz [lat.], svw. ↑Blähungen.

Flaubert, Gustave [frz. floˈbɛːr], *Rouen 12. Dez. 1821, †Croisset bei Rouen 8. Mai 1880, frz. Dichter. - Literar. Durchbruch mit dem Roman „Madame Bovary" (1857), in dem er das Schicksal einer jungen Frau in der Provinz, die an dem Mißverhältnis ihres (von der Romantik geprägten) Gefühls und nüchterner Umwelt zugrundegeht, unerbittl. und in streng gefeilter Sprache erzählt. Mit diesem Werk wurde F. zum Überwinder der Romantik und Begründer des Realismus in Frankr. F. schrieb seine Werke mit geradezu wiss. Genauigkeit, strebte nach größter Vollendung der Form bei extremer Unpersönlichkeit der Darstellung. „Salambo" (R., 1862) spielt in Karthago, in der Gegenwart die psycholog. äußerst nuancierte zweite Fassung des Romans „L'éducation sentimentale" (1869, dt. zuerst 1904: „Die Erziehung des Herzens"), deren erste, noch romant. autobiograph.-persönl. Fassung F. 1845 verworfen hatte. „Die Versuchung des hl. Antonius" (R., 1874) behandelt die verschiedenen Religionen, „Bouvard und Pécuchet" (Romanfragment, hg. 1881) ist eine Satire auf die Arroganz und Dummheit der Bürger. Wesentl. zum Verständnis von F.s Kunstauffassung sind seine Briefe und Tagebücher.

Weitere Werke: Erinnerungen eines Verrückten (entstanden 1838, hg. 1901), November (R., entstanden 1840–42, hg. 1901).

Flaumfedern, svw. ↑Dunen.

flautando (flautato) [italien.], in der Musik Spielanweisung für Streicher, die Saiten nahe am Griffbrett zu streichen; durch Wegfall der geradzahligen Obertöne ergibt sich hierbei eine flötenartige Klangfarbe.

Flauto [italien.], bis ins 18. Jh. gebräuchl. italien. Name für die ↑Blockflöte (auch flauto dolce); **flauto traverso** ↑Querflöte; **flauto piccolo** ↑Pikkoloflöte.

Flavier, röm. Kaiserdynastie, ↑Flavius.

Flavin, Dan [engl. ˈfleɪvɪn], *New York 1. April 1933, amerikan. Licht- und Environmentkünstler. - Schafft durch Anordnung von Leuchtröhren durch farbiges Licht akzentuierte Raumkonstellationen (Environments).

Flavinadenindinukleotid [flaˈviːnadeˈniːndiˌnukleoˈtiːd; lat./griech./lat.], Abk. FAD, ein Koenzym der ↑Flavoproteide.

Flavinmononukleotid (Riboflavinphosphorsäure), Abk. FMN, ein Koenzym der Flavoproteide.

Flavius, plebej. röm. Geschlechtername; Name kaiserl. Dynastien: 69–96 der *1. flav. Dyn.* (Flavier; zu ihr gehörten Vespasian, Titus und Domitian) und der *2. flav. Dyn.* (Konstantin d. Gr., Konstantin II., Konstans II., Julian).

Flavius, Gnaeus, röm. Jurist Ende des 4. Jh. v. Chr. - Hg. einer Sammlung von Prozeßformeln (**Jus Flavianum**).

Flavius Josephus, jüd. Geschichtsschreiber, ↑ Josephus.

Flavone [zu lat. flavus „gelb"] (Flavonfarbstoffe), in höheren Pflanzen vorkommende farblose oder gelb gefärbte chem. Verbindungen, die sich vom farblosen *Flavon* (2-Phenylchromon, $C_{15}H_{10}O_2$) ableiten. Die F. sind strukturell den ↑ Anthozyanen verwandt. Einige F. dienten bis zur Einführung künstl. Farbstoffe als wichtige Färbemittel, z. B. Fisetin, Hesperetin, Luteolin und Quercetin.

Flavoproteide [lat./griech.] (Flavoproteine, Flavinenzyme, gelbe Fermente), Gruppe natürl., in den Zellen aller Organismen vorkommender Enzyme, die bei der biolog. Oxidation als Wasserstoffüberträger wirksam werden; als erstes Flavoproteid wurde 1932 das gelbe Atmungsferment von E. Warburg aus Hefe isoliert.

Flaxman, John [engl. ˈflæksmən], * York 6. Juli 1755, † London 7. Dez. 1826, engl. Zeichner und Bildhauer. - Vertreter des engl. Klassizismus; 1788–94 in Rom. Neben gedankl. stark befrachteten Bildwerken (v. a. Grabmäler in der Londoner Saint Paul's Cathedral und der Westminster Abbey) schuf er bed. Illustrationsfolgen, u. a. zur „Ilias" und „Odyssee" (1793) und zu Dantes „Göttl. Komödie" (1802), sowie Skizzen zu Homer, Dante und Milton.

Flechsig, Paul, * Zwickau 29. Juni 1847, † Leipzig 22. Juli 1929, dt. Psychiater und Neurologe. - Prof. in Leipzig; arbeitete über Gehirn und Rückenmark, teilte die Gehirnoberfläche in Sinnes- und Assoziationsfelder ein und versuchte, geistige Vorgänge zu lokalisieren.

Flechtband, Ornament aus verschlungenen Bändern (Schlangen?), das bereits in der

sumer. Kunst des 3. Jt. v. Chr., in Vorderasien und seit der Eisenzeit in S- und M-Europa belegt ist. Das griech. F. (Gefäßdekoration) wirkte über das röm., kopt., byzantin. und german. F. bis in die Romanik.

Flechte, volkstüml. Bez. für verschiedene chron., v. a. schuppende oder krustenbildende Hautkrankheiten (↑ Schuppenflechte, ↑ Ekzem).

flechten, dünne und biegsame Materialien von Hand oder maschinell durch regelmäßiges Verkreuzen oder Verschlingen zu einem *Geflecht* oder *Flechtwerk* verbinden; Herstellung von Matten, Hüten, Gürteln, Korbwaren u. a. aus Bast, Stroh, Schilfrohr, Weidenruten, Peddigrohr, Ratan, Lederstreifen und Metalldrähten.

Flechten (Lichenes), Abteilung der Pflanzen mit über 20 000 Arten in etwa 400 Gattun-

gen. Sie stellen einen aus Grün- oder Blaualgen und Schlauchpilzen bestehenden Verband (↑ Symbiose) dar, der eine morpholog. und physiolog. Einheit bildet. Die Alge versorgt den Pilz mit organ. Nährstoffen (Kohlenhydrate), während das Pilzgeflecht der Alge als Wasser- und Mineralstoffspeicher dient. - Die Vermehrung der F. erfolgt meist ungeschlechtl. durch abgeschnürte, Algen enthaltende Pilzhyphen *(Soredien)* oder durch stift- oder korallenförmige Auswüchse auf der Thallusoberfläche *(Isidien)*, seltener geschlechtl. durch Ausbildung von Fruchtkörpern des Pilzes. - Nach der Gestalt unterscheidet man **Krustenflechten** (haften flach auf der Unterlage), **Laubflechten** (großflächige, blattartige Ausbildung) und **Strauchflechten** (ähneln den höheren Pflanzen). - Da fast alle F. arten zum Leben saubere Luft benötigen, werden sie heute als Indikatorpflanzen für die Beurteilung der Luftqualität in Ballungsräumen benutzt. Bekannte F. sind ↑ Mannaflechte, ↑ Rentierflechte und ↑ Isländisch Moos.

Flechtenbären (Flechtenspinner, Lithosiinae), weltweit verbreitete Unterfam., etwa 2–4 cm spannender ↑ Bärenspinner; Raupen fressen v. a. Flechten.

Flechtheim, Ossip Kurt, * Nikolajew bei Odessa 5. März 1909, dt. Politikwissenschaftler. - Emigrierte 1935 in die Schweiz, 1939 in die USA, dort 1940–51 Dozent und Prof.; seit 1952 Prof. in Berlin (West); Forschungsschwerpunkte: Kommunismus, Bolschewismus, Parteien und Futurologie.

Flechtlinge, svw. ↑ Rindenläuse.

Fleck, Konrad, mittelhochdt. Epiker der 1. Hälfte des 13. Jh. - Wohl aus der Gegend um Basel. Schrieb um 1220 nach frz. Vorbild den Versroman „Flore und Blancheflur" (↑ Floire und Blancheflor).

Fleck (Flecke), svw. ↑ Kaldaunen.

Flecken, heute im amtl. nicht mehr, im allg. Sprachgebrauch selten verwendete Bez. für Dörfer mit gewissen städt. Rechten, wie z. B. das Marktrecht.

Fleckenfalter, svw. ↑ Edelfalter.

Fleckentfernungsmittel, zum Entfernen von Flecken v. a. auf Textilien dienende Chemikalien, die je nach Fleckenart (Fett, Farben, Gras, Rost, Tinte u. a.) und Stoffmaterial (Wolle, Seide, Baumwolle, Kunststoffe) zu wählen sind; ein anschließendes Auswaschen der F. mit warmem Wasser nach der Behandlung ist stets zweckmäßig. Die meisten F. sind Gemische von flüssigen Lösungsmitteln für Fette, z. B. Aceton, Äther, Chloroform, Tetrachlorkohlenstoff u. a., und werden als Fleckenwasser bezeichnet. Blutflecke lassen sich mit einer Chinosol- oder Seifenwasser-Soda-Lösung, Fruchtsaftflecke durch Wasserstoffperoxid (mit Salmiakgeist) oder warmen, konzentrierten Alkohol, Tintenflecke durch eine Zitronensäurelösung (oder Zitronensaft und Kochsalz) entfernen. Zur Be-

Fleckfieber

seitigung von Kugelschreiberflecken verwendet man v. a. heißen Spiritus.

Fleckfieber (Flecktyphus, Läusetyphus, Lagerfieber, Typhus exanthematicus), Infektionskrankheit des Menschen (Erreger Rickettsia prowazeki), die v. a. durch Kleiderläuse bzw. Läusekot vom Darm der Parasiten aus in Hautwunden übertragen wird. Inkubationszeit 10–14 Tage; Erkrankungsdauer 12–14 Tage, mit gleichmäßig hohem Fieber um 40 °C. Der typ. **Fleckfieberausschlag**, ein dichtes, kleinfleckiges Exanthem (Roseola) des ganzen Körpers, das nur Gesicht und Nacken ausspart, setzt am vierten (bis siebten) Krankheitstag ein und verschwindet nach dem zehnten Tag. - F. ist als Krankheit weltweit (bes. in Afrika und Asien) verbreitet. Unbehandelt sterben mehr als 50 % der Befallenen; Behandlung mit Antibiotika; zur Vorbeugung Schutzimpfung.

Fleckvieh ↑ Höhenvieh.

Flederhunde (Großfledertiere, Großfledermäuse, Megachiroptera), Unterordnung der ↑ Flattertiere mit etwa 150 Arten; Schwanz fast stets kurz oder rückgebildet; Kopfform häufig hundeähnl.; Augen groß, hoch lichtempfindl., ermöglichen die Orientierung bei Nacht; überwiegend Früchtefresser. Im Ggs. zu den Fledermäusen ist am 2. Finger eine kleine Kralle ausgebildet. - Die bekannteste Fam. sind die **Flughunde** (Pteropidae) mit et-

Fledermaus. Oben: Anatomie (a Oberarm, b Unterarm, c Daumen mit Kralle, d übrige Finger, e Flughaut, f Schwanzflughaut, g Schwanzwirbelsäule, h Fersensporn, i Ohrdeckel); unten: Spätfliegende Fledermaus

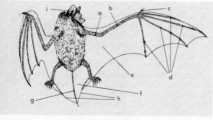

wa 130 Arten in den altweltl. Tropen und Subtropen; Flügelspannweite rd. 25–150 cm; Körperlänge 6–40 cm. In Afrika, S-Arabien und auf Madagaskar kommt der **Palmenflughund** (Eidolon helvum) vor; Körperlänge rd. 20 cm, Flügelspannweite bis 75 cm; Färbung gelblichbraun bis braun. Der graubraune **Hammerkopfflughund** (Hypsignathus monstrosus) ist rd. 20 cm lang und hat eine Spannweite von etwa 90 cm; Kopf durch mächtig aufgetriebene Schnauze hammerkopfartig, in W- und Z-Afrika. Die Gatt. **Flugfüchse** (Fliegende Hunde, Pteropus) hat rd. 50 Arten auf Madagaskar, in S- und SO-Asien und N- und O-Australien; Flügelspannweite etwa 60–150 cm; Kopf mit fuchsähnl. langgestreckter Schnauze; Färbung braun bis schwärzl., Schulterregion oft gelb bis graugelb; bekannte Arten: **Flugfuchs** (Pteropus giganteus), vom Himalaja über Indien bis Ceylon vorkommend; Flügelspannweite bis 1,2 m, Körperlänge etwa 30 cm, hell bis schwarzbraun; **Kalong** (Pteropus vampyrus), größtes (40 cm lang) Flattertier, auf den Philippinen, den Sundainseln und auf Malakka; Flügelspannweite bis 1,5 m; Fell schwarzbraun mit orangebraunen Schultern.

Fledermäuse [zu althochdt. fledarmus, eigtl. „Flattermaus"] (Kleinfledermäuse, Kleinfledertiere, Microchiroptera), weltweit verbreitete Unterordnung der ↑ Flattertiere mit etwa 750 Arten; Körperlänge etwa 3–16 cm, Flügelspannweite rd. 18–70 cm; Kopf stark verkürzt bis extrem lang ausgezogen; Nase oft mit bizarr geformten, häutigen Aufsätzen (z. B. bei ↑ Blattnasen); Ohren mittelgroß bis sehr groß, manchmal über dem Kopf verwachsen, häufig mit Ohrdeckel (Tragus); Augen klein; Orientierung erfolgt durch Ultraschallortung (Laute werden durch Nase oder Mund ausgestoßen). Die einheim. F. halten sich tagsüber und während des Winterschlafs u. a. in Baum- und Felshöhlen, Mauerspalten, Boden- und Kellerräumen und hinter Fensterläden auf. - Von den 50 Arten der Fam. **Hufeisennasen** (Rhinolophidae), deren Nasen von Hautfalten umgeben sind, die die Nasenlöcher hufeisenförmig umgreifen, kommen in M-Europa vor: **Großhufeisennase** (Rhinolophus ferrumequinum), bis 7 cm (mit Schwanz bis 11 cm) lang, oberseits fahlbraun, unterseits bräunlichweiß, Flügelspannweite bis über 35 cm; Flug schmetterlingsartig flatternd, mit wiederholten Gleitphasen; **Kleinhufeisennase** (Rhinolophus hipposideros), bis 4,5 cm (mit Schwanz bis 7 cm) lang, unterscheidet sich von der Großhufeisennase v. a. durch die dunklere Oberseite. Die Fam. **Glattnasen** (Vespertilionidae) hat rd. 300 Arten; Schwanz meist vollkommen von der Schwanzhaut umgeben, überwiegend Insektenfresser. In M-Europa kommen 19 Arten vor, u. a. ↑ Abendsegler; **Spätfliegende Fledermaus** (Breitflügelfledermaus, Vespertilio serotinus), bis 8 cm (mit Schwanz 10–13 cm) lang, Oberseite dunkelbraun, Bauchseite gelblichgrau, Flügel breit, Spannweite bis knapp 40 cm; fliegt oft noch bei Helligkeit aus, sucht von allen europ. Arten am spätesten die Winterquartiere auf; **Mausohr** (Myotis myotis), 7–8 cm lang, Flügelspannweite rd. 35 cm, oberseits graubraun, unterseits heller, großohrig; *Langohrfledermaus:* **Braune Langohrfledermaus** (Plecotus auritus), 4–5 cm lang, Ohren bis 4 cm lang; **Graue Langohrfledermaus** (Plecotus austriacus), ähnl. der ersteren, erst 1960 entdeckt; **Mopsfledermaus** (Barbastella barbastellus), 4–6 cm lang, bis 27 cm spannend, Ohren breit, am Grunde verwachsen, Schnauze breit und kurz, Oberseite schwarzbraun, Unterseite etwas heller; **Nordfledermaus** (Eptesicus nilssoni), 5–7 cm lang, bis 25 cm spannend, mit schwarzbrauner Oberseite und gelbl. Unterseite. - Zu den F. gehören auch die ↑ Vampire.

Ⓤ *Schober, W.: Mit Echolot und Ultraschall. Die phantast. Welt der Fledertiere. Freib. 1983.*

Fledertiere, svw. ↑ Flattertiere.

Fleet [niederdt.], Graben, Kanal, Zweigkanal, v. a. innerhalb einer Stadt.
◆ ein beim Heringsfang senkrecht im Wasser stehendes und von Korken getragenes großes Treibnetz.

Fleet Street [engl. 'fliːt 'striːt], Straße in London; Sitz großer brit. Zeitungsverlage und Nachrichtenagenturen.

Fleetwood [engl. 'fliːtwʊd], engl. Hafenstadt 13 km nördl. von Blackpool, Gft. Lancashire, 28 500 E. Navigationsschule; Fischereihafen, außerdem Umschlag von Erdöl; Fischmarkt und -verarbeitung; Schiffsreparaturen.

Fleetwood Mac [engl. 'fliːtwʊd 'mæk], 1967 gegr. brit. Rockmusikgruppe; wurde schnell zur populärsten brit. Bluesgruppe und spielte mit verschiedenen schwarzen Bluesinterpreten zusammen; seit 1974 in Los Angeles.

Flegel, Georg, * Olmütz (Mähren) 1560, □ Frankfurt am Main 23. März 1638, dt. Maler. - Seit 1597 in Frankfurt am Main; wandte sich unter niederl. Einfluß als erster dt. Künstler dem Stilleben zu.

Flegler ↑ Flagellanten.

Fleimstal (italien. Val di Fiemme), italien. Tallandschaft in der Region Trentino-Südtirol; Hauptorte: Predazzo und Cavalese; Fremdenverkehr.

Fleiner, Fritz, * Aarau 24. Jan. 1867, † Ascona 26. Okt. 1937, schweizer. Jurist. - Prof. in Zürich, Basel, Tübingen und Heidelberg; erarbeitete die erste moderne Darstellung des schweizer. Staatsrechts. Bed. als Vorkämpfer des Ausbaus der schweizer. Verfassungs- und Verwaltungsgerichtsbarkeit.

Fleisch, allg. Bez. für die Weichteile von Tieren (auch bei Pflanzen, z. B. Frucht-F.); insbes. die Teile warmblütiger Tiere, die zur menschl. Ernährung geeignet sind, näml.

Muskelgewebe mit Fett- und Bindegewebe und Sehnen sowie innere Organe (Herz, Lunge, Milz, Leber, Nieren, Gehirn u. a.). F. hat einen hohen Nährwert auf Grund seines Gehaltes an leicht verdaul. und biolog. hochwertigem Eiweiß. Es enthält neben Muskeleiweiß leimgebende Bindegewebssubstanzen (Kollagen), Fett, Mineralsalze, Extraktivstoffe, Enzyme, Vitamine (u. a. B_1, B_2, B_6, B_{12}, D, E) und wenig Kohlenhydrate. - Das Muskel-F. von Säugetieren ist je nach Myoglobingehalt dunkelrot bis weißl. (beim Wild-F. beruht die Rot- bis Braunfärbung auf dem Blutgehalt infolge geringer Ausblutung). Das F. von Geflügel, Fischen, Krebsen, Muscheln und Schnecken ist meist weiß (niederer Myoglobingehalt). - Der süßl. Geschmack von Pferde-F. beruht auf dessen relativ hohem Glykogengehalt. Fisch-F. entspricht in seinem biolog. Wert dem Warmblüter-F.; da es jedoch schneller verdaut wird, ist sein Sättigungsgrad geringer. Der charakterist. Geruch von Seefisch-F. rührt v. a. von Trimethylamin her, das durch Abbau in der Muskulatur entsteht. - Verdorbenes F. kann zu schweren Vergiftungen (↑ Botulismus, ↑ Tularämie) führen. 1985 betrug die Schlachtmenge (gewerbl. Schlachtungen) in der BR Deutschland 4,630 Mill. t. Dabei entfielen auf Rind-F. 1,460 Mill. t, auf Kalb-F. 80 800 t, auf Schweine-F. 3,068 Mill. t, auf Schaf-, Ziegen- und Pferde-F. 21 500 t. - Abb. S. 124.

Fleischbeschau (Fleischuntersuchung), vor und nach der Schlachtung durchgeführte amtl. Untersuchung warmblütiger Tiere, die für den menschl. Verzehr bestimmt sind. Die wichtigsten Rechtsgrundlagen sind das F.gesetz in der Fassung vom 28. 9. 1981 und die Auslandsfleischbeschauverordnung vom 8. 3. 1961 (mehrfach geändert) sowie landesrechtl. Vorschriften. Das Fleisch wird beurteilt als *tauglich* (Kreisstempel), *untauglich* (Dreieckstempel; z. B. bei Milz-, Rauschbrand, Rinderpest, Tollwut), *bedingt tauglich* (Quadratstempel; z. B. bei Rotlauf, Schweinepest) oder *minderwertig* (Kreis im Quadrat; geringgradige Mängel, die jedoch nicht gesundheitsschädlich sind). Importiertes Frischfleisch unterliegt an der Grenze ebenfalls der F. (Sechseckstempel). Bedingt taugl. und minderwertiges Fleisch darf nur nach Kochen, Pökeln oder Dämpfen über die Freibank abgegeben werden. - Die F. erfaßt v. a. den Befall mit Trichinen, die Finnen des Schweinebandwurms und die Rinderbandwurms.

Fleischextrakt, eingedickter Auszug aus frischem Fleisch. Herstellung: Mageres Fleisch wird zerkleinert und mit 90 °C heißem Wasser in Extrahierungskolonnen ausgelaugt. Das durch Extraktkstoffe angereicherte Wasser (Brühe) wird von Fett, Albumin und Fibrin gereinigt und bis zu einem Wassergehalt von 20 % eingedickt. 100 kg Fleisch erge-

Fleisch

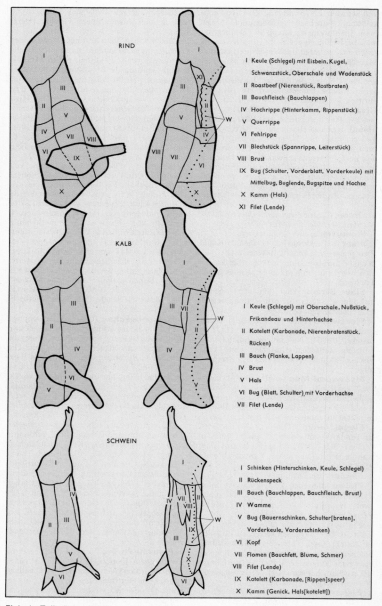

RIND

I   Keule (Schlegel) mit Eisbein, Kugel, Schwanzstück, Oberschale und Wadenstück
II Roastbeef (Nierenstück, Rostbraten)
III Bauchfleisch (Bauchlappen)
IV Hochrippe (Hinterkamm, Rippenstück)
V   Querrippe
VI Fehlrippe
VII Blechstück (Spannrippe, Leiterstück)
VIII Brust
IX Bug (Schulter, Vorderblatt, Vorderkeule) mit Mittelbug, Buglende, Bugspitze und Hachse
X   Kamm (Hals)
XI Filet (Lende)

KALB

I   Keule (Schlegel) mit Oberschale, Nußstück, Frikandeau und Hinterhachse
II Kotelett (Karbonade, Nierenbratenstück, Rücken)
III Bauch (Flanke, Lappen)
IV Brust
V   Hals
VI Bug (Blatt, Schulter), mit Vorderhachse
VII Filet (Lende)

SCHWEIN

I   Schinken (Hinterschinken, Keule, Schlegel)
II Rückenspeck
III Bauch (Bauchlappen, Bauchfleisch, Brust)
IV Wamme
V   Bug (Bauernschinken, Schulter[braten], Vorderkeule, Vorderschinken)
VI Kopf
VII Flomen (Bauchfett, Blume, Schmer)
VIII Filet (Lende)
IX Kotelett (Karbonade, [Rippen]speer)
X   Kamm (Genick, Hals[kotelett])

Fleisch. Teilstücke des Körpers verschiedener Schlachttiere (links Außenseite, rechts Innenseite der Tierhälften; W Wirbel) ben 4 kg Extrakt. Der ausgelaugte Rückstand wird als eiweißreiches Futtermittel (Fleischpulver, Fleischmehl) verwendet. Zusammensetzung: bis 23 % Wasser, bis 62,5 % organ. Stoffe, bis 23 % Mineralstoffe.

Fleischfäulnis, Zersetzung von Fleisch unter Geruchs- und Geschmacksänderung durch aerobe und anaerobe Bakterien. Angefaultes Fleisch braucht nicht ungenießbar zu sein (z. B. beruht der typ. Wildgeschmack [„Hautgout"] auf F.), doch können Fäulnisgifte auftreten. Die schnellere Zersetzung von Fischfleisch (**Fischfäulnis**) beruht v. a. auf dessen relativ hohem Wassergehalt und seiner lockeren Struktur (Bakterien dringen schneller ein).

Fleischfliegen (Sarcophagidae), etwa 600 Arten umfassende, weltweit verbreitete Fam. der Fliegen; die Larven entwickeln sich häufig in Fleisch, Aas und Exkrementen.

fleischfressende Pflanzen (tierfangende Pflanzen, Karnivoren), auf nährstoffarmen, v. a. stickstoffarmen Böden wachsende Pflanzen, die Vorrichtungen wie Tentakel (↑ Sonnentau), Fallenblätter (↑ Venusfliegenfalle) oder Fangblasen (↑ Wasserschlauch) besitzen, mit deren Hilfe sie v. a. Insekten fangen, festhalten und verdauen, um sie als zusätzl. Stickstoffquelle auszunutzen.

Fleischgeschwulst, svw. ↑ Sarkom.

Fleischkäse, Fleischzubereitung aus Schweinefleisch, Eiern, Milch, Salz und Gewürzen, in rechteckigen Formen gekocht (wird Leber mitverarbeitet: **Leberkäse**).

Fleischmann, Peter, * Zweibrücken 26. Juli 1937, dt. Filmregisseur und Drehbuchautor. - Drehte zunächst die Kurzfilme „Brot der Wüste" (1962), „Begegnung mit Fritz Lang" (1963) sowie den krit. Dokumentarfilm „Herbst der Gammler" (1967); danach Spielfilme „Jagdszenen aus Niederbayern" (1969), „Das Unheil" (1970), „Dorotheas Rache" (1974), „Die Hamburger Krankheit" (1979), „Der Frevel" (1984).

Fleischmehl ↑ Fleischextrakt.

Fleischreifung, durch autolyt. Eiweißabbauprozesse, die die Muskelfasern an bestimmten Stellen auflockern, sowie durch die Tätigkeit von Bakterien bewirkte Vorgänge, die das zähe Fleisch frisch geschlachteter Tiere zart und saftig machen.

Fleischseite, svw. ↑ Aasseite.

Fleischuntersuchung, svw. ↑ Fleischbeschau.

Fleischvergiftung, Erkrankung durch den Genuß von verdorbenem Fleisch und -erzeugnissen (↑ auch Botulismus, ↑ Tularämie).

Fleischwolf (Faschiermaschine), eine Fleischzerkleinerungsmaschine, bei der sich in einem Gehäuse eine Förderschnecke dreht und das Fleisch gegen kreuzweise angeordnete, sich drehende Messer drückt, die das Fleisch zerschneiden bevor es durch eine Lochscheibe gepreßt wird.

Fleißer, Marieluise, * Ingolstadt 23. Nov. 1901, † ebd. 2. Febr. 1974, dt. Schriftstellerin. - Lebte bis 1933 in Berlin, dann wieder in Ingolstadt (ab 1935 Schreibverbot); schrieb sozialkrit. Dramen und Erzählungen sowie einen Roman („Mehlreisende Frieda Geier", 1931), die fast stets in ihrer bayr. Heimat spielen und sich durch realist.-drast. Milieuschilderung auszeichnen. Ihre Dramen („Fegefeuer", „Pioniere in Ingolstadt") wurden 1926 und 1929 in Berlin uraufgeführt und erst Ende der 60er und in den 70er Jahren wiederentdeckt. - *Weitere Werke:* Der starke Stamm (Kom., UA 1950), Abenteuer aus dem Engl. Garten (En., 1969).

Fleißiges Lieschen, volkstüml. Bez. für verschiedene Zierpflanzen, bes. für Impatiens walleriana (↑ Springkraut) und bestimmte Begonien.

flektieren [lat.], beugen (↑ Flexion, ↑ flektierende Sprachen).

flektierende Sprachen, Sprachen, in denen die grammat. Kategorien und syntakt. Beziehungen durch Veränderung der Wurzel oder des Stammes oder durch Anfügung eng mit dem Stamm verschmolzener, nicht bedeutungstragender Elemente (↑ Flexion) angezeigt werden im Ggs. zu den ↑ agglutinierenden Sprachen und den ↑ isolierenden Sprachen. Zu den f. S. gehören u. a. die indogerman. Sprachen.

Flémalle, Meister von ↑ Meister von Flémalle.

Fleming, Sir (seit 1944) Alexander, * Lochfield Darvel 6. Aug. 1881, † London 11. März 1955, brit. Bakteriologe. - Prof. in London; wurde berühmt durch die Entdeckung und Erforschung des Penicillins; dafür zus. mit H. W. Florey und E. B. Chain 1945 Nobelpreis für Physiologie oder Medizin.

F., Ian [Lancaster], * London 28. Mai 1908, † Canterbury 12. Aug. 1964, engl. Schriftsteller. - Während des 2. Weltkrieges im brit. Geheimdienst tätig; Verf. erfolgreicher, durch Übersetzungen und Verfilmungen bekannter Spionageromane um die Gestalt des Super-Geheimagenten James Bond (Nr. 007).

F., Joy, eigtl. Erna Strube, * Rockenhausen (Donnersbergkreis) 15. Nov. 1944, dt. Rockmusikerin. - Wurde 1972 als Bluesinterpretin mit dem (in Mannheimer Dialekt abgefaßten) „Neckarbrücken-Blues" berühmt; Mitte des 1970er Jahre internat. Erfolge.

F. (Flemming), Paul, * Hartenstein (Erzgebirge) 5. Okt. 1609, † Hamburg 2. April 1640, dt. Dichter. - Der persönlichste unter den Barocklyrikern und der bedeutendste Opitz-Schüler, dem er die Korrektheit seiner Form verdankt, die er aber mit Wärme und Leben zu erfüllen vermag. Sein Werk umfaßt v. a. liedhafte Sonette, Liebes-, Trink-, Fest- und Gelegenheitsgedichte, Vaterlandslieder und geistl. Gesänge; auch lat. Gedichte.

F., Victor, * Pasadena (Calif.) 23. Febr. 1883,

Flemming

† Cottonwood (Ariz.) 6. Jan. 1949, amerikan. Regisseur. - Nach zahlr. Stummfilmen, u. a. „Der Weg allen Fleisches" (1927) brachte ihm „Vom Winde verweht" (1939) Weltruhm. - *Weiterer Film:* Dr. Jekyll and Mr. Hyde (1941, dt. „Arzt und Dämon").

Flemming, Paul ↑ Fleming, Paul.

F., Walther, *auf dem Sachsenberg bei Schwerin 21. April 1843, † Kiel 4. Aug. 1905, dt. Anatom und Zellforscher. - Prof. in Prag und Kiel; klärte die Vorgänge bei der Zellteilung; prägte die Begriffe Mitose und Chromatin und verbesserte die histolog. Färbe- und Konservierungstechnik.

Flensburg, Hafenstadt an der dt.-dän. Grenze, Schl.-H., zu beiden Seiten der etwa 50 km langen **Flensburger Förde,** einer Bucht der westl. Ostsee, 86 900 E, Marinestützpunkt; PH, Fachhochschule für Technik, Marineschule, Seemaschinistenschule, Werkkunstschule; Städt. Museum, naturwiss. Heimatmuseum, Städt. Bühnen, Dän. Zentralbibliothek, Kraftfahrt-Bundesamt; Messe; u. a. Schiffbau, Spirituosenind., Maschinenbau, Papierind. - Gründungsjahr vermutl. 1169; 1284 wurde das Stadtrecht kodifiziert und von Herzog Waldemar IV. von Schleswig bestätigt. 1337 erhielt F. Zollfreiheit für alle Importe; 1460 wurde der dän. König Oberherr. Handelsprivilegien verhalfen der Stadt im 16. Jh. zur führenden Stellung im Handel des Kgr. Dänemark; 1867 preußisch. - Got. Marienkirche aus Backstein mit bed. Altar (1598; Spätrenaissance); spätgot. Nikolaikirche (14./15. Jh.) mit berühmtem Orgelprospekt (1604–09). Reste der Stadtbefestigung, u. a. Nordertor (1595), zahlr. Bürgerhäuser (15. Jh.–19. Jh.); in der Altstadt sind zahlr. typ. Kaufmannshöfe erhalten.

Flers, Camille [frz. flɛːr], *Paris 15. Febr. 1802, † Annet-sur-Marne (Seine-et-Marne) 27. Juni 1868, frz. Maler. - Malte als Vorläufer der Schule von ↑ Barbizon Landschaften vor der Natur, auch in Pastellmalerei.

Flesch, Carl, *Moson (= Mosonmagyaróvár) 9. Okt. 1873, † Luzern 15. Nov. 1944, ungar. Violinist. - Einer der bedeutendsten Violinvirtuosen seiner Zeit, spielte oft im Trio mit H. Becker und A. Schnabel (später C. Friedberg); schrieb u. a. „Die Kunst des Violinspiels" (2 Bde, 1923–28).

Fletcher [engl. ˈflɛtʃə], John, ≈ Rye (East Sussex) 20. (?) Dez. 1579, † London 28. Aug. 1625, engl. Dramatiker. - 1609– 16 vorwiegend Zusammenarbeit mit F. Beaumont (*1584, † 1616), später mit P. Massinger u. a., vielleicht mit Shakespeare in „The two noble kinsmen" (1634).

F., John Gould, *Little Rock (Ark.) 3. Jan. 1886, † ebd. 10. Mai 1950 (Selbstmord), amerikan. Dichter. - Einer der Begründer des Imagismus in England (wo er 1908–32 lebte); später Gedichte über amerikan. Landschaft und Geschichte.

Flettner, Anton, *Eddersheim (Main-Taunus-Kreis) 1. Nov. 1885, † New York 29. Dez. 1961, dt. Ingenieur und Erfinder. - Konstruierte den nach ihm benannten **Flettner-Rotor** zum Antrieb von Schiffen. An einem im Wind um seine senkrechte Achse rotierenden Zylinder tritt auf Grund des *Magnus-Effekts* eine Kraft senkrecht zur Achse und Windrichtung auf, die das Schiff antreibt; ohne prakt. Bedeutung.

Fleuron, Svend [dän. floˈrɔŋ], *Gut Katrinedal (auf Møn) 4. Jan. 1874, † Humlebæk 5. April 1966, dän. Schriftsteller. - Schöpfer des modernen (beobachtenden) Tierromans, u. a. „Schnipp Fidelius Adelzahn" (1917).

Fleuron [fløˈrõː; lat.-frz.], Ornamentform in Baukunst und Buchdruck, urspr. Blumenkorb oder -bukett.

Fleurons [fløˈrõː; lat.-frz.], halbmond- oder dreieckförmiges, nicht gesüßtes Blätterteiggebäck (Beilage zu Frikasse, Ragout, Fisch).

Fleurop GmbH, durch Abk. von: flores Europae („Blumen Europas") gebildeter Name einer Organisation von Blumenhändlern zur überregionalen Vermittlung von Geschäften mit Blumen in der BR Deutschland, Sitz Berlin (West); gegr. 1908. Internat. verbunden mit: *F.-Interflora* (Europa) und *Interflora Inc.* (Welt).

Fleury, André Hercule de [frz. flœˈri], *Lodève (Languedoc) 22. Juni 1653, † Issy bei Paris 29. Jan. 1743, frz. Kardinal und Staatsmann. - Seit 1698 Bischof von Fréjus; seit 1715 Erzieher Ludwigs XV., der ihm die Kardinalswürde verschaffte und ihn 1726 zum leitenden Min. ernannte. Bekämpfte die religiösen Unruhen, ließ das Zivilrecht kodifizieren und erreichte eine sparsame Haushaltsführung; suchte den europ. Frieden zu wahren, konnte aber eine Verwicklung Frankr. in den Östr. Erbfolgekrieg nicht verhindern.

Fleury [frz. flœˈri], Benediktinerabtei im Dep. Loiret (zeitweise: **Saint-Benoît-sur-Loire**), 651 gegr.; berühmter Wallfahrtsort wegen der dort angebl. liegenden Gebeine des hl. Benedikt. In der Frz. Revolution aufgehoben; 1865 wiedergegründet. Von der mittelalterl. Klosteranlage blieb nur die im 11./12. Jh. erbaute Kirche (roman.-frühgot.) erhalten.

Flex, Walter, *Eisenach 6. Juli 1887, ✕ auf Ösel 15. (16.?) Okt. 1917, dt. Schriftsteller. - Schrieb Gedichte, Dramen, Novellen, u. a. „Der Wanderer zw. beiden Welten" (1917), eine pathet. Erinnerung an einen Kriegskameraden, in der Denken und Empfindungen der nationalgesinnten dt. Jugend der Kriegsjahre Ausdruck fand.

Flexa [mittellat.] (Clivis), mittelalterl. Notenzeichen, ↑ Neumen.

flexibel [lat.], biegsam; wendig, anpassungsfähig.

flexible Altersgrenze ↑ Sozialversicherung.

Flexible response [engl. 'flɛksəbl rıs'pɒns „flexible Reaktion"] ↑ nukleare Strategie.

Flexion [lat.], in der *Sprachwissenschaft* Formveränderung („**Beugung**") der flektierbaren, d. h. konjugierbaren, deklinierbaren und steigerungsfähigen Wortarten (Verb, Substantiv, Artikel, Adjektiv, Pronomen, Numerale). Die F. dient zur Kennzeichnung der grammat. Kategorien (Genus, Numerus, Kasus, Tempus usw.) und den syntakt. Beziehungen.

Flexner, Simon [engl. 'flɛksnə], * Louisville (Ky.) 25. März 1863, † New York 2. Mai 1946, amerikan. Pathologe und Bakteriologe. - Prof. in Baltimore und Philadelphia; der von ihm entdeckte Ruhrbazillus wird als **Flexner-Bakterium** und die entsprechende Krankheit auch als **Flexner-Dysenterie** bezeichnet.

Flexodruck [lat./dt.] (Flexographie) ↑ Drucken.

Flexoren [lat.], svw. ↑ Beugemuskeln.

Flexur [lat.], S-förmige Verbiegung von Gesteinsschichten.

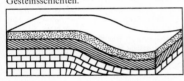

◆ (Flexura) in der *Anatomie* Biegung, Krümmung, gebogener Abschnitt (eines Organs); z. B. **Flexura coli,** Biegung des Dickdarms.

Flibustier [fli'bustier; engl.-niederl.], Bez. für Freibeuter und Seeräuber an den Küsten der Westind. Inseln und Mittelamerikas 17.–19. Jh.: 1. (**Bukanier**) urspr. Jäger und Häutehändler, u. a. frz., aber auch engl. und niederl. Herkunft, im 18. Jh. unterdrückt; 2. (**Filibuster**) gesetzlose Abenteurer aus den USA, die zw. 1850 und 1860 auf Kuba und in Nicaragua einfielen.

Flic [frz. flık], volkstüml. frz. Bez. für Polizist.

Flick, Friedrich, * Ernsdorf (= Kreuztal) 10. Juli 1883, † Konstanz 20. Juli 1972, dt. Industrieller. - Baute nach der Weltwirtschaftskrise die Mitteldt. Stahlwerke auf. Während des nationalsozialist. Herrschaft erlangte er als bed. Rüstungsindustrieller Kontrolle über die Montanind. in den besetzten europ. Ländern. Flick 1947 wurde er in Nürnberg zu 7 Jahren Gefängnis verurteilt; 1950 vorzeitig entlassen; baute danach seinen Konzern neu auf (↑ Flick-Gruppe).

Flickenschildt, Elisabeth, * Hamburg 16. März 1905, † Stade 26. Okt. 1977, dt. Schauspielerin. - Spielte Charakterrollen, z. B. Frau Marthe („Faust"), Königin („Hamlet"), Elisabeth („Maria Stuart"), Mathilde von Zahndt („Die Physiker"); auch zahlr. Filmrollen. Memoiren: „Kind mit roten Haaren" (1972).

Flickflack [frz.], in der Sprungakrobatik und beim Bodenturnen Handstandüberschlag rückwärts.

Flick-Gruppe, bed. dt. Unternehmensgruppe, gegr. von F. Flick. Geführt wurde die F.-G. von der „Friedrich Flick KG", Düsseldorf, und der Holdinggesellschaft „VG-Verwaltungsgesellschaft für industrielle Unternehmungen Friedrich Flick GmbH", ab 1978 „Friedrich Flick Industrieverwaltung KGaA", Düsseldorf; zahlreiche Beteiligungen. Die F.-G. wurde 1985 verkauft und 1986 umgewandelt in die **Feldmühle Nobel AG.**

Flieder, (Syringa) Gatt. der Ölbaumgewächse mit etwa 30 Arten in SO-Europa und Asien; Sträucher oder kleine Bäume mit gegenständigen, meist ganzrandigen Blättern, vierzähligen, duftenden Röhrenblüten in Rispen und mit längl., ledrigen Kapselfrüchten. Die bekannteste Art ist der **Gemeine Flieder** (Syringa vulgaris) aus SO-Europa, der heute in mehr als 500 Sorten (weiß, lila bläul. oder rot, auch mit gefüllten Blüten) kultiviert wird.
◆ (Deutscher F.) volkstüml. Bez. für Schwarzer Holunder (↑ Holunder).

Elisabeth Flickenschildt

Fliedertee ↑ Holunder.

Fliedner, Theodor, * Eppstein 21. Jan. 1800, † Kaiserswerth (= Düsseldorf) 4. Okt. 1864, dt. ev. Theologe. - Gründete 1836 ein Krankenhaus und ein Diakonissenmutterhaus, das zum Vorbild für zahlr. diakon. Einrichtungen in Deutschland und im Ausland wurden.

Fliege ↑ Sternbilder (Übersicht).

Fliege, als Querschleife gebundene Krawatte.
◆ schmales, gestutztes Bärtchen über der Oberlippe oder am Kinn.
◆ in der *Schneiderei* gesticktes Dreieck zur Befestigung z. B. einer Falte.

Fliegen, volkstüml. Bez. für ↑ Zweiflügler.
◆ (Brachycera) weltweit verbreitete Unterordnung kleiner bis großer Zweiflügler mit

über 50 000 bekannten, mehr oder weniger gedrungen gebauten Arten; Fühler kurz; Larven (Maden) ohne Beine, Kopfkapsel reduziert oder fehlend. - Die erwachsenen F. leben teils von pflanzl. (v. a. Pflanzensäfte), teils von tier. Nahrung (als Außen- oder Innenschmarotzer oder räuberisch). Nach der Ausbildung der Puppe unterscheidet man die Gruppen ↑ Deckelschlüpfer und ↑ Spaltschlüpfer.

fliegen, sich frei im Luftraum bewegen. Das Fliegen (der Flug) wird durch Ausnutzung verschiedener physikal. Erscheinungen mögl.: 1. stat. Auftrieb, z. B. beim Ballon und Luftschiff; 2. dynam. Auftrieb bei rascher Bewegung der auftrieberzeugenden Elemente (Tragfläche, Rotor) relativ zur umgebenden Luft, z. B. beim Flug der Vögel und beim Flugzeug; 3. hohe Anfangsgeschwindigkeit, die die Überbrückung mehr oder weniger großer Strecken ermöglicht, bevor die Schwerkraft den Körper zurückfallen läßt, z. B. bei Geschossen.

Fliegenblume (Caralluma), Gatt. der Schwalbenwurzgewächse mit über 100 Arten im afroasiat. Raum sowie im sw. Mittelmeergebiet; stämmchenbildende, bisweilen kriechende Pflanzen mit fleischigen, kantigen, grünen bis graugrünen Sprossen; Blüten klein, meist mit aasartigem Geruch.

fliegende Blätter, svw. Flugblätter und Flugschriften.

Fliegende Blätter, illustrierte humorist. Zeitschrift des Verlags Braun & Schneider, München. Erschien 1844-1944, karikierte zeittyp. Verhaltensformen des dt. Bürgertums. Graphiken und Texte lieferten bed. Mitarbeiter, u. a. W. Busch, A. Oberländer, M. von Schwindt, C. Spitzweg, F. Dahn, F. Freiligrath, E. Geibel, V. von Scheffel.

Fliegende Fische (Flugfische, Exocoetidae), Fam. heringsähnl., oberseits stahlblauer,

Fliegenpilz

unterseits silbriger Knochenfische mit rund 40, etwa 20-45 cm langen Arten, v. a. in trop. und subtrop. Meeren; Rückenflosse weit hinten ansetzend, Brustflossen stark bis extrem tragflächenartig vergrößert; Schwanzflosse deutl. asymmetrisch mit verlängerter unterer Hälfte. - Die F. F. schnellen nach sehr raschem Schwimmen oft mehrmals hintereinander aus dem Wasser, um bis 50 m weite Gleitflüge auszuführen. Die Brustflossen dienen dabei als Gleitfläche; Antriebsorgan ist bis zum Verlassen des Wassers die untere, verlängerte Teil der Schwanzflosse.

fliegende Hitze, svw. ↑ Hitzewallung.

Fliegende Hunde, svw. Flugfüchse (↑ Flederhunde).

Fliegender Fisch ↑ Sternbilder (Übersicht).

Fliegender Holländer, der Sage nach ein frevelhafter Kapitän, der dazu verdammt ist, ewig auf seinem Geisterschiff das Meer zu durchkreuzen. Die seit etwa 1600 nachweisbare Sage verband sich im 19. Jh. mit histor. Gestalten (der Niederländer Van der Decken und Barend Fokke). Literar. Gestaltungen u. a. von S. T. Coleridge, W. Hauff, H. Heine, F. Marryat; romantische Oper von R. Wagner.

fliegender Start ↑ Start.

fliegendes Personal, alle Personen, die eine Tätigkeit an Bord eines Flugzeuges während des Fluges ausführen, insbes. Pilot, Kopilot, Flugingenieur, Stewards, Stewardessen.

fliegende Untertasse ↑ UFO.

Fliegengewicht ↑ Sport (Gewichtsklassen, Übersicht).

Fliegengott (hebr. Baal Sebub [„Herr der Fliegen"]), Spottname für Baal Sebul („erhabener Herr"), ↑ Beelzebub.

Fliegenpilz (Fliegentod, Narrenschwamm, Amanita muscaria), häufiger, sehr giftiger Lamellenpilz; Hut etwa 6-20 cm breit, halbkugelig bis ausgebreitet, scharlachrot, orangerot oder feuerfarben (im Alter verblassend), mit weißen, losen Hautschuppen; Lamellen dicht gedrängt, weiß; Stiel weiß, bis 25 cm lang. Der F. enthält die Gifte Muskarin und Muskaridin (von manchen Völkern als Rauschgift verwendet).

Fliegenragwurz ↑ Ragwurz.

Fliegenschimmel, Bez. für den Algenpilz Empusa muscae, der eine epidem. Fliegenkrankheit hervorruft; der Pilz durchdringt mit seinem Myzel den Fliegenkörper; die nach außen wachsenden Konidienträger überziehen wie ein weißer, dichter Filz das Insekt.

Fliegenschnäpper (Schnäpper, Muscicapidae), mit über 300 Arten fast weltweit verbreitete Fam. 9-55 cm langer Singvögel, v. a. in Wäldern, Gärten und Parkanlagen; Schnabel meist flach, schwach gebogen, an der Basis stärker verbreitert und von Borstenfedern umgeben. - Die F. fangen fliegende Insekten mit hörbarem Schnappen. In M-Europa kommen vier Arten vor: **Trauerschnäpper** (Ficedula hypoleuca), etwa 13 cm groß, ♂ oberseits (mit Ausnahme eines weißen Stirnflecks und eines großen weißen Flügelflecks) tiefschwarz bis graubraun, ♀ oberseits olivbraun mit weißem Flügelfleck, unterseits rahmfarben; **Grauschnäpper** (Muscicapa striata), etwa 14 cm groß, Gefieder bräunlichgrau mit geflecktem Scheitel und weißl. Brust; **Halsbandschnäpper** (Ficedula albicollis), etwa 13 cm groß, Gefiederfärbung sehr ähnl. wie beim Trauerschnäpper, ♂ jedoch mit weißem Halsband und weißem Bürzel; **Zwergschnäpper** (Ficedula parva), etwa 12 cm groß, ♂ mit bräunlichgrauem Kopf, fahlbraunem Rücken und orangefarbener Kehle, Unterseite weißl., ♀ etwas unscheinbarer gefärbt.

Flieger, *militär.:* niedrigster Mannschaftsdienstgrad in der dt. Luftwaffe (seit 1935).

◆ im *Pferderennsport* Bez. für Pferde, die über eine kurze Distanz ihre Höchstleistung erbringen.

◆ im *Radrennsport* Bahnfahrer über kurze Sprintstrecken (ohne Schrittmacher).

Fliegerabwehr, frühere Bez. für ↑ Flugabwehr.

Fliegerhorst, Bez. für einen Militärflugplatz mit allen Anlagen für Start und Landung sowie Wartung und Instandsetzung von Flugzeugen und zur Betreuung der Besatzungen.

Fliegerkarten ↑ Luftfahrtkarten.

Fliegerkrankheit, svw. ↑ Höhenkrankheit.

Fliehburgen (Fluchtburgen, Refugien), vor- und frühgeschichtl. Befestigungsanlagen, die i. d. R. nicht dauernd bewohnt, sondern nur zu Notzeiten von der umliegenden Bev. zum Schutz aufgesucht wurden.

Fliehkraft ↑ Zentrifugalkraft.

Fliehkraftkupplung ↑ Kupplung.

Fliehkraftregler, mechan. Drehzahlregler z. B. an Kraftmaschinen oder am Grammophon. Unter dem Einfluß von Fliehkräften (*Zentrifugalkraft*) entfernen sich rotierende, z. B. von Federn gehaltene Fliehgewichte radial von der Drehachse und steuern so über ein Hebelsystem ein Regelorgan (z. B. Drosselklappe).

Fliesen [niederdt.], Wand- und Bodenplatten u. a. aus Steingut bzw. Steinzeug (keram. F.), aus Glas, Stein, Kunststoff. - *Keram. Wand-F.* (Steingutplatten, Wandplatten, -kacheln) weisen einen feinkörnigen, kristallinen, porösen Scherben auf und sind mit einer meist farbigen Glasur versehen. Für *keram. Boden-F.* (Steinzeug-, Boden-, Mosaikplatten) ist der feinkörnige, gesinterte Scherben kennzeichnend; meist unglasiert, äußerst hart, frost- und säurebeständig, mit ebener oder profilierter Oberfläche.

Kunstgeschichte: Um 2600 v. Chr. kamen glasierte keram. Plättchen erstmals als Wand-

schmuck in der Pyramide des Djoser in Ägypten vor, seit der Mitte des 2. Jt. v. Chr. auch in der altiran., assyr. und babylon. Baukunst. Bei den Römern wurden bemalte F. als Bodenmosaike verwendet. Seit dem 9. Jh. n. Chr. neue Blüte der Wand-F. im islam. Bereich, Einflüsse bis auf die Iber. Halbinsel. Im übrigen Europa wurden keram. F. seit dem 16. Jh. hergestellt, berühmt sind die Kacheln der niederl. Fayencemanufakturen des 17. und 18. Jh. in Delft.

Fließarbeit, örtl. fortschreitende, zeitl. bestimmte, lückenlose Folge von Arbeitsvorgängen; in Fertigungsbetrieben spricht man von **Fließfertigung** (↑ auch Fließbandfertigung). In großem Maßstab erstmals in den Fabriken von H. Ford eingeführt.

Fließband, ein bei der Fließarbeit verwendeter Bandförderer oder eine ähnl. Anlage, auf der die zu bearbeitenden oder zu montierenden Teile (Montageband) von Arbeitsplatz zu Arbeitsplatz transportiert werden.

Fließbandfertigung, industrielle Fertigungstechnik, bei der die Förderung der Werkstücke im Zuge der Fließarbeit durch Fließbänder erfolgt. *Vorteile:* Zwischenlager vermeidende, kontinuierl. Produktion mit vorgegebenem, also kalkulierbarem Takt. *Nachteile:* hoher organisator. Aufwand bei der Planung und Durchführung sowie Störanfälligkeit, Monotonie und rasche Taktfolge führen zu Arbeitsunlust und damit auch zu psych. Schäden und phys. Erschöpfung. Neuerdings versuchen insbes. einige Automobilfabriken, die F. in einzelnen Bereichen durch Gruppenfertigung zu ersetzen. Dabei werden mehrere Arbeitsvorgänge zusammengefaßt und von einer Arbeitsgruppe gemeinsam verrichtet.

Fließbild, schemat. Darstellung chem.-

Fliesen (Türkei; 16. Jh.). London, Victoria and Albert Museum

Fließen

technolog. Vorgänge; zeigt die Grundzüge eines Verfahrens. Symbole nach DIN 7091.
Fließen, Wasserbewegung in rinnenden Gewässern. Man unterscheidet: laminares F. (Gleiten), turbulentes F. mit Wasserwalzen und Fließwirbeln, das Stürzen bei Stromschnellen und Wasserfällen.
◆ plast. Verformung unter Schub- oder Zugspannung, stark temperaturabhängig. In der Technik bezeichnet man als **Fließgrenze** die Spannung, bei der ein Körper eine *bleibende Dehnung* von 0,2 % seiner Ausgangslänge erleidet.
Fließerde ↑Solifluktion.
Fließgefüge (Fluidaltextur), Einregelung von früh ausgeschiedenen Kristallen, Schlieren und Einschlüssen in magmat. Gesteinen in Fließrichtung der urspr. Schmelze.
Fließgleichgewicht, Bez. für das trotz dauernder Energiezufuhr und -abfuhr bestehende Gleichgewicht in offenen physikal. Systemen; von großer Bed. für die Erhaltung lebender Organismen.
Fließgrenze ↑Fließen.
Fließpapier (Löschpapier), ungeleimtes Papier mit hoher Saugfähigkeit.
Fließpunkt, svw. ↑Schmelzpunkt.
◆ Temperatur, bei der ein Stoff (z. B. Schmierfett, Vaseline) unter den Bedingungen eines Prüfverfahrens eine halbkugelförmige Kuppe am unteren Ende eines Metallnippels bildet. Entsprechend wird der **Tropfpunkt** (Temperatur, bei der der erste Tropfen abfällt) bestimmt.
Fließzone (Asthenosphäre), im Schalenbau der Erde der Bereich zw. rd. 100 und 250 km Tiefe, auf dem die Lithosphäre „schwimmt".
Flimmerepithel ↑Epithel.
Flimmerfrequenz, jede Frequenz von period. aufeinanderfolgenden Lichtreizen, die unterhalb der **Flimmerverschmelzungsfrequenz** (etwa 48 Hz) liegt; über 48 Hz nimmt das menschl. Auge keine Schwankungen (*Flimmern*) mehr wahr.
Flimmern, durch Überhitzung der bodennahen Luftschicht infolge starker Sonneneinstrahlung hervorgerufene Erscheinung; v. a. bei Windstille über Sandflächen oder Straßen zu beobachten. Die Ursache liegt in vom Boden aufsteigender Warmluft, die sich von ihrer Umgebung durch Dichte und Brechungsindex unterscheidet.
Flimmern, svw. ↑Zilien.
Flimmerskotom, anfallsweise auftretende Sehstörung mit Augenflimmern und zentraler Teilverdunklung des Gesichtsfeldes infolge zerebraler Durchblutungsstörungen, v. a. bei Migräne.
Flims (rätoroman. Flem), schweizer. Gemeinde im Vorderrheintal, 20 km westl. von Chur, Kt. Graubünden, am Rande eines in vorgeschichtl. Zeit niedergegangenen Bergsturzes, dem größten bisher bekannten der

Alpen, 1 080 m ü. d. M., 1 900 E. Luftkurort, Wintersportplatz. - Spätgot. Kirche; sog. Schlößli (1682).
Flinders, Matthew [engl. 'flɪndəz], * Donington (Lincolnshire) 16. März 1774, † London 19. Juli 1814, brit. Seefahrer und Hydrograph. - Erforschte 1795–1803 die Küsten Australiens; schlug für den bisher Neuholland gen. Kontinent den Namen Australien vor.
Flinders Island [engl. 'flɪndəz 'aɪlənd] ↑Furneauxgruppe.
Flinders Ranges [engl. 'flɪndəz 'reɪndʒɪz], N–S verlaufende Gebirgsketten im östl. Südaustralien, etwa 800 km lang, im Saint Mary's Peak 1 189 m hoch; Abbau von Kupfer- und Uranerz.
Flindt, Flemming [dän. flen'd], * Kopenhagen 30. Sept. 1936, dän. Tänzer und Choreograph. - 1965–78 Ballettdirektor in Kopenhagen; seit 1981 in Dallas; eigene Choreographien, v. a. nach E. Ionesco: „Die Unterrichtsstunde" (1963), „Triumph des Todes" (1971), „Salome" (1978).
Flint, walis. Hafenstadt am linken Ufer des Deeästuars, Gft. Clwyd, 16 500 E., Kunstfaserproduktion. Zement-, Textil- und Papierind.; 8 km sö. liegt **Shotton,** Standort des größten Eisen- und Stahlwerkes von N-Wales. - Gründung Eduards I.
F., Stadt im sö. Michigan, USA, 90 km nw. von Detroit, 159 000 E, Metropolitan Area 521 500 E. College für Ingenieure; bed. Automobilproduktion. ⚒.
Flint [niederl., urspr. „Steinsplitter"] ↑Feuerstein.
Flintclay [engl. 'flɪntklɛɪ], svw. ↑Fireclay.
Flinte, urspr. Bez. für langläufige Handfeuerwaffe, bei der ein *Flint* (Feuerstein) den Zündfunken lieferte; heute Bez. für ein Jagdgewehr mit glattem Lauf, das für den Schrotschuß bestimmt ist. **Doppelflinten** mit zwei nebeneinanderliegenden Läufen bezeichnet man als **Querflinten**; liegen die Läufe übereinander, spricht man von **Bockflinten.**
Flintgläser, sehr reine, für opt. Zwecke verwendete bleioxidhaltige Gläser mit hohem Brechungsindex.
Flip [engl.], alkohol. Mischgetränk mit Ei.
◆ im *Eis-* und *Rollkunstlauf* nach dem Einstechen mit der Zacke des Schlittschuhs bzw. Aufsetzen des Stoppers ausgeführter Sprung mit einer vollen Drehung und Landung auf dem Bein, mit dem abgesprungen wurde.
Flipflop [engl.], elektron. Schaltung mit zwei stabilen Zuständen, entweder stromführend oder gesperrt (bistabile Kippschaltung); ein einzelner Steuerimpuls ändert den Zustand, der folgende stellt den urspr. Zustand wieder her. Verwendung als Frequenzuntersetzer, Impulszähler, bes. in der Datenverarbeitung als Speicherelement für binär dargestellte Zeichen (0 und 1, log. Null und log. Eins).

Flipper, in den USA entwickeltes Gerät für ein Geschicklichkeitsspiel, bei dem eine von dem Spieler abgeschossene Metallkugel eine schiefe, mit elektr. Kontakten bestückte Ebene hinabrollt, wobei das Berühren dieser Kontakte zum Aufzählen von Punkten führt. Durch zwei (manchmal auch vier) am unteren Ende der Ebene angebrachte, durch Knopfdruck zu betätigende Zungen kann die Kugel am Hinausrollen gehindert und wieder die Ebene hinaufgeschleudert werden. - Die in grellen Farben phantasievoll bemalten Glasscheiben der F. finden zunehmend das Interesse von Kunstsammlern.

Flirt [engl. flǝːt], spieler. Form der erot. Werbung.

Flissigkeit, svw. ↑ Weißährigkeit.

Flitch [engl. flɪtʃ], Teil von Baumstämmen, aus dem Furniere im Spiegelschnitt erzeugt werden können.

Flitner, Andreas, *Jena 28. Sept. 1922, dt. Pädagoge. - Sohn von Wilhelm August F.; Prof. in Tübingen; beschäftigt sich u. a. mit Problemen der pädagog. Anthropologie, der Sozialpädagogik und der Bildungspolitik, u. a. „Brennpunkte gegenwärtiger Pädagogik" (1967), „Spielen - Lernen. Praxis und Bedeutung des Kinderspiels" (1972), „Universität heute" (zus. mit H. Ulrich, 1978).

F., Wilhelm August, *Berka (= Bad Berka) 20. Aug. 1889, dt. Philosoph und Pädagoge. - Prof. u. a. in Hamburg; Vertreter der von W. Dilthey angeregten geisteswiss. Pädagogik. - *Werke:* Theorie des pädagog. Wegs und der Methode (1950), Allg. Pädagogik (1950), Die Geschichte der abendländ. Lebensformen (1967; 1961 u. d. T. Europ. Gesittung).

Flittchen, [junges] Mädchen, das nicht nach den herrschenden moral. Grundsätzen lebt und [aus Erwerbszwecken] häufig wechselnde Beziehungen mit Männern eingeht.

Flitter, dünne gelochte Metallscheibchen zum Aufnähen auf Kleidungsstücke; auch: wertloser Schmuck.

Flittergold (Rauschgold), sehr dünn ausgewalztes Messingblech; Blattgoldersatz.

Flitterwochen [zu mittelhochdt. vlittern „flüstern, liebkosen"], erstmals im 16. Jh. bezeugte Bez. für die erste Zeit nach der Eheschließung.

Flitz, Pfeil; **Flitzbogen,** Bez. für ein Kinderspielzeug zum Abschießen von Pfeilen; **flitzen,** umgangssprachl. für eilen; **Flitzer,** jemand, der nackt schnell über eine Straße u. a. läuft (um zu provozieren, wegen einer Wette).

Fljorow, Georgi Nikolajewitsch, *Rostow am Don 2. März 1913, sowjet. Physiker. - Direktor des Laboratoriums für Kernreaktionen am Vereinigten Institut für Kernforschung in Dubna; entdeckte 1940 die spontane Spaltung schwerer Atomkerne. 1964 gelang ihm die künstl. Erzeugung des Transurans Kurtschatovium (Element 104).

FLN, Abk. für: Front de Libération Natio-

nale („Nat. Befreiungsfront" [Algeriens]), gegr. 1955 in Kairo als Sammlungsbewegung aller für die Unabhängigkeit Algeriens von Frankr. arbeitenden Gruppen; bildete 1958 die provisor. Reg. der alger. Republik; nach Erlangung der Unabhängigkeit zur Einheits- und Kaderpartei mit sozialist. und arab.-nationalist. Programm umgeformt.

Floating [engl. 'floʊtɪŋ „schwimmend, schwebend"], durch Wechselkursfreigabe eingeleitete Schwankungsmöglichkeit des Außenwertes einer Währung in einem System fester Wechselkurse. Von flexiblen Wechselkursen unterscheiden sich diejenigen im F. dadurch, daß sie nur vorübergehend frei spielen können. Anlaß der Wechselkursfreigabe ist meist das Bestreben, inflationsauslösende bzw. -verstärkende Geldzuflüsse aus dem Ausland durch die freie Bewertung der eigenen Währung abzuwehren. Am Ende einer F.periode kehrt man zu festen, meist neuen Wechselkursen zurück.

Flobert (Flobert-Gewehr) [nach dem frz. Waffentechniker N. Flobert, *1819, †1894], leichte Handfeuerwaffe mit glattgebohrtem oder gezogenem Lauf.

F-Löcher, Schallöcher in f-Form (ʃ) bei Streichinstrumenten, neben dem Steg in die Decke eingelassen.

Flocke, kleine Zusammenballung faden- oder faserartiger Stoffe (Woll-F., Staub-F.), von Kolloidteilchen (beim Koagulieren) oder kleinen Kristallen (Schnee-F.); auch Bez. für blättchenartige Gebilde, v. a. bei Nahrungs- und Futtermitteln (Hafer-, Kartoffelflocken).

Flockenbast ↑ Bast.

Flockenblume (Centaurea), Gatt. der Korbblütler mit über 500 Arten, v. a. in den gemäßigten Zonen; meist flockig behaarte Kräuter mit in Köpfchen stehenden, großen Röhrenblüten; bekannte mitteleurop. Arten sind u. a. Alpenscharte, Bergflockenblume; **Kornblume** (Centaurea cyanus), bis 60 cm hoch, Stengel aufrecht, verzweigt, mit einzelnstehenden Blütenköpfchen; Randblüten

Menschenfloh. a Larve, b Puppe, c Vollinsekt

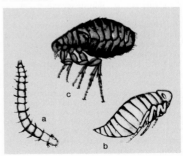

Flockung

leuchtend blau, Scheibenblüten purpurfarben, Blätter schmal, lanzettförmig; auf Getreideäckern, Schuttplätzen und an Feldrainen; **Wiesenflockenblume** (Gemeine F., Centaurea jacea), 10–80 cm hohe Staude mit rauhhaarigen, lanzettförmigen Blättern und rötl. Blütenköpfchen mit zerschlitzten Hüllblättern; auf Wiesen und Trockenrasen in Europa, NW-Afrika und W-Asien.

Flockung, Vereinigung frei beweglicher kleiner Teilchen in einem Dispersionsmittel; durch Elektrolyte und oberflächenaktive Stoffe verursacht.

Flödel, eingelegte oder aufgemalte Randverzierung bei Streichinstrumenten.

Flodoard von Reims, * Épernay (?) 894, † Reims (wohl 28. März) 966, fränk. Domkleriker und Geschichtsschreiber. - Hauptwerk sind seine Annalen (919–966), sehr ausführl. und ungewöhnl. zuverlässig.

Flöha, Krst. im Bez. Karl-Marx-Stadt, DDR, am Rande des Erzgebirges, 280 m ü. d. M., 12 800 E. Textilind., Dampfkesselbau. - Im 12. Jh. entstanden, seit 1933 Stadt. - Stadtkirche Sankt Georg (15. Jh.).

F., Landkr. im Bez. Karl-Marx-Stadt, DDR.

Floh de Cologne [...ko'lɔŋə], 1966 in Köln gegr. student. Kabarettgruppe; verbanden erfolgreich und in adäquater Weise polit. und zeitkrit., sozialist. Aussagen in satir. Form mit Rockmusik.

Flöhe (Siphonaptera, Aphaniptera), weltweit verbreitete Ordnung 1–7 mm großer, flügelloser Insekten, von den 1 100 Arten etwa 80 in M-Europa; Körper seitl. stark zusammengedrückt, braun bis gelbl., mit breit am Brustabschnitt ansitzendem Kopf, kurzen Fühlern und reduzierten Augen; Mundteile zu Stechborsten ausgebildet; Hinterbeine lang, dienen als Sprungbeine. - F. leben als blutsaugende Parasiten auf Säugetieren (einschließl. Mensch) und Vögeln. Sie sind z. T. Überträger gefährl. Krankheiten wie Fleckfieber und Pest. Bekannte Arten sind: **Menschenfloh** (Pulex irritans), etwa 2 mm (♂) bis 4 mm (♀) groß, dunkelbraun glänzend; kann bis 40 cm weit und bis 20 cm hoch springen; blutsaugend an Menschen (auch an anderen Säugern); an der Saugstelle bildet sich ein juckender, dunkelroter Punkt mit hellrotem Hof. **Hundefloh** (Ctenocephalides canis), 1,5–3 mm lang, mit borstenartigen Zahnkämmen an Kopfseiten und Vorderrücken; saugt v. a. an Haushunden. **Katzenfloh** (Ctenocephalides felis), 1,5–3 mm lang, mit Stachelkamm an Kopf und Vorderbrust; saugt an Haus- und Wildkatzen. Alle drei Arten können Zwischenwirte für den Gurkenkernbandwurm sein. **Hühnerfloh** (Ceratophyllus gallinae), 1,2–3 mm lang, dunkelbraun bis schwarz; parasitiert auf Vögeln; geht gelegentl. auch auf den Menschen. **Sandfloh** (Jigger, Tunga penetrans), etwa 1 mm lang, hellgelb; urspr. in Z-Amerika, von dort ins trop. Afrika ver-

schleppt; Weibchen bohrt sich in die Haut von Säugetieren und von Menschen (v. a. zw. Zehen und Fingern) ein. - Abb. S. 131.

Flohkäfer (Erdflöhe, Erdflohkäfer, Halticinae), über 5 000 1–6 mm große Arten umfassende Unterfam. der ↑Blattkäfer mit stark verdickten Hinterschenkeln, die den Tieren das Springen ermöglichen; Färbung meist schwarz, blau oder braun, häufig mit metall. Schimmer oder hellen Längsstreifen. Viele Arten sind Schädlinge, v. a. an Gemüsepflanzen. In Deutschland kommen rd. 230 Arten vor, u. a. die Gatt. **Kohlerdflöhe** (Phyllotreta) mit rd. 30 etwa 2–3 mm großen Arten; Körper schwarz, erzgrün oder bläul., z. T. mit gelber Zeichnung; fressen v. a. an Kohlarten; 1,5–1,8 mm lang, schwarz mit zwei gelben Längsstreifen auf den Flügeldecken ist der **Getreideerdfloh** (Phyllotreta vittula); frißt an Blättern von Getreide und Gräsern, Raupen fressen an den Wurzeln; etwa 4 mm lang, metall. blaugrün mit gelbrotem Vorderkopf ist der **Rapserdfloh** (Raps-F., Psylloides chrysocephala); v. a. die Larven werden schädl. durch Fraß an Raps.

Flohkraut (Pulicaria), Gatt. der Korbblütler mit etwa 45 Arten, v. a. im Mittelmeergebiet; behaarte Kräuter mit gelben Zungen- und Röhrenblüten. - In M-Europa an feuchten Stellen das **Große Flohkraut** (Ruhrwurz, Pulicaria dysenterica) mit zahlr., 15–30 mm breiten Blütenköpfchen und herzförmigen Blättern, ferner das **Kleine Flohkraut** (Pulicaria vulgaris) mit wenigen, etwa 10 mm breiten Köpfchen und längl. bis eiförmigen, unangenehm riechenden Blättern.

Flohkrebse (Amphipoda), Ordnung der höheren Krebse (Malacostraca) mit rund 2 700 meist um 2 cm großen, fast stets seitl. zusammengedrückten Arten ohne Chitinpanzer; gekennzeichnet durch 6 Beinpaare am Hinterleib, von denen die 3 vorderen als Schwimmbeine, die 3 hinteren als Sprungbeine dienen; leben im Meer und in Süßwasser; bekannt sind ↑Brunnenkrebse, ↑Strandflöhe, ↑Bachflohkrebse.

Flohzirkus, zirkusähnl. Vorführungen mit Flöhen. Dabei handelt es sich nicht um Dressurleistungen, sondern um geschickte Ausnutzung verschiedener Verhaltensweisen der Flöhe, die (damit sie nicht wegspringen können) um die Hinterbrust mit einem hauchdünnen Silber- oder Golddraht „gefesselt" sind (Laufen ist möglich).

Floire et Blancheflor [frz. flwarebläʃ'flɔːr; altfrz. „Blume und Weißblume" (d. h. Rose und Lilie)], altfrz. Liebesroman, älteste erhaltene Fassung um 1160; schildert Trennung und Wiedervereinigung eines heidn. Königssohns und der Tochter einer christl. Sklavin.

Flomen [niederdt.] (Flom, Liesen, Schmer), das Bauchwandfett vom Schwein, aus dem Schmalz gewonnen wird.

Flop [engl. „das Hinplumpsen"], 1. salopp

132

für Mißerfolg; Niete; 2. Kurzbez. für ↑Fosbury-Flop.

Floppy disk [engl.] (Diskette), kleiner Datenspeicher; eine in einer Schutzhülle (20 × 20 cm) untergebrachte, beidseitig mit einer magnetisierbaren Beschichtung versehene flexible Magnetplatte von rd. 20 cm Durchmesser; Speicherkapazität bis zu 1 Megabyte.

Flor [niederl.], 1. feines, zartes Gewebe, meist Seide; 2. schwarzes Band (**Trauerflor**) am Ärmel oder Rockaufschlag; 3. aufrechtstehende Faserenden bei Samt oder Plüsch; geschorene Seite bei Teppichen.

Flora [zu lat. flos „Blume"], röm., urspr. altital. Göttin der Blüte und des Frühlings.

Flora, Paul, * Glurns (Südtirol) 29. Juni 1922, östr. Graphiker und Karikaturist. - Von der Linienstruktur bestimmter Zeichenstil; schuf u. a. „Floras Fauna" (1953), „Trauerflora" (1958), „Die verwurzelten Tiroler und ihre bösen Feinde" (1970), „Penthouse" (1977), „Die Raben von San Marco" (1985). Auch Karikaturen zur Tagespolitik (v. a. in „Die Zeit").

Flora [nach dem Namen der röm. Göttin], die systemat. erfaßte Pflanzenwelt eines bestimmten Gebietes.

◆ Bakterienwelt eines Körperorgans (z. B. Darmflora).

Floréal (Floreal) [frz. „Blütenmonat"], 8. Monat des Kalenders der Frz. Revolution (20. bzw. 21. April bis 19. bzw. 20. Mai).

Floreat! [lat.], möge er (sie, es) blühen, gedeihen! mögen seine (ihre) Unternehmungen gedeihen!

Floren (mittellat. Florenus, italien. Fiorino d'oro, Abk. Fl., älteste Bez. des florentin. Goldguldens, später auch anderer goldener und silberner Sorten des Guldens.

Florencia [span. flo'rensja], Hauptstadt des kolumbian. Verwaltungsgebietes Caquetá, am Fuß der Ostkordillere, 77 600 E.

Florenreich [lat./dt.], in der Geobotanik Bez. für die höchste Einheit einer räuml. Gliederung der Pflanzendecke der Erde auf der Grundlage botan.-systemat. Einheiten (u. a. Fam.). Diese werden zu Gruppen etwa gleicher geograph. Verbreitung zusammengefaßt. Das sich aus der ungleichen Verteilung der verschiedenen Florenelemente ergebende mosaikartige Bild der Vegetation der Erde ist die Folge verschiedener geolog.-tekton. Veränderungen und unterschiedl. Klimabedingungen in den einzelnen Erdräumen. Im allg. unterscheidet man ↑holarktisches Florenreich, ↑paläotropisches Florenreich, ↑neotropisches Florenreich, ↑australisches Florenreich, ↑kapländisches Florenreich und das antarktische, die Antarktis und die S-Spitze Amerikas umfassende **antarktische Florenreich.** Auf dem antarkt. Kontinent kommen außer drei Blütenpflanzenarten nur ↑Lagerpflanzen vor.

Florentiner, (Florentiner Hut) Damenstrohhut mit breiter, schwingender Krempe.

◆ Feingebäck mit Mandeln, Zitronat, Ingwer; auf der Rückseite überzogen mit Kuvertüre.

Florenz (italien. Firenze), Hauptstadt der mittelitalien. Region Toskana, am Arno, 49 m ü. d. M., 435 700 E. Kath. Erzbischofssitz; Univ. (gegr. 1321), militärgeograph. Inst.; Kunst- und Musikakad., Inst. für Etrusk. Studien, Dt. Kunsthistor. Inst., bed. Museen (u. a. archäolog. Museum, Nationalmuseum Bargello, Uffizien, Galleria dell'Accademia, Palazzo Pitti); Nationalbibliothek, Biblioteca Medicea Laurenziana; Sternwarte. - Bed. traditionelles Kunsthandwerk und graph. Gewerbe; Fremdenverkehr; Handel; Mode-, Pelz-, Antiquitäten- und Buchmessen.

Geschichte: Seit prähistor. Zeit besiedelt; röm. Neugründung (**Florentia**) etwa 2. Jh. v. Chr. Im 4. Jh. Bischofssitz; Sitz eines langobard. Hzgt., einer otton. Gft., im 11. Jh. der Markgrafen von Tuszien. Städt. Autonomie schon um 1100, im 13./14. Jh. trotz innerer Wirren Entwicklung zur führenden Macht in M-Italien (bed. Tuchind., Handel, Geldverkehr). Neben dem Kampf zw. Guelfen und Ghibellinen (F. wurde führende guelf. Macht) standen die sozialen Auseinandersetzungen zw. Adel, „popolo grasso" (städt.-zünftige Oberschicht) und „popolo minuto" (niedere Zünfte) sowie Kämpfe gg. auswärtige Feinde. 1282 ging die Reg.gewalt auf die oberen Zünfte („arti maggiori") über (Einsetzung der Zunftvorsteher als Signoria). Eine Erhebung des niederen Volkes (Aufstand der „Ciompi" [Wollkämmer]) führte nur kurzfristig (1378-82) einen demokrat. Umschwung der Verfassung herbei. 1434 kamen anstelle der Albizzi an die Macht. Unter Lorenzo (I) il Magnifico (⌂ 1469-92), dem F. seine Glanzzeit verdankt, wurde F. fakt. eine Monarchie. Nach zweimaliger Vertreibung der Medici (1494-1512, 1527-30) wurden sie 1531 erbl. Herzöge von F., 1569 Großherzöge von Toskana. Nach ihrem Aussterben (1737) fiel F. mit der Toskana bis 1859 - mit Ausnahme der Napoleon. Zeit (1801 Hauptstadt des Kgr. Etrurien, 1808-14 frz.) - an das Haus Österreich, dann an das neue Kgr. Italien (1865-71 dessen Hauptstadt).

Bauten: Wahrzeichen ist der Dom Santa Maria del Fiore (1296-1436) mit Kampanile (1334 ff.); über dem Oktogon des Doms Kuppel von Brunelleschi (1421 ff.), Fassade 1875-87, Baptisterium (11.-13. Jh.) mit bed. Bronzetüren, insbes. Osttür (Tür des Paradieses oder Goldenes Tor von Ghiberti, 1425-52). Zweites Zentrum ist die Piazza della Signoria mit dem Palazzo Vecchio (1298 ff.) und der Loggia dei Lanzi (1376-81), anschließend Platz der Uffizien. Zahlr. bed. Kirchen, fast alle, abgesehen von San Miniato al Monte (1018-63), teilweise oder ganz von der Frührenaissance geprägt, u. a. Santa Maria Novella (13.-15. Jh.), Santa Croce (14. Jh.; Fassade

Florenz

von 1875) mit dem Verkündigungstabernakel von Donatello (um 1435) sowie Fresken des Giotto (um 1317), Pazzikapelle von Brunelleschi (1430–46), Or San Michele (1327–1404), San Lorenzo (seit 1420/21 erbaut; Neue Sakristei Michelangelos, 1520–33, mit den Skulpturen „Tag" und „Nacht", „Morgenröte" und „Abenddämmerung"), Santo Spirito (1436 ff.), Santa Maria del Carmine mit Fresken Massaccios (1427/28) in der Brancaccikapelle. Renaissancepaläste mit typ. Fassaden aus Rustikaquadern: Palazzo Strozzi, Palazzo Pitti, Palazzo Medici Riccardi, Palazzo Rucellai (alle v. a. 15. Jh.). Älteste Brücke ist der Ponte Vecchio (erstmals 1080 in Stein), beiderseits flankiert von Goldschmiedeläden.
📖 Grote, A.: F. Gesch. eines Gemeinwesens. Mchn. ⁵1980. - Heilmann, M.: F. u. die Medici. Köln ⁵1979. - F. u. die große Zeit der Renaissance. Würzburg 1978.

Florenz, Konzil von (Konzil Basel-Ferrara-Florenz) ↑ Basler Konzil.

Flores, Juan José, * Puerto Cabello 19. Juli 1800, † auf See bei Santa Rosa 1. Okt. 1864, ecuadorian. Politiker. - Waffengefährte von S. Bolívar; erklärte 1830 die Unabhängigkeit Ecuadors; 1831–35 erster Präs. der neuen Republik. 1839–45 erneut Präsident.

Flores, Hauptstadt des Dep. Petén, Guatemala, auf einer Insel im Lago Petén Itzá, 10 000 E. Handelsplatz; ✈ im Bau.

F., westlichste Insel der Azoren, 18 km lang, bis 14 km breit; im Morro Grande 942 m hoch; Hauptort Santa Cruz das Flores.

F., zweitgrößte der Kleinen Sundainseln, Indonesien, zw. Sumbawa und Sumba im W und den Solorinseln im O, etwa 360 km lang (W–O), bis 60 km breit, bis 2 382 m hoch;

im S aktive Vulkane. Hauptort ist Endeh (Hafen an der S-Küste). - Gehörte im 13. Jh. zum Reich von Madjapahit, seit dem 14. Jh. zum Ft. Makassar; um 1570 ließen sich die Portugiesen nieder; seit 1667 unter niederländ. Oberhoheit; 1942–45 von jap. Truppen besetzt.

Floressee, Teil des Australasiat. Mittelmeeres, im S des Malaiischen Archipels.

Florettfechten [lat.-frz./dt.] ↑ Fechten.

Florey, Sir (seit 1965) Howard Walter [engl. 'flɔːrɪ], * Adelaide 24. Sept. 1898, † Oxford 21. Febr. 1968, austral. Pathologe. - Prof. in Sheffield und Oxford; entwickelte zus. mit A. Fleming und E. B. Chain das Penicillin zur Therapiereife und wandte es erstmals erfolgreich gegen verschiedene Infektionskrankheiten beim Menschen an; erhielt dafür 1945 zus. mit A. Fleming und E. B. Chain den Nobelpreis für Physiologie oder Medizin.

Florfliegen (Goldaugen, Perlaugen, Chrysopidae), mit 800 Arten weltweit verbreitete Fam. 1–2 cm langer Netzflügler, davon 22 Arten in Deutschland; sehr zarte, meist grüne oder gelbe Insekten mit großen, durchsichtigen, dachförmig über dem Körper zusammengelegten Flügeln (Spannweite 0,8–7 cm), goldgrünen Augen und langen, dünnen Fühlern (**Blattlauslöwen**) und Imagines sehr nützlich, da sie sich vorwiegend von Blattläusen ernähren. In M-Europa ist am häufigsten das **Goldauge** (Gemeines Goldauge, Gemeine F., Chrysopa carnea), etwa 1,5 cm lang, durch weißlichgrüne Flügeladern gekennzeichnet.

Florian (Florianus), männl. Vorname lat. Ursprungs, eigtl. „der Blühende, Prächtige".

Florian (Florianus), hl., röm. Offizier und Staatsbeamter in Noricum, Märtyrer. - Soll unter Diokletian (um 304) in Lorch bei Enns (Oberösterreich) das Martyrium erlitten haben. Patron gegen Feuersbrunst. - Fest: 4. Mai.

Florenz. Im Hintergrund rechts der Dom Santa Maria del Fiore und links der Palazzo Vecchio

Florianópolis, Hauptstadt des brasilian. Bundesstaates Santa Catarina, auf einer Nehrung am Atlantik, 205 000 E. Kath. Erzbischofssitz; 2 Univ. (gegr. 1960 bzw. 1966); Akad. der Geisteswissenschaften; Bibliothek; Markt für Agrarprodukte; Straßenbrücke zum Festland, ✈. - Erste europ. Siedlung 1542 gegründet.

Floribunda-Rosen [lat.] ↑ Rose.

Florida, Bundesstaat im SO der USA, 151 670 km², 10,93 Mill. E (1984), Hauptstadt Tallahassee; 67 Counties.

Landesnatur: F. umfaßt die gleichnamige, flache Halbinsel zw. Atlantik und Golf von Mexiko und einen Teil des im NW anschließenden Küstentieflands. Im N erreicht ein seenreiches, verkarstetes Hügelland 100 m ü. d. M. Die Golfküste ist reich an Buchten und Haffs; an die Sandstrände und Nehrungen der Atlantikküste schließt sich nach S das Sumpfgebiet der Everglades an.

Klima: Subtrop.; die Randlage zu den Tropen bedingt die Gefahr von Hurrikans.

Vegetation: Im nördl. und zentralen Teil herrschen weite, lichte Kiefernwälder vor, im S Sumpfgebiete und Savannen. An den Küsten finden sich Mangroven.

Bevölkerung: 82% der Bev. leben in Städten. Mit 13,8% liegt der Anteil der Schwarzen unter dem Prozentsatz in anderen Südstaaten der USA. Neben indian. und asiat. Minderheiten leben zahlr. kuban. Emigranten in F. Der Staat verfügt neben zahlr. Colleges über neun Univ., deren älteste 1853 in Gainesville und 1857 in Tallahassee gegr. wurden.

Wirtschaft: Wichtigste Anbauprodukte sind Zitrusfrüchte, Gemüse, Tabak, Zuckerrohr, Erdnüsse u. a. In Zentral-F. hat sich eine intensive Viehzucht entwickelt. Das geschlagene Holz wird für die Papierherstellung, der lebende Wald zur Terpentingewinnung genutzt. Die Fischerei ist bed., für Schwämme ist F. Hauptlieferant in den USA. An Bodenschätzen finden sich Phosphate, Erdöl und Erdgas. Neben Metall- und Nahrungsmittelind. sind die Tabakverarbeitung und die Raumfahrtindustrie (Raketenstartplatz Kap Canaveral) von Bed. Wichtigster Wirtschaftszweig ist jedoch der Fremdenverkehr.

Verkehr: F. verfügt über ein Eisenbahnnetz von rund 5 500 km Länge; gut ausgebautes Straßennetz. Jacksonville ist der wichtigste Hafen. Neben 30 staatl. ✈, 12 Wasserflugzeughäfen sowie zahlr. privaten ✈ besitzt F. internat. ✈ u. a. in Miami und Tampa.

Geschichte: 1513 entdeckt (O-Küste); im 16. Jh. span. Konquistadorenzüge von der W-Küste aus; im 17. und 18. Jh. zw. Spaniern, Briten und Franzosen umstritten; im Frieden von Paris 1763 an Großbrit. abgetreten; kam aber schon 1783 infolge des amerikan. Unabhängigkeitskrieges wieder in span. Besitz; 1810 bzw. 1813 annektierten die USA W-Florida (heute zu den Staaten Louisiana und Alabama); 1819 trat Spanien das gesamte F. an die USA ab, die es 1822 als Territorium einrichteten; 1845 als F. Staat in die Union aufgenommen; 1861 einer der ersten Staaten, der sich von der Union trennte; gehörte zu den Gründungsstaaten der Konföderierten Staaten von Amerika; 1868 wieder in die Union aufgenommen.

📖 *Markus, R. B. A geography of F. Dubuque (Iowa) 1974.*

Florida Keys [engl. 'flɔrɪdə 'kiːz], Inselkette vor der S-Küste Floridas, USA, erstreckt sich etwa 240 km in sw. Richtung.

Floridastraße, Meeresstraße zw. Florida im N, Kuba im S und den Bahamainseln im SO; verbindet den Golf von Mexiko mit dem Atlantik, vom **Floridastrom** durchflossen.

florieren [lat.], blühen, vorwärtskommen, gedeihen.

Florigen [lat./griech.] (Blühhormon), physiolog. nachgewiesener, chem. jedoch noch unbekannter Wirkstoff (oder Stoffgruppe), der in den Laubblättern gebildet und in die Sproßknospe transportiert wird, und der diese dann zur Blütenbildung anregt. F. ist nicht artspezifisch, es kann durch Pfropfung auf andere Pflanzen übertragen werden.

Florin [flo'riːn, frz. flo'rɛ̃; engl. 'flɔrɪn; mittelat.] (Florin d'or), 1. frz. Name des Florens und später des Guldens; 2. Name der nur 1343 geprägten, ältesten engl. Goldmünze; 3. 1848–1936 offizielle Bez. der brit. Silbermünze zu 2 Schilling.

Florina, griech. Stadt 130 km westl. von Saloniki, 12 600 E. Hauptort des Verw.-Geb. F.; orth. Bischofssitz. - Die Anfänge von F. (im MA **Chloros**) liegen in vorchristl. Zeit. - Fundamente eines Häuserviertels aus dem 3. Jh. v. Chr.; Reste byzantin. Befestigungsanlagen.

Floris, seit Ende des 15. Jh. nachweisbare fläm. Familie bildender Künstler:

F., Cornelis, * Antwerpen 1514, † ebd. 20. Okt. 1575, Baumeister, Bildhauer, Ornamentstecher. - Bruder von Frans F. Ausbildung in Italien 1540–44; verschmolz italien. und nord. Elemente zum fläm. Renaissancestil, u. a. im Rathaus von Antwerpen, seinem architekton. Hauptwerk (1561–65). Schulebildender Dekorationsstil (↑ Florisstil). Schuf bed. Grabmäler (u. a. in Schleswig, Köln und Roskilde) und den Lettner der Kathedrale von Tournai (1570–73).

F., Frans, * Antwerpen zw. 1516 und 1520, † ebd. 1. Okt. 1570, Maler. - 1542–47 in Rom, danach in Antwerpen Leiter einer großen Werkstatt. Vertreter des Romanismus mit großen manierist. Kompositionen, u. a. „Engelsturz" (1554; Antwerpen, Königl. Museum), auch Porträts („Der Falkenjäger", 1558; Braunschweig, Herzog-Anton-Ulrich-Museum).

Floris, Joachim von ↑ Joachim von Fiore.

Florisstil, von C. Floris geschaffener Ornamentstil: Grotesken sind mit Knorpel- und Rollwerk u. a. in phantast. Verschlingungen verbunden.

Florpostpapier, dünnes, durchscheinendes, dabei festes und glattes [Luftpost]-briefpapier.

Flörsheim am Main, Stadt in Hessen, 20 km sw. von Frankfurt am Main, 94 m ü. d. M., 16 300 E. Keram. Ind., Zementwerk, Tanklager; Mainhafen. - Seit dem 5. Jh. n. Chr. belegt; 1270 vom Mainzer Domkapitel gekauft und befestigt; 1803 fiel F. an Nassau und ist seit 1953 Stadt. - Kath. Pfarrkirche (17./18. Jh.) mit Barockorgel.

Flory, Paul John [engl. ˈfloːrɪ], * Sterling (Ill.) 19. Juni 1910, † Big Sur (Calif.) 9. Sept. 1985, amerikan. Chemiker. - Prof. an der Cornell University in New York, danach an der Stanford University in Kalifornien. Grundlegende Arbeiten auf dem Gebiet der Polymerchemie und der physikal. Chemie der Makromoleküle. Hierfür erhielt er 1974 den Nobelpreis für Chemie.

Flos (Mrz.: Flores) [lat.], Blüte, Blume.

Floskel [zu lat. flosculus, eigtl. „Blümchen"], höfl., aber nichtssagende formelhafte Redewendung.

Floß, flaches Wasserfahrzeug aus zusammengebundenen Schwimmkörpern (z. B. Baumstämmen, Binsen, Papyrus, Bambus oder Schilf; wird noch bei Naturvölkern zur Beförderung von Personen und Waren benutzt. - ↑auch Flößerei.

Flosse, feststehender Teil des Leitwerks an Flugzeugen, Luftschiffen und [Unter]wasserfahrzeugen.

◆ im *Tauchsport* ↑Schwimmflosse.

◆ ↑Flossen.

Flössel, Bez. für hintereinandergereihte kleine Rückenflossen bei Fischen.

Flößerei auf der Kama (Sowjetunion)

Flösselaale (Calamoichthys), Gatt. der Flösselhechte mit der einzigen, bis etwa 90 cm langen Art **Calamoichthys calabaricus** in schlammigen Süß- und Brackgewässern W-Afrikas; aalförmiger Raubfisch mit einer aus 7–13 Flösseln bestehenden Rückenflosse, Bauchflossen fehlen; Färbung oberseits graugrün bis gelblichbraun, unterseits gelblich.

Flösselhechte (Polypteriformes), primitive, seit der Kreidezeit bekannte Ordnung bis 1,2 m langer, hecht- bis aalförmiger Knochenfische mit 10 Arten in Süß- und Brackgewässern des westl. und mittleren Afrikas; Körper von harten, rhomb. Ganoidschuppen bedeckt, Rückenflosse in 5–18 Flössel aufgelöst, Skelett teils knorpelig, teils verknöchert. Raubfische, die zusätzl. atmosphär. Luft aufnehmen (ihre Schwimmblase fungiert als Lunge), auch können sie kurze Trockenperioden im Schlamm überdauern und kurze Strecken über Land kriechen; z. T. Warmwasseraquarienfische.

Flossen (Pinnae), der Fortbewegung dienende Organe oder Hautsäume im Wasser lebender Chordatiere und mancher Weichtiere. Als F. i. e. S. bezeichnet man die fast stets durch Flossenstrahlen gestützten Fortbewegungsorgane der Fische, bei denen paarige F. (Brust- und Bauch-F.), die Extremitäten darstellen, und unpaare F. (Rücken-, Fett-, Schwanz- und After-F.), die keine Extremitätennatur haben, unterschieden werden.

Flossenfäule, bakterielle Fischkrankheit (v. a. bei Aquarienfischen) mit Hautentzündungen, bes. im Bereich der Flossen. Im weiteren Verlauf lösen sich die Flossen allmähl. auf, und die Fische verenden; Bekämpfung mit Antibiotika.

Flossenfüßer, svw. ↑Robben.

Flossenstrahlen (Radien), Stützelemente der Flossen der Fische, die von knorpeligen oder knöchernen Muskeln bewegl. Skelettstücken (**Flossenträger**) abgehen. Bei den Knorpelfischen treten **Hornstrahlen** auf, bei den Knochenfischen **knöcherne Strahlen.** Die F. der Knochenfische können als **Weichstrahlen** (Gliederstrahlen) ausgebildet sein, die aus einzelnen Knorpel- oder Knochengliedern zusammengesetzt sind und verzweigt sein können, oder als **Hartstrahlen** (Stachelstrahlen), die ungegliedert und unverzweigt sind.

Flößerei (Holzflößerei, Flöße), Transport von zusammengebundenen Baumstämmen auf Wasserläufen. - Als **Trift** (Wildflöße, Schwemme) werden zunächst einzelne lose Hölzer - meist auf [Wild]bächen, seltener auf künstl. Triftstraßen - abgeschwemmt, an Dämmen oder Wehren gesammelt und zu **Gestören** (**Flügeln** oder **Tafeln**) verbunden, von der Strömung fortbewegt oder mit Hilfe von **Flößerstangen** (**Staken**) abgestoßen und gelenkt oder von Schleppschiffen gezogen. - Die F. wird heute noch in Skandinavien, der UdSSR und Kanada betrieben; in M-Europa, wo sie früher große Bedeutung hatte, ging sie stark zurück.

Flotation [engl.] ↑ Aufbereitung.

Flöte [altprovenzal.] (italien. flauto), wahrscheinl. eines der ältesten Blasinstrumente, das bereits mit Knochenfunden im Jungpaläolithikum bezeugt und in allen Kulturkreisen vertreten ist. Der Ton wird durch Anregung von Eigenschwingungen einer in einem zylindr. oder kon. Rohr schwingenden Luftsäule beim Anblasen erzeugt. Man unterscheidet nach Anblaseart und Bauart Längs- (↑ Panflöte), Quer-, Block- oder Schnabel-, Kerb- und Gefäß-F. (↑ Okarina). Bis zur Mitte des 18. Jh. verstand man unter F. (ohne Zusatz) die Blockflöte, seither allg. die Querflöte. - Bei der *Orgel* ist F. der gemeinsame Name für alle Labialpfeifen (z. B. Quer-F., Doppelflöte).

Flötenwerk, kleine Orgel, die im Gegensatz zum ↑ Regal ausschließl. Flötenstimmen hat; auch Bez. für die Gesamtheit der Flötenstimmen einer großen Orgel.

Flötner, Peter, * im Thurgau zw. 1486/95, † Nürnberg 23. Okt. 1546, dt. Bildschnitzer, Holzschneider und Zeichner schweizer. Herkunft. - 1523 Bürger in Nürnberg. Mit seinen Entwürfen für Möbel mit reicher Ornamentik, für Goldschmiedearbeiten, Brunnen, Bauornamentik verhalf er der Renaissance in Deutschland endgültig zum Durchbruch. Führend auch als Medailleur (Plakettenfolgen). Erhalten u. a. einige Holzbildwerke und Modelle sowie Handzeichnungen und Holzschnitte (Musterbuch, hg. 1549).

Flotow, Friedrich von [...to], * Gut Teutendorf (Mecklenburg) 27. April 1812, † Darmstadt 24. Jan. 1883, dt. Komponist. - Komponierte zahlr. Opern, die der Tradition der frz. Opéra comique nahestehen, u. a. „Alessandro Stradella" (1844), „Martha" (1847).

Flotte, *Handelsmarine:* Gesamtheit der Handelsschiffe einschließl. der Fischereifahrzeuge eines Staates. *Kriegsmarine:* 1. Gesamtheit der Kriegsschiffe eines Staates; 2. Hauptteil der aktiven Kampfverbände; 3. Seestreitkräfte (Großverband aus unterschiedl. Verbänden) in einem bestimmten Gebiet (USA: Atlantik-F., Pazifik-F.; UdSSR: Balt. F., Arktis-, Fernost- und Schwarzmeerflotte).

Flotte [niederdt.], Flüssigkeit, in der Textilien gewaschen, gebleicht, gefärbt oder imprägniert werden.

Flottenabkommen ↑ Deutsch-Britisches Flottenabkommen 1935, ↑ Washingtoner Flottenabkommen.

Flottenadmiral (engl. Admiral of the Fleet), höchster, selten verliehener Dienstgrad in der brit. Marine, entsprach dem dt. Großadmiral.

Flottendemonstration, im Völkerrecht demonstrative Zusammenziehung von Kriegsschiffen vor der Küste eines Staates, ohne daß zw. diesem und dem demonstrierenden Staat Kriegszustand besteht oder eine Blockade durchgeführt wird; eine bes. Form des diplomat. Protestes.

Flottenrivalität, Bez. für maritimes Wettrüsten, bes. Großbrit. und des Dt. Reiches 1898–1912; Bestandteil und Ergebnis des imperialist. Wettlaufs der europ. Großmächte; außerdem auf beiden Seiten ursächl. verbunden dem Interesse von Schiffbau-, Stahl- und Elektroind., durch Staatsaufträge großen Stils die Ertrags- und Beschäftigungslage zu sichern; hat unter den zum 1. Weltkrieg führenden Faktoren hohen Rang, da sie die Isolierung des Reiches (sog. „Einkreisung") endgültig machte und die Entente cordiale stabilisierte.

Flottenverein ↑ Deutscher Flottenverein.

Flottille [flɔ'tɪljə; span.], früher Bez. für einen Verband gleichartiger Überwasserkriegsschiffe (vom Zerstörer abwärts) oder von Unterseebooten; in der Bundeswehr der alle gleichartigen Kriegsschiffe der Einsatzverbände zusammenfassende Verband.

Flottillenadmiral [flɔ'tɪl(j)ən] ↑ Dienstgradbezeichnungen (Übersicht).

flottmachen, ein auf Grund gelaufenes Schiff durch Leichtern (Entladen) und/oder mit Hilfe von Schleppern wieder zum freien Schwimmen bringen.

Flotzmaul, die durch Drüsenabsonderungen stets schleimig feuchte Hautpartie zw. den Nasenlöchern und der Oberlippe des Rindes.

Flower-power [engl. 'flauəpauə „Blumengewalt"], Schlagwort der Hippies, die in der Konfrontation mit der bürgerl. Gesellschaft Blumen als Symbol für ihr Ideal einer humanisierten Gesellschaft verwenden.

Flowery Orange Pekoe [engl. 'flauəri 'ɔrɪndʒ 'pi:kou] ↑ Tee.

Flöz [urspr. „geebneter Boden" (zu althochdt. flaz „flach, breit")], bergmänn. Bez. für eine Schicht nutzbarer Gesteine (z. B. Kohle, Kupferschiefer).

Fluate [Kw.] (Fluorosilicate), Salze der Fluorokieselsäure $H_2[SiF_6]$; dienen u. a. zum Wasserdichtmachen (**fluatieren**) von Zement, wobei unlösl. Calciumfluorid (CaF_2) und Siliciumdioxid (SiO_2) entsteht.

Fluch [Grundbed. „das (mit der Hand auf die Brust) Schlagen" (zur Bez. der Geste, die die Verwünschung begleitet)], in der Religionsgeschichte gegen Menschen, auch gegen Tiere oder Sachen gerichteter Unheilswunsch, Gegenteil des Segens. Der Verfluchende vertraut dabei auf die Macht seines Wortes, oder er unterstützt sie durch symbol. Gesten. Häufig wird auch die Erfüllung des Unheilswunsches von einer nichtmenschl. Gottheit erfleht.

Flucht, das Ausweichen vor einer drohenden Gefahr durch schnellen Ortswechsel. - Zum *Recht* ↑ Haftbefehl.

Flucht

Flucht [niederdt.], vertikale Ebene, entlang der Gebäude (↑Baulinie) oder Innenräume oder Bauteile aneinandergereiht werden.

◆ (Zimmerflucht) in einer Reihe liegende Zimmer, die durch Türen miteinander verbunden sind.

Fluchtbewegung, im Selbsterhaltungstrieb verankerte Reaktion eines Lebewesens zum Verlassen des Bereichs unangenehmer Reize.

Fluchtburgen ↑Fliehburgen.

Fluchtdistanz, der Abstand, von dem ab ein Tier keine weitere Annäherung eines mögl. Feindes mehr duldet, sondern die Flucht ergreift.

Fluchtgeschwindigkeit, svw. ↑Entweichgeschwindigkeit.

Fluchthilfe, Unterstützung von Bürgern der DDR beim illegalen Verlassen des Staatsgebietes der DDR. Die in der DDR als „staatsfeindl. Menschenhandel" bzw. als „Beihilfe zu ungesetzl. Grenzübertritt" strafbare F. ist auch in der BR Deutschland rechtl. und polit. umstritten und v. a. durch kommerzielle F.unternehmen ins Zwielicht geraten.

Flüchtigkeit, allg. die Eigenschaft flüssiger und fester Stoffe, mehr oder weniger stark durch Verdunstung in den Dampfzustand überzugehen.

Fluchtkapital ↑Kapitalflucht.

Flüchtlinge, im Völkerrecht Personen, die v. a. aus polit., religiösen oder rass. Gründen ihren Heimatstaat verlassen haben und deshalb keinen diplomat. Schutz mehr im Ausland genießen. Die Staatenpraxis wurde mit dem Problem der F. erstmals nach dem 1. Weltkrieg befaßt. Nach dem 2. Weltkrieg wurde innerhalb der UN die Internat. Flüchtlingsorganisation gegr. Seit 1951 erfolgt eine Betreuung der F. durch den Flüchtlingskommissar der UN. Das Genfer Abkommen über die Rechtsstellung der F. vom 28. 7. 1951 enthält u. a. eine Definition des Begriffs F. (Art. 1) und regelt deren Status. Danach richtet sich der Personalstatus eines F. in erster Linie nach dem Recht des Landes seines Wohnsitzes (Art. 12). Bezügl. des Erwerbs von bewegl. und unbewegl. Vermögen und der Ausübung einer nichtselbständigen Erwerbstätigkeit sind die F. den am günstigsten behandelten Ausländern gleichgestellt (Art. 13, 17). Der Zugang zu den Gerichten des Aufenthaltsstaates ist gewährleistet (Art. 16). F. haben Anspruch auf Ausstellung eines Reise- bzw. Personalausweises durch den Aufenthaltsstaat. Eine Ausweisung oder Zurückweisung über die Grenzen eines Staates, in dem ihr Leben oder ihre Freiheit wegen Rasse, Religion, Staatsangehörigkeit, Zugehörigkeit zu einer bestimmten sozialen Gruppe oder polit. Überzeugung gefährdet wäre, ist untersagt. - Im *innerdt. Recht* werden als F. die **Sowjetzonenflüchtlinge** verstanden, Personen, die die SBZ bzw. DDR unter Verstoß gegen die dortigen Vorschriften über Republikflucht verlassen haben. Da sie die dt. Staatsangehörigkeit besitzen, sind sie keine F. im Sinne internat. Konventionen.

Flüchtlingshilfegesetz ↑Sowjetzonenflüchtlinge.

Fluchtpunkt ↑Perspektive.

Fluchtsteuer ↑Kapitalflucht.

Fludd (Flud), Robert [engl. flʌd], latinisiert Robertus de Fluctibus, * Milgate Park (= Bearsted, Kent) 1574, † London 8. Sept. 1637, engl. Arzt. - Neben Paracelsus bekanntester Arzt und Okkultist, schrieb u. a. eine Kosmologie und eine Krankheitslehre; verteidigte die Rosenkreuzer.

Flüe, Nikolaus von ↑Nikolaus von Flüe.

Flüelapaß ↑Alpenpässe (Übersicht).

Flüelen, Gemeinde im schweizer. Kt. Uri, am S-Ende des Vierwaldstätter Sees, 1 700 E. Fremdenverkehr; Tellskapelle (1879) mit vier Fresken aus der Tellsage (1878–82).

Flüeli, Ortsteil von ↑Sachseln.

Flug, in der *Biologie* ↑Fortbewegung.

◆ in der *Physik* ↑fliegen.

Flugabwehr, Abk. Fla, Bestandteil der Luftverteidigung; Aufgabe der Flugabwehr-Raketenverbände der Luftwaffe und der Heeresflugabwehrtruppe.

Flugabwehr-Raketenverbände, Abk. FlaRak-Verbände, Teil der Luftverteidigungsverbände der Luftwaffe; in der Bundeswehr werden Nike-Hercules-Verbände (Einsatzreichweite bis zu 130 km und maximale Flughöhe von 40 km) und Hawk-Verbände (Einsatzreichweite bis zu 35 km bei niedriger Flughöhe) unterschieden.

Flugalarmdienst ↑Flugsicherung.

Flugangelei ↑Handfischerei.

Flugball, beim Tennis ein Ball, der vor der Bodenberührung zurückgeschlagen wird.

Flugbegleiter (Steward), meist von Frauen ausgeübter Beruf (Flugbegleiterin, Stewardeß) mit siebenwöchiger Grundausbildung (Betreuung der Fluggäste einschl. Erster Hilfe, Umgang mit Rettungs- und Sicherheitseinrichtungen an Bord). Vorausgesetzt werden i. d. R. ein mittlerer Bildungsabschluß sowie Fremdsprachenkenntnisse.

Flugbenzin ↑Flugkraftstoffe.

Flugbetankung, svw. ↑Luftbetankung.

Flugbeutler, zusammenfassende Bez. für Beuteltiere (Fam. Kletterbeutler), die durch eine zw. Vorder- und Hinterbeinen ausspannbare Flughaut zum Gleitflug befähigt sind; z. B. Gleithörnchenbeutler, Riesenflugbeutler.

Flugbild, charakterist. Erscheinungsbild eines fliegenden Vogels.

Flugblatt, ein- oder zweiseitig bedrucktes Blatt, das aus aktuellem Anlaß hergestellt und verbreitet wird. Inhalt: polit. Propaganda, kommerzielle Werbung, Ankündigungen, Aufrufe u. a. - ↑auch Einblattdrucke, ↑Flugschrift.

Flugboot, Wasserflugzeug, dessen Rumpf als Schwimmkörper ausgebildet ist, meist mit zusätzl. Stützschwimmern unter den Tragflächen; heute v. a. verwendet als U-Boot-Jäger und Seenotflugzeug.

Flugbrand (Staubbrand, Ustilago), durch verschiedene Brandpilzarten hervorgerufene Getreidekrankheiten; z. B. der *F. des Hafers*, bei dem der Keimling von Ustilago avenae befallen wird. Der Pilz wächst mit der Pflanze empor und entwickelt in den Blütenständen eine Fülle dunkelbrauner Sporen, die durch den Wind auf gesunde Blütenstände übertragen werden; Bekämpfung erfolgt durch Saatgutbeizung.

Flugdatenschreiber (Flugschreiber), automat. Registriergerät, mit dem fortlaufend Flugdaten (z. B. Fluglage, -höhe, -geschwindigkeit), Daten der Triebwerksanlage und verschiedener Bordsysteme eines Flugzeugs sowie der Sprechfunkverkehr auf Metallmagnetband festgehalten werden. F. werden v. a. von Verkehrsflugzeugen zur nachträgl. Kontrolle bzw. Auswertung mitgeführt; als sog. **Unfallschreiber** in einem bruch- und feuersicheren Gehäuse zur Rekonstruktion eines Unfallhergangs eingebaut.

Flugdrachen (Draco), Gatt. 20–27 cm langer Agamen mit etwa 15 Arten in den Regenwäldern SO-Asiens und des Malaiischen Archipels; an den Seiten des schlanken Rumpfs jederseits ein großer, flügelartiger Hautlappen, der mit Hilfe der stark verlängerten letzten 5–7 Rippen gespreizt werden kann, wodurch die F. zu (bis über 100 m weiten) Gleitflügen befähigt werden; F. sind Baumbewohner.

Flugdrachen ↑ Drachenfliegen.

Flugechsen, svw. ↑ Flugsaurier.

Flügel, (Alae) in der *Zoologie* Bez. für flächige Organe bei Tieren, durch die sie zum Flug befähigt werden oder Ausstülpungen der Körperoberfläche (z. B. bei den Insekten).
◆ (Alae) in der *Botanik* Bez. für die beiden kleineren seitl. Blütenblätter bei Schmetterlingsblütlern.
◆ die den aerodynamischen Auftrieb liefernden Tragflächen eines Flugzeugs; gehören zum sog. Tragwerk.

Flugbilder. 1 Weißer Storch, 2 Graugans, 3 Kornweihe, 4 Rauchschwalbe, 5 Stockente, 6 Roter Milan, 7 Wanderfalke, 8 Habicht, 9 Rabenkrähe, 10 Lachmöve, 11 Mäusebussard

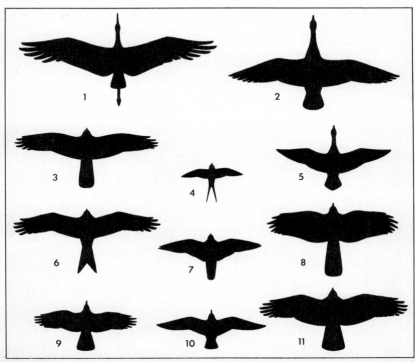

Flügeladern

◆ Baukörper, der [im Winkel] an den Hauptbau anschließt.

◆ bewegl. Teil bei Fenstern und Türen.

◆ *militär.:* der rechte oder linke Außenteil einer Truppe. - ↑ auch Flanke.

◆ Bez. für Klavierinstrumente (in der Form einem Vogelflügel ähnl.), bei denen die Saiten in Richtung der Tasten verlaufen (↑ Klavier).

Flügeladern, versteifte, röhrenförmige Längs- und Querfalten der Insektenflügel.

Flügeladjutant, urspr. der für die Befehlsübermittlung an die Flügel des Heeres verantwortl. Offizier; später Bez. für die Adjutanten eines regierenden Fürsten.

Flügelaltar (Flügelretabel), spätgot. Altarform der Länder nördl. der Alpen, mit feststehendem Mittelteil (gemalter Tafel oder geschnitztem Schrein) und zwei oder mehr bewegl. Flügeln (gemalt oder geschnitzt); wegen der bewegl. Flügel auch **Wandelaltar** genannt. Als Untersatz eine ↑ Predella (Staffel); als Aufbau oft ein ↑ Gesprenge. Blütezeit 15. und 16. Jh.

Flügeldecken, svw. ↑ Deckflügel.

Flügelfruchtgewächse (Dipterocarpaceae), Pflanzenfam. mit 22 Gatt. und rund 400 Arten in den Tropen Asiens und Afrikas; am bekanntesten ist die Gatt. ↑ Shorea.

Flügelginster ↑ Ginster.

Flügelhorn, das Sopraninstrument der Bügelhornfamilie, dem Kornett verwandt, meist in B-Stimmung.

Flügelkiemer (Pterobranchia), Klasse mariner, 0,2–15 mm langer Kragentiere mit etwa 20 festsitzenden, teils kolonienbildenden Arten. Jedes Tier sitzt in einer selbstabgeschiedenen Röhre, sein Körper ist in drei Abschnitte (Kopfschild, Kragen und Rumpf) gegliedert. Der Aufbau der Kolonien erfolgt ungeschlechtl. durch Knospung am Stiel.

Flügelmutter ↑ Mutter (Schraubenmutter).

Flügelnuß, Bez. für eine Nußfrucht mit einem oder mehreren flügelartigen Auswüchsen oder Anhängseln, z. B. die der Esche.

Flügelradzähler ↑ Durchflußmessung.

Flügelschnecken (Stromboidea), Überfam. meerbewohnender Vorderkiemer mit bis 30 cm langem Gehäuse, dessen Mündungsrand bei erwachsenen Tieren oft flügelartig verbreitet ist; Schale schwer, außen meist weißl., innen porzellanartig glänzend, oft rosa- bis orangefarben. Bekannteste Arten sind: **Pelikanfuß** (Aporrhais pespelecani), bis 5 cm lang, auf Schlamm- und Sandböden der europ. Küsten; Schale außen gelbl. bis braun, mit drei bis sechs fingerförmigen Fortsätzen am verbreiterten Mündungsrand; Fortbewegung schrittweise, indem er zuerst die Schale anhebt und nach vorn stemmt, um dann unter ihr den Fuß nach vorn zu heben. **Fechterschnecke** (Riesen-F., Strombus gigas), etwa 20–30 cm groß, in der Karib. See; Gehäuse dickwandig, bräunl. gemustert, an der Mündung stark flügelartig erweitert, innen rosafarben, porzellanartig glänzend; kann sprungartige Bewegungen ausführen.

Flügelung ↑ Laubblatt.

Flugenten, wm. Bez. für eben flügge gewordene Wildenten.

Flugfrösche, svw. ↑ Ruderfrösche.

Flugfuchs ↑ Flederhunde.

Flugfunkdienste ↑ bewegliche Funkdienste.

flügge [niederdt.], flugfähig (von jungen Vögeln gesagt).

Flughaare, Haarbildungen an Früchten oder Samen, die eine Verbreitung durch den Wind begünstigen, z. B. bei Löwenzahnarten.

Flughafen Frankfurt Rhein-Main, Terminal Mitte

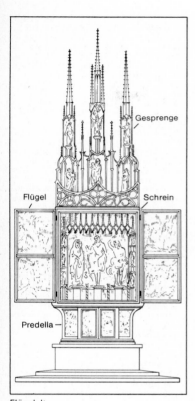

Flügelaltar

Flughafen (engl. Airport), größerer Flugplatz für den zivilen, insbes. für den Linien- und Charterflugverkehr (**Verkehrs-F.**). Der militär. Flugbetrieb wird auf den **Militär.-F.** (Luftbasis, engl. Airbase) abgewickelt. **Landeplätze** (ohne Einrichtungen zur Personen- oder Güterabfertigung) dienen Sport-, Segel- und häufig auch Geschäftsflugzeugen. Mit der fortschreitenden Entwicklung der Flugzeuge und der Zunahme des Verkehrsvolumens haben sich die zum Starten und Landen benutzten Anlagen vom Randbahnplatz (Grasfläche als Rollfeld mit um dieses herumführendem Rollweg) zu den heutigen betonierten oder asphaltierten **Pistensystemen** entwickelt; mit Rücksicht auf eine möglichst häufige Benutzbarkeit werden eine oder mehrere Hauptpisten (Start-Lande-Bahnen) in der im Jahresdurchschnitt vorherrschenden Windrichtung angelegt und gegebenenfalls durch zusätzl. [Querwind]pisten zu einem Parallel-, Triangular- oder Tangentialsystem ergänzt. Die im internat. Luftverkehr angeflogenen Flughäfen werden nach der Pistenlänge klassifiziert (z. B. Klasse A: über 2 250 m Länge, 60 m Breite; Klasse G: 1 080 m Länge, 45 m Breite). In der Verlängerung der Pisten sind Überrollflächen angelegt, um nach einem abgebrochenen Startvorgang das betroffene Flugzeug abbremsen zu können; Anflugbefeuerung sowie Landekurs- und Gleitwegsender erleichtern die Landung. Die Pisten sind durch betonierte **Rollwege** mit dem Vorfeld des F. verbunden, an dem das Abfertigungsgebäude liegt. Auf dem **Vorfeld** befinden sich die Abfertigungsposition und Abstellplätze für die Flugzeuge. Der Bodenverkehr auf dem Vorfeld (rollende oder durch Flugzeugschlepper bewegte Flugzeuge, Borddienstfahrzeuge, Tankwagen und Fluggastomnibusse) wird von der Verkehrsleitung des F. überwacht. Die Betankung der Flugzeuge wird entweder durch Tankfahrzeuge oder durch ein unterird. angelegtes Hydrantensystem (Unterflurbetankungssystem) vorgenommen. - Der Komplex des **Abfertigungsgebäudes** enthält neben den Räumen und Einrichtungen, die direkt der Abfertigung der Passagiere (Flugscheinkontrolle) und ihres Gepäcks dienen, noch Dienststellen des Zolls, der Grenzpolizei, der Gesundheitsbehörde, Geschäftsräume von Dienstleistungsbetrieben (Bank, Post, Mietwagen, Luftfrachtspeditionen, Restaurants, Verkaufsräume für zollfreie Waren), Flugleitungsbüros der Luftverkehrsgesellschaften, die Verkehrsleitung, die Flugwetterwarte und die F.verwaltung. Die Dienststellen der Flugsicherung sind in einem bes. Teil des Gebäudes, dem **Tower**, untergebracht, von dem aus sich das gesamte Vorfeld und die Pisten gut beobachten lassen. Die Abfertigungsgebäude sind als Zentralgebäude mit offenem Vorfeld bzw. als Zentralgebäude mit in den Vorfeldbereich hineinragenden „Fingern", Flugsteigköpfen oder Satellitengebäuden angelegt; die Verkehrsführung innerhalb der Gebäude erfolgt vorzugsweise in zwei Ebenen, zumindest aber getrennt für ankommenden und abfliegenden Verkehr, damit ein schneller, überschneidungsfreier Passagier-, Gepäck- und Frachtfluß von und zu den Flugzeugen gewährleistet werden kann. In der BR Deutschland dürfen nach dem LuftverkehrsG i. d. F. vom 4. 11. 1968 (mehrfach geändert) **Flugplätze** (Flughäfen, Landeplätze und Segelfluggelände) nur mit Genehmigung angelegt oder betrieben werden. Die Genehmigung wird von der Luftfahrtbehörde desjenigen Landes erteilt, in dem das Gelände liegt; insbes. ist zu prüfen, ob die geplante Maßnahme die Erfordernisse der Raumordnung, der Landesplanung und des Städtebaus sowie den Schutz vor Fluglärm angemessen berücksichtigt. F. brauchen wegen Art und Umfang des vorgesehenen Flugbetriebs eine Sicherung durch einen *Bauschutzbereich* (Bereich, in

Flughähne

dem bestimmte Baubeschränkungen, z. B. Beschränkung der Bauhöhen, gelten). Landeplätze brauchen diesen Schutzbereich nicht. Weitere Einzelheiten über die Errichtung von Flugplätzen regelt die Luftverkehrszulassungsordnung. In *Österreich* und in der *Schweiz* bestehen dem dt. Recht entsprechende Regelungen.

Für das *Völkerrecht* gilt, daß sich die Rechtsstellung der F. nach dem innerstaatl. Recht richtet. Das Abkommen über die internat. Zivilluftfahrt vom 7. 4. 1944 verpflichtet jedoch die Vertragsstaaten, auf ihrem Hoheitsgebiet F. zu errichten; ein F., der einem der Vertragsstaaten des Abkommens offensteht, muß unter gleichen Bedingungen auch allen anderen Vertragsstaaten offenstehen.

📖 *Greif, M.: The airport: from landing field to modern terminal. New York 1979. - Voight, R. L.: Airport guide. Eagan (Minn.) 1978. - Hurren, B.: Airports of the world. New York 1977. - Müller, K./Preis, T.: F. - Tor zur Welt. Donauwörth 1973.*

Flughähne (Dactylopteridae), artenarme Knochenfischfam. in trop. und subtrop. Meeren; in der Gestalt den Knurrhähnen ähnelnd, Körper längl. mit plumpem, gepanzertem Kopf; hinterer Abschnitt der Brustflossen extrem flügelartig vergrößert. F. können mit Hilfe der ausgebreiteten Brustflossen (nach schnellen Schlägen der Schwanzflosse) ohne weiteren Antrieb durch das Wasser gleiten. - Im Mittelmeer, trop. Atlantik und Roten Meer kommt der etwa 40–50 cm lange **Flughahn** (Dactylopterus volitans) mit hellbraunem Rücken mit dunkler Zeichnung, rötl. Seiten, rosenroter Unterseite und leuchtendblauen Tüpfeln am Rand der sehr großen Brustflossen vor.

Flughaut (Patagium), ausspannbare, durch das Extremitätenskelett oder bes. Skelettbildungen gestützte Hautfalte bei Wirbeltieren, die zum Gleitflug oder (bei den Flattertieren) zum aktiven Flug befähigt. Eine F. kann zw. einzelnen Fingern bzw. Zehen (z. B. bei den Flugfröschen), zw. Vorder- und Hinterextremitäten (bei den Flugbeutlern), zw. Hals, Extremitäten und Schwanz (bei Flughörnchen und Flattertieren), durch bes. Skelettelemente an den Rumpfseiten (z. B. beim Flugdrachen) oder bei Vögeln zw. Ober- und Unterarm und zw. Oberarm und Körper ausgespannt sein.

Flughörnchen (Gleithörnchen, Pteromyinae), Unterfam. 7–60 cm langer Hörnchen mit etwa 40 Arten in den Wäldern NO-Europas, Asiens und des Malaiischen Archipels, zwei Arten in N- und M-Amerika; Schwanz meist körperlang und buschig, dient als Steuerorgan; mit großer Flughaut (ermöglicht über 50 m weite Gleitflüge); Augen groß, vorstehend; Pflanzenfresser. - Bekannte Arten sind: **Ljutaga** (Eurasiat. F., Pteromys volans), etwa 15 cm (mit Schwanz bis 30 cm) lang,

oberseits silbrig graubraun, unterseits weiß; **Nordamerikan.** Flughörnchen (Glaucomys volans), etwa 13–15 cm (mit Schwanz bis 25 cm) lang, oberseits grau, unterseits weißl. bis cremefarben; **Taguan** (Riesen-F., Petaurista petaurista), etwa 60 cm lang, Schwanz ebenso lang, kastanienbraun mit grauschwarzem Rücken, Unterseite grau, Flughautunterseite gelb.

Flughühner (Pteroclidae), seit dem Oligozän bekannte Fam. amsel- bis krähengroßer Vögel mit 16 Arten, v. a. in den Steppen und wüstenartigen Trockenlandschaften der Alten Welt; meist sandfarben braune Bodenvögel mit kurzem Schnabel, kurzen Füßen, spitzen, langen Flügeln und spitzem Schwanz. In den Steppen zw. Kasp. Meer und Z-Asien kommt das vorwiegend sandfarbene, bis 40 cm lange **Steppenhuhn** (Syrrhaptes paradoxus) vor. Das über 30 cm lange, einem kleinen, hellen Rebhuhn ähnl. **Spießflughuhn** (Pterocles alchata) hat lange, nadelartig zugespitzte Mittelschwanzfedern, einen weißen Bauch und eine weiße Flügelbinde; verbreitet in S-Europa, Vorder- und M-Asien. Rd. 35 cm lang ist das v. a. in Steppen und wüstenartigen Landschaften S-Spaniens, N-Afrikas und SW-Asiens vorkommende **Sandflughuhn** (Pterocles orientalis); ♂ oberseits gelbl. und grau gesprenkelt, mit ockerfarbenen Armschwingen, Kehle schwärzl., mit schmaler, schwarzer Brustquerbinde und schwarzem Bauch; ♀ unscheinbarer gefärbt.

Flughunde ↑ Flederhunde.

Fluginformationsdienst ↑ Flugsicherung.

Fluginsekten (Pterygota), mit etwa 750 000 Arten weltweit verbreitete Unterklasse der Insekten; mit urspr. je 1 Flügelpaar am mittleren und hinteren Brustsegment, sekundär mitunter flügellos (bes. bei extrem parasit. lebenden Arten, wie Federlingen, Läusen, Flöhen); zwei Flügelpaare haben z. B. Libellen, Schmetterlinge, Hautflügler, Käfer; nur noch ein Flügelpaar haben v. a. die Zweiflügler.

Flugkörper (engl. missiles), Abk. FK, militär. Sammelbez. für unbemannte Geräte, die sich mit oder ohne Eigenantrieb auf einer Flugbahn bewegen (Rohrwaffengeschosse und frei fallende Bomben zählen nicht zu den F.); Einteilung nach Lenkbarkeit, Antrieb oder Verwendungszweck (Boden-Luft-, Luft-Luft-, Luft-Boden-F. usw.); können mit konventionellen oder nuklearen Gefechtsköpfen ausgerüstet sein bzw. als Aufklärungs- oder Ziel-F. Verwendung finden.

Flugkörpergeschwader, Geschwader der Luftwaffe, die mit dem Boden-Flugkörper-Waffensystem Pershing 1 A (maximal 740 km Reichweite) ausgerüstet sind, um Ziele in Ergänzung zu schweren Jagdbombern zu bekämpfen.

Flugkraftstoffe, Destillationsprodukte

des Erdöls, die sich zum Betrieb von Flugtriebwerken eignen; für Flugmotoren Benzine der Oktanzahl 100 bis 130 (**Flugbenzin**), für Turboluftstrahl- und Staustrahltriebwerke Kerosin oder ein Mischkraftstoff aus 65% Benzinanteilen und 35% Kerosin.

Flugleistungen, alle Eigenschaften eines Flugzeugs, z. B. Flug- und Steiggeschwindigkeit in Abhängigkeit von Flughöhe und Belastung, Gipfelhöhe, Reichweite, Startstrecke.

Fluglotse, allgemeinsprachl. für Flugleiter bzw. ↑Flugsicherungsbeamter.

Flugmanöver, jede beabsichtigte Beeinflussung von Flugbahn und/oder Fluglage eines Flugzeugs.

Flugmechanik, die Wiss. von den Bewegungen, Flugeigenschaften und -leistungen von Luftfahrzeugen bzw. Flugkörpern unter der Einwirkung von Luft-, Massen- und Triebwerkskräften.

Flugmotor, zum Antrieb eines Luftfahrzeugs verwendete Verbrennungskraftmaschine, die den bes. Erfordernissen des Flugbetriebs entspricht. Die Vortriebserzeugung erfolgt dabei durch eine vom F. direkt oder über ein Getriebe angetriebene Luftschraube (Propeller). In seinen Hauptkomponenten entspricht der F. dem Kolbenmotor eines Landfahrzeugs. F. sind meist ventilgesteuerte Reihen- oder Sternmotoren, die nach dem Viertakt-Otto-Verfahren arbeiten und luftgekühlt sind. Seit kurzem werden auch nach dem Prinzip des Wankel-Motors arbeitende Kreiskolben-F. kleiner Leistung als Antrieb für Motorsegler und Kleinflugzeuge verwendet.

Infolge der mit der Höhe abnehmenden Luftdichte erfolgt mit zunehmender Flughöhe eine Abnahme der Motorleistung. Daher werden alle großen F. mit einem **Lader** (meist Kreiselverdichter) ausgerüstet, in dem eine Vorverdichtung der angesaugten Luft durchgeführt wird, wodurch eine wesentl. Steigerung der Höhenleistung erreicht wird. Sie werden mechan. vom F. über ein Getriebe oder durch eine Abgasturbine angetrieben.

Flugnavigationsdienst   ↑Flugsicherung.

Flugplatz ↑Flughafen.

Flugregler (Autopilot), elektron. Hilfsgerät zur selbsttätigen Steuerung eines Luftfahrzeugs, wobei die eingestellten Kurs- und Flugdaten selbsttätig überwacht und die Stellmotoren der Ruder autom. nachgeregelt werden, wenn sich Steuerfehler ergeben; der F. kann im Notfall vom Piloten „übersteuert" werden.

Flugsand, vom Wind transportierter Sand, bei dessen Ablagerung eine Sortierung nach Korngrößen erfolgt.

Flugsaurier (Flugechsen, Pterosauria), ausgestorbene, vom Lias bis zur Oberen Kreide weltweit verbreitete Kriechtierordnung

(bis heute rd. 22 Gatt. bekannt); von etwa Sperlingsgröße bis 8 m Flügelspannweite, Körper entfernt fledermausähnl., mit sehr langem, dünnem oder stummelförmigem Schwanz, Rumpf dicht behaart; vierter Finger extrem verlängert, zw. diesem und den Hinterextremitäten je eine große, ausspannbare Flughaut, eine weitere schmalere zw. Schulter und Handwurzel; Skelettknochen lufthaltig, Schädel meist sehr stark schnabelartig verlängert.

Flugschein, Beförderungsdokument im Luftverkehr für einen Fluggast und sein Gepäck, das vom Luftfrachtführer auszustellen ist.

◆ (amtl.: Erlaubnis für Luftfahrer) vom LuftverkehrsG vorgeschriebenes Dokument zum Führen eines Luftfahrzeugs; Voraussetzungen: Mindestalter, Flugtauglichkeit, charakterl. Zuverlässigkeit, Bestehen einer Prüfung.

Flugschrauber ↑Hubschrauber.

Flugschreiber, svw. ↑Flugdatenschreiber.

Flugschriften, meist polit., auch konfessionellen u. a. Inhalts, umfassen etwa 3–40 Seiten meist kleineren Formats, sind ungebunden (geheftet), mit Ausnahme des Titelblattes ohne Illustrationen und werden wie ↑Flugblätter unter Umgehung von Verlag oder Buchhandlung (und Zensur) verbreitet. Luther, U. von Hutten, Eberlin von Günzburg, H. von Kettenbach u. a. schrieben im

Flugschrift über den Kriegszug Kaiser Karls V. nach Algier (1541)

Flugsicherung

prot., T. Müntzer u. a. im radikalen reformator. Lager, J. Cochläus, H. Emser, T. Murner auf kath. Seite F. Im Dreißigjährigen Krieg erreichte die Flugblatt- und F.produktion einen Höhepunkt, wobei eine fortschreitende Literarisierung (Lieder, Reimsatiren, emblemat. Aufmachung) beobachtet werden kann. Sie verbreiteten z. T. auch nur die neuesten Nachrichten, was später in Wochenschriften, dann Tageszeitungen erfolgte. F. und Flugblätter wurden erneut stark in der Frz. Revolution, in den Befreiungskriegen, der Revolution von 1848, den Studentenbewegungen der 1960er Jahre produziert.

Flugsicherung, Organisation *(F.dienst)* und Maßnahmen zur Gewährleistung der Sicherheit im Luftverkehr, im Rahmen der Vereinbarungen des Weltverbandes des Luftverkehrs (IATA) internat. geregelt. In der BR Deutschland obliegt die F. der *Bundesanstalt für F.* (BFS), Sitz Frankfurt am Main; ihr sind angeschlossen das *Büro der Nachrichten für Luftfahrer,* Frankfurt am Main, die *F.schule* in München, die drei *F.leitstellen* in Frankfurt am Main, Hannover, München und die *F.stellen* Bremen, Düsseldorf, Hamburg, Köln/Bonn, Nürnberg, Saarbrücken und Stuttgart. Die Aufgaben der F. erstrecken sich v. a. auf den **Flugverkehrskontrolldienst** (u. a. Flugplatzkontrolle, Anflugkontrolle, Bezirkskontrolle), den **Fluginformationsdienst** (u. a. Wettermeldungen und -vorhersagen), den **Flug[verkehrs]beratungsdienst** (u. a. Höhenstaffelung der Flugzeuge im oberen Luftraum [rund 8 000 bis 15 000 m]), den **Flugalarmdienst** (u. a. Such- und Rettungsaktionen) und den **Flugnavigationsdienst** (Einrichtung, Betrieb und Überwachung der Bodenanlagen zur Navigation [Funkfeuer, Radar]).

Flugsicherungsbeamter (Fluglotse), Beruf bei der Bundesanstalt für Flugsicherung im techn. und nichttechn. Dienst (Überwachen und Lenken des Flugverkehrs).

Flugsimulator, Gerät, das einen Teil oder alle bei einem aktuellen Flug auftretenden Bedingungen zur Pilotenschulung nachbilden (simulieren) kann (insbes. Gefahrenzustände, wie Triebwerkausfall, Motorbrand).

Flugsport ↑Luftsport.

Flugtriebwerke (Flugzeugtriebwerke), zum Antrieb von Luftfahrzeugen verwendete Gruppe von Verbrennungskraftmaschinen, die entweder unmittelbar eine Schubkraft in Form eines Abgasstrahls liefern (Turbolufstrahltriebwerk, Staustrahltriebwerk, Raketentriebwerke) oder Luftschrauben antreiben (Flugmotor, Turboproptriebwerk).

Flugüberwachungsinstrumente, Instrumente zur Überwachung der Fluglage und des Flugzustands: Neigungsmesser, Wendezeiger, Kreiselkompaß, Höhenmesser, Fahrtmesser.

Flugverkehrsberatungsdienst ↑Flugsicherung.

Flugverkehrskontrolldienst ↑Flugsicherung.

Flugwetterdienst, Teil des prakt. Wetterdienstes mit der speziellen Ausrichtung auf die Erfordernisse der Luftfahrt. Im Vordergrund steht die *meteorolog. Flugberatung* durch die Flugwetterwarten der Verkehrsflughäfen (Streckenvorhersage, Flughafenvorhersage).

Flugwild (Federwild), wm. Bez. für alle jagdbaren Vögel.

Flugzeug, Luftfahrzeug, das während des Fluges durch den aerodynam. Auftrieb feststehender bzw. umlaufender Flügel getragen wird; der Übergang vom Boden in die Luft wird bei den meisten F.typen durch eine beschleunigte Rollbewegung bis zum Erreichen der zum Fliegen erforderl. Abhebegeschwindigkeit bewirkt. Zum Senkrechtstart fähige F. werden während der Start- und Landephase von einem Schubstrahl getragen, der durch Rotoren, Luftschrauben oder Strahltriebwerke erzeugt wird; zur Überwindung des durch die Bewegung der F. und die Auftriebserzeugung hervorgerufenen Luftwiderstands ist Antriebsenergie erforderlich, die von Flugtriebwerken geliefert wird bzw. bei triebwerkslosen F. (Segelflugzeug) aus der Verminderung potentieller Energie (Flughöhe, Gleitflug) oder der Energie aufsteigender Luft (Aufwind, Thermik) gewonnen wird.

Flugzeugkunde: Die Vielzahl der F.typen läßt sich nach verschiedenen Gesichtspunkten ordnen. Entsprechend dem *Verwendungszweck* unterscheidet man Sport-F., Schul-F., Geschäftsreise-F., Verkehrs- und Fracht-F., Militär-F. sowie Versuchsflugzeuge. Nach der *Start-* und *Landetechnik* sind zunächst Land- und Wasser-F. zu unterscheiden. Gemeinsam gehören die genannten Arten zu den *Flachstartern* (HTOL, Abk. für engl.: horizontal take-off and landing). Werden Start- und Landestrecke durch bes. Einrichtungen zur Schubsteigerung und/oder Auftriebserhöhung verkürzt, so handelt es sich um STOL-F. (Abk. für engl.: short take-off and landing). VTOL-F. (Abk. für engl.: vertical take-off and landing) können senkrecht aufsteigen und in den horizontalen Reiseflug übergehen (Transition) bzw. aus diesem heraus zur senkrechten Landung ansetzen. In diese Gruppe gehören Hubschrauber, Heckstarter, Kippflügel-F. und F. mit Hubtriebwerken und/oder Schwenktriebwerken. Die *Auftriebserzeugung* kann gleichfalls als Gruppierungsmerkmal dienen. Danach gibt es Starrflügel-F., bei denen der fest mit dem Rumpf verbundene Flügel infolge seiner geomet. Gestaltung und Anstellung aerodynam. vorwiegend als Quertriebkörper wirkt, und Drehflügel-F. (Hubschrauber), bei denen die umlaufenden Flügel von Rotoren den Auftrieb erzeugen. Nach der *Vortriebserzeugung* unterscheidet man F. mit Propeller- und F. mit Düsenantrieb. Entsprechend der *Flügel-Rumpf-Zuordnung* unterscheidet man Eindecker und Mehrdecker.

Die Konstruktion des **Leitwerks** ist ein weiteres Unterscheidungsmerkmal. Das Leitwerk sorgt für stat. und dynam. Stabilität um Quer- und Hochachse; normalerweise ist das Leitwerk (Höhenleitwerk, Seitenleitwerk) am Rumpfende oder an einem Leitwerksträger hinter dem Tragflügel angeordnet. Ein V-Leitwerk, das den vergleichsweise geringsten Luftwiderstand ergibt, hat nur zwei in einem Winkel von etwa 90° zueinander angeordnete Teilflügel, die die Aufgaben von Höhen- und Seitenleitwerk übernehmen. Bei T-Leitwerken ist das Höhenleitwerk oben auf das Seitenleitwerk aufgesetzt; es wird vorwiegend bei F. mit am Heck angebrachten Luftstrahltriebwerken angewendet. - *Delta-F*. (Rumpf mit Dreieckflügel großer Wurzeltiefe) haben kein separates Höhenleitwerk; zur Höhensteuerung werden Flügelruder benutzt, die zugleich als Querruder dienen (Elevons). *Nurflügel-F.* haben vielfach ein zweiteiliges, auf den Flügel aufgesetztes Seitenleitwerk; zur Höhen-Quer-Steuerung dienen Elevons.

Tragflügel: Die Auftriebserzeugung durch einen Tragflügel ist zwangsläufig mit induziertem Widerstand verbunden. Durch eine große *Streckung* (das Verhältnis von Spannweite zu mittlerer Flügeltiefe) kann der Widerstandsbeiwert des induzierten Widerstands klein gehalten werden. Das ist bes. bei F. wichtig, die häufig bei relativ hohen Auftriebsbeiwerten fliegen (z. B. Segelflugzeuge). Die *Pfeilung* beeinflußt u. a. das Verhalten der wandnahen Umströmung. Hat der Flügel positiven Pfeilwinkel (nach hinten), so löst sich die Strömung bei sehr großen Anstellwinkeln (sog. Überziehen) zuerst am Außenflügel ab. Da in diesem Bereich die Querruder liegen, können diese frühzeitig wirkungslos werden. Abhilfe bringen *Grenzschichtzäune* oder *Verwindung* des Flügels, wobei die Außenflügelprofile kleinere Einstellwinkel erhalten *(geometr. Verwindung)* oder von anderem Typ sind *(aerodynam. Verwindung)*. Ist der Flügel vorwärts gepfeilt (negative Pfeilung), so erfolgt ein Abreißen der Strömung zuerst am Innenflügel, das F. bleibt dabei gut steuerbar, da Außenflügel und Querruder noch anliegend umströmt werden. Bewegt sich ein F. im hohen Unterschallbereich (Mach-Zahl zw. 0,65 und 1), so treten in gewissen Bereichen der Flügelumströmung örtl. Überschallgeschwindigkeiten auf, die durch anschließende Verdichtungsstöße (Verzögerung der Strömung auf Unterschallgeschwindigkeit) mit starkem Widerstandszuwachs verbunden sind. Eine Pfeilung verschiebt die Geschwindigkeitsgrenze (krit. Mach-Zahl), ab der dieser Effekt eintritt, zu höheren Werten. Liegt die Reisefluggeschwindigkeit im Überschallbereich, so sind zur Verringerung des auftriebsabhängigen Widerstands kleine Streckungen günstiger (im Ggs. zum Langsamflug), die erfordert. Pfeilung wird noch größer. Das führte zum Entwurf von **Deltaflügeln** (Dreieck); durch die große Tiefe in der Flügelmitte ergibt sich auch bei dünnen Überschallprofilen eine ausreichende Bauhöhe, um einen verformungssteifen tragenden Verband zu gewährleisten, der genügend Volumen für Einbauten besitzt. Der schlanke Deltaflügel mit geschwungener Vorderkante (Ogee) und der **Doppeldeltaflügel** mit gewinkelter Vorderkante wurden als optimale Formen für Überschall-Verkehrs-F. erkannt (ermöglichen große Landegeschwindigkeiten). - Die bislang letzte Entwicklung stellt der *Flügel mit im Fluge veränderl. Geometrie* dar: Start, Langsamflug und Landung erfolgen mit großer Streckung, der Schnellflug mit stark gepfeiltem Flügel kleiner Streckung.

Werkstoffe und Bauweisen: Unter den Werkstoffen des konventionellen F.baus stehen Aluminiumlegierungen an erster Stelle; ihre hohen Festigkeiten und die Tatsache, daß sie bei tiefen Temperaturen weder an Zähfestigkeit noch an Kerbschlagzähigkeit einbüßen, machen sie zu idealen Leichtbauwerkstoffen. Die vorhandene natürl. Passivierung gegen Korrosionseinflüsse wird durch anod. Oxidation, oft zusammen mit bes. Imprägnierung, oder durch Plattieren verbessert. - In zunehmendem Maße werden kohlefaserverstärkte Kunststoffe (CFK) verwendet, die Gewichtseinsparungen von 30% ermöglichen. Für Geschwindigkeiten über Mach 2,5 ist wegen der dann verstärkten kinet. Erwärmung die Warmfestigkeit der Aluminiumlegierungen nicht mehr ausreichend; in diesem Fall werden Titan- und Stahllegierungen verwendet. - Im Leichtflugzeugbau (Sport- und Segel-F.) werden bes. glasfaserverstärkte Kunststoffe und Holz bevorzugt; Rumpfgerüste werden aus Stahlrohren hergestellt, nichttragende Verkleidungen manchmal noch als Stoffbespannung ausgeführt. Für Frontscheiben, Fenster und Kabinenhauben werden v. a. Acrylgläser (mit Zwischenschichten aus speziellen Kunststoffen) verwendet.

Rumpf, Tragwerks- und Leitwerksflügel sind röhrenartige Gebilde von großer Biege- und Verdrehsteifigkeit, die alle durch die Belastungen des F. hervorgerufenen Kräfte aufnehmen müssen; sie sind meist aus Spanten (Rippen), Stringern (Gurten) und mittragender Außenbeplankung aufgebaut (Schalenbauweise), vereinzelt noch als räuml. Fachwerk mit nichttragender Außenverkleidung gestaltet (Fachwerkbauweise). Die Verbindung der einzelnen Bauteile miteinander erfolgt durch Nieten und Verschrauben, durch Kleben und Schweißen. Sind die Versteifungen (Stringer) der Außenbeplankung zus. mit dieser in einem Stück durch Pressen oder Fräsen aus dem Vollen hergestellt, so spricht

Flugzeug

linke Seite: Flugzeug. Links
(von oben): Doppeldecker-Gleitflugzeug
Otto Lilienthals (1895);
Doppeldecker der Brüder Gabriel und
Charles Voisin (1907/08);
Jagdflugzeug Albatros DR I (1917);
Flugschiff Dornier Do X (1929);
rechts (von oben): Verkehrsflugzeug
Junkers Ju 52 (1931);
Kurzstrecken-Passagierflugzeug VFW 614;
Großraum-Passagierflugzeug
Airbus A 300 B 2 für Kurz- und
Mittelstrecken; Mittelstrecken-
Passagierflugzeug Douglas DC-9–81;
Mittelstrecken-Passagierflugzeug
Boeing 727-230; unten:
Großraum-Passagierflugzeug
Boeing 747-130 („Jumbo-Jet")

man von Integralbauweise. In Sandwichbauweise hergestellte Bauteile (z. B. Bodenplatten, Flügeldeckbleche und ganze Ruder) zeichnen sich durch hohe Belastbarkeit bei niedrigem Eigengewicht aus (bes. für den militärischen Bereich).

Baugruppen: Ein F. besteht aus verschiedenen Baugruppen. Tragwerk, Leitwerk und Rumpf ergeben die tragende Konstruktion, die **Flugzeugzelle.** Am Tragwerk sind die zur Steue-

rung um die Längsachse erforderl. Querruder, die Vorflügel und Klappen zur Auftriebserhöhung sowie bes. Klappen zur Auftriebsverringerung (Spoiler, Lift-dumpers) und zur Begrenzung der Endgeschwindigkeit im Sturzflug angebracht. - Die **Leitwerke** bestehen aus Flosse und Ruder; das Höhenleitwerk dient zur Stabilisierung, Dämpfung und Steuerung der Bewegungen um die F.querachse, das Seitenleitwerk übernimmt diese Aufgabe für die Hochachse. - Der **Rumpf,** meist mit rundem oder ovalem Querschnitt, nimmt außer der Besatzung die Ausrüstung und die Nutzlast (Passagiere, Gepäck, Fracht, Waffen) auf. Bei F., die regelmäßig in Höhen über 3 000 m eingesetzt werden, wird der Rumpf insgesamt oder teilweise als Druckkabine gestaltet. Bei Fracht-F. können vielfach zum Laden sperriger Güter die Rumpfnase bzw. das -heck mit dem Leitwerk aufgeklappt werden, so daß der gesamte Rumpfquerschnitt freigegeben wird, oder es sind in der Rumpfseitenwand bzw. im -heck große Ladeluken vorhanden. Das **Fahrwerk** ist eine mit luftbereiften Rädern ausgestattete Vorrichtung, die das F. am Boden tragen, Bodenbewegungen (Anrollen zum Start, Ausrollen nach der Landung) ermöglichen und die insbes. beim Aufsetzen auftretenden Kräfte aufnehmen und das F.

Flugzeug. Schnitt durch ein Düsenverkehrsflugzeug (DC 8). 1 Steuerleitungen für Servoruder und Leitwerk, 2 Platz des Kopiloten, 3 Platz des Flugkapitäns, 4 Platz des Flugingenieurs, 5 Platz des Navigators, 6 Klimaanlage des Flugdecks, 7 Sauerstoffdruckregler und -druckanzeiger, 8 Flugüberwachungs- und Stabilisierungsrechner; Radioanlagen, 9 zweiter Haupttank, 10 Kraftstoffpumpe, 11 erster Haupttank, 12 äußere Klappe, 13 Spoiler, 14 Stringer, 15 rückwärtiger Gepäckraum, 16 Bordküche, 17 Seitenleitwerk, 18 Seitenruder, 19 integral ausgesteifte Beplankung, 20 Höhenleitwerk, 21 Höhenrudersteuerleitungen, 22 Seitenrudersteuerleitungen, 23 innere Klappe, 24 Trimmklappe, 25 inneres Querruder, 26 äußeres Querruder, 27 hinterer Holm, 28 Mittelholm, 29 Vorderholm, 30 Enteisungsleitung, 31 Kraftstoffleitung, 32 Feuerlöschmittel, 33 Schubumkehrvorrichtung, 34 Luftstrahltriebwerk, 35 Hauptfahrwerk, 36 Hilfsholm, 37 Sauerstoffleitung, 38 Toilette, 39 vorderer Gepäckraum, 40 Kühlanlage, 41 Kabinenluftführung, 42 Wärmetauscher, 43 Klimaanlage, 44 vorderer Druckspant, 45 Wetterradar und Gleitpfadantenne

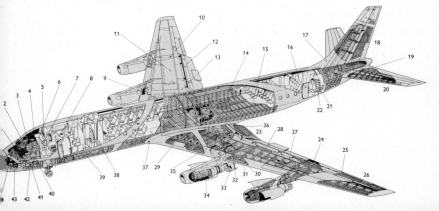

abbremsen soll. Das früher viel verwendete **Spornradfahrwerk**, mit zwei Radsätzen kurz vor dem Schwerpunkt und einem schwenkbaren Spornrad am Heck, ist nur noch bei Leicht-F. zu finden. Das heute überwiegend verwendete **Bugradfahrwerk**, mit einem lenkbaren Radsatz am F.bug und zwei Radsätzen kurz hinter dem F.schwerpunkt, bietet wesentl. Vorteile: Manövrierfähigkeit am Boden und Sichtverhältnisse des Piloten beim Start sind besser, der Luftwiderstand während des Starts ist geringer, die Richtungsstabilität beim Rollen ist größer und nach der Landung ist wirksamere Abbremsung ohne Gefahr des Sichüberschlagens möglich. - Die zunehmenden Abmessungen der F. führten zur Entwicklung spezieller Hauptfahrwerksgruppen, dem sog. **Bogiefahrwerk**, bei dem u. a. die Belastung auf mehrere Räder verteilt wird. - Hubschrauber haben teilweise nur ein starres **Kufenfahrwerk**; Segel-F. verfügen meist über eine abgefederte Kufe am Rumpfbug oder ein abgefedertes [einziehbares] Rad nahe dem Schwerpunkt sowie über einen radlosen Sporn.

Unebenheiten der Rollbahnen und bes. der Landestoß werden von der Federung abgefangen. Zum Abbremsen des F. nach dem Aufsetzen ist das Fahrwerk heute fast ausschließl. mit Scheibenbremsen versehen. Häufig werden bes. Einrichtungen zum *Blockierschutz (Bremskraftregler)* eingebaut, die volle Bremsleistung ohne Gefahr des Radblockierens und damit kürzesten Bremsweg ermöglichen.

Geschichte: Dem F.bau liegt die Idee der Imitation des Vogelflugs zugrunde, die schon in der antiken Sage (Dädalus, Ikarus) auftaucht. Um 1500 entwarf Leonardo da Vinci Flugapparate, deren Flügel durch Muskelkraft bewegt werden sollten. Bekannt wurde der mißglückte, mit Schlagflügeln angestellte Flugversuch von A. L. Berblinger (1811). In Großbrit. begann 1792 G. Cayley mit Modellen starrflügeliger Flugapparate zu experimentieren. Er entwickelte die noch heute übl. F.form und erprobte 1852/53 das erste Gleit-F., das einen Menschen trug. Unter den Pionieren des Gleitflugs ragt O. Lilienthal heraus, dessen bis 300 m weite Versuchsflüge (1891–96) die Grundlage für den erfolgreichen Segelflug legten. In Amerika setzten O. Chanute und A. M. Herring die Gleitflugversuche fort. Chanutes Werk „Progress in flying machines" (1894) diente den Gebrüdern Wright als Lehrbuch. Nachdem ihnen die Beherrschung des Segelflugs gelungen war, führten sie 1903 mit dem von einem 12-PS-Benzinmotor angetriebenen Doppeldecker die ersten Motorflüge durch. 1905 nahmen die Gebrüder Voisin in Paris den F.bau auf. Im August 1909 wurde in Reims bereits der erste Weltflugtag abgehalten, nachdem schon im Juli L. Blériot den Ärmelkanal überflogen hatte. Die durch den

1. Weltkrieg beschleunigte Weiterentwicklung leitete die Spezialisierung in der F.konstruktion ein. H. Junkers stellte 1915 das erste Ganzmetall-F. (F-13) her. Damit war im wesentl. die zukünftige F.form vorgezeichnet: der mit einem Leichtmetallrumpf ausgestattete, freitragende Eindecker mit vorn angebrachten Luftschrauben und am Ende des Rumpfs befindl. Leitwerk.

Nach dem 1. Weltkrieg gelang erstmals die Atlantiküberquerung mit F. (1919 J. W. Alcock und A. W. Brown, Strecke Neufundland–Irland; 1927 Nonstopflug C. A. Lindberghs von New York nach Paris). Mit der zunehmenden Erkenntnis der wirtsch. Bedeutung des F. wurde der F.bau immer stärker auf wiss. Grundlagen gestellt. Die Propeller der F. wurden anfangs mit wassergekühlten, bald aber mit luftgekühlten Motoren angetrieben. Das erste mit einem Turboluftstrahltriebwerk ausgerüstete F. (Heinkel He-178) führte 1939 seinen Jungfernflug durch. In den 50er Jahren fanden Düsen-F. auch Eingang in den zivilen Luftverkehr, 1976/77 wurden erstmals auch Überschallflugzeuge im Passagierliniendienst eingesetzt (die brit.-frz. „Concorde" und die sowjet. „Tupolew Tu-144"). Experimente mit Senkrechtstartern finden ab 1954 statt. - ↑ auch Hubschrauber.

⚏ *Lange, B.:* Typenhandb. der dt. Luftfahrttechnik. Koblenz 1986. - *Neue Technologien im F.bau.* Hg. v. R. Grube u. A. A. Evers. Alsbach 1985. - *Gersdorff, K. von/Grasmann, K.:* Flugmotoren u. Strahltriebwerke. Koblenz ²1984. - *Götsch, E.:* Einf. in die Luftfahrzeugtechnik. Alsbach ⁴1983. - *Kutter, R.:* F.-Aerodynamik. Stg. 1983. - *Weltenzyklop. der Flugzeuge.* Hg. v. E. Angelucci u. G. Apostolo. Dt. Übers. Mchn. 1981–85. 3 Bde. - *Schneider, Hans: F.bau. Hdb. f. die Werkstattpraxis.* Essen ³1979.

Flugzeugbewaffnung, Gesamtheit der Angriffs- und Verteidigungswaffen eines Flugzeugs: *Rohrwaffen* (auch Bordwaffen: Maschinengewehre, Maschinenkanonen, automat. Mörser [Granatwerfer in Hubschraubern]), *gelenkte Raketen* (Jagdraketen [Lenkflugkörper Luft-Luft], Abwurflenkwaffen [Lenkflugkörper Luft-Boden]), *ungelenkte Raketen, Bomben,* z. T. auch *Lufttorpedos.*

Flugzeugentführung (Angriff auf den Luftverkehr) ↑ Luftpiraterie.

Flugzeugführer ↑ Pilot.

Flugzeugträger, ↑ Kriegsschiff mit Flugdeck (zum Starten und Landen von Flugzeugen) und Flugzeughalle unter dem Flugdeck, mit diesem durch Fahrstühle verbunden. Charakterist. sind das sich über die ganze Schiffslänge erstreckende Flugdeck und die „Insel", ein Aufbau an der Steuerbordseite mit Kommandoelementen, Mast und Schornstein. Die modernen F. sind mit Dampfkatapulten, Fangseilen und Winkeldeck ausgestattet, um Start- und Landebetrieb gleichzeitig zu ermöglichen.

Flugzeugvereisung, Eisansatz an einem Luftfahrzeug. *Klareis* bildet sich, wenn ein Flugzeug eine Wolke mit größeren Tropfen, deren Temperatur wenig unter dem Gefrierpunkt liegt, durchfliegt. *Rauheis* entsteht beim Flug durch unterkühlte Wolken mit sehr kleinen Tropfen, die sofort gefrieren; der Überzug ist rauh und körnig, die Profilverformung ungünstig. Gegenmaßnahmen: Beheizen der gefährdeten Flugzeugteile.

Fluh, schweizer. Bez. für Felswand.

fluid [lat.], flüssig, fließend.

fluidal [lat.], den flüssigen Zustand noch widerspiegelnd, Fließstrukturen aufweisend.

Fluidics [lat.-engl.] ↑ Pneumatik.

Fluidik [zu lat. fluidus „fließend"], Wiss., die sich mit der Signalerfassung und -verarbeitung durch flüssige oder gasförmige Medien (anstelle von elektr. Strömen) befaßt.

Fluidum [lat. „das Fließende"], naturwiss. Begriff des 17./18. Jh. zur Bez. hypothet. angenommener flüchtiger Stoffe, denen die Fähigkeit zugeschrieben wurde, Eigenschaften oder Wirkungen zu übertragen. Im allg. Sprachgebrauch die bes., von einer Person oder Sache ausgehende Wirkung oder Ausstrahlung.

Fluktuation [lat.], allg. die völlig unregelmäßige Schwankung einer Größe um einen Mittel- oder Sollwert; auch als Bez. für period. Hinundherschwanken verwendet.

◆ in der *Medizin* beim Abklopfen von Flüssigkeits- oder Eiteransammlungen entstehendes wellenförmiges Schwappen unter der elast. Bedeckung (z. B. bei Bauchwassersucht, Gelenkerguß).

◆ in der *Biologie* svw. ↑ Massenwechsel.

◆ Bez. für die Gesamtheit aller Arbeitsplatzwechsel in einer Volkswirtschaft. Bei steigender Nachfrage nach Arbeitskräften erhöht sich der **Fluktuationsgrad** (Anteil der Arbeitnehmer, die ihren Arbeitsplatz wechseln, an der Gesamtanzahl der Arbeitnehmer in einem bestimmten Zeitraum).

fluktuieren [lat.], schnell wechseln, schwanken.

Flums, Hauptort des Bez. Sargans im schweizer. Kt. Sankt Gallen, 454 m ü. d. M., 4 500 E. Baumwollspinnerei, Maschinen- und elektrochem. Ind. Westl. von F. das Kur- und Wintersportgebiet der *Flumserberge.* - F. gehörte seit dem frühen MA den Bischöfen von Chur. - Justuskirche (um 1654) mit spätgot. Chor.

Flunder ↑ Schollen.

Fluor [lat.], chem. Symbol F; Element aus der VII. Hauptgruppe des Periodensystems der chem. Elemente, Ordnungszahl 9; relative Atommasse 18,998403, Halogen; F. ist ein grünlichgelbes, giftiges Gas, Schmelzpunkt −219,62 °C, Siedepunkt −188,14 °C, Dichte 1,696 g/l; Vorkommen als Flußspat (CaF_2) und Kryolith (Na_3AlF_6), aus denen es nur durch Elektrolyse gewonnen werden

kann. Als reaktionfähigstes Element bildet F. mit fast allen Elementen (sogar Platin) Verbindungen, die ↑ Fluoride. F. wird als Raketentreibstoff (im Gemisch mit Wasserstoff, Sauerstoff oder Hydrazin), zum Schweißen (Temperaturen bis 5 000 °C) und zur Fluoridierung des Trinkwassers zum Schutz gegen ↑ Karies verwendet (wiss. umstritten).

Fluorescein [...rɛstse...; lat.], Farbstoff, dient wegen seiner kräftigen, gelbgrünen Fluoreszenz zum Nachweis unterird. Wasserläufe, als Signalfarbe für Schiffbrüchige im Wasser und als Indikator für medizin. Untersuchungen.

Fluoreszenz [lat., nach dem Fluorit, an dem sie zuerst festgestellt wurde], charakterist. Leuchterscheinungen von festen Körpern, Flüssigkeiten oder Gasen nach Bestrahlung mit Licht, Röntgen- oder Korpuskularstrahlung. Im Ggs. zur ↑ Phosphoreszenz spricht man von F. bei den Stoffen, die kein Nachleuchten zeigen, d. h., das F.licht erlischt gleichzeitig oder ganz kurze Zeit ($< 10^{-6}$ s) nach der Bestrahlung. Die Elektronen der (durch Absorption der Energie des eingestrahlten Lichtes oder der einfallenden Teilchen) angeregten Atome oder Moleküle des F.stoffes springen also prakt. spontan unter Emission des charakterist. F.lichtes wieder in ihren Grundzustand zurück. Gewöhnl. ist die emittierte Strahlung langwelliger, d. h. energieärmer als die absorbierte. Man spricht von **Resonanzfluoreszenz,** wenn aus dem einfallenden Spektrum gerade die Wellenlänge absorbiert wird, die anschließend als Fluoreszenzlicht emittiert wird.

Fluoreszenzmikroskop ↑ Mikroskop.

Fluoreszenzschirm ↑ Leuchtschirm.

Fluor genitalis [lat.] ↑ Ausfluß.

Fluoride [lat.], Salze der Fluorwasserstoffsäure (↑ Flußsäure); die meist leicht flüchtigen Nichtmetall-F. sind starke Ätzgifte.

fluorieren [lat.], Fluor in organ. Verbindungen einführen (Ersatz von Chlor, Wasserstoff u. a. durch Fluor).

Fluorit [lat.], svw. ↑ Flußspat.

Fluorkautschuk, fluorhaltiger synthet. Kautschuk; wegen seiner Unempfindlichkeit und Nichtbrennbarkeit im Raketenbau verwendet.

Fluorkohlenwasserstoffe, organ. Verbindungen, die sich aus Kohlenwasserstoffen durch Ersatz der Wasserstoffatome durch Fluor ableiten; dienen als Kältemittel mit Licht, Aerosoltreibgas, hydraul. Flüssigkeiten, Schmiermittel und zur Herstellung hochbeständiger Kunststoffe.

Fluorochrome [...'kro...; lat./griech.], [Farb]stoffe, die ein an sich nicht fluoreszierendes Objekt fluorieren lassen.

Fluorose [lat.], chron., durch Fluor oder Fluorverbindungen hervorgerufene entschädigungspflichtige Berufskrankheit, v. a. bei Beschäftigten der Aluminiumind., die der Ein-

Fluorwasserstoffsäure

wirkung des fluorhaltigen Kryolithstaubs
ausgesetzt sind; zeigt sich in Verkalkungen
u. a. an Gelenken, Bändern und Wirbelsäule.

Fluorwasserstoffsäure, svw. ↑Fluß-
säure.

Flur, 1. im allg. Sprachgebrauch das offene,
nicht bewaldete Kulturland einer Siedlung
im Ggs. zum Wald. 2. Langgestreckter Raum
innerhalb einer Wohnung oder eines Hauses
mit Türen zu den angrenzenden Räumen.
◆ agrar- und siedlungsgeograph. die parzel-
lierte landw. Nutzfläche eines Siedlungs- und
Wirtschaftsverbandes.

Flurbereinigung, die Zusammenlegung
und wirtschaftl. Gestaltung von zersplitter-
tem oder unwirtschaftl. geformtem ländl.
Grundbesitz nach neuzeitl. betriebswirt-
schaftl. Gesichtspunkten zur Förderung der
landw. und forstwirtschaftl. Erzeugung und
der allg. Landeskultur; geregelt im Flur-
bereinigungsG vom 14. 7. 1953 (i. d. F. vom
16. 3. 1976) und in den Ausführungsgesetzen
der Länder. Dabei sind Wege, Gräben u. a.
gemeinschaftl. Anlagen zu schaffen, Boden-
verbesserungen vorzunehmen, die Ortslagen
aufzulockern und alle sonstigen Maßnahmen
zu treffen, durch die die Grundlagen der Wirt-
schaftsbetriebe verbessert, der Arbeitsauf-
wand vermindert und die Bewirtschaftung erleichtert werden. Alle Grundeigentümer im
F.gebiet haben den zu den *gemeinschaftl.* und
zu den *öffentl.* Anlagen erforderl. Grund nach
dem Verhältnis des Wertes ihrer alten Grundstücke zu dem Wert aller Grundstücke des
Gebietes aufzubringen. Nach Abzug dieser
Flächen ist jeder Grundeigentümer mit Land
von gleichem Wert abzufinden. Maßnahmen
der F. führen nicht selten zur Zerstörung der
alten Kulturlandschaft und zu Veränderungen im biolog. Gleichgewicht.

Flurbereinigungsverfahren, behördl.
geleitetes Verfahren zur Durchführung der
Flurbereinigung innerhalb eines bestimmten
Gebietes (**Flurbereinigungsgebiet**) unter Mitwirkung der Gesamtheit der beteiligten
Grundeigentümer und der landw. Berufsver-
tretung. Zuständig sind die Flurbereinigungsbehörden (**Flurbereinigungsämter, Kultur-
ämter, Siedlungsämter**) und die oberen
Flurbereinigungsbehörden der Länder. Die
sog. **Teilnehmer** (die Grundeigentümer und
Erbbauberechtigten) am F. bilden der **Teilneh-
mergemeinschaft**, eine Körperschaft des öffentl. Rechts, die die gemeinschaftl. Angelegenheiten wahrzunehmen hat. Im **Flurbereini-
gungsplan** wird der Wege- und Gewässerplan
aufgenommen, die gemeinschaftl. und öffentl.
Anlagen sowie die alten Grundstücke und
Berechtigungen der Beteiligten und ihre Ab-
findungen nachgewiesen und die sonstigen
Rechtsverhältnisse geregelt. Über die Anfech-
tung von Verwaltungsakten, die im Laufe des
F. ergehen, entscheidet das **Flurbereinigungs-
gericht.**

Flurformen, man unterscheidet beim
Grundriß der Flur nach Form der Parzellen
(Streifen, Blöcke), nach Größe (kurz, lang,
breit, schmal) und nach Anordnung (gleich-
oder kreuzlaufend, gereiht, radial). **Streifen-
fluren** bestehen aus Kurz- bzw. Langstreifen-
verbänden. Dazu gehört die **Hufenflur** *(Breit-
streifenflur),* d. h. gereihte Streifen mit Hofan-
schluß; bei der **Einödflur** kommen die Besitz-
parzellen jedes einzelnen landw. Betriebes in
geschlossener (arrondierter) Lage vor; der in-
mitten seines Besitzes liegende Einzelhof wird
als *Einödhof* bezeichnet. Bei **Gemengelage**
wird für einen Verband gleichlaufender Streifen der Begriff Gewann verwendet. Eine **Gewannflur** besteht ganz oder überwiegend aus
Gewannen; ist sie planmäßig angelegt, z. B.
bei der dt. Ostsiedlung, spricht man von **Plan-
gewannflur.** Bei den **Blockfluren** herrscht Gemengelage vor, oft mit einem Nebeneinander
von Groß- und Kleinblöcken. Reine Groß-
blockfluren sind charakterist. für Güter, Kol-
chosen, Plantagen und Kibbuzim.

Flurkarten, svw. Katasterkarten, ↑Karte.

Flurnamen, Namen für einzelne Teile der
Landschaft. Die F.forschung kann für die Na-
menforschung und Sprachwissenschaft, die
Volkskunde sowie für die Siedlungs- und Sozialgeschichte wertvolle Aufschlüsse bringen.

Flurprozession ↑Flurumgang.

Flurumgang, gemeinsames rituelles Um-
gehen der Felder, symbol. Erneuerung der
Besitzergreifung und mag. Brauch zum
Schutz und zur Kraftsteigerung des Bodens.
Durch die kirchl. **Flurprozession** soll der Segen Gottes auf Flur und Feldfrüchte herabge-
fleht werden.

Flurverfassung, die Regelung der Be-
sitz- und Bodennutzungsverhältnisse der
bäuerl. Feldflur, landschaftl. stark differenziert durch verschiedenartige Siedlungsweise
und Kulturentwicklung. In Deutschland ist
im Alpenraum, im Schwarzwald, im
Odenwald sowie im gesamten NW die Siedlung in Einzelhöfen und Höfegruppen vor-
herrschend, die i. d. R. mit Blockfluren verbunden ist. Der Wechsel der Nutzungsform
liegt hier in der freien Verfügungsgewalt des
jeweiligen Hofbesitzers. Diese im früheren
MA noch weiter verbreitete weilerartige Siedlungsweise wurde im übrigen Deutschland
seit dem 13./14. Jh. mehr und mehr von größeren Dörfern abgelöst. Eine F. erübrigte sich
hier bei den Marsch- und Waldhufendörfern,
bei denen die Grundstücke in ihrer Gesamtheit unmittelbar ans Gehöft angrenzten. Eine
feste Regelung mußte dagegen bei Gemengelage eintreten, d. h., wenn die Feldflur in Ge-
wanne aufgeteilt war.

Flurwüstung ↑Wüstung.

Flusen, Verunreinigung in Webgarnen;
landschaftl. auch Bez. für Fadenreste, Staub-
flocken.

Flush [engl. flʌʃ „das Erröten, Aufwal-

150

lung"], anfallweise auftretende Hautrötung im Bereich des Gesichtes (auch an Hals, Brust und Oberarmen), u. a. hervorgerufen durch übermäßige Ausschüttung von ↑ Serotonin als Teilerscheinung des ↑ Karzinoidsyndroms.

Fluß, in der *Geographie* i. w. S. Bez. für jedes fließende Gewässer des Festlandes. I. e. S. unterscheidet man, ohne strenge Grenzen, nach der Größe Bäche, Flüsse und Ströme. Bäche und Flüsse, die in einem Strom zusammenfließen, bilden ein *F.*- oder *Stromsystem*. Das von einem F. oder Strom mit allen seinen Nebenflüssen oberird. und unterird. entwässerte Gebiet nennt man **Einzugsgebiet,** es wird von Wasserscheiden begrenzt. In ebenen Gegenden sind diese häufig sehr wenig ausgeprägt, so daß das Wasser nach zwei verschiedenen F.gebieten abfließen kann **(Bifurkation).** Vom Haupt-F. aus werden die Zuflüsse als **Nebenflüsse** bezeichnet. Das Verhältnis der Gesamtlänge aller fließenden Gewässer eines bestimmten Gebietes zu seiner Fläche wird durch die **Flußdichte** ausgedrückt. Sie ist abhängig vom Untergrund und Klima. Je feuchter das Klima, desto größer die F.dichte; aber auch in feuchten Gebieten kann sie den Wert Null erreichen, wenn durch Karsterscheinungen kein Abfluß an der Oberfläche mehr mögl. ist. Versickert ein F. im durchlässigen Gestein, so spricht man von *Versinkung* oder *Versickerung,* die Versickerungsstelle ist die sog. **Flußschwinde.** In feuchten Gebieten führen fast alle Flüsse ständig Wasser, wenn auch mit jahreszeitl. Schwankungen **(Dauerflüsse, permanente Flüsse).** In Gebieten mit scharf ausgeprägten Trockenzeiten führen viele Flüsse nur zur Regenzeit Wasser **(period. Flüsse).** Flüsse, die nur in großen Zeitabständen für kurze Zeit einmal Wasser führen, werden als **episod. Flüsse** bezeichnet; **Fremdlingsflüsse** durchqueren ein trockenes Gebiet. Das **Flußgefälle** nimmt im allg. von der Quelle zur F.mündung ab. Das aus dem **Flußbett** (der von Ufern begrenzten Wasserrinne) gerissene Gesteinsmaterial wird flußabwärts transportiert und bei nachlassendem Gefälle bzw. an der Mündung des F. abgelagert (so entstehen Deltas und Mündungsbarren). - ↑ auch Übersicht S. 153. Zur *Religionsgeschichte* ↑ Wasser, ↑ auch Flußgottheiten.

☐ *Czaya, E.: Ströme der Erde. Lpz. 1980. - Herrmann, R.: Einf. in die Hydrologie. Stg. 1977.*

◆ (magnet. Fluß) ↑ Induktionsfluß.

◆ (Neutronenfluß) ↑ Neutronenflußdichte.

Flußaal ↑ Aale.

Flußbarbe, svw. ↑ Barbe.

Flußbarsch (Barsch, Kretzer, Schratzen, Perca fluviatilis), meist 15–30 cm lange Barschart in fließenden und stehenden Süßgewässern Eurasiens, mit Ausnahme des S und der nördlichsten Gebiete; Grundfärbung des relativ hohen Körpers oberseits meist dunkel-

grau bis olivgrün, an den helleren Körperseiten 6–9 dunkle Querbinden oder gegabelte Streifen; am Hinterrand der vorderen Rückenflosse ein schwarzer Fleck, Bauchflossen und Afterflosse rot; Speisefisch.

Flußdelphine (Süßwasserdelphine, Platanistidae), Fam. 1,5–3 m langer Zahnwale mit vier Arten in den Süßgewässern Asiens und S-Amerikas; im Küstenbereich der Río de la Plata-Mündung kommt der bis 2 m lange, schmutzigweiße (mit schwarzem Mittelrückenband) **La-Plata-Delphin** (Stenodelphis blainvillei) vor. In kleinen Gruppen im Indus, Ganges und Brahmaputra lebt der etwa 2–3 m lange **Gangesdelphin** (Susu, Platanista gangetica); blei- bis schwarzgrau, mit kurzen, fächerartigen Brustflossen, Rückenfinne niedrig; Schnauze stark verlängert, schnabelartig, Augen ohne Linse. Im Stromgebiet des Amazonas und Orinoko lebt der bis über 2 m lange, oberseits graue, unterseits rosafarbene **Inia** (Amazonasdelphin, Inia geoffrensis).

Flußdelta ↑ Delta.

Flußdiagramm, svw. ↑ Ablaufdiagramm. - ↑ auch Diagramm.

Flußdichte, (magnet. F.) svw. ↑ magnetische Induktion.

◆ svw. ↑ Neutronenflußdichte.

◆ (geograph. F.) ↑ Fluß.

Flußeisenstein, Eisenerz aus den Roteisensteinvorkommen des Lahn-Dill-Gebietes; 30–35 % Fe, 10–15 % SiO_2, 20–24 % CaO.

Fluß Eridanus ↑ Sternbilder (Übersicht).

Flußgottheiten, Gottheiten und Geistwesen (z. B. Nymphen), deren Sitz in Flüssen gedacht wird. Der Glaube an F. war bes. in der kelt. Religion verbreitet. Die Ägypter verehrten Hapi als Gott des Nils, die Griechen kannten den Flußgott Acheloos.

Flußgründling ↑ Karpfen.

flüssige Kristalle, svw. ↑ Flüssigkristalle.

flüssige Luft, Luft, die durch wiederholte Kompression mit Abkühlung auf Temperaturen unter ihrem Siedepunkt ($-194,5 °C$) gebracht und dadurch verflüssigt wird.

Flüssiggas, Gas, das bei bestimmten Drücken und Temperaturen verflüssigt worden ist; Lagerung und Transport in Druckflaschen oder Drucktanks.

Flüssigkeit, ein Stoff im flüssigen Aggregatzustand. Eine F. unterscheidet sich von Gasen dadurch, daß ihr Volumen (weitgehend) von Druck unabhängig ist, von festen Körpern dadurch, daß ihre Form veränderl. ist und sie sich der Form des jeweiligen Gefäßes anpaßt.

Flüssigkeitsgetriebe ↑ Strömungswandler.

Flüssigkeitsreaktor (homogener Reaktor) ↑ Kernreaktor.

Flüssigkristalle (flüssige Kristalle), organ. Substanzen, bestehend aus langgestreck-

Flüssigmetalle

ten Molekülen; F. stellen Flüssigkeiten mit kristallinen Strukturen dar. Man unterscheidet: 1. *smektische Strukturen:* gegeneinander verschiebbare Schichten aus Molekülen (Längsachse senkrecht zur Schichtebene); 2. *nematische Strukturen:* alle Moleküle sind in eine Richtung orientiert, jedoch nicht in Schichten angeordnet; 3. *cholesterische Strukturen:* monomolekulare Schichten, in denen die Moleküle ausgerichtet liegen; Schichten gegeneinander gedreht (Winkel ca. 0,3 Grad). *Eigenschaften* der F.: 1. Änderung der Farbe bei Temperaturänderung (auf die Haut aufgesprüht, können F. Entzündungsherde auf Grund erhöhter Temperatur sichtbar machen); 2. Änderung der Molekülorientierung und damit der Transparenz bzw. Lichtdurchlässigkeit im magnet. oder elektr. Feld. *Verwendung* von F. insbes. in **Flüssigkristallanzeigen** (LCD, liquid crystal display; z. B. in Digital[armband]uhren). Dazu wird eine dünne Zelle aus planparallelen Platten beidseitig mit einem elektr. leitenden, lichtdurchlässigen Raster bedampft. Beim Anlegen einer Spannung an ein Paar gegenüberliegender Rasterpunkte ändert sich im damit verbundenen elektr. Feld die Transparenz des F. in der Zelle, d. h. er trübt ein. Für die Digital- bzw. Zifferanzeige bei Uhren, Taschenrechnern u. a. sind die Elektroden so gestaltet, daß sich Gruppen von je sieben balkenartigen Segmenten ergeben, die jeweils in Form einer stilisierten Acht angeordnet sind **(Siebensegmentanzeige)**.

Flüssigmetalle, Bez. für in der Reaktortechnik als Wärmeübertragungsmittel verwendete Metalle, deren Schmelzpunkt unter 350 °C liegt, z. B. Natrium.

Flußjungfern (Gomphidae), mit etwa 350 Arten weltweit verbreitete Fam. der Großlibellen; v. a. an fließenden Gewässern und klaren Seen, darunter fünf Arten in Deutschland; Körper schlank, meist schwarz mit gelber bis grüner Zeichnung; Komplexaugen am Scheitel breit voneinander getrennt; Hinterleib meist 3–4 cm lang, ohne gekantete Seitenränder; Eiablage im Fluge.

Flußkarten, überwiegend großmaßstäbige Spezialkarten für Binnenschiffahrt und Wassersport.

Flußkrebse (Astacidae), Fam. bis 25 cm großer Zehnfußkrebse mit etwa 100 Arten, v. a. in Süßgewässern der Nordhalbkugel. In M-Europa kommen vor: ↑Edelkrebs; **Dohlenkrebs** (Astacus pallipes), etwa 14 cm lang, oberseits braun bis olivgrün, unterseits blaßfarben; **Steinkrebs** (Astacus torrentium), rd. 8 cm lang, in klaren Gebirgsbächen; **Sumpfkrebs** (Stachelkrebs, Astacus leptodactylus), 11–14 cm lang, dunkeloliv- bis rotbraun, Kopfbruststück und Scheren schmaler als beim Edelkrebs, Panzer nur schwach verkalkt. Eine wichtige Art ist ferner der **Amerikan. Flußkrebs** (Oronectes limosus), bis 12 cm lang, meist hell- bis dunkelbraun, jedes Hinterleibssegment mit zwei Flecken.

Flußmittel, Gemischzusatz bei Schmelzprozessen zur Erniedrigung des Schmelzpunktes sowie zur Erzielung dünnflüssiger Schlacken.

Flußmuscheln (Unio), Gatt. überwiegend im fließenden Süßwasser lebender Muscheln (Ordnung ↑Blattkiemer) mit eiförmigen bis langgestreckten, relativ dickwandigen, außen gelbl., grünl. oder dunkelbraunen bis schwärzl. Schalen. Von den drei einheim. Arten am bekanntesten ist die in Seen und ruhig strömendem Wasser lebende **Malermuschel**

Flüssigkristalle. Links oben: 1 smektische Strukturen, 2 nematische Strukturen, 3 cholesterische Strukturen; rechts oben: Aufbau einer 7-Segment-Anzeige für Ziffern und Buchstaben aus Flüssigkristallzellen; unten: Aufbau einer Flüssigkristallzelle

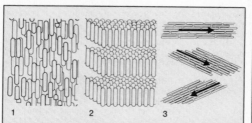

-elektrische Zuleitungen

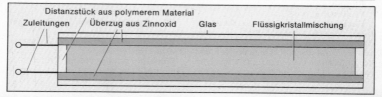

Distanzstück aus polymerem Material

Zuleitungen / Überzug aus Zinnoxid   Glas   Flüssigkristallmischung

Name	Länge (in km)	Einmündungsgewässer
Europa		
Wolga	3530	Kaspisches Meer
Donau	2850	Schwarzes Meer
Dnjepr	2200	Schwarzes Meer
Don	1870	Asowsches Meer
Petschora	1809	Barentssee
Rhein (mit Vorderrhein)	1320	Nordsee
Elbe	1165	Nordsee
Weichsel	1068	Ostsee
Donez	1053	Don
Loire	1012	Atlantik
Tajo (Tejo)	1008	Atlantik
Theiß	970	Donau
Save	940	Donau
Ebro	910	Mittelmeer
Maas	890	Nordsee
Oder	866	Ostsee
Rhone	812	Mittelmeer
Seine	776	Nordsee
Weser (mit Werra)	725	Nordsee
Po	652	Adriatisches Meer
Garonne	647	Golf von Biskaya
Mosel	545	Rhein
Main	524	Rhein
Maritza	514	Ägäisches Meer
Inn	510	Donau
Tiber	405	Tyrrhenisches Meer
Themse	346	Nordsee
Afrika		
Nil (mit Kagera)	6671	Mittelmeer
Kongo	4320	Golf von Guinea
Niger	4160	Golf von Guinea
Sambesi	2660	Indischer Ozean
Oranje	1860	Atlantik
Limpopo	1600	Indischer Ozean
Senegal (mit Bafing)	1430	Atlantik

Name	Länge (in km)	Einmündungsgewässer
Nordamerika		
Mississippi (mit Missouri)	6021	Golf von Mexiko
Yukon River	3185	Beringmeer
Rio Grande	3034	Golf von Mexiko
Colorado	2334	Golf von Kalifornien
Ohio (mit Allegheny River)	2102	Mississippi
Columbia River	1953	Pazifik
Sankt-Lorenz-Strom	1287	Atlantik
Südamerika		
Amazonas	6400	Atlantik
Paraná	3700	Rio de la Plata
Paraguay	2200	Paraná
Orinoko	2140	Atlantik
Uruguay	1600	Rio de la Plata
Rio Magdalena	1540	Karibisches Meer
Asien		
Jangtsekiang	6300	Ostchin. Meer
Hwangho	5464	Gelbes Meer
Ob (mit Irtysch)	5410	Karasee
Amur (mit Schilka)	4510	Ochotskisches Meer
Mekong	4500	Südchin. Meer
Lena	4400	Laptewsee
Jenissei	4092	Karasee
Indus	3200	Arabisches Meer
Brahmaputra	3000	Golf von Bengalen
Euphrat	2700	Persischer Golf
Ganges	2700	Golf von Bengalen
Ural	2528	Kaspisches Meer
Irawadi	2000	Indischer Ozean
Tigris	1900	Persischer Golf
Jordan	330	Totes Meer
Australien		
Darling	2720	Murray
Murray	2560	Indischer Ozean

Flußnapfschnecke

(Unio pictorum), etwa 7–10 cm lang und 3–4 cm hoch, mit zungenförmiger Schale.

Flußnapfschnecke ↑ Ancylus.

Flußneunauge ↑ Neunaugen.

Flußoase ↑ Oase.

Flußperlmuschel (Margaritana margaritifera), etwa 10–15 cm lange Muschel, v. a. in kühlen, schnellfließenden, kalkarmen Süßgewässern M- und N-Europas, Sibiriens und N-Amerikas; Schalen schwer, außen schwarz, nierenförmig, dickwandig. - Die 60–80 Jahre alt werdende F. erzeugt Perlen, die alle 5–7 Jahre geerntet werden können.

Flußpferde (Hippopotamidae), Fam. nicht wiederkäuender Paarhufer mit zwei Arten, v. a. in stehenden und langsam fließenden Gewässern Afrikas, südl. der Sahara; Körper plump, walzenförmig, etwa 1,5–4,5 m lang, bis über 3 t schwer; mit kurzen Beinen, deren vier Zehen durch kleine Schwimmhäute verbunden sind; Kopf sehr groß und breit, mit großem Maul; die kleinen Ohren ebenso wie die Augen und (die beim Tauchen verschließbaren) Nasenöffnungen weit oben liegend und beim fast untergetauchten Tier über die Wasseroberfläche ragend; Haut dick, schleimdrüsenreich, nahezu haarlos; Schneide- und Eckzähne wurzellos, dauernd nachwachsend; bes. die unteren Eckzähne stark verlängert; Pflanzenfresser. - In W-Afrika kommt das 1,5–1,7 m lange **Zwergflußpferd** (Choeropsis liberiensis) vor, überwiegend dunkelbraun, Bestand bedroht. In oder an Gewässern großer Teile Afrikas (im Nil bereits zu Beginn des 19. Jh. ausgerottet) kommt das **Nilpferd** (Großflußpferd, Hippopotamus amphibius) vor, über 4 m lang, oberseits schwärzlichbraun, an den Seiten kupferfarben, unterseits heller.

Flußregenpfeifer ↑ Regenpfeifer.

Flußsäure (Fluorwasserstoffsäure), sehr stechend riechende, farblose Lösung von Fluorwasserstoff in Wasser; aggressive Säure, die nahezu alle Metalle (außer Gold, Silber, Platin und Blei) unter Bildung von Fluoriden auflöst. F. wird verwendet zum Glasätzen, Entkieseln von Rohren und zur Herstellung von Fluorkohlenwasserstoffen.

Flußschwein (Buschschwein, Potamochoerus porcus), etwa 1–1,5 m körperlanges, rund 60–90 cm schulterhohes Schwein, v. a. in Wäldern und buschigen Landschaften (bes. an Flußufern) Afrikas südl. der Sahara; Kopf groß, mit (bes. bei alten ♂♂) starken Auftreibungen am Nasenbein; Fell schwarz bis fuchsrot, mit weißer und dunkler Zeichnung; an einzelnen Körperpartien oft stark verlängerte Haare; Schwanz dünn, lang herabhängend, mit Endquaste.

Flußschwinde (Ponor) ↑ Fluß.

Flußseeschwalbe ↑ Seeschwalben.

Flußspat (Fluorit), meist auf Erzgängen vorkommendes Mineral, CaF$_2$; Dichte 3,1 bis 3,2 g/cm^3; Mohshärte 4. Kristalle vielfach bunt (fast alle Farben); Würfel, Oktaeder oder Kombinationen. Verwendung bei der Herstellung von Flußsäure, Email und Glas. Farbloser F. dient zur Herstellung apochromat. Linsen.

Flußtrübe (Schweb), vom fließenden Wasser mitgeführtes, zerriebenes Gesteinsmaterial sowie organ. Schwebstoffe.

Flußuferläufer ↑ Uferläufer.

Flußzeder (Libocedrus), Gatt. der Zypressengewächse mit 9 Arten, hauptsächl. in Amerika; bis 50 m hohe, immergrüne Bäume mit schmalen, flachgedrückten Zweigen, schuppenförmigen Blättern und runden bis längl. Zapfen. Die winterharte Art **Kaliforn. Flußzeder** (Libocedrus decurrens), ein hoher, schlanker, pyramidenförmiger Baum mit stark abblätternder Rinde, wird in mehreren Formen als Zierbaum angepflanzt.

Flüstergewölbe (Flüstergalerie), Bez. für einen mit einem Gewölbe versehenen Raum, in dem an bestimmten Stellen geflüsterte Worte (durch Reflexion des Schalls am Gewölbe) an entfernten Stellen deutl. wahrgenommen werden können, während sie im übrigen Raum nicht zu hören sind.

Flüsterwitz, Form des polit. Wortwitzes; entsteht meist unter den Bedingungen totalitärer Herrschaft (v. a. bei Unterdrückung der anderen Formen der Meinungsäußerung); hat seinen Namen von der vertraul. Weitergabe („hinter der vorgehaltenen Hand geflüstert").

Flut ↑ Gezeiten.

fluten, spezielle Schiffsräume oder Fluttanks zum Verändern des Tiefgangs oder bei Tauchmanövern mit Wasser füllen.

Flutkraftwerk, svw. Gezeitenkraftwerk (↑ Kraftwerke).

Flutlichtanlage, Beleuchtungsanlage aus mehreren breit abstrahlenden Einzelscheinwerfern oder Scheinwerfergruppen, meist auf Masten; zum nahezu taghellen, gleichmäßigen Ausleuchten, z. B. von Sportanlagen.

Flutsagen ↑ Sintflut.

Flutwelle, sprunghafter Anstieg des Wasserspiegels als Auswirkung der Flut, v. a. im Mündungsbereich von Flüssen; mit verheerenden Wirkungen auch bei Seebeben, untermeer. Vulkanausbrüchen und Wirbelstürmen auftretend.

fluvial (fluviatil) [lat.], zum Fluß gehörend, von ihm geschaffen, abgelagert.

fluvioglazial [lat.], durch das Zusammenwirken von fließendem Wasser und Gletschereis entstanden.

Fluxistor [Kw.], svw. ↑ Feldplatte.

Fluxmittel [lat./dt.], Öl (z. B. Rückstandsheizöl) geringer Flüchtigkeit; als Weichmacher dem Bitumen beigemischt.

Fluxus [lat. „das Fließen"], vermehrte Flüssigkeitsabsonderung (z. B. von Eiter oder Blut).

◆ Begriff in der zeitgenöss. Kunst für eine Form der Aktionskunst; v. a. zw. 1958 und 63 große Veranstaltungen mit akust. und visuellen Arrangements und Vorführungen.

Fly [engl. flaɪ], zweisitziger Einspänner.

Flying Dutchman [engl. 'flaɪŋ 'dʌtʃmən „fliegender Holländer"], internat. anerkannte Einheitsjolle in Rundspantform für den Rennsegelsport, mit zwei Mann Besatzung. Länge 6,05 m, Breite 1,80 m, Tiefgang 1,10 m (mit Schwert).

Flynn, Errol [engl. flɪn], * Antrim (Nordirland), nach eigener Angabe * Hobart (Tasmanien) 20. Juni 1909, † Los Angeles-Hollywood 14. Okt. 1959, amerikan. Filmschauspieler. - Helden- und Liebhaberrollen in zahlr. Hollywoodfilmen, u. a. „Unter Piratenflagge" (1935), „Robin Hood, der König der Vagabunden" (1938), „Herr des Wilden Westens" (1939).

Fly River [engl. 'flaɪ 'rɪvə], Fluß auf Neuguinea, entspringt in der Hindenburg Range, mündet mit langem Ästuar in den Papuagolf, über 1 000 km lang; schiffbar etwa 800 km; Unterlauf stark mäandrierend.

fm, Einheitenzeichen für: ↑ Festmeter.

Fm, chem. Symbol für ↑ Fermium.

FM, Abk.:
◆ für Feldmarschall.
◆ für Frequenzmodulation (UKW).

FML, Abk. für: Feldmarschalleutnant.

FMN, Abk. für: ↑ Flavinmononukleotid.

Fo, chin. Name für ↑ Buddha.

Fo, Dario, * Sangiano (Varese) 24. März 1926, italien. Dramatiker, Schauspieler, Regisseur und Theaterleiter. - Begann 1952 mit polit.-satir. Revuen und Filmszenarien; schrieb ab 1958 zus. mit seiner Frau F. Rame (* 1929) volkstüml. Farcen; ab 1970 polit. Volkstheater, realisiert von einem Theaterkollektiv, das v. a. in Betrieben, auf Plätzen und Straßen in Arbeitervierteln auftritt. - *Werke:* Mistero buffo (1969), Bezahlt wird nicht (1974), Einer für alle, alle für einen (dt. Erstaufführung 1977), Der zufällige Tod eines Anarchisten (dt. Erstaufführung 1978), Offene Zweierbeziehung (1983), Zufällig eine Frau: Elisabeth (1984).

Foam-backs [engl. 'foʊmbæks, eigtl. „Schaumrücken"], Sammelbez. für Web- oder Wirkwaren, deren Rückseite eine Schicht aus Schaumstoff trägt.

fob-Kalkulation [Abk. für engl.: free on board „frei an Bord"], Berechnung des Ausfuhrpreises nach den fob-Richtlinien (↑ Handelsklauseln). Die auf Grund der fob-K. entstandenen Preise dienen der Außenhandelsstatistik als sog. Basiswerte.

Foch, Ferdinand [frz. fɔʃ], * Tarbes 2. Okt. 1851, † Paris 20. März 1929, frz. Marschall. - Führte zu Beginn des 1. Weltkriegs in der Marneschlacht die 9. Armee; zeichnete sich später v. a. bei der strateg. Planung und Leitung der Sommeschlacht aus; 1917 als Nachfolger P. Pétains Chef des Armeegeneralstabs und Mgl. des Obersten Kriegsrats; 1918 Oberkommandierender aller Truppen der Entente einschließl. des amerikan. Expeditionskorps; seine Forderung auf der Friedenskonferenz, die frz. Militärgrenze bis zum Rhein vorzuschieben, scheiterte am Widerspruch G. B. Clemenceaus.

Fock, Gorch, eigtl. Hans Kinau, * Finkenwerder (= Hamburg) 22. Aug. 1880, ✕ im Skagerrak 31. Mai 1916, dt. Schriftsteller. - Sohn eines Hochseefischers. Verfaßte von der Liebe zur See und der Verbundenheit mit der heimatl. Landschaft und ihren Menschen geprägte realist. Romane, u. a. „Seefahrt ist not!" (1913) und Erzählungen wie „Schullengrieper und Tungenknieper" (1911), z. T. in niederdt. Sprache; „Sterne überm Meer" (Tagebuch und Ged., hg. 1917).

Fock [niederdt.], das unterste Rahsegel am Fockmast (vorderster Mast) eines rahgetakelten Segelschiffes; bei Segelbooten das Segel unmittelbar vor dem (vordersten) Mast.

Focke, Elsbeth Charlotte Katharina, * Bonn 8. Okt. 1922, dt. Politikerin. - Seit 1964 Mgl. der SPD; 1966–69 MdL in NRW, 1969–80 MdB; 1969–72 parlamentar. Staatssekretärin im Bundeskanzleramt, 1972–76 Bundesmin. für Jugend, Familie und Gesundheit; seit 1979 Mgl. des Europ. Parlaments.

F., Henrich, * Bremen 8. Okt. 1890, † ebd. 25. Febr. 1979, dt. Flugzeugkonstrukteur. - F. konstruierte zahlr. Flugzeuge und wirkte in den dreißiger Jahren als Pionier des Hubschrauberbaus.

Focşani [rumän. fok'ʃanj], Hauptstadt des rumän. Verw.-Geb. Vrancea, am Rande der Ostkarpaten, 52 m ü. d. M., 74 800 E. Museen; Nahrungs- und Genußmittelind.

Focus (Fokus) [lat.], svw. ↑ Brennpunkt.

Föderalismus [lat.-frz., zu ↑ Foedus], Bez. für ein Gestaltungsprinzip sozialer Gebilde, v. a. von Staaten; soll der Sicherung von Eigenständigkeit und Selbstverantwortung gesellschaftl. Teilbereiche dienen in dem Sinne, daß der übergeordneten Gewalt jeweils nicht mehr Regelungsbefugnisse gegenüber nachgeordneten Gewalten (z. B. dem Gesamtstaat gegenüber den Gliedstaaten) eingeräumt wird, als im Interesse des Ganzen geboten ist. Im F. als verfassungsrechtl. Gestaltungsprinzip kommen unterschiedl. sozialgeschichtl. Entwicklungsstufen zum Ausdruck. Älteste Form ist der **Stammesföderalismus,** der auf dem Prinzip ethn. Zusammengehörigkeit aufbaut (z. B. die bibl. Organisation der 12 Stämme Israels, die bundesstaatl. Strukturen des heutigen Jugoslawiens). Der **dynastische Föderalismus** war in typ. Form verwirklicht im Dt. Reich 1871–1914. Typen des F. auf völkerrechtl. Grundlage (völkerrechtl. Staatenverbindungen) sind v. a. als bes. Staatenbund, aber auch *Personal-* und *Realunion* (z. B. USA 1778–87, Dt. Bund 1815–66): Die Souveräni-

Föderalisten

tät der Mgl. bleibt prinzipiell und formell unangetastet; es fehlt die gemeinsame Staatsgewalt. Gleichzeitig stellt die Verbindung eine selbständige Gesamtheit und nach außen ein völkerrechtl. Subjekt dar. Verfassungsgeschichtl. hat sich der Staatenbund mehrfach als Vorstufe des Bundesstaates erwiesen (z. B. USA, Schweiz); Staatengemeinschaften der Zeitgeschichte wie Völkerbund, UN oder etwa die Westeurop. Union (WEU) enthalten Strukturelemente, die sie typolog. dem Staatenbund annähern. Als dauerhafteste polit. Gestaltung des F. hat sich der F. auf staatsrechtl. Grundlage im **Bundesstaat** erwiesen: eine Staatenverbindung, die als Gesamtstaat aus Gliedstaaten zusammengesetzt ist, die teilweise Staatsgewalt behalten (z. B. USA, Schweiz, BR Deutschland, Kanada, Österreich, Australien, Indien, Mexiko, Venezuela, Brasilien). Die Gesamtstaatsvertretung nach außen liegt stets bei der Zentralgewalt. Die Institutionen der europ. Integration, völkerrechtl. als supranat. Gemeinschaften bezeichnet, haben nur Elemente eines staatsrechtl. Föderalismus. Vom **korporativen Föderalismus**, der vom Genossenschaftsgedanken ausgeht und in Real-, Personal- und Gebietskörperschaften mit Selbstverwaltung seinen Ausdruck findet, sind am wichtigsten die kommunalen Körperschaften einschließl. der übergemeindl. Zweckverbände. Ihr Wirkungskreis steht in der BR Deutschland unter der ausdrückl. Garantie des Grundgesetzes (Art. 28, 2). Unter dem föderalist. Prinzip sind daneben auch korporative Zusammenschlüsse wie Industrie- und Handelskammern, Landwirtschaftskammern, Handwerkskammern, Innungsverbände usw. zu subsumieren, sofern sie Anerkennung als öffentlich-rechtliche Körperschaft und Selbstverwaltung aufweisen.

📖 *Héraud, G.:* Die Prinzipien des F. u. die Europ. Föderation. Dt. Übers. Wien 1979. - F. Hg. v. G. Kirsch. Stg. 1977.

Föderalisten [lat.-frz.], Befürworter des Föderalismus; insbes. Bez. für die Anhänger der Federalist Party in den USA.

Föderaltheologie ↑ Coccejus, Johannes.

Föderaten ↑ Foederati.

Föderation [zu lat. foederatio „Vereinigung"], Bez. für ein Staatenbündnis, dessen einzelne Partner unabhängig bleiben und sich nur zu einem sachl. oder zeitl. begrenzten Zweck verbinden. - ↑ auch Konföderation.

Föderation Arabischer Republiken, 1971 beschlossener Staatenbund zw. Ägypten, Libyen und Syrien; erhielt 1971 eine Verfassung, die durch Volksabstimmung in allen drei Staaten gebilligt wurde; obwohl der Vertrag am 1. Jan. 1972 in Kraft trat, blieb er ohne Wirkung.

Föderation der liberalen und demokratischen Parteien der Europäischen Gemeinschaften, 1976 gegr. Partei zur Zusammenführung der liberalen Parteien der EG; Präs. G. Thorn. 1977 wurde ein gemeinsamer Entwurf der 14 Mgl. für ein Parteiprogramm vorgelegt und 1978 verabschiedet.

föderatives Gesetz [lat./dt.], Gesetz, das der Zustimmung des Bundesrats bedarf.

Foe, Daniel [De] [engl. foʊ] ↑ Defoe, Daniel.

Foederati (Föderaten) [fø...; lat.], im antiken Rom auswärtige Gemeinden oder Volksstämme, die durch einen Vertrag (Foedus) mit Rom i. d. R. auf Ewigkeit verbunden sowie zur Waffenhilfe auf eigene Kosten und unter eigenem Kommando verpflichtet waren; urspr. Name: **Socii** (Bundesgenossen).

Foedus ['føːdʊs; lat.], im antiken Rom der beschworene, mit einer Fluchformel zur Verhinderung seiner Nichteinhaltung belegte Vertrag (Bündnis- oder Friedensvertrag).

Foerster ['fœrstər], Friedrich Wilhelm, * Berlin 2. Juni 1869, † Kilchberg (ZH) 9. Jan. 1966, dt. Erziehungswissenschaftler und Politiker. - Seit 1912 Prof. in Wien, 1914 Prof. in München; legte 1920 sein Amt nieder, lebte dann u. a. in der Schweiz und in Frankr., 1942–64 in den USA; nahm in seinem eth. rigorosen, christl. und pazifist. fundierten Werk entschieden Stellung gegen die Trennung von Recht und Macht (verbunden mit einer scharfen Kritik an der preuß.-dt. Politik des 19. und 20. Jh.); zahlr. pädagog. und polit. Schriften.

F., Karl, * Berlin 9. März 1874, † Potsdam 27. Nov. 1970, dt. Gärtner. - Blumenzüchter, der sich durch zahlr. Neuzüchtungen verdient machte und populärwiss. Werke über Gartenbau und -gestaltung, bes. über Stauden- und Steingärtnerei schrieb.

Foertsch, Friedrich [fœrtʃ], * Drahnow bei Deutsch Krone 19. Mai 1900, † Goslar 14. Dez. 1976, dt. General. - Seit 1918 Berufssoldat; im 2. Weltkrieg zuletzt Chef des Generalstabs der Heeresgruppe Kurland; 1945–55 in sowjet. Gefangenschaft; seit 1956 wieder aktiv in der Bundeswehr; 1961–63 Generalinspekteur der Bundeswehr.

Fogarasch ↑ Făgăraş.

Fogazzaro, Antonio [italien. fogat'tsaːro], * Vicenza 25. März 1842, † ebd. 7. März 1911, italien. Schriftsteller. - Humor und treffende Charakterisierung kennzeichnen sein umfangreiches Romanwerk, das um eine Synthese der offiziellen kath. Lehre mit den neuen Ideen des Darwinismus bemüht ist und stilist. z. T. bereits symbolist. Züge zeigt. - *Werke:* Miranda (Epos, 1874), Malombra (R., 1881), Die Kleinwelt unserer Väter (R., 1895), Die Kleinwelt unserer Zeit (R., 1900), Der Heilige (R., 1905).

Foggara [arab.] (pers. Kares, arab. Kanat), unterird., bis zu 20 km langer Kanal, über den in Trockengebieten, heute v. a. in N-Afrika und Vorderasien, Grundwasser vom Gebirgsfuß oder von Wadis in die zu bewässernde Oase geleitet wird.

Foggia [italien. 'fɔddʒa], italien. Stadt in Apulien, 70 m ü. d. M., 157 800 E. Hauptstadt der Prov. F., kath. Bischofssitz; Museum mit Galerie; Dieselmotorenwerk, Nahrungsmittel-, Papier- und chem. Ind.; Handel mit Agrarprodukten, Landw.messe. - Erstmals zu Beginn des 11. Jh. erwähnt, wichtige Residenz der Staufer. - Ein Erdbeben zerstörte 1731 fast alle ma. Bauwerke. Die Kathedrale (12. Jh.) wurde nach 1731 im Barockstil neu errichtet.

Fogo, eine der Kapverdischen Inseln, fast rund (24 km Durchmesser), im noch tätigen Vulkan Pico de Cano 2 829 m hoch.

Fohlen (Füllen), Bez. für ein junges Pferd von der Geburt bis zum Alter von 2,5–3 Jahren (bei Kaltblütern) bzw. 3,5–4 Jahren (bei Warmblütern).

Fohlenlähme, Bez. für zwei Infektionskrankheiten bei neugeborenen Fohlen: 1. **Frühlähme:** durch Bacterium pyosepticum hervorgerufene Erkrankung, die unter Bildung zahlr. Abszesse in den Nieren meist innerhalb der ersten vier Lebenstage zum Tod führt; 2. **Spätlähme** (klass. F.): eine meist vom Nabel aus erfolgende Streptokokkeninfektion, die sich nach dem 8. Lebenstag v. a. in eitrigen Entzündungen der Gelenke äußert.

Föhn [zu lat. favonius „lauer Westwind"], Luftströmungen, die an der Luvseite von Gebirgen Feuchtigkeit abgeben und sich in Lee (Fallwind) beim Absteigen stärker erwärmen, als sie sich beim Aufstieg abgekühlt haben. Voraussetzung: ausreichende Gebirgshöhe; föhnartige Strömungen auch an niedrigeren Gebirgen; **Föhnmauer,** die von der Leeseite her sichtbaren oberen Teile der bis über den Gebirgskamm reichenden Staubewölkung der Luvseite; **Föhnwolken,** linsenförmige, mittelhohe Wolken (Altocumulus lenticularis).

Föhnkrankheit, zusammenfassende Bez. für Beeinträchtigungen des körperl. Wohlbefindens wetterfühliger Menschen bei Föhn (z. B. in den Alpen und im Alpenvorland, in den dt. Mittelgebirgen). Außer allg. Symptomen wie Schlaflosigkeit, Kopfschmerzen, Schwindelgefühl, Ohrensausen, Erbrechen, Einschränkungen der körperl. und geistigen Leistungsfähigkeit, Reizbarkeit, Angst, Unlust und Depressionen kann es vermutl. auch zu einer Verschlimmerung bestehender Krankheiten und zu einem gehäuften Auftreten von Herz- und Kreislaufattacken kommen. Daß auch Selbstmorde, Gewaltverbrechen und Verkehrsunfälle unter Föhneinfluß zunehmen, ist statist. gesichert.

Fohnsdorf, Gemeinde in der Steiermark, Österreich, 60 km wnw. von Graz, 736 m ü. d. M., 10 000 E. Tiefstes Braunkohlenbergwerk Europas (bis 1 200 m); 1979 stillgelegt.

Fohr, Carl Philipp, * Heidelberg 26. Nov. 1795, † Rom 29. Juni 1818, dt. Maler und Zeichner. - Vertreter der Heidelberger Romantik. Schloß sich 1816 in Rom den Nazare-

nern an. Er hinterließ neben Landschaftsgemälden v. a. bed. Landschafts- und Porträtzeichnungen.

Föhr, eine der Nordfries. Inseln, vor der W-Küste Schl.-H. im Wattenmeer gelegen, 82 km², Hauptort ist Wyk auf F.; Landw. (Grünlandnutzung), Fremdenverkehr; Fährverbindung zum Festland und nach Wittdün auf Amrum. - In *Boldixum*, einem Stadtteil von Wyk auf F., steht die Nikolaikirche, eine got. Backsteinkirche. Die Johanniskirche in *Nieblum* ist ein einschiffiger got. Backsteinbau, die Laurentiuskirche in *Süderende* eine roman. Kirche des späten 12. Jh.

Föhre, svw. Waldkiefer (↑ Kiefer).

Foix [frz. fwa], frz. Stadt in den Pyrenäen, an der Ariège, 9 300 E. Verwaltungssitz des Dep. Ariège; Fremdenverkehr; eisenverarbeitende Ind. - Stadt seit 1244. - Burg (11.–15. Jh.; heute Museum).

F., ehem. frz. Gft. etwa dem Dep. Ariège entsprechend; Besitz einer Seitenlinie der Grafen von Carcassonne Mitte 11. Jh.; erhielt 1290 die Gft. Béarn, fiel selbst 1398 an das Haus Grailly, 1484 an das Haus Albret, das gleichzeitig das Kgr. Navarra erwarb; durch König Heinrich IV. 1607 mit der Krone von Frankr. vereinigt.

fokal [lat.], den Fokus (Brennpunkt) betreffend.
◆ in der *Medizin* auf einen Krankheitsherd bezogen, von einem Streuherd ausgehend.

Fokalinfektion, svw. ↑ Herdinfektion.

Fokin, Michail Michailowitsch (Michel Fokine), * Petersburg 25. April 1880, † New York 22. Aug. 1942, russ. Tänzer und Choreograph. - Seit 1909 Chefchoreograph der Diaghilews „Ballets Russes", wo seine wichtigsten Choreographien entstanden, u. a. Uraufführung von Strawinskis „Feuervogel" (1910) und „Petruschka"(1911) sowie Ravels „Daphnis und Chloe" (1912). Nach der Trennung von Diaghilew (1914) war er in Rußland, W-Europa und Amerika tätig. F. ist der Wegbereiter des modernen Balletts, in dem er eine konzeptionelle Einheit von Musik, Malerei und Bewegung anstrebte.

Fokker, Anthony [Herman Gerard], * Kediri (Java) 6. April 1890, † New York 23. Dez. 1939, niederl. Flugzeugkonstrukteur. - F. begründete 1912 eine Flugzeugfabrik und baute während des 1. Weltkriegs Jagdeinsitzer, die er mit durch den Propellerkreis schießenden Maschinengewehren ausstattete. Ging 1922 in die USA und gründete dort die F. Aircraft Corporation of America.

Fokometer [lat./griech.], Meßeinrichtung zur Bestimmung der Brennweite von opt. Systemen.

Fokus (Focus) [lat. „Feuerstätte, Herd"], in der *Optik* svw. ↑ Brennpunkt.
◆ in der *Medizin* svw. Krankheitsherd (↑ Herd).

Fokussierung [lat.], allg. die Vereinigung bzw. Wiedervereinigung von divergierenden bzw. parallelen Strahlen in einem Punkt, v. a. bei photograph. Objektiven (Scharfeinstellung); in der *Kerntechnik* das Sammeln von Strahlen geladener Teilchen durch geeignete elektr. und magnet. Felder. Werden dabei also von einem Punkt unter verschiedenen Winkeln mit gleicher Geschwindigkeit ausgehenden Teilchen in einem anderen Punkt, dem Fokus gesammelt, dann spricht man von **Richtungsfokussierung**; werden dagegen Teilchen, die mit verschiedener Geschwindigkeit, aber in gleicher Richtung von einem Punkt ausgehen, gesammelt, dann handelt es sich um **Geschwindigkeitsfokussierung.**

fol., Abk. für: ↑ **Folio** (Buchformat).

Földes, Andor, eigtl. A. Földes, * Budapest 21. Dez. 1913, Pianist und Dirigent ungar. Herkunft. - Wurde v. a. als Bartók- und Beethoven-Interpret bekannt.

Folengo, Teofilo, Pseud. Merlin Cocai, * Mantua 8. Nov. 1491 (1496 ?), † Campese (= Bassano del Grappa) 9. Dez. 1544, italien. Schriftsteller. - Benediktiner; in seinem Hauptwerk, dem burlesken Epos „Baldus" (erstmals erschienen 1517) verspottet er die literar. Modeströmungen seiner Zeit, die Nachahmung der Antike, die Verwendung der latein. Sprache sowie Ritterromane und Schäferpoesie.

Folge, in der *Mathematik* eine ↑Abbildung, deren Definitionsbereich die Menge der natürl. Zahlen ist. Je nach Art der Bilder unterscheidet man zw. Zahlen-, Funktionen- und Punktfolgen.
◆ ↑Lehnswesen.

Folgerecht (frz. droit de suite), der auf dem Urheberrecht beruhende Anspruch des bildenden Künstlers gegen den Weiterveräußerer eines seiner Werke auf einen Erlösanteil von 5 %, wenn an der Veräußerung ein Kunsthändler oder Versteigerer beteiligt war und der Erlös mindestens 100 DM betragen hat.

Folgerung, 1. die aus bestimmten Hypothesen (Gründen, Prämissen) gefolgerte These (auch Folge, Konklusion); 2. die Beziehung zw. den Hypothesen und der These, wenn mit der Wahrheit der Hypothesen auch die Wahrheit der These verbürgt ist; 3. die Schlußregel, kraft derer von der Hypothese zu der These übergegangen werden darf; 4. ein log. Schluß.

Folgesatz, svw. ↑ Konsekutivsatz.

Folgeschaden, versicherungsrechtl. der als unvermeidl., adäquate Folge eines durch Versicherungsfall herbeiführenden Ereignisses entstehende Schaden; eingeschlossen ist die F. z. B. immer in der Feuerversicherung.

Folia [lat.-portugies.], seit dem 16. Jh. bekanntes, v. a. im Barock verwendetes musikal. Satzmodell, das als Lied- oder Tanzsatz sowie Thema mit Variationen verbreitet war.

Foliant [lat.], großes Buch (Folioformat).

Folie [zu lat. folium „Blatt"], dünnes Metall- oder Kunststoffblatt; Herstellung im allg. durch Auswalzen oder Kalandrieren, bei Kunststoffen auch durch Aufschneiden von Schlauch-F., die unter Verwendung eines F.blaskopfs auf einem Extruder hergestellt werden kann.

Folies-Bergère [frz. fɔlibɛr'ʒɛːr], Revuetheater in Paris. Unter der Direktion von É. Marchand (1886–1901) weltbekannt.

Foligno [italien. fo'liɲɲo], italien. Stadt in Umbrien, 35 km sö. von Perugia, 234 m ü. d. M., 52 600 E. Bischofssitz; archäolog. Museum; Maschinenbau, Papier- und Lederind.; Bahnknotenpunkt. - F. geht zurück auf das antike **Fulginiae (Fulginium).** 1439–1860 gehörte es zum Kirchenstaat. - An der Piazza della Repubblica liegen der Palazzo Comunale (13.–17. Jh.), der roman. Dom (1133–1201) und der Palazzo Trinci (1389–1407).

Folinsäure [lat./dt.] ↑ Folsäure.

Folio [zu lat. in folio „in einem Blatt"], Abk. fol., Format eines nur einmal gefalzten Bogens (= 2 Blatt). - ↑auch Buchformat.

Folkestone [engl. 'foukstən], engl. Hafenstadt und Seebad an der Kanalküste, Gft. Kent, 10 km wsw. von Dover, 43 700 E. Museum, Kunstgalerie, Bibliothek, Theater; Post- und Passagierhafen für den Transkanalverkehr; Fischereihafen.

Folketing [dän.], das dän. Parlament, ↑Dänemark (Geschichte und polit. System).

Folkevise [dän. „Volksweise"] (Mrz. Folkeviser), die dän. Volksballade des MA (Blütezeit ist das 13./14. Jh.); Zwei- und Vierzeiler mit Refrain über Mythos, Legende, geschichtl. Ereignisse u. a.

Folklore ['fɔlkloːr, fɔlk'loːrə; zu engl. folk „Volk" und lore „(überliefertes) Wissen"], zunächst die mündl. Volksüberlieferung (z. B. Märchen, Sage, Sprichwort, bes. Volksmusik, -tanz und Gesang; i. w. S. die gesamte volkstüml. Überlieferung; im angelsächs. Bereich Bez. für Volkskunde.

Folkloristik [engl.], Bez. für die Wissenschaft von den Volksüberlieferungen, insbes. von den sprachl. vermittelten Traditionen.

Folksong [engl. 'fouksɔŋ], Parallelbegriff zum dt. Begriff Volkslied; urspr. nur als wiss. Terminus der angelsächs. Volksliedforschung verwendet, bezeichnete er das gedächtnismäßig überlieferte, anonyme Lied, das aus mündl. Besitz von Einzelsängern und Singgemeinschaften aufgezeichnet werden kann. Heute sind viele F. mit polit. und sozialen Bewegungen verknüpft und haben Protestsongcharakter.

Folkunger, seit der Chronik des Olaus Petri (1. Hälfte 16. Jh.) Name eines schwed. Königsgeschlechts, das 1250–1363 in Schweden, 1319–87 in Norwegen und 1375–87 auch in Dänemark regierte und 1387 ausstarb.

Folkwangmuseum ↑Museen (Übersicht).

Follen, Karl Theodor Christian, * Romrod (Vogelsbergkreis) 4. Sept. 1796, † bei Schiffsunglück im Long Island Sound (USA) 13. Jan. 1840, dt. Politiker und Schriftsteller. - Einer der Führer des radikalen burschenschaftl. Flügels; nach Anklage wegen demagog. Umtriebe Flucht über Frankr. und die Schweiz in die USA (1824), wo er als Prof. an der Harvard University und später als unitar. Prediger wirkte.

Follikel (Folliculus) [lat.], in der Anatomie Bez. für bläschen- oder balgförmige Gebilde, z. B. Haar-F.; i. e. S. Kurzbez. für Eifollikel.

Follikelabbruchblutung, svw. ↑Abbruchblutung.

Follikelhormone, ältere Bez. für die u. a. in den Follikeln des Eierstocks gebildeten Östrogene.

Follikelreifungshormon ↑Geschlechtshormone.

Follikelsprung, svw. ↑Ovulation.

follikelstimulierendes Hormon ↑Geschlechtshormone.

follikulär (follikulär) [lat.], bläschenartig; von einem Follikel ausgehend.

Follis [lat. „der Geldbeutel"], 1. mit Kupfergeld gefüllter Beutel, dessen Inhalt ein Siegel garantierte, seit Diokletian als Großgeld verwendet; nach der Münzreform Diokletians 294–346 geprägte, leicht versilberte Kupfermünze.

Folsäure [lat./dt.] (Pteroylglutaminsäure), wie ihr Derivat **Folinsäure** Substanz mit Vitamincharakter, von großer Bed. im Zellstoffwechsel, v. a. in Leber, Niere, Muskeln, in Hefe und Milch vorkommend; ihr Fehlen im Körper bewirkt Verzögerung der Zellteilung und v. a. eine Störung der Blutbildung.

Folsomspitzen [engl. ˈfoʊlsəm], altindian. vorkeram. Pfeilspitzen in den USA, ben. nach dem ersten Fundort Folsom im nö. New Mexico, USA, 320 km nö. von Santa Fe; etwa zw. 9000 und 8000 v. Chr. zu datieren (Teil der Lindenmeiertradition).

Folter (Tortur, peinl. Befragung), Zufügung körperl. Schmerzen zur Erzwingung einer Aussage. F. des Verdächtigen, seltener des nicht aussagewilligen Zeugen, ist uralt; sie erlangte überragende Bed. im Strafprozeß, seit zur Verurteilung das Geständnis des Verdächtigen verlangt wurde (v. a. im Inquisitionsprozeß); ärgster Mißbrauch seit Ende des 15. Jh. in den Prozessen gegen Hexen. Zur Verhinderung wahlloser Anwendung der F. entwickelte erstmals die italien. Strafrechtswiss. des 14./15. Jh. Regeln. Eingehende Regelungen erfolgten in der Carolina (1532), aber auch noch in der Theresiana (1768); sie wurde abgeschafft unter dem Einfluß der Aufklärung, als das Geständnis seine prozeßentscheidende Funktion verloren hatte und durch Zeugen- und Indizienbeweise ersetzt werden konnte (von Preußen 1740/54 als erstem dt.

Staat; andere folgten erst im 19. Jh.). Doch sind die Vernehmungspraktiken, v. a. gegenüber polit. Verdächtigen, vielerorts, bes. in Staaten, die totalitär oder von Militärdiktaturen regiert werden, z. T. der ma. F. gleichzusetzen. - **Folterwerkzeuge** waren bis in die Neuzeit v. a. Daumenschrauben und span. Stiefel (zum Quetschen der Daumen bzw. Waden), Folterstuhl (an Sitzfläche und Lehne mit spitzen Nägeln bestückt), Winde und Rad (der Delinquent wurde an seinen auf dem Rücken zusammengebundenen Händen - evtl. mit Gewichten an den Füßen - in die Höhe gezogen bzw. „aufgeflochten"), Schwedentrunk (dem Gefolterten wird Jauche eingeflößt; v. a. im Dreißigjährigen Krieg). - **Moderne Foltermethoden** sind - abgesehen von körperl. Mißhandlungen durch Schläge, Tritte u. a. - insbes. die Zwangseinnahme von (u. U. die Aussagen beeinflussenden) Medikamenten, die Anwendung von Elektrizität, von Lärmgeräten, Nahrungsmittelbeschränkung, Schlafentzug, Verdecken des Kopfes, An-der-Wand-Stehen, Methoden des Psychoterrors und der Gehirnwäsche.

📖 *Bericht über die F. Hg. v. Amnesty International.* Ffm. 1977. - *Mortimer, J. F.: Henker - Dokumente menschl. Grausamkeit.* Genf 1976. - *Helbing, F.: Die Tortur. Gesch. der F. im Kriminalverfahren aller Zeiten u. Völker. Neu bearb. v. M. Bauer.* Bln. 1926. *Nachdr. Aalen 1971.*

Folz (Foltz), Hans, gen. „der Barbierer", * Worms um 1450, † Nürnberg um 1515, dt. Meistersinger. - Zu den Tönen der „12 alten Meister" forderte er die Aufnahme neuer Weisen und erfand selbst 27. Neben vorwiegend religiösen Liedern und Sprüchen derbe Schwänke und Fastnachtspiele, die die Tradition Rosenplüts fortsetzen. F. hat Hans Sachs entscheidende Anregungen gegeben.

Fomes [lat.], Pilzgatt. der Porlinge mit über 100 Arten in allen Teilen der Erde; konsolenförmige, leder- oder holzartige Fruchtkörper, meist an Baumstämmen; viele Arten holzzerstörend, z. B. der ↑Zunderschwamm.

Fön ® [zu ↑Föhn] (Haartrockner), Heißluftgebläse zum Trocknen des Haars. Ein Gebläserad erzeugt einen Luftstrom, der von Heizdrähten erwärmt austritt.

Fond [fõ; lat.-frz.], Rücksitz eines Wagens.
◆ Hintergrund eines Gemäldes oder einer Bühne.
◆ beim Braten, Dünsten oder Schmoren von Fleisch sich in der Pfanne bildender Satz, Grundlage für Soßen oder Suppen.

Fonda [engl. ˈfɒndə], Henry, * Grand Island (Nebr.) 16. Mai 1905, † Los Angeles 12. Aug. 1982, amerikan. Filmschauspieler. - Verkörperte den Typus des gegen Unterdrückung, Vorurteile und Ignoranz Kämpfenden, v. a. in klass. Western wie „Jesse James - Mann ohne Gesetz" (1940), „Rache für Jesse James"

Henry Fonda   Jane Fonda   Theodor Fontane (1883)

(1941), „Der Ritt zum Ox-Bow" (1943), „Faustrecht der Prärie" (1946), „Mordbrenner von Arkansas" (1967). Seine schauspieler. Wandelbarkeit zeigte sich in „Die Früchte des Zorns" (1940), „Krieg und Frieden" (1956), „Die 12 Geschworenen" (1957), „Spiel mir das Lied vom Tod" (1968).

F., Jane [Seymour], * New York 21. Dez. 1937, amerikan. Filmschauspielerin. - Tochter von Henry F.; 1964–73 ∞ mit R. Vadim, Regisseur ihrer Filme „Der Reigen" (1964), „Die Beute" (1966), „Barbarella" (1968). Bes. Leistungen in der Darstellung von Frauen in Außenseiterrollen, v. a. in „Klute" (1971), „Tout va bien" (1972), „Nora" (1973, nach H. Ibsen), „Julia" (1977), „Agnes - Engel im Feuer" (1985). Vielfältige polit. Aktivitäten, u. a. gegen den Vietnamkrieg und die gesellschaftl. Diskriminierung von Prostituierten.

F., Peter, * 23. Febr. 1939, amerikan. Filmschauspieler. - Sohn von Henry F.; weltbekannt durch den von ihm selbst produzierten Film „Easy rider" (1969), in dem er zus. mit D. Hopper dem Lebensgefühl der jungen amerikan. Generation adäquaten Ausdruck gab. - *Weitere Filme:* „Open season - Jagdzeit" (1974), „92 Grad im Schatten" (1975), „Mach' ein Kreuz und fahr' zur Hölle" (1976).

Fondaco [arab.-italien.], alte Bez. für die Kaufhäuser in den Mittelmeerländern und im Orient, v. a. die Niederlassungen auswärtiger Kaufleute; bes. bekannt der *F. dei Tedeschi,* das Haus der Deutschen in Venedig (um 1200–1806).

Fondant [fõ'dã; frz. „schmelzend"], unter Zugabe von Farb- und Geschmacksstoffen hergestellte sirupartige Zuckermasse, häufig als Bonbon- und Pralinenfüllung.

Fonds [fõ; lat.-frz.], für einen bestimmten Zweck gebildete und verwaltete Vermögenswerte (z. B. bei Stiftungen).

Fondue [fõ'dy; frz., eigtl. „geschmolzen"], urspr. geschmolzene Käsemasse, in die Weißbrotwürfel getaucht werden, dann auch für Fleischgerichte (**Fleischfondue**), bei denen Fleischwürfel am Eßtisch in einem Fonduege-

rät in Öl oder [Hühner]brühe gegart, in verschiedene Tunken getaucht und mit Beilagen (Brot) verzehrt werden.

Fons (Fontus), röm. Quellgottheit.

Fonseca, Manuel Deodoro da, * Alagoas (= Marechal Deodoro) 5. Aug. 1827, † Rio de Janeiro 23. Aug. 1892, brasilian. Politiker. - Führend an der Revolution von 1889 beteiligt; 1890/91 erster Präs. von Brasilien.

Fontaine, Joan [engl. fɔn'tɛm], eigtl. Joan de Havilland, * Tokio 22. Okt. 1917, amerikan. Filmschauspielerin. - Schwester von O. de Havilland. Zunächst Bühnenauftritte; erster Filmerfolg war „Rebecca" (1940); bed. darsteller. Leistungen auch in „Der Verdacht" (1941), „Die Waise von Lowood" (1944), „Brief einer Unbekannten" (1948).

F., Pierre François Léonard [frz. fõ'tɛn], * Pontoise 20. Sept. 1762, † Paris 10. Okt. 1853, frz. Baumeister. - F. war Hofarchitekt Napoleons I. und begr. in Zusammenarbeit (1794–1814) mit C. Percier den Empirestil; u. a. Restaurierung von Schloß Malmaison (1802 ff.); Arc de Triomphe du Carrousel (1806–08) und die Fassadenfront des Louvre an der Rue de Rivoli (1806).

Fontainebleau [frz. fõtɛn'blo], frz. Stadt im Dep. Seine-et-Marne, 15 700 E. Europ. Inst. für Unternehmensführung; Militärsportschule; mit. Reitschule, Militärmuseum; Naherholungsgebiet für Paris (17 000 ha großer *Wald von F.*). - Schloß F. (16. Jh.) ist eine um 5 Höfe gruppierte Anlage.

Das **Revokationsedikt** von F. König Ludwigs XIV. (18. Okt. 1685), welches das Edikt von Nantes aufhob, war eine Bestätigung der seit 1661 praktizierten Bedrückungen der Hugenotten. Bis 1791 geltend, verbot es das ref. Bekenntnis, verwies die ref. Geistlichen des Landes, bedrohte aber die Auswanderung von Laien mit schweren Strafen.

Fontainebleau, Schule von [frz. fõtɛn'blo], eine Künstlergruppe, die im 16. Jh. an der Innenausstattung von Schloß Fontainebleau arbeitete und dabei den italien. Manierismus nach Frankr. verpflanzte. Sie begann damit, daß König Franz I. Rosso Fiorentino und F. Primaticcio nach Fontainebleau berief. 1552 rief König Heinrich II. den Maler Nicolò dell'Abate hinzu. Die *2. S. v. F.* Anfang des 17. Jh. unterlag eher fläm. Einflüssen. Hauptvertreter waren T. Du Breuil, M. Fréminet und A. Dubois, die für Heinrich IV. arbeiteten.

Fontana, Carlo, * Bruciate (Tessin) 1634, † Rom 5. Febr. 1714, italien. Baumeister schweizer. Herkunft. - Schüler von Bernini; prägte den strengen, nüchternen Stil des röm. Spätbarock. Entwarf u.a. die Fassade von San Marcello (1682/83) und den Palazzo Montecitorio (Obergeschoß, 1694 ff.).

F., Domenico, * Melide (Tessin) 1543, † Neapel 1607, italien. Baumeister schweizer. Herkunft. - Seit etwa 1563 in Rom; Hauptmeister des röm. Frühbarock. Baute für Papst Sixtus V. Paläste (Palazzo Quirinale, 1585; Lateranspalast, 1586 ff.; Flügel des Papstpalastes und Vatikan. Bibliothek, 1587 ff.), führte städtebaul. Neuerungen ein, vollendete (mit G. della Porta) 1588–90 Michelangelos Kuppel der Peterskirche. Seit 1592 in Neapel tätig (königl. Palast, 1600 ff.).

F., Lucio, * Rosario di Santa Fe (Argentinien) 19. Febr. 1899, † Comabbio (Prov. Varese) 7. Sept. 1968, italien. Maler. - Vielbeachtet seine meist monochromen Bilder mit Einschnitten oder Durchlöcherungen; er versteht sie als Raumentwürfe („concetti spaziali").

Fontane, Theodor, * Neuruppin 30. Dez. 1819, † Berlin 20. Sept. 1898, dt. Dichter. - Stammte aus einer Hugenottenfamilie; 1864, 1866 und 1870 Kriegsberichterstatter, unter Spionageverdacht in frz. Internierung; zeitweilig Theaterkritiker bei der „Voss. Zeitung" in Berlin. Begann mit Balladen im Stil des Spätrealismus über Gestalten aus der schott.-engl. Geschichte („Archibald Douglas") oder der märk. Heimat („Herr von Ribbeck", „Der alte Zieten"). Spät fand er zu dem in der Berliner Gesellschaft oder im märk. Adel spielenden realist. Gesellschaftsroman, in dem er das Bild einer innerl. brüchigen Zeit entwarf. In dem Roman „Irrungen, Wirrungen" (1888) ist die Fragwürdigkeit der Standeshierarchie thematisiert, in dem Roman „Effi Briest" (1895) die lebenszerstörenden Folgen des Ehren- und Sittenkodexes seiner Zeit. Im „Stechlin" (hg. 1899) wird die Frage nach einer die Klassengegensätze übergreifenden Humanität erörtert und F.s Programm eines christl. Sozialismus angedeutet. F. hat den dt. Roman auf die Höhe des europ. krit. Gesellschaftsromanes geführt. Im Zurückdrängen der Handlung zugunsten einer Entfaltung des Dialogs und in der Ausbildung eines formbewußten Erzählens hat er entscheidend auf die Entwicklung des Romans gewirkt. *Weitere Werke:* Wanderungen durch die Mark Brandenburg (4 Bde., 1862–82), Grete Minde (R., 1880), L'Adultera (Nov., 1882),

Fontainebleau. Schloß mit Freitreppe

Schach von Wuthenow (E., 1883), Cécile (R., 1887), Stine (R., 1890), Frau Jenny Treibel (R., 1892), Die Poggenpuhls (R., 1896).
📖 *Verchau, E.: T. F. Bln. 1983. - F. Nymphenburger Tb.-Ausg. Hg. v. K. u. A. Schreinert. Mchn. 1969–71. 15 + 5 Bde.*

Fontäne [frz., zu lat. fons „Quelle"], Wassersäule, vorwiegend bei Springbrunnen.

Schule von Fontainebleau. Unbekannter Meister, Sabina Poppäa (undatiert). Genf, Musée d'Art et d'Histoire

SABINA POPPÆA

Fontanelle

Fontanelle [lat.-frz., eigtl. „kleine Quelle"], nur durch eine Membran verschlossene Lücke zw. den Knorpel- bzw. Knochenelementen des Schädeldachs neugeborener Wirbeltiere (einschließl. Mensch), die sich erst mit dem Wachstum der Schädelknorpel bzw. -knochen ganz oder teilweise schließt. Beim Menschen unterscheidet man eine **große Fontanelle** zw. den Stirnbeinhälften und den Scheitelbeinen (schließt sich zw. dem 9. und 16. Lebensmonat) und eine **kleine Fontanelle** zw. Scheitelbeinen und Hinterhauptsbein (schließt sich mit der 6. Lebenswoche).

Fontange [fõ'tã:ʒə; frz.] ↑ Haube.

Fontenay [frz. fõt'nɛ], ehem. Zisterzienserabtei in Burgund, nw. von Dijon, Frankr.; 1119 von Clairvaux aus gegr., bestand bis 1791. Die 1147 geweihte Kirche ist ein Prototyp der frühen Kirchenbaukunst der Zisterzienser (heute Museum).

Fontenelle, Bernard Le Bovier de [frz. fõt'nɛl], * Rouen 11. Febr. 1657, † Paris 9. Jan. 1757, frz. Schriftsteller und Philosoph. - Neffe von P. Corneille, 1699–1740 Sekretär der Académie des sciences. Bed. Vorläufer der Aufklärung. Schrieb Dramen, Gedichte und v. a. schulemachende popularwiss. Dialoge. - *Werke:* Dialoge über die Mehrheit der Welten (1686), Gespräche im Elysium (1683).

Fontevrault [frz. fõtə'vro], ehem. frz. Benediktinerabtei sö. von Saumur; 1101 von Robert von Arbrissel als Doppelkloster gegr. Die ehem. Klosterkirche ist eine bed. roman. Kuppelkirche (12. Jh.), Grablege der Plantagenets aus dem 12. und 13. Jh. (u. a. Heinrich II. von England, seine Gemahlin Eleonore von Aquitanien und Richard Löwenherz).

Fonteyn de Arias, Dame (seit 1956) Margot [engl. fən'tɛɪn], eigtl. Peggy Hookham, * Reigate 18. Mai 1919, engl. Tänzerin. - Tanzte die großen Rollen des klass. Repertoires und kreierte zahlr. Ballette von F. Ashton. Primaballerina der Royal Ballet; Memoiren „Die zertanzten Schuhe" (1975).

Fonwisin, Denis Iwanowitsch, * Moskau 14. April 1745, † Petersburg 12. Dez. 1792, russ. Dramatiker. - Legte in von Molière und Holberg formal beeinflußten satir. Komödien Korruption, Sittenlosigkeit, Unbildung und Arroganz der Beamten und des Landadels bloß; u. a. „Der Landjunker" (Kom., 1783).

Food and Agriculture Organization of The United Nations [engl. 'fuːd ənd ægrɪ'kʌltʃə ɔːgənaɪ'zeɪʃən əv ðə juˈnaɪtɪd 'neɪʃənz], Abk. FAO, 1945 in Quebec gegr. zwischenstaatl. Fachorganisation (UN-Sonderorganisation) für Ernährung, Landw., Forsten und Fischerei. Die jährl. Konferenz besteht aus je einem Vertreter der Mitgliederstaaten, die nicht der UN anzugehören brauchen; 27 gewählte Mgl. aus diesem Gremium bilden den **Welternährungsrat.** Die FAO tritt v. a. für eine Steigerung der landw. Produktion in Entwicklungsländern ein.

Foot, Michael [engl. fʊt], * 23. Juli 1913, brit. Politiker. - Journalist; 1945–55 und seit 1960 Mgl. des Unterhauses für die Labour Party, gehört zum „linken Flügel"; Arbeitsmin. 1974–76. 1976–79 Präs. des Geheimen Staatsrats, Führer des Unterhauses und stellv. Premiermin.; 1980–83 Führer der Labour Party und Oppositionsführer.

Foot [fuːt, engl. fʊt „Fuß"] (Mrz.: feet [engl. fiːt]), Einheitenzeichen ft, in Großbrit. und in den USA verwendete Längeneinheit: 1 ft = 12 inches = 0,3048 m.

Football [engl. 'fʊtbɔːl] (American Football), vom engl. Rugby abgewandeltes, 1874 zum ersten Mal gespieltes (erste Regeln 1880) amerikan. Ballspiel zw. 2 Mannschaften (je 11 Spieler, beliebig viele Auswechselspieler) auf einem 109,75 m langen und 48,80 m breiten Feld, das durch 4,57 m voneinander entfernte Linien (sog. Yardlinien) in 20 gleich große Abschnitte eingeteilt ist. Ein eiförmiger Lederball (Längsachse 28,58 cm, Gewicht 396–424 g) muß über die gegner. Grundlinie getragen oder mit dem Fuß über die Torlatte befördert werden. Die Tore (Male) bestehen aus zwei Torstangen mit einer Querlatte in 3,05 m Höhe. Spielzeit: 60 Minuten.

Foote, Arthur [engl. fʊt] * Salem (Mass.) 5. März 1853, † Boston 8. April 1937, amerikan. Komponist. - Komponierte Orchester- und Chorwerke, Kammermusik und Lieder.

Foppa, Vincenzo, * Brescia zw. 1427/30, † ebd. 1515 oder 1516, italien. Maler. - Begründer der lombard. Schule; Einflüsse Mantegnas und Bellinis. Der Reiz seiner Bilder liegt in der Lichtführung, die für die tonigen bis silbrigen Farben, Modellierung, räuml. Ordnung und Komposition bestimmend ist. U. a. „Maria mit dem Buch" (1464–68, Mailand, Castello Sforcesco), Marien-Polyptichon (1476, Mailand, Brera).

Foramen [lat.], in der Anatomie Bez. für Loch bzw. Öffnung in einem Knochen, Knorpel oder Organ; z. B. *F. magnum,* svw. Hinterhauptsloch.

Foraminiferen [lat.] (Kammerlinge, Foraminifera), seit dem Kambrium bekannte Ordnung mariner Urtierchen mit etwa 20 μm bis über 10 cm große, vielgestaltiger Schale aus organ. Grundsubstanz, der Kalk und Fremdkörper (v. a. Sandkörnchen) auf- oder eingelagert sein können; Schale einkammerig (bei den Monothalamia) oder vielkammerig (bei den Polythalamia), meist von Poren durchbrochen. Die meisten F. leben am Grund, einige leben schwebend in großer Tiefe der Meere. F. finden sich in rezenten marinen Ablagerungen oft in ungeheuerer Zahl (**Foraminiferensand**; bis zu 50 000 Gehäuse in 1 g Sand), daneben sind sie z. T. wichtige Leitfossilien (z. B. Globigerinen, Fusulinen, Nummuliten) und Gesteinsbildner, bes. im Karbon und in der Kreide (**Foraminiferenkalke**).

Forbes, Bryan [engl. fɔːbz], *Stratford-le-Bow (London) 22. Juli 1926, engl. Schauspieler, Drehbuchautor, Regisseur und Produzent. - Wurde bes. bekannt durch sein Drehbuch zu „Zorniges Schweigen" (1960); selbst Regie führte er in „In den Wind gepfiffen" (1961), „Das indiskrete Zimmer" (1962), „An einem trüben Nachmittag" (1964), „Flüsternde Wände" (1966).

Forbes-Mosse, Irene [engl. 'fɔːbz'mɔs], geb. Gräfin Flemming, *Baden-Baden 5. Aug. 1864, † Villeneuve (VD) 26. Dez. 1946, dt. Schriftstellerin. - Enkelin von A. und B. von Arnim; feinsinnige, neuromant. Lyrikerin und Erzählerin.

Force ['fɔrs(ə); lat.-frz.], Kraft, Stärke, Zwang, Gewalt.

Force de frappe [frz. fɔrsde'frap „Schlagkraft"] (Force de dissuasion „Abschreckungsmacht"), schlagwortartige Bez. für die seit den 1950er Jahren aufgebaute frz. strateg. Atomstreitmacht (Force nucléaire stratégique, Abk. FNS), eine der drei großen Kräftegruppierungen der frz. Gesamtstreitkräfte (↑ auch Frankreich, polit. System).

Forchheim, Krst. in Bayern, an der Mündung der Wiesent in die Regnitz, 260 m ü. d. M. 28 900 E. Pfalzmuseum, Metall-, Textil- und Papierind., Schokoladenfabrik. - 805 als Königshof erwähnt, seit dem 9. Jh. als Pfalz belegt. Die Königswahlen von 900 (Ludwig das Kind), 911 (Konrad I.) und 1077 (Gegenkönig Rudolf von Rheinfelden) fanden in F. statt; seit 1007 zum Bistum Bamberg, vor 1300 Stadt. - Ma. Stadtbild mit zahlr. Fachwerkhäusern, u. a. Rathaus (1491 und 1535); Pfarrkirche Sankt Martin (14. Jh.). Die Pfalz ist eine Wasserburg mit spätgot. Hauptbau (14. Jh.).

F., Landkr. in Bayern.

forcieren [frz., zu lat. fortis „stark"], etwas mit Nachdruck betreiben, vorantreiben, beschleunigen, steigern, auf die Spitze treiben, übertreiben.

Ford, Aleksander [poln. fɔrt], *Łódź 24. Nov. 1908, † 29. April 1980, poln. Filmregisseur. - Drehte zunächst · Dokumentarfilme wie „Im Morgengrauen" (1929), floh 1939 in die UdSSR, wo er eine Gruppe von Filmberichterstattern gründete. 1946/47 bis zu seiner Emigration 1968 nach Israel Leiter der staatl. Film- und Theaterakademie in Łódź. Drehte 1948 den internat. stark beachteten Film über den Aufstand im Warschauer Ghetto „Die Grenzstraße". - *Weitere Filme:* „Chopins Jugend" (1952), „Die Fünf aus der Barska-Straße" (1954), „Der achte Wochentag" (1957), „Der erste Tag der Freiheit" (1964), „Der erste Kreis der Hölle" (1972, nach A. Solschenizyn).

F., Ford Madox [engl. fɔːd], eigtl. F. Hermann Hueffer, *Merton (= London) 17. Dez. 1873, † Deauville (Calvados) 26. Juni 1939, engl. Kritiker und Schriftsteller. - U. a. 1924 Gründer der Zeitschrift „Transatlantic Review"; Beziehungen u. a. zu J. Conrad, D. H. Lawrence, H. James, H. G. Wells, J. Galsworthy, E. Pound, G. Stein, J. Joyce, E. Hemingway; bed. Anreger, krit. Essayist; auch Romane.

F., Gerald Rudolph [engl. fɔːd], *Omaha (Nebr.) 14. Juli 1913, 38. Präs. der USA (1974–76). - Seit Jan. 1949 Abg. der Republikan. Partei im Repräsentantenhaus; seit 1965 deren Fraktionsführer; seit 1973 Nachfolger des zurückgetretenen Vizepräs. S. T. Agnew; wurde im Aug. nach dem Rücktritt R. M. Nixons Präs. der USA; erließ eine Amnestie für Vietnamdeserteure; unterlag bei den Präsidentschaftswahlen 1976 knapp dem demokrat. Kandidaten J. E. Carter.

F., Glenn [engl. fɔːd], eigtl. Gwyllyn F., *Quebec 1. Mai 1916, amerikan. Filmschauspieler. - Bes. populär als Westernheld, u. a. in „Himmel hinter Stacheldraht" (1939). Bildete während des 2. Weltkriegs frz. Résistance-Kämpfer aus. - *Weitere Filme:* „Die Saat der Gewalt" (1955), „Die unteren Zehntausend" (1961), „Santee" (1972).

F., Henry [engl. fɔːd], *Dearborn (Mich.) 30. Juli 1863, † Detroit 7. April 1947, amerikan. Automobilindustrieller. - Konstruierte 1892 seinen ersten Motorwagen, gründete 1903 die Ford Motor Co. Er war 1906–19 und - nach dem Tod seines Sohnes *Edsel Bryant F.* (*1893, †1943) - 1943–45 Präs. der Gesellschaft, die 1908–27 mehr als 15 Mill. Autos des berühmten Modells T produzierte. F. verwirklichte in seinem Unternehmen konsequent den Gedanken, durch rationalisierte Massenfertigung (Arbeitsteilung, Fließbandarbeit) bei gleichzeitig möglichst günstigen Arbeitsbedingungen (kurze Arbeitszeiten, hohe Löhne) die Herstellung hochwertiger Industrieprodukte zu verbilligen, um den Absatz zu steigern (**Fordismus**). Er errichtete bed. Stiftungen für das Gemeinwohl (**Ford Foundation**). Schrieb u. a.: „Mein Leben und Werk" (1932).

F., Henry II [engl. fɔːd], *Detroit 4. Sept. 1917, amerikan. Industrieller. - Enkel von Henry F., 1945–60 Präs., dann Verwaltungsratsvorsitzender der Ford Motor Co.

F., John [engl. fɔːd], ≈ Ilsington (Devonshire) 17. April 1586, † 1640(?), engl. Schriftsteller. - Verf. von Elegien und Dramen, gekennzeichnet durch melanchol. und makabre Elemente. - *Dramen:* Die Hexe von Edmonton (1621), Giovanni und Arabella (1633, auch u. d. T. Schade ... sie war eine Dirne), Das gebrochene Herz (1633), Die Chronik des Perkin Warbeck (1634).

F., John [engl. fɔːd], eigtl. Sean Aloysius O'Fearna, *Cape Elizabeth (Maine) 1. Febr. 1895, † Palm Springs (Calif.) 31. Aug. 1973, amerikan. Filmregisseur ir. Herkunft. - Fand seinen persönl. Stil in dem erfolgreichen Film „Die verlorene Patrouille" (1934). Gab der Gattung des Western - oft vor der Kulisse

Ford AG

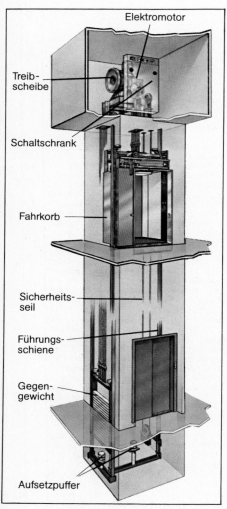

Elektromotor

Treib-scheibe

Schaltschrank

Fahrkorb

Sicherheits-seil

Führungs-schiene

Gegen-gewicht

Aufsetzpuffer

Fördermittel. Schematische Darstellung einer Aufzugsanlage

des Monument Valley in N-Arizona (als „J. F. country" berühmt geworden) gedreht - als erster künstler. Niveau, z. B. in „Stagecoach" (1939, dt. u. d. T. „Höllenfahrt nach Santa Fe" und „Ringo"), „My darling Clementine" (1946, dt. u. d. T. „Faustrecht der Prärie"), „Der Mann, der Liberty Valance erschoß" (1962), „Cheyenne" (1964). - 1939 entstand „Der junge Mr. Lincoln", F.s subtilster Film.

Mit John Steinbeck drehte F. „Früchte des Zorns", seinen berühmtesten Film (1940), sowie „Tobacco Road" (1941). - *Weitere Filme:* „Bis zum letzten Mann" (1948), „Rio Grande" (1950), „Das letzte Hurrah" (1956).

Ford AG ↑ Ford Motor Co.

Förde [niederdt.], weit ins Flachland eindringende, langgestreckte Meeresbucht; charakterist. für die O-Küste von Jütland und Schleswig-Holstein.

Förderband (Bandförderer) ↑ Fördermittel.

Fördergebläse ↑ Fördermittel.

Fördergerüst, im *Bergwesen* Gerüst aus Stahl oder Stahlbeton über Förderschachten zur Aufnahme der Seilscheiben, die der Umlenkung des Förderseiles aus dem Schacht zur neben dem Schacht stehenden Fördermaschine dienen.

Fördermittel, allg. Bez. für Maschinen oder Geräte zum kontinuierl. (Stetigförderung) oder diskontinuierl. (Pendelförderung) Transport von flüssigem oder festem Material sowie von Personen auf einem [festgelegten] Förderweg.

Für den Transport von Massengütern verwendet man *Stetig-, Dauer-* bzw. *Fließförderer.* Hierzu gehören als *Schwerkraftförderer* z. B. **Fallrohre** und **Rutschen** (Kurven- bzw. Wendelrutschen mit Rutschbahn in Schraubenlinienform), bei denen die Schwerkraft die Förderung von Getreide, Säcken, Kohle, Salz usw. übernimmt. **Rollenbahnen** fördern auf hintereinanderliegenden Rollen Güter mit ebener Bodenfläche schon bei dem geringen Gefälle von 3° von selbst, bei waagerechten oder ansteigenden Bahnen durch Verschieben von Hand oder durch Mitnehmerkette. **Schneckenförderer** besitzen eine angetriebene Schneckenwelle als Schubmittel für alle Arten von Schüttgütern. **Bandförderer** unterscheidet man nach der Ausbildung der Förderbänder in Gummigurt-, Textilgurt-, Drahtgurt- und Stahlbandförderer. **Kettenförderer** besitzen als Zugorgan eine oder mehrere Ketten, an die Trag- bzw. Mitnehmerorgane angehängt sind. **Fahrsteige** (**Rollsteige**) zum Transport von (stehenden) Personen zählen zu den Band- bzw. Kettenförderern (Stahlband, belegt mit geriffeltem Gummi bzw. Ketten mit daran befestigten [Aluminium]platten). **Doppelkettenförderer** dienen zur Förderung unter Tage, bes. als *Kohlenhobel* oder *Schrämmaschine.* **Kreisförderer** tragen das Stückgut an einer endlosen und angetriebenen Kette in Haken, Gabeln, Klammern, Mulden (z. B. Transport von Arbeitsplatz zu Arbeitsplatz, durch Galvanisierbäder). **Schaukelförderer** sind an Kettensträngen aufgehängte Tragschalen. **Warenpaternoster** transportieren Stückgut in senkrechter Richtung. **Becherwerke** besitzen zum Transport von Schüttgut Becher als Tragorgane. Stetigförderer sind auch die *pneumat.* und *hydraul. Förderanlagen.* Bei den **Fördergebläsen** nimmt der Luftstrom, bei den hydraulischen Förderanlagen die Flüssigkeitsströmung das Fördergut mit. **Druckluftförderer** verteilen das Fördergut auf mehrere Orte, **Saugluftförderer** fördern von mehreren Stellen nach einem Sammelpunkt. Ebenfalls pneumat. werden in **Rohrpostanlagen** z. B. Schriftstücke oder kleinere Waren befördert. Zu den **Flurförderern** rechnet man Fahrzeuge für Transportaufgaben im Betrieb. Hierzu gehören z. B. Elektrokarren und Gabelstapler zum Auf- und Übereinandersetzen von Paletten (Stapelplatten). **Aufzüge** dienen der Personen- und Lastenförderung in vorwiegend senkrechter Richtung. **Personenumlaufaufzüge** bzw. **Paternoster[aufzüge]** weisen zwei dauernd umlaufende Gelenkketten auf, an denen mehrere Fahrkörbe für je zwei Personen aufgehängt sind (Fördergeschwindigkeit unter 0,3 m/s; dürfen seit 1. 1. 1974 nicht mehr neu errichtet werden). **Fahrtreppen** bzw. **Rolltreppen** dienen dem Massenverkehr in Bahnhöfen, Warenhäusern usw.

📖 *Pfeifer, H.: Grundll. der Fördertechnik. Wsb.* ⁴*1985. - Zebisch, H. J.: Fördertechnik. Würzburg* ³⁻⁴*1980–84. 2 Bde.*

Förderstufe ↑ Orientierungsstufe.

Förderturm, turmartiges Bauwerk aus Stahl oder Beton, das unmittelbar über einem Schacht errichtet ist und die Fördermaschine aufnimmt.

Forderung ↑ Anspruch, ↑ Forderungen.

Förderung, in der *Technik* allg. die Bewegung von Lasten oder Gütern (seltener von Personen) mit Hilfe von Fördermitteln oder Hebezeugen.
◆ im *Bergbau* der Abtransport der unter oder über Tage gewonnenen mineral. Rohstoffe.

Forderungen (Außenstände), hauptsächl. aus Warenlieferungen und Leistungen resultierende Ansprüche an Geschäftspartner, die in der Kontokorrentbuchhaltung als Debitoren bezeichnet werden. Das AktienG schreibt neben der Angabe der F. aus Warenlieferungen und Leistungen den gesonderten Ausweis der F. an verbundene Unternehmen, Vorstand und Aufsichtsrat sowie die gesonderte Bilanzierung der langfristigen Posten vor. *Zweifelhafte (dubiose) F.* sind nach § 40 HGB mit ihrem wahrscheinl. Wert anzusetzen, *uneinbringl. F.* abzuschreiben.

Ford Foundation [engl. ˈfɔːd faʊnˈdɛɪʃən], 1936 von H. und E. B. Ford gegr. Stiftung, größte Stiftung der USA. Die F. F. will die Lebensqualität („human welfare") v. a. durch Förderung des Erziehungs- und Ausbildungswesens und durch Unterstützung geeigneter Forschungsprojekte verbessern. Die F. F. besitzt rd. 13 % des Kapitals der Ford Motor Co.

Ford Motor Co. [engl. ˈfɔːd ˈmoʊtə ˈkʌmpənɪ], zweitgrößter Automobilhersteller der Welt, gegr. 1903 in Dearborn (Mich.),

seit 1919 Sitz Wilmington (Del.). Das Produktionsprogramm umfaßt v. a. Pkws, daneben u. a. Lkws, Traktoren und Verteidigungsgüter, Datenverarbeitungsanlagen. Unter den zahlr. Tochtergesellschaften befindet sich die **Ford AG,** Köln, gegr. 1925.

Forechecking [engl. ˈfɔːtʃɛkɪŋ], im Eishockey das Stören des gegner. Angriffes bereits im gegner. Verteidigungsdrittel.

Foreign Affairs [engl. ˈfɔrɪn əˈfɛəz], engl. Bez. für auswärtige Angelegenheiten (↑ auch Foreign Office).

Foreign Assistance Act [engl. ˈfɔrɪn əˈsɪstəns ˈækt], amerikan. Gesetz, mit dessen Unterzeichnung 1948 das Europ. Wiederaufbauprogramm (↑ Marshallplanhilfe) eingeleitet wurde.

Foreign Office [engl. ˈfɔrɪn ˈɔfɪs], das brit. Außenministerium in London (↑ Downing Street); entstand 1782 aus dem ausschließl. für N-Europa zuständigen Northern Department; Chef ist als Min. mit Kabinettsrang der Secretary of State for Foreign Affairs.

Forel, Auguste [frz. fɔˈrɛl], * La Gracieuse bei Morges 1. Sept. 1848, † Yvorne 27. Juli 1931, schweizer. Psychiater. - Prof. in Zürich und Direktor der dortigen Landesheilanstalt Burghölzli; bed. Arbeiten über Gehirnanatomie, Hypnotismus, Alkoholismus, Sozialethik und Gerichtsmedizin. F. setzte sich nachdrückl. für die Alkoholabstinenz ein und führte in diesem Zusammenhang den Guttemplerorden in der Schweiz ein. - *Werke:* Der Hypnotismus (1889), Gehirn und Seele (1894), Die sexuelle Frage (1905).

Forellen [zu althochdt. forhana, eigtl. „die Gesprenkelte"], zusammenfassende Bez. für 1. **Europ. Forelle** (Salmo trutta), bis 1 m langer Lachsfisch in den Süß- und Meeresgewässern Europas; unterscheidet sich vom Lachs v. a. durch den plumperen Körper, den weniger stark zugespitzten Kopf und weiter vorne liegende Augen; die bekanntesten Unterarten sind ↑ Bachforelle, **Seeforelle** (Salmo trutta lacturis), meist 40–80 cm lang, in Seen N- und O-Europas sowie im Bodensee und in Alpenseen; Rücken dunkelgrau, Seiten heller, mit kleinen, schwarzen und rötl. Flecken; **Meerforelle** (Lachs-F., Salmo trutta trutta), bis 1 m lang, in küstennahen Meeres- und Süßgewässern N- und W-Europas; erwachsen meist mit dunklem Rücken und schwarzen Flecken an den silbrigen Seiten; 2. **Regenbogenforelle** (Salmo gairdneri), 25–50 cm langer Lachsfisch in stehenden und fließenden Süßgewässern des westl. N-Amerika; seit 1880 in M-Europa eingeführt, hier v. a. in Zuchtanlagen; Rücken dunkelgrün bis braunoliv, Seiten heller, meist mit breitem, rosa schillerndem Längsband und zahlr. kleinen schwarzen Flecken. Beide Arten sowie die Unterarten sind geschätzte Speisefische.

Forellenbarsch, eine Art der Schwarzbarsche (↑ Sonnenbarsche).

Forellenregion

Forellenregion, oberste Flußregion zw. Quelle und ↑Äschenregion; gekennzeichnet durch starke Strömung, klares, sauerstoffreiches, konstant kaltes Wasser; Charakterfische sind v. a. Bachforelle, Groppe, Bachsaibling, Regenbogenforelle.

Foreman, Carl [engl. ˈfɔːmən], * Chicago 23. Juli 1914, † Beverly Hills 26. Juni 1984, amerikan. Drehbuchautor und Produzent. - Verfaßte u. a. das Drehbuch zu „Zwölf Uhr mittags" (1952). Wurde 1955 vom „Komitee für unamerikan. Umtriebe" auf die schwarze Liste gesetzt und emigrierte nach England; dort Mitarbeit am Drehbuch zu „Die Brücke am Kwai" (1957). Produzierte danach „Der Schlüssel" (1975), „Die Kanonen von Navarone" (1961). „Die Sieger" (1963), in dem er auch Regie führte, „Der junge Löwe" (1972). Seit 1976 wieder in den USA.

forensisch [lat.], gerichtlich.

forensische Medizin, svw. ↑Gerichtsmedizin.

Forester, Cecil Scott [engl. ˈfɔrɪstə], * Kairo 27. Aug. 1899, † Fullerton (Calif.) 2. April 1966, engl. Schriftsteller. - Schrieb spannende Soldaten-, Marine- und Abenteuerromane, humorvolle Reisebeschreibungen und Biographien (z. B. über Nelson, 1944); u. a. Romanzyklus (11 Bände, 1937–64) um die Gestalt des brit. Seeoffiziers Horatio Hornblower.

Forez, Monts du [frz. mõdyfɔˈrɛ], kristallines Bergland im frz. Zentralmassiv; im Pierre-sur-Haute 1 634 m hoch.

Forggensee ↑Stauseen (Übersicht).

Forint, Abk. Ft., ungar. Bez. für den Gulden; Währungseinheit in Ungarn; 1 Ft. = 100 Filler (f).

Forkel, Johann Nikolaus, * Meeder bei Coburg 22. Febr. 1749, † Göttingen 20. März 1818, dt. Musikforscher. - Erster Vertreter der aus dem prot. Musikschrifttum des 18. Jh. herauswachsenden Musikwiss.; schrieb u. a. „Musikal.-krit. Bibliothek" (3 Bde., 1778/79), „Ueber J. S. Bachs Leben, Kunst und Kunstwerke" (1802).

Forlana [italien.] (Furlana, Friauler), schneller Werbetanz aus Friaul, im ⁶/₈-, später auch ⁶/₄-Takt, der ↑Tarantella ähnlich.

Forlani, Arnaldo, * Pesaro 8. Dez. 1925, italien. Politiker (Democrazia Cristiana). - 1962–69 stellv. Parteisekretär, 1969–73 Parteisekretär der DC; 1974–76 Verteidigungs-, 1976–79 Außenmin.; 1980–82 Parteivors.; 1980/81 Min.präs., stellv. Min.-präs. seit Aug. 1983.

Forlì, italien. Stadt in der Emilia-Romagna, 60 km sö. von Bologna, 34 m ü. d. M., 110 800 E. Hauptstadt der Prov. F.; Bischofssitz, Museen, Gemäldegalerie, Bibliothek; Ind.- und Handelszentrum der Romagna, Messen. - In der Antike **Forum Livii;** gehörte im MA zum Exarchat von Ravenna, vom 16. Jh. bis 1860 zum Kirchenstaat. - Zahlr.

Kirchen und Paläste in der Altstadt, u. a. Dom (12. Jh. ff.), roman. Kirche San Mercuriale (12. Jh.), Palazzo del Podestà (1459/60) und die Festungsanlage der Rocca di Ravaldino (1472–82).

Form [lat.], in der *Gießereitechnik* Bez. für den Hohlkörper, dessen Gestalt der des herzustellenden Gußstückes entspricht.

◆ in der *Philosophie* eine im Zusammenhang mit dem Problem von Werden, Bewegung, Veränderung von Aristoteles eingeführte Bez. für den Zustand, den das sich Verändernde annimmt; neben *Materie* als dem, das dem Sich-Veränderndern „zugrundeliegt", und *Steresis,* dem Zustand vor oder zu Beginn des Werdens, eines der drei Grundprinzipien des Werdens.

◆ in der *kath. Sakramentenlehre* das prägende, sinngebende Wort, das eine bestimmte Handlung des Priesters zum Sakrament werden läßt.

◆ in der *Literaturwiss.* unterschiedl. verwendeter Begriff, insbes. Gegenüberstellung des Gegensatzpaares *F. und Gehalt.* Die neuere Literaturwiss. vermeidet die Unterscheidung von vorgegebener F. und primär gegebenem Inhalt; das literar. Kunstwerk entsteht als Gestalt. F. wird gelegentl. auch in diesem Sinne verwendet.

◆ in der *bildenden Kunst* bzw. Kunstwiss. von A. Riegl und H. Wölfflin eingeführter Begriff. Danach werden die F. betreffende Faktoren isoliert von bedeutungsmäßigen Elementen registriert und in ihrem Stellenwert für die Gesamtkonzeption analysiert.

◆ in der *Sprachwiss.* die akust. oder graph. wahrnehmbare Seite der Sprache, die der Struktur der Sprache gemäße äußere Gestalt.

◆ in der *Musik* ist F. einerseits das mit Tönen Gestaltete (Thema, Motiv, Affekt, Stimmung), andererseits das als Ganzes überschaubare einzelne Werk (Lied, Arie usw.).

◆ (Forma, in fachsprachl. Fügungen: forma) Abk. f., in der *biolog. Systematik* Bez. für die niedere Einheit, die der Art untergeordnet ist.

◆ im *Rechtswesen* bei Willenserklärungen das Mittel zur wirksamen Äußerung *(Erklärung)* des Geschäftswillens. - I. d. R. kann der Geschäftswille auf beliebige Art und Weise (formlos) erklärt werden, z. B. durch Worte, u. U. auch durch Schweigen (Grundsatz der **Formfreiheit**). Gewisse Geschäfte von bes. Bedeutung (v. a. solche des Familienrechts und des Erbrechts) sind jedoch kraft Gesetzes formgebunden, d. h., die zum Zustandekommen des Geschäfts erforderl. Willenserklärungen müssen in einer bestimmten F. abgegeben werden. Außer durch Gesetz kann eine F.bindung auch durch Rechtsgeschäft (meist Parteivereinbarung) angeordnet werden (**gewillkürte Form**). Gesetzl. vorgeschriebene F.: **Schriftform:** Sie erfordert eine Urkunde, welche die wesentl. Teile der Erklärung enthält und von dem Erklärenden eigenhändig mit seinem Namen oder mit einem notariell beglaubigten Handzeichen unterzeichnet sein muß. Die Unterschrift muß die Urkunde i. d. R. räuml. abschließen. Bei einem Vertrag muß die Urkunde die Unterschrift sämtl. Parteien tragen. Durch notarielle Beurkundung oder gerichtl. Vergleich wird die Schriftform ersetzt. **Öffentl. Beglaubigung:** Bei ihr sind nötig: eine schriftl. Erklärung sowie die Beglaubigung der Unterschrift, die ein amtl. Zeugnis über die Echtheit der Unterschrift oder des Namenszeichens darstellt. Zuständig für die Beglaubigung ist in erster Linie der Notar. Die öffentl. Beglaubigung wird durch notarielle Beurkundung oder gerichtl. Vergleich ersetzt. **Notarielle Beurkundung,** bei Verträgen auch **Vertragsschluß zur Niederschrift eines Notars** gen.: Sie erfordert die Aufnahme einer *Niederschrift (Protokoll),* welche die Namen der Beteiligten und des Notars sowie die Erklärungen der Beteiligten enthalten und in Gegenwart des Notars und der Beteiligten vorgelesen, von ihnen genehmigt und eigenhändig unterschrieben werden muß. Ort und Tag der Verhandlung sollen angegeben werden. Die notarielle Beurkundung wird durch den gerichtl. Vergleich ersetzt. **Erklärungen vor einer Behörde,** z. B. vor dem Standesbeamten der Eheschließung, vor dem Notar bei der Auflassung: Die Anfertigung einer Niederschrift ist auch in diesen Fällen vorgeschrieben.

Mangel der Form: Die Nichtbeachtung gesetzl. F.vorschriften hat die Nichtigkeit des Rechtsgeschäfts zur Folge, desgleichen im Zweifel der Mangel der gewillkürten Form. Formlos getroffene Nebenabreden eines formgebundenen Geschäfts sind grundsätzl. ungültig und führen zur Nichtigkeit des ganzen Geschäfts.

Für das *östr.* Recht ist die F.freiheit der Verträge die Regel. Verträge, für die das Gesetz Schriftlichkeit vorsieht, kommen durch Fertigung der Urkunde zustande. F. sind: einfache Schriftlichkeit, Notariatsakt. F.mangel bewirkt, daß ein Vertrag nicht zustande kommt. In der *Schweiz* gilt eine dem dt. Recht im wesentl. entsprechende Regelung.

formal [lat.], auf die Form bezogen, im Unterschied zum Inhalt. In der *Logik* Terminus u. a. zur Charakterisierung der Geltung von Aussagen allein auf Grund der Form ihrer Zusammensetzung mit log. Partikeln; von daher die Bez. *formale Logik.* In der *Sprachwiss.:* gesagt von linguist. Aussagen, die auf einem angegebenen Regelsystem fußen, wohl definiert und daher nachprüfbar sind.

Formalausbildung (früher Exerzierausbildung), Ausbildung und Erziehung des einzelnen Soldaten und geschlossener Abteilungen zu Selbstdisziplin und Körperbeherrschung.

Formalbeleidigung ↑ Beleidigung.

Formaldehyd [form-al...; Kw. aus Acidum formicicum („Ameisensäure") und **Aldehyd**] (Methanal), H − CHO, einfachster, sehr reaktionsfähiger Aldehyd; ein stechend riechendes farbloses Gas, dessen wässrige Lösung, das **Formalin** ⓦ (35–40 %ig) in der Medizin als Desinfektionsmittel und zur Konservierung histolog. Präparate dient. F. bildet leicht Polymerisationsprodukte; techn. dient er v. a. als Rohstoff für viele Kunststoffe, z. B. Phenolharze, Aminoplaste u. a. - F. wirkt stark reizend auf die Schleimhäute und verursacht Entzündungen der Atemwege; Verdacht auf mutagene und karzinogene Wirkung.

formale Logik (mathemat. Logik, symbol. Logik, Logistik), die Theorie des log. Zusammenhangs von Aussagen, meist aufgebaut als Theorie der log. oder formalen Wahrheit von Aussagen oder als Theorie der log. Folgerung. Die f. L. baut - im Unterschied zur auf Aristoteles zurückgehenden und bis ins 19. Jh. herrschenden traditionellen ↑ Logik - unter Verwendung mathemat. Begriffsbildungen und Methoden die Logik als Logikkalkül auf, wobei jeder Bezug auf außerlog. Realitäten und bestimmte Bedeutungsinhalte ausgeschaltet wird.

formale Sprache, die Sprache, deren korrekte Ausdrücke, z. B. Sätze, durch einen formalisierten Ausdruck (Kalkül) erzeugt werden. Es wird dabei von einem Alphabet von *Grundzeichen* ausgegangen, die mit Hilfe von geeigneten *Ausdrucksregeln* zu den gewünschten Zeichenverbindungen (Formeln) verknüpft werden.

Formalien [lat.], Förmlichkeiten, Äußerlichkeiten, Formvorschriften.

Formalin ⓦ [Kw.] ↑ Formaldehyd.

Formalismus [lat.], im allg. Sprachgebrauch die ausschließl. Berücksichtigung, Überbetonung der Form, des Formalen.

◆ in der *mathemat. Grundlagenforschung* 1. Bez. für eine Theorie, deren Aussagen durch einen Kalkül der Ausdrucksbestimmungen gewonnen werden und deren Sätze, oder wahre Aussagen, ebenfalls durch einen Kalkül, den der Satzbestimmungen, erzeugt werden. 2. Bez. für die in der modernen Mathematik weitgehend übernommene Methode D. Hilberts zur Vermeidung der mengentheoret. ↑ Antinomien.

◆ russ. *literaturwiss.* und *literaturkrit. Schule* etwa 1915–30. Sie lehnte biograph., psycholog., soziolog. Methoden, „religiöse und philosoph. Tendenzen" ab. Das literar. Werk wurde als „die Summe aller darin angewandten stilist. Mittel" („Kunstgriffe") aufgefaßt. Diese wurden beschrieben und ihre jeweilige Funktion erklärt (Untersuchungen von Prosa, Vers, literar. Evolution und Gattungsproblematik). In der UdSSR 1930 unterdrückt, wurde das Gedankengut des F. aber im sog. Prager Strukturalismus, in der poln. „integra-

Formamid

len Literaturbetrachtung" und im New criticism der USA weiterentwickelt.
◆ im *marxist.-leninist. Sprachgebrauch* polit.-polem. Bez. zur Kennzeichnung „sinnentleerter Spielerei" der Künstler mit Formenelementen und Gestaltungsmitteln (Abweichung vom sozialist. Realismus) sowie einseitig formal begründeter Verwaltungsmethoden (Bürokratismus).

Formamid [fɔrm-a...; Kw. aus Acidum **form**icicum („Ameisensäure") und **Amid**], als Lösungsmittel, auch zur Darstellung von Ameisensäure, Vitaminen u. a. verwendete farblose Flüssigkeit.

Forman, Miloš, * Čáslav 18. Febr. 1932, tschechoslowak. Filmregisseur. - Internat. Beachtung mit seinen satir. Filmkomödien „Der schwarze Peter" (1964), „Die Liebe einer Blondine" (1965), „Anuschka - es brennt, mein Schatz" (1967). In der polit. Parabel „Einer flog über das Kuckucksnest" (1975) versuchte er, gesellschaftl. Verhaltensmuster in den USA, wo F. seit 1968 lebt, mit den Zuständen in einer Nervenheilanstalt (ständige Bevormundung der Insassen) gleichzusetzen.

Formant (Formans, Formativ) [lat.], in der Sprachwissenschaft gebundenes, d. h. nicht freistehend vorkommendes Morphem als grammat. Bildungselement, z. B. trag-*bar*, geb-*en*, Häus-*er*.

Format [zu lat. formatum „das Geformte"], Bez. für die Seiten- und Größenverhältnisse einer Fläche bzw. eines Gegenstands, auch deren Anordnung (Hoch-, Querformat).
◆ Bez. für das hohe Niveau der Fähigkeiten einer stark ausgeprägten Persönlichkeit.

formatieren [lat.-frz.], Daten nach bestimmten Vorschriften zusammenstellen bzw. anordnen; bei plattenförmigen Datenspeichern (z. B. Disketten) durch Einteilung der Platte in Spuren und Sektoren, auf die (nach der Formatierung) als Speicherbereiche möglichst rasch zurückgegriffen werden kann.

Formation [lat.], *militär.:* für einen bestimmten Zweck oder Auftrag bestehende oder zu bildende Gliederung oder Aufstellung von Truppen, Schiffsverbänden u. a.
◆ (Pflanzenformation) in der *Botanik* höhere Einheit bei Pflanzengesellschaften; wird durch das Vorherrschen einer bestimmten Wuchs- oder Lebensform (z. B. immergrüne Hartlaubgehölze, trop. Regenwald, moosreiche Moore) gekennzeichnet.
◆ Bez. für eine durch einheitl. Fauna und/oder Flora ausgezeichnete Phase der Erdgeschichte.

Formationsflug, Flug mehrerer Luftfahrzeuge in bestimmter räuml. Anordnung (Verband), z. B. Rotte, Kette, Linie, Kolonne.

Formationsregel, in der ↑generativen Grammatik Regel zur Erzeugung von Sätzen, ausgedrückt durch formalisierte Zeichenfolgen, dargestellt in Stammbäumen, Klammerausdrücken oder Formeln.

Formativ [lat.], in der ↑generativen Grammatik die bedeutungstragenden Elemente der Tiefenstruktur.

Formel [zu lat. formula „kleine Form, Gestalt"], mehr oder weniger fixierte, vorgeprägte Redewendung für einen bestimmten Begriff oder Gedanken (z. B. „Tag und Nacht" = immer). Man unterscheidet: 1. nach ihrer sprachl. Ausprägung *Zwillings-F.* (Gold und Silber), *Reim-F.* (mit Stabreim: Mann und Maus, mit Endreim: Stein und Bein), sprachl. weniger fixierte Wendungen (wie ... gesagt) und als Grenzfälle in einen Text eingestreute, formelhaft wiedergegebene Modewörter (z. B. effektiv, de facto); 2. nach ihren Anwendungsgebieten u. a. Gruß-, Segens-, Gebets-, Brief-, Eingangs-, Schluß-, Demutsformeln.
◆ eine Aussage bzw. Aussageform, die meist unter Verwendung bestimmter Zeichen (**Formelzeichen**) wiedergegeben wird. Physikal. und techn. F. haben meist die Form einer Gleichung, in der die F.zeichen für physikal. Größen (z. B. c für Lichtgeschwindigkeit) durch mathemat. Zeichen verknüpft sind. In der Chemie werden die mit Hilfe der F.zeichen für die chem. Elemente dargestellten Kurzformen von Anordnung der Elemente in einer chem. Verbindung als F. bezeichnet.
◆ ↑Motorsport.

Formelbücher (Formelsammlungen, Formularbücher), Zusammenstellung von Mustern rechtl. Schriftstücke (v. a. Klageschriften, Urteile, Verträge, Privilegien); zur jurist. Ausbildung, v. a. aber zur Erleichterung der Tätigkeit von Anwälten, Richtern, Notaren seit alters angelegt; teils stellten sie Originale angesehener Behörden, Gerichte oder Notare zusammen; F. i. w. S. heißen nach antikem Vorbild auch die zur Erlernung schulgerechten Briefstils angelegten Briefsammlungen des MA.

formelfreie Rennwagen ↑Motorsport.

formell [lat.-frz.], förmlich, die Formen streng beachtend; ausdrücklich.

formelle Beschwer ↑Beschwer.

formelle Rechtskraft. ↑Rechtskraft.

Formelsammlungen Nachschlagewerke, die die wichtigsten Formeln und Gesetze eines Fachgebiets (v. a. Mathematik, Physik, Technik) enthalten.
◆ svw. ↑Formelbücher.

Formelzeichen ↑Formel.

Formenkreis (Rassenkreis, Collectio formarum), Abk. cf., in der biolog. Systematik erweiterter Artbegriff, der nahe miteinander verwandte Arten und Unterarten (geograph. Rassen) umfaßt.

Formenlehre, in der *Biologie* svw. ↑Morphologie.
◆ in der *Grammatik* Teilgebiet der Morphologie, das sich mit der Formenbildung der Wörter (Deklinations-, Konjugations- und Komparationsformen) befaßt.
◆ in der *Musik* die Beschreibung formaler

Schemata (z. B. Fuge, Sonatensatz). Die F. entstand im 18. Jh. aus der theoret. Betrachtung der Instrumentalmusik und wird seit dem 19. Jh. an den Konservatorien als Teil der Kompositionslehre neben Harmonielehre und Kontrapunkt gelehrt; die Vielfalt der Gestaltungsmöglichkeiten in der neueren Musik drängte jedoch die Bedeutung der F. für die Kompositionstechnik zurück.

Forment, Damián, * Valencia (?) um 1480, † Santo Domingo de la Calzada (Prov. Logroño) 1541, span. Bildhauer. - Verhalf der italien. Renaissance in Spanien (plateresker Stil) zum Durchbruch. 1509ff. entstand u. a. der Hochaltar für Nuestra Señora del Pilar in Zaragoza, 1520–34 der Hochaltar für die Kathedrale von Huesca.

Formentera, Insel der Balearen, Spanien, südl. von Ibiza, 82 km², im La Mola 192 m hoch; Hauptort San Francisco Javier.

Formerei, Abteilung eines Gießereibetriebes, in der Gußformen hergestellt werden.

Formgeschichte (formgeschichtliche Methode), eine Methode der Untersuchung und Interpretation bibl. Texte, die davon ausgeht, daß die Texte aus bestimmten erzähler. Einheiten bestehen, die ihrer Form nach unterschieden und als Gattungen typisiert werden können. Diese Formen sind abhängig von bestimmten typ. Situationen (dem sog. „Sitz im Leben"), in denen diese Texte hervorgebracht und verwendet wurden.

Formholz (Biegeholz), durch Dämpfen oder Kochen bleibend verformbares Massivholz (z. B. für Bugholzmöbel).

Formia, italien. Hafenstadt und Seebad in Latium, 110 km sö. von Rom, 30 800 E. Fremdenverkehr, Fischerei. - Das antike **Formiae** an der Via Appia erhielt 188 v. Chr. das Vollbürgerrecht. Seit dem Ende der Republik beliebter Erholungsort vornehmer Römer; seit dem 9. Jh. **Mola di Gaeta,** nahm die Stadt 1862 den Namen F. an. - Ruinen eines röm. Theaters (4. Jh.), Kastell der Caetani (1377), Kastell Mola (14. Jh.).

formidabel [lat.-frz.], furchtbar, schrecklich, grauenerregend; außergewöhnlich.

formieren [lat.], bilden, gestalten, aufstellen.

Formosa, Hauptstadt der argentin. Prov. F., am Paraguay, 95 000 E. Kath. Bischofssitz; Zentrum eines Agrargebiets, Hafen. - Seit 1874 argentin., vorher zu Paraguay.

F., argentin. Prov. im zentralen Gran Chaco, 72 066 km², 295 900 E (1980), Hauptstadt F.; Rinderzucht, Anbau von u. a. Baumwolle.

Formosa ↑ Taiwan.

Formosastraße, rd. 350 km lange Meeresstraße zw. der Insel Taiwan und dem chin. Festland; engste Stelle 130 km breit.

Formschneider, Kunsthandwerker, der vornehml. im MA zeichner. Vorlagen der bildenden Kunst in druckfertige Platten in Holzschnitt oder Kupferstich umsetzte.

Formula [lat.], im antiken röm. Prozeßrecht 1. gesetzl. oder gewohnheitsrechtl. vorgeschriebenes Schema (bestimmte Worte), dessen sich die Parteien für prozessuale Handlungen bedienen mußten (v. a. im sog. Formularprozeß); 2. die schriftl. Weisung des Magistrats an den Richter, wie er je nach Ausgang der Beweisaufnahme entscheiden solle.

Formularverträge [lat.], Verträge, deren Inhalt formularmäßig typisiert ist (z. B. Mietverträge). Die im Schuldrecht geltende Gestaltungsfreiheit wird dadurch, ähnl. wie bei allg. Geschäftsbedingungen, in vielen Fällen auf die Abschlußfreiheit reduziert.

Formulierung [lat.], in die richtige sprachl. Form gebrachte, einen Sachverhalt angemessen ausdrückende Aussage.

Formyl- [lat./griech.], Bez. der chem. Nomenklatur für die Atomgruppierung −CHO; Strukturformel:

$$-C\overset{\displaystyle O}{\underset{\displaystyle H}{\diagdown}}$$

Formylierung [lat./griech.], Einführung der Formylgruppe −CHO in organ. Verbindungen; führt zur Bildung von Aldehyden (z. B. ↑ Oxosynthese).

Formzylinder, zylindr. Druckformträger in der Druckmaschine, der in seiner Oberfläche auch schon die Druckform enthalten kann.

Fornæs [dän. 'fɔrnɛs], dän. Kap (östlichster Punkt Jütlands).

Fornax [lat.] ↑ Sternbilder (Übersicht).

Forschung, Bez. für die Summe systemat. Bemühungen um Erkenntnisse in allen Bereichen der Wiss. Seit der industriellen Revolution wird F. als Grundlagen- wie als angewandte F. bes. in Naturwiss. und Technik vorangetrieben, ihre Ergebnisse sind heute von zentraler Bedeutung für Wirtschaft und Gesellschaft. F. spielt insbes. eine Rolle für das Wirtschaftswachstum, für die militär. Potenz eines Staates und als Prestigefaktor. F. und F.ergebnisse können heute nicht mehr schlechthin als positiv gewertet werden, ihre mögl. umweltzerstör. Aspekte müssen in die Überlegungen einbezogen werden.
Organisation der Forschung in der BR Deutschland:
Zuständigkeiten: Die F. wird, abgesehen von staatl. durch Einzelpersonen, in staatl., halbstaatl. und privaten F.einrichtungen betrieben. Nach dem GG sind die staatl. Zuständigkeiten im Bereich der Wissenschaftspolitik zw. Bund und Ländern aufgeteilt. Der Bund verfügt nach Art. 74 Nr. 13 GG über weitgehende Befugnisse bei der Gesetzgebung, die beispielsweise auf das Gebiet der Erzeugung und Nutzung der Kernenergie (Art. 74 Nr. 11 a GG) ausgedehnt wurden. Im Hinblick auf eine gemeinsame F.politik von Bund und Ländern wurden Verwaltungsabkommen getroffen, durch die gemeinsame Organe bestellt

worden sind: die Ständige Kommission von Bund und Ländern, ein Verwaltungsausschuß zur Prüfung und Festsetzung des jährl. von Bund und Ländern gemeinsam aufzubringenden Zuschußbedarfs der Dt. Forschungsgemeinschaft und der Max-Planck-Gesellschaft sowie der Wissenschaftsrat. Die ministerielle Verantwortung für Wissenschafts- und F.politik liegt auf Bundesebene (seit 1973) bei dem Bundesmin. für Bildung und Wissenschaft (Hochschul-F., Dt. Forschungsgemeinschaft) und bei dem Bundesmin. für F. und Technologie (übrige F.förderung). Daneben ist noch insbes. das Verteidigungsministerium mit F.förderung befaßt.

Forschungseinrichtungen des Bundes: Der Bund verfügt - wie auch in geringerem Umfang die Länder - über eine Reihe eigener F.einrichtungen, die den jeweiligen Fachmin. zwecks Ressort-F. unterstehen (Bundesanstalten bzw. Bundesforschungsanstalten). Als selbständige, vom Staat geförderte Organisationen wurden überwiegend vom Bund 10 Großforschungseinrichtungen für naturwiss. und techn. F. und Entwicklung geschaffen, u. a. das Hahn-Meitner-Institut für Kernforschung GmbH in Berlin (HMI), das Dt. Elektronen-Synchrotron in Hamburg (DESY), die Gesellschaft für Schwerionenforschung mbH in Darmstadt (GSI), die Gesellschaft für Kernforschung mbH in Karlsruhe (GFK), die Kernforschungsanlage Jülich GmbH (KFA), das Max-Planck-Institut für Plasmaphysik in Garching (IPP). In der Hochschulforschung wurde 1968 auf Empfehlung des Wissenschaftsrats begonnen, Schwerpunkte zu bilden und in den Hochschulen auf deren jeweiligen Antrag Sonderforschungsbereiche einzurichten.

Die ↑ Max-Planck-Gesellschaft zur Förderung der Wissenschaften e. V. betreibt in eigenen, z. T. sehr großen und speziellen Instituten selektiv Forschung, die ↑ Deutsche Forschungsgemeinschaft e. V. fördert in erster Linie F.vorhaben in den Hochschulen, die ↑ Fraunhofer-Gesellschaft zur Förderung der angewandten Forschung e. V. fördert in eigenen Instituten die angewandte und anwendungsorientierte F., auch als Vertragsforschung. Die 5 wiss. Akademien der BR Deutschland führen neben interdisziplinären Kolloquien längerfristige F.vorhaben durch (z. B. Quellenveröffentlichungen).

Schließl. ist zu erwähnen, daß der Bund an einer Reihe von internat. Organisationen im Bereich von F. und Entwicklung beteiligt ist. Zu unterscheiden sind Organisationen mit eigener F.kapazität (EURATOM, CERN, ESA u. a.), Organisationen mit Förderungs- und Koordinierungsaufgaben (z. B. OECD) und internat. Einzelprojekte.

Nichtstaatl. Forschung: Hier handelt es sich um Industrie-F., die sinngemäß als produktschaffende F. bezeichnet werden muß und der Erhaltung der Wettbewerbsfähigkeit der einzelnen Unternehmen dient. Man unterscheidet: 1. die unternehmenseigene F. (bes. Stahl-, Maschinen- und Fahrzeugind., Elektrotechnik und chem. Industrie); 2. Lizenzvergabe und Spezialisierungsabkommen, die den beteiligten Firmen eine Art von Arbeitsteilung ermöglichen; 3. industrielle Gemeinschafts-F. durch F.vereinigungen von Branchen. In der Arbeitsgemeinschaft industrieller F.vereinigungen (AIF) in Köln sind 70 derartige Vereinigungen (v. a. weniger forschungsintensiver Wirtschaftsgruppen) zusammengeschlossen; sie unterhalten eigene F.stätten oder vergeben F.aufträge; 4. Vertrags-F. ist der Begriff für die Vergabe von F.aufträgen, sie hat zur Errichtung des Battelle-Instituts in Frankfurt am Main und zum Ausbau der Fraunhofer-Gesellschaft als Trägergesellschaft geführt.

Finanzierung: Im Rahmen der finanziellen Förderung wurden in der BR Deutschland 1983 insgesamt 42,5 Mrd. DM für F. und Entwicklung aufgewendet, der Anteil der Wirtschaft lag bei 27,9 Mrd. DM. Wissenschaftsspenden und Aufwendungen von Wissenschaftsstiftungen (Stifterverband für die Dt. Wiss., Stiftung Volkswagenwerk, Fritz Thyssen Stiftung, Bosch-Stiftung, Krupp-Stiftung u. a.) betrugen 200 Mill. DM.

📖 *Mayntz, R.: F.management. Wsb. 1985. - Ratgeber F. u. Technologie. Hg. v. Bundesmin. f. F. u. Technologie. Köln 1985. - Popper, K. R.: Die Logik der F. Dt. Übers. Tüb. ⁸1984. - F. in der BR Deutschland. Hg. v. C. Schneider. Weinheim 1983.*

Forschungsanstalt für Meeresgeologie und Meeresbiologie ,,Senckenberg'' ↑ biologische Stationen.

Forschungsreaktor, ein Kernreaktor, der v. a. Forschungszwecken in Physik, Chemie, Nuklearmedizin, Biologie u. a. dient (im Ggs. zum Leistungsreaktor).

Forschungssatelliten, Sammelbez. für Raumflugsysteme für ausschließl. wiss. Aufgabenstellungen.

Forschungsschiff, hochseetüchtiges Schiff mit Einrichtungen zur Erforschung des Meerwassers, der wassernahen Luftschichten, des Meeresbodens, der Lebewesen des Meeres, der Meeresströmungen usw. Zur wiss. Ausrüstung gehören u. a. Hubschrauber, Ballon, Arbeitsboot, Labors, Aquarien, Meßanlagen für Radioaktivität.

Forschungs- und Entdeckungsreisen, Reisen, die der Erforschung und Entdeckung eines im Kulturkreis des Entdeckers bzw. Erforschers nicht bekannten Teils der Erde dienen oder dazu führen. Die älteste schriftl. überlieferte Reise ist die von der ägypt. Königin Hatschepsut veranlaßte Expedition nach Punt Anfang des 15. Jh. v. Chr. Die vom Mittelmeer aus Handel treibenden, seefahrenden und kolonisierenden Griechen,

Phöniker, Karthager und später die Römer erweiterten durch Entdeckungsfahrten das Weltbild. Um 100 n. Chr. hatten die Römer Kenntnis von Britannien und von der norweg. Küste, der S-Küste der Ostsee bis Ostpreußen, der Iber. Halbinsel und dem W des Atlant. Ozeans bis zu den Kanar. Inseln, N-Afrika, Arabien, Indien und China; doch ging manche Kenntnis mit dem Röm. Reich unter. Seit dem 7. Jh. sind neue Entdeckungsreisen von China aus (u. a. Indien, Japan), vom 10. bis 14. Jh. arab. Händler und Reisende am nördl. Eismeer bezeugt. Auch die Sahara, der Sudan und Teile Innerafrikas waren den Arabern bekannt. Im 9./10. Jh. entdeckten die Normannen Island, Grönland und (um 1000) Nordamerika. Doch erweiterte erst der glänzende Bericht von Marco Polo über seine Reisen (1271–95) mit Vater und Onkel nach China und bis zum Pazif. Ozean die abendländ. Weltkenntnis. Ähnl. Bed. hatten die Reisen Ibn Battutas 1325–49 für Arabien.

Das 15./16. Jh. war das eigtl. Zeitalter der Entdeckungen, nun verbunden mit der weltweiten europ. Expansion. Die Verträge von Tordesillas und Zaragoza (1494/1529) bestätigten mit der Teilung der Welt in eine östl., portugies. und eine westl., span. Interessensphäre die geograph. Orientierung der großen Entdeckungsfahrten: 1487–92 kam P. da Covilhã über Aden nach Indien, von dort nach Moçambique und Abessinien. B. Diaz entdeckte 1487/88 das Kap der Guten Hoffnung und damit den Seeweg nach Indien. 1497/98 reiste V. da Gama nach Indien. 1492 entdeckte Kolumbus in span. Diensten die Westind. Inseln, 1498 Südamerika und 1502 Mittelamerika. P. A. Cabral entdeckte 1500 Brasilien, G. Caboto 1497/98 das nordamerikan. Festland. Span. Konquistadoren eroberten 1519–43 die indian. Reiche in Mexiko, Kolumbien und Peru. 1513 hatte V. Núñez de Balboa den Pazif. Ozean entdeckt, 1519–22 F. de Magalhães die Erde umsegelt.

Hatten sich bis dahin die Kenntnisse in wesentl. auf die Küstengebiete beschränkt und die Entdeckerstaaten sich mit einer Kontrolle des Handels von Stützpunkten aus begnügt, so förderte der Fortschritt der Kartographie F.- u. E. in den neuentdeckten Gebieten der Erde, nun in stärkerem Umfang getragen von den aufstrebenden Seemächten England und den Niederlanden, deren Ostind. Kompanien (gegr. 1600/02) in Indien und auf dem Malaiischen Archipel Kolonialreiche errichteten. Australien, der letzte unbekannte Kontinent, wurde wohl schon im 16. Jh. von Portugiesen besucht, namentl. bekannt als erster G. de Eredia (1601), dem 1605 der Niederländer W. Janszoon folgte. Der neue Erdteil wurde - wie schon vorher das in seiner allg. Struktur bis 1804 bekannte N-Amerika - nicht nur von Seefahrern, Kaufleuten und Abenteurern, sondern zunehmend von Siedlern (zunächst

jedoch meist Sträflingskolonien) erschlossen. Im 19./20. Jh. wurden - vielfach von Wissenschaftlern und begünstigt durch die techn. Entwicklung - die letzten großen unbekannten Gebiete der Erde entschleiert, so bis etwa 1880 Innerafrika (v. a. durch R. A. Caillié, H. Barth, G. Rohlfs, D. Livingstone, Sir H. M. Stanley, G. Nachtigal, G. Schweinfurth, Emin Pascha). Z-Asien wurde Ende 19./Anfang 20. Jh. v. a. von N. M. Prschewalski, S. Hedin, A. Tafel und W. Filchner erforscht. Die Erforschung der Polargebiete glich einem Wettlauf: Den Nordpol erreichte 1908 (nach eigenen Angaben) F. A. Cook, 1909 R. E. Peary, den Südpol im Dez. 1911 R. Amundsen vor R. F. Scott im Jan. 1912. Die heutigen Forschungsexpeditionen, die mit modernsten techn. Mitteln durchgeführt werden, dienen neben wiss. Zwecken insbes. der Erschließung von Rohstoffen in unzugängl. Gebieten (auch im Meer). Daneben trat die Raumfahrt.

🕮 *Reinhard, W.: Gesch. der europ. Expansion. Bd. 1 Stg. 1983, Bd. 2 Stg. 1985. Auf mehrere Bde. berechnet. - Dokumente zur Gesch. der europ. Expansion. Hg. v. E. Schmitt. Bd. 1: Die mittelalterl. Ursprünge ... Mchn. 1986, Bd. 2: Die großen Entdeckungen. Mchn. 1984.*

Forseti (Forsite, fries. Fosite), in der german. Mythologie als Sohn Baldrs und Nannas einer der Asen, der als Gerichtsgott Rechtsuchende schützt und Fehden beilegt. Sein Heiligtum soll auf **Fositesland** (Helgoland) gestanden haben.

Forßmann, Werner, * Berlin 29. Aug. 1904, † Schopfheim 1. Juni 1979, dt. Chirurg und Urologe. - Prof. in Mainz und Chefarzt in Düsseldorf; führte 1929 im Selbstversuch erstmals den ↑ Herzkatheterismus durch. 1956 erhielt F. für diese wiss. Pionierleistung den Nobelpreis für Physiologie oder Medizin (zus. mit A. Cournand und D. W. Richards).

Forst, Willi, eigtl. Wilhelm Froß, * Wien 7. April 1903, † ebd. 11. Aug. 1980, östr. Schauspieler und Filmregisseur. - Seine erste große Filmrolle übernahm er 1930 in „Atlantik". Bekannter Regisseur des dt. Vorkriegsfilms, u. a. „Maskerade" (1934), „Bel Ami" (1939), „Operette" (1940).

Forst, Landkr. im Bez. Cottbus, DDR.

Forst, heute ein nach forstwirtschaftl. Grundsätzen bewirtschafteter und abgegrenzter Wald (im Ggs. zum Urwald). Früher war der F. königl. Wald (Herrenwald, Bannforsten), im Unterschied zum Märkerwald oder zur gemeinen Mark, wo zumindest das Nutzungsrecht den Dorfgenossen gemeinsam zustand.

Forstamt, unterste Verwaltungs- und Organisationseinheit zur hoheitl. und wirtschaftl. **(Forstbetrieb)** Durchführung der Forstverwaltung. Die vorwiegend staatl. Forstämter sind für Wälder aller Besitzarten zuständig (Einheits-F.). Sie sind in 5–15 **Forstreviere** (Reviere) unterteilt. Dem Leiter des

F. (Forstmeister) stehen in den Revieren Forstbetriebsbeamte (Revierförster) zur Durchführung der forstw. Planungen und Maßnahmen und zur Ausübung hoheitl. Befugnisse zur Seite.

Forstbeamter (Forstbetriebsbeamter), fachl. ausgebildeter Angehöriger der Forstverwaltung; höherer Dienst *(Forstverwaltungsbeamter)*: nach dem Studium der Forstwissenschaft und Erlangung des Titels Diplomforstwirt *Forstmeister (Forstrat)*; gehobener Dienst: nach Realschulabschluß Ausbildung an einer Forstschule der Bundesländer zum *Revierförster;* mittlerer Dienst: Ausbildung an einer Forstschule zum *Forstwart,* häufig aus dem Waldfacharbeiter oder Haumeister hervorgehend; einfacher Dienst: *Forsthüter* (Waldhüter), *Revierjäger, Jagdaufseher.*

Forstbehörden, Behörden, die die staatl. Hoheitsgewalt über Forsten (**Forstaufsicht** und forstl. Betreuung) ausüben. Aufbau und Zuständigkeiten sind landesrechtl. unterschiedl. geregelt.

Forster, Albert [ᷓ-], * Fürth 26. Juli 1902, † in Polen 28. April 1948 (hingerichtet), dt. Bankkaufmann u. Politiker. - Trat 1923 der NSDAP bei, 1930-45 MdR; 1930 Gauleiter von Danzig, 1939 von Danzig-Westpreußen und Reichsstatthalter von Danzig, 1940 Reichsverteidigungskommissar, 1943 SS-Obergruppenführer; 1947 in Warschau zum Tode verurteilt.

F., Edward Morgan [engl. 'fɔ:stə], * London 1. Jan. 1879, † Coventry 7. Juni 1970, engl. Schriftsteller. - F. gilt in England als einer der bedeutendsten zeitgenöss. Romanciers; gründet sein Werk auf Liberalismus, individualist. Humanismus und moralist. Tendenzen. Stellt mit Ironie und Skepsis Schwierigkeiten menschl. Zusammenlebens dar. - *Werke:* Howards End (R., 1910), Auf der Suche nach Indien (R., 1924), Ansichten des Romans (1927).

F., Friedrich [ᷓ-], eigtl. Waldfried Burggraf, * Bremen 11. Aug. 1895, † ebd. 1. März 1958, dt. Dramatiker. - Begann als Schauspieler, schrieb bühnenwirksame Schauspiele mit teils histor., teils zeitkrit. Stoffen; bekannt v. a. „Robinson soll nicht sterben" (Dr., 1932).

F., Georg [ᷓ-], * Amberg um 1510, † Nürnberg 12. Nov. 1568, dt. Komponist. - Hg. einer u. d. T. „Frische teutsche Liedlein" (5 Tle., 1539-56) bekannten Sammlung mit hauptsächl. weltl., 4- und 5stimmigen Liedsätzen von ihm selbst und etwa 50 anderen zeitgenöss. Komponisten.

F., [Johann] Georg [ᷓ-], * Nassenhuben bei Danzig 27. Nov. 1754, † Paris 10. Jan. 1794, dt. Reiseschriftsteller. - Begleitete seinen Vater Johann Reinhold F. und J. Cook auf Forschungsreisen, 1790 A. von Humboldt; 1792/93 Mgl. des jakobin. Mainzer Klubs; trat für den Anschluß des linksrhein. Deutsch-

lands an Frankr. ein. Begründer der künstler. Reisebeschreibung und der vergleichenden Länder- und Völkerkunde. - *Werke:* Reise um die Welt (engl. 1777, dt. 2 Bde., 1779/80; mit Johann Reinhold F.), Ansichten vom Niederrhein (3 Bde., 1791-94).

F., Johann Reinhold [ᷓ-], * Tczew 22. Okt. 1729, † Halle/Saale 9. Dez. 1798, dt. Naturforscher. - Zunächst ev. Pfarrer; begleitete J. Cook 1772-75 auf dessen 2. Weltreise und wurde 1780 Prof. für Naturgeschichte in Halle/Saale. F. trug entscheidend zur Entwicklung einer vergleichenden Völker- und Länderkunde bei; schrieb u. a. „Allg. Geschichte der Entdeckungen und Schiffahrten des Nordens" (1782).

F., Rudolf [ᷓ-], * Gröbming (Steiermark) 30. Okt. 1884, † Bad Aussee 26. Okt. 1968, östr. Schauspieler. - Seit 1914 an der Wiener Volksbühne. In Berlin (1920-32) bed. Erfolge in der Rolle des aristokrat. Lebemannes und - der Höhepunkt seiner film. Laufbahn - als Mackie Messer in G. W. Pabsts Verfilmung der „Dreigroschenoper" (1931).

Förster, Ludwig Christian Ritter von, * Bayreuth 8. Okt. 1797, † Bad Gleichenberg 16. Juni 1863, östr. Architekt. - Seit 1819 in Wien, seit 1839 an der Ausarbeitung des neuen Bebauungsplans für Wien beteiligt. In seinen Bauten bevorzugte er italien. Renaissanceformen.

Förster-Nietzsche, Elisabeth, * Röcken bei Lützen 10. Juli 1846, † Weimar 8. Nov. 1935, Schwester von F. Nietzsche. - Ihre Verdienste um den Nachlaß wurden in Frage gestellt durch die u. a. von K. Schlechta nachgewiesenen Eingriffe in das Nachlaßmaterial durch Manipulation, Fälschung und Vernichtung für die Nietzsche-Forschung wichtiger Briefe (v. a. an seine Mutter und a F.-N.). Ihre Nietzsche-Legende fand auch Niederschlag in ihren Büchern, u. a. „Das Leben F. Nietzsches" (3 Bde., 1895-1904).

Förster-Sonde [nach dem dt. Physiker F. Förster, * 1908], 1938 entwickeltes Gerät zur Messung magnet. Felder (bis zu $^1/_{100\,000}$ der Stärke des Magnetfeldes der Erde). Eine Anordnung zweier F.-S. in einem gewissen Abstand (Gradientensonde) dient in Suchgeräten zur Ortung von Eisen oder Eisenerzen im Erdboden oder im Wasser (z. B. Blindgänger, Rohrleitungen usw.). Suchgeräte mit F.-S. dienen auch zum Aufsuchen von Lawinenverschütteten.

Forsthoff, Ernst, * Laar (= Duisburg) 13. Aug. 1902, † Heidelberg 13. Aug. 1974, dt. Staats- und Verwaltungsrechtslehrer. - Prof. in Frankfurt am Main (1933), Hamburg, Königsberg (Pr), Wien und Heidelberg (ab 1943). 1960-63 Präs. des Obersten Verfassungsgerichts der Republik Zypern. Seine Schriften aus der Zeit des NS sind z. T. umstritten. - *Werke:* Die Verwaltung als Leistungsträger (1938), Dt. Verfassungsgeschichte der Neuzeit (1940), Lehrb. des Verwaltungsrechts (1949, [9]1966), Rechtsfragen der leistenden Verwaltung (1959), Die Problematik der Verfassungsauslegung (1961), Der Staat in der Industriegesellschaft (1971).

Forst/Lausitz, Krst. im Bez. Cottbus, DDR, 78 m ü. d. M., 26 400 E. Verwaltungssitz des Landkr. Forst; Ingenieurschule; Tuch-, Kunststoff-, Nahrungsmittelind. - Wohl im 14. Jh. gegr., Stadtrecht 1428 erneuert. Der östl. Stadtteil Zasieki gehört seit 1945 zur Woiwodschaft Grünberg, Polen▼.

Forstrecht, die Gesamtheit derjenigen öffentl.-rechtl. Normen, die das Privateigentum am Wald wegen des Allgemeininteresses an der Erhaltung ausreichend großer und gesunder Wälder bes. Bindungen unterwerfen und die dem Schutz, der Überwachung und Förderung der Forstwirtschaft dienen. Das F. ist überwiegend Landesrecht, einheitl. aber durch das BundeswaldG vom 2. 5. 1975 geregelt, das Maßnahmen zur Sicherung der Nutz-, Schutz- und Erholungsfunktion des Waldes vorsieht (Rahmenvorschriften für die landesrechtl. Waldgesetze); für eine sinnvolle Bewirtschaftung des Waldes schreibt das Gesetz die Bildung von privatrechtl. Forstbetriebsgemeinschaften und forstwirtschaftl. Vereinigungen und von öffentl.-rechtl. Forstbetriebsverbänden vor.
In *Österreich* ist das F. in Gesetzgebung und Vollziehung Landessache. Das *schweizer.* F. wurde durch das BG betreffend die eidgenöss. Oberaufsicht über die Forstpolizei vom 11. 10. 1902 geordnet.

Forstrevier ↑Forstamt.

Forstschädlinge, pflanzl. und tier. Organismen, die das biolog. Gleichgewicht des Waldes empfindl. stören und großen wirtschaftl. Schaden verursachen können. Die F. können die verschiedensten Pflanzenteile beschädigen.
Unter den *tier.* F. unterscheidet man Wurzel-, Stamm- und Blattschädlinge. Zu den ersteren gehören die Larven des Schwarzen Rüsselkäfers, die Erdmaus oder die Rötelmaus, die speziell in jungen Baumbeständen Schäden hervorrufen. Stammschädlinge, die im Rindengewebe oder im Holzteil leben, sind v. a. Arten der Borkenkäfer (Buchdrucker), der Rüsselkäfer (Kieferrüßler, Fichtenrüsselkäfer), Raupen der Gespinstmotten, der Wickler und Larven der Holzwespen. Auch Wildkaninchen können durch Rindenfraß das Absterben der Bäume verursachen. Blätter und Triebe (v. a. in Reinbeständen von Nadelbäumen) können durch Fraß von Raupen verschiedener Schmetterlingsarten (Kiefernspinner, Kiefemeule) und von Larven verschiedener Blattwespen (Fichtenblattwespe, Lärchenblattwespe) restlos zerstört werden. Auch massenhaftes Auftreten von Läusen kann große Schäden verursachen.
Pflanzl. F. sind v. a. Pilze (Zunderschwamm,

Hallimasch, Eichenwirrling), die die Korrosionsfäule hervorrufen. Unter den Samenpflanzen ist die Mistel zu nennen, die mit ihren Senkwurzeln das Holz für Nutzzwecke weitgehend unbrauchbar macht.
☐ *Die F. Europas. Ein Hdb. in 5 Bden. Hg. v. W. Schwenke. Hamb. 1972–86.*

Forstverwaltung, jede Tätigkeit privater oder öffentl.-rechtl. Körperschaften zur Erhaltung und Pflege des Waldes sowie zur wirtschaftl. Vermarktung des Holzes. Die F. wird v. a. durch die staatl. Forstbehörden ausgeübt. Der große Privatwaldbesitz hat seine eigene Forstverwaltung.

Forstwirtschaft, Zweig der Landw., der sich mit der wirtschaftl. Nutzung und Pflege sowie dem Anbau des Waldes beschäftigt. Je nach den Eigentumsverhältnissen unterscheidet man öffentl. (Domäne) und private F. Die F. in der BR Deutschland hat v. a. wirtschaftl., aber auch soziale (Erholungs-, Schutzwald) sowie angesichts zunehmender Umweltverschmutzung auch verstärkte Bed. für die Erhaltung des ökolog. Gleichgewichts.

Forstwissenschaft, Wiss. und Lehre von den biolog. Gesetzmäßigkeiten im Wachstum von Bäumen und Wäldern, der planmäßigen und nachhaltigen Nutzung von Holzerträgen, der Anwendung von Technik und Mechanisierung in der Forstwirtschaft sowie von der Abgrenzung und Auslotung aller rechtl. und gesetzl. Probleme zw. Mensch und Wald. Die forstl. Fachwissenschaften gliedern sich in die Bereiche forstl. Betriebslehre, forstl. Produktionslehre und Forst- und Holzwirtschaftspolitik. Das Studium der F. schließt mit der Diplomprüfung ab (Diplomforstwirt).

Forsyth, Frederick [engl. ˈfɔːsaɪθ], * Ashford (Kent) Aug. 1938, engl. Schriftsteller. - War Pilot, Nachrichtenkorrespondent, Fernsehreporter. Schrieb die Bestsellerromane „Der Schakal" (1972), „Die Akte Odessa" (1973), in der Naziuntergrund spielt, „Die Hunde des Krieges" (1973) sowie u. a. die Erzählung „Der Lotse" (1975) und „Das vierte Protokoll" (R., 1984).

Forsythie [...i-ɛ; nach dem brit. Botaniker W. Forsyth, * 1737, † 1804] (Goldflieder, Forsythia), Gatt. der Ölbaumgewächse mit nur wenigen Arten in O-Asien und einer Art in SO-Europa; frühblühende, sommergrüne Sträucher mit leuchtend gelben, vor den Blättern erscheinenden, achselständigen Blüten und lederigen bis harten, zweiklappigen, geschnäbelten Kapselfrüchten. Mehrere Arten werden in vielen Sorten und Hybriden als Ziergehölze und zum Treiben kultiviert.

Fort, Gertrud von Le ↑Le Fort, Gertrud von.

Fort [foːr; frz., zu lat. fortis „stark"], Befestigungsanlage; selbständiges Einzelwerk (*Sperr-F.*) zur Verteidigung strateg. wichtiger Geländepunkte, oder relativ selbständiges

Fortaleza

Außenwerk (*detachiertes* oder *vorgeschobenes* F.) im System ausgedehnter Festungen.

Fortaleza, Hauptstadt des brasilian. Bundesstaates Ceará, Hafen an der brasilian. NO-Küste, 647900 E. Kath. Erzbischofssitz; 2 Univ. (gegr. 1955 bzw. 1973), Akad. der Geisteswiss.; histor., ethnolog. Museum; Zucker-, Seifenfabrik, Textilindustrie, Asphaltherstellung; Salzgewinnung; Langustenfischerei; Eisenbahnendpunkt, ✈. - Gegr. 1609 als portugies. Fort gegen indian. Angriffe, 1637–54 unter niederl. Besatzung, seit 1810 Hauptstadt von Ceará.

Fort Bayard [frz. fɔrba'ja:r] ↑ Chankiang.

Fortbewegung (Lokomotion), aktiver oder passiver Ortswechsel von Lebewesen. Fast alle nicht festsitzenden Tiere sind zu aktivem Ortswechsel fähig. Sie benutzen dazu meist Muskelkontraktionen, wobei chem. Energie in mechan. umgesetzt wird. Aktive F. kommt auch (jedoch selten) bei niederen Pflanzen sowie bei Keimzellen vor.

Fortbewegung ohne Gliedmaßen: Hierbei sind unterschiedl. mechan. Prinzipien wirksam. Weit verbreitet beim Schwimmen, vielfach aber auch an Land ist die **Schlängelbewegung** des Körpers (z. B. bei Aalen, Schwanzlurchen, Schlangen, Ottern, Robben, Delphinen). Wechselseitige Kontraktion von Längsmuskeln erzeugt eine Verbiegung des Körpers nach den Seiten oder nach oben und unten, die wellenförmig nach hinten läuft. Die Verbiegung erzeugt eine nach hinten gerichtete Kraft. Die nach den Seiten gerichteten Komponenten heben sich jeweils auf, die nach hinten gerichteten summieren sich auf. Häufig schlängelt nur ein Teil des Körpers, wie z. B. bei den Fischen, die sich nur durch Seitwärtsschlängeln des Schwanzes mit der breiten Schwanzflosse vorantreiben (die anderen Flossen dienen nur als Steuerorgane und Stabilisatoren). - Die nach hinten gerichteten Schleppgeißeln vieler Einzeller und der Spermien erzeugen nach demselben Prinzip einen Vortrieb. Andere Einzeller (z. B. das Pantoffeltierchen) führen mit ihren Wimpern oder Geißeln Ruderbewegungen aus. Bei der **peristalt.** Bewegung des Regenwurms läuft zunächst durch Zusammenziehen der Ringmuskulatur eine Verdünnungswelle nach rückwärts über den Körper, die die Segmente streckt. Ihr folgt eine Verdickungswelle durch Kontraktion der Längsmuskeln. Die Körperabschnitte können dabei nur in Kopfrichtung zusammengezogen werden, da nach hinten gerichtete Borsten an der Bauchseite ein Zurückgleiten verhindern. Ähnl. läuft die *Spannerbewegung* bei Spannerraupen und Blutegeln ab. - Das **Kriechen** der Landschnecken erfolgt durch querliegende, von vorn nach hinten verlaufende Kontraktionswellen über die Fußunterseite. Dabei gleitet die Sohle auf einem Schleimfilm, der aus einer Fußdrüse abgesondert wird. Bei Amöben fließt das Zellplasma in sog. Scheinfüßchen in die gewünschte Richtung.

Fortbewegung über Gliedmaßen: Diese Form der F. funktioniert nach dem Hebelprinzip. Die Gliedmaßen dienen zum Schwimmen, Gehen, Laufen, Springen, Klettern und Fliegen. - Das **Schwimmen** erfolgt nach dem Ruderprinzip, d. h., im Wasser schlagen die Gliedmaßen mit großer Kraft nach hinten, wodurch der Körper gegen den Wasserwiderstand nach vorn bewegt wird. Wichtig ist, daß das Ruder eine breite Fläche hat. Bei Gliedertieren werden die Beinabschnitte verbreitert oder mit Borstenbesätzen versehen. Auf dem bzw. im Wasser lebende Vögel und Säugetiere haben ähnl. wie die Frösche Schwimmhäute zw. den Zehen. Beim Vorziehen der Beine werden zur Verringerung des Reibungswiderstandes die zuvor gespreizten Zehen geschlossen, d. h. die Schwimmhäute zusammengefaltet. Der Wasserfloh benutzt die Antennen zum Rudern. - Das **Gehen** und **Laufen** ist auf dem Land die am weitesten verbreitete F. Das primitivste Bewegungsmuster ist der *Diagonal-* oder *Kreuzgang.* Dabei werden die Beine in der Reihenfolge links vorn, rechts hinten, rechts vorn, links hinten bewegt. Bei *schnellem Lauf* fallen die Schritte von Vorder- und gegenüberliegendem Hinterbein zeitl. zusammen (z. B. Trab beim Pferd). Daneben gibt es noch den *Paßgang* (z. B. bei Kamelen), bei dem Vorder- und Hinterbein derselben Seite gleichzeitig eingesetzt werden, und den *Galopp,* der durch abwechselnden Einsatz beider Vorder- und Hinterbeine erfolgt. Die Bewegungskoordination wird bei Wirbeltieren hauptsächl. durch nervöse Zentren im Rückenmark gesteuert. - Bei Insekten, aber auch bei Spinnen und Krebsen alternieren die gegenüberliegenden Beine eines Körpersegments mit den Beinpaaren aufeinanderfolgender Segmente. - Eine Abart des Laufens ist das **Springen** mit den Hinterbeinen. Ebenfalls aus dem Laufen hat sich das **Klettern** entwickelt. Meist werden Krallen in Unebenheiten des Untergrunds verankert. Bei einigen Tieren sind Finger und Zehen zum Umgreifen geeignet.

Laufen beim Menschen: Durch Strecken im Fersengelenk und Vorneigen des Oberkörpers verlagert sich der Schwerpunkt nach vorn, und der Körper verharrt in dieser Stellung. Um den vermeintl. Fall aufzufangen, wird ein Bein vorgestellt. Beim Verlagern des Schwerpunktes werden die Arme im Rhythmus der Beinbewegungen mitgeschwungen. - ↑ auch Körperhaltung.

Sehr viele Tiere können fliegen. Beim **passiven Flug** wird aus dem Fallen ein Gleiten. Als Gleitflächen dienen Flughäute, Flossen und Flügel. Der **aktive Flug** verläuft nach denselben aerodynam. Prinzipien wie der Gleitflug. Die Flügel sind zugleich Tragflächen und Antriebsorgane. Am häufigsten ist der **Ruderflug**

(Schlagflug). Dabei wird beim Abschlag der Armteil von vorn angeblasen, der Handteil von unten. Beim Übergang zum Aufschlag ändern sich die Anstellwinkel der Hand und des Arms; der der Hand wird annähernd null, der des Arms wird etwas stumpfer, so daß der Arm von unten angeströmt wird (starker Auftrieb, leichter Rücktrieb). Beim Abschlag ist somit nur der Handteil belastet, der allein den Vortrieb erzeugt. Beim **Rüttelflug** werden auch im Aufschlag durch Anströmung der Flügeloberseiten Vortriebskräfte erzeugt. - Beim **Insektenflug** entstehen die tragenden und vorwärtstreibenden Kräfte prinzipiell in gleicher Weise wie beim Vogelflug. Die Kleinheit der Insekten und ihrer Flügel erfordert eine wesentl. höhere Schlagfrequenz zur Erzeugung ausreichenden Vor- und Auftriebs (z. B. Stechmücken 300 Schläge in der Sekunde). - Schließl. können sich einige Tiere durch **Rückstoß** fortbewegen. Tintenfische nehmen dabei Wasser in die Mantelhöhle auf, das sie dann stoßweise durch die Atemhöhle nach außen abgeben. - Abb. S. 176.

📖 *Meinecke, H.: Mathemat. Theorie der relativen Koordination u. der Gangarten v. Wirbeltieren. Bln. u. a. 1978. - Jacobs, W.: Fliegen, Schwimmen, Schweben. Bln. u. a. ²1954.*

Fortbildungsschulen, Vorläufer der heutigen Berufsschulen; über die Besuchspflicht einer F. befanden bis 1919 die Gemeinden. Die F. waren im letzten Drittel des 19. Jh. aus den Sonntagsschulen hervorgegangen.

Fort Collins [engl. 'fɔːt 'kɔlɪnz], Stadt in Colorado, USA, 90 km nördl. von Denver, 1 520 m ü. d. M., 70 700 E. Univ. (gegr. 1870); Metall- und Baustoffindustrie.

Fort-Dauphin [frz. fɔrdo'fɛ̃], früherer Name der madegass. Hafenstadt ↑ Taolanaro.

Fort-de-France [frz. fɔrdə'frɑ̃ːs], Hauptstadt der Insel Martinique, an der W-Küste, 97 800 E. Erzbischofssitz; mehrere Forschungsinstitute, Museen; Sammelplatz und Exporthafen für die Hauptprodukte der Insel; internat. ⚓. - Schachbrettförmiger Grundriß der Altstadt; alte Befestigungen.

Fortdruck, der eigtl. Produktionsvorgang (im Ggs. zum Andruck) in der Druckmaschine (Herstellung der Auflage).

forte [italien.], Abk. f, musikal. Vortragsbez.: laut, stark & kräftig (Ggs. ↑ piano); **fortissimo,** Abk. ff, sehr stark; **forte fortissimo,** Abk. fff, mit allerhöchster Lautstärke; **mezzoforte,** Abk. mf, mittelstark; **fortepiano,** Abk. fp, laut und sofort wieder leise; f. kommt auch in Verbindung mit meno „weniger", molto „sehr", poco „etwas" vor.

Fortescue [engl. 'fɔːtɪskjuː], alte engl. Familie, der 1789 der Titel eines Earl of F. verliehen wurde; bed.: der Jurist Sir **John Forstescue** (* 1394, † 1476); der als Richter durch seine wegweisende Interpretation der Rechte des engl. Parlaments als Teil der „legal monarchy" (1472) histor. Bed. erlangte.

Fortezza ↑ Franzensfeste.

Fort-Foureau [frz. fɔrfu'ro], Dep. - Hauptort in Kamerun, am Logone, gegenüber von N'Djamena (Republik Tschad), 10 000 E; zahlreiche Flüchtlinge. - F.-F. war bei der Ankunft der Europäer eine große Stadt im Schutz einer 4 km langen Mauer.

fortgesetzte Handlung (fortgesetztes Delikt), von der Rechtsprechung aus prakt. Bedürfnissen entwickelte Form der rechtl. Handlungseinheit. Von einer solchen spricht man, wenn mehrere Geschehensabläufe, die jeder für sich einen Straftatbestand erfüllen, rechtl. als eine Handlung betrachtet werden. Eine f. H. liegt unter folgenden Voraussetzungen vor: 1. Verletzung desselben rechtl. Verbots; 2. gleichartige Begehungsweise; 3. zeitl.-räuml. Zusammenhang; 4. Gesamtvorsatz des Täters, d. h., dieser muß von vornherein mehrere Einzelakte zur Erreichung eines Gesamterfolges planen. Strafrechtl. Konsequenz: Es ist keine Gesamtstrafe zu bilden. Die Anzahl der Teilakte kann nur bei der Strafzumessung berücksichtigt werden.
Im *östr.* und *schweizer. Recht* gilt im wesentl. das zum dt. Recht Gesagte.

Forth [engl. 'fɔːθ], Fluß in Schottland, entspringt (zwei Quellflüsse) am Ben Lomond, strömt bei Alloa (bis hier 105 km lang) in den **Firth of Forth,** seine 83 km lange, 2–31 km breite, von einer Straßenbrücke und zwei Eisenbahnbrücken überspannte Mündungsbucht an der Nordsee. Schiffbar bis Stirling; mit dem Clyde durch einen Kanal verbunden.

Fortifikation [lat.-frz.], veraltet für Befestigungs-, Festungswerk.

Fort Knox [engl. 'fɔːt 'nɔks], Militärlager in N-Kentucky, USA, 50 km sw. von Louisville; hier lagern die Goldreserven der USA.

Fort-Lamy [frz. fɔrla'mi] ↑ N'Djamena.

Fort-Laperrine [frz. fɔrlapɛ'rin] ↑ Tamanrasset.

Fort Lauderdale [engl. 'fɔːt 'lɔːdədɛɪl], Stadt und Seebad in Florida, USA, am Atlantik, 40 km nördl. von Miami, 152 100 E. Elektron. Ind., Bootsbau. - Die Stadt entwickelte sich seit 1900 um ein 1838 errichtetes Fort.

fortlaufende Notierung (variable Notierung), Art der Kursfestsetzung im amtl. Börsenverkehr, bei der fortlaufend die tatsächl. Kurse aller zustandegekommenen Geschäfte notiert werden.

Fort McMurray [engl. 'fɔːt mək'mʌrɪ], kanad. Bergbaustadt in Alberta, am Athabasca River, 36 800 E. Seit 1967 Abbau und Aufbereitung von Ölsanden; Pipeline nach Edmonton.

Fort Matanzas [engl. 'fɔːt mə'tænzəs] ↑ Saint Augustine.

Fort Nelson [engl. 'fɔːt 'nɛlsn], kanad. Ort in British Columbia, am Alaska Highway, 2 300 E. Holzind.; ⚓. Südl. von F. N. Erdgasgewinnung. Pipeline nach Vancouver.

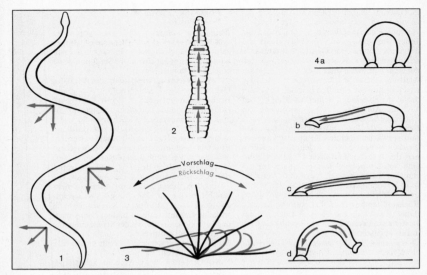

Fortbewegung. 1 Schlängelbewegung
einer Schlange, 2 peristaltische Bewegung
eines Regenwurms, 3 Ruderbewegung
(Ruderschlag einer Wimper), 4 a–d
Spannerbewegung eines Blutegels

Fortner, Wolfgang, * Leipzig 12. Okt.
1907, dt. Komponist. - Lehrer am Kirchen-
musikal. Institut Heidelberg (1931–54); seit
1957 in Freiburg i. Br.; nach dem 2. Weltkrieg
einer der profiliertesten Lehrer atonal-
zwölftöniger, später auch postserieller Komposition; u.a. die García-Lorca-Opern „Bluthochzeit" (1957) und „In seinem Garten liebt

Fortpflanzung. Jungfernzeugung bei der
Milbe Pediculoides ventricosus, deren
Zwergmännchen (Z) auf dem Weibchen
leben und aus unbefruchteten Eiern
hervorgegangen sind. Werden die Eier
befruchtet, so entstehen stets Weibchen

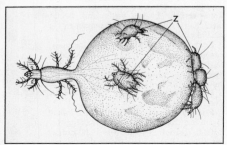

Don Perlimplin Belisa" (1962), Oper „Elisa-
beth Tudor" (1972), Orchesterwerke, u.a.
„Mouvements" (1953) und „Triplum" (1966),
Vokalwerke, u.a. „Petrarca-Sonette" (1980).

Fort Peck Dam [engl. 'fɔːt 'pɛk 'dæm],
76 m hoher Staudamm in Montana, USA,
mit 6 400 m Kronenlänge; staut den Missouri
zu dem etwa 300 km langen **Fort Peck Reser-
voir**; 1933–40 erbaut.

Fortpflanzung (Reproduktion), die Erzeugung von Nachkommen durch Eltern bzw.
durch eine Mutterpflanze. Durch F. wird
i.d.R. die Zahl der Individuen erhöht (Vermehrung) und die Art erhalten. Man unterscheidet ungeschlechtl. und geschlechtl. F.
Die **ungeschlechtl. Fortpflanzung** (asexuelle F.,
vegetative F., Monogonie) geht von Körper-
zellen des mütterl. Organismus (bei Einzellern
von deren einziger Körperzelle) aus und vollzieht sich über mitot. Zellteilungen, wobei
die Tochterzellen den gleichen Chromoso-
mensatz und somit dasselbe Erbgut wie der
elterl. Organismus bzw. die Mutterzelle haben. Bei der **geschlechtl. Fortpflanzung** entsteht aus zwei geschlechtl. unterschiedl.
Keimzellen durch deren Verschmelzung (↑ Befruchtung) und anschließender mitot. Teilung
ein neues Individuum. Die geschlechtl. F. bedingt eine Neukombination der Erbanlagen. -
Eine sog. eingeschlechtige F. ist die **Jungfernzeugung** (Parthenogenese), bei welcher aus unbefruchteten Eizellen Nachkommen hervorgehen (z. B. bei Ameisen, Bienen, Blattläusen;
Nachtkerze, Frauenmantel). - Zur Sicherung
der F. zeigen Lebewesen häufig ein artspezif.
F.verhalten (↑ Sexualverhalten).

Fortpflanzungsorgane, svw. ↑Geschlechtsorgane.

Fortpflanzungszellen, svw. ↑Geschlechtszellen.

FORTRAN [Kw. aus engl. Formula translator „Formelübersetzer"], im wesentl. von der Firma IBM entwickelte problemorientierte Programmiersprache zur Formulierung wiss. und techn. Rechenprogramme.

Fort Ross [engl. 'fɔːt 'rɔs], wiederaufgebaute, ehem. russ. Handelsstation an der W-Küste Kaliforniens, 140 km nw. von San Francisco. - Original erhalten u. a. die orth. Kapelle (1812).

Fortschreibung, in der amtl. Statistik i. w. S. die Weiterführung eines statist. Verzeichnisses, insbes. von Bestandsmassen, i. e. S. die Berechnung der Größe einer Bestandsmasse für einen Zeitpunkt, für den keine Zählung vorliegt, durch Saldierung des letzten Erhebungsergebnisses mit inzwischen erfaßten Zu- oder Abgangsmassen, z. B. F. einer Volkszählung durch Anknüpfung an das letzte Ergebnis unter Berücksichtigung von Geburten- und Sterbeziffer sowie vollzogenen Binnen- und Außenwanderungen.

Fortschritt, i. w. S. jede Entwicklung von niederen zu höheren Zuständen als gradliniger, zielgerichteter, nicht umkehrbarer Prozeß; i. e. S. insbes. der **evolutionäre Fortschritt:** die stetig wachsende Fähigkeit der Menschheit, die Natur zu beherrschen und von ihr möglichst unabhängig zu werden; der **evolutionär-soziale Fortschritt:** die stetig wachsende Anpassungsfähigkeit gesellschaftl. Systeme an die sich wandelnde Umwelt; der **wiss.-techn. Fortschritt:** das stetige, in ständig kürzeren Zeiträumen erfolgende Anwachsen eines theoret. Wissens (v. a. in den Naturwiss.) und seiner techn. Nutzung; der **soziale Fortschritt:** der durch die Aufklärung (mit ihrem Ziel der Durchsetzungskraft menschl. Vernunft und deren Naturbeherrschung) in Gang gebrachte Prozeß sozialen Wandels, der zur Humanisierung der Gesellschaft, zur Befreiung des Individuums von Fremdbestimmung, zum Abbau sozialer Ungerechtigkeiten und Ungleichheiten führen soll. *F.theorien* stehen im Ggs. zu *Kulturverfallstheorien* (Ausgang der menschl. Entwicklung von einem „goldenen Zeitalter") und *Kreislauftheorien* (gesellschaftl. Entwicklung als sich ständig wiederholende soziale Prozesse) und sehen F. entweder als ^mechan., sich nach objektiven Gesetzmäßigkeiten vollziehenden Ablauf (*F.gläubigkeit*) oder als einen von gesellschaftl. Kräften abhängigen Prozeß an, in den diese gestaltend eingreifen können.

📖 *Bäumer, F. J.: F. u. Theologie. Ffm. 1985. - Reif, P.: Entwicklung u. F. Ffm. 1984. - Krise des F. Hg. v. G. Klingenstein. Wien 1984. - Marcuse, H.: Der eindimensionierte Mensch. Neuwied ¹⁹1984. - Gimpel, J.: Die industrielle Revolution des MA. Dt. Übers. Mchn. 1980. - Frolov,*

I. T.: Wiss. F. u. Zukunft des Menschen. Ffm. 1978. - Fetscher, I.: Überlebensbedingungen der Menschheit. Konstanz 1977.

Fortschrittliche Volkspartei, dt. polit. Partei, entstand 1910 durch Zusammenschluß der Freisinnigen Volkspartei, der Freisinnigen Vereinigung und der v. a. in SW-Deutschland vertretenen Dt. Volkspartei (1868–1910); vertrat die Interessen von Banken und Exportindustrie, Bildungsbürgertum, „neuem Mittelstand" und Gewerbe; bildete 1918 mit dem linken Flügel der Nationalliberalen Partei die Dt. Demokrat. Partei.

Fortschrittspartei ↑Deutsche Fortschrittspartei.

Fortsetzungsroman, Roman, der regelmäßig abschnittsweise in Zeitungen und Zeitschriften abgedruckt wird, oft eigens für diese Publikationsform sukzessive verfaßt.

Fortuna, röm. Schicksals- und Glücksgöttin, der griech. Tyche entsprechend. Die Verehrung der F. wurde meist mit der Angabe ihres jeweiligen Wirkungsbereichs verbunden, z. B. „F. des röm. Volkes" („F. Populi Romani"), „plebejische F." („F. Plebeia"). Mit Glücksrad, Füllhorn, Steuerrad und Flügeln dargestellt; Symbol der Willkür und Wechselhaftigkeit des Lebens.

Fortunatae insulae [lat. „glückl. Inseln"], im Altertum zuerst Bez. für die Madeiragruppe, dann für die Kanar. Inseln.

Fortunatus, Gestalt des gleichnamigen dt. Volksbuchs, das anonym in einem Augsburger Druck von 1509 überliefert ist. F. weiß sein unerschöpfl. Geldsäckchen und Wunschhütchen (im Unterschied zu seinen Söhnen) mit Glück zu gebrauchen; alte Schwank- und Zaubermotive sind mit einer Fülle von Abenteuern verwoben.

Fort Victoria [engl. 'fɔːt vɪk'tɔːrɪə], früher Name von ↑Masvingo, Simbabwe.

Fort Wayne [engl. 'fɔːt 'wɛɪn], Stadt in Indiana, USA, 233 m ü. d. M., 172 200 E. Kath. Bischofssitz; Colleges, F. W. Art School, Indiana Institute of Technology; Museum; u. a. Herstellung von Lastkraftwagen, Radios, Fernsehgeräten, Tankstellenausrüstungen. Verkehrsknotenpunkt, ✦. - Gegr. um 1680 als frz. Pelzhandelsstation, seit 1760 in brit. Besitz.

Fort William [engl. 'fɔːt 'wɪljəm], schott. Ort in den westl. Highlands, 4 500 E. Aluminiumschmelze, Papierfabrik, Whiskybrennereien; Fremdenverkehrszentrum.

Fort Worth [engl. 'fɔːt 'wəːθ], Stadt in Texas, USA, 50 km westl. von Dallas, 200 m ü. d. M., 382 300 E. Univ. (gegr. 1873), Colleges; bedeutendster Viehhandelsplatz in den Südstaaten, größtes Getreidehandelszentrum in Texas; Erdölraffinerie; Flugzeug- u. a. Ind., Verkehrsknotenpunkt, ✦. - Mit der Errichtung von Camp Worth 1849 begann die Besiedlung des Gebietes.

Forum [lat. „Markt, Marktplatz"], in der

Forum Iulii

Antike der Mittelpunkt jeder von den Römern gegr. Stadt; Zentrum für alle städt. Behörden und Regierungsorgane wie des Geschäftsverkehrs; Magistratsgebäude, Wandelgänge sowie zahlr. Tempel und z. T. Markthallen umgaben den Platz, auf dem Altäre, Statuen, Siegessäulen und Triumphbögen errichtet wurden. - Im heutigen Sprachgebrauch svw. Plattform, geeigneter Ort (z. B. Zeitschrift) oder Personenkreis, der eine sachverständige Erörterung von Problemen oder Fragen garantiert.

Das **Forum Romanum** (der Stadt Rom) war urspr. eine sumpfige Senke zw. den Hängen des Kapitols, Palatins, Quirinals und des Esquilin. Hügels, vom 9. bis 6. Jh. Grabplatz der palatin. und esquilin. Siedlung. Im 6. Jh. v. Chr. wurde die Senke durch Anlage der Cloaca maxima entwässert und ist seitdem Forum der Stadt. Ausgrabungen (1803 ff.) legten v. a. Reste des kaiserzeitl. Baubestands frei sowie auch ältere Fundamente. Seit dem frühen 5. Jh. erfolgten Tempelgründungen: Tempel des Saturn (497; neu erbaut 42 v. Chr.), des Castor und Pollux (484; zuletzt erneuert im 2. Jh. n. Chr.), der Concordia (367; mehrmals erneuert). In die Frühzeit gehören auch die Regia, Sitz des Pontifex Maximus, und der Rundtempel der Vesta (zuerst Holzbauten, Steinbau 200 v. Chr., mehrmals erneuert), der das ewige Feuer auf dem hl. Staatsaltar barg. Zentrum des polit. Lebens war im NW das Comitium (Volksversammlungsplatz) mit der Curia (Tagungsort des Senats) und der Rednerbühne (Rostra).

Das eigtl. F. war ein von der Via Sacra („Hl. Straße") längs durchlaufenes Geviert von etwa 115 × 60 m, Zentrum des Geschäftslebens, Ort der Rechtsprechung, öffentl. Veranstaltungen sowie von Volksversammlungen. Im 4. Jh. v. Chr. wurden Vieh- und Gemüsehandel vom F. entfernt; im 2. Jh. v. Chr. entstanden für Börsenhandel und Gerichte geräumige Hallenbauten (Basiliken). Cäsar und Augustus vollendeten die Umwandlung in einen repräsentativen Platz: Die Volksversammlungen wurden aufs Marsfeld verlegt, das Forum erhielt ein Travertinpflaster, seine Bauten wurden prunkvoll erneuert: Die Ehrenbogen für Tiberius (16 n. Chr.), Augustus (19 v. Chr.) und Septimius Severus (203), die Tempel für Cäsar (29 v. Chr.), Vespasian (unter Domitian geweiht) sowie für Antonius Pius und Faustina (141 bzw. 161; Vorhalle und Seitenwände der Kirche San Lorenzo in Miranda) sowie das Miliarium Aureum (20 v. Chr., „goldner Zentralmeilenstein"), das die Entfernungen zu den Städten Italiens angab, und der Umbilicus urbis Romae, Mittelpunkt des Imperiums (2. Jh. n. Chr.).

Der östl. anschließende Veliahang mit seinen Bauten (Konstantins- bzw. Maxentiusbasilika, 313) wird nicht eigtl. zum F. gerechnet. Nördl. schließen die ehem. reich ausgestatteten *Kaiserforen* mit Säulenhallen und axial gelegenen Tempeln an. Im 4. Jh. wurden noch fünf hohe Statuensäulen (Decennalienmonument von 303) und die kolossale Reiterstatue Konstantins d. Gr. und als letztes Monument auf dem durch Kriege und Erdbeben z. T. zerstörten F. 608 die Ehrensäule für Kaiser Phokas aufgestellt.

⚟ *Ruoff-Väänänen, E.: Studies on the Italien Fora. Wsb. 1978. - Zanker, P.: F. Romanum. Tüb. 1972.*

Forum Iulii ↑ Cividale del Friuli.

Forum Stadtpark (Grazer Forum), im ehem. Grazer Stadtpark-Café seit 1960 durch Initiative des Grazer Dichterkreises eingerichtetes Kulturzentrum. Veranstaltung von Konzert-, Film- und Kabarettabenden, Vorträgen und Ausstellungen bildender Künstler und Herausgabe der Literaturzeitschrift „manuskripte" (hg. von A. Kolleritsch). 1968 gingen von diesem Kreis wesentl. Impulse für die Einrichtung des „Steir. Herbstes", Festspiele der Avantgarde, aus. 1968 erstmals auch Lesungen der „Grazer Gruppe". Dem F. S. bes. eng verbunden sind u. a. B. Frischmuth, C. F. Jonke, M. Scharang, es beteiligten sich aber sämtl. avantgardist. österr. Schriftsteller und fanden hier Förderung. 1973 um E. Jandl Zusammenschluß der „Grazer Autorenversammlung" (gegen den Östr. PEN-Club).

forzato (forzando) [italien.], Abk. fz, svw. ↑ sforzato.

Forzeps [lat.], svw. ↑ Geburtszange.

Fos, Golf von [frz. foːs, fɔs], Bucht im Golfe du Lion, unmittelbar östl. der Rhonemündung, durch einen Nehrungshaken teilweise verschlossen. - ↑ auch Fos-sur-Mer.

Fosbury-Flop [engl. 'fɔzbəri‚flɔp], nach dem Amerikaner R. Fosbury (* 1947) ben. Hochsprungtechnik (engl. flop bedeutet eigtl. „Hinplumpsen") der Springer überquert die Latte nach schnellem, eine Kurve beschreibenden Anlauf und Drehung um die Körperlängs- und Körperquerachse mit Kopf und Rücken voraus. Die Landung erfolgt auf Schulter und Rücken.

Foscari, Francesco, * 1373, † Venedig 1. Nov. 1457, Doge von Venedig (seit 1423). - Als Haupt des Rates der Vierzig und als Doge um die Expansionspolitik Venedigs bemüht; konnte den Machtbereich Venedigs weit nach W (Brescia, Bergamo) und S (Crema, Ravenna) verschieben.

Foscolo, Ugo, eigtl. Niccolò F., * auf Sakinthos 6. Febr. 1778, † Turnham Green bei London 10. Sept. 1827, italien. Dichter. - Durch polit. Verhältnisse bedingtes wechselvolles Schicksal, zuletzt Exil in England; Vorläufer des Risorgimento, schrieb Tragödien nach V. Graf Alfieris Vorbild („Tieste", 1797; „Aiace", 1802, „Ricciarda", 1813), den lyr.-philosoph. Hymnus „Gedicht von den Gräbern" (1807), 1802 einen Briefroman nach dem

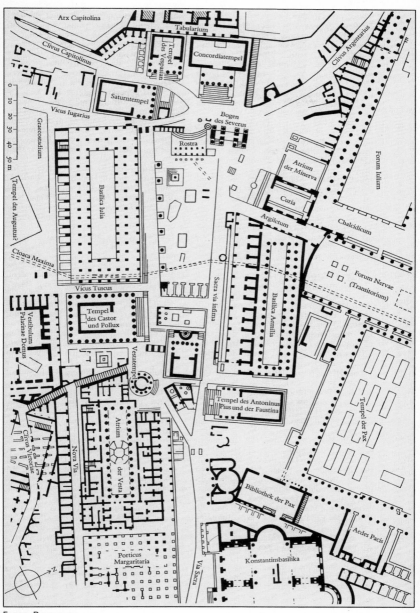

Forum Romanum
Lageplan

Vorbild von Goethes „Werther" („Die letzten Briefe des Jacopo Ortis"), Sonette und Oden.

Foshan [chin. fɔʃan], chin. Stadt in der Prov. Kwangtung, wsw. an das Stadtgebiet von Kanton grenzend, 120 000 E. Traditionelles Zentrum der Seidenind. und Porzellanherstellung, chem. Werke. - In der Mingzeit (1368–1644) durch Seidenmanufaktur, Färberei, Weberei und Eisenwarenherstellung bed. Handelsplatz, in der Ch'ingzeit eines der „Vier größten Dörfer des Reiches".

Foss, Lukas, eigtl. L. Fuchs, * Berlin 15. Aug. 1922, amerikan. Komponist, Pianist und Dirigent dt. Herkunft. - Emigrierte mit seinen Eltern 1933; stilist. von Hindemith und Strawinski ausgehend, seit 1969 Einbeziehung serieller Techniken, u. a. Kantate „Song of songs" (1946), Märchenoper „Griffelkin" (1955); „Echoi" (1963), „Elytres" (1964), „Paradigm" (1968) für Kammerensemble; Orchesterwerke, Konzerte.

Fossa Carolina [lat.] (Karlsgraben), auf Veranlassung Karls d. Gr. 793 unternommener Kanalbau zur Verbindung von Main und Donau, der unvollendet blieb; erhaltene Baustrecke zw. Altmühl und Schwäb. Rezat beim Dorf Graben (1 230 m lang).

Fossa Magna [lat.] ↑ Hondo.

Fossano, Ambrogio da, italien. Maler, ↑ Bergognone.

Fossanova, zur italien. Gemeinde Priverno (Latium) gehörende ehem. Zisterzienserabtei (1135–1812). Die Abtei F. gründete in S-Italien sieben Abteien (u. a. Casamari). 1274 starb in F. Thomas von Aquin. Die 1208 geweihte got. Kirche ist eine der bedeutendsten Zisterzienserkirchen Italiens.

fossil [lat.], aus der erdgeschichtl. Vergangenheit stammend.
◆ durch ↑ Fossilisation erhalten.

fossile Böden ↑ Reliktböden.

Fossilien [zu lat. fossilis „ausgegraben"], Überreste von Tieren oder Pflanzen, auch von deren Lebensspuren, durch ↑ Fossilisation erhalten. Neben Abdrücken und Steinkernen sind organ. Reste auch als Einschlüsse in Harz (Bernstein) und im Dauerfrostboden des arkt. Bereichs (Mammutleichen) erhalten. F. von geolog. kurzer Lebensdauer sind für die stratigraph. Bestimmung von Sedimentgesteinen von großer Bed. (**Leitfossilien**), gleichgültig, ob es sich um Makro- oder Mikro-F. handelt. V. a. in der Erdölind. spielt die Bestimmung von Mikro-F. wie Foraminiferen u. a. eine große Rolle. - Abb. S. 182.

Als **lebende Fossilien** werden oft (fälschl.) rezente Tiere und Pflanzen bezeichnet, die bekannten fossilen Formen aus weit zurückliegenden erdgeschichtl. Perioden weitgehend gleichen, z. B. Neopilina, Perlboot, Pfeilschwänze, Tuatara, Ginkgobaum, Araukarien, Mammutbäume.

Fossilisation [lat.], Vorgang der Bildung von Fossilien. Voraussetzung ist die schnelle Einbettung abgestorbener Pflanzen und Tiere in Schlamm, Sand u. a., so daß es zu keiner [völligen] Verwesung kommen kann. Erhalten bleiben v. a. Hartteile wie Zähne, Knochen und Schalen. Sie können bei der ↑ Diagenese eine Umkristallisation erfahren, d. h. die urspr. Kalksubstanz kann durch Kieselsäure, Schwefelkies u. a. ersetzt werden. Werden Hohlräume abgestorbener Lebewesen (z. B. von Muscheln) mit Sediment ausgefüllt, so entstehen **Steinkerne,** bei denen der innere Abdruck der Schale zu sehen ist. Reste von Pflanzen finden sich u. U. in Form feinster Kohlehäutchen. Kriech- und Laufspuren können als **Abdruck** im Sediment erhalten sein.

Fos-sur-Mer [frz. fossyr'mɛːr, fɔs...], frz. Ort am Golf von Fos, Dep. Bouches-du-Rhône, 9 000 E. Erdölhafen für Großtanker, Erdölraffinerie, Produktenpipeline nach Genf, Hüttenwerk und Kokerei. - Wehrkirche (1213 erstmals genannt), roman. Friedhofskapelle, Reste einer Burg (14. Jh.).

Foster [engl. ˈfɔstə], George Murphy („Pops"), * McCall (La.) 19. Mai 1892, † San Francisco 6. Nov. 1969, amerikan. Jazzmusiker (Bassist). - Spielte seit 1906 u. a. in New Orleans, später auf Mississippi-Dampfern. Wurde bes. durch seine „Slapping Bass"-Technik bekannt (Wechsel zwischen Zupfen der Saiten und Schlag mit der Hand auf das Griffbrett); einer der wichtigsten Bassisten des New-Orleans-Jazz.

F., Stephen [Collins], * Pittsburgh 4. Juli 1826, † New York 13. Jan. 1864, amerikan. Liederdichter und Komponist. - Schrieb etwa 175 volkstüml. amerikan. Lieder, darunter „Old folks at home", „My old Kentucky home", „Oh, Susanna".

fötal ↑ fetal.

fötid [lat.], in der Medizin svw. übelriechend, stinkend.

foto..., Foto... ↑ photo..., ↑ Photo...

Fötus ↑ Fetus.

Foucauld, Charles Eugène Vicomte de [frz. fuˈko], * Straßburg 15. Sept. 1858, † Tamanrasset (Algerien) 1. Dez. 1916, frz. kath. Einsiedler und Missionar. - Offizier; seit 1890 Trappist, seit 1901 Priester; lebte als Missionar unter den Tuareg. Seine Missionsmethode (vorbildl. christl. Leben statt direkter Beeinflussung) regte missionar. Gemeinschaften an (u. a. Gemeinschaft Charles de F., Kleine Brüder Jesu, Kleine Schwestern Jesu). - Erforschte die Sprache der Tuareg und hinterließ u. a. das „Dictionnaire abrégé touareg-français" (2 Bde., hg. 1918–20).

Foucault [frz. fuˈko], [Jean Bernard] Léon, * Paris 18. Sept. 1819, † ebd. 11. Febr. 1868, frz. Physiker. - Mgl. der Académie des sciences. Bestimmte die Lichtgeschwindigkeit mit einem Drehspiegel; demonstrierte mit einem freischwingenden Pendel die Erdrotation (↑ Foucaultscher Pendelversuch).

F., Michel, * Poitiers 15. Okt. 1926, † Paris 25. Juni 1984, frz. Philosoph. - 1964 Prof. in Clermont-Ferrand, 1968 in Paris-Vincennes, seit 1970 am Collège de France in Paris. Versucht mit Methoden des Strukturalismus die Geschichte („Archäologie") der Zivilistation zu schreiben, wobei Bewußtsein, Ideologien, gesellschaftl. Einrichtungen und Einstellungen als sprachähnl. Systeme und in Wechselwirkung mit Sprache dargestellt werden.
Werke: Psychologie und Geisteskrankheit (1954), Die Geburt der Klinik (1962), Die Ordnung der Dinge (1966).

Foucaultscher Pendelversuch [frz. fu'ko], erstmals im Jahre 1661 von V. Viviani, dann von L. Foucault 1850 in der Pariser Sternwarte und 1851 im Pariser Panthéon durchgeführter Pendelversuch, mit dem sich die Erdrotation auf Grund der Tatsache nachweisen läßt, daß ein schwingendes Pendel seine Schwingungsrichtung im Raum auch dann beibehält, wenn der Aufhängepunkt nicht ortsfest ist.

Fouché, Joseph [frz. fu'ʃe], Herzog von Otranto (seit 1809), * Le Pellerin (Loire-Atlantique) 21. Mai 1759, † Triest 25. Dez. 1820, frz. Politiker. - Urspr. Lehrer; während der Frz. Revolution Mgl. des Konvents (Bergpartei); machte sich 1793 v.a. durch blutige Säuberungsaktionen in der Prov. (1 600 Todesurteile in Lyon) einen berüchtigten Namen; beteiligte sich 1794 am Sturz Robespierres, 1795 verhaftet, bald darauf amnestiert; wurde diplomat. Agent des Direktoriums und 1799 dessen Polizeimin.; bereitete den 18. Brumaire vor und machte sich in der Folgezeit unentbehrl.; 1802 abgesetzt, 1804 wieder berufen, 1810 endgültig abgesetzt, als er die Überspannung der Politik Napoleons I. ablehnte und geheime Verbindungen mit Großbrit. aufgenommen hatte; 1813 Gouverneur der illyr. Prov.; nahm Verbindung mit den Bourbonen und Metternich auf; 1815 erneut Napoleons I. Polizeimin.; bereitete gleichzeitig die Rückkehr Ludwigs XVIII. vor und trat für kurze Zeit an die Spitze der provisor. Regierung; 1816 verbannt.

Fouchet, Christian [frz. fu'ʃɛ], * Saint-Germain-en-Laye 17. Nov. 1911, † Genf 11. Aug. 1974, frz. Diplomat und Politiker. - 1951–55 und seit 1968 Abg. für die von ihm mitbegründete gaullist. RPF, 1953 Fraktionsführer, 1954/55 Min. für Marokko und Tunesien, 1962 Hochkommissar in Algerien, 1962–1967 Erziehungs-, 1967/68 Innenmin.; setzte sich für die europ. Einigung ein (F.-Pläne).

Fougères [frz. fu'ʒɛːr], frz. Stadt 45 km nö. von Rennes, Dep. Ille-et-Vilaine, 24 400 E. Zentrum der frz. Schuhind. - Zerstörungen im 2. Weltkrieg, erhalten die Kirchen Saint-Sulpice (13.–16. Jh.) und Saint-Léonard (15./16. Jh.) sowie Teile der Stadtmummauerung (13./14. Jh.).

foul [engl. faʊl, eigtl. „schmutzig, häßlich"], regelwidrig, gegen die Spielregeln verstoßend (Sport).

Foulard [fu'laːr; frz.], feines, bedrucktes Seidengewebe in Atlas- oder Köperbindung.

Foumban [frz. fum'ban], Dep.hauptstadt in Kamerun, in den Kamerunbergen, 1 070 m ü.d.M., 60 000 E. Sitz des Königs der Bamum; Anbau- und Handelszentrum für Arabica-Kaffee; Kunsthandwerk.

Fountains Abbey [engl. 'faʊntɪnz 'æbɪ] ↑ Ripon.

Fouqué, Friedrich [Heinrich Karl] Baron de la Motte [dɔlamɔtfu'keː], * Brandenburg/Havel 12. Febr. 1777, † Berlin 23. Jan. 1843, dt. Dichter. - In romant. Rückwendung siedelte er seine Werke mit Vorliebe v.a. im MA, im Bereich der german. Heldensagen und in der Zeit des Dreißigjährigen Krieges an. Von seinem umfangreichen Werk blieb nur „Undine" (E., 1811) im literar. Bewußtsein.

Fouquet, Jean [frz. fu'kɛ], * Tours zw. 1415/20, † ebd. (?) zw. 1477/81, frz. Maler. - In seinen Miniaturen (u.a. „Stundenbuch des Estienne Chevalier", etwa 1453: Chantilly, Musée Condé, Paris und London) zeigt er sich als hervorragender, subtiler Landschaftsmaler aus der Schule van Eycks; bei den Innenräumen, Architekturmotiven und Ornamenten Einfluß der italien. Frührenaissance (1443/47 Italienaufenthalt). Bed. Porträts: E. Chevalier mit dem hl. Stephan (Berlin-Dahlem), Teil eines Diptychons für die Kathedrale von Melun, dessen andere Hälfte, die berühmte „Madonna mit Engeln", ein Porträt der Agnes Sorel sein soll (zw. 1450/53; Antwerpen, Königl. Kunstmuseum).

Fouquier-Tinville, Antoine Quentin [frz. fukjetɛ'vil], * Hérouelles (Aisne) im Juni (?) 1746, † Paris 7. Mai 1795, frz. Revolutionär. - Seit 1793 öffentl. Ankläger des Revolutionstribunals, das er zu einem Hauptinstrument der Revolution machte; klagte, unter der Maske der Unbestechlichkeit, je nach der herrschenden Richtung Hébertisten, Girondisten, Dantonisten an (rd. 2 400 Hinrichtungen); nach Robespierres Sturz angeklagt; wurde selbst hingerichtet.

FOURATAF [engl. 'fɔː'ræ'tæf], Abk. für: **Four**th **A**llied **T**actical **A**ir **F**orce Central Europe, Alliierte Taktische Luftflotte; ↑ NATO (Tafel).

Fourcade, Jean-Pierre [frz. fur'kad], * Marmande 18. Okt. 1929, frz. Politiker. - 1968–70 Direktor der frz. Preisbehörde („Monsieur Prix"); 1974–76 Wirtschafts- und Finanzmin.; 1977 Min. für Landesplanung.

Four-Freedoms [engl. 'fɔː'friːdəmz] ↑ Vier Freiheiten.

Fourier [frz. fu'rje], Charles, * Besançon 7. April 1772, † Paris 10. Okt. 1837, frz. Sozialphilosoph. - Vertreter des utop. Sozialismus; entwickelte in seiner Sozialutopie eine Neuordnung der Gesellschaft auf der Basis

Fossilien. Links: Seelilie aus dem oberen Muschelkalk bei Erkerode; Mitte: Schuppenbaumstück aus dem Oberkarbon bei Waldenburg; rechts oben: Wedelabschnitt eines Samenfarns aus dem Unterrotliegenden bei Lebach; rechts unten: Trilobiten aus dem Gotlandium bei Dudley

und mit dem Ziel des Glücks, der Einheit und Harmonie; forderte zu ihrer Realisierung autarke Lebensgemeinschaften („familistères") von je 300 Familien und Aufteilung des Staatsgebiets in autonome, agrar. orientierte Genossenschaftsgebiete („phalanstères"); wirkte auf Marx und Engels und beeinflußte stark die spätere Genossenschaftsbewegung.

F., [Jean-Baptiste] Joseph Baron de (seit 1808), * Auxerre 21. März 1768, † Paris 16. Mai 1830, frz. Mathematiker und Physiker. - Mgl. der Académie des sciences. Die von F. im Rahmen seiner Arbeiten über die Theorie der Wärmeausbreitung eingeführte Methode der Entwicklung von Funktionen in Fourier-Reihen erwies sich für die theoret. Physik als außerordentl. fruchtbar.

Fourier-Analyse [frz. fu'rje; nach J. Baron de Fourier] ↑harmonische Analyse.

Fourier-Reihe [frz. fu'rje; nach J. Baron de Fourier], Reihe zur Darstellung einer period. Funktion.

Four-letter-word [engl. 'fɔːlɛtəwəːd „Vierbuchstabenwort" nach engl. (to) fuck „ficken"], vulgäres [Schimpf]wort.

Fournier [frz. fur'nje], Pierre, * Paris 24. Juni 1906, † Genf 8. Jan. 1986, frz. Cellist. - Einer der hervorragendsten zeitgenöss. Cellisten.

F., Pierre Simon, * Paris 15. Sept. 1712, † ebd. 8. Okt. 1768, frz. Schriftschöpfer. - Legte seinen Schriften die „Romain du roi" des P. Grandjean zugrunde.

Fourquet, Jean [frz. fur'kɛ], * Dole (Jura)

23. Juni 1899, frz. Germanist. - Seit 1957 Prof. an der Sorbonne in Paris; Direktor des elsäss. Sprachatlasses; Dudenpreisträger 1974; Verfasser wichtiger Arbeiten auf dem Gebiet der strukturellen Grammatik des Deutschen.

Four Tops, The [engl. ðə 'fɔː 'tɔps „Die Vier Spitzen"], amerikan. Gesangsquartett, bestehend aus L. Stubbs, L. Payton, O. Benson, D. Fakir; entstanden Mitte der 1950er Jahre als „Four Amis", ab 1964 „T. F. T."; zählen zu den erfolgreichsten und bekanntesten Soulinterpreten.

Fouta Djalon [frz. futadʒa'lõ], Tafelgebirgsland in W-Guinea, mit Ausläufern nach Guinea-Bissau, Senegal und Mali; im S bis 1 425 m, im N bis 1 515 m hoch.

Foveauxstraße [engl. 'foʊvoʊ], Meeresstraße zw. der Südinsel von Neuseeland und Stewart Island, der ihr südl. vorgelagerten Insel, 34 km breit.

Fowler [engl. 'faʊlə], Sir (seit 1890) John, * Wadsley Hall bei Sheffield 15. Juli 1817, † Bournemouth 20. Nov. 1898, brit. Ingenieur. - F. plante und erbaute (1860–63) die unterird. Dampfeisenbahn in London; zus. mit Sir B. Baker errichtete er 1882–90 die Eisenbahnbrücke über den Firth of Forth.

F., Sir (seit 1942) Ralph Howard, * Fedsden bei Royden (Essex) 17. Jan. 1889, † Cambridge 28. Juli 1944, brit. Physiker und Mathematiker. - Prof. in Cambridge; bed. Arbeiten zur statist. Mechanik, zur Quantenmechanik und zur Theorie der Oberflächenspannung und der elektrolyt. Lösungen.

F., William Alfred, * Pittsburgh (Pa.) 9. Aug. 1910, amerikan. Physiker. - Prof. am California Institute of Technology in Pasadena. Arbeiten zur Kernphysik und ihrer Anwendung in der Astrophysik (Sternentwicklung, Entstehung der schweren chem. Elemente, Energieerzeugung in den Sternen). Erhielt 1983 (zus. mit S. Chandrasekhar) den Nobelpreis für Physik.

Fox, Charles James, * London 24. Jan. 1749, † Chiswick (= London) 13. Sept. 1806, brit. Politiker. - 1770 Lord der Admiralität, 1772–74 Schatzkanzler; wechselte von den Tories zu den Whigs über; setzte sich als Anhänger E. Burkes für die Rechte der amerikan. Kolonien, Abschaffung des Sklavenhandels und eine Verfassungsreform ein; war 1782/83 zweimal Außenmin.; führte seit 1784 neben Burke die Opposition der Whigs; büßte durch sein Bekenntnis zu den Prinzipien der Volkssouveränität und den Idealen der Frz. Revolution die Freundschaft Burkes ein und isolierte sich derart, daß er einige Jahre zurückgezogen leben mußte, bevor er 1806 erneut Außenmin. wurde.

F., George, * Drayton (Leicestershire) im Juli 1624, † London 13. Jan. 1691, engl. Laienprediger, Begründer der Quäker. - Urspr. Schuhmacher; verkündete auf Grund von Visionen, daß allein das „innere Licht", die innerl. wahrgenommene „Stimme Gottes", zum Heil führe. Seit 1652 sammelten sich Anhänger um ihn, die bald den Spottnamen Quäker („Zitterer") erhielten.

Fox, zu den Algonkin zählender Indianerstamm am Lake Winnebago (Wis.) und Fox River (Mich.).

Foxe Channel [engl. 'fɔks 'tʃænl] ↑ Hudsonbai.

Fox Islands [engl. 'fɔks 'aɪləndz], östlichste Inselgruppe der Aleuten, USA. - Entdeckt von russ. Pelzhändlern Mitte 18. Jh.

Foxterrier [engl.], kleiner, hochläufiger Haus- und Jagdhund mit keilförmigem, flachem Schädel, kleinen, nach vorn fallenden Hängeohren und hoch angesetzter, kupierter Rute; Behaarung beim *Kurzhaar-F.* dicht, glatt und flach anliegend, beim *Rauhhaar-F.* hart drahtig.

Foxtrott [engl., eigtl. „Fuchsgang"], Gesellschaftstanz im ⁴/₄-Takt; der langsam (**Slowfoxtrott** oder **engl. Foxtrott**), mäßig schnell (**amerikan. Foxtrott**) oder rasch (**Quickstep**) getanzte F. kam um 1912 in N-Amerika auf und zählt zu den Standardtänzen.

Foyer [foa'je:; frz., eigtl. „Herd" (zu lat. focus „Brennpunkt")], Wandelhalle, Wandelgang (im Theater), Vorhalle.

fp, Abk. für: ↑fortepiano (↑forte).

Fp, Abk. für: ↑Fließpunkt (↑Schmelzpunkt).

FP, Abk. für: ↑Flammpunkt.

FPÖ, Abk. für: ↑Freiheitliche Partei Österreichs.

FPOLISARIO, Abk. für span.: Frente Popular para la Liberación de Saguia el Hamra y Río de Oro, 1973 gegr. Befreiungsbewegung für (span.) Westsahara; stellte sich, nachdem Marokko und Mauretanien Einigung über die Aufteilung der Westsahara erzielt hatten, auf die Seite Algeriens und leitete einen Guerillakrieg mit dem Ziel der Gründung einer unabhängigen Demokrat. Arab. Repu-

Fra Angelico, Christus erscheint Magdalena (nach 1436). Florenz, San Marco

blik Sahara ein, die sie im Febr. 1976 in Algerien ausrief; schloß 1979 einen Friedensvertrag mit Mauretanien.

Fr, chem. Symbol für ↑Francium.

Fra [italien., Kw. für Frate (von lat. frater „Bruder")], Anrede und Bez. für Klosterbrüder in Italien.

Fra Angelico [italien. fra an'dʒɛ:liko] (auch Beato Angelico), als Mönch Fra Giovanni da Fiesole, eigtl. Guido di Pietro, * Vicchio (Prov. Florenz) um 1400, † Rom 18. Febr. 1455, italien. Maler. - Er trat um 1420 als Mönch in das Dominikanerkloster in Fiesole ein und lebte später in dem Dominikanerkloster San Marco in Florenz; 1445–47 und seit 1452 in Rom tätig, 1448–50 Prior in Fiesole. V. a. unter dem Einfluß Masaccios entwickelte sich Fra A. zu einem bed. Vertreter der Frührenaissance (zarte, gewählte Farbgebung, fließende Linienführung). Altar der Leinweber (Madonna dei linaioli) von 1433 (Florenz, Museo di San Marco), Verkündigung (Diözesanmuseum [Chiesa del Gesù] in Cortona), Fresken für den Konvent von San Marco (in den Zellen, auf dem Flur, im Kapitelsaal [Kreuzigung]; 1436–43, mit Gehilfen), Kreuzabnahme (1437–40) sowie Szenen aus dem Leben Jesu, u. a. Beweinung Christi (um 1448; Museo di San Marco), Fresken im Vatikan (Cappella Niccolina; mit B. Gozzoli, 1448–50).

Fra Bartolomeo, eigtl. Bartolomeo (Baccio) della Porta, * Florenz 28. März 1472, † Pian di Mugnone 6. Okt. 1517, italien. Maler. - Trat 1500 in den Dominikanerorden ein; begann erst 1504 wieder zu malen und leitete eine Malerwerkstatt im Kloster San Marco in Florenz (bis 1512, mit M. Albertinelli); 1508 in Venedig, 1514 in Rom; der Einfluß Michelangelos und Raffaels bewirkt eine Monumentalisierung der Gestalten, starke Kontraposte und ein kühles Kolorit, bes. in der „Pietà" (1516; Florenz, Palazzo Pitti). - *Weitere Werke:* Die Jungfrau erscheint dem hl. Bernhard (Florenz, Galleria dell'Accademia), Gottvater erscheint der hl. Maria Magdalena und der hl. Katharina (1509; Lucca, Pinakothek), Verlobung der hl. Katharina (1511; Louvre. 1512; Florenz, Palazzo Pitti).

Fracastoro, Girolamo, * Verona um 1478, † Incaffi (= Affi, Prov. Verona) 8. Aug. 1553, italien. Humanist und Arzt. - Sein Lehrgedicht „Syphilis sive de morbo gallico" (1521, gedruckt 1530), das in mytholog. Einkleidung Symptome und Therapie der Syphilis beschreibt, wurde für diese Krankheit namengebend. In seinem bed. Werk „De contagione et contagiosis morbis et eorum curatione" (1546) gelang F. die erste zusammenfassende Darstellung der Infektionskrankheiten.

Fracht [niederdt.], 1. Preis für den gewerbl. Transport einer Ware, 2. allg. svw. ↑ Frachtgut.

Frachtbrief, die vom Absender eines Transportgutes ausgestellte Urkunde über Abschluß und Inhalt eines Frachtvertrages. Der F. ist Beweisurkunde; er unterrichtet den Frachtführer über Gut und Empfänger, begleitet das Gut auf dem Transport und wird dem Empfänger ausgehändigt, dessen Zahlungspflicht gegenüber dem Frachtführer sich nach dem Inhalt des F. bestimmt.
Für das *östr.* und *schweizer. Recht* gilt Entsprechendes.

Frachtenausschuß, ein dem Bundesverkehrsmin. unterstellter Ausschuß, der parität. mit Vertretern der Schiffahrt und der verladenden Wirtschaft besetzt ist und die Aufgabe hat, Entgelte für Verkehrsleistungen auf dt. Wasserstraßen festzusetzen.

Frachtenbörse, spezielle Dienstleistungsbörse, an der Schiffs- und Luftfrachtverträge sowie Schiffsschleppverträge abgeschlossen werden. In der BR Deutschland besteht die **Schifferbörse** in Duisburg-Ruhrort (für die Rheinschiffahrt).

Frachter, svw. Frachtschiff (↑ Schiff).

Frachtführer, derjenige, der gewerbsmäßig Güter (transportfähige Sachen) zu Lande oder auf Binnengewässern befördert. Er ist Kaufmann.

Frachtgeschäft (Frachtvertrag), der Werkvertrag über die Beförderung von Gütern durch einen Frachtführer. Er verpflichtet den Frachtführer, das Gut innerhalb der

vereinbarten, übl. oder angemessenen Frist zum Bestimmungsort zu befördern und es dem Empfänger auszuliefern. Für Verlust oder Beschädigung des Gutes sowie für Schäden infolge Versäumung der Lieferzeit hat der Frachtführer vertragl. einzustehen. Der Absender hat die Fracht zu zahlen (grundsätzl. erst nach Ausführung des Transports) und auf Verlangen des Frachtführers einen Frachtbrief zu erteilen. Wegen seiner Forderungen aus dem F. steht dem Frachtführer ein gesetzl. Pfandrecht am Frachtgut zu. Mit der Annahme des Gutes und der Bezahlung der Fracht erlöschen grundsätzl. alle Ansprüche gegenüber dem Frachtführer.
Für das *östr. Recht* gilt Entsprechendes. Das *schweizer. Recht* faßt das F. als Sonderfall des Auftrags auf. Seine Regelung entspricht im wesentl. dem dt. Recht.

Frachtkosten, die durch Inanspruchnahme von Frachtführern und Spediteuren enstandenen Eingangs- und Ausgangsfrachten. Die F. sind Bestandteil der Beförderungskosten. Eingangsfrachten sind in die Einstandspreise einzubeziehen. Ausgangsfrachten können umsatzsteuerl. als Versendungsauslagen behandelt und vom steuerpflichtigen Entgelt abgesetzt werden.

Frachtschiff (Frachter) ↑ Schiff.

Frachtvertrag ↑ Frachtgeschäft.

Frack [zu engl. frock „Rock" (von altfrz. froc „Mönchsgewand")], großer Abendanzug des Mannes, mit steigenden Revers (mit Seide belegt) und Umlegekragen, vorn mit kurzen „Flügeln", hinten mit F.schoß; umschlaglose Hose; tief ausgeschnittene, weiße Weste; weiße Schleife (als Kellneranzug schwarze Weste und Schleife). Seit Mitte des 19. Jh. abendl. Festanzug.

Fra Diavolo (Bruder Teufel), eigtl. Michele Pezza, * Itri 7. April 1771, † Neapel 11. Nov. 1806. - Urspr. Straßenräuber, kämpfte in der von Kardinal Ruffo geleiteten „Banda della Santa Fede" im Dienst Ferdinands IV. von Neapel gegen die frz. Herrschaft; 1806 von den Franzosen gefangengenommen und hingerichtet. Die kom. Oper von D. F. E. Auber hat mit ihm wenig mehr als den Namen gemein.

Fraenkel ['frɛŋkəl], Ernst, * Köln 26. Dez. 1898, † Berlin (West) 28. März 1975, dt. Politologe. - 1926–38 Rechtsanwalt in Berlin; emigrierte in die USA; seit 1951 Prof. in Berlin; Forschungsschwerpunkte: Demokratietheorie und vergleichende Regierungslehre; Verfasser u. a. von „Das amerikan. Regierungssystem" (1960), „Deutschland und die westl. Demokratien" (1964).

F., Eugen, * Neustadt O. S. 28. Sept. 1853, † Hamburg 20. Dez. 1925, dt. Pathologe und Bakteriologe. - Prof. in Hamburg; entdeckte den Gasbranderreger (F.-Bazillus).

Fraenkel-Conrat, Heinz [engl. 'fræŋkl'kɔnræt], * Breslau 29. Juli 1910, amerikan. Biochemiker dt. Herkunft. - Seit 1936 in den USA; Prof. in Berkeley (Calif.); entdeckte die Rolle der Ribonukleinsäure bei der Vererbung.

Fraga Iribarne, Manuel [span. 'fraɣa iri'βarne], * Villalba (Prov. Lugo) 23. Nov. 1922, span. Politiker. - Seit 1953 Prof. für Staats- und Verfassungsrecht in Madrid; 1962–69 Min. für Information und Tourismus; gilt als Verfechter einer „europ. Öffnung" Spaniens; 1975/76 Innenmin.; danach (bis Dez. 1986) Führer der konservativen Volksallianz.

Fragaria [lat.] ↑ Erdbeere.

Frage, man unterscheidet gewöhnl.: 1. Entscheidungs-F., die einen Sachverhalt klären sollen: *Kommst du?* Antwort: *Ich komme (Ich komme nicht)* oder *Ja (Nein)*. 2. Ergänzungs-F., die nach einer Person, einer Sache oder einem Umstand fragen: *Wer ist krank?* Antwort: Karl (ist krank). 3. Rhetor. F., die der Sprechende nur stellt, um den Gesprächspartner zur Anerkennung einer bereits vorhandenen Meinung zu bewegen: *Will die Menschheit sich wirklich selbst vernichten?*

Fragebogen, Hilfsmittel für statist. Erhebungen und Untersuchungen, liefern primärstatist. Datenmaterial; als Einzel- oder Kollektiv-F. (Omnibusverfahren) ausgebildet; dienen in der Umfrageforschung als schriftl. Vorgabe eines Interviews oder können der zu befragenden Person zum Selbstausfüllen zugesandt werden (Postinterview). In den *Sozialwissenschaften* und in der *Psychologie* als techn. Hilfsmittel zur Vereinheitlichung von Interviews oder schrift. Befragungen bei der Erhebung von Daten benutzt, wobei in den Fällen, in denen sich Sachverhalte nicht direkt erfragen lassen, die Untersuchungsaufgabe (Programmfragen) in Testfragen (F.fragen) „übersetzt" werden. - F. wurden ein im Zuge der Entnazifizierung verwandt (umfaßten in der amerikan. Besatzungszone 131 Fragen) und von den Chinesen und Nordkoreanern während des Koreakriegs zur polit.-psycholog. Beeinflussung von Kriegsgefangenen benutzt.

Fragerecht, 1. im *Zivilprozeßrecht* die sich aus der richterl. Aufklärungspflicht ergebende Befugnis des Vorsitzenden sowie der Beisitzer, Fragen an die Parteien, Zeugen und Sachverständigen zu richten, um das für den Prozeß erforderl. Tatsachenmaterial zu beschaffen, die Stellung sachdienl. Anträge und die Bez. der Beweismittel zu veranlassen. Auch die Parteien haben das Recht, den Zeugen, Sachverständigen und u. U. auch der Gegenpartei durch den Vorsitzenden Fragen vorlegen zu lassen. Anwälte sind berechtigt, auch unmittelbar Fragen zu stellen. Über die Zulässigkeit einer Frage entscheidet das Gericht; 2. im *Strafprozeßrecht* das Recht der Beisitzer, der Staatsanwaltschaft, des Angeklagten und seines Verteidigers, in der Haupt-

Fra Bartolomeo, Pieta (1516). Florenz, Palazzo Pitti

verhandlung Fragen an die Angeklagten, die Zeugen und Sachverständigen zu stellen, um eine möglichst umfassende Klärung des Beweisgegenstandes zu erreichen. Ungeeignete und nicht zur Sache gehörende Fragen mit Ausnahme der Fragen der Beisitzenden Berufsrichter kann der Vorsitzende zurückweisen.

Fragesatz, svw. ↑ Interrogativsatz.

Fragestunde, parlamentar. Einrichtung, der zufolge MdB während bestimmter Plenarsitzungen (mindestens einmal im Monat) zuvor eingereichte Fragen zur Beantwortung an die Regierung bzw. ihre Vertreter stellen können; meist nur zur Behandlung von Verwaltungsfragen lokaler Bed. genutzt.

Fragezeichen, Satzzeichen, das eine Frage kennzeichnet: ?; span.: ¿...?; griech.: ;.

fragil [lat.], zerbrechl.; gebrechl., zart.

Fragment [zu lat. fragmentum „Bruchstück"], 1. unvollständig überliefertes Werk, sowohl Teile eines (alten) Kunstwerks wie eines literar. Werkes; 2. unvollendet gebliebenes oder aufgegebenes literar. Werk; 3. literar. Form, die bewußt unvollendet sein will, v. a. in der Romantik.

fragmentarisch [lat.], bruchstückhaft, unvollendet.

Fragonard, Jean Honoré [frz. fraɡɔ'na:r], * Grasse (Alpes-Maritimes) 5. April 1732, † Paris 22. Aug. 1806, frz. Maler. - Schüler von F. Boucher; 1756–61 in Italien (1760 entstanden die berühmten Landschaftsstudien der Villa d'Este); seine Malweise (Rokoko) nimmt in ihrer lebhaften Frische bereits den Impressionismus, mit ihren an Rubens und Rembrandt geschulten Hell-Dunkel-Wirkungen die romant. Malerei (Delacroix) vorweg.

Fra Guittone ↑ Guittone d'Arezzo.

fraise [frz. frɛːz; zu lat. fragum „Erdbeere"], erdbeerfarben.

Fraktion [zu lat. fractio „das Brechen"], ständige Gliederung einer Volksvertretung, in der sich polit. gleichgesinnte Abg. organi-

Fraktionalismus

sieren, um die Parlamentsarbeit zu erleichtern und in ihrem Sinne zu beeinflussen; entstanden aus den wechselnden Abg.gruppierungen (Klubs) der Honoratiorenparlamente; sind im modernen Parteienstaat die Bindeglieder zw. den polit. Parteien und dem Parlament. - Im Dt. Bundestag i. d. R. Vereinigungen von mindestens 5 % der Mgl. (bei der Regelzahl von 518 Abg. 26), die derselben Partei oder solchen Parteien angehören, die auf Grund gleichgerichteter polit. Ziele in keinem Land miteinander in Wettbewerb stehen. Polit. gleichgesinnte Abg., die F.stärke nicht erreichen, können als *Gruppe* anerkannt werden, die jedoch die bes. Rechte (v. a. Besetzung der Ausschüsse und des Ältestenrates des Bundestages, finanzielle Zuwendungen aus Haushaltsmitteln) der F. nicht genießt. Jede F. gibt sich eine eigene *Geschäftsordnung* und bildet eigene *Organe* (F.vollversammlung, F.vorsitzender mit Stellvertretern, parlamentar. Geschäftsführer, F.vorstand, Arbeitskreise). In den Länderparlamenten ähnl. geregelt.

Für *Österreich* parlamentar. ↑ Klubs. - In der *Schweiz* können im Nationalrat 5 Parlamentarier (von 200) eine F. bilden, im Ständerat gibt es keine eigenen F.; die Parlamentarier gleicher polit. Richtung in beiden Räten schließen sich zu F. der Bundesversammlung (d. h. beider Parlamentskammern) zusammen.

◆ bei einem Trenn- oder Reinigungsverfahren (Destillation, Kristallisation, Chromatographie) anfallender Teil eines Substanzgemisches; **fraktionieren**, Gemische mit verschiedenen Siedepunkten in Fraktionen zerlegen.

Fraktionalismus [lat.-frz.], communist. Bez. für das Bestreben einzelner Parteimitglieder und -funktionäre, innerparteil. Fraktionen zu bilden, um von der offiziell festgelegten Generallinie abweichende Ziele zu verfolgen; gilt als unvereinbar mit dem Prinzip des demokrat. Zentralismus.

Fraktionszwang, die im Falle des Zuwiderhandelns durch Mandatsverlust sanktionierte Verpflichtung des Abg., bei parlamentar. Abstimmungen oder Debatten die fraktionsinternen Beschlüsse einzuhalten. Die Ausübung von F. verstößt gegen den in Art. 38 Abs. 1 Satz 2 GG niedergelegten Grundsatz des freien Mandats. Alle auf Mandatsverlust gerichteten Maßnahmen bei Austritt und Ausschluß eines Abg. aus seiner Partei oder Fraktion oder bei Verstoß eines Abg. gegen Fraktionsdirektiven sind verfassungswidrig. Die Anerkennung der polit. Parteien und damit auch der Fraktionen durch Art. 21 GG schließt aber verfassungsrechtl. einen fakt. Druck, der mit in der rechtl. Sanktion des Mandatsverlustes gipfelt (wie z. B. Ausschluß aus der Fraktion, Nichtberücksichtigung bei der Kandidatenaufstellung für die nächste Wahl), zur Durchsetzung der Fraktionssolidarität nicht aus.

In *Österreich* ist rechtl. gesichert, daß die Abweichung eines Abg. von der Auffassung seines *Klubs* (Fraktion) seine Stellung als Abg. nicht berühren darf.

In der *Schweiz* besteht eine den dt. Verhältnissen vergleichbare Fraktionsdisziplin nicht.

Fraktur [zu lat. fractura „das Brechen"], eine in Deutschland im 16. Jh. geschaffene Form der ↑ gotischen Schrift, die jahrhundertelang in Deutschland gegenüber der ↑ Antiqua den Vorrang behauptete; auch im poln., tschech., litauischen, schwed. und finn. Sprachbereich verbreitet. Sie entstand auf der Grundlage der ↑ Bastarda als Theuerdankschrift (Entwurf von V. Rockner für den Druck des „Theuerdank", 1517) und als „Dürerfraktur" (1522, 1525 ff.), der Schrift in Dürers Veröffentlichungen, von J. Neudörffer d. Ä. entworfen (geschnitten von Hieronymus Andreae). Charakteristika: „Elefantenrüssel" an verschiedenen Majuskeln (𝔄, 𝔅, 𝔐, 𝔑, 𝔓, 𝔚 u. a.) und „Entenfüßchen" an den Minuskeln, gebrochene Wirkung. Die F. verlor seit dem 19. Jh. zunächst in wiss. Werken, allg. im 20. Jh. ihre Bed., obwohl gerade Anfang des 20 Jh. vorzügl. Frakturschriften geschnitten wurden, die sog. *deutsche Schrift:* R. Koch (u. a. „Dt. Kochschrift", 1908), W. Tiemann („Kleist-F."), E. R. Weiß („Weiß-F." in Anlehnung an die „Unger-F." des 19. Jh.), E. Schneidler („Zentenar-F."), H. Zapf („Frakturkursiv").

◆ in der Medizin svw. Knochenbruch (↑ Bruch).

Fram [norweg. „vorwärts"], Name des Schiffes, mit dem F. Nansen 1893-96 im Eis der Arktis driftete. Heute auf ↑ Bygdøy.

Frambösie [zu frz. framboise „Himbeere" (wegen des Aussehens des Ausschlags)] (Framboesia tropica, Himbeerseuche), syphilisähnl. trop. Hautkrankheit, hervorgerufen durch das über Schmierinfektionen, gelegentl. auch durch Fliegen, ausnahmsweise durch Geschlechtsverkehr übertragene Bakterium Treponema pertenue; wird nicht zu den Geschlechtskrankheiten gerechnet. Die F. verläuft wesentl. gutartiger als die (mit ähnl. Symptomen auftretende) Syphilis.

Framiré [frami're:; frz.] ↑ Hölzer (Übersicht).

Franc [frã:], in Zusammensetzungen Bez. für die Währungseinheiten verschiedener Staaten, z. B. Belgiens (Belg. F.), Frankr. (Frz. F.), Luxemburgs (Luxemburg. F.).

Franc [frz. frã:; nach der Devise „Francorum rex" („König der Franken") auf erstmals 1360 geprägten Münzen] (italien. franco; dt. Franken oder Frank), Name verschiedener Münzen, bes. 1. Feingoldmünze 1360-80; 2. frz. Silbermünze 1577-1641; 3. frz. Währungseinheit seit 1795, 1 F. = 100 Centimes, geprägt in Silber, 1808-13 auch im Kgr. Westfalen und im Großherzogtum Berg; seit 1921 in unedlen Metallen und fortlaufend abgewertet; als Währungseinheit von

anderen Ländern übernommen, bes. im Latein. Münzbund. - Der Goldfranc ist seit 1920
Rechnungseinheit im Weltpostverein und war
dasselbe im Völkerbund.

Française [frã'sɛːzə; frz. „der französische (Tanz)"], in Deutschland übl. Bez. für
die im 18. Jh. in Frankreich verbreiteten Aus-
prägungen des engl. ↑Country dance (↑auch
Contredanse); i. e. S. ein Kettentanz in Dop-
pelreihe.

Françaix, Jean [René] [frz. frã'sɛ], * Le
Mans 23. Mai 1912, frz. Komponist und
Pianist. - Seine Kompositionen umfassen
Opern, Ballette („Le roi nu", 1936; „Les de-
moiselles de la nuit", 1948), Orchester-, Kam-
mer- und Klaviermusik sowie Filmmusiken
(für S. Guitry).

Francavilla, Pietro ↑Francheville, Pierre
de.

France, Anatole [frz. frã:s], eigtl. François A. Thibault, * Paris 16. April 1844, † Gut
La Béchellerie bei Saint-Cyr-sur-Loire (Indre-
et-Loire) 12. Okt. 1924, frz. Schriftsteller. -
Unternahm ausgedehnte Reisen durch Südamerika; trat als Sozialist für Dreyfus ein;
erhielt 1921 den Nobelpreis für Literatur. F.
verkörpert als einer der bedeutendsten frz.
Erzähler und Literaturkritiker
seiner Zeit die humanist. Tradition der frz.
Aufklärung; Feind jeder irrationalen Strömung, auch des Symbolismus, dabei geist-
reich, iron., skept., humorvoll und undog-
matisch. Höhepunkt seines Schaffens bildet
das Romanwerk; mit Vorliebe wählte er Stoffe aus Epochen im Umbruch: der Spätantike
(„Thais", 1890), der Zeit der Frz. Revolution
(„Die Götter dürsten", 1912), des späten MA
(krit. Bericht „Das Leben der hl. Johanna",
1908). F. schrieb auch Dramen, Aphorismen
und literaturkrit. Abhandlungen.

Francesca [italien. fran'tʃeska], italien.
Form von Franziska.

Francesca da Rimini [italien. fran'tʃeska
dar'ri:mini], † um 1284, italien. Adlige. - Mit
G. Malatesta, Signor von Rimini, verheiratet,
der sie und seinen Bruder Paolo wegen Ehe-
bruchs ermordete; durch Dante, der beide
in seiner „Göttl. Komödie" (Inferno V) büßen
läßt, wurde das Liebespaar berühmt. Der
Stoff wurde v. a. im 19. Jh. vielfach bearbeitet.

Francesca, Piero della [italien. fran'tʃes-
ka] ↑Piero della Francesca.

Francescatti, Zino [frz. frãsɛska'ti],
eigtl. René F., * Marseille 9. Aug. 1902, amerikan. Violinist frz. Herkunft. - Interpret virtuo-
ser Violinkonzerte.

Francesco [italien. fran'tʃesko], italien.
Form von Franz.

Francesco di Giorgio Martini [italien.
fran'tʃesko di 'dʒordʒo mar'ti:ni] ↑Martini,
Francesco di Giorgio.

France-soir [frz. frãs'swa:r; „Frankr.
am Abend"], frz. Zeitung, ↑Zeitungen (Übersicht).

Franche-Comté [frz. frãʃkõ'te] (Freigrafschaft Burgund), histor. Prov. und Region
in Frankr., zw. oberer Saône und frz.-schwei-
zer. Grenze, umfaßt die Dep. Doubs, Haute-
Saône, Jura und Territoire de Belfort, 16 202
km², 1,08 Mill. E (1982), Regionshauptstadt
Besançon. - Die F. C. hat Anteil am mittleren
und nördl. frz. Jura sowie den südl. Vogesen,
dem oberen Saônebecken und der Bresse.
Geschichte: Zur Zeit der röm. Eroberung von
kelt. Sequanern bewohnt, gehörte seit 27
v. Chr. zur Prov. Belgica, seit Ende 3. Jh. zur
Maxima Sequanorum; seit 443 von den Bur-
gundern, 534 vom Fränk. Reich in Besitz genommen; kam 888 zum Kgr. Hochburgund
und mit dem gesamten Kgr. Burgund 1032/34
zum Hl. Röm. Reich; schied erst 1674/78 mit
der Anerkennung als frz. Besitz aus dem Burgund. Reichskreis aus; bis 1790 frz. Gouvernement, 1800 in 3 Dep. geteilt.

Franches-Montagnes [frz. frãʃmõ-
'taɲ], Teil des Schweizer Jura, ↑Freiberge.

Francheville [frz. frãʃ'vil] (Francqueville, Francavilla), Pierre de, * Cambrai 1548
(?), † Paris 25. Aug. 1615, frz. Bildhauer. - Lange in Italien tätig (Florenz, Genua, Pisa), seit
1604 in Paris, Vertreter des Manierismus
(beeinflußt von Giovanni da Bologna).

Franchise [frã'ʃi:zə; frz., zu franc „frei"],
bes. Form eines Selbstbehaltes des Versicherungsnehmers, die v. a. in der Transportversi-
cherung angewendet wird, den Versicherer von der Ersatzpflicht für Bagatellschäden
zu befreien.

Franchising [engl. 'fræntʃaizɪŋ, eigtl.
„Vorrechtgeben"], insbes. in den USA ver-
breitete Form der vertikalen Kooperation im
Absatzbereich zw. jurist. und wirtschaftl. selbständigen Unternehmen. Im Rahmen eines
Dauerschuldverhältnisses gewährt der *Fran-
chisegeber* (mit weitgehendem Weisungs- und
Kontrollrecht) dem *Franchisenehmer* gegen
Entgelt das Recht, Waren und/oder Dienstleistungen (aus seinem Bereich) unter Verwendung von bestimmten Schutzrechten (Namen,
Marken, Gebrauchs- und Geschmacksmu-
stern, Patenten, Urheberrechten, bestimmten
Ausstattungen), Erfahrungen, Geheimnissen
sowie unter Anwendung bestimmter Organi-
sations- und Handlungsschemata herzustellen und/oder zu vertreiben.

Francia, il [italien. il 'frantʃa], eigtl. F.
(Francesco) Raibolini, * Bologna um 1448,
† ebd. 5. Jan. 1517, italien. Maler. - Gold-
schmied, malte etwa seit 1480 (zahlr. Altarbil-
der und Madonnen; u. a. „Madonna Felicini",
1494, Bologna, Pinacoteca Nazionale), beeinflußt von Lorenzo di Credi und Perugino.

Francia, José Gaspar Tomás Rodríguez
de [span. 'fransja], gen. Doctor Francia,
* Asunción 6. Jan. 1766, † ebd. 20. Sept. 1840,
paraguayischer Politiker. - Advokat, Mgl. der
Junta, die 1811 die Unabhängigkeit Para-
guays erklärte. 1814 Diktator, seit 1817 auf

Francia

Lebenszeit; brach die Macht von Kirche und Adel; förderte die Landw. auf der Basis einer Art Staatssozialismus.

Francia, latinisierte Bez. für Franzien, das Land der Franken, im Früh-MA für das Gesamtreich, bzw. nach 774 für Gallien und Germanien im Unterschied zu Italien; i.e.S. nach 843 das Gebiet bes. Geltung des fränk. Rechts und intensiver Königsherrschaft im Ostfränk. Reich (F. orientalis) und im Westfränk. Reich (F. occidentalis).

Francis [engl. 'frɑːnsɪs], engl. Form von Franz.

Francis [engl. 'frɑːnsɪs], James Bicheno, * Southleigh 18. Mai 1815, † Lowell (Mass.) 18. Sept. 1892, brit. Ingenieur. - F. ging 1833 in die USA; schuf hervorragende hydraul. und wasserbautechn. Anlagen und konstruierte 1849 die **Francis-Turbine,** eine Wasserkraftmaschine für Fallhöhen bis 450 m, bei der die Druckumsetzung vornehml. im Laufrad erfolgt, das völlig im Wasser arbeitet.

F., Sam, * San Mateo (Calif.) 25. Juni 1923, amerikan. Maler und Graphiker. - F. gehört zum weiteren Umkreis der abstrakten Expressionisten; seine starkfarbige Malerei in oft großen Formaten betont den Duktus des Farbauftrags in einer fleckenartigen Technik.

Francisco Javier [span. fran'θisko xa'βiɛr] ↑ Franz Xaver.

Francisten, Anhänger einer 1933 von Marcel Bucard (* 1895, † 1946) nach Vorbild der NSDAP und der italien. faschist. Partei gegr. relativ unbed. frz. Partei.

Francium [nach Francia („Frankreich"), der Heimat des Entdeckers], chem. Symbol Fr, sehr seltenes und schnell radioaktiv zerfallendes Metall aus der I. Hauptgruppe des Periodensystems der chem. Elemente; Ordnungszahl 87, Alkalimetall; langlebigstes Isotop ist Fr 223 mit einer Halbwertszeit von 21,8 Minuten. F. wurde 1939 von M. Perey bei der Aufarbeitung actiniumhaltiger Lanthanerze entdeckt.

Franck, César [frz. frãːk], * Lüttich 10. Dez. 1822, † Paris 8. Nov. 1890, frz. Komponist belg.-dt. Herkunft. - Seit 1872 Prof. für Orgel am Pariser Conservatoire (Schüler u. a. V. d'Indy, C. Debussy); bahnbrechend für den frz. instrumentalen Impressionismus; beeinflußte mit der kontrapunkt.-polyphonen Kompositionskunst Bachs und der Harmonik der dt. Spätromantik; komponierte Opern, Oratorien u. a. „Les béatitudes", 1869–79), sinfon. Dichtungen, u. a. „Les Éolides" (1876), Sinfonie d-Moll (1886–88), „Variations symphoniques" für Klavier und Orchester (1885); Kammermusik, u. a. Sonate für Violine und Klavier (1886), Orgel- und Klaviermusik, Messen, Motetten, Offertorien und Lieder.

F., James, * Hamburg 26. Aug. 1882, † Göttingen 21. Mai 1964, dt. Physiker. - 1916 Prof.

in Berlin, 1920–33 in Göttingen; emigrierte 1933 in die USA, 1938–47 Prof. in Chicago; nahm im 2. Weltkrieg an der Entwicklung der Atombombe teil, warnte aber 1945 die Regierung der USA vor deren Einsatz (**Franck-Report**). Führte zus. mit G. Hertz den Nachweis diskreter Anregungsstufen der Atome des Quecksilberdampfes (**Franck-Hertz-Versuch**) und gab damit die experimentelle Bestätigung der Quantenhypothese und der Bohr-Sommerfeldschen Atomtheorie. Nobelpreis für Physik 1925 (mit G. Hertz).

F. (Frank), Johann, * Guben 1. Juni 1618, † ebd. 18. Juni 1677, dt. Dichter. - Schrieb v. a. geistl. Lieder, die vielfach vertont und in ev. Gesangbücher aufgenommen wurden („Jesu, meine Freude", „Herr Gott, dich loben wir").

F., Melchior, * Zittau um 1580, † Coburg 1. Juni 1639, dt. Komponist. - Seit 1603 bis zu seinem Tod Hofkapellmeister in Coburg; sein umfangreiches Werk basiert auf dem vollstimmigen homophonen Satz; komponierte zahlreiche geistl. und weltl. Lieder, Motetten, Tanzsätze.

F., Sebastian, auch gen. Frank von Wörd, * Donauwörth 20. Jan. 1499, † Basel 1542 oder 1543, dt. Schriftsteller. - Prediger. Geriet wegen seiner Ablehnung jegl. dogmat. geprägten Christentums in Widerspruch zu den Lutheranern und wandte sich den Täufern zu; Verfolgung zwang ihn zu einem unsteten Wanderleben; Vorkämpfer der Toleranz, volkstüml. freimütiger Predigtstil; bed. Prosaist, u. a. „Chronica, Zeytbuch und geschycht bibel" (1531).

Francke, Meister ↑ Meister Francke.

Francke, August Hermann, * Lübeck 22. (12. ?) März 1663, † Halle/Saale 8. Juni 1727, dt. ev. Theologe und Pädagoge. - Von P. J. Spener beeinflußt; einer der Hauptvertreter des Pietismus; seit 1689 Dozent in Leipzig, 1692 Pfarrer und Prof. für oriental. Sprachen in Halle. Gründete dort die ↑ Franckeschen Stiftungen. Im Mittelpunkt seiner Arbeit stand die Erziehung der Jugend. Seine Pädagogik ist gekennzeichnet durch strenge Beaufsichtigung der Zöglinge unter Zurückdrängung von spieler. Elementen und Beschäftigung mit den Realien (Ansatz zur Realschule) mit den Zielen Frömmigkeit und Fleiß. 1710 gründete er zus. mit C. H. von Canstein eine Bibelanstalt zur Verbreitung preiswerter Bibeln.

F., Ernst, * Coburg 10. Nov. 1852, † Freiburg im Breisgau 23. Dez. 1921, dt. Sozialreformer. - 1897–1921 Hg. der Zeitschrift „Soziale Praxis", 1901–13 Generalsekretär der Gesellschaft für soziale Reform; 1920/21 deren Vors.; gründete 1904 zur Geschäftsführung dieser Gesellschaft das Büro für Sozialpolitik in Berlin.

Francken [niederl. 'fraŋkə], weitverzweigte fläm. Malerfamilie, aus Herentals stammend, tätig im 16. und 17. Jh., u. a. **Frans Francken d. J.** (* 1581, † 1642), Kabinettformate; im Spätwerk Übergang vom Historienzum Genrebild.

Francke-Nadel [nach dem dt. Arzt K. E. Francke, * 1859, † 1920] (Schnäpper, Schnepper), lanzettförmige Nadel mit Schneppervorrichtung zur Blutentnahme (am Finger oder am Ohrläppchen).

Franckesche Stiftungen, von A. H. Francke in Halle/Saale gegr. Erziehungsanstalten, Zentrum des Pietismus. Sie umfaßten Armenschule mit Waisenhaus (1695), Pädagogium für Adlige mit Internat (1696), Bürgerschule und Lateinschule für Bürgerkinder mit Internat (1697), Gynaeceum, d. h. höhere Mädchenschule (1698). Den Schulen angegliedert waren die Ostind. Missionsgesellschaft (1705) und die Cansteinsche Bibelanstalt (1710) sowie eine Reihe „erwerbender Anstalten" (Verlag, Druckerei, Buchhandlung, Apotheke u. a.). Bei Franckes Tod hatten die Anstalten etwa 2 300 Zöglinge. Seit 1946 sind die F. S. der Univ. Halle eingegliedert.

Francke Verlag (A. Francke AG) ↑Verlage (Übersicht).

Franck-Hertz-Versuch, berühmter atomphysikal. Versuch (↑Franck, James).

Franckh'sche Verlagshandlung W. Keller Co. ↑Verlage (Übersicht).

Franc-maçon [frz. frãma'sõ], frz. svw. Freimaurer; **Franc-maçonnerie,** Freimaurerei.

Franco Bahamonde, Francisco, * El Ferrol (ehem. El Ferrol del Caudillo) 4. Dez. 1892, † Madrid 20. Nov. 1975, span. General und Politiker. - 1926 jüngster span. General, beteiligte sich 1934 führend an der Niederschlagung des sozialist. Aufstandes in Asturien, wurde 1935 Generalstabschef, jedoch nach dem Sieg der Volksfront 1936 kaltgestellt. Nach dem Militäraufstand vom 17./18. Juli 1936 zum Befehlshaber in Span.-Marokko und im Sept. 1936 zum Chef der sog. nat. span. Reg. und zum Generalissimus ausgerufen, baute F. B. im Span. Bürgerkrieg seine unbestrittene Führungsrolle („Caudillo") aus. Innenpolit. stützte sich der Diktator auf die Armee, die Einheitspartei der Falange und die kath. Kirche. Trotz Anlehnung an die Achsenmächte hielt F. B. Spanien aus dem 2. Weltkrieg heraus. Er vereinigte seit 1957 auf sich die Ämter des Staatschefs, des Reg.-chefs (bis 1973), des militär. Oberbefehlshabers und des Führers der Einheitspartei. Unter seinem Nachfolger König Juan Carlos I. (1947 war die Monarchie wieder errichtet worden) wurde Francos System in eine parlamentar. Demokratie übergeführt.

Ⓤ *Carillo, S., u. a.: Spanien nach Franco.* Hamb. 1975. - *Dahms, H.: F. Franco.* Gött. 1972.

Franco von Köln, Musiktheoretiker des 13. Jh. - Seine wohl um 1280 verfaßte „Ars cantus mensurabilis" ist eines der bedeutend-

Sam Francis, Blau auf einem Punkt (1958). Privatbesitz

sten Dokumente der ↑Ars antiqua.

François [frz. frã'swa], frz. Form von ↑Franz.

François de Sales [frz. frãswad'sal] ↑Franz von Sales.

François [frz. frã'swa], Jean-Charles, * Nancy 4. Mai 1717, † Paris 21. März 1769, frz. Kupferstecher. - Erfand die sog. ↑Krayonmanier zur Wiedergabe weicher Modellierungen.

F., Marie Luise von, * Herzberg/Elster 27. Juni 1817, † Weißenfels 25. Sept. 1893, dt. Schriftstellerin. - Schrieb Romane und Novellen im Geist eines strengen, eth. begr. Pflichtbewußtseins, u. a. „Die letzte Reckenburgerin" (R., 1871); Briefwechsel mit C. F. Meyer.

Françoise [frz. frã'swa:z], frz. Form von ↑Franziska.

François-Poncet [frz. frãswapõ'sɛ], André, * Provins (Seine-et-Marne) 13. Juni 1887, † Paris 8. Jan. 1978, frz. Diplomat und Politiker. - 1931–38 frz. Botschafter in Berlin, 1938–40 in Rom; 1940–43 Mgl. des Nationalrats, dann durch die Deutschen deportiert und bis 1945 interniert; seit 1948 diplomat. Berater der frz. Regierung in Deutschlandfragen und Beauftragter beim frz. Oberbefehlshaber in Deutschland; 1949–53 Hochkommissar, 1953–55 Botschafter in Bonn; seit 1952 Mgl. der Académie française; 1955–67 Präs. des frz. Roten Kreuzes, 1955–60 des frz. Rats der Europ. Bewegung.

F.-P., Jean André, * Paris 8. Dez. 1928, frz. Politiker. - Sohn von André F.-P.; 1976 Staatssekretär im Außenministerium; 1976–1978 Generalsekretär beim Staatspräsidenten; 1978–81 Außenminister.

Françoisvase [frz. frã'swa], von dem frz. Kupferstecher A. François (* 1811, † 1888) 1844 in Chiusi gefundener Volutenkrater (Töpfer Ergotimos, Maler Kleitias; um 570 v. Chr.; Florenz, Museo Archeologico); bed. Werk hocharchaisch-att. Keramik.

Franconia, latinisierte Form des geograph. Namens Franken.

Francqueville [frz. frãk'vil] ↑ Francheville.

Francs-tireurs [frz. frãti'rœːr] ↑ Franktireurs.

Frangipane [italien. frandʒi'paːne], seit 1014 urkundl. nachweisbares röm. Adelsgeschlecht, von der bürgerl. Familie de Imperatore abstammend; stiegen dank der Verbindung mit dem Reformpapsttum des späten 11. Jh. auf und wurden zu einer der mächtigsten Familien Roms, wechselten im 12. und 13. Jh. ins kaiserl. Lager über, schlossen sich später zeitweise den Stauferfeinden an. **Giovanni Frangipane** (13. Jh.) lieferte 1268 Konradin an Karl von Anjou aus.

F., fälschl. für ↑ Frankopani.

Franju, Georges [frz. frã'ʒy], * Fougères 12. April 1912, frz. Filmregisseur. - Mitbegr. der Cinémathèque Française (1936); Kurz- und Dokumentarfilme („Le sang des bêtes", 1949; „Hôtel des Invalides", 1951).

frank [nach den Franken, die als „freie" Herren galten], frei, gerade, offen (nur noch in der Wendung **frank und frei**).

Frank (Franko), alter dt. männl. Vorname, eigtl. „der Franke".

Frank, Adolf, * Klötze/Altmark 20. Jan. 1834, † Charlottenburg (= Berlin) 30. Mai 1916, dt. Chemiker. - Begründer der Kaliindustrie, entwickelte mit N. Caro 1899 das **Frank-Caro-Verfahren** zur Gewinnung von Kalkstickstoff aus Calciumcarbid.

F., Anne, eigtl. Annelies Marie F., * Frankfurt am Main 12. Juni 1929, † KZ Bergen-Belsen im März 1945, Tochter eines jüd. Bankiers. - Emigrierte 1933 mit den Eltern in die Niederlande; bekannt durch ihre Tagebuchaufzeichnungen im Versteck ihrer Familie in Amsterdam während der dt. Besetzung von 14. Juni 1942 bis 1. Aug. 1944, ein erschütterndes Dokument jüd. Schicksals („Das Tagebuch der Anne Frank", dt. 1950); 1944 entdeckt und verschleppt.

F., Bruno, * Stuttgart 13. Juni 1887, † Beverly Hills (Calif.) 20. Juni 1945, dt. Schriftsteller. - Emigrierte 1933; in seiner Lyrik anfangs von Rilke beeinflußt; als Erzähler in der Nachfolge der großen Romanciers des 19. Jh., v. a. Turgenjews. Spannungsreiche Erzählwerke, oft um histor. Persönlichkeiten, u. a. „Trenck" (R., 1926), „Polit. Novelle" (1928), „Cervantes" (1934), erfolgreich das Lustspiel „Sturm im Wasserglas" (1930).

F., Hans, * Karlsruhe 23. Mai 1900, † Nürnberg 16. Okt. 1946 (hingerichtet), dt. Jurist und Politiker (NSDAP). - 1930–45 MdR, 1933/34 bayer. Justizmin., seit 1934 Reichsmin. ohne Geschäftsbereich; Leiter der Rechtsabteilung der Reichsführung bzw. des Reichsrechtsamts der NSDAP 1930/34–42; Präs. der Akademie für dt. Recht (1933–42); als Generalgouverneur von Polen seit 1939 verantwortl. für brutale Besatzungspolitik.

F., Ilja Michailowitsch, * Petersburg 23. Okt. 1908, sowjet. Physiker. - Seit 1944 Prof. in Moskau, seit 1957 Leiter des Laboratoriums für Neutronenphysik in Dubna; entwickelte gemeinsam mit I. J. Tamm eine Theorie des Tscherenkow-Effekts (↑ Tscherenkow-Strahlung). Nobelpreis für Physik 1958 (zus. mit I. J. Tamm und P. A. Tscherenkow).

F., Jacob, eigtl. Jankiew Lejbowicz, * Korolowka (Ukraine) 1726, † Offenbach am Main 10. Dez. 1791, jüd. Sektierer. - Wirkte seit 1756 in Polen im Anschluß an die pseudomessianist. Bewegung des ↑ Sabbatai Zwi; lebte seit 1786 in Offenbach. F., der von seinen Anhängern, den **Frankisten,** als Inkarnation des Sabbatai Zwi und des verborgenen Gottes angesehen wurde, vertrat nihilist. religiöse Anschauungen.

F., Johann ↑ Franck, Johann.

F., Johann Peter, * Rodalben (Landkreis Pirmasens) 19. März 1745, † Wien 24. April 1821, dt. Mediziner. - Prof. in Göttingen, Pavia, Wien, Wilna und Petersburg. F. begr. die wiss. Hygiene und organisierte das [östr.] Gesundheitswesen.

F., Karl Hermann, * Karlsbad 24. Jan. 1898, † Prag 22. Mai 1946, sudetendt. Politiker. - 1933 Propagandachef K. Henleins, 1935 Abg. im Prager Parlament (Sudetendt. Partei); als Staatssekretär beim Reichsprotektor (seit 1939) und als Staatsmin. für Böhmen und Mähren (seit 1943) für die dort begangenen Greueltaten der SS (Lidice) verantwortl.; als Kriegsverbrecher hingerichtet.

F., Leonhard, * Würzburg 4. Sept. 1882, † München 18. Aug. 1961, dt. Schriftsteller. - Wandte sich 1915, nachdem sein Erstlingsroman „Die Räuberbande" (1914) bereits Erfolg hatte, unter dem Einfluß des Expressionismus sozialrevolutionären Themen zu („Das Ochsenfurter Männerquartett", R., 1927; „Bruder und Schwester", R., 1929); bekannt die Autobiographie „Links, wo das Herz ist" (1952); F. lebte 1915–18 in der Schweiz, 1933–49 Emigration u. a. in Frankr. und den USA.

Franka, weibl. Form des männl. Vornamens Frank.

Franke, Egon, * Hannover 11. April 1913, dt. Politiker. - Seit 1929 Mgl. der SPD; 1947–51 niedersächs. MdL, seitdem MdB; 1964–73 Mgl. des Präsidiums der SPD; 1969–82 B.min. für innerdt. Beziehungen; Repräsentant des rechten Flügels der SPD.

Franken (lat. Franci), westgerman. Stammesgruppe, seit dem 3. Jh. n. Chr. literar. bezeugt. Östl. des Niederrheins siedelnd, nahmen die F. selbständige Stämme (Chamaven, Brukterer, Sugambrer, Attuarier) in sich auf und drangen in röm. Gebiet vor. Im 4. Jh. drangen sie allmähl. in die entvölkerte Belgica ein. Im 5. Jh. stießen einzelne Fürsten - teils in röm. Dienst - weiter nach S vor und besaßen das Gebiet des heutigen Belgien, das Mosel- und Rheingebiet. Die durch Chlodwig I. um 500 eingeleitete Großmachtbildung des Fränk. Reiches wurde zum wichtigsten polit. Faktor des beginnenden MA. Die bis 500 unterworfenen Länder im W zw. Somme und Loire, im O an Mittelrhein, Main und unterem Neckar wurden fränk. überschichtet, jedoch relativ dünn, was im W bis zum 8. Jh. zur Assimilation des german. Elements durch das roman. und zur Ausbildung der seitdem geltenden Sprachgrenze führte. Der F.name verblieb dem Westfränk. und dem Ostfränk. Reich (nicht dagegen den in Lothringen gelegenen fränk. Stammlanden) und innerhalb dieser der Francia um Paris und dem sog. Stammesherzogtum Franken.

Franken, histor. Landschaft in Bayern und Bad.-Württ.; F. hat im wesentl. Anteil am süddt. Schichtstufenland (Buntsandstein–Keuper) sowie am Fichtelgebirge, am Frankenwald und nördl. Oberpfälzer Wald. Das Klima ist kontinental, wobei das westl. Steigerwaldvorland und das Schweinfurter Bekken mit 160 Tagen Vegetationszeit bes. begünstigt sind. Der Anbau von Getreide und Zuckerrüben (Zuckerfabriken in Ochsenfurt und Zeil a. Main) verdrängt zunehmend den von Kartoffeln und Hackfrüchten; in günstigen Lagen Weinbau (↑ Frankenweine). Wald bedeckt die Sandböden des Mittelfränk. Bekkens, des Spessarts sowie die Frankenhöhe, den Steigerwald, die nördl. Ausläufer der Fränk. Alb, den Frankenwald und das Fichtelgebirge. Überregionale wirtsch. und kulturelle Bed. haben das Städtedreieck Nürnberg–Fürth–Erlangen sowie Würzburg und Schweinfurt. Demgegenüber hat das Ind.gebiet um Hof nach 1945 erhebl. an Bed. verloren. Bed. hat die im Fichtelgebirge beheimatete Porzellanindustrie.

Geschichte: Bis ins 6. Jh. Spannungsfeld zw. Thüringern und Alemannen, dann dem Fränk. Reich lose angegliedert und seit etwa 720 fränk. Königsprov., stand nach dem Zusammenbruch des Karolingerreiches als Reichsland verstärkt unter königl. Einfluß; im Spät-MA vielgestaltige Territorienbildung. Mit Errichtung des Fränk. Reichskreises (1500) und seiner geograph. Ausdehnung wurde das zersplitterte F. eine polit., kulturelle und sozialökonom. Schicksalsgemeinschaft, die auch ein echtes fränk. Gemeinschaftsbewußtsein erzeugte. Durch die territoriale Neugliederung 1805–10 wurde der größte Teil Bayern zugeteilt; Hohenlohe-F. kam an Württemberg, das Bauland und Taubertal an Baden, das ehem. mainz. Aschaffenburg an Bayern; 1920 kam zu F. auch die ehem. sächs. Pflegschaft Coburg.

F., Region in Bad.-Württ.

Franken (Frank), Münzname, ↑ Franc.

Frankenalb ↑ Fränkische Alb.

Frankenberg (Eder), Stadt in Hessen, am Eintritt der oberen Eder in den Keller-

wald 300 m ü. d. M., 16 500 E. U. a. Textilind., Möbelfabriken, Lederverarbeitung. - 1243 erstmals erwähnt; die 1294 als Stadt gen. Siedlung gehörte meist zu Hessen. - Got. Liebfrauenkirche (1286 ff.); Fachwerkrathaus (1421 erbaut, 1509 erneuert) mit oktogonalem Fachwerktreppenturm (1535).

Frankenhausen/Kyffhäuser, Bad ↑ Bad Frankenhausen/Kyffhäuser.

Frankenhöhe, südlichster Teil des fränk. Keuperberglandes, erhebt sich über dem Gäuland von Crailsheim und Rothenburg ob der Tauber in einer rd. 150 m hohen, nach W gerichteten Doppelstufe aus Sandstein bis auf 552 m Höhe und dacht sich langsam nach OSO ab.

Frankenspiegel (Kaiserrecht), ein in Hessen entstandenes dt. Rechtsbuch (vermutl. 1328/38 im Frankfurter Bereich).

Frankenstein, urspr. Gestalt eines Romans von Mary W. Shelley (1818), in dem das von F. geschaffene Monster die getretene soziale Unterschicht symbolisiert. Frei nach diesem Buch drehte J. Whale „F." (1931) und „F. Braut" (1935), zwei äußerst erfolgreiche Horrorfilme (das Monster stellte B. Karloff dar). Nach schwächeren F.-Filmen der 40er Jahre entstanden seit Ende der 50er Jahre mit einer neuen Horrorwelle u. a. „F. Fluch" (1957), „F. Ungeheuer" (1964), „F. schuf ein Weib" (1966) und die Parodie „F. Junior" (1974).

Frankenstein in Schlesien (poln. Ząbkowice Śląskie), Kleinstadt im sö. Vorland des Eulengebirges, Polen▼, 280 m ü. d. M., 16 000 E. Glasfachschule, Glasind., Zuckerfabrik, elektrotechn. Ind., Holzverarbeitung. - Um 1280 gegr., seit der Mitte des 14. Jh. zu Böhmen; 1742 an Preußen. - Spätgot. Pfarrkirche (14./15. Jh., Anfang des 16. Jh. erneuert), Ruine der Burg (14. Jh.).

Frankenthaler, Helen [engl. 'fræŋkən-'ðælər], * New York 12. Dez. 1928, amerikan. Malerin. - Trat mit zum abstrakten Expressionismus gehörenden Bildern (auf roher Leinwand) hervor; Wegbereiterin der ↑ Farbfeldmalerei.

Frankenthaler Maler, fläm. Künstler, die wegen ihres reformierten Bekenntnisses ihre Heimat verlassen mußten und sich seit 1562 in Frankenthal (Pfalz) niedergelassen hatten, unter ihnen G. van ↑ Coninxloo.

Frankenthaler Porzellan, Erzeugnisse der in Frankenthal (Pfalz) von 1755 bis 1800 betriebenen Porzellanmanufaktur; 1755 von Straßburg nach Frankenthal verlegt, 1762 von Kurfürst Karl Theodor gekauft. Bed. die figürl. Arbeiten; Modellmeister für die Porzellanplastik waren v. a. J. W. Lanz, J. F. und K. G. Lück, K. Linck.

Frankenthal (Pfalz), Stadt in Rhld.-Pf., am Oberrhein, 96 m ü. d. M., 43 700 E. Herstellung von Druckereimaschinen, Pumpen, Fußbodenbelag u. a.; Erdgasspeicher in über

Frankenwald

500 m Tiefe. - Urkundl. erstmals 772 erwähnt; Kurfürst Friedrich III. siedelte 1562 ref. Glaubensflüchtlinge aus den habsburg. Niederlanden an; 1577 Stadtrechte; 1608 zur Festung ausgebaut, 1689 von frz. Truppen völlig niedergebrannt; erneuter Aufschwung unter Kurfürst Karl Theodor (seit 1755; u. a. Porzellanmanufaktur); seit 1797 war F. frz., es stand 1814–16 unter östr.-bayr. Verwaltung und kam 1816 an Bayern. - Von der Stadtbefestigung sind das Wormser (1772) und das Speyerer Tor (1773) erhalten; klassizist. Zwölfapostelkirche mit Säulenvorhalle (1820–23; wieder aufgebaut).

Frankenwald, Teil der mitteldt. Gebirgsschwelle zw. Fichtelgebirge und Thüringer Wald, im Döbraberg 795 m hoch; bricht im SW entlang einer markanten Verwerfungszone (**Fränkische Linie**) steil zum obermain. Hügelland ab. Die **Münchberger Hochfläche,** eine aus Gneisen aufgebaute, intensiv zerbrochene Scholle, bildet den Übergang zum Fichtelgebirge. Reich an Niederschlägen. Abgesehen von der Münchberger Hochfläche sind 70 % der Fläche mit Nadelwald bestanden. Hausweberei, Hausierergewerbe, Flößerei und Holzwirtschaft waren jahrhundertelang neben dem schon im 17. Jh. eingegangenen Bergbau wichtige Erwerbszweige der Bev.; heute v. a. Textil-, Holz-, Glas-, Elektro- und feinmechan. Ind. sowie Fremdenverkehr.

Frankenweine, am Main und in dessen Seitentälern bis zu den Abhängen des Steigerwaldes und Spessarts angebaute Weine, von O nach W: 1. *Keupergebiet* an den Hängen des Steigerwaldes von Zeil a. Main bis zum Aischgrund Mittelfrankens (Iphofen, Rödelsee), bes. Silvanerweine; 2. *Muschelkalkgebiet* im Maindreieck Schweinfurt–Ochsenfurt–Gemünden a. Main (z. B. Sommerach, Randersacker, Volkach, Eschendorf, Würzburg mit den Lagen „Stein" und „Leisten"), Rebsorten v. a. Silvaner und Müller-Thurgau; 3. *Buntsandsteingebiet* in Unterfranken: an Spessarthängen gedeihen Blauburgunder- und Rieslingweine, die bereits zu den Rheingauer Weinen überleiten.

Frankfort [engl. 'fræŋkfət], Hauptstadt von Kentucky, USA, am Kentucky River, 154 m ü. d. M., 26 000 E. College; histor. Museum, Bibliothek; Whiskeyherstellung; ♨. - Ehem. Capitol (1836; heute Museum), zahlr. Bauten aus dem 18. Jahrhundert.

Frankfurt, 1952 gebildeter Bez. im O der DDR, grenzt im N an den Bez. Neubrandenburg, im W an den Bez. Potsdam und an Berlin, im S an den Bez. Cottbus, im O bildet die Bezirksgrenze auch die Landesgrenze, 7 186 km², 707 000 E (1985). Weite Urstromtäler und Grundmoränenplatten (Uckermark, Barnim, Land Lebus und Beeskower Platte) bestimmen das Landschaftsbild. Mit Wald bestanden sind Talsand- und Sanderflächen (Schorfheide, Liebe-

roser Heide) und die Endmoränenzüge. Klimat. liegt der Bez. im Übergangsgebiet zum kontinentalen Klima. - Wenig Bodenschätze; Kalkvorkommen sowie Erdöl und Erdgas bei Rüdersdorf b. Berlin. Die abbauwürdigen Braunkohlenlagerstätten sind größtenteils erschöpft. Das Oderbruch hat sich zu einem bed. Gemüsebaugebiet entwickelt. Im Raum Schwedt/Oder–Vierraden wird seit der Einwanderung der Hugenotten im 17. Jh. Tabak angebaut. Bed. Obstbau in den Randgebieten von Berlin sowie ein geschlosseneres Obstbaugebiet bei Frankfurt/Oder. Die Wälder werden forstwirtsch. genutzt; Fremdenverkehr; Ind.betriebe sind im wesentl. an fünf Standorten konzentriert: Schwedt/Oder, Eisenhüttenstadt, Frankfurt/Oder, Eberswalde–Finow und Fürstenwalde/Spree. Im Raum Rüdersdorf b. Berlin–Herzfelde–Hennickendorf befindet sich das größte Baustoffkombinat der DDR. - Das Verkehrsnetz wird von den strahlenförmig von Berlin ausgehenden Straßen- und Eisenbahnlinien bestimmt. Wasserstraßen verbinden die Stromsysteme von Spree–Havel und Oder miteinander.

F., ehem. Großherzogtum, Rheinbundstaat, 1810–13 von Napoleon I. für den ehem. Mainzer Kurfürsten Karl Theodor (Reichsfreiherr von Dalberg) errichtet; umfaßte außer schon zu Dalbergs Primatialstaat gehörenden Gebieten (F. am Main, Amt Aschaffenburg, Wetzlar) die Ft. Fulda und Hanau.

Frankfurt am Main, größte Stadt in Hessen, beiderseits des Untermains, 88–212 m ü. d. M., 610 000 E. Max-Planck-Inst. für europ. Rechtsgeschichte, für Biophysik und für Hirnforschung, zahlr. naturwiss.-techn. Gesellschaften und Forschungsinst. (u. a. Battelle-Inst., Paul-Ehrlich-Inst.), Univ. (gegr. 1912), Philosoph.-Theolog. Hochschule, Hochschulen für Musik und für bildende Künste, Dt. Akad. der Darstellenden Künste, Freies Dt. Hochstift, Dt. Inst. für Internat. Pädagog. Forschung, Inst. für Angewandte Geodäsie; zahlr. Fachschulen, Dt. Buchhändlerschule; Sitz mehrerer Bundesbehörden, u. a. Bundesanstalt für Flugsicherung, Bundesrechnungshof, Zentralstelle für Arbeitsvermittlung; Verwaltung des Main-Taunus-Kreises im Stadtteil Höchst; Städt. Bühnen u. a. Theater, Museen (u. a. Goethehaus und -museum, Städt. Skulpturensammlung, Naturmuseum und Forschungsinstitut Senckenberg, Bundespostmuseum); Dt. Bibliothek, Palmengarten, Zoo. - F. am M. ist eines der wichtigsten Handels- u. Finanzzentren der BR Deutschland: Sitz der Dt. Bundesbank und zahlr. Großbanken, Zentrum des dt. Pelzhandels, Sitz des Börsenvereins des Dt. Buchhandels, zahlr. Verlage; Messen und Fachausstellungen (u. a. Buchmesse, Internat. Pelzmesse, Internat. Automobil-Ausstellung). Wichtigster Ind.standort des Ballungsgebietes am Untermain, v. a. chem., metallverarbeitende und Elektroind.; Verkehrsknotenpunkt (Bahn und Straße), Flußhäfen, internat. mit Luftfrachthafen.

Geschichte: Im Stadtgebiet fanden sich Siedlungsreste aller seit dem Neolithikum im Rhein-Main-Gebiet existierenden prähistor. Kulturen. Nach der röm. Okkupation entstanden verschiedene Militärlager (Höchst, Heddernheim, wohl auch im Bereich von Dom und Römer). Etwa nach 110 bildete sich die röm. Zivilsiedlung *Nida*, Mitte des 3. Jh. von den eindringenden Alemannen zerstört. Um 500 wurde F. am M. fränk. Besitz mit einem Königshof; der Name **Franconovurd** (Furt der Franken) dürfte auf diese Zeit zurückgehen, ist aber erst seit 794 belegt. Unter den Ottonen wurde vor 1000 die Pfalzsiedlung (das Stadtgebiet zw. Dom und Römerberg) befestigt. An der Stelle der alten Pfalz entwickelte sich die Marktsiedlung, die noch vor 1200 Stadt wurde. F. am M. bildete eine eigene Stadtrechtsfamilie, zu der u. a. Friedberg, Gelnhausen, Hanau, Limburg und Wetzlar gehörten. Seit dem 12. Jh. war F. am M. häufig Ort von Königswahlen (1356 reichsrechtl. festgesetzt), seit 1562 war der Dom auch Stätte der Kaiserkrönung. Die Stadt entwickelte sich im 13. und 14. Jh. zum überregionalen Handels- und Messeplatz. Die Frankfurter Messe erhielt durch die Frühjahrsmesse seit 1330 internat. Bedeutung. F. am M. schloß sich 1254 dem ersten Rhein. Städtebund, 1266 dem Wetterauer Städtebund an, wurde 1372 reichsunmittelbar. Nach der Erfindung des Buchdrucks fand die Frankfurter Buchmesse europ. Bedeutung. 1535 schloß sich die Stadt förml. dem luth. Bekenntnis an und wurde Mgl. des Schmalkald. Bundes. 1612 erhoben sich die Zünfte gegen die Willkürherrschaft des Rates (Fettmilchaufstand). 1716 wurde eine gemäßigte Verfassungsreform durchgeführt. 1792 und 1796 frz. besetzt, verlor seine reichsstädt. Freiheit 1806, wurde 1810 Hauptstadt des Groß-Hzgt. Frankfurt, 1813 Freie Stadt, erhielt 1816 eine Gesetzgebende Versammlung (bis 1866; Annexion durch Preußen) und war seit 1815/16 Sitz des Dt. Bundestages. In dieser Eigenschaft wurde F. am M. Schauplatz des Frankfurter Wachensturms 1833 und der Frankfurter Nationalversammlung 1848/49. Durch die 1928 erfolgte Eingemeindung von Höchst (1355 Stadtrechte) und Fechenheim wuchs die Bed. als Ind.stadt. Im 2. Weltkrieg wurde F. a. M. schwer zerstört (völlige Vernichtung der Altstadt).

Bauten: Zahlr. Kirchen, u. a. Sankt Justinus (spätkaroling.) in Höchst, Dom (13./14. Jh.), Liebfrauenkirche (14./15. Jh.), Leonhardskirche (15. Jh.), Paulskirche (1789–1833). Erhalten bzw. wiederaufgebaut sind u. a. der Saalhof (12. Jh.), das Steinerne Haus (1464), der Römer, der als Rathaus aus verschiedenen Patrizierhäusern entstand, die

Hauptwache von 1729/30. Bed. öffentl. Bauten der Gründerzeit (19. Jh.) sind u. a. die Oper (nach Wiederaufbau der Ruine 1980 als Konzert- und Kongreßhaus eröffnet), die Neue Börse, das Städelsche Kunstinst. und der Hauptbahnhof. Reste der Stadtbefestigung, u. a. Eschenheimer Turm (1400–28). Zu den wegweisenden Bauten zw. beiden Weltkriegen zählen verschiedene Wohnsiedlungen (v. a. Römerstadt, 1927/28) sowie das ehem. Verwaltungsgebäude der I. G. Farben (1928–30). Nach dem 2. Weltkrieg entstanden u. a. der U-Bahnhof Hauptwache, Verwaltungshochhäuser, der Terminal Mitte des Flughafens, der Fernmeldeturm (1978), mit 331 m höchstes Bauwerk der BR Deutschland; Museumsviertel am Mainufer mit dem Museum für Kunsthandwerk (1985). - Abb. S. 194.

📖 *Meinert, H.: Frankfurts Gesch. Ffm.* ⁶*1984.*

Frankfurter, Der, unbekannter Verfasser der ↑„Theologia deutsch" (14. Jh.).

Frankfurter, Philipp, Wiener Schwankdichter des 15. Jh. - Seine gereimte, iron.-satir. Schwanksammlung vom „Pfarrer vom Kalenberg" wurde um 1473 in Augsburg erstmals gedruckt.

Frankfurter Allgemeine [Zeitung für Deutschland], dt. Zeitung, ↑ Zeitungen (Übersicht).

Frankfurter Buchmesse, seit 1949 jährl. in Frankfurt am Main veranstaltete größte internat. Buchausstellung.

Frankfurter Dokumente (1948) ↑ Londoner Konferenzen, Protokolle und Verträge.

Frankfurter Friede, Friedensvertrag vom 10. Mai 1871, beendete nach dem Versailler Vorfrieden (26. Febr. 1871) den Dt.-Frz. Krieg 1870/71.

Frankfurter Fürstentag, durch den östr. Kaiser Franz Joseph im Aug. 1863 mit dem Ziel der Reform des Dt. Bundes bei Sicherung östr. Hegemonietendenzen wie Anerkennung des Föderativprinzips einberufene Versammlung der dt. Monarchen und Freien Städte; scheiterte v. a. an dem von Bismarck betriebenen Fernbleiben König Wilhelms I. von Preußen.

Frankfurter gelehrte Anzeigen, literar. und wiss. Zeitschrift, die von 1772 bis 1790 erschien und zuerst von J. H. Merck und J. G. Schlosser, dann von K. F. Bahrdt geleitet wurde; berühmt ist der Jahrgang 1772 (Mitarbeit u. a. von Goethe und Herder).

Frankfurter Goethe-Preis, von der Stadt Frankfurt am Main seit 1927 jährl., seit 1949 alle 3 Jahre an Goethes Geburtstag (28. Aug.) verliehener, z. Z. mit 50 000 DM dotierter kultureller Preis; erster Preisträger war 1927 S. George, seither u. a. A. Schweitzer (1928), S. Freud (1929), M. Planck (1945), H. Hesse (1946), T. Mann (1949), C. Zuckmayer (1952), A. Kolb (1955), C. F. von Weizsäcker (1958), E. Beutler (1960), W. Gropius (1961),

Frankfurter Hefte

Frankfurt am Main. Römer

B. Reifenberg (1964), C. Schmid (1967), G. Lukács (1970), A. Schmidt (1973), I. Bergman (1976), R. Aron (1979), E. Jünger (1982), Golo Mann (1985).

Frankfurter Hefte, 1946 in Frankfurt am Main gegr. dt. kulturpolit. Monatsschrift, hg. von W. Dirks und E. Kogon.

Frankfurter Hypothekenbank, größte reine Hypothekenbank in der BR Deutschland, Sitz Frankfurt am Main; gegr. 1862 als erste dt. private Hypothekenbank, Großaktionäre: Dt. Bank AG und Dresdner Bank AG.

Frankfurter Nationalversammlung, 1848/49 in der Paulskirche zu Frankfurt am Main tagendes (daher auch „Paulskirche" gen.) gesamtdt. verfassunggebendes Parlament. - Seit Febr. 1848 wurde in SW-Deutschland von Liberalen und Demokraten eine dt. Zentralgewalt mit Volksvertretung gefordert. Das daraus entstandene Vorparlament konnte nach dem Ausbruch der Märzrevolution die Initiative von der Bundesversammlung des Dt. Bundes vollends an sich ziehen und allg. und gleiche Wahlen in ganz Deutschland vorbereiten. V. a. Vertreter des gebildeten Besitzbürgertums und Intellektuelle wurden zu Abg. gewählt.

Die seit 18. Mai 1848 tagende F. N. wollte eine gesamtdt. Verfassung entwerfen und einen dt. Nationalstaat schaffen. Die erste Aufgabe wurde durch die allmähl. Erholung der angeschlagenen Staatsautorität und den Vormarsch der Reaktion zunehmend schwieriger.

Die zweite Aufgabe bedeutete, v. a. die preuß. und östr. Sonderinteressen im Nationalstaat aufzuheben bei Erhaltung der staatl. Vielfalt Deutschlands. Mit der Absage der F. N. an eine zu enge Verbindung des angestrebten Nationalstaats mit den nichtdt. Teilen wurde der Vielvölkerstaat Österreich zum entscheidenden, unlösbaren Problem.

Am 28./29. Juni 1848 schuf die F.N. mit der Wahl des Reichsverwesers Erzherzog Johann von Österreich eine provisor. Reg., der jedoch eine wirksame Exekutivgewalt fehlte. So mußte sich die F. N. im Dt.-Dän. Krieg den preuß. Entscheidung anschließen und dem Druck der Großmächte beugen, die einen dt. Bundesstaat als Störung des europ. Gleichgewichts ablehnten.

In der Septemberrevolution 1848 wandte sich die gemäßigt-liberale Mehrheit der F. N. gegen den revolutionären Weg zu Volkssouveränität und Nationalstaat und verhalf mit dem Einsatz einzelstaatl. (v. a. preuß.) Truppen den alten Ordnungsmächten zum entscheidenden Erfolg. Während es der F. N. gelang, sich auf ein umfassendes Gesetz über die Grundrechte des dt. Volkes (27. Dez. 1848) zu einigen, standen sich in der Frage des territorialen Umfangs des Bundesstaats die Kleindt., die den Ausschluß Österreichs befürworteten, und die in sich uneinheitl. Gruppe der Großdt. gegenüber. Am 28. März 1849 wurde schließl. der preuß. König Friedrich Wilhelm IV. zum Kaiser eines kleindt. Reiches gewählt (290 Stimmen bei 248 Enthaltungen). Mit seiner Weigerung, die Erbkaiserkrone anzunehmen, war die F. N. gescheitert. Die Reichsverfassung vom 28. März 1849 wurde nur von 28 Staaten (von den meisten aber, u. a. Preußen und Österreich, nicht) anerkannt. Die Maiaufstände in Sachsen, Baden und in der Rheinpfalz wurden niedergeschlagen. Doch waren konstitutionelle Überlegungen der F. N. Bestandteil vieler späterer polit. Diskussionen.

📖 Wollstein, G.: Dt. Gesch. 1848/49. Gescheiterte Revolution in Mitteleuropa. Stg. 1986. – Die erste dt. Nationalversammlung 1848/49. Hg. v. W. Fiedler. Königstein/Ts. 1980.

Frankfurter Rundschau, dt. Zeitung, ↑Zeitungen (Übersicht).

Frankfurter Tests, Schulreifetests (bes. Lern- und Denktests), Schulleistungstests und Sozialtests (Motivations- und Gruppensituationstests), die die Eignung und Leistung von Schulanwärtern und Schülern untersuchen.

Frankfurter Wachensturm, die am 3. April 1833 erfolgte Erstürmung der Hauptwache und der Konstablerwache in Frankfurt am Main durch eine Gruppe von Studenten und Handwerkern, mit der eine revolutionäre Erhebung in SW-Deutschland ausgelöst werden sollte; mißglückte und führte zu gesteigerten reaktionären Beschlüssen des Deutschen Bundes.

Frankfurter Würstchen, Brühwürste aus reinem Schweinefleisch und Gewürzen im Saitling; Bez. geschützt für in der Gegend um Frankfurt am Main hergestellte Würstchen.

Frankfurter Zeitung, dt. Tageszeitung, liberales Blatt des 19. Jh., gewann im 20. Jh. internat. Ansehen als dt. liberal-demokrat. Organ; entwickelte sich aus dem seit 1853 börsentägl. hg. Geschäftsbericht; seit 1856 unter L. Sonnemann „Frankfurter Handelszeitung", seit 1859 „Neue F. Z.", seit 1866 „F. Z. und Handelsblatt", 1943 verboten.

Frankfurt/Oder, Hauptstadt des Bez. Frankfurt, DDR, am W-Ufer der Oder, 25–80 m ü. d. M., 84800 E. Inst. für Lehrerbildung; Theater, Kleist-Bibliothek (Gedenkstätte); intensiver Aufbau der Ind. seit 1945, u. a. Halbleiterwerk, Bau- und Montagekombinat. Als Grenzstadt wichtigster Verkehrsknotenpunkt für Außenhandel und Transitverkehr mit Polen und der UdSSR; Flußhafen. - Auf Veranlassung Markgraf Johanns I. von Brandenburg wurde die wohl um 1226 auf dem westl. Oderufer gegr. dt. Marktsiedlung 1253 zur Stadt erweitert; 1368 bis zum Anfang des 16. Jh. Mgl. der Hanse. 1505 wurde in F./O. die erste brandenburg. Univ. gegr. (1811 nach Breslau verlegt). Seit 1945 bilden die östl. der Oder gelegenen Stadtteile, die *Dammvorstadt,* die zu Polen gehörende Gemeinde Słubice. - Erhalten bzw. wiederaufgebaut u. a. spätgot. Rathaus (1607–10 umgebaut), spätgot. Pfarrkirche Sankt Marien (um 1400), got. Friedenskirche (13. Jh. und 15. Jh.).

Frankiermaschine (Freistempler), Büromaschine zum Freimachen von Postsendungen durch einen Stempelabdruck, der Gebühr, Ort, Datum und Absenderfirma und/oder Werbetext enthält. Ein Zählwerk zeigt die verbrauchten Gebühren an.

Fränkisch ↑ deutsche Mundarten.

Fränkische Alb (Frankenalb), Teil des süddt. Schichtstufenlands mit bis 180 m hohem Stufentrauf des Weißen Jura, von der Schwäb. Alb durch das Nördlinger Ries getrennt, im Poppberg 657 m hoch. Von N nach S unterscheidet man drei naturräuml. Einheiten: 1. südl. des Mains liegt die *Nördl. Frankenalb,* in deren zentralem Teil die sog. **Fränkische Schweiz;** 2. zw. Hersbruck und Schwarzer Laber folgt die *Mittlere Frankenalb;* 3. anschließend erstreckt sich bis zum Ries die *Südl. Frankenalb* mit dem Donaudurchbruch zw. Weltenburg und Kelheim. Die F. A. ist stark verkarstet (u. a. zahlr. Höhlen), auf Grund des Wassermangels, des rauhen Klimas und unfruchtbarer Böden dünn besiedelt. Etwa 40 % der Gesamtfläche sind mit Wald bedeckt. Eine große Rolle spielt die Forstwirtschaft mit holzverarbeitenden Betrieben. Bed. Wirtschaftsfaktoren sind der Abbau von Brauneisenstein, auf den Eisen- und Stahlverarbeitung basiert, u. a. in Sulzbach-Rosenberg

und Amberg, und von jurass. Gesteinen (Solnhofer Plattenkalk, Treuchtlinger Marmor). Im N liegt der Naturpark Fränk. Schweiz/Veldensteiner Forst, im S der Naturpark Altmühltal.

Fränkische Rezat ↑ Rednitz.

Fränkischer Reichskreis ↑ Reichskreise.

Fränkische Saale, rechter Nebenfluß des mittleren Mains, entspringt in den Haßbergen, mündet unterhalb von Gemünden a. Main, 135 km lang.

Fränkische Schweiz ↑ Fränkische Alb.

fränkisches Recht ↑ germanische Volksrechte.

Fränkisches Reich (Regnum Francorum), die bedeutendste german. Reichsgründung der Völkerwanderungszeit. Das von den Franken im 5. Jh. um Tournai gebildete Kleinkönigtum der Merowinger wurde durch die Eroberungen Chlodwigs I. seit 486/487 zum Großreich. Unter seinen Söhnen kamen 531 das Thüringer- und 532/534 das Burgunderreich hinzu. Der Übertritt Chlodwigs zum kath. Christentum schuf die Voraussetzung für eine wirkl. Integration der Franken. Bevölkerung. Die so gewonnene Stabilität des F. R. wurde jedoch geschwächt durch die häufigen Reichsteilungen, die bereits nach Chlodwigs Tod (511) ihren Anfang nahmen (4 Reichsteile mit den Zentren Paris, Soissons, Orléans und Metz). Hinzu kamen Spannungen zw. W-Teil (Neustrien) und O-Teil (Austrien), zw. Königtum und Aristokratie, aus deren Mitte die Hausmeier hervorgingen. Sie übten nach dem endgültigen Verfall der königl. Macht seit dem Tod Dagoberts I. (639) die eigtl. Herrschaft im F. R. aus. Mit dem Aufstieg der austr. Hausmeier aus dem Geschlecht der Karolinger, die 687 mit Pippin dem Mittleren die Alleinherrschaft im F. R. erlangten, rückte der Schwerpunkt des Reichs in den O. 751 beseitigte Pippin d. J. das Schattenkönigtum der Merowinger und ließ sich mit Unterstützung des Papsttums selbst zum König erheben (Salbung durch Bonifatius als Ausgleich für die fehlende Legitimation durch Geblüt). 754 übernahm er seinerseits als Patricius Romanorum den Schutz des Papstes und die Garantie seines Besitzes (↑ Pippinische Schenkung). Damit war die fränk. Politik fortan auf Rom ausgerichtet und der Boden bereitet, auf den Karl d. Gr. 800 im Einvernehmen mit dem Papsttum und schließl. (812) auch unter Anerkennung durch Byzanz das abendländ. Kaisertum errichten konnte. Dieser Schritt war auch durch eine Reihe von territorialen Erwerbungen (Eroberung des Langobardenreiches 774, Unterwerfung der Sachsen 772–804) und Sicherung des F. R. (Sieg über die Awaren 796, Errichtung der Span. Mark) vorbereitet worden. Doch schon in den Kämpfen Ludwigs des Frommen zeichneten sich Auflösungstendenzen ab, die in den Tei-

fränkische Trachten

Vertrag von Verdun 843

☐ Ostfränkisches Reich (Ludwig d. D.)
☐ Westfränkisches Reich (Karl II. d. K.)
☐ Lotharingien (Lothar I.)

Vertrag von Meerssen 870

☐ Reich Ludwigs d.D.
☐ Reich Karls II. d.K.
☐ Reich Ludwigs II.

Vertrag von Ribemont 880

☐ Ostfränk. Reich
☐ Westfränk. Reich
☐ Italien
☐ Nieder-,Hochburgund

Fränkisches Reich

lungsverträgen von Verdun (843), Meerssen (870) und Ribemont (880) bestätigt wurden: Nach vorübergehender Dreiteilung des F. R. verselbständigten sich mit der Teilung des Mittelreiches („Lotharingien") 870/80, endgültig nach der Absetzung Karls III., des Dikken, der 885–87 das F. R. noch einmal vereinigt hatte, das Westfränk. und das Ostfränk. Reich, ferner Burgund und Italien.

Das F. R. ist die Ausgangsbasis für *Kultur* und Institutionen aller ma. Staatengebilde Europas. Die Vielfalt der ma. Bevölkerungsstruktur (Geburts- und Dienstadel, Freie, Halbfreie, Unfreie) war bis zu einem gewissen Grade schon vorhanden, jedoch noch bei starkem Überwiegen der allg. Freienschicht. Seit dem 8. Jh. schufen die fränk. Könige mit der Verbindung von Vasallität, Treueid und Vergabe von Landbesitz (Lehen, lat. feudum) ein vielfach abgestuftes System von Abhängigkeiten, das die Grundlage des hoch-ma. Lehnswesens bildete. Die zentrale Bed. des Grundbesitzes für diese Verfassungsinstitution entsprach der fast ausschließl. agrar. Wirtschaftsstruktur, deren Basis die Grundherrschaft mit der Fronhofverfassung war. Ein charakterist. Element war auch der Rückgang der Laienbildung, während Klöster und Bischofssitze zu den eigtl. Kulturzentren wurden.

📖 *Metz, W.:* Zur Erforschung des karoling. Reichsgutes. Darmst. 1971. – *Zöllner, E.:* Gesch. der Franken bis zur Mitte des sechsten Jh. Mchn. 1970.

fränkische Trachten ↑ Volkstrachten (Tafel).

Frankisten ↑ Frank, Jacob.

Frankland, Sir Edward [engl. 'fræŋklənd], * Churchtown bei Lancaster 18. Jan. 1825, † in Norwegen 9. Aug. 1899, brit. Chemiker. – Prof. u. a. in Manchester und London; begründete die Chemie der metallorgan. Verbindung und trug entscheidend zur Begründung der ↑ Valenztheorie bei.

Franklin [engl. 'fræŋklın], Aretha, * Memphis [Tenn.]) 25. März 1942, amerikan. Popmusikerin (Gesang und Klavier). – Zählt zu den besten Soul- und Gospelinterpreten („Lady Soul").

F., Benjamin, * Boston 17. Jan. 1706, † Philadelphia 17. April 1790, amerikan. Politiker, Schriftsteller und Naturwissenschaftler. – Anfangs auf lokaler Ebene publizist. und polit. tätig, engagierte er sich zunehmend für die polit. Angelegenheiten der nordamerikan. Kolonien. Seit 1729 gab F. die „Pennsylvania Gazette" heraus; 1736–51 war er Schriftführer des Parlaments von Pennsylvania (Pennsylvania Assembly), dem er 1751–64 als Mgl. angehörte. 1754 unterbreitete er Pläne zur Bildung einer Union der nordamerikan. Kolonien. 1757–62 und wiederum 1764–75 vertrat er die Interessen von Pennsylvania, 1768–70 die Georgias und danach die Massachusetts' gegen die brit. Krone in London; gehörte zu den Mitunterzeichnern der Unabhängigkeitserklärung von 1776. Als Gesandter in Frankr. (1776–85) auf der Höhe seines Ruhmes und Einflusses, bemühte sich F. um die Herstellung eines frz.-amerikan. Bündnisses gegen Großbritannien; 1783 war er am Abschluß des Friedens von Paris beteiligt. Nach der Rückkehr in die USA wurde F. 1785 Gouverneur von Pennsylvania. - Bed. sind seine wiss. Arbeiten, die im wesentl. aus den Jahren 1746–52 stammen. 1746 begann er mit Experimenten zur Elektrizität. Untersuchungen der elektr. Spitzenwirkung gipfelten in der Konstruktion von Blitzableitern. Mit seinen Drachenversuchen wies er 1752 die elektr. Natur der Gewitter nach. Weitere Untersuchungen galten u. a. der Wärmestrahlung.

🕮 *Benjamin F. Autobiographie.* Hg. v. *H. För-ster.* Dt. Übers. Mchn. 1983.

F., Sir (seit 1829) John, *Spilsby (Lincolnshire) 16. April 1786, † King William Island 11. Juni 1847, brit. Admiral und Polarforscher. - Konteradmiral; reiste erstmals 1818 in die Arktis, leitete 1819–22 und 1825–27 zwei Landexpeditionen im Polargebiet; brach 1845 mit den Schiffen „Erebus" und „Terror" zur Suche nach der Nordwestpassage auf, bei der alle Besatzungsmgl. ums Leben kamen; zuletzt Ende Juli 1845 im Lancaster Sound gesehen; seit 1846 vom Eis eingeschlossen; Tagebuchaufzeichnungen und Überreste der Ausrüstung wurden gefunden.

Franklinton [engl. 'fræŋklɪntən] ↑Columbus.

franko [gekürzt aus italien. porto franco „Beförderung frei"], Lieferungsklausel im Handelsverkehr: Alle Transportkosten gehen zu Lasten des Verkäufers, während die Transportgefahr schon ab Werk auf den Käufer übergeht.

franko-flämische Musik ↑niederländische Musik.

Frankokanadier, französischsprachige Einwohner Kanadas, leben v. a. im O und SO des Landes.

Frankopani (Frankapani) [serbokroat. 'fraŋkɔpa:ni], kroat. Adelsgeschlecht, seit dem 12. Jh. genannt, seit 1430 unter dem Namen F.; bed. Stellung bei ungar. Königen und Röm. Kaisern vom 13.–15. Jh.; 1671 nach Hinrichtung des Dichters Fran Krsto **Frankopani,** Graf von Tersat (* 1643, † 1671) wegen Teilnahme an einer Verschwörung und dem Aufstand in Kroatien (1670) gegen Kaiser Leopold I. erloschen.

frankophil (gallophil), allem Französischen zugetan, franzosenfreundlich.

frankophob [mittellat./griech.] (gallophob), allem Französischen abgeneigt, franzosenfeindlich.

frankophon [mittellat./griech.], französisch sprechend.

Frankoprovenzalisch ↑Galloromanisch.

Frankreich

(amtl. Vollform: La République Française), Republik in Westeuropa, zw. 42° 30′ und 51° n. Br. sowie 4° 30′ w. L. und 9° 30′ ö. L. (Korsika). **Staatsgebiet:** Umfaßt das zw. Kanal und Pyrenäen bzw. Mittelmeer sich erstreckende frz. Mutterland einschl. der Insel Korsika; zum Staatsverband gehören außerdem die Überseedep. Guadeloupe, Französisch-Guayana, Martinique, Réunion und Saint-Pierre-et-Miquelon; das festländische F. grenzt im W an den Atlantik, im NW an den Kanal, im NO an Belgien und Luxemburg, im O an die BR Deutschland, die Schweiz und Italien, im S an das Mittelmeer und Spanien bzw. Andorra. **Fläche:** 543 965 km². **Bevölkerung:** 54,5 Mill. E (1984), 100 E/km². **Hauptstadt:** Paris. **Verwaltungsgliederung:** 96 Dep. (ohne Überseedep.). **Amtssprache:** Französisch. **Nationalfeiertag:** 14. Juli. **Währung:** Frz. Franc (FF) = 100 Centimes (c). **Internationale Mitgliedschaften:** UN, NATO (aus den militär. NATO-Organen trat F. 1966 aus), OECD, EG, Europarat, WEU, GATT. **Zeitzone:** MEZ (mit Sommerzeit).

Landesnatur: Kernraum ist das Pariser Bekken, ein Schichtstufenland, das sich zw. den alten Massiven der Ardennen und Vogesen im O, dem Zentralmassiv im S und dem armorikan. Massiv im W erstreckt. Das Anglo-Fläm. Becken reicht in Flandern nur randl. auf F. über. Jenseits der zw. Burgund. Pforte und Zaberner Steige gelegenen Vogesen hat F. im Elsaß noch Anteil am Oberrhein. Tiefland. Über die niedrige Schwelle von Poitou steht das Pariser Becken mit dem Aquitan. Becken (mit dem Sand- und Dünengebiet der Landes an der Küste des Golfs von Biskaya) in Verbindung. Den Abschluß nach S bildet hier der Pyrenäenhauptkamm. Der Mittelmeerküstensaum ist relativ schmal; von N her wird er über die Rhone-Saône-Furche, einer Senke zw. Zentralmassiv und Westalpen erreicht. Diese Grabenzone, die durch die Burgund. Pforte mit dem Oberrheingraben verbunden ist, ist der südl. Teil der wichtigsten tekton. Leitlinie Europas (Mittelmeer-Mjösen-Zone) und bildet eine ausgezeichnete meridionale Verkehrsachse. Im O hat F. Anteil am Jura und den Westalpen, die zur Montblancgruppe mit 4 808 m ü. d. M. den höchsten Punkt des Landes erreichen. **Klima:** F. hat Anteil am Klima der gemäßigten Breiten und, in weit geringerem Maße, an dem der Subtropen. Die Reliefgestaltung macht das Land auf der W-Seite sehr offen, so daß sich der atlant. Klimatypus mit seinen Großwetterlagen weit nach O auswirken kann. Niederschläge fallen im W zu allen

Frankreich

Jahreszeiten, mit Maximum im Herbst und Winter, überwiegend in Form langdauernder Nieselregen. Der Midi, Bereich des Mediterranklimas, weist Niederschlagsmaxima im Herbst und Frühjahr auf; der Sommer ist sehr trocken. Extreme Verhältnisse weisen Alpen und Pyrenäen, aber auch Jura, Zentralmassiv und Vogesen auf, in denen in über 1 000 m Höhe der Schnee mehr als 100 Tage liegen bleibt. Selbst in Lothringen gibt es mehr als 80 Frosttage.

Vegetation: Entsprechend den klimat. Gegebenheiten sind sowohl die eurosibir. als auch die mediterrane Florenprovinz vertreten. Kriterium für die letztere ist im allg. die Verbreitung der Olive; da hier Wälder degradiert oder ganz verschwunden sind, sind Macchie und Garriguen weit verbreitet. Im größten Teil des Landes sind Buche, Stiel- und Traubeneiche, Birke, Ahorn, Esche und Eberesche, in der Bretagne atlant. Heiden verbreitet.

Bevölkerung: 80 % der überwiegend kath. (rd. 94 %) Bev. leben in städt. Ballungsräumen. Außer Französisch und zahlr. Dialekten wird Katalanisch, Baskisch, Bretonisch, Niederländisch und Deutsch gesprochen. Schulpflicht besteht von 6–16 Jahren. Neben den staatl. Schulen gibt es zahlr. private, v. a. kath. Schulen. Neben Lehrerbildungsanstalten verfügt F. über zahlr. Fachhochschulen sowie staatl. Hochschulen und 25 Universitäten.

Wirtschaft: In der Landw. sind rd. 9 % der Erwerbstätigen beschäftigt. F. ist neben Italien das bedeutendste Weinbauland der Erde; exportiert werden neben Wein und Spirituosen v. a. Getreide, Zucker, Molkereiprodukte, Fleisch. Als waldreichstes Land der EG steht der Holzeinschlag an 4. Stelle in Europa. Die Fischerei spielt ebenfalls eine bed. wirtsch. Rolle. Die wichtigsten Bodenschätze sind Eisenerze (Schwerpunkt in Lothringen), Steinkohle (v. a. in der Region Nord-Pas-de-Calais und in Lothringen und S-Frankr.) und Kalisalz (im Oberelsaß). Die Erdölförderung aus Feldern in Aquitan. und Pariser Becken sowie aus Off-shore-Bohrungen deckt nur 1 % des Bedarfs. Als Nebenprodukt der Erdgasaufbereitung – überwiegend aus Feldern im Aquitan. Becken - wird Schwefel gewonnen. Die Suche nach Uranerzen wurde verstärkt; 1986 waren 45 Kernreaktoren in Betrieb, 18 weitere im Bau. Das erste Sonnenkraftwerk arbeitet in der Provence. Führende Industriezweige sind die Hütten- und die Automobilind., gefolgt von Flugzeugind., Schiffbau, chem. Ind., Textil- und Bekleidungsind. sowie Nahrungs- und Genußmittelind., Uhrenind. und Herstellung von Luxusartikeln. Der Fremdenverkehr ist bed., v. a. an den Küsten, in den Gebirgen und Heilbädern sowie in Paris, dem kulturellen Mittelpunkt des Landes.

Außenhandel: Nichtelektr. Maschinen, Kraftfahrzeuge, Eisen und Stahl sind die wichtigsten Ausfuhrgüter, gefolgt von elektr. Maschinen, Apparaten, Geräten sowie Garnen und Textilien, Bekleidung, Weizen, Kunststoffen, alkohol. Getränken, Erdölderivaten u. a. Eingeführt werden Erdöl, Maschinen, Eisen und Stahl, Kraftfahrzeuge, Textilien, organ. chem. Erzeugnisse, Kupfer, Kohle, Papier u. a. Die BR Deutschland ist der wichtigste Handelspartner.

Verkehr: Das staatl. Eisenbahnnetz hat eine Länge von rd. 34 200 km, das Straßennetz (mit fester Decke) von rd. 807 000 km. Beide sind überwiegend auf Paris ausgerichtet. Von den rd. 6 500 km Binnenwasserstraßen sind 75 % nur für kleinere Lastkähne befahrbar. Unter den Schiffahrtsländern steht F. an 9. Stelle. Die größten Seehäfen sind Marseille, zugleich einer der bedeutendsten europ. Erdölhäfen mit Pipelines nach Karlsruhe und Genf, gefolgt von Le Havre, Dünkirchen, Rouen, Saint-Nazaire und Bordeaux. Die nat. Air France und die private Union de Transports Aériens teilen sich in die internat. Luftfahrtlinien. Mehrere Gesellschaften bedienen den innerfrz. Luftverkehr. Neben acht großen ✈ im Land verfügt F. über drei internat. ✈ in Paris, die von mehr als 70 ausländ. Gesellschaften angeflogen werden.

Geschichte: Zur Vorgeschichte ↑ Europa.

Karolingische Anfänge (843–987): Nach dem Zerfall des Weström. Reiches stellte der Führer der Franken, Chlodwig I., die Einheit Galliens wieder her und begründete die Einheit von Krone und Kirche. Mit dem Vertrag von Verdun 843 wurde die Selbständigkeit des Westfränk. Reiches (↑ Fränkisches Reich) eingeleitet; der Karl II., dem Kahlen (✉ 840/843–877) zuerkannte Bereich, im O begrenzt durch die Linie Schelde-Maas-Saône-Rhone, bildete das territoriale Grundlage des späteren F. Ab Mitte des 10. Jh. verstärkten sich die Einfälle der Normannen, denen 911 die Normandie als Lehnsfürstentum überlassen werden mußte. Da der Abwehrkampf gegen die Normannen v. a. von führenden Angehörigen der Reichsaristokratie geführt worden war und diese sich bes. durch Burgen- und Festungsbau umfangreiche Herrschaftsrechte gesichert hatten, konnten sich bis zur Mitte des 10. Jh. die großen, zwei Jh. das Schicksal F. bestimmenden selbständigen Lehnsfürstentümer (Aquitanien, Normandie, Burgund, Blois-Tours, Anjou, Flandern, Toulouse sowie viele kleinere Herrschaftsbereiche, v. a. in Süd-F.) entwickeln, wodurch die Machtbasis des Königtums außerordentl. eingeschränkt, durch die Wahl nichtkaroling. Könige sogar wiederholt in Frage gestellt wurde.

Königtum und Lehnsfürstentümer (987–1214): Als mit Hugo Capet (✉ 987–996), der mit der sofortigen Hl. salbung schon wenige Stunden vor seines Sohnes Robert II. gegenüber der Königswahl die Erblichkeit des frz. Königtums durchsetzte, 987

FRANKREICH, STAATSOBERHÄUPTER
(Könige: 843–1792 und 1814–48)

Karolinger
Karl II., der Kahle — 843–877 (875 Kaiser)
Ludwig II., der Stammler — 877–879
Ludwig III. — 879–882
Karlmann — 879–884
Karl der Dicke — 885–887 (881 Kaiser)

Robertiner
Odo von Paris — 888–898

Karolinger
Karl III., der Einfältige — 898–923

Robertiner
Robert I. von Franzien — 922–923

Haus des Boso
Rudolf von Burgund — 923–936

Karolinger
Ludwig IV., der Überseeische — 936–954
Lothar — 954–986
Ludwig V., der Faule — 986–987

Kapetinger (Robertiner)
Hugo Capet — 987–996
Robert II., der Fromme — 996–1031
Heinrich I. — 1031–1060
Philipp I. — 1060–1108
Ludwig VI., der Dicke — 1108–1137
Ludwig VII., der Junge — 1137–1180
Philipp II. Augustus — 1180–1223
Ludwig VIII., der Löwe — 1223–1226
Ludwig IX., der Heilige — 1226–1270
Philipp III., der Kühne — 1270–1285
Philipp IV., der Schöne — 1285–1314
Ludwig X., der Zänker — 1314–1316
Johann I., das Kind — 1316
Philipp V., der Lange — 1317–1322
Karl IV., der Schöne — 1322–1328

Haus Valois (Kapetinger)
Philipp VI. — 1328–1350
Johann II., der Gute — 1350–1364
Karl V., der Weise — 1364–1380
Karl VI., der Wahnsinnige — 1380–1422
Karl VII., der Siegreiche — 1422–1461
Ludwig XI., der Grausame — 1461–1483
Karl VIII. — 1483–1498
Ludwig XII. von Orléans — 1498–1515
Franz I. von Angoulême — 1515–1547
Heinrich II. — 1547–1559
Franz II. — 1559–1560
Karl IX. — 1560–1574
Heinrich III. — 1574–1589

Haus Bourbon (Kapetinger)
Heinrich IV. von Navarra — 1589–1610
Ludwig XIII. — 1610–1643
Ludwig XIV. — 1643–1715
Ludwig XV. — 1715–1774

Ludwig XVI. — 1774–1792
(Ludwig XVII., Dauphin)

Erste Republik
Nationalkonvent — 1792–1795
Direktorium — 1795–1799
Konsulat — 1799–1804

Erstes Kaiserreich
Napoleon I. — 1804–1814 (1815)

Haus Bourbon (Kapetinger)
Ludwig XVIII. — (1814) 1815–1824
Karl X. — 1824–1830

Haus Orléans
Louis Philippe — 1830–1848

Zweite Republik (Präsident)
Charles Louis Napoléon Bonaparte — 1848–1851 (1852)

Zweites Kaiserreich
Napoleon III. — 1852–1870

Dritte Republik (Präsidenten)
A. Thiers — 1871–1873
M.-E. Mac-Mahon — 1873–1879
J. Grévy — 1879–1887
M. F. S. Carnot — 1887–1894
J. P. P. Casimir-Périer — 1894–1895
F. Faure — 1895–1899
É. Loubet — 1899–1906
A. Fallières — 1906–1913
R. Poincaré — 1913–1920
P. Deschanel — 1920
A. Millerand — 1920–1924
G. Doumergue — 1924–1931
P. Doumer — 1931–1932
A. Lebrun — 1932–1940

État Français (Staatschef)
P. Pétain — 1940–1944/45

Provisorische Regierung der Französischen Republik (Präsidenten)
C. de Gaulle — 1944/45–1946
F. Gouin, G. Bidault, L. Blum — 1946–1947

Vierte Republik (Präsidenten)
V. Auriol — 1947–1954
R. Coty — 1954–1959

Fünfte Republik (Präsidenten)
C. de Gaulle — 1959–1969
G. Pompidou — 1969–1974
V. Giscard d'Estaing — 1974–1981
F. Mitterrand — seit 1981

Frankreich

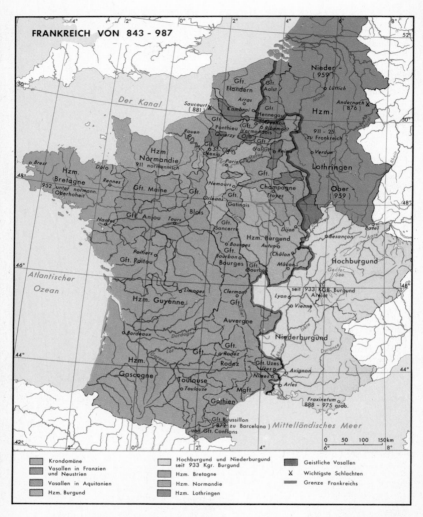

FRANKREICH VON 843 - 987

Krondomäne

Vasallen in Franzien und Neustrien

Vasallen in Aquitanien

Hzm. Burgund

Hochburgund und Niederburgund seit 933 Kgr. Burgund

Hzm. Bretagne

Hzm. Normandie

Hzm. Lothringen

Geistliche Vasallen

X Wichtigste Schlachten

Grenze Frankreichs

die Kapetinger auf den Thron kamen, war jedoch keine wesentl. Stärkung der königl. Stellung erreicht. Aus dieser Schwäche des frz. Königtums resultierte seine außenpolit. Inaktivität während des 10. und 11. Jh., wobei es stets im Schatten des in dieser Zeit starken röm.-dt. Königtums stand, dem 962 die erneuerte Kaiserwürde zufiel. In der kulturellen, sozialen und wirtsch. Entwicklung des Landes wurde jedoch ein bed. Vorsprung erzielt: Wesentl. Anstöße in der monast. Bewegung (Clu-

ny), in der Baukunst (burgund. und normann. Romanik bzw. später die Gotik) sowie in Wiss. und Bildung (Schulen von Chartres, Orléans, Paris) gingen von F. aus. Mit der Entwicklung der Städte und der kommunalen Bewegung war ein allg. Aufschwung der Handels- und Gewerbetätigkeit verbunden. Vor diesem Hintergrund vollzog sich dann v. a. im Bund mit den Päpsten der Aufstieg des kapeting. Königtums, dem es gelang, die partikularen Feudalgewalten allmähl. auszu-

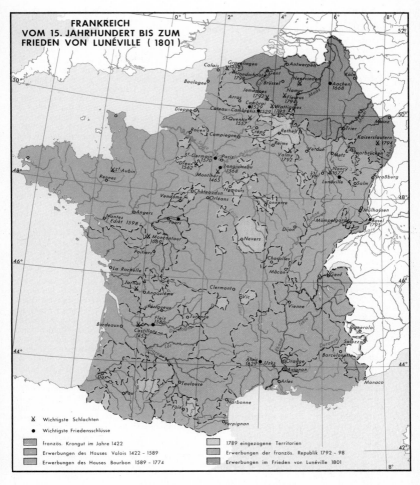

**FRANKREICH
VOM 15. JAHRHUNDERT BIS ZUM
FRIEDEN VON LUNÉVILLE (1801)**

Wichtigste Schlachten

Wichtigste Friedensschlüsse

franzö. Krongut im Jahre 1422

Erwerbungen des Hauses Valois 1422 - 1589

Erwerbungen des Hauses Bourbon 1589 - 1774

1789 eingezogene Territorien

Erwerbungen der franzö. Republik 1792 - 98

Erwerbungen im Frieden von Lunéville 1801

schalten, deren Ansehen im 12. Jh. als wichtigste Träger der Kreuzzüge einen letzten Höhepunkt erreichte. Seit Philipp I. (⚭ 1060–1108) wurde die Krondomäne gefestigt und ausgeweitet, wobei die folgenden Könige, Ludwig VI. (⚭ 1108–37) und Ludwig VII. (⚭ 1137–80) sich v. a. auf Kirche und Bürgertum stützten. Nachdem 1154 das Haus Anjou-Plantagenet durch Heirat und Erbschaft mehr als die Hälfte F. mit England vereinigt hatte, konnte Philipp II. August (⚭ 1180–1223) 1202 dem engl. König Johann ohne Land alle frz. Lehen entreißen, der in dem darauffolgenden Krieg zunächst die Normandie und

die Loire-Gft. verlor und sich nach der Schlacht von Bouvines (1214) trotz der Unterstützung durch den welf. Kaiser Otto IV. endgültig geschlagen geben mußte. England blieb ledigl. der Besitz in Südwest-F., die frz. Krondomäne dagegen hatte sich gebietsmäßig mehr als verdoppelt. Unter den entstehenden frühen europ. Nationalstaaten war F. zur gleichberechtigten Großmacht aufgestiegen. Frz. Vormachtstellung in Europa (1214–1461): Die frz. Politik des 13. Jh. kennzeichneten die Bemühungen Ludwigs IX., des Heiligen (⚭ 1226–70), um innere Einheit, insbes. durch die gewaltsame Eingliederung des

Frankreich

von der Abspaltung bedrohten Languedoc (Albigenser) und die Schaffung zentraler Behörden (Staatsrat, Hofgericht, Rechenkammer) mit Sitz in Paris. Auf dieser sicheren Grundlage erfolgte die Begründung der frz. Vormachtstellung in Europa unter Philipp IV., dem Schönen (⚭ 1285–1314), während die stauf. Kaisermacht zusammenbrach. Im Konflikt mit Papst Bonifatius VIII. konnte sich Philipp letztl. überlegen durchsetzen (Gefangennahme des Papstes 1303). Durch die erzwungene Übersiedlung nach Avignon (1309) geriet das Papsttum für nahezu ein Jh. unter frz. Einfluß. Philipp löste die großen Grundherrschaften auf, band den Adel durch Schaffung von Hofämtern an die Krone und stellte die Beratung der Reichsangelegenheiten durch Berufung der Generalstände (États généreaux: Adel, Geistlichkeit, Vertreter des städt. Bürgertums; erstmals 1302) sicher. Als die Kapetinger in männl. Linie ausstarben, fiel die Krone an Philipp VI. (⚭ 1328–50) aus dem Hause Valois. Dagegen erhob König Eduard III. (⚭ 1327–77) von England Einspruch. Er eröffnete 1337 den Kampf gegen F.; im folgenden ↑ Hundertjährigen Krieg (1337 bis 1453) wurden jedoch nicht nur dynast., sondern auch wirtsch.-soziale Gegensätze zw. beiden Ländern ausgetragen. In den Reihe militär. Niederlagen (zur See bei Sluys 1340, zu Lande bei Crécy 1346 und Maupertuis 1356) und die Dauer des Krieges hatten 1358 Aufstände der Pariser Bürger unter Étienne Marcel und der nordfrz. Bauern (Jacquerie) zur Folge sowie schwere innere Krisen zw. den um die Regentschaft rivalisierenden Häusern Burgund und Orléans: Gegen die aristokrat. Armagnacs unter Führung des Herzogs von Orléans standen die Bourguignons unter Führung der Herzöge von Burgund, die in ihrer Politik eine mehr bürgerfreundl. Haltung mit burgund. Sonderinteressen gegen die frz. Krone verbanden. In den innerfrz. Bürgerkrieg griff 1415 der engl. König Heinrich V. (⚭ 1413–22) ein, dessen Truppen 1415 das frz. Heer bei Azincourt vernichtend schlugen. Heinrich V. heiratete eine Tochter Karls VI. (⚭ 1380–1422) und wurde 1420 im Vertrag von Troyes als Nachfolger in F. anerkannt; nach seinem Tode 1422 eroberte der Hzg. von Bedford ganz F. nördl. der Loire für die engl. Macht in F. auf ihre Höhe. Die Wende des Krieges brachte Jeanne d'Arc bei der Belagerung von Orléans (1429). Durch die Pragmat. Sanktion von Bourges 1438 wurde Karl VII. (⚭ 1422–61) zum Begründer der frz. Nationalkirche. Der nat. Begeisterung für das frz. Königtum folgten allmähl. militär. Erfolge. Nachdem 1435 im Frieden von Arras der Ausgleich mit Burgund erreicht worden war, dauerten die Kämpfe zwischen den Engländer mit immer neuen Waffenstillständen bis 1453; sie endeten im förml. Friedensvertrag, jedoch mit der fast vollständigen Vertreibung der Engländer aus F. Im Innern ordnete der König Finanzen, Justiz, Heerwesen und Verwaltung neu. **Renaissancekönigtum und religiöspolit. Krise (1461–1589):** Ludwig XI. (⚭ 1461–83) gelangte 1475 zu einer endgültigen Friedensregelung mit England. Durch Zahlung hoher Summen erreichte er den Abzug der engl. Truppen vom Festland, mit Ausnahme von Calais. Bei der Wiederbesiedlung, die 1460 einsetzte, konnten die Bauern ihre Besitzrechte verbessern; das Bürgertum, aus dem sich die am Ende des 15. Jh. rd. 80 000 Amtsträger der königl. Verwaltung rekrutierten, gewann an wirtsch. Macht. Das v. a. auf Stärkung der Staatsgewalt bedachte Königtum erfuhr durch den Gewinn einiger großer Lehen eine weitere Stärkung. Beim Tode des Burgunders Karls des Kühnen (1477) wurden die frz. Lehen eingezogen, was zu jahrelangen Auseinandersetzungen mit den in Burgund erbberechtigten Habsburgern führte. Mit der 1492 einsetzenden Erwerbspolitik (Neapel) Karls VIII. (⚭ 1483–98) beteiligte sich F. an den europ. Machtkämpfen in Italien. Ludwig XII. (⚭ 1498–1515) eroberte 1499 das Hzgt. Mailand; sein Nachfolger Franz I. (⚭ 1515–47) bewarb sich 1519 vergebl. um die dt. Krone; in insges. 5 Kriegen gegen die span.-habsburg. Übermacht Kaiser Karls V. konnten er und Heinrich II. (⚭ 1547–59) nur den Besitzstand F. wahren. Durch das von Franz I. mit Papst Leo X. 1516 geschlossene Konkordat (Ausbildung eines absolutist. Staatskirchentums) wurde die frz. Kirche für fast 300 Jahre zu einem monarch. Herrschaftsinstrument. Weitere Merkmale für die Stärkung der frühabsolutist. Monarchie waren die Einziehung des letzten großen Lehens (Bourbon) und die Kontrolle über die hohen Amtsträger durch Ämterkäuflichkeit. Nach 1540 gewann der Calvinismus in F. zunehmend an Einfluß; 1559 hielten die Reformierten heiml. ihre erste Synode in Paris ab. Polit. Durchschlagskraft gewann die Bewegung, als sie zunehmend Anhänger im reichen Bürgertum und, verbunden mit ständ.-polit. Interessen, im Adel gewann. An der Spitze der Reformierten oder ↑ Hugenotten standen Mgl. des Hauses Bourbon (Condé). Die kath. Partei wurde von Angehörigen der Familie Guise geleitet. Vergebl. versuchte die Krone im religiösen Streit zu vermitteln und die Einheit F. zu wahren. Der blutige Überfall der von den Guise gedungenen Leute auf die Hugenotten im März 1562 löste die religiösen Bürgerkriege aus. Zur innenpolit. Stabilisierung und um F. außenpolit. Interessen wahrnehmen zu können, war der Hof Karl IX. (⚭ 1560–74) bereit, sich dem Führer der Hugenotten, G. de Coligny, anzuschließen; das Blutbad der ↑ Bartholomäusnacht 1572 machte jedoch diese Absicht zunichte; die darauf folgenden insgesamt 8 Hugenottenkriege dauerten bis 1598.

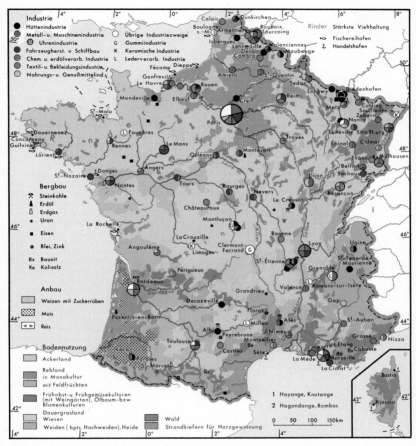

Industrie

- ● Hüttenindustrie
- ● Metall- u. Maschinenindustrie
- ◐ Übrige Industriezweige
- Ⓤ Uhrenindustrie
- ◯ Gummiindustrie
- ● Fahrzeugherst. u. Schiffbau
- Ⓚ Keramische Industrie
- ◐ Chem. u. erdölverarb. Industrie
- Ⓛ Lederverarb. Industrie
- ◐ Textil- u. Bekleidungsindustrie
- ◯ Nahrungs- u. Genußmittelind.

Rinder Stärkste Viehhaltung
- ↝ Fischereihafen
- ⚓ Handelshafen

Bergbau
- ⚒ Steinkohle
- ▲ Erdöl
- ⌖ Erdgas
- ★ Uran
- ■ Eisen
- ● Blei, Zink
- Bx Bauxit
- Ka Kalisalz

Anbau
- Weizen mit Zuckerrüben
- Mais
- ⚘⚘ Reis

Bodennutzung
- Ackerland
- Rebland in Monokultur mit Feldfrüchten
- Frühobst- u. Frühgemüsekulturen (mit Weingärten), Ölbaum- bzw. Blumenkulturen
- Dauergrasland Wiesen
- Weiden (hpts. Hochweiden), Heide
- Wald
- Strandkiefern für Harzgewinnung

1 Hayange, Knutange
2 Hagondange, Rombas

0   50   100   150km

Frankreich. Wirtschaftskarte

Aufstieg im Zeichen des Absolutismus (1589–1715): Nach der Ermordung Heinrichs III. (⚭ 1574–89), des letzten Valois, war der Hugenottenführer Heinrich von Navarra erbberechtigt. Mit ihm als Heinrich IV. (⚭ 1589–1610) kam das Haus Bourbon (1589–1792) auf den frz. Thron; Heinrich IV. trat 1593 zum Katholizismus über. Der Religionskrieg mündete in einen Krieg gegen Spanien, der mit dem Frieden von Vervins (1598) seinen Abschluß fand. Die religiösen Gegensätze in F. wurden mit dem Edikt von Nantes (1598), das den Hugenotten Sonderrechte gewährte, überbrückt. V. a. mit Hilfe seines Min. Sully (1597–1610) begann unter Heinrich IV. der zielgerichtete Aufbau der ab-

solutist. Monarchie, die Wiederherstellung des Staatsapparats sowie einer merkantilist. geprägten Wirtschaft (1608 Gründung der ersten frz. Kolonien in Quebec). Der absolutist. Ausbau der Königsmacht wurde 1624 von Kardinal Richelieu als leitendem Min. Ludwigs XIII. (⚭ 1610–43) fortgeführt; den Widerstand des frz. Adels brach er durch Nichteinberufung der 1614 letztmals zusammengetretenen Generalstände, die Beseitigung der polit. Sonderstellung der Hugenotten mit der Eroberung von La Rochelle, einer ihrer Hauptfestungen (1628). Außenpolit. Erfolge waren im Mantuan. Erbfolgekrieg und dann an der Seite Schwedens im Dreißigjährigen Krieg (1618–48) zu verzeichnen. Für den fünfjährigen Sohn Ludwigs XIII., Ludwig XIV. (⚭ 1643–1715) übernahm Kardinal Ma-

Frankreich

zarin 1643–61 die Regierung. Im Westfäl. Frieden (1648) gewann Mazarin für F. die habsburg. Gebiete im Elsaß und schloß 1658 mit mehreren Reichsständen den (1.) Rheinbund. Im Pyrenäenfrieden von 1659 mußte Spanien Roussillon und Artois abtreten. Innenpolit. Stabilität erreichte Mazarin durch die Zerschlagung der ständ.-aristokrat. Fronde (1653/54); nach seinem Tod führte Ludwig XIV. die absolute Monarchie zur Vollendung. Sein zunächst einflußreichster Min. Colbert (1661–72) mobilisierte nach den Maximen des Merkantilismus die Finanz- und Wirtschaftspolitik, förderte Ind., Handel, öffentl. Arbeiten, den Ausbau des Kolonialreiches in Kanada, Louisiana und Westindien sowie die Schaffung einer frz. Kriegsflotte. Die außerordentl. hohen Staatseinnahmen ermöglichten den Aufbau der größten Landstreitkraft Europas. Im Kampf um die europ. Hegemonie führte Ludwig XIV., der „Sonnenkönig", in Erweiterung der frz. N- und O-Grenzen drei Eroberungskriege (Devolutionskrieg 1667/68, Niederl.-Frz. Krieg [auch Holländ. Krieg] 1672–78, Pfälz. Erbfolgekrieg 1688–97). Europ. Große Allianzen zwangen ihn jedoch bis 1697 (Friede von Rijswijk) in die Defensive. Im Span. Erbfolgekrieg (1701–14) zerbrach F. Vormachtstellung und Hegemonieanspruch in Europa; das Gleichgewicht der Mächte mußte anerkannt werden. Am Ende der Reg. Ludwigs XIV. war als Folge der aggressiven Außenpolitik und der unterlassenen, dringenden inneren Reformen das Erlahmen der Führungsleistung absolutist. Herrschaft sichtbar geworden.
Niedergang der absoluten Monarchie (1715–89): Das bis zur Selbstregierung Ludwigs XV. (⊠ 1715–74) amtierende Ministerium des Kardinals Fleury (1726–43) versuchte, durch Annäherung an Österreich unter Überwindung des Einflusses der Seemächte Großbrit. und Niederlande für die Befriedung Europas zu wirken. Auch innenpolit. gelang eine finanzielle und wirtsch. Konsolidierung. Diese Erfolge wurden jedoch durch die der Kontrolle Fleurys entzogene Kriegs- und Kolonialpolitik zunichte gemacht. F. erlitt im Östr. Erbfolgekrieg und als Folge des Offensivbündnisses mit Österreich (1757) und Spanien im Siebenjährigen Krieg (1756–63) gegen Preußen schwere Niederlagen. Im Frieden von Paris (1763) mußte es seine Besitzungen in Kanada an Großbrit. abtreten und war bis 1830 als Kolonialmacht bedeutungslos. Neben diesem territorialen Verlust wuchsen die Staatsschulden bis zum Tode Ludwigs XV. auf 4 Mill. Livres an. Grundlegende Reformansätze zur Sanierung der Staatsfinanzen durch Besteuerung aller Einkünfte und aller Stände scheiterten am Widerstand der Privilegierten und am Einfluß der Günstlings- und Mätressenherrschaft auf die Politik der Krone. Gegen diese Zustände und herrschenden Klassen begann das wirtsch. erstarkende und sozial aufsteigende frz. Bürgertum als 3. Stand immer stärker zu opponieren; geistige Wortführer der polit. Aufklärung des 18. Jh. waren Montesquieu, Voltaire und Rousseau, die die absolute Monarchie bekämpften. Halbherzige bzw. unzureichende Reformen Ludwigs XVI. (⊠ 1774–92) und seiner Min. (v. a. J. R. Turgot, J. Necker und E. C. de Loménie de Brienne) scheiterten am Widerstand der Privilegierten (Notabelnversammlung). Mit der Berufung der Generalstände 1789 erhoffte man sich die letzte Möglichkeit, den unauflösbaren Gegensatz zw. absolutist.-feudalist. Staat und bürgerl. Gesellschaft durch grundlegende Reformen zu beheben.
Die Französische Revolution (1789–99): Der Zusammenbruch der frz. Monarchie in der ↑ Französischen Revolution hatte nicht nur in F. die Schwäche absolutist. Herrschaft erwiesen; die aus revolutionärem Umbruch neu erstandene souveräne frz. Staatsnation zog Europa mit der Proklamation der Ideen von 1789 in Bann und erschütterte durch die sendungsideolog. vorgetragenen Revolutionskriege das europ. Staatensystem. In der Dynamik der Revolution scheiterte jedoch die Realisierung der Errungenschaften von 1789. Mit dem Staatsstreich des 18. Brumaire (9. Nov.) 1799, dem Sturz des Direktoriums, versuchte Napoléon Bonaparte, die revolutionären Errungenschaften F. zu sichern.
Konsulat und Erstes Kaiserreich (1799–1814/15): Gestützt auf militär. Macht, ließ Bonaparte ein umfassendes modernes Polizeisystem durch Fouché aufbauen, legalisierte die revolutionäre Besitzumschichtung (den Erwerb der Nationalgüter, der enteigneten adligen Güter) und verständigte sich mit der kath. Kirche durch das mit Papst Pius VII. abgeschlossene Konkordat von 1801. Bed. Rechtsschöpfungen gelangen u. a. mit dem Code civil (1804). Die erneut plebiszitär gebilligte Änderung der Konsularverfassung (2. Aug. 1802) brachte die lebenszeitl. Ernennung Bonapartes zum einzigen Konsul. Hatte er mit der Beendigung des 2. Koalitionskrieges 1801/02 zugleich den erwünschten äußeren Frieden gebracht, so stieß auch sein Schritt zur Monarchie, die zunächst durch Senatsbeschluß vollzogene, nachfolgend durch gelenktes Plebiszit gebilligte Umwandlung der frz. Republik in ein erbl. Kaiserreich (1804 Krönung zum Kaiser der Franzosen) auf keinen Widerstand. Napoleons I. Machtwille, gegen den Talleyrand bis 1807 vergebens ankämpfte, setzte die Revolutionskriege im Kampf um hegemonielle Beherrschung Europas fort; in den Koalitionskriegen bis 1806/07 erreichte er nach den Niederlagen Österreichs und Preußens, dem Ende des Hl. Röm. Reichs, dem Einordnungsversuch M-Europas in das frz. Staatssystem (Napoleon. Rheinbund), mit der Kontinentalsperre 1806

als Kampfansage gegen Großbrit. und der in Tilsit 1807 erzwungenen Partnerschaft des russ. Zaren Alexander I. den Gipfel seiner Macht. Aber in den folgenden Napoleon. Kriegen (1807–12) gegen Portugal und Spanien (1807/08), gegen Österreich (1809), mit der Besetzung und Annexion des Vatikans (1808/09) stieß die Napoleon. Fremdherrschaft auf den Widerstand der Völker und Staaten, wobei der span. Unabhängigkeitskrieg (seit 1808) europ. Signalwirkung hatte. Bis 1812 verfolgte Napoleon I. seine imperiale europ. Integrations- und Hegemonialpolitik weiter, u. a. durch die seine monarch. Herrschaft legitimierende Dynastiegründung. Die 1810–12 F. erschütternde Wirtschaftskrise infolge stockenden Absatzes und der Last der Kontinentalsperre sowie der drückenden indirekten Steuern ließ bei wachsender Kriegsmüdigkeit zuerst die Großbourgeoisie der Napoleon. Politik den Rücken kehren, aber zugleich bis 1812 die kath.-royalist. Opposition wachsen. Die Katastrophe des Rußlandfeldzuges 1812, der in die europ. Befreiungskriege mündete, brachte den Zusammenbruch des Napoleon. F. und die Wiederherstellung des Königtums der Bourbonen durch Talleyrand, dem es gelang, eine Fremdherrschaft über F. zu verhindern sowie beim 1. und 2. Pariser Frieden wie auf dem Wiener Kongreß (1814/15) größere Gebietsverluste zu vermeiden.

Restauration und Revolution (1814–48): Die Restaurationsphase (1814–30) basierte auf der konstitutionellen Monarchie Ludwigs XVIII. (⚭ 1814/15–24) mit ihren Kennzeichen Zensuswahlrecht, Zweikammersystem mit Budgetbefugnissen und Verantwortlichkeit der Min. gegenüber der Kammer. Nach der Ermordung des Hzg. C. F. von Berry (1820), des einzigen dynast. Nachfolgers, gewannen die Ultraroyalisten erhebl. an Einfluß. Außenpolit. gelang es F. schon früh, die Kriegsschulden zurückzuzahlen und im Aachener Kongreß (1818) den Rückzug der Alliierten aus dem frz. Gebiet sowie die völkerrechtl. Gleichstellung F. zu erreichen. Nach dem Tode Ludwigs XVIII. übernahm dessen Bruder Karl X. (⚭ 1824–30) die Reg. Infolge reaktionärer Entscheidungen des Königs, z. B. die 1825 verfügte Entschädigung der Emigranten und das erneute Bündnis mit der Kirche, kam es zu einer immer stärker werdenden Opposition des liberalen Bürgertums. Der Erlaß der verfassungswidrigen Juliordonnanzen sowie die Auflösung der neu gewählten Kammer führten am 27. Juli 1830 zum Ausbruch der Julirevolution. Karl X. dankte ab; der Streit zw. Bürgertum und Arbeiterschaft um eine konstitutionell-monarchist. oder republikan. Staatsform wurde mit der Wahl des „Bürgerkönigs" Louis Philippe von Orléans (⚭ 1830–48) zugunsten der Monarchie entschieden. Während seiner

Reg.zeit, in der das Finanzbürgertum die wichtigsten Ämter besetzte, begannen Industrialisierung und Entwicklung der kapitalist. Wirtschaft in F. Das daraus entstehende Arbeiterproletariat und die Herausbildung frühsozialist. Theorien (C. Fourier, P. J. Proudhon, L. A. Blanqui) führten zu großen sozialen Unruhen, die im 1. und 2. Weberaufstand von Lyon (1831/34) und in der Blanquistenerhebung von 1835 ihren Höhepunkt fanden; auch die Putschversuche Louis Napoléon Bonapartes (später Napoleon III.) waren eine weitere Gefährdung des auf eine persönl. Herrschaft abzielenden Königtums. F. instabile innenpolit. Verhältnisse fanden in der Außenpolitik ihre Entsprechung. In den Jahren 1845–47 wuchs infolge schlechter Ernten und wirtsch. Depression die Unruhe unter der Bev. Als die von den Republikanern organisierten öffentl. Bankette für die Erweiterung des Wahlrechts im Febr. 1848 verboten wurden, brach in Paris am 24. Febr. 1848 die Februarrevolution aus, als deren Ergebnis die Ernennung einer provisor. Reg. erzwungen wurde, die teils aus Republikanern, teils aus Sozialisten und einem Arbeiter bestand. Der König dankte ab und floh nach Großbrit. Die neue Reg. proklamierte die 2. Republik und berief eine Nat.versammlung zur Ausarbeitung einer Verfassung. Hatten sich anfangs sozialist. Tendenzen durchgesetzt (Errichtung von Nationalwerkstätten zur Verwirklichung des „Rechts auf Arbeit"), gewannen in den anschließenden allg. und gleichen Wahlen die gemäßigten Republikaner die Mehrheit in der Kammer, die am 21. Juni 1848 die Auflösung der Nationalwerkstätten beschloß. Ein darauffolgender Aufstand der Pariser Arbeiterschaft (24.–26. Juni) wurde blutig niedergeschlagen. Am 10. Dez. 1848 wurde Louis Napoléon Bonaparte durch Plebiszit zum Staatspräs. gewählt.

Industrieller Aufschwung und Zweites Kaiserreich (1848–70): Die antiparlamentar. Zermürbungspolitik des neuen Präs. kulminierte im Staatsstreich des 2. Dez. 1851, der durch Auflösung der Kammer und Massenverhaftung oppositioneller Politiker vollendete Tatsachen schuf. Nachdem sich Louis Napoléon zunächst plebiszitär zum Präs. auf 10 Jahre hatte wählen lassen und eine der Senatsverfassung des 1. Kaiserreichs ähnl. Verfassung durchgesetzt hatte, ließ er sich 1852 vom Senat zum Kaiser ausrufen und durch eine neue Volksabstimmung bestätigen; am 2. Dez. 1852 bestieg er als Napoleon III. den frz. Thron. Entscheidend für die innere Festigung des Kaisertums war sowohl die mit polizeistaatl. Mitteln erzwungene Niederhaltung der Opposition wie auch die Kontrolle der öffentl. Meinung und die internat. Konjunkturwelle, die, ausgelöst durch Edelmetallfunde in Übersee, den europ. Exportländern einen breiten, wenn auch unter-

Frankreich

schiedl. verlaufenden industriellen Aufschwung sicherte. Die erfolgreichen Aktionen, die Napoleon III. zur Revision der außenpolit. Stellung F. unternahm, sahen ihn bereits als umworbenen Bündnispartner; der Krimkrieg (1853–56) an der Seite Großbrit. sprengte den Ring der Isolierung, die Beteiligung F. im italien. Einigungskrieg an der Seite Sardiniens gegen Österreich brachte mit Nizza und Savoyen auch territorialen Gewinn. Dem Ausbau Algeriens als Kornkammer und Siedlungsraum folgten weitere Eroberungen in N-Afrika (1854–65 im Senegal, Eroberung der Kabylei), 1860 erfolgte die Landung in Beirut, die Syrien dem frz. Einfluß öffnete. Der zus. mit Großbrit. unternommene Kolonialkrieg gegen China 1858/60 sicherte die frz. Hegemonialstellung in Indochina; der Fehlschlag der mex. Expedition erwies jedoch bereits die Anfälligkeit des Regimes für außenpolit. Mißerfolge. Der Versuch, gegen freie Hand für Preußen territoriale Gewinne herauszuschlagen, wurde von Bismarck überspielt. Da die außenpolit. Mißerfolge Napoleons III. die innere Opposition stärkten, vollzog der Kaiser am 8. Mai 1870 den förml. Übergang zur konstitutionellen Monarchie. Der Dt.-Frz. Krieg 1870/71, seitens F. aus Furcht vor dem Verlust der hegemonialen Stellung F. entstanden, führte für ein Regime, das auf plebiszitäre Zustimmung und die Bestandsgarantie durch die Armee gegr. war, zur Katastrophe.

Die 3. Republik im Widerstreit (1871–79): Als man Napoleon III. in Sedan gefangen genommen hatte, riefen, durch Straßendemonstrationen genötigt, die republikan. Führer L. Gambetta und J. Favre am 4. Sept. 1870 in Paris die Republik aus; sie bildeten eine „Reg. der nat. Verteidigung", die den Kampf gegen die Deutschen fortsetzte; Gambetta organisierte die Volksbewaffnung (Levée en masse) in den Prov., konnte aber trotz beachtl. militär. Erfolge der neuen Truppen weder die Niederlage noch den Waffenstillstand (28. Jan. 1871) verhindern. Die Wahlen zur verfassunggebenden Nat.versammlung am 8. Febr. 1871 brachten eine monarchist.-bonapartist. Mehrheit sowie eine Oppositionsbewegung der Prov. gegen Paris in Gang; dadurch geriet die neue Republik in scharfen Gegensatz zur revolutionären Unterströmung des Republikanertums der Hauptstadt. Reg.chef wurde A. Thiers, der am 10. Mai 1871 den Frankfurter Frieden (Abtretung des Elsaß und Lothringens, 5 Mrd. Franc Kriegsentschädigung) unterzeichnete. Teils aus patriot. Protest gegen den Waffenstillstand, teils aus sozialem Protest gegen die konservative Republik entstand die Erhebung der Pariser Kommune; als lokale Reg. errichtet und schon im Mai 1871 in militär. Massaker durch Reg.truppen liquidiert, wurde sie mehr durch ihren Untergang als durch ihre Taten Symbol der Revolution der unterdrückten Klasse gegen wirtsch.

Ungleichheit und Vorherrschaft des Besitzes. Die 3. Republik bedeutete nur verfassungspolit. einen Bruch mit dem Empire; wirtsch. und gesellschaftl. stand sie im Zeichen der Kontinuität; ihre polit. Basis beruhte auf dem Patt, in das Legitimisten und Orleanisten einander setzten und das der großbürgerl. Oberschicht mit Thiers (bis 1873, ihm folgte Mac-Mahon) in der Anfangsphase die polit. Führung sicherte. Der tief in der Sozial- und Verfassungsgeschichte F. seit 1789 wurzelnde Dualismus von Präsidialverfassung und parlamentar. Führung blieb bis 1879 erhalten; erst die 3 Verfassungsgesetze von 1875, die den Begriff der Republik umgingen, stabilisierten das labile Gleichgewicht der das polit.-soziale System abstützenden Kräfte, da die Stellung des Präs. gestärkt wurde (Wahl auf 7 Jahre, Unabsetzbarkeit, Recht der Gesetzesinitiative, Kammerauflösung). Nachdem in den Februarwahlen 1876 die Republikaner die Kammermehrheit erreicht hatten und als Mac-Mahon auf den Konflikt zusteuerte, kam es zu erneuten Wahlen, die die republikan. Mehrheit bestätigten. Mac-Mahon trat am 30. Jan. 1879 zurück, nachdem auch im Senat die Republikaner die Mehrheit erlangt hatten.

Die „opportunistische" Republik (1879–98): Auf Grund des Vorwurfs Clemenceaus gegen Gambetta, v. a. auf eine tiefgreifende Sozialreform verzichtet zu haben, wurde „Opportunismus" zum (histor. unscharfen und einseitigen) Epochenbegriff. Staatl. Verwaltung, hohe militär. Kommandos und Spitzenposten der Diplomatie waren mit Vertrauensleuten der Republikaner besetzt worden; die Schlüsselstellungen der Wirtschaft und des Banksystems wurden vom Großbürgertum gehalten; der Landadel blieb anerkannte Führungsschicht und hatte v. a. auch in der Armee weiterhin die wichtigsten Kommandos inne. Am Anfang der 1880er Jahre stand ein Kurs schrittweiser Reform und inneren Ausgleichs, der zur Amnestie der Kommunarden führte, zur Zulassung von Gewerkschaften und zu einem Programm öffentl. Arbeiten. In der Auseinandersetzung zw. kirchl. Ordnungsanspruch und positivist. Liberalismus in der Frage der Schulverwaltung sowie Reform und Ausbau der Volksschule im Sinne eines kostenlosen, laizist. und obligator. Unterrichts entstand das moderne frz. Unterrichtswesen mit seiner Betonung von Aufstieg, Leistung und Hierarchie der Bildungsstufen. Außenpolit., v. a. in der Kolonialpolitik gewann F. durch Expansion in N-Afrika und Indochina die 1870 verlorene Großmachtrolle und Bündnisfähigkeit wieder, doch brachte diese Kolonialexpansion F. in offenen Gegensatz zu Großbrit., am deutlichsten in der Faschodakrise (1898/99). Durch die wirtsch. große Depression der 1880er Jahre wurde die Stellung der „Opportunisten" geschwächt; in den Wahlen von 1885 gelangten Monarchisten und Bonapartisten, die den Parlamentarismus ablehnten und außenpolit. auf den revanchist. Patriotismus setzten, in die Nähe der absoluten Mehrheit. Die Krise um den populären General Boulanger, der um ein plebiszitäres Mandat der Massen warb, die Armee mit den Arbeitern fraternisieren ließ und zum Haupt der „Partei der Unzufriedenen" aufgestiegen war, brachte durch dessen Entscheidung, keinen Staatsstreich zu inszenieren, eine klare Frontstellung der Rechten (zus. mit dem Militär) gegen die sich auf dem Boden der opportunist. Republik zurückziehenden Radikalen. Weitere große polit. Krisen zeigten die Risse, die unter der Oberfläche die frz. Gesellschaft zerteilten: 1893 der Panamaskandal und 1894 die Dreyfusaffäre. Mit der Reg. Waldeck-Rousseau 1899 konnte das kleine und mittlere Bürgertum der „radikalen Republik" zur polit. Führung vordringen.

Die „radikale" Republik (1898–1914): Von der Jh.wende bis zum Ende der 3. Republik stellte der Radikalsozialismus des mittleren Bürgertums die entscheidende polit. Kraft. Die „radikale" Republik war bestimmt von der Annäherung der Radikalsozialisten, die zu bescheidenen Sozialreformen fanden, und der Sozialisten, die unter J. Jaurès auf reformist. Kurs einschwenkten. Die neue Koalition wurde unter Min.präs. É. Combes (1902–05) v. a. durch die radikal antikirchl. Schulpolitik, Bruch des Konkordats, Trennung von Staat und Kirche (9. Dez. 1905), zusammengehalten; Combes folgte (nach den Kabinetten M. Rouvier und F. Sarrien) unter stärkerer Anlehnung nach rechts 1906–09 G. B. Clemenceau. Unter A. Briand und J. Caillaux prägten innenpolit. der Kampf um die Modernisierung des Steuersystems und die Änderung des Wahlsystems (Proporzwahl), außenpolit. der Ggs. zu Deutschland (2. Marokkokrise, Übergang zu dreijähriger Wehrpflicht) die frz. Politik. Nachdem schon die Marokkokrise 1905 den Chauvinismus wiederbelebt hatte, wurde mit R. Poincaré 1913 ein Mann Staatspräs., der als Symbolfigur des Revanchedenkens galt. Die Hoffnung auf Sicherung durch das frz.-russ. Bündnis (Zweiverband) und die Entente cordiale, v. a. aber ein alle Schichten umfassender Nationalismus trugen dazu bei, daß das alte, immer wieder die sozialen Brüche der frz. Gesellschaft zudeckende Revanchedenken in neuer, an der Kulturmission F. sich erhebender Form auflebte.

Die 3. Republik vom 1. bis zum 2. Weltkrieg (1914–40): Offizielles frz. Kriegsziel war die Wiedergewinnung Elsaß-Lothringens gewesen; in den Versailler Friedensverhandlungen war es Clemenceau gelungen, die 1870 verlorengegangene kontinentale Vormachtposition F. zurückzugewinnen, die

er durch eine harte Eindämmungspolitik gegenüber Deutschland abzusichern versuchte, mit dem Ziel, ein wirtsch. Erstarken Deutschlands zu verhindern und durch den Abschluß von Bündnisverträgen mit Belgien (1920), Polen (1921), der Tschechoslowakei (1924), Rumänien (1926), Jugoslawien (1927) und der UdSSR (1932) eine dt. Revisionspolitik unmöglich zu machen. V. a. ungelöste Probleme der frz. Finanzen führten im Zeichen einer rechten Kammermehrheit (Bloc national, 1919–24) zu R. Poincarés Politik der „produktiven Pfänder", die mit der Ruhrbesetzung 1923 ihren Höhepunkt erreichte. Die einsetzende Verständigungspolitik, v. a. É. M. Herriots und A. Briands, brachte jedoch keinen vollständigen Ausgleich des dt.-frz. Gegensatzes, da die Revisionspolitik der Weimarer Republik auf die Wiedergewinnung einer Großmachtstellung Deutschlands abzielte, was dem Sicherheitsbedürfnis F. entgegenstand. Auf Grund der Weltwirtschaftskrise sah sich F. gezwungen, 1932 einer Einstellung der Reparationen (Lausanner Konferenz 1932) und der prinzipiellen Gleichberechtigung des Dt. Reiches auf dem Rüstungssektor zuzustimmen. Innenpolit. hatten die noch aus der Vorkriegszeit stammenden, durch die Kriegsereignisse verschärften Wirtschafts- und Finanzprobleme nach Kriegsende zum Wiederaufflammen der großen Streiks und 1920 zur Spaltung der Séction Française de l'Internationale Ouvrière (SFIO) und der Gewerkschaften durch die Bildung einer kommunist. Partei und eines kommunist. Gewerkschaftsbundes geführt. Die inflationäre Entwicklung wurde zwar 1926/28 durch Poincaré gestoppt, es kam aber zu keiner dauerhaften Sanierung der öffentl. Finanzen. Die Weltwirtschaftskrise verschärfte die sozialen Spannungen und führte bei häufig wechselnden Kabinetten zu einer Dauerkrise des parlamentar. Systems, das sich sowohl von faschist. Sammlungsbewegungen (Croix de feu, Action française) als auch von der äußersten Linken bedroht sah. Im Zusammenhang mit der Stavisky-Affäre kam es am 6. Febr. 1934 in Paris zu Demonstrationen der Rechten und zu blutigen Zusammenstößen mit der Linken (Februarunruhen), die den Rücktritt des Kabinetts É. Daladier zur Folge hatten. Diese Entwicklung führte im Frühjahr 1936 zu einem Wahlerfolg der aus Radikalsozialisten, Sozialisten und Kommunisten gebildeten Volksfront, deren Reg. unter L. Blum weitreichende soziale Reformen durchführten, die in der Geschichte der 3. Republik ohne Beispiel waren (40-Stunden-Woche, bezahlter Urlaub, kollektive Arbeitsverträge, Anerkennung des Gewerkschaftsrechts, Bildung von Arbeitervertretungen in den Betrieben, Lohnerhöhungen um 15 %). Nach dem Rücktritt des Kabinetts Blum (1937) versuchten die folgenden kurzlebigen Reg. vergebl., die Politik der Volksfront

Frankreich

fortzusetzen. Auf die Machtergreifung Hitlers hatte die frz. Reg. mit dem Versuch reagiert, durch internat. Abmachungen und Allianzen der Offensive Deutschlands entgegenzutreten: Beteiligung am Viermächtepakt vom 15. Juli 1933, Förderung der Balkanentente, Bildung der Stresafront im April 1935 mit Großbrit. und Italien, Beistandspakt mit der UdSSR. Nach dem Scheitern der Stresafront setzte die frz. Reg. der Remilitarisierung der Rheinlande im März 1936 keinen Widerstand entgegen, konzentrierte sich auf die inneren Probleme und ließ sich - speziell im Span. Bürgerkrieg - vom Prinzip der Nichtintervention leiten. Auf Grund des zunehmenden militär. Übergewichts Deutschlands tolerierte das im April 1938 von Daladier gebildete bürgerl. Kabinett den Anschluß Österreichs und beteiligte sich 1938 am Münchner Abkommen. Am 3. Sept. 1939, nach dem Angriff der dt. Truppen auf Polen, erklärte F. gemeinsam mit Großbrit. dem Dt. Reich den Krieg. Der dt. Offensive am 10. Mai 1940 begegnete die frz. Armeeführung mit einer unzureichenden strateg. Konzeption. Angesichts der totalen Niederlage der frz. Streitkräfte in der Anfangsphase des 2. ↑ Weltkriegs trat die Reg. P. Reynaud zurück. Eine neugebildete Reg. P. Pétain unterzeichnete am 22. Juni 1940 das Waffenstillstandsabkommen mit dem Dt. Reich, am 24. Juni mit Italien, das am 10. Juni in den Krieg eingetreten war. Die 3. Republik war am Ende.

Der État Français (1940–44): In dem neuen Reg.sitz Vichy übertrug das Parlament am 10. Juli 1940 mit großer Mehrheit Marschall Pétain die unumschränkte Gewalt über das noch unbesetzte F., die sich im Aufbau des autoritär-korporativen État Français manifestierte. Während Pétain gegenüber dem dt. Sieger auf Zeitgewinn setzte (Treffen mit Hitler in Montoire-sur-le-Loir am 24. Okt. 1940), suchten P. Laval und F. Darlan durch begrenzte Kollaboration, F. eine günstigere Position in der von Hitler proklamierten neuen Ordnung Europas zu sichern. Auf Grund der harten dt. Besatzungspolitik sowie in Reaktion auf die antirepublikan. Politik des Vichy-Regimes und im Zusammenhang mit der sich abzeichnenden Wende des Krieges trat die frz. Widerstandsbewegung (Résistance) zunehmend in Erscheinung. Auf sie gewann General C. de Gaulle wachsenden Einfluß, dessen Londoner Aufruf zur Fortführung des Kampfes (18. Juni 1940) zunächst ohne wesentl. Resonanz im Mutterland geblieben war. Als Chef des „Freien F." und des Frz. Nat.komitees setzte er sich 1943 in Algier auch gegen Darlan und im „Frz. Komitee der Nat. Befreiung" durch, dem sich nach und nach die Mehrheit der frz. Übersee gebiete unterstellte und das am 3. Juni 1944 zur Provisor. Reg. der Frz. Republik umgewandelt wurde. Die Landung der Briten und Amerikaner an der Kanal- und Mittelmeerküste im Juni bzw. Aug. 1944 führte zur Befreiung F. und zum Zusammenbruch des Vichy-Regimes. Der Einzug de Gaulles in Paris am 25. Aug. 1944 markierte das Ende des État Français.

Die 4. Republik (1944–58): Die Provisor. Reg. der Frz. Republik, die Ende Aug. 1944 ihre Tätigkeit in Paris aufnahm, sah zunächst ihre Aufgabe in der Verurteilung und Bestrafung der Kollaborateure sowie in der Durchsetzung der gleichberechtigten Teilnahme an den Entscheidungen der Alliierten über die Zukunft Deutschlands und in der Wiederherstellung der frz. Herrschaft in den Kolonien. Am 21. Okt. 1945 fanden erste Wahlen zu einer Nat.versammlung statt, aus denen Kommunisten, Sozialisten und Volksrepublikaner ungefähr gleich stark hervorgingen. Von der (ersten) Konstituante einstimmig zum Min.präs. gewählt, trat de Gaulle am 16. Jan. 1946 wieder zurück, da er seine Pläne zur Neuordnung des Staates und der künftige Verfassung nicht hatte durchsetzen können. Eine neugewählte verfassunggebende Versammlung erlangte für ihren Verfassungsentwurf am 13. Okt. 1946 eine knappe Mehrheit, womit die 4. Republik formell begründet war. Bis 1947 wurden die Reg. im wesentl. von den 3 großen Parteien der Sozialisten, Kommunisten und Volksrepublikaner getragen. Ihre wichtigsten Maßnahmen waren die Verstaatlichung der Kredit- und Versicherungsgesellschaften, der Energiequellen, der Handelsmarine und zahlr. Ind.betriebe sowie die Einrichtung von Betriebsräten und die Ausarbeitung eines Modernisierungsplans für die Wirtschaft. Gegensätze in der Indochina-, Wirtschafts- und Finanzpolitik sowie der kalte Krieg führten am 5. Mai 1947 zum Ausschluß der Kommunisten durch P. Ramadier, der die Kabinette der „dritten Kraft" aus Sozialisten, Volksrepublikanern, Radikalsozialisten und gemäßigt linken Gruppen einleitete, die bis 1951 eine relativ stabile Reg.tätigkeit gegen die Opposition der Kommunisten und Gaullisten erreichten. Außenpolit. suchte F. erneut sein Sicherheitsbedürfnis durch die Teilnahme an der Besetzung Österreichs und Deutschlands sowie dessen wirtsch. Schwächung und durch den Abschluß von Defensivbündnissen (Westeurop. Union, Abk. WEU) zu befriedigen. Angesichts der Verschärfung der Ost-West-Spannungen schloß sich F. 1949 der NATO, im Hinblick auf seine ostasiat. Interessen 1954 der SEATO an. Seit dem kalten Krieg beteiligte sich F. führend an den europ. Einigungsbestrebungen (Beitritt zum Europarat 1949, zur Montanunion 1952, zu EWG und EURATOM 1957). Die supranat.-militär. Integration durch die Europ. Verteidigungsgemeinschaft (EVG) wurde zwar 1954 abgelehnt, die Pariser Verträge 1955 über die Aufnahme der BR Deutschland in die WEU und in die NATO dagegen ange-

VERWALTUNGSGLIEDERUNG
(Stand 1982)

epartement (erwaltungssitz)	km²	E in 1 000
n (Bourg-en-Bresse)	5 762	419
sne (Laon)	7 369	534
lier (Moulins)	7 340	370
pes-de-Haute-Provence (Digne)	6 925	119
pes-Maritimes (Nizza)	4 299	881
rdèche (Privas)	5 529	268
rdennes (Charleville-Mézières)	5 229	302
riège (Foix)	4 890	136
ube (Troyes)	6 004	289
ude (Carcassonne)	6 139	281
veyron (Rodez)	8 735	279
as-Rhin (Straßburg)	4 755	916
elfort, Territoire de (Belfort)	609	132
ouches-du-Rhône (Marseille)	5 087	1 724
alvados (Caen)	5 548	590
antal (Aurillac)	5 726	163
harente (Angoulême)	5 956	341
harente-Maritime (La Rochelle)	6 864	513
her (Bourges)	7 235	320
orrèze (Tulle)	5 857	241
orse-du-Sud (Ajaccio)	4 014	109
ôte-d'Or (Dijon)	8 763	474
ôtes-du-Nord (Saint-Brieuc)	6 877	539
reuse (Guéret)	5 565	140
eux-Sèvres (Niort)	5 999	343
ordogne (Périgueux)	9 060	377
oubs (Besançon)	5 234	477
rôme (Valence)	6 530	390
ssonne (Évry)	1 804	988
ure (Évreux)	6 039	462
ure-et-Loir (Chartres)	5 880	363
inistère (Quimper)	6 733	828
ard (Nîmes)	5 853	530
ers (Auch)	6 257	174
ironde (Bordeaux)	10 000	1 128
aute-Corse (Bastia)	4 666	132
aute-Garonne (Toulouse)	6 309	825
aute-Loire (Le Puy)	4 977	206
aute-Marne (Chaumont)	6 211	211
autes-Alpes (Gap)	5 549	106
aute-Saône (Vesoul)	5 360	232
aute-Savoie (Annecy)	4 388	495
autes-Pyrénées (Tarbes)	4 464	228
aute-Vienne (Limoges)	5 520	356
aut-Rhin (Colmar)	3 525	650
auts-de-Seine (Nanterre)	176	1 387
érault (Montpellier)	6 101	706

Departement (Verwaltungssitz)	km²	E in 1 000
Ille-et-Vilaine (Rennes)	6 775	750
Indre (Châteauroux)	6 791	243
Indre-et-Loire (Tours)	6 127	506
Isère (Grenoble)	7 431	937
Jura (Lons-le-Saunier)	4 999	243
Landes (Mont-de-Marsan)	9 242	297
Loire (Saint-Étienne)	4 781	740
Loire-Atlantique (Nantes)	6 815	995
Loiret (Orléans)	6 775	536
Loir-et-Cher (Blois)	6 343	296
Lot (Cahors)	5 217	155
Lot-et-Garonne (Agen)	5 361	299
Lozère (Mende)	5 167	74
Maine-et-Loire (Angers)	7 166	675
Manche (Saint-Lô)	5 938	466
Marne (Châlons-sur-Marne)	8 162	544
Mayenne (Laval)	5 175	272
Meurthe-et-Moselle (Nancy)	5 241	717
Meuse (Bar-le-Duc)	6 216	200
Morbihan (Vannes)	6 823	591
Moselle (Metz)	6 216	1 007
Nièvre (Nevers)	6 817	240
Nord (Lille)	5 742	2 521
Oise (Beauvais)	5 861	662
Orne (Alençon)	6 103	295
Pas-de-Calais (Arras)	6 672	1 412
Puy-de-Dôme (Clermont-Ferrand)	7 970	594
Pyrénées-Atlantiques (Pau)	7 645	556
Pyrénées-Orientales (Perpignan)	4 116	335
Rhône (Lyon)	3 249	1 445
Saône-et-Loire (Mâcon)	8 575	572
Sarthe (Le Mans)	6 206	505
Savoie (Chambéry)	6 028	324
Seine-et-Marne (Melun)	5 915	887
Seine-Maritime (Rouen)	6 278	1 193
Seine-Saint-Denis (Bobigny)	236	1 324
Somme (Amiens)	6 170	545
Tarn (Albi)	5 758	339
Tarn-et-Garonne (Montauban)	3 718	190
Val-de-Marne (Créteil)	245	1 194
Val-d'Oise (Cergy-Pontoise)	1 246	921
Var (Toulon)	5 973	708
Vaucluse (Avignon)	3 567	427
Vendée (La Roche-sur-Yon)	6 720	483
Vienne (Poitiers)	6 991	371
Ville de Paris (Paris)	105	2 176
Vosges (Épinal)	5 874	396
Yonne (Auxerre)	7 427	311
Yvelines (Versailles)	2 285	1 196

nommen. Auf Grund der innenpolit. Labilität (1951–58 zwölf Kabinette) und der krisenhaften Situation in den frz. Kolonien konnte die 4. Republik in der internat. Politik nur eine zweitrangige Rolle spielen. Am 1. Juni 1958 übernahm de Gaulle die letzte Reg. der 4. Republik, die am 28. Sept. 1958 mit der Annahme der neuen Verfassung durch Volksabstimmung (am 4. Okt. in Kraft getreten) ihr formelles Ende fand.

Frankreich

Die 5. Republik (seit 1958): Da anders als in der 4. Republik der Präs. kraft Verfassung die Richtlinien der Politik zu bestimmen hat, wurde die polit. Entwicklung F. bis 1969 im wesentl. von der Persönlichkeit de Gaulles bestimmt. In der zentralen Algerienfrage erkannte der General seit Sept. 1959 prinzipiell das Selbstbestimmungsrecht an mit dem Ziel, die Assoziierung des autonomen Algerien an F. zu erreichen. Das führte zu scharfen Auseinandersetzungen mit den Anhängern eines „frz. Algerien" (OAS, Barrikadenaufstand von Algier 24. Jan. 1960, Generalsputsch vom 21./22. April 1961, Attentat bei Petit-Clamart vom 22. Aug. 1962), die de Gaulle mit der Rückendeckung des Mutterlandes (Referendum vom 6.–8. Jan. 1961) schließl. zur Hinnahme der alger. Unabhängigkeit in der „Kapitulation ohne Niederlage" (Abkommen von Évian-les-Bains vom 18. März 1962) zwangen. Ein Referendum am 8. April 1962 sanktionierte mit 91 % Ja-Stimmen diese Politik, deren Erfolg maßgebl. zur vorläufigen Stabilisierung der 5. Republik beitrug. Die angestrebte Großmachtrolle F. veranlaßte de Gaulle, die Entwicklung einer eigenen frz. Atomstreitmacht (Force de frappe) voranzutreiben, die für F. eine hegemoniale Stellung in einem vom Einfluß der USA und der UdSSR unabhängigen Europa garantieren sollte. Diesem Ziel dienten auch die (allerdings nicht völlige) Lösung F. aus der NATO, die langjährige Blockierung eines brit. EWG-Beitritts und die Reduzierung der europ. Einigungsbemühungen auf rein wirtsch. Integration. Seit Mitte der 1960er Jahre bemühte sich der frz. Außenpolitik verstärkt um eine bilaterale Annäherung an die Staaten des Ostblocks (1964 Anerkennung der VR China, Eintreten für die Neutralität Vietnams seit 1963) sowie um einen dt.-frz. Ausgleich (Dt.-Frz. Vertrag vom 22. Jan. 1963). Die weitgreifende außenpolit. Konzeption de Gaulles erfüllte ihre polit.-sozialen Integrationsfunktionen im Innern F. nur z. T. Dem allmähl. Zerfall der Massenbasis für de Gaulle und den wirtsch. und sozialen Mißständen, die seine Politik unter dem Primat der Außenpolitik forciert hatte, wurde nur mit unzureichenden Mitteln begegnet. Die Reaktion auf diese Entwicklung der wirtsch. und sozialen Ungerechtigkeit kulminierte in den Maiunruhen 1968, die sich durch einen Generalstreik zu einer ernsthaften Staatskrise ausweiteten. Das Verhalten der Kommunist. Partei F. und der Gewerkschaften, die nach der Umwandlung der Revolte in einen sozialen Arbeitskampf eine Verbindung mit den anarchist. linksradikalen Kräften („Gauchismus") ablehnten und verhinderten, sowie die erkämpften, sofort eingeleiteten Maßnahmen (Lohnerhöhungen, Anhebung des garantierten Mindesteinkommens) trugen maßgebl. zur Normalisierung der Lage bei. Angesichts seines Prestigeverlusts und des negativen Ausgangs eines Referendums zur Senats- und Regionalreform trat de Gaulle am 28. April 1969 zurück. Sein Nachfolger G. Pompidou rückte auf Grund weiterbestehender wirtsch. und sozialer Ungleichheiten und wachsender Krisenerscheinungen innerhalb des Gaullismus von extremen Großmachtansprüchen ab und wandte sich einer ernsthaften Reformpolitik zu. Neuer Min.präs. wurde J. M. P. Chaban-Delmas (1969–72). In ihrer Europapolitik befürwortete die frz. Reg. den Eintritt v. a. Großbrit. in die EG. Im Juni 1972 schlossen sich Kommunisten, Sozialisten und linksgerichtete Radikalsozialisten zur „Union de la Gauche" (Linksunion) zusammen und verabschiedeten ein „gemeinsames Reg.programm" in der Absicht, die gaullist. Parlamentsmehrheit abzulösen. Bei den Wahlen zur Nat.versammlung März 1973 konnten sich jedoch die Gaullisten und ihre Koalitionspartner behaupten. Es wurde eine neue Reg. P. Messmer (1972–74) gebildet, die jedoch den polit. Machtverlust des Gaullismus nicht verhindern konnte. Nach dem Tod Pompidous im April 1974 wurde der Liberalkonservative V. Giscard d'Estaing zum Präs. gewählt, der v. a. mit Hilfe seines Außenhandelsmin. R. Barre die frz. Wirtschaft zu stabilisieren hatte; mit der innenpolit. Strategie d'Estaings, der „Linksunion" eine Einheitsstrategie der „Mehrheit" entgegenzusetzen, zeigte sich der Gaullistenführer u. Min.präs. J. Chirac (1974–76) nicht einverstanden u. demissionierte am 25. Aug. 1976. Nachfolger und zugleich Finanzmin. wurde R. Barre. Bei den Wahlen zur Nat.versammlung 1978 konnte sich die Reg.mehrheit aus Gaullisten, Giscardisten, Zentrum und Radikalsozialisten gegenüber der Linksunion deutl. durchsetzen. Bei aller Betonung westl. Solidarität wurde die außenpolit. Distanz zu den USA beibehalten. Eine grundlegende innenpolit. Veränderung brachten die Wahlen von April bis Juni 1981. Bei den Präsidentschaftswahlen setzte sich der sozialist. Kandidat F. Mitterrand gegen Giscard d'Estaing durch; bei den Wahlen zur Nat.versammlung erreichte die Sozialist. Partei eine starke absolute Mehrheit. In das neue Kabinett unter P. Mauroy wurden auch kommunist. Minister aufgenommen (bis 1983/84). Die kurzfristigen Maßnahmen der neuen Reg. umfaßten u. a. eine Erhöhung der Mindestlöhne, der Familienbeihilfen und der Altersrenten sowie die Verkürzung der Wochenarbeitszeit auf 39 Stunden. Mit der Verstaatlichung von Industrieunternehmen und Banken wurde Anfang 1982 begonnen. Wirtschaftspolit. Erfolge erreichte die Reg. beim Abbau des Handelsbilanzdefizits, nicht jedoch bei der Bekämpfung von Arbeitslosigkeit und Inflation. In der Außenpolitik pflegt F. unter Mitterrand, der sich entschieden für die westl. Nachrüstung aussprach, eine engere Zusammenarbeit mit den USA als unter seinem Vorgänger, während die Beziehungen zur Sowjetunion weiter abgekühlt sind. Die aktive frz. Afrikapolitik wird fortgeführt. Die guten Beziehungen zur BR Deutschland blieben durch den Wechsel der Regierungen in Paris und Bonn unberührt. In den Wahlen zur Nationalversammlung am 16. März 1986 konnte sich eine (hauchdünne) Mehrheit von RPR, MDF und rechten Gruppierungen gegen die absolute Regierungsmehrheit der Sozialisten durchsetzen. Am 17. März 1986 beauftragte Präs. Mitterand den Gaullistenführer J. Chirac mit der Bildung der neuen Regierung.

Politisches System: Staatsgrundgesetz der 5. Republik ist die Verfassung vom 4. Okt. 1958 (durch Volksabstimmung am 28. Sept. gebilligt); kennzeichnend ist eine Vermischung klass. Verfassungsdoktrinen in der Vereinigung repräsentativer (Parlament) mit plebiszitären Elementen (Referendum) und der Verknüpfung des parlamentar. mit dem präsidentiellen Prinzip. Es hängt weitgehend von der Persönlichkeit des als *Staatsoberhaupt* fungierenden Staatspräs. ab, ob die Verfassungswirklichkeit mehr dem einen oder mehr dem anderen Verfassungstyp zuneigt. Der Staatspräs. wird vom Volk direkt gewählt; erreicht im ersten Wahlgang keiner der Kandidaten die absolute Mehrheit, findet eine Stichwahl statt. Der Staatspräs. ernennt und entläßt den Premiermin. und auf dessen Vorschlag die übrigen Reg.mitglieder; er führt den Vorsitz im Min.rat, kann eine Gesetzesvorlage über die Organisation der öffentl. Institutionen oder die Ratifizierung eines Vertrags einem Referendum unterziehen und kann die Nat.-versammlung auflösen; er kann ohne Befragung des Parlaments, nach Konsultation nur des Premiermin. und der Präs. von Nat.versammlung, Senat und Verfassungsrat, Notmaßnahmen anordnen, wenn die Institutionen der Republik, die Unabhängigkeit der Nation, ihre territoriale Integrität oder die Erfüllung ihrer internat. Verpflichtungen in einer ernsten und unmittelbaren Weise bedroht werden. Er verkündet die vom Parlament verabschiedeten Gesetze, unterzeichnet die Anordnungen des Min.rates, ernennt die Beamten, Richter und Offiziere und repräsentiert F. auf internat. Ebene.

Die *Exekutive* liegt bei der Reg., an deren Spitze der Premiermin. steht; sie ist der Nat.-versammlung verantwortl. Spricht diese der Reg. mit der Mehrheit ihrer Mgl. das Mißtrauen aus, muß die Reg. zurücktreten.

Die *Legislative* liegt beim Parlament; es besteht aus der Nat.versammlung und dem Senat. Die 491 Abg. der Nat.versammlung werden bei allg. Wahlpflicht (ab 18 Jahre) für 5 Jahre gewählt. In einem Wahlkreis ist als Abg. gewählt, wer die absolute Mehrheit (über 50 %) der abgegebenen Stimmen von mindestens $\frac{1}{4}$ der Wahlberechtigten erhält. Kommt diese Mehrheit im ersten Wahlgang

nicht zustande, findet eine Woche später ein 2. Wahlgang statt, in dem die relative Mehrheit entscheidet. Die 283 Mgl. des Senats, der mehr die „territorialen Einheiten" des Landes vertreten soll und gegenüber Reg. und Nat.versammlung eine Art suspensives Veto hat, werden für 9 Jahre (alle 3 Jahre Neuwahl von $\frac{1}{3}$ der Senatoren) indirekt in den Departements von Wahlmännerkollegien gewählt. Die in der Nat.versammlung vertretenen *Parteien* sind (nach den Wahlen vom März 1986) die Parti Socialiste (PS; 199 Sitze), das gaullist. Rassemblement pour la République (RPR) zus. mit der Union pour la Démocratie Française (UDF; ein Wahlbündnis von Centre des Démocrates Sociaux [CDS], Parti Radical-Socialiste [PRS] und Parti Républicain [PR]) 277 Sitze; die Parti Communiste Français (PCF; 34 Sitze), verschiedene Linke (9 Sitze), Nat. Front (34 Sitze), verschiedene Rechte (14 Sitze).

Den polit. Parteien häufig gleichwertig oder sogar überlegen in der Artikulation und Durchsetzung von gesellschaftl. Interessen im polit. Raum sind die Verbände. Die größten *Interessengruppen* sind die Landwirtschaftsverbände, die Gewerkschaften und die Arbeitgeberverbände. Der wichtigste Agrarverband ist die Fédération Nationale des Syndicats d'Exploitants Agricoles (FNSEA), deren Funktionäre und Mgl. sich auf alle polit. Gruppierungen verteilen. Die frz. Gewerkschaftsbewegung weist 3 große Gruppierungen auf: Die mit der Kommunist. Partei eng verbundene Confédération Générale du Travail (CGT), der 38 Einzelgewerkschaften mit über 1,6 Mill. Mgl. angeschlossen sind, die gemäßigte Force Ouvrière (FO), die 28 Einzelgewerkschaften mit insges. rd. 1 Mill. Mgl. umfaßt sowie die linkssozialist. Confédération Française Démocratique du Travail (CFDT) mit rd. 700 000 Mgl. in 23 kleinen Einzelgewerkschaften. Die Arbeitgeber sind in einem Dachverband organisiert, dem Conseil National du Patronat Français (CNPF).

Zur regionalen und kommunalen *Verwaltung* ist F. in 21 Regionen, 92 Departements, 322 Arrondissements, 3 208 Kantone und fast 38 000 Gemeinden gegliedert. An der Spitze jeder Departementsverwaltung steht seit dem Dezentralisierungsgesetz von 1982 ein vom Präs. ernannter „Kommissar der Rep.", der den Präfekten mit seinen weitgehenden Befugnissen abgelöst hat. Die Finanzhoheit und die Verwaltungsbefugnisse der Präfekten wurden auf lokale bzw. regionale gewählte Räte übertragen.

Die *Rechtsprechung* gliedert sich horizontal in die ordentl. Gerichtsbarkeit und die Verwaltungsgerichtsbarkeit, vertikal in 6 bzw. 3 Stufen. Das System der ordentl. Gerichte umfaßt auf der untersten Stufe eine Art von Schiedsgerichten, die bei Arbeits- und bei kommerziellen Konflikten tätig werden. Die

Franktireurs

übrigen 5 Stufen in der Hierarchie der ordentl. Gerichtsbarkeit sind die lokalen Gerichte erster Instanz, die höheren Gerichte erster Instanz, die Geschworenengerichte, die Appellationsgerichte und schließl. an der Spitze der Pyramide der Kassationshof in Paris. Die Verwaltungsgerichtsbarkeit beginnt auf der untersten Stufe mit den nach Sachbereichen unterschiedenen Gerichten. Darüber stehen die allg. Verwaltungsgerichte, höchste Instanz ist hier der Staatsrat. Die Verfassungsgerichtsbarkeit wird vom Verfassungsrat ausgeübt (9 Mgl., je 3 Mgl. ernennt der Staatspräs., der Präs. der Nat.versammlung und der Präs. des Senats), ohne dessen Zustimmung kein Verfassungsgesetz in Kraft tritt. Die frz. *Streitkräfte* unterstehen dem Staatspräs.; er ist Vors. des Obersten Verteidigungsrates. Bei allg. Wehrpflicht beträgt die Dienstzeit 1 Jahr. Die Gesamtstärke der frz. Streitkräfte beträgt 476 560 Mann. Das Heer umfaßt rd. 300 000 Mann. .Die Luftwaffe (rd. 96 550 Mann stark) besitzt 560 Kampfflugzeuge, die Marine (rd. 67 710 Mann stark) über 200 Kampf- und Hilfsschiffe sowie über 100 Kampfflugzeuge. 8 600 Mann dienen im zentralen Stab aller Teilstreitkräfte. Außerdem gibt es die seit den 1950er Jahren aufgebaute frz. strateg. Atomstreitmacht (Force Nucléaire Stratégique, Abk. FNS), schlagwortartig als „Force de frappe" bezeichnet. Neben den Streitkräften gibt es paramilitär. Verbände von insgesamt rd. 89 500 Mann Stärke (Gendarmerie und Sicherheitskräfte, die dem Innenmin. unterstellt sind).

📖 *Hartmann, J.: Frankreichs Parteien. Köln 1985. - Halmes, G.: Regionenpolitik und Regionalisierung in F. 1964–1983. Bern u. a. 1984. - Sieburg, H. O.: Gesch. Frankreichs. Stg. ³1983. - Goguel, F./Grosser, A.: Politik in F. Dt. Übers. Paderborn 1980. - Kempf, U.: Das polit. System Frankreichs. Wsb. ²1980. - Bertier de Savigny, G. A. de: Die Gesch. der Franzosen. Dt. Übers. Hamb. 1980. - Ziebura, G.: F. 1789–1870. Gesch. einer nat. Gesellschaftsformation. Ffm. 1979. - F. Eine Länderkunde. Hg. v. K. Hänsch. Hamb. 1978. - Pletsch, A.: F. Stg. 1978. - Köller, H./Töpfer, B.: F. Ein histor. Abriß. Köln 1978. - Jurquet, J.: Mai 68. Der revolutionäre Frühling. Dt. Übers. Zürich 1978. - Lutz, H., u. a.: F. und das Reich im 16. u. 17. Jh. Gött. 1968. - Pinchemel, P.: Géographie de la France. Paris 1946. 2 Bde.*

Franktireurs (Francs-tireurs) [frã-ti'rø:rs; frz. „Freischützen"], bewaffnete Zivilisten, die entgegen den völkerrechtl. Bestimmungen hinter der Front Kleinkrieg führen.

Frans, niederl. und schwed. Form von Franz.

Fransen [lat.-frz.], lose oder durch Verknoten befestigte Kettfäden bei Geweben und Teppichen.

Fransenfingereidechsen ↑Eidechsen.

Fransenflügler, svw. ↑Blasenfüße.

Frantz, Constantin, * Börnecke bei Halberstadt 12. Sept. 1817, † Blasewitz (= Dresden) 2. Mai 1891, dt. polit. Publizist. - Einer der bedeutendsten dt. polit. (konservativen) Publizisten im 19. Jh.; nach 1871 bald in Vergessenheit geraten, fanden seine Kritik der kleindt. Reichsbildung Bismarcks und des Liberalismus wie seine föderalist. Konzeptionen v. a. im 20. Jh. Resonanz.

Franz, männl. Vorname, Kurzform von Franziskus, einer Latinisierung von italien. Francesco. Frz. Form François, engl. Form Francis, niederl. und schwed. Form Frans, poln. Form Franciszek.

Franz, Name von Herrschern:

Hl. Röm. Reich:

F. I. Stephan, * Nancy 8. Dez. 1708, † Innsbruck 18. Aug. 1765, Kaiser (seit 1745). - Übernahm 1729 nach dem Tode seines Vaters, Herzog Leopolds von Lothringen, dessen Hzgt. und das schles. Hzgt. Teschen; 1730 Statthalter von Ungarn; mußte 1736 auf Lothringen verzichten, wurde jedoch 1737 mit dem Großherzogtum Toskana entschädigt; heiratete 1736 ↑Maria Theresia und wurde 1740 ihr Mitregent; 1745 als Nachfolger Karls VII. zum Kaiser gewählt; im Schatten Maria Theresias stehend, ohne polit. und militär. Einfluß, machte sich durch administrative und finanzielle Reformen verdient.

F. II. Joseph Karl, * Florenz 12. Febr. 1768,† Wien 2. März 1835, Kaiser (1792–1806), als F. I. Kaiser von Östr. (1804–35). - Akzeptierte als Antwort auf die Selbsternennung Napoleons I. zum Kaiser der Franzosen die Errichtung des Kaisertums Österreich 1804; konnte damit und mit der Erklärung (in Verbindung mit der Niederlegung der Röm. Kaiserkrone) 1806, das Hl. Röm. Reich sei erloschen, Napoleons Streben nach der Röm. Kaiserkrone zunichte machen; billigte Österreichs Erhebung gegen Napoleon 1806–09 und widerstrebte nach deren Scheitern zunächst einer polit. Schwenkung, v. a. aber der polit. Heirat seiner Tochter Marie Louise mit Napoleon; vertrat nach 1815, außen- und innenpolit. teils starrer als Metternich, dessen sozialkonservatives, schließl. reaktionäres „System".

Frankreich:

F. I., * Cognac 12. Sept. 1494, † Rambouillet 31. März 1547, König (seit 1515). - Besiegte 1515 die im Dienste Mailands stehenden Schweizer bei Marignano und erzwang von Hzg. Maximilian (Massimiliano Sforza) die Abtretung Mailands. Schloß 1516 mit den Schweizern den „Ewigen Frieden", der Frankr. allein das Recht einräumte, Söldner aus der Eidgenossenschaft zu ziehen, im Papst Leo X. das Konkordat von Bologna, mit König Karl I. von Spanien den Vertrag von Noyon. Als er aber 1519 gegen dessen Kandidatur um die Kaiserwürde unterlag, kämpfte er in 4 Kriegen (1521–26, 1527–29,

Franz

1534–36, 1542–44) mit Kaiser Karl V. um das
burgund. Erbe und Italien wie gegen die habs-
burg. Umklammerung. Im 1. Krieg wurde
F. bei Pavia vernichtend geschlagen und ge-
riet in Gefangenschaft; in span. Haft zum
Frieden von Madrid gezwungen, verweigerte
er nach seiner Freilassung die Ratifikation.
Die Friedensschlüsse von Cambrai (1529) und
Crépy[-en-Laonnois] (1544) bestätigten seine
Niederlage. Innenpolit. verstärkte F. die Ent-
wicklung zum Absolutismus.
F. II., * Fontainebleau 19. Jan. 1544, † Or-
léans 5. Dez. 1560, König (seit 1559). - Sohn
Heinrichs II. und Katharinas von Medici, En-
kel F.' I.; seit 1558 ∞ mit Maria Stuart von
Schottland; seine kurze Regierung stand voll-
kommen unter dem Einfluß seiner Mutter
und der Herzöge von Guise, der Häupter
der kath. Partei.
Liechtenstein:
F. Joseph II., * Schloß Frauenthal (Steier-
mark) 16. Aug. 1906, Fürst (seit 1938).
Lothringen:
F. Stephan, Herzog† Franz I. Stephan, Kai-
ser des Hl. Röm. Reiches.
Österreich:
F. I. †Franz II. Joseph Karl, Kaiser des
Hl. Röm. Reiches.
Österreich-Ungarn:
F. Joseph I., * Schönbrunn (= Wien) 18.
Aug. 1830, † ebd. 21. Nov. 1916, Kaiser von
Österreich (seit 1848) und König von Ungarn
(seit 1867). - Geprägt vom Legitimismus der
Ära Metternich und vom Erlebnis der März-
revolution von 1848, sah F. J. in der Aufrich-
tung und Sicherung unbeschränkter Autorität
der Zentralgewalt die Lebensfrage der Monarchie und der Dynastie. Sie bestimmte das
Maß des Verständnisses, das F. J. den Kräften
der nat. Autonomiebewegungen, der industriellen Entwicklung und des sozialen Wandels entgegenbrachte. Unter dem Einfluß von
Fürst Schwarzenberg liquidierte er 1851 die
Verfassungszugeständnisse der Revolutions-
zeit und ersetzte sie durch das System des
neoabsolutist. Zentralismus. Er trägt daher
mehr als nur formale Verantwortung für die
internat. Isolierung Österreichs im Krimkrieg
und das Desaster des Sardin.-Frz.-Östr. Krieges 1859. Die Niederlage im Dt. Krieg 1866
führte zur problemat. Entscheidung des östr.-
ungar. †Ausgleichs. Nach 1866 sah F. J. die
Entwicklungsrichtung der Doppelmonarchie
im SO, ohne indessen die Gefahr der wachsenden Rivalität zu Rußland in der Balkanfrage
voll zu erkennen. Den Wirkungszusammen-
hang von ungelöster Verfassungskrise (Baden-
nikrise), Entwicklung in der Balkanfrage und
sich ergebendem Zugzwang zu einer längst
über die Verhältnisse gehenden Politik der
Stärke (Annexionskrise 1908/09) erfaßte F.
J. in seinen Konsequenzen nicht mehr.
📖 Herre, F.: F. J. v. Österreich. Köln 1978.
F. Ferdinand, * Graz 18. Dez. 1863, † Sara-

jevo 28. Juni 1914, Erzherzog. - Neffe Kaiser
Franz Josephs I.; nach dem Selbstmord des
Kronprinzen Rudolf Thronfolger; seit 1899
General der Kavallerie, sah seine Hauptaufgabe in Ausbau und Modernisierung der
östr. Land- und Seestreitkräfte; 1913 Generalinspekteur der gesamten bewaffneten Macht;
entwickelte Konzeptionen für einen Staats-
umbau in föderalist. und liberal-demokrat.
Sinne, blieb von den Regierungsgeschäften
aber strikt ausgeschlossen; seine Ermordung
durch serb. Verschwörer löste den 1. Weltkrieg aus.
Siebenbürgen:
F. II. Rákóczi (Ferenc R.), * Borsi 27. März
1676, † Rodosto (= Tekirdağ) 8. April 1735,
Fürst (seit 1704). - Vertrat mit bes. Nachdruck
die antihabsburg. Tradition seines Hauses;
wegen vorzeitig entdeckter Vorbereitungen
für einen Aufstand verhaftet, konnte aber
nach Warschau fliehen. Proklamierte 1703
von Polen aus die Sonderrechte Ungarns und
trat an die Spitze eines Heeres der Kurutzen;
1704 wurde in Alba Iulia zum Fürsten
von Siebenbürgen ausgerufen (1707 Absetzung des Kaisers als König von Ungarn),
erlitt 1708 die entscheidende Niederlage bei
Trenčín und floh nach Polen; erkannte den
Frieden von Sathmar 1711 nicht an; erhielt
1714 in Paris von Ludwig XIV. eine Pension,
mußte 1717 Frankr. verlassen und ging nach
Konstantinopel.

Franz von Assisi (Francesco d'Assisi) hl.,
eigtl. Giovanni Bernardone, * Assisi 1181
oder 1182, † ebd. 3. Okt. 1226, italien. Ordensstifter. - Stammte aus wohlhabender Familie
in Assisi. Nach Krankheit und Bekehrungser-
lebnissen pflegte F. v. A. Aussätzige und führte
ein Bettlerleben. Seit 1209 schlossen sich ihm
einige Gefährten an. Er gab ihnen Texte des
N. T. als Lebensnorm (erste Regel) und verpflichtete sie als „Mindere Brüder" zum
Dienst an Menschheit und Kirche in Armut
und Buße. Innozenz III. billigte diese Lebensform 1210 mündlich. Das folgende Jahrzehnt
diente dem Aufbau der rasch wachsenden
Brüdergemeinschaft. 1212 gesellte sich durch
die Bekehrung der adligen Klara von Assisi
eine Schwesterngemeinschaft hinzu. Über die
eigenen Gemeinschaften hinaus zog F. v. A.
Frauen und Männer in seinen Bann, die sich
im Dritten Orden zusammenfanden und mitten in der Welt nach seinem Programm lebten.
1221 gab er seinem Orden eine zweite Regel
(Regula non bullata [= nichtbestätigte Re-
gel]), die 1223 durch die endgültige Regel
(Regula bullata, durch Bulle Honorius' III.
bestätigt) ersetzt wurde. F. v. A. selbst trat
1220 von der Leitung des Ordens zurück.
Seine Frömmigkeit fand in seinen Schriften
(Regeln, Worte der Ermahnung, Sendschrei-
ben, Gebete und bes. im „Sonnengesang")
ihren Ausdruck. Bereits zwei Jahre nach seinem Tod wurde er von Gregor IX. heiligge-

Franz

sprochen. In der von Elias von Cortona erbauten Kirche San Francesco in Assisi wurde er begraben. - Fest: 4. Oktober. - Sein Leben lieferte schon früh den Stoff für viele literar. Werke, die z. T. in der Tradition der Legenden „I fioretti di San Francesco" stehen. Es entstanden nach dem Vorbild von J. G. Herder („Christenfreunde", 1780) zahlr. Vers- und Prosalegenden, Gedichte, Erzählungen, Romane und Dramen. - Unter den zahlr. zykl. Darstellungen der Legenden aus dem Leben des Heiligen in der italien. Kunst sind die berühmtesten: der Zyklus in der Oberkirche von San Francesco in Assisi von Giotto und seinen Schülern (zw. 1296 und 1304) und der Zyklus von Giotto in der Bardikapelle in Sante Croce, Florenz (entstanden nach 1317). ⌑ *Wendelborn, G.: Franziskus von Assisi. Eine histor. Darstellung. Wien* [2] *1982. - Sabatier, P./ Renner, K.: Leben des hl. F. v. A. St. Ottilien 1979. - Doormik, N. G. van: F. v. A. Prophet unserer Zeit. Dt. Übers. Freib.* [3] *1979.*

Franz von Borgia [italien. ˈbɔrdʒa] (span. Francisco de Borja), hl., * Gandía (Prov. Valencia) 28. Okt. 1510, † Rom 1. Okt. 1572, span.-italien. kath. Theologe, dritter Ordensgeneral der Jesuiten (seit 1565). - Urenkel Papst Alexanders VI. und König Ferdinands II. von Aragonien, des Katholischen; 4. Herzog von Gandía, 1539–43 Vizekönig von Katalonien; nach dem Tod seiner Gattin 1546 Jesuit. Als Generalkommissar der Jesuiten in Spanien und Rom und als Ordensgeneral um Ausdehnung des Ordens (in S-Amerika und M-Europa) und um straffere zentrale Leitung bemüht. Fest: 10. Okt.

Franz von Paula (Paola), hl., * Paola (Prov. Cosenza) 1436 (1416?), † Plessis-lez-Tours 2. April 1507, italien. Ordensgründer. - Gründete den Orden der Minimen, der 1474 päpstl. bestätigt wurde. Seit 1482 einflußreicher Ratgeber am frz. Königshof Ludwigs XI. und seiner Nachfolger. 1519 heiliggesprochen; Fest: 2. April.

Franz von Sales (François de Sales) [ˈzaːləs, sal], hl., * Schloß Sales bei Annecy 21. Aug. 1567, † Lyon 28. Dez. 1622, frz. Theologe und Schriftsteller. - 1594 Priester, 1602 Bischof von Genf; 1610 gründete er mit J. F. F. de Chantal den Orden der Salesianerinnen; 1665 heiliggesprochen, 1877 zum Kirchenlehrer erklärt; Fest: 24. Jan. - Seine berühmtesten literar. Werke sind das u. d. T. „Philothea" bekanntgewordene Andachtsbuch „Introduction à la vie dévote" (1608, dt. 1699), und sein auch als „Theotimus" bekannter Traktat „Traité de l'amour de Dieu" (1616), die ihn in die Reihe der großen frz. Prosaisten stellen. ⌑ *Lajeunie, E. J.: F. von Sales. Leben - Lehre - Werk. Dt. Übers. Eichstätt 1980. - Jb. für salesian. Studien. Hg. von der Arbeitsgemeinschaft für salesian. Studien. Eichstätt 1963 ff. (bis 1985 19 Bde. erschienen).*

Franz, Günther, * Hamburg 23. Mai 1902, dt. Historiker. - Prof. seit 1930 in Marburg, Heidelberg, Jena und Straßburg, zuletzt (seit 1957) in Stuttgart-Hohenheim; Arbeiten v. a. zur Agrargeschichte („Geschichte des Bauernstandes", 1970) und zur Geschichte der dt. Bauernkriegs („Der dt. Bauernkrieg", 1933); Quelleneditionen; fachl. Bücherkunden und Wörterbücher.

Franzband [eigtl. „frz. Band"], Kalbslederband.

Franzbranntwein [eigtl. „frz. Branntwein"], aromatisierte alkohol. Lösung für Einreibungen und Umschläge.

franzen [nach Franz, dem fliegersprachl. Namen des Navigators], in der Fliegersprache svw. [nach Erdsicht] navigieren; **sich verfranzen,** sich verfliegen, die Orientierung verlieren, sich verirren.

Franzén, Frans Michael [schwed. franˈseːn], * Oulu 9. Febr. 1772, † Säbra (Västernorrland) 14. Aug. 1847, schwedischsprachiger finn. Dichter. - Prof. für Philosophie in Turku; Anhänger Herders und Kantianer; 1831 Bischof von Härnösand; gilt mit seiner Lyrik als vorromant. Neuerer der schwed. Sprache im Ausklang der sog. Gustavianischen Rokokoperiode.

Franzensbad (tschech. Františkovy Lázně), Heilbad in der ČSSR, 5 km nördl. von Eger, 450 m ü. d. M., 4 800 E. Mineral- und Moorbad (Rheuma, Herzkrankheiten, Blutarmut).

Franzensfeste (italien. Fortezza), italien. Gemeinde in Südtirol, 7 km nw. von Brixen, 801 m ü. d. M., 1 100 E. - F. trägt seinen Namen nach den unter Kaiser Franz I. von Österreich 1833–38 zur Sicherung des wichtigen transalpinen Verkehrsweges gebauten mächtigen Befestigungen an der Eisackenge („Brixener Klause", die „Sachsenklemme" des MA).

Franzien ↑ Francia.

Franzisch ↑ französische Sprache.

Franziska, weibl. Vorname, weibl. Form von Franziskus. Frz. Form Françoise, engl. Form Frances, italien. Form Francesca.

Franziskaner (offiziell lat. Ordo Fratrum Minorum; Abk. OFM), Mitglieder des „Ordens der Minderen Brüder", die nach der 1223 von Papst Honorius III. bestätigten Regel des ↑ Franz von Assisi leben. Sie gehören zu den sog. ↑ Bettelorden; zu ihrer Ordenstracht zählt braunes Habit mit Kapuze, weißer Strick als Gürtel, oft auch Sandalen. Der Orden ist heute in Seelsorge, Schule, Wissenschaft und Mission tätig. - Die Ausbreitung des Ordens erfolgte trotz interner Auseinandersetzungen, die im 13. Jh. zw. den *Spiritualen,* die auf wörtl. Regelbefolgung drangen, und den *Konventualen,* die eine Angleichung an die älteren Orden erstrebten, entstanden waren.

Franziskanerbrüder, Bez. für die zum

franziskan. Dritten Orden gehörenden Brüdergemeinschaften, die sich der Krankenpflege, Karitas und Erziehungsarbeit, z. T. in den Missionen, widmen.

Franziskanerinnen, Ordensgemeinschaften, die nach der Regel des franziskan. Dritten Ordens und ergänzenden Statuten leben. Ihre Tätigkeit liegt v. a. auf sozialem und pädagog. Gebiet.

Franziskanerschule, Richtung innerhalb der scholast. Philosophie und Theologie, in erster Linie im Franziskanerorden verbreitet. *Ältere F.:* R. Grosseteste (* um 1175, † 1253), Alexander von Hales (* 1170/85, † 1245). *Mittlere F.:* Bonaventura (* um 1221, † 1274), J. Peckham (* um 1220, † um 1292) und Richard von Middletown (* um 1249, † um 1308). Charakterist. ist der scharfe Gegensatz zu den Lehren des Thomas von Aquin. - Die *jüngere F.* wurde von J. Duns Scotus (* um 1265/66, † 1308) begr., der die Lehren der vorhergehenden Schulen zu einem einheitl. System ausbaute (Skotismus).

Franziskus, männl. Vorname, latinisierte Form von Franz.

Franz-Joseph-Land [nach dem östr. Kaiser Franz Joseph I.], eine zum größten Teil eisbedeckte Inselgruppe im Nordpolarmeer, östl. von Spitzbergen; bis 620 m hoch; gehört zur UdSSR; Wetterstation. - 1873 von einer östr. Expedition unter K. Weyprecht und J. Payer entdeckt, seit 1928 sowjetisch.

Franzose ↑ Schraubenschlüssel.

Franzosenkrankheit, früher Bez. für Syphilis.

Franzosenkraut, svw. ↑ Knopfkraut.

Französisch-Äquatorialafrika (Afrique-Équatoriale française), 1910–58 frz. Generalgouvernement bzw. Föderation von Territorien der Frz. Union auf dem Gebiet der heute unabhängigen Staaten Gabun, Tschad, Kongo (Demokrat. VR) und Zentralafrikan. Kaiserreich. Die frz. Kolonisation in diesem Gebiet begann 1842. Zum eigtl. Gründer der Kolonie wurde P. S. de Brazza, der mit Brazzaville 1880 die Verwaltungszentrale und spätere Hauptstadt (seit 1904) von F.-Ä. schuf. 1946 wurde das 1910 gebildete Generalgouvernement in eine territoriale Föderation der Frz. Union umgestaltet. Ein Großer Rat aus Deputierten der 4 territorialen Parlamente bewies 1947–59 keine ausreichende Integrationskraft, um den Zusammenhalt von F.-Ä. im Prozeß der Entkolonisation zu bewahren. 1958 entschieden sich die 4 Territorien für eine autonome Stellung im Rahmen der Frz. Gemeinschaft und erlangten 1960 ihre vollständige Unabhängigkeit.

Französische Afar-und-Issa-Küste, ehem. frz. Überseeterritorium; ↑ Dschibuti.

französische Broschur, Broschur mit einem an den Rändern angeklebten Doppelvorsatz und einem ringsum eingeschlagenen Schutzumschlag um den Karton.

Französische Gemeinschaft, 1. (Communauté) 1958–60 bestehende Nachfolgeorganisation der Frz. Union auf staatsrechtl. Grundlage, umfaßte Frankr. und die meisten seiner ehem. afrikan. Kolonien: Senegal, Sudan (seit 1960 Mali), Dahomey, Elfenbeinküste, Gabun, Kongo (Brazzaville), Madagaskar, Mauretanien, Niger, Obervolta, Tschad, Zentralafrikan. Republik. Bei innerer Autonomie der Mgl.staaten war die F. G. insbes. zuständig für Außen-, Verteidigungs-, Währungs- und Wirtschaftspolitik. 2. (Communauté rénovée) der 1960 gebildete völkerrechtl. Zusammenschluß Frankr. mit den meisten seiner nunmehr völlig unabhängig gewordenen ehem. Kolonien; v. a. auf wirtsch. und militär. Gebiet tätig. Die F. G. besteht heute nur noch formell und ist weitgehend durch bilaterale und multilaterale Verträge (auch durch die Assoziierung der betreffenden afrikan. Staaten an die EWG) abgelöst.

französische Gewerkschaften ↑ Gewerkschaften.

französische Kolonien, das frz. Kolonialreich, das zw. den beiden Weltkriegen seine größte Ausdehnung erreichte (12,154 Mill. km² mit rd. 35,273 Mill. E in Afrika; 861 000 km² mit rd. 21,05 Mill. E in Asien; 91 248 km² mit rd. 522 000 E in Amerika und 22 449 km² mit rd. 80 000 E in der Südsee); wurde nach 1945 bis auf kleine Restbestände im Zuge der Entkolonisation aufgelöst; es geht im wesentl. auf zwei frz. Expansionswellen im 17. und 19. Jh. zurück. J.-B. Colbert wurde zum eigtl. Begründer der frz. Kolonialmacht; 1682 besaß Frankr. die Insel Réunion, das Küstengebiet von Senegal, Cayenne, eine östl. Gruppe der Antillen mit Guadeloupe und Martinique, den westl. Teil von Haiti, das Mississippi-Becken (1682 Louisiane gen.), Neufundland (↑ Newfoundland) und Kanada entlang dem Sankt-Lorenz-Strom. Die frz. ostind. Kompanie hatte erste Stützpunkte in Indien gewonnen (Frz.-Indien), konnte jedoch ihren Einfluß nicht ausbauen. Im Span. Erbfolgekrieg und im Frieden von Utrecht 1713 verlor Frankr. das Gebiet an der Hudsonbai, den größten Teil von Akadien und Neufundland; im Siebenjährigen Krieg (Frieden von Paris, 1763) ganz Kanada sowie Louisiana. Beim Sturz Napoleons I. waren nur noch die Inseln Saint-Pierre-et-Miquelon bei Neufundland, Martinique, Guadeloupe, ferner Cayenne, Senegal, Réunion und 5 Kontore in Indien im frz. Besitz. 1830 begann mit der Eroberung von Algier eine neue Phase der frz. Kolonialexpansion. 1830–48 drangen die Franzosen in das Hinterland der Elfenbeinküste vor, erweiterten ihren Einflußbereich in Gabun und sicherten sich Stützpunkte auf den Komoren, auf Tahiti und den Marquesas-Inseln (Frz.-Polynesien). In den 1850er und 1860er Jahren wurden Plätze in Somaliland und Neukaledonien erworben. Mit der Eroberung von Kotschinchina 1858–62 und dem Protektorat über Kambodscha wurde die Grundlage für die frz. Herrschaft über ↑Indochina gelegt. Im Zuge der imperialist. Expansion der europ. Großmächte erwarb die 3. Republik seit den 1870er Jahren ein riesiges überseeisches Reich in Form von Kolonien, Protektoraten und Militärterritorien: Tunis 1881, Annam 1883/84, Tonkin 1885, Madagaskar 1885–97, Laos 1886, Frz.-Westafrika 1887–1909, Frz.-Äquatorialafrika 1880–1914, Marokko 1912. Nach dem 1. Weltkrieg erhielt Frankr. die größten Teile der dt. Kolonien Togo und Kamerun sowie das Völkerbundsmandat über Syrien und den Libanon. Die siegreichen nat. Emanzipationsbestrebungen in der Folge des 2. Weltkrieges führten zur vollständigen Auflösung des ehem. frz. Empire. Die frz. Niederlage im Vietnamkrieg (Diên Biên Phu) und der Algerienkrieg beschleunigten die Desintegration der Frz. Union Ende der 1950er Jahre und ihre partielle Umwandlung in die lockere ↑Französische Gemeinschaft. Folgende Gebiete des ehem. frz. Kolonialreichs zählen heute noch zur Frz. Republik: Frz.-Guayana, Guadeloupe, Martinique, Réunion, Saint-Pierre-et-Miquelon als **Überseedepartements,** die als Teil des Mutterlandes gelten; Frz.-Polynesien, Mayotte (Komoren), Neukaledonien, Wallis et Futuna, die Terres Australes et Antarctiques Françaises als **Überseeterritorien** mit beschränkter Selbstverwaltung.

📖 *Girardet, R.: L'idée coloniale en France (1871–1962). Paris 1972.*

französische Kunst, allg. charakterist. sind das Streben nach Ausgleich zw. Vernunft und Gefühl und eine Neigung zu klassizist. Stilrichtungen, v.a. in der Architektur.

Mittelalter: In der r o m a n. E p o c h e führten die südl. Regionen die antike Tradition weiter. In der *Baukunst* wurden die Innenräume der Kirchen mit einer Tonne überwölbt (Saint-Trophime, Arles), während in Burgund und in der Normandie bald protogot. Formen entwickelt wurden (Staffelchor, Chor mit Umgang und Kapellenkranz, Einwölbung des Mittelschiffs mit Kreuzgarten und Kreuzrippen, Gliederung der Innenwand durch Emporen, Laufgänge und Dienste, Tendenz zur Zweiturmfassade). Charakterist. für die *Plastik* (meist Bauplastik, v.a. Reliefs) war in der ersten Hälfte des 12.Jh. ein visionär-ekstat. Stil von starker ornamentaler Wirkung (Moissac, Vézelay, Autun u.a.). Der Schöpfungsbau der G o t i k war die der f. K. die führende Rolle in der europ. Kunst übernahm, war die Abteikirche Saint-Denis bei Paris (1132–44). Kernlandschaft der Gotik war die Île-de-France, in der unter dem Zusammentreffen von Einflüssen aus Burgund, der Normandie und der Provence ein durchdachtes, zwingend log. Bausystem ausgeformt wurde. Neu gegenüber der Romanik mit ihrer

klaren räuml. Abgrenzung der Bauteile war deren Auflösung in einen durchlichteten Gesamtraum, ferner die Auflösung der Außenwände durch große Glasfenster, was eine feingliedrige Struktur von Strebepfeilern am Außenbau nach sich zog, mit denen der Gewölbeschub abgefangen werden mußte. Kathedralen der Frühgotik sind Chartres, Sens, Laôn, Noyon und Notre-Dame in Paris. In der Hochgotik (Chartres [Neubau], Amiens, Reims, Soissons u.a.) erhielt der Chor fast die gleiche Länge wie das Mittelschiff, das Querhaus markierte die Mitte des Baues. Die Obergaden wurden in Gruppen zu jeweils zwei Spitzbogenfenstern mit Rosette gegliedert. Die Spätgotik (Bourges, Le Mans, Beauvais, Coutances u.a.) hatte in Grundriß und Höhe der Kathedralbauten einen Hang zum Überdimensionalen. Im „Style flamboyant", einem Dekorationsstil engl. Ursprungs mit einer Fülle preziöser Kleinformen, klang das MA aus. Die *Skulptur* blieb in der Gotik Bauplastik, obgleich sie sich bereits vollplast. von der Wand löste (Königsportal, Chartres, um 1145). Dies erforderte eine neue Statuarik der Statue, die in der Hochgotik in freier, gelöster Körperhaltung gipfelte. Gleichzeitig entstanden neue Bildtypen, die über das MA hinaus wirksam blieben (stehende Madonna mit Kind). In der Spätgotik bildeten sich durch die Tätigkeit des Niederländers C. Sluter und seiner Nachfolger in Burgund sowie durch M. Colombe in Nantes Zentren der Monumentalplastik, die bereits zur Renaissance überleiteten. In der *Malerei* wurde im Süden (Avignon) unter italien. und in Burgund unter fläm. Einfluß das von der Architektur emanzipierte [Altar]tafelbild entwickelt. Unter niederländ. Einfluß stand auch der zunehmend erzähler., realist. Stil der Buchmalerei (Brüder Limburg). Die got. Malerei gipfelte in den Glasfenstern der Kathedralen.

16.–Anfang des 19. Jahrhunderts: Mit der R e n a i s s a n c e übernahm Italien die Führungsrolle, Frankr. nahm v.a. während. Einflüsse auf und fand dann im 17.Jh. seine eigenen klass. Formen. Bis ins späte 18. Jh. stand v.a. die frz. [Schloß]*architektur* im Zeichen polit. Repräsentation bzw. einer royalist. Ideologie, die dem Künstler Gefühl für Maßstäbe, das „Angemessene" („convenance"), für Würde und Geschmack („bon goût") abverlangte. Renaissance und B a r o c k waren keine Gegensätze, sondern bildeten eine kontinuierl. Entwicklungslinie. Die grundlegende frz. klassizist., rationale Geisteshaltung schaffte sich in jedem Stil ihre Ausprägung. Nach dem richtungsweisenden Südfassade des Frührenaissancebaus von Schloß Chambord (1523–35) wurde später die Fassade zum Kompositionszentrum der Schloßanlage. Symmetrieachse war das Eingangsportal, das als Risalit ausgebildet wurde. Aus ma. Vierflügelanlagen wurden durch Umbau Dreiflügelanlagen (Vaux-le-Vicomte, 1655–62), bei denen Fassade bzw. Hauptgebäude („Corps de logis") von Seitenflügeln akzentuiert wird und diese einen Ehrenhof umschließen. Vaux-le-Vicomte war die Vorstufe für Ludwigs XIV. Riesenprojekt Versailles (1661–82). Zentrum der Hofetikette waren hier das königl. Schlafzimmer, das auf den Ehrenhof führt, und der festl. Spiegelsaal, der sich zur Gartenseite hin öffnet. Dieses Bausystem wurde in anderem Maßstab auch auf die Pariser Hôtels sowie auf zahlreiche kleinere Wohnhäuser übertragen. Große königl. Bauvorhaben in Paris gaben der Stadt eine Vorrangstellung (Louvre, Tuilerien, Palais du Luxembourg, Palais Royal u. a.). Die *Plastik* pendelte vom 16. bis 18. Jh. zw. klass. und manierist. bzw. barocken Stilrichtungen. An manierist. Bildhauern sind F. Primaticcio (Stuckdekoration in Fontainebleau), J. Goujon (Reliefs) und G. Pilon (Grabmäler) zu nennen. Die italien. Renaissance brachte die antike Möglichkeit der Freiplastik zurück und Standbild, Reiterstatue, Büste wurden in der f. K. im 17. Jh. bevorzugte Aufgaben. Die meisten Bildhauer waren reine Klassizisten, viele beherrschten aber zugleich auch die barocke Ausdrucksweise (A. Coysevox, M. Desjardins, É. Falconet, J.-B. Pigalle), nur ganz wenige arbeiteten ausschließl. unklassizist. (P. Puget, J.-A. Houdon). Hauptexponent klassizist. *Malerei* war N. Poussin, zu dessen stilist. Kennzeichen beherrschte Gestik der Figuren, abgewogene Komposition, korrekte Zeichnung und Anwendung von Lokalfarben gehören. Neben ihm war der Porträtist P. de Champaigne der angesehenste Maler. Gegenpol Poussins ist im 17. Jh. Claude Lorrain mit poet.-mytholog. Landschaften und einer bereits die Romantik vorwegnehmenden Naturauffassung. In der Provinz arbeiteten so bed. Künstler wie die Brüder Le Nain und G. de La Tour. Der R o k o k o s t i l in Malerei und Kunstgewerbe im 18. Jh. signalisierte den Rückzug von gesellschaftl. Repräsentation in den Bereich des Privaten. Charakterist. für den Rokokodekor sind geschwungene, muschelartige Formen („Rocaille"). Die Rokokomalerei fand in ihren besten Werken Ausdrucksmöglichkeiten kapriziöser Frische und heiterer Natürlichkeit und ließ im lichtdurchfluteten Kolorit und im weichen, großzügigen Pinselduktus mitunter schon die Impressionismus ahnen (A. Watteau, J. H. Fragonard). Bereits gegen Ende des 18. Jh. kam es in Architektur, Plastik und Kunstgewerbe zu einem ausgeprägten Neoklassizismus, während in der Malerei bürgerl. einfache Themen aufgegriffen wurden (J.-B. S. Chardin; J.-B. Greuze). K l a s s i z i s m u s als programmat. Annäherung an die demokrat. Ideale der Antike brach sich Bahn mit der Frz. Revolution im Directoirestil und in der Malerei

J. L. Davids. Im darauffolgenden napoleon. Empirestil traten klassizist. Formen, bereichert durch altägypt. und assyr. Motive, wieder in den Dienst herrscherl. Repräsentation (Schloß Malmaison).

19. und 20. Jahrhundert: *Architektur:* Restauration und Deuxième Empire begünstigten den H i s t o r i s m u s, der Stilelemente aller Epochen wieder aufgriff, so daß viele Architekten gleichzeitig hervorragende Restauratoren alter Baudenkmäler waren (v. a. E. Viollet-le-Duc). Parallel zu Neogotik, Neobarock und Neoklassizismus wurde der aus England übernommene Eisenskelettbau weiter entwickelt. Der erste reine Eisenskelettbau war der Eiffelturm (1889). Bedeutendster frz. Vertreter avantgardist. Architektur in der ersten Hälfte des 20. Jh. war Le Corbusier, der sowohl eine neue, expressive Kühnheit (v. a. im Sakralbau) wie eine ausgefeilte Systematik funktionellen Bauens beherrschte (v. a. Wohnungs- und Städtebau). *Plastik:* Die Bildhauer des klassizist. Repertoires waren in der Überzahl, Außenseiter wie A. Préault wurden kaum beachtet, auch das „romant.", expressive Werk A. Rodins stieß vielfach auf Ablehnung. Rodins Antipode im 20. Jh. war der zu entschiedenem Klassizismus zurückkehrende A. Maillol mit seiner statuar. und harmon. Plastik. *Malerei:* Deutlicher noch als die Plastik stand die Malerei bis weit ins 19. Jh. hinein im Spannungsfeld zw. Klassizismus und romant. Strömungen. Die „klassizist." Linie läßt sich von Poussin über David bis zu J. A. D. Ingres verfolgen, die „romant." von den Malern des Rokoko zu E. Delacroix und weiter zur Historienmalerei und den Symbolisten (G. Moreau). Daneben entstanden im 19. Jh. aber neue Tendenzen. Gesellschafts- und Sozialkritik trat v. a. in der Graphik zutage (G. Doré, H. Daumier). Courbet erfaßte Landschaft mit einem großartigen nüchternen Realismus, die Vertreter der ebenfalls realist. Schule von Barbizon hatten eine schlichtere, eher intime Naturauffassung. Ihre Freilichtmalerei, insbes. das Werk C. Corots bereiteten den Impressionismus vor, für den Licht und Farbe eine bes. Bedeutung gewannen (C. Monet, A. Renoir, A. Sisley, C. Pissarro u. a.). É. Manet gab zusätzl. bereits die Tiefenillusion des Bildes auf, andererseits hielt er am tekton. Bildaufbau fest. Der der f. K. eigene Drang zur Systematik führte u. a. zum Pointillismus, in dem die Farben nach physikal. Erkenntnissen nebeneinander gesetzt werden (G. Seurat, P. Signac). Auch P. Bonnard und E. Vuillard verfolgen eine eigene spätimpressionist. Linie. Synthetisten (Schule von Pont Aven) und Symbolisten maßen um die Jahrhundertwende der Farbe emotionale Bedeutung bei, eine Auffassung, die - bei allen Unterschieden - auch geniale Außenseiter wie P. Gauguin und V. van Gogh oder H. Toulouse-Lautrec vertraten, sowie auch später die Fauves (H. Matisse, M. de

Französische Kunst. Oben (von links):
Abteikirche Sainte-Madeleine in Vézelay
(1120–50); Kathedrale in Reims
(1211–1300); unten: Gislebertus,
Der Engel erscheint den schlafenden
Heiligen Drei Königen (Kapitell;
um 1130). Autun, Saint-Lazare

Vlaminck, A. Derain). P. Cézanne führte die
bei Manet begonnene Flächigkeit des Bildes
weiter und brachte kristalline Kompositions-
elemente ein, die den Kubismus vorbereite-
ten, den G. Braque und P. Picasso 1907 in
Paris begründeten und der mit J. Gris 1912
zum synthet. Kubismus erweitert wurde. Fol-
genreich wurde die kubist. kompositor. Zerlegung des Bildes in geometr. Flächen und die
Erfindung der Collage. Unmittelbar knüpfte
F. Léger an ihn an. Im Ggs. zum Kubismus
waren Dada und Surrealismus wieder eher
emotionsbetonte Stilrichtungen. Auch hier
sind große Namen vertreten: M. Ernst, M.

Louis Le Nain, Rückkehr von der
Heuernte. Paris, Louvre

Georges de La Tour, Die Verleugnung Petri
(1650). Nantes, Musée des Beaux-Arts

Honoré Daumier, Don Quijote (1868).
München, Bayerische
Staatsgemäldesammlungen

Aristide Maillol, Die Luft (1919).
Paris, Louvre

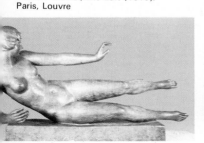

Auguste Rodin, Die Bürger von Calais
(1884–86). Basel, Öffentliche
Kunstsammlung

Le Corbusier, Wallfahrtskapelle
Notre-Dame-du-Haut (1952–55).
Ronchamp

französische Literatur

Duchamp, H. Arp, S. Dalí, J. Miró, A. Masson. M. Duchamp gilt als Klassiker der Objektkunst. Die abstrakte Malerei etablierte sich in Frankr. nur zögernd. R. Delaunays Orphismus war als eine lyr. Variante dem Kubismus verbunden. Der Durchbruch kam erst nach 1944 mit der École de Paris (R. Bissière, J. Bazaine, M. Estève, A. Manessier, G. Schneider, P. Soulages, N. de Staël). Aus ihr ging auch die informelle Malerei des frz. Tachismus (↑abstrakter Expressionismus) hervor (R. Mathieu, S. Poliakoff). Die Aufhebung traditioneller Kunstgattungen setzte in den 50er Jahren ein. Es breitete sich eine Welle der Objektkunst aus („Assemblagen"; César, Arman, J. Dubuffet), begleitet von Sand- und Sackbildern (A. Burri, Dubuffet) u a. Erscheinungen („Nouveau realisme"). Y. Klein begründete die monochrome Malerei. In den 60er Jahren entfalten sich einerseits neokonstruktivist. Strömungen (Op-art [V. de Vasarély, J. R. Soto], Minimal-art und kinet. [Licht]kunst), andererseits schafft Y. Klein die Verbindung der f. K. zu Fluxus, Happening und Konzeptkunst. Sehr bekannt in den 70er Jahren wurde Niki de Saint-Phalle mit ihren Riesendamen-Objekten. In den 80er Jahren vollzog die „figuration libre" eine Wendung zu unkrit.-gefühlvoller, naiv-volkstüml. Ausdrucksweise (R. Combas, R. Blanchard, J. C. Blais).

📖 *Gelleer, K.: Frz. Malerei des 19. Jh. Kassel 1985. - Die frz. Malerei. Hg. v. H. Damisch u. a. Freib. 1984. - Zwanzig Jahre Kunst in Frankreich 1960–1980. Ausstellungskat. Tübg. u. Bln. 1983. - Aubert, M.: Roman. Kathedralen u. Klöster in Frankr. Dt. Übers. Wsb. 1966. - Pobé, M./ Roubier, J.: Das got. Frankr. Wien u. Mchn. 1960.*

französische Literatur, alt- und mittelfrz. Literatur: das erste literar. Zeugnis in frz. Sprache, die „Eulaliasequenz" (um 880) ist ein Beweis für die prägende Kraft, die Sprache und Lehrinhalte der Kirche für die ma. Literatur Frankr. besaßen. In ständiger Auseinandersetzung mit den Modellen der lat. Buchkultur bildete sich das volksprachl. Schrifttum heraus. Die f. L. bis etwa 1200 schöpfte einerseits aus gelehrten Konventionen (z. B. die hagiograph. Texte oder der sog. „antike" Roman) und andererseits aus der reichen Quelle der volkstüml. Überlieferung. So wurden ep. und lyr. Formen und Gattungen schriftl. fixiert wie die „Chansons de geste", Heldenlieder, die vom Kämpfen histor. teilweise identifizierbarer Krieger und Herrscher berichten. Sie fanden ihr berühmtestes Beispiel im „Rolandslied" (um 1100), das vom Tod des Neffen Karls des Gr. im August 778 im Paß von Roncesvalles berichtet. Auch die zweite große Gattung der frz. Literatur des 12. Jh., der höf. Roman, nahm volkstüml. Überlieferungsgut auf, das bes. aus dem kelt. Sagenkreis um König Artus stammte. Zu-

gleich allerdings war der bedeutendste Verf. höf. Romane, Chrétien de Troyes, auch mit Werken antiker Autoren, v. a. Ovids, sehr gut vertraut. Nach der Blüte der provenzal. Lyrik (ab 1100) eroberte sich von etwa 1160 an die altfrz. Literatur einen Ausdrucksform (↑Troubadours, ↑Trouvères), die ebenfalls sowohl gelehrt wie populär inspirierte Beispiele aufweist. Zum Ende des 12. Jh. wurde der Gralstoff aus dem Rahmen der ritterl. Erzählung herausgenommen und Element eschatolog. Seinserklärung. Aus den Versfassungen des 12. Jh. entstand zw. 1220/35 der große Prosa-Lancelot-Gral-Zyklus, der eine der Vorlagen der später ausufernden Ritter- und Abenteuerromane wurde. Mit der sich selbstbewußter gegenüber der aristokrat. Lebenswelt behauptenden großbürgerl. Gesellschaft der Städte gewann die f. L. vom 13. Jh. an einen vielfach realistischeren, auch satir. skept. Ton. Neben der Darstellung der Selbstzerstörung der höf. Welt in der Versnovelle „La chastelaine de Vergi" (Die Schloßherrin von Vergi) gewannen die Stadt Arras und ihre Bürger in den Abschiedsliedern des Jean Bodel und des Adam de la Halle krit. Kontur. Die Satire, ständ. im „Roman de Renart", antiklerikal bei Rutebeuf und frauenfeindl. bei Jean de Meung im 2. Teil des „Rosenromans", und deren burleske Überzeichnung in den Fabliaux oder der Epenparodie „Audigier", bereicherte nun zusehends Ausdrucks- und Formenwelt der ma. f. L. Andererseits entstand eine ganz auf die Form gerichtete erste frz. Poetik („Art de dictier" [1392] des E. Deschamps), die das Vorhandene regeln und die entsprechenden Normen als Vorbild weitergeben wollte. Diese Tendenzen setzten sich in den „Arts de seconde rhétorique" vom Anfang des 15. Jh. fort. Die Literatur sprengte jedoch ständig die normative Bemühungen, insbes. die gewaltigen Passionsspiele, die Hohes und Niedriges auf der Simultanbühne verbanden (A. Gréban), wie die persönl. getönte Lyrik F. Villons, deren Wirkung bis ins 20. Jh. ungebrochen blieb.

16. Jahrhundert: Der Erstarrung der literar. Formen des MA wirkten höchst unterschiedl. Tendenzen entgegen: Durch den Humanismus wurden die antiken Autoren in ihren Urtexten neu entdeckt und von den Wucherungen der ma. Auslegungen befreit. Griech. und röm. Dichter wurden zu Modellen der nationalsprachlichen Literatur. Durch die Vermittlerrolle, die Italien bei diesem Prozeß spielte, gewann auch die Literatur des italien. Trecento Vorbildcharakter. Neuplaton. und reformator. Impulse ließen die Literatur der Zeit ebenfalls nicht unberührt. Von unerschöpfl. Gelehrsamkeit und von Volkstraditionen zugleich inspiriert, lieferte F. Rabelais mit seinen Geschichten um Gargantua und Pantagruel den satirisch-utop. Entwurf einer idealen humanist. Welt, wobei ei alle Möglichkeiten des gelehrten sprachl. Spiels und Nonsens ausnutzte. 1549 legte J. Du Bellay das Sprach- und Literaturmanifest einer Autorengruppe vor, die sich nach alexandrin. Vorbild „Pléiade" nannte: die „Défense et illustration de la langue française". Das Französische sollte formal und inhaltl. in die Schule antiker und italien. Werke gehen. Du Bellay selbst und P. de Ronsard nahmen sich zeitweilig Petrarca, Horaz und Anakreon zum Vorbild. Die antike Tragödie wurde zögernd wiederentdeckt und imitiert (R. Garnier), ausführl. Diskussionen über die Dramentheorie des Aristoteles in Italien bereiteten die frz. Klassik vor. Die Grauen der Religionskriege zeichnete die Literatur der Zeit, so das Epos „Les tragiques" (1616) A. d'Aubignés, so die einen zeitlosen Ort humaner Selbsterkenntnis und -verwirklichung suchenden „Essais" (1580–95) M. de Montaignes. Das MA aber blieb so lebendig wie die Renaissance selbst: Der aufgeklärte Staatstheoretiker Jean Bodin verfaßte neben seinem staatstheoret. Werk „Les six livres de la République" (1576) eine Schrift zur jurist. Begründung der Hexenverfolgung.

17. Jahrhundert: Der sprachl. kühne, Neologismen und Dialektformen nicht scheuende literar. Aufbruch der frz. Renaissanceliteratur erhielt in F. de Malherbe einen strengen Zensor, im Namen der Klarheit wurden Auswüchse schulmeisterl. gegeißelt. Malherbe aber schrieb auch einige der schönsten Verse der f. L. überhaupt. Der vorklass.-barocken Strenge öffneten sich jedoch nicht alle Gattungen in gleicher Weise. Im Umkreis der Salonkultur hochgebildeter Aristokratinnen verwilderte der Roman: Als arkad., galantes Epos überwand er endgültig den Ritterroman ma. Herkunft, ohne allerdings dessen zahllose Abschweifungen aufzugeben (H. d'Urfé, M. de Scudéry). Der literar. Barock in Frankr. entdeckte die span. Literatur als Inspirationsquelle, P. Corneilles Tragikomödie „Der Cid" (1637) ist dafür ein Jahrhunderte überdauerndes Zeugnis. An ihm schieden sich jedoch die Geister: Er erfüllte nicht die Regeln der drei Einheiten von Ort, Zeit und Handlung. Die aristotel. Theorie, nun durch L. Castelvetro um die dritte Einheit, die des Ortes, ergänzt, wurde zum immer präziseren Maßstab des literar. noch Gestatteten. Neben den gesellschaftl.-moral. bedingten Regeln („bienséances") hatte der Autor ganz wesentl. dem Kriterium der Wahrscheinlichkeit zu genügen, das durch P. D. Huets „Traité de l'origine des romans" (1670; Abhandlung über den Ursprung der Romane) eine der Grundlagen der künstler. Emanzipation des Romans wurde, der in der „Prinzessin von Clèves" der Madame de La Fayette (1678) seinen ersten Höhepunkt erreichte. Der Streit der Dichtungstheoretiker vertrieb Corneille mit aus der Gunst des nun vom normierenden Glanz

des absoluten Königtums Ludwigs XIV. faszinierten Publikums. J. Racine hieß der neue Stern der Tragödienbühne, Molières Komödien entlarvten Zeit und Zeitloses bis an die Grenze des offiziell gerade noch Geduldeten („Tartuffe", 1669). Die vollkommene Übernahme antiker Literaturtheorien und antiker Literatur machte die Zeit reif für das Lehrgedicht „Die Dichtkunst" (1674) N. Boileau-Despréaux', das an Horaz anknüpft. Der Widerstand artikulierte sich schon bald: In seiner Akademierede vom Jan. 1687 brach C. Perrault die „Querelle des anciens et des modernes" (Streit zw. den Anhängern einer an der Antike bzw. an bewußter Zeitgenossenschaft orientierten literar. Norm) vom Zaun, mit der zugleich der Beginn eines epochenspezifisch deutenden Literaturverständnisses markiert wurde.

18. Jahrhundert: Der einmaligen polit. und kulturellen Situation der frz. Klassik folgten literar. und allg. geistesgeschichtl. Tendenzen, die auf die Aufhellung von Bewußtseins- und Empfindungsvorgängen gerichtet waren, die die klass. Thematik von Pflicht und Passion verbarg. Bes. in den Romanen P. de Marivaux' und des Abbé Prévost, in denen ein allmähl. selbstbewußter werdender dritter Stand seine Stimme erhob, wurde dieses Phänomen deutlich. Neben der gelehrten Diskussion über Rolle und Funktion der Literatur, in der neben der Fortsetzung der klass. Poetik in immer größerem Umfang der Bedeutung des Publikums Rechnung getragen wurde, galt die Aufmerksamkeit Voltaires und Diderots der Erfassung und Bestimmung von Zufall und Glück, Freiheit und Vorherbestimmung des einzelnen (Voltaire, „Candide", 1759; Diderot, „Jacques der Fatalist", entstanden 1773–75, hg. 1796). Mit der großen „Encyclopédie" (1751–80), deren vorrevolutionärer Elan wesentl. von J.-J. Rousseau mitgeprägt wurde, setzten die Herausgeber J. Le Rond d'Alembert und Diderot die Zeichen für die angestrebte Ablösung irrationalist. Denkformen und die Konzentration auf die Ausweitung der Fähigkeiten des Individuums. Literaturtheoret. und literarhistor. nahmen Diderots Dramentheorie und die Naturschilderungen Rousseaus und J. H. Bernardin de Saint-Pierres entsprechende Entwürfe von Romantik und Nachromantik vorweg.

19. Jahrhundert: Aus der unmittelbaren Begegnung mit der Geschichte während der Revolution von 1789 gewann die Literatur des 19.Jh. bedeutsame Impulse zu einer Neuorientierung: Auf der Ebene ihrer Theorie wurde die einseitige Ausrichtung an klass. (antiken und nat.) Modellen ersetzt durch die Deutung des Einzelwerkes (zusammenfassend V. Hugo in seinem Vorwort zum Drama „Cromwell", 1827). Dadurch gewann auch das MA den ihm gebührenden Rang, erlangte z. T. mod. Attraktivität. In der literar. Praxis

französische Musik

erfolgte die Entdeckung des bes. Individuums in Selbstinszenierungen (H. B. Constant de Rebecque, É. P. de Senancour, F. R. de Chateaubriand; A. de Musset, G. de Nerval, A. de Vigny) wie durch Enthüllung des Genius in der Geschichte (H. de Balzac, V. Hugo, P. Mérimée). Neben Drama und Lyrik weitete v. a. der Roman sein Ausdrucksspektrum. Der Realismus, der an die Stelle der Nachahmung der klass. Dichtung trat, fand in der bewußt als Sittengeschichte konzipierten „Comédie humaine" (1829–54) Balzacs ebenso seinen Ausdruck wie im rational-leidenschaftl. Werk Stendhals („Rot und Schwarz", 1830) und der nur scheinbar distanzierten Seelenanatomie G. Flauberts („Madame Bovary", 1857). Die Entwicklung der Wissenschaften begünstigte in der zweiten Jh.hälfte den Versuch der Präzisierung des romant. Realismusbegriffs durch die Einbeziehung naturwiss., auf soziolog. (H. Taine) und medizin. (C. Bernard) Untersuchungen basierender Erkenntnisse im naturalist. Werk É. Zolas und seiner Schüler (Kreis von Médan). Der Lyrik aber war dieser Weg zu direkt. Die vielfältig vorbereitete poet. Revolution C. Baudelaires entwarf nicht nur eine neue Ästhetik des Häßlichen, sondern deutete das Universum als eine Fülle von Chiffren, die wechselseitig aufeinander verweisen und einander bedeuten. Aus diesem Aspekt seiner Dichtung schöpften die Symbolisten (P. Verlaine, A. Rimbaud, S. Mallarmé, a. T. Lautréamont) ihren Entwurf einer verborgene Sinnzusammenhänge aufdeckenden Lyrik. Auswege aus der Eindimensionalität des herrschenden Rationalismus suchten auch religiös inspiriert P. Claudel, der damit zum Initiator einer neuen Bedeutung des Katholizismus in der frz. Literatur wurde („Renouveau catholique"), okkultist. und esoter. J. K. Huysmans und farcenhaft grotesk und absurd Alfred Jarry, der mit seinem „König Ubu" (1896) zum Ahnvater des sog. „absurden Theaters wurde.

20. Jahrhundert: Die Vielfalt von Formen und Inhalten, die die Literatur des 19. Jh. hervorgebracht hatte, schien zunächst in einer Art klassizist. Neubesinnung gehalten, wie sie bes. von den Autoren um die einflußreiche Literaturzeitschrift „La Nouvelle Revue Française" (1909ff.) - unter ihnen als Haupt A. Gide - gepflegt wurde. Aber bereits M. Proust durchbrach mit dem Romanzyklus „Auf der Suche nach der verlorenen Zeit" (1913–27) jede enge Normvorstellung und eröffnete dem Roman des 20. Jh. neue Horizonte. Das Erlebnis des 1. Weltkriegs verwandelte die literar. Szene vollkommen. Aus der Erfahrung des Bankrotts bürgerl. Wertvorstellungen entstanden ebenso die Nonsensausbrüche des Dadaismus wie um die Aktivierung unbewußter schöpfer. Potenzen bemühte Surrealismus, dem G. Apollinaire den Namen gab. Sie wurden die Anreger moderner sprachexperimenteller („visueller" oder „konkreter") Lyrik, die

sich in Frankr. als „lettrisme" (I. Isou) oder „spatialisme" (P. Garnier) artikulierte. Einen immer bedeutenderen Platz nahmen im 20. Jh. die Autoren ein, die neben ihrem literar. auch intensiv ein literaturtheoret.-essayist. Werk pflegten, in dem sie Erkenntnisse aus Surrealismus und Psychoanalyse (G. Bataille, M. Blanchot; als Literaturkritiker G. Bachelard), aus Phänomenologie, strukturaler Sprachwiss. und russ. Formalismus (C. Lévi-Strauss, R. Barthes) verarbeiteten. Im Umkreis des phänomenolog. Existentialismus entstand das Werk J.-P. Sartres, S. de Beauvoirs und in An- und Ablehnung zugleich dasjenige A. Camus', das histor. von den Erfahrungen des 2. Weltkrieges und der Résistance mitgeprägt ist. Die neuen Erfahrungen des Schreibens (F. Ponge) wurden in den 50er und 60er Jahren im sog. Neuen Roman (Nouveau roman) greifbar (N. Sarraute, A. Robbe-Grillet). Er verdrängte das humane, sich in seinem Willen begründende Subjekt ebenso endgültig aus dem Zentrum wie das gleichzeitige „absurde Theater" S. Becketts oder E. Ionescos. Die polit. Entwicklungen in der 2. Hälfte der 60er Jahre brachten teilweise eine Hinwendung zu maoist. Gedankengut (J.-P. Sartre; Gruppe „Tel Quel"). Spezif. Weiterentwicklungen im Bereich von Strukturalismus und Semiotik sind für die Werke von R. Barthes, J. Derrida, M. Foucault und J. Lacan kennzeichnend. Nach der einseitigen Bestimmung des Geistigen durch den Marxismus wird durch die „Neuen Philosophen" die Vielfalt des Individuellen zur Wiedererlangung schöpfer. Freiräume angestrebt.

Belgien: Die belg. Literatur in frz. Sprache gehört unabhängig von der Begründung des selbständigen Staates 1830 seit dem MA bis heute fest zum Bestand der frz. Lit. Im 19. Jh. nahmen belg. Autoren ebenso wie die anderer Länder Europas Tendenzen des frz. Realismus und bes. des Symbolismus auf. Im 20. Jh. lassen sich u. a. Einflüsse von Surrealismus und Neuem Roman beobachten. Bekannteste belg. Autoren sind u. a. É. Verhaeren, M. Maeterlinck, H. Michaux sowie G. Simenon.

Frankophonie: In den ehem. frz. Kolonien entwickelte sich z. T. eine selbständige Literatur in frz. Sprache, die Überlieferungen des jeweiligen Landes mit denen Frankr. verbindet oder konfrontiert (Algerien, Marokko, Tunesien, Schwarzafrika).

📖 *Krit. Lex. der roman. Gegenwartslit. Hg. v. W.-D. Lange. Losebl. Tüb. 1984ff. - Engler, W.: Lex. der f. L. Stg. 1984. - Lope, H. J.: Frz. Literaturgesch. Hdbg. ²1984. - Papst, W.: Frz. Lyrik des 20. Jh. Bln. 1983. - Bersani, J., u. a.: La littérature en France depuis 1968. Paris 1982. - Der frz. Roman. Hg. v. K. Heitmann. Düss. 1975. 2 Bde.*

französische Musik, Mittelalter und Renaissance:
Neben liturg. Gesängen entstanden um 970 zu großen Festen kurze, gesunge-

ne geistl. Spiele mit Tropen zu Texten dieser Gesänge. Am Anfang des 12. Jh. nahm die weltl. Einstimmigkeit im Zusammenhang mit der Lyrik der †Troubadours und †Trouvères ihren Aufschwung. Im Bereich der Mehrstimmigkeit wurden an der †Notre-Dame-Schule die ersten großen Kunstwerke geschaffen. Seit Adam de la Halle breitete sich die Mehrstimmigkeit auch auf weltl. Werke aus.

Im 14. Jh. eröffnete die †Ars nova den Musikern neue techn. Möglichkeiten. Bed. geistl. und weltl. Werke schuf Guillaume de Machault. Einflüsse aus England und Italien schlugen sich bei G. Dufay nieder, dessen Zeitgenosse G. Binchois sich v. a. als Meister des Chansons auszeichnete. Diese Musiker bereiteten den Weg für den Höhepunkt der Polyphonie, deren unerreichte Vertreter J. Ockeghem und Josquin Desprez waren. Daneben sind u. a. noch L. Compère, P. de la Rue und A. Brumel zu nennen. Orlando di Lasso, der alle spezif. nat. Stilelemente der europ. Musik verwendete, stand mit einem Teil seiner Kompositionen in der frz. und fläm. Tradition und bezeichnete für diese einen unübertroffenen Höhepunkt seiner Zeit. Nach 1500 wurde der polyphone Satz durch den neuen harmon. Stil verdrängt.

Klass. Periode: Im 17. und 18. Jh. wurde v. a. das Ballet de cour gepflegt, ein theatral. Werk aus Musik und Tanz ohne dramat. Einheit. Daneben standen erste Versuche, einen in Idee und Handlung zusammenhängenden frz. Text zu komponieren. J.-B. Lully schuf in Zusammenarbeit mit Molière die Tragédie lyrique, die, vom Gedanken des Gesamtkunstwerks getragen, eine stark von der Sprache bestimmte und der Deklamation nahestehende Vokalkunst mit instrumentalen Partien verbindet. Zeitgenossen und Nachfolger Lullys, wie M.-A. Charpentier griffen die Tragédie lyrique auch auf, jedoch kam nach 1697 die Opéra-ballet auf, deren Handlung dem Tanz weiten Raum gewährte. A. Campra, M. Pinolet de Montéclair, A. C. Destouches waren die großen Vertreter vor J.-P. Rameau, der alle dramat. Gattungen pflegte. Die frz. Opéra-comique von A. d'Auvergne, F. A. Philidor und A. E. M. Grétry weist einen Zug zur Einfachheit auf, der sich gegen die Werke von Lully und Rameau stellte, und von Gluck aufgegriffen wurde, als er in Paris seine Opernreform durchführte.

Vom Ende des 16. Jh. bis 1660 vollzog sich in der geistl. Musik eine allmähl. Veränderung. Wurde zunächst noch doppelchörig komponiert, so führte H. Du Mont den Generalbaß ein. Mit M.-R. Delalande erreichte die Motette ihren Höhepunkt. Die Musik für Tasteninstrumente wurde erst relativ spät selbständig, so in den Werken für Orgel von J. Titelouze, für Cembalo von J. Champion de Chambonnières und L. Couperin. F. Couperin vereinigte in seinen Orgel- und Cembalokompositionen die Eigenheiten der frz. Klaviermusik mit Klangsinn und stark ausgeprägter Ornamentation, während die Cembalostücke von Rameau die bis dahin noch spürbare Verbindung zur Lautenmusik aufgaben und einen neuen frz. Klavierstil begründeten.

19. und 20. Jahrhundert: Nach der Frz. Revolution waren italian. Musiker führend, bes. Spontini und Cherubini, v. a. die italian. Oper nahm nach 1830 eine alles beherrschende Stellung ein. H. Berlioz war der einzige Vertreter der musikal. Romantik in Frankreich. Die Oper erfuhr eine Erneuerung mit den Werken des von R. Wagner beeinflußten C. Gounod. Nat. Tendenzen prägte die Musik u. a. von C. Saint-Saëns und É. Lalo. Einflüsse R. Wagners waren noch bei A. E. Chabrier bestimmend, während G. Bizet als Gegenpol Wagners gilt. G. Fauré war der bedeutendste Vertreter der Spätromantik. - C. Debussy leitete mit seinem lyr. Werk einen Wendepunkt in der f. M. ein. Der mit seinem Namen verbundene Impressionismus ist eine Einzelleistung der f. M., an der auch noch M. Ravel und P. Dukas teilhatten. Der mit dem Ersten Weltkrieg markierte Einschnitt wird von der Gruppe der „Six" (D. Milhaud, A. Honegger, F. Poulenc, G. Taillefer, G. Auric, L. Durey) gekennzeichnet, die sich von Wagner und Debussy ebenso abzusetzen versuchte wie die von E. Satie ausgehende „École d'Arcueil" (H. Sauguet, H. Cliquet-Pleyel, M. Jacob, R. Désomière) mit ihrem Streben nach Einfachheit und Klarheit. Eigene Ziele setzten sich O. Messiaen, A. Jolivet, D. Lesur und Y. Baudrier in der Gruppe „Jeune France". Nach dem Zweiten Weltkrieg wurde R. Leibowitz zum Hauptvertreter der an Schönberg und seine Schule anschließenden frz. Zwölftonmusik, während seit 1948 - ausgehend von E. Varèse - P. Schaeffer und P. Henry mit ihrer †konkreten Musik der Musik neue Klangdimensionen öffneten. Ihre Bestrebungen stehen in enger Verbindung mit den zahlr. Werken der elektron. Musik, zu der L. Ferrari wichtige Beiträge lieferte. I. Xenakis benutzt seit 1955 hauptsächl. mathemat. Verfahren beim Komponieren (†stochastische Musik); mit Problemen von „Metatonalität" und „offener Form" beschäftigten sich C. Ballif und J. Barraqué. Als wichtigster Vertreter der seriellen Musik gilt P. Boulez, in dessen Werk alle entscheidenden avantgardist. Richtungen vertreten sind. In seinem Umkreis experimentieren mit der Suche nach neuen musikal. Ausdrucksmitteln u. a. G. Amy, J. C. Éloy, A. Louvier und P. Mestral.

📖 *Dufourcq, N.: La musique française. Paris 1970. - Boyer, F.: Kurzgefaßte Gesch. der f. M. Wsb. 1953.*

französische Philosophie, der Beginn der f. P. liegt in der Vorscholastik (10.–12. Jh.); er ist gekennzeichnet durch einen frühen Humanismus, eine Art ma. subjektiven Rationalismus und eine mystische Grundströmung. Mittelpunkt einer Blüte der Wiss. und Philosophie im 12. Jh. wurde Frankr. durch die Dom- und Klosterschulen von Laon, Poitiers, Tours, Paris, v. a. durch die **Schule von Chartres** mit ihren Hauptrepräsentanten Bernhard und Thierry von Chartres, Gilbert von Porrée, Wilhelm von Conches. Von großer Reichweite war der Universalienstreit mit Roscelin von Compiègne auf der einen Seite, der wohl zu einem (frühen) Nominalismus tendierte, und Wilhelm von Champeaux auf der anderen, der zunächst einen extremen Realismus vertrat, während Peter Abälard eine mittlere Position bezog; er war es auch, der den method. Zweifel als Fundament der Wissenschaften, insbes. zur Erneuerung der philosoph. Grundlagen der Theologie, einführte und die für die Scholastik richtungweisende sog. Autoritätenmethode entwickelte; seiner rationalen Subjektivität stand die Grundlegung der christl. Mystik des MA durch Bernhard von Clairvaux gegenüber. Eine Verbindung von Mystik und „Dialektik" versuchten die Vertreter der **Schule von Sankt Viktor.** Wilhelm von Auvergne, bedeutendster Philosoph seiner Zeit, entwickelte einen theolog. Apriorismus. In der Hochscholastik erlangte die Universität Paris zentralen europ. Rang als Forum der richtungweisenden Auseinandersetzungen zw. Positionen des Augustinismus und Platonismus einerseits, des christl. Aristotelismus und eines durch Averroes beeinflußten Aristotelismus andererseits. Die **frz. Spätscholastik** ist gekennzeichnet durch Fortentwicklung der philosoph. Ansätze und die Ausbreitung des Scotismus. Petrus Aureoli verband dagegen einen Konzeptualismus und Empirismus; Nikolaus von Autrecourt vertrat einen radikalen Nominalismus; J. Buridans Nominalismus ist naturwiss. orientiert. Nikolaus von Oresme gilt als einer der bedeutendsten Naturphilosophen des 14. Jh. **Neuzeit:** Der Humanismus gewann z. Z. der italien. Kriege zunehmend Einfluß. Er fand u. a. in J. Faber einen bed. Vertreter; P. Ramus setzte der aristotel. Logik seine an der Mathematik orientierte und sprachl. Grundsätzen basierende natürl. Dialektik entgegen. J. Bodin begründete die moderne Staatsrechtstheorie. Der Skeptizismus Montaignes beeinflußte die frz. Moralisten und die dt. Aufklärung. Im 17. Jh. versuchte R. Descartes († Kartesianismus) richtungweisend für das gesamte Denken der Neuzeit, auf der Basis von Evidenz und Intuition, den Aufbau eines rationalist. Systems der gesamten Philosophie, ausgehend von einem absolut gesetzten method. Zweifel, der zur absoluten Wahrheit führen soll. Im Anschluß an Descartes vertraten u. a. G. de Cordemoy und N. Malebranche den sog. Okkasionalismus. In der **Logik von Port-Royal** verbanden A. Arnauld, P. Nicole Elemente Kartes. und Pascalscher Philosophie.

P. Gassendi erneuerte den Atomismus und begründete einen dynam. Mechanismus. B. Pascal betonte gegen Descartes die Grenzen der Vernunft und des mathemat. Wissenschaftsideals; er machte die konkrete tägl. Erfahrung zur Grundlage seines Denkens. Die **frz. Aufklärung** entwickelte sich in ihrer Kritik der Metaphysik und der Autoritäten und ihrem Streben nach Autonomie radikaler als die engl. Aufklärung, von der sie ausging, und zwar vom Empirismus und Deismus hin zum Sensualismus bzw. zu Extrempositionen eines radikalen Materialismus und Atheismus. Hauptrepräsentanten sind P. Bayle, Voltaire, der die frz. Aufklärung an Locke und Newton und am engl. Deismus orientierte, Montesquieu, der zur Sicherung der Freiheit die Lehre von der Gewaltenteilung entwickelte, d'Alembert, E. B. de Condillac, D. Diderot, der die Hinwendung zu einem krit. Skeptizismus und schließl. zum Materialismus vollzog, den auch J. O. de La Mettrie und C. A. Helvétius vertraten. - J. J. Rousseau, der der Aufklärung nahestand, sie aber zugleich durch einen radikalen Subjektivismus überwand, stellte den Begriff der „Natur" in das Zentrum seiner Kultur- und Sozialphilosophie. Seine Lehre vom Gesellschaftsvertrag, die auf eine radikale Demokratie hinausläuft, wurde theoret. Basis der Frz. Revolution. Rousseau beeinflußte außerdem den Sturm und Drang, die Geschichtsphilosophie Herders und Fichtes, die Pädagogik z. B. Pestalozzis. Condorcet legte seiner Geschichtsphilosophie den Begriff eines naturgesetzl. prozeßhaften Fortschritts zugrunde. Die **Ideologen** versuchten in Radikalisierung des Sensualismus den Ursprung der Ideen aus physiolog. materialist. Prozessen des nichtbildenden Subjekts zu erklären. Zu ihnen zählen u. a. Destutt de Tracy, G. Cabanis, extremer Vertreter eines radikalen Materialismus und Vorläufer der Psychophysik und des modernen Monismus, P. P. Royer-Collard, der die Philosophie des Common sense in Frankr. einzuführen versuchte und G. Guizot und V. Cousin beeinflußte. In Reaktion gegen Aufklärung und Revolution vertrat de Bonald einen Traditionalismus und Fideismus, ebenso F. R. de La Mennais. - F. P. Maine de Biran verband einen Voluntarismus mit einem in der frz. Philosophiegeschichte einflußreichen Spiritualismus. Der restaurativen Philosophie traten der frühe **frz. Sozialismus** mit C. H. Saint-Simon († Saint-Simonismus), C. Fourier, der die Marxsche Theorie von der Entfremdung und ihrer Aufhebung vorwegnahm und P. J. Proudhon entgegen, der mit der Betonung der Freiheit Einfluß auf den Anarchismus gewann. A. Comte legte das Fundament für den Positivismus; H. Taine verband den Positivismus mit einem radikalen Determinismus. Vertreter des neukantian. Idealismus waren C. B. Renouvier, E. Boutroux; ihr Exponent ist

H. Bergson, der eine vitalist.-intuitionist. Philosophie von großer Wirkungsbreite entwikkelte. - Zur Erneuerung der scholast. Philosophie tragen J. Maritain, E. Gilson bei. Beiträge zur Wissenschaftstheorie leisteten L. de Broglie und G. Bachelard, zur Logik L. Couturat, der den Logizismus und Cantorismus zu stützen versuchte. Als Exponenten des **frz. Existentialismus** (Existenzphilosophie) gelten P. Sartre, M. Merleau-Ponty und G. Marcel. Marxist. Positionen entwickelten H. Lefèbvre und R. Garaudy. Die „Neuen Philosophen" (A. Glucksmann, B.-H. Lévy, J.-M. Benoist) vertreten eine antimarxist., antiideolog., gesellschaftlich-politisch orientierte Denkrichtung, aus der eine „Neue Rechte" (A. de Benoist) entstand.

📖 *Schiwy, G.: Der frz. Strukturalismus. Rbk. 1984. - Wadenfels, B.: Phänomenologie in Frankreich. Ffm. 1983. - Berlinger, R.: Sartres Existenzerfahrung. Würzburg 1982. - Thomas, J.: Engel u. Leviathan. Neue Philosophie in Frankreich als nachmarxist. Politik u. Kulturkritik. Mchn. 1979.*

Französische Revolution, Revolution in Frankr. 1789–99, die entstand, als sich die seit einem Jh. gewachsene Spannung zw. der in ihrer Leistungsfähigkeit erlahmten Monarchie des Absolutismus und dem nach sozialer und polit. Emanzipation strebenden Bürgertum zur Staatskrise verdichtete; verschärft wurde diese durch die seit den 1770er Jahren dauernde Wirtschaftskrise (ab 1787 Teuerungswellen und Hungerrevolten). Die angesichts des drohenden Staatsbankrotts 1787/88 einberufene Notabelnversammlung verhinderte wirksame Reformen, so daß die Berufung der seit 1615 nicht zusammengetretenen Generalstände zum 1. Mai 1789 als letzter Ausweg erschien. Ludwig XVI. gestand die Verdoppelung der Zahl der Vertreter des 3. Standes (Tiers-état) zum Gleichstand mit den beiden privilegierten Ständen (die die Ziele bürgerl. Reformpolitik keineswegs geschlossen ablehnten) zu, nicht aber die Änderung des den 3. Stand majorisierenden Abstimmungsmodus nach Ständen. Da die Forderung nach gemeinsamer Beratung und Abstimmung aller 3 Stände unentschieden blieb, erklärte sich der 3. Stand zur arbeitsfähigen Teilversammlung der Generalstände (12. Juni) und konstituierte sich, um einen großen Teil des niederen Klerus erweitert, zur Nationalversammlung (17. Juni; 1. revolutionärer Akt). Den Auflösungsbefehl der Krone beantwortete sie mit dem Schwur im Ballhaus (20. Juni). Mit ihrer Erhebung zur Verfassunggebenden Nationalversammlung (6./9. Juli) stellte sie die Legitimität der monarch. Herrschaft in Frage. Der Pariser Volksaufstand (Sturm auf die Bastille, 14. Juli) zwang Ludwig XVI. zur Bestätigung der Constituante als Souverän Frankr. Die Erhebung der Massen in den Prov. führte zur Annullierung der Feudalrechte u. a. Privilegien (4./5. Aug.). Die Einziehung der Kirchengüter (2. Nov.), deren finanzpolit. Zweck freil. fehlschlug (↑ auch Assignaten), bedeutete das Ende der Kirche als größter und mächtigster Körperschaft des Ancien régime. Dies sowie die Entmündigung der Krone (Zwangsaufenthalt der königl. Familie in Paris seit der Journée der Sansculotten vom 5./6. Okt.) und bes. die Verkündung der Menschen- und Bürgerrechte (Déclaration des droits de l'homme et du citoyen, 26. Aug. 1789) forderte das aristokrat. Europa heraus. Doch erst die in Varennes (21. Juni 1791) gescheiterte Flucht der königl. Familie bedeutete einen Wendepunkt. Der Klub der Jakobiner, der nach der polit. Ausschaltung der Sansculotten durch das von der Constituante beschlossene Zensuswahlrecht (22. Dez. 1789) zum Zentrum der Opposition geworden war und dessen radikale Minderheit schon die Abschaffung des Erbadels durchgesetzt hatte (19. Juni 1790; 1. Emigrationswelle), spaltete sich nach Varennes in Gemäßigte (Klub der Feuillants) und Radikale (u. a. Danton, Marat, Desmoulins, Saint-Just, Robespierre). Letztere verwarfen die durch die Verfassung vom 3. Sept. 1791 errichtete konstitutionelle Monarchie und forderten die Republik. In der auf 2 Jahre gewählten Gesetzgebenden Versammlung (am 1. Okt. 1791 konstituiert) verschärften sich die Gegensätze, schließl. auch innerhalb der Linken (Girondisten und radikalere Bergpartei). Die Girondisten setzten die Kriegserklärung (20. April 1792) an Österreich und Preußen durch, mußten aber nach dem Sturm auf die Tuilerien (10. Aug. 1792, Suspendierung der Monarchie und Inhaftierung der königl. Fam. im Temple) der demokrat. Wahl eines Nationalkonvents zustimmen. In ihm (zusammengetreten 20. Sept.) dominierte die Bergpartei, die den König hinrichten ließ (21. Jan. 1793) und das Revolutionstribunal errichtete (10. März). Robespierre warf durch die Journées vom 31. Mai/2. Juni die Girondisten nieder (30. Okt. Liquidierung ihrer Elite), im Laufe der Schreckensherrschaft (Machtausübung durch Sicherheits- und Wohlfahrtsausschuß, Sistierung der demokrat. Verfassung vom 24. Juni 1793) jedoch auch die radikalen Enragés und Hébertisten (13./14. März 1794), so daß er die soziale Stütze seines Programms verlor. Nach seinem Sturz (9. Thermidor = 27. Juli [1794]) etablierte sich die Großbourgeoisie als herrschende Klasse. Die liberale Verfassung vom 22. Aug. 1795 erneuerte die Zensuswahl. Die Reg. des Direktoriums (26. Okt. 1795 bis 9. Nov. 1799) beendete erfolgreich den 1. Koalitionskrieg, mußte aber den Staatsbankrott erklären und zur Diktatur zurückkehren; sie wurde durch den Staatsstreich Napoléon Bonapartes (18. Brumaire = 9. Nov. [1799]) gestürzt.

📖 *Furet, F./Richet, D.: Die F. R. Dt. Übers.*

französische Revolutionskriege

Französische Revolution.
Sturm auf die Tuilerien (10. August
1792; zeitgenössischer Stich)

*Mchn. 1980. - Die F. R. in Augenzeugenberich-
ten. Hg. v. G. Pernoud u. S. Flaissier. Mchn.
1980. - Labrousse, E., u. a.: Geburt der bürgerl.
Gesellschaft: 1789. Dt. Übers. Ffm. 1979.*
französische Revolutionskriege
↑ Koalitionskriege.
    Französischer Franc [frã:], Abk. FF,
Währungseinheit in Frankr.; 1 FF = 100
Centimes (c).
    französische Schweiz (Suisse roman-
de), zusammenfassende Bez. für das
französischsprachige Gebiet der Schweiz.
    **Französisches Komitee der Natio-
nalen Befreiung** (Comité français de libération nationale [frz. kɔmitefrãsɛdliberasjõ-
nasjɔˈnal]), Abk. CFLN, 1943 in Algier gegr.
Ausschuß aus führenden Mgl. des (1941 von
de Gaulle in London als polit. Führungsorgan
des Freien Frankr. gegr.) **Französischen Na-
tionalkomitees** (Comité national français,
Abk. NF) und der sich vom Vichy-Regime
absetzenden polit.-militär. Kräfte in Nordafrika, das sich rasch zu einer funktionsfähi-
gen, von den frz. überseeischen Gebieten anerkannten Regierung entwickelte; 1944 Umwandlung in die Provisor. Regierung der Frz.
Republik unter de Gaulle.
    französische Sprache, eine der roman.
Sprachen; entwickelte sich aus dem Volkslatein Galliens nördl. der Loire (*Langue d'oïl*).
Südl. davon entstand die provenzal. Sprache
(*Langue d'oc*). Früher als in der übrigen
Romania zog man in Nord-Frankr. offizielle
Konsequenzen aus dem Unterschied zw. La-
tein und Volkssprache: 813 gestattete das
Konzil von Tours die Predigt in der roman.
Sprachform. Die ersten sprachl. Zeugnisse

dieser Anerkennung der Volkssprache sind
die Straßburger Eide. Schneller als die anderen roman. Sprachen wandelte sich die f. Sprache. Während das Altfranzösische (11.–13. Jh.)
ihnen noch nahesteht, führten die raschen
Veränderungen des Mittelfranzösischen (13.–
16. Jh.) zu dem in seiner Struktur von der
übrigen Romania stark abweichenden
Neufranzösischen (ab 17. Jh.).
    Das Alt- und Mittelfranzösische: Das nördl.
der Loire gesprochene Volkslatein unterschied sich früh vom Latein südl. der Loire.
Dies war dadurch bedingt, daß der N später
und weniger latinisiert wurde, so daß das
Gall. länger im Gebrauch bleiben konnte.
Z. T. veränderten gall. Aussprachegewohnhei-
ten das Latein., gall. Wörter drangen stärker
als im S in den Wortschatz ein. Die Sonderentwicklung N-Galliens wurde durch die weitere Isolierung, die durch die Gründung der
Germanenreiche erfolgte, gefördert: Südl. der
Loire entstand das Tolosan. Reich der Westgoten (418), nördl. das Fränk. Reich (486).
Die Franken kamen zahlr. und siedelten sich
als Bauern an. Die röm. Stadtkultur ging unter; german. Gewohnheitsrecht verdrängte
das röm. Recht. Das Fränk. Reich ("France"
bedeutet bis ins 16. Jh. Île de France bzw.
N-Frankr.) wurde und blieb bis ins 9. Jh. zwei-
sprachig. Die roman. Sprache unterlag nun
stark dem Einfluß german. Aussprachege-
wohnheiten. Den Entlehnungen aus dem
Gall. und Fränk. verdankt die f. S. die charakterist. Färbung ihres Wortschatzes. Hinzuzu-
nehmen sind die wenigen Wörter, die mit
dem im 9. Jh. die Normandie besetzenden
Normannen eindrangen. Das Französische
unterscheidet sich seit den frühesten Litera-
turzeugnissen deutl. vom Provenzal. und damit von den übrigen roman. Sprachen durch
die stärkere Veränderung der Tonvokale, den

weitgehenden Schwund von Konsonanten. Das Altfranzösische des 11./12. Jh. kennzeichnet eine große Vielfalt im phonet., morpholog. und syntakt. Bereich, die erst im Laufe des 13.–15. Jh. gewissen grammat. Vereinfachungen Platz macht. Damit ist der Weg zu einer allmähl. Herausbildung der hochsprachl. Norm vorgezeichnet.

Das Neufranzösische: Seine Eigenart ist nur erkennbar, wenn man vom Lautbild ausgeht. Im Vergleich mit den übrigen roman. Sprachen ist die extreme Reduktion des Wortkörpers am auffälligsten. Durch die Verkürzung des Wortes gibt es nur noch Wörter, die auf dem letzten Vokal betont sind. Dieses Prinzip wird auch auf Entlehnungen aus anderen Sprachen übertragen. Der Erbwortschatz ist dadurch gekennzeichnet, daß er vorwiegend einsilbig, höchstens zweisilbig ist. Die Folge im Satzzusammenhang ist ein Zurücktreten des Worttons hinter den Satzton; betont wird jeweils das Ende des Satzes oder der Sinngruppe. Die Beseitigung von Konsonantengruppen und der Abfall der Endkonsonanten hat dazu geführt, daß 80 % der Silben auf Vokal enden, entsprechend auch die Wörter überwiegend vokal. aussehen. Das Vokalsystem ist reich (16 Vokale); es besitzt zwei Serien, die das Italien. und Span. nicht kennt: die gerundeten vorderen Vokale und die Nasalvokale. Der Schwund der Endsilben hat die Flexion verändert; die Mrz. wird durch den Artikel bezeichnet. Zur Bez. des unbestimmten Plurals entwickelte sich der Teilungsartikel. Die meisten Verbalendungen haben ihre unterscheidende Funktion eingebüßt.

Ausbildung der **Schriftsprache** und **Verbreitung** des Französischen: Um 1300 setzt sich das Franzische unter den ma. Dialekten als Schriftsprache durch. Die einsetzende Festigung und Anerkennung der Volkssprache unterstützen im 16. Jh. das Edikt von Villers-Cotterets (15. Aug. 1539), das die Verwendung der f. S. als Gerichtssprache festlegte, und die Betonung von Wert und Bed. der Volkssprache gegenüber dem Griech. und dem Latein. durch die Pléiade-Autoren (1549). Geht die heutige etymologisierende Schreibweise ebenfalls auf das 16. Jh. zurück, so wird die Systematik der neufrz. Grammatik vor allen Dingen im 17. und 18. Jh. entwickelt. Abgesehen von geringfügigen Neuerungen bestimmt die damals geprägte Norm noch heute die Bewertung der Korrektheit der Sprache. Das heutige Sprachgebiet des Französischen umfaßt Frankr., die frz. Schweiz, einen Teil Belgiens, das sö. Kanada, die Kanalinseln, das Aostatal; in Luxemburg und Monaco ist Französisch Amtssprache, in Kanada und auf den Kanalinseln Amtssprache neben dem Engl., in Belgien neben dem Niederländ. Amtssprache ist es ferner in den zur Frz. Gemeinschaft gehörenden ehem. frz. Kolonien. In Schwarzafrika gewinnt es bes. als Verkehrssprache an Bedeutung.

Ⓓ *Sergijewskij, M. W.: Gesch. der f. S. Dt. Übers. Mchn. 1979. - Rohlfs, G.: Vom Vulgärlatein zum Altfrz. Tüb.* [3]*1968. - Le Bidois, G./Le Bidois, R.: Syntaxe du français moderne, ses fondements historiques et psychologiques. Paris* [2]*1967. 2 Bde.*

Französische Union (Union Française), 1946 gebildete Gemeinschaft, die das frz. Mutterland, die frz. Überseedepartements und Überseeterritorien sowie die assoziierten Gebiete und Staaten umfaßte; 1958 von der ⇡ Französischen Gemeinschaft abgelöst.

französische Weine, bed. Weinbaugebiete sind: Elsaß, Champagne, Loire (Pouilly, Sancerre, Vouvray, Anjou, Saumur, Muscadet), Burgund, Côtes du Rhône, Midi, Bordelais, Charente. Frankr. ist nach Italien zweitgrößter europ. Weinerzeuger mit durchschnittl. 64 Mill. hl pro Jahr und bedeutendster Produzent von Qualitätsweinen (30 % der Ernte), führendes Rotwein- und Champagnerland der Erde.

Französisch-Guayana (amtl. Guyane française), frz. Überseedepartement an der NO-Küste Südamerikas, 91 000 km², 79 000 E (1984), Hauptstadt Cayenne; zwei Arrondissements mit insgesamt 20 Gemeinden. An die 320 km lange Küste schließt eine 15–40 km breite Küstenebene an. Nach S folgt ein niedriges, von flachen Bauxitrücken durchzogenes Hügelland, das in das Bergland von Guayana (bis 690 m Höhe) übergeht. - Die Bev. setzt sich überwiegend aus Negern und Kreolen zus., im Landesinnern leben Buschneger und Indianer. Rd. 90 % der überwiegend kath. Bev. wohnen in der Küstenebene. Französisch ist Amtssprache. - Land- und Forstwirtsch. bilden die ökonom. Grundlage. Exportiert wird der aus Zuckerrohr gewonnene Rum sowie Schnittholz, Rosenholzöl und Balata. In Kourou befindet sich eine frz. Raumforschungsstation.

Geschichte: 1498 erkundete Kolumbus die Küste Guayanas. Niederländer und Briten eroberten wiederholt frz. Besitzungen aus dem 16. Jh. Im Frieden von Utrecht (1713) mußte Frankr. auf das Gebiet zw. Rio Oiapoque und Amazonas verzichten. 1808 eroberten Briten und Portugiesen das Frankr. verbliebene Guayana, das dieses sich erst 1816 endgültig sichern konnte; 1854–1938 frz. Sträflingskolonie; seit 1946 frz. Überseedepartement.

Politische Verhältnisse: F.-G. ist Überseepartement, damit Bestandteil der Republik Frankr. und entsendet einen Abgeordneten in die Nat.versammlung und ein Mgl. in den Senat des frz. Parlaments. Die *Verwaltung* liegt in Händen eines Präfekten. Ein aus 16 gewählten Mgl. zusammengesetzter Generalrat hat beratende Befugnisse in bestimmten Fragen der Gesetzgebung. Von den 5 *Parteien* F.-G.

ist nur die RPR von überregionaler Bed. Das *Gerichtswesen* ist dem frz. eingegliedert.

Französisch-Indien (Inde française oder Établissements français de l'Inde), bis 1954 die Restbestände des frz. Kolonialbesitzes in Indien; ging auf die Tätigkeit der ostind. Kompanie zurück, die seit 1668 Handelsniederlassungen in Indien errichtete; schmolz im Siebenjährigen Krieg im wesentl. auf die fünf Städte Chandernagore im Gangesdelta, Pondicherry, Karikal und Yanam an der O-Küste sowie Mahe an der Westküste des ind. Subkontinents zusammen, die nach der Proklamation Indiens zur Republik 1951/54 diesem einverleibt wurden.

Französisch-Indochina ↑ Indochina.

Französisch-Polynesien (amtl. Polynésie française), frz. Überseeterritorium im zentralen Pazifik, umfaßt zus. 130 Inseln in einem Meeresgebiet von rd. 2 Mill. km², etwa 172 000 E (1984), Hauptstadt Papeete auf Tahiti. Hauptexportgüter sind Kopra, Vanille und Perlmutt; Fremdenverkehr. - 1903 erhielt F.-P. den Status einer Kolonie. Die Eingeborenen bekamen 1945 frz. Bürgerrecht; seit 1959 Überseeterritorium.

Französisch-Somaliland, bis 1967 Name des ehem. frz. Überseeterritoriums Frz. Afar- und Issa-Küste (↑ Dschibuti).

Französisch-Westafrika (Afrique-Occidentale française), 1895–1958 frz. Generalgouvernement bzw. Föderation von Territorien der Frz. Union, die schließl. das Gebiet der heute unabhängigen Staaten Senegal, Elfenbeinküste, Mali, Guinea, Niger, Benin, Mauretanien und Burkina Faso umfaßte. Die koloniale Durchdringung setzte ab 1659 von der W-Küste aus ein, seit Anfang 19. Jh. begann eine etappenweise Expansion, die 1854 zur Konstituierung der Kolonie Senegal und 1857 zur Gründung der späteren Hauptstadt von F.-W., Dakar, führte und nach 1900 endete. F.-W. war die größte administrative Einheit des frz. Kolonialreiches und wurde in Teilen mehrfach umstrukturiert. 1946 wurde F.-W. in ein Überseeterritorium der Frz. Union umgestaltet. Die Indochina- und die Algerienkrise führten zur Auflösung auch von F.-W.; 1958 lehnte Guinea den Verbleib in der Frz. Gemeinschaft ab und gewann so volle Unabhängigkeit. Die übrigen Staaten auf dem Gebiet des ehem. F.-W. blieben, ab 1960 unabhängig, mit gewissen Schwankungen Frankr. eng verbunden.

Franz Xaver, eigtl. Francisco de Jassu y Xavier (Javier), * Schloß Xaviero (Prov. Navarra) 7. April 1506, † auf Sankian bei Kanton 3. Dez. 1552, span. kath. Theologe, Jesuit. - Mitbegründer des Jesuitenordens; 1541 als päpstl. Legat im Auftrag des portugies. Königs Johann III. in Indien, von wo aus er weitere Missionsreisen unternahm. Seine Bed. liegt in der planmäßigen Erforschung des Missionsfeldes und einer Anpassung an

die Landessitten (u. a. Sprachstudium). 1622 heiliggesprochen, Fest: 3. Dez.; Patron der kath. Missionen.

frappieren [zu frz. frapper „schlagen"], in die Augen fallen, auffallen; stutzig machen, überraschen; befremden.

Frascati, italien. Stadt in Latium, 20 km sö. von Rom, 322 m ü. d. M., 19 000 E. Bischofssitz; Observatorium, Kernforschungszentrum, Inst. für Didaktik; Weinbau, Ölmühlen; Fremdenverkehr. - Zahlr. Barockvillen, u. a. Villa Aldobrandini (oder Belvedere), 1598–1603 erbaut für Papst Klemens VIII.; sö. Ruinen der Römerstadt **Tusculum** (Amphitheater, Villa des Tiberius u. a.).

Frascati, kräftiger, erdig-kerniger, goldfarbener Weißwein aus dem Gebiet um Frascati.

Frasch (Frash), Hermann [engl. fræʃ], * Oberrot (Rems-Murr-Kreis) 25. Dez. 1851, † Paris 1. Mai 1914, amerikan. Chemiker und Technologe dt. Herkunft. - Entwickelte 1876 ein Paraffinraffinationsverfahren, ein Entschwefelungsverfahren für Erdöl und das nach ihm ben. **Frasch-Verfahren** zur Gewinnung von Schwefel durch Einpressen von Heißwasser (170 °C) und Preßluft in die Lagerstätte.

Fräse [lat.-frz.] (Fraise), schmaler Bakken- und Kinnbart (von Ohr zu Ohr); ohne Schnurrbart getragen.

Fräsen [lat.-frz.], spanende Bearbeitung von Werkstücken mit rotierenden Fräswerkzeugen (Fräser) zur Herstellung planer Flächen, von Nuten, Profilen usw.; **Fräser** sind Schneidwerkzeuge mit mehreren Schneiden auf der Außen- und/oder Stirnseite (Walzen-, Stirn- oder Walzenstirnfräser).

Fraser, Malcolm [engl. 'freɪzə], * Melbourne 21. Mai 1930, austral. Politiker. - Seit 1955 für die (konservativ ausgerichtete) Liberal Party Abg. im Repräsentantenhaus; 1968/69 und 1971/72 Min. für Erziehung und Wissenschaft; 1969–71 Verteidigungsmin.; seit 1975 Führer der Liberal Party; 1975–März 1983 Premiermin. einer Koalitionsregierung.

Fraser River [engl. 'freɪzə 'rɪvə], Fluß in W-Kanada, entspringt in den Rocky Mountains, durchfließt den Rocky Mountain Trench nach NW, biegt dann nach S um und mündet bei Vancouver in die Georgia Strait (Pazifik), 1 370 km lang.

Frashëri, Naim [alban. 'fraʃəri], * Frashër 25. Mai (?) 1846, † Kızıltoprak bei Istanbul 20. Okt. 1900, alban. Dichter. - Mit seinen Brüdern Abdyl F. (* 1839, † 1892) und Sami F. (* 1850, † 1904) Vorkämpfer der alban. nat. Bewegung. Begann mit pers. Lyrik, verfaßte dann in alban. Sprache Lyrik, Epen, Schulbücher und Übersetzungen.

Fraßgifte ↑ Schädlingsbekämpfungsmittel.

Frater [lat. „Bruder"], im frühen Mönchtum Selbstbez. der Mönche. Nach der Unter-

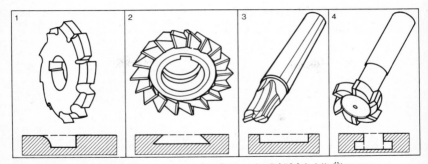

Fräsen. Fräser mit bearbeiteten Werkstücken (1 Viertelkreisformfräser zum Fräsen von Kantenabrundungen, 2 Winkelstirnfräser zum Fräsen von Schwalbenschwanzführungen, 3 Schneiden-Langlochfräser zum Fräsen von Keilnuten, 4 T-Nutenfräser)

scheidung in Priester- und Laienmönche Bez. für Laienmönche.

Fraternisation [lat.-frz.], Verbrüderung; **fraternisieren**, sich verbrüdern, vertraut machen.

Fraternité [frz. fratɛrni'te: „Brüderlichkeit"; zu lat. frater „Bruder"], eine der drei Losungen der Frz. Revolution (Liberté, Égalité, F.).

Fratizellen [zu mittellat. fraticelli, eigtl. „Mönchlein"], Name für verschiedene Gruppen der ↑ Armutsbewegungen des MA.

Fratres Minores [lat. „Mindere Brüder"], offizielle Bez. für die Franziskaner.

Fratzenorchis (Ohnsporn, Aceras), Gatt. der Orchideen ist der einzigen einheim. Art **Aceras anthropophorum;** Blüten ohne Sporn, klein, gelbl.-grün bis bräunl., in dichter Traube mit vierzipfeliger Unterlippe und rot überlaufener, helmförmiger Blütenhülle; geschützt.

Frau [zu althochdt. frouwe „Herrin, Dame"], erwachsener Mensch weibl. Geschlechts. Neben den Chromosomen, den inneren und äußeren Geschlechtsorganen und den Keimdrüsenhormonen beziehen sich die geschlechtsspezif. Besonderheiten der F. v. a. auf das äußere Erscheinungsbild. Im **Skelettsystem** bestehen im Mittel deutl. Unterschiede zu dem des Mannes. Das Becken der F. ist relativ breiter und niedriger, die vorderen Schambeinäste bilden einen stumpferen Winkel, die Beckenschaufeln werden durch ein breiteres, nach hinten stärker gewölbtes Kreuzbein verbunden, der Beckeneingang ist, funktionsabhängig, absolut größer. Die stärkere Wölbung des Kreuzbeins bedingt eine stärkere Biegung der Lendenwirbelsäule; mit der größeren Breite des Beckens hängt auch die mehr schräge Stellung der Oberschenkel-

knochen zus. Am **Schädel** sind die Überaugenwülste schwächer ausgebildet, die Stirn ist meist steiler und gleichmäßiger gewölbt, die Unterkieferwinkel sind weniger betont. Der Kehlkopf ist durchschnittl. räuml. um fast ein Drittel kleiner. Die **Muskulatur** ist im Mittel schwächer ausgebildet, das Unterhautfettgewebe dagegen stärker ausgeprägt. Letzteres wird bes. an den Oberschenkeln, der Hüfte und der Brust angelagert. Auch **Hautmerkmale** zeigen im Mittel Häufigkeitsunterschiede zw. den Geschlechtern. Frauen haben weniger Wirbel und häufiger Bogen- und Schleifenmuster im Hautleistensystem der Fingerbeeren; die Muster haben durchschnittl. auch weniger Leisten. Die sekundäre **Körperbehaarung** ist schwächer, die obere Begrenzung der Schamhaare verläuft meist gradlinig horizontal, das Kopfhaar erreicht bei ungehindertem Wachstum eine größere Länge; außerdem neigen Frauen weniger zur Glatzenbildung. Bei Frauen europ. Populationen zeigt sich auch eine stärkere Pigmentierung der Haare und der Regenbogenhaut der Augen. - **Physiolog. Merkmale** beziehen sich bes. auf die Hormone (↑ Geschlechtshormone) und das blutbildende System. Der Eisenspiegel ist (durch die Menstruation bedingt) prozentual geringer, die Blutkörperchensenkungsgeschwindigkeit im Mittel etwas schneller. Der Energiehaushalt ist insofern etwas rationeller, als der Grundumsatz im Mittel niedriger ist. In **psycholog. Hinsicht** sind Unterschiede zw. Mann und F. zurückhaltend zu interpretieren. Wechselbeziehungen zw. den psych. und den primären und sekundären weibl. Geschlechtsmerkmalen sind nach bisherigen Untersuchungen nur in geringem Maße vorhanden. Die F. scheint jedoch eher zu emotionalem Verhalten zu neigen und zeigt häufig mehr Personeninteresse. Für Begabungen scheinen gewisse Unterschiede zu bestehen, mit geringerer naturwiss. und größerer sprachl. Begabung im weibl. Geschlecht. Hinsichtl. der Intelligenz bestehen keine Geschlechtsunterschiede.

Soziologie: Der zahlenmäßige Anteil der F. an der Bev. variiert in den einzelnen Ländern.

Frau

Im großen und ganzen kann, v. a. im europ. Bereich (einschließl. der USA), von einem F.-überschuß gesprochen werden, bedingt u. a. durch niedrigere Säuglingssterblichkeit bei Mädchen und durch die höhere Lebenserwartung der F. Die biolog. Merkmale der F. werden in verschiedenen Gesellschaften unterschiedl. sozial überformt. Nahezu alle zugeschriebenen psych. und sozialen Merkmale, die als weibl. bezeichnet werden, resultieren aus den in den verschiedenen Gesellschaftsformen vorherrschenden Rollen der F. Die Stellung der F. in der Gesellschaft hängt von den Formen und Funktionen der biolog. und der ökonom. Arbeitsteilung zw. den Geschlechtern ab. So ändert sich ihre Stellung in sozialer, polit., rechtl. und ökonom. Hinsicht weitgehend mit der wechselnden Bed., die ihrer Rolle im Zusammenhang mit dem Aufwachsen der Kinder beigemessen wird. Ebenfalls entscheidend ist die Verfügungsgewalt über Eigentum. Obwohl auch primitive Gesellschaften eine Vielfalt von Formen der Arbeitsteilung zw. F. und Mann aufweisen, ist mit wenigen Ausnahmen die Stellung der F. als unterprivilegiert zu bezeichnen; das Patriarchat dominiert. Eine grundlegende Änderung der Position der F. setzte seit Beginn der Industrialisierung ein. Mit der Verlagerung vieler Aufgabenbereiche aus dem Haushalt in das außerhäusl. Berufsleben und der zunehmenden Beteiligung der F. an diesen Arbeitsprozessen ging eine Neubewertung ihrer Position einher. Inzwischen ist in allen industrialisierten Ländern die Gleichheit von F. und Mann verfassungsmäßig verankert, was sich jedoch nicht notwendigerweise im familiären und berufl. Bereich widerspiegelt. **Kulturgeschichte:** Über die Stellung der F. in frühgeschichtl. Zeit, über die Herrschaftsverhältnisse und Beziehung der Geschlechter zueinander gibt es keine gesicherten Aufschlüsse. Antike Mythologien und archäolog. Funde lassen die Vermutung zu, daß F. in den frühgeschichtl. Kulturen eine gesellschaftl. starke, wenn nicht beherrschende Stellung innehatten. Die durch die F.bewegung aktualisierte Matriarchatsdiskussion kennt 3 Ansätze. Die *Evolutionstheorie*, von Bachofen (1861) begonnen, von Morgan und Engels weiterentwickelt, geht von einer matriarchal. organisierten Urgesellschaft aus. In der weder Privateigentum, noch Unterdrückung der einen durch das andere Geschlecht gegeben habe. Die ökonom. Stellung der F. sei so stark wie die des Mannes gewesen, die Kinder allerdings immer ihrem Geschlechterverband zugeordnet worden. Mit zunehmender Verfeinerung der Produktionsmittel im Neolithikum (Ackerbau, Viehzucht) sei die Stellung des Mannes immer stärker, die der F. immer schwächer geworden. Die *Pendeltheorie* von M. Vaerting (1921) versucht anhand von histor. und anthropolog. Beispielen zu bewei-

sen, daß die Geschlechter sich im Lauf der Geschichte in der Herrschaft abgewechselt haben. Das jeweils herrschende Geschlecht habe typisch „männl." Funktionen, Verhaltensweisen und Körperbau gehabt, das jeweils beherrschte hingegen „weibl.". Die *Matriarchatstheorie* geht von einer universalen frühgeschichtl. Vorherrschaft der F. aus, die sich v. a. auf ihre Reproduktionsfähigkeit gegründet und bis in geschichtliche Zeit fortgesetzt habe. Die Amazonensage ist demnach Beweis für den Kampf des Matriarchats gegen das aufkommende Patriarchat im griech. Kulturraum. Die patriarchal. Menschheitsperiode, aus der schriftl. Zeugnisse vorliegen, umspannt 4 000 Jahre. Die Stellung der F. im Alten Orient, bei den Griechen, Römern und Germanen war bis auf wenige Ausnahmen gekennzeichnet von rechtl. Unmündigkeit und Beschränkung auf den häusl. Bereich. Das Christentum trug wesentl. zur weiteren Unterdrückung und Verteufelung der F. bei (Eva als Sinnbild des Bösen). Die großen Hexenjagden in M-Europa im 16. und 17.Jh. kosteten vermutl. Mill. F. das Leben. Seit der Frz. Revolution und der wirtsch. Umwälzung durch die Industrialisierung im 19.Jh. drangen F., wenn auch unter großen Schwierigkeiten, in alle gesellschaftl. Bereiche vor, organisierten sich und kämpften z. T. mit erhebl. Militanz (Suffragetten) um ihre gesellschaftl. Rechte. **Religionsgeschichte:** Spezif. religiösen Funktionen der F. liegt wohl urspr. die Annahme einer bes. engen Beziehung der F. zu übersinnl. Mächten zugrunde. Dem Wohl einzelner wie der Gemeinschaft dienen im allgemeinen die Schamanin, die Medizinfrau, die Seherin und Prophetin. Mit dem Seherinnentum konnten kult. Aufgaben verbunden sein. - Mit dem weibl. Priestertum war häufig das Keuschheitsopfer verbunden, das zwei einander entgegengesetzte Formen aufweist. Einmal konnte es in dem Gelöbnis der Jungfräulichkeit bestehen. Die andere Form des Keuschheitsopfers bestand in der Ausübung der Tempelprostitution. Die histor. späteren Religionen weisen unbestreitbar eine sukzessive Zurückdrängung religiöser Funktionen der F. auf, die erst in neuester Zeit rückläufige Tendenzen zeigt. Während das A. T. F. als große religiöse Gestalten kennt (z. B. die Richterin Debora und die Prophetin Hulda), setzte im Spätjudentum eine Bewegung gegen das weibl. Element ein, dem im Gottesdienst der Synagoge eine rein passive Rolle zugewiesen wurde. - Die völlige Abschließung der F. im Harem wurde vom Islam erst im Laufe seiner Geschichte vollzogen, dann aber von der Orthodoxie als gottgewollte und nachträgl. auf den Propheten Mohammed zurückgeführte Ordnung angesehen. - Eine Zurückdrängung der F. im Christentum beginnt bereits im Urchristentum. Das zölibatäre Mönchtum neigte zur Verachtung der F. als „Gefäß der Sünde". Dagegen förderte die Verehrung der Jungfrau Maria eine Hochschätzung asket. Jungfräulichkeit. Die neuzeitl. Situation ist gekennzeichnet durch weitgehende Gleichstellung der Geschlechter, die einzelne prot. Kirchen in neuester Zeit auch auf die Ausübung des Pfarramtes ausdehnten (↑ auch Pfarrerin). Die Diskussion um das geistl. Amt der F. in der kath. Kirche hat ebenfalls begonnen.

📖 *Frauen u. Sexualmoral. Hg. v. M. Janssen-Jurreit. Ffm. 1986. - Spender, A.: Frauen kommen nicht vor. Sexismus im Bildungswesen. Ffm. 1985. - Millett, K.: Sexus u. Herrschaft. Mchn. 1983. - Janssen-Jurreit, M.: Sexismus. Ffm. 1979. - Beauvoir, S. de: Das andere Geschlecht. Dt. Übers. Rbk. 1979. - Mead, M.: Mann u. Weib: Das Verhältnis der Geschlechter in einer sich wandelnden Welt. Dt. Übers. Rbk. 1979. - Frauenprogramm gegen Diskriminierung. Hg. v. M. Janssen-Jurreit. Rbk. 1979. - Friedan, B.: Der Weiblichkeitswahn oder Die Selbstbefreiung der F. Dt. Übers. Neuausg. Rbk. 1978. - Moltmann-Wendel, E.: Freiheit - Gleichheit - Schwesterlichkeit. Zur Emanzipation der F. in Kirche u. Gesellschaft. Mchn. ²1978. - Frauenbefreiung. Bibl. u. theolog. Argumente. Hg. v. E. Moltmann-Wendel. Mchn.; Mainz ²1978. - Bachofen, J. J.: Das Mutterrecht. Hg. v. H. J. Heinrichs. Ffm. 1975. - Bebel, A.: Die F. u. der Sozialismus. Neudr. der Jubiläumsausg. 1929. Bln. 1980.*

Frau Ava, † bei Melk 7. Febr. 1127, dt. Dichterin. - Das Todesdatum ist das der Klausnerin Ava, mit der die Dichterin vermutl. ident. ist. Schrieb zw. 1120/25 eine von Laienfrömmigkeit geprägte frühmittelhochdt. Heilsgeschichte in mehreren Gedichten.

Frauenarbeit, Arbeit der Frau als Erwerbstätigkeit. Sie hat seit Beginn der Industrialisierung ständig zugenommen. Gründe für die F. sind neben dem volkswirtsch. Bedarf an Arbeitskräften v. a. die Notwendigkeit für Frauen, den eigenen Lebensunterhalt zu verdienen oder zum Familieneinkommen beizutragen, ihr Bedürfnis nach Betätigung (außerhalb des Haushalts). In der BR Deutschland stellen die Frauen 35 % der im Erwerbsleben stehenden Personen. Die zunehmende wirtschaftl. Selbständigkeit der Frau ist eng verbunden mit ihrer Emanzipation im sozialen, polit. und kulturellen Bereich. Doch ist bisher in keinem Ind.staat eine Neuverteilung der Aufgaben in Beruf, Haushalt, Erziehung zw. Männern und Frauen gelungen, so daß fast immer die Gefahr der Überforderung der berufstätigen Frau besteht. Bes. häufig zu finden sind Frauen in den gewerbl. und kaufmänn., in den Büro- und Verwaltungsberufen sowie in den Sozial- und Lehrberufen. Der Anteil der Frauen in landw. Berufen (mithelfende weibl. Familienangehörige) nimmt ab. Fast 30 % aller weibl. Erwerbstätigen arbeiten als Teilzeitbeschäftigte. Frauen sind vorwiegend in einfachen oder mittleren Berufspositionen beschäftigt. Gegenüber ihren männl. Kollegen wird ihnen häufig durch Eingruppierung (z. B. durch bes. für Frauen eingerichtete Leichtlohngruppen) u. a. Maßnahmen der gleiche Lohn für gleiche Arbeit vorenthalten. Auch die Arbeitslosigkeit der Frauen entwikkelte sich ungünstiger als die der Männer: während die Zahl der männl. Arbeitslosen 1985 noch um 1 % zunahm, erhöhte sich der weibl. um 2,6 % auf nunmehr 1 015 000 (BR Deutschland).

📖 *Ostner, I.: Beruf u. Hausarbeit. Ffm. ³1982. - Jochimsen, L.: Sozialismus als Männersache oder Kennen Sie „Bebels Frau"? Rbk. 1978. - Däubler-Gmelin, H.: F.losigkeit oder Reserve zurück an den Herd! Rbk. 1977. - Menschik, J.: Gleichberechtigung oder Emanzipation? Die Frau im Erwerbsleben der Bundesrepublik. Ffm. ⁶1976. - Myrdal, A./Klein, V.: Die Doppelrolle der Frau in Familie u. Beruf. Dt. Übers. Köln u. Bln. ³1971. - Zahn-Harnack, A. v.: Die arbeitende Frau. Breslau 1924.*

Frauenarzt, svw. ↑ Gynäkologe.

frauenberufliche Schulen, Schulen für Mädchen und junge Frauen zur Vorbereitung auf hauswirtsch., pfleger., sozialpädagog., gewerbl. (Textilind.) und landw. Frauenberufe. Neben den Berufsschulen v. a. als Berufsfachschulen, Berufsaufbauschulen, Fachschulen, Fachoberschulen und Fachhochschulen, die heute aber weitgehend nicht ausschließl. Frauen ausbilden.

Frauenbewegung, organisierte Form des Kampfes um polit., soziale und kulturelle Gleichstellung der Frau, häufig im Zusammenhang mit anderen sozialen Reformbewegungen. Während der Frz. Revolution entstanden zahlr. Veröffentlichungen zu den Rechten der Frau sowie in Frankr. revolutionäre Frauenklubs (ähnl. in Deutschland um 1848). Die mit der industriellen Revolution verbundenen sozialen Umwälzungen gaben der F. nach 1850 in vielen Ländern neue Impulse. 1865 wurde der Allg. Dt. Frauenverein gegr., der sich v. a. mit Frauenarbeit und Frauenbildung beschäftigte. Die sozialist. Interpretation der Frauenemanzipation (A. Bebel, C. Zetkin) betonte, daß die Befreiung des Proletariats die Befreiung der Frau beinhalte. Das Hauptanliegen der frühen F., das Frauenwahlrecht, wurde schließl. zu ganz unterschiedl. Zeitpunkten erreicht: z. B. Finnland 1906, UdSSR 1917, Deutschland 1918, USA 1920, Großbrit. 1928, Frankr. 1944, Schweiz 1971. Durch die wirtsch. Notwendigkeiten und sozialen Umwälzungen des 1. Weltkriegs nahm die Frauenarbeit und damit die Integration der Frau in Politik und Gesellschaft zu. Einen starken Rückschritt brachte in Deutschland die NS-Ideologie von der Rolle der Frau als Gattin und Mutter. - Trotz Frauenwahlrecht und verfassungsrechtl.

Gleichstellung ist bis heute die volle Integration der Frauen in das polit., soziale und kulturelle Leben nicht verwirklicht (z. B. Benachteiligung bei der Entlohnung, geringe Vertretung in den Parlamenten). Auf diesem Hintergrund entstand in den letzten Jahren eine neue, radikalere F. (z. B. in den USA „Women's Liberation Movement"). In der BR Deutschland entwickelten sich nach 1968 aus der Studentenbewegung - v. a. auch im Zusammenhang mit dem Kampf um die Abschaffung des § 218 (Verbot des Schwangerschaftsabbruchs) - neue, linke Frauengruppen, die im Kampf gegen das gesellschaftl. System z. T. auch gegen die individuelle und gesellschaftl. Männerherrschaft kämpfen (radikal-feminist. Gruppen), z. T. in anderen polit. Organisationen mitarbeiten (sozialist.-feminist. Gruppen). In vielen Großstädten wird an der Errichtung von Häusern für mißhandelte Frauen gearbeitet.

⚟ *Schenk, H.: Die feminist. Herausforderung. 150 Jahre F. in Deutschland. Mchn. ³1983. - Grundlagentexte zur Emanzipation der Frau. Hg. v. J. Menschik. Köln ³1980. - Evans, R. J.: Sozialdemokratie und Frauenemanzipation im dt. Kaiserreich. Dt. Übers. Bln. 1978. - Twellmann-Schepp, M.: Die dt. F. Ihre Anfänge und erste Entwicklungen 1848–1889. Königstein i. Ts. 1976.*

Frauenburg (poln. Frombork), Stadt im Ermland, Polen▾, 70 km östl. von Danzig, 25 m ü. d. M., 1 500 E. Kopernikusarchiv und -museum; Fischereihafen; Fremdenverkehr. - Um 1270 vom ermländ. Bischof Heinrich I. gegr.; 1310 Lübecker Stadtrecht. 1466–1772 unter poln. Oberhoheit, 1772 an Preußen. - Got. ehem. Kathedrale (1329–88).

Frauenchiemsee […'ki:mze:] (Frauenwörth), Benediktinerinnenkloster auf der Fraueninsel im Chiemsee, Bayern, gegr. Mitte des 8. Jh.; 1803 säkularisiert, 1831 den Benediktinerinnen wieder überlassen, 1901 Abtei. Die roman. Kirche geht auf einen karoling. Bau zurück, Langhaus und Chorumgang um 1150, freistehender Glockenturm (1395). In der Basilika und in der Torkapelle bed. roman. und got. Wandmalereien.

Frauenemanzipation, Bestrebungen um rechtl., soziale und polit. Gleichstellung der Frau in bezug auf den Mann; hat ihre Ursprünge in der Frz. Revolution, erfuhr weitere Entwicklungen in den Ideen des Liberalismus und des Sozialismus. Bed. Themen der F.: Frauenwahlrecht, Stellung der Frau im Beruf (gleicher Lohn für gleiche Arbeit, gleiche Ausbildungschancen für die Frau), Fragen des Ehe- und Familienrechts; organisierte Formen der F. manifestierten sich in ↑Frauenverbänden.

Frauenfachschulen, ↑Berufsfachschulen hauswirtsch. und gewerbl. (Textilgewerbe) Richtung.

Frauenfarn (Athyrium), Gatt. der Tüpfelfarngewächse mit etwa 200 Arten in den gemäßigten Zonen (v. a. in O-Asien); in M-Europa in Wäldern und auf Bergweiden nur zwei Arten, davon am bekanntesten der **Waldfrauenfarn** (Athyrium filix-femina) mit feinzerteilten, bis 1 m langen, hellgrünen Wedeln.

Frauenfeld, Hauptort des schweizer. Kt. Thurgau, 15 km nö. von Winterthur, 411 m ü. d. M., 19 000 E. Kantonsbibliothek, -museum. Metall- und Lederverarbeitung, Zukkerraffinerie, Textilind., Verlage und Buchdruckereien. - Im 13. Jh. auf Reichenauer Gebiet gegr.; wurde habsburgisch, erwarb 1415 die Reichsfreiheit, 1442 bis zur Eroberung des Thurgaues durch die Eidgenossen erneut unter östr. Herrschaft; 1712–98 Tagsatzungsort der Eidgenossenschaft. - Die got. Laurentiuskapelle besitzt Glasmalereien des 14. Jh.; Rathaus (1790–94); Schloß F. (12. Jh.).

Frauenflachs, svw. ↑Leinkraut.

Frauenhaar (Goldenes F., Gemeines Widertonmoos, Polytrichum commune), bis 40 cm hohes, lockere Polster bildendes Laubmoos auf sauren Wald- und Heideböden.

Frauenhaarfarn (Adiantum), Gatt. der Tüpfelfarngewächse mit über 200 Arten in allen wärmeren Gebieten der Erde; am bekanntesten ist der **Echte Frauenhaarfarn** (Adiantum capillus-veneris) mit vielen haarfein gestielten Fiederchen.

Frauenhandel (Mädchenhandel), nach dem internat. Abkommen vom 4. 5. 1910 das Anwerben, Verschleppen oder Entführen von Mädchen oder Frauen zur Unzucht ins Ausland mittels Täuschung oder unter Anwendung von Zwangsmitteln. Zur Bekämpfung des F. wurden mehrere internat. Abkommen abgeschlossen; in der BR Deutschland gemäß § 181 StGB (Menschenhandel) unter Strafe gestellt. Nach § 6 Ziff. 3 StGB unterliegt der F. und Kinderhandel dem Weltrechtsgrundsatz und wird von dt. Gerichten unabhängig von Tatort und Nationalität des Täters verfolgt.

Für das *östr.* und das *schweizer. Recht* gilt das zum dt. Recht Gesagte.

Frauenhaus, Bez. für die Schlafstätte unverheirateter Mädchen außerhalb des elterl. Hauses, u. a. auf Südseeinseln und in O-Afrika.

◆ in der BR Deutschland Bez. für ein Haus, in dem verheiratete, von ihren Männern mißhandelte Frauen [mit ihren Kindern] Aufnahme finden.

Frauenheilkunde, svw. ↑Gynäkologie.

Frauenherz, svw. ↑Tränendes Herz.

Fraueninsel ↑Chiemsee, ↑Frauenchiemsee.

Frauenkauf ↑Kaufheirat.

Frauenkrankheiten, Erkrankungen der weibl. Geschlechtsorgane und Brustdrüsen.

Frauenlob ↑Heinrich von Meißen.

Frauenmantel (Alchemilla), Gatt. der

Rosengewächse mit über 20 Arten vorwiegend in gemäßigten und kühlen Gebieten und Hochgebirgen; meist Stauden mit kleinen, gelbl. oder grünen Blüten und rundl., häufig fingerförmig eingeschnittenen Blättern mit lockerer oder dicht seidiger Behaarung. - Bekannte Sammelarten sind: **Gemeiner Frauenmantel** (Marienmantel, Alchemilla vulgaris), auf feuchten Wiesen und in lichten Wäldern, Blätter mit 9–13 stark gesägten Lappen; **Alpenfrauenmantel** (Silbermantel, Alchemilla alpina) mit bis zum Grund geteilter Blattspreite; verbreitet auf Weiden, Felsen und Geröll der Alpen und der hohen Mittelgebirge.

Frauenmilch, svw. ↑ Muttermilch.

Frauenpresse, die frühesten Frauenzeitschriften stammen aus der 1. Hälfte des 18. Jh. Um die Wende 18./19. Jh. entstanden die ersten Modezeitschriften. Nach 1848 entwickelte sich die F. in zwei Richtungen: reine Unterhaltungspresse, meist als Familienzeitschrift (z. B. „Die Gartenlaube“); zum anderen Blätter, die sich mit speziellen Problemen der Frauen befaßten, z. B. mit Frauenberufen oder mit der Frauenbewegung. Daneben entstanden konfessionelle Frauenzeitschriften. Nach 1933 wurde auch die F. der NS-Propaganda dienstbar gemacht und gleichgeschaltet. - Die auflagenstarken Frauenzeitschriften nach dem 2. Weltkrieg gehören vorwiegend zur Gruppe der Illustrierten (in der BR Deutschland u. a.: „Brigitte“, „Frau im Spiegel“, „freundin“, „Für Sie“, „petra“, „tina“). Mit der Gründung von „Ms.“ (1972) in den USA, von „Courage“ (1976) und „Emma“ (1977) in der BR Deutschland entstand ein neuer Typ der Frauenzeitschrift, der sich umfassend und in radikal-reformerischer Zielsetzung der Emanzipation der Frauen widmet.

Frauenraub, gewaltsame Entführung eines Mädchens gegen oder mit dessen Willen zur Eheschließung; i. d. R. dort verbreitet, wo entweder der hohe Brautpreis oder die Kosten einer Hochzeitsfeier die Mittel der Eltern übersteigen oder wo wegen sozialer Schranken einer Eheschließung Schwierigkeiten im Wege stehen. Bis ins Spät-MA in Unterscheidung zur Entführung teils mit der Todesstrafe geahndet, wurde der aus dem gesamten europ. Kulturkreis überlieferte F. in der Aufklärung nurmehr als Freiheitsdelikt erfaßt. F. ist heute noch verbreitet bei Naturvölkern sowie in Restformen (z. B. Verstecken der Braut) u. a. bei Türken und Tartaren. - F. war ein beliebtes Thema der antiken Mythologie, bereits in der griech. Vasenmalerei und Plastik mehrfach dargestellt; Wiederaufnahme bes. seit dem Manierismus; häufig auch im Barock.

Frauenschaft ↑ Nationalsozialistische Frauenschaft.

Frauenschuh (Cypripedium), Gatt. der Orchideen mit etwa 50 Arten auf der nördl. Erdhalbkugel; Erdorchideen mit büschelartig verzweigtem Wurzelstock und ungegliederten, meist behaarten Blättern; Blüten einzeln oder in wenigblütigen Trauben mit großer, schuhförmiger Unterlippe; in Europa in lichten Wäldern auf Kalk nur der geschützte **Rotbraune Frauenschuh** (Cypripedium calceolus) mit bis 10 cm langen, rotbraunen Blütenhüllblättern und goldgelber Lippe.

Frauensport ↑ Mädchen- und Frauensport.

Frauenverbände, sie entwickelten sich bes. seit der Industrialisierung, ausgelöst einerseits durch das Bewußtwerden der Unterprivilegierung der Frauen in der Ausbildung, in sozialer und polit. Hinsicht, und andererseits durch ein starkes sozialpolit. Engagement v. a. von Frauen mittelständ. Herkunft. In den USA engagierten sich F. gegen die Sklaverei (Philadelphia Female Anti-Slavery Society, 1833) und für die Prohibition (Women's Christian Temperance Union, 1874). Um die Jh.wende beschäftigten sich in den USA zahlr. F. mit Friedenspolitik, Ausbildung und Beruf sowie dem Schutz von Minderheiten. In den meisten europ. Ländern setzten sich seit etwa 1850 F. für die Lösung sozialer Fragen (z. B. Schutz lediger Mütter, Problem der Prostitution), das Frauenwahlrecht und die Gleichberechtigung ein. Heute bemühen sich die nat. Dachverbände (BR Deutschland: Dt. Frauenrat, Österreich: Bund östr. Frauenvereine, Schweiz: Bund schweizer. Frauenvereine) v. a. um die stärkere Integration der Frauen in Politik und Gesellschaft.

Frauenwahlrecht ↑ Wahlrecht.

Frauenzimmer, im späten MA das Frauengemach und die Gesamtheit der darin wohnenden weibl. Hausgenossen; seit Anfang des 17. Jh. für die einzelne Person verwendet.

Frauke, weibl. Vorname, fries. oder niederdt. Koseform zu Frau, eigtl. „kleine Frau, Frauchen“.

Fräulein, urspr. als Verkleinerungsbildung zu „Frau“, seit dem 12. Jh. Bez. und Anrede für die Jungfrau hochadligen Standes; die Bez. war bis ins 18./19. Jh. als „gnädiges F.“ dem Adel vorbehalten. Heute wird F. für die unverheiratete Frau nur noch be-

Fraunhofer-Linien

schränkt verwendet (in der Amtssprache durch „Frau" ersetzt). - Auch Bez. für weibl. Angestellte in einem Dienstleistungsberuf (v. a. in Gaststätten).

Fraunhofer, Joseph von (seit 1824), * Straubing 6. März 1787, † München 7. Juni 1826, dt. Optiker und Physiker. - Obwohl F. keinerlei akadem. Ausbildung hatte, wurde er 1817 zum korrespondierenden, 1821 zum außerordentl. Mgl. der Bayer. Akademie der Wissenschaften ernannt. 1819 wurde er Prof. und 1823 Konservator des Physikal. Kabinetts der Akademie. - F. verhalf mit seinen Arbeiten der Wellentheorie des Lichts zum endgültigen Durchbruch. 1814 entdeckte er die nach ihm ben. Absorptionslinien im Sonnenspektrum (**Fraunhofer-Linien**). In weiteren Arbeiten befaßte sich F. mit dem Phänomen der Beugung; mit dem von ihm konstruierten Beugungsgitter gelang ihm die erste absolute Wellenlängenmessung von Spektrallinien. - Abb. S. 233.

Fraunhofer-Gesellschaft zur Förderung der angewandten Forschung e. V. [nach J. von Fraunhofer], Abk. FhG, 1949 gegr. gemeinnützige Gesellschaft, die mit 30 wiss. Einrichtungen (1985) in der BR Deutschland angewandte und anwendungsorientierte Forschung, v. a. auf dem Gebiet der Natur- und Ingenieurwiss., betreibt. Neben der von staatl. Seite geförderten Eigenforschung werden auf dem Wege der Vertragsforschung Aufgaben für Ind. und Behörden bearbeitet. Sitz der Zentralverwaltung ist München.

Frawaschi [awest.], im Parsismus der persönl. Schutzgeist jedes Menschen, der sich nach dessen Tod mit seiner Seele vereinigt.

Fraxinus [lat.], svw. ↑Esche.

Frazer, Sir (seit 1914) James George [engl. ˈfreɪzə], * Glasgow 1. Jan. 1854, † Cambridge 7. Mai 1941, brit. Ethnologe. - Prof. in Liverpool und Cambridge; befaßte sich v. a. mit der Religion von Naturvölkern sowie der Antike als ethnolog. Sicht. Entfaltete in seinem monumentalen Werk „Der goldene Zweig" (2 Bde., 1890; 12 Bde., ³1907–15) eine inzwischen überholte Verhältnisbestimmung von Magie und Religion.

Frea ↑Frigg.

Freak [fri:k; engl.], 1. jemand, der sich nicht ins normale bürgerl. Leben einfügt; 2. jemand, der sich in übertriebener, fanatischer Weise für etwas begeistert, z. B. Computerfreak.

Frechen, Stadt im Braunkohlenrevier der Ville, NRW, 60–120 m ü. d. M., 43 000 E. Galerie Keramion, internat. Graphik-Biennale. Braunkohlenbergbau, Brikettfabriken, Baustoff- und Steinzeugind. - 877 erstmals erwähnt; 1230 an die Herzöge von Jülich und 1609/14 mit Jülich-Berg an Pfalz-Neuburg, 1815 an Preußen; seit 1951 Stadt.

Freckenhorst, Ortsteil von Warendorf.

Fred, männl. Vorname, Kurzform von Alfred und Manfred sowie der niederdt. und fries. Formen von Friedrich.

Freddy [...di], aus dem Engl. übernommener männl. Vorname, Kurzform von engl. Alfred und engl. Frederic[k].

Fredegar, im 16. Jh. aufgekommener, fälschl. Name für den angebl. Verf. einer fränk. Weltchronik des 7. Jh., die mehrere Autoren wohl in Burgund geschrieben und um 660 abgeschlossen haben; für die Zeit bis 584 Kompilation aus älteren Vorlagen, für 584–642 eigenständige und wichtigste Geschichtsquelle dieser Zeit, ebenso die Fortsetzungen bis 768.

Fredegunde, * um 550, † 597, fränk. Königin. - Unfrei geborene Nebenfrau König † Chilperichs I. von Neustrien, dessen Gemahlin 567 nach der Ermordung Königin Galswindas, der Schwester Brunhildes; übernahm nach der Ermordung Chilperichs (584) die Regentschaft für ihren Sohn Chlotar II.

Fredensborg [dän. ˈfreːˈðənsbɔr], dän. Schloß am Esrumsø, im NO der Insel Seeland, 1720–24 erbaut; Sommersitz der dänischen Könige.

Frederic (Frederick) [engl. ˈfrɛdrɪk], engl. Form von Friedrich.

Frédéric [frz. fredeˈrik], frz. Form von Friedrich.

Fredericia [dän. freðəˈre(d)sja], dän. Hafenstadt an der O-Küste Jütlands, 46 000 E. Wirtschaftszentrum mit jährl. Warenmesse; Garnison; wichtigster Bahnknotenpunkt Jütlands; Brücke über den Kleinen Belt. - 1649 von König Friedrich III. als Festungsstadt mit rechtwinkliger Straßenanlage erbaut; Wallanlagen erhalten.

Fredericton [engl. ˈfrɛdrɪktən], Hauptstadt der kanad. Prov. New Brunswick, am Saint John River, 45 000 E. Sitz eines anglikan. Bischofs; Univ. (gegr. 1785), histor. Museum; Bootswerften, Papier-, Schuh- und Nahrungsmittelind.; Fremdenverkehr; Hafen, Bahnknotenpunkt, ⚓. - Gegr. 1783.

Frederiksberg [dän. freðˈrɑgsˈbɛr], dän. Gemeinde auf Seeland, Enklave in der Stadt Kopenhagen, 88 000 E. Königl. Hochschule für Veterinärmedizin und Agrikultur, Handelshochschule, Militärakad., dän. Rundfunk, Zoo; Wohnort und Ind.standort, u. a. Königl. Porzellanmanufaktur.

Frederiksborg [dän. freðˈrɑgsˈbɔr], Renaissanceschloß im NO der dän. Insel Seeland, 1602–20 erbaut, mit Parkanlage (1720–24); 1859 z. T. abgebrannt, nach Wiederaufbau nationalhistor. Museum, bed. Orgel von Esaias Compenius (1605–10/16). - Der am 3. Juli 1720 zw. Schweden und Dänemark geschlossene **Friede von Frederiksborg** beendete den 2. Nord. Krieg. Dänemark gab seine Eroberungen in Pommern (Stralsund, Greifswald, Rügen) und Wismar an Schweden gegen Zahlung von 600 000 Reichstalern und Anerkennung des dän. Sundzolls zurück.

Frederikshåb [dän. frɛðregsˈhɔːˈb] (Paamiut), Hafenort an der SW-Küste Grönlands, 2300 E. Radio- und meteorolog. Station; Fischfang und -verarbeitung. - Gegr. 1742.

Frederikshavn [dän. freðrɔgsˈhau̯ˈn], dän. Hafenstadt am Kattegat, 35000 E. Fischereischule, militärhistor. Museum; Nahrungsmittelind., Werften; Eisenbahnknotenpunkt, wichtigster Fährhafen Jütlands, Fischerei- und Handelshafen sowie Marinestützpunkt. - Ab 1627 als Festung angelegt; Stadt seit 1818.

Fredrikstad [norweg. ˌfrɛdriksta], Hafenstadt in SO-Norwegen, 23000 E. Luth. Bischofssitz; u. a. Werft, Nahrungsmittel-, Textil-, Elektroind.; Fährverbindung nach Frederikshavn. Im Stadtgebiet liegt **Gamlebyen,** eine 1567 gegr. Festungsstadt (unter Denkmalschutz).

Fredro, Aleksander Graf, * Surochów bei Jarosław 20. Juni 1793, † Lemberg 15. Juli 1876, poln. Dramatiker. - Schöpfer und bedeutendster Vertreter des poln. Lustspiels (u. a. „Herr Geldhab", 1818; „Damen und Husaren", 1825).

Free Cinema [engl. ˈfriː ˈsɪnəmə „freies Kino"], Bewegung des engl. Films der späten 50er und frühen 60er Jahre, u. a. von den Regisseuren L. Anderson, K. Reisz und T. Richardson getragen (Ggs. zum Kommerzfilm); bed. Filme: T. Richardsons „Blick zurück im Zorn" (1959), „Der Komödiant" (1960), „Bitterer Honig" (1961) und K. Reisz' „Samstagnacht bis Sonntagmorgen" (1960).

Freehold [engl. ˈfriːhoʊld], bezeichnet im engl. Recht das freie Eigentum und bestimmte Arten des gebundenen Eigentums an Grund und Boden. Ursprüngl. die Leiheform für den Freien, der dafür nur Ritterdienst schuldig war, im Ggs. zum zinspflichtigen Lehnsbesitz der abhängigen Bauern. Die **Freeholders** hatten seit dem Jahre 1429 Wahlrecht für das Unterhaus.

Free Jazz [engl. ˈfriː ˈdʒæz „freier Jazz"], ein um 1960 entstandener Stilbereich des Jazz. Der F. J. stellt den radikalsten stilist. Bruch in der Geschichte des Jazz dar, da in ihm alle herkömml. Gestaltungsprinzipien aufgehoben werden: anstelle der bis dahin gültigen harmon.-metr. Formschemata tritt die „offene Form", die tonalen Bezüge werden verschleiert oder negiert, der den Rhythmus regulierende ↑ Beat wird weitgehend aufgehoben und die Tonbildung führt durch starke Geräuschanteile z. T. zu amelod., klangl. Improvisationsverläufen. - Seit 1965 beginnen sich im F. J. drei auseinanderstrebende Entwicklungen abzuzeichnen: 1. Der sog. „Mainstream" des F. J., der an die Musik der Wegbereiter O. Coleman, C. Taylor und J. Coltrane anknüpft und bluesbetont ist, 2. ein an der europ. Neuen Musik orientierter Stil und 3. ein an die außereurop. („exot.") Musik angelehnter Stil. - Die wichtigsten Vertreter des F. J. sind O. Coleman, C. Taylor, J. Coltrane, A. Shepp, Don Cherry und Sun Ra.

📖 *Jungbluth, A.: Jazz-Harmonielehre. Mainz 1981. - Jost, E.: F. J. Mainz 1975.*

Freese, Heinrich * Hamburg 13. Mai 1853, † Strausberg 29. Sept. 1944, dt. Industrieller und Sozialpolitiker. - Führte als einer der ersten dt. Industriellen in seinem Berliner Unternehmen Arbeitervertretung und Tarifvertrag (1884), Gewinnbeteiligung für Angestellte und Arbeiter (1889/91) und Achtstundentag (1892) ein.

Freesie (Freesia) [nach dem dt. Arzt F. H. T. Freese, † 1876], Gatt. der Schwertliliengewächse mit nur wenigen Arten in S-Afrika; Stauden mit schmalen, langen Blättern und großen, glockigen, weißen oder bunten, duftenden Blüten in nach einer Seite gerichteten Wickeln. - Abb. S. 236.

Freetown [engl. ˈfriːtaʊn], Hauptstadt von Sierra Leone, an der Küste der Halbinsel Sierra Leone, 316000 E (städt. Agglomeration). Sitz eines kath. und eines anglikan. Bischofs; Univ. (gegr. 1967); internat. Fischereiforschungsinst., Bibliotheken, Lehrerseminar, Landesmuseum; größtes Ind.zentrum des Landes; Küstenfischereiflotte, einziger Importhafen des Landes; internat. ✈ in Lungi. - 1787 als Ansiedlungsplatz für befreite Sklaven von Engländern gegr.; 1808 wurden Stadt und Halbinsel brit. Kolonie.

Freeze-Bewegung [engl. friːz] ↑ Friedensbewegung.

Fregatte [roman.], ursprüngl. ein als Beiboot dienendes Ruderboot mit Besegelung. Seit dem 17. Jh. Bez. für ein aus der Galeere entwickeltes bewaffnetes Segelschiff mit drei vollgetakelten Masten, das als Geleitschiff oder Aufklärungsschiff diente. Der heutige F.typ wurde im 2. Weltkrieg entwickelt: ein wendiges Kriegsschiff u. a. zum Geleitschutz und zur U-Boot-Jagd. Wasserverdrängung zw. 2000 und 3000 t, Geschwindigkeit etwa 30 Knoten. Die Bundesmarine besitzt 9 F. (1986), davon 6 Flugkörper-F., die mit Boden-Boden-Raketen, Boden-Luft-Raketen, U-Boot-Abwehr-Torpedorohren und einer 7,6-cm-Kanone ausgerüstet sind und 2 Hubschrauber (zur U-Boot-Bekämpfung) an Bord haben. - Abb. S. 236.

Fregattenkapitän ↑ Dienstgradbezeichnungen (Übersicht).

Fregattvögel (Fregatidae), Fam. sehr fluggewandter, ausgezeichnet segelnder, von der Schnabelspitze bis zum Schwanzende etwa 0,8–1,1 m langer Vögel mit fünf Arten, v. a. an den Küsten und Inseln trop. und subtrop. Meere; Flügel sehr schmal und lang, Spannweite bis 2,3 m, Schwanz tief gegabelt; Gefieder einfarbig schwarz oder mit weißen Zonen auf der Bauchseite; ♂ mit Kehlsack, den es während der Balz zu einem mächtigen, knallroten Ball aufbläst.

Fregatte (um 1812; Modell)

Frege, Gottlob, * Wismar 8. Nov. 1848, † Bad Kleinen (Landkr. Wismar) 26. Juli 1925, dt. Mathematiker und Philosoph. - 1879–1918 Prof. in Jena; begründete die moderne mathemat. bzw. formale Logik.
Werke: Begriffsschrift... (1879), Grundlagen der Arithmetik (1884), Grundgesetze der Arithmetik (1893–1903).

Frei, Eduardo ↑ Frei Montalva, Eduardo.

Freia (Freya), aus dem Nord. übernommener weibl. Vorname, der auf den Namen der altnord. Göttin Freyja (eigtl. „Herrin, Frau") zurückgeht.

Freibad ↑ Schwimmbad.

Freiballon ↑ Ballon.

Freibank, volkstüml. (früher auch offizielle) Bez. für die (kommunale) Abgabestelle des Schlachthofs für Freibankfleisch.

Freibankfleisch, auf Grund der Fleischbeschau als bedingt taugl. oder minderwertig deklariertes Fleisch. Bedingt taugl. Fleisch muß vor dem Verkauf durch Erhitzen sterilisiert werden. Minderwertiges Fleisch (Fleisch, das sich v. a. durch Geruch, Farbe oder Wäßrigkeit vom als taugl. beurteilten Fleisch unterscheidet) kann auch roh verkauft werden. Verkaufsstellen für das (verbilligte) F. sind kommunale (Freibank) oder behördl. genehmigte private *Freibankabgabestellen* bzw. fabrikmäßig arbeitende *Freibankverwertungsbetriebe.*

Freibauer, im Ggs. zu den grundherrschaftl. gebundenen Bauern diejenige Gruppe, die ihre Höfe zum günstigsten Leiherecht besaß oder im Besitz eines Freihofs war.
◆ im *Schachspiel* Bez. für einen Bauern, der nicht mehr durch gegner. Bauern am Rükken gehindert werden kann; kann leichter als andere Bauern in einen Offizier (z. B. Dame) umgewandelt werden.

Freiberg, Krst. im Bez. Karl-Marx-Stadt, DDR, 400–420 m ü. d. M., 50 000 E. Älteste Bergakad. der Welt (1765 gegr.), Forschungsinst. für Lederind., Museen, u. a. Bergbaumuseum; Theater; Präzisionsinstrumentenbau, Elektro-, Porzellan- u. a. Ind. Abbau von Bleierz, Zinkblende und Schwefelkies. - Seit dem 12. Jh. Silberbergbau, erhielt im 13. Jh. Stadtrecht. Durch das Sinken des Silberpreises im letzten Viertel des 19. Jh. wurde der Bergbau unrentabel und deshalb 1913 eingestellt. - Spätgot. Dom (15./16. Jh.) mit der Goldenen Pforte (um 1230), Orgel von G. Silbermann (1711–14); spätgot. Rathaus (1470–74); zahlr. Wohnhäuser (16.–19. Jh.), Reste der Stadtbefestigung (13.–17. Jh.).
F., Landkr. im Bez. Karl-Marx-Stadt, DDR.

Freiberge (frz. Franches-Montagnes), verkarstetes Hochplateau im Schweizer Jura, durchschnittl. 1 000 m hoch.

Freiberger Mulde, 102 km langer Quellfluß der Mulde.

Freibetrag, steuerfreier Betrag, der bei der Berechnung der Steuerbemessungsgrundlage unberücksichtigt bleibt; Beispiele: allgemeiner F. (Existenzminimum), Arbeitnehmer-F., Kinderfreibeträge, Alters-F., Weihnachtsfreibetrag.

Freibeuter, früher svw. Seeräuber; heute übertragen Bez. für jemanden, der auf Kosten anderer rücksichtslos [und erpresser.] Gewinne erzielt.

Freibeweis, Beweis, der keine förml. Beweisaufnahme erfordert und auch mit anderen als mit den gesetzl. Beweismitteln geführt werden kann (z. B. mit schriftl. Auskünften, Aktennotizen). Er ist z. B. zulässig zum Nachweis der Prozeßvoraussetzungen und anderer prozeßerhebl. Tatsachen. Ggs.: Strengbeweis.

freibleibend, 1. Klausel in einem Angebot, durch die der Antragende sich nicht binden will, solange keine Annahme vorliegt; 2. Klausel in abgeschlossenen Verträgen, bedeutet den Vorbehalt des Rücktritts vom Vertrag.

Freibord, senkrechter Abstand zw. F.deck und Schwimmwasserlinie eines See-

Freesie.
Blüten

schiffes. Um einen Restauftrieb des beladenen Schiffes und somit die Seetüchtigkeit sicherzustellen, sind Mindest-F. international festgelegt. *F.marke* an der Außenhaut des Schiffes.

Freiborddeck ↑Deck.

Freibrief, im älteren Recht: 1. Urkunde über eine erteilte Erlaubnis oder Befreiung von einem Verbot (Privileg), 2. Urkunde über die Entlassung aus der Leibeigenschaft, 3. Urkunde, die freie Geburt bescheinigte.

Freiburg, Reg.-Bez. in Bad.-Württ.

Freiburg (Freiburg im Üechtland, frz. Fribourg), Hauptstadt des schweizer. Kt. F. und des Bez. La Sarine, 27 km sw. von Bern, 588 m ü. d. M., 35 000 E. Bischofssitz; einzige kath. Univ. der Schweiz (gegr. 1889), Priesterseminar; Museum für Kunst und Geschichte, naturhistor. Museum. Schul-, Markt-, und Ind.stadt; Verkehrsknotenpunkt. - 1157 durch Herzog Berthold IV. von Zähringen gegr.; erlangte 1487 die Reichsfreiheit; 1481 erfolgte die Aufnahme in die Eidgenossenschaft mit beschränkten Rechten, 1502 als Voll-Mgl. Infolge des Wirkens von P. Canisius entwickelte sich F. nach dem Konzil von Trient zum Zentrum der Gegenreformation; 1613 verlegte der Bischof von Lausanne seinen Sitz hierher. - Hochgot. Kathedrale Sankt Nikolaus (im 18. Jh. vollendet), Franziskanerkirche (13. Jh.), im Kreuzgang Fresken (15. und 17. Jh.), Basilika Notre Dame (1201/02; wiederholt umgestaltet), Rathaus (1500–21); Reste der Befestigungsanlagen sind die Porte de Morat und die Porte de Berne (beide 14./15. Jh.); zahlreiche Brunnen aus dem 16. Jahrhundert.

F. (frz. Fribourg), Kanton in der W-Schweiz, 1 670 km², 190 400 E (1985; ²/₃ frz.-sprachig), Hauptstadt Freiburg; erstreckt sich im S über weite Gebiete der Voralpen und erreicht hier im Moléson 2 002 m ü. d. M., nach N Anteil am Schweizer Mittelland; weitgehend agrar. orientiert; Milchwirtsch. (Grundlage für Käserei und Schokoladenherstellung); im Mittelland Ackerbau; am Neuenburger See und Murtensee Obst- und Weinbau. Wichtigste Branchen sind Nahrungs- und Genußmittelsowie holzverarbeitende Industrie.

Geschichte: Der Kanton F. wurde 1803 aus dem ehem. Untertanenland der Stadt und der gemeinsam von F. und Bern regierten ref. Herrschaft Murten gebildet. Der Kanton, der sich 1846 dem Sonderbund anschloß, wurde 1847 von Bundestruppen erobert.

Verfassung: Nach der Verfassung vom 7. Mai 1857 (mit Änderungen) liegt die Exekutive beim vom Volk auf 5 Jahre gewählten Staatsrat (7 Mgl.). Die Legislative bildet der vom Volk auf 5 Jahre gewählte Große Rat (130 Mgl.) und das Volk selbst (obligator. Referendum). Seit 1971 besitzen die Frauen im Kanton F. das aktive und passive Wahlrecht.

F., Bistum ↑Lausanne-Genf-Freiburg, Bistum.

Freiburger Bucht, Schwarzwaldrandbucht westl. von Freiburg im Breisgau, reicht von Emmendingen im N bis nach Staufen im Breisgau im S und wird im W vom Kaiserstuhl und Tuniberg begrenzt, mit ausgedehnten, siedlungsarmen Feuchtgebieten in den Niederungen. Getreide-, Kartoffel- und Futteranbau wird auf den trockeneren Platten betrieben, bei Lößauflage Anbau von Mais, Gemüse, Beerenobst, in Hanglagen Weinbau.

Freiburger Münster, Bischofskirche (seit 1821) in Freiburg im Breisgau. Von einem ersten roman. Bau um 1120 ist nichts erhalten. Um 1200 erfolgte der Neubau der Pfarrkirche, von ihm sind das Querhaus mit der Vierungskuppel und die „Hahnentürme" erhalten. Auf diese spätroman., an Basel und Nordburgund orientierte Epoche folgten seit 1220 Langhaus und Turmunterbau, für die die Pläne, u. a. von einem Straßburger Meister, mehrfach geändert wurden. Das frz. hochgot. Wandsystem wurde reduziert: statt des Triforiums große Wandflächen im Obergaden. Der hochgot. Westturm wird von einem oktogonalen Helm in durchbrochenem Maßwerk gekrönt. Seit 1354 Neubau des hohen spätgot. Chors: dreischiffig mit Kapellenkranz. Bed. Skulpturenschmuck v. a. in der Turmvorhalle (um 1300), bed. Ausstattung, insbes. Glasfenster des 13./14. sowie 16. Jh.; Hochaltar von H. Baldung, gen. Grien (1512–16).

Freiburger Schule, um 1930 entstandene Gruppe von Wirtschaftswissenschaftlern, die v. a. durch W. Eucken, F. Böhm und H. Grossmann-Doerth repräsentiert wurde. Befaßte sich mit Fragen der Wirtschaftsordnung (Ordo), des Wettbewerbs und der Freiheit des einzelnen; ihre Schriften werden als wissenschaftstheoret. Grundlage des sog. Neoliberalismus angesehen.

Freiburger Thesen (Freiburger Programm), auf dem 22. Parteitag der FDP in Freiburg im Breisgau (25.–27. Okt. 1971) beschlossenes Programm zur Gesellschaftspolitik von grundsätzl. Bed., das, als „Symbiose zw. traditionellem Liberalismus und den Anforderungen einer modernen Ind.gesellschaft" konzipiert, eine Öffnung nach links bedeutete. Zentrale Aussagen betreffen Eigentumsordnung (Sozialbindung des Eigentums), Vermögensbildung (Beteiligungsrechte am Vermögenszuwachs, Nachlaßabgabe für Großvermögen), Mitbestimmung (Aufsichtsrat: 6 Arbeitgeber, 4 Arbeitnehmer, 2 leitende Angestellte) und Umweltpolitik (Umweltschutz vor Gewinnstreben).

Freiburg im Breisgau, Stadt am Austritt der Dreisam aus dem S-Schwarzwald, Bad.-Württ., 278–1 284 m ü. d. M. (Schauinsland), 179 600 E. Verwaltungssitz der Region Südl. Oberrhein, des Reg.-Bez. F. und des Landkr. Breisgau-Hochschwarzwald; Sitz eines kath. Erzbischofs; Univ. (gegr. 1457), PH, Staatl. Hochschule für Musik, Verwaltungs-

und Wirtschaftsakad., erzbischöfl. Theologenkonvikt; Max-Planck-Inst. für Immunbiologie sowie für ausländ. und internat. Strafrecht, Fraunhofer-Inst., Arnold-Bergstraesser-Inst.; Museen, u. a. Augustinermuseum, Museum für Vor- und Frühgeschichte; Theater. Wirtsch. bed. sind v. a. Verwaltung, Handwerk, Handel und Fremdenverkehr, Kunstfaser- und Kunstseideproduktion, holzverarbeitende und elektrotechn. Ind., Verlage. - 1120 auf zähring. Eigengut gegr.; fiel 1218 an die Grafen von Urach, die sich seitdem Grafen von Freiburg nannten. 1368 kauften sich die Bürger vom Grafen los, um sich unter die Herrschaft der Habsburger zu begeben. Die 1678 an Frankr. abgetretene und vom frz. Baumeister Vauban zur Festung ausgebaute Stadt (1744 geschleift) fiel 1697 wieder an Österreich; kam 1805 an Baden, 1821 wurde es Erzbischofssitz; 1944 wurde die Altstadt durch einen Bombenangriff in weiten Teilen zerstört. - Das bedeutendste Bauwerk ist das ↑ Freiburger Münster. Erhalten bzw. wiederaufgebaut u. a.: Pfarrkirche Sankt Martin (13. Jh.), Universitätskirche (1683 vollendet), Kaufhaus (gegen 1520) mit Staffelgiebel und farbiger Fassade, Altes Rathaus (1558), daneben das Neue Rathaus, aus 2 Gebäuden 1620 zusammengefügt. Im Landgericht wurde die Fassade des ehem. großherzogl. Palais (1769–73) in den Neubau (1962–65) einbezogen. In der Altstadt offene „Bächle" (ma. Kanalisation) und Brunnen. Schwaben- und Martinstor sind Reste der Stadtbefestigung (beide urspr. 13. Jh.); zahlr. Bürgerhäuser und Palais.

📖 *Müller, Wolfgang, u. a.: Freiburg in der Neuzeit. Bühl 1972.*

F. im B., Erzbistum, 1821 für Baden und Hohenzollern aus Teilen der ehem. Bistümer Konstanz, Worms, Speyer, Straßburg, Mainz und Würzburg errichtet. - ↑ auch katholische Kirche (Übersicht).

F. im B., Reg.-Bez. in Bad.-Württ.

Freiburg im Üechtland ↑ Freiburg.

Freidank (mittelhochdt. Frîdanc, Vrîdanc, Frîgedanc), † Kaisheim bei Donauwörth 1233 (Tod eines Fridancus bezeugt; mittelhochdt. fahrender Spruchdichter wohl oberdt. Herkunft. - Verf. einer Sammlung von meist 2–4zeiligen Reimpaarsprüchen mit dem Titel „Bescheidenheit" (d. h. Bescheidwissen, Einsicht), die Lebensweisheiten, Sprichwörter, Exempel zu religiösen, eth.-moral. und prakt. Lebensbereichen enthält.

Freidenker, Begriff, der auf die engl. Bez. „Freethinker" (seit 17. Jh.) zurückgeht und im engl. Sprachgebrauch zunächst diejenigen bezeichnet, die den christl. Glauben dem Urteil der Vernunft unterwarfen, dann allg. für diejenigen, die das Denken unabhängig von jeder Autorität allein durch die Evidenz des Gegenstandes leiten lassen wollten, in der Folge (irrtüml.) auch weitgehend synonym für die

Anhänger des engl. ↑ Deismus verwendet, schließl. im 19./20. Jh. [Selbst]bez. für die atheist. Denker, die die Emanzipation des Denkens von jeder religiösen Vorstellung anstreben. Als F. galten in England J. Toland, Shaftesbury, der die systemat. Klärung des Begriffs einleitete, und A. Collins. In Frankr. gaben einige Enzyklopädisten (Diderot, Holbach, Helvétius) dem Begriff F. („libre-penseur"; bei Voltaire auch „franc-penseur") eine atheist. Wendung. In Deutschland, zunächst als **Freigeister** bezeichnet und dadurch in die Nähe religiösen Sektierertums gerückt, gewannen die F. im 19. Jh. weitreichenden Einfluß im liberalen Bürgertum in einer naturphilosoph., monist. Richtung einerseits, in der Arbeiterschaft in einer sozialrevolutionären Richtung im Anschluß an den dialekt. Materialismus von Marx andererseits. Gegen Ende des 19. Jh. und im frühen 20. Jh. kam es zu zahlr. Zusammenschlüssen in mehreren Ländern: **Fédération Internationale de la Libre Pensée** („Internationaler F.-Verband" oder „**Brüsseler Freidenker-Internationale**", gegr. 1880), **Dt. Freidenker-Bund** durch Büchner 1881; **Dt. Monistenbund** durch Haeckel 1906 (1933 verboten, 1947 neu entstanden, seit 1956 **Freigeistige Aktion-Dt. Monistenbund**), in Österreich Zusammenschluß von 13 Einzelgruppierungen im **Zentralsekretariat der östr. Freidenker** (1914; Sitz: Wien), in der Schweiz **Kartell freigesinnter Vereinigungen der Schweiz** (1913). - Die Entwicklung einer marxist. orientierten F.bewegung ist gekennzeichnet durch Gründung des **Vereins der Freidenker für Feuerbestattung** (1905), des **Zentralverbands der proletar. Freidenker Deutschlands** (1908). In der Sowjetunion wurde 1925 der **Bund der Gottlosen** (seit 1929 „Bund der kämpfenden Gottlosen") gegründet, der 1942 aufgelöst wurde. Nach dem 2. Weltkrieg: **Allunionsgesellschaft zur Verbreitung polit. und wissenschaftl. Erkenntnisse** (1945 gegr.).

📖 *Lindemann, Walter / Lindemann, Anna: Die proletar. F.-Bewegung. Münster (Westf.) 1980.*

Freideutsche Jugend, aus 13 Jugendverbänden 1913 auf dem Hohen Meißner bei Kassel gebildete dt. Jugendorganisation; erstrebte Entwicklung der Jugend nach deren eigenen Gesetzen. Die Meißnerformel wurde für die ganze Jugendbewegung wichtig, ein Zusammenschluß aller Gruppen gelang aber nicht. Zersplitterte bis 1923 restlos.

Freiding ↑ Femgerichte.

Freie (Freihälse, Frilinge, lat. liberi), nach den german. Volksrechten des frühen MA der Stand derer, die volle Rechtsfähigkeit und polit. Rechte besaßen (Gemeinfreie, Altfreie, Volksfreie). Von ihnen geschieden waren die **Minder-** oder **Halbfreien** (Liten, Barschalken), deren polit. Rechte gemindert waren, sowie die **Unfreien** (lat. servi, Leibeigene), denen keinerlei Rechte zukamen, die aber durch Freilassung in den Stand der F. oder Minderfreien übergehen konnten. Von den F. hoben sich die **Edelfreien** ab, die sich meist dem Adel annäherten, während große Teile der altfreien bäuerlichen Bev. im Laufe des MA durch Zwang oder freiwilligen Eintritt in Schutzhörigkeit in immer stärkere Abhängigkeit der sich ausbreitenden Grundherrschaft gerieten; neue Gruppen von F. entstanden durch bes. Zuordnung zum Herrscher und Königsdienst (↑ Königsfreie, Wehrbauern) oder durch bes. Vergünstigung in Neusiedelgebieten (Rodungsfreiheit).

freie Assoziation ↑ Assoziation.

freie Atmosphäre, meteorolog. Bez. für die Schichten der Atmosphäre, die nicht mehr dem unmittelbaren Einfluß der Erdoberfläche unterliegen.

freie Benutzung, ohne Zustimmung zulässige Benutzung eines urheberrechtl. geschützten Werkes zur Herstellung eines neuen, selbständigen Werkes (zur Weiterentwicklung von Kunst und Wissenschaft). Das neue Werk muß aber eine eigenschöpfer. Leistung darstellen, die ihrerseits urheberrechtsfähig ist.

freie Berufe, Mgl. der f. B. sind weder Arbeitnehmer noch Gewerbetreibende; sie arbeiten gegen Honorar. Unterschieden werden *freie akadem. Berufe* (Ärzte, Apotheker, Architekten, Ingenieure, Rechtsanwälte, Steuerberater, Wirtschaftsprüfer, Dolmetscher, Übersetzer u. a.) und *sonstige f. B.* (Artisten, bildende Künstler, Hebammen, Heilpraktiker, Feldmesser, Schriftsteller, Journalisten, Musiker, Privatlehrer). Sie sind zusammengeschlossen in eigenen Berufsverbänden (vereint im Bundesverband der f. B.), haben eigene Gebührenordnungen, Berufsgerichtsbarkeit sowie gesetzl. geschützte Berufstitel und Prüfungen. In *Österreich* und in der *Schweiz* gilt eine entsprechende Regelung.

Freie Bühne, Theaterverein in Berlin nach dem Vorbild von A. Antoines „Théâtre libre"; führte in geschlossenen Vorstellungen v. a. (meist durch Zensur verbotene) naturalist. Dramen auf. Vorsitzender war 1889–94 O. Brahm, bis 1898 P. Schlenther, seit 1898 L. Fulda, der auch die 1890 gegr. Zeitschrift der F. B. herausgab (seit 1894 u. d. T. „Neue dt. Rundschau", seit 1904 „Die neue Rundschau"). Ähnl. Vereine entstanden in Berlin („Freie Volksbühne", 1890; „Dt. Bühne", 1890), München („Akadem.-dramat. Verein", 1894), Leipzig („Literar. Gesellschaft", 1895), London, Wien und Kopenhagen.

Freie Demokratische Partei, Abk. FDP, 1948 aus dem Zusammenschluß nat.-liberaler und linksliberaler Gruppen entstanden. Sie stellte mit ihrem ersten Vors. T. Heuss 1949–59 den ersten B.präs. der BR Deutschland und war 1949–56 an den CDU/CSU-geführten B.reg. beteiligt. Vors. waren 1949–54 F. Blücher, 1954–57 T. Dehler, 1957–60 R. Maier. Unter E. Mende (1960–68) bildete die

FDP 1961–66 erneut eine Koalition mit der CDU/CSU. 1968 setzte eine linksliberale Umorientierung ein, die unter dem neuen Vors. W. Scheel und Generalsekretär K.-H. Flach weiterverfolgt wurde. 1969 bildete die FDP erstmals mit der SPD eine Koalitionsreg., die 1972, 1976 und 1980 erneuert wurde. Innerparteil. Auseinandersetzungen sowie Ver-

Freiburg im Breisgau. Blick auf die Altstadt mit dem Münster

luste von Mgl. und Mandatsträgern waren mit dem Wechsel zur Koalition mit der CDU/CSU im Okt. 1982 verbunden, der jedoch in der B.tagswahl vom März 1983 von den Wählern bestätigt wurde. Nachdem W. Scheel 1974 zum Bundespräs. gewählt worden war, führte 1974–85 H.-D. Genscher die Partei; seit 23. Febr. 1985 ist M. Bangemann Parteichef. - Die FDP hat in 11 Landesverbänden, in Bezirks-, Kreis- und Ortsverbänden rd. 65 500 Mgl. (1986). Nahestehende Jugendorganisation sind die *Jungen Liberalen.* Stimmenanteile der FDP bei den Bundestagswahlen: 1949: 11,9%; 1953: 9,5%; 1957: 7,7%; 1961: 12,8%; 1965: 9,5%; 1969: 5,8%; 1972: 8,4%; 1976: 7,9%; 1980: 10,6%; 1983: 7,0%; 1987: 9,1%. ▭ *Baum, G. R./Juling, P.: Auf u. Ab der Liberalen. Gerlingen 1983.*

Freie Deutsche Jugend, Abk. FDJ, 1946 gegr. „sozialist. Massenorganisation" der DDR für Jugendliche ab 14 Jahren; als einzig zugelassener Jugendverband Nachwuchsorganisation der SED, deren führende Rolle sie in ihrem Statut anerkennt; Aufgaben: die polit. Organisierung der Jugend, deren ideolog. und fachl. Erziehung sowie Freizeitgestaltung; betreut den Kinderverband der DDR, die Pionierorganisation „Ernst Thälmann" (die sog. **Jungen Pioniere**). Zählt rd. 2 Mill. Mgl.

freie Gewerkschaften

freie Gewerkschaften, Bez. für die sozialist. orientierten dt. Gewerkschaften, im Ggs. z. B. zu den christl. Gewerkschaften. Die in enger Verbindung zur dt. Sozialdemokratie entstandenen f. G., die 1890 ihren ersten Zusammenschluß in der Generalkommission der Gewerkschaften Deutschlands fanden, konnten bis 1906 ihre Befreiung vom beherrschenden Einfluß der SPD erreichen. 1919 organisierten sich die f. G. neu im Allg. Dt. Gewerkschaftsbund (ADGB), dem der Allg. freie Angestelltenbund (Afa-Bund) und der Allg. Dt. Beamtenbund (ADB) angeschlossen waren. Nach der nat.-soz. Machtergreifung wurden die f. G. im Mai 1933 zwangsaufgelöst. Nach 1945 organisierten sich die dt. Gewerkschaften in Abkehr vom Prinzip der Richtungsgewerkschaft als Einheitsgewerkschaft.

freie Hansestädte ↑freie Städte.

Freie Künste ↑Artes liberales.

freie Liebe, Zusammenleben von Mann und Frau ohne Eheschließung und ohne den Willen zur Unauflöslichkeit der Bindung (als Ausdruck einer Lebensanschauung).

freie Marktwirtschaft ↑Marktwirtschaft.

Freienwalde/Oder, Bad ↑Bad Freienwalde/Oder.

Freier, urspr. Bez. für den eine Heirat vermittelnden Boten (Freiwerber), dann für den Bräutigam; auch für den Kunden von weibl. oder männl. Prostituierten.

Freier Deutscher Gewerkschaftsbund, Abk. FDGB, 1945 entstandene Einheitsgewerkschaft der DDR; Aufgaben: die Arbeitnehmer im Sinne der SED zur Bejahung des Gesellschafts- und Staatssystems der DDR zu erziehen, das oberstes FDGB-Organ ist der Produktionssteigerung zu fördern (lehnt das Streikrecht ab), die Interessen der Arbeiter und Angestellten in den Betrieben zu vertreten; zuständig für Sozialversicherung, Gesundheits- und Arbeitsschutz, Abschluß von Betriebskollektivverträgen und Organisierung des Wettbewerbs; hat rd. 8,8 Mill. Mgl., darunter 4,5 Mill. Frauen; setzt sich aus 15 Industriegewerkschaften zusammen, für die die FDGB-Beschlüsse bindend sind; oberstes FDGB-Organ ist der FDGB-Kongreß; er wählt den Bundesvorstand, der zw. den Kongressen die Organisation leitet. Seit 1949 Mgl. des kommunist. Weltgewerkschaftsbundes.

freie Rechtsfindung, richterl. Rechtsschöpfung bei der Entscheidung von Rechtsstreitigkeiten, für die eine gesetzl. Regelung weder im Wege der Auslegung noch im Wege der Lückenfüllung durch Analogie oder Umkehrschluß zu ermitteln ist. - Eine ausdrückl. Ermächtigung zu f. R. kennt das dt. Recht nicht. Rechtslos. ist ein Raum für f. R. eigtl. auch nicht gegeben, denn soweit die Rechtsordnung keine Pflichten zu bestimmtem Verhalten verlangt, besteht Handlungsfreiheit. Infolge bewußter und unbewußter Gesetzeslücken oder gesetzl. Mehrdeutigkeiten ist die prakt. Bed. f. R. jedoch groß.

freie Rhythmen, metr. gebundene, reimlose Verse mit wechselnder Anzahl der Hebungen und Senkungen, bestimmt vom Rhythmus, häufig sinngemäß in Versgruppen gegliedert. In der dt. Literatur v. a. bei Klopstock, dem jungen Goethe, Novalis, Heine, Rilke, Benn, Brecht.

freie richterliche Überzeugung, die ohne jegl. Bindung seiner Meinungsbildung im Laufe des Verfahrens gewonnene subjektive (nicht absolute) Gewißheit des Richters [in Bezug auf die Wahrheit einer Tatsache]. Als Grundlage der richterl. Überzeugung genügt ein so hoher Grad an Wahrscheinlichkeit, daß ihm gegenüber vernünftige Zweifel schweigen. Nach seiner freien Überzeugung entscheidet der Richter v. a. über den Wert der Beweise.

freie Rücklagen ↑Rücklagen.

Freies Deutsches Hochstift – Frankfurter Goethe-Museum, 1859 gegr. Inst. zur Pflege von Wiss., Kunst und Bildung, insbes. zur Erforschung der Goethezeit. Zugehörig das Frankfurter Goethehaus, eine Bibliothek (18. und 19. Jh.), ein Archiv (Goethe-Kreis und Romantiker), Museum und graph. Sammlung. Herausgabe des „Jahrbuchs des Freien Dt. Hochstifts" sowie krit. Ausgaben.

Freies Frankreich, Bez. für diejenigen Kräfte des frz. Volkes und des Empire Français 1940–44, die die Autorität der Vichy-Regierung nicht anerkannten und sich de Gaulles Führung anschlossen, um den Krieg gegen die Achsenmächte fortzusetzen. Emblem des F. F. und seiner Truppen (Forces Françaises Libres [Abk. FFL]) war die Trikolore mit dem Lothringer Kreuz.

freies Geleit, 1. als sog. **sicheres Geleit** die gerichtl. Zusage im Strafprozeß an einen abwesenden Beschuldigten, ihn wegen einer bestimmten strafbaren Handlung nicht in Untersuchungshaft zu nehmen; 2. im eigtl. Sinne die von der Bundesregierung erteilte Freistellung eines Deutschen, der seinen Wohnsitz oder gewöhnl. Aufenthalt außerhalb des Geltungsbereichs des GG hat, von der dt. Gerichtsbarkeit. 3. Im *Völkerrecht* umfaßt das **Geleitrecht** den Schutz vor rechtmäßigen Eingriffen sowohl in das persönl. Eigentum als auch in die persönl. Freiheit. Es kann auf Grund zwischenstaatl. vertragl. Vereinbarungen gewährt werden. Übl. ist es v. a. im diplomat. Verkehr (z. B. bei Kriegsausbruch).

freie Städte, (Freistädte) im MA eine Reihe von bischöfl. und/oder Hansestädten (Augsburg, Basel, Köln, Worms u. a.), die im Verlauf des 13. und 14. Jh., häufig in erbitterten Kämpfen mit ihren königl., bischöfl. oder adeligen Stadtherren, die Unabhängigkeit von diesen erlangten.

◆ Bez. für die vier Stadtrepubliken Hamburg, Bremen, Lübeck und Frankfurt am Main; seit 1815 (nicht mediatisiert) Mgl. des Dt. Bundes; Frankfurt wurde 1866 von Preußen okkupiert; die „Freien und Hansestädte" Lübeck und Hamburg sowie die „Freie Hansestadt" Bremen wurden Mgl. des Norddt. Bundes und 1871 des Dt. Reiches; Lübeck verlor 1937 seine Eigenständigkeit an Preußen, Bremen wurde dem Reichsstatthalter in Oldenburg unterstellt, gewann aber nach 1945 seine Selbständigkeit wieder zurück und wurde wie Hamburg ein Land der BR Deutschland.
  freie und Hansestädte ↑freie Städte.
  Freie Universität Berlin, Abk. FU, die 1948 in Berlin (West) eröffnete Universität; gegr. von Studenten und Dozenten der Humboldt-Universität, die ihre im Ostsektor liegende Univ. aus polit. Gründen verlegten; betont körperschaftl. Verfassung mit Sitz und Stimme der Studenten in allen Organen.
  freie Verse, 1. Verse von verschiedener Länge, aber mit gleichen Versfüßen, stets gereimt (so bei Gellert, Wieland u. a.); 2. Verse ungleicher Füllung, nur durch den Reim von Prosa oder ↑freien Rhythmen unterschieden.
  Freie Volkspartei, Abk. FVP, rechtsliberale Splitterpartei in der BR Deutschland; ging 1956 aus der FDP hervor; schloß sich 1957 der Dt. Partei an.
  freie Wohlfahrtsverbände, Verbände, die neben dem Staat (Gemeinden und Kommunalverbände) Wohlfahrtspflege und soziale Fürsorge betreiben und für ihre Arbeit Anspruch auf staatl. Unterstützung haben. Zu den f. W. in der BR Deutschland gehören: ↑Arbeiterwohlfahrt e. V., ↑Deutscher Caritasverband, ↑Deutscher Paritätischer Wohlfahrtsverband e. V., Deutsches ↑Rotes Kreuz, ↑Diakonisches Werk - Innere Mission und Hilfswerk der Evangelischen Kirche in Deutschland. Internat. Zusammenarbeit besteht in der „Liga der f. W." (gegr. 1924) und in der „Internat. Konferenz für Sozialarbeit" (gegr. 1928).
  Freifallmischer ↑Betonmischmaschine.
  Freifrau, Ehefrau des Freiherrn.
  Freifräulein, svw. ↑Freiin.
  Freigänger, im modernen Strafvollzug ein Häftling, der wegen guter Führung tagsüber ohne bes. Aufsicht in einem normalen Betrieb arbeiten darf und abends in die Vollzugsanstalt zurückkehrt.
  Freigehege ↑Gehege.
  Freigelassene ↑Freilassung.
  Freigericht ↑Femgerichte.
  Freigrafschaft Burgund, histor. Landschaft und Region in Frankr., ↑Franche-Comté.
  Freigrenze, Begriff des Steuerrechts; bezeichnet die Grenze der Steuerbemessungsgrundlage, bis zu der keine Steuer erhoben wird.
  Freihäfen (Freigebiete, Freibezirke, Freizonen; engl. free ports, foreign trade zones; frz. ports francs, zones franches), im Völkerrecht Häfen, in denen zur Förderung des Handels zollpflichtige Güter und Vorgänge (alle oder einzelne) von der Erfüllung der innerstaatl. zollrechtl. Vorschriften ganz oder z. T. befreit sind und bei denen es sich vom Standpunkt des innerstaatl. Rechts aus oft um Zollausland handelt.
  Freihandel, im Rahmen der klass. Außenhandelstheorie entwickeltes Prinzip der vollkommenen Handelsfreiheit.
  Die Entstehung des F. ist auf der Grundlage des Wirtschaftsliberalismus in Abkehr vom Protektionismus der Merkantilisten zu sehen. Nach der F.lehre führt die Befreiung des internat. Güteraustausches von Kontrollen und Regulierungen (z. B. Zölle, Kontingente, Devisenbewirtschaftung) und die Durchsetzung des freien Wettbewerbs zu einer internat. Arbeitsteilung mit optimaler Produktion und größtmögl. Wohlstand. Theoret. Grundlage dabei ist die *Theorie der komparativen Kosten* von D. Ricardo, nach der sich die einzelnen Länder bei freier internat. Konkurrenz auf die Produktion der Güter mit dem - internat. gesehen - relativ größten Kostenvorteilen spezialisieren. Als Konsequenz für die Außenhandelspolitik hatte die F.idee in den einzelnen Ländern unterschiedl. Auswirkungen; nach ihrer Vormachtstellung im 19. Jh., die in Großbrit. am längsten dauerte, gewannen die protektionist. Gegenströmungen an Einfluß. Nach 1945 entstanden neue Ansätze im Liberalisierungsbemühungen des GATT und der OECD, in der wirtschaftl. Integration der EWG und EFTA sowie in der Kennedy-Runde, die jedoch den F. nur in regionaler Beschränkung und unterschiedl. Konsequenz verwirklichen.
  Freihandelszone, durch den Zusammenschluß mehrerer Länder entstandener Wirtschaftsraum, in dem Freihandel herrscht, d. h., der Handel der beteiligten Länder untereinander ist keinerlei Zöllen und sonstigen Beschränkungen unterworfen.
  freihändiger Verkauf (Verkauf aus freier Hand, Freihandverkauf), der nicht in öffentl. Versteigerungen, sondern auf Grund freier Übereinkunft zustandegekommene Verkauf einer verpfändeten, gepfändeten oder im Wege der Selbsthilfeverkaufs zu veräußernden bewegl. Sache.
  Freiheit, 1. Unabhängigkeit von äußerem, innerem oder durch Menschen oder Institutionen (Staat, Gesellschaft, Kirche usw.) bedingtem Zwang; 2. svw. ↑Willensfreiheit. - In der **Antike** ist F. zunächst ein polit. Begriff: Frei ist, wer Bürger der ↑Polis ist. Bei Sokrates, Platon und Aristoteles wird die individuelle F. definiert als Einsicht in das Vortreffliche, die in der polit. Praxis im theoret. Lebensvollzug verwirklicht werden kann. Nach Auffassung der Stoa kann der Mensch

die vernunftfeindl. Triebe und Affekte dem Geist unterwerfen, ist also innerl. frei. In der **Neuzeit** geht mit dem Aufkommen bürgerl. Interessen zunächst wieder eine Politisierung des F.begriffs einher. F. wird bei Hobbes, Locke und Rousseau aber im Unterschied zu der Polisvorstellung der Antike als individuelle Unabhängigkeit von tradierter oder selbst auferlegter Autorität und Fremdbestimmung (Heteronomie) verstanden. Der F.begriff, der zus. mit dem Willensbegriff auf Vernunft gründet, kommt im dt. Idealismus bei Kant, Hegel, Fichte zur vollen Entfaltung. Kant unterscheidet die empir. psych. F., die in der Unabhängigkeit von äußeren Faktoren besteht, und die sittl. F.; diese zeichne sich aus einerseits durch Unabhängigkeit des Willens von inneren psych. Faktoren, andererseits durch Befolgung des undeterminierten Sittengesetzes, das seinerseits auch eine Tatsache der Vernunft sei. Für Hegel ist F. insbes. das Vermögen, Inhalte auf Grund von Denken im Willen setzen zu können. Die Geschichte ist für Hegel „Fortschritt im Bewußtsein der F.". Die in der Geschichte hervorgebrachten Institutionen seien Verwirklichungen von F. und werden normativ beurteilt. Für Marx ist F. erst jenseits der bedürfnisbestimmten gesellschaftl., auf materielle Produktion ausgerichteten Praxis voll zu verwirklichen. Die entscheidende Frage sei, wie persönl. Autonomie und Selbstverwirklichung durch soziale Emanzipation auch für die Masse der materiell-produktiv arbeitenden Menschen zu erlangen sei. F. in der Sicht des Marxismus ist die bewußt selbstbestimmte, gesellschaftl. organisierte Kontrolle der Menschen über ihre materiellen Existenzbedingungen, die Aufhebung der verselbständigten Macht über die Menschen. Im Marxismus-Leninismus gilt die einsichtig-freiwillige Unterordnung unter die objektiven Gesetze der gesellschaftl. Entwicklung als Inbegriff menschl. F., die in Aufhebung sozialer und individueller Unfreiheit allein im Sozialismus zu realisieren sei. - In der Existenzphilosophie wird F. Grundbestimmung des Daseins.

Die **Soziologie** geht von einem menschl. F.bedürfnis aus, das gesellschaftl. bedingt, aber relativ unabhängig von kultureller Konformität ist. Die Charakterisierung einer Gesellschaft oder Gruppe als „freiheitl." bezieht sich nicht nur auf institutionell abgesicherte F.räume (z. B. Grundrechte), sondern ebenso auf das Wert- und Normsystem, weil die Verhaltensausrichtung des *„außengeleiteten Menschentyps"* (D. Riesman) des 20. Jh. an das jeweilige gesellschaftl. Wertsystem ebenfalls zum Verlust an F. führt.

Der **polit.-geschichtl. Begriff** F. des MA umfaßte im Unterschied zum heutigen Verständnis von F. nicht eine Gesamtheit von Grund- und Menschenrechten, sondern bezeichnete die aus Herkommen und Verleihung einem

einzelnen, einer Gemeinschaft oder einer Örtlichkeit jeweils eigentüml. Rechtsstellung und stand daher in enger Beziehung zum Begriff Herrschaft (verstanden als rechtmäßige Machtausübung), die in der ma. Welt „konkurrierender Gewalten" durch die Gewährung von Schutz (Munt) die Entfaltung von F. erst ermöglichte. Im einzelnen handelte es sich bei F. um sehr verschieden abgestufte Bündel von Berechtigungen; Bürger und Bauern sicherten im Rahmen genossenschaftl. F. ihre Rechtsstellung. Große Bed. hatte die Befreiung von der ordentl. Gerichtsbarkeit (Dom-, Marktfreiheit).

Die Auflösung dieses ma. F.begriffs begann mit der Einebnung der alten Gesellschaftsstrukturen im Absolutismus. Seit den religiösen Bürgerkriegen des 16. und 17. Jh. entstand dann im Kampf um ständ. und persönl. F.rechte der moderne (liberale) F.begriff, der auf dem modernen, die Emanzipation des Einzelnen betonenden Naturrecht basierte und in Form der ↑Grundrechte bis zum 20. Jh. Eingang in alle demokrat. Verfassungen gefunden hat. F. der Person, Freizügigkeit, Meinungsfreiheit, Versammlungsfreiheit, freie Wahlen usw. sind unerläßl. für die Teilnahme der Bürger an der polit. Gestaltung des Gemeinwesens. Neben diese polit. F.rechte trat seit dem 19. Jh. in Verbindung mit der Forderung nach ↑Gleichheit der Kampf um soziale F.rechte.

In der heutigen polit. Diskussion um F. in der BR Deutschland betont die konservative Seite - unterstützt von einem Teil der Liberalen - die Notwendigkeit, die überkommene persönl. F. gegen staatl. Eingriffe zu schützen. Dagegen fordert der demokrat. Sozialismus (mit dem sozialen Liberalismus), in Staat und Gesellschaft umfassende F.rechte für alle zu verwirklichen, d. h. gesellschaftl. Abhängigkeiten in gleichgewichtige Partnerschaften umzuformen; Unterordnungsverhältnisse durch Mitbestimmung aufzulösen, Raum zu schaffen für die Selbstbestimmung des einzelnen und von Gruppen.

Neben dieser innergesellschaftl. F. hat v. a. seit dem 19. Jh. die Forderung nach nat. F. eine bedeutende histor. Rolle gespielt. Sie löste (in der Dritten Welt bis in unsere Zeit) zahlr. Kriege, Staatsneugründungen und Abspaltungen aus. Allerdings verliert nat. F. im Sinne außenpolit. Selbstbestimmung angesichts der weltwirtsch. Verflechtung und militär. Blockbildung zunehmend an Bedeutung. 📖 *Dahrendorf, R.: Die Chancen der Krise. Über die Zukunft des Liberalismus. Stg. 1983. - Krings, H.: System u. F. Freib. 1980. - Neumann, F.: F. Baden-Baden 1978. - Mannheim, K.: F. u. geplante Demokratie. Wsb. 1970.*

Freiheit der Berichterstattung ↑Pressefreiheit.

Freiheit der Meere (Meeresfreiheit), die Freiheit jedes einzelnen, ohne irgendeine Erlaubnis die hohe See in einer solchen Art und bis zu einem solchen Umfang zu [be]nutzen, daß kein anderer hierdurch in einer gleichartigen [Be]nutzung beeinträchtigt wird. Dieses Recht beinhaltet nicht nur den freien Verkehr und den Fischfang, sondern u. a. auch die Gewinnung von Rohstoffen, die Durchführung von techn. Experimenten, Flottenmanövern und Kriegshandlungen. Die F. d. M. besteht tatsächl. nur im Frieden; im Krieg ist sie in der Staatenpraxis beschränkt bis nahezu aufgehoben worden. Sie wird in zunehmendem Umfang durch [hoheitl.] Ansprüche einzelner Staaten (Erweiterung der Hoheitsgewässer) eingeschränkt. Formal gewährleistet ist die F. d. M. durch das Abkommen über das Regime der Hohen See 1958 (↑ auch Seerechtskonferenzen).

Freiheit der Person (persönliche Freiheit), in Art. 2 Absatz 2 Satz 2 GG verankertes Grundrecht, das vor willkürl. Verhaftungen, Festnahmen, Internierungen u. a. Maßnahmen schützt. Die F. d. P. sichert das Leben „auf freiem Fuße" und schließt sich an das Recht auf Leben und körperliche Unversehrtheit (Art. 2 Abs. 2 Satz 1 GG) an. Die F. d. P. kann nur auf Grund eines förml. Gesetzes und nur unter Beachtung der darin vorgeschriebenen Formen beschränkt werden (Art. 104 Abs. 1 Satz 1 GG). Jede seel. oder körperl. Mißhandlung festgehaltener Personen ist untersagt. Entscheidungen über die Zulässigkeit und Fortdauer einer Freiheitsentziehung stehen nur dem Richter zu.

In *Österreich* ist der Schutz der F. d. P. vor staatl. Eingriffen durch das Gesetz zum Schutze der persönl. Freiheit vom 27. 10. 1862 gewährleistet (gilt seit 1. 10. 1920 als Verfassungsgesetz weiter). - In der *Schweiz* wird heute die persönl. Freiheit in sämtl. kantonalen Verfassungen gewährleistet; die BV dagegen garantiert die F. d. P. nicht ausdrücklich. Das Bundesgericht hat indes in einem grundlegenden Entscheid die persönl. Freiheit als ungeschriebenes Grundrecht anerkannt.

Freiheit, Gleichheit, Brüderlichkeit (frz. Liberté, Égalité, Fraternité), in der Frz. Revolution 1793 zuerst im Club der Cordeliers aufgestellte Losung; ausschließl. amtl. Devise zur Zeit der 2. Republik (1848–52).

Freiheitliche Partei Österreichs, Abk. FPÖ, 1955 entstandene östr. polit. Partei, in den Gründerjahren eine rechtsgerichtete Partei mit nationalist. Zügen; seit Mitte der 1960er Jahre fanden auch liberale Gedanken Eingang in ihr Programm; im Nationalrat ist die FPÖ mit 18 von 183 Abg. (seit 1986) vertreten.

Freiheitsberaubung, strafbarer Entzug der persönl. Bewegungsfreiheit; zu unterscheiden von der [zulässigen] Freiheitsentziehung. Nach § 239 StGB wird mit Freiheitsstrafe bis zu fünf Jahren oder mit Geldstrafe bestraft, wer vorsätzl. oder widerrechtl. einen

Menschen einsperrt oder auf andere Weise des Gebrauchs der persönl. Freiheit beraubt. Ein qualifizierter Fall der F. liegt in der *Vollstreckung einer Strafe oder Maßregel* gegen Unschuldige durch einen Amtsträger (§ 345 StGB).

Freiheitsentziehung, rechtmäßige, befristete oder unbefristete Unterbringung einer Person gegen ihren Willen oder im Zustande der Willenlosigkeit an einem eng umgrenzten Ort (Gefängnis, Haftraum, Verwahranstalt, Fürsorgeanstalt, Krankenanstalt usw.). Über die Zulässigkeit und Fortdauer entscheidet der Richter. Für die F. in Form der *Freiheitsstrafe* sind die Strafgerichte zuständig. Jeder [durch die öffentl. Gewalt] wegen des Verdachts einer strafbaren Handlung *vorläufig Festgenommene* ist gemäß Art. 104 Abs. 3 GG spätestens am Tage nach der Festnahme dem Richter vorzuführen. Zur Vorbereitung eines Gutachtens über den Geisteszustand eines Beschuldigten kann das Gericht diesen in eine öffentl. Heil- oder Pflegeanstalt einweisen. Die Dauer einer Untersuchungshaft oder einer Anstaltseinweisung darf jedoch das Maß der zu erwartenden Freiheitsstrafe nicht überschreiten.

In *Österreich* und in der *Schweiz* gilt im wesentl. das zum dt. Recht Gesagte.

Freiheitsglocke (Liberty Bell), eine 1753 in der Town Hall in Philadelphia aufgehängte Glocke, die 1776 die Unabhängigkeit der USA verkündete; erhielt ihren Namen erst 1839 im Kampf gegen die Sklaverei; heute in der Independence Hall in Philadelphia ausgestellt. Die **F. von Berlin** ist eine 1950 von L. D. Clay als Nachbildung der F. von Philadelphia dem Regierenden Bürgermeister von Berlin, E. Reuter, übergebene Glocke; läutet tägl. um 12 Uhr vom Turm des Schöneberger Rathauses.

Freiheitsgrad, in der *Mechanik* Bez. für die Möglichkeiten eines Systems, im Raume Bewegungen auszuführen. Die *Anzahl der F.* ist die Anzahl der voneinander unabhängigen Bestimmungsstücke (Koordinaten), die zur eindeutigen Bestimmung des System notwendig sind. Durch äußere Zwangsmaßnahmen (z. B. Führung des Systems auf einer bestimmten Bahn) kann man die Anzahl der F. einschränken. Ein im Raum frei bewegl. Massenpunkt hat drei F.; er besitzt zwei F. bei der Bewegung längs einer Fläche und einen F. bei der auf einer Kurve. In der *Thermodynamik* bezeichnet man als Anzahl der F. die Gesamtanzahl der Lage- und Impulskoordinaten, von denen die Energie eines Moleküls abhängig.

Freiheitskreuz, finn. Orden, ↑ Orden (Übersicht).

Freiheitskriege ↑ Befreiungskriege.

Freiheitsmütze, svw. ↑ Jakobinermütze.

Freiheitsrechte, im spät-ma. Ständestaat Rechte und Freiheiten (jura et libertates), auf die sich die Lokalgewalten für ihren Herrschaftsbereich gegenüber den Landesherren beriefen.

◆ ↑Grundrechte, ↑Menschenrechte.

Freiheitsstatue, am Hafeneingang von New York als Symbol der Freiheit errichtete Figur (46 m hoch, Sockel 47 m hoch) von F. A. Bartholdi, ein Geschenk Frankreichs (1886 aufgestellt).

Freiheitsstern ↑Stern.

Freiheitsstrafe, einzige Form der Strafe durch Freiheitsentzug nach dem StGB (Einheitsstrafe). Nach dem WehrstrafG ist neben F. Strafarrest, nach dem JugendgerichtsG Jugendstrafe möglich. Die F. ist zeitlich begrenzt („zeitig") oder lebenslang.

Freiheitssymbole, die modernen F. stehen v. a. in der Tradition des nordamerikan. Unabhängigkeitskrieges, der Frz. und der Russ. Revolution: Freiheitsbaum, Jakobinermütze, Freiheitsglocke, Freiheitsstern, Freiheitsfackel, Freiheitsstatue und Freiheitssonne erscheinen auf den Flaggen und Wappen vieler Staaten und polit. Bewegungen, auf Münzen und Briefmarken und werden in der polit. Propaganda eingesetzt; Farbsymbol der Freiheit ist Grün.

Freiherr, Angehöriger des niederen Adels, im Rang nach dem Grafen; dem F. entspricht in Westeuropa der Baron.

Freiherrenkrone ↑Wappenkunde (Übersicht).

Freihof, im älteren Recht 1. bäuerl. Freieigen; 2. Hofgut eines Freibauern (Freigut), das von grundherrl. (z. T. auch öffentl.) Abgaben und Diensten befreit war.

Freiin (Freifräulein), die unverheiratete Tochter eines Freiherrn.

Freikirche, im Ggs. zu Staats- oder Volkskirche frei konstituierte Kirche, die unabhängig ist von staatl. Einflüssen und deren Mgl. nur auf Grund ausdrückl. Willenserklärung aufgenommen werden. In England seit dem 17. Jh. die Presbyterianer, Kongregationalisten und Baptisten, seit dem 18. Jh. außerdem die Quäker und Methodisten. In den USA haben die meisten Kirchen den Charakter von Freikirchen. - Als F. bzw. freikirchl. Zusammenschlüsse in Deutschland sind u. a. zu nennen einige altluth. Kirchen, der Bund Ev.-Freikirchl. Gemeinden in Deutschland und der Bund freier ev. Gemeinden in Deutschland.

Freikonservative Partei, preuß. Partei; entstand 1866 durch Abspaltung der die großpreuß. Einigungspolitik Bismarcks befürwortenden agrarkonservativen, industriellen und bürokrat. Führungsgruppen von der preuß. Konservativen Partei; ihre Reichstagsfraktion nannte sich 1871 Dt. Reichspartei; unterstützte im ersten Teil der Altliberalen den Kulturkampf sowie das Sozialistengesetz Bismarcks; an der seit 1876 eingeleiteten Wendung zur Schutzzollpolitik maßgebl. be-

teiligt; 1918 traten die meisten Mgl. der DNVP bei.

Freikörperkultur (Nacktkultur, Naturismus, Nudismus), Abk. FKK, gemeinsames Nacktsein beider Geschlechter bei Freiluftleben und Wassersport. Anfänge in Deutschland um die Jh.wende. Die ersten Vereinigungen entstanden in Berlin (1910) und Stuttgart (1911). In der BR Deutschland sind die Anhänger der F. im „Dt. Verband für Freikörperkultur e. V." organisiert, in Österreich in der „Interessengemeinschaft des Östr. Freikörpersports", in der Schweiz in der „Organisation naturiste suisse". Die Vertreter der F. sind der Auffassung, daß aus dem Erlebnis des Aufenthalts im Freien in natürl. Nacktheit eine Gesundung des Verhältnisses des einzelnen bzw. der Teilnehmenden zum Körper erwachse.

Freikorps [ko:r], für die Dauer eines Krieges bzw. eines Feldzugs unter einzelnen Führern (nach denen die F. meist benannt wurden) mit Ermächtigung des Kriegsherrn gebildete Freiwilligenverbände. F. gab es zwar schon im MA, sie erreichten eine gewisse, v. a. polit. Bed. erst seit dem 18. Jh., v. a. in den Befreiungskriegen. Die nach Auflösung des kaiserl. Heeres seit Ende 1918 auf Betreiben der obersten Heeresleitung gebildeten insgesamt über 100 F. waren in der Mehrzahl republikfeindl. eingestellt und vertraten rechtsradikale Tendenzen. Seit der Bildung der Reichswehr aufgelöst und zum großen Teil in ihr aufgegangen.

Freikugel, nach dem Volksglauben eine Flintenkugel, die durch mag. Kräfte ihr Ziel unfehlbar trifft.

Freiland, v. a. im Ggs. zu Gewächshaus und Frühbeet verwendete Bez. für pflanzenbaul. genutzte Bodenflächen im Freien.

Freilassing, Stadt 7 km nw. von Salzburg, Bayern, 420 m ü. d. M., 12 500 E. U. a. Holz- und Sportartikelind., Fremdenverkehr. - Um 1130 erstmals erwähnt; Ortsteil von Salzburghofen, das 1923 in F. umbenannt wurde; seit 1954 Stadt.

Freilassung, Aufhebung von Herrschaftsrechten über Menschen minderen Rechts (Sklaven, Unfreie). - Im **Alten Orient** war die F. von Sklaven nicht selten, meist (in Ägypten nur) in Form der Adoption durch den Herrn oder des Freikaufs durch den Sklaven selbst. In der **griech. Polis** hatte die F. die Aufgabe, dem Sklaven die selbständige Rechtsfähigkeit, wie das Recht auf die eigene Person in Handlung und Wahl des Wohnsitzes zu verschaffen, wodurch der Sklave das Fremdenrecht und, bei Vorliegen eines entsprechenden Volksbeschlusses, auch das Bürgerrecht erhielt. Urspr. erfolgte die F. formlos oder testamentar., seit dem 5. Jh. v. Chr. durch Legitimierung vor der Öffentlichkeit und Beurkundung vor Zeugen. In **Rom** erhielt die F. („manumissio") durch Zustimmung des

Prätors rechtl. Anerkennung. Im Unterschied zu Griechenland blieb der Freigelassene („libertus") jedoch trotz Erlangung des röm. Bürgerrechts unter dem Patronat des Freilassers, dessen Gentilnamen er bekam und demgegenüber er gewisse Pflichten zu erfüllen hatte. In der Kaiserzeit stiegen Freigelassene bis in die höchsten kaiserl. Reg.ämter auf. Im **Früh-MA** wurden von den meisten Germanenstämmen die röm. F.formen übernommen. Die F. nach fränk. Recht durch Schatzwurf wurde in Deutschland die wichtigste Form: Der Freizulassende hielt vor Zeugen seinem Herrn (oder dem König) eine Münze hin, dieser schlug sie ihm aus der Hand oder warf sie zu Boden. Der Freigelassene war nunmehr „frei", aber entsprechend dem ma. Begriffsverständnis von abgestufter Freiheit in einem Schutz- und Abhängigkeitsverhältnis milderer Art zum bisherigen Herrn bzw. zum König. Seit der **Neuzeit** (bis zur Aufhebung der Leibeigenschaft) erfolgte die F. nur noch durch Ausstellung einer Urkunde (Freibrief), wofür oft erhebl. Gelder gefordert wurden. Hieraus entwickelte sich meist ein Recht der Leibeigenen zum Loskauf. - Im **Islam** galt die F. eines Sklaven als frommes Werk. Sie erfolgte durch eine Erklärung seitens des Eigentümers (häufig in den Fall seines Todes) oder durch einen F.vertrag, der dem Sklaven nach Zahlung eines Betrages oder nach anderen Leistungen den vollen Status eines Freien zusicherte. Die Auslösung von durch Kriegsgefangenschaft versklavten Nichtmuslimen war durch Freikauf oder Austausch mit gefangenen Muslimen möglich (z. B. durch die Orden der Mercedarier und Trinitarier) und v. a. während der Kreuzzüge üblich.

Freilauf, Vorrichtung zur Trennung von Antrieb und angetriebener Achse, sobald letztere sich schneller dreht als die Antriebsachse. Beim Fahrrad z. B. werden in der F.bremsnabe beim Vorwärtstreten über einen Walzenführungsring Walzen gegen das Gehäuse gepreßt, das Hinterrad wird mitgenommen; beim Nichttreten gleitet das Rad über die Walzen.

Freileitungen, im Ggs. zu Kabel oberird. geführte elektr. Leitungen, die v. a. im Rahmen der elektr. Energieversorgung dem Transport der in Kraftwerken erzeugten elektr. Energie zu den Verbrauchern dienen; F. werden jedoch auch zur Übertragung von Fernsprech- und Telegraphiesignalen der Nachrichtentechnik benutzt. - Übertragungs- und Verteileranlagen elektr. Energie umfassen immer mehrere **Spannungsstufen,** die durch Transformatoren miteinander verbunden werden: *Niederspannungsleitungen* arbeiten mit Betriebsspannungen bis 1 kV; *Hochspannungsleitungen* mit solchen über 1 kV. Bei den Hochspannungsleitungen unterscheidet man: *Mittelspannungsleitungen* (bis 30 kV), *Hochspannungsleitungen* (bis 380 kV) und *Höchstspannungsleitungen* (ab 765

kV). Die Höhe der Spannung ist u. a. abhängig von der Übertragungsentfernung und der Belastung der Leitung. Fast alle F. sind als *Drehstromsysteme* (50 Hz) mit drei Leitern ausgeführt, Niederspannungsnetze auch mit vier Leitern. Mit wachsender Länge der Drehstromleitungen ergeben sich elektr. und wirtschaftl. Probleme, die die Übertragung elektr. Energie mit Gleichstrom vorteilhaft erscheinen lassen (*Hochspannungsgleichstromübertragungen,* HGÜ). Als **Leiter** werden Kupferoder Aluminiumseile, bzw. Aluminiumseile mit Stahlseele verwendet. Zum Schutz der Leiterseile gegen Blitzeinschläge wird ein *Erdseil* an der Mastspitze angebracht. Bei sehr hohen Übertragungsspannungen (ab 220 kV) werden *Bündelleiter* verwendet.

Masten: Für Niederspannungsleitungen werden Holzmasten, für Hochspannungsleitungen bis 60 kV Stahlbetonmasten, ab 110 kV Stahlgittermasten verwendet. Man unterscheidet Trag-, Abspann-, Winkel- und Verdrillungsmasten.

Leiteranordnung, Isolatoren: Die Leiter werden möglichst in einem gleichseitigen Dreieck angeordnet. Ist dies nicht möglich, so müssen sie in bestimmten Abständen verdrillt werden. Isolatoren aus Porzellan oder Glas müssen den Abstand der Leiter gegen geerdete Teile (Masten) herstellen. Als genormte Isolatoren verwendet man bis 30 kV *Stützenisolatoren,* über 30 kV *Hängeisolatoren* in Form von

Freileitungen. Tragmast einer 380/220-kV-Vierfachleitung (Abmessungen in mm)

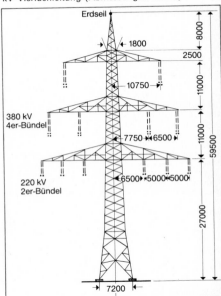

Erdseil

← 1800

8000

2500

←10750→

11000

380 kV
4er-Bündel

←7750→ ←6500→

11000

220 kV
2er-Bündel

←6500→ ←5000→ ←5000→

59500

27000

← 7200 →

FREILICHTMUSEEN IN DER BR DEUTSCHLAND (Auswahl)

Name	eröffnet	Größe	Angaben zur Anlage
Baden-Württemberg:			
Schwarzwälder Freilicht-museum Vogtsbauernhof, Gutach (Schwarzwaldbahn)	1964	1 ha	bäuerl. und techn. Baudenkmale aus dem mittlere Schwarzwald (Gutacher, Kinzigtaler Haustyp, Hochschwarzwaldhaus)
Bayern:			
Freilichtmuseum des Bezirks Oberbayern an der Gentlei-ten über Großweil bei Murnau	1976	15 ha (später 30 ha)	bäuerl., bürgerl., techn. und religiöse Baudenkmale aus dem Gebiet des Regierungs-bezirks Oberbayern
Ostoberbairisches Bauern-hausmuseum, Amerang bei Wasserburg am Inn	1976	7 ha	bäuerl. Baudenkmale aus dem östl. Oberbayern
Bergbau- und Industriemuseum Ostbayern, Theuern bei Amberg	1978	3 ha (später 8 ha)	Mittelpunkt ist das Hammerschloß von 1781, um das kopierte und rekonstruierte techn. Gebäude mit originaler techn. Ausstattung aus dem ma. oberpfälz. Bergbau- und Eisen-verhüttungsgebiet gruppiert werden
Niederbayrisches Bauernhof-museum, Massing bei Altötting	1969	1 ha	u. a. eine vollständige Hofanlage
Oberpfälzisches Bauern-museum, Perschen bei Nabburg	1964	0,3 ha	die Baudenkmale stehen hier fast ausschließl. an urspr. Stelle
Museumsdorf Bayerischer Wald, Tittling		10 ha	typ. Holzhäuser des 17.–19. Jh. aus dem Bayer. W und dem niederbayer. Innviertel; Werkzeugsammlu
Fränkisches Freilandmuseum, Bad Windsheim	1982	40 ha	bäuerl. Baudenkmale aus Franken
Berlin (West):			
Museumsdorf Düppel, Berlin-Zehlendorf		15 ha	Rekonstruktion auf originalen Grundrissen einer Siedlung aus der Zeit um 1200
Bremen:			
Deutsches Schiffahrtsmuseum, Bremerhaven	1975	7,5 ha	Hochseeschiffe des 19. und 20. Jh.
Freilichtmuseum des Bauern-hausvereins Lehe e. V. im Stadtpark Speckenbüttel, Bremerhaven		8 ha	bäuerl. und techn. Baudenkmale aus der näheren Umgebung
Hamburg:			
Freilichtmuseum am Kiekeberg		2,5 ha	bäuerl. und techn. Baudenkmale aus der nördl. Lüneburger Heide und deren nördl. Randgebieten
Hessen:			
Freilichtmuseum „Hessenpark", Neu-Anspach	1978	5,5 ha (wird erweitert)	nach Siedlungsformen regional gegliederte Baugruppen bäuerl. Kulturdenkmale und alter Handwerksstätten Hessens
Niedersachsen:			
Museumsdorf Cloppenburg, Niedersächs. Freilichtmuseum	1936	18 ha	bäuerl. Baudenkmale und techn. Kulturdenkmale Niedersachsens, v. a. niederdt. Hallenhaus, Gulfhaus und mitteldt. Gehöft (16.–19. Jh.), Handwerksbetriebe und Mühlen
Nordrhein-Westfalen:			
Rhein. Freilichtmuseum und Landesmuseum für Volkskunde, Kommern in der Eifel	1961	75 ha	bäuerl., techn. und religiöse Baudenkmale in 4 Baugruppen: Niederrhein, Eifel und Köln-Bonner Bucht, Westerwald-Mittelrhein, Berg. Land
Westfäl. Freilichtmuseum bäuerl. Kulturdenkmale, Detmold	1971	80 ha	bäuerl., handwerkl.-ackerbürgerl. und religiöse Baudenkmale aus dem westl. Westfalen, dem nördl. Ostwestfalen, Südostwestfalen, Sauerland und Siegerland
Westfäl. Freilichtmuseum techn. Kulturdenkmale, Hagen	1973	80 ha	v. a. norddt. techn. Denkmale aus dem handwerkl. und industriellen Bereich (Metallgewinnung und -verarbeitung; Holz, Papier und Druck; Häute – Felle und Leder – Pelze; Mühlen, Backen – Brauen – Brennen; Bau – Steine – Erden; Spinnen Weben – Färben; Dorf – Handwerk und Gewerbe; Dorfkommunale Einrichtungen)

e	eröffnet	Größe	Angaben zur Anlage
lenhof-Freilichtmuseum, ster	1963	4 ha	bäuerl. und techn. Baudenkmale, u. a. eine Bockwindmühle
inland-Pfalz: ichtmuseum Sobernheim	1987	35 ha	4 Baugruppen bäuerl. Baudenkmale: Hunsrück-Nahe, Rheinhessen-Pfalz, Westerwald-Taunus-Mittelrhein, West- und Südeifel
leswig-Holstein: eswig-Holsteinisches ichtmuseum, Rammsee Kiel	1965	40 ha	bäuerl. und techn. Baudenkmale aus Schleswig und Holstein, aus Marsch- und Geestlandschaften, einschließl. bäuerl. Gärten

Kappen- oder *Vollkernisolatoren,* ab 110 kV wird der *Langstabisolator* eingesetzt. Lichtbogenschutzarmaturen schützen den Isolator vor Beschädigungen durch Lichtbogenüberschläge.
🕮 *Rieger, H./Fischer, R.: Der Freileitungsbau. Bln. u. a.* ²*1975.*

Freilichtmalerei (Pleinairmalerei), das Malen von Landschaften unmittelbar vor der Natur unter freiem Himmel („plein air"), wodurch sich ganz allg. die Palette gegenüber dem Atelierbild des 19. Jh. mit seinen dunklen Brauntönen, für das höchstens Skizzen und Studien im Freien hergestellt wurden, aufhellt. Begründet Anfang des 19. Jh. von J. Constable, R. P. Bonnington in England, aufgenommen von C. Corot und der Schule von ↑Barbizon in Frankreich.

Freilichtmuseum, volkskundl. Museumsanlage, in der in freiem Gelände wiederaufgebaute Wohnhäuser, Stallungen, Handwerksbetriebe oder techn. Betriebe usw. frühere Wohn- und Wirtschaftsformen veranschaulichen. Als erstes, vorbildl. gewordenes F. wurde 1891 Skansen in Stockholm eröffnet. Neben den zahlr. F. in Skandinavien sind bed. Anlagen in Rumänien Bukarest (1936), in Belgien Genk-Bokrijk (1953), in Ungarn Szentendre (1967), in Großbrit. Ironbridge (1968).

Freilichttheater, frühe Formen waren das antike Theater, im MA die Aufführung geistl. Spiele auf Marktplätzen oder vor Kirchen, die Theater in den höf. Parks des 17. und 18. Jh. Wiederbelebung im 20. Jh., oft in Verbindung mit sommerl. Festspielen, z. B. die Aufführung von Hofmannsthals Drama „Jedermann" vor dem Salzburger Dom, Festspiele in der Ruine der Stiftskirche Bad Hersfeld, Opernfestspiele in der Arena von Verona, Sommerfestspiele im Papstpalast von Avignon.

Freiligrath, Ferdinand [...ligra:t, ...lɪçra:t], * Detmold 17. Juni 1810, † Cannstadt (= Stuttgart) 18. März 1876, dt. Dichter. - In frühen, von der frz. Romantik beeinflußten Gedichten huldigte er dem Exotischen; die Gedichtsammlung „Ein Glaubensbekenntnis" (1844), in der er radikalpolit. Ziele vertrat, wurde angefeindet, F. mußte ins Exil; nach seiner Rückkehr Verfechter der Revolution von 1848; die „Neueren polit. und sozialen Gedichte" (2 Bde., 1849–51) zwangen ihn zu erneuter Emigration (1851–68 in London, 9 Jahre als Direktor der Schweizer Generalbank). Bed. polit. und sozialer Dichter von großem idealist. Elan; auch Übersetzer engl., amerikan. und frz. Literatur (u. a. R. Burns, H. W. Longfellow, V. Hugo, A. de Musset).

Freimachung, im Postwesen die Vorausentrichtung von Gebühren; mit Ausnahme von gewöhnl. Briefen, Postkarten und Paketen besteht **Freimachungszwang,** d. h., der Absender muß die Sendungen freimachen.

Freimaurerei [Lehnübersetzung von engl. freemasonry], eine internat. verbreitete Bewegung von humanitärer, der Toleranz verschriebener, auf lebendige Bruderschaft abzielender Geisteshaltung. Die in der brüderl. Gemeinschaft in sog. „Tempelarbeiten" gewonnene Selbsterkenntnis schärft zugleich Gewissen und Verantwortungsgefühl gegenüber Staat und Gesellschaft. Das Ritual der Freimaurer, das in seinen wesentl. Bestandteilen überall auf der Welt gleich ist, wird als ein dynam. Symbol des kosm. Geschehens gedeutet. Das teilnehmende Logenmitglied ordnet sich mit Hilfe der Symbolik der rituellen Handlungen bewußt in die Gesetzmäßigkeit des Universums ein und soll durch diese lebendige Beziehung lernen, sein Leben in immer zunehmenderem Maß aus einem übergeordneten Bewußtsein heraus zu gestalten. Das Brauchtum der Freimaurer stammt vielfach aus den ↑Bauhütten. Die F. stellt eine sinnbildl. Baukunst dar, Gegenstand dieses Bauens ist der einzelne Mensch und über ihn hinaus die gesamte Menschheit. Die Arbeiten werden in drei **Graden** abgehalten, dem des Lehrlings, des Gesellen und des Meisters, und erfassen das gesamte Leben des Mannes. Die Freimaurer verwenden auch bes. Zeichen und tragen zu ihren Arbeiten Abzeichen, Schurz und weiße Handschuhe. Die Freimaurerlogen sind meist im Vereinsregister eingetragene Vereine.

Freimaurerliga

Zu den *geistigen Grundlagen* der F. zählen Urkunden wie die „Alten Landmarken" und die „Alten Pflichten". Erstere stammen z. T. bereits aus dem 14. Jh. und verlangen die Anerkennung eines „Großen Baumeisters aller Welten", das Auflegen der Bibel bei den freimaurer. Arbeiten, die Eigenschaft des freien Mannes von gutem Ruf für die Mgl., die Loge als reinen Männerbund. Diese Grundlagen wurden 1723 von dem engl. Geistlichen J. Anderson (* 1680) in die von ihm verfaßten „Alten Pflichten" übernommen und gelten noch heute unverändert.
Die F. besitzt keine über die ganze Erde reichende, zusammenhängende *Organisation.* Die regulären Freimaurerlogen sind innerhalb eines Staates, in dem sie arbeiten, in einem oder auch mehreren Bünden zusammengeschlossen. Die Mgl. einer Loge wählen in freier Wahl ihren Vorsitzenden, den Meister vom Stuhl bzw. Logenmeister. Die Logenmeister wählen auf dem Großlogentag den Großmeister und seine Mitarbeiter in der Führung der Großloge. Auch die Großlogen sind eingetragene Vereine oder Körperschaften öffentl. Rechts. In der BR Deutschland besteht ein von allen Logen gemeinsam getragenes „Freimaurer. Hilfswerk" und in Bayreuth ein Dt. Freimaurer-Museum mit Bibliothek.
Geschichte: Die Bez. „freemason" (seit 1376 belegt) entspricht der dt. Berufsbez. „Steinmetz", „lodge" (Loge) bezeichnet seit 1278 das den Bauhandwerkern als Werkstatt und Versammlungsraum dienende Holzgebäude, seit dem 14./15. Jh. auch die Gruppe der dort arbeitenden Steinbauwerker. Durch den Zusammenschluß von vier solcher Logen entstand 1717 in London die erste Großloge, der seit 1725 durch Gründung weiterer Logen und Großlogen die Verbreitung der F. auf dem europ. Festland und schließl. weltweit folgte. In Deutschland (erste Loge 1737 in Hamburg) erhielt die F. gewaltigen Auftrieb durch den Beitritt des preuß. Kronprinzen, des späteren Königs Friedrich II., d. Gr. (1738 in Braunschweig), so daß sich in kurzer Zeit zahlr. Großlogen bilden konnten. Vor 1933 (Schließung der Logen, Einzug ihrer Vermögen, z. T. Verfolgung ihrer Mgl. durch das nat.-soz. Regime) arbeiteten in Deutschland etwa 76 000 Freimaurer. Die nach 1945 wieder entstandenen Logen schlossen sich 1958 zu den „Vereinigten Großlogen von Deutschland" zus. (heute etwa 20 500 Freimaurer). - In *Österreich* (seit 1742) umfaßt die heutige „Großloge der Alten Freien und Angenommenen Maurer von Österreich" (1918 gegr.; 1938–45 verboten) 22 Logen. - In der *Schweiz* (seit 1736) gehören heute alle (51) Logen der 1844 gegr. „Schweizer. Großloge Alpina" an. - Weltweit arbeiten fast 7 Mill. (allein in den USA über 4 Mill.) Freimaurer in über 30 000 Logen (genaue Zahlen sind nicht bekannt).

Die F. erregte von Anfang an das Mißfallen der kath. Kirche, die sie zw. 1738 und 1918 in 12 päpstl. Stellungnahmen verurteilte und die Freimaurer wegen antiklerikalist. Ziele und humanist.-deist. Weltanschauung exkommunizierte. Heute hat die Kirche den Dialog mit der F. aufgenommen und die Exkommunikation ihrer Mgl. aufgehoben (1972). - Zahlr. bed. Persönlichkeiten waren Freimaurer, u. a. Blücher, Simón Bolívar, Churchill, Disraeli, Garibaldi, Goethe, Haydn, Lessing, Liszt, Mozart, von Ossietzky, F. D. Roosevelt, Stresemann, Tucholsky, Washington.
📖 *Freimaurer u. Geheimbünde seit dem 18. Jh. Hg. v. H. Reinalter. Ffm. 1982. - Wein, B.: Die Bauhütten u. ihre Entwicklung zur F. Hamb. 1977. - Lachmann, H./Schiffmann, G. A.: Hochgrade der F. Graz 1974. - Lagutt, J.: Der Grundstein der F. Bern* ³ *1971.*

Freimaurerliga (Universala Framasona Ligo, Allg. F., Universelle F.), 1905 in Boulogne gegr. Vereinigung von Freimaurern auf internat. Basis für Kontaktpflege und Gedankenaustausch, die sich jährl. einmal zum Weltkongreß versammelt. Die etwa 10 000 Mgl. bilden nat. Landesgruppen.

Frei Montalva, Eduardo [span. 'frɛɪ mɔn'talβa], * Santiago de Chile 16. Jan. 1911, † ebd. 22. Jan. 1982, chilen. Politiker. - Mgl. der Falange Nacional (später: Christl.-Demokrat. Partei Chiles); vermochte als Staatspräs. (1964–70) sein wirtsch. und soziales Aufbauprogramm, das u. a. eine Landreform vorsah, nur z. T. zu verwirklichen.

Freir ['fraɪər] ↑ Freyr.

Freirechtslehre ↑ Begriffsjurisprudenz.

freireligiös, Bez. für die religiöse Haltung, die aus dem ↑ Deutschkatholizismus und den ↑ Lichtfreunden hervorging. Beide Gruppierungen schlossen sich 1859 zum **Bund Freireligiöser Gemeinden** zusammen. Die proklamierte religiöse Freiheit führte zu einer Variationsbreite vom Pantheismus zum Theismus und Atheismus, auch zu Absplitterungen. Der Mensch ist nicht Sünder vor Gott, sondern nur sich selbst verantwortl., und das Böse nur Durchgang zum Guten. 1950 organisierte sich unter vorübergehender Einbeziehung der südwestdt. Gemeinden, die das religiöse Moment stärker betonten, der **Bund Freireligiöser Gemeinden Deutschlands** (70 000 Anhänger) neu.

Freisassen, bis ins 19. Jh. die Bauern persönl. freien Standes, die grundherrl. Boden zu freiem Leiherecht besiedelten oder Inhaber eines Freihofes waren.

Freischar ↑ Jugendbewegung.

Freischaren, militär. Verbände aus Freiwilligen, die unter der Führung einzelner Persönlichkeiten oder polit. Gruppen an der Seite regulärer Truppen, denen sie angegliedert und unterstellt sind, in das Kriegsgeschehen eingreifen.

Freischärler ↑Kombattanten, ↑Partisanen.

Freischütz, im Volksglauben ein Schütze, der mit sechs Freikugeln, die mit Hilfe des Teufels gegossen wurden, unfehlbar trifft; die siebte Kugel lenkt der Teufel. F. Kind schrieb das Textbuch zu C. M. von Webers romant. Oper „Der F." (1821).

Freischwimmen, Schwimmprüfung als Nachweis für die Fertigkeit, eine Viertelstunde ohne Hilfsmittel sicher schwimmen zu können.

freisetzen, in der *Physik* und *Chemie:* aus der bisherigen Bindung lösen; in der *Wirtschaft:* jemanden von den bisherigen Aufgaben entlasten (und für andere bereitstellen); verhüllend für entlassen.

Freisetzungstheorie, in der Wirtschaftstheorie die Grundthese D. Ricardos: die Einführung von Maschinen erhöht zwar den Nettoertrag der Produktion, vermindert aber den Bruttoertrag und führt so zu einer Freisetzung von Arbeitern (Arbeitslosigkeit) im Produktionsprozeß.

Freising, Krst. am nw. Rand des Erdinger Mooses, Bayern, 471 m ü.d.M., 35 900 E. Staatl. Lehr- und Forschungsanstalt für Gartenbau; Fakultäten für Landw. und Gartenbau und für Brauwesen, Lebensmitteltechnologie und Milchwirtschaft der TU München (im Ortsteil Weihenstephan), Fachhochschule Weihenstephan; Diözesanmuseum, Heimatmuseum. Halbleiterfertigung, Motoren und Schlepperbau, Gießerei, Webereien u. a. - Die um 700 erbaute Burg der Bayernherzöge wird 744 erstmals erwähnt. Wirkungsstätte des hl. Korbinian († 730), der die Anfänge des Klosters Weihenstephan begr. (1020 neugegr., 1802/03 aufgehoben). Um 738 errichtete der hl. Bonifatius das Bistum F. Im 8. bzw. 9. Jh. war F. ein polit. (Königspfalz), Missions- und Kulturzentrum mit bed. Schreibschule. Unter Otto von F. (ab 1138 Bischof) begann eine neue Blütezeit. 1220 wurde das Kerngebiet des Hochstifts reichsunmittelbar. 1802/03 fielen die Besitzungen des Hochstifts an Bayern. Durch das Konkordat von 1817 wurde 1821 die Erzdiözese München und Freising gegr. - Dom (12. Jh.; im 18. Jh. barockisiert) mit barocker Maximilianskapelle (1710), Krypta und Kreuzgang (1716 barock umgestaltet), got. Johanniskirche (1319–21), Renaissancearkadenhof (1519) der ehem. fürstbischöfl. Residenz, spätgot. Stadtpfarrkirche Sankt Georg (um 1440), barocke Kirche Sankt Peter und Paul (1700–15).

F., Landkr. in Bayern.

Freisinnig-demokratische Partei der Schweiz (häufige Abk.: FdP), schweizer. polit. Partei, 1894 gegr.; Folgeorganisation der um 1830 entstandenen demokrat. Freiheitsbewegung, des 1873 gegr. „Schweizer Volksvereins" sowie der 1878 gebildeten „radikaldemokrat." Fraktion der Bundesver-

sammlung; verstand sich als umfassende Staatspartei, verlor 1919, nach Einführung des Mehrheitswahlrechts und Abspaltung der Bauern-, Gewerbe- und Bürgerpartei (↑Schweizerische Volkspartei), die absolute Mehrheit; strebt eine Revision der Verfassung an; im wesentl. eine großbürgerl. Partei, die einen sozialen Liberalismus verfolgt; hat im Nationalrat 53 (von 200), im Ständerat 14 (von 46) Sitze.

Freisinnige, Bez. für Mgl. und Anhänger liberaler Parteirichtungen in Deutschland und in der Schweiz, die sich v. a. für die Durchsetzung liberaler Grundideen in Staat und Wirtsch. einsetzten. Im Dt. Reich fusionierte 1884 die dt. Fortschrittspartei mit der von den Nationalliberalen abgesplitterten Liberalen Vereinigung in der Freisinnigen Partei, die sich 1893 in die Freisinnige Vereinigung und die Freisinnige Volkspartei spaltete. In der *Schweiz* entstand die **Freisinn** nach 1815 als Gegenbewegung zur polit. Restauration, bildete jedoch erst 1894 eine Parteiorganisation (Freisinnig-demokrat. Partei der .Schweiz).

Freisinnige Partei ↑Deutsche Freisinnige Partei.

Freisinnige Vereinigung, liberale dt. Partei (1893–1910), entstand aus der Spaltung der Freisinnigen Partei; vertrat die Tradition der Liberalen Vereinigung.

Freisinnige Volkspartei, liberale dt. Partei (1893–1910), gegr. bei der Spaltung der Freisinnigen Partei; vertrat einen strengen Wirtschaftsliberalismus.

Freisler, Roland, * Celle 30. Okt. 1893, † Berlin 3. Febr. 1945 (bei Luftangriff), dt. Jurist und Politiker. - Trat 1925 der NSDAP bei; ab 1933 Staatssekretär im preuß. Justiz-, ab 1934 im Reichsjustizministerium; 1942 Präs. des Volksgerichtshofes; in den Prozessen nach dem 20. Juli 1944 Personifikation des nat.-soz. Justizterrors („Blutrichter").

Freispruch, Urteil im Strafprozeß, im Ehrengerichts- und Disziplinarverfahren, durch das der Angeklagte von dem Vorwurf der Anklage befreit wird. Aus den Urteilsgründen muß sich ergeben, ob der Angeklagte für nicht überführt oder ob und aus welchen Gründen die als erwiesen angesehene Tat für nicht strafbar erachtet worden ist.

Freistaat ↑Republik.

Freistadt, Bez.hauptstadt 30 km nnö. von Linz, Oberösterreich, 560 m ü. d. M., 6 700 E. Möbel-, Textil- u. a. Industrie. - 1241 erstmals genannt. - Stadtpfarrkirche (13. Jh.), 1690 barock erneuert; Liebfrauenkirche (15. Jh.); zahlr. Bürgerhäuser des 14.–16. Jh.; Mauern, Türme, Tore und Graben der ma. Stadtummauerung (13./14. Jh.) sind erhalten.

Freistempelung, im Postwesen die Freimachung von Sendungen mit Freistempelabdrucken statt mit Postwertzeichen; die Gebühren sind im voraus zu entrichten.

Freistempler

Freistempler, svw. ↑Frankiermaschine.

Freistilringen ↑Ringen.

Freistilschwimmen ↑Schwimmen.

Freistoß, im Fußballspiel Strafmaßnahme des Schiedsrichters bei Regelverstoß. Am Ort des Verstoßes darf von einem beliebigen Spieler der durch den Regelverstoß benachteiligten Mannschaft ein unbehinderter Schuß abgegeben werden, der beim **direkten Freistoß** unmittelbar zum Torerfolg führen kann, während beim **indirekten Freistoß** der Ball von einem weiteren Spieler berührt werden muß.

Freistudenten, frühere Bez. der Studenten, die keiner Korporation angehörten (auch **Finken** gen.); ältester Zusammenschluß: Leipziger Finkenschaft von 1896. Seit 1900 bestand der Zentralverband der Dt. Freien Studentenschaft. Seine Forderungen (allg. Studentenausschüsse und Selbsthilfeeinrichtungen) konnten erst nach dem 1. Weltkrieg durch die Dt. Studentenschaft verwirklicht werden.

Freistuhl ↑Femgerichte.

Freitag, Walter, * Remscheid 14. Aug. 1889, † Herdecke 7. Juni 1958, dt. Gewerkschaftsführer. - Dreher, ab 1920 Gewerkschaftsfunktionär, führender SPD-Politiker der Weimarer Republik, 1933–45 zeitweilig im KZ; nach 1945 aktiv im Wiederaufbau der Arbeiterbewegung, MdL in NRW, 1946–52 Vors. der IG Metall; 1949–53 MdB, 1952–56 DGB-Vorsitzender.

Freitag, die dt. Bez. für den 5. Tag der Woche. Die gemeingerman. Bez. (althochdt. fria-, frijetag, mittelhochdt. vritac) ist dem lat. Veneris dies (vgl. frz. vendredi) nachgebildet, wobei die röm. Liebesgöttin Venus durch die german. Göttin Frija (↑Frigg) ersetzt wurde. - Im religiösen Leben durch das Gedenken an den Tod Christi (Karfreitag) geprägt, wurden der F. oder besondere F.e durch Andachts- und Gebetsübungen (z. B. Kreuzweg), Fasten usw. aus den übrigen Wochentagen herausgehoben. Vielfältige Volksglaubensvorstellungen geben dem F. bes. Bedeutung, v. a. als Unglücks- bzw. Glückstag.

Freital, Krst. im Bez. Dresden, DDR, 9 km sw. von Dresden, 160–280 m ü. d. M., 44 300 E. Bergbaumuseum; Edelstahlwerk, Maschinenbau, Glas-, Porzellan-, Papier-, chem. Ind. - F. entstand 1921 durch den Zusammenschluß der Landgemeinden Deuben, Döhlen und Potschappel als Stadt.

F., Landkr. im Bez. Dresden, DDR.

Freitod ↑Selbsttötung.

Freitreppe ↑Treppe.

Freiübungen, gymnast. Übungen ohne Geräte oder mit Handgeräten (Keule, Stab, Hantel usw.).

Freiverkehr, Handel in Wertpapieren, bei denen keine Zulassung zum amtl. Börsenverkehr beantragt worden ist bzw. die nicht zum amtl. Verkehr zugelassen sind. Zu unterscheiden ist der **geregelte Freiverkehr** (von einem Ausschuß überwacht) und der **ungeregelte Freiverkehr,** letzterer auch als **Telephonverkehr** (von Bank zu Bank) bezeichnet.

Freiviertel (Vierung) ↑Wappenkunde.

Freivorbau, Montageverfahren beim Brückenbau, wobei mit Hilfe eines Freivorbaukrans die einzelnen Brückenteile an bereits montierten, frei auskragenden Bauteil angebaut werden.

Freiwache, vom Wachdienst abgelöster, ruhender Teil der Besatzung eines Schiffes.

frei Waggon ↑Handelsklauseln.

Freiwillige, Bez. für die freiwillig in einer Streitmacht Wehrdienst Leistenden, im Unterschied zu den rechtl. zum militär. Dienst Verpflichteten (z. B. Lehns-, Wehrpflichtige).

freiwillige Eingemeindung ↑Eingemeindung.

freiwillige Erziehungshilfe, Form der öffentl. Ersatzerziehung neben der Fürsorgeerziehung, geregelt durch das JugendwohlfahrtsG von 1961. Das Landesjugendamt (LJA) hat auf schriftl. Antrag der Personensorgeberechtigten einem Minderjährigen, der das 17. Lebensjahr noch nicht vollendet hat, f. E. zu gewähren, wenn dessen leibl., geistige oder seel. Entwicklung gefährdet oder geschädigt ist und keine andere, mildere Maßnahme, insbes. Erziehungsbeistandschaft, zur Abwendung der Gefahr oder zur Beseitigung des Schadens ausreicht. Die f. E. wird unter Aufsicht des LJA i. d. R. in einer geeigneten Familie oder in einem Erziehungsheim durchgeführt; sie endet mit der Volljährigkeit oder wenn ihr Zweck erreicht oder anderweitig sichergestellt ist oder wenn ein Personensorgeberechtigter beim LJA die Aufhebung beantragt.

freiwillige Feuerwehr ↑Feuerwehr.

freiwillige Gerichtsbarkeit, einer der drei Zweige der ordentl. Gerichtsbarkeit. Die f. G. kann formal bestimmt werden als Rechtspflegetätigkeit der ordentl. Gerichte (Richter, Rechtspfleger) oder anderer Rechtspflegeorgane (z. B. Notar, Standesbeamter) in solchen Angelegenheiten, die durch das Gesetz als Angelegenheiten der f. G. gekennzeichnet sind; das sind v. a. die vom Vormundschafts-, Nachlaß- oder Registergericht zu erledigenden Sachen, ferner die Handelssachen, die Beurkundungstätigkeit, die Personenstandssachen, das Verfahren zur Todeserklärung und sonstige Hilfstätigkeiten auf dem Gebiet des bürgerl. Rechts (wie z. B. die Abnahme einer eidesstattl. Versicherung). Es handelt sich dabei i. d. R. um sog. *Rechtsfürsorgeangelegenheiten,* bei denen nur im Ausnahmefall unter den Beteiligten Streit besteht (etwa zw. Erben über den Inhalt eines Erbscheins). Neben den Rechtsfürsorgeangelegenheiten gibt es die echten Streitsachen, die - wie der Zivilprozeß - der Durchsetzung behaupteter subjektiver Privatrechte oder - wie der Verwaltungsgerichtsprozeß - der Austragung öffentl.-rechtl. Streitigkeiten dienen.

Rechtsquellen der f. G.: Das Gesetz über die Angelegenheiten der f. G. (FGG) vom 17. 5. 1898, eine Rahmenkodifikation, die durch BGB, HGB und andere Gesetze (auch des Landesrechts) ergänzt, auf einzelnen Gebieten auch durch Sondergesetz (z. B. Grundbuchordnung, BeurkundungsG, PersonenstandsG) ganz oder teilweise ersetzt wird.

Verfahren: In Rechtsfürsorgesachen wird das Verfahren häufig von Amts wegen eingeleitet, in Streitsachen nur auf Antrag. Anstelle der Parteien gibt es Beteiligte. Die entscheidungserhebl. Tatsachen werden von Amts wegen ermittelt. Eine mündl. Verhandlung ist regelmäßig nicht vorgeschrieben, vielmehr entscheidet das Gericht nach seinem Ermessen, ob es die Beteiligten mündl. oder schriftl. anhören will. Entscheidungen ergehen (auch in Streitsachen) durch Beschluß oder Verfügung; sie werden i. d. R. mit der Bekanntmachung wirksam. Gegen Entscheidungen des Rechtspflegers ist die Erinnerung an den Richter am Amtsgericht, gegen die Entscheidung des Richters am Amtsgericht die Beschwerde an das Landgericht gegeben. Über die als Rechtsbeschwerde ausgestaltete *weitere Beschwerde* [gegen die Beschwerdeentscheidungen des Landgerichts] entscheidet das Oberlandesgericht.

In *Österreich* ist für das Verfahren der f. G. die Bez. **außerstreitiges Verfahren** in Gebrauch. Es handelt sich um ein im Ggs. zum Zivilprozeß stehendes gerichtl. Verfahren, dessen Zweck i. d. R. eine allg. oder bes. Rechtsfürsorgetätigkeit auf den gleichen Gebieten wie im dt. Recht ist. In der *Schweiz* besteht die f. G. nach vorherrschender Lehre in einem obrigkeitl. Verfahren vor Gericht oder einer Verwaltungsbehörde zur Begründung, Änderung oder Aufhebung privater Rechte oder zur Erhebung und Feststellung eines Sachverhaltes; dabei geht es nicht um die Abwehr eines konkreten Angriffs auf die Rechtsordnung, sondern es handelt sich um staatl. Fürsorge zur Verwirklichung des Privatrechts.

📖 *Keidel, T./Winkler, K.: F. G. Mchn.* [11]*1978 (mit Nachtrag 1980).*

Freiwilligenverbände, freiwilliger Zusammenschluß von (meist reguläre bzw. ehem.) Truppenangehörigen; aktivieren sich bei innenpolit. und lokalen Konflikten (Einwohnerwehren, Freikorps), außerdem im Rahmen militär. Auseinandersetzungen. Seit 1941 wurden militär. Einheiten zur Unterstützung der dt. Truppen aus „Hilfswilligen" gebildet, die v. a. aus den Ländern der UdSSR stammten. In der Waffen-SS gab es Freiwilligendivisionen aus Nord- und Westeuropäern, seit 1943 auch südeurop. und asiat. Einheiten.

freiwilliger Arbeitsdienst ↑Arbeitsdienst.

Freiwillige Selbstkontrolle der

Filmwirtschaft, Abk. FSK, 1949 begr. Einrichtung, besteht aus Vertretern der Filmwirtschaft, des Bundesministeriums des Innern, der Kultusministerien der Länder, der Kirchen, des Bundesjugendrings und der Obersten Landesjugendbehörden und entscheidet über die Eignung der Filme zur öffentl. Vorführung für Erwachsene (seit 1972 entscheiden hierüber die Vertreter der Filmwirtschaft allein), die Altersfreigabe für Kinder und Jugendliche sowie die Feiertagsfreigabe. Die Entscheidungen beruhen auf den gemeinsam festgelegten „Grundsätzen".

freiwilliges soziales Jahr, Abk. FSJ, freiwilliger persönl. Hilfsdienst junger Menschen zw. dem 17. und 25. Lebensjahr in Einrichtungen der Wohlfahrt und Gesundheitspflege im Bereich der BR Deutschland einschließl. Berlin (West) für die Dauer von 12 Monaten; geht auf die Initiative der Kirchen, „Diakon. Jahr" (ev.), „Das Jahr für die Kirche" (kath.), und einiger Verbände der freien Wohlfahrtspflege zur Milderung des Personalmangels in sozialpfleger. und sozialpädagog. Einrichtungen zurück; kann für sozialpfleger. und hauswirtsch. Berufe als Berufspraktikum anerkannt werden, nicht als Ersatzdienst für Wehrdienstverweigerer.

Freiwurf, eine Strafmaßnahme des Schiedsrichters bei Verstößen gegen die Regeln, hauptsächl. im Handball-, Wasserball-, Korbball- und Basketballspiel; wird (mit Ausnahme des Basketballspiels) am Ort des Regelverstoßes ausgeführt. Beim Basketballspiel darf der bei einer Schußaktion regelwidrig behinderte Spieler zwei Freiwürfe ohne Behinderung des Gegners auf den Korb ausführen.

Freizeichen, Zeichen, die ihre für die Eintragung als Warenzeichen erforderl. Unterscheidungskraft und Eignung zum Hinweis auf die Herkunft einer Ware aus einem bestimmten Betrieb durch den allg. Gebrauch einer größeren Zahl voneinander unabhängiger Unternehmen eingebüßt haben (z. B. Äskulapstab für medizin.-pharmazeut. Produkte).

◆ (Freiton) ein langer Signalton (tüüüüt), der beim Telefonieren anzeigt, daß der angewählte Anschluß frei ist und gerufen wird; ist der Anschluß besetzt, ertönt das **Besetztzeichen** (tüt, tüt, ...), eine Folge kurzer Signaltöne.

Freizeichnungsklausel, vertragl. Haftungseinschränkung oder vertragl. Haftungsausschluß bei Fahrlässigkeit (nicht für Vorsatz); häufig in allg. Geschäftsbedingungen zu finden.

Freizeit, in der Soziologie hauptsächl. als Komplementärbegriff zu Arbeit aufgefaßt; bezeichnet die dem Berufstätigen außerhalb der Arbeit zur Verfügung stehende Zeit; läßt sich untergliedern in „reproduktive" Zeit, die ausgefüllt ist mit existenzerhaltenden Verrichtungen, wie Schlafen, Essen, Ruhen, Körperpflege, und „verhaltensbeliebige" private Zeit. Mit der wachsenden F. haben sich zunehmend Staat, Kirche, Vereinigungen und die verschiedensten Interessengruppen der Frage der Gestaltung der F. angenommen, für deren „sinnvolle" Nutzung sie Einrichtungen zur Verfügung stellen. Die entstandene breite F.industrie birgt als negative Auswirkung die Gefahr einer Kommerzialisierung („F.konsument") in sich.

Freizeitarrest, Zuchtmittel, Form des Jugendarrestes. Er kann für die wöchentl. Freizeit des Jugendlichen verhängt und auf mindestens eine, höchstens vier Freizeiten bemessen werden.

Freizügigkeit, in Art. 11 GG verankertes Grundrecht aller Deutschen, an jedem Ort des Bundesgebietes einschließl. Berlin (West) Wohnsitz oder Aufenthalt zu nehmen. Die F. umschließt das Recht, die bewegl. Habe an den neuen Wohnort mitzunehmen sowie dort unter denselben Voraussetzungen wie Einheimische berufl. tätig zu werden (wirtschaftl. F.). Die F. berechtigt alle Deutschen ferner, in das Bundesgebiet einschließl. Berlin (West) einzuwandern und einzureisen. Daher steht nach dem GG den Bewohnern der DDR jederzeit der Zuzug in die BR Deutschland offen (beschränkt durch das Notaufnahmegesetz). Die Ausreisefreiheit ist nach Maßgabe der *allg. Handlungsfreiheit* (Art. 2 Abs. 1 GG) geschützt. Einschränkungen der F. dürfen nur durch Gesetz oder auf Grund eines Gesetzes erfolgen (Art. 11 Abs. 2 GG).

Nach *östr. Verfassungsrecht* darf gemäß Art. 16 der StaatsgrundG von 1867 jeder Staatsbürger an jedem beliebigen Ort des Staatsgebietes seinen Aufenthalt und Wohnsitz nehmen, doch kann die Niederlassungsfreiheit durch einfach-gesetzl. Bestimmungen eingeschränkt werden. - Im *schweizer. Recht* wird die F. (**Niederlassungsfreiheit**) durch Art. 45 BV garantiert.

Fréjus [frz. fre'ʒys], frz. Stadt in der Provence, Dep. Var, 31 700 E. Bischofssitz; Garnison; Baustoffind., Korkverarbeitung, Erwerbsgartenbau. Seebäder sind F.-Plage und der Vorhafen Saint-Raphaël; ♨. - Im 4. Jh. Bischofssitz. - Der Bruch eines oberhalb der Stadt errichteten Staudammes verursachte 1959 schwere Schäden und forderte mehr als 400 Todesopfer. - Reste der röm. Stadtmauer, eines Aquädukts, einer Thermenanlage, eines Amphitheaters (Ende 1./Beginn 2. Jh.; etwa 12 000 Zuschauer) und eines Theaters. Kathedrale (11./12. Jh.) mit frühchristl. Baptisterium (5. Jh.) und zweigeschossigem Kreuzgang (13. Jh.; jetzt archäolog. Museum).

FRELIMO, Abk. für: **Fr**ente de **Li**berta-ção de **Mo**çambique, Befreiungsbewegung und polit. Partei in Moçambique.

Fremantle [engl. 'frɪːmæntl], austral. Stadt in der Metropolitan Area von Perth, 23 500 E. Haupthafen von Westaustralien, Fi-

schereihafen und Ind.stadt (Maschinenbau, Wollaufbereitung, Gerbereien, Nahrungsmittelind. u. a.).

Fremdatome, in einem Kristallgitter auf Gitterplätzen oder auf Zwischengitterplätzen eingebaute, dem Grundgitter fremde Atome, die durch Diffusion eingewandert sind oder bereits der Schmelze zugesetzt wurden. F. beeinflussen die physikal. Eigenschaften des Kristalls.

Fremdauslöschung ↑Auslöschung.

Fremdbefruchtung ↑Befruchtung.
◆ svw. ↑Fremdbestäubung.

Fremdbestäubung (Fremdbefruchtung, Allogamie), Übertragung des Blütenstaubs aus einer Blüte auf die Narbe einer anderen Blüte derselben Art.

Fremdbestimmung, in der Soziologie Bez. für das Bestimmtsein durch andere, von denen der Betreffende abhängig ist. - ↑auch Entfremdung.

Fremdenlegion (Légion étrangère), frz. Kolonialtruppe, 1831 auf Initiative des frz. Königs Louis Philippe in Algerien gebildet. Angeworben und aufgenommen werden Freiwillige jegl. Nationalität im Alter von 18 bis 40 Jahren, die sich zunächst zu einer 5jährigen Dienstzeit verpflichten müssen; hochdisziplinierte und schlagkräftige Berufsarmee, in fast allen Kolonialkriegen Frankr. eingesetzt; 1940 aufgelöst; 1946 erneut gegr. und im Indochinakrieg eingesetzt; verlor mit dem Ende des Algerienkrieges und dem Zerfall des frz. Kolonialreiches an Bedeutung.

Fremdenrecht, die Gesamtheit der zur Regelung der Rechtsstellung von Personen, die nicht die Staatsangehörigkeit ihres Aufenthaltsstaates besitzen, erlassenen Normen (↑auch Ausländerrecht).

Geschichte: Rechtsfähigkeit und Recht wurden dem Menschen urspr. nur als Mgl. einer Gemeinschaft zuteil; der Fremde war als Nicht-Mgl. rechtlos. Sicherheit des Rechts konnte der Fremde nur auf Grund der sakralrechtl. Gastfreundschaft erlangen. - Im dt. MA gewährte der König dem Fremden das Gastrecht (Königsschutz). Im Zuge der territorialen Zersplitterung entstand ein F., das den Fremden nicht rechtlos machte, aber rechtl. benachteiligte (keine Niederlassungsfreiheit, Verbot oder Erschwerung des Grunderwerbs oder der Ausübung eines Gewerbes, Benachteiligung vor Gericht u. a.). Die theoret. Überwindung des F. gelang erst dem Naturrecht.

Fremdenverkehr ↑Tourismus.

Fremdenverkehrsgeographie, Forschungszweig der Geographie, untersucht die wechselseitigen Beziehungen zw. Tourismus und Fremdenverkehrsgebieten.

Fremderregung, bei elektr. Maschinen die Erzeugung des zum Betrieb erforderl. Magnetfeldes mit Hilfe einer fremden Stromquelle.

Fremdfinanzierung, Maßnahmen der Kapitalbeschaffung, wobei ein Unternehmen auf beschränkte Zeit Finanzierungsmittel von Dritten erhält. Zu unterscheiden sind: *langfristige F.* durch Anleihen, Hypothekenkredite, sonstige langfristige Darlehen und *kurzfristige F.* durch Lieferantenkredite, Kundenanzahlungen, Wechselkredite, Bankkredite. - Ggs. ↑ Eigenfinanzierung.

Fremdionisation, die Erzeugung von Ladungsträgern (Ionen und Elektronen) in Gasen durch Ionisationsprozesse, die vom Stromdurchgang durch das Gas unabhängig sind, z. B. Ionisation durch eingestrahltes UV-Licht.

Fremdkapital, der Teil des Kapitals eines Unternehmens, der ihm von außen zur Verfügung gestellt wird. Das F. gehört zu den Verbindlichkeiten und wird demnach auf der Passivseite der Bilanz ausgewiesen. Das Verhältnis des F. zum Eigenkapital ergibt den Verschuldungskoeffizienten.

Fremdkörper (Corpus alienum), gewöhnl. auf unnatürl. Weise zufällig von außen eingedrungener oder absichtl. in den Körper eingeführter Stoff oder Gegenstand, der vom Gewebe als körperfremd empfunden wird und eine Entzündung verursachen kann.

Fremdlingsfluß ↑ Fluß.

Fremdrente, Leistung der gesetzl. Rentenversicherung und Unfallversicherung; wird Deutschen aus außerdt. Gebieten mit Wohnsitz in der BR Deutschland gewährt, die ihren früheren Versicherungsträger nicht mehr in Anspruch nehmen können, außerdem heimatlosen Ausländern, ► Flüchtlingen und Zuwanderern aus der DDR sowie Hinterbliebenen dieser Personen.

fremdsprachlicher Unterricht ↑ neusprachlicher Unterricht, ↑ altsprachlicher Unterricht.

Fremdstoffe, im Lebensmittelrecht veraltete Bez. für ↑ Zusatzstoffe.

Fremdverbreitung, svw. ↑ Allochorie.

Fremdwasser, Bez. für diejenige nicht kennzeichnungspflichtige Wassermenge, die Brühwürsten zugesetzt wird.

Fremdwort, aus einer Fremdsprache übernommenes Wort, das sich in Aussprache und/oder Schreibweise und/oder Flexion der übernehmenden Sprache nicht angepaßt hat. Während ein ↑ Lehnwort ohne bes. Fachkenntnis nicht als fremdes Wort erkannt wird, ist bei einem F. auch dem durchschnittl. Sprecher die Herkunft aus einer fremden Sprache deutlich. Haben sich Wörter, auch wenn sie erst in neuerer Zeit entlehnt worden sind, angepaßt, gelten sie als Lehnwörter (z. B. Film und Sport). Wichtiger als die Frage der Herkunft ist die Frage, wie sich F. im Systemzusammenhang des Wortschatzes zu den sinnverwandten Wörtern (Feldnachbarn) verhalten und welcher Art ihre Beziehungen zu anderen Wörtern im Kontext sind. F. gehören in der überwiegenden Zahl dem Wortschatz der Gruppensprachen (Fach- und Sondersprachen) an, unterscheiden sich aber von anderen Ausdrücken durch ihre Fremdheit; als fremd gelten z. B. Silben wie: -(is)ieren (funktionieren, realisieren), -ion (Generation), ex- (Experte), -ell (kriminell), -(is)mus (Automatismus, Expressionismus), -iv (primitiv), -or (Diktator) usw., Schreibungen wie c (Club), th (Theater), -x- (extra), -ph- (Telephon), -ou- (Tourist). Die wichtigste Ursache für die Übernahme eines F. ist die Übernahme der bezeichneten Sache. Daher spiegeln sich in den Fremd- und Lehnwörtern die Kulturströmungen, die auf den dt.sprachigen Raum gewirkt haben; z. B. aus dem Italien. Wörter des Geldwesens (Giro, Konto, Porto) und der Musik (adagio, Sonate, Violine), aus dem Frz. Ausdrücke des Gesellschaftslebens (Kavalier, Renommee, Cousin) oder des Kriegswesens (Offizier, Leutnant, Patrouille), aus dem Engl. Wörter des Sports (Favorit, Outsider, Derby) und aus der Wirtschaft (Manager, Floating). - Im dt. Wortschatz nehmen die F. etwa einen Anteil von 15 % (Zeitungssprache) bzw. 5 % (Privattexte) ein. Die dt. Sprachpflege sah häufig die F.bekämpfung als ihr Hauptproblem an, bes. in Zeiten nat. Selbstbesinnung, z. B. im Barock (Sprachgesellschaften) und im 19. Jh. (Campe, Deutscher Sprachverein).

Fremont, John Charles [engl. frɪ'mɔnt], * Savannah (Ga.) 21. Jan. 1813, † New York 13. Juli 1890, amerikan. Forscher und Offizier. - 1878–81 Gouverneur von Arizona; unternahm mehrere, in ihren Ergebnissen bed. Expeditionen, u. a. in das Felsengebirge von Colorado, an den Großen Salzsee und in die Sierra Nevada.

French, John Denton Pinkstone [engl. frɛntʃ], Earl of Ypres and of High Lake (1921), * Ripple (Kent) 28. Sept. 1852, † Schloß Deal (Kent) 22. Mai 1925, brit. General. - Spielte im Burenkrieg eine bed. Rolle; 1913 Feldmarschall; kommandierte 1914/15 das brit. Expeditionskorps in Frankr., bis 1918 Oberbefehlshaber der Truppen in Großbrit.; 1918–21 Lord Lieutenant in Irland.

Freneau, Philip Morin [engl. frɪ'noʊ], * New York 2. Jan. 1752, † bei Middleton Point (N. J.) 18. oder 19. Dez. 1832, amerikan. Dichter. - Aus hugenott. Familie; Dichter der Revolution und der jungen amerikan. Republik, v. a. Lyrik und Satiren.

frenetisch [griech.], rasend, tobend, toll.

Frenssen, Gustav, * Barlt (Dithmarschen) 19. Okt. 1863, † ebd. 11. April 1945, dt. Schriftsteller. - Ev. Pfarrer; wurde mit seinen Romanen („Die Sandgräfin", 1896; „Jörn Uhl", 1901; „Hilligenlei", 1905, u. a.) einer der erfolgreichsten Schriftsteller um die Jh.wende. Sichere Darstellung der norddt. Landschaft und ihrer Menschen. Als Hauptwerk kann „Otto Babendiek" (1926) gelten.

Frenulum

F.s Abwendung vom Christentum gipfelt in der Schrift „Der Glaube der Nordmark" (1936). - *Weitere Werke:* Briefe aus Amerika (1923), Grübeleien (1920), Möwen und Mäuse (1928), Vorland (1937).

Frenulum [lat.], in der Anatomie Bez. für Bändchen, kleine Haut- oder Schleimhautfalte; z. B. F. *praeputii*, Vorhautbändchen zw. Eichelunterseite und Vorhaut des Penis.

Freon ® [engl.], halogenierte Kohlenwasserstoffe, die als Sicherheitskältemittel und als Treibgas (für Aerosole) Verwendung finden.

frequentieren [lat.], häufig besuchen; ein und aus gehen; verkehren.

Frequenz [zu lat. frequentia „Häufigkeit"], Besuch, Besucherzahl, Verkehrsdichte. ◆ Formelzeichen v oder f bei einem period. Vorgang, z. B. einer Schwingung, der Quotient aus der Anzahl n der Perioden (vollen Schwingungen) und der dazu erforderl. Zeit t: $v = \frac{n}{t}$. Das 2π-fache der Frequenz wird als **Kreisfrequenz** ω bezeichnet: $\omega = 2\pi v$. Zw. der Periodendauer (Schwingungsdauer) T u. der Frequenz v besteht die folgende Beziehung: $v = \frac{1}{T}$

Frequenzmodulation. Schematische Darstellung mit Sinusschwankungen. Die Frequenz der Trägerwelle wird entsprechend der Modulationsfrequenz f_M und Modulationsamplitude A_M geändert (t Zeit)

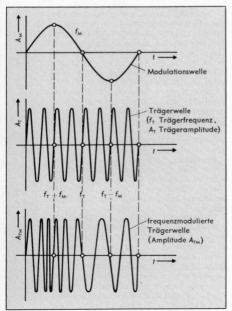

bzw. $T = \frac{1}{v}$. SI-Einheit der F. ist das Hertz (Hz). Festlegung: 1 Hertz ist gleich der F. eines period. Vorgangs der Periodendauer 1 Sekunde.

Frequenzband ↑Band.

Frequenzbandverteilungsplan, als Vollzugsordnung zum Genfer Internat. Fernmeldevertrag gleichzeitig mit diesem am 21. 12. 1959 beschlossener und am 1. 5. 1961 in Kraft getretener völkerrechtl. Vertrag, der die jeweiligen Frequenzbereiche festlegt, innerhalb deren der Rundfunk (Radio, Fernsehen) und die übrigen Funkdienste zu betreiben sind. Der neue *Genfer Wellenplan* trat am 23. Nov. 1978 in Kraft. - ↑auch Wellenplan.

Frequenzbereiche ↑Wellenlänge.

Frequenzgang, der Verlauf einer physikal. Größe als Funktion der Frequenz; auch Bez. für die Funktion selbst.

Frequenzhub ↑Frequenzmodulation.

Frequenzmodulation, Abk. FM, vorzugsweise bei UKW-Rundfunk, Richtfunk und kommerziellen Fernsehanlagen angewendete Modulationsart: Im Sender wird die *Trägerfrequenz* f_T durch Amplitude A_M und Rhythmus f_M der Modulierschwingung (Sprache, Musik) geändert. Die Amplitude der Trägerschwingung bleibt unverändert. Die F. ermöglicht störungsarmen Empfang. Da die meisten Störungen eine Amplitudenmodulation bewirken, lassen sie sich durch Amplitudenbegrenzung im Empfänger heraussieben. Maximaler **Frequenzhub** (d. h. Änderung der Trägerfrequenz) bei UKW-Rundfunk $\Delta f = 75$ kHz, maximale Modulationsfrequenz $f_M = 15$ kHz.

Frequenzmultiplexverfahren ↑Trägerfrequenztechnik.

Frequenznormal (Frequenzuhr), in der Physik eine Anordnung, die eine konstante, stets reproduzierbare Frequenz erzeugt (z. B. Stimmgabel, Quarzuhr oder Atomuhr).

Frequenzspektrometer ↑Schallanalyse.

Frequenzteiler, in der Schwachstromtechnik Bez. für eine Schaltung zur Teilung (Untersetzung) der Frequenz einer elektr. Wechselgröße in einem ganzzahligen Verhältnis. Als F. verwendet man Kippgeneratoren, Multivibratoren, Zählwerke und Flip-Flop-Generatoren. Die Flip-Flops halbieren die Frequenz der Steuerimpulse; Hintereinanderschaltung von n derartigen Bauelementen ergibt daher eine Frequenzteilung (Untersetzung) um den Faktor 2^n.

Frequenzuhr, svw. ↑Frequenznormal.

Frequenzumformer ↑Motorgenerator.

Frequenzumsetzer, Geräte zur Änderung einer gegebenen Frequenz in eine andere durch Frequenzteilung oder -vervielfachung oder (z. B. in Rundfunkempfängern) durch Zwischenfrequenzbildung.
◆ (Fernsehumsetzer, Füllsender) auf Bergen

errichtete unbemannte Empfänger-Sender kleiner Leistung (bis etwa 50 W), die den Fernsehempfang in Tälern ermöglichen; sie empfangen den Muttersender und strahlen dessen Signale nach Umsetzen in eine neue Trägerfrequenz verstärkt ab.

Frequenzwandler ↑ Motorgenerator.

Frequenzweiche, elektron. Schaltungselement, das meist zum Aussondern eines Frequenzbandes aus einem breiteren oder zur Trennung zweier Frequenzbereiche dient.

Frère [frz. frɛːr; zu lat. frater „Bruder"], frz. für Bruder.

Frescobaldi, Girolamo [italien. fresko-'baldi], * Ferrara vermutl. 12. Sept. 1583, † Rom 1. März 1643, italien. Komponist. - Seit 1604 Organist an Sankt Peter in Rom. Neben Vokalkompositionen (Messen, Madrigale, Arien) sind v. a. die bed. Werke für Cembalo und Orgel zu nennen (Fantasien, Tokkaten, Canzonen, Ricercare, Capricci).

Fresenius, [Carl] Remigius, * Frankfurt am Main 28. Dez. 1818, † Wiesbaden 11. Juni 1897, dt. Chemiker. - Prof. für Chemie, Physik und Technologie in Wiesbaden. F. entwickelte wichtige Grundlagen und Methoden der chem. Analyse; Hg. der „Zeitschrift für analyt. Chemie".

Fresko [italien.], Kammgarn- oder Streichgarngewebe mit freskenartigem Oberflächenbild; entsteht durch Verwendung von Leinwandbindung und hart gedrehten Garnen oder Zwirnen in Kette und Schuß.

Freskomalerei [zu italien. pittura a fresco „Malerei auf das Frische"], Wandmalerei mit Wasserfarben, die dem Bindemittel, auf den frischen, feuchten Verputz aus gipsfreiem, eingesumpftem Grubenkalk, Sand (evtl. noch sog. Füllmaterialien) und Wasser.; beim Austrocknen des Putzes bildet sich an der Oberfläche eine feste, wasserunlösl. Schicht von Calciumcarbonat, die dem Farbauftrag einen außerordentl. Halt verleiht, im Ggs. zur Seccomalerei, die abblättern kann (↑ a secco). Die Technik der F. verlangt einen abschnittweisen, raschen Putzauftrag (in sog. „Tagewerken"), solange der Grund feucht ist, nach erfolgtem Farbauftrag sind keine Korrekturen mehr mögl. Die Bilder werden meist in der Größe des Originals auf einem Karton entworfen und von diesem auf die feuchte Wand durchgezeichnet. Als Farben werden licht- und kalkechte Materialien verwendet, sie sind nach dem Trocknen wesentl. heller als beim Auftrag. - F. findet sich vermutl. bereits in der kret. Kunst, sicher bei den Etruskern, in Pompeji und Herculaneum. Byzanz bewahrte die antike Technik, während das MA seit Giotto eine Mischtechnik (F. mit Seccomalerei) anwandte. Erst in der Renaissance wurde wieder die reine Freskotechnik angewandt, vermutl. zuerst von Masaccio (u. a. in der Brancaccikapelle von Santa Maria del Carmine in Florenz, 1425–28), auch Mi-

Freskomalerei. Iphigenie wird zur Opferung geführt. Fresko aus dem „Haus des tragischen Dichters" in Pompeji (1. Jh. n. Chr.). Neapel, Museo Nazionale

chelangelos F. in der Sixtin. Kapelle (1508–12) und Raffaels in den Stanzen des Vatikans (1509–17) sind reine Freskotechnik („fresco buono"). Seit dem 17. Jh. spielt dann v. a. die Kalkkaseintechnik (↑ Kaseinfarben) eine Rolle, entweder auf noch feuchtem oder trockenem Freskoputz (sog. Kaseinfresko) oder auf mit Kalkmilch getünchten Flächen. Die alte F. wurde noch einmal von den Nazarenern (im Casino Massimo, Rom, 1817 ff.) aufgegriffen.

📕 *Philippot, P.: Die Wandmalerei. Wien u. Mchn. 1972.*

Fresnay, Pierre [frz. frɛ'nɛ], eigtl. P.-Jules-Louis Laudenbach, * Paris 4. April 1897, † ebd. 9. Jan. 1975, frz. Schauspieler. - 1915–27 Mgl. der Comédie-Française; zahlr. Filmrol-

Fresnel-Linse zur Bündelung von Lichtstrahlen in einem Leuchtturm

Fresnel

len, u. a. in „Der Mann, der zuviel wußte" (1935), „Monsieur Vincent" (1947), „Es ist Mitternacht, Dr. Schweitzer!" (1952).

Fresnel, Augustin Jean [frz. frɛ'nɛl], *Broglie (Eure) 10. Mai 1788, † Ville d'Avray bei Paris 14. Juli 1827, frz. Ingenieur und Physiker. - Mgl. der Académie des sciences. F. verhalf mit seinen experimentellen und theoret. Arbeiten der Wellentheorie des Lichtes zum Durchbruch und wies experimentell nach, daß Licht aus Transversalwellen besteht. Ihm gelang die erste Wellenlängenbestimmung des Lichtes.

Fresnel-Linse [frz. frɛ'nɛl; nach A. J. Fresnel] (Stufenlinse), Linsentyp für Sammellinsen mit großem Öffnungsverhältnis. Die F.-L. besteht aus einer (zentralen) Linse und nach außen anschließenden, etwa gleich starken, ringförmigen Zonen, deren Krümmungsradien so gewählt sind, daß die Brennpunkte aller Zonen zusammenfallen. - Abb. S. 255.

Fresnelscher Spiegelversuch [frz. frɛ'nɛl; nach A. J. Fresnel], klass. Interferenzversuch zum Nachweis der Wellennatur des Lichts. Zwei sehr wenig gegeneinander geneigte Spiegel S_1 und S_2 entwerfen zwei nahe zusammenliegende virtuelle Spiegelbilder Q_1 und Q_2 einer punkt- oder linienförmigen monochromat. Lichtquelle Q. Die von den sekundären Quellen Q_1 und Q_2 ausgehend gedachten, nahezu parallelen Teilstrahlenbündel sind miteinander kohärent und erzeugen in dem gemeinsam überdeckten Bereich ein räuml. feststehendes Interferenzsystem von abwechselnd hellen und dunklen Streifen, die auf einem Schirm S beobachtet werden können. Anstelle des Spiegels kann auch ein Prisma mit einem brechenden Winkel von nahezu 180° (**Fresnelsches Biprisma**) verwendet werden.

Freßzellen (Phagozyten), Zellen in der Blutflüssigkeit oder in Geweben bei Tier und Mensch. Ihre Aufgabe ist v. a. die Aufnahme (Phagozytose) und Unschädlichmachung von abgestorbenen Gewebsteilen und Fremdkörpern (u. a. auch von Bakterien).

Frettchen [lat.-niederl.] (Mustela putorius furo), domestizierte Albinoform des Europ. Iltisses mit weißer bis blaßgelber Fellfärbung; wird v. a. in Europa zur Kaninchenjagd verwendet (**Frettieren**), daneben auch zur Bekämpfung von Ratten und Mäusen.

Frettkatze [lat.-niederl./dt.] (Fossa, Cryptoprocta), Gatt. schlanker, kurzbeiniger, etwa 90 cm körperlanger Schleichkatzen in den Wäldern Madagaskars mit **Cryptoprocta ferox** als einziger Art; mit kurzem, dichtem, einfarbig orangefarbenem Fell und körperlangem Schwanz.

Freud, Anna, * Wien 3. Dez. 1895, † London 9. Okt. 1982, brit. Psychoanalytikerin östr. Herkunft. - Tochter von Sigmund Freud; nach Emigration (1938) vorwiegend in Großbritannien tätig; leitete das Londoner kinderanalyt. Zentrum Hampstead Child-Therapy Course and Clinic; Arbeiten bes. zur Kinderanalyse; gab die ges. Werke ihres Vaters heraus.

F., Sigmund, * Příbor (Nordmährisches Gebiet) 6. Mai 1856, London 23. Sept. 1939, östr. Arzt und Psychologe. - Dozent und Arzt in Wien. Wegen seiner jüd. Abstammung emigrierte er 1938 nach London. F. ist der Begründer der theoret. und prakt. Psychoanalyse. Zur Konzeption erfolgversprechender Behandlungsmethoden bei der Hysterie arbeitete F. eng mit J. Breuer zusammen. Aus dieser Zusammenarbeit entwickelte F. das psychoanalyt. Therapieverfahren, bei dem er zugleich seine grundlegenden Einsichten in die Triebstruktur menschl. Verhaltens gewann. Als Zentraltrieb nahm F. den Geschlechtstrieb an. In der Richtigkeit dieser Annahme sah sich F. durch die starke emotionale Bindung seiner Patienten bestätigt. Da gerade die Entfaltung der geschlechtl. Triebhaftigkeit des Menschen durch gesellschaftl. Regeln und Tabus unterdrückt wird, ergeben sich nach F. hieraus die Fehlentwicklungen, die zu Neurosen führen, denen auszuweichen ledigl. durch Sublimierung mögl. sei. F. weitete dementsprechend seine psycholog. Theorie auf alle geistig-kulturellen, sozialen, mytholog. und religiösen Bereiche des menschl. Lebens aus.

Sigmund Freud (1926)

F.s Lehre - vielfach kritisiert, abgelehnt, mißdeutet und z. T. auch widerlegt - hatte weltweit beträchtl. Einfluß auf die Entwicklung nicht nur der Anthropologie, Psychologie, Psychiatrie und Psychotherapie, sondern auch der Philosophie, Kunst und Literatur. - *Werke:* Die Traumdeutung (1900), Zur Psychopathologie des Alltagslebens (1901), Der Witz und seine Beziehung zum Unbewußten (1905), Sammlung kleiner Schriften zur Neurosenlehre (1906–21), Totem und Tabu (1913), Das Ich und das Es (1923), Das Unbehagen in der Kultur (1929).

🕮 *Schott, H.:* Zauberspiegel der Seele. S. F. u. die Gesch. der Selbstanalyse. Gött. 1985. -

Schöpf, A.: S.F. Mchn. 1982. - Marcuse, L.: S. F.: Sein Bild vom Menschen. Zürich, Neuaufl. 1972.

Freudenberg, Stadt im Siegerland, NRW, 300 m ü. d. M., 16 000 E. Luftkurort; Metallind. - Im 14. Jh. entstanden. - Zahlr. Fachwerkhäuser.

F., Stadt am Main, Bad.-Württ., 134 m ü. d. M., 3 700 E. Möbel- und Windenfabrik. - Um die Mitte des 13. Jh. gegr., 1333 Stadtrecht. - Roman. Friedhofskapelle mit frühgot. Chor (1210–20), spätgot. Rathaus (1499), Reste der Stadtmauer, Burgruine (14./15. Jh.).

Freudenberg & Co., dt. Unternehmen der Leder- und Kunststoffverarbeitung, gegr. 1921, Sitz Weinheim. Produktion: u. a. Leder- und Schuhmaterial, Präzisionsdichtungen, Vliesstoffe, Kunststoffe.

Freudenhaus ↑ Prostitution.

Freudenstadt, Krst. am O-Rand des nördl. Schwarzwaldes, Bad.-Württ., 595–940 m ü. d. M., 19 700 E. Heilklimat. Kurort (Asthma, Bronchitis, Herz- und Kreislaufstörungen), Wintersport. - Gründung Herzog Friedrichs I. von Württemberg; ab 1599 im Stil der Idealstädte der Spätrenaissance erbaut, diente der Förderung des Silbererzbergbaus sowie der Ansiedlung von Bergleuten (großenteils östr. Protestanten). 1601 erhielt die Stadt ihren Namen. Im April 1945 wurde die Altstadt von frz. Truppen völlig zerstört. - Wiederaufbau in histor. Form; eine Marktplatzecke wird von der ev. Stadtkirche (1601–1608), deren Schiffe im rechten Winkel aneinandergefügt sind, eingenommen.

F., Landkr. in Bad.-Württ.

Freudsche Fehlleistung [nach S. Freud] ↑ Fehlleistung.

Freund, Leopold, * Miscovice bei Prag 5. April 1868, † Brüssel 7. Jan. 1943, östr. Röntgenologe. - Prof. in Wien; Begründer der medizin. Radiologie und Röntgentherapie.

Freund-Feind-Theorie ↑ Schmitt, Carl.

Freundlich, Otto, * Stolp 10. Juli 1878, † im KZ Majdanek 9. März 1943, dt. Maler, Graphiker und Bildhauer. - Kam 1908/09 in Paris in Kontakt mit Picasso, Herbin, Gris, Braque. Lebte 1914–24 vorwiegend in Köln, seit 1924 in Paris. Ab 1914 entstanden Graphiken aus flächigen Feldern. Seine Malerei (Ölbilder und Gouachen) rhythmisierte diese geometr. Felder durch Farbdifferenzierung. Die meist ungegenständl. Plastik wirkt monumental. Sein Mosaik „Geburt des Menschen" befindet sich im Opernhaus in Köln.

Freundschaft, soziale Beziehung zw. zwei oder mehreren Personen, die auf gegenseitiger Anziehung (Attraktion) gründet, im Ggs. zur Machtbeziehung freiwillig und wechselseitig aufgebaut ist und durch Vertrauen und Zuneigung verstärkt wird.

Freundschaftsinseln ↑ Tonga.

Frevel, in der älteren dt. Rechtssprache sowohl das schwere, mit einer Leibes- oder

Otto Freundlich, Komposition (1939). Privatbesitz

Fresnel-Linse (Ringlinse, *F* Brennpunkt)

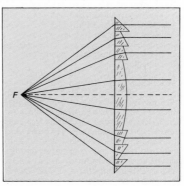

Lebensstrafe bedrohte Verbrechen („Dieb und F." als formelhafte Umschreibung der Hochgerichtsbarkeit) als auch das leichtere, mit Geldstrafen bedrohte Vergehen.

Frey, Dagobert, * Wien 23. April 1883, † Stuttgart 13. Mai 1962, östr. Kunsthistoriker. - Prof. in Wien, Breslau und Stuttgart; Leiter des Bundesdenkmalamtes in Wien. - *Werke:* Gotik und Renaissance als Grundlagen der modernen Weltanschauung (1929), Kunstwiss. Grundfragen (1946), Grundlegung einer vergleichenden Kunstwiss. (1949).

257

Frey

F., Emil, * Arlesheim 24. Okt. 1838, † ebd. 24. Dez. 1922, schweizer. Politiker. - Ab 1872 Landrat und Mgl. des Nationalrats, 1875/76 dessen Präs.; 1882–88 Gesandter in den USA; 1890–97 Mgl. des Bundesrats (Chef des Militärdepartements); 1894 Bundespräsident.

F., Roger [frz. frɛ], * Nouméa (Neukaledonien) 11. Juni 1913, frz. Politiker. - Industrieller, Mgl. der gaullist. RPF seit 1947; 1952–58 Sozialrepublikaner; 1958/59 Generalsekretär der UNR; 1959/60 Informationsmin., 1960/61 Delegierter Min. beim Premiermin., 1961–67 Innenmin.; 1967–71 Staatsmin. für Beziehungen zum Parlament, bis 1972 Min. ohne Portefeuille (Dezentralisierung der Verwaltung); 1973 Fraktionsvors. der UDR; 1974–83 Vors. des Verfassungsrates.

Freya, weibl. Vorname, † Freia.

Freya † Freyja.

Freyburg/Unstrut, Stadt im Bez. Halle, DDR, an der Unstrut, 120–190 m ü. d. M., 5 300 E. Museum (F.-L.-Jahn-Wohnhaus); Kalksteinind., Sektkellerei. - Seit dem Ende des 13. Jh. Stadt, fiel 1485 an Sachsen, 1815 an Preußen. - Liebfrauenkirche (13.–15. Jh.), Neuenburg mit spätroman. Doppelkapelle (um 1220).

Freycinet, Charles Louis de Saulces de [frz. frɛsi'nɛ], * Foix (Ariège) 14. Nov. 1828, † Paris 14. Mai 1923, frz. Politiker. - Organisierte 1870 unter Gambetta den militär. Widerstand; 1877–79 Min. der öffentlichen Arbeiten, 1879–92 mehrfach Min. (Äußeres, Krieg) und viermal Min.präs. (1879/80, 1882, 1886, 1890–92); hatte führenden Anteil am Zustandekommen der frz.-russ. Allianz 1894 sowie an der Erhöhung der frz. Bündnisfähigkeit durch Aufrüstung und Verlängerung der Wehrpflicht.

Freyer, Hans, * Leipzig 31. Juli 1887, † Wiesbaden 18. Jan. 1969, dt. Philosoph und Soziologe. - Prof. in Kiel (1922–25), Leipzig (1925 bis 1948; 1938–44 auch in Budapest), Münster (1953/54) und Ankara (1954/55). Arbeiten über philosoph. Grundlegungen einer Ethik des bewußten Lebens, Begründer einer dt. soziolog. Schule. Verband Politik, Wirtschaft und Philosophie zu einer universalgeschichtl. konservativen Anschauung. - *Werke:* Antäus (1918), Prometheus (1923), Theorie des objektiven Geistes (1923), Der Staat (1925), Soziologie als Wirklichkeitswissenschaft (1930), Einleitung in die Soziologie (1931), Revolution von rechts (1932), Macchiavelli (1938), Weltgeschichte Europas (2 Bde., 1948), Schwelle der Zeiten (1965).

Freyja (Freia, Freya) [altnord. „Herrin"], in der altnord. Mythologie die Ur- und Erdmutter aus dem Göttergeschlecht der Wanen, zauberkundige Göttin der Liebe und der Fruchtbarkeit. Sie wird später im Volksglauben mit † Frigg verwechselt.

Freyr [altnord. „Herr"] (Freir, Frey, Fricco), in der altnord. Mythologie aus dem Göttergeschlecht der Wanen stammender, friedensliebender Gott des Lichts und der Fruchtbarkeit, Bruder der Freyja. Die „Edda" berichtet von seiner Liebe zu Gerd, der Tochter des Riesen Gymir, und von der Brautwerbung Skirnirs um sie. F. erscheint wie seine Schwester Freyja unter verschiedenen Namen und wird auch mit Baldr identifiziert.

Freystadt i. Niederschles. (poln. Kozuchów), Stadt am N-Rand des Schles. Landrückens, Polen▼, 101 m ü. d. M., 8 700 E. Metallind., Obstsaft- und Weingewinnung. - Um 1270 im Rahmen der dt. Ostsiedlung gegr. - Spätgot. Hallenkirche (14./15. Jh.).

Freytag, Gustav, * Kreuzburg O.S. 13. Juli 1816, † Wiesbaden 30. April 1895, dt. Schriftsteller. - 1867–70 Abgeordneter der Nationalliberalen Partei im Norddt. Reichstag. Vertreter des bürgerl. Realismus; seine Werke leben u. a. aus seinem Fortschrittsglauben; sie zeigen z. T. ausgeprägte antisemit. Tendenzen. Begann mit Gedichten und Dramen (u. a. „Die Journalisten", Lsp., 1854). „Soll und Haben" (3 Bde., 1855) ist ein realist. Roman, der ein Bild der sozialen Schichten der Zeit gibt (Vorbilder Dickens und Scott). Sein Hauptwerk bilden die „Bilder aus der dt. Vergangenheit" (5 Bde., 1859–67), bed. im Ansatz auch sein Romanzyklus „Die Ahnen" (6 Bde., 1873–81).

Freyung, Krst. im SO des Hinteren Bayer. Waldes, Bayern, 658–798 m ü. d. M., 6 900 E. Verwaltungssitz des Landkr. F.-Grafenau; u. a. Kondensatorenherstellung, Holzverarbeitung, Fremdenverkehr. - Die Siedlung erhielt 1354 Marktrecht, seit dem 15. Jh. F. genannt.

Freyung-Grafenau, Landkr. in Bayern.

Frfr., Abk. für: Freifrau.

Frhr., Abk. für: Freiherr.

Friaul = Julisch-Venetien (italien. Friuli-Venezia Giulia), Großlandschaft und Region im östl. N-Italien, 7 847 km², 1,22 Mill. E. (1985), Hauptstadt Triest. Erstreckt sich von der italien.-östr. Grenze in den Alpen bis zur lagunenreichen Küste des Adriat. Meeres. Die O-Grenze fällt mit der italien.-jugoslaw. Grenze zus.; im W liegen die Dolomiten und die venezian. Tiefebene, deren östl. Ausläufer den S von F. = J.-V. bilden. Im dünnbesiedelten Gebirge Rinderzucht und Holzwirtsch., im S ertragreicher Ackerbau. Hier liegen auch die großen Ind.- und Handelsstädte Udine, Görz und Triest. Die z. T. rätoroman. Bev. hat ihre Sprache und zahlr. Bräuche bewahrt.

Geschichte: Nach Friaul drangen gegen 400 v. Chr. Kelten ein. Im 6. Jh. langobard. Hzgt., nach 800 fränk. Mark. Im 10. Jh. mehrfach Bayern von den dt. Herrschern verbrieft. Von Otto I., d. Gr., als Teil der Mark Verona mit der Mark Kärnten vereinigt. 1077–1420 dem Patriarchat von Aquileja unterstellt; fiel danach mit seinem größeren Gebiet an Venedig, mit diesem 1797 an Österreich, 1866 an Italien. Die Grafschaft Görz kam 1919 an Italien. Der östl., von Slowenen besiedelte Teil wurde 1947 mit Jugoslawien vereinigt, aus dem Hauptteil die Region F.=J.-V. gebildet. Z. T. durch Erdbeben 1976 erhebl. Verwüstungen.

Fribourg [frz. fri'bu:r] † Freiburg.

Frick, Wilhelm, * Alsenz bei Meisenheim 12. März 1877, † Nürnberg 16. Okt. 1946 (hingerichtet), dt. Jurist und Politiker. - Ab 1924 MdR, 1928–45 Fraktionsvorsitzender der NSDAP; 1930/31 1. nat.-soz. Min. (in Thüringen, für Inneres und Volksbildung); als Reichsinnenmin. 1933–43 maßgebl. verantwortl. für die administrative Sicherung und den legislativen Ausbau der NS-Herrschaft; 1943–45 Reichsprotektor von Böhmen und Mähren; 1946 vom internat. Militärgerichtshof zum Tode verurteilt.

Fricker, Peter Racine [engl. 'frɪkə], * London 5. Sept. 1920, engl. Komponist. - Seine Kompositionen fügen sich formal traditionellen Gattungen (Sinfonie, Konzert, Sonate) und sind stilist. durch erweiterte Tonalität unter gelegentl. Einbeziehung serieller Techniken charakterisiert.

Fricktal, Talschaft im Aargauer Jura, Schweiz, von der Sissle, einem linken Zufluß des Rheins, entwässert. Von alters her wichtige Verkehrsader (u. a. Römerstraße), Hauptort Frick (3 100 E). Der Bergbau auf Eisenerz wurde 1967 eingestellt. Bed. Kirschenanbau und Kirschwasserherstellung. - Vom 12. Jh. bis 1797 habsburg., 1803 zum Aargau.

Fricsay, Ferenc [ungar. 'fritʃoi], * Budapest 9. Aug. 1914, † Basel 20. Febr. 1963, ungar.-östr. Dirigent. - Schüler u. a. von Z. Kodály; 1948–54 und ab 1960 Chefdirigent des RIAS-Sinfonieorchesters in Berlin (West), 1948–52 Generalmusikdirektor der Städt. Oper Berlin und 1956–58 der Bayer. Staatsoper in München; ab 1961 an der Dt. Oper Berlin.

Frida, weibl. Vorname, † Frieda.

Friderichs, Hans, * Wittlich 16. Okt. 1931, dt. Politiker. - Bundesgeschäftsführer der FDP 1964–69 und MdB 1965–69; 1969–72 Staatssekretär im Ministerium für Landw., Weinbau und Umweltschutz des Landes Rheinland-Pfalz; 1972–77 Bundesmin. für Wirtschaft, 1974–77 stellv. Vors. der FDP; 1978–85 Sprecher des Vorstands der Dresdner Bank AG.

Fridericus, latinis. Form von † Friedrich.

Fridericus Rex [lat. „König Friedrich"], Beiname König Friedrichs II., d. Gr., von Preußen.

friderizianisch, auf die Zeit König Friedrichs II., d. Gr., von Preußen bezogen oder zu ihr gehörend.

Fridolin (Friedolin), alter dt. männl. Vorname, urspr. Kurzform von † Friedrich.

Fridolin, hl., Missionar des 7. Jh. -

Stammte wahrscheinl. aus Irland, missionierte im Merowingerreich und gründete im 7. Jh. die Abtei Säckingen; zuverlässige Nachrichten fehlen. F. wird dargestellt als Abt oder Mönch und als Viehpatron sowie Patron von Glarus verehrt. - Fest: 6. März.

Fried, Alfred Hermann, * Wien 11. Nov. 1864, † ebd. 4. Mai 1921, östr. Pazifist. - 1892 Mitbegr. der Dt. Friedensgesellschaft; rechnete mit der Entwicklung einer internat. Organisation, die das Gleichgewichts- und Drohsystem der zwischenstaatl. Politik abbauen und rationaler Kontrolle unterwerfen würde; erhielt 1911 den Friedensnobelpreis (mit T. M. C. Asser); publizierte vor und im 1. Weltkrieg zahlr. Bücher und Aufsätze.

F., Erich, * Wien 6. Mai 1921, östr. Schriftsteller. - Lebt seit 1938 in London; zeitkrit., in den letzten Jahren polit. und gesellschaftl. stark engagierte Lyrik. - *Gedichtbände:* Warngedichte (1964), Vietnam (1966), Unter Nebenfeinden (1970), Die Freiheit, den Mund aufzumachen (1972), Gegengift (1974), Um Klarheit (1985). - 1975 erschien „Fast alles Mögliche".

Frieda (Frida), weibl. Vorname, Kurzform von Namen, die mit „Fried-" oder „-friede" gebildet sind, bes. Friederike und Elfriede.

Friedan, Betty [engl. 'frɪdən], * Illinois 4. Febr. 1921, amerikan. Frauenrechtlerin. - Gründete verschiedene Frauenorganisationen und -kongresse; weltweite Erfolge waren „Der Weiblichkeitswahn" (1963) und „Das hat mein Leben verändert" (1976).

Friedberg, Stadt in Bayern, im W an Augsburg grenzend, 514 m ü. d. M., 25 400 E. Metallverarbeitung, Textilind. und Polstermöbelherstellung. - Die Burg F. entstand um 1250; die Siedlung wurde 1264 als Stadt gegr. und erhielt 1270 das Salzstapelrecht sowie ein neues Stadtrecht. - Die meisten Gebäude der Burg (13. Jh.) stammen aus dem 16./17. Jh.; Rathaus (17. Jh.); Wallfahrtskirche zu Unseres Herrn Ruhe (1731–35).

Friedberg (Hessen), Krst. in der Wetterau, 160 m ü. d. M., 24 100 E. Verwaltungssitz des Wetteraukr.; Fachhochschule Gießen, Bereich F. (Maschinenbau); Predigerseminar der Ev. Landeskirche in Hessen und Nassau, Sonderschule für Blinde und Gehörlose; Wetterau-Museum. U. a. Zuckerfabrik, Lackfabrik, Fahrzeugbau. - Spätlatènezeitl. Siedlung; röm. Kastelle auf dem Burgberg sowie die röm. Stadt **Civitas Taunensium** (bis etwa 260); in fränk. Zeit besiedelt; von den Staufern wohl um 1170 gegr. (Burg 1216, Stadt 1219/20 erstmals erwähnt). Im Bestreben, sich von der Stadtherrschaft der Burg zu befreien, schloß sich F. 1285 mit Frankfurt am Main, Wetzlar und Gelnhausen zum Wetterauer Städtebund zusammen, doch konnte sich die Burg endgültig 1482/83 durchsetzen, die sich im 14./15. Jh. zu einer Adelsrepublik entwickelte. 1802/03 kam die Stadt, 1806 die Burg

Friedeburg

an Hessen-Darmstadt. Seit 1834 bilden Burg und Stadt eine Gemeinde. - Got. Stadtkirche Unserer Lieben Frau (13./14. Jh.), Judenbad (1260). Die Burg steht an der Stelle eines röm. Kastells; Reste der Stadtmauer mit Armsünderpförtchen und Rotem Turm.

Friedeburg, Hans-Georg von, * Straßburg 15. Juli 1895, † Flensburg 23. Mai 1945 (Selbstmord), dt. Admiral. - Im 2. Weltkrieg Kommandierender Admiral der Unterseeboote (seit 1943); als Oberbefehlshaber der Kriegsmarine (1945) am 7. und 9. Mai Mitunterzeichner der Gesamtkapitulation der dt. Wehrmacht.

Friedel, Verkleinerungs- oder Koseform weibl. und männl. Vornamen, die mit „Fried"- oder „-fried[e]" gebildet sind.

Friedelehe [zu althochdt. friudil „Geliebter"], german. und altdt. Sonderform der Ehe. Anders als bei der regulären Sippenvertragsehe hatte der Bräutigam der Familie der Braut keinen Muntschatz (↑ Munt) zu entrichten, erwarb aber auch keine hausherrl. Gewalt über die Frau.

Friedell, Egon, eigtl. E. Friedmann (bis 1916), * Wien 21. Jan. 1878, † ebd. 16. März 1938 (Selbstmord), östr. Schriftsteller. - War Kabarettist, Schauspieler, Theaterkritiker u. a. Schrieb v. a. Aphorismen und Essays. Am bekanntesten wurden die „Kulturgeschichte der Neuzeit" (3 Bde., 1927–31) und die „Kulturgeschichte des Altertums" (Bd. 1 [Ägypten und der Vordere Orient] 1936, Bd. 2 [Griechenland] hg. 1950). - *Weitere Werke:* Steinbruch (Aphorismen, 1922), Die Reise mit der Zeitmaschine (E., 1946), Kleine Porträtgalerie (Essays, hg. 1953).

Friedemann (Friedmann), alter dt. männl. Vorname (althochdt. fridu „Schutz vor Waffengewalt, Friede" und althochdt. man „Mann").

Frieden [zu althochdt. fridu, urspr. „Schonung, Freundschaft"], als Zustand einer Regelung der Verhältnisse innerhalb, von und zw. Staaten rein durch Rechtsprinzipien ist F. eine Idee der Neuzeit, die maßgeblich erst von I. Kant formuliert wurde. Als Inbegriff einer das Wohl des Staates und seiner Bürger fördernden legitimen Rechtsordnung war F. im europ. Denken fast immer umfassender gedacht als nur aus dem Ggs. zum Krieg. Zwar betont die älteste griech. und röm. Überlieferung die Relativität jeden F., der nur den „gottgegebenen" und „notwendigen" Krieg unterbricht. Aber die Antike hat im Entwurf der Pax Romana die Ausrichtung des F. am krieger. Normalzustand überwunden und die Idee einer umfassenden und dauerhaften rechtsförmigen Regelung der Lebensordnungen entwickelt. Ebenso umfassend, aber anders begründet und akzentuiert, sind die bibl. F.vorstellungen. Der F. im A. T. (schalom) meint das heilsame Intaktsein einer Gemeinschaft, das

als Gabe der Gerechtigkeit ihres gnädigen Schöpfers erfahren wird. F. ist göttl. Geschenk, kaum menschl. Aufgabe. Das N. T. verstärkt diese Auffassung, ist doch seine gesamte Heilsbotschaft als Verkündigung des F. verstanden (Eph. 6,15). In Jesus Christus ist der F. der ganzen Welt beschlossen, und wer ihm folgt, wird zum F.stifter (Matth. 5, 9; Röm. 14, 19; 2 Tim. 2, 22). Die Hoffnung auf das Reich Gottes läßt die Christen ein ewiges F.reich jenseits aller Kriege erwarten. Trotz dieser zentralen Stellung des F. im N. T. haben christl. Theologie und Kirche nur selten von hier aus ihre Stellung in den Streitigkeiten dieser Welt bestimmt. Augustinus hat im 19. Buch von „De civitate Dei" streng unterschieden zw. dem innerweltl. Bereich, in dem der F. mit Macht und Herrschaft und notfalls auch durch „gerechten Krieg" (bellum iustum) gesichert wird, und dem Bereich eschatolog. F.erwartung, der den Möglichkeiten ird. Politik entzogen ist. Augustinus' Lehre vom gerechten Krieg geht auf Cicero zurück; als christlich darf an ihr allein der Versuch gelten, die Möglichkeit des Krieges einzugrenzen und seine Wirklichkeit zu „humanisieren".

Trotz dieser Trennung von Welt-F. und Gottes-F. war im MA das Streben unübersehbar, christl. Ordnungsvorstellungen der Welt des Politischen aufzuprägen. „Pax et Justitia" (F. und Recht) lautete über Jh. die Zielbestimmung der öffentl. Ordnung: das Recht diente dem F. und war selbst Ausdruck des F. In der Epoche des Gottes- und Land-F. entwickelte sich die Herrschaftsinstanzen zu Trägern der Rechts- und F.idee. Im Ewigen Landfrieden von 1495 erreichte diese Entwicklung ihren Höhepunkt, die noch im Augsburger Religionsfrieden von 1555 nachwirkte. Während jedoch Gottes- und Landfriedensbewegung v. a. im Bereich einzelner Völker und Herrschaften wirksam wurden, blieben sie eingebunden in Vorstellungen eines das ganze Abendland, ja die Welt umfassenden Reiches, in dem das geordnete Zusammenspiel von geistl. und weltl. Gewalt, Papst und Kaiser, die höchste Aufgabe der Friedenswahrung erfüllte. In seiner Schrift „De monarchia" (1318) entwickelte Dante den Plan einer Weltmonarchie, deren oberster Würdenträger Schirmherr von Recht und F. sein sollte. Wenig zuvor hatte schon P. Dubois, polit. Berater Philipps des Schönen von Frankr., einen „allg. F." als Ziel genannt und den Plan eines europ. Staatenbundes zum Zwecke der F.wahrung skizziert. Allg. Gewaltverzicht und die Schaffung eines internat. europ. Schiedsgerichtshofes waren Merkmale dieses Entwurfs, der weit über seine Zeit hinauswies. Daneben bemühte sich das MA um eine zunehmende „Verrechtlichung des Krieges" (W. Erben) durch Weiterbildung des Fehderechts. Diese Rechtssätze wurden aufgenommen in die dt. Rechtsbücher des 13. Jh., den „Sachsenspiegel" und den „Schwabenspiegel". Das Ziel der Schadensbegrenzung für den Kriegsfall endete freilich an den Grenzen der Christenheit. Innerhalb der Kreuzritterheere herrschte Heeresfrieden, aber für die „Heiden" galten die Gesetze der Gewalt.

Globale Bedeutung gewannen die Prinzipien einer rechtl. verfaßten F.ordnung im Zeitalter von Renaissance und Humanismus. Erasmus verwarf den Krieg als naturwidrig und forderte zwischenstaatl. Garantieerklärungen und Schiedsgerichte. Von der span. Barockscholastik (Vitoria, Molina, Suarez) gingen die entscheidenden Impulse für das neuzeitl. Völkerrecht aus bis hin zu einer grundsätzl. Infragestellung der Theorie des „gerechten Krieges". Parallel dazu entwickelten sich aus täuferbruderschaftl. Quellen der Reformationszeit die Anfänge des neuzeitl. Pazifismus (Mennoniten, Quäker, Baptisten usw.), in dessen F.vorstellungen sich die Elemente christl. Gewaltlosigkeit mit denen der polit. Demokratie verbanden.

Die Zweifel an der Unvermeidbarkeit von Kriegen wuchsen bes. seit der Zeit der Aufklärung. 1713 veröffentlichte der Abbé de Saint Pierre unter dem Titel „Traité de la paix perpétuelle" einen Weltfriedensplan, der auf einer Föderation europ. Staaten beruht. Über J.-J. Rousseaus Kommentierung dieses Werkes führt der Weg zu Kant, der in seinem Entwurf „Zum ewigen F." (1795) die Bedingungen einer globalen Rechtsordnung als F.ordnung umriß. Kant postulierte eine unbedingte sittl. F.pflicht, die eine Rechtfertigung des Krieges als „ultima ratio" ausschloß. Fichte und J. Paul folgten den kantischen Grundsätzen, während Hegel dem Krieg erneut eine produktive Funktion im Verhältnis zw. den Staaten zuerkannte.

In der Folge ging aus der Euphorie der Befreiungskriege und dem Nationalismus der europ. Völker eine neue Kriegsbereitschaft hervor, und die innerstaatl. Klassengegensätze der Ind.gesellschaft waren mit den überkommenen F.ideen nicht mehr zu überbrücken. Die Kriege des 20. Jh. zerstörten schließlich auch diejenigen Hoffnungen, welche eine Entwicklung des F. von der systemat. Entfaltung der Möglichkeiten der Technik erwarteten. Tatsächlich zeigte sich, daß die Technik die Zerstörungsfähigkeiten des Menschen zu potenzieren vermag. Inbegriff dieser Möglichkeit ist die Beherrschung der Kernenergie. Die Kriege der Neuzeit haben aber den Ruf nach F. lauter werden lassen. Schon zu Beginn des 19. Jh. gründeten die Quäker **Friedensgesellschaften** (Peace Societies) in Amerika und Großbrit. B. von Suttners Erfolgsroman „Die Waffen nieder!" (1888) wurde zum Signal für die Entstehung einer organisierten **Friedensbewegung** in Österreich und Deutschland; 1892 wurde die Dt. Friedensgesellschaft gegründet. F.kongresse, die Gründung des „Internat. Roten Kreuzes" (1864) oder die Haager F.konferenz (seit 1899) konnten den 1. Weltkrieg indes sowenig verhindern wie der Völkerbund (gegr. 1920 in Paris) den 2. Weltkrieg. Seither ist das Völkerrecht mannigfach weitergebildet worden (Kriegsverbot und allg. Gewaltverbot in der Satzung der UN), aber die relative Stabilität des F. jedenfalls zw. den großen Blöcken in West und Ost ist mehr der wechselseitigen Furcht, teils dem gegenseitigen Nutzen, kaum aber gemeinsamer Achtung vor dem Recht zu verdanken.

Die Bewahrung des F. im atomaren Zeitalter steht unter der Drohung mögl. globaler Zerstörung; darum sieht C. F. v. Weizsäcker im Weltfrieden - als der Vermeidung des „heißen" Krieges - die Überlebensbedingung der techn.-wiss. Welt. Militär. wird dieser F. durch die Strategie der Abschreckung garantiert, die es gegenwärtig jeder der atomaren Supermächte (USA und UdSSR) erlaubt, den anderen für den Fall eines Angriffs „angemessene" Vergeltung anzudrohen. F. ist hier erneut reduziert auf den negativen Gegenbegriff zum Krieg, allerdings in den 1970er Jahren begleitet von polit. Entspannung. Wie dürftig diese F.auffassung gleichwohl im Vergleich zur alteurop. Tradition ist, machen drei Sachverhalte deutlich: 1. Unter dem Schirm der atomaren Abschreckung sind Kriege nach wie vor möglich (Kolonialkriege, Interventionen, „Stellvertreter"-Kriege); 2. durch den Rüstungswettlauf werden für Entwicklungsprojekte notwendige Mittel für Rüstungsausgaben vergeudet; 3. der alte Zusammenhang der F.vorstellungen mit einem umfassenden Rechtsbegriff ist weithin vergessen.

Diese Defizite mahnt die moderne **Friedensforschung** an, an der sich verschiedene wiss. Disziplinen und Einrichtungen beteiligen. Ihre Zusammenarbeit wird in der BR Deutschland v. a. von der Dt. Gesellschaft für Friedens- und Konfliktforschung (DGFK) und der Arbeitsgemeinschaft für Friedens- und Konfliktforschung (AFK) gefördert. Zentren der Friedensforschung in der BR Deutschland sind Frankfurt am Main (Hess. Stiftung Friedens- und Konfliktforschung), Hamburg (Institut für Friedensforschung und Sicherheitspolitik), Berlin (West) (Freie Universität und Projektverbund der Berghofstiftung für Konfliktforschung), Tübingen (Universität) und Starnberg (Max-Planck-Institut zur Erforschung der Lebensbedingungen der wissenschaftl.-techn. Welt); wichtige ausländ. Institute sind das International Peace Research Institute Oslo (Abk. PRIO), das Stockholm International Peace Research Institute (Abk. SIPRI). Internat. Zusammenschluß der Friedensforscher ist die International Peace Research Association (IPRA) in Tampere. Trotz Methodenvielfalt und sehr gegensätzl. Auffassungen im einzelnen ist der F.begriff

Friedensbewegungen

i. d. R. nicht verengt auf den Ggs. zum Krieg. Auch wenn die Fülle des überlieferten Gehaltes der Formel „iustitia et pax" oft noch dem histor. Gedächtnis fern liegt, besteht weithin Übereinstimmung, daß moderne F.vorstellungen folgende Elemente enthalten müssen: 1. Friedenssicherung durch polit. und militär. Stabilität (balance of power); 2. Schutz für einzelne und Gruppen vor individueller und kollektiver Gewalt (staatliches, rechtlich geordnetes Gewaltmonopol); 3. Sicherung gegen Not und Teilhabe am gesellschaftl. Reichtum (minimal welfare); 4. Gewährleistung staatsbürgerl. Freiheit (Rechtsstaat). Der Bed. dieser F.dimensionen versucht die moderne F.forschung dadurch Rechnung zu tragen, daß sie die neuzeitl. Engführung der Kriegsursachenforschung überwindet zugunsten einer systemat. Berücksichtigung der Probleme der Nord-Süd-Beziehungen, des Völkerrechts und - neuerdings - der Sicherung der Menschenrechte. Deren Einhaltung ist sowohl formale wie materielle Bedingung mögl. Friedens, aber die Grenzen ihrer Einklagbarkeit und Durchsetzbarkeit liegen im Fortbestand nationalstaatl. Souveränität, welche keine übergreifende Macht der Rechtsdurchsetzung und -sicherung anerkennt. Erst wenn zu Kants Postulat eines Völkerbundes eine Zentralgewalt - analog dem innerstaatl. Gewaltmonopol im Rechtsstaat - hinzuträte, wäre an eine Verwirklichung von F. rein durch Rechtsprinzipien zu denken, dessen Wesen die Sicherung der Freiheit wäre.

Im german. und ma. dt. *Recht* bezeichnete F. den Zustand der ungebrochenen Rechtsordnung als Grundlage des Gemeinschaftslebens; ihn zu garantieren war integrierender Bestandteil jegl. Herrschaftsausübung. Dem F. entgegengesetzt war das Instrument des ma. Widerstandsrechts, die ↑ Fehde. Entsprechend den personalverbandstaatl. Vorstellungen des MA war F. in dieser Zeit vorwiegend F. zw. einzelnen Personen bzw. Personengruppen; die Idee der F.wahrung war an die Person des Königs gebunden. Der urspr. Gedanke des F. innerhalb einer Gemeinschaft von Menschen gleicher Abstammung weitete sich bereits seit fränk. Zeit zum Volks-F. aus, wobei mehr und mehr antikes und christl. Gedankengut zur Ausbildung einer F.idee führten (geprägt bes. durch Augustinus und Thomas von Aquin). Neben dem allg. F. existierten zahlr. Sonder-F., die für einzelne Personen, Bereiche oder Orte galten, z. B. Königs-F., Gerichts-F., Burg-F. Die Bemühungen des Königtums um den Reichs-F. setzten verstärkt seit dem 11. Jh. unter Ausbildung eines verschärften Strafrechts parallel zur Bewegung des Gottes-F. ein und versuchten mit dem Instrument des Land-F. (die partikularen Gewalten und Herrschaften einzelner Reichsteile zu F.bereichen zusammenzuschließen. Je nach dem herrschenden Kräfteverhältnis nahmen die Land-F. die Form der Einung oder eines gebotenen F. an. Den Endpunkt dieser königl. F.politik bezeichnete der Ewige Landfriede von 1495.

Für die Sicherung des **inneren Friedens** war mit der Herstellung des staatl. Gewaltmonopols (in Deutschland im 19. Jh.) eine wichtige Bedingung geschaffen, der die Ausbildung des modernen Territorialstaats, die Errichtung einer starken Zentralgewalt im Absolutismus, Bauernbefreiung und Rechtsvereinheitlichung vorangegangen war. Die Entmachtung des einzelnen hinsichtl. der Ausübung phys. Gewalt ging einher mit der Gewährung staatl. Schutzes für Leib, Leben und Eigentum des einzelnen. Erst durch den Staat und sein Recht wurde das Privateigentum zur Sphäre absoluter Herrschaftsausübung durch den einzelnen. Gerade darin sieht die marxist. Kritik den Grund des fortwährenden innergesellschaftl. Kampfes der Klassen. Der Sozialstaat des 20. Jh. hat freil. im Interesse des inneren F. Eingriffe in an den Besitz gebundene private Herrschaft vorgenommen. Die urspr. vom Monarchen ausgeübte staatl. Gewalt wurde in der Verfassungsentwicklung bis zum 20. Jh. demokratisiert; die Formen staatl. F.wahrung wurden dem Konsens der Bürger unterworfen. Die zahlr. innergesellschaftl. Konflikte sollen dabei grundsätzl. in gewaltlosen, zum großen Teil rechtl. normierten Formen ausgetragen werden. Wo übermächtige nat., religiöse, soziale und/oder polit. Konflikte einen innergesellschaftl. Konsens verhindern, kommt es innerhalb der Staaten zur Gewaltanwendung bis hin zum Bürgerkrieg. Dem demokrat. Modell innerer F.wahrung steht das der Diktatur gegenüber, die mit Gewalt innergesellschaftl. Konflikte einseitig entscheidet bzw. deren offenen Ausbruch verhindert.

📖 *Seidler, F. W.:* Krieg oder F. Mchn. 1980. - *Brauch, H. G.:* Entwicklungen u. Ergebn. der F.forschung (1969–1978). Ffm. 1979. - Christl. F.begriff in europ. F.ordnung. Hg. v. F. M. Schmölz. Mchn.; Mainz 1977. - Krit. F.forschung. Hg. v. D. Senghaas. Ffm. 1975. - *Weizsäcker, C. F. Frhr. v.:* Bedingungen des F. Bln. ⁶1974. - *Bloch, E.:* Widerstand u. Frieden. Ffm. ³1971.

Friedensbewegungen, polit. Bewegungen in der Bevölkerung, die für Abrüstung und friedl. Zusammenleben der Völker eintreten. Sie entstehen neben der offiziellen Politik der Staaten, häufig im Ggs. dazu, und suchen mit Aktionen in der Öffentlichkeit (Unterschriftensammlungen, Demonstrationen usw.) v. a. die eigene Reg. zu polit. Handeln zu veranlassen. F. haben meist keine feste Organisationsstruktur, sondern setzen sich aus Gruppen unterschiedl. polit. Orientierung - auch Parteien oder Teilen von Parteien - zusammen (↑ auch Pazifismus).

Nach dem Scheitern der F. vor dem 1. und vor

dem 2. Weltkrieg und der Erfolglosigkeit der Ostermarschbewegung (↑ Ostermarsch) bildete sich Anfang der 1980er Jahre in zahlr. westl. Staaten (u. a. BR Deutschland, Niederlande, Großbrit., USA) eine neue F. auf breiter Basis. Sie umfaßt in der BR Deutschland u. a. kirchl. und gewerkschaftl. Gruppen, die Grünen, die DKP, Teile der SPD und ist stark verflochten mit der Umweltschutz-, der Frauen- und der alternativen Bewegung. Während ein Teil das Hauptgewicht auf die Verhinderung der westl. Nachrüstung entsprechend dem ↑ NATO-Doppelbeschluß legt, fordern andere Gruppen allg. atomare Abrüstung bzw. Abschaffung aller Waffen. 2 Großdemonstrationen in Bonn 1981/82 hatten jeweils mehrere 100 000 Teilnehmer. In den USA hat v. a. die *Freeze-Bewegung* polit. Bed., die das Einfrieren der atomaren Rüstung auf dem jetzigen Stand fordert. In der DDR arbeiten kleine Gruppen für Abrüstung in Ost und West, z. T. unterstützt von den Kirchen, unterliegen jedoch staatl. Repression.

📖 *Steinweg, R.: Die neue F. Analysen aus der Friedensforschung.* Ffm. *1982.*

Friedensbruch (Friedbruch), in der ma. Rechtssprache im allg. Sinn jedes Verbrechen, da „Friede" Schutz und Sicherheit des Rechts bedeutete. F. i. e. S., gegenüber gesetztem „Sonderfrieden", galt als Kapitalverbrechen.

Friedensburg, Ferdinand, * Schweidnitz 17. Nov. 1886, † Berlin 11. März 1972, dt. Politiker. - Seit 1920 Mgl. der DDP; 1927–33 Reg.präs. in Kassel; 1933–45 ohne Amt; 1945 Mitbegr. der CDU in der SBZ; 1946–51 stellv. Bürgermeister von Berlin; 1952–65 MdB als Berliner Abg.; seit 1953 Prof. an der Techn. Univ. Berlin.

Friedensfahrt, alljährl. Radrennen für Amateure zw. Prag, Warschau, Berlin (Ost).

Friedenskuß (Pax), Friedensgestus in den christl. Liturgien je nach Ritus verschiedener Stelle der Eucharistiefeier.

Friedensnobelpreis ↑ Nobelpreis.

Friedenspfeife ↑ Kalumet.

Friedenspflicht ↑ Tarifvertrag.

Friedenspreis des Börsenvereins des Deutschen Buchhandels, 1950 als „F. des Dt. Buchhandels" gestiftet (10 000 DM), 1951 in Form einer Stiftung vom Börsenverein des Dt. Buchhandels übernommen (heutige Bez. seit 1969). Verliehen für die „Förderung des Gedankens des Friedens, der Menschlichkeit und der Verständigung der Völker untereinander" (seit 1972 auch postum und an Organisationen). Bisherige Preisträger: M. Tau (1950), A. Schweitzer (1951), R. Guardini (1952), M. Buber (1953), C. J. Burckhardt (1954), H. Hesse (1955), R. Schneider (1956), T. Wilder (1957), K. Jaspers (1958), T. Heuss (1959), V. Gollancz (1960), S. Radhakrishnan (1961), P. Tillich (1962), C. F. von Weizsäcker (1963), G. Marcel (1964), N. Sachs (1965), A. Bea und W. A. Visser't Hooft (1966),

E. Bloch (1967), L. S. Senghor (1968), A. Mitscherlich (1969), G. und A. Myrdal (1970), M. Gräfin Dönhoff (1971), J. Korczak (1972), Club of Rome (1973), R. Schutz (Frère Roger; 1974), A. Grosser (1975), M. Frisch (1976), L. Kolakowski (1977), A. Lindgren (1978), Y. Menuhin (1979), E. Cardenal (1980), L. S. Kopelew (1981), G. F. Kennan (1982), M. Sperber (1983), O. Paz (1984), T. Kollek (1985), W. Bartoszewski (1986).

Friedensresolution, auf Initiative des Zentrumsabg. M. Erzberger zurückgehende, an die Bewilligung weiterer Kriegskredite geknüpfte Resolution der Reichstagsmehrheit aus SPD, Fortschrittlicher Volkspartei und Zentrum für einen Verständigungsfrieden ohne Annexionen (19. Juli 1917).

Friedensrichter, u. a. in den angelsächs. Staaten (justice of the peace, übl. Abk. J. P.), Frankr. (juge de paix) und der Schweiz überwiegend ehrenamtl. tätige Richter, die zumeist keine jurist. Ausbildung zu haben brauchen. Sie werden in Großbrit. und Frankr. ernannt, in den USA großenteils vom Volk gewählt. F. sind zuständig für Zivil- und Strafsachen von geringerer Bedeutung.

Friedenssicherung, Gesamtheit der Bemühungen, den Weltfrieden herbeizuführen und zu erhalten. Mittel der F. können sein eine innen- und außenpolit. Entspannungspolitik, kollektive Abrüstungsmaßnahmen, Gründung von internat. Organisationen (z. B. UN, Völkerbund), bilaterale oder multilaterale Friedensverträge oder andere völkerrechtl. verbindl. Vereinbarungen (z. B. Nichtangriffsverträge, Neutralitätsabkommen, Verteidigungs- und Beistandsverträge, kollektiver Verzicht auf einen Angriffskrieg). Darüber hinaus spielt für die Gewährleistung des Weltfriedens die Errichtung einer internat. Gerichtsbarkeit eine Rolle, so der Ständige Schiedshof (1907), der vom Völkerbund eingerichtete Ständige Internat. Gerichtshof (1920) und der durch die UN-Charta errichtete Internat. Gerichtshof (1945) in Den Haag.

Friedenssymbole, Zeichen, Gegenstände und Handlungen, die als Symbole der Versöhnung, des Erbarmens, des himml. oder ird. Friedens verstanden werden: u. a. Taube, Olivenzweig, Ölbaum.

Friedensverrat, Störung des friedl. Zusammenlebens der Völker, insbes. durch die Vorbereitung eines Angriffskrieges. In Ausführung des Verfassungsgebotes des Art. 26 Abs. 1 GG wurde § 80 in die Staatsschutzdelikte des StGB eingefügt. Danach wird mit lebenslanger Freiheitsstrafe oder mit Freiheitsstrafe nicht unter 10 Jahren bestraft, wer einen Angriffskrieg, an dem die BR Deutschland beteiligt sein soll, vorbereitet und dadurch die [konkrete] Gefahr eines Krieges für die BR Deutschland herbeiführt. Durch § 80a StGB (**Kriegshetze**) wird das öffentl. Aufstacheln zum Angriffskrieg bestraft.

Friedensvertrag

Friedensvertrag, völkerrechtl. Vertrag, durch den der Kriegszustand zw. zwei oder mehreren Staaten beendet wird. Er enthält als *wesentl. Bestimmung* die Wiederherstellung friedl. Beziehungen zw. den kriegführenden Parteien, außerdem Bestimmungen über die Abtretung von Gebieten und über Reparationen oder Kriegsentschädigungen. Notwendig ist, daß der besiegte Staat - wenn auch unter Druck - dem F. zustimmt. - Eine Sonderform des F. ist der **Separatfriedensvertrag.** In verschiedenen Bündnissen war oft die Verpflichtung der Bündnispartner enthalten, nicht einseitig mit dem Gegner Frieden zu schließen. Der entgegen solchen Vereinbarungen geschlossene Separat-F. ist völkerrechtl. gültig.

Friedenthal, Richard, * München 9. Juni 1896, † Kiel 19. Okt. 1979, dt. Schriftsteller. - Lebte als brit. Staatsbürger in London. Schrieb anfangs Lyrik, dann sprachl. gepflegte Novellen, Romane, Essays sowie Biographien über Händel (1959), Leonardo da Vinci (1959), Goethe (1963), Luther (1967) und Jan Hus (1972). Hg. des Nachlasses von S. Zweig.

Frieder, Kurzform des männl. Vornamens ↑ Friedrich.

Friederike, weibl. Vorname, weibl. Form von ↑ Friedrich.

Friederike von Sesenheim ↑ Brion, Friederike.

Friederike Luise, * Bad Blankenburg 18. April 1917, † Madrid 8. Febr. 1981, Königin von Griechenland. - Tochter des Herzogs Ernst August von Braunschweig-Lüneburg; ∞ seit 1938 mit dem späteren König Paul I. von Griechenland; nach Thronbesteigung ihres Sohnes Konstantin II. (1964) schwand ihr polit. Einfluß.

Friedhelm, alter dt. männl. Vorname (althochdt. fridu „Schutz vor Waffengewalt, Friede" und althochdt. helm „Helm"). Auch in neuerer Zeit aus Fried[rich] und [Wil]helm gebildeter männl. Vorname.

Friedhof [zu althochdt. frîthof „eingehegter Raum" (Bez. für den Vorhof eines Hauses oder der Kirche), von vrîten „hegen"] (Kirchhof, Totenacker, Gottesacker), abgesonderte Stätte, an der die Toten bestattet werden. Seit dem Neolithikum wurden Gräber in einem bes. Bezirk angelegt, v. a. in natürl. und künstl. Höhlen (z. B. Felsgräber in Oberägypten und Petra). Oberird. Grabbauten bilden oft den Mittelpunkt von Nekropolen (Pyramiden-F. in Ägypten; F. am Dipylon in Athen). Die antiken F. lagen außerhalb der Städte an den Landstraßen (Gräberstraßen, z. B. in Rom: Via Appia; Pompeji; Arles: Aliscamps). Der **christl. Friedhof** wurde in der Frühzeit in Katakomben, dann in und neben den Kirchen *(Kirchhof)* angelegt, in Italien seit dem Ende des 13. Jh. in Form des Camposanto, wo die einzelnen Gräber übereinander in hohen, kreuzgangähnl. Hallen unterge-

bracht sind (Pisa). Die Verbreitung von Pest und Seuchen führte seit Ende des MA allg. zur Trennung von Pfarrkirche und F. und zur Anlage großer Begräbnisstätten außerhalb der Wohngebiete. Sie erhielten eigene (meist dem hl. Michael geweihte) Kapellen, die oft als Beinhaus verwendet wurden. Ab 1750 erhielten die Friedhöfe unter engl. Einfluß (franz. auch parkähnl. Gestaltung. Beeinflußt von der Romantik, wurde bes. in M-Europa das Bepflanzen von Gräbern mit symbolhaften Pflanzen (Lebensbaum, Trauerweide, Immergrün) beliebt. Das 19. Jh. gab dem F. durch Grabhäuser und -monumente sowie Skulpturen das Gesicht. Neue Tendenzen, v. a. in Skandinavien, weisen zum Trauergarten ohne bes. Betonung des Einzelgrabes (u. a. Süd-F. in Stockholm), ebenso die Soldatenfriedhöfe. Der **jüd. Friedhof** kennt keinen Grabschmuck, die Gräber sind mit urspr. liegenden Grabsteinen gekennzeichnet. Berühmte jüd. F. sind der alte jüd. F. in Prag und in Worms. Obwohl der Koran Grab und F. geringe Bedeutung beimißt, entstanden bed. **islam. Anlagen,** z. B. Gräberstraße der Timuriden in Samarkand (15. Jh.), sog. Kalifen- und Mameluckengräber in Kairo (14.–17. Jh.), Sulaiman-Moschee in Istanbul (16. Jh.), Muradije-F. in Bursa (15./16. Jh.). Eine der größten islam. Totenstädte entstand bei der Grabmoschee des heiligmäßig verehrten Eyüp in Istanbul.

Recht: Das F.wesen ist in den F.- und BestattungsG der Länder geregelt. Die **Friedhofsordnungen,** erlassen vom jeweiligen F.träger (Gemeinde oder Kirche), sind für die konkreten Rechtsverhältnisse auf dem einzelnen F. maßgeblich. Der gesetzl. Pflicht, Leichen und Urnen auf Friedhöfen beizusetzen (**Friedhofszwang,** Verfassungsmäßigkeit für Urnen umstritten), entspricht ein Anspruch auf Beisetzung auf dem örtl., ggf. [unbeschadet des religiösen Bekenntnisses] auf einem kirchl. F., wenn kein kommunaler F. vorhanden ist. ⚏ *Pfaundler, W.: Eines Schatten Traum ist der Mensch. Friedhöfe u. Gräber der Alten u. der Neuen Welt. Wien u. a. 1979.*

Friedjung, Heinrich, * Roštín (Südmähr. Gebiet) 18. Jan. 1851, † Wien 14. Juli 1920, dt.-östr. Historiker, Politiker und Journalist. - Zählte zu den bed. östr. Historikern; schrieb v. a. „Der Kampf um die Vorherrschaft in Deutschland 1859–1866" (2 Bde., 1897/98) und „Österreich von 1848–1860" (2 Bde., 1908–12).

Fried. Krupp GmbH ↑ Krupp-Konzern.

Fried. Krupp Hüttenwerke AG ↑ Krupp-Konzern.

Friedlaender, Johnny, * Pleß (= Pszczyna) 21. Juni 1912, frz. Maler und Graphiker. Abkunft. - Informelle Farbradierungen mit verschieden tiefen Ätzungen; oft ist ein figurales Grundelement erkennbar.

F., Salomo, Pseud. Mynona, * Gollantsch

(= Gołańcz, Woiwodschaft Posen) 4. Mai 1871, † Paris 9. Sept. 1946, dt. Schriftsteller. - Veröffentlichte neben philosoph. Werken („Die schöpfer. Indifferenz", 1918) zahlr. Grotesken: „Rosa, die schöne Schutzmannsfrau" (1913), „Die Bank der Spötter" (1919), „Ich möchte bellen" (1924), „Das Eisenbahnunglück oder der Anti-Freund" (1925), „Der lachende Hiob" (1935).

Friedland, Gemeinde mit Grenzdurchgangslager, 12 km südl. von Göttingen, Nds., 176 m ü. d. M., 7 500 E.

F., Stadt im Bez. Neubrandenburg, DDR, 20 m ü. d. M., 8 600 E. Nahrungs- und Genußmittelind., Baustoffwerk; Torfkombinat. - 1244 gegr., 1298/99 an Mecklenburg. - Ma. Stadtbefestigung mit Anklamer und Neubrandenburger Tor, got. Backsteinkirche Sankt Marien (14./15. Jh. und nach 1703).

Friedländer (der F.) ↑ Wallenstein, Albrecht von.

Friedländer, Ludwig, * Königsberg (Pr) 16. Juli 1824, † Straßburg 16. Dez. 1909, dt. klass. Philologe. - 1858–92 Prof. in Königsberg; Hauptwerk: „Darstellungen aus der Sittengeschichte Roms in der Zeit von Augustus bis zum Ausgang der Antonine" (1862–71).

F., Johnny ↑ Friedlaender, Johnny.

F., Max [Jacob], * Berlin 5. Juni 1867, † Amsterdam 11. Okt. 1958, dt. Kunsthistoriker. - Direktor der Berliner Gemäldegalerie (1924–33), emigrierte 1938 nach den Niederlanden. Grundlegend wurde sein 14bändiges Werk „Die altniederl. Malerei" (1924–37); schrieb auch Monographien: „Albrecht Dürer" (1921), „Pieter Bruegel" (1921), „Albrecht Altdorfer" (1923), „Max Liebermann" (1924) sowie „Von Kunst und Kennerschaft" (1955).

Friedland (Ostpr.) (russ. Prawdinsk), Stadt in Ostpreußen, UdSSR▼, 1939 hatte F. (O.) 4 400 Einwohner. - 1312 als Grenzburg des Dt. Ordens gegr. - Ev. Pfarrkirche (14./15. Jh.) mit Epitaphien des 16. und 17. Jh. - Am 14. Juni 1807 schlug Napoleon I. bei F. (O.) die Russen unter L. A. G. Graf Bennigsen; dieser Sieg führte zum Ende des 4. Koalitionskrieges und zum Frieden von Tilsit.

friedliche Durchdringung (frz. pénétration pacifique), im Zusammenhang mit der Ausdehnung des frz. Einflusses in Marokko zu Beginn des 20. Jh. verbreitetes Schlagwort; mit den Mitteln polit. und wirtsch. Einflußnahme durchgeführt; zählte zum Instrumentarium des Imperialismus.

friedliche Koexistenz ↑ Koexistenz.

Friedlosigkeit, im german. Strafrecht des frühen MA strafweiser Ausschluß aus der Gemeinschaft, dem Menschen Schutz, Sicherheit und Recht verbürgte. Der Friedlose ist „exlex", d. h. rechtlos: Man darf ihn straflos töten, seine Habe fällt an die Erben, seine Frau gilt als Witwe, seine Kinder gelten als Waisen.

Friedman, Milton [engl. ˈfriːdmən], * New York 31. Juli 1912, amerikan. Wirtschaftswissenschaftler. - Prof. an der University of Chicago (seit 1946). Erhielt 1976 den sog. Nobelpreis für Wirtschaftswiss. für seinen Beitrag zur Konsumanalyse, Geldgeschichte und Geldtheorie sowie für die Darstellung der Komplexität der Stabilisierungspolitik. - *Werke:* Studies in quantity theory of money (1956), A theory of the consumption function (1957), Kapitalismus und Freiheit (1962), Die optimale Geldmenge und andere Essays (1969).

Friedrich, alter dt. männl. Vorname, eigtl. etwa „Friedensherrscher". Italien. Form Federico, span. Form Federigo, frz. Formen Frédéric und Fédéric, engl. Formen Frederic und Frederick, schwed. Form Fredrik.

Friedrich, Name von Herrschern:
Hl. Röm. Reich:
F. I. Barbarossa („Rotbart"), * Waiblingen (?) 1122, † im Salef (= Göksu nehri, Kleinasien) 10. Juni 1190 (ertrunken), als F. III. Hzg. von Schwaben, Röm. König (1152), Kaiser (1155). - Erhebung zum König vermutl. gegen Heinrich den Löwen, dem F. 1154 das (1138 seinem Vater Heinrich X., dem Stolzen, entzogene) Hzgt. Bayern zurückgab, von dem er aber 1156 Österreich als babenberg. Hzgt. abtrennte (Privilegium minus). Nach dem 1. Italienzug 1154/55, der der Kaiserkrönung galt, kam es 1157 (Reichstag zu Besançon) zum 1. Konflikt mit dem Papsttum, als F. sich weigerte, das Kaisertum als päpstl. Lehen („beneficium") anzuerkennen. Die folgenden Italienzüge (1158, 1163, 1166–68, 1174–77) wurden unternommen, um die kaiserl. Rechte in den lombard. Städten wiederherzustellen (Ronkal. Reichstag 1158) und um das 1159 ausgebrochene Schisma zw. den Päpsten Alexander III. und (dem von F. unterstützten) Viktor (IV.) zu beenden. Nach anfängl. Erfolgen (Eroberung Mailands 1158/62, N-Italiens und Roms 1166/67) brach der 4. Italienzug wegen einer Malariaepidemie zus.; 1176 unterlag das kaiserl. Ritterheer dem Fußvolk Mailands bei Legnano. Zum Frieden kam es 1177 mit Alexander III., 1183 mit den Städten (seit 1167 Lombardenbund), die F. nur noch eine formale Oberhoheit einräumten. 1178 ließ sich F. in Arles zum König von Burgund krönen, nachdem er bereits 1156 Beatrix, die Erbin der Pfalz-Gft. Burgund, geheiratet hatte. Im Reich gelang F. der Ausbau der stauf. Hausmacht (v. a. Städtegründungen) und der Sturz Heinrichs des Löwen (1180 Teilung des Hzgt. Sachsen, Bayern an die Wittelsbacher), doch kein Ausgleich mit den Welfen. Auf dem 6. Italienzug 1184 ließ er seinen Sohn Heinrich (VI.) zum König von Italien krönen und vermählte ihn mit Konstanze, der Erbin von Sizilien. F. fand auf dem 3. Kreuzzug (1189–92) den Tod. - Auf F., neben Karl d. Gr. (den er 1165 kanonisieren ließ) der volkstümlichste Kaiser des

Friedrich II.

dt. MA, wurde erstmals 1519 die urspr. um F. II. entstandene Kyffhäusersage übertragen. - Abb. Bd. 4, S. 200.

📖 *Hiller, H.: F. Barbarossa. Mchn. 1979.*

F. II., * Iesi bei Ancona 26. Dez. 1194, † Fiorentino bei Lucera 13. Dez. 1250, Röm. König (seit 1196/1212), Kaiser (seit 1220). - Nach dem Tod seines Vaters, Kaiser Heinrichs VI. (1197), verzichtete Kaiserin Konstanze für F. auf das dt. Königtum (1198 Krönung zum König von Sizilien), nach ihrem Tod (1198) übernahm der Papst als Lehnsherr des Kgr. Sizilien die Vormundschaft. Der Feldzug des welf. Kaisers Otto IV. nach S-Italien bewog Innozenz III., die Wahl des Staufers zum Gegenkönig zu betreiben, die 1211/12 erfolgte (Entscheidung des Thronstreits 1214 durch die Schlacht bei Bouvines). Die königl. Territorialpolitik (v. a. Städtegründungen, vielfach auf kirchl. Gebiet) führte zu Protesten geistl. Fürsten, denen die „Confoederatio cum principibus ecclesiasticis" (1220; ↑ Fürstenprivilegien) Rechnung trug. Obwohl F. entgegen früherem Versprechen seinen schon zum König von Sizilien gewählten Sohn Heinrich (VII.) 1220 zum Röm. König erheben ließ (bei formaler staatsrechtl. Trennung beider Reiche), krönte der Papst F. zum Kaiser, um dessen versprochenen Kreuzzug nicht zu verzögern. In Sizilien schuf F. mit den Assisen (Hoftagsbeschlüssen) von Capua 1220 und den Konstitutionen von Melfi 1231 einen straff organisierten Beamtenstaat. Trotz päpstl. Banns (1227) wegen des mehrfach verschobenen Kreuzzugs brach F. (Gemahl der Erbtochter des Königs von Jerusalem) 1228 auf und krönte sich 1229 zum König von Jerusalem, das er durch Verhandlungen mit dem ägypt. Sultan erhalten hatte. Auf dem Höhepunkt seiner Macht (1235 Niederwerfung des Aufstands Heinrichs [VII.], Mainzer Reichslandfriede, Versöhnung mit den Welfen; 1237 Erhebung Konrads IV., Sieg über den Lombardenbund bei Cortenuova) wurde F. 1239 erneut gebannt, 1245 vom Papst abgesetzt, doch trotz Aufstellung von Gegenkönigen u. a. nicht bezwungen; galt den Zeitgenossen als „Stupor mundi" („Das Staunen der Welt", in der Bed. von „der die Welt in Erstaunen versetzt").

📖 *Ipser, K.: Kaiser F. der Zweite. Berg 1977. - Kaiser F. II. Sein Leben in zeitgenöss. Berichten. Hg. v. K. J. Heinisch. Mchn. 1977.*

F. der Schöne, * 1289, † Burg Gutenstein (Niederösterreich) 13. Jan. 1330, König, als F. II. Herzog von Österreich (seit 1306). - Sohn König Albrechts I.; 1314 zum Gegenkönig Ludwigs des Bayern gewählt; von diesem nach acht Jahren krieger. Auseinandersetzungen 1322 bei Mühldorf am Inn geschlagen und gefangengenommen; mußte in den Vertrag von München (1325) einwilligen, der die Gemeinschaftlichkeit des Königtums vereinbarte; zog sich 1326 in sein von den Kriegskosten geschwächtes Hzgt. Österreich zurück.

F. III., * Innsbruck 21. Sept. 1415, † Linz 19. Aug. 1493, Kaiser, als F. V. Herzog von Steiermark. - Sohn Herzog Ernsts des Eisernen von Österreich, 1440 zum König gewählt und 1452 in Rom zum Kaiser gekrönt (letzte Kaiserkrönung durch den Papst in Rom); entschlußlos und bedächtig, aber zäh im Festhalten an seinen Plänen, konnte das Abbröckeln des habsburg. Hausmachtbesitzes nicht verhindern; überlebte seine Gegner und konnte am Ende seines Lebens die österr. Lande seinem Sohn (und Nachfolger) Maximilian - seit 1477 ∞ mit Maria von Burgund - übergeben; damit war der Grund für den Aufstieg des Hauses Österreich gelegt.

Dt. Reich:

F., * Potsdam 18. Okt. 1831, † ebd. 15. Juni 1888, Kaiser (1888), als König von Preußen F. III. - Als Kronprinz F. Wilhelm; ältester Sohn Kaiser Wilhelms I.; seit 1858 ∞ mit der brit. Prinzessin Viktoria; stand den liberalen Zeitströmungen nahe; trat zur Konfliktpolitik Bismarcks seit 1862 in offenen Widerspruch, ohne die Staatspolitik korrigieren zu können. Starb nach 99 Tagen Regierung an einem Krebsleiden.

Kaiser Friedrich II.

Baden:

F. I., * 1249, † Neapel 29. Okt. 1268, Markgraf. - Sein Anspruch auf das Hzgt. Österreich (1250) konnte nicht realisiert werden; zog 1267 mit Konradin nach Italien, wurde nach der Niederlage bei Tagliacozzo mit ihm in Neapel hingerichtet.

F. I., * Karlsruhe 9. Sept. 1826, † Schloß Mainau im Bodensee 28. Sept. 1907, Großherzog (seit 1856). - Übernahm 1852 die Regentschaft, wurde 1856 Großherzog, trieb eine ausgesprochen liberale Politik; 1866 auf seiten Österreichs, trat später für die kleindt. Einigung ein; wirkte 1870/71 vermittelnd bei der Reichsgründung, geriet aber erneut in Gegensatz zu Bismarck, an dessen Sturz er nicht unbeteiligt war.

Brandenburg:
F. I., *1371, † Cadolzburg 20. Sept. 1440, Kurfürst (1417–25), als F. VI. Burggraf von Nürnberg (seit 1397). - 1411 von König Sigismund zunächst zum Verweser der Mark Brandenburg (ohne Kurrecht) ernannt, 1417 mit der Mark und dem Erzkämmereramt belehnt; wurde damit zum Stammvater der brandenburg. Hohenzollern; übergab nach Verlust der Uckermark (1425) die Regentschaft seinem Sohn.

F. II., der Eiserne, *Tangermünde 19. Nov. 1413, † auf der Plassenburg bei Kulmbach 10. Febr. 1471, Kurfürst (seit 1440). - Sohn Kurfürst Friedrichs I.; setzte die landesfürstl. Gewalt gegenüber Adel und Städten durch; gewann 1455 die Neumark zurück; überließ nach dem Tode des letzten Sohnes seinem Bruder Albrecht III. Achilles die Regierung.

F. Wilhelm, gen. der Große Kurfürst, *Berlin 16. Febr. 1620, † Potsdam 9. Mai 1688, Kurfürst (seit 1640). - Gewann im Westfäl. Frieden Hinterpommern mit Cammin, Minden, Halberstadt und die Anwartschaft auf Magdeburg. Baute im Streben nach Arrondierung seines unzusammenhängenden Territoriums und nach Angliederung Vorpommerns ein stehendes Heer auf (1688: 31 000 Mann)

Friedrich Wilhelm, der Große Kurfürst

und arbeitete auch mit der Aufhebung der ständ. Finanzrechte, der Einführung der Kontribution und der Akzise u. a. auf ein einheitl. Staatswesen im Sinne des Absolutismus hin. Seine Außenpolitik war gekennzeichnet von rücksichtslosen Frontwechseln („brandenburg. Wechselfieber"), so im 1. Nord. Krieg 1655–60 (1660 Souveränität über das Hzgt. Preußen), im Devolutionskrieg 1667/68 und im Niederl.-Frz. Krieg 1672–78/79 (Sieg bei Fehrbellin über die in Brandenburg eingefallenen Schweden am 28. Juni 1675).

F. III., Kurfürst von Brandenburg, † Friedrich I., König in Preußen.

Braunschweig-Lüneburg-Oels:
F. Wilhelm, gen. der „Schwarze Herzog", *Braunschweig 9. Okt. 1771, ✕ Quatre-Bras

16. Juni 1815, Herzog (seit 1813). - Verlor durch Napoleon I. sein Hzgt.; kämpfte mit seinem Freikorps („Schwarze Schar") erfolgreich gegen die Franzosen, zuletzt zus. mit Wellington.

Dänemark:
F. II., *Haderslehvus bei Hadersleben 1. Juli 1534, † Antvorskov bei Slagelse 4. April 1588, König von Dänemark und Norwegen (seit 1559), Herzog von Schleswig und Holstein. - Eroberte 1559 die Bauernrepublik Dithmarschen; hatte keinen Erfolg bei der Gewinnung Livlands und Estlands in dem mit Schweden geführten Dreikronenkrieg (1563–70).

F. III., *Haderslehvus bei Hadersleben 18. März 1609, † Kopenhagen 9. Febr. 1670, König von Dänemark und Norwegen (seit 1648), als F. II. Herzog von Schleswig und Holstein. - Der von ihm 1657 gegen Karl X. von Schweden begonnene Krieg führte 1658 im Frieden von Roskilde zu empfindl. dän. Gebietsverlusten; 1660 im Frieden von Kopenhagen großenteils ausgeglichen; brach die Adelsherrschaft, wurde (1665) Erbkönig und Alleinherrscher Dänemarks.

F. IV., *Kopenhagen 11. Okt. 1671, † Odense 12. Okt. 1730, König von Dänemark und Norwegen (seit 1699), Herzog von Schleswig und Holstein. - Erreichte im 2. Nord. Krieg im Frieden von Frederiksborg 1720 die Vereinigung des gemeinschaftl. und des herzogl. Anteils des Hzgt. Schleswig mit dem königl. Anteil; führte innere Reformen durch, v. a. die Abschaffung der Leibeigenschaft (1702).

F. VI., *Kopenhagen 28. Jan. 1768, † ebd. 3. Dez. 1839, König (seit 1808). - Übernahm für seinen geisteskranken Vater Christian VII. die Regentschaft (1797); führte Dänemark durch soziale Reformen und wirtsch. Maßnahmen zu kultureller und wirtschaftl. Blüte; brit. Angriffe im 2. und 3. Koalitionskrieg bewogen ihn zum Bündnis mit Frankr.; mußte im Kieler Frieden 1814 Norwegen an Schweden abtreten.

F. VII., *Kopenhagen 6. Okt. 1808, † Glücksburg 15. Nov. 1863, König (seit 1848), Herzog von Schleswig, Holstein und Lauenburg (seit 1848). - Sein Versuch, Schleswig dem dän. Gesamtstaat einzuverleiben, führte zum Dt.-Dän. Krieg 1848–50; wandelte 1849 die absolute in eine konstitutionelle Monarchie um.

F. IX., *Schloß Sorgenfri bei Lyngby 11. März 1899, † Kopenhagen 14. Jan. 1972, König (seit 1947). - Sohn König Christians X.; ab 1935 ∞ mit Prinzessin Ingrid von Schweden; führte seit 1942 die Regentschaft.

Hessen-Homburg:
F. II., *Homburg (= Bad Homburg v. d. H.) 30. März 1633, † ebd. 24. Jan. 1708, Landgraf. - Heiratete 1670 die Nichte des Kurfürsten Friedrich Wilhelm von Brandenburg; trat als General der Kavallerie in das bran-

Friedrich II.

denburg. Heer ein; zeichnete sich in den folgenden Feldzügen, v. a. in der Schlacht von Fehrbellin (1675), aus; übernahm 1681 die Regierung der Landgft. Homburg; histor. Vorbild zu Kleists „Prinz Friedrich von Homburg".

Hessen-Kassel:

F. II., * Kassel 14. Aug. 1720, † Weißenstein bei Kassel 31. Okt. 1785, Landgraf (seit 1760). - Kämpfte im Siebenjährigen Krieg auf der Seite Preußens und Großbrit.; nach Kriegsende rege Bautätigkeit in Kassel (Bibliothek, Kunstakademie, Collegium Carolinum), umfassende Wirtschafts- und Verwaltungsreformen; erhielt die finanziellen Mittel dazu zum großen Teil von Großbrit. in Form von Subsidien für die Entsendung hess. Soldaten (1776–83 etwa 12 000) auf den amerikan. Kriegsschauplatz; verzichtete 1771 auf die ihm angebotene poln. Königskrone; bemühte sich vergebl. um die 9. Kurwürde.

F. Wilhelm, * Philippsruhe bei Hanau am Main 20. Aug. 1802, † Prag 6. Jan. 1875, Kurfürst von Hessen (seit 1847). - Setzte 1850 die Märzmin. wieder ab und hob die Verfassung von 1831 auf, die er 1862 unter dem Druck Preußens und des Dt. Bundes wieder einführen mußte; seine Entscheidung gegen Preußen im Dt. Krieg 1866 kostete ihn den Thron.

Meißen:

F. I., der Freidige (der Gebissene), * 1257, † auf der Wartburg 16. Nov. 1323, Markgraf, Landgraf von Thüringen. - Enkel Kaiser Friedrichs II., galt der stauf. Partei nach Konradins Tod (vergebl.) als Kronprätendent; kämpfte lange um sein Erbe, bekam 1291 die Mark Meißen, konnte erst nach Auseinandersetzungen mit König Adolf und nach dem Sieg über König Albrecht I. (bei Lucka 1307) Thüringen erlangen, das ihm 1310 von König Heinrich VII. bestätigt wurde.

Niederlande:

F. Heinrich, Prinz von Oranien, Graf von Nassau, * Delft 29. Jan. 1584, † Den Haag 14. März 1647, Statthalter (seit 1625 von Holland, Utrecht, Geldern und Seeland, seit 1640 auch von Groningen und Drente). - Sohn Wilhelms von Oranien, Nachfolger seines Bruders Moritz; bed. Heerführer, v. a. im Festungskrieg, der in seinen Feldzügen die Grenzen der nördl. Niederlande festlegte und die Verteidigungslinie („Barriere") der Republik schuf, die sie im Westfäl. Frieden und später behauptete; verschaffte dem Haus Oranien europ. Geltung.

Österreich:

F. II., der Streitbare, * um 1210, † 15. Juni 1246, Herzog. - Sohn Herzog Leopolds VI., folgte ihm 1230 als Herzog von Österreich und Steiermark (seit 1232 durch Heirat auch Herr in Krain); betrieb eine gegen Kaiser Friedrich II. und auf Loslösung und Verselbständigung der östr. Länder aus dem Reichs-

verband gerichtete Politik (1236 geächtet); später gewisse Annäherung; starb bei einem Feldzug gegen König Béla IV. von Ungarn nach einer Schlacht an der Leitha, möglicherweise von der Hand eigener Leute.

F. IV., * 1382/83, † Innsbruck 24. Juni 1439, Herzog von Österreich, Steiermark, Kärnten und Krain, Graf von Tirol. - Sohn Herzog Leopolds III.; verwaltete zunächst die Vorlande, erreichte 1406 auch die Zuweisung von Tirol, wo er sich mühsam gegen den Adel durchsetzte; übernahm den Schutz des Papstes Johannes (XXIII.) in Konstanz, deckte dessen Flucht vom Konzil (1415), verfiel deshalb der Reichsacht; 1425 förml. Aussöhnung mit dem König.

Pfalz:

F. I., der Siegreiche, * Heidelberg 1. Aug. 1425, † ebd. 12. Dez. 1475, Pfalzgraf bei Rhein, Herzog von Bayern und Kurfürst von der Pfalz (seit 1452). - Übernahm 1449 als Vormund seines einjährigen Neffen, Kurfürst Philipp, die Regentschaft in der Pfalz, seit 1452 - unter Wahrung von dessen Erbrecht - auf Lebenszeit die vollen Herrschaftsrechte; verfolgte zielstrebig die Vergrößerung seines Territoriums auf Kosten seiner Nachbarn, v. a. von Kurmainz, begründete die pfälz. Vormachtstellung am Oberrhein.

F. III., * Simmern 14. Febr. 1515, † Heidelberg 26. Okt. 1576, Kurfürst (seit 1559). - Trat 1546 offen zur Reformation über; Anhänger des Kalvinismus; veranlaßte die Abfassung des Heidelberger Katechismus (1563), führte in seinem Land die zweite Reformation durch, unterstützte die Kalvinisten in den westeurop. Religionskriegen.

F. V., * Amberg 26. Aug. 1596, † Mainz 29. Nov. 1632, Kurfürst (seit 1610), als F. I. König von Böhmen (1619/20). - Stand bis 1614 unter Vormundschaft Pfalzgraf Johanns von Zweibrücken; ließ sich als Haupt der prot. Union 1619 zum böhm. König wählen, wurde jedoch von den Truppen Kaiser Ferdinands II. und der kath. Liga am Weißen Berg geschlagen und geächtet (wegen seiner kurzen Reg.zeit „der Winterkönig" gen.); die pfälz. Kurwürde kam an Bayern.

Preußen:

F. I., * Königsberg (Pr) 11. Juli 1657, † Berlin 25. Febr. 1713, als F. III. Kurfürst von Brandenburg (seit 1688), König in Preußen (seit 1701). - Sohn Kurfürst F. Wilhelms d. Gr. von Brandenburg; Premiermin. wurde sein Erzieher, E. von Danckelman; erlangte von Kaiser Leopold gegen Hilfeversprechen im Span. Erbfolgekrieg die Anerkennung des Königtums für das Hzgt. Preußen (Kontraktat 1700; Krönungsakt 1701; Titel: „König in Preußen"); förderte Kunst und Wissenschaft; berief A. Schlüter an seinen Hof, gründete 1694 die Univ. Halle, in Berlin 1696 die Akademie der Künste und 1700 die Sozietät der Wissenschaften.

F. II., der Große, * Berlin 24. Jan. 1712, † Potsdam 17. Aug. 1786, König (seit 1740). - Von seinem Vater, F. Wilhelm I. streng erzogen, nach einem fehlgeschlagenen Fluchtversuch in der Festung Küstrin inhaftiert (bis zur erzwungenen Verlobung [1732] mit Elisabeth Christine von Braunschweig-Bevern [* 1715, † 1797]), sein an den Fluchtplänen beteiligter Freund H. H. von Katte (* 1704, † 1730) wurde vor seinen Augen hingerichtet.

Friedrich II., der Große,
König von Preußen

Nach sorglosen Jahren in Rheinsberg (dort 1739 Entstehung des „Antimachiavell") begann F. kurz nach seinem Reg.antritt ohne Rechtsgrundlage den 1. Schles. Krieg (1740–42). Er verteidigte das eroberte Schlesien erfolgreich im 2. Schles. Krieg (1744/45). Überzeugt, daß der Dualismus zw. Preußen und Österreich in offenem Konflikt enden würde, legte F. großen Wert auf die Vervollkommnung seiner Armee. Die Überschneidung des preuß.-östr. und des brit.-frz. Ggs. führte zu einer entsprechenden Bündniskonstellation im Siebenjährigen Krieg (1756–63), den F. durch Einmarsch in Kursachsen auslöste und in dem er sich als hervorragender Feldherr erwies. Die Siege hießen Prag (6. Mai 1757), Roßbach (5. Nov. 1757), Leuthen (5. Dez. 1757; Anwendung der schiefen Schlachtordnung), Zorndorf (25. Aug. 1758), Liegnitz (15. Aug. 1760), Torgau (3. Nov. 1760), Burkersdorf (21. Juli 1762) und Reichenbach (16. Aug. 1762), die Niederlagen Kolin (18. Juni 1757), Großjägersdorf (30. Aug. 1757), Hochkirch (14. Okt. 1758) und Kunersdorf (12. Aug. 1759), wo F. in einer phys. und psych. Krise den Tod suchte. Doch erst der polit. Umschwung in Großbrit. 1760 brachte F. an den Rand der Kapitulation, vor der er nur durch den Tod der mit Österreich verbündeten Zarin Elisabeth 1762 bewahrt blieb. Im Frieden von Hubertusburg 1763 wurde zwar der territoriale Vorkriegsstand bestätigt, doch fand Preußen Aufnahme in das Konzert der europ. Mächte. Im Zuge der 1. Poln. Teilung 1772 erwarb F. Ermland und Westpreußen ohne Danzig und Thorn. Innenpolit. erstrebte er, bestimmt von der Staatsauffassung des aufgeklärten Absolutismus, ein merkantilist. Wirtschafts- und Finanzsystem, die Bildung eines zu unbedingtem Gehorsam verpflichteten Beamtenstandes, ferner umfassende Reformen im Heer-, Rechts-, Erziehungswesen und in der Landw. (Kolonisation); bed. Förderer von Wiss. und Kunst (selbst Flötenspieler und Komponist). Wegen der zunehmenden Schroffheit seines Wesens von seiner Umwelt immer mehr gemieden, verbrachte F. die letzten Lebensjahre in völliger Einsamkeit. - Als „Fridericus Rex" oder „Alter Fritz" wurde F. bald zu einer von Anekdoten umrankten Gestalt. Das von der Geschichtsschreibung des 19. Jh. gezeichnete Bild des genialen Feldherrn und des der Staatsräson verpflichteten Monarchen prägte die literar. Darstellung

Caspar David Friedrich, Abtei im Eichwald (um 1808). Berlin, Schloß Charlottenburg (unten links)

Friedrich Wilhelm I.

insbes. in der 1. Hälfte des 20. Jh.; vom NS wurden v. a. die beliebten F.-Filme für polit. Zwecke eingesetzt ("Der Choral von Leuthen", 1933; "Der große König", 1942).

📖 Duffy, C.: F. der Große. - Ein Soldatenleben. Dt. Übers. Zürich 1986. - Leuschner, H.: F. der Große. Zeit - Person - Wirkung. Düss. 1986. - Schieder, T.: F. der Große. Ein Königum der Widersprüche. Bln 1983.

F. Wilhelm I., * Kölln (= Berlin) 14. Aug. 1688, † Potsdam 31. Mai 1740, König (seit 1713). - Einfach, kalvinist.-fromm, streng und rücksichtslos; wegen seiner Vorliebe für die Armee „Soldatenkönig" gen. Unter ihm wurde die absolute Monarchie in Brandenburg-Preußen vollendet. Der preuß. Staat erhielt seine einseitig militär. Ausrichtung. Es wurde ein stehendes Heer geschaffen, das, vorzügl. ausgerüstet und gut geschult, eine bevorzugte Rolle im Staat spielte. 1740 zählte sein Heer 80 000 Mann. Konnte im Frieden von Utrecht (1713) das Staatsgebiet um Obergeldern erweitern, im Frieden von Stockholm (1720) Schwed.-Vorpommern bis zur Peene gewinnen.

F. Wilhelm II., * Berlin 25. Sept. 1744, † Potsdam 16. Nov. 1797, König (seit 1786). - Neffe König F. II., d. Gr.; hochbegabt, kunstliebend, v. a. musikal., aber ohne Stetigkeit in der Arbeit, unselbständig (Einfluß von Günstlingen und Mätressen, mehrere Ehen zur linken Hand). Trotz bed. Gebietserweiterungen (Ansbach-Bayreuth 1791, Gebiete aus der 2. und 3. Teilung Polens 1793 und 1795) sank das Ansehen Preußens durch den schwankenden Kurs seiner Politik, bes. nachdem er im Basler Frieden Frankr. das linke Rheinufer zugestanden hatte.

F. Wilhelm III., * Potsdam 3. Aug. 1770, † Berlin 7. Juni 1840, König (seit 1797). - Sohn von König F. Wilhelm II.; führte die Neutralitätspolitik im Sinne des Basler Friedens weiter, die aber zur außenpolit. Isolierung und Abhängigkeit von Napoleon I. führte; konnte dadurch 1803 und 1805/06 Preußen erhebl. vergrößern. Trat 1806 überstürzt in den Krieg gegen Napoleon I. ein, der ihn nach der Niederlage bei Jena und Auerstedt zum demütigenden Frieden von Tilsit 1807 zwang. 1812/13 von seinen polit. Beratern, Generalen und v. a. durch die patriot. Befreiungskriege regelrecht zu einem Bündnis mit Rußland und Österreich gezwungen. Versuchte, die 1815 bestätigte Großmachtstellung Preußens im Bündnis mit Rußland und Österreich zu bewahren. Seine Innenpolitik (zw. Reform und Restauration) wurde schließl. von den Reformplänen des Freiherrn vom Stein, Hardenbergs, Scharnhorsts und Gneisenaus bestimmt.

F. Wilhelm IV., * Berlin 15. Okt. 1795, † Schloß Sanssouci 2. Jan. 1861, König (seit 1840). - Sohn F. Wilhelms III., Bruder Wilhelms I. Ging von der Restaurationspolitik seines Vaters ab. Von der dt. Romantik ge-

prägt („Romantiker auf dem Thron"), einem christl.-german. Staatsideal verhaftet (Erneuerung des Hl. Röm. Reichs); Vorstellungen vom Gottesgnadentum und vom ma. Ständestaat verhinderten im Vormärz einen preuß. Übergang zum Konstitutionalismus. Durch den Ausbruch der Märzrevolution (1848) zum Nachgeben gezwungen, lehnte aber 1849 die von der Frankfurter Nationalversammlung angebotene Erbkaiserwürde ab. Strebte die nat. Einigung durch eine Union auf der Basis des Dreikönigsbündnisses und mit Hilfe des Erfurter Unionsparlaments an, scheiterte aber 1850 am russ.-östr. Widerstand (Olmützer Punktation). Wegen einer durch eine Krankheit hervorgerufenen schweren geistigen Behinderung übernahm Wilhelm I. 1858 die Regentschaft.

F. III., König von Preußen, ↑ Friedrich (Dt. Reich).

F. Karl, * Berlin 20. März 1828, † Klein Glienicke (= Potsdam) 15. Juni 1885, Prinz von Preußen, preuß. Generalfeldmarschall. - Neffe Kaiser Wilhelms I.; 1864 Oberbefehlshaber der verbündeten preuß.-östr. Truppen im Dt.-Dän. Krieg; im Dt. Krieg 1866 und im Dt.-Frz. Krieg 1870/71 mit hohen Kommandos betraut.

Sachsen:

F. I., der Streitbare, * Altenburg/Thüringen (?) 11. April 1370, † ebd. 4. Jan. 1428, Kurfürst (seit 1423), als F. IV. Markgraf von Meißen (seit 1381). - Erhielt 1420 von Kaiser Sigismund die drei Jahre zuvor bei Belehnung mit den Reichslehen noch zurückgehaltenen böhm. Lehen; 1423 wurde ihm das erledigte Kurfürstentum Sachsen übertragen; begr. den Aufstieg des Hauses Wettin; gründete 1409 die Univ. Leipzig.

F. III., der Weise, * Torgau 17. Jan. 1463, † Lochau bei Torgau 5. Mai 1525, Kurfürst (seit 1486). - Begr. 1502 die Univ. Wittenberg. Regierte - mit Ausnahme der Kurlande - gemeinsam mit seinem Bruder Johann dem Beständigen; bemühte sich um die Reichsreform; legte sich bei den Verhandlungen über die Nachfolge Kaiser Maximilians I. nicht fest, gab 1519 seine Stimme Karl I. von Spanien, nachdem er es abgelehnt hatte, sich selbst zum Kaiser wählen zu lassen; gewährte Luther Schutz, obwohl er selbst der neuen Lehre abwartend gegenüberstand.

F. August I., Kurfürst von Sachsen, ↑ August II., der Starke, König von Polen.

F. August II., Kurfürst von Sachsen, ↑ August III., König von Polen.

F. August III., * Dresden 25. Mai 1865, † Sibyllenort (Niederschlesien) 18. Febr. 1932, König (seit 1904). - Sehr populär; mußte 1918 abdanken.

Schwaben:

F. I., * um 1050, † 1105, Herzog (seit 1079). - Sohn des Grafen F. von Büren, Schwiegersohn Kaiser Heinrichs IV.; als dessen treuer

270

Gefolgsmann mit Schwaben belehnt; konnte sich im Kampf gegen die mächtigen süddt. Adelsfamilien der Zähringer, Rheinfeldener und Welfen behaupten; versuchte, durch zahlr. Klostergründungen Zentren herrschaftl. Macht für seine Familie zu bilden; schuf so die Grundlage für den späteren Aufstieg der Staufer.

F. III., Herzog, † Friedrich I. Barbarossa (Hl. Röm. Reich).

Württemberg:

F. I., * Treptow a./Rega (Hinterpommern) 6. Nov. 1754, † Stuttgart 30. Okt. 1816, König (seit 1806; 1803–06 Kurfürst), als F. II. Herzog (1797–1803). - Neffe Herzog Karl Eugens und Onkel des Zaren Alexander I. von Rußland; nutzte den Anschluß an die Politik Napoleons I. (1802; 1806–13 Mgl. des Rheinbunds) zielstrebig v. a. zur Verdoppelung des Territoriums und zur Erlangung der Souveränität; wandelte sein Land zum bürokrat.-absolutist. Einheitsstaat; 1812 Anschluß an die antifrz. Koalition, 1816 an den Dt. Bund.

Friedrich von Antiochien (vermutl. ein heute unbekannter Ort in Süditalien), * um 1225, † Foggia 1256, Graf von Alba, Celano und Loreto, Generalvikar Kaiser Friedrichs II. - Illegitimer Sohn Friedrichs II., der ihn 1244 zum Generalvikar der Mark Ancona, 1246 zum Podesta von Florenz und Generalvikar der Toskana und des tusz. Patrimoniums erhob; stand später an der Seite seines Halbbruders Manfred weiter gegen Papst Innozenz IV.

Friedrich von Hausen, * Hausen b. Bad Kreuznach (?) um 1150, ✕ Philomelium (Kleinasien) 6. Mai 1190, mittelhochdt. Lyriker. - Unter diesem Namen sind etwa 50 Strophen überliefert, die zum ersten Mal in der dt. Lyrik (neben H. von Veldeke) das Thema der hohen Minne voll entfalten (provanzal. Einflüsse); bekannt sind v. a. seine Kreuzzugsgedichte, in denen der Widerstreit zw. Gottesund Frauenminne, Ritter- und Frauendienst gestaltet ist. Auf Grund der Kreuzzugsgedichte mit einem rheinfränk. Ministerialen F. v. H. identifiziert, der 1171 im Dienst des Mainzer Erzbischofs, 1186/87 im Gefolge Heinrichs VI., 1187 im Gefolge Kaiser Friedrichs I. Barbarossa bezeugt ist und als Teilnehmer am 3. Kreuzzug gefallen ist.

Friedrich, Caspar David, * Greifswald 5. Sept. 1774, † Dresden 7. Mai 1840, dt. Maler und Graphiker. - F. studierte 1794–98 an der Akad. von Kopenhagen und ging 1798 nach Dresden; seine Hoffnung auf ein Lehramt blieb unerfüllt, über Wasser hielten ihn die gelegentl. Ankäufe des späteren Zaren Nikolaus I. Ein gesteigertes, aus sorgfältiger Beobachtung erwachsendes Gefühl für die vielfältigen Stimmungen der Natur löses bei F. die festgeprägten Schemata der idealen (italien.) Landschaft ab. Die neuen Inhalte romant. Erlebens sind Spiegelungen subjektiver Emp-

findung und einer individuellen Gefühlswelt, deren Vorstellungen im wesentl. um Werden und Vergehen kreisen. - *Werke:* Das Kreuz im Gebirge (1808; Dresden, Gemäldegalerie), Mönch am Meer (um 1808/09; Berlin, Schloß Charlottenburg), Die gescheiterte Hoffnung (1821; Hamburg, Kunsthalle), Mondaufgang am Meer (1823; Berlin, neue Nationalgalerie). - Abb. S. 269 und Bd. 5, S. 178.

F., Götz, * Naumburg/Saale 4. Aug. 1930, dt. Opernregisseur. - 1968–72 Oberspielleiter an der Kom. Oper in Berlin (Ost) unter W. Felsenstein (daneben zahlr. Gastinszenierungen), 1973–81 an der Hamburgischen Staatsoper, seit 1981 Generalintendant der Dt. Oper Berlin (West), seit 1984 auch am Theater des Westens (Berlin [West]). F. inszenierte 1984/85 an der Dt. Oper Berlin Wagners „Ring des Nibelungen", bei den Bayreuther Festspielen 1984 Wagners „Parsifal" und bei den Salzburger Festspielen 1984 L. Berios „Un re in ascolto".

F., Hugo, * Karlsruhe 24. Dez. 1904, † Freiburg im Breisgau 25. Febr. 1978, dt. Romanist. - Prof. in Freiburg im Breisgau; maßgebende Untersuchungen zu den roman. Literaturen. - *Werke:* Das antiromant. Denken im modernen Frankr. (1935), Die Rechtsmetaphorik der Göttl. Komödie (1941), Montaigne (1949), Die Struktur der modernen Lyrik (1956), Epochen der italien. Lyrik (1964), Roman. Literaturen (Aufsätze, 2 Bde., 1972).

F., Rudolf, * Winterthur 4. Juli 1923, schweizer. Politiker (Freisinnig-demokrat. Partei). - Rechtsanwalt; 1975–82 Nationalrat; seit 1983 Bundesrat (Eidgenöss. Justiz- und Polizeidepartement).

Friedrich-Ebert-Stiftung e. V., auf Wunsch F. Eberts nach seinem Tode 1925 gegr. Stiftung mit dem Ziel, das demokrat. Bewußtsein und die internat. Verständigung zu fördern. 1933 verboten, 1947 wieder belebt. Im Mittelpunkt stehen Erwachsenenbildung (Heimvolkshochschulen), Hochbegabtenförderung (Absolventen des zweiten Bildungswegs) und Entwicklungshilfe.

Friedrich-Naumann-Stiftung, 1958 durch T. Heuss gegr. Stiftung privaten Rechts zur Pflege und Förderung der polit. Erwachsenenbildung.

Friedrichroda, Stadt im Bez. Erfurt, DDR, am N-Rand des Thüringer Waldes, 420–460 m ü. d. M., 6 200 E. Luftkurort mit Lungenheilstätte; u. a. Spielwarenherstellung und Kunststoffind. - Erstmals 1209 erwähnt; unter wettin. Oberhoheit (seit 1247), 1597 Stadtrecht, 1826 an Sachsen-Coburg-Gotha, 1920 an Thüringen. - Neugot. Schloß (1827–35) an der Stelle eines Benediktinerklosters.

Friedrichsdor [dt./frz. „aus Gold"], Abk. Frdor., preuß. Münze, Abwandlung der † Pistole, geschaffen von Friedrich II., d. Gr.; geprägt 1741–1855.

Friedrichsdorf, Stadt 16 km nördl. von

Frankfurt am Main, am Abfall des östl. Taunus zur Wetterau, Hessen, etwa 200 m ü. d. M., 23 500 E. U. a. Zwiebackfabriken. - Um 1687 für einwandernde Hugenotten gegr.; 1771 wurde F. Stadt. - Frz.-ref. Pfarrkirche (1837 vollendet).

Friedrichshafen, Krst. am N-Ufer des Bodensees, Bad.-Württ., 400 m ü. d. M., 51 500 E. Verwaltungssitz des Bodenseekr., Technikerschule für Maschinenbau, Akad. für prakt. Betriebswirtsch.; Städt. Bodensee-Museum mit Zeppelinabteilung; Internat. Bodenseemesse und Internat. Bootsausstellung. Metall- und Elektroind. (u. a. Motoren- und Flugzeugbau, Herstellung von Tonbandgeräten, Schiffsausbesserungswerk der Bundesbahn). Fähre nach Romanshorn (Schweiz), Fremdenverkehr, Jachthafen, ⚓. - Das 838 zuerst erwähnte **Buchhorn** lag an der Stelle des heutigen Schlosses, war Sitz des Grafengeschlechts der Ulriche, später der Grafen von Buchhorn und kam nach deren Aussterben (1089) in welf. und seit 1191 in stauf. Besitz. Der Markt wurde 1275/99 Reichsstadt. 1802/03 fiel Buchhorn an Bayern. - Das 1085 von Berta von Buchhorn gegr. Nonnenkloster erhielt im 13. Jh. den Namen **Hofen** (1419 aufgehoben, 1702 als Priorat neu gegr., 1802/03 säkularisiert). - Nach der Erwerbung durch Württemberg (1810) wurden beide Gemeinden 1811 zu F. zusammengeschlossen. -

Fries. Von oben: Akanthusfries, Laufender Hund, Zickzackband, Kreuzbogenfries

Barocke Schloßkirche (1695–1701) im ehem. Benediktinerklosterbezirk, die Klostergebäude (17. Jh.) wurden 1824–30 zur königl.württemberg. Sommerresidenz umgebaut.

Friedrichshall, Bad ↑Bad Friedrichshall.

Friedrichsruh, Ortsteil der Gemeinde **Aumühle,** im Sachsenwald, östl. von Hamburg, 3 400 E. Schloß Bismarcks mit Mausoleum; Bismarckmuseum.

Friedrichstadt, Stadt in der östl. Eiderstedter Marsch, Schl.-H., 4 m ü. d. M., 2 600 E. Mühlenbetriebe, Hafen. - 1612 für niederl. Remonstranten von Herzog Friedrich III. von Schleswig-Holstein-Gottorf gegründet. - Häuser im Stil der niederl. Renaissance.

Frieren, Reaktion des Warmblüterorganismus auf eine Erniedrigung der Umgebungstemperatur deutl. unter die Behaglichkeitsgrenze (↑Behaglichkeit). Nervenendigungen in der äußeren Haut (Kälterezeptoren) registrieren die Kälte und leiten entsprechende Erregungen zu höheren Zentren im Rückenmark und im Gehirn weiter. Als Abwehrmaßnahme wird nun eine erhöhte Wärmeproduktion in Gang gesetzt, die sich v. a. in vermehrter Muskeltätigkeit äußert (Muskelzittern, z. B. als Zähneklappern oder als Gänsehaut). Ähnl. Aufheizungsreaktionen werden zu Beginn des ↑Fiebers ausgelöst.

Fries, Ernst, * Heidelberg 22. Juni 1801, † Karlsruhe 11. Okt. 1833, dt. Maler. - Schüler von F. Rottmann; gilt neben P. Fohr als einer der bedeutendsten Vertreter der Heidelberger Romantik.

F., Hans, * Freiburg um 1465, † Bern um 1523, schweizer. Maler. - In seinen spätgot. Altarwerken mischen sich niederl. Einflüsse mit denen von M. Pacher, später auch von Dürer; erhalten sind u. a. Teile des „Weltgerichtsaltars" (1501; München, Alte Pinakothek) und des „Johannes-Triptychons" (1514; Basel, Kunstmuseum).

F., Heinrich, * Mannheim 31. Dez. 1911, dt. kath. Theologe. - 1950 Prof. in Tübingen, seit 1958 in München. Zahlr. Werke über Fundamentaltheologie und ökumen. Theologie, u. a. „Die kath. Religionsphilosophie der Gegenwart" (1949), „Glaube - Wissen" (1960), „Das Gespräch mit den ev. Christen" (1961), „Glaube und Kirche auf dem Prüfstand" (1970), Fundamentaltheologie (1985).

F., Jakob Friedrich, * Barby/Elbe 23. Aug. 1773, † Jena 10. Aug. 1843, dt. Philosoph und Physiker. - Seit 1805 Prof. in Heidelberg, seit 1816 in Jena; wegen seiner Beteiligung am Wartburgfest 1817 Entziehung der Professur, seit 1824 erneut Prof. in Jena. - Versuchte die krit. Philosophie Kants von dem „Vorurteil des Transzendentalen" zu reinigen, indem er die Kritik der Vernunft auf der Grundlage der Selbstbeobachtung beschrieb und so zu einer Erfahrungswiss. machte.

Werke: System der Philosophie als evidenter

Wissenschaft (1804), Wissen, Glaube und Ahndung (1805), Neue oder anthropolog. Kritik der Vernunft (1807), System der Logik (1811), Die Geschichte der Philosophie (2 Bde., 1837–39), Kritik der Prinzipien der Wahrscheinlichkeitsrechnung (1842).

Fries [frz.], in der Baukunst gliedernder Schmuckstreifen einer Wand; beim antiken Tempel Teil des Gebälks zw. Architrav und Gesims. Die Ornamente wurden aus Palmetten, Akanthus, Mäanderbändern und Eierstäben gebildet (in der Renaissance wieder aufgegriffen). Die roman. Baukunst verwendete Rundbogen, Zahnschnitt, Schachbrettmuster, Würfel, Kugel und Zickzackband, die Gotik Laub- und Blattformen (im Jugendstil wieder aufgegriffen).

Friesach, Stadt im Metnitztal, Kärnten, Österreich, 636 m ü. d. M., 7 100 E. Museum; Maschinenbau, Sägerei; Fremdenverkehr. - Schon zur Römerzeit besiedelt (**Candalice**), kam 860 in salzburg. Besitz; 1215 Stadt gen.; kam 1805 an Österreich. - Pfarrkirche Sankt Bartholomäus (12.–15. Jh.) mit bed. Glasmalereien (13./14. Jh.), Dominikanerklosterkirche (13. Jh.); auf dem *Petersberg* die Peterskirche (zw. 860 und 927) und Bergfried (1130) der zerstörten Burg. - Zuerst in F. geprägt, dann vielfach nachgeahmt (bis N-Italien), wurden die **Friesacher Pfennige** als beliebte Handelsmünzen des 12.–14. Jh. verwendet.

Frieseln (Frieselausschlag, Schweißfrieseln, Miliaria), hirsekorngroße Hautbläschen mit klarem oder weißl. Inhalt (v. a. bei starkem Schwitzen oder bei fieberhaften Erkrankungen). - **Rote Frieseln** (Miliaria rubra), von einem roten Hof umgeben, kommen bei hoher Außentemperatur vor (bes. in den Tropen als *Pricklyheat* bekannt).

Friesen, [Karl] Friedrich, * Magdeburg 25. Sept. 1784, ⚔ Lalobbe (Ardennes) 15. März 1814, dt. Turnpädagoge. - Wirkte seit 1808 als Lehrer am Plamannschen Institut in Berlin, Mitarbeiter F. L. Jahns; trat 1813 in das Freikorps Lützow ein und fiel 1814 als Lützows Adjutant.

Friesen (lat. Frisi, Frisiones), westgerman. Stamm an der Nordseeküste (Kernraum zw. Vliestroom und Ems), der 12 v. Chr. bis Ende des 3. Jh. unter röm. Herrschaft stand und um 700 ein Großreich von Brügge bis zur Weser bildete (später Ausdehnung der F. bis ins heutige N-Friesland). Karl d. Gr. unterwarf bis zum F.reich 785 und ließ die Fries. Volksrechte aufzeichnen. Angelsächs. Missionare (Willibrord, Bonifatius) christianisierten die F. Der Deichbau (seit etwa 1000) brachte als soziale Folge allen Ständen die persönl. Freiheit, eine entscheidende Voraussetzung der späteren „Fries. Freiheit" die in einer Art Landfriedensbund (↑ auch Upstallsboom) zusammen geschlossenen Bauernrepubliken. Der Bund zerfiel im Spät-MA mit den Rivalitätskämpfen der örtl. Machthaber (Häupt-

linge). Während das Land westl. der Zuidersee schon früh in der Gft. Holland aufging, fiel der Teil zw. Zuidersee und Lauwerszee im 16. Jh. den Habsburgern zu (↑ auch Friesland, Geschichte); Ostfriesland war seit 1464 selbständiges Territorium.

Friesisch, zur westgerman. Gruppe der german. Sprachen gehörende Sprache, die noch heute in der niederl. Provinz Friesland (*Westfries.*), im niedersächs. Saterland (*Saterländ.* oder *Ostfries.*), auf den Inseln Helgoland, Sylt, Föhr, Amrum, den nördl. Halligen und an der W-Küste Schleswig-Holsteins (*Nordfries.*) von rd. 310 000 Menschen gesprochen wird. Sie zerfällt in viele unterschiedl. Mundarten, die Verständigung untereinander ist fast unmöglich. Das F. zeigt enge Verwandtschaft zum Engl., ist selbst jedoch keine german. Ursprache, sondern frühestens in den niederl. Seemarschen, die erst um 300 v. Chr. besiedelt wurden, entstanden.

friesische Literatur, erst aus dem 13. Jh. (*altfries. Zeit*) sind Texte in fries. Sprache (Ostfries. und westlauwersches Friesisch) bekannt (Rechtsquellen). Greifbar wird f. L. in sog. *mittelfries. Zeit* (etwa 1550–1800), und zwar überwiegend als westfries. Literatur: Bedeutendster Vertreter ist G. Japiks (* 1603, † 1666). Nach 1800 erfuhr die *neufries. Literatur* Anstöße durch die Romantik, bes. durch J. H. Halbertsma (* 1789, † 1869). Ein gutes Jahrhundert später entstand die „Jungfries. Bewegung", die nat. Bestrebungen mit weltoffener Geisteshaltung zu vereinen suchte. Führend war D. Kalma (* 1896, † 1953) mit seinen Gedichten und Dramen. .Heute sind v. a. A. S. Wadman und T. Riemersma zu nennen. Die ostfries. Schriftsteller zählen zur ↑ niederdeutschen Literatur.

Friesland, Landkr. in Niedersachsen.

F., Prov. in den nördl. Niederlanden. 3 352 km² Landfläche, 595 000 E (1983), Verwaltungssitz Leeuwarden. Grundmoränenlandschaft im O, Torfmoorzone im mittleren Teil mit zahlr. Seen, im W und N Marschland. Wichtigstes Milchwirtschaftsgebiet des Landes; Förderung von Erdgas. F. umfaßt außerdem die Inseln Schiermonnikoog, Ameland, Terschelling und Vlieland.

Geschichte: Im 14. Jh. Fehden zw. zwei Parteien (als „Schieringers" und als „Vetkopers" bezeichnet), von denen Holland und Groningen zu profitieren und Einfluß in F. zu gewinnen suchten; 1492 von Herzog Albrecht dem Beherzten von Sachsen besetzt; kam 1515/24 an die Habsburger; nahm von Anfang an am dem Aufstand gegen die habsburg. Herrschaft teil (Achtzigjähriger Krieg); 1572 vorübergehende Wiederherstellung der span. Herrschaft; seit 1576 endgültig auf der Seite der Aufständischen; teilte in der Folgezeit die Geschicke der Vereinigten ↑ Niederlande.

Friesoythe, Stadt an der Soeste, Nds., 9 m ü. d. M., 16 000 E. Pharmaind., Bandwebereien. - Der bei einer Burg entstandene befestigte Marktort erhielt 1366 Stadtrecht. Von den Grafen von Tecklenburg fiel F. 1400 an die Bischöfe von Münster, 1803 kam es zu Oldenburg.

Friesz, Othon [frz. fri'ɛs], * Le Havre 6. Febr. 1879, † Paris 10. Jan. 1949, frz. Maler. - Zeitweilig loser Anschluß an die Fauves (1906); eine kräftige Farbigkeit zeichnet seine Porträts, Stilleben, Figuren- und Landschaftskompositionen aus.

Frigen ⓦ [Kw.], halogenierte Kohlenwasserstoffverbindungen, die als Sicherheitskältemittel und als Treibgas (für Aerosole) dienen.

Frigg (Frija, Frea, Freyja), [altnord.], nord- und westgerman. Göttin, Gattin Wodans, Mutter Baldrs. Auf ihren Namen geht der Name des Freitags (althochdt. frīatag, frijedag, mittelhochdt. vrītac) zurück.

frigid [lat.], kalt, kühl.

Frigidarium [lat.], Kaltwasserbad in röm. Thermen.

Frigidität [lat.], Gefühlskälte der Frau in geschlechtl. Beziehung; kann dispositionell bedingt oder die Folge einer fehlerhaften, neurotisierenden Erziehung bzw. eines ungeschickten Verhaltens des Partners sein. F. kann psychotherapeut. behandelt werden.

Frikadelle [lat.-frz.] (Bulette, dt. Beefsteak), gebratener Hackfleischkloß.

Frikandeau [frikan'do:; frz.], Teil der Kalbskeule, gespickt und gebraten oder geschmort (langes Frikandeau).

Frikandelle [gebildet aus ↑Frikadelle und ↑Frikandeau], Schnitte aus gedämpftem Fleisch.
◆ gekochtes Fleisch, mit Ei und Semmel gebraten.

Frikassee [frz.], Ragout aus hellem Kalb-, Lamm-, Geflügel-, Wild- oder Fischfleisch.

Frikativ [lat.] ↑Reibelaut.

Friktion [lat.], Reibung zw. gegeneinander bewegten Körpern, die die Übertragung von Kräften und Drehmomenten ermöglicht.
◆ kreisende Abreibung mit Fingerspitzen, Tuch oder Bürste; Massagegriff zur Durchblutungssteigerung und Erwärmung der Haut.
◆ in der Wirtschaftstheorie Bez. für Verzögerungswiderstand, der der sofortigen Wiederherstellung des wirtsch. Gleichgewichts beim Überwiegen von Angebot oder Nachfrage entgegensteht.

Frimaire [frz. fri'mɛːr „Reifmonat"], 3. Monat des Kalenders der Frz. Revolution (21., 22. bzw. 23. Nov. bis 20., 21. bzw. 22. Dez.).

Frings, Josef, * Neuß 6. Febr. 1887, † Köln 17. Dez. 1978, dt. kath. Theologe und Kardinal (seit 1946). - 1910 Priester, 1942-69 Erzbischof von Köln, 1945-65 Vors. der Fuldaer Bischofskonferenz und Wortführer des

dt. Katholizismus; maßgebl. Beteiligung am 2. Vatikan. Konzil.

F., Theodor, * Dülken 23. Juli 1886, † Leipzig 6. Juni 1968, dt. Germanist. - 1917-27 Prof. für dt. Sprache und Literatur in Bonn, dann in Leipzig; dialektgeograph., sprachgeschichtl. und literarhistor. Arbeiten; Begr. des „Althochdt. Wörterbuchs" (1952 ff.).

Werke: Studien zur Dialektgeographie des Niederrheins (1913), Germania Romana (1932), Grundlegung einer Geschichte der dt. Sprache (1948), Sprache und Geschichte (1956).

Frisbee ⓦ ['frɪzbi; engl.], Freizeitsportgerät; tellerähnl. Wurfscheibe aus Plastik (Durchmesser etwa 20 cm, Gewicht etwa 50 g).

Frisch, Karl von, * Wien 20. Nov. 1886, † München 12. Juni 1982, östr. Zoologe. - Prof. u. a. in Breslau und seit 1930 in München; grundlegende Untersuchungen über die Sinnes- und Verhaltensphysiologie; berühmt seine Studien über das der gegenseitigen Verständigung dienende Tanzverhalten der Bienen („Aus dem Leben der Bienen", 1927; „Tanzsprache und Orientierung der Bienen", 1965); 1973 zus. mit K. Lorenz und N. Tinbergen Nobelpreis für Medizin oder Physiologie.

F., Max, * Zürich 15. Mai 1911, schweizer. Schriftsteller. - Neben F. Dürrenmatt bedeutendster Vertreter der modernen Schweizer Literatur, v. a. in den Gattungen des Romans (v. a. „Stiller", 1954; „Homo Faber", 1957; „Mein Name sei Gantenbein", 1964) und Dramas (v. a. „Don Juan oder Die Liebe zur Geometrie", 1953, Neufassung 1961; „Herr Biedermann und die Brandstifter", Hsp. 1956, Dr. 1958; „Andorra", 1961). Ausgehend von der Erkenntnis der Selbstentfremdung des Menschen und der Notwendigkeit der Selbstfindung vermittelt er ein vom humanitären Anspruch ausgehendes pessimist. Weltbild. Charakterist. für die Gestalten des Werkes ist ihr Versuch, aus „einer falschen Rolle", aus der als entfremdend empfundenen unzureichenden Wirklichkeit des eigenen Lebenskreises auszubrechen.

Weitere Werke: Bin oder die Reise nach Peking (E., 1945), Nun singen sie wieder (Dr., 1946), Santa Cruz (Dr., 1947), Die chin. Mauer (Dr., 1947, Neufassungen 1955 und 1972), Als der Krieg zu Ende war (Dr., 1949, verkürzte Fassung 1962), Tagebuch 1946-1949 (1950), Graf Öderland (Dr., 1951, „endgültige Fassung" 1961), Rip van Winkle (Hsp., 1953), Öffentlichkeit als Partner (Reden u. a., 1967), Erinnerungen an Brecht (1968), Dramaturgisches. Ein Briefwechsel (1969), Wilhelm Tell für die Schule (Prosa, 1971), Tagebuch 1966-1971 (1972), Montauk (E., 1975), Triptychon (3 szen. Bilder, 1978), Holozän (E., 1979), Blaubart (E., 1982). - Abb. S. 277.

F., Otto Robert, * Wien 1. Okt. 1904, † Cambridge 22. Sept. 1979, brit. Physiker östr. Herkunft. - 1943–46 in Los Alamos an der Entwicklung der Atombombe beteiligt; 1947–72 Prof. in Cambridge; gab zus. mit L. Meitner die physikal. Deutung der experimentellen Ergebnisse von O. Hahn und F. Straßmann beim Beschuß von Uran mit Neutronen und prägte den Begriff „nuclear fission" (Kernspaltung).

F., Ragnar [Anton Kittil], * Oslo 3. März 1895, † ebd. 31. Jan. 1973, norweg. Nationalökonom. - 1931–65 Prof. in Oslo; arbeitete v. a. über Nachfrageforschung, Konjunkturtheorie, Planung und Programmierung und Produktionstheorie. Erhielt 1969 (gemeinsam mit J. Tinbergen) den sog. Nobelpreis für Wirtschaftswissenschaften.

Frischblutkonserven ↑ Blutkonserve.

Frischen, Umwandlung von Roheisen in Stahl durch Oxidieren der Roheisenbeimengungen Kohlenstoff, Silicium, Mangan und Phosphor mit Luft (Thomas-Verfahren) oder Sauerstoff (Blasverfahren).

Frisches Haff, flaches Ostseehaff zw. der ostpreuß. Küste und der 60 km langen, bis 2 km breiten **Frischen Nehrung,** 860 km^2; Verbindung zur Ostsee durch das 550 m lange und 360 m breite **Pillauer Seetief.** Durch das F. H. verläuft seit 1945 die Grenze zw. der UdSSR und Polen.

Frisch, fromm, fröhlich, frei ↑ FFFF.

Frischhaltung ↑ Konservierung.

Frischlin, Nikodemus [...li:n], * Erzingen (= Balingen) 22. Sept. 1547, † Festung Hohenurach 29. (30.?) Nov. 1590, dt. Dichter und Humanist. - Lehrte u. a. in Tübingen; versuchte, zw. dem lat. Schuldrama (dessen Lehre und Moral) und dem deutschsprachigen ev. Volksspiel zu vermitteln, z. B. durch deutschsprachige Zwischenszenen und Chöre und derb-realist. Nebenhandlungen. Schrieb u. a. die bibl. Dramen „Rebecca" (aufgeführt 1576, gedruckt 1587), „Susanna" (aufgeführt 1578), in dt. Sprache das geschichtl. Drama „Frau Wendelgard" (aufgeführt 1579, gedruckt 1580).

Frischling, wm. Bez. für die jungen Wildschweine im ersten Lebensjahr.

Frischmuth, Barbara, * Altaussee 5. Juli 1941, östr. Schriftstellerin. - Analysiert autoritär-inhumane Erziehungsmethoden und -mechanismen („Die Klosterschule", 1968) und stellt ihr Gegenmodell vor („Amoral. Kinderklapper. Geschichten", 1969).

Weitere Werke: Das Verschwinden des Schattens in der Sonne (R., 1973), Haschen nach Wind (E., 1974), Amy oder Die Metamorphose (R., 1978), Herrin der Tiere (1986).

Frischpräparate ↑ Präparate.

Frischwetter, unverbrauchte, einem Bergwerksbetrieb nach unter Tage zugeführte Luft.

Frischzellentherapie, Behandlung mit vital konserviertem tier. Körpergewebe zur Behebung einer anlage- oder krankheitsbedingten Organschwäche, v. a. bei altersbedingtem Leistungsabfall. Wirkungsweise und Erfolg sind wiss. umstritten.

Frisia minor ↑ Eiderstedt.

Friss [ungar. friʃ] (Friska), der schnelle Paartanz des ↑ Csárdás.

Frist [zu althochdt. frist, eigtl. „das Bevorstehende"], eine durch Gesetz, durch richterl. oder verwaltungsbehördl. Verfügung oder durch Rechtsgeschäft festgelegte [bestimmte oder bestimmbare] Zeitspanne, die u. U. auch aus nichtzusammenhängenden Zeitabschnitten bestehen kann, z. B. eine Monats-F. aus 30 nichtaufeinanderfolgenden Tagen. Als jurist. (rechtserhebl.) Tatsache (wie z. B. auch Geburt, Tod) führt nur der bloße Ablauf - allein oder zusammen mit anderen jurist. Tatsachen (etwa einer Kündigung) - Rechtswirkungen herbei, so Entstehung, Untergang oder inhaltl. Änderung von privaten oder öffentl. Rechten, den Erwerb rechtserhebl. Eigenschaften (Volljährigkeit), den Verlust von Rechtsmitteln u. a. - Für die Ermittlung des Beginns und des Endes einer F. enthalten die §§ 186–193 BGB Auslegungsregeln, die für das gesamte Privatrecht, für das öffentl. Recht und das Prozeßrecht gelten. Gerechnet wird i. d. R. nur nach ganzen Tagen, die von Mitternacht zu Mitternacht laufen.

Fristenlösung ↑ Schwangerschaftsabbruch.

Frisur [zu frz. friser], Art und Weise, wie das Haar frisiert ist, d. h. geschnitten und gelegt ist (↑ Haartracht).

Friteuse [fri'tø:zə; lat.-frz.] (Fritüre), [elektr.] Gerät zum Fritieren von Speisen.

Fritfliege (Oscinella frit), 2–3 mm große, oberseits glänzend schwarze, unterseits braune, rotäugige Halmfliege.

Frithigern (Fritigern, Fridigern), westgot. Heerführer (seit 375). - Arianer; vermittelte die vertragl. Aufnahme des Großteils seines Volkes beim Übergang über die Donau ins röm. Imperium; führte, von den röm. Behörden getäuscht, einen erbitterten Kampf im Thrakien (Verwüstung des Landes), Vernichtung des röm. Heeres bei Adrianopel 378; Todesdatum unbekannt.

Frithjof, aus dem Nord. übernommener männl. Vorname: norweg. und dän. Fridtjof, schwed. Fritiof (zu altisländ. friðr „Schutz, Friede" und altisländ. þjofr „Dieb, Räuber").

fritieren [lat.-frz.], Speisen oder Gebäck in heißem Fett schwimmend ausbacken.

Fritigern ↑ Frithigern.

Fritillaria [lat.], Gatt. der Liliengewächse mit etwa 100 Arten in der nördl. gemäßigten Zone; mehrere Arten als Zierpflanzen kultiviert, v. a. ↑ Kaiserkrone, ↑ Schachbrettblume.

Fritsch, Werner Freiherr von, * Benrath (= Düsseldorf) 4. Aug. 1880, ✕ vor Warschau 22. Sept. 1939, dt. General. - 1934 Chef der Heeresleitung, 1935–38 als Oberbefehlshaber des Heeres maßgebl. an der dt. Wiederaufrüstung beteiligt; äußerte mit Reichskriegsmin. W. von Blomberg 1937 militär. Bedenken gegen die Expansionspläne Hitlers; im Zusammenhang mit dem Skandal um die zweite Eheschließung W. von Blombergs unter dem verleumder. Vorwurf der Homosexualität 1938 aus der Armee entlassen (**Fritsch-Krise**); nachträgl. von einem Ehrengericht rehabilitiert. Hitler war es mit dieser Aktion jedoch gelungen, das Oberkommando der Wehrmacht zu übernehmen.

F., Willy, * Kattowitz 27. Jan. 1901, † Hamburg 13. Juli 1973, dt. Filmschauspieler. - Nach zahlr. Stummfilmerfolgen (u. a. „Ein Walzertraum", 1925) Liebhaberrollen im Film der 30er Jahre (meist zus. mit Lilian Harvey), u. a. in „Die Drei von der Tankstelle" (1930) und „Der Kongreß tanzt" (1931).

Fritsch-Krise ↑ Fritsch, Werner Freiherr von.

Fritten [lat.-frz.], Erhitzen pulverförmiger oder körniger Materialien bis zum Erweichungspunkt, so daß die einzelnen Teilchen nur oberflächl. aufschmelzen und dadurch zusammensintern. **Fritte**, poröse Filterplatte aus gefrittetem Material.

Fritüre [lat.-frz.], heißes Fett- oder Ölbad zum Fritieren; in heißem Fett ausgebackene Speise; svw. ↑ Friteuse.

Fritz, männl. Vorname, im MA aufgekommene Kurzform von Friedrich.

Fritz, Walter Helmut, * Karlsruhe 26. Aug. 1929, dt. Schriftsteller. - Natur- und Landschaftsgedichte, dann konzentrierte Gedankenlyrik, später auch Romane, die sich durch analyt. Beobachtung menschl. Beziehungen auszeichnen (u. a. „Die Verwechslung", 1970; „Bevor uns Hören und Sehen vergeht", 1975; „Cornelias Traum", 1985).

Fritzi (Frizzi), weibl. Vorname, Koseform von Friederike.

Fritzlar, Stadt an der Eder, Hessen, 220 m ü. d. M., 15 300 E. Domschatz, Dommuseum. Elektro- und Textilind., Fischzucht. - 724 nahm Bonifatius bei einem fränk. Kastell seine zweite Klostergründung in Hessen vor, 774 wurde das Kloster von den Sachsen zerstört. Die wohl in karoling. Zeit entstandene Königspfalz bildete einen wichtigen Stützpunkt der Ottonen und Salier. Im 11. Jh. kam die Siedlung F. in den Besitz der Erzbischöfe von Mainz, die am Anfang des 12. Jh. neben dem alten Kern die Stadt als regelmäßig angelegte Kaufmannssiedlung gründeten; F. wurde zum Mittelpunkt der erzbischöfl. Territorialpolitik in Hessen; 1803 fiel es an Hessen-Kassel. - Roman. Pfarrkirche, sog. Dom (11.–14. Jh.), Fraumünsterkirche mit hochgot. Wandmalereien (13./14. Jh.); Stadtmauer (13./14. Jh.) mit Wehrtürmen; zahlr. Fachwerkhäuser (15.–18. Jh.) sowie got. Steinhäuser (14. Jh.).

Fritz Thyssen Stiftung, finanziert v. a. Forschungsvorhaben auf geisteswiss. Gebiet und insbes. der Medizin und vergibt auch zahlr. Stipendien. Der 1959 gegr. Stiftung fließen die Dividenden aus der Beteiligung an der Thyssen AG, Duisburg-Hamborn zu (10,5 % des 1,3 Mrd. DM umfassenden Grundkapitals).

Friuli-Venezia Giulia [italien. fri'u:live'nɛttsja 'dʒu:lja] ↑ Friaul=Julisch-Venetien.

frivol [frz., zu lat. frivolus „nichtig"], leichtfertig; schamlos, frech; schlüpfrig.

Frivolitäten [lat.-frz.], svw. ↑ Schiffchenspitze.

Fröbe, Gert, * Planitz (= Zwickau) 25. Febr. 1913, dt. Filmschauspieler. - Erster Erfolg mit dem Film „Berliner Ballade" (1948), in dem er den dt. Durchschnittsbürger „Otto Normalverbraucher" spielte; weitere Charakterrollen in „Die Helden sind müde" (1955), „Das Mädchen Rosemarie" (1958), „Goldfinger" (1964), „Die tollkühnen Männer in ihren fliegenden Kisten" (1965), „Ludwig II." (1972), „Der Schimmelreiter" (1978), „Blutspur" (1979), „August der Starke" (1983).

Fröbel, Friedrich [Wilhelm August], * Oberweißbach/Thür. Wald 21. April 1782, † Marienthal (= Bad Liebenstein) 21. Juni 1852, dt. Pädagoge. - Onkel von Julius F.; gründete 1816 in Thüringen (zunächst in Griesheim bei Stadtilm, 1817 nach Keilhau bei Rudolstadt verlegt) eine Internatsschule. 1831–36 gründete F. in der Schweiz verschiedene Schulen und übernahm im Auftrag der Berner Regierung die Leitung der Volksschullehrerfortbildung und die Führung des Waisenhauses in Burgdorf. Hier faßte F. den Gedanken, eine „Anstalt zur Pflege des schaffenden Beschäftigungstriebes und des Selbsttuns der Kindheit und Jugend" zu gründen, die er 1837 in Bad Blankenburg verwirklichte („Autodidakt. Anstalt" bzw. „Pflege-, Spielund Beschäftigungsanstalt" für Kleinkinder, seit 1840 „Kindergarten"). Seine Idee fand großen Anklang. 1851–60 waren die Kindergärten jedoch vom preuß. Kultusministerium verboten. Aufmerksamkeit wurde dem Spiel, der „Pflege" des „freitätigen" Lebens des Kindes in seiner Sehnsucht nach „Lebenseinigung" geschenkt; diese Pflege sah er in der Bereitstellung geeigneter Spielmaterialien. F. gilt als Begründer des ganzheitl. Denkens in der Pädagogik.

📖 *Heiland, H.: F. F. Rbk. 1982. - Bollnow, O. F.: Die Pädagogik der dt. Romantik. Von Arndt bis F. Stg. ³1977. - F. F. Ges. pädag. Schr. Hg. v. W. Lange. Bln. 1862–63. 3 Bde. Nachdr. Osnabrück 1966.*

F., Julius, Pseud. Carl Junius, * Griesheim bei Stadtilm 16. Juli 1805, † Zürich 6. Nov. 1893, dt. Schriftsteller und Politiker. - Neffe von Friedrich F.; 1848 Abg. der Frankfurter Nationalversammlung, wegen Teilnahme am Oktoberaufstand in Wien zum Tode verurteilt, jedoch begnadigt, 1849–57 in den USA; scheiterte mit seiner Konzeption, die dt. Frage durch förderative Vereinigung der mitteleurop. Völker und Regierungen zu lösen.

Froben (Frobenius), Johann, * Hammelburg um 1460, ▭ Basel 26. Okt. 1527, schweizer. Buchdrucker und Verleger dt. Herkunft. - Begann in Basel 1491 zu drucken und arbeitete bis 1512 meist mit J. Petri und J. Amerbach zusammen; u. a. Hg. der Werke des Erasmus von Rotterdam; berühmt für künstler. Ausstattung (Titelblätter, bes. von U. Graf und H. Holbein d. J.).

Frobenius, Leo, * Berlin 29. Juni 1873, † Biganzolo Selasca (= Verbania) 9. Aug. 1938, dt. Völkerkundler. - Prof. und Direktor des Völkerkundemuseums in Frankfurt am Main, unternahm 12 Expeditionen nach Afrika; entwickelte den Begriff „Kulturkreis" sowie die „kulturmorpholog. Völkerkunde", wobei er die einzelnen Kulturen als lebende Organismen betrachtete und zugleich die rein statist. Arbeitsweise ablehnte. Zahlr. Veröffentlichungen, u. a. „Atlas Africanus" (1922–30), „Schicksalskunde im Sinne des Kulturwerdens" (1932), „Kulturgeschichte Afrikas" (1933).

entdeckte auf der 1. Fahrt die Frobisher Bay.

Frobisher Bay [engl. 'froʊbɪʃə 'bɛɪ], kanad. Ort im S der Insel Baffinland, 1 600 E. Wichtigstes Zentrum im östl. Kanad.-Arkt. Archipel. ✺.

Fröding, Gustaf [schwed. ˌfrøːdiŋ], * Alster (Värmland) 22. Aug. 1860, † Stockholm 8. Febr. 1911, schwed. Dichter. - Bed. Lyriker, schrieb 1890–98 z.T. von seinem Leiden (Geisteskrankheit) mitgeprägte, melod. und rhythm. vollendete Lyrik mit Natur-, visionären, humorvollen und grübler. Momenten; dt. Übers. in verschiedenen Auswahlbänden (1914, 1923, 1936).

Froelich, Carl, * Berlin 5. Sept. 1875, † ebd. 12. Febr. 1953, dt. Filmregisseur. - Drehte Stummfilme („Kabale und Liebe", 1921; „Mutter und Kind", 1924); arbeitete mit O. Meßter an der Entwicklung des Tonfilms; 1929 drehte er den ersten dt. Tonfilm („Die Nacht gehört uns"), ferner u. a. „Traumulus" (1936), „Heimat" (1938).

Fröhlich, Gustav, * Hannover 21. März 1902, dt. Bühnen- und Filmschauspieler. - In den 30er Jahren v. a. jugendl. Heldenrollen,

Max Frisch (1962)

Gert Fröbe (1973)

Gustav Fröhlich (1977)

Frobenius-Institut, völkerkundl. Forschungsinst., 1922 von L. Frobenius in München gegr., 1925 von der Stadt Frankfurt am Main übernommen, 1946 in F.-I. umbenannt. Forschungsobjekt ist ausschließl. die Völker- und Kulturkunde Afrikas.

Froberger, Johann Jakob, * Stuttgart 19. Mai 1616, † Héricourt bei Montbéliard 6. (7.?) Mai 1667, dt. Komponist. - War nach 1637 in Rom Schüler von Frescobaldi; vermittelte die italian., frz. und engl. Klavierkunst nach Deutschland und gilt als Schöpfer der Klaviersuite.

Frobisher, Sir (seit 1588) Martin [engl. 'froʊbɪʃə], * Normanton bei Wakefield um 1535, † Plymouth 22. Nov. 1594, engl. Freibeuter und Seefahrer. - Befehligte 1576–78 drei Expeditionen auf der Suche nach der Nordwestpassage, nach Indien und dem (sagenhaften) fernöstl. Kathei (nördl. China);

z. B. in „Prinz Friedrich von Homburg" (1932). Nach 1945 v. a. Gastauftritte an verschiedenen Bühnen der BR Deutschland, der Schweiz und Österreichs. Seine Filmkarriere begann mit der jugendl. Hauptrolle in F. Langs „Metropolis" (1926); F. gehörte zu den beliebtesten dt. Filmdarstellern der 20er und 30er Jahre (u. a. „Der unsterbl. Lump", 1930).

F., Katharina (Kathi), * Wien 10. Juni 1800, † ebd. 3. März 1879, Verlobte Grillparzers. - War mit ihren Schwestern Anna (* 1793, † 1880), Barbara Franziska (* 1798, † 1878) und Josephine (* 1803, † 1878) Mittelpunkt eines künstler. und kulturellen Zirkels in Wien; Gäste waren v. a. M. von Schwind und F. Schubert; erbte nach Grillparzers Tod dessen Vermögen, mit dem sie die „F.-Stiftung" zur Unterstützung von Künstlern begr.

Fröhlich-Krankheit [nach dem östr. Neurologen A. Fröhlich, * 1871, † 1953] (Dy-

Froissart

strophia adiposogenitalis), Fettsucht, v. a. im Bereich des Unterbauchs, der Hüften, des Gesäßes und der Oberschenkel, verbunden mit einer Unterfunktion der Geschlechtsdrüsen.

Froissart, Jean [frz. frwa'sa:r], * Valenciennes 1337 (?), † Chimay um 1410, frz. Geschichtsschreiber und Dichter. - Sein zw. 1373 und 1400 entstandenes, den Zeitraum 1325–1400 umfassendes Geschichtswerk „Chroniques de France, d'Angleterre, d'Écosse, d'Espagne, de Bretagne ...“ (gedruckt 1495) ist zwar parteiisch (je nach wechselndem Gönner), jedoch von hohem kulturhistor. Wert.

Frombork † Frauenburg.

Froment, Nicolas [frz. frɔ'mã], * Uzès (Gard), * um 1430, † Avignon um 1484/85, frz. Maler. - Bed. Vertreter der Schule von Avignon; sein „Lazarus-Triptychon“ (1461; Uffizien) ist, obwohl in Italien entstanden, eine selbständige Umformung des fläm. (realist.) Stils. Für König René d'Anjou schuf er 1475/76 sein Hauptwerk, ein Triptychon (Mitteltafel: „Der brennende Dornbusch“; in Aix-en-Provence, Saint-Sauveur).

Fromentin, Eugène [frz. frɔmã'tɛ̃], * La Rochelle 24. Okt. 1820, † Saint-Maurice bei La Rochelle 27. Aug. 1876, frz. Schriftsteller. - Veröffentlichte Reisebücher (Nordafrika) und Romane, u. a. „Dominique“ (1863), eine Auseinandersetzung mit der Romantik; auch Kunstkritiker (Wiederentdeckung von Rubens) und Maler (v. a. Motive seiner Orientreisen).

Fromiller, Josef Ferdinand, * Oberdrauburg (Kärnten) (?) 1693, † Klagenfurt 9. Dez. 1760, östr. Maler. - Führender Barockmaler in Kärnten, beeinflußt von J. M. Rottmayr; Fresken u. a. in der ehem. Stiftskirche in Ossiach.

Fromm, Erich, * Frankfurt am Main 23. März 1900, † Muralto bei Locarno 18. März 1980, amerikan. Psychoanalytiker dt. Herkunft. - Emigrierte 1934 in die USA; seit 1958 Prof. an verschiedenen Universitäten. F. betont die soziale und kulturelle Überformung der Antriebs- und Persönlichkeitsentwicklung des Menschen (Akkulturation); er erkennt zwar auch die biolog. Fundierung des menschl. Trieblebens an, weist aber bes. auf die verschiedenen Formen der Triebbefriedigung in den verschiedenen Gruppen und Kulturen hin. *Werke:* Die Furcht vor der Freiheit (1941), Psychoanalyse und Ethik (1947), Sigmund Freuds Sendung (1959), Anatomie der menschl. Destruktivität (1975).

F., Friedrich, * Berlin 8. Okt. 1888, † Brandenburg 12. März 1945, dt. General. - 1939–44 Befehlshaber des Ersatzheeres und Chef der Heeresrüstung. Seine abwartende Haltung ließ die Anhänger des Widerstands auf seine Beteiligung am Umsturzversuch vom 20. Juli 1944 hoffen; verhaftete nach dessen Scheitern die in der Bendlerstraße anwesenden Mgl. der Verschwörung und ließ noch in derselben Nacht mehrere von ihnen erschießen; dennoch selbst verhaftet, zum Tode verurteilt und hingerichtet.

Frommann, dt. Buchhändler- und Verlegerfamilie; **Carl Friedrich Ernst Frommann** (* 1765, † 1837) entwickelte die von seinem Großvater 1727 gegr. Frommannsche Buchhandlung in Züllichau zum seinerzeit bedeutendsten Schulbuchverlag, den er 1798 nach Jena verlegte (heute **Friedrich Frommann Verlag,** seit 1886 in Stuttgart); seine Pflegetochter war Minna Herzlieb.

Frömmigkeit [zu althochdt. frumicheit „Tüchtigkeit, Tapferkeit“ (seit dem 15. Jh. zunehmend religiöse Bedeutung)], in der Religionsgeschichte die innere Haltung des Anhängers einer Religion, in der die Verehrung des Göttlichen und die Bereitschaft des Frommen enthalten ist, wegen seines Glaubens Opfer zu bringen. Die F. prägt sein Denken, Fühlen und Handeln.

Fron † Fronen.

Fronbote, svw. † Büttel.

Fronde ['frõːd; frz. „Schleuder“], Bez. für die oppositionelle Bewegung und die Aufstände gegen das absolutist. frz. Königtum 1648–53. Träger der 1. F. (1648/49) war das Pariser Parlament (Gerichtshof; „Parlaments-F.“), das die Annahme eines Steueredikts verweigerte. Die durch die Verhaftung eines führenden Parlamentssprechers ausgelösten Barrikadenkämpfe der Pariser Bev. veranlaßten den Hof zur Flucht; Rückkehr mit Hilfe von Louis II, Fürst von Condé. Nach dem Frieden von Rueil (März 1649) wurde die F. vom Hochadel („Prinzen-F.“) unter maßgebl. Beteiligung Condés mit span. Unterstützung fortgeführt (1651), doch konnte Ludwig XIV. 1652, Mazarin 1653 zurückkehren. - † auch Adel (Frankreich).

Fronden, svw. † Fronen.

Fröndenberg, Stadt an der mittleren Ruhr, NRW, 124–244 m ü. d. M., 20 200 E. Metall- und Papierind., Fremdenverkehr. - 1197 erstmals genannt; 1952 zur Stadt erho-

Frontalzone. Vertikalschnitt
(*P* Druckfläche, *T* Temperatur in °C)

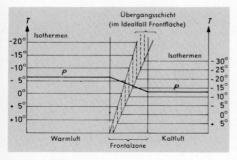

ben. - Got. Pfarrkirche (13./14. Jh.) mit zahlr. Grabmälern (13.–18. Jh.).

Frondeur [frõˈdøːr; frz.], urspr. Bez. für ein Mgl. der Fronde; dann allg. für unversöhnl. polit. Gegner und Kritiker etablierter Herrschaftsverhältnisse.

Frondienste, svw. ↑Fronen.

Frondizi, Arturo [span. frɔnˈdisi], *Paso de los Libres (Prov. Corrientes) 18. Okt. 1908, argentin. Politiker. - Als polit. Gegner Peróns mehrfach in Haft; 1958–62 Staatspräs.; betrieb eine proamerikan. Politik; wurde 1962 von der Armee gestürzt.

Fronen [zu mhd. vrõn „heilig, herrschaftl." (von ahd. frõ „Herr, Gott")] (Fronden, Frondienste, Scharwerk), bis zur Bauernbefreiung übl. Dienstleistungen, die persönl. abhängige Personen, Besitzer bestimmter Liegenschaften oder Bewohner eines Bezirks zum Vorteil eines Dritten (Privatperson oder Landesherr) leisten mußten. Man unterscheidet F. in der Agrarproduktion (Hand- und Spanndienste; bei der gewerbl. Produktion (z. B. Mahlen des Getreides) und bei Reparaturen, Botendienste u. a. Während im W Deutschlands die F. bis ins 14. Jh. meist durch Abgaben ersetzt wurden, verschärften sie sich in der ostdt. Gutswirtschaft.

Fronhof (Meierhof), im Rahmen einer ma. Grundherrschaft der Herrenhof, d. h. Wohn- und Wirtschaftsgebäude mit [Sal]-land, der vom Grundherrn selbst oder von seinem Beauftragten, dem Meier (lat. villicus) oder Schultheiß (lat. scultetus), verwaltet wurde und das Zentrum ihm zugeordneter Bauerngüter und Ländereien bildete, die vom Grundherrn zu Lehen ausgegeben waren (Fronhofsverband).

Fronleichnam [zu mittelhochdt. vrõnlîcham „Leib des Herrn"], Fest der kath. Kirche zur Verehrung der Eucharistie, am Donnerstag nach dem ersten Sonntag nach Pfingsten gefeiert, 1246 zuerst in Lüttich nach Visionen der belg. Nonne Juliana von Lüttich eingeführt, 1264 von Urban IV. für die ganze Kirche verbindl. vorgeschrieben. Mittelpunkt des Festes ist eine Prozession, bei der die geweihte Hostie in einer Monstranz durch die Straßen getragen wird. An vier Altären werden Texte aus den vier Evangelien gesungen, und nach dem Gebet wird der sakramentale Segen erteilt. Das von liturg. Bewegung und nachkonziliarer Erneuerung geprägte Eucharistieverständnis hat neuere Formen v. a. der Prozession entstehen lassen oder die Prozession ganz abgeschafft.

Fronleichnamsspiel, ma. geistl. Spiel im Rahmen der Fronleichnamsprozessionen; dargestellt wurden einzelne Stationen der christl. Heilsgeschichte; seit dem 14. Jh. bes. in England verbreitet, seit dem 15. Jh. auch in Deutschland (F. von Künzelsau, 1479), Italien und Spanien (↑Auto sacramental).

Frons [lat.], svw. ↑Stirn.

Front [frz., zu lat. frons „Stirn"], allg. Vorder-, Stirnseite.

◆ *militär*. Bez. für 1. die ausgerichtete vordere Reihe einer angetretenen Truppe; 2. die vorderste Linie der kämpfenden Truppe; 3. das Kampfgebiet; 4. die höchste Gliederungsform der Streitkräfte des Warschauer Paktes.

◆ polit., meist zugleich parlamentar. Kampfverband; Zusammenschluß von (häufig extremen) polit. Gruppen sowohl der Rechten (z. B. Harzburger F., Kampffront Schwarz-Weiß-Rot, Frontismus) als auch der Linken (z. B. Volksfront, Einheitsfront). - ↑auch Block, ↑Aktionseinheit, ↑Eiserne Front.

◆ in der *Meteorologie* die schmale Grenzzone, an der Luftmassen verschiedenen Ursprungs und verschiedener Eigenschaften gegeneinandergeführt werden. Man unterscheidet u. a. zw. ↑Kaltfronten, ↑Warmfronten und ↑Okklusionen.

frontal [lat.], an der Vorderseite befindl., von der Vorderseite kommend.

◆ in der *Anatomie* zur Stirn gehörend, stirnwärts, stirnseitig.

Frontalzone, in der Meteorologie die geneigte Übergangszone zw. verschiedenartigen Luftmassen, z. B. zw. Tropikluft und Polarluft. In F. treten vorzugsweise die ↑Strahlströme auf.

Frontantrieb (Vorderradantrieb), Antriebsart bei Kraftfahrzeugen; die lenkbaren Vorderräder werden über Gelenkwellen vom [Front]motor angetrieben.

Front de Libération Nationale [frz. frõdliberɑsjõnasjɔˈnal] ↑FLN.

Frontenac, Louis de Buade, Graf von Palluau und von [frz. frõˈtnak], *Saint-Germain-en-Laye 22. Mai 1620, †Quebec 28. Nov. 1698, frz. Offizier und Politiker. - 1672–82 und seit 1689 frz. Gouverneur in Kanada; verteidigte Kanada gegen die Engländer und zwang sie 1690 zur Aufhebung der Belagerung Quebecs.

Frontera, das Gebiet der ehem. freien Indianer im Kleinen Süden Chiles, in dem die dort lebenden Araukaner ihre Unabhängigkeit bis in die 80er Jahre des 19. Jh. gegen chilen. und span. Kolonisten behaupten konnten.

Frontgewitter ↑Gewitter.

Frontier [engl. ˈfrʌntɪə; zu Front], die äußerste noch von der europ. bestimmten Zivilisation erfaßte Zone am Rande der Wildnis während der Besiedlung der USA und Kanadas.

Frontinus, Sextus Julius, *etwa 30, †nach 100, röm. Schriftsteller und Militär. - 73, 98 und 100 Konsul, 74–77 Statthalter in Britannien; Verfasser einer Schrift über röm. Feldmeßkunst, von Werken über Kriegslisten, über das Kriegswesen sowie über die Wasserleitungen Roms.

Frontismus [lat.], Sammelbez. für die in der Schweiz in Anlehnung an Faschismus und Nationalsozialismus gebildete mittelständ., antidemokrat. Bewegung („Frontenbewegung"); fand v. a. in den großen Städten und in den Grenzgebieten Resonanz, jedoch keinen längerfristigen Erfolg und zerfiel bald wieder.

Frontispiz [lat.], Giebeldreieck [über einem Gebäudevorsprung].

◆ die dem Titelblatt gegenüberstehende, mit Kupferstich geschmückte Vortitelseite; auch der das Titelblatt verzierende Holzschnitt.

Frontlader, am Vorderteil z. B. eines Schleppers angebrachte, hydraul. betätigte Vorrichtung zum Heben von Lasten.

Frontstaaten, Bez. für die Staaten, die sich bes. aktiv im polit. und militär. Kampf gegen das weiße Regime in Rhodesien bzw. die gemischtrass. Reg. in Simbabwe-Rhodesien engagierten (Sambia, Botswana, Moçambique, Tansania, Angola). Der Begriff wird teils auf engl. „front", teils auf engl. „frontier" bezogen.

Frosch ↑ Frösche.

Frosch, (Knallfrosch) Feuerwerkskörper mit ziehharmonikaartig zusammengebundener Papierhülse mit Zündschnur, die die einzelnen Teile in kurzen Abständen explodieren läßt.

◆ Bez. für das Griffende des Bogens von Streichinstrumenten, mit dessen Stellschraube der Bezug gespannt wird.

Froschauer, Christoph, d. Ä., * Kastl bei Altötting um 1490, † Zürich 1. April 1564, schweizer. Buchdrucker und Verleger. - Gilt als Begründer des Zürcher Buchwesens; druckte Schriften des Erasmus, Luthers, Zwinglis, griech., lat. und v. a. dt. Bibelausgaben.

Froschbiß, (Hydrocharis) Gatt. der Froschbißgewächse mit drei Arten in Europa und Australien; einzige einheim. Art ist **Hydrocharis morsus-ranae,** eine Schwimmpflanze stehender oder langsam fließender Gewässer mit langgestielten, rundl. herzförmigen, dicken Blättern und weißen Blüten.

◆ (Amerikan. F., Limnobium) Gatt. der Froschbißgewächse in Amerika mit vier Arten; kleine, Ausläufer bildende Schwimmpflanzen mit ellipt., unterseits oft verdickten Blättern; beliebte Aquarienpflanzen.

Froschbißgewächse (Hydrocharitaceae), Fam. der Einkeimblättrigen mit etwa 15 Gatt. und 100 Arten in den wärmeren und gemäßigten Zonen der Erde; meist ausdauernde, in Süß- und Salzgewässern untergetauchte oder schwimmende Kräuter; Blüten weiß, mit Blütenscheide, in Trugdolden; bekanntere Gatt. in M-Europa sind ↑ Froschbiß, ↑ Krebsschere, ↑ Wasserpest.

Frösche, allg. volkstüml. Bez. für ↑ Froschlurche.

◆ (Echte F., Ranidae) sehr artenreiche, weltweit verbreitete Fam. der Froschlurche; Kopf nach vorn verschmälert, mit großem Trommelfell und (bei ♂♂) häufig ausstülpbaren Schallblasen; vorn am Mundboden ist meist zweilappige, klebrige Zunge angewachsen, die beim Beutefang (v. a. Insekten, Schnecken, Würmer) herausgeschnellt werden kann. - Die meisten Arten halten sich überwiegend im und am Wasser auf, andere suchen Gewässer nur zur Eiablage auf. - Auf feuchten Wiesen, in Wäldern und Gebirgen des gemäßigten und nördl. Eurasiens lebt der **Grasfrosch** (Rana temporaria); bis 10 cm lang, Oberseite meist gelb- bis dunkelbraun mit dunkler Fleckung (stets ein braunschwarzer Fleck in der Ohrgegend) und je einer Drüsenleiste an jeder Rückenseite, Unterseite weißl. gefleckt. Der **Moorfrosch** (Rana arvalis) kommt auf sumpfigen Wiesen und Mooren Eurasiens vor; etwa 6-7 cm lang, Oberseite braun, z. T. dunkel gefleckt, längs der Rückenmitte meist ein gelbl., dunkel gesäumter Streifen, Unterseite weiß; ♂♂ während der Paarungszeit oft himmelblau schimmernd. Im Unterwuchs von Buchen- und Mischwäldern M- und S-Europas lebt der 6-9 cm lange, spitzschnäuzige **Springfrosch** (Rana dalmatina); Oberseite meist hellbraun, mit großem, bräunlichschwarzem Fleck in der Schläfengegend, Bauchseite weiß; ♂ ohne Schallblase;

Grasfrosch

Goliathfrosch

kann mit seinen außergewöhnl. langen Hinterbeinen bis 2 m weit springen. Der 17 cm lange **Seefrosch** (Rana ridibunda) kommt an größeren Gewässern mit dichtem Unterbewuchs M-Europas vor; mit dunkelbraunen Flecken und grünl. Längsstreifen über der Rückenmitte. Die bekannteste einheim. Art ist der **Wasserfrosch** (Teichfrosch, Rana esculenta), v. a. in wasserpflanzenreichen Teichen und Tümpeln; Färbung graugrün bis bräunl., mit dunklen Flecken, Unterseite weißl.; ♂ mit großen Schallblasen hinter den Mundwinkeln. Der größte Frosch ist der bis 40 cm lange **Goliathfrosch** (Rana goliath) in W-Afrika; Färbung dunkel, Augen sehr groß. An größeren Gewässern der USA lebt der 10–15 cm lange **Amerikan. Ochsenfrosch** (Rana catesbeiana); oberseits grün oder graubraun, unterseits heller, oft grau gesprenkelt. - Zu den F. gehören auch die ↑ Färberfrösche.

Froschfische (Batrachoididae), Fam. bis 40 cm langer, kaulquappenartiger Knochenfische mit etwa 30 Arten, v. a. in küstennahen Meeresgebieten bes. der trop. und gemäßigten Regionen; zwei Rückenflossen, erste mit wenigen Stachelstrahlen, die mit Giftdrüsen verbunden sein können; zu den F. gehören u. a. die in warmen Küstengewässern Amerikas lebenden **Krötenfische**; lassen grunzende bis quakende Töne hören.

Froschgeschwulst (Ranula), meist durch Verstopfung eines Speichelausführungsganges der Unterzungendrüse hervorgerufene Zyste neben dem Zungenbändchen beim Menschen und bei verschiedenen Haustieren.

Froschkraut (Froschzunge, Luronium), Gatt. der Froschlöffelgewächse mit der einzigen, in Europa verbreiteten Art **Flutendes Froschkraut** (Luronium natans); in stehenden oder langsam fließenden Gewässern; zierl., mehrjährige Wasserpflanze mit flutenden, untergetauchten lineal. und schwimmenden ellipt. Blättern; Blüten weiß.

Froschkröten (Alytes), Gatt. der Froschlurche mit nur zwei Arten, darunter die ↑ Geburtshelferkröte.

Froschlaichalge (Batrachospermum), Gatt. der Rotalgen mit etwa 50, nur in Süßgewässern vorkommenden Arten, davon sechs in Deutschland; bis 10 cm lange, reichverzweigte Algen mit langgliedrigem Zentralfaden und locker gestellten, in Wirteln stehenden Kurztriebbüscheln.

Froschlaichgärung (schleimige Gärung, Dextrangärung), die Bildung von Polysacchariden in rohrzuckerhaltigen Lösungen (z. B. Wein) durch die Tätigkeit verschiedener Bakterien und Pilze, wodurch die Lösungen viskos, zuweilen gallertig werden.

Froschlöffel (Alisma), Gatt. der Froschlöffelgewächse mit mehreren Arten in allen gemäßigten und warmen Gebieten der Erde; ausdauernde Sumpf- und Wasserpflanzen mit grundständigen, eiförmigen oder lanzettförmigen, aufrechten oder flutenden Blättern und kleinen, weißl. bis rötl. Blüten in Rispen. Eine häufigere Art in Deutschland ist der **Gemeine Froschlöffel** (Alisma plantago-aquatica) in Teichen und Gräben (Blütezeit Juli–Sept.).

Froschlöffelgewächse (Alismataceae), Fam. einkeimblättriger, meist Milchsaft führender Wasser- und Sumpfpflanzen mit etwa 10 Gatt. und 70 Arten, hauptsächl. auf der Nordhalbkugel; in M-Europa kommen u. a. die Gatt. ↑ Froschlöffel, ↑ Pfeilkraut und ↑ Froschkraut vor.

Froschlurche (Anura, Salientia), mit etwa 2 600 Arten weltweit verbreitete Ordnung der Lurche; Körper klein bis mittelgroß, gedrungen, schwanzlos (im erwachsenen Zustand), mit nackter, drüsenreicher Haut und zwei Gliedmaßenpaaren, von denen die hinteren (als Sprungbeine) meist sehr viel länger als die vorderen sind; an den Vorderextremitäten vier, an den Hinterextremitäten fünf Zehen, oft durch Schwimmhäute verbunden oder mit endständigen Haftballen (z. B. bei Laubfröschen, Blattsteigerfröschen); der nicht durch eine Halsregion vom Rumpf abgesetzte, meist breite und zieml. flache Kopf mit großem Maul und großen, oft stark hervortretenden Augen. Die Entwicklung der F. verläuft meist über eine Metamorphose. Die in den meisten Fällen ins Wasser als Laich abgelegten Eier werden dort befruchtet (äußere Befruchtung). Die aus ihnen schlüpfenden Larven (Kaulquappen) besitzen zuerst äußere, dann innere Kiemen und einen Hornkiefer zum Abraspeln der pflanzl. Nahrung. Die zunächst fehlenden Gliedmaßen entwickeln sich später. Bei der Metamorphose werden Schwanz und Kiemen rückgebildet, Lungen für das Landleben entwickelt. Zu den F. gehören u. a. Urfrösche, Zungenlose Frösche, Scheibenzüngler, Krötenfrösche, Echte Frösche, Blattsteigerfrösche, Ruderfrösche, Kröten, Laubfrösche, Pfeiffrösche.

Froschmann, speziell ausgebildeter und ausgerüsteter (Schwimmanzug, Schwimmflossen, Sauerstoffgerät u. a.), freischwimmender Taucher für militär. und Noteinsätze.

Froschperspektive ↑ Perspektive.

Froschtest ↑ Schwangerschaftstests.

Frosinone, italien. Stadt in Latium, 80 km sö. von Rom, 291 m ü. d. M., 46 100 E. Hauptstadt der Prov. F.; Bibliothek; Asphalt- und Teerproduktion, Autoreifen- und Kunstfaserwerke; Handel mit Wein, Öl und Oliven. - Das antike **Frusino** war eine hernik. oder volsk. Stadt; kam im 13. Jh. an den Kirchenstaat und 1870 an das Kgr. Italien. - Reste des röm. Amphitheaters und der Stadtmauer.

Frost, Robert Lee, * San Francisco 26. März 1874, † Boston 29. Jan. 1963, amerikan. Lyriker. - 1912–15 in Großbritannien, wo er durch Vertreter des Imagismus entscheidende

Anregungen erhielt. Formsicherer, an der klass. Dichtung geschulter Lyriker, der in schlichter Sprache und in feiner Melodik und Rhythmik Themen der bukol. Dichtung aufgriff; schrieb auch Dramen.

Frost, Absinken der Lufttemperatur unter 0 °C. - ↑auch Bodenfrost.

Frostbeulen (Pernionen), durch die Einwirkung von Kälte und Feuchtigkeit v. a. bei Menschen mit Neigung zu Stauungen des Hautgefäßsystems auftretende geschwollene und gerötete, später bläul. verfärbte Hautstellen an Fingern, Ohren, Unterschenkeln und im Gesicht; Behandlung mit „Frostsalben" aus äther. Ölen, Kampfer und Lanolin sowie mit Alkoholwaschungen.

Frostboden, Boden in polaren Zonen oder im Hochgebirge, der dauernd, langanhaltend oder tageszeitl. gefroren ist. - Karte Bd. 5, S. 93.

Frösteln, unangenehme Kälteempfindung beim Anstieg der Körpereigentemperatur im Fieber oder bei Erniedrigung der Umgebungstemperatur (Vorstufe des Frierens).

Froster [engl.], Tiefkühlteil eines Kühlschranks.

Frostgraupeln ↑Graupeln.

Frostkeimer, Pflanzen, deren Samen ohne vorhergehende Frosteinwirkung nicht oder nur sehr schlecht keimen.

Frostlagen, Bez. für bes. frostgefährdete Gebiete, z. B. abgeschlossene Mulden oder Tallagen, in denen sich häufig Kaltluftseen ausbilden.

Frostmusterböden, svw. Strukturböden, ↑Solifluktion.

Frostschäden, Schäden an Pflanzen, die durch plötzl. eintretende niedrige Temperaturen verursacht werden. Nach Art der Schädigung unterscheidet man: *Frosttod* bei Absterben der Pflanzen, *Starrfrost* bei mechan. Schädigungen und *Barfrost* beim Auffrieren junger Pflanzen.

Frostschutz, Schutz der Kulturpflanzen vor Frostschäden. Zu den **vorbeugenden Maßnahmen** zählen geeignete Bewirtschaftung der Anbauflächen und die Beseitigung von Kaltluftseen (z. B. durch Anlage von Windschutzhecken). Die **unmittelbaren Maßnahmen** werden kurz vor dem Frosteintritt ergriffen: 1. durch Erhaltung der vorhandenen Wärme: Abdecken gefährdeter Kulturen oder **Frosträuchern** (Abbrennen von Chemikalien, wobei die entstehende Rauch- oder Nebeldecke die Wärmeausstrahlung herabsetzt) in höheren Beständen, 2. durch Wärmeerzeugung: **Frostschutzberegnung** (die gefährdeten Pflanzen werden vor Einsetzen des Frostes beregnet; bei der Bildung des Eisüberzugs wird Wärme frei [Erstarrungswärme]) oder durch direkte Beheizung von Kulturen (z. B. Weinbergen) durch Öfen.

◆ Schutz vor Schäden durch gefrierendes Wasser. Im *Straßenbau* werden unter der Tragschicht der Straßendecke meist 20–60 cm starke F.schichten aus Kies, Sand, gebrochenem Gestein oder Hochofenschlacke eingebaut, die ein Aufsteigen der Bodenfeuchtigkeit verhindern sollen. Im *Hochbau* werden dem Beton und Mörtel F.mittel (Gefrierschutzmittel) zugesetzt, um den Gefrierpunkt des Wassers zu senken. Im *Maschinenbau* (z. B. in Kfz-Kühlern) werden v. a. Glykol, Glycerin und Methanol verwendet.

Frostspalten, v. a. in Dauerfrostgebieten entstehende Bodenspalten.

Frostspanner, Bez. für Schmetterlinge aus der Fam. Spanner, deren flugunfähige Weibchen von den von Okt.-Dez. fliegenden Männchen begattet werden. F. leben an Laubhölzern Eurasiens und N-Amerikas. Die im Frühjahr schlüpfenden Raupen werden an Obstbäumen schädl.; Bekämpfung erfolgt durch Spritzungen mit Kontaktgiften oder mit Leimringen. In M-Europa kommen drei Arten vor: **Kleiner Frostspanner** (Gemeiner F., Operophthera brumata), etwa 25 mm spannend, mit dunklen Querbinden auf den bräunl. Vorderflügeln; **Großer Frostspanner** (Erannis defoliaria), etwa 4 cm spannend, Vorderflügel des ♂ hellgelb mit zwei bräunl. Querbinden und (wie die Hinterflügel) mit je einem kleinen, schwarzen Mittelfleck, ♀ gelb mit schwarzer Zeichnung; **Buchenfrostspanner** (Wald-F., Operophthera fagata), ♂ etwa 25 mm spannend, Vorderflügel hell gelblichgrau mit mehreren dunkleren Querlinien, Hinterflügel weißl., ♀ mit weitgehend zurückgebildeten Flügeln.

Frostsprengung ↑Verwitterung.

Frosttage, in der Meteorologie Bez. für die Tage mit zeitweisen Lufttemperaturen unter 0 °C.

Frottage [frɔ'taːʒə; frz. „das Reiben"], eine 1924/25 von Max Ernst erfundene graph. Technik, bei der Oberflächenstrukturen von Materialien mittels Durchreibung auf Papier übertragen werden.

Frottage [frɔ'taːʒə; frz. frottage „das Reiben"], in der Medizin und Psychologie Erzeugung sexueller Lustempfindungen durch Reiben der eigenen Genitalien an einem [bekleideten] Partner.

Frotté [frɔ'teː; frz.], Woll-, Baumwoll- oder Zellwollstoff für Kleider und Röcke mit rauher gekräuselter Oberfläche, die durch Verwendung von Frottézwirnen als Schußmaterial entstand.

frottieren [frz.], Körperteile mit Tüchern, Bürsten u. a. zur Abhärtung und besseren Durchblutung abreiben.

Frottierware [frz.; dt.] (Frottiergewebe), aus Baumwolle gefertigtes Schlingengewebe, bestehend aus einem Grundgewebe (straff gespannte Grundkette und Schuß) und aus wenig gespannten Polkettfäden (Schlingen- bzw. Florkette). Herstellung von F. auf bes. konstruierten Webstühlen (Frottierstühle). Verwendung von F. für Handtücher, Bademäntel, Bettwäsche.

Frottola [italien.], in der *italien. Literatur* des 14.–16. Jh. volkstüml. Dichtungsform didakt. oder satir. Art.

◆ in der *italien. Musik* vierstimmige, schlichte Liedform (um 1450–1530).

frotzeln [vielleicht zu Fratze], mit spött. oder anzügl. Bemerkungen necken; hänseln, aufziehen.

Froufrou [fruˈfruː; frz.], Bez. für das Rascheln und Knistern der (bes. für die Zeit um 1900 charakteristischen) eleganten Damenunterkleidung.

Frucht [zu lat. fructus „Frucht"], (Fructus) aus der Blüte hervorgehendes pflanzl. Organ, das die Samen bis zur Reife birgt und meist auch der Samenverbreitung dient. Die F. wird von den Fruchtblättern bzw. dem Stempel, oft unter Beteiligung weiterer Teile der Blüte und des Blütenstandes, gebildet. - ↑auch Fruchtformen.

◆ (Leibes-F.) in der *Medizin* svw. Embryo.

Fruchtäther (Fruchtester), Ester[gemische], die als Duft- und Geschmacksstoffe in vielen Früchten vorkommen, vielfach jedoch künstl. hergestellt werden, Verwendung als Duftstoffe. Ananasäther (**Ananasaroma**) z. B. besteht aus Buttersäureamyl- und äthylester.

Fruchtbarer Halbmond (engl. Fertile Crescent), Bez. für die Steppengebiete Vorderasiens, die halbkreisförmig um die Wüsten- und Halbwüstengebiete nördl. der Arab. Halbinsel liegen und in denen noch Regenfeldbau möglich ist. Getreideanbau und Haustierzucht haben hier vielleicht ihren Ursprung.

Fruchtbarkeit, svw. ↑Fertilität.

Fruchtbarkeitskult, zusammenfassende Bez. für Bräuche zur Verehrung und Steigerung der Fruchtbarkeit von Pflanze, Tier und Mensch. F. sind meist mit Opferkult (Fruchtbarkeitsriten) verbunden und überall und zu allen Zeiten verbreitet.

Fruchtbarkeitsziffer, in der amtl. Statistik Bez. für die Gesamtzahl aller ehelich Lebendgeborenen, bezogen auf 1 000 verheiratete Frauen im gebärfähigen Alter von 15 bis unter 45 Jahren.

Fruchtbecher (Cupula), oft mit Schuppen oder Stacheln versehene, becherförmige (z. B. bei der Eiche) oder vierteilige (z. B. bei Rotbuche und Edelkastanie) Achsenwucherung, die die Früchte der Buchengewächse umgibt.

Fruchtblase (Fruchtsack), Bez. für die das Fruchtwasser und den Embryo lebendgebärender Säugetiere (einschließl. Mensch) umschließende Hülle.

Fruchtblatt (Karpell), bes. ausgebildetes Blattorgan (Makrosporophyll) der Blüte, das die Samenanlagen trägt. Alle Fruchtblätter einer Blüte werden als ↑Gynözeum bezeich-

net. Die Fruchtblätter können einzeln angeordnet oder zum ↑Fruchtknoten verwachsen sein.

Fruchtbringende Gesellschaft (Palmenorden), älteste dt. Sprachgesellschaft, nach dem Vorbild der ↑Accademia della Crusca 1617 in Weimar von Ludwig von Anhalt-Köthen gegr.; hatte sich die Förderung von Richtigkeit und Reinheit der dt. Sprache zur Aufgabe gemacht; Emblem war der „indian. Palmbaum" (= Kokospalme); bestand bis 1680.

Früchte, im Recht die nicht durch den Gebrauch, sondern durch sonstige Nutzung einer Sache oder eines Vermögensrechts erzielten Vorteile; Untergruppe der Nutzungen. Unterschieden werden unmittelbare und mittelbare **Sachfrüchte** (z. B. Bodenerzeugnisse wie Getreide, Obst bzw. Miet- und Pachtzinsen) und unmittelbare und mittelbare **Rechtsfrüchte** (z. B. die Dividende der Aktie bzw. der Mietzins im Falle der Untervermietung). Der Eigentumserwerb an natürl. (in Sachen bestehenden) F. vollzieht sich nach Sachenrecht, der Erwerb der (nicht in Sachen bestehenden) zivilen F. nach Schuldrecht, ausnahmsweise nach Sachenrecht.

Früchtebrot, Gebäck aus Brotteig mit Trockenfrüchten (z. B. Feigen, Birnen, Sultaninen), kandierten Früchten, Orangeat, Zitronat, Mandeln.

Fruchtester, svw. ↑Fruchtäther.

Fruchtfäule, Sammelbez. für mehrere, durch verschiedene Pilzarten verursachte Fäulniserscheinungen an reifenden, meist beschädigten (z. B. durch Insektenfraß) Früchten. Zur F. werden die ↑Moniliakrankheiten, der ↑Grauschimmel und die Fusariumfäule (↑Fusariosen) gezählt.

Fruchtfliegen (Bohrfliegen, Trypetidae), weltweit verbreitete Fam. der Fliegen mit etwa 2 000 Arten, deren Larven in Pflanzen schmarotzen. Am bekanntesten sind: **Kirschfliege** (Rhagoletis cerasi), etwa 6 mm groß,

Frottage. Max Ernst, La belle saison – Die schöne Jahreszeit. Aus der Mappe „Histoire naturelle" (1925)

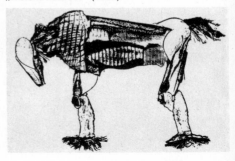

Fruchtfolge

glänzend schwarz, grünäugig, mit zwei bis vier dunklen Querbinden auf den glasklaren Flügeln, Larven schädl. an Süß- und Sauerkirschen; **Spargelfliege** (Platyparea poeciloptera), 7–8 mm lang, braunrot, mit feiner schwarzer Behaarung sowie schwarzer und weißer Streifenzeichnung, Larven schädl. in Spargelkulturen; **Mittelmeerfruchtfliege** (Ceratitis capitata), 4–5 mm lang, schwarz gelbgefleckt

Fruchtformen. 1–4 Öffnungsfrüchte:
1 Balgfrucht, 2 Hülse, 3 Schale,
4a lokulizide Kapsel, 4b Porenkapsel.
5–9 Schließfrüchte: 5 Beere (Tomate),
6 Nuß (Haselnuß), 7 Steinfrucht
(Kirsche), 8 Spaltfrucht (Kümmel),
9 Bruchfrucht (Hederich).
10–12 Sammelfrüchte:
10a Sammelnußfrucht
mit fleischiger Blütenachse (Erdbeere),
10b Sammelnußfrucht mit becherförmiger
Blütenachse (Hagebutte),
11 Sammelsteinfrucht (Himbeere),
12 Sammelbalgfrucht (Apfel).
13 Nußfruchtstand (Maulbeere)

mit gelbroter Querbinde auf den braungefleckten Flügeln, Larven schädl. in Zitrusfrüchten.

Fruchtfolge (Rotation), die zeitl. Aufeinanderfolge von Kulturpflanzen auf einer landw. Nutzfläche. Grundsätzl. unterscheidet man zw. F., bei denen nur Feldfrüchte miteinander abwechseln (↑ Felderwirtschaft), und solchen, bei denen Feldnutzung mit Grasnutzung wechselt (↑ Wechselwirtschaft).

Fruchtformen, Grundformen der Frucht der Samenpflanzen, die nach Ausbildung und Art der beteiligten Organe in drei Haupttypen untergliedert werden: 1. **Einzelfrüchte:** Aus einer Blüte geht nur eine einzige Frucht hervor, die sich bei der Reife ganz oder teilweise öffnet und die Samen freigibt (*Öffnungsfrüchte, Streufrüchte;* z. B. Balgfrucht, Hülse, Schote und Kapselfrucht) oder in geschlossenem Zustand von der Pflanze abfällt (*Schließfrüchte;* z. B. Nuß, Beere, Steinfrucht, Achäne, Karyopse, Spaltfrucht und Gliederfrucht). - 2. **Sammelfrüchte:** Aus jedem einzelnen Fruchtblatt entsteht eine Frucht für sich *(Früchtchen)*, jedoch bilden alle Frücht-

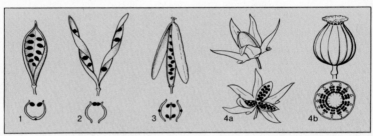

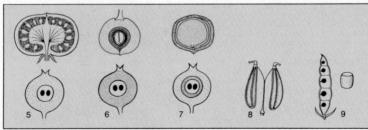

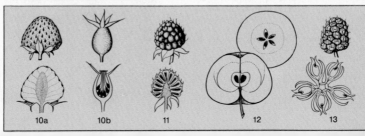

chen dieser Blüte unter Mitwirkung anderer Blütenteile (z. B. der Blütenachse) bei der Reife einen einheitl. Verband *(Fruchtverband)*, der eine Einzelfrucht vortäuscht *(Scheinfrucht)* und sich als Gesamtheit ablöst. Nach der Ausbildung der Früchtchen werden Sammelnußfrucht (z. B. Erdbeere), Sammelsteinfrucht (z. B. Himbeere) und Sammelbalgfrucht (z. B. Apfel) unterschieden. - 3. **Fruchtstände:** Ganze Blütenstände, die bei der Reife (unter Mitwirkung zusätzl. Organe, z. B. der Blütenhülle oder der Blütenstandsachse) das Aussehen einer Einzelfrucht annehmen und als Ganzes verbreitet werden (Scheinfrüchte). Fruchtstände können als *Nußfruchtstand* (z. B. Maulbeere), *Beerenfruchtstand* (z. B. Ananas) oder *Steinfruchtstand* (z. B. Feige) ausgebildet sein.

Fruchtgeiste, Spirituosen, bei deren Herstellung frische Früchte mehrere Tage mit Monopolsprit in einem geschlossenen Behälter angesetzt und im Vakuumapparat abdestilliert werden.

Fruchtholz, Bez. für die blüten- und fruchttragenden Kurz- oder Langtriebe der Obstbäume und Beerensträucher.

Fruchthüllen, svw. ↑Embryonalhüllen.

Fruchtknoten (Ovarium), der aus Fruchtblättern gebildete, geschlossene Hohlraum, in dem die Samenanlagen eingeschlossen sind.

Fruchtkörper (Karposoma), vielzelliges Geflecht aus verzweigten und miteinander verwachsenen Pilzhyphen bei Pilzen und Flechten. Der F. trägt in inneren Hohlräumen oder an der Oberfläche die Sporen.

Fruchtkuchen ↑Plazenta.

Fruchtsack, svw. ↑Fruchtblase.

Fruchtsaft, nach der FruchtsaftVO vom 25. 11. 1977 der mittels mechan. Verfahren aus Früchten gewonnene gärfähige, aber nicht gegorene Saft. Als F. gilt auch das Erzeugnis, das aus **konzentriertem Fruchtsaft** durch Wiederzufügung der dem Saft bei der Konzentrierung entzogenen Menge Wasser hergestellt wird. Für den F. dürfen nur frische oder tiefgefrorene, gesunde und reife Früchte verwendet werden. Der F. kann mit Enzymen behandelt werden (Gewinn von Aroma, Farbe, Vitamin C, Klärung). Die Haltbarmachung erfolgt durch Pasteurisieren (meist durch Kurzzeiterhitzen) oder durch Entkeimungsfiltration, ferner in Kombination mit der Einlagerung auch nach dem Kohlensäure-Druck-Verfahren (Böhi-Verfahren). Von F. zu unterscheiden sind nach der VO vom 8. 12. 1977 **Fruchtnektar** (aus F., konzentriertem F., Fruchtmark, Wasser und Zucker) und **Fruchtsirup** (dickflüssige Zubereitung aus F., konzentriertem F. oder aus Früchten unter Verwendung von Zuckerarten mit oder ohne Aufkochen hergestellt; höchstens 68 % Zucker [berechnet als Invertzucker]).

Fruchtsäuren, organ., im Obst vorkommende Säuren, bes. Wein-, Äpfel- und Zitronensäure.

Fruchtschalenwickler (Apfelschalenwickler, Capua reticulana), etwa 2 cm spannender, ockerfarbener Kleinschmetterling (Fam. Wickler) mit dunkleren Querbinden auf den Vorderflügeln; Raupen bis 2 cm lang, gelbl. bis schmutziggrau, werden schädl. an Obstbäumen durch Fraß bes. an den Früchten (v. a. Äpfeln, Birnen).

Fruchtschuppe, svw. ↑Samenschuppe.

Fruchtstand ↑Fruchtformen.

Fruchtwand (Perikarp), der aus der Fruchtknotenwand hervorgehende Teil der Frucht der Samenpflanzen. Die F. kann trockenhäutig (z. B. bei der Erbsenhülse), fleischig (z. B. bei der Gurke), verholzt (z. B. bei der Haselnuß) oder in mehrere Schichten (von außen nach innen Exokarp, Mesokarp, Endokarp; z. B. bei der Kirsche) unterteilt sein.

Fruchtwasser (Amnionwasser), vom ↑Amnion gebildete Flüssigkeit innerhalb der Amnionhöhle bzw. Fruchtblase. Im F. ist der Embryo frei beweg. eingebettet und gegen Druck, Stoß und Erschütterungen von außen geschützt.

Fruchtwein, svw. ↑Obstwein.

Fruchtzucker, svw. ↑Fructose.

Fructidor [frz. frykti'do:r „Fruchtmonat"] (Fruktidor), 12. Monat des Kalenders der Frz. Revolution (18. bzw. 19. Aug. bis 16. bzw. 17. Sept.).

Fructose [lat.] (Fruchtzucker), eine Zuckerart (↑Monosaccharide), die zus. mit Traubenzucker im Saft süßer Früchte und im Honig vorkommt; dient u. a. zum Süßen der Speisen von Zuckerkranken.

Fructus [lat.] ↑Frucht.

Frueauf, Rueland, d. Ä., * Obernberg am Inn (?) um 1440, † Passau 1507, dt. Maler. - Vater von R. F. d. J.; bed. Vertreter der Salzburger Malerschule; Hauptwerk sind 8 Salzburger Flügelbilder (1490/91; Wien, Östr. Galerie); vermutl. ein späteres Werk ist „Christus als Schmerzensmann" (München, Alte Pinakothek).

F., Rueland, d. J., * um 1465/70, in Passau nachweisbar 1497–1545, dt. Maler. - Sohn von R. F. d. Ä.; Hauptwerke sind die Flügelbilder zu einem Leopoldsaltar (1505), die sich neben zahlr. anderen Werken von F. heute im Stiftsmuseum von Klosterneuburg befinden; mit seinen stimmungsvollen Landschaftsdarstellungen bed. Vorläufer der Donauschule. - Abb. S. 286.

frugal [lat.-frz.], mäßig, einfach (von Speisen gesagt, die aus den nahrhaften Früchten des Feldes bereitet sind); fälschl. auch im Sinne von „üppig" verstanden.

Frühbeet, zur Anzucht junger Pflanzen angelegtes Beet, das zum Schutz vor der Witterung mit einer Umrandung versehen und mit transportablen Fenstern oder Plastikfolie abgedeckt ist.

Frühchristentum

Frühchristentum, Periodisierungsbegriff zur Bez. der ersten Epoche der Geschichte des Christentums (Zeit der Urgemeinde bis 313 [Mailänder Konstitution]); in der jüngeren Forschung wird die Epoche des F. stärker differenziert in Urgemeinde, Urchristentum, **alte** bzw. **altchristl. Kirche** und bis zu den Anfängen der Christianisierung der Germanen (etwa 7. Jh.) ausgedehnt.

frühchristliche Kunst (altchristliche Kunst), die von Anhängern der neuen christl. Religion in der Spätantike vom 3. bis 6. Jh. geschaffene Kunst. Die Themen der Darstellungen sind bestimmt vom christl. Erlösungsgedanken, der in einer großen Vielfalt der Bilder ausgedrückt wird, in den symbol. Bildern von Oranten (Betenden), Pfauen, Tau-

Rueland Frueauf d. J., Die Sauhatz (1505). Flügelbild zu einem Leopoldsaltar. Klosterneuburg bei Wien, Stiftsmuseum

ben, in alttestamentl. Szenen (Daniel in der Löwengrube, drei Jünglinge im Feuerofen, Opferung des Isaak, Noah in der Arche) wie in neutestamentl. Ereignisbildern (Taufe Jesu, Heilung des Gichtbrüchigen, Epiphanie des Herrn usw.). Dazu kommen im 3. Jh. die Jonaserzählung, die Auferweckung des Lazarus, die sog. Guten Hirten (d. h. Christus als Erlöser), Mahlbilder, Fisch- und Fischerbilder u. a. Nach dem Sieg des Christentums verbirgt sich Christus nicht mehr in der Gestalt des lehrenden Philosophen, sondern zeigt sich als siegreicher Herrscher.

Bed. Denkmäler der f. K. sind neben den *Malereien* in den röm. *Katakomben* die *Mosaiken* in den seit 313 entstehenden *Basiliken*. Die Bautätigkeit setzte in Rom ein mit der Erlöserbasilika (seit dem späten 6. Jh. San Giovanni in Laterano). Alt-Sankt-Peter (San Pietro in Vaticano; vollendet nach der Mitte des 4. Jh.) wurde seit 1506 abgebrochen. Der konstantin. Bau von San Paolo fuori le mura wurde nach 386 erneuert; Erdbeben und Feuer zerstörten den alten Bestand. Santa Maria Maggiore wurde unter Sixtus III. (432–440) erbaut (der heutige Zustand der Kirche zeigt anstelle der alten Apsis ein Querschiff mit Apsis, um 1290). Neben diesen sog. Patriarchalbasiliken entstanden noch zahlr. andere bed. frühchristl. röm. Basiliken (Santi Cosma e Damiano, Sant'Agnese, San Clemente), auch in Mailand (San Vittore in Ciel d'Oro [Kapelle in Sant'Ambrogio], Komplex von San Lorenzo Maggiore) und in Ravenna (Mausoleum der Galla Placidia, um 450 vollendet, Baptisterium der Orthodoxen, 451–460; Baptisterium der Arianer, 493–526; Sant'Apollinare Nuovo, um 500; San Vitale, 547; Sant'Apollinare in Classe, 549 geweiht).

Sarkophage wurden oft mit Reliefs verziert. Berühmt ist der Junius-Bassus-Sarkophag (359; Rom, Vatikan. Sammlungen), der sog. Zwölf-Apostel-Sarkophag in Sant'Apollinare in Classe in Ravenna (5. Jh.) oder der gallische Sarkophag von La Gayolle (um 250/60).

Bed. Zeugnisse f. K. sind auch die *Elfenbeinarbeiten*, insbes. Diptychen, dann Elfenbeinkästchen und Pyxiden (↑ Pyxis), auch größere Arbeiten wie die Kathedra des Bischofs Maximin in Ravenna (zw. 546/556; Ravenna, Erzbischöfl. Museum).

Die wichtigste *Bilderhandschrift* dieser Zeit ist die Wiener Genesis (Anfang des 6. Jh.; Wien, Östr. Nationalbibliothek). - Die f. K. beeinflußte die gesamte abendl. Entwicklung. Zur f. K. gehören auch die Anfänge der ↑byzantinischen Kunst, die wiederum u. a. die ↑armenische Kunst beeinflußte.

📖 *Gerke, F.:* Spätantike u. Frühes Christentum. Baden-Baden 1980. - *Grabar, A.:* Die Kunst des frühen Christentums. Dt. Übers. Mchn. 1967.

frühchristliche Literatur ↑Patristik.

frühchristliche Musik, die Musik und

Musikübung der christl. Kirche vom 1. bis 6. Jh., hervorgegangen aus Elementen des jüd. Synagogalgesangs und der antiken griech. Musik. Die Kenntnis von der f. M. basiert allein auf literar. Zeugnissen. Im Ggs. zum jüd. Kult war die Verwendung von Musikinstrumenten im Gottesdienst verboten. In den grundsätzl. einstimmigen Gesängen herrschte zunächst das Griech. als Kultsprache vor. Die Vortragsformen lassen sich scheiden in ein psalmod. Rezitiren, einen melod. reicher entwickelten, dabei aber noch einfachen und weitgehend syllab. Gesang sowie das kunstvoll improvisierende melismat. Singen der Solisten (↑ Responsorium).

Frühdruck, Erzeugnis des ältesten Buchdrucks; im weitesten Umfang die Drucke von etwa 1450 bis etwa 1550, i. e. S. die zw. 1501 und etwa 1550; für Drucke, die dem 15. Jh. angehören, sollte die Bez. ↑ Inkunabeln verwendet werden.

Frühe aus Trévoux [frz. tre'vu] ↑ Birnen (Übersicht).

Frühgeburt, vorzeitige Entbindung eines lebenden Neugeborenen zw. der 28. („Siebenmonatskind") und 38. Schwangerschaftswoche. Ursachen einer **spontanen Frühgeburt** sind entweder Erkrankungen der Mutter oder Erkrankungen des Kindes. Die hohe Frühgeborenensterblichkeit beruht auf der funktionellen Unreife der Organe und den damit verbundenen Störungen. Frühgeborene sollten zunächst unter ständiger Überwachung in einem Frühgeborenenzentrum aufgezogen werden. Sie sind bei guter Pflege längere Zeit kleiner und schwächer als zum Normaltermin (40. Schwangerschaftswoche) geborene Kinder; sie holen deren Vorsprung aber bis zum 5. oder 6. Lebensjahr auf. - Als **künstl. Frühgeburt** bezeichnet man die vom Arzt herbeigeführte, vorzeitige Entbindung.

Frühgeschichte, Übergangsphase zw. der Vorgeschichte bzw. Urgeschichte und der durch schriftl. Überlieferung erhellten Geschichte; im allg. Bez. für Perioden, für deren Erforschung neben schriftl. oder mündl. Überlieferung mit archäolog. Methoden erschließbare Überreste mindestens gleichrangig herangezogen werden müssen.

frühhelladische Kultur ↑ helladische Kultur.

Frühjahrsmüdigkeit, volkstüml. Bez. für das Nachlassen der Leistungsfähigkeit und die allg. körperl. Abgespanntheit während der Frühjahrsmonate, u. a. möglicherweise Ausdruck eines Vitamin-C-Mangels.

Frühkapitalismus, Bez. für eine Epoche der europ. Wirtschaftsgeschichte, die mit dem 16. Jh. begann und mit der industriellen Revolution (seit etwa 1760) in die Zeit des Hochkapitalismus überleitete. F. führte im Laufe des 16. Jh. zu großen Kapitalzusammenballungen und Monopolbildungen. Bei agrarwirtsch. und handwerkl. orientierter Produktionsstruktur wurde in den Manufakturen durch Arbeitsteilung und Kooperation eine gewaltige Steigerung der Produktivität erzielt. Zugleich entstand durch das Verlagssystem eine zunehmende Abhängigkeit der einzelnen Handwerker vom Handelskapital. - ↑ auch Kapitalismus.

Frühchristliche Kunst. Daniel in der Löwengrube (4. Jh.). Rom, Katakombe der Giordani (oben); Stadttorsarkophag mit Szenen aus dem Alten und Neuen Testament (Ende des 4. Jh.). Mailand, Sant'Ambrogio

Frühkonstitutionalismus, die Phase der histor. Entwicklung, in der die Regierungsgewalt des erbl. Herrschers durch eine Verfassung beschränkt wurde. Die Fürsten der süddt. Staaten Bayern, Württemberg und Baden, deren Territorien durch Napoleon I. erhebl. vergrößert worden waren, wollten die dauerhafte Sicherung ihrer Herrschaft erreichen, indem sie die alten und neuen Untertanen zu Staatsbürgern mit bestimmten Rechten und Freiheiten machten. Nach dem Vorbild der frz. Charte constitutionelle von 1814 erließen die Fürsten unter Beibehaltung ihrer alleinigen Souveränität Verfassungen (z. B. Nassau 1814, Bayern 1818) oder vereinbarten sie mit der Ständevertretung (Württemberg 1819), die die Mitwirkung von gewählten Parlamenten an der Gesetzgebung und garantierte Grundrechte festlegten. Die Karlsbader Beschlüsse unterbanden die Fortentwicklung des F. im Dt. Bund.

Frühling ↑ Jahreszeiten.

Frühlingsadonisröschen (Frühlingsteufelsauge, Adonis vernalis), größte, geschützte mitteleurop. Art der Gatt. Adonisröschen, verbreitet auf meist kalkreichen, warmen Trockenrasen, Heidewiesen und in Kiefernwäldern.

Frühlingsäquinoktium ↑ Äquinoktium.

Frühlingsenzian ↑ Enzian.

Frühlingsknotenblume ↑ Knotenblume.

Frühlingskuhschelle ↑ Kuhschelle.

Frühlingslorchel, svw. ↑ Frühlorchel.

Frühlingsmorchel, svw. ↑ Frühlorchel.

Frühlingspunkt (Widderpunkt) ↑ Äquinoktialpunkte.

Frühlingsschlüsselblume ↑ Primel.

Frühlorchel (Frühlingslorchel, Frühjahrslorchel, Giftlorchel, Speiselorchel, Frühlingsmorchel, Helvella esculenta), Schlauchpilz mit weißl. bis blaßviolettem, gefurchtem, bis 7 cm hohem Stiel und hohlem, rundl., kaffee- bis schwarzbraunem Hut; von April bis Mai in trockenen Kiefernwäldern und auf Kahlschlägen; Giftpilz.

Frühmenschen (Archanthropinen, Archanthropinae), älteste Gruppe der frühen Echtmenschen, zu der v. a. der Homo erectus erectus (Pithecanthropus) und der Homo erectus pekinensis (Sinanthropus) gehören. - ↑ auch Mensch (Abstammung des Menschen), ↑ Altmenschen, ↑ Jetztmenschen.

frühminoische Kultur ↑ minoische Kultur.

Frühmittelalter ↑ Mittelalter.

Frühneolithikum, Anfangsphase des ↑ Neolithikums.

Frühreife, eine der normalen Entwicklung der Jugendlichen vorauseilende Ausbildung seel. und körperl. Merkmale; häufig nur einzelne Frühleistungen, dagegen selten als Reife der Gesamtpersönlichkeit.

Frührenaissance ↑ Renaissance.

Frühschmerz ↑ Spätschmerz.

Frühstückskartell, allg. Bez. für ein gesetzwidriges Kartell, das bei einer als unverfängl. erscheinenden gesellschaftl. Zusammenkunft, geheim und meist nur auf mündl. Absprache hin gebildet wird und/oder bei solcher Gelegenheit seine Arbeit durchführt.

Fruhtrunk, Günter, * München 1. Mai 1923, † ebd. 12. Dez. 1982, dt. Maler. - Seine Werke zeigen die Überwindung einer auf geometr. Grundformen reduzierten Malerei. Anstelle des Dialoges der Formengegensätze tritt ein auf rhythm.-homogene Strukturen zurückgeführtes Kontinuum von Farbe.

Frühwarnsystem (Early Warning System), militär. Radar- und damit gekoppelte Rechenanlage zum frühzeitigen Orten und Identifizieren [feindl.] Flugkörper und zum Einleiten von Abwehrmaßnahmen: 1. bodenfeste Radaranlagen (im Rahmen der NATO z. B. in Thule, Grönland); 2. auf Schiffen installierte Anlagen (Radarkuppel); 3. militär. Satelliten z. B. auch mit Infrarotsensoren; 4. fliegende Radaranlagen (↑ AWACS).

Frühzündung ↑ Zündanlage.

Fruin, Robert Jakobus [niederl. frœyn], * Rotterdam 14. Nov. 1823, † Leiden 29. Jan. 1899, niederl. Historiker. - Prof. in Leiden 1860-90; gilt als bedeutendster niederl. Historiker des 19. Jh. und erster Forscher der neueren Geschichte seines Landes.

Fruktidor ↑ Fructidor.

Fruktifikationstheorie [lat./griech.] ↑ Zinstheorie.

Frundsberg, Georg von, * auf der Mindelburg bei Mindelheim 24. Sept. 1473 (1475?), † ebd. 20. Aug. 1528, dt. Landsknechtsführer. - Einer der Hauptleute des Schwäb. Bundes im Schweizer Krieg (1499), kämpfte in Diensten Maximilians I. und Karls V.; beteiligt an der Vertreibung Herzog Ulrichs aus Württemberg durch den Schwäb. Bund; hatte entscheidenden Anteil an den Siegen des kaiserl. Heeres in Italien (Biocca 1522, Pavia 1525); warb 1526 ein Heer für den Kaiser gegen die Liga von Cognac.

Frunse, Michail Wassiljewitsch, * Pischpek (= Frunse) 2. Febr. 1885, † Moskau (?) 31. Okt. 1925, sowjet. Politiker und Militärspezialist. - Im Bürgerkrieg erfolgreicher militär. Führer im Kampf gegen Koltschak und Wrangel; Organisator der Roten Armee und Begründer der sowjet. Militärwiss.; seit 1924/25 Volkskommissar für Heer und Flotte, starb unter geklärten Umständen.

Frunse, Hauptstadt der Kirgis. SSR, UdSSR, am N-Fuß des Kirgis. Alatau, 750-800 m ü. d. M., 590 000 E. Univ. (1951 gegr.), Akad. der Wiss. der Kirgis. SSR, PH, polytechn., medizin., Sport- und Landw.hochschule, Gemäldegalerie, drei Museen, vier Theater, Philharmonie; Bodempfangsstation für Fernmeldesatelliten; botan. Garten;

Maschinenbau und Metallverarbeitung, Kammgarn-, Fleisch-, Mühlenkombinat, Sektfabrik u. a. Ind. Bahnstation, ⚒. - 1862 Eroberung der Festung **Pischpek** durch Rußland und Ausbau zur Stadt, seit 1926 heutiger Name.

Fruška gora [serbokroat. 'fruʃka: ˌgɔra], Gebirge nw. von Belgrad, Jugoslawien, zw. Donau und Save; etwa 100 km lang, 20 km breit, bis 539 m hoch; z. T. Nationalpark.

Frustration [lat.], Erlebnis der Enttäuschung durch Ausbleiben eines erwarteten und/oder geplanten Handlungserfolgs, von dem die Befriedigung primärer oder sekundärer Bedürfnisse abhängt. Die F. kann auch aus einer vermeintl. Behinderung oder Benachteiligung resultieren. Die so *frustrierte* Person fühlt sich zurückgesetzt oder „zu kurz gekommen", ohne daß dafür ein tatsächl. Anlaß besteht. Die **Aggressions-Frustrations-Hypothese** besagt, daß unter bestimmten Umständen im Anschluß an eine F. regelmäßig aggressives Verhalten auftritt, dessen Stärke umgekehrt proportional zur Stärke einer F. sein soll.

Frutex [lat.], svw. ↑Strauch.

Frutigen, Bez.hauptort im schweizer. Kt. Bern, 20 km südl. von Thun, 803 m ü. d. M., 5 800 E. Serum- und Impfinst.; Maschinen- und Apparatebau, Uhrenind., Schiefertafelfabrikation, Fremdenverkehr. - F., Zentrum einer gleichnamigen Herrschaft, kam 1400 durch Kauf an Bern. - Spätgot. Landkirche (15. Jh.), Ruinen der Tellenburg (ehem. Vogteisitz, 14. Jh.).

Frutti di mare [italien.], svw. ↑ Meeresfrüchte.

Fry [engl. fraɪ], Christopher, urspr. C. Harris, * Bristol 18. Dez. 1907, engl. Dramatiker. - Seine lyr. Versdramen sind teils unorthodoxe religiöse festl. Schauspiele, teils Komödien in einer flüssigen, metaphor. Sprache, die zur Trägerin einer beziehungsreichen und sinnhaltigen Atmosphäre wird, in der Tragik und Komik ihren Platz haben. *Werke:* Ein Phönix zuviel (Dr., 1946), Die Dame ist nicht fürs Feuer (Kom., 1949), Venus im Licht (Kom., 1950), Ein Schlaf Gefangener (Mysterienspiel, 1951), Das Dunkel ist licht genug (Kom., 1954), Ein Hof voll Sonne (Kom., 1971).

F., Elizabeth, geb. Gurney, * Norwich 21. Mai 1780, † Ramsgate 12. Okt. 1845, brit. Sozialreformerin. - Stammte aus einer Quäkerfamilie; kämpfte bes. gegen die Mißstände in den Gefängnissen in Großbrit. und auf dem europ. Kontinent sowie für eine Reform des Strafrechts und des Strafvollzugs.

F., E. Maxwell, * Wallasey 2. Aug. 1899, brit. Architekt. - F. war im Privatbau bereits ein Wegbereiter des ↑internationalen Stils in Großbrit., ehe er zus. mit Gropius das „Impington Village College" bei Cambridge (1936) erbaute.

F-Schicht (F-Gebiet) ↑ Ionosphäre.

F-Schlüssel, in der Musik das aus dem Tonbuchstaben F entwickelte Zeichen, mit

dem im Liniensystem die Lage des f festgelegt wird. Unterschieden werden: Bariton- (1), Baß- (2) und Subbaßschlüssel (3).

FSK, Abk. für: ↑ Freiwillige Selbstkontrolle der Filmwirtschaft.

ft, Einheitenzeichen für ↑ Foot bzw. ↑ Feet.

FTZ-PrüfNr., amtl. Serienprüfnummer des Fernmeldetechn. Zentralamtes der Dt. Bundespost z. B. auf Funk-, Rundfunk- und Fernsehgeräten.

Fuad, Name ägypt. Herrscher:

F. I., eigtl. Ahmad F., * Gise 26. März 1868, † Kairo 28. April 1936, ägypt. Sultan (1917-22) und König (1922-36). - Sohn Ismail Paschas; nahm nach Ende des brit. Protektorats Ägypten 1922 den Königstitel an; steuerte einen probrit. Kurs.

F. II., eigtl. Ahmad F., * Kairo 16. Juni 1952, nomineller König von Ägypten (1952/53). - Sohn Faruks I.

Fuad Pascha, Muhammad (türk. Fuat, Mehmet), * Konstantinopel 17. Jan. 1815, † Nizza 12. Febr. 1869, türk. Politiker. - Eine der führenden Persönlichkeiten der autokrat. Reformbewegung; seit 1852 viermal Außenmin., 1861–66 mit kurzer Unterbrechung Großwesir, 1866/67 erneut Außenminister.

Fuchs, Ernst, * Wien 13. Febr. 1930, östr. Maler und Graphiker. - Vertreter der „Wiener Schule" des phantast. Realismus; behandelt v. a. bibl. Themen in oft von explosiver Erotik erfüllten Gemälden und Radierungen, die er in altmeisterl. Techniken mit Akribie ausführt. - Abb. S. 290.

F., Günter Bruno, * Berlin 3. Juli 1928, † ebd. 19. April 1977, dt. Schriftsteller. - Lyriker und Prosaist, der hinter seinen verspielten, märchenhaften, phantast. Versen und Texten Zeitkritik versteckt; auch Hörspiele. *Werke:* Brevier eines Degenschluckers (Ged. und En., 1960), Lesebuch des G. B. F. (1970), Handbuch für Einwohner (Ged., 1970), Reiseplan für Westberliner anläßl. einer Reise nach Moskau und zurück (Ged., 1973), Ratten werden verschenkt. Werkauswahl (1974), Wanderbühne, Geschichten und Bilder (1976).

F., Klaus, * Rüsselsheim 29. Dez. 1911, dt. Physiker. - 1932 Mgl. der KPD; emigrierte 1933 über Frankr. nach Großbritannien, wo er v. a. über Probleme der theoret. Festkörperphysik arbeitete; als brit. Staatsangehöriger 1943–46 am amerikan. Atombombenprojekt in Los Alamos tätig; 1946 Leiter der theoret. Abteilung des brit. Atomforschungszentrums Harwell; 1948 als Spion für die UdSSR entlarvt, wurde er 1950 wegen Atomspionage verurteilt. Seit seiner Begnadigung (1959) in der DDR im Zentralinstitut für Kernphysik

Fuchs

in Rossendorf (bei Dresden) tätig; seit 1967 Mgl. des ZK der SED.

F., Leonhart, * Wemding 17. Jan. 1501, † Tübingen 10. Mai 1566, dt. Arzt und Botaniker. - Prof. in Ingolstadt und Tübingen; zählt zu den bedeutendsten humanist. Medizinern des 16. Jh.; gab in „Historia stirpium" (1542; dt. 1543 u. d. T. „New Kreuterbuch") erstmals eine systemat. Darstellung und wiss. Benennung von Pflanzen.

F., Robert, * Frauenthal an der Laßnitz 15. Febr. 1847, † Wien 19. Febr. 1927, östr. Komponist. - War am Wiener Konservatorium Lehrer u. a. von H. Wolf und G. Mahler; komponierte Orchester- (bed. die Serenaden) und Kammermusik, Klavierwerke, Chormusik und Lieder.

F., Sir (seit 1958) Vivian [engl. fu:ks], * Freshwater (Isle of Wight) 11. Febr. 1908, brit. Geologe. - 1957/58 Leiter der Commonwealth Trans-Antarctic-Expedition, der erstmals die Durchquerung der Antarktis gelang.

Fuchs ↑ Sternbilder (Übersicht).

Fuchs [zu althochdt. fuhs, eigtl. „der Geschwänzte"], Raubtier (↑ Füchse).

◆ Bez. für einige Tagfalter: 1. **Kleiner Fuchs** (Nesselfalter, Aglais urticae), 4–5 cm spannend, Flügeloberseite rotbraun, mit gelben und schwarzen Flecken auf den Vorderflügeln, Flügelrandbinden dunkel mit je einer Reihe kleiner, blauer Fleckchen; 2. **Großer Fuchs** (Nymphalis polychloros), zieml. selten, 5–6 cm spannend; Flügeloberseite gelbbraun mit schwarzen Flecken, Flügelrandbinden

dunkel, die der Hinterflügel blaugefleckt; 3. **Bastardfuchs** (Nymphalis xanthomelas), dem Großen F. sehr ähnl. Art; Flügeloberseite lebhaft rotbraun, mit stärker gezackten Vorderflügeln und helleren Beinen.

◆ Pferd mit rötl. (fuchsfarbenem) Deckhaar und gleichgefärbtem oder hellerem Mähnen- und Schweifhaar.

◆ das noch nicht vollberechtigte Mgl. einer Studentenverbindung.

Füchse, Bez. für etwa 20 miteinander eng verwandte Arten aus der Raubtierfam. Hundeartige; meist schlanke, nicht hochbeinige, weltweit verbreitete Tiere mit verlängerter, spitzer Schnauze, großen, zugespitzten Ohren

Füchse. Von oben: Rotfuchs; Fennek, Polarfuchs

Ernst Fuchs, Der Sieger (1953/54). Privatbesitz

und buschigem Schwanz. Hierher gehören u. a.: **Polarfuchs** (Eisfuchs, Alopex lagopus), am Nordpol bis zur südl. Baumgrenze lebend, 45–70 cm lang, Schwanz 30–40 cm lang, kleine, abgerundete Ohren; je nach Fellfärbung im Winter unterscheidet man ↑Blaufuchs und **Weißfuchs** (rein weiß); Sommerfell bei beiden graubraun bis grau. **Korsak** (Steppenfuchs, Alopex corsac) in Z-Asien, etwas kleiner als der Rotfuchs, Fell im Sommer rötl. sandfarben, im Winter weißlichgrau. **Fennek** (Wüstenfuchs, Fennecus zerda) in N-Afrika und SW-Asien, 35–40 cm lang, Schwanz 20–30 cm lang, Ohren bis über 15 cm lang, Fell hell bis dunkel sandfarben, meist mit rostfarbener Tönung am Rücken, Bauchseite weiß, Schwanzspitze schwarzbraun. Die Gatt. **Graufüchse** (Urocyon) hat je eine Art auf dem südamerikan. Festland und auf einigen Inseln vor S-Kaliforniern; 53–70 cm lang, Schwanz 28–40 cm lang, Oberseite und größter Teil der Flanken grau, Schwanz- und Körperunterseite sowie Beine rostbraun, Rückenstreif schwarz, Kehle weißl. Eine Unterart ist der ↑Azarafuchs. **Pampasfuchs** (Dusicyon gymocercus) in S-Amerika, etwa 60 cm lang, Schwanz rd. 35 cm lang, Färbung braungrau mit schwarzer Sprenkelung, Beine gelblichrot. **Löffelfuchs** (Otocyon megalotis) in O- und S-Afrika, 50–60 cm lang, mit Schwanz fast 1 m messend, grau- bis gelbbraun, Beine, Schwanz sowie Teile des Gesichts und der sehr großen Ohren schwarzbraun. Außerdem zählen zu den F. die fast weltweit verbreiteten, überwiegend nachtaktiven **Echten Füchse** (Vulpes) mit neun Arten, darunter der in Eurasien, N-Afrika und N-Amerika vorkommende **Rotfuchs** (Vulpes vulpes), 60–90 cm lang, Schwanz etwa 35–40 cm lang, Beine kurz, Färbung rostrot mit grauer Bauchseite und schwarzen Füßen, Schwanzspitze meist weiß. Das Fell einiger Unterarten ist ein begehrtes Pelzwerk (z. B. **Kreuzfuchs,** mit dunkler, über Rücken und Schultern kreuzförmig verlaufender Zeichnung; **Kamtschatkafuchs** [Feuerfuchs], Fell leuchtend rot; **Silberfuchs,** glänzend schwarze Grundfarbe mit Silberung kleinerer oder größerer Rückenteile, in Pelztierfarmen gezüchtet). In Tibet und Nepal lebt der **Tibetfuchs** (Vulpes ferrilata), etwas kleiner als der Rotfuchs, Fell rotbraun mit silberschimmernden Flanken und weißl. Unterseite. **Kamafuchs** (Silberrückenfuchs, Vulpes chama) in S-Afrika, rd. 50 cm lang, bräunl., Rücken- und Schwanzoberseite silbergrau. **Blaßfuchs** (Vulpes pallida) in Afrika, bis 50 cm lang, Fell kurzhaarig, fahlgelb sandfarben, mit weißer Bauchseite, Schwanzspitze schwärzlich.

Füchsel, Georg Christian, * Ilmenau 14. Febr. 1722, † Rudolstadt 20. Juni 1773, dt. Geologe. - Gehört zu den Wegbereitern des ↑Aktualismus in der Geologie.

Fuchsflechte (Letharia vulpina), intensiv gelb gefärbte, bis 5 cm hohe Strauchflechte mit arkt.-alpiner Verbreitung; vorwiegend auf Nadelhölzern; einzige giftige Flechte Europas.

Fuchshai ↑Drescherhaie.

Fuchshund, (Foxhound) engl. Laufhund.

◆ svw. ↑Foxterrier.

Fuchsie ['fʊksiə; nach L. Fuchs] (Fuchsia), Gatt. der Nachtkerzengewächse mit etwa 100 Arten in Amerika und Neuseeland; Halbsträucher, Sträucher oder kleine Bäumchen mit gezähnten Laubblättern; Blüten oft hängend und auffällig rot, rosa, weiß oder violett, meist mehrfarbig gefärbt.

Fuchsin [nach der Fuchsie] (Rosanilin), intensiv roter Triphenylmethanfarbstoff von geringer Farbechtheit.

Fuchsjagd, 1.↑Schnitzeljagd; 2. Reitjagd, bei der das Wild durch einen Reiter dargestellt wird, der einen Fuchsschwanz an der Schulter trägt.

Fuchskauten, mit 656 m ü. d. M. die höchste Erhebung des Westerwaldes.

Fuchskusu (Trichosurus vulpecula), v. a. in den Wäldern Australiens lebender Kletterbeutler von etwa 35–60 cm Körperlänge mit rd. 25–40 cm langem, buschig behaartem Schwanz, dessen unterseits nacktes Ende als Greiforgan fungiert; Fell sehr dicht und weich, Färbung grau, braun oder schwärzl. mit heller Zeichnung. - Sein Fell kommt u. a. unter den Bez. **Adelaide-Chinchilla** und **Austral. Biber** und **Austral. Opossum** in den Handel.

Fuchsmanguste (Cynictis penicillata), etwa 30–40 cm körperlange, schlanke, kurzbeinige Schleichkatze, v. a. in sandigen Gebieten S-Afrikas; Fell relativ langhaarig, orangebraun bis blaß gelbgrau, Bauchseite heller, Schwanzspitze weiß.

Fuchsschimmel ↑Schimmel.

Fuchsschwanz (Amarant, Amaranthus), Gatt. der Fuchsschwanzgewächse mit etwa 50 Arten, v. a. in subtrop. und gemäßigten Gebieten; meist Kräuter mit unscheinbaren, kleinen Blüten in dichten Blütenständen.

Fuchsschwanz ↑Säge.

Fuchsschwanzgewächse (Amarantgewächse, Amaranthaceae), weltweit verbreitete Pflanzenfam. mit etwa 900 Arten in über 60 Gatt.; hauptsächl. Kräuter mit kleinen Blüten, oft in knäueligen Teilblütenständen, die zus. Ähren, Trauben oder Köpfchen bilden; Blütenhülle einfach, meist trockenhäutig und oft lebhaft gefärbt.

Fuchsschwanzgras (Alopecurus), Gatt. der Süßgräser mit dichten, weichen Ährenrispen; etwa 40 Arten auf der Nordhalbkugel; in M-Europa sieben Arten auf Wiesen, Äckern und an feuchten Stellen, z. B. ↑Wiesenfuchsschwanzgras, ↑Ackerfuchsschwanzgras.

Fuchsschwanzziest ↑Betonie.

Fuchtel, als Bildung zu „fechten" Bez. für Degen mit breiter Klinge, später auch

Fuciner Becken

Schlag mit der flachen Klinge; da dies als Strafe beim militär. Drill übl. war, wurde das Wort zum Sinnbild strenger Zucht (Redensart: „unter der F. stehen").

Fuciner Becken [´fuːtʃinər], italien. Beckenlandschaft in den sö. Abruzzen, 655 m ü. d. M., noch im Altertum von einem Karstsee mit stark schwankendem Wasserspiegel (**Fucinus lacus**) erfüllt. Mehrere Trockenlegungsversuche im Altertum und MA scheiterten. Mit Erfolg 1854–76 trockengelegt, Neugewinnung von 16 500 ha fruchtbaren Ackerlandes. Erdfunkstelle für OTS.

Fucus [lat.], Gatt. der Braunalgen mit etwa 30 Arten, verbreitet im Litoral der nördl. Meere; die häufigsten Arten in der Nordsee sind der ↑ Blasentang und der ↑ Sägetang.

fud., Abk. für: ↑ **fudit.**

Fuder, altes, regional noch verwendetes Hohlmaß, v. a. für Wein; 1 rhein. F. = 1 000 l, 1 bad. F. = 1 500 l, 1 östr. F. = 1 811 l.

fudit [lat. „(er) hat (es) gegossen"], steht [meist abgekürzt als fud.] hinter der Signatur des Gießers (z. B. bei Glocken).

Fudschaira ↑ Vereinigte Arabische Emirate.

Fudschijama, höchster Berg Japans, auf Hondo, etwa 100 km wsw. von Tokio, 3 776 m hoch. Nicht aktiver Vulkan im Bereich der Fossa Magna. Durchmesser des Kraters rd. 600 m bei einer Tiefe von 150–200 m; Waldgrenze oberhalb 2 300 m. Hl. Berg Japans. Gegenstand zahlr. Dichtungen und bildl. Darstellungen.

Fudschijoschida, jap. Stadt auf Hondo, am N-Fuß des Fudschijama, 54 000 E. Textilind.; Fremdenverkehr.

Fudschinomija, jap. Stadt auf Hondo, am SW-Fuß des Fudschijama, 108 000 E. Zellstoff- und Papierind.; Fremdenverkehr.

Fudschisawa, jap. Stadt auf Hondo, 40 km ssw. von Tokio, 314 000 E. TH; Wohnstadt für die Ind.region Tokio-Jokohama.

Fudschiwara, jap. Adelsgeschlecht, eine der „vier (großen) Sippen". Ahnherr ist der aus dem Schinto-Priestergeschlecht Nakatomi stammende **Fudschiwara no Kamatari** (* 614, † 669), als bed. Reformer Mitbegr. der Staatsform des alten kaiserl. Japan. Nach seinem Sohn **Fudschiwara no Fuhito** (* 659, † 720), der höchste Ämter innehatte und wesentl. zur Gestaltung des zentralist. Staates beitrug, war die Linie (das sog. Nordhaus, Hokke) jahrhundertelang in Politik und Kunst (F.zeit 894–1185) tonangebend; z. Z. **Fudschiwara no Mitschinagas** (* 966, † 1028), der als mächtigster Politiker der Familie den Staat als Regent und Großkanzler leitete und Schwieger- bzw. Großvater einiger Kaiser war, glanzvoller Höhepunkt der Familie; bald darauf Entmachtung der F., nach der Mitte des 11. Jh. vollends Verlust ihrer führenden polit. Stellung; teilte sich in mehrere Linien (Kudscho, Nidscho, Itschidscho, Konoe, Takatsukasa); erhielten bei den Meidschi-Reformen das höchste Adelsprädikat „Fürst".

F., altjap. Geschlecht ungeklärter Herkunft, das im 11./12. Jh. im N der jap. Hauptinsel über ein Gebiet von etwa 67 000 km² weitgehend unabhängig von der Zentralreg. in Kioto herrschte; „Könige des Nordens" genannt (polit. wichtigster Vertreter: **Fudschiwara no Hidehira** [† 1187]); traten spätestens um 1090 in Verbindung mit der gleichnamigen, zu den „vier (großen) Sippen" gehörenden Familie; etwa 1190 Untergang der Familie.

Fuduli, Muhammad Ibn Sulaiman, türk. Mehmet Fuzulî, * Hilla (Irak) 1495 (?), † Bagdad 1556, türk. Dichter. - Bedeutendster Vertreter der türk. Klassik; schrieb - in türk., arab. und pers. Sprache - Gedichte und lange Versdichtung von pessimist. Daseinshaltung und myst. Gottesliebe.

Fuero [span.; zu lat. forum (↑ Forum)], span. Rechtsbegriff; Bez. für Stadtrecht, Gewohnheitsrecht, Vorrecht, Rechtsordnung, aber auch Gesetz und Gesetzessammlung.

Fuerteventura, eine der ↑ Kanarischen Inseln, Hauptort Puerto del Rosario.

Füetrer, Ulrich [´fyːɛtrər], * Landshut 1. Hälfte des 15. Jh., † München um 1495, dt. Dichter. - Anscheinend ausgebildet als Maler, erhalten eine „Kreuzigung Christi" (1457; München, Alte Pinakothek). Verfaßte ein „Buch der Abenteuer" (zw. 1473/78), eine Zusammenstellung und Bearbeitung höf. Epen in rd. 41 500 Versen (Titurelstrophen), und zw. 1478/81 eine „Baier. Chronik".

Fufu, sehr häufig zubereitete Speise der Westafrikaner: zu Brei zerstampfte Maniok- oder Jamsknollen, z. T. unter Beigabe von Mehlbananen, werden zu kleinen Laiben oder Kugeln geformt und mit stark gewürzter, öliger Suppe übergossen.

Fugato [lat.-italien.], fugierter Abschnitt (oft nur die Exposition) in einer nicht als Fuge gearbeiteten Komposition.

Fugazität [lat.] (Flüchtigkeit), in der physikal. Chemie ein fiktiver, manometr. nicht meßbarer Druck, der eingeführt wird, um die für ideale Gase geltenden thermodynam. Gesetze (z. B. das Daltonsche Gesetz) auch auf reale Gase anwenden zu können.

Fuge [italien., zu lat. fuga „Flucht" (der einen Stimme vor der folgenden)], in der Musik Bez. für ein mehrstimmiges (in der Regel 3- oder 4stimmiges) Instrumental- oder Vokalstück, dessen streng kontrapunkt. gesetzte Stimmen ein Thema imitator.-variativ durchführen (in der Bach-Zeit exemplar. ausgebildete F. hat etwa folgenden Aufbau: Ein Thema (Subjekt) erklingt zunächst allein in seiner Grundgestalt (Dux, Führer), hierauf wird es in einer anderen Stimme auf der Dominante oder Subdominante beantwortet (Comes, Gefährte). Diese Beantwortung ist entweder „real", d. h. intervallgetreu, oder „tonal", d. h. mit charakterist. Abweichungen,

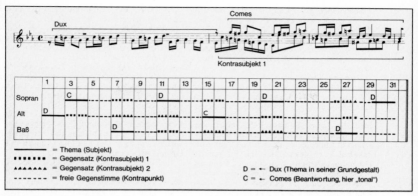

	1		3		5		7		9		11		13		15		17		19		21		23		25		27		29		31
Sopran		C										D								D									D		
Alt	D														C																
Baß					D																						D				

. . . . . . = Thema (Subjekt)
▪▪▪ ▪▪▪ = Gegensatz (Kontrasubjekt) 1
▲▲▲▲▲▲ = Gegensatz (Kontrasubjekt) 2
- - - - - - = freie Gegenstimme (Kontrapunkt)

D = ← Dux (Thema in seiner Grundgestalt)
C = ← Comes (Beantwortung, hier „tonal")

Fuge. Oben: Fugenanfang; darunter: schematische Darstellung der gesamten Fuge

wobei die Ausgangstonart erhalten bleibt. Danach beginnen sukzessiv die nächsten Stimmen wieder mit dem Dux bzw. Comes. Außer zum ersten erklingt zu jedem Themeneinsatz ein Kontrapunkt - häufig als beibehaltener Gegensatz (Kontrasubjekt) -, der schließl. in einen freien Kontrapunkt übergeleitet wird. Die erste Durchführung des Themas, die Exposition, endet, wenn alle Stimmen einmal das Thema als Dux bzw. Comes vorgetragen haben. Hieran schließen sich nach einem freien Zwischenspiel weitere Durchführungen (und Zwischenspiele) an, in denen das Thema in veränderter Gestalt (↑ Diminution, ↑ Augmentation, ↑ Umkehrung, ↑ Krebs oder rhythm.-melod. Veränderungen) auftritt, oder die Themeneinsätze gegeneinander verschoben sind (Engführung). Die Anzahl der Themeneinsätze ist ebensowenig festgelegt wie Anzahl und Länge der Durchführungen. Je nach Art, Anordnung und Anzahl der Themen unterscheidet man verschiedene F.typen: einfache F., ↑ Gegenfuge, ↑ Spiegelfuge, ↑ Permutationsfuge, Doppelfuge (mit 2 Themen), Tripelfuge (mit 3 Themen), Quadrupelfuge (mit 4 Themen). - Nach Vorformen seit dem 14. Jh. entwickelte sich die F. v. a. bei Sweelinck, Frescobaldi, Buxtehude, Pachelbel, Händel, bis sie ihren Höhepunkt im Werk J. S. Bachs erreichte („Wohltemperiertes Klavier" und „Kunst der Fuge"). Die Komponisten der Wiener Klassik suchten z. T. eine Verbindung der F. mit dem Prinzip des ↑ Sonatensatzes. In diesem Sinne erlangte sie noch einmal im Spätwerk Beethovens einen Höhepunkt. Ihre Verwendung bei den Romantikern erfolgte zumeist im bewußten Rückgriff auf die Vergangenheit (Brahms, Reger) oder mit programmat. Absicht (Wagner). Ihre letzte Bedeutung hatte sie in der polyphonen Musik des 20. Jh., bes. in den neoklass. Stilrichtungen (Strawinski, Hindemith).

📖 *Czaczkes, L.: Die F. des Wohltemperierten Klaviers in bildl. Darstellung. Wien 1984. - Bergel, E.: J. S. Bach: Die Kunst der F. Bonn 1980. - Müller-Blattau, J.: Gesch. der F. Kassel 1963.*

Fuge, Zwischenraum zw. zwei aneinanderstoßenden Bauwerkteilen, Bauteilen,

Fudschijama

Fugger

Mauersteinen usw. Waagerechte F. werden als *Lager-F.*, senkrechte F. als *Stoß-F.* bezeichnet.

◆ in der *Sprachwissenschaft* Stelle, an der die beiden Bestandteile einer Zusammensetzung zusammentreffen, z. B. Eisen|bahn, Fußball|spieler.

Fugger, dt. Kaufmannsfamilie, Grafen (seit 1511 Reichsadel, seit 1514 Reichsgrafen); 1367 mit dem Weber **Hans Fugger** aus Graben am Lech nach Augsburg eingewandert; schon in der nächsten Generation ratsfähig. Während die Linie „F. vom Reh" mit Lukas († 1494) ausstarb, erlangte die noch heute bestehende Linie „F. von der Lilie", begr. von **Jakob d. Ä.** († 1469), durch die Fuggersche Handelsgesellschaft Weltgeltung. **Raimund** († 1535) und **Anton** († 1560) begr. die beiden noch bestehenden Hauptlinien: F. von Kirchberg und F. von Glött (1913 bayr. Fürstenstand). Der Zweig F. von Babenhausen wurde 1803 in den Reichsfürstenstand erhoben. Bed.:

F., Anton, Reichsgraf (seit 1530), * Augsburg 10. Juni 1493, † ebd. 14. Sept. 1560, Handelsherr. - Übernahm 1525 die Leitung des Unternehmens und befolgte den polit.-ökonom. Kurs seines Onkels, Jakobs II.; unterstützte Ferdinand I. und Karl V.; konnte mit des Kaisers Hilfe den Handel bis nach Buenos Aires, Westindien und Mexiko ausdehnen; blieb trotz merkl. Abkühlung des Verhältnisses zu den Habsburgern 1547/48 der Finanzier Karls V.; gewährte auch Philipp II. von Spanien 1556/57 Kredite; hinterließ 6 Mill. Goldkronen und einen beträchtl. Landbesitz.

F., Jakob II., der Reiche, Reichsgraf (seit 1514), * Augsburg 6. März 1459, † ebd. 30. Dez. 1525, Handelsherr und Bankier. - Urspr. für den geistl. Stand bestimmt; übernahm 1485 die Leitung der F.schen Faktorei in Innsbruck; verbündete sich mit Erzherzog Maximilian, dem er 1490 zur Übernahme Tirols verhalf; auf Grund seiner Beteiligungen am ungar. Bergbau und Metallhandel eroberte er binnen weniger Jahre eine Monopolstellung auf dem europ. Kupfermarkt; wurde zum Bankier des Kaisers, der Päpste und der röm. Kurie; mischte sich bei Papstwahlen ein, finanzierte 1519 die Wahl Karls I. von Spanien zum Kaiser, wurde weitgehend dessen Geldgeber; betätigte sich als Mäzen (Sankt Anna in Augsburg) und in der Karitas mit der Schaffung der „Fuggerei", einer (noch bestehenden) Wohnsiedlung für bedürftige Mitbürger.

📖 *Pölnitz, G. v.: Die F. Tüb. ⁴1981.*

Fugitives [engl. ˈfjuːdʒɪtɪvz „Flüchtlinge"], konservative Dichtergruppe des amerikan. Südens in Nashville (Tenn.) um die Zeitschrift „The Fugitive" (1922–25); skeptisch bis ablehnend gegenüber Fortschrittskult und Wissenschaftsgläubigkeit, Modernismen und Naturwissenschaft.

fühlen, 1. ein Gefühl (im Sinne von Lust oder Unlust) erleben; 2. svw. tasten.

Fühler, Bez. für die ↑Antennen (bei Gliedertieren, v. a. Krebstieren, Insekten) und ↑Tentakeln (z. B. bei Schnecken, bestimmten Würmern) bei niederen Tieren.

Fühlerkäfer (Paussiden, Paussidae), mit den Laufkäfern eng verwandte, etwa 350 Arten umfassende Fam. bis 2 cm langer Käfer, v. a. in den Tropen und Subtropen (in S-Europa 10 Arten).

Fühlerlehre (Fühllehre, Spion), Meßwerkzeug zur Bestimmung der Stärke von Spalten (z. B. Elektrodenabstand bei Zündkerzen), ein Satz von Stahlblechzungen mit Dicken zw. 0,05 und 1,0 mm.

Fühlerlose (Scherenfüßer, Chelicerata), seit dem Kambrium bekannter, heute mit über 35 000 Arten weltweit verbreiteter Unterstamm 0,1–60 cm langer Gliederfüßer (fossile Arten bis 1,8 m lang); Antennen fehlen; erstes Gliedmaßenpaar (Chelizeren) meist scheren- oder klauenförmig, zweites Gliedmaßenpaar (Pedipalpen) als Kiefertaster ausgebildet; Rumpf in Vorderkörper (Prosoma) und Hinterkörper (Opisthosoma) gegliedert, von letzterem kann noch ein stachel- oder fadenförmiger Fortsatz ausgehen; leben am Land, im Süßwasser und im Meer; drei rezente Klassen: ↑Pfeilschwanzkrebse, ↑Spinnentiere, ↑Asselspinnen.

Fühlhaare ↑Tastsinnesorgane.

Fühlorgane, svw. ↑Tastsinnesorgane.

Fuhlrott, Johann [Carl], * Leinenfelde (Landkr. Worbis) 31. Dez. 1803, † Elberfeld (= Wuppertal) 17. Okt. 1877, dt. Naturforscher. - Gymnasiallehrer in Elberfeld; erkannte die von ihm 1856 im Neandertal bei Düsseldorf gefundenen Knochen als Gebeine eines fossilen Menschen.

Fühlsinn, svw. ↑Tastsinn.

Fühmann, Franz, * Rokytnice nad Jizerou (Riesengebirge) 15. Jan. 1922, † Berlin (Ost) 8. Juli 1984, dt. Schriftsteller. - In Geschichten („Kameraden", 1952), später v. a. Erzählungen Auseinandersetzung mit dem Nationalsozialismus; auch Kinderbücher, Essays. Erzählsammlungen. - *Werke:* Schützende Schatten (1958), Das Judenauto (1962), König Ödipus (1966), Der Jongleur im Kino oder Die Insel der Träume (1970), Der Geliebte der Morgenröte (1978), Fräulein Veronika Paulmann aus der Pirnaer Vorstadt oder Etwas über das Schauerliche bei E. T. A. Hoffmann (1979). Saiäns-fiktschen (En., 1981), Dreizehn Träume (1985; mit Graphiken v. N. Quevedo), Der Schatten (En., 1986).

Fuhr, Xaver, * Neckarau (= Mannheim) 23. Sept. 1898, † Regensburg 16. Dez. 1973, dt. Maler. - Schuf v. a. aquarellierte Städtebilder mit harter Umrißzeichnung.

Fuhre, allg. svw. Wagenladung; im Rotwelsch Bez. für eine versteckt angebrachte Tasche oder einen Sack der Diebe.

Führer, Inhaber derjenigen Position innerhalb einer Gruppe, die mit der Organisation und Kontrolle von Gruppenaktivitäten sowie der Aufrechterhaltung eines Zusammenhaltes unter den Gruppen-Mgl. verbunden ist. Die F.rolle variiert sowohl zw. verschiedenen Gruppen als auch innerhalb einer Gruppe in Abhängigkeit von den bes. Charakteristika und Ansprüchen der Geführten, den spezif. Zielen, die eine Gruppe verfolgt, sowie den von außen auf eine Gruppe einwirkenden Einflüssen.

◆ *militär.:* früher allg. Oberbegriff für die Dienststellung von mit Befehls- und Kommandogewalt ausgestatteten Soldaten im Truppendienst; heute nur noch in Wortverbindungen gebräuchl.: Trupp-, Gruppen-, Zug-, Einheitsführer. - ↑auch Truppenführer.

◆ in der *Musik* svw. ↑Dux.

Führerprinzip, ein den Werten und Zielen demokrat. Organisation prinzipiell entgegengesetztes polit. Leitungsprinzip, nach dem Autorität ausschließl. von einer monokrat. Spitze nach unten ausgeübt, Verantwortung hingegen ausschließl. von unten nach oben geschuldet wird. Insbes. eine Erscheinungsform der plebiszitär legitimierten Diktatur des 20. Jh.

Führerschein ↑Fahrerlaubnis.

Führer und Reichskanzler, von A. Hitler selbst geschaffene Amts-Bez., nachdem er nach Hindenburgs Tod 1934 die Ämter des Reichskanzlers und des Reichspräs. auf sich vereinigt hatte.

Führich, Josef Ritter von (seit 1861), * Kratzau (= Chrastava, Nordböhm. Gebiet) 9. Febr. 1800, †Wien 13. März 1876, östr. Maler. - Führender Vertreter der Nazarener in Österreich.

Fuhrmann ↑Sternbilder (Übersicht).

Führring, abgegrenzter Platz auf der Rennbahn, auf dem die am jeweiligen Rennen teilnehmenden Pferde gesammelt und durch die Jockeis vorgeführt werden.

Führung, Vorrichtung, die z. B. einem Maschinenteil eine bestimmte Bahn bzw. eine bestimmte Lage bei seiner Bewegung vorschreibt.

◆ Wahrnehmung der durch die Rolle eines Führers umschriebenen Aufgaben und Funktionen; bei demokrat. F. werden die Gruppen-Mgl. bei der Entscheidung über Gruppenziele oder an der Organisation von Gruppenaktivitäten beteiligt, bei autokrat. F. werden diese Funktionen vom Führer allein ausgeübt.

◆ *militär.:* Planung und Leitung des Einsatzes von Streitkräften; als enges Zusammenwirken der polit., wirtsch. und militär. F.stellen eines oder mehrerer Staaten auf der Grundlage der Strategie *(strateg. F.);* zur oberen F. gehören Oberkommandos und Korpskommandos, sie leiten Operationen und führen in der Schlacht *(operative F.);* die mittlere F. umfaßt Divisionen und Brigaden und führt das Gefecht der

verbundenen Waffen nach den Grundsätzen der Taktik *(takt. F.);* zur unteren F. gehören Regimenter, Bataillone und Kompanien (Batterien), nach den Grundsätzen der Taktik und den Kampfgrundsätzen ihrer Waffengattungen geführt.

Führungsakademie der Bundeswehr, Ausbildungsstätte der Bundeswehr, in der v. a. Offiziere für den Dienst als Stabsoffiziere ausgebildet und fortgebildet werden; Sitz: Hamburg.

Führungsaufsicht, Maßregel der Besserung und Sicherung, die neben die Verurteilung zu einer Strafe treten kann (§§ 68–68g StGB). Die durch das 2. StrafrechtsreformG eingeführte F. trat an die Stelle der Bewährungsaufsicht. Während der F., die 2 bis 5 Jahre dauert, stehen dem Verurteilten eine Aufsichtsstelle und ein Bewährungshelfer helfend und betreuend zur Seite. Außerdem kann das Gericht dem Verurteilten während der Dauer der F. Weisungen erteilen, um der Begehung weiterer Straftaten vorzubeugen. In *Österreich* bestehen ähnl. Vorschriften; in der *Schweiz* wird unter **Schutzaufsicht** die F. über einen bedingt Entlassenen verstanden.

Führungsplanke ↑Leitplanke.

Führungstruppen, ↑Truppengattung des Heeres der Bundeswehr.

Führungszeugnis (früher polizeil. F.), Zeugnis über den Inhalt des ↑Bundeszentralregisters.

Im *östr. Recht* entspricht dem F. die **Strafregisterbescheinigung,** in der *Schweiz* das **Leumundszeugnis.** Sie geben Auskunft über den Inhalt des Strafregisters.

Fuji Photo Film Co. Ltd. [engl. 'fu:dʒɪ 'foutou 'fɪlm 'kʌmpənɪ 'lɪmɪtɪd], eines der größten Photounternehmen der Welt, Sitz Tokio, gegr. 1934. Marken: Fuji, Fujica; Produktionsprogramm: Filme aller Art, photograph. Papiere, Schmalfilmkameras und -projektoren, Kleinbildkameras, Vergrößerungsgeräte, Mikrofilmsysteme u. a.

Fukien ['fu:kien], Küstenprov. in SO-China, an der Formosastraße, gegenüber von Taiwan, 123 100 km², 26 Mill. E (1982), Hauptstadt Futschou. Die Prov. wird von einem Teil des hier bis 1 321 m hohen südostchin. Berglandes eingenommen. Von der der Küste vorgelagerten Inselgruppen unterstehen Quemoy und Matsu der Militärverwaltung Taiwans. - Subtrop. Klima; Hauptanbauprodukt ist Reis, oft zwei Ernten im Jahr, daneben Bataten, Mais, Tabak, Tee, Zitrusfrüchte und Bananen. Ausgedehnte Wälder (v. a. mit Nadelhölzern, Bambus und Eukalyptus) bilden die Grundlage der Forstwirtsch. und der holzverarbeitenden Ind. Außerdem spielt die Küstenfischerei eine große Rolle. An Bodenschätzen finden sich Kohle, Eisen- und Wolframerz; die Schluchten der Küstenflüsse sind günstig für die Anlage von Kraftwerken, so daß neben Nahrungsmittel-

Fuks

ind. auch chem., Papier-, Zement-, Eisen- und Stahlind. von Bed. sind.

Fuks, Ladislav, *Prag 24. Sept. 1923, tschech. Schriftsteller. - Der Roman „Herr Theodor Mundstock" (1963) schildert den Versuch eines alten Juden im von dt. Truppen besetzten Prag, das drohende Schicksal der Deportation innerl. zu bewältigen.

Fukuda, Takeo, * in der Präfektur Gumma 14. Jan. 1905, jap. Politiker (Liberal-Demokrat. Partei). - Seit 1952 Abg. des Unterhauses; 1965/66, 1968–71 und 1973/74 Finanzmin.; 1966–68 Generalsekretär seiner Partei; 1971/72 Außenmin.; 1974–76 stellv. Min.präs. und Leiter der wirtsch. Planungsbehörde. 1976–78 Führer seiner Partei und Min.präsident.

Fukui, Kenidschi, * Nara 4. Okt. 1918, jap. Physikochemiker. - Arbeiten zur theoret. Chemie, insbes. zur Quantenchemie der chem. Reaktivität und der organ.-chem. Reaktionen (Grenzorbitaltheorie). Entdeckte fast gleichzeitig mit Roald Hoffmann die Prinzipien, nach denen solche Reaktionen ablaufen, wofür beide den Nobelpreis für Chemie des Jahres 1981 erhielten.

Fukui, jap. Stadt in der F.ebene an der W-Küste von Hondo, 241 000 E. Verwaltungssitz der Präfektur F.; Univ. (techn. Fakultäten). Textilind., v. a. Seidenherstellung sowie Baumwollverarbeitung.

Fukujama, jap. Stadt an der S-Küste von W-Hondo, 355 000 E. U. a. Elektroind., Kautschukverarbeitung, petrochem. und Textilind.; die Ausfuhr erfolgt über den Hafen **Tomo** 7 km südl. der Stadt.

Fukuoka, jap. Hafenstadt an der NW-Küste von Kiutschu, 1,08 Mill. E. Verwaltungssitz der Präfektur F.; kath. Bischofssitz; zwei Univ. (gegr. 1910 bzw. 1934), Fachhochschule für Pharmazie. Der Steinkohlenbergbau im Hinterland von F. begünstigte die Industrialisierung; u. a. chem. Ind., Eisen- und Stahlverarbeitung, Textil- und Porzellanind. - Die Hafenstadt **Hakata** war im MA eine der bedeutendsten Japans.

Fukusawa, Jukitschi, * Osaka 10. Jan. 1835, † Tokio 3. Febr. 1901, jap. Gelehrter. - 1858/71 gründete er die Keio-Univ. in Tokio, die zur bed. Pflegestätte westl. Wiss. wurde. Seine Bücher über die europ. Verhältnisse wurden richtungweisend für die Reformen der Meidschi-Regierung.

Fukuschima, jap. Stadt in N-Hondo, 265 000 E. Verwaltungssitz der Präfektur F.; Textil-, v. a. Seidenindustrie.

Ful (Eigenbez. Fulfulde), Sprache der ↑ Fulbe. F. gehört zur westatlant. Gruppe der Niger-Kongo-Sprachfamilie. Es besitzt fünf Vokalphoneme, implosive Konsonanten, Nasalverbindungen (mb, nd, nj, ŋg) im Silbenanlaut. Mehr als 6 Mill. Sprecher.

Fulbe (Einz.: Pullo; Fulani, Peul), Volk in Senegal, Mali, Obervolta und Tschad; gliedert sich kulturell und wirtsch. in zwei Gruppen: äthiopide Hirtennomaden und negride Seßhafte. Staatenbildend im 15. und 19. Jh.

Fulbright, James William [engl. 'fʊlbraɪt], * Sumner (Mont.) 9. April 1905, amerikan. Politiker. - Demokrat; Unternehmer und Jurist; brachte als Abg. die F.-Resolution ein, eine der Grundlagen für die Gründung der UN; initiierte 1946 die ↑ Fulbright-Stipendien; 1945–74 Senator von Arkansas; 1959–74 Vors. des außenpolit. Ausschusses; setzte seinen beträchtl. Einfluß für eine Überprüfung des überseeischen Engagements der USA und einen Ausgleich mit der UdSSR und der VR China ein.

Fulbright-Stipendien [engl. 'fʊlbraɪt], nach dem Initiator J. W. Fulbright benannte Stipendien zur Finanzierung eines akadem. dt.-amerikan. Austauschprogramms.

Fulda, Stadt in einem von der Fulda durchflossenen Becken zw. Rhön und Vogelsberg, Hessen, 260 m ü. d. M., 56 000 E. Verwaltungssitz des Landkr. F.; kath. Bischofssitz; Sekretariat des Dt. Ev. Kirchentags; philosoph.-theolog. Hochschule, Fachhochschule Gießen (Bereich F.), Verwaltungszentrum, Schulstadt und Ind.standort. u. a. Textil- und Bekleidungsind., Filzwaren- und Teppichherstellung, Reifenfabrik, Metallverarbeitung. - Auf altem Siedlungsgebiet (german.-kelt. Siedlung um Christi Geburt) entstand um 500 ein fränk. Hof, um 700 von den Sachsen zerstört. 744 wurde das benediktin. Musterkloster F. begr., 765 Reichsabtei, 774 Verleihung der Immunität; wurde unter Hrabanus Maurus (Abt 822–844) zu einem führenden Vermittler abendländ. Kultur in Deutschland. Der Abt wurde 968 Primas aller Benediktinerklöster „Germaniens und Galliens", seit 1170 als Reichsfürst tituliert. Die außerhalb des Klosterbezirks schon im 8. Jh. entstandene Siedlung erhielt 1019 das Marktrecht, wohl um 1114 Stadt. 1523 drang die Reformation in F. ein, das nach Rekatholisierung ein geistiges Zentrum der Gegenreformation wurde. 1752 wurde für das Stiftsland ein selbständiges Bistum F. errichtet; 1803 fiel das Fürstbistum an Nassau-Oranien, 1806 an Frankr., 1810 an das Großhzgt. Frankfurt, 1816 an Hessen-Kassel; seit 1821 wieder Bischofssitz und seit 1867 Sitz der F. Bischofskonferenz. - Anstelle der 791–819 erbauten Basilika barocker Neubau (1704–12) mit bed. Domschatz; ehemalige Klostergebäude (17./18. Jh.). Die karoling. Krypta der Michaelskirche ist erhalten; barocke Stadtpfarrkirche (1770–88). Das Schloß, ehem. Residenz der Fürstäbte, hat im Kern Teile der ma. Abtsburg (1294–1312) dem die Renaissanceschloß (1607–12) folgte in der heutigen Gestalt der barocke Ausbau (1707–13). Spätgot.-barocke Stein- und Fachwerkhäuser. Vier Bergklöster um F. bezeichnen symbol. die Enden eines Kreuzes.

F., Landkr. in Hessen.

F., Bistum, 1752 für das Gebiet der ehem. Fürstabtei gegr. Nach der Säkularisation wurde 1821 ein neues Bistum F. errichtet und der Oberrhein. Kirchenprov. unterstellt. 1929 zur Kirchenprovinz Paderborn. 1945 geteilt (seit 1973 in Erfurt-Meiningen eine Apostol. Administratur für den thüring. Anteil). - ↑auch katholische Kirche (Übersicht).

F., linker Quellfluß der Weser, entspringt an der Wasserkuppe, vereinigt sich bei Münden mit der Werra zur Weser; 218 km lang, davon 109 km schiffbar.

Fulgurite [lat.], svw. ↑Blitzröhren.

Full-dress [engl. 'fʊldrɛs, eigtl. „volle Kleidung"], die passende Garderobe für gesellschaftl. Anlässe.

Füllen ↑Sternbilder (Übersicht).

Füllen, svw. ↑Fohlen.

Fuller [engl. 'fʊlə], Curtis [Dubois], *Detroit 15. Dez. 1934, amerikan. Jazzmusiker (Posaunist). - Seit den 50er Jahren in verschiedenen New Yorker Jazzgruppen tätig (u.a. bei M. Davis und D. Gillespie). Wurde v.a. durch seine Mitarbeit im Farmer-Golson-Jazztet (1959–60) und bei Art Blakeys Jazz Messengers bekannt. F. gilt heute als einer der führenden Posaunisten der J.-J.-Johnson-Schule.

F., [Sarah] Margaret, *Cambridgeport (= Cambridge, Vt.) 23. Mai 1810, †Fire Island bei New York 19. Juli 1850 (Schiffsuntergang), amerikan. Schriftstellerin. - Hg. der transzendentalist. Zeitschrift „The Dial" und Mgl. der Transzendentalistengruppe um Emerson; übersetzte Eckermanns „Gespräche mit Goethe".

F., Richard Buckminster, *Milton (Mass.) 12. Juli 1895, †Los Angeles 1. Juli 1983, amerikan. Ingenieur. - Seine Schalenkonstruktionen prägen das Bild moderner Repräsentativarchitektur. Das Tragwerk besteht aus relativ kurzen, an ihren Kreuzungspunkten miteinander verbundenen Stäben und kann durch die Multiplikation von Zelle und Element fast beliebig ausgedehnt werden. Es wird abgedeckt oder mit einer Nylonhaut überspannt.

Füllhalter (Füllfederhalter), Taschenfederhalter mit eingebautem, nachfüllbarem Tintenbehälter. Beim **Kolbenfüllhalter** wird der Tank gefüllt durch Verschieben eines dichtschließenden Kolbens, der die Tinte durch Leitkanäle ansaugt. Beim **Druckfüllhalter** geschieht das Füllen durch kurzes Zusammendrücken eines eingebauten Gummischlauches. Beim **Patronenfüllhalter** wird eine Tintenpatrone (1 cm³) aus flexiblem Kunststoff eingesetzt, die von einem Dorn geöffnet wird.

Füllhalterdosimeter ↑Dosimeter.

Füllhorn, ein Horn, aus dem Blumen und Früchte quellen, in der antiken Mythologie Symbol des Überflusses, das verschiedenen Göttinnen zugeordnet war; Wiederaufnahme

Fulda. Dom

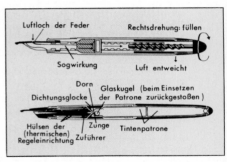

Füllhalter. Längsschnitte eines Kolben- (oben) und Patronenfüllhalters

in Renaissance und Barock, bes. Attribut der Fortuna, auch bei Personifikationen von Flüssen oder der Jahreszeiten.

Füllkörper, im *Bauwesen* nichttragende Formsteine, z. B. zur Herstellung von Rippendecken.

◆ (Fillings) in der *chem. Technik* Stoffe, die für gleichmäßige Verteilung, große Verweilzeit und intensive Berührung durch Vergrößerung der Oberfläche sorgen, z. B. bei Absorption, Adsorption, Destillation und Rektifikation.

Füllschriftverfahren, Verfahren bei der Schallplattenaufnahme. Die Spieldauer einer Platte wird dadurch verlängert, daß der

Rillenabstand nicht konstant ist, sondern von der Welligkeit (Maß für die Lautstärke) der benachbarten Rille beeinflußt wird; geringerer Rillenabstand bei Pianostellen.

Füllsender ↑ Frequenzumsetzer.

Full Service [engl. 'fʊl 'sɜːvɪs „voller Service"], Bez. für die Gesamtheit der Dienst- und Betreuungsleistungen, die eine Einkaufsgenossenschaft ihren Mgl. gegenüber erbringt. Der F. S. umfaßt u. a. die Erschließung optimaler Bezugsquellen, Informationen über Marktgeschehen und Marktlage, zentrale Werbung, Finanzhilfe bei Investitionsvorhaben.

Füllstimmen, in der Musik Bez. für die zusätzl. Stimmen eines mehrstimmigen Satzes, die weitestgehend nur der klangl. oder harmon. Verstärkung dienen.

Füllstoffe, bei der Papier- und Kunststoffherstellung verwendete Hilfsstoffe (z. B. Kreide, Holzmehl) zur Einsparung von Grundmaterial oder um eine bestimmte Eigenschaft zu erreichen.

Full-time-Job [engl. fʊltaim „Vollzeit"], Beschäftigung, die jemanden ganz ausfüllt; Ganztagsarbeit.

Füllwein, Wein, der zum Nachfüllen des durch Verdunstung im Faß entstandenen Schwundes (jährl. etwa 3 %) benutzt wird. Es werden gute Weine des gleichen oder eines älteren Jahrgangs verwendet. Das Nachfüllen gilt nicht als Verschnitt.

Fully fashioned [engl. 'fʊlɪ 'fæʃənd „mit (voller) Paßform"], in der Form gestrickt oder gewirkt, wie man sie sonst durch Zuschneiden erreicht.

Füllzeichen (Blankzeichen, Leerzeichen), in der Datenverarbeitung Bez. für ein Codezeichen, das zur Bildung von Zwischenräumen zw. gespeicherten Daten dient.

fulminant [lat.], glänzend, zündend, prächtig.

Fulminate [lat.], äußerst giftige, explosive Salze der Knallsäure (CNOH), z. B. ↑ Knallquecksilber.

Fulton, Robert [engl. 'fʊltən], * Little Britain (= Fulton, Pa.) 14. Nov. 1765, † New York 24. Febr. 1815, amerikan. Mechaniker. - Baute zahlr. Dampfschiffe, darunter ein Torpedoboot, sowie das erste dampfgetriebene amerikan. Kriegsschiff („Fulton the First").

Fumarolen [lat.-italien.], in Vulkangebieten ausströmende, chem. sehr aggressive, 200–800 °C heiße Gase (u. a. Wasserdampf, Chlor-, Bor-, Schwefel-, Fluorverbindungen).

Fumarsäure [lat./dt.], HOOC – CH = CH – COOH, einfachste ungesättigte Dicarbonsäure, trans-Form; cis-Form ist die ↑ Maleinsäure. Die Salze und Ester der F. werden als **Fumarate** bezeichnet; kommt in Pilzen und Flechten vor.

Funabaschi, jap. Stadt auf Hondo, 489 000 E. Standort eisenverarbeitender Ind., Wohnvorort von Tokio.

Funafuti, Atoll der Ellice Islands im Pazifik mit dem Verwaltungssitz von Tuvalu.

Funchal [portugies. fũˈʃal], Hauptstadt der portugies. Insel Madeira, 49 000 E. Kath. Bischofssitz; Verwaltungs- und Handelszentrum mit bed. Hafen; Erdöltanklager; Weinkellereien, Branntweinherstellung; Fremdenverkehr; ♨. - Um 1425 gegr.; 1508 Stadtrechte.

Fund, die Inbesitznahme einer verlorenen (= besitz-, nicht herrenlosen) bewegl. Sache (§§ 965–983 BGB). Der Finder, der nur für Vorsatz und grobe Fahrlässigkeit haftet, muß den F. unverzügl. anzeigen, und zwar dem Empfangsberechtigten oder der Polizei. Er hat die Sache zu verwahren und sie auf polizeil. Anordnung an die Polizei abzuliefern. Vom Empfangsberechtigten kann er Ersatz seiner Aufwendungen verlangen, ferner - außer bei Verletzung der Anzeigepflicht - einen **Finderlohn** (bei Sachen im Wert bis 1 000 DM: 5 %, darüber hinaus 3 %, bei Tieren: 3 %). Nach 6 Monaten seit Anzeige des F. bei der Polizei erwirbt er lastenfreies Eigentum an der F.sache, sofern der Empfangsberechtigte vorher weder sein Recht bei der Polizei angemeldet ist, noch es dem Finder bekanntgeworden ist. Der Finder haftet aber jedem, der infolge seines Eigentumserwerbs einen Rechtsverlust erlitten hat, noch 3 Jahre lang aus ungerechtfertigter Bereicherung. - Sonderfälle: **Kleinfund** (von Sachen, die nicht mehr als 10 DM wert sind): Er bedarf keiner Anzeige an die Polizei. **Verkehrsfund** (in Räumen oder Beförderungsmitteln einer Behörde oder Verkehrsanstalt): Die Sache ist unverzügl. einem Bediensteten der Behörde oder Anstalt abzuliefern; der Anspruch auf Finderlohn ist auf die Hälfte herabgesetzt und gilt nur für Gegenstände ab 100 DM Wert. **Schatzfund** (einer Sache, die so lange verborgen war, daß ihr Eigentümer nicht mehr zu ermitteln ist): Mit der Inbesitznahme erwerben Miteigentum je zur Hälfte der Entdecker und der Eigentümer der Sache, in welcher der Schatz verborgen war (§ 984 BGB). Für **Altertumsfunde** gelten länderrechtl. Sonderbestimmungen. - Zur Fundunterschlagung ↑ Unterschlagung.

Ähnl. rechtl. Bestimmungen gelten in *Österreich* und in der *Schweiz*.

Fundament [lat.], bis auf tragfähigen Untergrund herabreichender Unterbau eines Bauwerks.

fundamental [lat.], grundlegend; schwerwiegend.

Fundamentalartikel, Begriff der luth.-orth. Dogmatik, der in den kontroverstheolog. Auseinandersetzungen in der Zeit der Orthodoxie zur Bez. der Zentralwahrheiten des christl. Glaubens verwendet wurde. Die Lehre vom F. wurde schon im 16. Jh. vorbereitet durch den Humanismus, v. a. bei M. Bucer. Während der Einigungsbestrebungen im

17. Jh. erlangten die F. ihre wesentl. Bedeutung zur Klärung von Unterschieden und Gemeinsamkeiten zw. den verschiedenen Konfessionen. Die luth. Orthodoxie erreichte keine Einheitlichkeit in der Bestimmung dessen, was zum Heil notwendig ist. G. Calixt legte das Dogma der ersten fünf Jh. zugrunde, andere, wie N. Hunnius (* 1585, † 1643), beriefen sich ausschließl. auf die luth. Artikel.

♦ Hauptteil des 1871 projektierten böhm. Ausgleichs; drei Gesetzentwürfe zur Umstrukturierung des dualist. östr.-ungar. Ausgleichs (bei Gleichstellung Böhmens und Ungarns) in einen böhm.-östr.-ungar. Trialismus; stießen v. a. auf die Gegnerschaft der Deutschen in Böhmen, der gesamtstaatl. tendierenden Bürokratie, der Magyaren und auf Vorbehalte Mährens und scheiterten.

Fundamentalismus [lat.], Ende des 19. Jh. entstandene Bewegung des amerikan. Protestantismus zur Abwehr des Liberalismus; sie geht mit Entschiedenheit davon aus, daß die Bibel unmittelbares Wort Gottes (gewissermaßen wörtl. diktiert: „inspiriert") und aus diesem Grund irrtums- und widerspruchsfrei sei.

Fundamentalkatalog ↑ Fundamentalsterne.

Fundamentalpunkte, Bez. für den Schmelzpunkt (Eispunkt) des Wassers bei einem Druck von 1 atm = 101 325 Pa (0 °C bzw. 273,15 K) und den Siedepunkt des Wassers bei gleichem Druck (100 °C bzw. 373,15 K) in ihrer Eigenschaft als Bezugspunkte für die Temperaturmessung. Das Temperaturintervall zw. den beiden F. wird als **Fundamentalabstand** bezeichnet.

Fundamentalsatz, (Algebra) ↑ Algebra.
♦ (F. der Zahlentheorie) ↑ Zahlentheorie.

Fundamentalsterne, Fixsterne, deren Position und Eigenbewegung bes. genau bekannt sind; F. sind in **Fundamentalkatalogen** zusammengefaßt und dienen in Astronomie und Navigation zur genauen Orts- und Zeitbestimmung.

Fundamentaltheologie, Disziplin der kath. Theologie, die nicht einzelne Glaubensinhalte, sondern die Prinzipien der Theologie, die Möglichkeit des Glaubens und der diesem zugrundeliegenden Offenbarung sowie heute v. a. den Wiss.anspruch der Theologie, ihre Methoden und ihr Verhältnis zu anderen Wissenschaften untersucht.

Funder, Friedrich, * Graz 1. Nov. 1872, † Wien 19. Mai 1959, östr. Publizist. - Ab 1896 Mitarbeiter, 1903 Chefredakteur der christl.-sozialen „Reichspost"; kämpfte gegen den Anschluß Österreichs an Deutschland; 1938/39 aus polit. Gründen im KZ inhaftiert; gründete 1945 die Zeitschrift „Die Furche".

fundierte Schuld [lat./dt.], langfristige öffentl. Anleihe, deren Tilgung und Verzinsung aus Einnahmen des ordentl. Haushalts erfolgt.

fündig, gesagt von einer Bohrung oder Schürfung, die auf vermutete Bodenschätze trifft.

Fundunterschlagung ↑ Unterschlagung.

Fundus [lat. „Boden, Grund(lage)"], allg. Grundlage, Unterbau; Grundbestand.
♦ im antiken Rom Landgut mit Zubehör als Betriebseinheit (daher frz. fonds); auch allg.: Grundstück.
♦ Bestand an Kostümen, Requisiten u. a. Ausstattungsmitteln bei Theater und Film.

Fundy, Bay of [engl. ˈbɛɪ əv ˈfʌndɪ], Bucht des Atlantiks an der kanad. Küste. zw. dem Festland (Prov. New Brunswick) und der Halbinsel der Prov. Nova Scotia, mit dem höchsten Tidenhub auf der Erde (14 m, bei Springflut 21 m). An der N-Küste Marschengebiet, das im 17. Jh. von frz. Siedlern kultiviert wurde. - 1604 entdeckt.

funebre [frz. fyˈnɛbr] italien. ˈfuːnebrə], musikal. Vortragsbez.: traurig, düster.

Fünen, dän. Ostseeinsel zw. Großem und Kleinem Belt, 2 977 km², bis 131 m hoch, Hauptstadt Odense. Straßen- und Eisenbahnbrücke zum Festland, Fähren zu den Nachbarinseln. Überwiegend agrar. Nutzung.

Funès, Louis de [frz. fyˈnɛs], * Courbevoie (Seine) 31. Juli 1914, † Nantes 27. Jan. 1983, frz. Schauspieler. - Seit den 60er Jahren populärer Komiker, u. a. in dem Film „Die Abenteuer des Rabbi Jakob" (1973).

fünf, eine Primzahl, die Anzahl der Finger an einer Hand, aber auch der Sinne („f. gerade sein lassen": es nicht so genau nehmen, großzügig sein, „das fünfte Rad am Wagen": überflüssig sein). Der kreuzweisen Verbindung von f. Punkten, dem Drudenfuß oder Pentagramm, wurden mag.-abwehrende Kräfte zugeschrieben.

Fünferalphabet (Fünfercode) ↑ Telegrafenalphabet.

Fünfkampf, sportl. Wettkampf nach dem Muster des griech. ↑ Pentathlons; in der Leichtathletik F. für Männer (Weitsprung, Speerwurf, 800-m-Lauf, Diskuswurf und 1 500-m-Lauf). - Moderner F., Springreiten (über 600 m mit 15 Hindernissen und 18 Sprüngen), Degenfechten, Freistilschwimmen (über 300 m), Schießen (Pistole oder Revolver, 20 Schuß in 4 Serien zu je 5 Schüssen auf eine 25 m entfernte Scheibe), Geländelauf (4 000 m). - F. der Polizei. Pistolenschießen, 300-m-Freistilschwimmen, Kugelstoßen, Weitsprung und 3 000-m-Lauf (in der Altersklasse 1 500-m-Lauf).

Fünfkirchen, dt. für ↑ Pécs.

Fünfpaß, got. Maßwerkfigur aus fünf gleich großen Dreiviertelkreisen, die um einen mittleren Kreis angeordnet sind oder von einem Kreis umschlossen werden.

Fünfprozentklausel, Bestimmung, derzufolge nur solche Parteien Parlamentssitze erhalten, die mindestens 5 % der im Wahl-

Fünftagefieber

gebiet abgegebenen gültigen Stimmen auf sich vereinigt haben. Eine F. enthalten das BundeswahlG i. d. F. vom 7. 7. 1972 für Bundestagswahlen und die meisten Landeswahlgesetze für Landtagswahlen, jedoch zumeist mit der Maßgabe, daß eine Partei auch dann Sitze erhält, wenn sie zwar 5 % der Wählerstimmen nicht erreicht, aber in einer bestimmten Zahl von Wahlkreisen Sitze unmittelbar erringt. In *Österreich* besteht seit 1960 eine F. in Wien. In der *Schweiz* gibt es eine derartige Sperrklausel in einigen Kt. (z. B. Neuenburg: 10 %).

Fünftagefieber (wolhyn. Fieber, Febris quintana), Infektionskrankheit mit period., meist im Abstand von fünf Tagen auftretenden Fieberschüben, heftigen Kopf- und Gliederschmerzen sowie Leber- und Milzvergrößerung; Übertragung durch Kopf- und Kleiderläuse, der Erreger ist Rickettsia quintana.

Fünftagewoche, durch Tarifvertrag, Betriebsvereinbarung oder Einzelvertrag geregelte Verteilung der Arbeitszeit auf fünf Wochentage.

fünfte Kolonne, polit. Schlagwort zur Bez. polit. Gruppen, deren Angehörige vornehml. in Krisen oder während eines Krieges im Interesse einer auswärtigen Macht polit. Ziele verfolgen. Der Begriff entstand 1936 während des Span. Bürgerkriegs, als General Mola auf die Frage, welche seiner vier Kolonnen die von Republikanern verteidigte Hauptstadt einnehmen werde, antwortete, daß dies in erster Linie von den getarnten Anhängern der Aufständischen, die er als f. K. bezeichnete, geleistet werden müsse.

Fünfte Republik (Cinquième République), Name des frz. Staates seit 1958.

Fünf zivilisierte Nationen, Zusammenschluß von Indianerstämmen in den USA; nach der Vertreibung (ab 1834) aus dem sö. Waldland in das Indianerterritorium in Oklahoma schlossen sich Creek, Cherokee, Choctaw, Chickasaw und Seminolen zu einer einflußreichen polit. Einheit (F. z. N.) zus., die bis 1898 bestand.

Fungibilität [lat.], im Recht Vertretbarkeit, Eigenschaft bestimmter bewegl. Sachen.

fungieren [lat.], ein Amt verrichten, verwalten; tätig, wirksam sein.

Fungistatika [lat./griech.] ↑Fungizide.

Fungizide [lat.], Stoffe, die bereits in niedriger Konzentration Pilze abtöten. Der Übergang zu den **Fungistatika,** die das Pilzwachstum nur hemmen, ohne abtötend zu wirken, ist gleitend und oft nur eine Frage der Dosis und Anwendungsdauer. F. spielen eine Rolle in der Medizin und bes. im Pflanzenschutz (z. B. Formaldehyd oder Organoquecksilberverbindungen sowie als ältestes Fungizid die Kupferkalkbrühe). **Systemische Fungizide** sind F., die von den Pflanzen resorbiert und in den Pflanzensäften gespeichert werden.

fungoid [lat./griech.], schwammähnl., in Form einer schwammigen Geschwulst (z. B. von Gewebswucherungen).

fungös [lat.], schwammig (z. B. von Gewebe, Entzündungen oder Wucherungen).

Fungosität [lat.], schwammige Wucherung von [tuberkulösem] Gewebe.

Fungus [lat.], in der Medizin Bez. für eine schwammige Geschwulst bzw. Wucherung, z. B. F. *medullaris* (Markschwamm), weiche Krebsgeschwulst.

Funhof, Hinrik, * um 1430/40 wohl in Westfalen, † Hamburg 1484 oder 1485, dt. Maler. - Seit 1475 in Hamburg nachweisbar; erhalten u. a. vier Flügel eines Altars in Sankt Johannis in Lüneburg (1482–84).

Funiculus [lat. „dünnes Seil"], in der *Anatomie:* kleiner Gewebsstrang; z. B. F. *umbilicalis,* svw. Nabelschnur.

◆ (Nabelstrang) in der *botan. Morphologie:* von einem Gefäßbündel durchzogenes Stielchen, mit dem die Samenanlage der Samenpflanzen an der Plazenta befestigt ist.

Funikulitis [lat.], Entzündung im Bereich des Samenstrangs, bes. häufig bei Gonorrhö.

Funk, Casimir, * Warschau 23. Febr. 1884, † Albany (N. Y.) 20. Nov. 1967, poln.-amerikan. Biochemiker. - Arbeitete in der Ind. und Forschung in Frankr., Deutschland, Großbrit. und in den USA; bei seiner Untersuchung der Beriberi (1912/13) prägte er die Bez. „Vitamin".

F., Walther, * Trakehnen 18. Aug. 1890, † Düsseldorf 31. Mai 1960, dt. Politiker. - 1931 Eintritt in die NSDAP; seit 1932 MdR, ab 1933 Pressechef und Staatssekretär im Propagandaministerium; als Reichswirtschaftsmin. (1938–45) und (seit 1939) zugleich Reichsbankpräs. mitverantwortl. für die Forcierung der Kriegsvorbereitungen. 1946 in Nürnberg zu lebenslängl. Haft verurteilt, 1957 wegen Krankheit entlassen.

Funk [engl. fʌŋk], im Jazz aus dem afroamerikan. Slang (engl. funky = stinkig) abgeleitete Bez. für die blues- und gospelbetonte Spielweise des Hardbop um 1960; seit den 70er Jahren auch Richtung im Rockjazz (u. a. H. Hancock); der F. hatte zu Beginn der 80er Jahre großen Einfluß auf Stilbereiche der Rockmusik.

Funkamateure [...tø:rə], Personen, die auf Grund einer staatl. Genehmigung (nach Ablegen einer Prüfung) mit selbstgebauten oder industriell gefertigten Sende- und Empfangsanlagen in ihrer Freizeit privaten Funkverkehr betreiben. Die Frequenzen für F. sind internat. vereinbart; in der BR Deutschland sind zugelassen im Kurzwellenbereich das 160 m-, 80 m-, 40 m-, 20 m-, 15 m- und 10 m-Band, im Ultrakurzwellenbereich das 2 m- und 70 cm-Band sowie weitere Frequenzbänder im Gigahertzbereich. Entsprechend der benutzten Frequenz kann jeder Punkt der Erde erreicht werden, z. T. unter

Verwendung von Amateurfunksatelliten. Die Verbindungen, die mittels Morsezeichen, Sprechfunk, Funkfernschreiber oder Fernsehfunk hergestellt werden, dienen rein privaten Zwecken; polit. Informationen dürfen nicht ausgetauscht werden.

Funkbake, svw. ↑ Funkfeuer.

Funkdienst ↑ bewegliche Funkdienste, ↑ feste Funkdienste.

Funke, Glutteilchen, das bei Verbrennungs- oder Reibungsvorgängen entsteht. ◆ (elektr. F.) Art der Gasentladung in Form eines zeitl. begrenzten elektr. Durchbruchs einer Isolierstrecke (meist Luft); wird durch spitze Elektroden (hohe Feldstärken an den Spitzen) begünstigt. Als Faustregel gilt für die Schlagweite in Luft bei Normaldruck: 1 mm je 1 000 Volt.

Funkenentladung, eine Form der Gasentladung, die bei genügend hoher Spannung als *Durchbruch* (Durchschlag) einer Gasstrecke entsteht. Sie zeigt sich als ein Bündel grell leuchtender, verästelter Funkenkanäle, die den Entladungsraum (**Funkenstrecke**) durchdringen. Eine F. zw. zwei Wolken oder zw. Wolke und Erde ist der ↑ Blitz.

Funkenfänger, Schutzvorrichtung in Schornsteinen (meist ein Drahtkorb), die die Funken zurückhält.

Funkeninduktor (Induktionsapparat), Hochspannungstransformator, der mit pulsierendem Gleichstrom betrieben wird; liefert Spannungen bis zu einigen 100 kV.

Funkenkammer, Gerät zum Nachweis oder zur Sichtbarmachung der Spuren energiereicher ionisierender Teilchen in der Kernphysik. Die F. besteht aus einer Anzahl flächenförmiger, parallel zueinander angeordneter Elektroden, z. B. Metallfolien in einer Gasatmosphäre (Luft, Edelgas). Kurz nach dem Durchgang eines ionisierenden Teilchens wird kurzzeitig eine so hohe Spannung an die Elektroden angelegt, daß entlang der Ionisationsspur des Teilchens sichtbare Funken zw. den Platten überspringen, die von zwei Seiten her photographiert oder elektron. registriert werden.

Funkenlinie, Spektrallinie eines ↑ Funkenspektrums.

Funkensender, histor. ältester Funkensender, von H. Hertz für grundlegende Versuche zur Erzeugung und Übertragung elektromagnet. Wellen verwendet. Der Funke einer Funkenstrecke erzeugt elektromagnet. Schwingungen, die von dem an die Funkenstrecke angeschlossenen Hertzschen Dipol abgestrahlt werden.

Funkenspektrum, urspr. das sichtbare Spektrum eines elektr. Funkens, der zw. Metallelektroden überspringt. Da fast nur Ionen des Elektrodenmaterials oder der Luft angeregt werden, wird als F. allg. das Spektrum angeregter Ionen bezeichnet (im Ggs. zum Bogenspektrum). Die einzelnen Spektrallinien des F. werden **Funkenlinien** genannt.

Funkenstrecke ↑ Funkenentladung.

Funkentstörung (Entstörung), Sammelbez. für alle Maßnahmen zur Vermeidung oder Verringerung von Funkstörungen bes. durch elektr. Funken. Für die F. werden v. a. Kondensatoren, Drosselspulen und Widerstände verwendet: Kondensatoren stellen hochfrequenzmäßig einen Kurzschluß dar und können so z. B. Störspannungen zur Erde ableiten. Drosselspulen verhindern eine Ausbreitung der Störung auf das Stromnetz und umgekehrt.

Funker, Beruf 1. bei der Bundeswehr mit Spezialgrundausbildung, so z. B. im Fernmeldeverbindungsdienst als Sprech- und Tastfunker, 2. ↑ Funkoffizier.

Funkerzählung ↑ Hörspiel.

Funkfernschreiber ↑ Fernschreiber.

Funkfeuer (Funkbake), ortsfester Sender, der ausschließl. für die Zwecke der Funknavigation von Schiffen und Flugzeugen ein Signal ausstrahlt, dem bestimmte Funkzeichen als Kennung eingeblendet werden. Man unterscheidet: **ungerichtete Funkfeuer** (rundstrahlende F.), die gleichmäßig in alle Richtungen des Azimuts strahlen, z. B. *Decca-Navigator-System,* **Richtfunkfeuer,** die mittels Richtantennen einen oder mehrere Leitstrahlen aussenden, z. B. Markierungsfeuer; die **Drehfunkfeuer** mit einem umlaufenden Richtstrahl, die außer der Ortung auch das Einhalten eines gewählten Kurses ermöglichen, z. B. UKW-Drehfunkfeuer (↑ VOR-Verfahren).

Funkhaus, Hauptgebäude[komplex] einer Hörfunk- oder Fernsehanstalt u. a. mit Studios für die Produktion von Hörfunk- und Fernsehsendungen.

Funkkolleg, wiss. Vorlesungsreihe im Hörfunk, die im Medienverbund angeboten wird (Texte, Studienbegleitbriefe und -zirkel); mit Abschlußprüfungen.

Funkkompaß, svw. Radiokompaß (↑ Funknavigation).

Funkleitstrahl, kegelförmiges Raumgebiet (sehr kleiner Öffnungswinkel) mit gegenüber der Umgebung veränderter elektromagnet. Feldstärke; z. B. durch den Schnitt zweier Leitebenen, die von geeigneten Antennen abgestrahlt werden, oder durch die Schwenkungen einer Antennenanlage mit stark gebündelter Richtcharakteristik; verwendet u. a. bei der Flugnavigation.

Funkmeßtechnik, Verfahren, mit Hilfe von elektr. Wellen bzw. Impulsen, die an Objekten reflektiert werden, durch Messung ihrer Laufzeit die Entfernung dieser Objekte, speziell mit Hilfe des ↑ Radars, aber auch die genaue Lage von Fehlern in elektr. Leitungen zu bestimmen.

Funknavigation, die Navigation von Wasser- oder Luftfahrzeugen mit Hilfe von Funksignalen, die von Funkfeuern ausgesendet und von bordeigenen Funkpeilern emp- .

Funkoffizier

fangen werden oder von Bordsendern abgestrahlt und als reflektierte Signale empfangen werden. Entsprechend der Reichweite unterscheidet man allg. Kurzstrecken-, Mittelstrecken- und Langstrecken-F.; spezielle Verfahren der Kurzstrecken-F. werden z. B. in der Luftfahrt für den Landeanflug und die Allwetterlandung, in der Schiffahrt für das Befahren schwieriger Küstengewässer verwendet. - Die meßtechn. Verfahren werden in folgende Gruppen eingeteilt: Bei den *Richtempfangsverfahren* wird im Fahrzeug die Abhängigkeit der Antennenspannung von der Richtung der von einem Land- oder Bodenstation einfallenden elektromagnet. Wellen ausgenutzt. So wird z. B. die Antenne für einen **Radiokompaß** so lange gedreht, bis die von dem ungerichteten Funkfeuer ausgesendeten Wellen eine minimale Antennenspannung erzeugen. Bei den *Differenzentfernungsmeßverfahren* werden Entfernungen zu verschiedenen Bodenstationen dadurch ermittelt, daß entweder die *Zeitdifferenzen* zw. dem Empfangen der von den Stationen gleichzeitig ausgesendeten Impulse (Laufzeitdifferenzen) gemessen werden oder die *Phasendifferenzen* zw. den gleichfrequenten elektromagnet. Wellen (z. B. beim **Decca-Navigator-System**). Beide Methoden liefern als Standlinien Hyperbeln (sog. *Hyperbelnavigation*); diese in der Luftfahrt wie in der Schiffahrt angewendeten Verfahren werden als Hyperbelverfahren bezeichnet. Bei den *Entfernungsmeßverfahren* wird aus der Laufzeit eines von einem (bordeigenen) Sender ausgestrahlten Impulses zu einem [aktiven] Rückstrahler und zurück die momentane Entfernung bestimmt. *Radarverfahren* (**Radarnavigation**) dienen in der Schiffahrt v. a. zur Ermittlung des Standorts und des Kurses bei Nacht und schlechter Sicht. Navigationseinrichtungen unabhängig von Bodenstationen sind z. B. ↑Doppler-Radar. - Abb. Bd. 5, S. 101.

Funkschatten. Beispiel aus der Raumfahrt: Der Funkkontakt zwischen Erde und Raumkabine ist unterbrochen, sobald die Raumkabine in den Funkschatten des Mondes eintritt

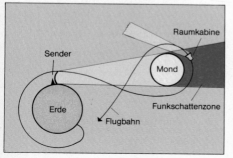

⚏ *Marcus, C.: F. Herford* ²1979.

Funkoffizier, Beruf in der zivilen Seeschiffahrt; die viersemestrige Ausbildung an einer Fach- bzw. Fachhochschule für Seefahrt setzt Abschluß in einem Elektroberuf und engl. Sprachkenntnisse voraus.

Funkpeiler, Funkempfänger mit bes. Empfangsantennen (Richtantennen), mit denen die Einfallsrichtung der von einem Sender ausgestrahlten Signale und damit die Richtung zum Sender bestimmt werden kann.

Funkrufdienst, Abk. FuRD, Einrichtung der Dt. Bundespost (seit 1974) im Rahmen des Europ. F. (**Eurosignal**). Einseitig gerichtete Funkverbindung zw. Landfunkstellen und tragbaren oder bewegl. Funkrufempfängern (insbes. in Kfz.). Ein Anruf vom öffentl. Fernsprecher zur Rufzentrale) löst im Empfänger opt. oder akust. Signale aus mit vorher festzulegender Bedeutung (z. B. Aufforderung zu telefon. Rückruf). Sendefrequenzen zw. 87 und 87,5 MHz (UKW).

Funkschatten, der hinter einem von elektromagnet. Wellen „angestrahlten" Objekt bei quasiopt. Wellenausbreitung liegende Bereich, in dem Verschlechterung oder Unterbrechung des Funkkontaktes zw. Sender und Empfänger auftritt.

Funksprechgerät ↑Sprechfunkgerät.

Funkspruch, drahtlos, d. h. durch Funk übermittelte Nachricht.

Funkstille, allg. Unterbrechung des Funkverkehrs, insbes. Sendeverbot auf der Telegraphienotfrequenz 500 kHz und der Sprechfunknotfrequenz 2 182 kHz zweimal stündl. für je 3 Min., um zu verhindern, daß ein Notruf im allg. Funkverkehr untergeht.

Funkstörung, Störung des Bild- und Tonfunkempfangs durch elektromagnet. Schwingungen. Störquellen sind v. a. schleifende Kontakte (z. B. von elektr. Bahnen), schaltende Kontakte, Zündvorgänge in Verbrennungsmotoren und elektr. Maschinen. F. i. w. S. sind die v. a. im Kurzwellenbereich auftretenden Störungen als Folge von Veränderungen der Ionosphäre.

Funktaxi ↑Taxi.

Funktechnik (drahtlose Nachrichtentechnik), Teilgebiet der Nachrichten- bzw. Hochfrequenztechnik; die Gesamtheit aller techn. Verfahren und Geräte zur drahtlosen Übermittlung von Signalen, Sprache, Musik und Bildern mit Hilfe elektromagnet. Wellen, die von der Antenne eines Senders ausgestrahlt und von der Antenne eines Empfängers aufgenommen werden. Spezielle Bereiche der F. sind Rundfunktechnik, Fernsehtechnik, Funkfernschreibtechnik, Funktelegraphie (einschließ. Bildfunk) und Funktelephonie, Funknavigation, Funkortung und Funkpeilung, Funkmeß- oder Radartechnik, Sprechfunk sowie Telemetrie, i. w. S. auch Radioastronomie.

Funktelefonie ↑Fernsprechen.

Funktelegraphie, die drahtlose Übermittlung von Nachrichten nach einem vereinbarten Code, z. B. dem Morse- oder Telegraphenalphabet.

Funktion [lat.], in der *Mathematik*: nach traditioneller Auffassung eine Zuordnungsvorschrift, die gewissen Zahlen x (den Argumenten) wieder Zahlen $y = f(x)$ (die F.werte) zuordnet. Man bezeichnet x gewöhnl. als *unabhängige*, y als *abhängige Variable* (Veränderliche). F. mit reellen Werten x, y *(reelle F.)* lassen sich graph. durch eine Kurve im (x, y)-Koordinatensystem darstellen, die genau aus denjenigen Punkten (x, y) besteht, für die $y = f(x)$ ist. Kann man $y = f(x)$ eindeutig nach x auflösen, $x = g(y)$, so nennt man g die Umkehr-F. von f; man vertauscht dann wieder die Buchstabensymbole der Variablen, schreibt $y = g(x)$, und das bedeutet Spiegelung der graph. Darstellung an der Geraden $y = x$. Man unterscheidet *ganzrationale F.*, $f(x) = a_n x^n + a_{n-1} x^{n-1} + \ldots + a_1 x + a_0$, die für $n = 1$ speziell die *linearen F.* enthalten, und *rationale F.* (Quotienten von ganzrationalen F.). *Algebraische F.* können auch Wurzeln enthalten, z. B. $y = \sqrt[4]{1 + x^2}$: sie sind allg. dadurch definiert, daß eine algebraische Gleichung zw. x und y besteht ($\uparrow$ algebraische Funktion), z. B. $y^4 - x^2 - 1 = 0$. F., wie z. B. $y = \sin x$, $y = \mathrm{e}^x$, $y = \ln x$, für die keine algebraische Beziehung zw. y und x besteht, nennt man *transzendente F.* Außer den F. in einer Variablen gibt es die *F. mehrerer Variablen*, z. B. $z = f(x, y)$ und $u = f(x, y, z)$ bei zwei bzw. drei unabhängigen Variablen, allg. $u = f(x_1, x_2, \ldots, x_n)$ bei n unabhängigen Variablen $x_1, x_2, \ldots, x_n$ in höherdimensionalen Räumen. Daneben kennt man F., deren Werte nicht Zahlen, sondern z. B. Vektoren im Falle der sog. *Vektor-F.* sind. Eine bes. Bedeutung haben die von der Funktionentheorie behandelten komplexwertigen F. eines komplexen Arguments $z = x \pm \mathrm{i} y$ *(komplexe F.)*. Diese traditionelle Vorstellung vom F.begriff ist unscharf und außerdem für heutige Zwecke auch nicht weit genug. Man geht daher heute von einer allgemeineren und präzisen Definition der F. aus, die an die Vorstellung des Graphen (der „Kurve") in der (x, y)-Ebene ähnlich anknüpft: Es seien zwei nichtleere Mengen D und W gegeben (Definitionsbereich D, Wertebereich W). Eine Menge von Paaren $f = \{(x, y), x \in D, y \in W\}$ nennt man [Graph einer] F., wenn gilt: Zu jedem $x \in D$ gibt es genau ein Paar $(x, y) \in f$.

◆ *allgemeinsprachl.*: die Position eines Menschen oder der Arbeitsbeitrag eines techn. Aggregats innerhalb einer Organisation.

◆ in der *Soziologie* (seit E. Durkheim) die Leistung oder der Beitrag eines sozialen Elements für Aufbau, Erhaltung oder Veränderung eines bestimmten Zustandes des gesamten Systems, zu dem das Element gehört. Als „manifeste" F. gelten die von den Mgl. des

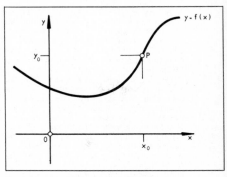

Funktion. Graphische Darstellung einer Funktion y = f(x)

Systems beabsichtigten und auch tatsächl. wahrgenommenen; „latent" funktionale Systemelemente sind die von den System-Mgl. überhaupt nicht (oder anders) beabsichtigten, aber dennoch wirkenden Elemente.

◆ in der *Physiologie*: Tätigkeit, Betätigungsweise eines Gewebes; Aufgabe eines Organs im Rahmen des Gesamtorganismus.

◆ in der *Sprachwissenschaft* die Leistung eines sprachl. Elements in einem bestimmten Zusammenhang, die Rolle eines sprachl. Elements in einem System oder Teilsystem.

Funktional [lat.], die Abbildung einer beliebigen Menge M von Elementen in eine Menge von reellen bzw. komplexen Zahlen (reelles bzw. komplexes F.); die Elemente von M können Vektoren, Zahlen, Punkte, Funktionen u. a. sein. Beispiele für F. sind Erwartungswert einer Zufallsgröße und bestimmtes Integral einer Funktion.

Funktionalanalysis, ein Zweig der Mathematik, der im Sinne der modernen Axiomatik unter dem Begriff der topolog. Vektorräume viele inhaltl. wesentl. verschiedene Gebiete der Mathematik und ihrer Anwendungen vereinheitlicht. Ausgangspunkt der F. ist die Tatsache, daß die verschiedenartigsten mathemat. Operationen, wie z. B. die Addition von Zahlen, Winkeln oder Vektoren, gemeinsame Eigenschaften haben. Ziel der F. ist es, diese Gemeinsamkeiten zu erforschen und zu allg. Aussagen zu gelangen, die unabhängig von bes. mathemat. Objekten sind.

funktionale Musik, Bez. für Musik, in der die autonom musikal. Belange vor einer außermusikal. Zweckbestimmung zurücktreten, z. B. Musik am Arbeitsplatz, in Warenhäusern und Warteräumen.

Funktionalgleichung, eine Gleichung, durch die eine bestimmte Eigenschaft einer Funktion zum Ausdruck gebracht wird; z. B. ist $f(x) + f(y) = f(x \cdot y)$ eine f. für die Logarithmusfunktion.

Funktionalismus

Funktionalismus [lat.], Gestaltungsprinzip der modernen *Architektur* und des modernen *Designs:* Die Erscheinungsform eines Bauwerks wie eines Gebrauchsgegenstandes wird aus seiner Funktion abgeleitet, weder Funktion noch Material werden verschleiert; „Form folgt der Funktion" (L. H. Sullivan). Wegbereitend war die engl. kunsthandwerkl. Bewegung und der dt. Architekt H. Muthesius, dann der Jugendstil. Die Zielvorstellungen des F. wurden im 2. und 3. Jahrzehnt des 20. Jh. im ↑ Deutschen Werkbund und am ↑ Bauhaus und in der ↑ Stijlgruppe dahingehend präzisiert, daß es nicht genüge, sich der neuen Materialien in angemessener Formgebung zu bedienen, sondern daß die neue Architektur auch die veränderten Lebensbedingungen auszudrücken habe.
◆ *sozialwiss. Methode* zur Analyse von Gesellschaft und Kultur, die als Systeme eine Zahl von funktional aufeinander bezogenen Elementen verstanden werden. Gesellschaft gilt als System von normierten Handlungen, Kultur als System von Institutionen. Der F. prüft (sowohl die von den Beteiligten „subjektiv" beabsichtigten wie die vom Analytiker „objektiv" feststellbaren) Leistungen, Beiträge oder Konsequenzen der kulturellen und sozialen Elemente für Aufbau, Erhaltung oder Veränderung eines (jeweils zu bestimmenden) Zustandes des Systems. - ↑ auch strukturell-funktionale Theorie.
◆ in der *Psychologie* zu Beginn des 20. Jh. in den USA entstandene, darwinist. orientierte Theorie, nach der die psycholog. Funktionen von den biolog. Anlagen, insbes. von den Antrieben oder Bedürfnissen abhängig sind.

Funktionär [lat.-frz.], hauptberufl. oder ehrenamtl. Beauftragter in gesellschaftl. Organisationen, z. B. in Parteien, Gewerkschaften, Verbänden; steht in deren Hierarchie meist auf der mittleren Ebene; seine Hauptaufgabe ist das Organisieren und Koordinieren; gilt vom Persönlichkeitstypus her als übermäßig konform und risikoscheu mit einem Hang zur Routine.

funktionell [lat.-frz.], auf die Funktion bezogen; wirksam.

funktionelle Gruppen, diejenigen eigenschaftsbstimmenden Gruppen eines Moleküls (z. B. Hydroxyl-, Carbonyl-, Carboxyl-, Aminogruppen), die ihm eine charakterist. Reaktionsfähigkeit verleihen.

funktionelle Störungen, in der Medizin Bez. für psychophys. Störungen, denen im Unterschied zu organ. Störungen keine nachweisbaren Schädigungen der organ. Struktur zugrunde liegen.

Funktionentheorie, allg. Bez. für die komplexe Analysis, d. h. für die Infinitesimalrechnung von ↑ Funktionen $w = f(z)$ mit komplexen Werten $w = u + iv$ und komplexem Argument $z = x + iy$, wobei x, y, $u = u (x, y)$ und $v = v (x, y)$ reell sind (↑ auch komplexe Zahlen).

Funktionskreise, nach der Umweltlehre J. von Uexkülls Bez. für die Zuordnung bestimmter Organe und Verhaltensweisen eines Tiers zu bestimmten Teilen seiner Umgebung. Die evolutionist. angepaßte Beziehung jeder Tierart zu ihrer spezif. Umwelt besteht aus F. (z. B. Ernährung, Feindbeziehung oder Sexualität). Diese Umwelt bildet einen wahrnehmbaren, von den Rezeptoren herausgefilterten Ausschnitt der Umgebung, und in ihm liegen diejenigen Eigenschaften (Merkmale), die für eine Lebensbewältigung wesentl. sind; rückgekoppelt bestimmen sie als Wirkmale phylogenet. vorprogrammiertes Verhalten. Sobald ein Merkmal auftritt, wird es mit einer Wirkung beantwortet; dies führt zur Tilgung des Wirkmals, wodurch die Handlung beendet ist. - Die Lehre von den F. wurde mit Einschränkungen und Erweiterungen von der vergleichenden Verhaltensforschung übernommen.

Funktionsprüfung (Funktionsdiagnostik), gezielte Untersuchung eines Körperorgans oder Organsystems zur Beurteilung seiner Tätigkeit, Leistungsfähigkeit und/oder Belastbarkeit. Die F. gehört zu den Maßnahmen der klin. Organdiagnostik.

Funkturm, in Stahlgitter- oder Stahlbetonbauweise errichtetes freistehendes, nicht mit Stahlseilen abgespanntes Bauwerk; Träger von Sende- oder Empfangsantennen. **Funkmaste** sind abgespannte Gittermaste, die elektr. isoliert aufgestellt sind und selbst als Antenne wirken können. Bei den sog. **Fernmeldetürmen,** die als Relaisstationen der Richtfunknetze zur drahtlosen Übertragung von Ferngesprächen, Fernschreiben, häufig auch von Hörfunk- und Fernsehprogrammen dienen, befinden sich Empfangs- und Sendeantennen meist auf einer bes. Plattform (*Antennenbühne*).

Funkverkehr, Nachrichtenaustausch

Funktionskreise. Schema eines Funktionskreises nach von Uexküll

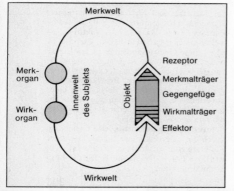

Merkwelt

Merkorgan

Wirkorgan

Innenwelt des Subjekts

Objekt

Rezeptor

Merkmalträger

Gegengefüge

Wirkmalträger

Effektor

Wirkwelt

mit Hilfe elektromagnet. Wellen; Frequenzbereiche (zw. 30 kHz und 300 GHz) sind internat. festgelegt. Die verwendeten Frequenzen bzw. Wellenlängen richten sich nach der gewünschten Reichweite des Senders.

fuoco ↑con fuoco.

Furage [fuːˈraːʒ̥ə; frz.], bis in den 2. Weltkrieg bei den Soldaten verwendete Bez. für die Truppenverpflegung und das Futter für Tiere.

Furan [lat.], eine farblose, leicht entflammbare Flüssigkeit; dient v. a. zur Herstellung von sog. *F.harzen*, die u. a. als kalthärtende Klebstoffe und Kitte verwendet werden.

Fürbitten, in der kath. Liturgie Bez. für die neueren Formen des Allg. Gebets. F. werden auch während des eucharist. Hochgebets eingeschaltet, je nach Liturgietypus vor oder nach dem Einsetzungsbericht.

Furchenbienen (Schmalbienen, Halictidae), mit über 1 000 Arten weltweit verbreitete Fam. 3–20 mm großer Bienen (davon in M-Europa etwa 90 Arten); Körper schlank (bes. bei ♂♂), letztes Hinterleibssegment der ♀♀ oben mit kahler Längsfurche.

Furchenfüßer (Solenogastres), Klasse der ↑Stachelweichtiere mit über 120, etwa 3–300 mm langen, weltweit in den Meeren auf schlammigem Grund oder auf Nesseltierstöcken vorkommenden, zwittrigen Arten. Ihr wurmförmiger Körper ist von einer Kutikula und von Kalkschuppen oder -nadeln bedeckt, die Gleitsohle ist zu einer Längsfurche mit Falten eingeengt.

Furchenwale (Balaenopteridae), mit sechs Arten in allen Meeren verbreitete Fam. etwa 9–33 m langer Bartenwale (Gewicht bis max. etwa 130 t); an Kehle und Brust etwa 15–100 Furchen, die eine starke Erweiterung des Rachens ermöglichen; Kopfoberseite deutl. abgeflacht; Barten etwa 0,2–1 m lang; wenig biegsam und daher wirtschaftl. weniger wertvoll als bei Glattwalen, Speckschicht weniger dick als bei diesen; Brustflossen zieml. lang und zugespitzt, Rückenfinne weit hinten ansetzend; Bestände z. T. stark bedroht. - Zu den F. gehören: ↑Blauwal; bis 24 m lang und bis 80 t schwer wird der häufig auch im Mittelmeer vorkommende **Finnwal** (Balaenoptera physalus); Oberseite grau, Unterseite weiß, rechter Unterkiefer weiß, linker grau gefärbt. Sehr feine Barten hat der **Seiwal** (Rudolphswal, Balaenoptera borealis); etwa 15–18 m lang, Oberseite dunkelgrau bis bläulichschwarz, Unterseite weiß. Der bis 9 m lange, blaugraue **Zwergwal** (Hechtwal, Balaenoptera acutorostrata) hat eine weißl. Unterseite und Brustflossen mit weißer Querbinde.

Furchenzähner, Sammelbez. für Giftschlangen, deren Giftzähne (im Unterschied zu denen der ↑Röhrenzähner) primär vorn oder seitl. eine Rinne (Glyphe) besitzen (Furchenzähne), an deren Basis der Ausführungsgang der Giftdrüsen mündet.

Furcht, Gefühl des Bedrohtseins, das von körperl. Symptomen (z. B. Herzklopfen, Pupillenerweiterung) begleitet ist; F. ist im Unterschied zur Angst objektbezogen, d. h., sie tritt nur bei einer konkreten Gefahr auf.

Fürchtegott, männl. Vorname, gebildet in der Zeit des Pietismus; Übersetzung des griech. „Timotheos"; eigtl. die Aufforderung, vor Gott Ehrfurcht zu haben.

Furchungsteilung. 1a total-äquale Furchung bei einem dotterarmen Ei, 1b total-inäquale Furchung bei einem dotterreichen Ei, 2a diskoidale partielle Furchung, 2b superfizielle partielle Furchung

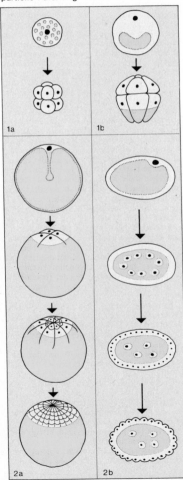

1a 1b

2a 2b

Furcht und Mitleid

Furcht und Mitleid ↑ Drama.

Furchungsteilung (Eifurchung, Furchung, Eiteilung, Blastogenese), gesetzmäßig aufeinanderfolgende mitot. Teilung des aktivierten Eies der Vielzeller, wobei durch Längs- und Querteilungen (stets kleiner werdende) Furchungszellen entstehen und sich eine ↑ Morula ausbildet (bei totaler Furchung). Die F. ist der Beginn der Keimesentwicklung, entweder bereits mit deutl. Determination in bezug auf die einzelnen Blastomeren (bei ↑ Mosaikeiern) oder noch ohne eine solche (bei ↑ Regulationseiern). Einen entscheidenden Einfluß auf die F. hat u. a. auch die Dottermenge. Ist nur wenig Dotter vorhanden, so wird das ganze befruchtete Ei in Furchungszellen zerlegt (**totale Furchung**). Ist dagegen viel Dotter vorhanden, wird dieser nicht mit in den Teilungsvorgang einbezogen (**partielle Furchung**). - Bei der totalen F. (bei Säugern und beim Menschen) teilt sich die Eizelle in zwei gleich große Furchungszellen (**äquale Furchung**), oder bei dotterreichen Eiern, deren Dottermenge sich am vegetativen Pol ansammelt, in zwei ungleich große Furchungszellen (**inäquale Furchung**). Bei der partiellen F. sehr dotterreicher Eier schwimmt das Eiplasma entweder als Keimscheibe am animalen Pol auf dem Dotter und die F. zerlegt die Keimscheibe in eine ein- oder mehrschichtige Zellkappe (**diskoidale Furchung**; bei Vögeln, Fischen, Reptilien) oder es ordnet sich ringförmig um den zentral gelegenen Kern an. Durch Teilung des Kerns entstehen viele Kerne, die sich mit Plasma umgeben, nach außen wandern und dort dann nach Ausbildung von Zellwänden eine Zellschicht bilden (**superfizielle Furchung**; bei Insekten). - Abb. S. 305.

Furfural [Kw. aus lat. **furfur** („Kleie") und **Al**dehyd] (Fural), aus Pentosen oder pentosereichen Materialien (Stroh, Kleie) bei Erhitzen mit verdünnten Mineralsäuren gewinnbares farbloses, angenehm riechendes Öl, das u. a. zu Adipinsäure oder Hexamethylendiamin (Rohstoffe von Nylon) verarbeitet wird.

Furgler, Kurt, * Sankt Gallen 24. Juni 1924, schweizer. Politiker (CVP). - Seit 1971 Bundesrat (1971–82 Justiz- und Polizei-, 1983–86 Volkswirtschaftsdepartement); Bundespräs. 1977 und 1981.

Furiae (Dirae), Rachegöttinnen der röm. Mythologie, den griech. Erinnyen entsprechend.

Furie [lat., zu furere „rasen, wüten"], wütendes, rasendes Weib. - ↑ auch Furiae.

Furier [frz.], früher Bez. für den in jeder Einheit für Verpflegung, Futter und Unterkunft zuständigen Unteroffizier.

furios [lat.], wütend, rasend, hitzig, wild, stürmisch, leidenschaftlich.

furioso [italien.], musikal. Vortragsbez.: erregt, wild, rasend.

Furkapaß ↑ Alpenpässe (Übersicht).

Furler, Hans, * Lahr 5. Juni 1904, † Achern 29. Juni 1975, dt. Politiker. - Jurist, seit 1940 Prof. (seit 1949 in Freiburg im Breisgau); 1953–72 MdB (CDU); ab 1956 Präs. der Gemeinsamen Versammlung der EGKS; 1960–62 Präs. des Europ. Parlaments; 1958–1966 Präs. des Dt. Rats der Europ. Bewegung.

Furneauxgruppe [engl. ˈfɔːnoʊ], austral. Inselgruppe in der Bass-Straße, vor der NO-Spitze von Tasmanien; bewohnt ist nur **Flinders Island** (2089 km², 1 200 E; Schafzucht, Milchwirtschaft).

Furness [engl. ˈfɔːnɪs], Halbinsel an der NW-Küste Englands, abgesehen von einem schmalen Küstenstreifen stark bewaldetes Bergland.

Furniere [zu frz. fournir „liefern, mit etwas versehen"], dünne Holzblätter, die nach Art der Herstellung in Säge-, Messer- und Schäl-F. eingeteilt werden. **Messerfurniere** sind dünne Deckblätter aus gutem Holz, das auf weniger wertvolles Holz aufgeleimt wird. **Schälfurniere** werden hpts. für Furnierplatten verwendet. Durch Sägen hergestellte **Sägefurniere** sind etwa 3 mm dick. Furnierstämme müssen u. a. gesund, geradschaftig sein und Jahresringbau aufweisen; als **Teilfurnierhölzer** werden Stammstücke bezeichnet, die nur auf einer Längshälfte den genannten Anforderungen entsprechen.

Furnierplatten ↑ Sperrholz.

Furor [lat.], Wut, Raserei; *F. teutonicus* „teutonische Wut", alles niederwerfendes Ungestüm.

Furore [italien.; zu ↑ Furor], Begeisterung; Leidenschaftlichkeit; rasender (frenet.) Beifall; *F. machen*, Aufsehen erregen, Beifall erringen.

Furphy, Joseph [engl. ˈfɔːfɪ], Pseud. Tom Collins, * Yarra Glen (Victoria) 26. Sept. 1843, † Claremont (Queensland) 13. Sept. 1912, austral. Erzähler. - Farmersohn; schrieb aus seiner Kenntnis der austral. Verhältnisse „Such is life" (1903), ein klass. Werk der austral. Literatur mit nat. Elan und kämpfer. Gerechtigkeitssinn.

Furrer, Jonas, * Winterthur 3. März 1805, † Bad Ragaz 25. Juli 1861, schweizer. Politiker. - Führender liberaler Politiker des Kt. Zürich; wurde 1834 Mgl. des Großen Rats, 1845 Bürgermeister von Zürich und gleichzeitig Präs. der eidgenöss. Tagsatzung; befürwortete die Auflösung des Sonderbundes und die Einführung der neuen Bundesverfassung; ab 1848 Ständerat und dessen Präs.; erster schweizer. Bundespräs. 1848.

Fürsorge, Unterstützung aus kollektiven Mitteln bei individueller Notlage, die nicht durch Selbsthilfe oder Leistungen anderer Unterhaltspflichtiger behoben werden kann. Im allg. Sprachgebrauch wird sowohl die soziale und karitative Arbeit der ↑ freien Wohlfahrtsverbände als auch die staatl. ↑ Sozialhilfe

(„öffentl. F."), die überwiegend im Bundessozialhilfegesetz geregelt wird, F. genannt. Als amtl. Bez. tritt der Begriff nur noch in Spezialbereichen (z. B. Jugendfürsorge, Kriegsopferfürsorge) auf.

Fürsorgeerziehung, 1. eine Erziehungsmaßnahme, die nach dem JugendwohlfahrtsG vom Vormundschaftsgericht für einen Minderjährigen, der das 17. Lebensjahr noch nicht vollendet hat, angeordnet werden kann, wenn der Minderjährige zu verwahrlosen droht oder verwahrlost ist und wenn keine ausreichende andere Erziehungsmaßnahme gewährt werden kann; das Vormundschaftsgericht entscheidet von Amts wegen oder auf Antrag des Jugendamts, des Landesjugendamts oder eines Personensorgeberechtigten; 2. eine Erziehungsmaßregel im *Jugendstrafverfahren*, die das Jugendgericht unter den genannten Voraussetzungen anordnen kann. - Die F. wird unter Aufsicht des Landesjugendamts und unter Beteiligung des Jugendamts i. d. R. in einer geeigneten Familie oder in einem Heim (Erziehungsheim) durchgeführt. Die F. endet mit der Volljährigkeit. Sie kann schon vorher aufgehoben werden, wenn ihr Zweck erreicht ist. Die Anordnung und die Aufhebung der F. werden in das vom Bundeszentralregister geführte Erziehungsregister eingetragen.
In *Österreich* und in der *Schweiz* gilt Entsprechendes; der Begriff F. ist dem schweizer. Recht jedoch fremd.

Fürsorgepflicht, Verpflichtung des Arbeitgebers (des Dienstherrn), für das Wohl seiner Arbeitnehmer (seiner Beamten, Richter und Soldaten) Sorge zu tragen. Die F. bildet das Gegenstück zur Treuepflicht der Arbeitnehmer (der Beamten usw.). Der *Arbeitgeber* muß im Rahmen des Arbeitsverhältnisses seinen Arbeitnehmern Schutz und Fürsorge gewähren und alles unterlassen, was die Interessen der Arbeitnehmer zu schädigen geeignet ist. Die sich aus diesem Grundsatz ergebenden einzelnen F. sind teilweise gesetzl. festgelegt (z. B. die Pflicht zur Fürsorge für Leben und Gesundheit in §§ 617 f. BGB, § 62 HGB und die Pflicht zur Gewährung bezahlten Erholungsurlaubs im Bundesurlaubsgesetz), z. T. ist das jedoch nicht der Fall (z. B. Pflicht zur Fürsorge für das Eigentum der Arbeitnehmer, das diese zur Arbeitsstelle mitbringen). Bei Verletzung der F. hat der Arbeitnehmer, je nach Lage des Falles Anspruch auf Erfüllung der F., auf Schadenersatz und/oder das Recht zur Verweigerung der Arbeit ohne Minderung seines Lohnanspruchs. Zuständig sind die Arbeitsgerichte. Die F. des *Dienstherrn* hat Verfassungsrang, da das Beamten- und Richterverhältnis von Verfassungs wegen (Art. 33 Abs. 4 GG) ein gegenseitiges Treueverhältnis darstellt. Darüber hinaus ist die F. des Dienstherrn in den einschlägigen Gesetzen bes. hervorgehoben. Sie erstreckt sich

personell über den Beamten usw. hinaus auch auf dessen Angehörige sowie zeitl. über die aktive Dienstzeit hinaus auf den Ruhestand. Kraft der F. muß der Dienstherr seinen Beamten usw. z. B. Beihilfen in Krankheits-, Geburts- und Todesfällen sowie Unterstützung bei außergewöhnl. Belastungen gewähren. Der Beamte usw. kann die Erfüllung der F. einklagen; zuständig sind die Verwaltungsgerichte.
Für das *östr.* und das *schweizer. Recht* gilt, soweit es die F. des Arbeitgebers betrifft, das zum dt. Recht Gesagte.

Fürsorger, ältere Bez. für Sozialarbeiter.

Fürspan (Fürspange), [Schmuck]spange, im MA (seit dem 12. Jh.) verwendet, um Kleider, Umhänge usw. am Hals zusammenzuhalten; von Männern und Frauen getragen.

Fürsprecher, in der Schweiz in manchen Kt. svw. Rechtsanwalt.

Fürst [zu althochdt. furisto, eigtl. „der Vorderste"], 1. allg., verfassungsrechtl. Bez. für die Mgl. der aristokrat., Herrschaftsfunktionen ausübenden Führungsschicht eines Volkes oder Stammes sowie auch allg. für das monarch. Staatsoberhaupt. 2. In der europ. Verfassungsgeschichte seit dem MA Bez. für die höchste Schicht des hohen Adels, die durch ihre bes. Königsnähe an der Herrschaft über das Reich, bes. in seiner territorialen Gliederung, teilhatte (principes regni, „Reichsadel"), v. a. Herzöge und Herzogsgleiche sowie Erzbischöfe, Bischöfe und Äbte der Reichsabteien. Ihnen stand das Recht der Königswahl zu oder die Pflicht, bei Entscheidungen in Reichssachen mitzuwirken. Aus den F. sonderte sich im 13. Jh. der engere Kreis der Königswähler, die Kurfürsten, aus, deren Sonderstellung in der Goldenen Bulle von 1356 festgelegt wurde. Weltl. und geistl. Reichsfürsten hatten Sitz und Stimme im Reichstag. Seit 1919 ist in Deutschland der Fürstentitel ledigl. Namensbestandteil.

Fürstabt, Titel eines Abtes bzw. einer Äbtissin, die zum Reichsfürstenstand gehörten (↑ auch geistliche Fürsten). Von den Fürstabteien sind die reichsunmittelbaren Abteien (mit Reichsäbten) zu unterscheiden.

Fürstbischof, im Hl. Röm. Reich Titel der Bischöfe im Fürstenrang.

Fürstenabfindung, Bez. für die im Zusammenhang mit der dt. Republikgründung (1918) notwendig gewordene Vermögensauseinandersetzung zw. den dt. Ländern und den entthronten Fürsten. Nach dem Scheitern des 1926 von den Linksparteien geforderten Volksentscheids über die entschädigungslose Fürstenenteignung wurden in Einzelabmachungen zw. den Ländern und den Fürstenhäusern Vereinbarungen getroffen, die bestimmten, daß Schlösser, Parks, Bibliotheken, Museen usw. vom Staat übernommen und dafür als Abfindung einmalige Zahlungen an die Fürsten entrichtet werden sollten.

Fürstenau, Stadt im SW der bis 140 m hohen Fürstenauer Berge, Teil eines Endmoränenbogens, Nds., 50 m ü. d. M., 7 900 E. U. a. Textilind., Maschinenfabrik. - 1344 ließ der Osnabrücker Bischof Gottfried von Arnsberg die Wasserburg F. errichten; die Siedlung erhielt 1402 Stadtrecht; 1803 an Hannover. - Die erhaltenen Gebäude der Burg stammen v. a. aus dem 16. Jh. Die got. ev. Stadtkirche wurde nach Brand 1608 wiederhergestellt.

Fürstenbank ↑ Reichsfürstenrat.

Fürstenberg, oberd. Grafen- und Fürstengeschlecht, ben. nach der ehem. Stadt F. (= Hüfingen); als Grafen von Urach seit 1070 urkundl. belegt; erbten 1218 die zähring. Besitzungen in der Baar; gewannen 1278 Villingen (bis 1325), die Herrschaft Dornstetten und erhielten 1283 die Landgft. Baar, 1488 Donaueschingen; 1534 fiel die Landgft. Heiligenberg an die F., 1626/37 die Herrschaft Meßkirch und Gundelfingen, 1639 die Landgft. Stühlingen mit der Herrschaft Hewen; Erhebung in den Reichsfürstenstand (1664 für die Heiligenberger Linie, 1716 für das ganze Haus). Nach Aussterben der Heiligenberger 1716, der Meßkircher Linie 1744 Zusammenfassung des Hausbesitzes durch die Stühlinger Linie im Ft. F., das 1806 unter Baden, Württemberg und Hohenzollern aufgeteilt wurde. Bed. die beiden Fürstbischöfe bzw. Bischöfe von Straßburg **Franz Egon Fürst von Fürstenberg** (* 1625, † 1682) und

Fürstenberger Porzellan. Potpourrivase (um 1775). Mannheim, Städtisches Reiss-Museum

Wilhelm Egon Fürst von Fürstenberg (* 1629, † 1704), beide Parteigänger Ludwigs XIV. von Frankr., und **Max Egon Prinz von Fürstenberg** (* 1896, † 1959), der u. a. die Begründung der Gesellschaft der Musikfreunde Donaueschingen (1913) förderte, die 1921–26 und seit 1950 die Donaueschinger Musiktage veranstaltete.

Fürstenberg, rhein.-westfäl. Uradelsgeschlecht, das wahrscheinl. von dem seit 1233 nachweisbaren sauerländ. Geschlecht von Binolen abstammt; erlangte 1660 den Reichsfreiherrnstand, 1840/43 den preuß. Grafenstand; bed.: **Ferdinand Freiherr von Fürstenberg** (* 1626, † 1683), Fürstbischof von Paderborn und Münster (seit 1661/78) und **Franz Friedrich Wilhelm Maria Reichsfreiherr von Fürstenberg** (* 1729, † 1810), der als Min. (1762–80) und Generalvikar (1770–1807) das Hochstift Münster leitete.

Fürstenberg, Friedrich Karl Richard, * Berlin 22. April 1930, dt. Soziologe. - Seit 1963 Prof. in Clausthal-Zellerfeld, seit 1966 in Linz. Forschungsschwerpunkte: Ind- und Wirtschaftssoziologie.

Fürstenberg, Ortsteil von ↑ Hüfingen.

Fürstenberger Porzellan, Porzellan der 1747 in Schloß Fürstenberg an der Weser von dem braunschweig. Herzog Karl I. gegr. Manufaktur. Die Figuren der Commedia dell'arte und die Bergleute H. S. Feilners gehören zu den besten Schöpfungen des 18. Jh. überhaupt. Für die Geschirrformen wurden oft die Modelle der Meißner bzw. Berliner Manufaktur übernommen. Auch Bildnisbüsten und -reliefs. Blütezeit 1770–90, kurzer Aufschwung im Empire. Heute traditionelles und modernes Design.

Fürstenberg/Oder ↑ Eisenhüttenstadt.

Fürstenbund, 1785 abgeschlossenes Bündnis, das auf Betreiben König Friedrichs II. von Preußen als Kurfürst von Brandenburg und dem Kurfürsten von Hannover und Sachsen zustande kam und dem zahlr. Fürsten beitraten; sollte v. a. Kaiser Josephs II. östr. Expansionsbestrebungen entgegenwirken, hinsichtl. der Reichsverfassung den bestehenden Zustand sichern und Preußens Isolierung ausgleichen.

Fürstenfeld, östr. Bez.hauptstadt 50 km östl. von Graz, Steiermark, 276 m ü. d. M., 6 000 E. U. a. Tabakind., Zementwerk, Herstellung von Präzisions- und opt. Geräten. - F., 1170 als Sperrfestung nahe der ungar. Grenze gegr., erhielt im 13. Jh. Stadtrecht. - Stadtpfarrkirche (1774–79 umgestaltet); zahlr. Profanbauten (16. Jh.).

Fürstenfeldbruck, Krst. an der oberen Amper, Bayern, 528 m ü. d. M., 32 200 E. Bayer. Polizeischule; Heimatmuseum. Textilind., Fliegerhorst der Bundeswehr, Wohnvorort von München. - **Bruck** wurde 1306 Markt und kam um 1400 an das 1258 gegr. Zisterzienserkloster, das 1263 auf das „Fürstenfeld" bei Bruck verlegt worden war;

seit 1814 Stadt; seit 1908 heutiger Name. - Klosterkirche (18. Jh.) mit Fresken der Brüder Asam.

F., Landkr. in Bayern.

Fürstengräber, in der Vor- und Frühgeschichte Bez. für Gräber, die sich durch ungewöhnl. reiche Beigaben, meistens auch durch aufwendige Grabbauten - z. B. durch bes. hohe Hügel - von den gleichzeitig übl. Bestattungen unterscheiden, wobei histor. und rechtl. Stellung der Bestatteten unbekannt ist.

Fürstenhut ↑ Wappenkunde (Übersicht).

Fürstenkrone ↑ Wappenkunde (Übersicht).

Fürstenlehen, das an einen Reichsfürsten gegebene Reichslehen (weltl. F. als Fahnlehen, die geistl. als Zepterlehen bezeichnet); mußten vom Lehnsträger unmittelbar aus der Hand des Herrschers empfangen werden (hießen deshalb seit dem 16. Jh. auch **Thronlehen** im Ggs. zu den vom Reichshofrat verliehenen Hofratslehen).

Fürstenlehre ↑ Fürstenspiegel.

Fürstenprivilegien, zwei Reichsgesetze, in denen Kaiser Friedrich II. den geistl. und weltl. Reichsfürsten (Confoederatio cum principibus ecclesiasticis, 1220; Statutum in favorem principum, 1231/32) Münz-, Markt-, Zollrecht u. a. Regalien überließ, über die sie de facto schon verfügten. Die F. werden heute nicht mehr nur als Einschränkung von Reichsrechten gesehen (Confoederatio v. a. als Zugeständnis zur Sicherung der Königswahl Heinrichs [VII.]), sondern unter dem Aspekt der Begrenzung der expansiven stauf. Territorialpolitik.

Fürstenrat ↑ Reichsfürstenrat.

Fürstenrecht, Bez. für das vom allg. geltenden Recht, insbes. vom Privatrecht, abweichende Recht fürstl. Familien. Da sie rechtl. autonom waren, konnten sie sich durch Hausgesetz, aber auch durch Familienvertrag oder einseitige Verfügung des Familienoberhauptes ein Sonderrecht schaffen und bis ins 20. Jh. behaupten. Die häufigsten und wichtigsten Bestimmungen des F. waren: Als Mgl. der Familie gilt nur, wer einer vom Chef des Hauses genehmigten ebenbürtigen Ehe entstammt; Ehen werden nicht vom Vater, sondern vom Chef des Hauses bewilligt; die Familienstammgüter sind unteilbar und unveräußerl., es gilt die Erbfolge des ältesten Sohnes oder nächsten Agnaten; das Hausvermögen (Stammlande, Stammgut) haftet nicht für Privatverbindlichkeiten des jeweiligen Inhabers. - Art. 57, 58 des Einführungsgesetzes zum BGB von 1900 enthielten allg. Vorbehalte zugunsten der Sonderrechte des hohen Adels. Das F. wurde nicht generell aufgehoben, ist andererseits aber unvereinbar mit Art. 3 GG.

Fürstenschulen (Landesschulen), in prot. Ländern entstandene, mit Internat verbundene humanist. Gymnasien, u. a. die 1543–50 von Kurfürst (seit 1547) Moritz von Sachsen aus Mitteln der eingezogenen Kirchengüter errichteten Schulen Sankt Marien zur Pforte bei Naumburg/Saale (↑ Schulpforta), Sankt Afra in Meißen und Sankt Augustin in Grimma mit ausgeprägter Selbstregierung der Schüler. F. G. Klopstock, G. E. Lessing, J. G. Fichte, L. Ranke und F. Nietzsche gehörten zu ihren Schülern.

Fürstenspiegel, Schriften, in denen das Musterbild eines Fürsten aufgestellt ist, als Lebensbeschreibung berühmter Fürsten oder als dichter. Idealbild geschichtl. Persönlichkeiten, eth. Vorstellungen über Rechte und Pflichten, Befugnisse und Begrenzungen fürstl. Macht. Seit der Antike bekannt; berühmt v. a. Xenophons „Kyrupädie", die Selbstbetrachtungen Mark Aurels, Augustinus' „De civitate Dei", Thomas von Aquins „De regimine principum" (1265/66), „Institutio principis christiani" (1516) des Erasmus. Machiavellis Traktat „Il principe" (1532) markiert die Wendung vom Fürstenideal des „princeps christianus" zum „princeps optimus" (besten Fürsten), die Ablösung der Gattung der F. durch die Traktate der **Fürstenlehre;** bed. insbes. Bodins „Les six livres de la République" (1576) und J. Lipsius' „Politicorum sive civilis doctrinae libri sex" (1589), Fénelons polit. Bildungsroman „Die Abenteuer des Telemach" (1699) und der Essay des preuß. Kronprinzen Friedrich „Antimachiavell oder ..." (1739).

Fürstentage, Versammlungen der dt. Reichsfürsten außerhalb der Reichstage, neben den Kurfürsten-, Grafen-, Städte- und Rittertagen.

Fürstentum, 1. im MA Herrschaftsgebiet eines Angehörigen des Fürstenstandes; 2. in der Neuzeit reichsunmittelbares Territorium mit einem Fürsten als Oberhaupt. Der früh-ma. allg. Bez. eines aristokrat. Herrschers als Fürst entsprach kein regional zu verstehender Begriff F. Die meist Hzgt. gen. Einheiten sind der urspr. Typ des F. Gelegentl. werden staatsähnl. monarch. Herrschaftsgebiete F. genannt., v. a. in Ost- und Nordeuropa. Mit der Konsolidierung eines Reichsfürstenstandes konnte der Begriff F. auf die Besitzungen der weltl. und geistl. Fürsten übergehen, insbes. soweit es sich um Fürstenlehen handelte. Das F. der Stauferzeit ist ein auf Gebietsherrschaft begr. territoriales F. mit nicht genau definierter, aber vorhandener Autonomie. Kennzeichen ist Gliedschaft am Reich, nicht Eigentum des Reichs. Aufnahmen in den Stand des Fürsten erfolgen seit 1180 durch Erhebung des Territoriums zum Hzgt., zur Markgft. oder Landgft. Unter den einfachen Gft. ist anfangs nur Anhalt F., im 14. Jh. gibt es das Kollegium der gefürsteten Grafen.

Fürstenverschwörung, Erhebung dt.

Fürstenwalde

Reichsfürsten gegen die Reichs- und Kirchenpolitik Karls V. 1551/52.

Fürstenwalde, Landkr. im Bez. Frankfurt, DDR.

Fürstenwalde/Spree, Krst. an der Spree, Bez. Frankfurt, DDR, 43 m ü. d. M., 35 200 E. Verwaltungssitz des Landkr. Fürstenwalde; Ingenieurschule für Chemie; Chemie- und Tankanlagenkombinat, Reifen-, Stahlguß-, Kabelwerk u. a.; Großsilo; Verkehrsknotenpunkt (Eisenbahnen, Autobahn, Hafen). - Zw. 1252 und 1258 als Stadt gegr.; 1354 an den Bischof und das Domkapitel von Lebus. Nach der Aufhebung des Bistums (1555) ab 1598 kurfürstl. brandenburg. Amtsstadt. - Pfarrkirche Sankt Marien (begonnen 1446); Rathaus (Backstein, um 1500).

Fürsterzbischof, vor 1803 Titel von Erzbischöfen, die als geistl. Fürsten keine Kurfürsten waren; in Österreich Ehrentitel der elf sog. „alten" Bischöfe, deren Sprengel schon vor der Regierung Maria Theresias existierten und die auch Sitz im Herrenhaus hatten; bis 1918 auch vom Erzbischof von Gran (Esztergom) und vom Erzbischof von Breslau geführt.

Fürstprimas, Titel, der Karl Theodor, zuvor Kurfürst und Reichserzkanzler, durch die Rheinbundsakte 1806 verliehen wurde.

Fürst-Pückler-Eis, aus gefrorener Schlagsahne, Zucker und Geschmacksstoffen hergestelltes Speiseeis, schichtweise gefärbt.

Furt, seichte Übergangsstelle in Gewässern, an der Durchwaten und Übergang ohne bes. Übersetzmittel mögl. ist. Bed. für die Entstehung von Ansiedlungen (z. B. Frankfurt, Schweinfurt, Ochsenfurt, Heufurt).

Furter (Furtter, Ferter), Michael, * Augsburg um 1450, † Basel zw. 5. März und 2. Mai 1517, schweizer. Buchdrucker. - Erwarb 1488 das Basler Bürgerrecht; neben wiss. Werken druckte F. zahlr. Schulschriften und reich illustrierte Ausgaben, u. a. mit Holzschnitten von A. Dürer und U. Graf.

Fürth, Stadt am Zusammenfluß von Rednitz und Pegnitz, Bayern, 297 m ü. d. M., 98 900 E. Verwaltungssitz des Landkr. F.; Theater, Betriebe der Elektro-, Fernseh- und Radiotechnik, Tafelglasherstellung, Großversandhaus, Druckereien u. a.; Hafen am Europakanal; bildet mit Nürnberg eine wirtsch. Einheit. - Der Königshof F. wurde 1007 von König Heinrich II. dem Domkapitel von Bamberg geschenkt. Die Vogteirechte erhielten die Burggrafen von Nürnberg, zu Beginn des 14. Jh. fiel die Vogtei an Bamberg. Im 16. und 17. Jh. hatten Hugenotten und Holländer neue Gewerbe nach F. gebracht, darunter Goldschlägerei, Bronzefarbfabrikation, Uhrmacherei und Spiegelglasherstellung. 1791/96 wurde F. dem preuß. Staat eingegliedert. Im 19. Jh. entwickelte sich das ab 1805/06 bayr. und 1808/18 zur Stadt erhobene F. zur Industriestadt. 1835 wurde die Strecke Nürnberg–F. als erste dt. Eisenbahnlinie eröffnet. - Got. Kirche Sankt Michael (um 1100, umgebaut 14./15. Jh.), barocke Patrizierhäuser (17./18. Jh.).

F., Landkr. in Bayern.

Fürth i. Wald, Stadt in der Cham-Further-Senke, Bayern, 410 m ü. d. M., 9 100 E. Stadtmuseum; Metall- und Textilind., Holz- und Lederverarbeitung, Spielwarenherstellung; Fremdenverkehr (Freilichtspiele). - Erhielt um 1330 Stadtrechte.

Fürtuch, süddt., schweizer.: Schürze.

Furtwangen, Stadt im Südschwarzwald, Bad.-Württ., 870 m ü. d. M., 10 300 E. Fachhochschule; Uhrensammlung; Uhren-, Holz- und feinmechan. Ind.; Luftkurort. - Erstmals erwähnt 1179; 1355 an Habsburg; seit 1873 Stadt.

Furtwängler, Adolf, * Freiburg im Breisgau 30. Juni 1854, † Athen 10. Okt. 1907, dt. Archäologe. - Vater von Wilhelm F.; 1884 Prof. in Berlin, 1894 in München. Beteiligt an Ausgrabungen in Olympia, auf Ägina und Orchomenos. - *Werke:* Meisterwerke der griech. Plastik (1893), Griech. Vasenmalerei (1900–04), Die antiken Gemmen (1900).

Wilhelm Furtwängler

F., Wilhelm, * Berlin 25. Jan. 1886, † Ebersteinburg 30. Nov. 1954, dt. Dirigent und Komponist. - Sohn von Adolf F., Kapellmeister in Straßburg und Lübeck, Operndirektor in Mannheim (1915–20). Als Nachfolger von A. Nikisch 1922–28 Dirigent des Leipziger Gewandhausorchesters sowie 1922–45 und 1947–54 Leiter der Berliner Philharmoniker. 1931 wurde er künstler. Leiter der Bayreuther Festspiele, 1933 Direktor der Berliner Staatsoper, seit 1937 dirigierte er bei den Salzburger Festspielen. Er war v. a. ein bed. Interpret der Musik des 19. Jh., aber auch der Moderne. Als Komponist (drei Sinfonien, Tedeum, zwei Violinsonaten u. a.) knüpfte er an die Klassik und Romantik an.

Furunkel (Furunculus) [lat., eigtl. „kleiner Dieb"; „Nebenschößling an Rebstöcken" (der den Saft „stiehlt")] (Blutgeschwür), durch

Eindringen von Bakterien (meist Staphylokokken) verursachte, umschriebene, eitrige Entzündung eines Haarbalgs und der dazugehörigen Talgdrüse mit Entwicklung eines erbsen- bis walnußgroßen, schmerzhaft geröteten Knotens mit zentralem Eiterpfropf. Zur Behandlung des F. können Antibiotika gegeben werden; u. U. ist eine Eröffnung (Inzision) des F. erforderlich. - Treten mehrere F. gleichzeitig an verschiedenen Stellen auf, spricht man von **Furunkulose**, gehen mehrere, nebeneinanderliegende F. ineinander über, von ↑ Karbunkel.

Fürwort ↑ Pronomen.

Furzewa, Jekaterina Alexejewna, * Wyschni Wolotschok (Gebiet Kalinin) 7. Dez. 1910, † Moskau 24. Okt. 1974, sowjet. Politikerin. - Seit 1930 Mgl. der KPdSU; als bisher einzige Frau 1956-60 Mgl. des Sekretariats, 1957-61 des Präsidiums des ZK; 1960-74 Kulturmin. der UdSSR.

Fusariosen [lat.], Bez. für eine Reihe durch verschiedene Fusariumarten verursachter Pflanzenkrankheiten: Die **Fusariumfäule** ist eine Fruchtfäule des Obstes oder eine Knollenfäule der Kartoffel. Die **Fusariumwelke** verursacht Welkekrankheiten verschiedener Kulturpflanzen (z. B. Gurkenwelke). Durch die **Halmfusariose** entstehen verfaulte oder vertrocknete Stengelbasen.

Fusarium [lat.], Gatt. der Deuteromyzeten; umfaßt konidienbildende Nebenfruchtformen einiger Schlauchpilze, z. B. der Gatt. Nectria; häufig Erreger verschiedener Pflanzenkrankheiten.

Fuschun, chin. Stadt beiderseits des Hunho, 1,16 Mill. E. Wichtigstes Zentrum des Kohlenbergbaus in der Mandschurei, Ölschieferabbau; bed. chem. und stahlverarbeitende Ind., Aluminiumwerk. - Seit dem 7. Jh. bed. Festungsstadt; unter der Ch'ingdynastie (1616-1911) zu einer Verwaltungs- und Handelsstadt ausgebaut.

Fusel, umgangssprachl. Bez. für schlechten Branntwein.

Fuselöle ↑ Amylalkohol.

Füsiliere [lat.-frz., zu fusil „Flinte, Gewehr"], urspr. Bez. für die mit dem Steinschloßgewehr ausgerüsteten frz. Soldaten, später allg. Bez. für die v. a. zur Führung des Schützengefechts bestimmte leichte Infanterie.

Füsilieren [lat.-frz.], frühere Bez. der Exekution eines zum Tode Verurteilten durch ein militär. Erschießungskommando.

Fusin, chin. Stadt in der Mandschurei, 619 000 E. Schnell wachsendes Zentrum des Steinkohlenbergbaus und der Energieerzeugung. - 1904 gegründet.

Fusion [zu lat. fusio „das Gießen, Schmelzen"], in der *Wirtschaft* die Verschmelzung von Personengesellschaften, Kapitalgesellschaften, Genossenschaften gleicher Haftungsart und Versicherungsvereinen auf Gegenseitigkeit in der Form der Einzelübertragung des Vermögens oder im Wege der Gesamtrechtsnachfolge (F. durch Aufnahme oder durch Neubildung) unter Ausschluß der Abwicklung. Eine F. hat immer den Untergang einer der beteiligten Gesellschaften zur Folge. Die F. ist im Aktiengesetz gesetzl. geregelt. Bei der **vertikalen Fusion** schließen sich zwei oder mehrere Unternehmen aufeinanderfolgender Produktions- und Handelsstufen zus., durch die **horizontale Fusion** werden gleichartige Unternehmen zusammengefaßt. In erster Linie geht es den bei einer F. beteiligten Unternehmen um die Verbesserung ihrer Wettbewerbsfähigkeit durch Ausdehnung ihrer Marktmacht.

◆ in der *Sinnesphysiologie:* die von der Hirnrinde geleistete Verschmelzung der Sinnesein-

Fusion. Beziehungen bei der Fusion von Aktiengesellschaften durch Neugründung

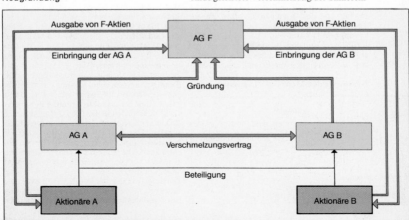

Fusionskontrolle

drücke beider Ohren bzw. Augen zu einer Gehörsempfindung bzw. einem Bild.

◆ in der *Zytologie* und *Genetik*: 1. Zell-F., die Verschmelzung von Zellkernen miteinander; 2. Kern-F., die Verschmelzung von Zellkernen unter Bildung von F.kernen; 3. Das Verschmelzen von Chromosomenbruchstükken bei Chromosomenaberrationen; 4. Gen-F., die Verschmelzung von zwei Genen.

◆ in der *Physik* ↑Kernfusion.

Fusionskontrolle, zum Schutz des Wettbewerbs eingerichtete Institution, die die Entstehung oder Verstärkung marktbeherrschender wirtschaftl. Positionen verhindern soll. Im Falle einer Fusion ist nach dem Gesetz gegen Wettbewerbsbeschränkungen (GWB) das Bundeskartellamt grundsätzl. verpflichtet, diese zu untersagen, wenn zu erwarten ist, daß durch sie eine marktbeherrschende Stellung entsteht oder verstärkt wird. Die F. greift ein, wenn die beteiligten Unternehmen im letzten Geschäftsjahr insgesamt Umsatzerlöse von wenigstens 500 Mill. DM hatten. Die F. erfolgt grundsätzl. erst nach dem Zusammenschluß; wenn dieser untersagt wird, muß das neue Unternehmen wieder aufgelöst werden.

Fuß, (Pes) unterster (distaler) Teil der Beine der Wirbeltiere; beim Menschen und bei den Affen speziell an den beiden hinteren Extremitäten. Der F. des Menschen ist durch das Sprunggelenk (Articulatio pedis) mit den Unterschenkelknochen (Waden- und Schienbein) verbunden. Man kann ein zw. den beiden Knöcheln gelegenes oberes Sprunggelenk (Knöchelgelenk, ein Scharniergelenk für das Heben und Senken des F.) und ein unteres Sprunggelenk (für drehende F.bewegungen) unterscheiden. - Der F. setzt sich zus. aus der Fußwurzel (Tarsus) mit den Fußwurzelknochen, dem Mittelfuß (Metatarsus) mit den (meist fünf) langgestreckten, durch Bänder miteinander verbundenen Mittelfußknochen (Metatarsalia) und den Zehen. Das Fußskelett besteht aus den Knochen der fünf Zehen, aus sieben Fußwurzelknochen (Fersenbein, Sprungbein, Kahnbein, Würfelbein, drei Keilbeinen) und fünf Mittelfußknochen. An der Unterseite ist ein Fußgewölbe ausgebildet, das durch drei durch Ballen gepolsterte

Fußskelett des Menschen (Seitenansicht)

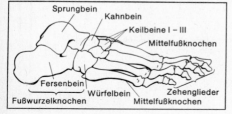

und durch das Fersenbein und die Enden des inneren und äußeren Mittelfußknochens gebildete Punkte vom Boden abgestützt wird. - Abb. S. 314.

◆ Zeichen: , von der Länge des menschl. Fußes abgeleitete alte Längeneinheit unterschiedl. Größe, in Deutschland zw. 250 mm (z. B. in Hessen) und 429,5 mm (z. B. in Sachsen); entsprach 10 Zoll (Dezimal-F.) oder auch 12 Zoll. Die in der Luftfahrt zur Angabe von Höhen verwendete Längeneinheit F. entspricht dem ↑Foot. - Der **Quadratfuß** entsprach der Fläche eines Quadrats mit der Seitenlänge 1 F.; der **Kubikfuß** als Volumeneinheit dem Volumen eines Würfels mit der Kantenlänge 1 F.

◆ bei Orgel und Cembalo ↑Fußtonzahl.

◆ (Münzwesen) ↑Münzfuß.

Fußball (Fußballspiel), ein zw. zwei Mannschaften ausgetragenes Ballspiel mit dem Ziel, den Ball nach bestimmten Regeln über die Torlinie des gegner. Tors zu spielen. Der Ball wird dabei vorwiegend mit dem Fuß weitergespielt, darf aber auch mit dem ganzen Körper berührt und weitergegeben werden. Nicht erlaubt ist das absichtl. Berühren bzw. Spielen des Balls mit der Hand oder mit dem Arm (gilt nicht für den Torwart innerhalb des eigenen Strafraums).

Entwicklung: Über den Ursprung des F.spieles gibt es unterschiedl. Darstellungen. Die verbreitetste ist die, daß es mit den röm. Legionen Cäsars nach England kam, allerdings in wesentl. anderer Form, als F. heute gespielt wird. In England verbreitete es sich schnell, obwohl 1349 durch Eduard II. verboten. Brit. Seeleute, Kaufleute und Studenten brachten das F.spiel in den 80er Jahren des vorigen Jh. auf den europ. Kontinent. In Deutschland liegt der Anfang in Braunschweig, wo 1874 an einem Gymnasium F. gespielt wurde.

Spielregeln: Die Spielauffassung beim F.spiel hat sich im Laufe der Jahrzehnte entwickelt, der Spielgedanke ist jedoch stets der gleiche geblieben. Das normale Spielfeld ist 70 m breit und 105 m lang. Aber auch kleinere Spielfelder sind erlaubt. Die Spieldauer beträgt zweimal 45 Minuten mit mindestens 5 Minuten Pause; für den Hallen-F. gelten kürzere Spielzeiten und entsprechend geänderte Spielbedingungen. Spiele von Jugendlichen und Frauen dauern zweimal 40, von Schülern zweimal 30 Minuten. Elf Spieler bilden eine Mannschaft. Eine beschränkte Anzahl von Spielern (bei Punktspielen in der BR Deutschland z. Z. 2) kann im Verlauf des Spiels ausgetauscht werden. Der Ball ist 396 bis 453 g schwer, hat einen Umfang von 68 bis 71 cm und muß aus Leder mit einer Gummiblase bestehen. Das Tor ist 2,44 m hoch und 7,32 m breit. Die Zahl der erzielten Tore entscheidet über den Spielausgang; bei Torgleichheit endet das Spiel unentschieden. Ein Schiedsrichter, dessen Entscheidungen unanfechtbar sind, leitet

FUSSBALL

Deutsche Meisterschaft

1903 VfB Leipzig (7:2 gegen DFC Prag)
1904 nicht ausgetragen
1905 Union Berlin (2:0 gegen Karlsruher FV)
1906 VfB Leipzig (2:1 gegen 1. FC Pforzheim)
1907 Freiburger FC
(3:1 gegen Viktoria 89 Berlin)
1908 Viktoria 89 Berlin
(3:0 gegen Stuttgarter Kickers)
1909 Phönix Karlsruhe
(4:2 gegen Viktoria 89 Berlin)
1910 Karlsruher FV (1:0 gegen Holstein Kiel)
1911 Viktoria 89 Berlin (3:1 gegen VfB Leipzig)
1912 Holstein Kiel (1:0 gegen Karlsruher FV)
1913 VfB Leipzig (3:1 gegen Duisburger SV)
1914 Spielvereinigung Fürth
(3:2 gegen VfB Leipzig)
1915–1919 nicht ausgetragen
1920 1. FC Nürnberg
(2:0 gegen Spielvereinigung Fürth)
1921 1. FC Nürnberg
(5:0 gegen Vorwärts Berlin)
1922 Hamburger SV verzichtete auf den Titel,
der ihm vom DFB nach zwei Spielen
(2:2, 1:1) gegen den 1. FC Nürnberg
zugesprochen worden war
1923 Hamburger SV·
(3:0 gegen Union Oberschöneweide)
1924 1. FC Nürnberg (2:0 gegen Hamburger SV)
1925 1. FC Nürnberg (1:0 gegen FSV Frankfurt)
1926 Spielvereinigung Fürth
(4:1 gegen Hertha BSC Berlin)
1927 1. FC Nürnberg
(2:0 gegen Hertha BSC Berlin)
1928 Hamburger SV
(5:2 gegen Hertha BSC Berlin)
1929 Spielvereinigung Fürth
(3:2 gegen Hertha BSC Berlin)
1930 Hertha BSC Berlin
(5:4 gegen Holstein Kiel)
1931 Hertha BSC Berlin
(3:2 gegen 1860 München)
1932 FC Bayern München
(2:0 gegen Eintracht Frankfurt)
1933 Fortuna Düsseldorf
(3:0 gegen FC Schalke 04)
1934 FC Schalke 04 Gelsenkirchen
(2:1 gegen 1. FC Nürnberg)
1935 FC Schalke 04 Gelsenkirchen
(6:4 gegen VfB Stuttgart)
1936 1. FC Nürnberg
(2:1 gegen Fortuna Düsseldorf)
1937 FC Schalke 04 Gelsenkirchen
(2:0 gegen 1. FC Nürnberg)
1938 Hannover 96
(4:3 gegen FC Schalke 04)
1939 FC Schalke 04 Gelsenkirchen
(9:0 gegen Admira Wien)
1940 FC Schalke 04 Gelsenkirchen
(1:0 gegen Dresdner SC)
1941 Rapid Wien (4:3 gegen Schalke 04)
1942 FC Schalke 04 Gelsenkirchen
(2:0 gegen Vienna Wien)
1943 Dresdner SC (3:0 gegen FV Saarbrücken)
1944 Dresdner SC (4:0 gegen LSV Hamburg)
1945–1947 nicht ausgetragen
1948 1. FC Nürnberg
(2:1 gegen 1. FC Kaiserslautern)

1949 VfR Mannheim
(3:2 gegen Borussia Dortmund)
1950 VfB Stuttgart
(2:1 gegen Kickers Offenbach)
1951 1. FC Kaiserslautern
(2:1 gegen Preußen Münster)
1952 VfB Stuttgart
(3:2 gegen 1. FC Saarbrücken)
1953 1. FC Kaiserslautern
(4:1 gegen VfB Stuttgart)
1954 Hannover 96
(5:1 gegen 1. FC Kaiserslautern)
1955 Rot-Weiß Essen
(4:3 gegen 1. FC Kaiserslautern)
1956 Borussia Dortmund
(4:2 gegen Karlsruher SC)
1957 Borussia Dortmund
(4:1 gegen Hamburger SV)
1958 FC Schalke 04 Gelsenkirchen
(3:0 gegen Hamburger SV)
1959 Eintracht Frankfurt
(5:3 gegen Kickers Offenbach)
1960 Hamburger SV (3:2 gegen 1. FC Köln)
1961 1. FC Nürnberg
(3:0 gegen Borussia Dortmund)
1962 1. FC Köln (4:0 gegen 1. FC Nürnberg)
1963 Borussia Dortmund
(3:1 gegen 1. FC Köln)

Dt. Meister seit Einführung der Bundesliga

1964 1. FC Köln
1965 Werder Bremen
1966 1860 München
1967 Eintracht Braunschweig
1968 1. FC Nürnberg
1969 Bayern München
1970 Borussia Mönchengladbach
1971 Borussia Mönchengladbach
1972 Bayern München
1973 Bayern München
1974 Bayern München
1975 Borussia Mönchengladbach
1976 Borussia Mönchengladbach
1977 Borussia Mönchengladbach
1978 1. FC Köln
1979 Hamburger SV
1980 Bayern München
1981 Bayern München
1982 Hamburger SV
1983 Hamburger SV
1984 VfB Stuttgart
1985 Bayern München
1986 Bayern München

Fußballweltmeisterschaft

1930 Uruguay (4:2 gegen Argentinien)
1934 Italien (2:1 gegen Tschechoslowakei)
1938 Italien (4:2 gegen Ungarn)
1950 Uruguay (2:1 gegen Brasilien)
1954 BR Deutschland (3:2 gegen Ungarn)
1958 Brasilien (5:2 gegen Schweden)
1962 Brasilien (3:1 gegen Tschechoslowakei)
1966 England (4:2 gegen BR Deutschland)
1970 Brasilien (4:1 gegen Italien)
1974 BR Deutschland (2:1 gegen Niederlande)
1978 Argentinien (3:1 gegen Niederlande)
1982 Italien (3:1 gegen BR Deutschland)
1986 Argentinien (3:2 gegen BR Deutschland)

Fußball

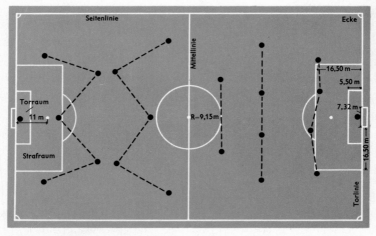

Fußball. Spielfeld mit Aufstellung der Mannschaften im WM-System (linke Hälfte) und im 2-4-4-System (rechte Hälfte)

zusammen mit zwei Linienrichtern das Spiel. Für den Sieg in einem Wettbewerbsspiel werden zwei Punkte, bei einem Unentschieden wird ein Punkt angerechnet. Bei Verstößen eines Spielers gegen die Spielregeln wird der gegner. Mannschaft ein ↑Freistoß (bzw. ↑Strafstoß) zugesprochen. Auch Verwarnungen und Spielfeldverweise, je nach der Schwere des Falles, kann der Schiedsrichter aussprechen, um das Spiel in sportl. Grenzen zu halten. Der Raum vor dem Tor (bis zu einem Abstand von 16,50 m) ist der sog. Strafraum. Ein Tor ist erzielt, wenn der Ball vollständig die Linie zwischen den Torpfosten (auch in der Luft) überschritten hat. Wenn der Ball von einem Spieler über die seitl. oder hintere

Fuß. Stammesgeschichtliche Umwandlung des Fußes beim 1 Sohlengänger (Affe), 2 Zehengänger (Hund), 3 Zehenspitzengänger (Pferd), 4 Vogel; rot: Zehen, blau: Mittelfußknochen, gelb: Fußwurzelknochen (beim Vogel in den Unterschenkel aufgenommen)

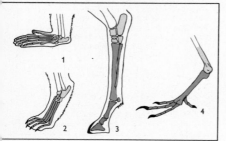

Begrenzung des Spielfeldes gespielt wird, darf die gegner. Mannschaft den Ball „einwerfen" (Bei Seitenaus: der Einwurf muß mit beiden Händen über Kopf ausgeführt werden), vom Tor „abstoßen" bzw. einen Eckball ausführen. Eine bes. Bedeutung hat die Abseitsregel (↑abseits). Die ersten Spielregeln entstanden 1863 in Großbritannien. Deutschland hatte bis zur Jahrhundertwende eigene Spielregeln und paßte sich den internat. erst 1906 an. Über Regeländerungen entscheidet das achtköpfige International Board.
Spielsysteme: Im modernen F. bestimmen verschiedenartige Systeme die Spieltaktik. Auch die bis nach dem 2. Weltkrieg allgemein gültige Aufstellung der Mannschaften mit einem Torwart, zwei Verteidigern, drei Läufern und fünf Stürmern richtet sich heute nach dem jeweils angewendeten System und ist in den einzelnen Spielen unterschiedlich. In jüngerer Zeit wird größerer Wert auf die Deckung des eigenen Tores und die Abwehr des gegner. Angriffs gelegt. Am beliebtesten ist das aus Südamerika übernommene 2-4-4-System (zwei Angriffsspieler vorn, vier Mittelfeldspieler und vier Abwehrspieler vor dem Torwart). Von den Abwehrspielern stehen zwei gestaffelt (Vorstopper und Libero), während die beiden anderen die „Ballschlepper" zum Angriff sind. Bei diesem System bewähren sich Spieler mit gut gezielten scharfen Schüssen aus der „zweiten Reihe" (d. h. aus größerer Entfernung). Aber auch die Aufstellung 4-3-3 (vier Angriffs-, drei Mittelfeld- und drei Abwehrspieler) wird bei leichteren Spielgegnern angewendet.
📖 *Jendral, H.: F. a–z. Das aktuelle Sportlexi-*

kon. *Mchn.* ⁸*1985. - Coerver, W.: F.technik. Mchn. 1984. - F. Soziologie u. Sozialgesch. einer populären Sportart. Hg. v. W. Hopf. Bensheim 1979.*

Fußballtoto, staatl. genehmigte Sportwette auf den Ausgang von Fußballspielen. Das F. wurde erstmals 1921 in Großbrit. eingeführt. In der BR Deutschland (seit 1948) ist die Lotteriehoheit ein Länderregal. Die Totogesellschaften sind entweder staatl. Betriebe, Körperschaften des öffentl. Rechts oder private Gesellschaften. Der Spieleinsatz wird wie folgt verteilt: 50 % auf die Gewinner, 16 ²/₃ % auf Sportwettsteuer, etwa 22 % auf Abgaben für sportl., kulturelle, soziale und karitative Zwecke und etwa 11 % auf die Kosten der Durchführung.

Fußboden, die künstl. befestigte, begehbare ebene Fläche in einem Innenraum. Die oberste Schicht des F. wird als **Bodenbelag** bezeichnet, wenn sie auf einem *Unterboden* aus anderem Material aufgebracht ist. Der F. soll ausreichende Feuchtigkeits-, Schall- und Wärmedämmung bewirken und widerstandsfähig gegen Wasser, Reinigungsmittel und mechan. Beanspruchung sein. - Man unterscheidet **Fugenböden,** zu denen die Böden aus Platten, Fliesen, Tafeln u. a. von unterschiedl. Material und die verschiedenen Arten des Holz-F. gehören, und **fugenlose Fußböden,** insbes. Estrichböden sowie Spachtelböden aus Polyvinylacetat- und Polyamidmassen. Für **Plattenböden** werden Naturstein-, Beton-, Steinzeug und Steinholzplatten, Klinkerplatten und Steinzeugfliesen, Glas-, Kunststoff- und Asphaltplatten sowie Holzfaser- und Holzspanhartplatten, Korkplatten u. a. verwendet. Bei **Holzfußböden** unterscheidet man **Dielenböden** (aus gehobelten, etwa 15 cm breiten, meist 3,5 cm starken Nadelholz-, Laubholz- oder Eichenbrettern), **Parkettböden** sowie die **Holzpflasterfußböden** (aus 10–12 cm hohen Hartholzklötzchen). Zu den **Estrichböden** zählen neben Beton- oder Zementestrich v. a. die Hartbeton- und Holzbetonestriche, ferner Terrazzo und der Mosaik-F. Lehm-F. bestehen aus gestampftem Lehm. Gußasphaltestriche geben wasserdichte und federnde Unterböden für F.belag und Parkett. - Ein weit verbreiteter F.belag ist das Linoleum, daneben werden Belagsbahnen aus Korklinoleum, Gummi, PVC und anderen Kunststoffen sowie aus bedruckten Wollfilzpappen verwendet. Eine andere Form des F.belags ist der Teppichboden (textiler Bodenbelag).

Fußbodenheizung ↑ Heizung.

Fußdeformitäten, angeborene oder erworbene Formabweichungen oder Fehlhaltungen der Füße. Die häufigste Fehlhaltung ist der **Plattfuß.** Ursache ist ein Mißverhältnis zw. der Tragfähigkeit des Fußes und seiner Beanspruchung. Beim klass. Plattfuß findet man eine völlige Abflachung des Fußgewöl-

bes, die anfangs noch durch korrigierende Maßnahmen beseitigt werden kann, bei längerem Bestehen durch Veränderung der Gelenkflächen und durch Bänderschrumpfungen jedoch zu einer völligen Versteifung führt. Neben der Abflachung des Längsgewölbes tritt häufig eine Lockerung der Querverspannungen auf, was eine weitere Abplattung und Verbreiterung des Fußes zur Folge hat (**Spreizfuß**). Bei Kindern ist die entstehende Senkung des Fußgewölbes meist mit einer Abknickung des Fußes nach innen kombiniert, so daß man in diesem Fall von einem **Knick-Senk-Fuß** spricht. Vorbeugende Maßnahmen gegen die Fußsenkung sind Barfußlaufen und das Tragen passender, weicher Schuhe. - Der **Klumpfuß** ist meist angeboren, seltener handelt es sich um eine Anlagestörung. Die Fehlstellung besteht in einer starken Abknickung der äußeren Fußkante nach unten und einer Einwärtsknickung des Vorderfußes samt den Zehen. Die Behandlung erfolgt in leichten Fällen durch Zurechtformen, in schweren Fällen durch einen Gipsverband oder operativ. - Der **Spitzfuß** kann ebenfalls angeboren auftreten, häufiger handelt es sich um eine erworbene F. infolge Lähmung der vorderen Unterschenkelmuskulatur. Die Fußspitze hängt steil nach unten, beim Auftreten erreicht die Ferse den Boden nicht. Behandlung: orthopäd. Schuhe, operative Verlängerung der Achillessehne. - Der **Hackenfuß,** der durch Lähmung der Wadenmuskulatur oder Abriß der Achillessehne entsteht, ist durch eine abnorme Steilstellung des Fersenbeins gekennzeichnet, das beim Stehen allein belastet wird. - Der **Hohlfuß** ist durch ein abnorm hohes Längsgewölbe mit hohem Spann, meist zus. mit Spreizfuß und Hammerzehe, gekennzeichnet.

Füssen, Stadt am Austritt des Lechs aus den Kalkalpen, Bayern, 808 m ü. d. M., 12 800 E. Filialgalerie der Bayer. Staatsgemäldesammlungen; wirtsch. Mittelpunkt der z. T. vom Forggensee bedeckten **Füssener Bucht** mit etwas Ind.; Luftkurort, im Ortsteil **Bad Faulenbach** Kneipp- und Mineralbad, nahebei die Königsschlösser Neuschwanstein und Hohenschwangau. - Im 4. Jh. n. Chr. wird das röm. Kastell **Foetibus** erwähnt. Aus einer um 748 gegr. Zelle entstand noch im 8. Jh. das Benediktinerkloster **Sankt Mang.** Im 11. Jh. besaßen die Welfen und ab 1191 die Staufer die Vogtei über das Kloster. Die um das Kloster entstandene Siedlung entwickelte sich im frühen 13. Jh. zur Stadt, die das Bistum Augsburg 1310 erwarb. Seit 1803 gehört F. zu Bayern. - Der **Friede von Füssen** (22. April 1745) beendete zw. Bayern und Österreich den Östr. Erbfolgekrieg. Kurfürst Maximilian III. Joseph von Bayern verzichtete auf die Kaiserwürde, erkannte die Pragmat. Sanktion an und versprach gegen Rückgabe seiner Erblande Großherzog Franz Stephan von

Toskana bei der Kaiserwahl seine Stimme. - Pfarrkirche Sankt Mang (1701–17), Frauenkirche am Berge (1682/83), Franziskanerkirche (18. Jh.). Die ma. Burg wurde 1486–1505 zum Schloß ausgebaut.

Fussenegger, Gertrud, * Pilsen 8. Mai 1912, östr. Schriftstellerin. - Schrieb Romane aus Vergangenheit und Gegenwart über Konflikte zw. Lebensformen, Schuld Leiden und Bewährung; u. a. „Das Haus der dunklen Krüge" (R., 1951), „Das verschüttete Antlitz" (R., 1957); weiterhin „Sie waren Zeitgenossen"(R. 1983), Jona (1986).

Füssli (Füessli[n]), schweizer. Familie, seit 1357 in Zürich nachweisbar, Glockengießer, Künstler, Gelehrte, Magistratsbeamte: **F.,** Johann Heinrich, in England Henry Fuseli, * Zürich 6. Febr. 1741, † London 16. April 1825, Maler und Graphiker. - Wegen einer polit. Veröffentlichung (mit Lavater) seit 1764 in London, wandte sich unter dem Einfluß von Reynolds der Malerei zu (1770–78 in Rom). 1804 Direktor der Royal Academy. Homer, das „Nibelungenlied", Dante, Shakespeare und Milton wurden zu Hauptquellen seiner Vorstellungs- und Bildwelt, in der er die literar. Stoffe zum Ausgangspunkt für eigene Erfindungen und Visionen machte. Formal ist F. dem Klassizismus verpflichtet. Bes. bekannt „Der Nachtmahr" (1781; Frankfurt, Goethemuseum), „Titania und Zettel" (1794; Zürich, Kunsthalle).

Fußnote, durch ein Verweiszeichen (Sternchen oder hochgestellte kleine Ziffer) auf eine bestimmte Stelle im Text bezogene Erläuterung oder Ergänzung am unteren Rand einer Druckseite.

Fußpferd, seemänn. Bez. für das starke Tau, auf dem die Matrosen bei Arbeiten an den Rahsegeln stehen.

Fußpflege, svw. ↑ Pediküre.

Fußpilzerkrankung, durch Befall mit parasitären Pilzen hervorgerufene Infektion der Fußhaut mit stärkster Ausprägung in den Zwischenzehenräumen; Behandlung mit Fungistatika.

Fußpunkt, der Punkt, in dem das auf eine Gerade oder Ebene gefällte Lot diese trifft.

Fußschweiß (Hyperhidrosis pedum), vermehrte Absonderung von Schweiß an den Füßen, bes. zw. den Zehen und auf der Fußsohle; meist übelriechend *(Bromhidrosis)* infolge bakterieller Zersetzung der organ. Schweißbestandteile. F. kann - v. a. zw. den Zehen - zu Hautentzündungen und Ekzemen führen; auch begünstigt er die Ansiedlung von Fußpilzen. Behandlung: häufige kalte Waschungen, Einpudern oder Benutzung adstringierender Fußsprays.

Fußsohlenreflex (Plantarreflex), reflektor. Abwärtsbewegung (Plantarflexion) der Zehen beim Bestreichen der Fußsohle mit einem harten, spitzen Gegenstand (z. B. Nadel

oder Reflexhammer). Diagnost. Bed. kommt nur dem einseitigen Fehlen des F. zu („stumme Sohle", z. B. bei einer Schädigung der Pyramidenbahn).

Fußtonzahl, die in Fuß (etwa 30 cm; Zeichen: ′) angegebene Tonlage eines Orgelregisters, benannt nach der Pfeifenlänge des jeweils tiefsten Tons. Dabei wird von dem Fußmaß einer offenen Labialpfeife mit dem Ton C (der tiefsten Taste auf der Orgel) ausgegangen, deren Länge 8 Fuß (etwa 2,40 m) beträgt, wonach das ganze Register achtfüßig heißt. 8′-Register erklingen in der Äquallage, d. h. in der geschriebenen Tonhöhe. Wird durch die Taste C der Ton $_1$C ausgelöst, spricht man von 16′-Register, da die Pfeife des Tons $_1$C die doppelte Länge hat. So ergeben sich folgende Fußtonbezeichnungen: $_2$C = 32′; $_1$C = 16′; C = 8′; G = 5 $^1/_3$′; c = 4′; g = 2 $^2/_3$′; c^1 = 2′; g^1 = 1 $^1/_3$′; c^2 = 1′. Die gedackten Register werden nach ihrer Tonhöhe, nicht nach ihrer tatsächl. Pfeifenlänge bezeichnet.

Fußtruppen ↑ Infanterie.

Fußwaschung, Reinigungssitte im Alten Orient und im Mittelmeerraum, die, da man normalerweise barfuß oder in offenen Sandalen ging, vor der Mahlzeit übl. und nötig war. Die F. galt als Sklavenarbeit. Nach Joh. 13, 1–17 wäscht Jesus seinen Jüngern die Füße als Zeichen vorbehaltloser, demütiger Dienst- und Liebesbereitschaft am Nächsten. Die F. ging in das Brauchtum der Klöster ein (hier „Mandatum" [= Auftrag] genannt). Von hier übernahmen Bischöfe und Fürsten den Brauch, am Gründonnerstag Armen oder Alten die Füße zu waschen.

Fust, Johann, * Mainz um 1400, † Paris 30. Okt. 1466, dt. Verleger und Buchhändler. - Gläubiger Gutenbergs, gegen den er 1455 prozessierte. Brachte Druckereieinrichtungen an sich; verlegte mit Hilfe des Druckers Peter Schöffer (vorher Geselle Gutenbergs) den von J. Gutenberg begonnenen Mainzer Psalter (1457) sowie u. a. das „Psalterium Benedictinum" (1459), das „Rationale divinorum officiorum" des Durandus (1459), eine 48zeilige Bibel (1462, mit ältestem Signet) und Ciceros „De officiis" (1465 und 1466).

Fustanella [neugriech.-italien.] (Fustane), kurzer, eng gefältelter weißer Baumwollrock, Bestandteil der neugriech. Nationaltracht der Männer.

Fusulinen (Fusulinidae) [zu lat. fusus „Spindel"], Fam. fossiler, etwa 0,5 mm–10 cm großer Foraminiferen mit spindelartigen, linsenförmigen oder kugeligen, stark gekammerten Kalkgehäusen; vom Oberen Karbon bis Perm in Europa, Asien und Amerika weit verbreitet; bed. Kalkbildner *(F.kalk);* bekannteste Gatt.: **Fusulina,** mit bis 10 cm langem, spindelförmigem Gehäuse, dessen Kammerscheidewände wellblechartig ineinander verfaltet sind.

Fusuma [jap.], die Schiebewand, die im

jap. Haus die einzelnen Räume voneinander trennt; auch vor Wandschränken. Die mit weißem Papier bespannte Schiebewand, die das Licht von außen durchscheinen läßt, heißt **Schodschi.**

Fu̱thark, german. Runenalphabet, benannt nach den ersten sechs Zeichen.

Futschou (Fuzhou) [chin. fudʒou], Hauptstadt der chin. Prov. Fukien, oberhalb der Mündung des Minkiang in das Ostchin. Meer, 1,098 Mill. E. TU, Fachhochschulen für Medizin und Landw., Inst. für Epidemiologie der chin. Akad. der Medizin. Wiss.; chem. und Papierind., Maschinenbau; Exporthafen, Marinebasis und Schiffbauzentrum. - Im 3./2. Jh. v. Chr. entstanden; seit 1734 endgültig Hauptstadt der Prov., gehörte die wichtige Handelsstadt zu den durch den Vertrag von Nanking (1842) dem ausländ. Handel geöffneten ersten 5 Vertragshäfen.

Futter (Futtermittel), der tier. Ernährung dienende organ. oder mineral. Stoffe. Nach der ernährungsphysiol. Aufgabe unterscheidet man zw. **Erhaltungsfutter** zur Aufrechterhaltung der Lebensfunktionen und **Leistungs-**

futter (Produktions-F., Kraft-F.) zur Erzielung höherer Leistungen (z. B. in bezug auf Milch, Eier, Wolle, Fett- und Fleischansatz). Je nach den mengenmäßigen F.anteilen spricht man von **Grundfutter** (Haupt-F.; hat die Aufgabe, auf Grund des hohen Gehaltes an Ballaststoffen zu sättigen und einen Teil des Nährstoffbedarfs zu decken) und **Beifutter** (Zusatz-F.; zur Deckung des Nährstoffbedarfs). Nach dem Ursprung differenziert man die **pflanzl. Futter** (z. B. Klee, Hafer), **tier. Futter** (Magermilch, Fischmehl, Fleischmehl) und **mineral. Futter** (Futterkalk, Salz usw.). Außer Knollen- und Wurzel-F. (z. B. Rüben, Kartoffeln, Topinambur) kennt man Grün-F., Gär-F., Rauh-F. und Körnerfutter.

Futter, (Futterstoff) Schutz- oder Stützstoff auf der Innenseite von Kleidungsstücken, Koffern, Schuhen u. a. zur Verdeckung der Nähte, Erhöhung der Wärmehaltung; verwendet werden v. a. Baumwolle, Chemiefasern, Seide oder Mischgewebe.
◆ svw. ↑ Auskleidung.

Futteral [german.-mittellat.], gefütterte [Schutz]hülle; Überzug, Behälter, Hülse, Schachtel.

Futterautomat, in der Landw. eine Vorrichtung, die den Tieren schüttbare Futtermittel (z. B. Körner) zuteilt. Bei einfachen F. rieselt das Futter in der Menge nach, wie es von den Tieren entnommen wird. Moderne F. dagegen dosieren das Futter.

Futurismus. Links: Luigi Russolo, Dichter Nebel (Ausschnitt; 1912). Privatbesitz; rechts: Umberto Boccioni, Einzigartige Formen im Raum (1913). New York, Museum of Modern Art

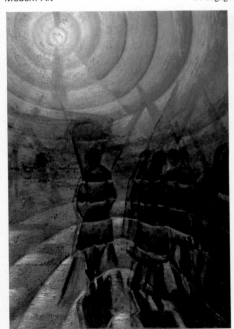

Futterbau

Futterbau, Anbau von Nutzpflanzen, die frisch gesäuert oder getrocknet zur Tierfütterung verwendet werden (z. B. Mais, Kartoffeln, Rüben, verschiedene Kleearten). Im F. unterscheidet man zw. **Dauergrünlandnutzung,** bei der ein Teil der landw. Nutzfläche dauernd als Wiese oder Weide genutzt wird, und **Feldfutterbau** (Acker-F.), bei dem die Futterpflanzen auf dem Acker angebaut werden.

Futterbohne, svw. ↑ Pferdebohne.

Futtererbse, svw. ↑ Ackererbse.

Futteresparsette ↑ Esparsette.

Futterkugel (Pflanzenhaarstein), aus Pflanzenfasern bestehender Bezoarstein im Verdauungskanal von pflanzenfressenden Säugetieren (bes. Huftieren).

Futterrübe ↑ Runkelrübe.

Futuna [frz. fyty'na], Vulkaninsel im Pazifik, ↑ Wallis et Futuna.

Futur [lat.] (Futurum, Zukunft, 1. Futurum), Tempus des Verbs, das ein erwartetes, in der Zukunft ablaufendes Geschehen oder Sein bezeichnet. Das F. wird im Dt. mit dem Hilfsverb *werden* und dem Infinitiv gebildet: ich werde arbeiten. Histor. gesehen handelt es sich dabei urspr. um eine Verbindung zw. *werden* und dem Partizip Präsens: ich werde arbeitend. Diese Bildung des F. hat sich erst allmähl. gegenüber anderen Umschreibungen durchgesetzt. Das F. im Dt. drückt nur selten wirkl. etwas Zukünftiges aus (z. B. ich werde morgen fahren; dafür meist das Präsens: ich fahre morgen), häufiger ist seine Verwendung für modale Abstufungen, z. B. Vermutungen (Das wird wohl viel kosten), Befürchtungen (Du wirst vielleicht enttäuscht sein), Aufforderungen, Befehle (Wirst du jetzt endl. zu arbeiten anfangen), Absichten (Ich werde dich einmal besuchen).

Futura [lat.], eine von P. Renner 1926 geschaffene klare Groteskschrift.

Futurismus [lat.], Anfang des 20. Jh. in Italien aufgekommene, nach Rußland ausgreifende revolutionierende Bewegung in der Literatur und in der bildenden Kunst sowie in der Musik, als eine Erneuerungsbewegung durchaus auch mit polit. Akzentuierung. Der F. wurde bes. auch in Berlin und Paris vorgestellt und diskutiert. Nach dem 1909 im „Figaro" veröffentlichten Gründungsmanifest der italien. [literar.] F. von Marinetti folgte eine Flut von Manifesten, auch zur Politik (deutl. faschist. Marinettis „Futurismus und Faschismus", 1924).
Literatur: Der F. will das moderne Leben, die Welt der Technik als „Bewegung, als Dynamik" spiegeln, als „allgegenwärtige Geschwindigkeit, die die Kategorien Raum und Zeit aufhebt". Eine derartige Literatur mußte sich ihre eigene Sprache, Syntax und Grammatik erst einmal schaffen („Techn. Manifest der futurist. Literatur", 1912). In den sprachl. und formalen Neuerungen liegt daher die Bed. des *italien. F.,* durch sie beeinflußte er u. a.

Dadaismus und Surrealismus. Auch die *russ. Futuristen* (1912) betonten das Recht des Dichters auf Revolutionierung des poet. Stoffes, des Wortschatzes und der Syntax (D. Burliuk, W. Chlebnikow, A. Krutschonych, W. Majakowski). Seit 1923 wurden sie bzw. ihre Zeitschrift „LEF" angefeindet.
Malerei, Plastik, Architektur: Mit Marinetti gaben U. Boccioni, C. Carrà, L. Russolo und G. Balla 1910 das „Manifest der futurist. Malerei" heraus, gefolgt vom „Techn. Manifest der futurist. Malerei" (Boccioni, Carrà, Russolo, Balla und Severini). Bewegung und Energie wird im *italien. F.* durch den sog. „Komplementarismus", das ständige Sichdurchdringen und Ergänzen der Formen und Farben (da Licht und Bewegung die Stofflichkeit der Körper zerstören) wiedergegeben, seit 1912, auch Auseinandersetzung mit den Pariser Kubisten, als simultane Darstellung von Bewegungsimpulsen. Boccioni forderte 1912 auch für die Plastik das Prinzip der Wiedergabe dynam. Simultaneität. In der Architektur hat Sant'Elia Bauprinzipien auf futurist. Grundlage entwickelt. Auf dem 1920 in Moskau von Gabo und Pevsner veröffentlichten „Techn. Manifest" basierend, strebt der *russ. F.* in der bildenden Kunst auf konstruktivist. Basis eine absolute Gestaltung ohne Wiedergabe individueller Empfindungen an. Mechan. Bewegungsimpulse und elektr. Licht werden in dreidimensionale Objekte miteinbezogen. - Abb. S. 317.
📖 *Chiellino, C.:* Die F.debatte. Bern 1978. - *Baumgart, C.:* Gesch. des F. Rbk. 1966.

Futurologie [lat./griech.], Zukunftsforschung; gliedert sich nach O. K. Flechtheim, der den Begriff „F." 1943 geprägt hat, in Prognostik, Planungswiss. und Philosophie der Zukunft (Ideologie- und Utopiekritik); weniger eine eigenständige wiss. Disziplin, als vielmehr ein wiss. Problemfeld, zu dem viele wiss. Disziplinen (Nationalökonomie, Soziologie, polit. Wiss., Naturwiss.) beitragen müssen, um die zukünftige Entwicklung durchschaubar zu machen. Die F. will nicht die Zukunft im einzelnen ausmalen, sondern alternative Entwicklungsmöglichkeiten aufzeigen und dadurch Entscheidungsgrundlagen liefern.
Insbes. seit den letzten Jahren versucht die F., die 5 Hauptprobleme für das Überleben der Menschheit in einer menschenwürdigen Zukunft zu bewältigen: 1. Eliminierung des Krieges und Institutionalisierung des Friedens; 2. Beseitigung von Hunger und Elend in der Dritten und Vierten Welt (Stabilisierung der Bev.zahl); 3. Beendigung des Raubbaus der natürl. Reserven sowie Schutz der Natur und des Menschen vor sich selber; 4. Überwindung von Ausbeutung und Unterdrückung sowie Demokratisierung von Staat und Gesellschaft; 5. Abbau von Sinnentleerung und Entfremdung sowie Schaffung eines „kreativen Homo humanus" (O. K. Flechtheim). In

den naturwiss.-techn. Zweigen der F. wird v.a. das Problem der Ressourcenverknappung und der Energieeinsparung bearbeitet; in Verbindung von Natur- und Sozialwiss. werden die gesellschaftl. Folgen des Eintritts in das Plutoniumzeitalter durchdacht (R. Jungk, „Der Atomstaat"); im vorwiegend sozialwiss. Bereich wird das Problem des Wertwandels in der Gesellschaft erforscht. Die F. ist in der BR Deutschland institutionalisiert in der Gesellschaft für Zukunftsfragen e. V. (Berlin [West]), in Österreich in der Östr. Gesellschaft für langfristige Entwicklungsforschung (Wien), in der Schweiz in der Schweizer. Vereinigung für Zukunftsforschung (Zürich).

Futurum exaktum [lat. „vollendete Zukunft"] (Vorzukunft, 2. Futurum), Tempus des Verbs, das ein in der Zukunft liegendes Geschehen bezeichnet, das sich bei Eintritt eines anderen zukünftigen Geschehens bereits vollendet hat, z. B. lat. amavero, ich werde geliebt haben. Im Dt. wird das F. e. durch die Hilfsverben *werden* und *haben* bzw. *sein*

gebildet, drückt aber eigtl. kein Tempus, sondern eine Vermutung aus, z. B. die Aufgabe *wirst* du sicher rasch *erledigt haben;* er *wird* um diese Zeit in der Stadt *gewesen sein.*

Fux, Johann Joseph, * Hirtenfeld (Steiermark) 1660, † Wien 13. Febr. 1741, östr. Komponist. - Seit 1698 Hofkomponist in Wien und seit 1715 1. Hofkapellmeister. F. war der bedeutendste Meister des südt.-östr. Barock. In seinen „Gradus ad Parnassum" (1725) schuf er eine lange Zeit maßgebl. und noch bis heute gebrauchte Kontrapunktlehre. Er komponierte über 500 Werke.

FVP, Abk. für: ↑Freie Volkspartei.

F. V. S. ↑Stiftung F. V. S. zu Hamburg.

Fylde [engl. faild], halbinselartiger Abschnitt der nordwestengl. Küstenebene zw. Ribble und Lune mit zahlr. Seebädern.

Fyt, Jan [niederl. fɛjt], ≈ Antwerpen 15. März 1611, † ebd. 11. Sept. 1661, fläm. Maler. - In der Nachfolge seines Lehrers F. Snyders malte F. Stilleben und bes. Federwild.

fz, Abk. für: forzato (↑sforzato).

G

G, der siebte Buchstabe des Alphabets. Da altlat. ↑C die Lautwerte [g] und [k] hatte, wurde im 3. Jh. v. Chr. durch Zufügung eines Querstrichs G mit dem Lautwert [g] aus C differenziert und nahm im Alphabet den Platz des bereits vorher aufgegebenen Z ein, das erst später wieder neu entlehnt wurde.
◆ (g) in der *Musik* die Bez. für die 5. Stufe der Grundtonleiter C-Dur, durch ♯ (Kreuz) erhöht zu gis, durch ♭-(b) Vorzeichnung erniedrigt zu ges. - Auf einer Notenlinie des ↑Liniensystems dient der Tonbuchstabe bzw. das aus ihm entwickelte Zeichen als ↑Schlüssel zur Fixierung der Tonhöhen.
◆ (Münzbuchstabe) ↑Münzstätte.
◆ Abk.:
◆ für Genius und Gens, auf röm. Inschriften.
◆ für: Geld, Zusatz auf Kurszetteln hinter dem Kurs; besagt: Zum genannten Kurs bestand Nachfrage, jedoch kamen keine oder nur wenige Kaufaufträge (mangels entsprechenden Angebots) zur Ausführung.
G, Einheitenzeichen für die magnet. Induktion ↑Gauß.
G, Vorsatzzeichen für ↑Giga (10^9).
g, Einheitenzeichen für die Masseneinheit Gramm (↑Kilogramm).

g, Formelzeichen für ↑Fallbeschleunigung.
Ga, chem. Symbol für ↑Gallium.

Gäa (Gaia), bei den Griechen die göttl. „Urmutter Erde", die alles Sterbliche hervorbringt und wieder in sich aufnimmt, erzeugt als Urprinzip aus sich selbst den Himmel, die Gebirge und das Meer; spielt in der dichter.-philosoph. Spekulation eine größere Rolle als in der Volksreligion.

Gäa [griech.], in der Tiergeographie Bez. für einen von Tieren besiedelten Großraum auf der Erdoberfläche *(Faunenreich)*; bezügl. der Landfauna unterscheidet man auf der Erde drei Faunenreiche: ↑Arktogäa, Neogäa (↑neotropische Region) und Notogäa (↑australische Region).

Gabal, im Sudan und in Ägypten svw. Berg.

Gabardine [frz., zu span. gabardina „Männerrock"], einfarbiges festes Gewebe aus Kammgarnen in Köperbindung.

Gabbro [italien.], grobkörniges Tiefengestein, fast schwarz, z. T. mit grünl. oder bläul. Farbton; Hauptbestandteile: Plagioklas und Pyroxen. Verwendung als Baustein und für [Grab]denkmäler.

Gabel [urspr. „gegabelter Ast"], als Tisch-

Gabelachse

gerät zuerst 1023 in Montecassino erwähnt, diente die G. bis ins späte MA zum Vorlegen (v. a. von Fleisch), vom 16. Jh. an zunehmend auch als Eßgerät, wobei zahlr. Varianten entwickelt wurden.

◆ (Forke) Gerät zum Auf- und Abladen von Heu, Stroh u. a., auch zum Ausgraben von Wurzelfrüchten; besteht aus mehreren Zinken und einer Tülle, in die ein Stiel eingesetzt ist.

Gabelachse ↑Fahrwerk.

Gabelantilope, svw. ↑Gabelbock.

Gabelbock (Gabelantilope, Antilocapra americana), einzige rezente Art der ↑Gabelhorntiere in der Prärie N-Amerikas; Körperlänge etwa 1–1,3 m, Schulterhöhe 0,9–1 m; Fell dicht, rotbraun, an Kopf und Hals weiße

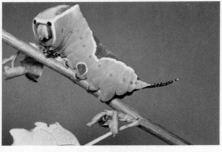

Großer Gabelschwanz. Raupe

Joseph Gabler, Orgel in Weingarten

und schwarze Zeichnungen, Brust und Bauchseite weiß, am Hinterende großer, weißer „Spiegel"; ♂ mit gegabeltem, etwa 30 cm langem Gehörn, Gehörn des ♀ klein oder fehlend.

◆ ↑Gabler.

Gabelfarne, svw. ↑Gleicheniengewächse.

Gabelhäkelei (Gimpenhäkelei), zw. den Häkelmaschen wird der Faden jeweils um eine Gabel (U-förmiges Gerät) gelegt und diese eine halbe Runde um sich gedreht; so ergeben sich Borten.

Gabelhirsche, svw. ↑Andenhirsche.

◆ ↑Gabler.

Gabelhorntiere (Antilocapridae), Fam. der Paarhufer mit mehreren fossilen Gatt.; z. T. großes, stark verzweigtes (hirschgeweihähnl.) Gehörn, dessen Knochenzapfen nicht abgeworfen wird; einzige rezente Art ↑Gabelbock.

Gabelsberger, Franz Xaver, * München 9. Febr. 1789, † ebd. 4. Jan. 1849, dt. Stenograph. - Sekretär und Kanzlist im bayr. Staatsdienst; schuf als erster eine kursive Kurzschrift, die später eine der Voraussetzungen für die dt. Einheitskurzschrift wurde.

Gabelschwänze, Bez. für zwei Gatt. der Zahnspinner (Cerura und Harpyia) mit mehreren Arten in den nördl. gemäßigten Regionen. Bei den meist grünl., bunt gezeichneten, v. a. an Laubbäumen fressenden Raupen ist das letzte Beinfußpaar in zwei lange, gabelähnl. Fortsätze umgewandelt. In M-Europa kommen fünf Arten vor, u. a. der bis 7 cm spannende **Große Gabelschwanz** (Cerura vinula) mit durchscheinenden, weißgrauen Vorderflügeln und etwas dunkleren Hinterflügeln. Der etwa 4 cm spannende gelblichgraue **Kleine Gabelschwanz** (Harpyia hermelina) hat eine breite schwärzl. Querbinde und dunkle Zickzacklinien auf den Vorderflügeln. Weiße Flügel und ebensolche Brustsegmente und einen oben schwarzen Hinterleib hat der bis 6 cm spannende **Hermelinspinner** (Weißer Gabelschwanz, Cerura erminea).

Gabelschwanzseekühe (Dugongs, Dugongidae), Fam. bis 7,5 m langer Seekühe mit zwei Arten im Roten Meer, Ind. Ozean und Beringmeer; mit horizontalem, seitl. ausgezipfeltem Schwanzruder; Schneidezähne bei ♂♂ als kurze Stoßzähne entwickelt; einzige rezente Art ist der bis 3,2 m lange, maximal 200 kg schwere **Dugong** (Dugong dugong) im Roten Meer und Ind. Ozean. Die Art **Stellersche Seekuh** (Riesenseekuh, Phytina gigas) mit einem plumpen, bis etwa 8 m langen und rd. 20 t schweren Körper mit dicker borkiger Haut wurde um 1768 ausgerottet.

Gabelstapler ↑Hubstapler.

Gabeltang (Dictyota dichotoma), Braunalgenart im Sublitoral der Weltmeere der mittleren und südl. Breiten; Thallus handgroß, gabelig verzweigt; bildet oft ausgedehnte, bis 15 cm hohe Rasen am Meeresboden.

Gabelweihe, svw. Roter Milan (↑ Milane).

Gabelzahnmoos (Dicranum), Gatt. der Laubmoose mit etwa 50 Arten, meist in den kühlen u. gemäßigten Zonen der Nordhalbkugel; kleine bis mittelgroße, rasenbildende Moose mit sichelförmigen, an der Spitze gezähnten Blättern. Die häufigste einheim. Art ist der **Besenförmige Gabelzahn** (Dicranum scoparium) auf Waldböden, an Felsen und Baumstämmen, mit spiralig gestellten Blättern und längl., brauner, glatter Sporenkapsel, deren Deckel geschnäbelt ist.

Gabès [frz. ga'bɛs], tunes. Stadt am Golf von G., 92 000 E. Verwaltungssitz des Gouvernements G., Zentrum einer ausgedehnten Küstenoase mit Fruchtbaum- und Gemüsekulturen; Herstellung von Teppichen, Flecht- und Schmuckwaren; Fischerei; Seebad; neuer Hafen mit Ind.zone nördl. der Stadt; Eisenbahnendpunkt, ✵. - Zahlr. Moscheen, u. a. Große Moschee (1952); Kunsthandwerkszentrum. - An der Stelle von G. befand sich die röm. Kolonie Tacapae.

Gabès, Golf von [frz. ga'bɛs], Teil des Mittelmeers an der südl. O-Küste Tunesiens.

Gabi (Gaby), weibl. Vorname, Kurz- und Koseform von Gabriele (↑ Gabriel).

Ibn [gabi'roːl], latinisiert Avicebron oder Avencebrol, * Málaga um 1021, † Valencia 1058 oder 1070, span.-jüd. Dichter und Philosoph. - Wirkte im arab. Spanien; sein in arab. Sprache abgefaßtes philosoph. Hauptwerk, das nur in der um 1150 erstellten lat. Übersetzung von Johannes Hispanus u. d. T.' „Fons vitae" (Lebensquell) erhalten ist, enthält jüd. religiöse Ideen, verbunden mit arab. Aristotelismus und alexandrin. Neuplatonismus; von großem Einfluß auf die Philosophie des MA bis Spinoza; gilt als erster jüd. Philosoph des Abendlandes; seine Dichtung umfaßt Hymnen, Klagelieder, Gebete und Bußgesänge.

Gable, Clark [engl. gɛɪbl], * Cadiz (Ohio) 1. Febr. 1901, † Los Angeles-Hollywood 16. Nov. 1960, amerikan. Filmschauspieler. - Als Typ des charmanten Draufgängers erlangte er Weltruhm in Filmen wie „Die gelbe Hölle" (1932), „Es geschah in einer Nacht" (1934), „Meuterei auf der Bounty" (1935), „Vom Winde verweht" (1939), „Mogambo" (1953), „Nicht gesellschaftsfähig" (1961).

Gablenz, Carl-August [Heinrich Adolf] Freiherr von, * Erfurt 13. Okt. 1893, † bei Mühlberg/Elbe 21. Aug. 1942 (Flugzeugabsturz), dt. Luftfahrtpionier. - 1926 Flugbetriebsleiter der Dt. Lufthansa; ermöglichte

Jean Gabin

Clark Gable

Juri Alexejewitsch Gagarin (um 1961)

Gabin, Jean [frz. ga'bɛ̃], eigtl. Jean Alexis Moncorgé, * Mériel bei Paris 17. Mai 1904, † Neuilly-sur-Seine 15. Nov. 1976, frz. Filmschauspieler. - Berühmt seit den 30er Jahren als Typ des harten Burschen oder skurrilkom. Außenseiters in Filmen wie „Nachtasyl" (1936), „Pépé le Moko" (1937), „Die große Illusion" (1937), „Bestie Mensch" (1938), „Hafen im Nebel" (1938), „Der Tag bricht an" (1939). Bed. Charakterschauspieler, z. B. in „French Can-Can" (1955), „Zwei Mann, ein Schwein und die Nacht von Paris" (1956), „Die Katze" (1971), „Der Fall Dominici" (1973). Bes. populär wurden seine „Kommissar-Maigret"-Filme.

Gabirol (Gebirol), Salomon Ben Jehuda

1934 mittels schwimmender Flugzeugstützpunkte den ersten planmäßigen Transatlantikflugdienst der Welt.

Gabler, Joseph, * Ochsenhausen 6. Juli 1700, † Bregenz 8. Nov. 1771, dt. Orgelbauer. - Bed. Orgelbauer Oberschwabens; baute Orgeln in Ochsenhausen, Weingarten (Abteikirche, 1737-50), Memmingen und Bregenz.

Gabler, wm. Bez. für einen Rothirsch (**Gabelhirsch**) oder Rehbock (**Gabelbock**) mit einfach verzweigtem Geweih bzw. Gehörn.

Gablonz an der Neiße (tschech. Jablonec nad Nisou], Stadt in der ČSSR, 10 km sö. von Reichenberg, 495 m ü. d. M., 45 000 E. Sitz einer Bez.verwaltung; techn. National-museum; Lastkraftwagenwerk; Mittelpunkt

Gabo

der nordböhm. Bijouteriewarenind. - 1356 gegründet, 1538 aber als Wüstung erwähnt, im 16. Jh. erneut besiedelt. Im 19. Jh. Aufstieg durch Textil-, Glas- und Schmuckind., 1866 Stadt.

Gabo, Naum [engl. 'gɑːboʊ], eigtl. N. Pevsner, * Brjansk 5. Aug. 1890, † Waterbury (Conn.) 23. Aug. 1977, russ.-amerikan. Bildhauer. - 1917–22 in der Sowjetunion, seit 1946 in den USA; Bruder von A. Pevsner. Bed. Vertreter des russ. ↑Konstruktivismus. In seinen mit Nylon bespannten Objekten („Raumplastiken") bauen sich räuml. Schichten auf.

Gábor, Dennis [ungar. 'gaːbor], * Budapest 5. Juni 1900, † London 9. Febr. 1979, brit. Physiker ungar. Herkunft. - 1958–67 Prof. am Imperial College in London; erfand 1948 die ↑Holographie, die nach Entwicklung des Lasers (als Quelle kohärenten Lichtes) seit etwa 1962 große prakt. Bed. gewann. Nobelpreis für Physik 1971.

Gaboriau, Emile [frz. gabɔ'rjo], * Saujon (Charente-Maritime) 9. Nov. 1832, † Paris 28. Sept. 1873, frz. Schriftsteller. - Früher Vertreter der Detektivgeschichte; beeinflußte Conan Doyle; u. a. „Die Witwe Lerouge" (R., 1866).

Gaborone [engl. gɑːbɔː'roʊnɛɪ], Hauptstadt von Botswana, im SO des Landes, 1 015 m ü. d. M., 79 000 E. Nationalmuseum, Handwerksschule; Zentrum eines Viehzuchtgebiets; Bahnstation, ⚒. - G. ist Hauptwohnort der Tlokwa und seit 1965 Hauptstadt von Botswana.

Gabriel, aus der Bibel übernommener männl. Vorname hebr. Ursprungs, eigtl. „Mann Gottes"; weibl. Form: Gabriele. Italien. Form Gabriele, frz. und engl. Form Gabriel, russ. Formen Gawriil und Gawrila, ungar. Form Gábor.

Gabriel, Erzengel; in Luk. 1, 26 Engel der Verkündigung der Geburt Jesu, gilt im Islam als der höchste Engel, von dem Mohammed seine Offenbarung empfing.

Gabriel, Jacques-Ange [frz. gabri'εl], * Paris 23. Okt. 1698, † ebd. 4. Jan. 1782, frz. Baumeister. - Vollendete als königl. Architekt die Arbeiten seines Vaters Jacques G. (* 1667, † 1742) in Rennes und Bordeaux (Place de la Bourse). Zu G.s Hauptwerken im strengen klassizist. Stil gehören in Paris die École Militaire (begonnen 1751), die Place de la Concorde (begonnen 1755), in Versailles die Oper (1769/70) und v. a. das Petit Trianon (1764–68).

Gabriele, weibl. Vorname, ↑Gabriel.

Gabrieli, Andrea, * Venedig um 1510, † ebd. 1586, italien. Komponist. - Seit 1566 Organist an San Marco in Venedig. Komponierte (z. T. mehrchörig) „Sacrae cantiones" (1565), 6stimmige Messen und Psalmen, 6– 16stimmige „Concerti" (1587), 3–6stimmige Madrigale, Orgelwerke.

G., Giovanni, * Venedig zw. 1554 und 1557, † ebd. 12. Aug. 1612 oder 1613, italien. Komponist. - Neffe und Schüler von Andrea G.; seit 1584 Organist an San Marco in Venedig, Lehrer von H. Schütz. Mit seinen 3–22stimmigen „Canzoni e sonate" (1615) war er an der Ausbildung einer eigenständigen Instrumentalmusik entscheidend beteiligt. Er komponierte außerdem Madrigale u. a. vokale und vokal-instrumentale Werke und Orgelstücke.

Gabrowo, Hauptstadt des Verw.-Geb. G. in Bulgarien, am Oberlauf der Jantra, 392 m ü. d. M., 81 000 E. Freilichtmuseum (alte Handwerke). Bed. Ind.standort (Textil-, Lederind., Maschinenbau und Elektroind.).

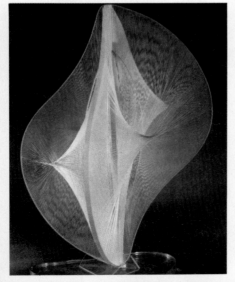

Naum Gabo, Lineare Konstruktion Nr. 2 (1949). Duisburg, Wilhelm-Lehmbruck-Museum

Gabun

(amtl. Vollform: République Gabonaise), Republik an der W-Küste Afrikas, zw. 4° s. Br. und 2° n. Br. sowie 9° und 14° ö. L. **Staatsgebiet:** G. grenzt im S und O an die VR Kongo, im N an Äquatorialguinea und Kamerun. **Fläche:** 267 667 km². **Bevölkerung:** 1,37 Mill. E (1984), 5,1 E/km². **Hauptstadt:** Libreville. **Verwaltungsgliederung:** 9 Regionen. **Amtssprache:** Französisch, Umgangssprache: Französisch und (regional) Bantudialekte. **Nationalfeiertag:** 17. Aug. (Unabhängigkeitstag). **Währung:** CFA-Franc = 100 Centimes (c). **Internationale Mitgliedschaften:** UN, OAU, UDEAC, UMOA, OPEC und Französische Gemeinschaft, der EWG assoziiert. **Zeitzone:** MEZ.

Landesnatur: G. liegt auf der Niederguineaschwelle, die in einigen Gebirgszügen Mittelgebirgscharakter hat (im Massif du Chaillu bis über 1 500 m ü. d. M.) und zur Küste hin in einem relativ ebenen Vorland (bis 300 m ü. d. M.) ausläuft. Den N und O des Landes nehmen Hochplateaus ein. G. liegt größtenteils im Einzugsbereich des Ogowe.

Klima: Das Klima ist trop. mit geringen Jahresschwankungen der Temperatur und zwei Regenzeiten mit nur schwach ausgeprägten Trockenzeiten.

Vegetation: 75 % des Landes sind mit trop. Regenwald bedeckt, stellenweise von Feuchtsavanneninseln unterbrochen. Ledigl. der SO wird von Trockensavannen eingenommen. An der durch Lagunen stark gegliederten Küste sind (außer im zentralen Teil) Mangrovenwälder verbreitet.

Tierwelt: Sie umfaßt Savannentiere, neben Luchs, Schakal und Tüpfelhyäne v. a. Büffel, Elefanten, Antilopen und Flußpferde sowie Tiere des trop. Regenwaldes.

Bevölkerung: Sie setzt sich v. a. aus Bantustämmen zus. (Pangwe, Eschira, Mbete u. a.). 55% sind Christen, rd. 40% Anhänger traditioneller Religionen, rd. 1 % Muslime. Schulpflicht besteht 6.–16. Jahr. Neben sechs Lehrerbildungsanstalten verfügt G. über eine Univ. in Libreville (gegr. 1971).

Wirtschaft: Landw. wird v. a. im äußersten N, O und S betrieben. 20 % der landw. Nutzfläche werden von Kakaokulturen eingenommen. Wegen geringer Weideflächen und Auftretens der Tsetsefliege ist die Rinderhaltung auf den Raum Mouila-Ndendé beschränkt. Binnen- und Küstenfischerei decken den Bedarf an Fisch nur zu 50 %. Der Holzreichtum, v. a. an Okume, Ozigo u. a. trop. Hölzern, ist ein wichtiger Wirtschaftsfaktor. Erdöl wird an der Küste v. a. um Port-Gentil, dem wichtigsten Ind.standort des Landes, und im S gefördert. Manganerz wird im SO abgebaut und per Seilbahn nach Mbinda (VR Kongo) transportiert. Eisenerzlager befinden sich im Raum Mékambo. Uranerze werden bei Mounana im Tiefbau gewonnen.

Außenhandel: G. ist wichtigster Lieferant auf dem Weltmarkt für Okume sowie der größte Manganexporteur der Erde. Frankr. ist der wichtigste Handelspartner, mit Abstand gefolgt von der BR Deutschland, die v. a. Kraftfahrzeuge, Maschinen, Eisen und Stahl nach G. liefert.

Verkehr: 1983 wurde der 1. Abschnitt der geplanten Trans-G.-Eisenbahn (340 km) fertiggestellt. Das Straßennetz ist 7 393 km lang. 85 % des Holztransports erfolgt auf den Flüssen. Die wichtigste Wasserstraße ist der Ogowe, der ab N'Djolé schiffbar ist. Die Häfen Libreville, Port-Gentil sowie der Erdölhafen Gamba sind Reedehäfen. Seit 1974 besteht ein Tiefwasserhafen in Owendo bei Libreville; internat. ✈ in Libreville und Port-Gentil.

Gabun. Wirtschaftskarte

Geschichte: Die Küste G. wurde 1472 von den Portugiesen entdeckt. 1839 ließen sich die Franzosen am Gabunästuar nieder. Als Stützpunkt errichtete 1843 die frz. Marine das Fort Aumale, das mit der seit 1849 bestehenden Siedlung aus befreiten schwarzen Sklaven den programmat. Namen Libreville erhielt. Nach Erwerb weiterer Küstenstreifen begann 1851 die Erforschung des Landesinneren, auch des frz. Kongo. 1886 erhielten die Gebiete den Status von Kolonien. Seit 1910 war G. Teil von Frz.-Äquatorialafrika. 1929 wurde der letzte Aufstand niedergeworfen. Mit dem Beitritt zur Frz. Gemeinschaft 1958 wurde G. selbständig. 1960 erklärte es sich für unabhängig, blieb aber in der Gemeinschaft und unterhielt bes. enge wirtsch., kulturelle und militär. Beziehungen zu Frankr.; frz. Truppen warfen 1964 einen Militärputsch gegen Staatspräs. L. Mba nieder. Seit 1967 ist O. Bongo Staatspräs. von Gabun, der im Dez. 1979 als einziger Kandidat für weitere 7 Jahre wiedergewählt wurde. Bei den Parlamentswahlen im Febr. 1980 wurden - obwohl auch unabhängige Kandidaten zugelassen waren - ausschließl. Kandidaten der Einheitspartei gewählt.

Politisches System: Nach der Verfassung von 1961 (mit Änderungen von 1967 und 1975) ist G. eine zentralist. verwaltete Präsidialdemokratie. *Staatsoberhaupt* und oberster Inhaber der *Exekutive* ist der auf 7 Jahre gewählte Staatspräs. (Wiederwahl ist mögl.). Er ernennt und entläßt die Mgl. des Min.rats, die unter

Gabunästuar

seinem Vorsitz tagen und nur ihm verantwortl. sind. Der Präs. hat Gesetzesinitiative und ist Oberbefehlshaber der Streitkräfte. Die *Legislative* liegt beim Parlament, der Nationalversammlung (111 vom Volk auf 5 Jahre gewählte sowie 9 ernannte Abg.). Es gibt seit 1968 nur eine *Partei*, die von Staatspräs. Bongo als Nachfolgerin des Bloc Démocratique Gabonais (BDG) gegr. Parti Démocratique Gabonais (PDG). *Verwaltungsmäßig* ist G. in 9 Regionen unterteilt, an deren Spitze jeweils ein Präfekt steht. In G. gelten zwei *Rechtssysteme*, ein modifiziertes frz. (mit Amts- und Untergerichten) und ein traditionelles (mit lokalen Gerichten und regionalen Berufungsgerichten). Der Oberste Gerichtshof ist oberste Berufungsinstanz und auch für Verfassungs-, Verwaltungs- und Finanzstreitigkeiten zuständig. Die *Streitkräfte* bestehen aus rd. 5 000 Mann. Es gibt außerdem 5 300 Mann paramilitär. Kräfte.

📖 *Schamp, E. W.: Industrialisierung in Äquatorialafrika. Mchn. 1978. - Bouquerel, J.: Le Gabon. Paris 1970.*

Gabunästuar, Bucht des Golfs von Guinea, am nördl. Küstenabschnitt von Gabun.

Gad, einer der zwölf Stämme Israels.

Gadag-Betgeri, Stadt im ind. B.-Staat Mysore, 117 000 E. Colleges; wichtiger Baumwoll- und Erdnußmarkt.

Gadamer, Hans-Georg, * Marburg a. d. Lahn 11. Febr. 1900, dt. Philosoph. - Seit 1937 Prof. in Marburg, seit 1939 in Leipzig, seit 1947 in Frankfurt am Main, seit 1949 in Heidelberg. Bekannt v. a. durch seine „philosoph. Hermeneutik", die wesentl. Impulse von W. Dilthey, E. Husserl und M. Heidegger aufgenommen und verarbeitet hat. Grundlegend dafür ist sein Werk „Wahrheit und Methode" (1960), das Erfahrungsmöglichkeiten von Wahrheit (in Philosophie, Kunst und Geschichte) ausmacht, die nicht nur jenseits des neuzeitl., sich wiss. verstehenden Methodenbewußtseins liegt, sondern die menschl. Welterfahrung überhaupt betrifft und die auf anderem Wege nicht erreichbar ist. G. ist Mithg. der „Neuen Anthropologie" (1972-74).

Weitere Werke: Platos dialekt. Ethik (1931), Goethe und die Philosophie (1947), Kleine Schriften (3 Bde., 1967-71), Hegels Dialektik (1971), Die Begriffsgeschichte und die Sprache der Philosophie (1971), Wer bin ich und wer bist du? (1973), Philosoph. Lehrjahre (1977), Heideggers Wege (1983).

Gadara, Name mehrerer Städte im alten Palästina: G. sö. des Sees Genezareth (heute Ruinenstätte bei Umm Kais) war ein hellenist. Kulturmittelpunkt (Heimat von Meleagros, Menipp, Philodemos), Mgl. der ↑ Dekapolis. Zeitweilig jüd. (1. Jh. v. Chr.), dann endgültig römisch. - G. nö. von Jericho war zeitweilig Zentrum des jüd. Aufstandes 66 n. Chr. - Dt. Ausgrabungen seit 1977.

Gadda, Carlo Emilio, * Mailand 14. Nov.

1893, † Rom 21. Mai 1973, italien. Schriftsteller. - Verf. nuancierter Romane und Erzählungen, u. a. „Die gräßl. Bescherung in der Via Merulana" (R., 1957), „Die Erkenntnis des Schmerzes" (R., 1963).

Gaddafi, El ↑ Kadhdhafi, Al.

Gaddi, Taddeo, * Florenz (?) gegen 1300, † ebd. 1366, italien. Maler. - Für mehr als zwei Jahrzehnte Schüler und Gehilfe von Giotto, übernahm er dessen flüssige Linienführung und übte seine perspektiv. Fähigkeiten an verschachtelten Architekturhintergründen; belebte den Raum mit erzähler. Details und Lichteffekten; u. a. Fresken der Cappella Baroncelli in Santa Croce, Florenz, mit Szenen aus dem Leben Mariens und der Kindheitsgeschichte Jesu (1332-38). Sein Sohn **Agnolo Gaddi** (* um 1350, † 1396) führte die väterl. Werkstatt weiter. - Abb. S. 326.

Gade, Niels [Wilhelm] [dän. 'gaːðə], * Kopenhagen 22. Febr. 1817, † ebd. 21. Dez. 1890, dän. Komponist und Dirigent. - 1844-48 Dirigent des Leipziger Gewandhausorchesters, danach in Kopenhagen, u. a. Direktor des Konservatoriums; an Mendelssohn-Bartholdy und Schumann orientiertes Schaffen, u. a. Ballette, 8 Sinfonien u. a. Orchesterwerke, ein Violinkonzert, Chor- und Kammermusik, Klavierstücke und Lieder.

Gadebusch, Krst. im Bez. Schwerin, DDR, 31-35 m ü. d. M., 7 300 E. Waldbühne; Landmaschinen-, Leder- und Teigwarenind. - 1194 erstmals erwähnt, kam 1203 an Mecklenburg, erhielt 1218 lüb. Stadtrecht. Seit 1621 gehörte G. zu Mecklenburg-Schwerin. - Ehem. Schloß (Hauptgebäude 1570/71), spätroman. Stadtkirche (um 1220); Rathaus (um 1340) mit Gerichtslaube (1618).

G., Landkr. im Bez. Schwerin, DDR.

Gaden (Gadem), Haus von nur einem Raum oder nur einem Stockwerk: Stube, Kammer; Fensterbereich im oberen, über die Dächer der Seitenschiffe hinausragenden Teil des Mittelschiffs einer Basilika (Lichtgaden).

Gades ↑ Cádiz.

Gadidae [griech.], svw. ↑ Dorsche.

Gadir ↑ Cádiz.

Gadolinium [nach dem finn. Chemiker J. Gadolin, * 1760, † 1852], chem. Symbol Gd; metall. Element aus der Gruppe der Metalle der seltenen Erden, Ordnungszahl 64, mittlere Atommasse 157,25, Schmelzpunkt 1 312 °C, Siedepunkt 3 233 °C. G. ist silberweiß bis schwach gelbl.; in seinen vorwiegend farblosen Verbindungen ist es dreiwertig. Vorkommen v. a. in Form der Minerale Gadolinit, Fergusonit und Yttrotantalit. Gewonnen wird es aus dem Fluorid GdF_3 oder Chlorid $GdCl_3$ durch Reduktion mit metall. Calcium. G. ist ferromagnet. und zeigt Supraleitfähigkeit; Verwendung in der Kern-, Mikrowellen- und Hochfrequenztechnik.

Gaede, Wolfgang, * Lehe (= Bremerhaven) 25. Mai 1878, † München 24. Juni 1945, dt. Physiker. - Prof. in Karlsruhe von 1919 bis zu seiner Entlassung durch die Nationalsozialisten 1934; entwickelte sehr leistungsfähige Pumpen für die Vakuumtechnik, u. a. die Molekularluftpumpe und die Diffusionspumpe.

Gaeta, italien. Hafenstadt und Seebad im südl. Latium, 10 m ü. d. M., 23 600 E. Bischofssitz; Nahrungsmittelind., Bootsbau. - In der Antike Caieta, gewann Bed. nach der Zerstörung von Formiae (= Formia) durch die Sarazenen (Mitte 9. Jh.) als Mittelpunkt eines gleichnamigen, nur formell von Byzanz abhängigen Hzgt.; 1848/49 Zufluchtsort Papst Pius' IX., 1860 König Franz' II., der dort 1861 zur Kapitulation gezwungen wurde (Ende der Bourbonenherrschaft). - Roman. Dom (geweiht 1106; klassizist. restauriert 1792) mit roman. Kampanile, Kastell (v. a. 13. und 15./16. Jh.; heute Gefängnis).

Gaetani [italien. gae'ta:ni], italien. Adelsfamilie, ↑ Caetani.

Gaffel [niederdt. „Gabel"], am oberen Teil eines Schiffsmastes angebrachtes, schräg nach hinten aufwärts ragendes Rundholz, an dem die Oberkante des **Gaffelsegels** befestigt wird.

Gaffky, Georg Theodor August ['gafki], * Hannover 17. Febr. 1850, † ebd. 23. Sept. 1918, dt. Bakteriologe. - Schüler R. Kochs; Prof. für Hygiene in Gießen, später Nachfolger Kochs als Direktor des Instituts für Infektionskrankheiten in Berlin; 1884 züchtete er erstmals den Typhusbazillus in Reinkultur.

Gaffori, Franchino, latinisiert Franchinus Gafurius, * Lodi 14. Jan. 1451, † Mailand 24. Juni 1522, italien. Komponist und Musiktheoretiker. - Seit 1484 Kapellmeister am Mailänder Dom; einer der bedeutendsten Musiktheoretiker seiner Zeit („Practica musicae", 1496); komponierte u. a. zahlr. Messen.

Gafsa, tunes. Stadt, Zentrum einer Oase, 140 km nw. von Gabès, 325 m ü. d. M., 61 000 E. Verwaltungssitz des Gouvernements G. und der Bergwerksgesellschaft, die das Phosphat in der Umgebung abbaut; Thermalquellen (25 °C). - G. ist das antike **Capsa** (Ruinen aus der Römerzeit); nach Funden aus der Umgebung ist das ↑ Capsien benannt.

Gag [gɛk, engl. gæg; engl.-amerikan., eigtl. „Knebel" (im Sinne von: Füllsel)], Trick, Ulk, witziger Einfall in Theaterstücken, Filmen und beim Kabarett, auch allg. für Überraschungseffekt.

Gagaku [jap. „elegante Musik"], die „klass." Musik Japans, wie sie seit Anfang des 8. Jh. bis heute am Kaiserhof gepflegt wird. Das Repertoire umfaßt Instrumentalmusik, Tanzmusik („bugaku"), Vokalmusik und Musik für den schintoist. Ritus.

Gagarin, Juri Alexejewitsch, * Kluschino (Gebiet Smolensk) 9. März 1934, † bei Nowosjolowo (Gebiet Wladimir) 27. März 1968 (Flugzeugabsturz), sowjet. Luftwaffenoffizier und Kosmonaut. - Umkreiste am 12. April 1961 als erster Mensch die Erde in einer Raumkapsel. - Abb. S. 321.

Gagat [zu griech. gagátēs (nach dem Fluß und der Stadt Gagas in Lykien)] (Jet), eine Art Braunkohle, meist tiefschwarz und von samtartigem Wachs- oder Fettglanz; Vorkommen in England, Frankr., Spanien, auch in Württ. und Franken; Verwendung als Schmuckstein.

Gagausen, Turkvolk in der UdSSR, Rumänien und Bulgarien.

Gage ['ga:ʒə; altfränk.-frz.], Bezahlung, Gehalt von Künstlern.

Gagelstrauch (Myrica), in den gemäßigten und subtrop. Gebieten (außer Australien) vorkommende Gatt. der zweikeimblättrigen Pflanzenfam. **Gagelstrauchgewächse** (Myricaceae). Von den etwa 50 Arten kommt in den norddt. Moor- und Heidegebieten der **Heidegagelstrauch** (Heidemyrte, Myrica gale) vor; sommergrüner, 1–1,5 m hoher Strauch mit ungeteilten, harzig-drüsigen, aromat. duftenden Blättern und kleinen, zweihäusigen, braunen (♂) bzw. grünen (♀) Blüten; Steinfrüchte.

Gagern, dt. Uradelsgeschlecht (Stammsitz Gawern auf Rügen); erstmals 1290 urkundl. erwähnt.

G., Friedrich Freiherr von, * Schloß Mokritz (Krain) 26. Juni 1882, † Geigenberg bei Sankt Leonhard am Forst (Niederösterreich) 14. Nov. 1947, östr. Schriftsteller. - Schrieb kulturkrit. Abenteuer-, Reise- und Jagdgeschichten, u. a. „Ein Volk" (R., 1924), „Das Grenzerbuch" (En., 1927), „Grüne Chronik" (R., hg. 1948).

G., Friedrich (Fritz) Ludwig Balduin Karl Moritz Reichsfreiherr von, * Weilburg/Lahn 24. Okt. 1794, ✗ bei Kandern 20. April 1848, General. - Setzte sich für die polit. Einheit Deutschlands unter Führung eines liberalen Preußens ein; führte in der Revolution 1848 die bad. und hess.-darmstädt. Truppen gegen die von F. Hecker und G. von Struve geführten Freischärler und fiel beim ersten Zusammenstoß.

G., Hans Christoph Ernst Reichsfreiherr von, * Kleinniedesheim (= Heßheim) 25. Jan. 1766, † Kelkheim 22. Okt. 1852, Politiker. - 1788 im Dienst des Ft. Nassau-Weilburg (oberster Gerichtspräs. und leitender Min.), das er 1803 erfolgreich in Paris vertrat; 1813 im Dienst Wilhelms von Oranien; 1816–18 luxemburg. Gesandter beim Bundestag.

G., Heinrich Reichsfreiherr von, * Bayreuth 20. Aug. 1799, † Darmstadt 22. Mai 1880, Politiker. - Mitbegr. der Allg. Dt. Burschenschaft; trat 1821 in die hess.-darmstädt. Verwaltung ein; mußte 1833 den Staatsdienst quittieren; 1847 im Darmstädter Landtag Sprecher des Liberalismus; am 19. Mai 1848 zum Präs. der Frankfurter Nationalversammlung gewählt; am 18. Dez. 1848 Leiter des Reichsministeriums; verfocht zur Lösung der

Gagern

dt. Frage ein Programm des engeren und weiteren Doppelbundes. Vertrat, als dies scheiterte, mit den Erbkaiserlichen eine kleindt. Lösung und brachte eine Mehrheit für die Wahl Friedrich Wilhelms IV. von Preußen als Kaiser der Deutschen zustande. Nach dessen Ablehnung und Auflösung des Reichsministeriums Rücktritt am 21. März 1849.

G., Maximilian (Max) Reichsfreiherr von, * Weilburg 25. März 1810, † Wien 17. Okt. 1889, Politiker. - Trat leidenschaftl. für eine großdt.-föderalist. Lösung der dt. Frage ein; führendes Mgl. der Frankfurter Nationalversammlung; unterstützte die Politik seines Bruders Heinrich; übernahm 1855 die handelspolit. Abteilung im östr. Außenministerium.

Gaggenau, Stadt an der Murg, Bad.-Württ., 141–275 m ü. d. M., 28 000 E. Technikerschule für Maschinenbau; metallverarbeitende, Kunststoff-, Textil-, Elektro- u. a. Ind. - Erstmals erwähnt 1288; seit 1922 Stadt.

Gagini, Domenico [italien. ga'dʒi:ni], * Bissone (Bez. Lugano) um 1420, † Palermo 29. Sept. 1492, italien. Bildhauer. - Wahrscheinl. Schüler Brunelleschis in Florenz, seit 1463 in Palermo, wo seine große Werkstatt v. a. Renaissancemadonnen weit über Sizilien hinaus verbreitete; u. a. die Madonna in San Mauro Castelverde (1480).

Gagliano [italien. gaʎ'ʎa:no], bed. italien. Geigenbauerfamilie in Neapel (Ende 17. bis Ende 19. Jh.); wichtigste Vertreter waren **Alessandro Gagliano** (* um 1660, † um 1728; Stradivari-Schüler) und **Nicola Gagliano** (* um 1695, † um 1758).

Gagliarda [gal'jarda; italien.] ↑ Gaillarde.

Gagliardi, Ernst [gal'jardi], * Zürich 7. Jan. 1882, † ebd. 22. Jan. 1940, schweizer. Historiker. - Seit 1919 Prof. in Zürich; gilt als einer der bedeutendsten schweizer. Historiker; u. a. „Geschichte der Schweiz von den Anfängen bis zur Gegenwart" (3 Bde., 1920–27).

Gagra (bis 1948 Gagry), sowjet. Hafenstadt und Schwarzmeerkurort mit subtrop. Klima in der Abchas. ASSR, 23 000 E. Nahrungsmittelind., Weinkellerei.

Gahal [hebr. 'gaxal], israel. polit. Partei, 1965 durch Zusammenschluß der Herut und der liberalen Partei entstanden; lehnt Sozialismus und staatl. Kontrolle der Wirtsch. ab, tritt für eine Politik der Stärke gegenüber den arab. Staaten ein; 1967–70 und seit 1973 als Teil des Likud an der Reg. beteiligt.

Gahmuret ['ga:murət, 'gaxmurɛt], Vater Parzivals in Wolfram von Eschenbachs Epos „Parzival".

Gahn, Johan Gottlieb, * Voxna (Hälsingland) 19. (17.?) Aug. 1745, † Stockholm 8. Dez. 1818, schwed. Chemiker. - Entwickelte 1770 zus. mit C. W. Scheele ein Verfahren zur Herstellung von Phosphor aus Knochenasche und isolierte 1774 Mangan in metall. Form durch Reduktion von Braunstein.

Gähnen, unwillkürl., durch Sauer-

Thomas Gainsborough, Der Morgenspaziergang (1785). London, National Gallery

Taddeo Gaddi, Geburt Christi (1332–38). Florenz, Cappella Baroncelli in Santa Croce

stoffmangel im Gehirn ausgelöstes tiefes Einatmen unter weiter Öffnung der Kiefer, wodurch eine stärkere Lungenbelüftung und Kreislaufanregung bewirkt wird.

Gähnkrampf (Chasmus), abnorm häufiges, zwanghaftes Gähnen als Symptom bei organ. Hirnerkrankungen, bei Tumoren im Bereich der hinteren Schädelgrube und gelegentl. als Ankündigung eines epilept. Anfalls.

Gaibach, Teil der Gemeinde Volkach in Bayern, südl. von Schweinfurt. Vierflügeliges Schloß (um 1600; z. T. umgebaut 1694–1710 von J. L. Dientzenhofer) mit klassizist. Innenausstattung; im Park die von L. von Klenze entworfene „Konstitutionssäule" (1821–28) zur Erinnerung an die bayr. Verfassung von 1818. Barocke Pfarrkirche (1742–45) von B. Neumann.

gaiement (gaîment) [frz. ge'mã], musikal. Vortragsbez.: lustig, fröhlich.

Gail, rechter Nebenfluß der Drau, entspringt in Osttirol, mündet bei Villach, 125 km lang.

Gaildorf, Stadt im Kochertal, Bad.-Württ., 329 m ü. d. M., 10 300 E. Herstellung von Automobilteilen, Schaltgeräten und Polstermöbeln, Ladenbau, Sägewerke. - 1255 erstmals erwähnt, seit 1404 Stadt- und Marktrecht; 1806 zu Württemberg. - Ehem. Wasserschloß (15.–17. Jh.), got. ev. Stadtkirche (15./16. Jh., zerstört 1945; wiederhergestellt).

Gaillard, Félix [frz. ga'ja:r], * Paris 5. Nov. 1919, † im Kanal 13. Juni 1970 (Jachtunglück), frz. Politiker. - 1944 Mgl. der provisor. Regierung Frankr.; seit 1946 Abg.; Finanzmin. 1957 und Min.präs. 1957/58; 1958–61 Vors. der Radikalsozialist. Partei.

Gaillarde [ga'jardə; frz., zu gaillard „fröhlich"] (Gagliarda, Galliarde), lebhafter Tanz des 15. bis 17. Jh., wahrscheinl. aus Italien. Die G. war schneller, tripeltaktiger Nachtanz zur geradtaktigen, meist melod. verwandten Pavane oder zum Passamezzo. Im 17. Jh. gehörte sie als stilisierte Instrumentalform zum Kernbestand der Suite.

Gailtaler Alpen, Gebirgszug westl. des Klagenfurter Beckens, Österreich, zw. den Tälern der oberen Drau im N und der Gail im S, in der Großen Sandspitze, die im W-Teil (**Lienzer Dolomiten**) liegt, 2 772 m hoch.

gaiment [frz. ge'mã] ↑ gaiement.

Gainesville [engl. 'geɪnzvɪl], Stadt im nördl. Florida, USA, 81 400 E. Univ. (gegr. 1853); Staatsmuseum; Herstellung von Sportartikeln, Schiffsausrüstungen u. a.

Gainsborough, Thomas [engl. 'geɪnzbərə], ≈ Sudbury (Suffolk) 14. Mai 1727, † London 2. Aug. 1788, engl. Maler. - Begann als Landschaftsmaler; nahm früh Anregungen der niederl. Landschaftsmalerei, später auch Watteaus auf. G. versah seine in graziösem Rokokostil gehaltenen Porträts gern mit typ. engl. Landschaftshintergründen in zarten Tönen und helleuchtenden Farben; bed. Wegbereiter der engl. Landschaftsmalerei. Bes. bekannt sind „The blue boy" (um 1770; San Marino, Calif., Huntington Gallery), „Mrs. Robinson als Perdita" (1781/82; London, Wallace Collection), „Mrs. Sarah Siddons" (1783–85; London, National Gallery), „Der Morgenspaziergang" (1785; London, National Gallery).

Gainsborough [engl. 'geɪnzbərə], mittelengl. Markt- und Ind.stadt am Trent, Gft. Lincolnshire, 18 700 E. Vielseitige Ind.; Flußhafen; nahebei Erdölfelder. - 1280 Stadt genannt. - Pfarrkirche All Saints (18. Jh.) mit Turm im Perpendicular style; Herrenhaus Old Hall (15. Jh.), das in seiner urspr. Form erhalten ist.

Gairdner, Lake [engl. 'lɛɪk 'gɛədnə], abflußloser Salzsee in Südaustralien, etwa 150 km lang, bis 50 km breit.

Gaiser, Gerd, * Oberriexingen 15. Sept. 1908, † Reutlingen 9. Juni 1976, dt. Schriftsteller. - Erfolgreich mit Romanen, die das Thema der Einsamkeit und Isoliertheit des Einzelmenschen gestalten; in dem zeitkrit. Roman „Schlußball" (1958) wendet er sich iron. gegen die Sattheit der Wohlstandsbürger; auch Gedichte, Erzählungen und Essays.

Weitere Werke: Die sterbende Jagd (R., 1953), Einmal und oft (En., 1960), Am Paß Nascondo (En., 1960), Merkwürdiges Hammelessen (En., 1971).

Gaiserich ↑ Geiserich.

Gaismair, Michael [...maɪər], * Sterzing um 1491, † Padua April 1532 (ermordet), Tiroler Bauernführer. - Schreiber, zuletzt des Fürstbischofs von Brixen; übernahm 1525 die Führung des Tiroler Bauernaufstandes, floh nach dessen Scheitern nach Zürich zu Zwingli. Verfaßte Anfang 1526 die „Tiroler Landesordnung", die auf eine neue Staats- und Gesellschaftsordnung abzielte, die kirchl. Neuordnung im Sinne Zwinglis und die Umwandlung Tirols in eine Republik vorsah. Trat nach erfolgloser Teilnahme am 2. Salzburger Bauernaufstand 1526 in venezian. Dienste.

Gaitskell, Hugh Todd [engl. 'geɪtskəl], * London 9. April 1906, † ebd. 18. Jan. 1963, brit. Politiker (Labour Party). - Seit 1945 Abg. im Unterhaus; als Min. für Brennstoff- und Energiewirtschaft 1947–50 an der Verstaatlichung einiger Industriezweige beteiligt, verhinderte später als Wirtschaftsmin. 1950 und Schatzkanzler 1950/51 eine konsequente Weiterführung der eingeleiteten sozialist. Politik; Parteiführer 1955–63.

Gaj, Ljudevit [serbokroat. ga:j], * Krapina 8. Juli 1809, † Zagreb 20. April 1872, kroat. Publizist und Politiker. - Führender Ideologe des ↑ Illyrismus; trug insbes. durch die Zeitschrift „Danica" viel zur Entstehung einer serbokroat. Schriftsprache auf štokav. Grundlage bei; schrieb auch Lyrik.

Gajdusek, Daniel Carletan [engl.

Gajus

gɛɪ'du:sək], *Yonkers (N. Y.) 9. Sept. 1923, amerikan. Kinderarzt und Virologe. - Prof. am National Institute of Health in Bethesda (Md.); entdeckte bei der Untersuchung der *Kuru-Krankheit* (Lach- oder Schüttelkrankheit), die unter Papuas verbreitet ist und innerhalb weniger Monate tödl. endet, daß sie auf einer Infektion mit sog. langsamen Viren beruht und daß zw. Infektion und Ausbruch der Krankheit oft Jahre vergehen. 1976 erhielt er (zus. mit B. S. Blumberg) den Nobelpreis für Physiologie oder Medizin.

Gajus (Gaius), röm. Vorname; Abk. C., nach der älteren Schreibweise Caius.

Gajus Julius Caesar Germanicus, röm. Kaiser, ↑Caligula.

Gajus, röm. Jurist des 2. Jh. n. Chr. - Von G., über dessen nährere Lebensumstände nichts bekannt ist, stammt das einzige fast vollständig überlieferte Werk der klass. röm. Rechtswissenschaft, die „Institutionen", die in überarbeiteter Form auch den ersten Teil des ↑Corpus Juris Civilis bilden.

gal, Einheitenzeichen für ↑Gallon.

Gál, Hans [ga:l], *Brunn am Gebirge 5. Aug. 1890, östr. Komponist, Dirigent und Musikforscher. - Seit 1945 als Dozent und Dirigent in Edinburgh tätig. Komponierte Opern, Sinfonien, Chor-Orchesterwerke, Kammer-, Klavier- und Liedmusik; war mit E. Mandyczewski Hg. der Brahms-Gesamtausgabe und schrieb u. a. „J. Brahms" (1961), und „F. Schubert oder Die Melodie" (1970).

Gala [span., zu altfrz. gale „Freude, Vergnügen"], 1. für einen bes. Anlaß vorgeschriebene festl. Kleidung; großer Gesellschaftsanzug. 2. Hoftracht. **Galaabend,** Abendveranstaltung in festl. Rahmen. **Galaaufführung,** in festl. Rahmen stattfindende Theater-, Opernaufführung u. a. **Galauniform,** prunkvolle Uniform für bes. Anlässe.

Galagos [afrikan.] (Buschbabies, Ohrenmakis, Galagidae), Fam. dämmerungs- und nachtaktiver Halbaffen mit sechs Arten v. a. in den trop. Regen- und Galeriewäldern, Baumsavannen und Buschsteppen Afrikas (südl. der Sahara). Am bekanntesten sind der bis 20 cm lange **Senegalgalago** (Moholi, Galago senegalensis) mit einem dichten, graubraunen Fell, und der bis 35 cm lange **Riesengalago** (Komba, Galago crassicaudatus) mit braunem bis fast schwarzem Fell, sowie der bis 15 cm lange **Zwerggalago** (Galago demidovii) mit oberseits braunem bis grünl., unterseits gelbl. Fell.

Galaktagoga [griech.], svw. ↑milchtreibende Mittel.

galaktisch [griech.], zum System der Galaxis, dem Milchstraßensystem, gehörend.

galaktischer Nebel, die Gesamtheit der in unserer Galaxis, dem Milchstraßensystem, vorkommenden leuchtenden interstellaren Materie (diffuse Emissions- oder Reflexionsnebel, planetar. Nebel).

galaktisches Koordinatensystem ↑astronomische Koordinatensysteme.

galaktisches Zentrum, der Kern unserer Galaxis, des Milchstraßensystems.

galakto..., Galakto... [griech.], Bestimmungswort von Zusammensetzungen mit der Bed. „Milch...", z. B. Galaktometer.

Galaktorrhö [griech.], svw. ↑Milchfluß.

Galaktose [griech.], zu den Aldohexosen gehörendes Monosaccharid, das im Milchzucker, in Pektinstoffen und Zerebrosiden vorhanden ist. Im Organismus wird G. über Zwischenstufen in Glucose umgewandelt und abgebaut.

Galaktosidasen [griech.], zu den Glykosidasen gehörende Enzyme, die unter Wassereinlagerung Glykoside der Galaktose spalten. Die α-**Galaktosidasen** sind u. a. in untergärigen Bierhefen enthalten und spalten α-Galaktoside wie z. B. Raffinose und Melibiose. Die in tier. Sekreten, Milchzuckerhefen, Mandeln, Bakterien und Schimmelpilzen vorkommenden β-**Galaktosidasen** bauen z. B. Milchzucker in seine Bestandteile Galaktose und Glucose ab.

Galakturonsäure [griech./dt.], durch Oxidation aus der ↑Galaktose entstehende Uronsäure, bed. Bestandteil von Pektinen.

Galan [span. (zu ↑Gala)], spött. für: Liebhaber, Verehrer.

galant [frz., zu altfrz. galer „sich amüsieren"], höfisch, zuvorkommend, ritterl. bes. gegenüber Frauen; **Galanterie,** Höflichkeit gegenüber Frauen; **Galanthomme,** frz. Bez. für Ehrenmann.

galante Dichtung, europ. Modedichtung in der Übergangszeit vom Barock zur Aufklärung und zur Anakreontik (etwa 1680–1723); als geistreich-witzige, z. T. erot.-frivole Gesellschaftskunst in den frz. Salons entwickelt, im dt. Bereich aufgegriffen u. a. von der 2. Schles. Dichterschule; neben Lyrik v. a. Romane (A. Bohse, C. F. Hunold).

Galanteriewaren [frz./dt.], veraltete Bez. für mod. Zubehör (Tücher, Fächer, Bänder usw.).

galanter Stil, in der Musik eine Stilrichtung der 1. Hälfte des 18. Jh., die im Gegensatz zum ↑empfindsamen Stil hauptsächl. durch die kath. Komponisten des östr.-süddt. Kreises vertreten ist. Charakterist. ist eine anmutig-spieler., freie Schreibart (kleine Formen, kantable Melodik, harmon. einfache Begleitung).

Galanthomme [frz. galã'tɔm], Ehrenmann, Mann von feiner Lebensart.

Galanthus [griech.], svw. ↑Schneeglöckchen.

Galapagosechse, svw. ↑Meerechse.

Galapagosfinken, svw. ↑Darwin-Finken.

Galápagosinseln (amtl. Archipiélago de Colón), aus 13 größeren und zahlr. kleinen gebirgigen Inseln vulkan. Ursprungs bestehende ecuadorian. Inselgruppe im Pazifik, fast 1 000 km westl. der Küste, Hauptort Puerto Baquerizo auf der **Isla San Cristóbal.** Bewohnt sind außerdem: **Isla Isabela,** mit 5 824 km² die größte der G., **Isla Santa Cruz** und **Isla Santa Maria,** zus. 6 100 E (1982). Trotz der Lage am Äquator ist das Klima mild dank des kalten Humboldtstroms.

Die G. zeichnen sich durch ihre einzigartige Flora und Fauna aus; über 40 % der Pflanzenarten und fast alle Vögel und Reptilien sind endemisch; Riesenschildkröten und Echsen sind die auffälligsten Tiere, die sich auf den G. erhalten haben. Die vom Menschen eingeschleppten Mäuse und Ratten sowie verwilderte Haustiere wurden zur Gefahr für die einheim. Tierwelt. Um weitere Schäden zu verhindern, wurden die G. 1934 unter Naturschutz gestellt. 1964 wurde das Charles-Darwin-Inst. auf Santa Cruz eröffnet. 1969 wurden die G. zum Nationalpark erklärt. - Die G. wurden 1535 entdeckt und kamen 1832 an Ecuador. 1835 studierte D. R. Darwin die dortige Tierwelt.

Galapagoskormoran (Stummelkormoran, Nannopterum harrisi), (mit Schwanz) 0,9–1 m langer, oberseits braungrauer, unterseits hellerer Kormoran auf einigen Galapagosinseln, der infolge Fehlens von Feinden völlig flugunfähig geworden ist; von der Ausrottung bedroht.

Galapagosriesenschildkröte ↑ Riesenschildkröten.

Galater (lat. Galatae), kelt. Volk, das 278/277 die Dardanellen überschritt und sich 277–274 in Inneranatolien (in dem zu Groß-Phrygien gehörenden, von den Flüssen Sangarios [= Sakarya] und Halys [= Kızılırmak] durchflossenen **Galatien**) niederließ; suchten die griech. Küstenstädte wie das Innere Kleinasiens durch ständige Plünderungen heim; 230/228 von Attalos I. von Pergamon z. T. geschlagen, 189 von den Römern fast gänzl. vernichtet; 64/63 machte Pompejus Galatien zum röm. Klientelstaat, 25 v. Chr. wurde es röm. Prov. (**Galatia).**

Galaterbrief, Abk. Gal., echter Brief des Apostels Paulus an die Christen in Galatien, in dem er in der Grundfrage des Briefs nach dem Heilscharakter des Gesetzes und nach dem Verhältnis von ↑ Gesetz und Evangelium die Freiheit des Christen vom Gesetz betont.

Galatia, röm. Prov., ↑ Galater.

Galatien, histor. Landschaft, ↑ Galater.

Galatz (rumän. Galați), Hauptstadt des rumän. Verw.-Geb. G., am linken Donauufer, 30 m ü. d. M., 279 000 E. Orth. Bischofssitz; Univ. (gegr. 1974), mehrere wiss. Forschungs-

Französische Galeere. Modell (um 1670)

Galeone aus dem 16. Jh. Zeitgenössische Radierung

Galaxis

inst., pädagog. Inst., Museen, Theater, Oper. Wichtiges Ind.- und Handelszentrum; u.a. Eisenhüttenkombinat, Feinwalzwerk, Schiffswerft. Donauhafen für Hochseeschiffe; Fischereizentrum, ♈. - Im 15. Jh. erstmals erwähnt, im 16. Jh. bed. Donauhafen, v. a. für den Verkehr mit Konstantinopel. Nach dem Ende der Türkenherrschaft wuchs G. zum internat. Hafen (1837–83 Freihafen).

Galaxis [zu griech. galaxías „Milchstraße"], Bez. für das Milchstraßensystem; als Galaxien bezeichnet man extragalakt. Sternsysteme (Spiralnebel).

Galba, Servius Sulpicius, * Tarracina (= Terracina) 24. Dez. 4 v. Chr., † Rom 15. Jan. 69 n. Chr., röm. Kaiser. - Aus altröm. Geschlecht; Ausrufung zum Kaiser (April 68) während seiner Statthalterschaft in Hispania Tarraconensis (seit 60); vom Senat bestätigt. Rigorose Maßnahmen und Sparsamkeit führten jedoch in Rom (seit Herbst 68) zur Unzufriedenheit der Prätorianer und zum Abfall Germaniens, Galliens und Britanniens. Fiel der Verschwörung des Otho zum Opfer.

Galban (Galbanum) [lat.], aus den Stengeln einiger Steckenkrautarten gewonnenes Gummiharz; walnußgroße, braungelbe Körner mit würzigem Geschmack und Geruch; wird medizin. u. a. als Hustenmittel verwendet.

Galbraith, John Kenneth [engl. 'gælbreiθ], * Iona Station (Ontario) 15. Okt. 1908, amerikan. Wirtschaftswissenschaftler. - Wurde durch die Theorie der gegengewichtigen Marktmacht weltweit bekannt. In seinen Büchern versucht er, die Unzulänglichkeit des herrschenden Wirtschaftsdenkens zu beweisen, das durch ein Mißverhältnis von privater Verschwendung und öffentl. Armut die meisten sozialen Probleme hervorrufe. - Werke: Der amerikan. Kapitalismus im Gleichgewicht der Wirtschaftskräfte (1951), Die moderne Industriegesellschaft (1967).

Gałczyński, Konstanty Ildefons [poln. gau̯'tʃi̯ski], * Warschau 23. Jan. 1905, † ebd. 6. Dez. 1953, poln. Dichter. - Während des 2. Weltkriegs im KZ; charakterist. für seine Gedichte und ep. sowie dramat. Versuche sind iron. und makaber-groteske Elemente; u. a. „Die grüne Gans" (1946–48, experimentelle Einminutenstücke).

Galdhøpigg [norweg. ,galhø:pig] ↑ Glittertind.

Galeasse [italien.-frz.-niederl. (zu ↑Galeere)], um 1500 aus der Galeere entwickeltes, stärker als diese bewaffnetes Kriegsschiff.

♦ ([Schlup]galeaß, Galjaß) ein in der Nord- und Ostsee verwendeter anderthalbmastiger Küstenfrachtsegler.

Galeere [italien., zu mittelgriech. galía „Ruderschiff" (wohl zu dem griech. Stammnamen galée, eigtl. „Wiesel")], wenig seetüchtiges Ruderschiff des MA; erstmals (um 1000) von italien. Seestädten gebaut. Die G. hatte meist zwei Masten mit Lateinersegel. Die Kriegs-G. des 14. bis 18. Jh. unterschied sich vom antiken Ruderkriegsschiff durch die Anordnung der Ruderbänke (für 200 bis 500 Mann) in einer Ebene und den zusätzl. Rammsporn; seit dem 16. Jh. Bewaffnung mit Geschützen. Die schmale (Länge 40–50 m, Breite 5–6,5 m), niedrige und nur bei ruhiger See einsatzbereite Kriegs-G. wurde seit dem 16. Jh. z. T. durch die ↑Galeasse, im 17. Jh. vollends durch die ↑Galeone verdrängt. - Abb. S. 329.

Galeerenstrafe, früher verschärfte Form der Freiheitsstrafe. Der Sträfling mußte Zwangsarbeit auf einer Galeere leisten, wurde gebrandmarkt und an die Ruderbank gekettet.

Galen (lat. Claudius Galenus), * Pergamon (Kleinasien) 129 (?), † Rom 199 (?), röm. Arzt griech. Herkunft. - Arzt und Schriftsteller in Rom; neben Hippokrates der bedeutendste Arzt der Antike. In seinem z. T. erhaltenen Werk vereinigte er die ↑Humoralpathologie und die diagnost.-klin. Kunst der Hippokratiker mit der Anatomie und Physiologie des Aristoteles und der alexandrin. Ärzte zu einem umfassenden System der Medizin, das über Jh. die Heilkunde beherrschte. Seine Schriften galten v. a. der Anatomie, Physiologie, Pharmakologie und Pathologie als Grundlagen der ärztl. Ausbildung und Tätigkeit. G. verfaßte neben medizin. auch mathemat. und philosoph. Schriften, wobei er die Lehren der Peripatetiker mit denen der Stoiker zu verbinden suchte.

Galen, Clemens August Graf von, * Dinklage 16. März 1878, † Münster (Westf.) 22. März 1946, dt. kath. Theologe, Bischof von Münster (seit 1933), Kardinal (1946). - Wandte sich als Bischof gegen den Nationalsozialismus, v. a. gegen den nationalsozialist. Klostersturm und die Euthanasie.

Galenik [nach dem Arzt Galen], Lehre von den natürl. (pflanzl.) Arzneimitteln; Teilgebiet der allg. Pharmazie.

galenische Arzneimittel (Galenika) [nach dem Arzt Galen], Arzneizubereitungen aus Drogen, die (z. B. als Extrakte und Tinkturen) die Wirkstoffe in ihrer natürl. Zusammensetzung (mit allen Begleitstoffen) enthalten; im Ggs. zu aufgearbeiteten und gereinigten Drogen und zu synthet. hergestellten Arzneistoffen.

Galenit [lat.], svw. Bleiglanz (↑Bleisulfid).

Galeone (Galione) [span.-niederl. (zu ↑Galeere)], Segelkriegsschiff des Spät-MA; von den Portugiesen entwickelt und in der 2. Hälfte des 16. Jh. v. a. von Spaniern und Engländern nachgebaut. Wasserverdrängung bis zu 1 000 t, 3–4 Decks und 3–5 Masten. Im Hauptdeck meist acht schwere Geschütze und achtern leichtere Geschütze. Schwere G. bildeten den Kern der span. Kriegsflotten Ende des 16. Jh. (Armada). - Abb. S. 329.

Galeote (Galiot[e], Galjot) [roman. (zu ↑Galeere)], urspr. eine kleine, von 16 bis 24 Rudern vorwärtsbewegte, im Mittelmeer übl. Galeere mit einem Mast; später ein hauptsächl. im 19. Jh. gebautes, in Nord- und Ostsee verwendetes, meist zweimastiges, schonerähnl. Küstenfahrzeug.

Galerie [zu italien. galleria „gedeckter Säulengang" (wohl nach ↑Galiläa, der Bez. für Vorhallen)], an einer Längsseite mit Fenstern, Arkaden und dgl. versehener Gang.
◆ großer langgestreckter [Durchgangs]raum (in Klöstern), mit einer Fensterseite; nicht selten zum Aufhängen von Gemälden benutzt (daher später die Bed. Kunstsammlung oder Kunsthandlung).
◆ oberster Rang im Theater.
◆ svw. ↑Empore.
◆ früher ein mit Schießscharten versehener bedeckter Gang im Mauerwerk einer Befestigungsanlage.
◆ Tunnel am Berghang mit fensterartigen Öffnungen nach der Talseite.
◆ Orientteppich in der Form eines Läufers.

Galeriewald, Grundwasser anzeigender Waldstreifen, der sich entlang von Flußläufen und Seen, an Talhängen und in Schluchten findet. Man unterscheidet den *G. der Feuchtsavanne* mit meist immergrünem, dem trop. und subtrop. Regenwald ähnelndem Bewuchs und den *G. der Trockensavanne* mit meist laubabwerfendem, dem Trockenwald oder dem trockenen Monsunwald ähnelndem Bewuchs.

Galerius (Gajus G. Valerius Maximianus), * bei Serdica (= Sofia) um 250, † Nikomedia (= İzmit) im Mai 311, röm. Kaiser (Caesar seit 293, Augustus seit 305). - Von niederer Abkunft, 293 durch Diokletian adoptiert; führte das 303 zus. mit Diokletian erlassene Edikt gegen Christentum und Manichäismus rigoros durch; ein 310 erlassenes, 311 veröffentlichtes Toleranzedikt erlaubte schließl. auch die Ausübung der christl. Religion.

Galgal (Galgala) ↑Gilgal.

Galgant [arab.-mittellat.] (Alpinia officinarum), etwa 1,5 m hohes Ingwergewächs aus S-China; der an äther. Öl reiche Wurzelstock wird für Magenmittel und als Gewürz verwendet.

Galgen [zu althochdt. galgo, eigtl. „Stange, Pfahl"], Vorrichtung zur Vollstreckung der Todesstrafe durch Erhängen; seit dem Früh-MA verbreitet; zuvor wurde an Bäumen (grüner G.) gehenkt. Der G. besteht in seiner ältesten Form aus einem Querbalken über 2 Stützen (Säulen); es gibt auch andere Konstruktionen, z.B. die Dreiecksform (dreischläfrige G.: 3 Querbalken auf 3 Säulen) oder mehrstöckige G. (am obersten, dem als „höchster G." bezeichneten G. gehenkt zu werden, war eine Strafverschärfung). Der über die Stütze hinausragende Teil des Querbal-

kens war der „äußerste G.", an ihm wurden Juden gehenkt. Daneben gibt es G. in Gestalt einfacher Winkelhölzer oder an Mauern befestigte Galgen. Haken wurden in Deutschland erst im 19./20. Jh. verwendet. Der Delinquent wurde an diesen G. entweder „aufgezogen" oder, die Schlinge um den Hals, von einer Leiter gestoßen. Im angloamerikan. Rechtskreis wird der „long-drop" praktiziert: Der Delinquent stürzt nach Öffnung einer Falltür bzw. nach Stoß von einer hohen Leiter in die Schlinge.- Im MA diente der G. auch als sichtbares Zeichen der Hochgerichtsbarkeit. Deshalb (sowie zur Abschreckung, wohl auch aus mag. Gründen) stand der G. weithin sichtbar auf Anhöhen (G.berg) oder an Wegekreuzungen.
Der G. war im *Volksglauben,* ebenso wie die „unehrl." Gewerbe der Henker und Scharfrichter, mit mag. Vorstellungen verbunden. War er auf der einen Seite ein unheiml. Gegenstand, so waren andererseits Holz, Kette, Nägel, Strick vom G. begehrte Talismane.

Galgenmännlein ↑Alraune.

Galiani, Ferdinando, * Chieti 2. Dez. 1728, † Neapel 30. Okt. 1787, italien. Nationalökonom. - Diplomat; er vertrat in seinem berühmten Werk „Della moneta" (1750) als einer der ersten die Theorie des subjektiven Werts, sein „Gespräch über den Kornhandel" (1770) enthält eine Kritik der Physiokraten. Verf. des Librettos zu „Socrate immaginario" (1775, Buffo-Oper von Paisiello); bed. Briefwechsel, u.a. mit Madame d'Épinay.

Galicien (span. Galicia, histor. Prov. (Region) in NW-Spanien, ein Mittelgebirgsland, das sich von den Randgebirgen (Picos de Ancares, 1 821 m ü.d. M.) nach N und NW auf rd. 200 m Höhe abdacht. - G. hat ozean., immerfeuchtes Klima, im S Übergang zum semiariden Klima Z-Spaniens. Neben Stieleiche und Buche finden sich Seestrandkiefern, in höheren Stufen Flaumeiche und Edelkastanie; große Ausdehnung haben Heiden. In den Talsohlen Anbau von Mais, Bohnen, Kartoffeln, Rüben und Roggen, ferner Obst- und Weinbau; Rinder- und Schweinehaltung; Schafhaltung v. a. im SO; bed. Fischfang, führende Fischereihäfen sind Vigo, La Coruña, El Ferrol und Marin. Die Ind. (Eisen- und Stahlwerke, chem. und Konservenind., Werften) konzentriert sich an der Küste.
Geschichte: Von kelt. Callaici bewohnt; nach röm. Eroberung unter Augustus Teil der Prov. Tarraconensis, deckte sich vom späten 3. Jh. an größtenteils mit der Prov. Callaecia; im 5. Jh. sweb. Kgr.; seit 585 Teil des Westgot. Reichs; zw. 711/718 von den Arabern erobert, konnte im 8. Jh. allmähl. von der sarazen. Herrschaft lösen. Gehörte meist zum Kgr. Léon, 910–914 sowie 1060–71 selbständiges Kgr.; fiel mit Léon an die Krone Kastilien. Das vom Verfassungsausschuß im Nov. 1979

Galicisch

verabschiedete Autonomiestatut für G. wurde in einem Referendum Ende Dez. 1980 von der Bev. angenommen (73,3% Ja-Stimmen bei einer Wahlbeteiligung von 28,4%); das 1936 verabschiedete Autonomiestatut war nach der Eroberung durch die Truppen Francos im Span. Bürgerkrieg nicht verwirklicht worden.

Galicisch, im NW Spaniens gesprochener, aus dem Vulgärlat. hervorgegangener Dialekt mit rd. 3,4 Mill. Sprechern; seit 1975 als span. Regionalsprache anerkannt. Aus dem im MA seit nach S ausbreitenden G. hat sich das Portugies. entwickelt.

galicische Literatur, 1. die Literatur in galic.-portugies. Sprache des 12.–14. Jh.: v. a. Minnelyrik (Besonderheit: das Frauenlied). Vertreter: König Dionysius von Portugal, König Alfons X. von Kastilien. - 2. die neugalic. Literatur, die um die Mitte des 19. Jh. aufblühte; seit 1861 fanden jährl. Dichterwettbewerbe („Xogos Froraes de Galicia") statt. Vertreter: M. Curros Enríquez (* 1851, † 1908), R. de ↑ Castro.

Galiläa, nördl. Teil von Israel, durch ein Quertal in Ober-G. (im N) und Unter-G. gegliedert. **Obergaliläa** ist eine stark gegliederte Gebirgslandschaft mit dem höchsten Berg des Landes (Hare Meron, 1 208 m hoch); zentraler Ort ist Zefat. **Untergaliläa** ist ein Berg- und Hügelland, im Kamon 598 m hoch; zentrale Orte sind Nazareth im W und Karmiel im O. G. ist stark verkarstet und daher vorrangiges landw. Entwicklungsgebiet.
Geschichte: Obwohl der Name G. sehr alt ist, ist Genaueres über die Landschaft erst aus der Zeit nach Alexander d. Gr. bekannt; seit 107 v. Chr. Teil des jüd. Einheitsstaats, gehörte später zum Reich Herodes d. Gr.; fiel nach dessen Tod (4 v. Chr.) an Herodes Antipas. Die von den Evangelien als Wirkungsstätten Jesu gen. Orte Nazareth, Kana, Kapernaum, Chorazin, Bethsaida lagen in selbständigen Landkreisen (Toparchien), die den Hauptteil des Landes ausmachten. Nach 135 n. Chr. Zentrum jüd. Lebens, hörte die jüd. Besiedlung nie ganz auf.

Galiläa [hebr.-mittellat.; vermutl. nach den Galiläern (= Heiden), die in den Vorhallen aufhielten], Bez. für Vorhalle bei frz. und engl. Kirchen, auch des Atriums sowie anderer Teile.

Galiläisches Meer ↑ Genezareth, See von.

Galilei, Alessandro, * Florenz 25. Juli 1691, † Rom 21. Dez. 1736, italien. Baumeister. - Baute 1732–35 die Cappella Corsini in San Giovanni in Laterano in Rom als Grabkapelle für die Familie Corsini und gewann den Wettbewerb für die Fassade von San Giovanni in Laterano (1733–35).

G., Galileo, * Pisa 15. Febr. 1564, † Arcetri bei Florenz 8. Jan. 1642, italien. Mathematiker, Philosoph und Physiker. - Prof. der Mathematik in Pisa (1589–1592) und Padua (1592–1610); seit 1610 Hofmathematiker in Florenz. G. wurde durch die Einführung des (quantitativen) Experimentes der Begründer der modernen Naturwissenschaft. Er leitete die Pendelgesetze ab, erfand einen Proportionalzirkel und leitete in reinen Gedankenexperimenten die Gesetze des freien Falls her. Mit dem von ihm nach niederländ. Vorbild konstruierten Fernrohr entdeckte er u. a. die Phasen der Venus, die vier ersten, von ihm „Mediceische Gestirne" gen. Monde des Jupiter sowie die Saturnringe und erkannte, daß die Sternhaufen und die Milchstraße aus Einzelsternen bestehen. Seine Planetenbeobachtungen machten ihn zum Vorkämpfer der heliozentr. Lehre des Kopernikus. 1613 entwikkelte er in einem Brief an den Benediktiner B. Castelli seine Vorstellungen über das Verhältnis der Bibel zur Naturerkenntnis und v. a. zum heliozentr. System, die eine Neuinterpretation der Hl. Schrift erforderten. Dies führte zu einer ersten Auseinandersetzung mit der röm. Kirche (1616). 1632 wurde G. vor die Inquisition zitiert und auf Grund der Übertragung eines angebl. 1616 ausgesprochenen Verbots verurteilt. Am 22. Juni 1633 schwor er „seinen Irrtum" als treuer Katholik ab, ohne den legendären Ausspruch „Und sie bewegt sich doch" getan zu haben oder zuvor Folterungen unterworfen worden zu sein. Ende desselben Jahres wurde er zu unbefristetem Hausarrest auf seine Villa in Arcetri verbannt. Dort verbrachte er (seit 1637 erblindet) die letzten acht Jahre seines Lebens und verfaßte in einem Kreis von Schülern 1634 seine „Unterredungen und mathemat. Demonstrationen über zwei neue Wissenszweige, die Mechanik und die Fallgesetze betreffend", sein für den Fortgang der neuen Physik wichtigstes Werk.
Sein Konflikt mit der Kirche bildete mehrfach den Stoff für dichter. Darstellungen, u. a. im Drama B. Brechts „Leben des G." (1938), im Roman von M. Brod „G. in Gefangenschaft" (1948) und in K. G. von Le Forts Novelle „Am Tor des Himmels" (1954).
📖 *Solle, Z.: Neue Gesichtspunkte zum G.-Prozeß. Wien 1980. - Hemleben, J.: G. G. Rbk. ⁵1979.*

G., Vincenzo, * Santa Maria a Monte (Prov. Pisa) um 1520, ⬜ Florenz 2. Juli 1591, italien. Komponist und Musiktheoretiker. - Vater von Galileo G., Schüler von Zarlino, veröffentliche Madrigale (1574, 1587) und Lautenkompositionen (1563, 1584). V. a. bed. durch seine Mitarbeit in der Florentiner ↑ Camerata sowie mit seinen z. T. gegen Zarlino gerichteten Musiktraktaten.

Galileisches Fernrohr [nach G. Galilei] ↑ Fernrohr.

Galilei-Transformation [nach G. Galilei], die Umrechnung der Raum-Zeit-Koordinaten eines Inertialsystems in die eines diesem gegenüber gleichförmig geradlinig bewegten ↑ Bezugssystems. In allen Bezugssystemen, die durch G.-T. auseinander hervorgehen, sind die Gesetze und Bewegungsgleichungen der Mechanik unverändert gültig; Zeitpunkte und Zeitabschnitte sind in ihnen gleich.

Galion [span.-niederl.], häufig verstärkter Vorbau am Bug alter Schiffe, mit einer hölzernen **Galionsfigur** (meist Frauenfigur).

Galipot [...'poː; frz.], svw. ↑ Scharrharz.

gälische Sprachen, 1. i. w. S. svw. goidelische Sprachen (↑ keltische Sprachen); 2. i. e. S. svw. ↑ Schottisch-Gälisch.

Galite, Îles de la [frz. ildəlaga'lit], tunes. Inselgruppe vulkan. Ursprungs im Mittelmeer, 85 km nw. von Biserta.

Galitsch, sowjet. Stadt am Dnjestr, Gebiet Iwano-Frankowsk, Ukrain. SSR, 4000 E. Baustoff- und Nahrungsmittelind. - G. ist eine der ältesten slaw. Siedlungen in der Ukraine, wohl im 9./10. Jh. gegründet. - Ausgrabungen legten einen Teil der alten Stadt G. frei; Geburt-Christi-Kirche (14./15. Jh.).

Galitzin-Pendel [ga'lɪtsɪn, 'galɪtsɪn; nach dem russ. Physiker B. B. Golizyn, *1862, †1916] (Tauchspulseismograph), Gerät zur Messung von Erdbebenwellen, bei dem eine kleine Induktionsspule als Pendelmasse an den Polen eines starken Dauermagneten vorbeischwingt. Die induzierten Ströme sind ein Maß für die Stärke der Bodenbewegung.

Galium [griech.], svw. ↑ Labkraut.

Galizien (poln. Galicja, russ. Galizija), hi-

stor. Landschaft nördl. der Karpaten, vorwiegend Hügelland, mit Erdöl-, Erdgas- und Salzlagerstätten sowie Vorkommen von Steinkohle, Blei- und Zinkerzen.

Geschichte: Die Landschaften G. wurden nach german. Besiedlung seit Mitte des 6. Jh. n. Chr. von Slawen besetzt (im W v. a. Polen, im O Ukrainer). Nach Eroberung von Ost-G. (Rotreußen) Ende des 10. Jh. durch das Kiewer Reich Bildung eines Ft. Galitsch im 11./12. Jh., dessen Ausweitung 1199–1234 zu der galitsch-wolyn. Staatsgründung der Dyn. der Romanowitsche. 1349/87 Eroberung und endgültiger poln. Besitz Rotreußens. Durch die 1. Poln. Teilung 1772 zu dem neuformierten östr. „Königreich G. und Lodomerien" geschlagen. 1774 zunächst nur städt., seit 1781 planmäßige Ansiedlung v. a. prot. Pfälzer. 1786–1849 Anschluß der Bukowina; nach der 3. Poln. Teilung 1795–1809 Ausweitung durch Neu-G., den Nordteil Kleinpolens mit Krakau und dem Gebiet zw. Weichsel und Bug; 1809–15 Verlust des podol. Kreises Tarnopol; 1846 die Rückgewinnung des aufständ. Krakau. Erhielt 1867 umfassende Autonomie, eigenen Landtag, poln. Amtssprache. 1918 annektierte das neu erstandene Polen G.; v. a. in Ost-G. kam es zu blutigen Auseinandersetzungen zw. Polen und Ukrainern. 1939 annektierte die UdSSR Ost-G.; dieses 1941 von dt. Truppen besetzte Gebiet (Vernichtung des starken jüd. Bev.anteils) verblieb nach Rückeroberung durch die Rote Armee (1944) im Besitz der UdSSR.

Galizija [russ. ga'litsɪjɐ] ↑ Galizien.

Galizin [ga'lɪtsɪn, 'galitsɪn] ↑ Golizyn.

Galizyn [ga'lɪtsɪn, 'galitsɪn] ↑ Golizyn.

Galionsfiguren

Galjot

Galjot, svw. ↑Galeote.

Gall, Ernst, * Danzig 17. Febr. 1888, † München 5. Aug. 1958, dt. Kunsthistoriker. - Systemat. Untersuchungen zur ma. Baukunst („Die got. Baukunst in Frankr. und Deutschland", 1925); bed. als Herausgeber.

G., Franz Joseph, * Tiefenbronn (Enzkreis) 9. März 1758, † Montrouge (Hauts-de-Seine) 22. Aug. 1828, dt. Mediziner. - Begr. die nach ihm ben. „Schädellehre"; bed. seine morpholog.-physiolog. Arbeiten zur Erforschung des Gehirns.

G., Lothar, * Lötzen (Ostpreußen) 3. Dez. 1936, dt. Historiker. - Prof. in Gießen 1968, in Berlin 1972, in Frankfurt am Main 1975; beschäftigte sich v. a. mit der Geschichte des 19. und 20. Jh. und dem Liberalismus; schrieb u. a. „Bismarck. Der weiße Revolutionär" (1980).

Galla (Eigenbez. Oromo), äthiopides Volk in S-Äthiopien, in zahlr. Stämme gegliedert. Urspr. Bauern, heute meist Hirtennomaden. Anhänger traditioneller Religionen, des kopt. Christentums oder des Islams. Ihre Sprache ist die am stärksten verbreitete Sprache Äthiopiens, jedoch ohne offiziellen Status; sie gehört zur nordkuschit. Gruppe der hamitosemit. Sprachen.

Gallagher, Rory [engl. 'gɛləgə], * Ballyshannon (County Donegal) 2. März 1949, ir. Rockmusiker (Gitarrist und Sänger). - Spielt seit Mitte der 1960er Jahre v. a. am Blues orientierte Rockmusik (u. a. mit der Gruppe „The Taste" 1966–70); strebte danach eine Solokarriere an.

Galläpfel [lat./dt.] (Eichengallen, Eichäpfel, Gallae quercinae), kugelige oder birnenförmige, bis 2 cm große ↑Gallen an Blättern, Knospen oder jungen Trieben verschiedener Eichenarten, verursacht durch Gallwespen.

Galla Placidia (Aelia G. P.), * Konstantinopel etwa 390, † Rom 27. Nov. 450, weström. Kaiserin. - Tochter Theodosius' I.; geriet 408 oder 409 in Rom in die Hände der Westgoten, deren König Athaulf sie 414 heiratete. Nach dessen Tod 416 zurückgesandt, mit dem späteren Kaiser Konstantius III. verheiratet, 421 zur Augusta erhoben, im selben Jahr erneut Witwe und 423 (?) nach Konstantinopel verbannt; 425 gelang es ihr, das Nachfolgerecht ihres Sohnes Valentinian III. durchzusetzen; im gleichen Jahr zum zweiten Mal zur Augusta erhoben. Berühmt ihre Kapelle (wohl Teil einer verschwundenen Kirche) in Ravenna (bed. Mosaiken).

Gallarate, italien. Stadt in der westl. Lombardei, 238 m ü. d. M., 47 000 E. Museum; moderne Ind.- und Handelsstadt mit Stickerei- und Goldschmiedegewerbe. - Erstmals im 10. Jh. als befestigter Platz erwähnt.

Gallas, Matthias, Reichsgraf (1632), * Trient 16. Sept. 1584, † Wien 25. April 1647, kaiserl. General. - Erhielt nach Wallensteins Ermordung (1634), in deren Plan er einge-

weiht, in die er aber nicht verwickelt war, die Herrschaft Friedland und den Oberbefehl über das kaiserl. Heer; siegte 1634 bei Nördlingen über die Schweden; legte das Kommando 1645 nieder.

Gallate [lat.], Salze und Ester der ↑Gallussäure.

Galle [niederl. 'xɑlə], Künstlerfamilie, Zeichner und Kupferstecher holländ. Ursprungs, die im 16. und 17. Jh. in Antwerpen tätig waren.

Galle, Johann Gottfried, * Pabsthaus bei Gräfenhainichen 9. Juni 1812, † Potsdam 10. Juli 1910, dt. Astronom. - Prof. der Astronomie in Breslau (1856–97); Hauptarbeitsgebiet: Bahnberechnungen von Kometen, Planetoiden und Meteoritenströmen; entdeckte 1846 den von U. J. J. Le Verrier aus Bahnstörungen des Uranus erschlossenen Neptun.

Galle [engl. ɡɑ:l, gæl], Hafen- und Prov.-hauptstadt im sw. Sri Lanka, 77 000 E. Kath. Bischofssitz; Handelsplatz mit Hafen. - Schon vor dem 9. Jh. wichtiger Handelsplatz. Nach der Eroberung durch die Portugiesen (1505) und Niederländer (1640) wurde G. Zentrum des Zimtanbaus sowie wichtiger Stütz- und Verteidigungspunkt der europ. Kolonialmächte. 1796 kam G. in brit. Besitz.

Galle, (Bilis, Fel) stark bitter schmeckendes Sekret und Exkret der Leber der Wirbeltiere (einschließl. Mensch), das entweder als dünne, hellgelbe Flüssigkeit direkt durch den Lebergallengang in den Dünndarm gelangt oder (meist) zunächst in der ↑Gallenblase gespeichert und eingedickt wird (die G. wird zählflüssig und bräunlichgelb), um später auf Grund chem.-reflektor. Reizung (bei fett- und eiweißreicher Nahrung) als grünl. Flüssigkeit entleert zu werden. Die G. enthält neben Cholesterin, Harnstoff, Schleim, Salzen u. a. Stoffen v. a. ↑Gallenfarbstoffe und die für die Verdauung wesentl. „gepaarten" ↑Gallensäuren. Die in der Leber des gesunden Menschen bei normaler Ernährung tägl. gebildete Menge beträgt etwa 800–1 000 cm^3.

◆ gemeinsprachl. svw. ↑Gallenblase.

◆ in der *Tierheilkunde* Bez. für eine krankhafte Ansammlung von Flüssigkeit oder von fibrinösem, bindegewebigem Material im Bereich der Gelenke und Sehnenscheiden bei Haustieren (bes. bei Pferden).

Gallé, Émile [frz. ɡa'le], * Nancy 4. Mai 1846, † ebd. 23. Sept. 1904, frz. Kunsthandwerker. - Vielseitige Tätigkeit; sein kurvig-bewegter, vegetabiler Stil und seine Vorliebe für zarte Farbeffekte (G.-Gläser) ließen ihn zu einem führenden Künstler des Jugendstils werden.

Gallegos, Rómulo [span. ɡa'jeɣos], * Caracas 2. Aug. 1884, † ebd. 5. April 1969, venezolan. Schriftsteller und Politiker. - Nach seiner Rückkehr aus der Emigration (seit 1931) nach dem Tod des Diktators Gómez 1936 war er Unterrichtsmin., im Febr. 1948

wurde er Präs. von Venezuela, im Nov. 1948 durch eine Militärrevolte gestürzt und bis 1958 verbannt. Bed. Darsteller der venezolan. gesellschaftl. Verhältnisse in ihrer histor. Verwurzelung im Feudalismus.
Werke: Doña Bárbara (R., 1929), Canaima (R., 1932), Cantaclaro (R., 1934), Der Bastard (R., 1937).

Gallegos, Río [span. 'rrio γa'jeγɔs], argentin. Fluß in S-Patagonien, entspringt in den Anden; mündet mit langem Ästuar in den Atlantik, mit seinem Hauptquellfluß **Río Turbio** etwa 320 km lang.

Gallehus [dän. 'galəhu:'s], dän. Ort in Nordschleswig, 4 km nw. von Tondern. Fundort zweier Goldhörner mit einer in ihrem Sprachtypus dem Gemeingerman. ähnl. Runeninschrift (1639 bzw. 1734 gefunden, aufbewahrt in der königl. Kunstsammlung in Kopenhagen, aus der sie 1802 verschwanden; Nachbildungen im Nationalmuseum in Kopenhagen), wahrscheinl. Kulthörner (um 420).

Gallen [lat.] (Pflanzengallen, Zezidien), Gestaltsanomalien an pflanzl. Organen, hervorgerufen durch Wucherungen, die durch die Einwirkung pflanzl. oder (meist) tier. Parasiten (durch Einstich, Eiablage oder die sich entwickelnde Larve) ausgelöst werden. Gallenbildungen sind als Schutzmaßnahme der befallenen Pflanze aufzufassen, die damit die Parasiten gegen das übrige Gewebe abgrenzt.

Gallenblase (Vesica fellea), dünnwandiger, rundl. bis birnenförmiger, mit glatter Muskulatur versehener Schleimhautsack als

Speicherorgan für die ↑ Galle; steht durch den Gallenblasengang mit dem zum Darm führenden, durch einen Schließmuskel verschließbaren Lebergallengang und dem aus der Leber kommenden Lebergang in Verbindung. Die meisten Wirbeltiere besitzen eine G., bei manchen fehlt sie (z. B. bei Tauben, Ratten, Kamelen, Pferden, Hirschen). Beim Menschen ist die ungefähr birnenförmige, etwa 8–12 cm lange und 30–50 cm³ Gallenflüssigkeit aufnehmende G. auf der Unterseite des rechten Leberlappens angewachsen.

Gallenblasenentzündung (Cholezystitis), akut oder chron. verlaufende Entzündung

Émile Gallé, Vase mit Blumendekor (1900). Leipzig, Museum für Kunsthandwerk

Gallen. 1 organoide Galle (Verlaubung des Blütenstandes und Blattvermehrung einer Nesselblättrigen Glockenblume durch Gallmilben); 2 und 3 histioide Gallen:
2 Blattrandrollung (Rollgalle) an einem Birnenblatt durch Gallmilben,
3 verschiedene Markgallen (Linsengallen) auf einem Eichenblatt durch Gallwespen

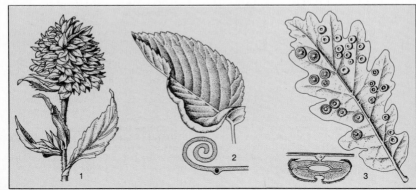

Gallenfarbstoffe

der Gallenblase, meist verbunden mit einer bakteriellen Entzündung der Gallenwege (**Cholangitis**). Anzeichen sind Fieber (z. T. mit Schüttelfrost), rechtsseitige Oberbauchschmerzen mit starker Druckempfindlichkeit der Gallenblasengegend, Übelkeit, Erbrechen sowie eine leichte Gelbsucht (beim Übergreifen der G. auf die Gallenwege).

Gallenfarbstoffe, Gruppe von Farbstoffen mit einer Tetrapyrrolstruktur, die beim Zerfall roter Blutkörperchen aus dem Blutfarbstoff Hämoglobin entstehen. Zunächst wird durch Aufbrechen des Porphinrings des Hämoglobins zw. zwei Pyrrolkernen das grüne *Choleglobin (Verdoglobin)* gebildet, das noch Eisen und den Eiweißkörper Globin enthält. Durch Abspaltung von Eisen und Globin entsteht der blaugrüne Pyrrolfarbstoff *Biliverdin,* der leicht zum orangeroten *Bilirubin* reduziert werden kann. Diese wasserunlösl., im Blut mit dem Plasmaalbumin transportierte Substanz wird in den Leberzellen an Glucuronsäure gekoppelt, wodurch ein wasserlösl. Glucuronid entsteht, das in die Gallenkapillaren abgeschieden werden kann. Dieses *Bilirubinglucuronid* ist der wichtigste Gallenfarbstoff. Es gelangt mit der Galle in den Darm, wo die Kopplung durch Darmbakterien gelöst wird. Der weitere Abbau liefert gelbes *Mesobilirubin* und dann farbloses *Mesobilirubinogen (Urobilinogen)* und *Sterkobilinogen.* Durch eine ebenfalls von der Darmflora bewirkte Oxidation entstehen zuletzt das orangefarbene *Urobilin* und das goldgelbe *Sterkobilin,* die zum größten Teil ausgeschieden werden und die normale Braunfärbung des Kots bedingen. Ein geringer Teil der G. wird rückresorbiert und erneut der Leber zugeführt.

Gallengänge, zusammenfassende Bez. für die gefäßähnl. Strukturen (ableitende Gallenwege), in denen die Galle in der Leber gesammelt und von dort zum Zwölffingerdarm geleitet wird.

Gallen-Kallela, Akseli, eigtl. Axel Gallén, * Pori 26. Mai 1865, † Stockholm 7. März 1931, finn. Maler und Graphiker. - Führer der romant. finn. Kunstrichtung; seine hochdramat. Bildthemen beziehen sich v. a. auf das finn. Nationalepos „Kalevala" und die Volkslieddichtung (Kanteletar).

Gallenkolik (Colica hepatica), durch Dehnungsschmerz der Gallenblase oder der Gallengänge, Spasmen der glatten Gallenwegsmuskulatur bei Steineinklemmung (**Gallensteinkolik**) oder durch Entzündungen der Gallenwege verursachte Erkrankung mit plötzl. einsetzenden, krampfartigen, heftigsten Schmerzen im rechten Oberbauch, dicht unterhalb des Rippenbogens (u. U. bis in die Brust und die rechte Schulter ausstrahlend), begleitet von Übelkeit, Brechreiz, Schweißausbruch, flacher Atmung und Bauchdeckenspannung. Die Behandlung der G. besteht

in der Verabreichung krampflösender Schmerzmittel, in der Enthaltung von Nahrung und nötigenfalls in der operativen Entfernung der Gallensteine bzw. der entzündeten Gallenblase.

Gallenröhrling (Bitterpilz, Tylopilus felleus), von Juni bis Okt. an feuchten Stellen in Nadelwäldern wachsender Ständerpilz aus der Fam. der Röhrlinge; mittelgroßer Pilz mit braunem Hut, bauchigem Stiel und weißen, später rosaroten Poren (dem Steinpilz sehr ähnl.); ungenießbar.

Gallensäuren, zu den ↑ Steroiden gehörende Gruppe chem. Verbindungen, die in der Gallenflüssigkeit von Mensch und Wirbeltieren enthalten sind. Grundkörper der G. ist die (in der Natur nicht vorkommende) Cholansäure, von der sich die einzelnen G., u. a. *Cholsäure, Desoxycholsäure* (ihre stabilen Additionsverbindungen mit Monocarbonsäuren werden Choleinsäuren genannt), *Lithocholsäure* durch Einführung von α-ständigen Hydroxylgruppen ableiten. Die G. und ihre wasserlösl. Alkalisalze haben grenzflächenaktive Eigenschaften und sind für die Emulgierung der Fette und für die Resorption der Fettsäuren im Darm unentbehrlich. In der Gallenflüssigkeit liegen die G. amidartig an bestimmte Aminosäuren (v. a. Glycin und Taurin) gebunden, d. h. als sog. gepaarte oder konjugierte G. vor (z. B. Glycochol- und Taurocholsäure). Chem. Strukturformel:

Cholansäure:	$R_1, R_2, R_3 = H$
Cholsäure:	$R_1, R_2, R_3 = OH$
Desoxycholsäure:	$R_1, R_2 = OH, R_3 = H$
Lithocholsäure:	$R_1 = OH, R_2, R_3 = H$

Gallenseuche ↑ Anaplasmosen.

Gallenstein (Cholelith), Konkrement in den Gallengängen oder in der Gallenblase. Ursachen sind Entzündungen der Gallenwege, Stauungen des Galleflusses oder bestimmte Stoffwechselstörungen. Am häufigsten sind *Cholesterinpigmentsteine* bzw. *Cholesterinpigmentkalksteine* (CPK-Steine) in charakterist. Maulbeer- bzw. Facettenform, seltener die reinen *Cholesterinsteine* (sog. Einsiedlersteine, da meist einzeln vorkommend) und die kleinen, erdigen, in den Lebergängen liegenden *Pigmentsteine.*

Gallensteinkolik ↑ Gallenkolik.

Gallensteinleiden, Erkrankung durch das Vorhandensein von Konkrementen in der Gallenblase *(Cholelithiasis)* und/oder in den Gallengängen *(Choledocholithiasis)*; häufigste Erkrankung der Gallenwege, überwiegend bei Frauen vorkommend. G. begünstigende Faktoren sind Fettsucht, Schwangerschaft, Bluthochdruck und Altersdiabetes. Anzeichen eines G. sind u. a. Druckgefühl im rechten Oberbauch, Blähungen, Aufstoßen und Fettunverträglichkeit. Charakteristischstes Symptom ist die Gallenkolik. In den meisten Fällen von G. ist eine operative Behandlung, speziell die Entfernung der Gallenblase, angezeigt, ggf. auch die Ausräumung des Hauptgallengangs. Ein G. kann andernfalls u. U. zur chron. Entzündung der Gallenblase und zur Schrumpfgallenblase führen. Weitere Komplikationen bzw. Folgeerkrankungen sind Leberschädigung, Entzündung der Bauchspeicheldrüse sowie bösartige Tumoren der Gallenwege.

Gallertalge (Nostoc), Gatt. der Blaualgen mit etwa 50 v. a. im Süßwasser verbreiteten Arten; unverzweigte, aus einzelnen Zellen aufgebaute Fäden, die von einer weichen, schleimigen Gallertscheide umgeben sind; bilden oft große Gallertlager.

Gallerte [ga'lɛrtə, 'galɛrtə; zu mittellat. gelatria „Gefrorenes, Sülze" (zu lat. gelare „gefrieren machen")], in der Lebensmittelchemie und Mikrobiologie Bez. für im Gelzustand vorliegende Kolloide, die eine hohe Affinität zu ihrem Lösungsmittel, meist Wasser, haben. Der Lösungsmittelanteil kann über 99 % betragen. G. sind von zäh-elast. Konsistenz, bei Trocknung werden sie zu einer festen Masse, bei Zugabe eines Lösungsmittels tritt Quellung auf. Sie dienen zur Steifung z. B. mikrobiolog. Nährböden oder von Produkten der Nahrungsmittelindustrie. G. können aus Gelatine, Agar-Agar, Pektin, Leim u. a. bestehen.

◆ in der Chemie ↑ Gel.

Gallertgeschwulst, svw. ↑ Myxom.

Gallertgewebe (gallertiges Bindegewebe), zellarmes, überwiegend aus gallertiger Interzellularsubstanz bestehendes, embryonales Bindegewebe; z. B. in der Nabelschnur; dort als *Wharton-Sulze* bezeichnet.

Gallertkrebs (Schleimkrebs, Kolloidkrebs, Carcinoma gelatinosum), bösartige Geschwulst des schleimbildenden Drüsengewebes von Brustdrüse, Mastdarm, Lunge.

Gallertmark, weiches, sulziges Gewebe in den Röhrenknochen alter Menschen; umgewandeltes Fettmark (↑ Knochenmark).

Gallertpilze (Zitterpilze, Tremellales), Ordnung der Ständerpilze; vorwiegend auf Holz wachsende Pilze mit wachsartigem, knorpeligem oder gallertartigem Fruchtkörper. Häufigere Arten sind der bes. auf Kalkböden wachsende orangerote, ohrförmige bis muschelartige, eßbare **Rotbraune Gallertpilz** (Guepinia helvelloides) und der **Gallertartige Zitterzahn** (Eispilz, Tremellodon gelatinosum) mit weißl. oder grau durchscheinendem Fruchtkörper.

galletreibende Mittel, svw. ↑ Cholagoga.

Galley, Robert [frz. ga'lɛ], * Paris 11. Jan. 1921, frz. Politiker. - 1973/74 Verteidigungsmin., 1974–76 Min. für Ausrüstung, seitdem für Kooperation, u. a. zuständig für die Zusammenarbeit in den EG.

Gallia, röm. Bez. für ↑ Gallien.

Galliarde ↑ Gaillarde.

Gallico, Paul William [engl. 'gælɪkoʊ], * New York 26. Juli 1897, † Monte Carlo 15. Juli 1976, amerikan. Schriftsteller. - Schrieb erfolgreiche Sportbücher sowie heitere Romane und Erzählungen in zart-iron. Ton, v. a. „Kleine Mouche" (E., 1954).

Galli-Curci, Amelita [italien. 'galli'kurtʃi], * Mailand 18. Nov. 1882, † La Jolla (Calif.) 26. Nov. 1963, italien. Sängerin (Koloratursopran). - Hatte sensationelle Erfolge in Europa, Nord- und Südamerika; galt als beste Koloratursängerin ihrer Zeit.

Galli da Bibiena ↑ Bibiena, Galli da.

Gallien (lat. Gallia), seit Cäsar das Land der Gallier zw. Rhein, Alpen, Mittelmeer, Pyrenäen und Atlant. Ozean, in Italien seit dem 4. Jh. v. Chr. das Gebiet zw. Alpen und Apennin. Von Rom aus gesehen nw. der Alpen als **Gallia transalpina** oder **Gallia ulterior** (G. jenseits der Alpen oder jenseitiges G.) bezeichnet; entsprach im wesentl. dem Gebiet des heutigen Frankr. sowie Belgien und wurde in die **Belgica** (zw. Atlant. Ozean, Ardennen und Seine), **Celtica** (zw. Seine, Rhone, Cevennen und Garonne) und **Aquitania** (zw. Garonne, Pyrenäen und Atlant. Ozean) gegliedert. Diese 3 Landesteile nannte man auch **Gallia comata**. Südl. der Alpen **Gallia cisalpina** oder **Gallia citerior** (G. diesseits der Alpen oder diesseitiges G.) gen. und durch den Po (Padus) in die **Gallia cispadana** (zw. Appenin und Po) und **Gallia transpadana** (zw. Po und Alpen) unterteilt. 225–191 unterwarfen die Römer Gallia cisalpina; die kelt. Bev. südl. des Po erhielt 89 v. Chr., die nördl. des Po 49 v. Chr. das röm. Bürgerrecht. Die Eroberung des südl. Teils der Gallia transalpina und die Einrichtung der Prov. **Gallia Narbonensis** (ben. nach Narbo = Narbonne) erfolgte 125–118. Von hier aus eroberte Cäsar 58–51 die Gallia comata. Zw. 27 und etwa 16 v. Chr. kam es zu einer Neuordnung der gall. Prov.: **Belgica** (Hauptort Augusta Treverorum = Trier), **Lugdunensis** (Hauptort Lugdunum = Lyon) und **Aquitania** (Hauptort seit dem 2. Jh. Burdigala = Bordeaux). G. öffnete sich rasch der Romanisierung, so daß die Bewohner ab 69 mit dem röm. Bürgerrecht ausgestattet wurden. Die Germaneneinfälle 167/170 und v. a. im 3. Jh., als Alemannen und Franken die Rheingrenze überschritten, führten, um G. zu sichern, zur Bildung des gall. Sonderreiches 259/260–273. Seit Mitte des 2. Jh. breitete sich das Christentum aus. Im 4. Jh. Eindringen der Franken in die Belgica, 406/407 Inva-

Gallienus

sion der Alanen, Vandalen und Quaden, 418 Entstehung des westgot. Kgr. in Süd-G. um Tolosa, 443 des Burgunderreiches an der Rhone. Um 500 wurde fast ganz G. dem Fränk. Reich einverleibt, die Restgebiete im S kamen später hinzu.

📖 *G. in der Spätantike. Hg. v. Röm.-German. Zentralmuseum. Mainz 1980. - Duval, P. M.: G. Leben u. Kultur in römischer Zeit. Ditzingen 1979.*

Gallienus, Publius Licinius Egnatius, * Mediolanum (= Mailand) 218, † vor Mediolanum 268, röm. Kaiser (Alleinherrscher seit 259). - Als Sohn Valerians 253 Mit-, seit dessen Gefangennahme 259 Alleinregent; führte fast ständig Krieg an Rhein- und Donaufront und hatte sich gegen Usurpation von Statthaltern und Feldherren durchzusetzen. Die militär. Aufgaben zwangen zur Schaffung einer bewegl. Armee, wohl auch zur Toleranz gegenüber den Christen (Aufhebung der Edikte Valerians um 260); wurde ermordet, als er Aureolus in Mailand belagerte.

Gallier (lat. Galli) ↑ Kelten.

Gallier mit seinem Weib, berühmte Gruppe, von der eine Kopie in Rom (Thermenmuseum) erhalten ist; Teil des großen ↑ Attalischen Weihgeschenks.

gallikanischer Gesang [mittellat./dt.], die Gesänge der gallikan. Liturgie; sie bildeten sich im 4.–7. Jh. heraus und wurden von Pippin III. und Karl dem Großen zugunsten des Gregorianischen Gesangs verboten. Die nur vereinzelt überlieferten Melodien lassen Ähnlichkeiten zum Ambrosian. und mozarab. Gesang erkennen.

Gallikanismus [mittellat.], 1. kirchenrechtl. Lehrsystem mit nationalkirchl. konziliarist. Einflüssen, das sich in Frankr. (Ecclesia Gallicana „gallikan. Kirche") seit dem Spät-MA auswirkte; 2. staatsrechtl. Lehrsystem, das dem Staat größte Rechte bei kirchl. Angelegenheiten einräumt und ein staatl. Plazet für kirchl. Erlasse verteidigt. - In der ↑ Pragmatischen Sanktion von Bourges (1438) wurde der G. zum Staatsgesetz erhoben. Seinen Höhepunkt erreichte er 1682 in der Erklärung der **gallikan. Freiheiten,** formuliert in den sog.

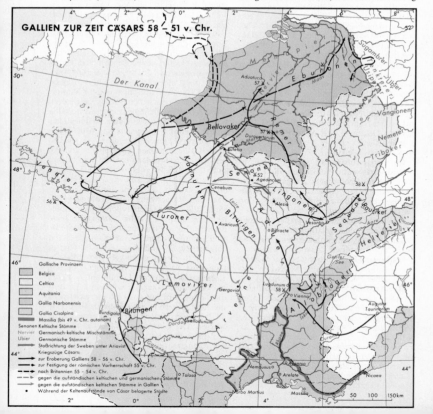

GALLIEN ZUR ZEIT CÄSARS 58 – 51 v. Chr.

Gallische Provinzen:
- Belgica
- Celtica
- Aquitania
- Gallia Narbonensis
- Gallia Cisalpina
- Massilia (bis 49 v. Chr. autonom)

Senonen Keltische Stämme
Nervier Germanisch-keltische Mischstämme
Ubier Germanische Stämme

→ Stoßrichtung der Sweben unter Ariovist
Kriegszüge Cäsars:
→ zur Eroberung Galliens 58 – 56 v. Chr.
→ zur Festigung der römischen Vorherrschaft 55 v. Chr.
--→ nach Britannien 55 – 54 v. Chr.
→ gegen die aufständischen keltischen und germanischen Stämme
→ gegen die aufständischen keltischen Stämme in Gallien
● Während des Keltenaufstands von Cäsar belagerte Städte

vier **gallikan. Artikeln,** die bis zur Frz. Revolution in Geltung blieben: a) die kirchl. Gewalt erstreckt sich nur auf den geistl. Bereich; b) die Dekrete des Konstanzer Konzils über die Oberhoheit des Konzils sind verbindlich; c) die Gewohnheiten des frz. Königreiches und der gallikan. Kirche müssen in Kraft bleiben; d) die Entscheidungen des Papstes bedürfen der Zustimmung der Gesamtkirche.

Galli-Mainini-Test [nach dem argentin. Arzt C. Galli-Mainini (20. Jh.)] ↑ Schwangerschaftstests.

Gallimard, Éditions [frz. edisjõgali-'ma:r] ↑ Verlage (Übersicht).

Gallina, Giacinto, * Venedig 31. Juli 1852, † ebd. 13. Febr. 1897, italien. Dramatiker. - Schrieb zahlr. venezian. Dialektlustspiele aus dem Volksleben, u. a. „La famegia del santolo" (1892).

Gallinas, Punta [span. 'punta ɣa'jinas], Kap in Kolumbien, am Karib. Meer, nördlichster Punkt des südamerikan. Festlandes.

Gallio (Lucius Junius G. Annaeus), † 65 n. Chr., röm. Prokonsul von Achaia (51/52). - Bruder Senecas d. J.; sein Prokonsulat ist ein wichtiger Anhaltspunkt für die Datierung der Reisen des Apostels Paulus. Beging nach Aufdeckung der Pison. Verschwörung gegen Nero Selbstmord.

Gallipoli, italien. Hafenstadt in Apulien, am Golf von Tarent, 20 000 E. Bischofssitz; Museum; Eisengießereien. - G., das griech. **Kallipolis,** wurde 266 v. Chr. röm., im 11. Jh. normann. und gehörte zum Fürstentum Tarent; fiel in der 2. Hälfte des 15. Jh. an Ferdinand von Aragonien. - Dom (630 ff.) mit barocker Fassade (1696), Kastell (13., 15. Jh.). **G.** ↑ Gelibolu (Türkei).

Gallisch, zum Festlandkelt. gehörende Sprache (↑ keltische Sprachen), als Folge der Romanisierung Galliens im 5. Jh. n. Chr. ausgestorben; nur mangelhaft bekannt.

gallischer Hahn, nat. Tiersymbol der Franzosen (wegen der Doppelbed. des lat. Wortes „gallus": „Gallier" und „Hahn").

Gallischer Krieg (lat. Bellum Gallicum), die Unterwerfung der Gallier durch Cäsar 58–51, in den 7 Büchern der „Commentarii de bello Gallico" von Cäsar dargestellt (von A. Hirtius ein 8. Buch hinzugefügt).

gallisieren [nach dem dt. Chemiker L. Gall, * 1791, † 1863], Wein durch Naßzuckerung verbessern.

Gallitzin, Amalia Fürstin von, * Berlin 28. Aug. 1748, † Münster (Westf.) 27. April 1806, dt. Adlige. - Trennte sich nach Geburt ihrer zwei Kinder von dem russ. Fürsten D. A. Golizyn; freundschaftl. Beziehungen zu dem niederl. Philosophen F. Hemsterhuis, seit 1779 in Münster (Westf.) zu Franz von Fürstenberg; Mittelpunkt des sog. „Kreises von Münster", eines stark pädagog. und betont kath. Zirkels; Verbindung u. a. zu J. G. Jacobi, F. L. Graf zu Stolberg-Stolberg, M. Claudius.

Gallium [zu lat. gallus „Hahn" (mit Bezug auf den Namen des Entdeckers: P. É. Lecoq („der Hahn") de Boisbaudran)], chem. Symbol Ga, ein Metall aus der III. Hauptgruppe des Periodensystems der chem. Elemente, Ordnungszahl 31, mittlere Atommasse 69,72, Schmelzpunkt 29,78 °C, Siedepunkt 2 403 °C, Dichte 5,904 g/cm³. Das silberweiße Metall tritt in seinen Verbindungen meist dreiwertig auf. Chem. verhalten sich die G.verbindungen ähnl. wie die des Aluminiums und finden sich daher oft mit Aluminiummineralen vergesellschaftet. G. kommt v. a. im Mineral Germanit vor; es wird durch Elektrolyse gewonnen. G. wird als Wärmeaustauschermedium in Kernreaktoren und in der Strahlentherapie verwendet; in Form von Galliumarsenid (GaAs) wird es als Halbleitermaterial benutzt.

Galliumarsenid ↑ Gallium.

Gällivare [schwed. 'jɛliva:rə], schwed. Großgemeinde in Lappland, 15 996 km², 25 000 E. Bildet mit ↑ Kiruna das erzreichste Gebiet Schwedens. Die wichtigsten Vorkommen von G. liegen bei Malmberget.

Gallizismus [lat.-frz.], eine für das Französ. charakterist. sprachl. Erscheinung in einer nichtfrz. Sprache.

Gallmeyer, Josephine, eigtl. J. Tomaselli, * Leipzig 27. Febr. 1838, † Wien 3. Febr. 1884, östr. Sängerin und Schauspielerin. - Feierte große Erfolge als Soubrette in Operetten und kom. Stücken des Wiener Volkstheaters.

Gallmilben (Tetrapodili), Unterordnung 0,08–0,27 mm langer Milben mit nur zwei Beinpaaren (drittes und viertes Beinpaar vollkommen rückgebildet); Pflanzenparasiten, die mit ihren stilettartigen Kieferfühlern Zellen des Wirtsgewebes aussaugen u. durch Abgabe von Enzymen ↑ Gallen (v. a. an Blättern) hervorrufen.

Gallmücken (Itonididae), mit etwa 4 000 Arten weltweit verbreitete Fam. der Zweiflügler; meist 4–5 mm große, unscheinbare Mücken mit breiten, behaarten Flügeln, langen Fühlern und Beinen; Mundwerkzeuge reduziert (erwachsene Insekten sind relativ kurzlebig, nehmen kaum Nahrung auf), nicht stechend; Larven erzeugen oft ↑ Gallen. Viele Arten sind Pflanzenschädlinge.

Gallomane [lat./griech.], jemand, der übertrieben alles Französ. liebt und nachahmt.

Gallon [engl. 'gælɔn] (Gallone), in Großbritannien und in den USA verwendete Volumeneinheit. Die v. a. in Großbritannien und in Australien benutzte **Imperial gallon** beträgt 4,546 Liter. Daneben wird (USA, Kanada) das [alte] **Winchester gallon** (= 3,785 Liter) verwendet (Einheitenzeichen gal oder US gal).

gallophil [lat./griech.], svw. ↑ frankophil.

gallophob [lat./griech.], svw. ↑ frankophob.

Galloromanisch, Bez. für die im ehemaligen röm. Gallien aus dem dortigen Vulgärlatein hervorgegangenen roman. Sprachen Frz., Provenzal. und Frankoprovenzalisch (die Mundarten der frz. Schweiz, Savoyens und des Aostatals).

Gallup-Institut [engl. 'gæləp], das von George Horace Gallup (* 1901, † 1984) 1935 gegr. „American Institute of Public Opinion" (AIPO) zur Erforschung der öff. Meinung und der Wirkung von Massenmedien; veranstaltet wöchentl. Befragungen über polit., soziale und wirtsch. Angelegenheiten von öff. Interesse; hat die Umfrageforschung als Informationsmedium der Politik aktiviert und durch regelmäßige, method. Analysen seiner Erhebungen wesentl. zur Entwicklung der Technik des für Meinungserhebungen wichtigen Interviews beigetragen.

Gallus, hl., * in Irland um 555, † Arbon um 645 (16. Okt. 650?), ir. Missionar. - Schüler Columbans des Jüngeren; lebte in der sog. G.zelle, die zum Kristallisationspunkt des späteren, von Otmar gegr., Klosters Sankt Gallen wurde. - Fest: 16. Oktober.

Gallus, Flavius Claudius Constantius, * in Etrurien 325, † bei Pola (= Pula, Jugoslawien) 354, röm. Caesar. - Neffe Konstantins I., d. Gr., Halbbruder des späteren Kaisers Julian; 351 zum Caesar für den O ernannt; seine grausame Herrschaft führte zu seiner Rückberufung unter falschem Vorwand und Hinrichtung noch unterwegs.

G., Gajus Vibius Trebonianus, röm. Kaiser, ↑ Trebonianus Gallus, Gajus Vibius.

G., Jacobus, eigtl. Handl, slowen. Petelin, * Ribnica (Slowenien) 3. Juli 1550, † Prag 18. Juli 1591, slowen. Komponist. - 1579–85 Kapellmeister in Olmütz (seit 1581 Jesuit), seit 1585 Regens chori an Sankt Johann in Prag; Vertreter der Gegenreformation; verbindet Elemente des traditionellen polyphonen Satzes mit denen des venezian. Stils, u. a. Passionen, Messen, Motetten.

G., Udalricus, dt. Buchdrucker, ↑ Han, Ulrich.

Gallusgerbsäure [lat./dt.], svw. ↑ Tannin.

Gallussäure [lat./dt.] (Acidum gallicum, 3,4,5-Trihydroxybenzoesäure), eine weitverbreitete aromat. Pflanzensäure (u. a. in Eichenrinde, Galläpfel, Tee). Bei Zusatz von Eisen(II)-salzen bilden sich blauschwarze Niederschläge, die als Eisengallustinte verwendet werden. Das bas. Wismutsalz dient als antisept. Wundstreupulver, verschiedene G.derivate werden als Farbstoffe verwendet. Chem. Strukturformel:

$$\text{HO} - \underset{\text{OH}}{\underset{|}{\bigcirc}} - \overset{\text{COOH}}{\underset{}{}} \text{OH}$$

Gallwespen [lat./dt.] (Cynipoidea), mit etwa 1 600 Arten v. a. auf der Nordhalbkugel verbreitete Überfam. der Hautflügler (Unterordnung Taillenwespen); 1–5 mm lange, häufig schwarz und/oder braun gefärbte Insekten mit seitl. zusammengedrücktem, kurz gestieltem Hinterleib und spärl. geäderten Flügeln. Die meisten Arten der G. parasitieren in Pflanzen. Ausscheidungen ihrer sich dort entwickelnden Larven führen zur Bildung artspezif. geformter, v. a. dem Schutz der Larven dienender ↑ Gallen. Befallen von Eichengallwespen werden hauptsächl. Eichenblätter; am häufigsten sind die **Gemeine Eichengallwespe** (Diplolepis quercusfolii) und die rötlichgelbe **Eichenschwammgallwespe** (Biorrhiza pallida). An Rosen, bes. an der Hundsrose, schädl. wird die **Gemeine Rosengallwespe** (Diplolepis rosae). Die knapp 3 mm lange, schwarze, rotbeinige **Himbeergallwespe** (Brombeer-G., Diastrophus rubi) verursacht an Himbeer- und Brombeerruten Zweiganschwellungen.

Gallwespen. Die zuerst grünen, später rötlichgelben Galläpfel an der Unterseite von Eichenblättern (links) werden durch die Larve der Gemeinen Eichengallwespe hervorgerufen. Im Winter schlüpfen dann parthenogenetisch sich fortpflanzende Weibchen (rechts)

Galmei [mittellat.-frz. (zu ↑ Cadmea)], (Zinkspat, Smithsonit, Carbonat-G.) meist gelbbraunes Mineral, $Zn\,CO_3$; wichtiges Zinkerz; bes. reiche Vorkommen bei Broken Hill (Australien). Eine grünl.-blaue Varietät wird als Schmuckstein verarbeitet.
♦ Sammelbez. für carbonat. und silicat. Zinkerze, v. a. Zinkspat, Zinkblüte, Hemimorphit, Willemit.

Galmeipflanzen, Pflanzen, die auf stark zinkhaltigen, mit Galmei angereicherten Böden wachsen. Bekannt ist das gelb oder bunt blühende **Galmeistiefmütterchen (Galmeiveilchen,** Viola calaminaria). Die Asche der G. kann bis über 20% Zink enthalten.

Galois-Theorie [frz. ga'lwa], von dem frz. Mathematiker É. Galois (* 1811, † 1832) entwickelte Theorie, die sich v. a. mit der Frage der Auflösbarkeit algebraischer Gleichungen befaßt. Allg. läßt sich sagen, daß eine algebraische Gleichung von höherem als 4. Grade nur im speziellen Fall durch Anwendung der Grundrechnungsarten und des Wurzelziehens gelöst wird. - Die G.-T. gibt auch Auskunft darüber, ob eine geometr. Konstruktion allein mit Zirkel und Lineal ausführbar ist.

Galon [ga'lõ:; frz.], Tresse, Borte, Litze, die als Schmuck an Livreen, Uniformen Abendanzügen verwendet wird; die Hose zum Frack hat G. an den Seitennähten.

Galopp [german.-frz.-italien.] ↑ Fortbewegung.

◆ um 1825 aufgekommener schneller Rundtanz im ²/₄-Takt, bis Ende des 19. Jh. beliebt.

galoppierende Schwindsucht, volkstüml. Bez. für eine schnell tödl. verlaufende Form der Lungentuberkulose.

Galopprennen ↑ Reitsport.

Galosche [frz., zu lat. solea gallica „gallische Sandale"], schützender Überschuh, zunächst eine Art Holzpantoffel, dann aus Gummi.

Galswinda, † 567, fränk. Königin. - Tochter des Westgotenkönigs Athanagild und Schwester der Brunhilde, heiratete Chilperich I., der sie wegen der Nebenfrau Fredegunde verstieß und ermorden ließ.

Galsworthy, John [engl. 'gɔ:lzwə:ðï], * Coombe (= London) 14. Aug. 1867, † London 31. Jan. 1933, engl. Schriftsteller. - Mitbegr. und bis zu seinem Tode Präs. des PEN-Clubs. G. wurde bekannt durch den sozialkrit. Roman „Auf Englands Pharisäerinsel" (1904). Seine Dramen beschäftigen sich hauptsächl. mit sozialen Fragen. Hauptwerk ist das breit angelegte, gesellschaftskrit. Zeitgemälde der ausgehenden Viktorian. Epoche, „Die Forsyte Saga" (Romanzyklus, 5 Teile, 1906–21) mit ihren Fortsetzungen „Moderne Komödie" (Romanzyklus, 5 Teile, 1924–28) und „Das Ende vom Lied" (Romanzyklus, 3 Teile, 1931–33). Hervorragende Beispiele feinfühliger Erzähl- und subtiler psycholog. Charakterisierungskunst sind seine Novellen. Nobelpreis 1932. - *Weitere Werke:* Das Herrenhaus (R., 1907), Die dunkle Blume (R., 1913), Viktorian. Miniaturen (hg. 1935).

Galt, svw. ↑ gelber Galt.

Galton, Sir (seit 1909) Francis [engl. gɔ:ltn], * Birmingham 16. Febr. 1822, † London 17. Jan. 1911, brit. Naturforscher und Schriftsteller. - Arzt und Anthropologe in London. Durch sein Werk „Hereditary genius, its laws and consequences" (1869) gilt G. als Mitbegründer der ↑ Eugenik (G. prägte diesen Begriff); außerdem begr. er die Zwillingsforschung und stellte eine Reihe von Erbgesetzen auf. Die **Galton-Regel** (G.sche Kurve) zeigt, daß bestimmte erbl. Eigenschaften stets um einen Mittelwert schwanken. Er erkannte die Individualität des Hautreliefs und regte den Gebrauch der ↑ Daktyloskopie im polizeil. Erkennungsdienst an.

Galton-Pfeife [engl. gɔ:ltn; nach Sir F. Galton], eine Lippenpfeife zur Erzeugung von sehr hohen Tönen bzw. von Ultraschall bis zu einer Frequenz von etwa 100 kHz.

Galtonsches Brett [engl. gɔ:ltn; nach Sir F. Galton], Vorrichtung zur Veranschaulichung der sog. **Binomialverteilung: Auf** einem Brett sind n Reihen von Nägeln auf Lücke eingeschlagen. Aus einem Trichter, dessen untere Öffnung sich genau über dem obersten Nagel befindet, läßt man Kugeln auf das etwas geneigte Brett fallen und durch die Nagelreihen hindurchlaufen, wobei sie jeweils mit gleicher Wahrscheinlichkeit rechts oder links an den einzelnen Nägeln, auf die sie dabei treffen, vorbeilaufen. Alle herunterfallenden Kugeln werden in von links nach rechts durchnumerierten Fächern am unteren Ende des Brettes gesammelt.

Galuppi, Baldassare, gen. il Buranello, * auf Burano 18. Okt. 1706, † Venedig 3. Jan. 1785, italien. Komponist. - Seit 1748 Kapellmeister an San Marco in Venedig, 1765–68 Hofkapellmeister in Petersburg; einer der wichtigsten Vertreter der Opera buffa (etwa 100 Werke, 1749–66 mit Goldoni als Librettist), daneben Oratorien, Kirchenmusik, Instrumentalkonzerte und Klaviermusik.

Galuth [hebr. „Verbannung"], das Leben des jüd. Volkes außerhalb Israels, in der Zeit, als es keinen jüd. Staat gab (70–1948). - Die G. wird meist als Strafe mit der Möglichkeit zur Buße angesehen, die mit dem Erscheinen des Messias endet. Daraus erklären sich die immer wieder auftretenden messian. Bewegungen mit dem Ziel der Heimkehr. Das 19. und beginnende 20. Jh. stellen die G. nicht mehr in Frage, sondern begründen sie unter Aufnahme des ma. Vorbildmotivs mit der bes.

Galtonsches Brett (Schema)

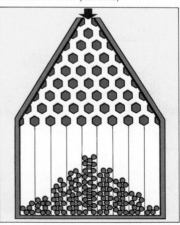

Galvani

Sendung, an der Erlösung der Welt mitzuwirken, mit der die G. endet. - In der älteren Literatur auch Bez. für Diasporajudentum.

Galvani, Luigi, *Bologna 9. Sept. 1737, † ebd. 4. Dez. 1798, italien. Arzt und Naturforscher. - Prof. für Anatomie und Gynäkologie in Bologna; entdeckte 1780 die Kontraktion präparierter Froschmuskeln beim Überschlag elektr. Funken. 1786 zeigte er, daß diese Reaktion auch dann eintritt, wenn der Muskel ledigl. mit zwei verschiedenen miteinander verbundenen Metallen in Kontakt gebracht wird *(Froschschenkelversuch)*. Diese Erscheinung, die früher als Galvanismus bezeichnet wurde, führte zur Entdeckung der ↑ elektrochemischen Elemente.

galvanisch [nach L. Galvani], auf elektrochem. Stromerzeugung beruhend; Gleichstrom betreffend; **galvanischer Strom,** svw. elektr. Strom (Gleichstrom).
◆ unmittelbar elektr. leitend verbunden, z. B. *g.* Kopplung, *g.* Verbindung (im Ggs. zur kapazitiven oder induktiven Kopplung).
◆ svw. in g. Bädern hergestellt (bei der Herstellung von Metallüberzügen).

galvanisches Bad, eine Elektrolytlösung von Metallsalzen und Zusatzmitteln zur Abscheidung metall. Überzüge.

galvanisches Element ↑ elektrochemische Elemente.

galvanisieren [nach L. Galvani], Metalle oder oberfläch. leitend gemachte Nichtmetalle durch elektrolyt. Abscheidung mit Metall überziehen. - ↑ auch Galvanoplastik.

Galvani-Spannung (Galvani-Potential) [nach L. Galvani], die Differenz der im Innern zweier im thermodynam. Gleichgewicht stehender Phasen bzw. Stoffe bestehenden elektrostat. Potentiale. Die G.-S. ist im Unterschied zur ↑ Volta-Spannung nicht direkt meßbar, spielt aber z. B. in der Theorie der Thermoelektrizität eine Rolle.

Galvano [nach L. Galvani] ↑ Galvanoplastik.

Galvanokaustik, die Anwendung von Gleichstrom zu operativen Eingriffen in der Elektrochirurgie. Während der Schnittführung mit der glühenden aktiven Elektrode **(Galvanokauter)** werden kleinere Blutgefäße koaguliert und dadurch Blutungen vermieden.

galvanomagnetische Effekte, Sammelbez. für eine Reihe von physikal. Erscheinungen, die bei Einwirkung eines homogenen Magnetfeldes auf einen stromdurchflossenen elektr. Leiter auftreten; zu den g. E. gehören u. a. der ↑ Thomson-Effekt und der ↑ Hall-Effekt.

galvanomagnetische Elemente, Halbleiterbauelemente, deren Wirkungsweise auf einem galvanomagnet. Effekt beruht, z. B. beim Hall-Generator auf dem ↑ Hall-Effekt. G. E. werden u. a. als kontaktlose Signalgeber und Potentiometer und zur Messung von Magnetfeldern und hohen Stromstärken verwendet.

Galvanometer, empfindl. Instrument zur Messung und zum Nachweis schwacher elektr. Ströme und Spannungen, bei dem die Kraftwirkung zw. einem Magneten und einem vom zu messenden Strom durchflossenen Leiter zur Anzeige ausgenutzt wird. Das am häufigsten benutzte **Drehspulgalvanometer** *(Spulen-G.)* besitzt eine drehbare, vom zu messenden Strom durchflossene Spule zw. den Polen eines Permanentmagneten. Je nach Art der Ablesung wird beim Drehspul-G. zw. einem Zeiger-, Spiegel- (Lichtzeiger-) oder Lichtmarken-G. unterschieden. Das **Zeigergalvanometer** besitzt ein Drehspulmeßwerk, bei dem ein mechan. Zeiger die Torsion der Spule auf einer Skala sichtbar macht. Im **Spiegelgalvanometer** ist an der Spule oder am Spanndraht der Spule ein sehr leichter Spiegel befestigt, der eine von einer Lampe erzeugte Strichmarke auf eine in bestimmter Entfernung vom G. stehende Skala reflektiert. Bei Verwendung langer Lichtzeiger (1–30 m) können kleinste Drehungen der Spule sichtbar gemacht und damit geringste Ströme gemessen werden. Als **Lichtmarkengalvanometer** werden Spiegel-G. bezeichnet, bei denen Lichtquelle und Lichtweg mit mehreren Umlenkspiegeln im G.gehäuse untergebracht sind und eine Lichtmarke auf der eingebauten Skala zur Ablesung erscheint. Das **ballist.** Galvanometer *(Stoß-G.)* ist ein Drehspul-G. mit stark vergrößertem Trägheitsmoment, d. h. längerer Schwingungsdauer.

Galvanoplastik (Elektroformung, Elektroplattierung), elektrochem. Verfahren zur Herstellung oder Nachbildung z. B. von Kunstgegenständen oder Duplikaten nach

Spiegelgalvanometer

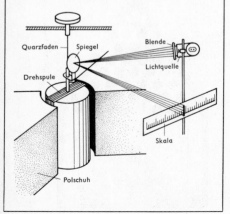

Quarzfaden — Spiegel

Drehspule

Blende

Lichtquelle

Skala

Polschuh

Druckplatten des Hochdrucks durch galvan. Abscheidung eines Metallüberzuges auf einer zuvor hergestellten Negativform, von der er schließl. abgenommen wird (**Galvano**). Die galvan. Erzeugung des Metallüberzugs erfolgt mit Hilfe von Gleichstrom nach dem Prinzip der Elektrolyse, wobei die mit einem elektr. leitenden Überzug versehene [Negativ]form als Kathode geschaltet wird, während als Anode im allg. eine Platte aus dem abzuscheidenden Metall dient.

Galvanostegie [nach L. Galvani/ griech.], die Herstellung von Überzügen auf Metallen durch elektrolyt. Metallabscheidung zur Erhöhung der Verschleißfestigkeit und als Korrosionsschutz. - ↑auch Galvanoplastik.

Galvanotechnik, Sammelbez. für verschiedene Verfahren der elektrolyt. oder elektrochem. Oberflächenbehandlung von Metallen (↑Galvanostegie) und der Herstellung metall. Kopien eines Gegenstandes (↑Galvanoplastik).

Galvanotherapie, in der Medizin die Verwendung von Gleichstrom zu Behandlungszwecken (z. B. Wärmeentwicklung zur Erzielung einer Durchblutungssteigerung).

Galveston [engl. 'gælvɪstən], Hafenstadt in SO-Texas, auf G. Island, 62 000 E. Kath. Bischofssitz; medizin. Abteilung der University of Texas; Bibliotheken; Export- und Fischereihafen; Erdölraffinerien, chem. Ind. u. a.; Eisenbahnendpunkt, ⚓. - Die Stadt wurde 1841 angelegt; im Sezessionskrieg bedeutendster Hafen der Südstaaten.

Galway [engl. 'gɔːlwɛɪ], ir. Hafenstadt im Innern der **Galway Bay,** einer Bucht des Atlantiks, 37 800 E. Verwaltungssitz der Gft. G., kath. Bischofssitz; University College (gegr. 1845), Markt- und Ind.zentrum, Seebad. - 1124 erstmals gen., seit dem 14. Jh. Stadt. - Pfarrkirche Saint Nicholas (1320), klassizist. sind Franziskanerkirche und der Gerichtshof.

G., Gft. in W-Irland.

Gama, Dom (1499), Vasco da, Graf von Vidigueira (1504), *Sines 1468 oder 1469, † Cochin 24. Dez. 1524, portugies. Seefahrer. - Von König Emanuel I. mit 4 Schiffen 1497 ausgesandt, um Indien auf dem Seeweg zu erreichen; umsegelte das Kap der Guten Hoffnung und gelangte über Malindi nach Calicut in Vorderindien (1498); erreichte Lissabon wieder 1499; 2. Fahrt mit 20 Schiffen nach Indien (1502–04); schuf mit außerordentl. Härte die Grundlagen der portugies. Hegemonie im Ind. Ozean; zum Vizekönig ernannt, kehrte G. im Sept. 1524 nach Indien zurück.

Gamaliel [...i-el] (G. d. Ä., G. der Alte), Führer des pharisäischen Judentums in der 1. Hälfte des 1. Jh. n. Chr. - Enkel des ↑Hillel; Vorsitzender des Synedriums, nach Apg. 22, 3 Lehrer des Apostels Paulus.

G. II., gen. G. von Jabne, † vor 116 n. Chr., Tannait und Vorsitzender des Synedriums in Jabne (Jamnia). - Unter ihm wurde durch die Aufnahme der Bücher „Hoheslied" und „Prediger" der bibl. Kanon des A. T. festgelegt; das ↑Schemone Esre erhielt seine abschließende Form.

Gamander [griech.-mittellat.] (Teucrium), Gatt. der Lippenblütler mit mehr als 100 Arten in den gemäßigten und wärmeren Zonen; Kräuter, Halbsträucher oder Sträucher mit ährigen, traubigen oder kopfigen Blütenständen. Von den fünf einheim. Arten ist am bekanntesten der karminrot blühende **Echte Gamander** (Teucrium chamaedrys), ein ausläufertreibender Zwergstrauch mit kleinen, eiförmigen, weich behaarten Blättern; v. a. im südl. Deutschland.

Gamanderehrenpreis (Veronica chamaedrys), bis 25 cm hohe Ehrenpreisart; mehrjährige Kräuter mit deutl. in zwei Reihen behaartem Stiel und eiförmig spitzen, grobgekerbten Blättern; Blüten meist azurblau, seltener rot oder weiß, mit dunkleren Adern; Frucht eine herzförmige Kapsel.

Vasco da Gama

Gamaschen [frz., zu arab.-span. guadamecí „Leder aus Ghadames" (↑Ghadamis)], sohlenlose, seitl. knöpfbare Überstrümpfe mit Steg; aus Wolle, Leinen oder Leder; kamen im 18. Jh. als hohe G. der Infanteristen auf, knie- oder knöchelhoch in der Herren- und Damenmode im 19. und 20. Jahrhundert.

Gambe [italien.] ↑Viola da gamba.

Gambeson [frz. gãb'zõ] (Gambison, Gambisson), meist wattiertes Untergewand, unter dem Kettenhemd der ma. Rüstung getragen.

Gambetta, Léon [frz. gãbɛ'ta], *Cahors 3. April 1838, † Ville-d'Avray bei Paris 31. Dez. 1882, frz. Politiker. - Überzeugter Republikaner, entschiedener Gegner Napoleons III., formulierte 1869 die polit. Zielsetzung der Radikalsozialisten; scheiterte im Dt.-Frz. Krieg 1870/71 mit dem Versuch, in der Prov. militär. Widerstand zu organisieren und das

Gambia

belagerte Paris zu befreien, an der militär. Überlegenheit der preuß. Truppen sowie an der Kriegsmüdigkeit der Bev.; trat 1871 als Innenmin. der „Regierung der nat. Verteidigung" zurück; stimmte 1875 mit seinen Anhängern für die Verabschiedung der Verfassungsgesetze und rettete somit die Republik vor einer drohenden royalist. Restauration; 1879–81 Präs. der Deputiertenkammer; bildete im Nov. 1881 eine neue Regierung, die jedoch schon im Jan. 1882 zurücktreten mußte.

Gambia

(amtl. Vollform: Republic of the G.), Republik in Westafrika, am Atlantik, zw. 13° und 14° n. Br. sowie 14° bis 17° w. L. **Staatsgebiet:** Bis auf die Küste (Küstenlinie 50 km) ist G. vom Staatsgebiet Senegals umgeben. **Fläche:** 11 295 km², davon Landfläche 10 403 km². **Bevölkerung:** 696 000 E (1983), 66,9 E/km². **Hauptstadt:** Banjul (früher Bathurst). **Verwaltungsgliederung:** 6 Divisions und das Gebiet der Hauptstadt. **Amtssprache:** Englisch. **Nationalfeiertag:** 18. Febr. **Währung:** Dalasi (D) = 100 Bututs (b). **Internationale Mitgliedschaften:** UN, OAU, ECOWAS, Commonwealth, der EWG assoziiert. **Zeitzone:** Westeuropäische Zeit, d. i. MEZ –1 Std.

Landesnatur: G., der kleinste Staat des afrikan. Festlands, umfaßt einen Streifen von 10–15 km beiderseits des Gambia, der sich 475 km weit ins Landesinnere erstreckt.
Klima: Es ist randtrop., mit Sommerregen im Inneren von April bis Sept., an der Küste von Juli bis Okt.
Vegetation: Weitgehend Savannen; im Ästuar des Gambia Mangroven, die landeinwärts von überschwemmten Grasfluren mit Raphiapalmen abgelöst werden.
Bevölkerung: Sie besteht überwiegend aus Stämmen der Sudaniden (38 % Malinke, 16 % Fulbe, 14 % Wolof u. a.). 11 % sind Muslime, 80 % Anhänger traditioneller Religionen, 9 % Christen. Neben Grundschulen gibt es 20 berufsbildende Schulen und ein Lehrerseminar.
Wirtschaft: Dominierend ist die Landw. in kleinbäuerl. Betrieben. Wichtigstes Anbauprodukt sind Erdnüsse, die von einer staatl. Gesellschaft aufgekauft und z. T. in den Ölmühlen des Landes verarbeitet werden. Für die Selbstversorgung werden Hirse, Reis und Maniok angebaut, Rinder, Schafe, Schweine und Geflügel gehalten. 94 % des geschlagenen Holzes wird als Brennholz verbraucht. Stark ausgebaut wurde der Fremdenverkehr.
Außenhandel: Der wichtigste Handelspartner ist Großbrit., gefolgt von Frankr., der BR Deutschland, der VR China u. a. Ausgeführt werden Erdnüsse und Erdnußprodukte sowie Ölpalmensamenkerne. Eingeführt werden

Gewebe, chem. Erzeugnisse, Reis, Kraftfahrzeuge, Maschinen, Geräte, Zucker, Benzin.
Verkehr: Das Straßennetz ist 3 083 km lang (1 720 km ganzjährig befahrbar) mit wichtigen Autofähren, u. a. an der Fernstraße Dakar–Bissau. Der Fluß G. ist die Hauptverkehrsader des Landes. Hochseehafen ist Banjul. Internat. ✈ Jundum bei Banjul.
Geschichte: Das Gebiet um den Gambia gehörte wahrscheinl. im 10./11. Jh. zum Reich Gana, erwiesenermaßen vom 13.–15. Jh. zum Reich Mali. Nach Ausschaltung der Portugiesen, die die Gambiamündung seit 1447 kannten und seit Ende des 15. Jh. am unteren Gambia Handelskontore hatten, kämpften Spanier und Holländer, vom 17.–19. Jh. Briten und Franzosen um die Beherrschung der Mündung. 1816 gründeten die Briten den Stützpunkt Bathurst (= Banjul) und siedelten hier befreite Sklaven an. 1843 wurde es Kronkolonie, 1888 wurde das Protektorat G. errichtet; bis 1951 verwalteten die Häuptlinge das Land. Am 18. Febr. 1965 wurde G. unabhängig, am 24. April 1970 Republik. Staatspräs. am 1970 Sir Dawda Jawara. Mit Senegal bildete G. am 1. Febr. 1982 die Föderation *Senegambia*.
Politisches System: Nach der Verfassung von 1970 ist G. eine unabhängige Republik im Commonwealth mit Elementen des präsidialen und des parlamentar. Systems. *Staatsoberhaupt* ist der vom Parlament gewählte Staatspräsident. Mit dem von ihm ernannten Vizepräs., der die Reg. vor dem Parlament vertritt, und den übrigen Ressortmin. ist er Träger der *Exekutive*. Die *Legislative* liegt beim Parlament, dem Repräsentantenhaus (35 vom Volk auf 4 Jahre gewählte Abg.; 5 Stammeshäuptlinge, 8 ernannte Mgl. und der Generalstaatsanwalt). Von den polit. *Parteien* sind 2 im Parlament vertreten: Die People's Progressive Party (PPP, 27 Sitze, tritt für eine enge Zusammenarbeit mit Senegal ein) und die National Convention Party (NCB, 3 Sitze). Die oppositionelle United Party (UP) will die Verbindungen zum Commonwealth gestärkt sehen. Verwaltungsmäßig besteht G. aus 6 Divisions mit Selbstverwaltungsorganen sowie dem Gebiet der Hauptstadt. Den Divisions sind 35 von Häuptlingen geleitete Bezirke nachgeordnet. Das *Recht* basiert z. T. auf engl., z. T. auf islam. Recht, z. T. auf traditionellem Stammesrecht. Das *Gerichtswesen* ist gegliedert in Magistratsgerichte, den Apellationsgerichtshof und den obersten Gerichtshof. Die Streitkräfte bestehen aus 475 Mann.
📖 *Burisch, M.: Der Wirtschaftsraum Senegambien. Hamb. 1976. - Armand-Prévost, M.: La République de Gambie. Paris 1973. - Gailey, H. A.: A history of the G. London 1964.*

Gambia, Zufluß zum Atlantik, einer der wenigen natürl. Zugänge ins Innere von W-Afrika, entspringt in Guinea, mündet bei Banjul, Gambia; rd. 1 100 km lang.

Gambier, Îles [frz. ilgā'bje] (Mangareva-gruppe), Inselgruppe im zentralen Pazifik, Hauptort Rikitea auf **Mangareva** (6,5 km lang, bis 1,5 km breit), eine der vier von Polynesiern bewohnten Inseln der Î. G. - Die Inselgruppe wurde 1797 entdeckt, 1844 frz. Protektorat; seit 1881 gehören die Î. G. zu Frankreich.

Gambir (Gambirkatechu) [malai.], gelb-roter, gerbstoffreicher Extrakt aus den Blättern und jungen Trieben des hinterind. Röte-gewächses Uncaria gambir; wird zur Berei-tung des ↑ Betelbissens verwendet.

Gambit [zu italien.-span. gambito, eigtl. „das Beinstellen"], im Schachspiel Eröffnung einer Partie mit dem Opfer eines Bauern zur Erlangung eines Stellungsvorteils.

Gambrinus, angebl. Erfinder des Bieres und Schutzherr der Bierbrauer und -trinker. Die Form G. geht zurück auf Gambrivius, das über einen Druckfehler Gambrinius zu G. wurde (1574 belegt), nach J. Annius (1498) einer der (von ihm konstruierten) zehn ersten Herrscher der german. Frühzeit. 1543 wurde G. erstmals die Erfindung des Bierbrauens zugeschrieben (wohl irrtüml. anstelle seines angebl. Vaters Marsus).

Gambusen (Gambusia) [span.], Gatt. der Lebendgebärenden Zahnkarpfen mit 12 etwa 2,5–9 cm langen Arten im östl. N-Amerika, in M-Amerika und auf einigen Westind. Inseln; Körper meist unscheinbar gefärbt, ♂♂ wesentl. kleiner als ♀♀; z. T. Warmwasser-aquarienfische.

Gamelan [javan.], das vorwiegend aus Idiophonen gebildete musikal. Ensemble ja-van. Ursprungs, das im 14. Jh. auch nach Bali gelangte. Es gibt heute G.orchester verschie-denster Besetzungen. Die Instrumente glie-dern sich in 3 Gruppen, solche, die die Kern-melodie („balungan") vortragen, solche, de-nen der Verzierung („panerusan") zugeordnet ist und solche, die die Stücke in Abschnitte gliedern. Das volle javan. Orchester besteht aus hängenden Gongs („gong" oder „kem-pul"), waagrecht aufgereihten Gongs („ke-nong", „ketuk", „kempjang"), horizontal an-geordneten Gongspielen („bonang"), Metal-lophonen („saron", „slentem", „gender"), aus Xylophon („gambang"), Flöte („suling"), Lau-te („rebab"), Zither („tjelempung", „siter"), Handtrommeln, Chor und Einzelsängern. G.musik erklingt zu Tempelfesten, begleitet rituelle und dramat. Tänze, Schatten- und Maskenspiele.

Gamelin, Maurice Gustave [frz. gam'lɛ̃], * Paris 20. Sept. 1872, † ebd. 18. April 1958, frz. General. - Hatte als enger Mitarbeiter J. Joffres 1914 Anteil an der strateg. Planung der Marneschlacht; seit 1931 Chef des Gene-ralstabs der Armee; als Oberbefehlshaber der frz. und brit. Truppen (seit Sept. 1939) mit-verantwortl. für die militär. Niederlage Frankr. im 2. Weltkrieg, 1940 verhaftet und vor Gericht gestellt; 1943 an Deutschland ausgeliefert.

Gameten [griech.], svw. ↑ Geschlechtszel-len.

Gametogamie [griech.] ↑ Befruchtung.

Gametogenese [griech.], Prozeß der Geschlechtszellenbildung.

Gametophyt [griech.] (Gamont), die ge-schlechtl., haploide Generation im Fortpflan-zungszyklus der Pflanzen (↑ Generationswech-

Gamelanorchester auf einem Tempelvorplatz auf Bali

Gamillscheg

sel). G. gehen aus Sporen der ungeschlechtl. Generation (des ↑Sporophyten) hervor und bilden ihrerseits geschlechtl. Fortpflanzungszellen. G. finden sich (Bakterien u. Blaualgen ausgenommen) bei allen Pflanzengruppen.

Gamillscheg, Ernst, *Neuhaus (Östr.) 28. Okt. 1887, †Göttingen 18. März 1971, dt. Romanist. - Prof. in Innsbruck, Berlin (seit 1925) und Tübingen (seit 1946); Erforschung des Rumän. und der rätoroman. Dialekte; Arbeiten zu Etymologie, Syntax und Wortbildung des Französischen. - *Werke:* Etymolog. Wörterbuch der frz. Sprache (1926–29), Romania germanica (1934–36).

Gamma, dritter Buchstabe des griech. Alphabets: Γ, γ.
◆ in der *Chemie* ↑Nomenklatur.

Gammaastronomie (Gammastrahlenastronomie) ↑Röntgenastronomie.

Gammaeule (Autographa gamma), bis 4 cm spannender Eulenfalter in Eurasien; mit je einem silberweißen Gammazeichen auf den bräunlichgrauen Vorderflügeln.

Gammafunktion (Eulersche Gammafunktion), von L. Euler eingeführte Funktion zur Interpolation der ↑Fakultät. Die Integraldarstellung der G. lautet

$$\Gamma(z) = \int_{0}^{\infty} e^{-t} t^{z-1} dt, \quad \mathrm{Re}(z) > 0;$$

dieses Integral wird auch als **Eulersches Integral** bezeichnet. Für natürl. Zahlen n gilt: $\Gamma(n) = (n-1)!$

Gammaglobulin (γ-Globulin), zur Vorbeugung und Behandlung bei verschiedenen Krankheiten verwendeter Eiweißbestandteil (Immunglobulin) des Blutplasmas.

Gammakamera ↑Szintillationskamera.

Gammaquanten (γ-Quanten), die energiereichen Photonen der ↑Gammastrahlen.

Gammarus [griech.-lat.], Gatt. bis etwa 2,5 cm langer, seitl. stark abgeflachter Flohkrebse; bekannteste Art ↑Bachflohkrebs.

Gammaspektrometer (Gammastrahlspektrometer), Gerät zur Aufnahme eines Gammaspektrums, d. h. zur Bestimmung der relativen Häufigkeit von Gammaquanten in Abhängigkeit von ihrer Energie (bzw. Frequenz). Langwellige Gammastrahlen werden durch Beugung an [Kristall]gittern untersucht, kurzwellige (energiereichere) mit Hilfe von ihnen erzeugter Reaktionen, z. B. der von ihnen ausgelösten Sekundärelektronen.

Gammaspektrum (γ-Spektrum), das Energiespektrum der ↑Gammastrahlen.

Gammastrahlen (γ-Strahlen), i. e. S. die von ↑angeregten Atomkernen bei Gammaübergängen ausgesandte äußerst kurzwellige elektromagnet. Wellenstrahlung (Wellenlängen zw. 10^{-9} und 10^{-12} cm), deren Photonen, die sog. **Gammaquanten,** sehr hohe Energie besitzen. Sie treten im allg. im Anschluß an jede Kernumwandlung auf, bei der ein Folgekern im angeregten Zustand entsteht, v. a. aber bei der natürl. und künstl. Radioaktivität sowie bei ↑Einfangsprozessen. Beim radioaktiven Zerfall bilden die G. neben den Alpha- und Betastrahlen die dritte, im elektr. und magnet. Feld nicht ablenkbare Komponente der radioaktiven Strahlung. Auf Grund ihrer hohen Quantenenergie sind G. sehr durchdringend und wirken ionisierend; ihre physiolog. Wirkung ist die gleiche wie die von Röntgenstrahlen. Sie werden in der Technik v. a. zur zerstörungsfreien Werkstoffprüfung, in der Medizin zur Tumorbehandlung herangezogen.

Gammastrahlspektrometer, svw. ↑Gammaspektrometer.

Gammaübergang (γ-Übergang, Gammazerfall), der unter Emission von Gammaquanten erfolgende Übergang eines ↑angeregten Atomkerns in einen energet. tiefer liegenden Energiezustand, meist in den Grundzustand. Der G. ist kein radioaktiver Zerfall im eigentl. Sinne, da sich bei ihm weder die Kernladungszahl noch die Massenzahl des Kerns ändert. Ausgangs- und Endkern gehören zum selben Nuklid; sie sind Isomere (Kernisomerie). Der G. wird daher auch als **isomerer Übergang** bezeichnet.

Gammertingen, Stadt auf der Schwäb. Alb, Bad.-Württ., 662 m ü. d. M., 6 100 E. Museum; Trikotagenherstellung und Metallverarbeitung. - Bereits in der Bronzezeit besiedelt; in alemann. Zeit angelegt, war die Stadt 1524–1827 im Besitz der Familie Speth; 1827 an Hohenzollern-Sigmaringen.

Gammler [niederdt.], Bez. für Jugendliche, die (als soziales Massenphänomen insbes. 1962–65) in Gruppen oder als Einzelgänger, in Lebensform, Haltung, Kleidung und betont ungepflegtem Äußeren gegen die geordnete, „etablierte" industrielle Arbeits- und Leistungsgesellschaft protestieren; passive soziale Antihaltung; mehrere „vergammelte" Jugendjahre werden i. d. R. mit der gesellschaftl. Eingliederung abgeschlossen.

Gamone [griech.] (Befruchtungsstoffe), von männl. und weibl. Geschlechtszellen gebildete Befruchtungshormone, die die Sexualreaktion zw. den ♀ und ♂ Gameten auslösen. Die von den weibl. Geschlechtszellen gebildeten werden als **Gynogamone,** die von den männl. Geschlechtszellen abgegebenen als **Androgamone** bezeichnet.

Gamow, George [engl. 'gɛɪmaʊ], *Odessa 4. März 1904, †Boulder (Colo.) 19. Aug. 1968, amerikan. Physiker russ. Herkunft. - Prof. in Leningrad, Washington und Boulder. G. wandte 1928 - gleichzeitig mit R. W. Gurney und E. M. Condon - die Quantentheorie auf den Alphazerfall von Atomkernen an und deutete diesen als Tunneleffekt.

Gamowsche Theorie [engl. 'gɛɪmaʊ], die von G. ↑Gamow 1928 entwickelte Theorie des natürl. ↑Alphazerfalls, in der beim Durchgang eines Alphateilchens aus dem Potentialtopf im Innern eines Atomkerns durch die Potentialschwelle an dessen Oberfläche, den **Gamow-Berg,** quantenmechan. beschrieben wird.

Gams, svw. ↑ Gemse.

Gamsbart, Büschel von Rückenhaaren der Gemse, das als Schmuck an bestimmten Trachten- und Jägerhüten getragen wird.

Gamskraut (Gemskraut), volkstüml. Bez. für verschiedene Gebirgspflanzen, z. B. Arnika, Schwarze Schafgarbe und Stengelloses Leimkraut.

Gamskresse (Gemskresse), volkstüml. Bez. für verschiedene Alpenpflanzen mit kresseähnl. Blättern, z. B. für den Gletscherhahnenfuß und das Rundblättrige Hellerkraut.

Gamswild (Gemswild, Krickelwild), wm. Bez. für Gemsen.

Gamswurz, volkstüml. Bez. für verschiedene alpine Pflanzen wie Arnika, Gemswurzkreuzkraut, Goldpippau sowie für die Zwergschlüsselblume.

◆ svw. ↑ Gemswurz.

Gana (Ghana), ehem. westsudan. Reich, gegr. von Weißen (von Berbern?), die sich westl. des Nigerbogens in der Sahelzone festgesetzt hatten; mit Sicherheit erst um 770 nachweisbar; erstreckte sich während seiner größten Ausdehnung (nach 790) vom oberen Niger bis zum mittleren Senegal und nördl. bis in die Saharazone; stand um 850 auf der Höhe seiner Macht, 1077 von Abu Bakr, einem Feldherrn der marokkan. Almoraviden, erobert und tributpflichtig gemacht; nach 1087 noch einmal selbständig, zerfiel aber in Teilreiche; 1240 von Mali erobert.

Gänale Dorja ↑ Juba.

Ganasche [griech.-italien.-frz.], Bez. für den Bereich der Kaumuskulatur bei Tieren; v. a. beim Pferd der hintere, obere Rand des Unterkiefers.

Gance, Abel [frz. gãːs], * Paris 25. Okt. 1889, † ebd. 10. Nov. 1981, frz Filmregisseur. - Pionier der Filmkunst (bewegte Kamera, rasche Montage); entwickelte für seinen monumentalen Film „Napoléon" (1923–27, Neufassung 1972) die „Polyvision", eine Vorstufe des Cineramasystems. Weitere Filme: „Ich klage an" (1919), „Das Rad" (1923), „Der Turm der sündigen Frauen" (1957).

Gand [frz. gã], frz. für ↑ Gent.

Ganda, Bantustamm in S-Uganda, überwiegend Hackbauern und Hirtennomaden.

Gandak [engl. 'gændək], linker Nebenfluß des Ganges, im zentralen Nepal und in Indien, rd. 680 km lang; mehrfach gestaut.

Gandersheim, Hrotsvit von ↑ Hrotsvit von Gandersheim.

Gandersheim, Bad ↑ Bad Gandersheim.

Gandhara, NW-Provinz des alten Indien im heutigen O-Afghanistan und westl. Pakistan. Das histor. G. zeigt im Rahmen der ↑ buddhistischen Kunst eine ausgeprägte künstler. Sonderentwicklung. Unter hellenist.

Einfluß verschmolzen in die G.kunst (1.– 5. Jh., Nachwirkung bis zum 7./8. Jh.) ind. mit hellenist.-röm. Elementen (z. B. das korinth. Kapitell). Es entstanden Klöster und Stupas (u. a. in Taxila), zahlr. Statuen (v. a. von Buddha) und Reliefs.

Gandhi, Indira, * Allahabad 19. Nov. 1917, † Delhi 31. Okt. 1984 (ermordet), ind. Politikerin. - Tochter J. Nehrus; trat 1938 den Indian National Congress (INC) bei, dessen Präsidentin 1959; 1946–64 enge Mitarbeiterin ihres Vaters; 1964–66 Informationsmin., 1966–77 Premiermin. und Parteiführerin; in wirtschaftspolit. Entscheidungen sozialist. Ideen verpflichtet; schloß 1971 den Freundschaftsvertrag, 1973 einen Vertrag über wirtsch. Zusammenarbeit mit der UdSSR; 1975 wegen Wahlkorruption verurteilt, verhängte den Ausnahmezustand und ließ zahlr. polit. Gegner verhaften; trat nach der Wahlniederlage des INC im März 1977 vom Amt des ind. Premierministers zurück. Nach dem Wahlerfolg des von ihr geführten selbständigen Flügels des INC im Jan. 1980 erneut Premierministerin. Ihr Sohn und „Kronprinz" Sanjay G. (* 1947) kam am 23. Juni 1980 bei einem Flugzeugabsturz ums Leben.

Mahatma Gandhi (um 1945)

G., Mohandas Karamchand, gen. Mahatma [Sanskrit „dessen Seele groß ist"] (seit 1915), * Porbandar (Gujarat) 2. Okt. 1869, † Delhi 30. Jan. 1948, ind. Freiheitskämpfer. - Entwickelte 1893–1914 in Südafrika im Kampf um die polit. Rechte der ind. Einwanderer seine Methode des gewaltlosen Widerstandes: durch Satjagraha („Festhalten an der Wahrheit") soll der Gegner zur Einsicht in sein Fehlverhalten und Änderung seiner Handlungsweise angehalten werden. Mittel waren Verweigerung der Mitarbeit in Behörden („non-co-operation") und bürgerl. Ungehorsam („civil disobedience"). Für bewußte Gesetzesübertretungen nahmen G. und seine Anhänger auch Gefängnisstrafen in Kauf. Er zog sich vorübergehend aus der Politik zu-

Gandhi

rück und widmete sich v. a. der gegen das brit. Textilmonopol gerichteten Handspinnbewegung, später protestierte er mit seinem „Salzmarsch" gegen das brit. Salzmonopol; 1934 trat G. aus dem Indian National Congress (INC) aus und setzte sich insbes. für die „Unberührbaren" ein. Zum letzten Mal griff G. 1947 in die Politik ein, als er nach dem Scheitern seiner Bemühungen, die Einheit Indiens zu erhalten, blutige Auseinandersetzungen zw. Muslimen und Hindus schlichten half. Von einem fanat. Hindu erschossen. Sein polit. Handeln war stark von der Religion geprägt; sein bleibendes Verdienst ist die weitgehende Verhinderung von Blutvergießen im Kampf um die Unabhängigkeit Indiens.

G. Rajiv, * 20. Aug. 1944, ind. Politiker. Sohn von Indira G. und Enkel von J. Nehru. Im Febr. 1983 ernannte ihn Indira G. zu einem der Generalsekretäre der von ihr geführten Kongreß(-I-)Partei. Nach ihrem Tod durch ein Attentat am 31. Okt. 1984 wurde G. wenige Stunden später ihr Nachfolger als Ministerpräsident.

Gandhinagar [engl. ˈgɑːndɪnagə], Hauptstadt des ind. B.-Staats Gujarat, 450 km nördl. von Bombay, 62 000 E. - Die Stadt ist seit 1966 im Aufbau.

Gandía, span. Stadt 65 km südl. von Valencia, 21 m ü. d. M., 37 000 E. Konserven- und chem. Ind.; Export seiner Agrarerzeugnisse über den 4 km entfernten Hafen **Grao de Gandía;** nördl. des Hafens Badestrand.

Ganeff [jidd.], in der Gaunersprache svw. Ganove; siehe auch: Schwiegersohn.

Ganerbschaft, nach altem dt. Recht gemeinschaftl. Vermögen, insbes. Grundvermögen, von **Ganerben** (Miterben zur gesamten Hand). Entstand durch einen bes. Vertrag. Das Verhältnis war prinzipiell unkündbar, denn Vertragszweck war der Ausschluß der Teilung eines Familienvermögens.

Ganescha [Sanskrit „Herr der Schar" (d. h. des Gefolges des Schiwa)], Sohn Schiwas und Parwatis. Einigen Sekten, den „Ganapatjas", gilt er als der höchste Gott.

Gang, in der Kfz-Technik Bez. für ein bestimmtes [durch Betätigen des G.schaltungshebels wählbares] Untersetzungsverhältnis (im 1. Gang 4:1, im höchsten Gang 1:1) zw. Motor- und Raddrehzahl; Personenwagen haben 3–5 Vorwärtsgänge und einen Rückwärtsgang.

◆ in der *Uhrentechnik* Bez. für die durch Änderung der Schwingungsdauer des schwingenden Systems bewirkte Abweichung von der idealen Genauigkeit.

◆ (Gewindegang) ↑ Gewinde.

◆ Bez. für die Ausfüllung von Gesteinsklüften mit Erzen oder Mineralien. - ↑ auch Ganggesteine, ↑ Erzgänge.

◆ im *Fechtsport* svw. ↑ Gefecht.

Gang [gæŋ; engl.-amerikan., eigtl. „das

Gehen", dann „das gemeinsame Handeln"], [organisierter] Zusammenschluß von Verbrechern (Gangstern).

◆ *soziolog.* Bez. für städt. Gruppen von (meist verwahrlosten) Jugendlichen *(Bande, Rotte),* die sich zu bestimmten Zielen und zu relativ festen sozialen Beziehungsformen zusammenschließen.

Gangart ↑ Erz.

Gangarten des Pferdes, im Pferdesport Bez. für die drei Grundfortbewegungsweisen Schritt, Trab und Galopp (↑ Fortbewegung).

Ganges, mit rd. 2 700 km Länge und etwa 1 Mill. km^2 Einzugsgebiet der größte Strom N-Indiens; entsteht im westl. Himalaja durch Zusammenfluß von ↑ Alaknanda und ↑ Bhagirathi. Nach 70 km langem Lauf im Himalaja durchbricht er die Siwalikketten und erreicht die Gangesebene. Hier fließt er generell in sö. Richtung, stark mäandrierend mit häufiger Aufspaltung und Inselbildung und stark schwankender Wasserführung. Der G. bildet in Bengalen, zus. mit dem Brahmaputra, ein riesiges, von zahllosen Mündungsarmen durchzogenes Delta. Die beiden wichtigsten Mündungsarme sind der rd. 300 km lange **Padma,** der in Bangladesch mündet, und der **Bhagitari,** der im Unterlauf als **Hugli** nach weiteren 230 km Lauf ebenfalls in den Golf von Bengalen mündet. Die Schiffahrt spielt nur noch im Deltabereich eine Rolle. Das Wasser des G. gilt als *hinduist. Mythologie* aus dem Fuß Wischnus entspringenden G. gilt als heilig und rituell reinigend. - Abb. S. 352.

Gangesebene (Gangestiefland), westl. Teil des Ganges-Brahmaputra-Tieflands, im N durch die Siwalikketten, im W durch die Jumna und im S durch den Rand des Dekhan begrenzt, im O Übergang in das gemeinsame Ganges-Brahmaputra-Delta von Bengalen. Die G. zählt dank äußerst fruchtbarer Böden zu den höchstkultivierten Gebieten in Indien, auch dank weit verbreiteter Kanalbewässerung. Der wichtigste der *Gangeskanäle* ist der 342 km lange **Upper Ganges Canal** (1842–54 erbaut), der ein Kanalsystem von 2 700 km Länge speist.

Gangfisch ↑ Felchen.

Ganggesteine, aus Restlösungen magmat. Schmelzen auskristallisierte Spaltenfüllungen. Dazu gehören Aplite, Pegmatite und Lamprophyre.

Ganggrab, Bez. für ein Kollektivgrab der nord- und westeurop. Megalithkulturen, zu dessen Kammerbreitseite ein Gang führt, so daß Kammer und Gang eine T-Form bilden; zeitl. Einordnung regional verschieden.

Ganghofer, Ludwig, * Kaufbeuren 7. Juli 1855, † Tegernsee 24. Juli 1920, dt. Schriftsteller. - Schrieb neben vielgespielten Volksstücken zahlr. naiv-gemütvolle [Heimat]romane und Erzählungen (z. T. vor histor. Hintergrund).

Werke: Der Herrgottsschnitzer von Ammergau (Volksstück, 1880; mit H. Neuert), Der Klosterjäger (R., 1892), Die Martinsklause (R., 1894), Schloß Hubertus (R., 1895), Das Schweigen im Walde (R., 1899), Der Ochsenkrieg (R., 1914).

Ganghöhe ↑ Gewinde.

Ganglienblockade [griech./frz.] (Blokkade), Abschwächung bzw. Unterbrechung der Erregungsübertragung in den Synapsen der Ganglien des vegetativen Nervensystems durch ↑ Ganglienblocker.

Ganglienblocker [griech./dt.] (ganglienlähmende Stoffe, Ganglioplegika), Arzneimittel, die die Erregungsübertragung in den Ganglien des vegetativen Nervensystems unterbrechen und oft ausgedehnte Ausfallserscheinungen v. a. an glatten Muskel- und Drüsenzellen sowie am Herzen bewirken. G. werden u. a. bei manchen Operationen und bei schweren Fällen von Bluthochdruck zur Blutdrucksenkung verwendet.

Ganglienzelle [griech./dt.], svw. ↑ Nervenzelle.

Ganglion [griech.], (Nervenknoten, G.knoten) Verdickung des Nervensystems, in der die Zellkörper der Nervenzellen (Ganglienzellen) konzentriert sind. Sehr regelmäßig in Form einer Ganglienkette (↑ Strickleiternervensystem) sind die Ganglien im Bauchmark der Gliedertiere angeordnet.
◆ (Hygrom, Überbein) im Bereich von Gelenkkapseln oder Sehnenscheiden (v. a. an der Streckseite des Handgelenks, in der Kniekehle und auf dem Fußrücken) lokalisierte langsam wachsende, schmerzhafte Geschwulst aus schleimig verändertem Bindegewebe.

Ganglioplegika [griech.], svw. ↑ Ganglienblocker.

Gangrän [griech.], svw. ↑ Brand.

Gangspill, in der Schiffahrt Trommelwinde mit senkrechter Achse zum Auf- und Abwinden von Ketten (z. B. des Ankers).

Gangster ['gɛŋstər; engl.-amerikan.], meist in einer Bande (Gang) organisierter Schwerverbrecher.

Gangtok, Hauptstadt des ind. Bundesstaates Sikkim, im Vorderhimalaja, 1730 m ü. d. M., 37 000 E. Inst. für Tibetologie. Marktort und Straßenknotenpunkt.

gang und gäbe, urspr. in der Kaufmannssprache gebrauchte Redewendung (Münzen und Waren betreffend) mit der Bed. „im Umlauf befindlich, üblich".

Gangunterschied (Gangdifferenz), die Differenz der beiden Wegstrecken, die zwei an einem bestimmten Raumpunkt zusammentreffende und sich dort überlagernde Wellen zurückgelegt haben, um vom jeweiligen Erregerzentrum zu diesem Punkt zu gelangen (↑ Interferenz).

Gangway [engl. 'gæŋwɛɪ, eigtl. „Gehweg"], Treppe, die zum Ein- und Aussteigen für Besatzungsmgl. und Passagiere an Schiffe oder Flugzeuge herangefahren oder -gerollt wird; auch Bez. für einen Laufsteg (Gangbrett mit Geländer oder Tau) als Verbindung zw. Schiff und Land.

Ganivet, Ángel [span. gani'βɛt], * Granada 13. Dez. 1865, † Riga 29. Nov. 1898 (Selbstmord), span. Schriftsteller. - Bes. sein Essay „Spaniens Weltanschauung und Weltstellung" (1897) beeinflußte die sog. „Generation von 98" und trug zur Erneuerung der span. Literatur bei.

Ganku Saeki (u. a. auch bekannt unter den Namen: Kische Ku, Dokokan, Funsen, Tenkaikutsu), * Kanasawa 1749, † Iwakura bei Kioto 1838, jap. Maler. - Vorläufer der „Impressionisten von Kioto".

Ganoblasten [griech.], svw. ↑ Adamantoblasten.

Ganoidschuppe [griech./dt.] (Schmelzschuppe), bei primitiven Knochenfischen weit verbreiteter Schuppentyp, an dessen Oberfläche während des Wachstums zahlr. Schichten einer schmelzähnl., perlmutterartig glänzenden Substanz (**Ganoin**) abgelagert werden. Unter den rezenten Fischen treten die meist rautenförmigen G. bei Flösselhechten, Löffelstören und Knochenhechten auf.

Ganove [jidd.], Gauner, Dieb, Spitzbube.

Gans ↑ Gänse.

Gänse (Anserinae), mit etwa 30 Arten weltweit verbreitete Unterfam. etwa 0,4–1,7 m langer Entenvögel, die in der freien Natur eng an Gewässer gebunden sind. Man unterscheidet drei Gruppen: die entengroßen ↑ Pfeifgänse, die sehr großen, langhalsigen ↑ Schwäne und die zw. diesen Gruppen stehenden **Echten Gänse** mit etwa 15 Arten, v. a. in den gemäßigten und kälteren Regionen Eurasiens und N-Amerikas; Hals länger als bei Enten, aber kürzer als bei Schwänen, Schnabel keilförmig, Oberschnabelspitze als kräftiger, nach unten gebogener Nagel gestaltet, der zum besseren Abrupfen und -zupfen von Gräsern, Blättern und Halmen dient. Die Echten G. sind meist gute Flieger, die im Flug den Hals nach vorn strecken. Sie sind Zugvögel, die häufig in Keilformation ziehen. ♂ und ♀ sind gleich gefärbt, Paare halten auf Lebenszeit zus. Die fast 90 cm lange, dunkelgraue **Saatgans** (Anser fabalis) kommt auf Grönland und in N-Eurasien vor; unterscheidet sich von der sehr ähnl. Graugans v. a. durch die etwas dunklere Gesamtfärbung, schwarze Abzeichen auf dem gelben Schnabel, schwärzlichgrauen Kopf und Hals sowie orangefarbene Füße. Eine aus der *Schwanengans* (Anser cygnoides) gezüchtete Hausgansrasse ist die **Höckergans**; hellbraun mit großem, orangegelbem und schwarzem Schnabelhöcker; wird in Deutschland als Ziervogel gehalten. Fast 70 cm lang ist die in Z-Asien lebende **Streifengans** (Anser indicus); bräunlichgrau mit Ausnahme des weißl. Kopfes und Oberhalses. Die **Kaisergans** (An-

Gänse

ser canagicus) ist etwa so groß wie die Graugans und kommt in N-Alaska und O-Sibirien vor; schwärzlichgrau mit weißem Kopf, weißer Halsober- und schwarzer Halsunterseite. Bis 75 cm lang und weiß mit schwarzen Handschwingen ist die **Große Schneegans** (Anser caerulescens) in NO-Sibirien, im nördl. N-Amerika und auf Grönland. Die **Zwergschneegans** (Anser rossii) ist bis über 50 cm lang und wie die Große Schneegans gefärbt; Schnabelbasis der ♂♂ mit Warzen; kommt in N-Kanada vor. Die **Graugans** (Anser anser) ist 70 cm (♀) bis 85 cm (♂) groß und kommt

in Eurasien vor; mit dunkelgrauer, meist weißl. quergebänderter Ober- und hellgrauer Unterseite und hellgrauem Kopf; Beine fleischfarben, Schnabel bei der westl. Rasse gelb, bei der östl. fleischfarben; Vorderflügelrand silbergrau; Stammform der ↑Hausgans. Ihre Verhaltensweisen sind bes. von Konrad Lorenz erforscht worden. Ein Wintergast an der Nordseeküste ist die ↑Bläßgans. Die Arten der Gatt. **Meergänse** (Branta) haben einen völlig schwarzen Schnabel. Bekannt sind u.a.: **Rothalsgans** (Branta ruficollis), bis 55 cm lang, in W-Sibirien; **Kanadagans** (Branta canadensis), bis 1 m lang, in N-Amerika und Europa; mit schwarzem Kopf und Hals, breitem, weißem Wangenfleck, dunkelgraubrauner Ober- und weißl. Unterseite; **Ringelgans** (Branta bernicla), etwa 60 cm lang, im arkt. Küstenge-

Gänse. Oben: Saatgans (links) und Höckergans; Mitte: Große Schneegans (links) und Graugans; unten: Rothalsgans (links) und Kanadagans

biet, mit schwarzem Kopf und Hals, schwärzl. Ober- und weißer oder dunkler Unterseite, Hals mit weißer Ringelzeichnung. - Vermutl. wurde die Graugans seit der Jungsteinzeit als Haustier gehalten. In Kleinasien und in Griechenland waren die Gänse der Aphrodite heilig. Gegen Ende des 15. Jh. wurden G. Attribut des hl. Martin, den man als Schutzpatron der G. anrief.

Gänseblümchen (Maßliebchen, Bellis), Gatt. der Korbblütler mit 10 Arten in Europa; bekannteste Art ist das 5-15 cm hohe, auf Weiden, Wiesen, Rainen und Grasplätzen wachsende **Gänseblümchen** i. e. S. (Bellis perennis); fast das ganze Jahr hindurch blühende, ausdauernde Pflanzen mit grundständiger Blattrosette; Blütenköpfchen auf unbeblättertem Stiel mit zungenförmigen, weißen bis rötl. Strahlenblüten und röhrigen, gelben Scheibenblüten. Verschiedene, v. a. gefüllte Zuchtformen des G. (z. B. Tausendschön) sind beliebte Gartenzierpflanzen.

Gänsedistel (Saudistel, Sonchus), Gatt. der Korbblütler mit über 60 Arten in Europa, Afrika und Asien; von den vier einheim. Arten, die als Unkräuter auf Äckern, an Wegrändern und auf Schuttplätzen zu finden sind, ist die bekannteste die **Ackergänsedistel** (Sonchus arvensis), eine bis 1,50 m hohe Staude mit glänzenden, kahlen, fiederspaltigen Blättern und goldgelben Blütenköpfchen.

Gänsefuß (Chenopodium), Gatt. der G.gewächse mit etwa 250 Arten in den gemäßigten Zonen. Am bekanntesten von den 15 einheim. Arten ist der **Gute Heinrich** (Chenopodium bonus-henricus), eine mehrjährige, bis 50 cm hohe, mehlig bestäubte Pflanze mit dickfleischigem Wurzelstock, breiten, dreieckigen oder spießförmigen, ganzrandigen Blättern und grünen Blüten. Kultiviert und als Blattgemüse gegessen werden zwei Arten mit fleischigen, rötl., an Erdbeeren erinnernden Fruchtständen: **Echter Erdbeerspinat** (Chenopodium foliosum) mit tief gezähnten Blättern und **Ähriger Erdbeerspinat** (Chenopodium capitatum) mit schwach gezähnten oder ganzrandigen Blättern.

Gänsefußgewächse (Chenopodiaceae), Fam. zweikeimblättriger Kräuter mit wechselständigen, einfachen Blättern und unscheinbaren, kleinen Blüten in knäueligen Blütenständen. Bekannte Gatt. sind Gänsefuß, Melde, Spinat. Wirtschaftl. Bed. hat die Gatt. Runkelrübe.

Gänsehaut (Cutis anserina), meist reflektor. durch Kältereiz oder durch psych. Faktoren bewirkte Hautveränderung. Das höckerige Aussehen der Haut wird durch Zusammenziehung der an den Haarbälgen ansetzenden glatten Muskeln verursacht, die die Haarbälge hervortreten lassen und die Haare aufrichten.

Gänseklein, v. a. von Hals und Innereien einer Gans zubereitetes Gericht.

Gänsekresse (Arabis), Gatt. der Kreuzblütler mit etwa 100 Arten, v. a. in den Gebirgen Europas, Asiens, Afrikas und N-Amerikas; niedrige, rasen- oder polsterförmig wachsende Kräuter mit weißen, bläul., rötl. oder gelben Blüten. Von den 10 einheim. Arten ist die häufigste die **Rauhe Gänsekresse** (Arabis hirsuta; Stengel und Blätter rauh behaart). Einige polsterbildende Arten, z. B. die ↑Alpengänsekresse, sind beliebte Steingartenpflanzen.

Gänserich, svw. ↑Ganter.

Gänsesäger ↑Säger.

Gänsevögel (Anseriformes, Anseres), seit dem Eozän bekannte, heute mit etwa 150 Arten weltweit verbreitete Ordnung 0,3-1,7 m langer Vögel. Man unterscheidet zwei Fam.: ↑Entenvögel, ↑Wehrvögel.

Ganter (Gänserich), Bez. für die männl. Gans.

Ganymed, in der griech. Mythologie der schöne Mundschenk des Zeus; trojan. Prinz, der, von Zeus entführt, in ewiger Jugend seinen Dienst an der Göttertafel versieht. - Beliebtes Motiv der Kunst (u. a. Rembrandt „Der Raub des G." [1635; Dresden, Gemäldegalerie]).

Ganymed, ein Jupitermond; mittlere Entfernung vom Planeten 15,0 Jupiterradien, Umlaufzeit 7 d 3 h 43 min, Durchmesser 5 275 km; Dichte 1,93 g/cm^3.

Ganz, Bruno, * Zürich 22. März 1941, schweizer. Schauspieler, profilierte sich unter P. Stein als Torquato Tasso, Prinz von Homburg, 1975 im Film „Sommergäste". Weitere Filme „Die Marquise von O" (1976), „Nosferatu" (1979), „In der weißen Stadt" (1983), „Der Pendler" (1986) u. a. Spielte bei den Salzburger Festspielen 1986 „Prometheus, gefesselt" nach Aischylos.

ganze Note, Zeichen ○, ↑Noten.

ganze Pause, Zeichen ▬, ↑Noten.

ganze Zahlen (ganzrationale Zahlen), Bez. für die Zahlen ..., -3, -2, -1, 0, 1, 2, 3, ... Die Menge Z der g. Z. ist eine geordnete Menge mit folgenden Eigenschaften: 1. Die Menge Z hat kein letztes Element. 2. Jeder Rest von Z ist wohlgeordnet. 3. Jedes Element von Z hat genau einen Vorgänger. - Die g. Z. $z < 0$ bezeichnet man als *negative g. Z.,* die g. Z. $z > 0$ als *natürliche* oder *positive ganze Zahlen.*

Ganzheit, die bes. Struktur komplexer, aus qualitativ gleichen oder/und qualitativ verschiedenen, funktionell voneinander abhängigen bzw. einander zugeordneten Elementen (die ihrerseits in sich Ganzheiten darstellen können) bestehender (physikal., biolog., psych., sozialer, kybernet., auch ästhet.) Systeme, die als Einheit wirken und im Unterschied zu lediglich additiven Zusammenordnungen (etwa ↑Assoziation, ↑Aggregat) die Beiträge ihrer Einzelelemente nicht einfach nur summieren, sondern wegen der Wechselbezie-

Ganges. Rituelles Bad von Hindus in Varanasi

hung (Wechselwirkung) der Elemente untereinander eine qualitativ andere (höhere) Wirkung (Leistung) zeigen.

Zur Überwindung mechanist., kausal-analyt. Denkpositionen und -methoden v. a. des 19. Jh. gewannen G.theorien zu Beginn des 20. Jh. zentrale Bedeutung v. a. im Bereich der Psychologie in der ↑ Ganzheitspsychologie, in der Biologie sowie in der Medizin und in der Pädagogik (↑ ganzheitlicher Unterricht).

In der *Biologie* wird der Organismus mit seinen jeweils für bestimmte Aufgaben verantwortl. Strukturen, deren Funktionen aufeinander abgestimmt sind, als G. betrachtet. Als Ganzheiten können nicht nur Einzelindividuen, sondern gegebenenfalls auch bestimmte Tierstöcke (Tierkolonien) als „Individuen höherer Ordnung" angesehen werden, wie z. B. Staatsquallen, bei denen die Einzeltiere wegen ausgeprägter Arbeitsteilung für sich allein nicht lebensfähig sind. Ähnliches gilt für in sehr enger Symbiose lebende Organismen (Orchideen mit Mykorrhiza; Flechten; Tierarten mit Endosymbionten).

ganzheitlicher Unterricht, in der Pädagogik eine der Ganzheits- und Gestaltpsychologie verpflichtete Methode, die von dem ganzheitl. Charakter der Erlebnisinhalte ausgeht. Die einzelnen Unterrichtsinhalte werden zunächst als „Ganzheiten" dargeboten bzw. erfaßt und dann erst auseinandergefächert, so z. B. im Mathematik- und Lese- und Schreibunterricht (↑ Ganzheitsmethoden).

Ganzheitsmedizin, medizin. Richtung, die den Kranken nicht nur nach einzelnen Krankheitsbildern und Einzelbefunden, sondern in seinem phys.-psych. Gesamtzustand

erfassen und behandeln will. - ↑ auch Psychosomatik.

Ganzheitsmethoden, Methoden des Erstlese- und Schreibunterrichts, die von der gesprochenen Sprache ausgehen. Dem ganzen Wort (**Ganzwortmethode**) oder kleinen Sätzen (**Ganzsatzmethode**) werden sofort die Schriftbilder zugeordnet, die sich das Kind einprägt. Im Verlauf des Lehrgangs erfolgt die „Analyse" der bekannten Wort- bzw. Satzbilder, indem immer wiederkehrende Zeichen (Buchstaben) entdeckt werden und erkannt wird, daß den Buchstaben Laute entsprechen. Danach wird das Lesen und Schreiben neuer Wörter durch Zusammensetzen der Buchstaben möglich (Synthese).

Ganzheitspsychologie, eine v. a. im ersten Drittel des 20. Jh. als Reaktion gegen die elementarist. Auffassung des Seelischen entstandene Richtung der Psychologie, die auf die Notwendigkeit einer ganzheitl. Betrachtungsweise aller seel. Vorgänge hinwies. Ausgehend von der aristotel. These, daß das Ganze mehr als nur die Summe seiner Teile sei, wurde der Begriff *Ganzheit* für Erlebnis- und Gestaltqualitäten eingeführt, die nicht analysierbar sind. Zu den Hauptvertretern der G. gehören F. Krueger, W. Ehrenstein, O. Klemm, F. Sander und A. Wellek.

Ganzmetallbauweise, im Flugzeugbau vorherrschende Bauweise, bei der metall. Werkstoffe (z. B. Leichtmetallegierungen, Titan und Stahl) für alle tragenden Teile verwendet werden.

ganzrationale Zahlen, svw. ganze Zahlen.

Ganzsatzmethode ↑ Ganzheitsmethoden.

Ganzschluß ↑ Kadenz.

Ganztagsschule, bis etwa zur Mitte des 19. Jh. war die G. v. a. bei weiterführenden Schulen die Regelform und blieb es in den angelsächs. und roman. Ländern auch, während anderwärts durch Einschränkung der Schulstunden der Einfluß der Familie gestärkt werden sollte. Bes. in Schweden, in der ČSSR, der UdSSR und der DDR wurde die G. nach dem 2. Weltkrieg wieder stark gefördert, während sie in der BR Deutschland eine Ausnahme bleibt (angestrebt bes. in den Gesamtschulen).

Ganzton, in der Musik die große ↑ Sekunde (kleine Sekunde = Halbton). - ↑ auch Intervall.

Ganztonleiter, die Aneinanderreihung von temperierten Ganztönen zur Oktavskala: c, d, e, fis, gis, ais (b), c. U. a. verwendet von der jungruss. Schule (Glinka, Dargomyschski, Mussorgski), danach auch von Liszt, Debussy und Ravel.

Ganzwortmethode ↑ Ganzheitsmethoden.

Gao, Regionshauptstadt in Mali, am linken Ufer des Niger, 264 m ü. d. M., 37 000 E.

Hl. Stadt für die Muslime Westafrikas; Handelszentrum eines Weidewirtschaftsgebiets; Fischerei; Nigerhafen, Endpunkt der Transsaharastraße über den Adrar des Iforas, ♔. - 1010–1591 Hauptstadt des islam. Reichs der Songhai, 1591 marokkan., 1898 französisch.

Gaon [hebr. „Exzellenz"] (Mrz. Geonim), Titel der babylon.-jüd. Schulhäupter von Sura und Pumbeditha. Den Antworten der Geonim auf Anfragen von Gemeinden aus aller Welt verdankt das Religionsgesetz seine einheitl. Weiterentwicklung. Sie legten Gebetstexte fest und sicherten Traditionsliteratur, nicht zuletzt im Kampf gegen die ↑Karäer. *Saadja*, der bedeutendste G., gilt als Vater der jüd. Philosophie. Der Titel G. wurde später allen führenden Gelehrten zuerkannt.

Gap, frz. Stadt in den Alpen, 75 km ssö. von Grenoble, 739 m ü. d. M., 30 700 E. Verwaltungssitz des Dep. Hautes-Alpes; Bischofssitz; Dep.museum; Handelszentrum mit Holz-, Papier- und Möbelind., Molkereien u. a.; Fremdenverkehr. - 471 burgund., 534 fränk.; 834 kam G. zum Kgr. Burgund. Im 16. Jh. eines der Zentren der frz. Reformation; 1692 von Savoyen zerstört.

Garage [ga'ra:ʒə; german.-frz.], zu garer „in sichere Verwahrung bringen"], Raum oder Gebäude zum Einstellen von Kraftfahrzeugen. *Einzel-* bzw. *Mehrfach-G.* sind in das Erd- oder Kellergeschoß von Wohnhäusern eingebaut oder ebenerdig angebaut. Die mehrgeschossigen *Hoch-* und *Tief-G.* unterteilt man in *Rampen-G.*, bei denen die verschiedenen Stockwerke durch Rampen verbunden sind, und *Aufzugs-G.*, in denen Aufzüge die Kfz zum vorgesehenen Abstellplatz transportieren. Für den Bau und Betrieb von G. bestehen bes. Verordnungen und baupolizeil. Bestimmungen; u. a. müssen bei *Mittel-* und *Groß-G.* die tragenden Konstruktionen [und Decken] feuerbeständig, die nichttragenden Wände nicht brennbar sein. Durch das BundesbauG und landesrechtl. Vorschriften sind Bauherren verpflichtet, G., Einstellplätze oder Stellplätze in ausreichender Zahl zu schaffen.

Garamond (Garamont), Claude [frz. gara'mõ:], * Paris um 1480, † ebd. im Nov. 1561, frz. Schriftschneider. - Schuf (seit 1531) v. a. bed. Antiquaschriften, auch Kursive sowie für Kaiser Franz I. die griech. Type „Grecs du roi" (um 1540). Die „Garamonds" wurden z. T. bis ins 19. Jh. verwendet.

Garant [altfränk.-frz.], jemand. der Garantie leistet; Gewährsmann, Bürge.

Garantie [altfränk.-frz.], Bürgschaft, Gewähr, Sicherheit; im 17. Jh. aus der frz. Diplomatensprache entlehnt. - Zum Recht ↑Mängelhaftung.

Garantiefrist ↑Mängelhaftung.

Garantiefunktion, die mit dem ↑Indossament eines Wechsels oder Schecks verbundene Rechtswirkung, eine Haftung des In-

dossanten für Annahme [des Wechsels] und Zahlung [des Wechsels oder Schecks] zu begründen.

Garantiegeschäft, Bankgeschäft, das in der Übernahme von Garantien, Bürgschaften und anderen Gewährleistungen besteht. Im Vordergrund stehen Lieferungs-, Leistungs- und Bietungsgarantien.

Garantiegesetz, Kurzbez. für das schweizer. BG über die polit. und polizeil. Garantien zugunsten der Eidgenossenschaft vom 26. 3. 1934. Es enthält Schutzvorschriften zugunsten des Bundes und seiner Behörden gegen Übergriffe der kantonalen Gewalten. Insbes. gewährt es den Mgl. des Bundesrates, dem Bundeskanzler sowie den Bundesrichtern in Bern und Lausanne Exterritorialität und sieht für die Parlamentarier während der Sessionen einen bes. Schutz gegen die Eröffnung von Strafuntersuchungen vor.

Garantielohn, garantierter Mindestlohn in Fällen, in denen die Höhe des jeweiligen Lohnes nicht von vornherein feststeht. Der G. wird häufig im Gaststättengewerbe vereinbart, wenn als Lohn für die Bedienung das Bedienungsgeld ausgemacht ist.

Garantieschein ↑Mängelhaftung.

Garantievertrag (Gewährvertrag), im Zivilrecht [formfreie] Vertrag, durch den sich der Garant verpflichtet, für einen bestimmten Erfolg in der Weise einzustehen, daß er beim Nichteintritt des Erfolgs dem Garantieempfänger Ersatz leistet.

Garašanin [serbokroat. ga,raʃanin], Ilija, * Garaši (Kragujevac) 16. Jan. 1812, † Belgrad 16. Juni 1874, serb. Politiker. - Nach Emigration (1839–41) Innenmin. (1843–52) und Min.präs. (1852/53); vertrat außenpolit. ein großserb. Programm; 1861–67 erneut Min.präs. und zugleich Außenminister.

G., Milutin, * Belgrad 22. Febr. 1843, † Paris 5. März 1898, serb. Politiker. - Sohn von Ilija G.; seit 1874 Abg., 1880–83 Innenmin., 1884–87 Min.präs., 1895/96 Parlamentspräs., 1883, 1894 und 1897/98 Gesandter in Paris; trat außenpolit. für Anlehnung an Österreich-Ungarn ein.

Garaudy, Roger [frz. garo'di], * Marseille 17. Juli 1913, frz. Politiker und Philosoph. - 1933 Mgl. der KPF, 1945 des ZK seiner Partei, 1946–51 und 1956–58 Abg. in der Nationalversammlung; seit 1962 Prof. für Philosophie; 1956–70 Mgl. des Politbüros der KPF und deren Chefideologe. Nach grundsätzl. Differenzen mit der Parteiführung wurde G. im Mai 1970 aus der Partei ausgeschlossen.

Werke: Marxismus im 20. Jh. (dt. 1969), Die ganze Wahrheit oder Für einen kommunismus ohne Dogma (dt. 1970), Die Alternative (dt., 1973), Das Projekt Hoffnung (1976).

Garbe [zu althochdt. garba, eigtl. „Handvoll"], (bei der Ernte) gebündelte und zum Aufstellen zusammengebundene Menge geschnittener Getreidehalme (Getreidegarbe).

◆ Serie von schnell abgefeuerten Geschossen in kegelförmiger Streuung (Geschoßgarbe).

Garbo, Greta [schwed. 'garbu], eigtl. G. Lovisa Gustafsson, *Stockholm 18. Sept. 1905, schwed. Filmschauspielerin. - Urspr. Verkäuferin; Hauptdarstellerin in „Gösta Berling" (1925), wodurch sie und Regisseur M. Stiller weltbekannt wurden. Den Film „Die freudlose Gasse" (1925) drehte sie in Deutschland; wurde danach (zus. mit M. Stiller) von L. B. Mayer nach Hollywood verpflichtet. In ihren Filmen, u. a. „Anna Karenina" (1927, 1935 als Tonfilm), „Mata Hari" (1932), „Menschen im Hotel" (1932), „Königin Christine" (1934), „Die Kameliendame" (1936), „Maria Walewska" (1937), „Ninotschka" (1939), „Die Frau mit den zwei Gesichtern" (1941) stellte sie v. a. unnahbare, von einer bes. Aura umgebene trag. Frauengestalten dar (deshalb auch „die Göttliche" gen.). Ihre melanchol. Schönheit wurde zu einem verfeinerten, von einem vorwiegend europ. Publikum enthusiast. aufgenommenen romant. Typus stilisiert; 1941 zog sie sich vom Film zurück und wurde 1951 amerikan. Staatsbürgerin.

Greta Garbo (1934)

Garborg, Arne, *Time (Rogaland) 25. Jan. 1851, †Asker 14. Jan. 1924, norweg. Dichter. - Der naturalist. Roman „Aus der Männerwelt" (1886) brachte ihn um seine Stellung als Staatsrevisor; später grübler., religiöse, soziale Romane, Dramen und Lyrik. *Weitere Werke:* Müde Seelen (R., 1891), Frieden (R., 1892), Haugtussa (Ged., 1895), Paulus

(Dr., 1896), Der verlorene Vater (R., 1899), Fjell-Luft (En., 1903).

Garbrand, Endbrand oder Fertigbrand bei der Herstellung keram. Erzeugnisse.

Garção, Pedro António Correia [portugies. gər'sɐu], *Lissabon 29. April 1724, †ebd. 10. Nov. 1772, portugies. Dichter. - Führender Vertreter einer antigongorist. arkad. Dichtung nach dem Vorbild des Horaz; schrieb u. a. eine Adelssatire, die die berühmte „Cantata de Dido" (nach dem 4. Buch von Vergils „Äneis") enthält.

Garching b. München, Gemeinde im nö. Vorortbereich von München, Bayern, 483 m ü. d. M., 11 700 E. Forschungsreaktor der TU München; Max-Planck-Inst. für Astrophysik und für extraterrestr. Physik, Inst. für Plasmaphysik; Fertighausbau.

García, Manuel Patricio Rodríguez [span. gar'θia], *Madrid 17. März 1805, †London 1. Juli 1906, span. Sänger (Baß) und Gesangspädagoge. - Seit 1829 Lehrer in Paris (1842 Prof. am Conservatoire), 1848–95 an der Royal Academy of Music in London. Schüler u. a. Jenny Lind und J. Stockhausen. Erfand 1855 das Laryngoskop (Kehlkopfspiegel).

García Calderón, Ventura [span. gar-'sia kalde'rɔn], *Paris 23. Febr. 1886, †ebd. 28. Okt. 1959, peruan. Schriftsteller. - Diplomat in Europa; glänzender Journalist, Essayist und Verf. literarhistor. Arbeiten; schrieb neben modernist. Lyrik bed. realist. Kurzgeschichten, u. a. „Peruan. Novellen" (1924), „Das Weinen des Urwalds" (En., 1926), „Traum in Sierra" (En., 1951).

García de la Huerta, Vicente [span. gar'θia ðe la ɰerta], *Zafra (Prov. Badajoz) 9. März 1734, †Madrid 12. März 1787, span. Dichter. - Schrieb eine der wenigen bed. span. Tragödien des 18. Jh.: „La Raquel" (1778; Stoff der „Jüdin von Toledo").

García Gutiérrez, Antonio [span. gar'θia ɣu'tjɛrrɛθ], *Chiclana de la Frontera (Prov. Cádiz) 5. Okt. 1813, †Madrid 26. Aug. 1884, span. Dramatiker. - Erfolgreichster span. Dramatiker der Romantik; „El trovador" (Trag., 1836) diente als Vorlage für Verdis Oper „Der Troubadour"; auch Gedichte.

García Lorca, Federico [span. gar'θia 'lɔrka], *Fuente Vaqueros (Prov. Granada) 5. Juni 1898, †Viznar (Prov. Granada) 19. Aug. 1936 (von Falangisten erschossen), span. Dichter. - Auch Redner, Zeichner und Musiker; befreundet mit S. Dalí und M. de Falla; 1929/30 in den USA, nach der Rückkehr 1931 Leiter eines Studententheaters; hatte vielfältige intimst. Kontakte, war dabei zutiefst seiner andalus. Heimat verbunden; stellt Menschen im Konflikt mit festgefügten, erstarrten Traditionen dar; bühnenwirksame Stücke mit romanzenartig-balladesken Szenenbau mit lyr. Höhepunkten in melod., bilderreicher Sprache; auch Gedichte.

Werke: Mariana Pineda (Dr., 1928), Zigeuner-romanzen (1928), Die wundersame Schuster-frau (Kom., 1930, gedruckt 1938), In seinem Garten liebt Don Perlimplin Belisa (Kammer-spiel, 1933), Bluthochzeit (Trag., 1933), Bernarda Albas Haus (Dr., 1933–36, gedruckt 1945), Yerma (Trag., hg. 1937), Doña Rosita bleibt ledig oder Die Sprache der Blumen (Dr., hg. 1938).

García Márquez, Gabriel [span. gar'sia 'markes], *Aracataca (Dep. Magdalena) 6. März 1928, kolumbian. Schriftsteller. - Berühmt durch die Romane „Hundert Jahre Einsamkeit" (1967) und „Der Herbst des Patriarchen" (1975), die phantasievoll und mag.-realist., im Kern sozialkrit. Vergangenheit und Gegenwart Kolumbiens darstellen. Erhielt 1982 den Nobelpreis für Literatur. - *Weitere Werke:* Laubsturm (R., 1955), Die böse Stunde (R., 1975), Chronik eines angekündigten Todes (R., 1981), Liebe in Zeiten der Cholera (R., 1985).

García Robles, Alfonso [span. gar'sia 'rroßles], *Zamora de Hidalgo (Michoacán) 20. März 1911, mex. Diplomat und Politiker. - 1971–75 Botschafter bei den UN; 1975/76 Außenmin. V. a. als mex. Delegationsleiter bei den UN-Abrüstungsverhandlungen in Genf und New York trat G. R. als Gegner des Rüstungswettlaufs hervor. 1982 erhielt er zus. mit A. Myrdal den Friedensnobelpreis.

García y Sarmiento, Félix Rubén [span. gar'sia i sar'mjento] ↑ Darío, Rubén.

Garcilaso de la Vega [span. garθi'laso ðe la 'βeɣa], *Toledo 1503, ✕ Nizza 14. Okt. 1536, span. Dichter. - Am Hof Karls V.; bedeutendster span. Dichter der Renaissance; seine Sonette, Eklogen und Elegien im Geiste der Renaissance und des Neuplatonismus stehen unter dem Einfluß der lat. (Vergil) und italien. (Petrarca) Dichtung.

Garcinia [gar'si:nia; nach dem frz. Botaniker L. Garcin, *1683, †1751], Gatt. der Hartheugewächse mit 220 Arten in den Tropen Afrikas und Asiens. Wichtige Arten sind G. hanburyi (liefert ↑ Gummigutt) und der ↑ Mangostanbaum.

Garçon [gar'sõ:; frz.], frz. Bez. für: Junge, junger Mann, Junggeselle; Kellner.

Garçonne [gar'sɔn; frz.], Junggesellin; veraltete Bez. für emanzipiertes Mädchen; knabenhafter Mädchentyp; auch Bez. für Moderichtung der 20er Jahre.

Gard [frz. ga:r], Dep. in Frankreich.

G., rechter Nebenfluß der Rhone, in Frankr.; die beiden Quellflüsse entspringen in den Cevennen, Mündung etwa 20 km sw. von Avignon; 133 km lang. Im Unterlauf der röm. Aquädukt **Pont du Gard.**

Gardasee (italien. Lago di Garda, Benaco, in der Antike Benacus lacus), größter italien. See in den südl. Alpen, 65 m ü. d. M., 52 km lang, bis 17,5 km breit, bis 346 m tief. Der von steilen Felsufern gesäumte N-

Teil wird im W von den Brescianer Alpen, im O vom Monte-Baldo-Massiv begrenzt. Im S verbreitert sich der G. und wird von flachen Ufern und Hügellandschaften umgeben. Hauptzufluß ist der Sarca, der durch mitgeführte Gerölle bereits einen Teil des Sees zugeschüttet hat. Ganzjähriger Fremdenverkehr dank milden Klimas und üppiger mediterraner Vegetation. - Abb. S. 356.

Garde [german.-frz.; zu garder „schützen, bewachen"], Bez. für Leibwachen (Leibgarde), Elite- bzw. Militztruppen, die im Felde und/oder zu zeremoniellen Zwecken eingesetzt werden.

Gardedukorps [gardǝdy'ko:r; frz., eigtl. „Leibwache"], im 15. Jh. in Frankr. aufgestellte berittene Gardetruppe für die persönl. Bewachung des Königs *(Garde du Corps);* im 18. Jh. auch von dt. Staaten aufgestellt.

Gardel, Maximilien, *Mannheim 18. Dez. 1741, †Paris 11. März 1787, frz. Tänzer und Choreograph. - Trat 1772 als erster Tänzer ohne Maske auf. In seinen Balletten spielte die Pantomime eine wesentliche Rolle.

G., Pierre, *Nancy 4. Febr. 1758, †Paris 18. Okt. 1840, frz. Tänzer und Choreograph. - Bruder und Schüler von Maximilien G.; 1780 Solist an der Pariser Oper, 1787 Ballettmeister; Anhänger von Noverres Reformen.

Gardelegen, Krst. in der Altmark, Bez. Magdeburg, DDR, 49 m ü. d. M., 13 500 E. Asbestbetonwerk, Knopffabrik, Kartonagen- und Konservenind. - Entstand bei einer 1133 gen. Burg, Anfang des 13. Jh. Stadtrecht; seit spätestens 1196 im Besitz der Mark Brandenburg; seit 1815 zur preuß. Prov. Sachsen.

G., Landkr. im Bez. Magdeburg, DDR.

Gardemanger [gardmɑ̃'ʒe:; frz., eigtl. „Speisekammer"], Koch, der für die Herstellung kalter Speisen zuständig ist.

Garde mobile [frz. gardmɔ'bil] ↑ Mobilgarde.

Garde municipale [frz. gardmynisi'pal] ↑ Garde républicaine.

Garde nationale [frz. gardnasjɔ'nal] ↑ Nationalgarde.

Gardenie (Gardenia) [nach dem schott. Naturforscher A. Garden, *1730 (?), †1791], Gatt. der Rötegewächse mit etwa 60 Arten in den Tropen und Subtropen Asiens und Afrikas; meist Sträucher mit lederartigen Blättern und großen, gelben oder weißen Blüten. Am bekanntesten sind die gefüllt blühenden Formen von **Gardenia jasminoides,** einem aus China stammenden Strauch mit glänzend grünen Blättern und duftenden, weißen Blüten. - Abb. S. 356.

Garden of the Gods [engl. 'gɑ:dn ǝv ðǝ 'gɔdz „Garten der Götter"], geschütztes Gebiet im westl. Stadtgebiet von Colorado Springs, Colo., USA. Sandsteine sind hier durch Verwitterung und Abtragung zu phantast. Formen gestaltet worden.

Garde républicaine [frz. gardrepybli'kɛn] (offiziell: G. r. de Paris), Verband der frz. Gendarmerie, mit der Bewachung des Élysée-Palastes und mit dem Ehrendienst in der Hauptstadt betraut; als Schutztruppe von Paris unter dem Namen **Garde municipale** („städt. Garde") gegründet.

Garderobe [frz., zu garder „behüten" und robe „Kleid"], Oberbekleidung, die jemand

Gardenie

Gardasee. Limone sul Garda

besitzt oder die er gerade trägt; Raum oder Raumteil zur Kleiderablage; Ankleideraum eines Künstlers im Theater.

gardez! [gar'de:; frz. „schützen Sie (Ihre Dame)!"], beim Schachspiel höfl. Hinweis an den Gegner, daß seine Dame angegriffen ist und geschlagen werden kann.

Gardine [zu niederl. gordijn, eigtl. „Bettvorhang" (zu mittellat. cortina „Vorhang")], ein meist durchsichtiger, oft auch gemusterter Fenstervorhang. Neben der heute noch übl. Aufteilung in Stores und Übergardinen stehen v. a. zweiteilige, oft seitl. durch ein Band zusammengehaltene G. sowie Scheibengardinen. G.stoffe werden aus Baumwoll- oder Chemiefäden hergestellt.

Gardinenpredigt, urspr., die nächtl. Strafrede, die eine Ehefrau ihrem zu spät nach Hause kommenden Mann hinter den Bettgardinen hielt; heute allg. für Strafpredigt.

Gardiner [engl. 'gɑːdnə], Sir (seit 1948) Alan Henderson, *Eltham (= London) 29. März 1879, † Landsitz Iffley (Oxfordshire) 19. Dez. 1963, brit. Ägyptologe. - Bed. Arbeiten zur ägypt. und zur allgemeinen Sprachwissenschaft: „Egyptian grammar" (1927), „The theory of speech and language" (1932). Edierte, kommentierte und übersetzte ägypt. literar., religiöse und verwaltungshistor. Texte.

G., Samuel Rawson, *Ropley (Hampshire) 4. März 1829, † Sevenoaks 23. Febr. 1902, brit. Historiker. - Prof. für neuere Geschichte in London, später in Oxford; gilt als hervorragender Kenner der engl. Geschichte des 17. Jahrhunderts.

G., Stephen, *Bury Saint Edmunds um 1497 (1493 ?), † Whitehall (= London) 12. Nov. 1555, engl. Bischof von Winchester und Lordkanzler. - Betrieb als Sekretär Wolseys die Scheidung Heinrichs VIII. von Katharina von Aragonien; unterstützte den Supremat Heinrichs VIII.; wegen Opposition gegen die prot. Politik T. ↑Cranmers eingekerkert, von Maria I., der Kath., als Bischof wiedereingesetzt und zum Lordkanzler erhoben; betrieb die Rekatholisierung Englands.

Gardist [german.-frz.], Mgl. einer Garde.

Gardner, Erle Stanley [engl. 'gɑːdnə], *Malden (Mass.) 17. Juli 1889, † Temecula (Calif.) 11. März 1970, amerikan. Schriftsteller. - Rechtsanwalt; Autor von über 100 Detektivromanen (z. T. unter dem Pseud. A. A. Fair), deren Wert v. a. in der Information über das amerikan. Rechtssystem liegt; im Mittelpunkt einer Reihe von Romanen steht der Anwalt Perry Mason, Held einer anderen ist Douglas Selby.

Gardone Riviera, italien. Kurort am W-Ufer des Gardasees, Lombardei, 130 m ü. d. M., 2500 E.

Gare, weicher, lockerer Zustand, der ein Material für einen bestimmten Verwendungszweck geeignet macht, z. B. ↑Bodengare.

Garfield, James Abraham [engl.

'gɑːfiːld], *Orange bei Cleveland 19. Nov. 1831, †Elberon (N. J.) 19. Sept. 1881, 20. Präs. der USA (1881). - 1863–80 als Republikaner Abg. des Repräsentantenhauses; 1880 Senator für Ohio; fiel kurz nach seiner Wahl zum Präs. einem Attentat zum Opfer.

Garfunkel, Art [engl. gɑˈfʌŋkəl], amerikan. Rockmusiker, †Simon and Garfunkel.

Gärfutter (Sauerfutter, Silofutter, Silage), pflanzl. Futter (z. B. Grünfutter, Kartoffeln, Rüben, Treber), das in G.behältern (Silos) oder Erdgruben mittels Milchsäuregärung in einen haltbaren Zustand überführt wird, wobei Nährstoffe, Vitamine und Mineralstoffe weitgehend erhalten bleiben.

Gargano, Monte, in das Adriat. Meer vorspringendes verkarstetes Gebirgsmassiv in Apulien, bis 1 056 m hoch; prähistor. Funde, u. a. Felsmalereien.

Gargantua, Held frz. Volkssagen und eines 1532 erschienenen Volksbuches; den Namen übernahm F. †Rabelais.

Gärgase, die beim anaeroben Abbau organ. Substanzen freigesetzten Gase, z. B. Kohlendioxid, Wasserstoff, Methan. Die in Faulkammern gebildeten G. (Faul-, Biogas) werden als Heiz- und Treibgas genutzt.

Garibaldi, Giuseppe, *Nizza 4. Juli 1807, †Caprera 2. Juni 1882, italien. Freiheitskämpfer und Politiker. - Neben Cavour und G. Mazzini bedeutendste Figur des Risorgimento; lernte 1833 Mazzini kennen und schloß sich dessen Bewegung an; floh 1834, nach einem gescheiterten Aufstand, ins Exil nach

Giuseppe Garibaldi

Südamerika. Bei Ausbruch der Revolution 1848 kehrte er nach Italien zurück und kämpfte gegen die Österreicher in Oberitalien. Leitete 1849 die Verteidigung der Republik Rom gegen die intervenierenden frz. und bourbon. Truppen, konnte sie jedoch nicht aufhalten und mußte erneut ins brit. bzw. amerikan. Exil gehen, kehrte 1854 nach Piemont zurück; unternahm 1860 den „Zug der Tausend", eroberte Sizilien, setzte mit seinem auf 30 000 Mann angewachsenen Heer nach Unterita-

lien über und stürzte dort die Bourbonen. Sein ungestümer Revolutionsgeist brachte ihn bald in Widerspruch zu Cavour und zur italien. Regierung.

Gariden [frz.] †Garigue.

Garigliano [italien. gariʎˈʎaːno], italien. Fluß, entspringt als Liri im Apennin, durchfließt das Becken von Frosinone, mündet südl. von Minturno in den Golf von Gaeta, 158 km lang.

Garigue (Garrigue) [frz. gaˈriːg; mittellat.-provenzal.], offene mediterrane Gebüschformation, knie- bis 2 m hoch, gebildet u. a. aus der Kermeseiche, Hartlaubzwergsträuchern, Pistaksträuchern, Zistrosen, Rosmarin und Lavendel sowie Wolfsmilcharten. Ähnl. Erscheinungsformen mit örtl. abweichender florist. Zusammensetzung sind die **Tomillares** in Spanien, die **Phrygana** in Griechenland, die **Trachiotis** auf Zypern und die **Batha** in der Levante; alle diese Erscheinungsformen werden unter dem Namen **Gariden** (Felsenheide) zusammengefaßt.

Garizim, Berg in Z-Samaria, im z. Zt. von Israel verwalteten W-Jordanien, 881 m ü. d. M. - Im A. T. als Berg der Segnung Israels (z. B. 5. Mos. 11, 29) erwähnt; in Konkurrenz zu Jerusalem (vgl. Joh. 4, 20) der hl. Ort der †Samaritaner.

Garkupfer †Kupfer.

Garland [engl. ˈgɑːlənd], [Hannibal] Hamlin, *bei West Salem (Wis.) 14. Sept. 1860, †Los Angeles-Hollywood 4. März 1940, amerikan. Schriftsteller. - Schrieb naturalist. Romane und Erzählungen über den Alltag des Grenzerlebens in den Prärien des Mittelwestens, die sog. Middle-border.

G., Judy, eigtl. Frances Gumm, *Grand Rapids (Minn.) 10. Juni 1922, †London 22. Juni 1969, amerikan. Filmschauspielerin. - Mutter von L. Minelli; 1936 Kinderstar in Hollywood; Gesangs- und Tanzrollen, v. a. in Musikfilmen („Ein neuer Stern am Himmel", 1955).

G., William („Red"), *Dallas 13. Mai 1923, †ebd. 23. April 1984, amerikan. Jazzmusiker (Pianist). - Arbeitete im Quintett von M. Davis, seit 1959 mit eigenem Trio. Seine Technik des Blockakkordspiels wurde zum Vorbild einer Reihe von Hard-Bop-Pianisten.

Garmisch-Partenkirchen, Hauptort des Landkr. G.-P., Bayern, am N-Fuß des Wettersteingebirges, 720–2 960 m ü. d. M., 28 000 E. Werdenfelser Museum; heilklimat. Kurort, Ausgangspunkt für Hochgebirgstouren, Wintersportplatz. - *Garmisch* wird 802 erstmals erwähnt; 1249 kam der Ort an das Bistum Freising; Partenkirchen wird als röm. Straßenstation *Parthanum* 257 und 275 erwähnt, erscheint aber im MA erst zw. 1130 und 1156. 1294 kam Partenkirchen an das Bistum Freising und wurde seit 1305 als Markt bezeichnet. Beide Orte wurden 1935 zu einer Marktgemeinde vereinigt,

Garmisch-Partenkirchen

1936 Austragungsort der 4. Olymp. Winterspiele. - Alte Pfarrkirche Sankt Martin (Wandmalereien des 13. und 15. Jh.), Neue Pfarrkirche Sankt Martin (1730–34) mit Deckengemälden; Wallfahrtskirche Sankt Anton in Partenkirchen (1704–08 und 1733–39) mit bed. Deckengemälden.

G.-P., Landkr. in Bayern.

Garn [urspr. „aus getrockneten Därmen (althochdt. garn) gedrehte Schnur"], durch mechan. Spinnverfahren aus Fasern von wenigen Zentimetern Länge hergestelltes fadenförmiges Textilerzeugnis. G.bezeichnungen werden gewählt nach der *Feinheit*, nach dem *Material* (Woll-G., Baumwoll-G. usw.), nach der *Drehungsrichtung* (S-gedrehte und Z-gedrehte G.), nach der *Drehungszahl* (weich, normal, hart gedrehte und überdrehte G.), nach der *Art des Verspinnens*, nach dem *Verwendungszweck* (Strick-G., Handarbeits-G., Näh-G.), nach dem *Aussehen* (glatte, einfarbige, melierte G.), nach bes. *Nachbehandlungen* (mercerisierte G., texturierte G.).
◆ in der *Seemannssprache* Bez. für einen starken Faden zum Nähen von Segeltuch; im 19. Jh. dann Bez. für abenteuerl. Geschichten, die sich Matrosen erzählten; **Seemannsgarn spinnen,** abenteuerl. [unglaubwürdige] Geschichten erzählen.

Garnelen [niederl.] (Natantia), Unterordnung überwiegend meerbewohnender Zehnfußkrebse mit etwa 2 000 bis über 30 cm großen Arten; Körper schlank, fast stets seitl. zusammengedrückt, häufig glasartig

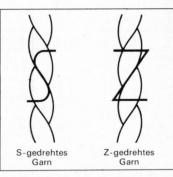

S-gedrehtes Garn   Z-gedrehtes Garn

durchsichtig, Hinterleib lang, mit endständigem Schwanzfächer und zu Schwimmbeinen entwickelten Extremitäten; vordere Extremitäten lange, dünne Schreitbeine, von denen die beiden vordersten Paare (zum Ergreifen und Zerkleinern größerer Beutetiere) meist kleine Scheren besitzen.
Die bekanntesten Arten sind: **Felsengarnele** (Krevette, Palaemon serratus), etwa 5–7 cm lang, an der südeurop. Atlantikküste und im Mittelmeer; Körper durchsichtig mit blauen und rotbraunen bis gelben Linien und Flekken. **Nordseegarnele** (Gemeine G., Granat, Crangon crangon), etwa 4,5 (♂) bis 7 (♀) cm lang, vorwiegend hell- bis dunkelgrau, in küstennahen Gewässern des N-Atlantiks und seiner Nebenmeere. **Ostseegarnele** (Palaemon squilla), etwa 6 cm lang, durchsichtig gelbl., rötl. gestreift, in der Nordsee und westl.

Garmisch-Partenkirchen. Im Hintergrund das Wettersteingebirge

Ostsee; werden zu Konserven (Krabben) verarbeitet. **Pistolenkrebs** (Knallkrebschen, Alpheus californiensis), bis etwa 5 cm lang, an der kalif. Küste N-Amerikas; können durch Zusammenschlagen der Scherenfinger unter lautem Knall einen starken, gerichteten Wasserstrahl erzeugen, der der Abwehr von Feinden und dem Betäuben von Beutetieren dient. **Steingarnele** (Palaemon elegans), etwa 3–6 cm lang, glasartig durchsichtig, in der Nordsee, an der europ. und afrikan. Atlantikküste sowie im Mittelmeer.

Garner, Erroll [Louis] [engl. 'gɑːnə], * Pittsburgh 15. Juni 1923, † Los Angeles 2. Jan. 1977, amerikan. Jazzmusiker (Pianist). - Seine Spielweise ist durch eine den ↑ Beat verschleiernde Rhythmik in der rechten Hand und eine gitarreähnl. Akzentuierung in der linken charakterisiert.

Garnett, David [engl. 'gɑːnɪt], * Brighton 9. März 1892, † Montcuq (Lot) 17. Febr. 1981, engl. Schriftsteller. - Verf. grotesk-satir. gesellschaftskrit. Romane und Novellen; u. a. „Meine Frau die Füchsin" (R., 1922), „Der Mann im Zoo" (R., 1924), „Plough over the bones" (R., 1973).

Garnier [frz. gar'nje], Charles, * Paris 6. Nov. 1825, † ebd. 3. Aug. 1898, frz. Baumeister. - Wurde berühmt durch den neubarokken Bau der Pariser Oper (1861–74); baute auch das Kasino in Monte Carlo (1878/79).

G., Robert, * La Ferté-Bernard (Sarthe) 1544, † Le Mans 20. Sept. 1590, frz. Dramatiker. - Schrieb handlungsarme Tragödien mit bibl. und antiken Stoffen, v. a. „Les Juives" (1583), und die Tragikomödie „Bradamante" (1582; nach Ariosto).

G., Tony, * Lyon 13. Aug. 1869, † Roquefortla-Bédoule (Bouches-du-Rhône) 19. Jan. 1948, frz. Architekt. - Pionier der Stahlbetonbauweise in Lyon (u. a. Stadion, 1913–16, Markthalle, 1928); 1917 veröffentlichte G. seine bereits 1901–04 entstandenen Entwürfe für eine „Cité industrielle", eine durchgrünte Stadt mit klarer Trennung der Funktionen (Arbeit, Wohnen, Verkehr, Bildung und Erholung); wichtige theoret. Schriften.

garnieren [german.-frz., urspr. „ausrüsten"], mit Zutat versehen, einfassen; schmücken, verzieren.

Garnierit [...ni-e...; nach dem frz. Geologen und Ingenieur J. Garnier, * 1839, † 1904] (Numeait), grünes Mineral, wasserhaltiges Nickel-Magnesium-Silicat (Ni, Mg)$_6$ [(OH)$_8$ Si$_4$O$_{10}$], Verwitterungsprodukt ultrabasischer Erstarrungsgesteine; wichtiges Nickelerz, Vorkommen v. a. im Ural.

Garnison [frz. (zu ↑ garnieren)], Bez. für die militär. Besatzung eines Ortes, auch für Orte mit ständiger militär. Belegung; heute durch die Bez. ↑ Standort ersetzt.

Garnitur [frz. (zu ↑ garnieren)], mehrere zu einem Ganzen gehörende Stücke, z. B. Couch und Sessel in gleicher Ausstattung.

Garnnumerierung, in der Textiltechnik die Angabe der *Feinheit* von Fasern, Garnen, Seilen usw. durch Nummern. - Beim **Denier-System** wird die Feinheit mit Denier (Abk. **den;** 1 den = 1 g/9 000 m) bezeichnet *(Gewichtsnumerierung)*. Beim internat. verwendeten **Tex-System** (DIN 60 905, DIN 60 910) wird die Feinheit in Tex angegeben (Abk. **tex;** 1 tex = 1 g/1 000 m).

Garonne [frz. ga'rɔn], Zufluß des Atlantiks, in Spanien und SW-Frankr.; Quellfluß ist die in den Z-Pyrenäen auf span. Gebiet entspringende **Garona de Ruda;** die G. durchfließt das Aquitan. Becken; ihr Mündungstrichter ist die **Gironde;** 647 km lang (ohne Gironde 575 km), Einzugsgebiet 56 000 km².

Garoua [frz. ga'rwa], Regions- und Dep.-hauptstadt in N-Kamerun, 69 000 E. Behörden- und kath. Bischofssitz; Inst. für Tierforschung; Zoo; Zentrum eines Baumwollanbaugebiets; Textilindustrie, Speiseölfabrikation; wichtiger Flußhafen am Benue, Ausgangsort zu den Jagdgebieten N-Kameruns; ✈. - Gegr. 1834.

GARP [engl. gɑːp], Abk. für: ↑ Global Atmospheric Research Programme.

Garré, Karl [ga're:], * Sargans (Kanton Sankt Gallen) 10. Dez. 1857, † Puerto de la

Charles Garnier, Entwurfszeichnung für die Loggia der Pariser Oper (1862–74)

Garrotte. Öffentliche Hinrichtung mittels einer Garrotte in Spanien. Zeitgenössische Darstellung (1879)

Cruz (Teneriffa) 6. März 1928, schweizer. Mediziner. - Prof. u. a. in Rostock, Breslau, Bonn; Pionier der Äthernarkose und der modernen Thoraxchirurgie in Deutschland.

Garrett, João Baptista da Silva Leitão de Almeida, * Porto 4. Febr. 1799, † Lissabon 9. Dez. 1854, portugies. Dichter und Politiker. - Als Liberaler wiederholt in der Emigration; 1836 Gründer des Nationaltheaters; 1852 Außenmin.; sammelte Balladen und Lieder seiner Heimat, führte das portugies. romant. Theater mit dem histor. Drama „Frei Luís de Sousa" (1844) auf seinen Höhepunkt; auch Lyriker und Erzähler.

Garrick, David [engl. 'gærık], * Hereford 19. Febr. 1717, † London 20. Jan. 1779, engl. Schauspieler und Dramatiker. - Berühmt wegen seiner ungekünstelt-natürl. Darstellung von Shakespeare-Charakteren (einflußreiche Hamletinterpretation); 1747–76 Leiter des Drury Lane Theatre; auch bühnenwirksame Stücke mit Liedeinlagen.

Garrigue [frz. ga'rig] ↑Garigue.

Garrigues [frz. ga'rig], frz. Landschaft am S-Fuß der Cevennen, die aus mehreren verkarsteten Jura- und Kreidekalkplateaus (bei 380–395, 275–300, 180–210 m) besteht, von den Flüssen in tiefe Schluchten zertalt; weitgehend entwaldet.

Garrison [engl. 'gærısn], Jimmy, eigtl. James Emory G., * Miami 3. März 1934, † New York 7. April 1976, amerikan. Jazzmusiker (Kontrabassist). - Spielte u. a. bei J. Coltrane, danach im Trio von E. Jones; einer der bedeutendsten Bassisten des Free Jazz.

G., William Lloyd, * Newburyport (Mass.) 10. Dez. 1805, † New York 24. Mai 1879, amerikan. Journalist und Philanthrop. - Setzte sich leidenschaftl. für die Sklavenbefreiung (Abolitionismus), später für die Prohibition und das Frauenstimmrecht ein.

Garrotte [span.], Vorrichtung zur Vollstreckung der Todesstrafe durch Erdrosseln; wurde v. a. in Spanien angewendet. Die letzten Hinrichtungen mit der G. fanden in Spanien Anfang der 1970er Jahre statt.

Garschin, Wsewolod Michailowitsch, * Gut Prijatnaja Dolina (Gebiet Donezk) 14. Febr. 1855, † Petersburg 5. April 1888 (Selbstmord), russ. Schriftsteller. - Schrieb Erzählungen („Vier Tage", 1877; „Die rote Blume", 1883) in erregter, ungewöhnl. Sprache, knapper, prägnanter Diktion; Thema ist das Entsetzen vor Welt und Mensch, Sinnlosigkeit, Bosheit und zugefügtem Leid.